D1670617

Nach der Sozialgeschichte

Herausgegeben von
Martin Huber und Gerhard Lauer

Nach der Sozialgeschichte

Konzepte für eine Literaturwissenschaft
zwischen Historischer Anthropologie,
Kulturgeschichte und Medientheorie

Herausgegeben von
Martin Huber und Gerhard Lauer

Max Niemeyer Verlag
Tübingen 2000

Die Deutsche Bibliothek – CIP-Einheitsaufnahme

Nach der Sozialgeschichte : Konzepte für eine Literaturwissenschaft zwischen Historischer Anthropologie, Kulturgeschichte und Medientheorie / hrsg. von Martin Huber und Gerhard Lauer. – Tübingen: Niemeyer, 2000

ISBN 3-484-10829-0

Gedruckt auf alterungsbeständigem Papier.
Satz: Martin Huber, Gerhard Lauer, München
Druck: AZ Druck und Datentechnik GmbH, Kempten
Einband: Heinrich Koch, Tübingen

Inhaltsverzeichnis

Wolfgang Frühwald und Georg Jäger gewidmet

Vorbemerkung

Das *Internationale Archiv für Sozialgeschichte der deutschen Literatur* (*IASL*) erscheint im Jahr 2000 im 25. Jahrgang. Wolfgang Frühwald und Georg Jäger, die als Mitherausgeber das *IASL* seit Jahrzehnten geprägt haben, feiern beide in diesem Jahr einen runden Geburtstag. Dies war uns Anlaß, eine Bestandsaufnahme des Paradigmas ›Sozialgeschichte der Literatur‹ im gegenwärtigen Betrieb der Literaturwissenschaft anzuregen und zu fragen, welche Möglichkeiten einer Neukonzeptionalisierung ›nach der Sozialgeschichte‹ bestehen. Die Beiträge dieses Bandes wurden von uns mit nachstehender Problemskizze eingeworben.

Sozialgeschichte der Literatur. Zu Geschichte, Problematik und Zukunft eines literaturwissenschaftlichen Konzepts

Das Konzept einer Sozialgeschichte der Literatur hat sich seit den siebziger Jahren als überaus erfolgreich erwiesen. Sozialgeschichte verhieß den Aufbruch aus einer interpretationsorientierten Literaturwissenschaft hin zu rezeptions- und distributionshistorischen Fragestellungen. Der Gegenstandsbereich der Literaturwissenschaft wurde damit innerhalb kurzer Zeit unumkehrbar erweitert. Trivialliteratur etwa oder mittelalterliche Fachprosa sind längst selbstverständlicher Forschungsgegenstand geworden. Forschungen zur Autorsoziologie, zur Buchhandels- und Pressegeschichte, zur Wissenschafts-, Bildungs- und Bibliotheksgeschichte, wie zur Lese(r)geschichte, sie gehören inzwischen zum Alltag literaturwissenschaftlichen Arbeitens.

Von Anfang an war das Konzept in der Literaturwissenschaft von methodischer Reflexion begleitet, darunter vor allem die Beiträge der Münchener Forschergruppe (MFG) für ›Sozialgeschichte der deutschen Literatur 1770–1900‹, die von 1978 bis 1984 durch die Deutsche Forschungsgemeinschaft gefördert wurden. Seit der Mitte der achtziger Jahre ist die methodische Reflexion jedoch zunehmend hinter die Praxis der Literaturwissenschaft zurückgetreten. Zwar hat die sogenannte Theoriedebatte die Basis einer sozialgeschichtlich orientierten Literaturwissenschaft nicht grundsätzlich in Frage stellen können, sondern hat von ganz anderer Seite konventionelle Begriffe der Literaturwissenschaft der Kritik unterzogen. Aber das Konzept Sozialgeschichte der Literatur und mehr noch die damit verbundene literaturhistorische Praxis sind aus dem Fokus der Fachdiskussion herausgerückt. Von einer konzeptionellen Fortentwicklung der sozialgeschichtlich orientierten Literaturwissenschaft kann daher gegenwärtig kaum die Rede sein. Auch die zunehmende Beschäftigung mit der Systemtheorie Niklas Luhmanns hat bislang nicht zu einer breiteren Diskussion darüber geführt, inwieweit sie die Fragestellungen einer Sozialgeschichte der Literatur zu integrieren erlaubt.

Ein Blick auf die Nachbardisziplinen verdeutlicht das Diskussionsdefizit. In den Geschichtswissenschaften wird das lange Zeit dominierende Paradigma ›Sozialgeschichte‹ gezielt durch Erweiterungen wie Gesellschaftsgeschichte, Mentalitätengeschichte und Kulturgeschichte kritisiert, aber auch fortgeführt. Der Methodenstreit greift unter dem Gegenbegriff ›Kultur‹ die konzeptionellen Vorausannahmen der Sozialgeschichte auf, indem er dem Strukturrealismus der Sozialgeschichte handlungstheoretische Annahmen gegenüberstellt, die gesellschaftstheoretischen Hintergrundsannahmen der Sozialgeschichte befragt und neue methodische Verfahrensweisen, wie Mikrogeschichte, Alltagsgeschichte oder die Erforschung von Egodokumenten erprobt. In den literaturwissenschaftlichen Disziplinen dagegen wurden die Argumente der sozialgeschichtlichen Theorie- und Methodenreflexion liegen gelassen. Theoriemodelle wie Diskursanalyse, New Historicism, Cultural Studies, Postcolonial Studies oder ›thick description‹ knüpfen nicht an den Stand der sozialgeschichtlichen Literaturgeschichtsschreibung an, so daß im Rückblick das Konzept als eines erscheint, das vor allem im deutschsprachigen Raum seine Träger gefunden hat.

Der Diskussionsstand im Fach ist daher eher von einer Immunisierung der Argumentationen der verschiedenen Ansätze gegeneinander gekennzeichnet. Das zeigt nicht zuletzt die diffus geführte Debatte um Literaturwissenschaft als Kulturwissenschaft. Eine disziplinär geführte Diskussion über die konzeptionellen Möglichkeiten von Literaturwissenschaft und vor allem der Literaturgeschichtsschreibung fehlt. Hier setzt unser Interesse an. Wir meinen, daß das Konzept einer Sozialgeschichte der Literatur der theoretischen und methodologischen Aufmerksamkeit wieder bedarf, und daß gerade die Diskussion um den Begriff der Kultur dafür einen Ansatzpunkt bietet. Zu vermitteln wären zum einen die literaturhistorische Praxis mit einer ihr angemessenen Theorie, und zum anderen wäre zu fragen, was kulturwissenschaftliche Ansätze zu einer tragfähigen Weiterentwicklung des sozialgeschichtlichen Konzepts beitragen. Dabei wäre vor allem das Verhältnis von Sozialsystem und Symbolsystem präziser zu beschreiben und modellhaft zu fassen, als dies bislang der Fall ist. Für die Strukturierung einer solchen anzustoßenden Debatte schlagen wir vier Problemfelder vor:

1. Sozialgeschichte der Literatur und Medien

Zum Kern sozialgeschichtlicher Literaturforschung gehören die Bildungs-, Buchhandels- und Pressegeschichte. Sie wären zu erweitern um Fragestellungen, die durch die neuen Medien provoziert und in kulturgeschichtlicher Perspektive unter dem Stichwort ›Gedächtnis‹ geführt werden. Hierzu wären vor allem zu zählen: Veränderungen des Medienbegriffs durch elektronische Datenverarbeitung, die Diskussion des Medienbegriffs in der Anbindung an eine kommunikationsorientierte Sozialtheorie oder auch Fragestellungen über den Zusammenhang von Text- und Medientheorie, Kultur- und Mediengeschichte.

2. Sozialgeschichte der Literatur und die Geschichtswissenschaften

Die Entwicklungen und Diskussionen innerhalb der Geschichtswissenschaft um konkurrierende Konzepte der Gesellschaftsgeschichte, Modernisierungstheorie und Kulturgeschichte wären daraufhin zu befragen, in welchen Grundannahmen sie eine eingeübte Muster der Literaturgeschichtsschreibung in Frage stellen, inwieweit sie von der Geschichtswissenschaft auf die Literaturwissenschaft übertragbar sind und welche Modifikationen dabei zu berücksichtigen wären. Was ändert sich am Konzept der Sozialgeschichte der Literatur, wenn die bisherige Orientierung der Sozialgeschichte am Modell des Bürgertums und ihre Konzentration auf die Sozialstruktur aufgegeben wird? Welche anderen modernisierungstheoretischen Annahmen könnten modellbildend wirken, zum Beispiel eine auf Handlungen und Symbolisierungen abstellende Analyse sozialer Prozesse?

3. Sozialgeschichte der Literatur und die Humanwissenschaften

Die gegenwärtige Strukturierung des wissenschaftlichen Feldes durch den Gegensatz von Geistes- vs. Naturwissenschaften könnte mit der Anbindung der Literaturwissenschaft an die Kulturwissenschaft und Überlegungen zur historischen Anthropologie ihren antithetischen Charakter verlieren. Auszuloten sind Überschneidungen zwischen Humanwissenschaften und Literaturwissenschaft in gemeinsamen Forschungsfeldern: Selbst- und Fremdwahrnehmung, Bewußtsein, Gedächtnis, Affekte, Bedeutungskonstitution wären hier als mögliche Felder einer Interferenz der Wissenschaftskulturen denkbar.

4. Sozialgeschichte der Literatur und die Theorieentwicklung

Eine Reflexion der Sozialgeschichte ist derzeit von der Theoriediskussion des Faches weitgehend abgekoppelt. Diesem Desiderat ist zunächst durch eine Bestandsaufnahme abzuhelfen, auf der eine Neuformulierung des Konzepts ansetzen könnte. Anschlußstellen wären herauszuarbeiten zu Entwicklungen

der Systemtheorie, der Theorie des Sozialen Feldes (Bourdieu), neueren semiotischen Ansätzen (im Rückgriff auf Peirce) und der Erweiterung der
Hermeneutik durch kulturtheoretische Fragestellungen.

*

Der Band konnte in der vorliegenden Form nur entstehen, weil seine Beiträger mit großer (und durchaus nicht immer selbstverständlicher) Disziplin die
theoretischen und zeitlichen Vorgaben einhielten. Dafür sei an dieser Stelle
allen gedankt. Oliver Dürselen hat mit gewohnter Kompetenz mitgeholfen,
daß das Buch rechtzeitig erscheinen konnte.

Wolfgang Frühwald und Georg Jäger verdanken wir vielfältige Anregung
und Unterstützung über Jahre hinweg. *Nach der Sozialgeschichte* und seine
Beiträge versuchen, Wege im Umgang mit der Literatur, die Wolfgang Frühwald und Georg Jäger erschlossen haben, weiterzugehen – der Band sei ihnen
deshalb herzlich gewidmet.

München, im Juli 2000   *Martin Huber / Gerhard Lauer*

MARTIN HUBER / GERHARD LAUER

Neue Sozialgeschichte?

Poetik, Kultur und Gesellschaft – zum Forschungsprogramm der Literaturwissenschaft

I.

Das Projekt einer ›Sozialgeschichte der Literatur‹ gilt allgemein als erschöpft. Bände, die ›Sozialgeschichte‹ in ihrem Titel mitführen, tun dies mittlerweile mit erkennbar schlechtem Gewissen.[1] Die Gründe für den rapiden Ansehensverlust seit dem Ausgang der achtziger Jahre dürften in einer Gemengelage von außerwissenschaftlichen wie innerdisziplinären Entwicklungen zu vermuten sein. Als deren äußere Komponenten wird man vor allem den Geltungsverlust neomarxistisch und ganz allgemein sozialwissenschaftlich orientierter Modelle der gesellschaftlichen Selbstbeschreibung und die damit verbundene Entwertung der Ideologiekritik anführen müssen.[2] Mit der Auratisierung der Literaturwissenschaft durch poststrukturalistische Theorien scheinen sozialgeschichtliche Ansätze nicht mehr konkurrieren zu können. Andere Faktoren kommen hinzu: die Entdeckung der Erinnerung im Zuge einer Historisierung der deutschen Geschichte, das nach dem Ende des Ost-West-Gegensatzes gewachsene Interesse an ›kleinen‹ Kulturen und nicht zuletzt auch die Globalisierung der Medienkommunikation. Sie haben die Rahmenbedingungen für die literaturwissenschaftlichen Fächer nachhaltig verändert. Unter den innerdizplinären Problemen des sozialgeschichtlichen Konzepts wird immer wieder die unvermittelte Gegenüberstellung von Gesellschaft als determinierendem Kontext und dem davon bestimmten Text genannt.[3] Der

---

[1]   Z.B. Albert Meier: Vorwort. In: A. M. (Hg.): Die Literatur des 17. Jahrhunderts. Hansers Sozialgeschichte der Literatur. München, Wien: Hanser 1999, S. 9: Vor dem Horizont der ›condition postmoderne‹ »verbietet sich der Anspruch, mit dem Ansatz ›Sozialgeschichte‹ über eine bevorzugte Generalmethode zur Einsicht in alle literarische Daten zu verfügen«. Zur Kritik am Etikett ›Sozialgeschichte‹ vgl. anläßlich des Bandes *Bürgerlicher Realismus und Gründerzeit* (hg. von Edward McInnes / Gerhard Plumpe) den Beitrag von Oliver Bruck / Max Kaiser / Werner Michler / Karl Wagner / Christiane Zintzen: Eine Sozialgeschichte der Literatur, die keine mehr sein will. In: Internationales Archiv für Sozialgeschichte der deutschen Literatur 24, 1 (1999), S. 132–157.

[2]   Peter Uwe Hohendahl: Nach der Ideologiekritik. Überlegungen zur geschichtlichen Darstellung. In: Hartmut Eggert / Ulrich Profitlich / Klaus R. Scherpe (Hg.): Geschichte als Literatur. Formen und Grenzen der Repräsentation von Vergangenheit. Stuttgart: Metzler 1990, S. 77–90.

[3]   Bernd Balzer: Ein gewendetes ›Königsprojekt‹. Sozialgeschichtliche Literaturgeschichtsschreibung im ›historischen Prozeß‹. In: Johannes Janota (Hg.): Kultureller

Eigensinn literarischer Texte, ihre ›Autonomie‹, gelten als nicht genügend
berücksichtigt. Und in der Tat dürfte die Ableitung kultureller Phänomene
aus Gesellschaftsstrukturen zu einseitig und als Prämisse für die literaturwissenschaftliche Praxis, die ja auf ihre Eigenständigkeit schon aus disziplinpolitischen Gründen Wert legen muß, eine problematische Vorgabe sein.

Die Einschätzung der Sozialgeschichte der Literatur war in ihrer Hochphase von den siebziger bis Mitte der achtziger Jahre freilich eine ganz andere gewesen. Sozialgeschichtliche Ansätze verhießen damals nichts weniger
als den Aufbruch aus der als betulich empfundenen ›Interpretationskunst‹
Germanistik und wußten sich auch bei den Intellektuellen jenseits der Fachgrenzen getragen.[4] Der Aufbruch blieb nicht ohne Wirkung. Heute zählen die
meisten der damals neu etablierten Fragestellungen zur allgemeinen Praxis
der Literaturwissenschaft. Deren Herkunft aus sozialgeschichtlichen Ansätzen wird dabei meist vergessen. Zu den konsensfähigen Problemstellungen
gehören vor allem jene über die Korrelation von literarischem Text und seinem gesellschaftlichen Umfeld, solche über die Bedeutung institutionalisierter
Formen der Distribution von Literatur und Fragen nach der historischen und
gesellschaftlichen Rolle des Autors und des Lesers. Die Literaturwissenschaft
verdankt der sozialgeschichtlichen Ausrichtung eine Ausweitung des Literaturbegriffs auf nicht kanonische Literatur und einen geschärften Blick für die
Prozesse solcher Kanonisierungen sowie ein Bewußtsein für den Zusammenhang von Gattungen mit Entwicklungen der gesellschaftlichen Ausdifferenzierung.[5] Nur sind diese Ansätze in den Literaturwissenschaften nicht mehr
bestimmend und bilden auch immer weniger den Bezugspunkt für weitertragende Methoden- und Theoriediskussionen wie dies etwa noch bei der Formulierung der Rezeptionstheorie der Fall war. Aus wissenschaftsgeschichtlicher Perspektive ist bereits wieder eine Rückkehr zu den kanonischen Texten
und ihrer Interpretation zu konstatieren.[6] Trivialliteraturforschung, Arbeiten
zur Lese(r)geschichte und zum Buchhandel, zu Fragen der Kanonisierung
und Wertung von Literatur wie auch zur Theorie und Praxis der Literaturgeschichtsschreibung sind je eigene Forschungsrichtungen geworden. Als Teile
der komplexen Binnendifferenzierung des Faches haben sie sich dabei so weit

---

Wandel und die Germanistik in der Bundesrepublik. Bd. 2: Germanistik und
Deutschunterricht im historischen Wandel. Tübingen: Niemeyer 1993, S. 161–172.
[4] Der Aufruf von Hans Magnus Enzensberger aus dem Jahr 1977 *Bekämpfen Sie das
häßliche Laster der Interpretation!* mag stellvertretend für diese Stimmung stehen.
H.-M. E.: Ein bescheidener Vorschlag zum Schutz der Jugend vor den Erzeugnissen der Poesie. In: Der Tintenfisch 11 (1977), S. 49–58.
[5] Fotis Jannidis: Art. Sozialgeschichtliche Ansätze. In: Ansgar Nünning (Hg.):
Metzler Lexikon Literatur- und Kulturtheorie. Ansätze – Personen – Grundbegriffe. Stuttgart, Weimar: Metzler 1998, S. 492–494.
[6] Walter Erhart: Kanonisierungsbedarf und Kanonisierung in der deutschen Literaturwissenschaft (1945–1995). In: Renate von Heydebrand (Hg.): Kanon Macht
Kultur. Theoretische, historische und soziale Aspekte ästhetischer Kanonbildung.
Stuttgart, Weimar: Metzler 1998, S. 97–121.

verselbständigt, daß es unwahrscheinlich scheint, von diesen Fragestellungen könne noch ein Anstoß für disziplinäre Selbstbeschreibungen ausgehen. Man meint andere Konzepte und Schlagworte, wenn von Neukonzeptualisierung der Literaturwissenschaft gesprochen wird.

Als Vermutung drängt sich auf, das Projekt ›Sozialgeschichte der Literatur‹ könnte eine umgrenzte historisch-politische Aufgabe erfüllt haben: auch in der Literaturwissenschaft und hier vor allem in der Germanistik der Bundesrepublik Deutschland eine Rückkehr in die westliche Welt der Wissenschaft zu leisten, darin vergleichbar der Funktion der Sozialgeschichte in den Geschichtswissenschaften.[7] Für diese Vermutung spricht die paradigmatische Bedeutung, die das Konzept gerade in der Bundesrepublik hatte, nicht aber in anderen Ländern. Als Pendant zur gesamtgesellschaftlichen Umorientierung auf die Westbindung hin wäre die ›Sozialgeschichte der Literatur‹ als Konzept damit heute historisch geworden. Auch insofern scheint uns die These, wir bewegen uns in einer Situation ›nach der Sozialgeschichte‹, nicht übertrieben zu sein. Die Frage ist nur, ob es dann noch sinnvoll ist, sozialgeschichtliche Ansätze zum Bezugspunkt für Modernisierungen zu machen? Wir meinen, daß dies gleichermaßen sinnvoll wie wünschenswert ist.

Man kann dies gerade am Beispiel der neuen ›Medien‹ gut verdeutlichen (II.), aber auch zeigen, welches Potential besonders sozialgeschichtliche Ansätze bieten, um die immer noch geisteswissenschaftliche Literaturwissenschaft in Richtung auf die Humanwissenschaften hin zu öffnen (III.). Warum eine Öffnung der Literaturwissenschaft sinnvoll wie chancenreich gerade jetzt ist, läßt sich am Funktionswandel dieser Disziplin sehen, der mit den Stichworten Kulturwissenschaft und Medientheorie eher symptomatisch denn programmatisch beschrieben ist (IV.).

II.

Eine Weiterentwicklung sozialgeschichtlicher Fragestellungen eröffnet gerade dort neue Möglichkeiten, wo die Ablösung von legitimatorischen und ideologiekritischen Vorgaben den Blick auf die methodischen Leistungen freigibt. Das gilt besonders auf dem Feld der Medien. Und zwar deshalb, weil es keine ähnlich ausdifferenzierten Forschungsansätze in anderen literaturwissen-

---

[7] Thomas Mergel: Kulturgeschichte – die neue »große Erzählung«? Wissenssoziologische Bemerkungen zur Konzeptualisierung sozialer Wirklichkeit in der Geschichtswissenschaft. In: Wolfgang Hardtwig / Hans-Ulrich Wehler (Hg.): Kulturgeschichte Heute. (Geschichte und Gesellschaft, Sonderheft 16) Göttingen: Vandenhoeck und Ruprecht 1996, S. 41–77, hier S. 56.

schaftlichen Paradigmen gibt, die wie die Sozialgeschichte der Literatur[8] Prozesse und Strukturen der literarischen Distribution zu ihrem Thema gemacht hätten. In der disziplinären Beschäftigung mit Medien dominieren derzeit freilich vor allem jene Ansätze das Terrain, die großflächige Entwürfe über die Entwicklung der Medien skizzieren. Nur handelt es sich dabei häufig um ungedeckte Vorgriffe, die sich als Reformulierungen von Theoremen aus der Tradition der Kulturphilosophie erweisen. Empirisch und historisch gestützte Bewertungen der Medienentwicklung spielen dabei bislang eine zu kleine Rolle.[9] Das ist unbefriedigend. Will man die Wiederholung kulturkritischer Gemeinplätze vermeiden, muß man bedenken, daß mit ›neuen‹ Medien nicht automatisch ›neue‹ Paradigmen gekoppelt sind. Dies zeigt etwa die Entwicklung der Filmphilologie oder Filmwissenschaft. Denn die Aufnahme neuer Medien in den literaturwissenschaftlichen Kanon der Forschungsgegenstände hat das disziplinäre Selbstverständnis der Literaturwissenschaft keineswegs verändert. Weder gehört der Film zu den kanonischen Gegenständen der literaturwissenschaftlichen Fächer noch sind methodische oder theoretische Neuformulierungen unter dominantem Bezug auf den Film grundsätzlich erfolgt.

Die Erforschung der Medien wird daher nur dann nicht zur ›Spielwiese‹ der Literaturwissenschaft werden, wenn sie die Standards einhält, die eine von den historischen Sozialwissenschaften angeleitete Literaturwissenschaft längst vorgegeben hat. Im Bereich der Medienanalyse nennen wir die Arbeiten aus den Forschungsfeldern der Buchwissenschaft, der Lese(r)forschung, der Gattungstheorie oder der Kanon- und Wertungsforschung. Sie haben historisch und textwissenschaftlich, psychologisch und sozialwissenschaftlich diskutierbare Fragestellung und Lösungsstrategien bereitgestellt, die immer noch ohne Konkurrenz im Fach sind.[10] Was an Forschung etwa zum Kolportageroman erbracht worden ist, zum Almanach oder zur klandestinen Literatur, zu den Distributionsformen der Leihbibliotheken und Verlage, dem Leseverhalten in unterschiedlichen Milieus und Zeiten wäre mit Blick auf die neuen Medien, vornehmlich auf das Internet fortzusetzen. Das auch deshalb, weil die neuen Schreibmöglichkeiten und Textformen, die das Internet er-

---

8 Vgl. hierzu immer noch das an Talcott Parsons orientierte Mehrebenenmodell in den Beiträgen der Münchener Forschergruppe (MFG). Renate von Heydebrand / Dieter Pfau / Jörg Schönert (Hg.): Zur theoretischen Grundlegung einer Sozialgeschichte der Literatur. Hg. im Auftrag der Münchener Forschergruppe ›Sozialgeschichte der deutschen Literatur 1770–1900‹. Tübingen: Niemeyer 1988.

9 Simone Winko: Lost in hypertext. Autorkonzepte und neue Medien. In: Fotis Jannidis / Gerhard Lauer / Matias Martinez / S. W. (Hg.): Rückkehr des Autors. Zur Erneuerung eines umstrittenen Begriffs. Tübingen: Niemeyer 1999, S. 511–533.

10 Lesesozialisation in der Mediengesellschaft. Ein Schwerpunktprogramm. Hg. von Norbert Groeben. (10. Sonderheft Internationales Archiv für Sozialgeschichte der deutschen Literatur) Tübingen: Niemeyer 1999.

möglicht, nicht immer nur neu sind, sondern vielfach komplementär zu alt-
bekannten und bereits gut erforschten Textformen hinzutreten.

Freilich, mit dem historisch gewordenen Modell der Ableitung von Textformen aus gesellschaftlichen Prozessen sind die neuen Textstrukturen, die
Text/Bild- und Text/Ton-Relationen,[11] ist die gesamte Dynamik der gegenwärtigen medialen Vergesellschaftung nur ungenügend zu fassen. Das Beispiel der Medien markiert insofern ein, wenn nicht das Feld, auf dem eine
fruchtbare Modernisierung sozialgeschichtlicher Ansätze stattfinden kann.
Und auch hier wird die methodische Vermittlung von Sozial- und Symbolsystem von zentraler Bedeutung sein. Teil des disziplinären Selbstverständnisses der Literaturwissenschaften wird die Medienforschung aber nur werden
und damit auch disziplinäre Kompetenz nach außen zeigen können, wenn sie
die erprobten Forschungsmethoden und -gegenstände nicht bloß erweitert,
sondern besser plausibilisieren kann.

Mit zu dieser Kompetenz gehörte ein selbstreflexiver Blick auf das Fach
und die Veränderungen, die dort durch die neuen Medien für die Organisation der wissenschaftlichen Kommunikation zu erwarten sind. In absehbarer
Zeit werden sich lange eingespielte Strukturen der wissenschaftsinternen
Kommunikation wie Distribution und Evaluation des disziplinären Wissens
verändern. Auch dies gilt es konstruktiv aufzunehmen. Insofern scheint es
nicht zufällig, sondern eine Konsequenz des sozialgeschichtlichen Interesses für
Wissensdistribution, daß gerade das *Internationale Archiv für Sozialgeschichte
der deutschen Literatur* als erste unter den germanistischen Fachzeitschriften
ein Online-Projekt[12] parallel zur gedruckten Zeitschrift begonnen hat, in dem
neue Formen der wissenschaftlichen Kommunikation erprobt werden.

III.

War das historische Konzept einer Sozialgeschichte der Literatur stark auf
die Leitmodelle der historischen Sozialwissenschaften hin orientiert, so gilt es
heute, die Literaturwissenschaft weiter gegenüber den Humanwissenschaften
zu öffnen, als dies bislang der Fall war. Die Trennung der (sogenannten)
zwei Wissenschaftskulturen entspricht zwar der Tradition der deutschen Geisteswissenschaften und ist durch den Einfluß poststrukturalistischer Konzepte
eher noch verstärkt worden. Andererseits läßt sich aber kaum plausibel erklä-

---

[11] URL: < http://www.rrz.uni-hamburg.de/Bildforschung > oder Manfred Treml:
»Schreckensbilder« – Überlegungen zur Historischen Bildkunde. Die Präsentation
von Bildern an Gedächtnisorten des Terrors. In: Geschichte in Wissenschaft und
Unterricht 48, 5/6 (1997), S. 279–294.
[12] IAS*Lonline*, URL: < http://iasl.uni-muenchen.de >. Inzwischen ist IAS*Lonline*
selbst Gegenstand der Literatur geworden, vgl. Matthias Politicky: Ein Mann von
vierzig Jahren. München: Luchterhand 2000, S. 92, Anm. 83.

ren, warum eine Disziplin wie die Literaturwissenschaft Forschungsergebnisse der empirischen Psychologie, der Wahrnehmungs- und Entwicklungspsy-
chologie oder der Neurowissenschaften nicht aufnehmen und, wo es sinnvoll
ist, auch integrieren sollte. Der Umgang mit Zeichen als einer menschlichen
Grundfähigkeit betrifft empirisch untersuchbare Leistungen des Körpers,[13]
nicht nur den ›Geist‹. In anderen disziplinären Traditionen etwa in Holland
oder den USA gehört das zum Alltag der *Humanities*. Auch hier kann an sozialgeschichtlich orientierte Forschungstraditionen angeknüpft werden, die im
Umgang mit den Humanwissenschaften schon Pionierarbeit geleistet haben.
Seit Jahren integriert die Lese(r)forschung neben der Lese(r)psychologie
selbstverständlich auch die neurobiologischen Grundlagen des Lesens.[14] Aus
dieser Perspektive ist Literaturwissenschaft eben nicht nur eine Kulturwissenschaft, sondern auch eine Humanwissenschaft. Zur literaturwissenschaftlichen Modellierung des Verhältnisses von Text und Kontext gehören daher
Fragen nach dem emotiven Umgang mit Literatur, der Kreativität von
Schreibprozessen, der neurologischen Verarbeitung von Metaphern, der
ethologischen Formen von Rollenspielen, somit Problembeschreibungen, die
der kulturellen wie biologischen Zweistämmigkeit des Menschen Rechnung
tragen.[15]

Unter diesen Vorgaben neu zu beleben wäre auch der – zumindest für die
neueren Philologien – weitgehend zum Erliegen gekommene Dialog zwischen
der Geschichts- und der Literaturwissenschaft. Stichworte wie ›Gedächtnis‹,
›Polykontextualität‹, ›New Historicism‹ oder ›Metahistory‹, um nur einige zu
nennen, verweisen auf den Bedarf, die Abkopplung nach der Losung *Literatur oder Geschichte*, wie sie Roland Barthes programmatisch formuliert hat,[16]
aufzuheben. Historische Anthropologie wäre für ein solches kooperatives
Forschungsunternehmen eine Sammelbezeichnung, die nicht mehr nach »un-
vergänglichen Mustern (nach *Natur-in-Kultur*), sondern nach spezifischen
Weisen der Zurichtung, Disziplinierung und technischen Implementierung
des Körpers (nach *Kultur-in-Natur*)« fragt und nicht Wissen vom Menschen
schlechthin erarbeiten will, sondern von Menschen »in der besonderen Aus-

---

[13]   William S. Wilkerson: From Bodily Motions to Bodily Intentions. The Perception
       of Bodily Activity. In: Philosophical Psychology 12, 1 (1999), S. 61–77, URL:
       < http://www.artsci.wustl.edu/~wbechtel/pp.html >.
[14]   Ursula Christmann / Norbert Groeben: Psychologie des Lesens. In: Handbuch Le-
       sen. Im Auftrag der Stiftung Lesen und der deutschen Literaturkonferenz hg. von
       Bodo Franzmann, Klaus Hasemann, Dietrich Löffler und Erich Schön unter Mit-
       arbeit von Georg Jäger u.a.. München: Saur 1999, S. 145–223 sowie Marc Witt-
       mann / Ernst Pöppel: Neurobiologie des Lesens. In: Ebd., S. 224–239.
[15]   Vgl. Karl Eibl: Strukturierte Nichtwelten. Zur Biologie der Poesie. In: Internatio-
       nales Archiv für Sozialgeschichte der deutschen Literatur 18, 1 (1993), S. 1–36;
       sowie K. E.: Die Entstehung der Poesie. Frankfurt/M.: Insel 1995.
[16]   Roland Barthes: Literatur oder Geschichte. Übersetzt von Helmut Scheffel. Frank-
       furt/M.: Suhrkamp 1969.

prägung ihrer sozialen und historischen Umwelt«.[17] Überschneidungsfelder ergeben sich dabei vor allem bei Fragen nach der Textualität von Geschichte und Kultur und den Formen ihrer Beschreibung.[18] Für Literaturwissenschaft wie für Historiographie ist die Ausbalancierung des Verhältnisses von (Gesellschafts-)Struktur und symbolischem Handeln nicht durch den bloßen Verweis auf die ›neue Kulturgeschichte‹ schon gelöst. Zumal unter diesem Terminus ganz unterschiedliche konzeptionelle Angebote gemacht werden, die auch auf ganz unterschiedliche Problemlagen einzelner Disziplinen und nationaler Wissenschaftsstrukturen reagieren. Die für die USA so wichtigen *Cultural Studies*[19] lassen sich eben nicht eins zu eins in die deutsche Wissenschaftslandschaft übersetzen. Kulturgeschichte meint hier anderes als nur einfach eine Ethnologisierung der Gesellschaftsgeschichte.[20] Und die von den sozialgeschichtlichen Ansätzen so intensiv diskutierten Probleme der Modernisierungstheorie[21] sind durch die Kulturgeschichte nicht gelöst, werden vielmehr durch einen ihr inhärenten Moralismus übersprungen. Wenn es also richtig ist, daß beide Disziplinen einen Bedarf haben, das bislang unter-

---

[17] Aleida Assmann: Historische Anthropologie. In: Deutsche Forschungsgemeinschaft: Perspektiven der Forschung und ihrer Förderung. Aufgaben und Finanzierung 1997-2001. Weinheim u.a.: Wiley-VCH 1997, S. 93–99, hier S. 94.

[18] Hayden White: Metahistory. Die historische Einbildungskraft im 19. Jahrhundert in Europa. Aus dem Amerikanischen von Peter Kohlhaas. Frankfurt/M.: Suhrkamp 1991 [1973]; H. W.: Die Bedeutung der Form. Erzählstrukturen in der Geschichtsschreibung. Frankfurt/M.: Fischer 1990 [1987].

[19] Stuart Hall: Critical Dialogues in Cultural Studies. Hg. Von David Morley. London u.a.: Routledge 1996, deutsch zuletzt Stuart Hall: Kritische Kulturwissenschaften. Ausgewählte Schriften 3. Hamburg: Argument 2000; vgl. dazu Michael Böhler: »Cross the Border – Close the Gap!« – Die Dekanonisierung der Elitekultur in der Postmoderne und die Rekanonisierung des Amerika-Mythos. Zur Kanondiskussion in den USA. In: Renate von Heydebrand (Hg.): Kanon Macht Kultur. Theoretische, historische und soziale Aspekte ästhetischer Kanonbildung. Stuttgart, Weimar: Metzler 1998, S. 483–503; in Deutschland: Doris Bachmann-Medick: Kultur als Text. Die anthropologische Wende in der Literaturwissenschaft. Frankfurt/M.: Fischer 1996; Christoph Konrad / Martina Kessel (Hg.): Kultur und Geschichte. Neue Einblicke in eine alte Beziehung. Stuttgart: Reclam 1998; Roger Bromley / Udo Göttlich / Carsten Winter (Hg.): Cultural Studies. Grundlagentexte zur Einführung. Aus dem Englischen von M. Haupt und B. Suppelt. Lüneburg: Zuklampen 1999; Jan Engelmann (Hg.): Die kleinen Unterschiede. Der Cultural Studies Reader. Frankfurt/M.: Campus 1999; Karl Hörning / Rainer Winter: Widerspenstige Kulturen. Cultural Studies als Herausforderung. Frankfurt/M.: Suhrkamp 1999.

[20] Für die Diskussion um die Historische Sozialwissenschaft und die neue Kulturgeschichte vgl. die Zwischenbilanz von Hans-Ulrich Wehler in: H.-U. W.: Die Herausforderung der Kulturgeschichte. München: Beck 1998, hier S. 142–153; Gangolf Hübinger: Die »Rückkehr« der Kulturgeschichte. In: Geschichtswissenschaften. Eine Einführung. Hg. von Christoph Cornelißen. Frankfurt/M.: Fischer 2000, S. 162–177.

[21] Thomas Mergel: Geht es weiterhin voran? Die Modernisierungstheorie auf dem Weg zu einer Theorie der Moderne. In: Thomas Mergel / Thomas Welskopp: Geschichte zwischen Kultur und Gesellschaft. Beiträge zur Theoriedebatte. München: Beck 1997, S. 203–232.

schätzte Handeln in symbolisch kodierten Handlungszusammenhängen zu erforschen und damit auch die Rolle kultureller Vergesellschaftung intensiver in den Blick zu nehmen, dann wird dies nicht im Gegensatz zur Sozialgeschichte erfolgen, sondern in der produktiven Weiterführung der hier gemeinsam geleisteten Forschungsarbeiten.

Und da weder Humanwissenschaft noch Kulturwissenschaft für sich genommen schon ein methodisches oder theoretisches Paradigma für die Literaturwissenschaft bilden, sind Fragen der Methodik und Theorie auch nach der Theoriedebatte nicht obsolet geworden. Die sozialgeschichtlichen Ansätze haben auch hier die Wichtigkeit von gesellschaftstheoretischen Vorausannahmen hervorgehoben und nicht zufällig dabei auf systemtheoretische Modelle verwiesen.[22] Das Set der konzeptionellen Möglichkeiten ist inzwischen breiter geworden und bietet neben Pierre Bourdieus Feldtheorie und Erving Goffmans Rahmenanalyse auch semiotische Grundlagenforschung im Ausgang von Charles S. Peirce bis hin zur Bio-Semiotik. Bereits Niklas Luhmanns Systemtheorie hat im Anschluß an humanwissenschaftliche Erkenntnisse Humberto R. Maturanas und Francisco J. Varelas ›Kommunikation‹ zu einem ihrer Zentralbegriffe erhoben. Ein systemischer Gesellschaftsbegriff wie auch ein handlungsorientierter Zeichen- und Repräsentationsbegriff nimmt jene human- und kulturwissenschaftlichen Fragestellungen nach Bewußtsein, Kommunikation, Sinn, Bedeutungs- und Identitätskonstitution in symbolischem und sozialem Handeln auf eine Weise in den Blick, die eine schlichte Gegenüberstellung (oder gar Ableitung) von Kunst und Kultur aus der ›Sozialen Wirklichkeit‹ bereits theoretisch ausschließt. Auch hier gilt: die sozialgeschichtlichen Ansätze haben dafür Standards und Anknüpfungsmöglichkeiten formuliert, die es unseres Erachtens rechtfertigen, von einer Modernisierung der Sozialgeschichte der Literatur zu sprechen. Wir befinden uns ›nach der Sozialgeschichte‹, aber nicht ohne deren Standards. Das heißt zugleich, daß ›Neue Sozialgeschichte‹ kein Paradigma sein kann und es nicht sein will. Wohl heißt dies aber, daß damit ein integratives Forschungsprogramm umrissen ist. Und das ist nicht eben wenig, angesichts der Pluralisierung innerhalb der Literaturwissenschaft.

---

[22] Einen kritischen Überblick über systemtheoretische Ansätze der Literaturwissenschaft gibt der dreiteilige Fortschrittsbericht *Systemtheorie und Literatur. Teil I-III* von Georg Jäger: Der Systembegriff der Empirischen Literaturwissenschaft. In: Internationales Archiv für Sozialgeschichte der deutschen Literatur 19, 1 (1994), S. 95–125; Claus-Michael Ort: Der literarische Text in der Systemtheorie. In: Ebd., 20, 1 (1995), S. 161–178 und Oliver Jahraus / Benjamin Marius Schmidt: Modelle Systemtheoretischer Literaturwissenschaft in den 1990ern. In: Ebd. 23, 1 (1998), S. 66–111.

IV.

Wiederholt hat man argumentiert, die Kulturwissenschaften seien eine Reaktion auf die Internationalisierung der einstigen Geisteswissenschaften und insofern ein Fortschritt, auch wenn man das Wort Fortschritt dafür nicht überall gebraucht. In moralisierender Wertung ist mit dem Begriff *cultural turn* freilich nichts anderes gemeint. Tatsächlich aber beliefert die Rede vom Ende der Nationalphilologien zwar ein politisches Comment, aber auch nicht mehr. Und das nicht nur deshalb, weil schon das Eigeninteresse der philologischen Disziplinen eine Selbstauflösung zugunsten einer Metawissenschaft Kulturwissenschaft nicht unbedingt forcieren wird.[23] Die Debatte um die Kulturwissenschaft ist daher Symptom für Umstellungen, die nicht aus den literaturwissenschaftlichen Fächern selbst hervorgehen. Vor allem ist es die faktische Schwäche von Literatur als kulturellem Kapital,[24] die die Literaturwissenschaft aus ihrem traditionellen Selbstverständnis entläßt. Die Internationalisierung der Literaturwissenschaft ist nur eine andere Formulierung für diesen Prozeß der Entwertung eingeübter kultureller Orientierungsmuster. Da die kulturelle Vergesellschaftung in den Nationen höchst unterschiedlich verlaufen ist,[25] spricht nichts dafür, daß mit Kulturwissenschaft schon ein neues methodisches oder theoretisches Paradigma gemeint sein könnte, noch gar eines, das die Internationalisierung der Literaturwissenschaften vorantreiben würde.[26] Man wird anders argumentieren müssen: Der aus der Konkurrenz mit den neuen Medien resultierende Geltungsverlust der bislang von den Philologien gepflegten Literatur hat die eingeübten Kontextualisierungen der literarischen Texte aufgelöst, und das mag man dann Kulturwissenschaft nennen. Entscheidend wird nicht sein, welche kulturellen Wissenskontexte mit welchen Texten im einzelnen verbunden werden, sondern welche Kriterien der Auswahl dieser Kontexte als wissenschaftlich legitim in der Disziplin anerkannt werden. Gelten historische, gelten sozial- und humanwissenschaftliche Standards auch für die Literaturwissenschaft? Auch hier ist es unsere Überzeugung, daß die Literaturwissenschaft sich gegenüber den Entwicklungen in anderen Disziplinen nicht immunisieren sollte. Daraus würde eine

---

23 Holger Dainat: Zukunftsperspektiven. Anmerkungen zur kulturwissenschaftlichen Orientierung der Germanistik. In: Mitteilungen des Deutschen Germanistenverbandes 46, 4 (1999): Germanistik als Kulturwissenschaft. S. 496–506.

24 Renate von Heydebrand: Kanon soll sein - aber wie und wozu? In: Archiv für das Studium der neueren Sprachen und Literaturen 235 (1998), S. 349–357.

25 Friedrich H. Tenbruck: Die kulturellen Grundlagen der Gesellschaft. Der Fall der Moderne. Opladen 1989.

26 Vgl. den Diskussionsbeitrag von Jürgen Fohrmann: Annotationen zu David Wellberys Thesen. In: Lutz Danneberg u.a. (Hg.): Wie international ist die Literaturwissenschaft? Methodendiskussion und Theoriediskussion in den Literaturwissenschaften: kulturelle Besonderheiten und interkultureller Austausch am Beispiel des Interpretationsproblems (1950 –1990). Stuttgart: Metzler 1996, S. 139–141.

weitere Marginalisierung im wissenschaftlichen Betrieb resultieren, die dann wiederum nur durch kulturphilosophische Globalansprüche zu kompensieren wäre. Auf die Alternative disziplinäre Schließung oder transdisziplinäre Öffnung der Literaturwissenschaft kann es aus unserer Sicht nur eine Antwort geben.

Das scheint fast selbstverständlich zu sein. Die aktuellen Debatten im Fach zeigen, daß es dies aber nicht ist. Denn die einen befürchten, der Literaturwissenschaft könne der Gegenstand abhanden kommen, weil nun alles unterschiedslos ›Kultur‹ sei, und favorisieren das Erprobte. Die anderen übersetzen Kultur mit Text und sind dann für alles universell zuständig.[27] Weder das eine noch das andere dürfte zutreffen. Ist die Vermutung richtig, daß die Debatte um die Kulturwissenschaft ein Symptom für wissenschaftsübergreifende Umstellungen im Haushalt der Kultur ist, dann läßt sich das positiv umformulieren. Die Umstellung entlastet zugleich mit der Entwertung traditionellen kulturellen Kapitals auch von den daran geknüpften Deutungskonventionen. Die Folge daraus muß aber keineswegs notwendig eine neue Beliebigkeit sein. Wenn die Germanistik zumal in Deutschland ihre privilegierte Position unter den Stimmen der gesellschaftlichen Selbstdeutung heute verloren hat und ihre angestammte Legitimation über die Deutschlehrerausbildung zunehmend unwichtiger wird, findet sie sich zunächst einfach nur in einer für sie neuen Konkurrenzlage mit anderen Disziplinen.

Darüber muß nicht Klage geführt werden, das läßt sich vielmehr produktiv aufnehmen, wenn man denn will. Dabei geht es nicht um filigrane Regelungen innerhalb komplexer Theoriearchitekturen. Ausreichend wäre es, selbstkritische Gegenfragen an die eigene Arbeit zuzulassen und hierüber die Standards der Disziplin zur Diskussion zu stellen. Diese Fragen betreffen Poetik, Kultur, Gesellschaft und Wissenschaft. Ist der poetische Eigensinn literarischer Texte im Unterschied zu anderen Textformen bedacht? Welches kulturelle Wissen ist an den untersuchten Text angelagert? Welches modernisierungstheoretische Modell der Gesellschaft und ihrer Entwicklung situiert den Text? Welche Erkenntnisse der Humanwissenschaften berühren Probleme, die während der Arbeit aufgetaucht sind?

Eine offenere Forschungssituation stellt sich deshalb nicht automatisch ein. Sie ist vielmehr das Ergebnis von auf Dauer gestellter Forschung und deren Kritik, einer Kritik, die sich die Literaturwissenschaft mehr als bisher auch

---

[27] Vgl. die Debatte im Anschluß an Wilfried Barner: Kommt der Literaturwissenschaft ihr Gegenstand abhanden? Vorüberlegungen zu einer Diskussion. In: Jahrbuch der deutschen Schillergesellschaft 41 (1997), S. 1–8; auch Walter Haug: Literaturwissenschaft als Kulturwissenschaft? und Gerhart von Graevenitz: Literaturwissenschaft und Kulturwissenschaft. Eine Erwiderung, sowie: Walter Haug: Erwiderung auf die Erwiderung. In: Deutsche Vierteljahrsschrift für Literaturwissenschaft und Geistesgeschichte 73 (1999), S. 69–121 und die Beiträge des Themenhefts: Germanistik als Kulturwissenschaft. Hg. von Ute von Bloh / Friedrich Vollhardt. Mitteilungen des Deutschen Germanistenverbandes 46, 4 (1999).

von anderen Disziplinen wird gefallen lassen müssen. Denn die Fähigkeit des Menschen, Zeichen zu gebrauchen und ein fiktionales Weltverhältnis auszubilden, impliziert – je nach Fragestellung in unterschiedlicher Gewichtung – literaturwissenschaftliche und handlungstheoretische, strukturgeschichtliche und biologische Annahmen. Durch jene Standards, die die Öffnung der Disziplin bedingen und gleichermaßen selbst durch sie bedingt werden, gewönne man als Nebeneffekt zudem noch die Auflösung der Gegensatzbildungen wie etwa Kultur statt Gesellschaft[28] und hätte vermieden, Kultur nur als einen Sektor neben Gesellschaft, Politik oder Wirtschaft zu stellen oder den Antagonismus von Natur- und Geisteswissenschaften neuerlich zu reproduzieren. Es scheint uns unwahrscheinlich, daß eine Großtheorie, gleich um welches Zentralsignifikat auch immer gebildet, ausreichend kompatibel wäre, um alle diese Probleme theoretisch und methodisch gleichermaßen zu integrieren. Jene Fragen nach Poetik, Kultur, Gesellschaft und Wissenschaft genügen aber als eine Rahmenabsprache, die weit genug ist, um die Offenheit des Forschungsprozesses nicht zu blockieren und eng genug, um als Forschungsprogramm dienen zu können. Kein neues Paradigma ist also zu vergeben, wohl aber eine produktive Chance literaturwissenschaftlicher Umorientierung. Das scheint uns das Neue an der Situation nach der Sozialgeschichte zu sein.

---

[28] Wolfgang Kaschuba: Kulturalismus: Kultur statt Gesellschaft? In: Geschichte und Gesellschaft 21 (1995), S. 80–95.

I. Anthropologie / Semiotik

ALEIDA ASSMANN

Geschichte im Gedächtnis

1. Zum Verhältnis von Erfahrungsraum und Erwartungshorizont

Es war eine Leitthese der Modernisierungstheorie, daß sich Vergangenheit und Zukunft im Zuge des beschleunigten Wandels immer stärker voneinander abkoppeln. Reinhart Koselleck hat Vergangenheit mit ›Erfahrungsraum‹ gleichgesetzt und der Zukunft als dem ›Erwartungshorizont‹ gegenübergestellt. In einer Reihe von Studien hat er überzeugend dargestellt, daß sich aus diesem Erfahrungsraum immer weniger relevantes Wissen für die Herausforderungen der Zukunft gewinnen ließ.[1] Diese Entwicklung war deutlich ablesbar am Verfall der jahrtausendealten Maxime von der Geschichte als Lehrmeisterin des Lebens: *historia magistra vitae*. Im Zuge tiefgreifender politischer, sozialer und technischer Revolutionen erschien es als immer unplausibler, daß die Alten den Jungen noch etwas zu sagen hatten, und daß die Beispiele und Vorbilder, an denen sich vergangene Generationen geschult und orientiert hatten, noch Sinnvorgaben und Handlungsimpulse für Menschen in einer bis zur Unkenntlichkeit veränderten Welt bereithielten. Vollends waren es die beiden Weltkriege, die den Nexus von Vergangenheit und Zukunft endgültig zerrissen. Mit den Erfahrungen, die hier gemacht wurden, konnte man nichts mehr anfangen, im Gegenteil stellten sie eine massive Herausforderung an die gängigen Schemata der Sinnkonstruktion dar. Aufgrund beschleunigter Veränderungen und katastrophischer Brüche wiederholte sich die Geschichte nicht mehr, und deshalb waren aus ihr auch keine produktiven Lektionen mehr zu lernen. Geschichte im modernen, emphatischen Sinn, so resümiert Hans Blumenberg, »*ist* die Trennung von Erwartung und Erfahrung«.[2]

Das Fazit solcher Modernisierungstheorien war folglich, daß die Vergangenheit der Zukunft immer weniger zu bieten hatte. Die Erfahrung des Historismus bedeutete, daß man die Vergangenheit hinter sich gebrachte hatte, daß sie fremd geworden war, und daß es die Sache professioneller Historiker sei, sich ihrer anzunehmen. Die Steigerung der Differenz von Vergangenheit und Zukunft lag nicht nur in der Logik der Modernisierungstheorie, sondern auch der Modernisierungsbewegung; je konsequenter Erfahrungsraum und Er-

---

[1]   Reinhart Koselleck: Vergangene Zukunft. Zur Semantik geschichtlicher Zeiten. Frankfurt/M.: Suhrkamp 1979.
[2]   Hans Blumenberg: Lebenszeit und Weltzeit. Frankfurt/M.: Suhrkamp 1986, S. 66.

wartungshorizont entkoppelt wurden, desto entschiedener schuf man der Zukunft eine von den Requisiten der Vergangenheit gereinigte Bühne für das radikal Neue und Andere.

Inzwischen hat sich jedoch gezeigt, daß Kontinuitätsbrüche nicht nur zum Fremdwerden und zur ›Historisierung‹ von Vergangenheit führen, sondern umgekehrt auch zur Restituierung und Aktualisierung von Vergangenheit. Der Zusammenbruch der Sowjetunion zum Beispiel führte dazu, daß im Osten die Geschichte wieder erwachte, jedoch keineswegs im Singular, sondern in einer Vielfalt konkurrierender Geschichts-Erinnerungen.[3] An die Stelle von Historisierung und Distanzierung trat das Gegenteil: Erinnerung und Instrumentalisierung von Vergangenheit. Erfahrungsraum (beziehungsweise ›Erinnerungsraum‹) – und Erwartungshorizont waren nicht mehr getrennt, sondern wurden energisch miteinander verschränkt. Das Zurückblicken wurde abermals zu einer Funktion des Vorausschauens und der Standortbestimmung in ungewisser Gegenwart. Mit dem Eindringen des Gedächtnisbegriffs in die Geschichtsforschung haben sich die Prämissen über das Verhältnis von Vergangenheit und Zukunft dabei grundlegend verändert. Die Orientierungsrichtung zwischen Vergangenheit und Zukunft kehrte sich um. An die Stelle von der Vorstellung eines Lernpotentials, das aus der Vergangenheit in die Zukunft wirkt, trat die Ansicht von der Rekonstruktion der Vergangenheit unter den Bedingungen und Bedürfnissen der Gegenwart. Die Gegenwart, bisher nur Umschlagpunkt zwischen Erfahrungsraum und Erwartungshorizont, rückte ins Bild als der entscheidende Ort, an dem Geschichte als Gedächtnis rekonstruiert wurde. Vier wichtige Umorientierungen waren mit dem Paradigma des Gedächtnisses verbunden: ein Verständnis von Bruch nicht als Anstoß zur Distanzierung sondern umgekehrt zur Aktualisierung von Geschichte, die Vervielfältigung der erinnerten Geschichten, die Umkehr des Richtungssinns von der Gegenwart in die Vergangenheit und schließlich die Gegenwart als umstrittener Ort von Vergangenheits-Konstruktionen.

Der neue Denkimpuls, der sich mit der Einführung des Gedächtnis-Konzepts verband, bestand in der These einer Analogie und Verschränkung zwischen individuellem und kollektivem Gedächtnis. Bis in die 70er Jahre galt zumal unter Historikern die Rede vom ›kollektiven‹ Gedächtnis als eine illegitime wissenschaftliche Fiktion; eine Gruppe, das war die allgemeine Überzeugung, hat ebensowenig ein Gedächtnis, wie sie eine Seele oder ein numinoses Wesen hat. Nachdem wir inzwischen auf eine reichhaltige und vielfältige Forschungsliteratur zum Thema ›kollektives‹ Gedächtnis zurück-

---

[3]   Frank Schirrmacher (Hg.): Im Osten erwacht die Geschichte. Essays zur Revolution in Mittel- und Osteuropa. Stuttgart: DVA 1990; Jutta Scherrer: Das postsowjetische Rußland: Erinnerungskultur oder Vergangenheitspolitik? In: Geschichtsdiskurs. Bd. 5: Globale Konflikte, Erinnerungsarbeit und Neuorientierungen seit 1945. Frankfurt/M.: Fischer 1999, S. 46–72.

blicken können, wissen wir allerdings, daß es sich bei der Rede vom kollektiven Gedächtnis weder um eine Mystifikation noch um eine bequeme Metapher handelt. Diese Forschungen haben die Aufmerksamkeit auf neue Fragen gelenkt: wie bauen Gruppen über gemeinsam geteilte Erinnerungen Gefühle der Zugehörigkeit auf? Welche Bedeutungen haben solche gemeinsamen Erinnerungen für die Identität der einzelnen und der Gruppe? Wie werden diese Erinnerungen gegebenenfalls weitergegeben und wie verändern sie sich unter dem Druck neuer Erfahrungen? Auf einige dieser Fragen werden wir im zweiten Teil dieses Beitrages zurückkommen. In der Frage nach dem Gedächtnis berühren und kreuzen sich neurowissenschaftliche, psychologische, soziale, historische und literarische Forschungsansätze, was das Gedächtnis zu einem genuin transdisziplinären und kulturwissenschaftlichen Problem macht. Thesen wie die von der Rekonstruktivität, der Fragilität, der Interaktivität, der Interessengebundenheit und Identitätsstützung das Gedächtnisses sind in den unterschiedlichen Disziplinen zu finden.

Um das Bisherige zusammenzufassen: mit dem Orientierungswechsel von der Modernisierungstheorie zu kulturwissenschaftlichen Fragestellungen hat sich das Verhältnis von Erfahrungsraum und Erwartungshorizont noch einmal verschoben. Nachdem die Modernisierungstheorie eine zunehmende Entkoppelung feststellen konnte, konstatierte die Gedächtnisforschung des letzten Jahrzehnts eine neue, emphatische Verschränkung von Erfahrungsraum und Erwartunghorizont. Nachdem man die Geschichte als Lehrmeisterin des Lebens verabschiedet hatte, war man mit dem neuen Phänomen der Lebensdienlichkeit des Gedächtnisses konfrontiert. Doch so einfach gestaltet sich der Zusammenhang von Rückschau und Vorausschau auch bei Erinnerungen nicht immer. An einem literarischen Beispiel soll gezeigt werden, daß die Frage nach der Entkoppelung beziehungsweise Verschränkung von Erfahrungsraum und Erwartungshorizont selbst ein Grundproblem der Erinnerung betrifft.

In der Gattung der autobiographisch geprägten Erinnerungsliteratur finden sich nicht nur Darstellungen erlebter Vergangenheit, sondern auch Reflexionen über den Prozeß des Erinnerns und seine grundsätzlichen Voraussetzungen. Mit einem solchen erinnerungsreflexiven Satz hat Martin Walser seinen letzten Roman *Ein springender Brunnen* eingeleitet. Der Satz lautet: »Solange etwas ist, ist es nicht das, was es gewesen sein wird«.[4] Die Einsicht, die in diesem Satz zusammengefaßt ist, betrifft zunächst die grundsätzliche Differenz von Gegenwart und Vergangenheit, von Erleben und Erinnern. Daraus ergibt sich eine erinnerungsskeptische und erinnerungskritische These, welche besagt, daß wir einen Zugang nur zur erinnerten, nicht zur erlebten Vergangenheit haben, denn indem wir uns erinnern, überschreiben wir die Vergangenheit mit unserem eigenen Text und übersetzen sie unwillkürlich in die Sprache der Gegenwart. Damit aber verfehlen wir die Alterität, den Eigen-

---

[4]   Martin Walser: Ein springender Brunnen. Frankfurt/M.: Suhrkamp 1998, S. 9.

sinn des Vergangenen. Im Grunde ist es das Midas-Problem, das Walser beschäftigt, und das schon Proust heimgesucht hat: Alles, was wir anrühren
von der Vergangenheit, verwandelt sich unter unserem Zugriff in gegen-
wartskonforme Erinnerung. Das Midas-Problem bestätigt ein Grundaxiom
neurowissenschaftlicher Gedächtnistheorie, nach dem die Vergangenheit in
der Erinnerung nicht einfach erschlossen sondern stets nach bestimmten Ori-
entierungswerten (re-)konstruiert wird. Doch gerade damit will sich der
Schriftsteller Walser nicht abfinden. Sein künstlerischer Anspruch besteht
vom ersten Satz des Romans an darin, die Vergangenheit als das Andere der
gegenwärtigen Sinnkonstellationen zu Wort kommen zu lassen.

Der Wechsel von dem, was etwas ist, zu dem, was etwas geworden sein
wird, tritt ein mit der Schließung des Zukunftshorizontes. Gegenwart wird
zur Vergangenheit, wenn ihr Zukunftshorizont geschlossen worden ist. Dann
betrachten wir sie als abgeschlossene Epoche, die wir rückblickend bewerten
und über die wir nachträglich urteilen können. Der Zukunftshorizont der
vergangenen Gegenwart, über den Walser schreibt, wurde mit der Katastro-
phe des Zweiten Weltkriegs und dem Holocaust geschlossen. Unter der Bedingung dieser Schließung erscheint diese Vergangenheits-Epoche zwangsläufig in einem ganz bestimmten Licht, sie untersteht dem Diktat eines retrospektiven Deutungsmusters. Bereits zehn Jahre vor seinem autobiographischen Roman hat Walser das dadurch entstehende Erinnerungsdilemma klar
umrissen:

> Ich habe das Gefühl, ich könne mit meiner Erinnerung nicht nach Belieben umge-
> hen. Es ist mir, zum Beispiel, nicht möglich, meine Erinnerung mit Hilfe eines in-
> zwischen erworbenen Wissens zu belehren. [...] Die Bilder [meiner Erinnerung]
> sind jeder Unterrichtung unzugänglich. Alles, was ich inzwischen erfahren habe,
> hat diese Bilder nicht verändert. [...] Das erworbene Wissen über die mordende
> Diktatur ist eins, meine Erinnerung ist ein anderes. Allerdings nur so lange, als ich
> diese Erinnerung für mich behalte. Sobald ich jemanden daran teilhaben lassen
> möchte, merke ich, daß ich die Unschuld der Erinnerung nicht vermitteln kann.
> [...] Ich müßte also so reden, wie man heute über diese Zeit redet. Also bliebe
> nichts übrig als ein heute Redender. Einer mehr, der über damals redet, als sei er
> damals schon der Heutige gewesen. [...] Die meisten Darstellungen der Vergan-
> genheit sind deshalb Auskünfte über die Gegenwart.[5]

Zehn Jahre später hat er es doch gewagt, »die Unschuld der Erinnerung«
sprachlich zu vermitteln und daraus ein Erinnerungsprojekt zu machen, das
sich der Schließung des Zukunftshorizonts verweigert, um das Eigenrecht
seiner Erfahrungen zu sichern. Mit der Alterität der Vergangenheit möchte
Walser zugleich auch die Alterität eines früheren Selbst bewahren, das sowohl ein Fremder als auch integraler Teil der eigenen Person ist. Denn, so
schließt der folgende Satz an den Eingang des Romans an: »Wenn etwas vor-

---

[5]   Martin Walser: Reden über Deutschland. Frankfurt/M.: Suhrkamp 1989, S. 76–
      78.

bei ist, ist man nicht mehr der, dem es passierte«.[6] Dieses literarische Beispiel zeigt, daß das Gedächtnis nicht nur ein wirkungsvolles Instrument der
Anpassung und Aneignung ist, sondern auch zu einem Medium der Fremderfahrung werden kann. Beide Möglichkeiten unterscheiden sich in der Verschränkung beziehungsweise der Entkoppelung von Erfahrungsraum und Erwartungshorizont.

2. Drei Formen von Gedächtnis

Der zweite Teil dieses Beitrags beschäftigt sich mit der Frage, wie Geschichte im Gedächtnis entsteht.[7] Diese sehr allgemeine Frage wird allerdings
immer wieder auf die sehr viel speziellere Frage eingeschränkt, unter welchen Voraussetzungen und mit welchen Mitteln die biographische Erinnerung
an den Nationalsozialismus zu einer transgenerationellen Erinnerung stabilisiert wird. Um diese Frage beantworten zu können, reichen Begriffspaare
wie ›Erfahrungsraum und Erwartungshorizont‹ oder ›individuelles und kollektives Gedächtnis‹ nicht aus. Als Individuen sind wir mit unseren biographischen Erinnerungen in unterschiedliche Gedächtnishorizonte eingespannt,
die immer weitere Kreise ziehen: das Gedächtnis der Familie, der Generation, der Gesellschaft, der Kultur. Um diese Verschränkungen besser erfassen
zu können, ist es notwendig, den kompakten Gedächtnisbegriff aufzurastern
und ihn durch unterschiedliche Gedächtnisformen zu ersetzen. Wir unterscheiden hier nach Zeitradius und Stabilität drei verschiedene Stufen: das
Gedächtnis des Individuums, das des Kollektivs und das der Kultur.

2.1. Das kommunikative Gedächtnis: Individuum und Generation

Das individuelle Gedächtnis ist das Medium subjektiver Erfahrungsverarbeitung. Wenn ich es mit Jan Assmann vorziehe, hier vom *kommunikativen Gedächtnis* zu sprechen, so deshalb, weil wir die Suggestion vermeiden wollen,
als handele es sich dabei um ein einsames und rein privates Gedächtnis.[8] Mit
dem Soziologen Maurice Halbwachs gehen wir davon aus, daß ein absolut
einsamer Mensch überhaupt kein Gedächtnis ausbilden könnte. Denn Erinnerungen werden stets in Kommunikation, das heißt im Austausch mit Mitmenschen aufgebaut und verfestigt. Das Gedächtnis wächst also ähnlich wie die

---

[6] Martin Walser (Anm. 4), S. 9.
[7] Dieser Teil ist die geringfügig überarbeitete Fassung eines Kapitels aus: Aleida
    Assmann / Ute Frevert: Geschichtsvergessenheit / Geschichtsversessenheit – Vom
    Umgang mit deutschen Vergangenheiten nach 1945. Stuttgart: DVA 1999, S. 35–
    52.
[8] Jan Assmann: Das kulturelle Gedächtnis. Schrift, Erinnerung und politische Iden-
    tität in frühen Hochkulturen. München: Beck 1992, S. 48–66.

Sprache von außen in den Menschen hinein, und es steht außer Frage, daß auch die Sprache seine wichtigste Stütze ist. Damit soll keineswegs geleugnet werden, daß es auch vollkommen eigene nonverbale Erinnerungen gibt, die aber nicht geteilt werden, weil sie nicht mitgeteilt werden können wie beispielsweise die in unserem Körper schlummernden Erinnerungen, von denen Proust uns versichert, daß unsere Arme und Beine voll von ihnen sind. Das kommunikative Gedächtnis entsteht in einem Milieu räumlicher Nähe, regelmäßiger Interaktion, gemeinsamer Lebensformen und geteilter Erfahrungen.

Persönliche Erinnerungen existieren nicht nur in einem besonderen sozialen Milieu, sondern auch in einem spezifischen Zeithorizont. Dieser Zeithorizont wird durch den Wechsel der Generationen bestimmt. Mit jedem Generationswechsel, der nach einer Periode von ca. vierzig Jahren stattfindet, verschiebt sich das Erinnerungsprofil einer Gesellschaft merklich. Haltungen, die einmal bestimmend oder repräsentativ waren, rücken allmählich vom Zentrum an die Peripherie. Dann stellen wir rückblickend fest, daß sich ein bestimmtes Milieu von Erfahrungen und Werten, Hoffnungen und Obsessionen aufgelöst hat, das die Erinnerungen wie ein unsichtbares Netz umfangen hatte. Zu einem noch tieferen Einschnitt kommt es nach 80–100 Jahren. Das ist die Periode, in der verschiedene Generationen – in der Regel sind es drei, im Grenzfall sogar fünf – gleichzeitig existieren und durch persönlichen Austausch eine Erfahrungs-, Erinnerungs- und Erzählgemeinschaft bilden. Auch dieses Drei-Generationen-Gedächtnis ist ein wichtiger Horizont für persönliche Erinnerungen. Da diese ohne solche stützenden Rahmen nicht fortbestehen können, und da sich diese Rahmen nach 30–40 beziehungsweise nach 80–100 Jahren naturgemäß auflösen, sind dem kommunikativen Gedächtnis feste zeitliche Grenzen gesetzt. Wir können deshalb mit Bezug auf das kommunikative Gedächtnis auch vom Kurzzeitgedächtnis der Gesellschaft sprechen.

Von der Ebene des persönlichen Gedächtnisses aus gesehen, zerfällt die homogene Konstruktion von ›Geschichte‹ in eine Vielzahl bruchstückhafter und widersprüchlicher Erfahrungen. Denn Erinnerungen sind so beschränkt und parteiisch, wie es die Perspektiven der Wahrnehmung und die Formen ihrer Bewertung sind. Diese Bewertungen sind allerdings auch keine rein individuellen Schöpfungen, sondern lehnen sich wiederum eng an historische Schlüsselerfahrungen, gesellschaftliche Wertmaßstäbe und kulturelle Deutungsmuster an. Das bedeutet, daß das individuelle Gedächtnis nicht nur in seiner zeitlichen Erstreckung, sondern auch in den Formen seiner Erfahrungsverarbeitung vom weiteren Horizont des Generationsgedächtnisses bestimmt wird. In diesem runden sich die unterschiedlichen Einzelerinnerungen zu einem kollektiven Erfahrungshintergrund auf. Die expliziten subjektiven Erinnerungen sind verbunden mit einem impliziten Generationsgedächtnis.

Generationen teilen »eine Gemeinsamkeit der Weltauffassung und Weltbemächtigung«.[9] Als »ereignisnahe und erfahrungsoffene Vergemeinschaftungen von ungefähr Gleichaltrigen« begreifen sie sich selbst als unterschiedlich von vorhergehenden und nachfolgenden Generationen. »Deshalb dreht sich die Kommunikation zwischen den Generationen immer um eine Grenze des Verstehens, die mit der Zeitlichkeit des Erlebens zu tun hat. Das Alter trennt auf eine ganz existentielle Weise, weil man seiner Zeit nicht entgehen kann«.[10]

Martin Walsers Erinnerungsdilemma hat gezeigt, daß das ›kommunikative‹ Gedächtnis unter Umständen auch ein inkommunikables Gedächtnis sein kann, dann nämlich, wenn der ›Erfahrungsraum‹ des Erinnernden und der ›Erwartungshorizont‹ der Leser nicht kommensurabel sind. Denn sprachlich mitteilbar ist nur, was in den Verstehenshorizont der Adressaten eingepaßt werden kann. Für die radikale Alterität seiner Erinnerungen gibt es keine Übersetzungsmöglichkeit, die nicht zugleich eine Verfälschung wäre. Walsers »Unschuld der Erinnerung« ist deshalb so schwer zu vermitteln, weil der dramatische Werte- und Erfahrungswandel, der zwischen NS-Staat und der Bundesrepublik eingetreten ist, seinen Erinnerungen ihre Unschuld genommen hat. Um beim Beispiel Walser zu bleiben: seine persönlichen Erinnerungen sind in den Wert- und Erfahrungshorizont einer bestimmten Generation eingepaßt.[11] Er gehört der sogenannten Flakhelfer-Generation an, die aus der ›Hitlerjugend‹ rekrutiert wurde. Anders als andere Jahrgangskohorten ist diese Generation nicht nur durch historische Zeitgenossenschaft, sondern durch eine konsequente Sozialisation, ja Initiation in das ideologische System des rassistisch-antisemitischen NS-Staats gezeichnet. Die Biographien der Jahrgänge von 1918 bis 1933 sind durchgehend und von früh an durch die Rituale einer »mobilisierenden Formationserziehung« (Harald Scholtz) geprägt worden. Innerhalb dieser Jahrgänge haben sich unter dem Druck der katastrophisch beschleunigten deutschen Geschichte von 1939–1945 nicht weniger als drei politische Generationen herausgebildet. »Es war die Zufälligkeit des Jahrgangs, die den einzelnen so oder so in das historische Geschehen verwickelte und ihn so oder so schuldig werden ließ. Für die 1924 Geborenen gelten andere Maßstäbe als für die 1927 Geborenen und noch andere für

9   Helmut Schelsky: Die Generationen der Bundesrepublik. In: Walter Scheel (Hg.): Die andere deutsche Frage. Kultur und Gesellschaft der Bundesrepublik Deutschland nach 30 Jahren. Stuttgart: Klett-Cotta 1981, S. 178–198, hier S. 178.
10 Heinz Bude: Generationen im sozialen Wandel. In: Annette Lepenies (Hg.): Alt und Jung. Das Abenteuer der Generationen. Deutsches Hygiene Museum Dresden. Frankfurt/M., Basel: Stroemfeld/Roter Stern 1997, S. 63–68, hier S. 65.
11 Zum Verhältnis von politischen Generationen und ihren je spezifischen Formen der Vergangenheitsbewältigung vgl. das 14. Kapitel von Clemens Albrecht in: C. A. u.a. (Hg.): Die intellektuelle Gründung der Bundesrepublik. Eine Wirkungsgeschichte der Frankfurter Schule. Frankfurt/M., New York: Campus 1999, S. 497–518.

die 1930 Geborenen. Es ist ein Altersabstand von drei Jahren, der die ersten zur schuldigen Generation der jungen Soldaten, die zweiten zur ›skeptischen Generation‹ der Flakhelfer und die dritten zur ›unbefangenen Generation‹ der ›weißen Jahrgänge‹ schlägt«.[12]

Hitlers politisierte Jugend wurde 1946 von den Alliierten amnestiert. Helmut Schelsky hat die Physiognomie der Flakhelfer-Generation als einer ›skeptischen Generation‹ gezeichnet, die sich bei ihren aussichtslosen Einsätzen gegen die äußeren Schrecken und Zumutungen mit einem inneren Vorbehalt wappneten und aus dieser Erfahrung eine grundsätzliche ›Identifikationsscheu‹ entwickelten. Die intellektuelle Gründung der Bundesrepublik ist zu einem wesentlichen Teil dieser skeptischen Generation zuzuschreiben, die seit Beginn der sechziger Jahre einen neuen kritischen Diskurs pflegte und den Anschluß an die verlorenen internationalen geistigen Traditionen wiederherstellte. Aus dieser Generation kamen die wichtigsten Mentoren und Vordenker meiner eigenen Generation, für die sie eine neue intellektuelle Atmosphäre schufen.

2.2. Das kollektive Gedächtnis: Sieger und Verlierer, Opfer und Täter

Im kommunikativen Gedächtnis, das stets auf ein Generationsgedächtnis bezogen ist, verschränken sich bereits individuelles und kollektives Gedächtnis. Von einem *kollektiven Gedächtnis* im prägnanten Sinne soll jedoch erst auf einer zweiten Ebene die Rede sein. Diese Ebene wird erreicht, sobald gewisse Vorkehrungen für seine Bestandserhaltung über die natürlichen Zeitgrenzen seines Verfalls hinweg getroffen werden. Das kollektive Gedächtnis ist somit eine Steigerungsform des Generationsgedächtnisses, das sich ohne entsprechende Maßnahmen mit dem Ableben seiner Träger immer wieder von selbst auflöst. Wie wird das kollektive Gedächtnis zu einem generationenübergreifenden sozialen Langzeitgedächtnis? Die Antwort lautet: in Verbindung mit der Entstehung eines politischen Kollektivs, einer Solidargemeinschaft. Gedächtnis und Kollektiv unterstützen sich gegenseitig: Das Kollektiv ist der Träger des Gedächtnisses, das Gedächtnis stabilisiert das Kollektiv. Ein Beispiel hierfür sind die Nationen, die sich im 19. Jahrhundert über ein solches Gedächtnis konstituiert und stabilisiert haben. Das kollektive Gedächtnis ist ein politisches Gedächtnis. Im Gegensatz zum diffusen kommunikativen Gedächtnis, das sich von selbst herstellt und wieder auflöst, ist es außengesteuert und zeichnet sich durch eine starke Vereinheitlichung aus.

Der inhaltliche Minimalismus und der symbolische Reduktionismus sind für das kollektive Gedächtnis charakteristisch. Oft geht es um ein einziges Ereignis, das zur gedächtniswirksamen ›Ikone‹ für eine an sich ja immer viel-

---

[12] Heinz Bude: Bilanz der Nachfolge. Die Bundesrepublik und der Nationalsozialismus. Frankfurt/M.: Suhrkamp 1992, S. 81.

fältige und komplexe Geschichtserfahrung wird. Das Sieger- wie das Verlierergedächtnis, die beide zu einer starken affektiven Besetzung von Geschichtsdaten neigen, immunisieren gegen alternative Wahrnehmungen von Geschichte. Dabei stellt das kollektive Gedächtnis ein symmetrisches Verhältnis von Vergangenheit und Zukunft in der Weise her, daß aus einer bestimmten Erinnerung ein bestimmter Anspruch abgeleitet wird. Erfahrungsraum und Erwartungshorizont werden auf eine Weise paßgerecht aufeinander bezogen, die keinen Platz für alternative Erfahrungen beläßt. Indem eine bestimmte Erinnerung für eine eindeutige Handlungsorientierung stabilisiert wird, wird das kollektive Gedächtnis zu einem politisch instrumentalisierten Gedächtnis.

Weitere Beispiele für diesen Gedächtnis-Typ haben Andrei Markovits und Simon Reich in einem anschaulichen Kapitel ihres Buchs über *Das deutsche Dilemma* zusammengestellt.[13] Sie stellen fest, was uns nicht zuletzt durch den Kosovo-Krieg in aller Schärfe zu Bewußtsein gekommen ist: »Die Politik des kollektiven Gedächtnisses – unmöglich zu quantifizieren, mit den Methoden der Meinungsforschung schwer zu erfassen und dennoch sehr real – stellt einen der wichtigsten Faktoren in der öffentlichen Auseinandersetzung dar«.[14] Die politische Brisanz und Gefährlichkeit besteht darin, daß sich im kollektiven Gedächtnis eine Geschichtserinnerung zu einem ›ideologischen Fundament‹ erhärtet. Markovits und Reich schreiben: »Das kollektive Gedächtnis ist der selektive Zugriff auf Geschehenes, ausgeführt mit der Absicht, bestehende Machtverhältnisse zu legitimieren«. Oder auch zu delegitimieren. Denn wenn man sich die paradigmatischen Fälle des kollektiven Gedächtnisses näher anschaut, wird man feststellen, daß es sich vorwiegend um Fälle eines *Verlierergedächtnisses* handelt. Die Serben, die sich an die Niederlage gegen die osmanischen Türken in der Schlacht auf dem Amselfeld von 1389 erinnern, haben das Totengedenken ihrer nationalen Helden in den zeremoniellen Heiligenkalender aufgenommen. Weitere Beispiele sind die Juden, die sich an den Fall der Festung Masada nach der Zerstörung des Zweiten Tempels durch die Legionen des Titus im Jahre 73 n. Chr. erinnern, die katholischen Iren, die sich an die Schlacht am Boyne im Jahre 1690 erinnern, wo sie vom englischen König geschlagen wurden, oder die Bürger Quebecs, die sich an die Niederlage des Generals Montcalm im Jahre 1759 gegen die Kolonialherrschaft der Engländer erinnern. Ihr Bekenntnis zu dieser Erinnerung stellen sie bis heute öffentlich zur Schau: »Je me souviens« steht auf den Nummernschildern ihrer Autos.[15] Noch einmal Markovits und Simon: »Egal, wer die wirklichen Täter oder Anstifter waren, das Gedächtnis der Nation kri-

---

[13] Andrei S. Markovits / Simon Reich: Das Deutsche Dilemma. Die Berliner Republik zwischen Macht und Machtverzicht. Mit einem Vorwort von Joschka Fischer. Berlin: Alexander Fest Verlag 1998, S. 37–45.
[14] Ebd., S. 30.
[15] Ebd., S. 40.

stallisiert sich schließlich um die Achse von Unrecht und Opfererfahrung«.[16] Nach einem Aphorismus von Walter Benjamin sind es die Sieger, die die Geschichte schreiben, was bedeutet, daß sie die Bedingungen dessen, was wirklich ist und Geltung hat, festlegen. Mit gleichem Recht könnte man fortfahren, daß die Verlierer die Geschichte erinnern. Zumal dort, wo es keine Archive und Institutionen der Geschichtsschreibung gibt, tritt an ihre Stelle die Bindungskraft des kollektiven Gedächtnisses.

Mit Blick auf die verschiedenen Typen des kollektiven Gedächtnisses erscheint es allerdings als notwendig, hier vor einem verallgemeinerten Gebrauch des Opferbegriffs zu warnen. Daß Opfer und Verlierer nicht dasselbe sind, wird sofort erkennbar, wenn man die entsprechenden Gegenbegriffe hinzunimmt. Das Gegenteil von Verlierern sind Sieger, das Gegenteil von Opfern sind Täter; jeder Kategorie entspricht eine spezifische Form von Gedächtnis. Während Verlierer Teilnehmer von Kriegshandlungen sind, gibt es für Opfer keine auf dem Prinzip der Gegenseitigkeit beruhenden Voraussetzungen. Neben den Verlierern in der Geschichte gibt es auch die Opfer in der Geschichte wie die aus Afrika verschleppten Sklaven, die durch Feuerwaffen und Bakterien ausgerotteten Ureinwohner verschiedener Kontinente, den Genozid an den Armeniern im Schatten des Ersten Weltkriegs, und den Genozid an den europäischen Juden und Sinti und Roma, sowie den Mord an anderen entrechteten gesellschaftlichen Minderheiten im Schatten des Zweiten Weltkriegs.

Das historische Trauma einer gemeinsamen Opfererfahrung schlägt sich als eine unaustilgbare Spur im kollektiven Gedächtnis nieder und erzeugt einen besonders starken Zusammenhalt der betroffenen Gruppe. Das Opfergedächtnis hat vieles mit dem Verlierergedächtnis gemein, doch ist es heute nicht mehr notwendig von Ressentiment und Revanche bestimmt. Es kann auch einen restitutiven Charakter haben, wie das Beispiel der afroamerikanischen Literatur zeigt, wo sich derzeit ein ganz neuer Gebrauch von Erinnerungen entwickelt, um die lähmende Wirkung des Traumas zu überwinden. Der linksliberale israelische Philosoph Avishai Margalit hat dafür plädiert, Vergeben und Vergessen ebenso wie Erinnern und Rächen voneinander abzukoppeln: »As I see it, magnanimity is indeed necessary to protect us against poisonous resentment«, schreibt er, und er denkt bei dieser Überwindung der Rache nicht an eine religiöse Pflicht, sondern an eine sozialpsychologische Forderung.[17] Ob die Opfererfahrung einer Gruppe die Form eines kollektiven Gedächtnisses annimmt oder nicht, hängt davon ab, ob es der geschädigten Gruppe gelingt, sich als ein Kollektiv, als eine politische Solidargemeinschaft zu organisieren.

---

[16] Ebd., S. 41.
[17] Avishai Margalit: To Forgive and Forget. Ms., S. 28. Im Mai 1999 hat Margalit die Vierte Max Horkheimer Vorlesung unter dem Titel *The Ethics of Memory* gehalten, die demnächst erscheinen wird.

Das logische Pendant zum Opfergedächtnis ist das *Tätergedächtnis*. Auch hier ist Affekt im Spiele, jedoch führt dieser nicht zur Stabilisierung, sondern zu einer massiven Abwehr von Erinnerung. Erlittenes Leid und erfahrenes Unrecht schreiben sich über Generationen tief ins Gedächtnis ein, Schuld und Scham dagegen führen zum Abdecken durch Schweigen. Nietzsche hat diese Logik in einem kurzen Aphorismus festgehalten, dem er die Form eines Seelendramas *en miniature* gab:

›Das habe ich gethan‹, sagt mein Gedächtniss.
›Das kann ich nicht gethan haben‹ – sagt mein Stolz und bleibt unerbittlich.
Endlich – giebt das Gedächtniss nach.[18]

Das Tätergedächtnis steht unter dem Druck ›vitaler Vergeßlichkeit‹ (Dolf Sternberger). Während die Beispiele für ein Opfergedächtnis zahlreich sind, finden sich wenige für ein entsprechendes Tätergedächtnis. So einfach es ist, fremde Schuld zu erinnern, so schwierig ist es dagegen, der eigenen Schuld eingedenk zu sein. Dazu bedarf es gewöhnlich eines starken äußeren Drucks. Die lähmenden Auswirkungen eines Tätergedächtnisses, die Sehnsucht nach einem »Schlußstrich« und den Drang zu vergessen haben die Mitscherlichs präzise beschrieben. Sie machten aufmerksam auf den Gegensatz zwischen Täter- und Opfergedächtnis, auf die eklatante Diskrepanz zwischen »unserer eigenen beschränkten Erinnerungsfähigeit und der keineswegs behinderten unserer ehemaligen Kriegsgegner und Opfer«. Sie wiesen darauf hin, daß

wir nicht allein bestimmen, wann es genug ist, Folgerungen aus einer Vergangenheit zu ziehen, die Leben und Glück einer so großen Zahl von Menschen vernichtet hat. [...] Es besteht jedoch eine Weltöffentlichkeit, die keineswegs das, was im Dritten Reich sich zugetragen hat, vergessen hat noch zu vergessen bereit ist. Wir hatten Gelegenheit, zu beobachten, wie es nur der Druck der Meinung außerhalb Deutschlands war, der uns zwang, Rechtsverfahren gegen Nazitäter durchzuführen, die Verjährungsfrist zu verlängern oder den Hergang der Massenverbrechen zu rekonstruieren.[19]

Um besser zwischen einem Verlierergedächtnis und einem Opfergedächtnis unterscheiden können, muß man sich die Ambivalenz des deutschen Wortes ›Opfer‹ klarmachen. Dieses verwischt den Unterschied zwischen dem aktiven, selbstbestimmten Einsatz des eigenen Lebens (englisch: ›sacrifice‹) und dem passiven und wehrlosen Objekt von Gewalt (englisch: ›victim‹). Die Ambivalenz zwischen dem ehrenvollen Opfergedächtnis des Krieges und dem traumatischen Opfergedächtnis der Konzentrationslager hat das deutsche Gedächtnisproblem verschärft und zeitweise blockiert. Nach dem Skandal von Bitburg konnte es neu thematisiert werden. Reagan und Kohl hatten Gedenken als Ver-

---

[18] Friedrich Nietzsche: Jenseits von Gut und Böse. In: F. N.: Sämtliche Werke. Hg. von Giorgio Colli und Mazzino Montinari. Bd. V. Berlin, New York: de Gruyter 1988, S. 86.
[19] Alexander Mitscherlich / Margarete Mitscherlich: Die Unfähigkeit zu trauern. Grundlagen kollektiven Verhaltens. München: Piper 1997, S. 41f.

söhnung zelebriert und dabei zu jener Einheitlichkeit des Opferbegriffs Zuflucht genommen, die acht Jahre später im nationalen Denkmal der Neuen Wache noch einmal befestigt wurde. Die Kritiker wehrten sich gegen diesen Einheitsakt, indem sie auf die unüberschreitbaren Diskrepanzen zwischen Verlierergedächtnis, Tätergedächtnis und Opfergedächtnis aufmerksam machten.

2.3. Das kulturelle Gedächtnis: Institutionen, Medien, Deutungen

Oberhalb des kommunikativen und kollektiven Gedächtnisses ist als eine weitere Ebene das *kulturelle Gedächtnis* anzusetzen. Die Anordnung dieser drei Begriffe führt zu Stufen immer höherer Integration und größerer Reichweite in Raum und Zeit. Wie das kollektive Gedächtnis wird das kulturelle Gedächtnis gebraucht, um Erfahrungen und Wissen über die Generationenschwellen zu transportieren und damit ein soziales Langzeitgedächtnis auszubilden. Während jedoch das kollektive Gedächtnis diese Stabilisierung durch radikale inhaltliche Engführung, hohe symbolische Intensität und starke psychische Affektivität erreicht, stützt sich das kulturelle Gedächtnis auf externe Medien und Institutionen. Hier spielt die Auslagerung von Erfahrungen, Erinnerungen und Wissen auf Datenträger wie Schrift und Bild eine entscheidende Rolle. Während die Medien für das kollektive Gedächtnis lediglich einen Signalwert haben und als reine Merkzeichen oder Appelle für ein gemeinsam verkörpertes Gedächtnis dienen – eine Inschrift auf dem Autokennzeichen, eine Jahreszahl als Graffito an einer Hauswand –, stützt sich das kulturelle Gedächtnis auf einen komplexen Überlieferungsbestand symbolischer Formen. Diese Medien des kulturellen Gedächtnisses umfassen Artefakte wie Texte, Bilder und Skulpturen neben räumlichen Kompositionen wie Denkmälern und Architektur. Insgesamt kodieren sie einen Überlieferungsbestand, der im historischen Wandel einer beständigen Deutung, Diskussion und Erneuerung bedarf, um ihn jeweils mit den Bedürfnissen und Ansprüchen der jeweiligen Gegenwart zu vermitteln. Gleichzeitig ist dieser Bestand ein Gegenstand der Aneignung durch Lernen. Das Gedächtnis, um das es hier geht, wird durch ein Lernen erworben, das vor allem durch die Bildungsinstitutionen abgestützt wird. Während das kollektive Gedächtnis eine gemeinsame Erfahrung und einen gemeinsamen Willen auf Dauer stellt, dient das kulturelle Gedächtnis den Bürgern einer Gesellschaft dazu, in langfristiger historischer Perspektive überlebenszeitlich zu kommunizieren und sich damit einer Identität zu vergewissern, die durch Zugehörigkeit zu einer generationenübergreifenden Überlieferung und weitgespannten historischen Erfahrungen entsteht. Aufgrund seiner medialen und materialen Beschaffenheit widersetzt sich das kulturelle Gedächtnis den Engführungen, wie sie für das kollektive Gedächtnis typisch sind. Seine Bestände lassen sich niemals rigoros vereinheitlichen und politisch instrumentalisieren, denn diese stehen grundsätzlich einer Vielzahl von Deutungen offen.

Als Individuen, Mitglieder von Gruppen und Träger von Kulturen haben Menschen an diesen unterschiedlichen Gedächtnisformationen teil. Da sie sich im einzelnen durchqueren und überlagern, ist es angemessen, hier von einem sogenannten ›Mehrebenensystem‹ zu sprechen. Dabei hat jede Ebene ihre eigenen Besonderheiten, und welche davon stärker zur Geltung gebracht wird, hängt wesentlich ab von der Hierarchie, in die diese Ebenen gebracht werden. Auf der Ebene der subjektiv historischen Erfahrungen steht die Vielfalt und Differenz der Standpunkte im Vordergrund, aber auch die Bindung an ein historisch obsolet oder gar skandalös gewordenes Generationengedächtnis. Martin Walser ist der Anwalt dieser Ebene, der sich mit einer proustschen Emphase für das Eigenrecht gelebter Erfahrung und eine radikale Abstinenz von retrospektiven Deutungsmustern ausgesprochen hat: »In Wirklichkeit wird der Umgang mit der Vergangenheit von Jahrzehnt zu Jahrzehnt strenger normiert. Je normierter dieser Umgang, um so mehr ist, was als Vergangenheit gezeigt wird, Produkt der Gegenwart«.[20]

Mit der Engführung subjektiv historischer Erfahrungen in ein kollektives Gruppengedächtnis geht eine normative Steigerung seiner Verbindlichkeit einher, die zur Verfestigung (Ikonisierung, Mythisierung) von Vergangenheit führt und für Formen politischer Instrumentalisierung in Anspruch genommen werden kann; der Holocaust als Gründungsmythos des Staates Israel, einer jüdisch-amerikanischen Identität, oder auch eines deutschen ›negativen Nationalismus‹. Auf der Ebene dieses Gedächtnisses lösen sich die Frontlinien zwischen Opfern und Tätern nicht auf, sondern nehmen im Gegenteil an Schärfe zu. Anders gestalten sich die Beziehungen auf der Ebene des kulturellen Gedächtnisses. Es stützt sich auf das kulturelle Archiv, und das heißt: auf eine Vielfalt medialer Präsentationen und künstlerischer Gestaltungen, die immer wieder neu gedeutet und angeeignet werden müssen. Hier herrscht weder die Idiosynkrasie und Zeitgebundenheit des individuellen Erfahrungsgedächtnisses, noch der zur Einheit verpflichtende Gruppenzwang des kollektiven Gedächtnisses, sondern die irreduzible Vielstimmigkeit heterogener Perspektiven, Ausdrucksformen und Deutungen.

Auf dieser Ebene kommt es zu Verschränkungen und Möglichkeiten eines Austauschs. Die Texte von Primo Levi und Ruth Klüger, Paul Celan und Nelly Sachs gehören ebenso zum deutschen kulturellen Gedächtnis wie die von Heinrich Böll und Martin Walser. Diese Texte und ihre Perspektive ins kulturelle Gedächtnis aufzunehmen heißt nicht, die Autorinnen und Autoren zu enteignen oder sich von der Seite der Beschuldigten auf die der Opfer zu stehlen. Historische Genealogien werden durch das kulturelle Gedächtnis nicht verwischt, aber sie öffnen sich und werden durchlässig für Fremderfahrungen, für die literarische Texte, Fiktionen, aber auch Filme privilegierte Medien sind. Obwohl sich die Basis dieses Gedächtnisses noch einmal we-

---

[20] Martin Walser (Anm. 4), S. 282.

sentlich verbreitert, geht auch auf dieser Ebene die für das Gedächtnis charakteristische Standpunktbezogenheit nicht verloren. Der Begriff für diese existentielle und verbindliche Teilhabe am kulturellen Gedächtnis heißt ›Bildung‹. Bildung übersteigt die Prägungen, die durch Herkunft, Erfahrung und politische Gruppierungen empfangen werden. Sie bedeutet Teilhabe an gemeinsamer Identität unter Einschluß und Aktivierung individueller Spielräume. Auch wenn ihre Verbindlichkeit gesellschaftlichen Schwankungen unterliegt, werden die Koordinaten der Bildung – es gibt historische Bildung, literarisch-künstlerische Bildung und politische Bildung – von Generation zu Generation festgelegt. Diese Koordinaten werden über Sozialisationsagenturen wie die Familie und die Schule vermittelt. Doch handelt es sich dabei lediglich um ein Gerüst, um einen Rahmen, der der individuellen Auffüllung bedarf. Ihn zu ergänzen, mit neuem Leben zu erfüllen und zu verkörpern, ist Sache subjektiver Auswahl, individuellen Geschmacks, Interesses und Studiums, sowie persönlichen Engagements.

GERHARD ROTH

Hirnforschung als Geisteswissenschaft

Die Feststellung, Hirnforschung sei eine Geisteswissenschaft, muß bei Geisteswissenschaftlern und Naturwissenschaftlern gleichermaßen Befremden hervorrufen. An den meisten Universitäten wird Hirnforschung entweder innerhalb der Biologie oder in der medizinischen Fakultät angesiedelt. Betrachtet man die in der Hirnforschung angewandten Methoden, so handelt es sich eindeutig um empirisch-experimentelle Vorgehensweisen, wie sie in der Physik, der Chemie, der Anatomie und der Physiologie, keineswegs aber in den klassischen Geisteswissenschaften wie der Philosophie, den Sprach-, Literatur- und Geschichtswissenschaften zu finden sind. Hirnforschung als Naturwissenschaft befindet sich in den Augen der meisten Akademiker vielmehr im traditionellen Gegensatz zu den Geisteswissenschaften, die Ende des vorigen Jahrhunderts vor allem von Wilhelm Dilthey (1833–1911) gerade in strikter Abgrenzung von den Naturwissenschaften konzipiert wurden. Danach sollten die Geisteswissenschaften die »Erfahrungswissenschaft der geistigen Erscheinungen« beziehungsweise die »Wissenschaft der geistigen Welt« sein. Während die Naturwissenschaften auf das Naturhafte, Allgemeine, Gesetzmäßige aus sind und für derartige Prozesse Erklärungen finden wollen, befassen sich die Geisteswissenschaften mit dem Menschlich-Individuellen, dem Einmaligen und Unwiederholbaren und wollen dies verstehen. Daraus resultiert der berühmt-berüchtigte Gegensatz zwischen naturwissenschaftlicher Erklärung und geisteswissenschaftlichem Verstehen.

Der Gipfel der Geisteswissenschaften muß entsprechend ihrer eigenen Logik die Beschäftigung mit der Frage sein, was Geist ist und was er leistet. Die Beschäftigung mit dieser Frage bildet seit jeher ein Kernstück der Philosophie, die daher als die Königin der Geisteswissenschaften angesehen wurde und vielerorts noch wird. Für die meisten Philosophen war bei der Behandlung der Frage, was Geist ist, wie Wahrnehmung funktioniert, wie Bewußtsein, Erkennen, Denken und Vorstellen zustandekommen, die Meinung selbstverständlich, das Wesen dieser Zustände und Leistungen könne nur aus geistiger Tätigkeit selbst, das heißt durch Selbstreflexion, ergründet werden. Geist beziehungsweise geistige Leistungen mit naturwissenschaftlichen Methoden angehen zu wollen, mußte absurd klingen.

Zugegebenermaßen gab es lange Zeit wenig Anlaß, im Zusammenhang mit den genannten Fragen bei den Natur- und Biowissenschaften Hilfe zu erhoffen, und dies galt auch für die seit dem 17. und 18. Jahrhundert sich systematisch entwickelnde Hirnforschung. Seit Mitte des 19. Jahrhunderts, besonders im Zusammenhang mit der Entwicklung leistungsfähiger Mikroskope und neuer Färbetechniken (vor allem der sogenannten Golgi-Technik), wurden die anatomischen Grundlagen der heutigen Neurobiologie und Hirnforschung mit ihrem Kernstück, der Neuronentheorie, gelegt.[1] Diese Entwicklung erlebte ihren ersten (und vielleicht wichtigsten) Höhepunkt im Lebenswerk Santiago Ramón y Cajals (1852–1934). Von all dem nahm die klassisch-akademische Philosophie kaum Kenntnis, was teils an der Trockenheit der Materie lag, teils an dem nur geringen Anspruch der meisten Neuroanatomen, etwas zum Geist-Gehirn-Problem beizutragen, wenn man einmal von den »Phrenologen« Gall und Spurzheim absieht, die – neben beeindruckender Leistungen in der Hirnanatomie – in willkürlicher Weise versuchten, verschiedenen Gebieten der Großhirnrinde »geistige« Fähigkeiten wie »Stolz«, »Gattenliebe«, »Heimatliebe« und »Zerstörungssinn« zuzuschreiben.[2]

Dies änderte sich mit der Entwicklung der Elektrophysiologie, vor allem in Form der bahnbrechenden Arbeiten der Physiker und Physiologen Hermann von Helmholtz (1821–1894) und Emil Du Bois-Reymond (1818–1896). Es handelte sich dabei um den Nachweis, daß die Tätigkeit des Gehirns, zum Beispiel die Aktivität der Nervenzellen und die Erregungsfortleitung, mit physikalischen Mitteln untersucht werden kann, – eine seinerzeit sensationelle Entdeckung. Helmholtz, Du Bois-Reymond, aber auch Ernst Mach (1838–1919), Gustav Theodor Fechner (1801–1887), Karl Ewald Hering (1834–1918) und viele andere Physiker, Physiologen und Psychophysiologen entwickelten ein neurowissenschaftliches Weltbild, das auch heute noch weitgehend gültig ist und den Anspruch erhob und erhebt, sich gleichberechtigt neben den Philosophen und Psychologen mit der Natur und Herkunft geistiger Tätigkeiten zu beschäftigen.

Im Zuge der Etablierung der Geisteswissenschaften durch Wilhelm Dilthey und im Zusammenhang mit der darauffolgenden Dominanz phänomenologischer, existentialistischer und historisierender Tendenzen (Neokantianismus, Neohegelianismus, Neothomismus) verschwand der zweitweilig starke Einfluß dieser empirisch-physiologisch ausgerichteten Wahrnehmungs- und Erkenntnistheorien wieder aus dem Bewußtsein der akademischen Philosophie. Parallel zum »Selbstfindungsprozeß« der modernen Philosophie als Geisteswissenschaft vollzog sich die Konstitution der Psychologie sowohl aus der Philosophie als auch aus der Physiologie heraus. Nicht zufällig waren die Begründer der modernen Psychologie, Wilhelm Wundt (1832–1920) und

---

[1] Olaf Breidbach: Nervenzellen oder Nervennetze? Zur Entstehung des Neuronenkonzepts. In: Ernst Florey / Olaf Breidbach (Hg.): Das Organ der Seele. Berlin: Akademie-Verlag 1993, S. 81–126.
[2] Vgl. Claudio Pogliano: Between form and function. A new science of man. In: Pietro Corsi (Hg.): The Enchanted Loom. Chapters in the History of Neuroscience. New York: Oxford University Press 1991, S. 144–203.

William James (1842–1910), von Hause aus Physiologen. Diese neuentstandene Psychologie verstand sich ebenfalls als eine Geisteswissenschaft. Mit dieser Selbstdefinition von Philosophie und Psychologie verschwand der Bezug zur physiologisch orientierten Wahrnehmungs-, Denk- und Gedächtnisforschung aus dem Bewußtsein der »ernsthaften« Philosophen und Psychologen. Dies gilt interessanterweise auch heute noch weithin für die Kognitionswissenschaften (»cognitive sciences«) im traditionellen Sinn wie Psychologie, Linguistik und Computerwissenschaften. Hier dominiert immer noch das Fodorsche Konzept des Funktionalismus, das heißt die Überzeugung, mentale beziehungsweise kognitive Prozesse ließen sich in einer »neutralen« algorithmischen Sprache darstellen, der »language of thought«, und zwar völlig unabhängig von ihrer materiellen Realisierung, sei es im Gehirn oder in einem Computer.[3] Diese Einstellung war die Ursache dafür, daß die Hirnforschung lange Zeit in den USA von Seiten der traditionellen Kognitionswissenschaften nicht beachtet wurde.

Eine solche Haltung der Philosophie und der kognitiven Psychologie hat solange ihre Berechtigung, als die Neurobiologie und Hirnforschung sich einerseits auf die Erforschung grundlegender sinnes- und neurophysiologischer Prozesse weitab von kognitiven Leistungen und andererseits als Neurologie und Neuropsychologie auf das Studium der Folgen von Hirnverletzungen und -erkrankungen für kognitive Leistungen ohne eindeutigen Bezug zu neurophysiologischen Prozessen beschränken mußte. Zwischen der Ebene zellulärer neuronaler Prozesse und der Ebene komplexer zerebraler Leistungen schien sich ein unüberbrückbarer Abgrund aufzutun, der den Anspruch der Neurobiologie, die Natur geistiger Tätigkeiten zu erklären, als völlig uneinlösbar erscheinen ließ. Der Ausweg aus der Sicht der Neurobiologie schien daher entweder ein radikaler Agnostizismus zu sein (das heißt das Wesen des Geistes wird auch dem Hirnforscher ein ewiges Rätsel bleiben), wie ihn zum Beispiel der vor wenigen Jahren verstorbene Hirnforscher Otto Creutzfeldt vertrat,[4] oder ein radikaler neurobiologischer Reduktionismus, wie er sich etwa in Pierre Changeux' Buch *Der neuronale Mensch* findet,[5] dem von philosophischer Seite Patricia und Paul Churchland nacheifern und der in der Auffassung gipfelt, daß Geist »im Prinzip« nichts anderes als das Feuern von Neuronen sei.[6] Hiervon soll weiter unten noch die Rede sein.

---

[3]   Jerry A. Fodor: The Language of Thought. New York: Thomas Y. Crowell 1975; Jerry A. Fodor: The Modularity of Mind. Cambridge/Mass.: MIT-Press, Bradford Books 1983.

[4]   Otto D. Creutzfeldt: Philosophische Probleme der Neurophysiologie. In: Hans Rössner (Hg.): Rückblick in die Zukunft. Berlin: Severin und Siedler 1981, S. 256–278.

[5]   Pierre Changeux: Der neuronale Mensch. Rowohlt, Reinbek 1984.

[6]   Vgl. Patricia S. Churchland: Neurophilosophy. Towards an unified science of the mind-brain. Cambridge/Mass.: MIT-Press 1986.

Die Möglichkeit, die neuronalen Grundlagen geistiger Leistungen auf ganz unterschiedlichen funktionalen Ebenen zu untersuchen, hat sich in den letzten Jahren entscheidend erweitert, und zwar aufgrund neuer Methoden. Diese umfassen neben der systematischen Anwendung von Einzel- und Vielzellableitungen mithilfe von Mikroelektroden eine weiterentwickelte Elektroenzephalographie (EEG)-Technik und sogenannte bildgebende Verfahren wie Positronen-Emissions-Tomographie (PET) und funktionelle Kernresonanz-Spektroskopie (fNMR, »Functional Imaging«). Mithilfe der Kombination dieser Methoden lassen sich Hirnanatomie, lokale und globale neuronale Aktivität und kognitive Leistungen des Gehirns systematisch in Verbindung setzen, ohne daß wie bei den neurophysiologischen und -anatomischen Methoden der Schädel eröffnet werden muß. Damit wird überhaupt erst eine empirische Überprüfung der Frage nach den neuronalen Grundlagen kognitiver Leistungen beim Menschen möglich.

Beim EEG wird am Kopf mithilfe von Oberflächenelektroden die elektrische Aktivität von einer großen Zahl von Nervenzellen der Großhirnrinde (Neocortex) gemessen. Die Zeitauflösung des EEG liegt im Millisekundenbereich. Durch eine größere Anzahl von Elektroden (30 und mehr) wird eine räumliche Darstellung der lokalen kortikalen Aktivität erreicht. Diese kann durch rechnerunterstützte Interpolationsverfahren bis über 100 Aktivitätspunkte erhöht werden (EEG-Mapping). Mithilfe des EEG-Mapping können Erregungsverläufe im Kortex während kognitiver Leistungen zeitlich genau dargestellt werden. Bei der Messung ereigniskorrelierter Potentiale (EKP) werden mithilfe von Mittelungsverfahren Veränderungen im laufenden EEG aufgrund sensorischer Stimulation dargestellt. Hierbei werden lokale Veränderungen der elektrischen Hirnaktivität sichtbar gemacht, die spezifisch von der Art der sensorischen Stimulation als auch vom Ort der Registrierung abhängen.

PET und fNMR messen nicht direkt die elektrische Aktivität des Gehirns wie EEG und EKP, sondern beruhen auf der Tatsache, daß neuronale Erregungen von einer lokalen Erhöhung der Hirndurchblutung und des Hirnstoffwechsels (vornehmlich hinsichtlich des Sauerstoff- und Zuckerverbrauchs) begleitet sind.[7] Beim PET wird dem Blut ein Positronen-aussendendes Isotop (zum Beispiel das Sauerstoff-Isotop ^{15}O) in Verbindung mit einer am Stoffwechsel beteiligten Substanz (zum Beispiel Zucker) zugeführt. Dieser Stoff wird dann in besonders hoher Konzentration dort im Gehirn »verstoffwechselt«, wo die Hirnaktivität besonders intensiv ist. Die beim Zerfall des Isotops freiwerdende Gammastrahlung wird durch Detektoren registriert, die ringförmig um den Kopf des Patienten angebracht sind. Mithilfe eines Computers lassen sich Zerfallsort und Zerfallsmenge genau berechnen und in ein dreidimensionales Aktivitätsbild umsetzen. Die räumliche Auflösung liegt im Millimeterbereich, jedoch benötigt das Erstellen eines aussage-

---

[7] Michael I. Posner: Seeing the Mind. In: Science 262 (1994), S. 673–674.

kräftigen PET-Bildes 45–90 Sekunden. Hiermit können schnellere neuronale beziehungsweise kognitive Prozesse nicht erfaßt werden. Auch liefert PET keine Darstellung der Anatomie des untersuchten Gehirns. Zur Verbesserung der Nachweisgrenze wird in der Regel über mehrere Versuchsdurchgänge bei unterschiedlichen Versuchspersonen gemittelt, wobei die individuellen Unterschiede in der Gehirngröße verrechnet werden müssen. PET-Bilder liefern keine anatomischen Details und werden deshalb mit röntgentomographischen oder magnetresonanzspektroskopischen 3D-Darstellungen kombiniert.

Die Kernresonanzspektroskopie (fNMR, auch fMRI genannt) beruht auf einem anderen Prinzip als PET und nutzt die Tatsache aus, daß sich in einem starken Magnetfeld viele Atomkerne mit ihren Magnetachsen parallel zu den Feldlinien ausrichten. Sie senden nach Störung mit einem Radiowellensignal Hochfrequenzsignale aus, die Aufschluß über die Art und Position des Kerns sowie die physikalische und chemische Beschaffenheit seiner Umgebung liefern. Hiermit lassen sich zum Beispiel mit Hilfe von Wasserstoffkernen – anders als beim EEG, MEG oder bei PET – genaue anatomische Darstellungen von Gehirnen erreichen. Beim funktionellen NMR werden zusätzlich Schwankungen im Sauerstoffgehalt des arteriellen oder des venösen Blutes in Abhängigkeit von der leistungsbedingten Stoffwechselaktivität des Gehirns erfaßt und bildlich dargestellt. Damit läßt sich anzeigen, wo im Gehirn die neuronale Aktivität lokal erhöht ist. Die räumliche Auflösung des fNMR ist in etwa gleich gut wie die von PET, die zeitliche Auflösung ist wesentlich besser als die von PET. Mithilfe bestimmter Techniken, zum Beispiel der so-genannten echoplanaren Bildgebung, läßt sich die Geschwindigkeit, mit der sich der lokale Sauerstoffgehalt des Blutes ändert, in wenigen Sekunden darstellen. Dies ist allerdings immer noch um zwei bis drei Größenordnungen schlechter als die des EEG und auch technisch nicht wesentlich steigerbar, da Hirndurchblutungsprozesse gegenüber den neuro-elektrischen Geschehnissen sehr viel langsamer ablaufen.

Bei den Versuchen, kognitive Prozesse mithilfe von PET oder fNMR zu lokalisieren, wird heute allgemein die Subtraktionsmethode angewandt, um spezifische von unspezifischen Stoffwechselerhöhungen infolge erhöhter Hirnaktivität unterscheiden zu können.[8] So wird eine Versuchsperson aufgefordert, im ersten Durchgang bestimmte Worte rein mechanisch zu lesen, während sie im zweiten Durchgang gleichzeitig über die Bedeutung der Worte nachdenken soll. Indem man die räumlichen Aktivitätsmuster und deren Intensitäten voneinander abzieht, erhält man eine »reine« Darstellung der neuronalen Prozesse, die dem Erfassen des Wortsinns zugrunde liegen.

Wenn man nun mithilfe dieser bildgebenden Verfahren die Hirnaktivität (über Hirnstoffwechsel und Hirndurchblutung) untersucht, dann ist die Akti-

---

[8] Marcus E. Raichle: Bildliches Erfassen von kognitiven Prozessen. In: Spektrum der Wissenschaft 17,6 (Juni 1994), S. 56–63.

vität einer Versuchsperson immer dann erhöht, wenn das Gehirn mit komplexen Aufgaben konfrontiert ist, die Konzentration und Aufmerksamkeit erfordern, zum Beispiel das Erkennen eines unbekannten Gesichtes oder das Verstehen eines komplizierten Satzes. Die Aktivität erhöht sich dort, wo man es aufgrund der Kenntnisse der funktionalen Organisation der Hirnrinde und anderer Hirnzentren erwarten würde. Man kann über PET und fNMR also feststellen, welche Hirnteile bei bestimmten kognitiven beziehungsweise geistigen Leistungen einschließlich des Denkens, Vorstellens oder Erinnerns tätig sind, und zwar mit einer Auflösung, die in den Millimeterbereich geht.

Sind die Hirnforscher mithilfe solcher Methoden nun in der Lage, den Geist mithilfe naturwissenschaftlicher Methoden und Begriffe zu erfassen und zu erklären? Ehe man ein solches Unterfangen beginnt, muß man zuerst einige Begriffsklärungen vornehmen, und zwar hinsichtlich der Begriffe »Geist« und »geistige« beziehungsweise »mentale Zustände«. Zu schnell geschieht es, daß Hirnforscher irgendetwas als »geistige Zustände« definieren und dazu eine neurobiologische Erklärung liefern, und Psychologen und Philosophen sodann feststellen, bei den untersuchten Phänomenen handle es sich nie und nimmer um »Geist«, oder zumindest beträfen sie nicht das *Wesen* des Geistes. Was aber dann von philosophischer Seite als Definition von »Geist« oder »geistigen Zuständen« folgt, zum Beispiel »unendlich in sich gespiegelte Subjektivität«, ist wiederum für die Hirnforscher unbrauchbar. Am besten ist es, wenn sich die entsprechenden Disziplinen vorab darauf einigen, was sie unter »Geist« beziehungsweise »geistigen« oder »mentalen Zuständen« verstehen wollen.

Damit »Geist« überhaupt mit empirischen Methoden untersucht werden kann, ist es notwendig, diesen Begriff auf individuell erlebbare Zustände einzuschränken und alle denkbaren religiösen und sonstigen überindividuellen geistigen Zustände unberücksichtigt zu lassen. Geist als individuellen Zustand erleben wir als eine Vielzahl höchst unterschiedlicher Zustände. Hierzu gehören unter anderem bewußte Wahrnehmung, Denken, Vorstellen, Aufmerksamkeit, Erinnern, Wollen, Gefühle und Ich-Bewußtsein. Wahrnehmungen sind in aller Regel deutlich und detailreich und scheinen nicht nur Teil meiner selbst, sondern zugleich Teil der wahrgenommenen Welt (einschließlich meines Körpers) zu sein. Denken, Vorstellen und Erinnern hingegen sind meist deutlich blässer und detailärmer als Wahrnehmungen. Gefühle (Emotionen) stehen zwischen Wahrnehmungen und Affekten einerseits und Gedanken andererseits. Sie sind nicht so konkret und orts- und objektbezogen wie Wahrnehmungen und Affekte, aber lebhafter als Gedanken und Erinnerungen. Ein merkwürdiger, den Gefühlen verwandter Zustand ist der Wille. Besonders schwer zu erfassen und scheinbar völlig zeit- und raumlos sind Aufmerksamkeit, Bewußtsein und das Gefühl der eigenen Identität, das Ich-Gefühl. Sie bilden den Begleitzustand beziehungsweise den Hintergrund für alle anderen geistigen und emotionalen Zustände. Wenn ich im folgenden von »Geist« und »geistigen« Zuständen spreche, dann meine ich im allgemeinen die Gesamtheit dieser sehr unterschiedlichen Phänomene.

Bewußtsein (insbesondere in Form von Aufmerksamkeit) ist zweifellos der grundlegende geistige Zustand. Eine zentrale Frage der kognitiven Neurobiologie und Neurophilosophie lautet daher: Warum gibt es überhaupt Bewußtsein? Welche Funktion hat dieser Zustand? Für die traditionelle Philosophie ist bereits diese Frage ein Sakrileg, denn als höchster Seinszustand kann Bewußtsein überhaupt nur *eine* Funktion haben, nämlich sich selbst zu verstehen. Als Biologen sehen wir hingegen die Funktionen des Gehirns einschließlich des Bewußtseins im Dienste der Sicherung des Überlebens, wozu bei vielen Tieren einschließlich des Menschen auch die Sicherung des sozialen Lebens und Überlebens gehört. Die Strukturen und Funktionen des Gehirns müssen nicht alle direkt mit dieser Aufgabe zu tun haben, aber man kann erst einmal annehmen, daß so etwas Auffallendes wie Bewußtsein eine wohldefinierte Funktion hat.

Einen bedeutsamen Hinweis auf die mögliche Funktion von Bewußtsein erhalten wir, wenn wir uns vergegenwärtigen, daß keineswegs alle Hirntätigkeit von Bewußtsein begleitet ist; vielmehr tritt Bewußtsein nur bei ganz typischen Leistungen und bei der Aktivität ganz bestimmter Hirnregionen auf. Hierzu gehört vor allem die Großhirnrinde: Nur dasjenige, was in der Großhirnrinde verarbeitet wird, ist von Geist und Bewußtsein begleitet, wenngleich nicht alles, was in der Großhirnrinde passiert, auch bewußt ist. Weiterhin gehören zu den Hirnregionen, deren Aktivität für Bewußtsein notwendig sind, Bereiche der retikulären Formation des Hirnstamms (Verlängertes Mark, Brücke und Tegmentum), und zwar vor allem der sogenannte Locus coeruleus und die Raphe-Kerne, und außerdem das basale Vorderhirn im Endhirn, das bei der Alzheimerschen Altersdemenz zusammen mit der Hirnrinde besonders in Mitleidenschaft gezogen ist.

Diese drei Zentren des Gehirns, Locus coeruleus, Raphe-Kerne und das basale Vorderhirn, haben sehr enge Verbindungen einerseits mit der Großhirnrinde, andererseits mit Strukturen, die für Gedächtnis und Bewertung des Wahrgenommenen und des eigenen Handelns notwendig sind und das limbische System bilden. Hierzu gehören der Mandelkern (Amygdala), der Hippocampus und Teile des Thalamus im Zwischenhirn. Der Hippocampus ist der Organisator unseres Wissens-Gedächtnisses, während die Amygdala zusammen mit Teilen des Thalamus und anderen Hirnstrukturen (zum Beispiel Hypothalamus) Gefühle und Antriebe erzeugt, insbesondere was Furcht und Angst betrifft.[9] Diese Verbindungen sind natürlich nicht zufällig, denn Locus

---

[9] Rudolf J. Nieuwenhuys / Jan Voogd / Christian van Huijzen: Das Zentralnervensystem des Menschen. Berlin, Heidelberg, New York: Springer 1991; Joseph LeDoux: Das Netz der Gefühle. Wie Emotionen entstehen. München, Wien: Hanser 1998.

coeruleus, Raphe-Kerne und das basale Vorderhirn stufen zusammen mit dem
Gedächtnis und dem Bewertungssystem alles, was die Sinneszentren registrieren, nach den Kategorien »bekannt-neu« beziehungsweise »wichtig-
unwichtig« ein. Diese Bewertung geschieht innerhalb von Bruchteilen von
Sekunden und ohne daß wir uns dessen bewußt sind.[10]

Wir können uns das so vorstellen: Das meiste innerhalb unserer primären,
unbewußten Wahrnehmung ist neu und unwichtig oder bekannt und unwichtig und dringt deshalb gar nicht oder nur schwach in unser Bewußtsein ein
und hat keine weiteren Folgen. Wenn etwas als bekannt und *wichtig* einge-
stuft wurde, dann werden in unserem Gehirn bestimmte Verhaltensprogramme aktiviert, ohne daß wir besondere Aufmerksamkeit darauf richten. Wir
haben davon höchstens ein diffuses, begleitendes Bewußtsein. Dies gilt für
das allermeiste, was wir in jeder Sekunde tun, denn es wird vom Automati-
schen, Eingeübten und Routinemäßigen beherrscht.

Einiges aber von dem, was unser Wahrnehmungssystem registriert, ist *neu*
und *wichtig*: Hierbei kann es sich um neue Wahrnehmungsinhalte, neues
Wissen oder neue Fertigkeiten handeln. Wir nehmen etwas Unbekanntes
wahr, wir hören einen Satz, dessen Bedeutung nicht unmittelbar klar ist, wir
versuchen uns einen Sachverhalt einzuprägen, üben ein neues Klavierstück
oder lernen Autofahren. All diese Dinge können wir nur mit Aufmerksamkeit
und Konzentration tun, und zwar um so stärker, je schwieriger die gestellte
Aufgabe ist. Wenn unser Gehirn mit derartigen Aufgaben konfrontiert wird,
dann erhöhen sich in bestimmten Hirngebieten die neuronale Aktivität und
die Hirndurchblutung und damit der Stoffwechsel, und zwar auf Kosten anderer Gebiete. Dies können wir mit PET oder fNMR sichtbar machen. Je
mehr wir dann die Dinge beherrschen beziehungsweise mit ihnen vertraut
sind, desto mehr schleichen sich Aufmerksamkeit und Bewußtsein heraus,
und desto geringer sind die lokale elektrische Hirnaktivität, der lokale Hirnstoffwechsel und die lokale Hirndurchblutung.[11]

Warum ist dies so? Ein zentrales Dogma der kognitiven Neurobiologie
lautet, daß die Leistung der verschiedenen Hirnteile das Resultat der synaptischen Verknüpfungsstruktur zwischen den dort angesiedelten Nervenzellen
ist. Veränderte synaptische Kontakte bedeuten eine veränderte Funktion der
Neuronen-Netzwerke. Entsprechend geht die derzeitige Deutung der geschilderten Vorgänge dahin, daß bei der Bewältigung neuer und vom Gehirn als
wichtig angesehener Aufgaben das Verknüpfungsmuster zwischen Nervenzellen verändert wird, und zwar in denjenigen Hirnrindenarealen, die für die
spezifischen Aufgaben zuständig sind. Beim Erkennen eines neuen Gesichts

---

[10] Gerhard Roth: Das Gehirn und seine Wirklichkeit. Kognitive Neurobiologie und
  ihre philosophischen Konsequenzen. 8. Aufl. Frankfurt/M.: Suhrkamp 1998.
[11] Leslie Ungerleider: Functional brain imaging studies of cortical mechanisms for
  memory. In: Science 270 (Dezember 1995), S. 769–775.

ist dies der hintere, untere Teil des Schläfenlappens, beim Verstehen eines neuen Satzes werden die beiden Sprachzentren, das Broca- und das Wernikke-Zentrum, aktiviert. Diese aufgabenspezifischen Regionen der Hirnrinde werden von der retikulären Formation in Zusammenarbeit mit dem Gedächtnis angesteuert. Es geht in diesen Regionen darum, neue Netzwerkeigenschaften durch Veränderung der synaptischen Kopplungsstärken anzulegen. Je mehr sich dann diese Neuverknüpfungen konsolidiert haben, je glatter wir die Aufgabe beherrschen, desto weniger ist sie mit Aufmerksamkeit und Bewußtsein verbunden. Schließlich bewältigen wir sie in einer Weise, bei der Aufmerksamkeit nur stören würde, zum Beispiel beim Fahrradfahren oder Klavierspielen.

Im Gegensatz zur »normalen« neuronalen Aktivität des Gehirns verbrauchen die synaptischen Umbaumaßnahmen viel Sauerstoff und Zucker. Aus dem Umstand, daß die Bewältigung neuer kognitiver Aufgaben stoffwechselintensiv ist, erklärt sich auch die uns allen bekannte Tatsache, daß wir im hungrigen Zustand oder bei Sauerstoffmangel Konzentrationsschwierigkeiten haben. Das Gehirn ist nämlich derjenige Teil des Körpers, der besonders viel Stoffwechselenergie benötigt, nämlich zehnmal mehr (20 Prozent), als ihm vom Relativvolumen her zukäme (2 Prozent).[12] Gleichzeitig hat das Gehirn keinerlei Zucker- und Sauerstoffreserven; es lebt bei seinen Aktivitäten von der Hand in den Mund. Aus der Tatsache, daß das Gehirn jede Erhöhung des Stoffwechsels durch eine Erniedrigung an anderer Stelle kompensieren muß, erklärt sich auch eine andere bekannte Situation: Je mehr wir uns auf ein Ereignis konzentrieren, desto mehr entschwinden andere Ereignisse unserem Bewußtsein, bis wir schließlich alles um uns herum »vergessen«.

Die hier vertretene Auffassung lautet: Bewußtsein und Aufmerksamkeit treten zusammen mit neuronalen Reorganisationsprozessen bei der Bewältigung neuer kognitiver und motorischer Aufgaben auf. Derartige Reorganisationsprozesse laufen in jeder Sekunde in unserem Gehirn ab, wenn auch mit unterschiedlicher Intensität. Verhindert man das Auftreten dieser Prozesse, zum Beispiel durch das Verabreichen bestimmter Pharmaka, dann treten auch die charakteristischen Erlebniszustände nicht auf; umgekehrt treten die Erlebniszustände nicht ohne diese Prozesse auf.[13] Das heißt, das eine existiert nicht ohne das andere.

Ist damit das uralte Leib-Seele- beziehungsweise Geist-Gehirn-Problem gelöst? Eine Minderheit von Neurobiologen und Neurophilosophen wie Francis Crick, der Neurotheoretiker Christoph Koch und die Neurophilosophen Patricia und Paul Churchland sind dieser Meinung: Sie sagen: Wenn in be-

---

[12] Otto D. Creutzfeldt: Cortex Cerebri. Leistung, strukturelle und funktionelle Organisation der Hirnrinde. Berlin, Heidelberg, New York: Springer 1983.
[13] Hans Flohr: Brain processes and phenomenal consciousness. In: Theory and Psychology 1 (1991), S. 245–262.

stimmten Regionen des Gehirns Nervenzellen in einer bestimmten Weise aktiv sind, dann entstehen bestimmte Bewußtseinszustände und bestimmte geistige/kognitive Leistungen laufen ab. Dasselbe gilt für Gefühle. Geist und Bewußtsein sind demnach nichts anderes als das Produkt der Aktivität bestimmter neuronaler Netzwerke in unserem Gehirn. Wir können aufgrund dieser Tatsache die ungenaue alltagssprachliche Umschreibung bestimmter Bewußtseinszustände durch eine exakte wissenschaftliche Beschreibung ersetzen. In der menschlichen Großhirnrinde gibt es ein Gebiet, V4 genannt, das genau dann aktiv ist, wenn wir eine Farbe wahrnehmen. Anstatt nun umgangssprachlich ungenau zu sagen: Herr Müller nimmt jetzt offenbar die Farbe »himmelblau« wahr, können wir exakt formulieren: »In Area V4 von Herrn Müllers Großhirnrinde feuern die und die Neurone mit der und der Stärke«, und das ist dann die Wahrnehmung »himmelblau«.

Ähnlich gibt es in unserem Gehirn ein Gebiet, vorderer cingulärer Cortex genannt, das dann aktiv ist, wenn wir Schmerz empfinden (auch hypnotisch induzierten Schmerz). Entsprechend könnten wir Herrn Müllers Aussage, er habe starke Schmerzen, naturwissenschaftlich exakt überprüfen, indem wir nachsehen, ob Nervenzellen in seinem vorderen cingulären Cortex aktiv sind. Eventuell könnten wir ihn dadurch als Simulanten entlarven. Man kann nach dieser Position, die wir reduktionistisch nennen wollen, Geist und Bewußtsein vollständig auf Hirnaktivität zurückführen. Für diese Reduktionisten ist das Geist-Gehirn-Problem zumindest im Prinzip gelöst.

Andere Theoretiker und Experimentatoren sind vorsichtiger und weisen darauf hin, daß es noch gar nicht klar ist, auf welcher Detailebene genaue Entsprechungen zwischen Hirnprozessen und geistigen Zuständen zu finden sein werden und in welcher Form. Sie verweisen zudem darauf, daß die Theorie neuronaler Netzwerke (oder andere neurotheoretische Ansätze) noch gewaltige Fortschritte machen muß, ehe wir die ganze Komplexität der Hirnprozesse erfassen können, die mit geistigen Zuständen zusammenhängen. Im Prinzip aber werde es im Gehirn bei geistigen Leistungen und auch beim Phänomen Bewußtsein mit »rechten Dingen«, das heißt im Rahmen naturwissenschaftlich beschreibbarer und letztlich erklärbarer Geschehnisse zugehen. Das Geist-Gehirn-Problem ist also für sie noch nicht gelöst, aber doch im Prinzip lösbar.

Eine bedeutende Gruppe innerhalb der Neurowissenschaften, insbesondere aber innerhalb der Psychologie und der Philosophie sieht dies radikal anders. Sie glauben, daß Zustände wie Geist und Bewußtsein für die Neurowissenschaften *prinzipiell unerklärbar* sind. Diese Meinung vertreten nicht nur solche Wissenschaftler und Denker, die der Überzeugung sind, daß Geist/Bewußtsein vom materiellen Gehirn wesensmäßig unterschieden sind (sogenannter ontologischer Dualismus), sondern auch solche, die Geist/Bewußtsein letztendlich für »natürliche«, das heißt physikalischchemisch-physiologische Zustände halten. Hierzu gehörte auch der »Vater« der Elektrophysiologie, der Berliner Forscher Emil Du Bois-Reymond, der 1880 in einer berühmten Rede »Die sieben Welträtsel« vor der königlichen Akademie der Wissenschaften erklärte: »Besäßen wir [...] astronomische [d.h. beliebig detaillierte – G. R.] Kenntnis dessen, was innerhalb des Gehirns vorgeht, so wären wir in bezug auf das Zustandekommen des Bewußtseins nicht um ein Haar breit gefördert«. Und acht Jahre zuvor hatte er in dem ebenso berühmten Berliner Vortrag »Über die Grenzen der Naturerkenntnis« hinsichtlich des neuronalen Zustandekommens des Bewußtseins ausgerufen: »Ignoramus et ignorabimus! – Wir wissen es nicht und werden es nie wissen!«. Ebenso entschieden stellte der deutsche Hirnforscher Otto Creutzfeldt ca. hundert Jahre später fest, daß die Neurophysiologie keine Mechanismen und kein Modell anbieten könne, auf welche Weise die Einheit des Bewußtseins in der Wahrnehmung zustande komme. Ja, die Fragen nach dem Entstehen von Bewußtsein im Gehirn selbst seien »im Bereich der Neurophysiologie unzulässig, da ja Geist und Erfahrung nicht ihr Gegenstand sein können«.[14] Ähnlich äußerten und äußern sich viele andere bedeutende Neurobiologen und Neurophilosophen.

Ihr entscheidendes Argument lautet: Selbst wenn wir die ernsthaftesten Evidenzen dafür haben, daß es sich bei Geist, Bewußtsein und Gefühlen letztendlich um neuronale Prozesse (wenn auch sehr komplexe) handelt, so werden sie doch von uns als grundverschieden von den neuronalen Prozessen erlebt. Der Anblick der Farbe »himmelblau« ist eben nicht identisch mit dem (wie auch immer komplizierten) Feuern von Neuronen im farbspezifischen Hirnrindenareal V4 (oder auch anderswo). Schmerz – so das Argument – ist nicht einfach die Aktivität von Nervenzellen im vorderen cingulären Cortex, das Erleben kommt als grundlegend neue und entscheidende Komponente hinzu; ein Schmerz, der nicht erlebt wird, ist kein Schmerz! Dieses Erleben ist aber völlig privater Natur; nur der Erlebende hat sie, alles andere sind Beschreibungen »von außen«, die daher am Wesentlichen des Erlebens vorbeigehen. Es gibt – so die gängige neurophilosophische Position – zwischen Geist/Bewußtsein und Gehirnprozessen eine unüberbrückbare »Erklärungslücke« (»explanatory gap«). Dadurch wird das »Welträtsel Bewußtsein« für die Hirnforschung prinzipiell unerklärbar.

Sehen wir uns die genannten Positionen einmal genauer an. Die reduktionistische Position hat als Radikalposition zweifellos etwas Faszinierendes an sich. Sie behauptet, man könne dank der großen Fortschritte der Hirnforschung auf die subjektive Erlebnisseite geistiger Zustände, auf die naive Alltagspsychologie, völlig verzichten und sich an die meßbaren Fakten halten. Geist sei nichts anderes als das Feuern von Neuronen, ebenso wie Denken, Vorstellen, Empfinden, Freude, Angst, Erwartung usw.! Wie anfangs ge-

---

[14] Otto D. Creutzfeldt (Anm. 4), S. 274.

schildert, scheint es in der Tat eine sehr enge Beziehung zwischen geistigen, psychischen, emotionalen Erlebniszuständen einerseits und der ganz spezifischen Aktivität von Hirnzentren zu geben, so daß man unter günstigen Bedingungen vom einen auf das andere schließen kann (was in der Klinik bereits ausgenutzt wird). Ja, man kann – was unbewußte kognitive oder psychische Zustände angeht – unter Umständen mithilfe geeigneter Verfahren mehr erfahren, was im Gehirn eines Menschen vor sich geht, als er selbst weiß.

Sind deshalb Geist, Bewußtsein und Gefühle tatsächlich auf Gehirnaktivität reduzierbar? Meine Antwort heißt: Nein! Die unterstellte Reduktion subjektiver Farbwahrnehmung auf neuronale Aktivität in Area V4 oder von Schmerzempfinden auf die Aktivität von Nervenzellen im vorderen cingulären Cortex funktioniert ja nur, indem ich die Hirnaktivität an den genannten Stellen messe und meine Versuchsperson befrage oder sie auffordere, an etwas zu denken usw. und dann ihre Hirnaktivität messe (ich kann das natürlich auch an mir selber machen). Die bloße Aktivität von Nervenzellen an einem bestimmten Ort des Gehirns sagt mir überhaupt nichts über deren Bedeutung für das subjektive Erleben. Auf die Idee, daß verschiedene Erlebniszustände mit der Aktivität bestimmter Hirnzentren zu tun haben, ist man in früheren Zeiten erst durch den mühsamen Vergleich von Hirnverletzungen und kognitiven und emotionalen Ausfällen gekommen, wozu später Hirnreizungsexperimente und schließlich die bildgebenden Verfahren kamen. Man kann also die subjektive Seite, das Erleben, nicht einfach für überflüssig erklären, man kann darauf nur dann verzichten, *nachdem* man die Korrelation zwischen neuronaler Aktivität und Erlebniszuständen in einem individuellen Gehirn auf das Genaueste untersucht hat.

Ein zweites Argument gegen den neurobiologischen Reduktionismus besteht darin, daß Bewußtseinszustände nur dann in uns entstehen, wenn sehr ausgedehnte Netzwerke, die viele Zentren in unserem Gehirn umfassen, in ganz spezifischer Weise aktiv sind. Hierzu gehören Netzwerke, die mit Wahrnehmungsinhalten, Informationen aus dem Gedächtnis über das Gesehene oder Gehörte, den Zustand meines Körpers und meine derzeitige Gefühlslage zu tun haben. Solche Netzwerke umfassen hunderte von Millionen, wenn nicht gar viele Milliarden Nervenzellen. Diese neuronalen Netzwerke entwickeln sich innerhalb der Individualgeschichte des Menschen und verändern sich mit jeder Erfahrung. An einer einzelnen Nervenzelle ist nichts Geistiges und Bewußtes, nichts Schmerzhaftes und nichts Emotionales. Erst in einem ganz spezifischen, durch individuelle Erfahrung bedingten Zusammenschluß mit Millionen und Milliarden anderer Zellen werden sie zur Grundlage von Geist und Bewußtsein.

Es ist also falsch zu sagen, Geist und Bewußtsein seien nichts anderes als das Feuern von Neuronen. Es ist letztendlich die Gesamtaktivität eines menschlichen Gehirns in einer bestimmten Situation, in einem bestimmten

Kontext, die Geist und Bewußtsein hervorbringen. In ihren vielfältigsten Formen sind sie sehr komplexe oder wie man sagt »emergente« Systemeigenschaften des Gehirns, die nicht einfach auf die Eigenschaften der Elemente des Systems rückführbar sind. Über solche emergente Eigenschaften ist sehr viel geschrieben und in sie ist viel hineingeheimnist worden. Emergente Eigenschaften haben aber in der Regel nichts Rätselhaftes an sich, sondern treten in jedem System mit einer minimalen Komplexität auf. Das Gehirn ist ein System von ungeheurer Komplexität, und es ist kein Wunder, daß mit der Gehirnaktivität viele Phänomene verbunden sind, die wir nicht oder noch nicht erklären können. »Das Ganze ist mehr als die Summe seiner Teile«, heißt es ebenso platt wie zutreffend, denn die Eigenschaften von Teilen addieren sich nicht einfach, sondern Teile verändern sich in aller Regel, wenn sie miteinander interagieren, und dies ist insbesondere im Gehirn der Fall.

Ein Problem, das als besonders schwierig angesehen wird, ist die Frage, auf welche Weise unser Gehirn aus der unendlichen Vielfalt der Sinneseindrücke, die gleichzeitig und nacheinander in zahllosen, voneinander getrennten Zentren verarbeitet werden, eine einheitliche, bewußte und bedeutungshafte Wahrnehmung macht. Es gibt Modelle hierfür, die zur Zeit intensiv experimentell und theoretisch überprüft werden, aber aufgeklärt ist diese Kernfrage überhaupt nicht. Die Frage nach dem Zustandekommen der Einheit der Empfindung betrifft im übrigen auch das Ich; es gibt nämlich eine ganze Reihe von »Ichen«, die bei Hirnerkrankungen unabhängig voneinander ausfallen können. Niemand weiß bisher, wie die Einheit der Ich-Wahrnehmung zustande kommt, die uns selber erzeugt. Insofern halte ich das Geist-Gehirn-Problem (noch) nicht für gelöst.

Wie steht es mit der entgegengesetzten Aussage, daß es unlösbar sei? Das Hauptargument lautet, daß das subjektive Erleben die Hauptsache bei Bewußtseinszuständen sei, und dieses subjektive Erleben (Farbe, Schmerz) sei nun einmal prinzipiell nicht durch neurophysiologische Registrierungen oder bildgebende Verfahren darstellbar, die immer nur neuronale Aktivität wiedergäben. Die Hirnforschung könne das Wesentliche am Bewußtsein eben nicht erklären! Ich glaube, daß diese Position auf einem tiefen Mißverstehen dessen beruht, was eine (natur-)wissenschaftliche Erklärung ausmacht. Eine solche Erklärung umfaßt – wenn sie mehr oder weniger vollständig sein soll – (1) Aussagen über gesetzmäßige (deterministische oder stochastische) Zusammenhänge zwischen bestimmten Ereignissen (»... immer wenn, dann ...«), (2) die Erklärung mithilfe zugrundeliegender Prinzipien und Mechanismen (»Wärme«; Bohrsches Atommodell), (3) Erklärung der Auswirkungen (Effekte) dieser Zusammenhänge, und (4) im biologischen Bereich eine Erklärung der Funktion (zum Beispiel von Photorezeptoren, der Mittelohrknöchelchen).

Wie sieht es beim Geist-Gehirn-Problem damit aus? Wie wir gehört haben, kann die moderne Hirnforschung erstens erklären, wie Bewußtseinszustände und Hirnprozesse zusammenhängen, sie kann also sagen: wenn ich Aktivität im vorderen cingulären Cortex beobachte, dann empfindet Herr Müller Schmerzen, und umgekehrt. Es würde sogar genügen, wenn man sagen könnte: erkenne ich Aktivität im vorderen cingulären Cortex von Versuchspersonen, so haben sie mit einer Wahrscheinlichkeit von 70% Schmerzempfindungen.

Weiterhin kann die Hirnforschung angeben, welche Hirnzentren in welcher Weise und unter welchen Bedingungen aktiv sein müssen, damit wir bestimmte Bewußtseinszustände erleben. Man kann zeigen, daß zu allererst die Großhirnrinde durch bestimmte Teile des Hirnstamms (Formatio reticularis) hinreichend aktiv gemacht werden muß, und daß für diese corticale Aktivität genügend Betriebsenergie in Form von Sauerstoff und Zucker vorhanden sein muß. Außerdem müssen Teile des Gedächtnissystems und des Gefühlssystems erkannt haben, daß es sich bei einem bestimmten Wahrnehmungsinhalt um etwas hinreichend Neues und Wichtiges handelt; denn nur dann werden wir uns bestimmter Wahrnehmungsinhalte bewußt usw. Die Hirnforschung kann also neuronale Mechanismen angeben, welche dem Entstehen von Bewußtsein zugrunde liegen. Sie kann auch zeigen, daß diese Mechanismen mit bekannten physikalischen, chemischen und physiologischen Gesetzmäßigkeiten übereinstimmen. Dies ist der zweite und wichtigste Teil einer naturwissenschaftlichen Erklärung.

Die Frage nach der Funktion ist eine Frage, die man bekanntlich nur im Zusammenhang mit biologischen Systemen (Pflanzen, Tiere, Mensch) stellen kann. Ein Berg hat keine Funktion, auch nicht das Sonnenlicht: sie sind einfach da. Eine Hand hat aber eine Funktion, ebenso das Auge, denn beide dienen direkt oder indirekt der Selbsterhaltung biologischer Systeme. Auch beim Bewußtsein kann die Hirnforschung eine funktionale Erklärung liefern oder zumindest plausible Hypothesen hierfür liefern. Eine derartige funktionale Erklärung habe ich weiter oben angegeben.

Geist ist also etwas, das sich im Rahmen und auf der Grundlage meßbarer physikalischer und physiologischer Prozesse abspielt. Er entzieht sich nicht dem Naturgeschehen, sondern fügt sich in dieses Geschehen ein. Die Feststellung, daß Geist ein physikalischer Zustand ist, heißt aber nicht, Geist müsse identisch sein mit irgendeinem bereits bekannten physikalischen Zustand wie elektromagnetische Wellen oder ein fester Körper. Geistige Zustände können durchaus physikalische Phänomene ganz eigener Art sein, die sich nicht auf andere physikalische Zustände reduzieren lassen; dies ist auch bei elektromagnetischen Wellen und Festkörpern nicht gefordert und zumindest bis heute nicht möglich. Weiterhin können wir annehmen, daß geistigphysikalische Zustände ganz eigenen Gesetzen gehorchen. Nur dürfen diese Gesetze den anderen physikalischen Gesetzen nicht widersprechen. In diesem

Sinne halte ich das Geist-Gehirn-Problem für erklärbar, wenn auch noch nicht erklärt.

Ich möchte noch auf eine besondere Position innerhalb der Geist-Gehirn-Debatte eingehen, die sozusagen eine Kombination zwischen Agnostizismus und Reduktionismus darstellt und die man Epiphänomenalismus nennt. Ein Epiphänomenalist hält allein die neuronalen Prozesse, wie sie bei der Wahrnehmung, dem Denken, Vorstellen und Handlungsplanen ablaufen und von den Hirnforschern gemessen werden, für kausal und funktional wirksam; Bewußtsein dagegen ist ein überflüssiges Beiwerk, ein Epiphänomen. Wenn ich von meinem Schreibtischstuhl aufstehe und zur Wohnungstür gehe, weil es geklingelt hat, dann haben bestimmte akustische Signale Nervenzellen in den unterschiedlichen Zentren meines Hörsystems aktiviert, welche in Zusammenarbeit mit spezifischen Gedächtnisteilen das Signal als Türklingel identifizieren. Dieses Identifikationsergebnis wird nun zu Zentren geleitet, in denen alle meine früheren Handlungen und deren gute und schlechte Konsequenzen gespeichert sind. Hierin befindet sich auch die Anweisung, daß es angebracht ist, die Tür zu öffnen, wenn es klingelt, es sei denn, es liegt eine aktuelle Bedrohungssituation vor (Angst vor Überrumpelung, Abneigung gegen Hausierer usw.). Dies wirkt dann auf mein Handlungsplanungszentrum im präfrontalen Cortex ein, das schließlich über eine komplizierte Kette von Ereignissen meinen Bewegungsapparat in Gang setzt. Dies alles – so der Epiphänomenalist – ist eine in sich geschlossene Kette von Ereignissen, bei der es völlig gleichgültig ist, ob und wann sie von Bewußtsein begleitet ist. Bewußtsein ist nicht kausal wirksam, dies trifft nur für neuronale Aktivität zu.

Fragen wir uns nun ernsthaft, was für oder gegen diese bei Philosophen und Psychologen ziemlich populäre Position spricht. Im strengen Sinn ist sie nicht widerlegbar, denn bei allem, was in unserem Gehirn abläuft, während wir etwas bewußt wahrnehmen oder tun, kann der Epiphänomenalist sagen: All diese komplizierten neuronalen Aktivitäten sind unbedingt notwendig, das Bewußtsein davon ist aber überflüssig. Er kann seinen Standpunkt aber auch nicht beweisen. Bewiesen hätte der Epiphänomenalist seinen Standpunkt, wenn er zeigen könnte, daß wir dieselben kognitiven Leistungen mit denselben Hirnprozesse vollbringen können, während wir einmal Bewußtsein haben und ein andermal nicht (daß wir »Zombies« sind!). Dann wäre gezeigt, daß Bewußtsein in der Tat überflüssig ist.

Wir beobachten aber sehr deutliche Unterschiede im Gehirn von Menschen, wenn sie Dinge tun, von denen wir wissen, daß wir sie nur bewußt tun können, im Vergleich zu solchen Dingen, die wir ohne Bewußtsein und Aufmerksamkeit tun können. Beeinträchtigen wir mit bestimmten Drogen oder auf psychologische Art ihre Aufmerksamkeit und ihr Bewußtsein, dann sind sie auch nicht mehr in der Lage, bestimmte komplexe kognitive Leistungen zu vollbringen. Umgekehrt gilt: beeinträchtigen wir die entsprechenden neuronalen Prozesse, so tritt auch das Bewußtsein nicht auf (zum Beispiel in Narkose). Beide Phänomene bilden eine unauflösbare Einheit. Wir können, ohne uns in Widersprüche zu verwickeln sagen: Es ist die Eigenschaft bestimmter Vorgänge im Gehirn, Bewußtsein hervorzubringen beziehungsweise von Bewußtsein begleitet zu sein, und diese Vorgänge haben deutlich andere Konsequenzen für das Verhalten als solche ohne Bewußtsein (zum Beispiel beim Lernen). Ich halte dies nicht für eine logische Widerlegung des Epiphänomenalismus, aber doch für ein sehr plausibles Gegenargument, während der Epiphänomenalismus in sich unplausibel ist.

Befassen wir uns zum Schluß noch mit dem scheinbar schwierigsten Problem, nämlich dem eklatanten Unterschied zwischen sogenannten geistigen und sogenannten materiellen Prozessen. Der eingefleischte Agnostiker wird mir sagen: Was du da über den Zusammenhang zwischen Geist und Gehirn erzählst, mag ja irgendwie stimmen, aber es bleibt die Tatsache, daß Geist und Bewußtsein von uns als *völlig andersartig empfunden* werden als das Materielle. Wie soll man sich – bitte sehr – vorstellen, daß aus dem materiellen Gehirn Geist und Bewußtsein entspringen? Eine solche Vorstellung ist für den Agnostiker absurd.

Um dieses Problem zu lösen, müssen wir die Tatsache akzeptieren, daß unsere Erlebniswelt von unserem Gehirn hervorgebracht, konstruiert wird, und zwar in einer offenbar sehr mühsamen Weise, die beim Kind mehrere Jahre benötigt. Unsere Erlebniswelt besteht aus drei Bereichen, der Außenwelt, dem eigenen Körper und der geistigen Welt (Gefühle sind irgend etwas zwischen Körper und Geist und bilden eine Art Zwischenwelt). Der Säugling lebt ganz zu Beginn in einer undifferenzierten Welt, und sein Gehirn muß in den ersten Lebensmonaten die schwierige Unterscheidung zwischen Körper und Welt lernen, auch wenn es sich dabei um ein genetisch erleichtertes Lernen handelt. Dieses Lernen beginnt spätestens nach der Geburt, wenn der Säugling anfängt, die Welt zu begreifen. Wenn er zum Beispiel einerseits sich selbst und andererseits Objekte der Umwelt anfaßt, erlernt sein Gehirn den fundamentalen Unterschied zwischen Körper und Welt. Jeder dieser beiden Bereiche, Körper und Umwelt, wird nun weiter ausdifferenziert. Dies betrifft etwa die Organisation des Körpers hinsichtlich seiner Position im Raum, der Stellung der Gelenke, des Anspannungsgrades seiner Muskeln und Sehnen. Diese Informationen werden in die dafür prädestinierten corticalen und subcorticalen Zentren »hineingelernt«. So bildet sich das Körperschema und eine konsistente Wahrnehmung der Umwelt aus.

Der dritte Bereich, derjenige der geistigen Prozesse, bildet sich am spätesten heraus, etwa ab dem dritten Lebensjahr, und zwar offenbar im »Ausschlußverfahren«. Dies bedeutet, daß all das in sensorischen corticalen Zentren von Gehirn als Vorstellung, Erinnerung oder Denken angesehen wird, was nicht aktuelle Wahrnehmung von Dingen und Vorgängen der Außenwelt darstellt und/oder mit aktuellem Handeln verbunden ist. Diese Unterscheidung scheint sich innerhalb der kindlichen Entwicklung nur sehr langsam zu entwickeln, und kleine Kinder treffen offenbar noch keine scharfe Unterscheidung zwischen tatsächlich Wahrgenommenem und bloß Vorgestelltem oder Erinnertem, zwischen Tun oder bloß Gedachtem oder Geplantem. Aber auch dem erwachsenen Gehirn stehen keine absolut verläßlichen Unterscheidungen zwischen »Tatsächlichem« einerseits und »Vorgestelltem« oder »Halluziniertem« andererseits zur Verfügung, sondern es geht bei dieser Unterscheidung nach bestimmten internen Kriterien vor wie Plausibilität, Lebhaftigkeit des Eindrucks, Übereinstimmung zwischen verschiedenen Sinneseindrücken und mit früherer Erfahrung.[15]

Das Gehirn verwendet große Mühe darauf, das Geistige in uns, das heißt Denken, Vorstellen, Wünschen usw., deutlich vom Körperlichen und besonders von Geschehnissen in der Außenwelt zu unterscheiden. Diese Unterscheidungen sind für das Überleben absolut notwendig, aber es sind *konstruierte* Unterscheidungen. Wir nehmen ja nicht die Gegenstände direkt wahr, sondern ihre internen Repräsentationen. Wenn jetzt der Philosoph von mir fordert, ich solle gefälligst intuitiv nachvollziehen, wie aus etwas Materiellem (Gehirn) etwas Geistiges wird, dann verlangt er von mir, was den Bestrebungen meines Gehirns gerade entgegenläuft. Das Materielle (beziehungsweise dessen interne Repräsentationen) soll ja gerade nicht genau so erlebbar sein wie das Geistige.

Es ist also eine Sache, den Zusammenhang zwischen Geist und Gehirn zu erklären oder zumindest plausibel zu machen, und etwas anderes, diesen Zusammenhang erlebnismäßig nachzuvollziehen. Dies ist per Konstruktionsvorschrift des Gehirns für uns nicht möglich und auch nicht nötig. Denn dies gelingt uns auch nicht, wenn wir beobachten, daß eine Glühlampe beginnt Licht auszusenden, wenn wir einen Schalter bedienen und Strom durch eine Glühlampe schicken; dies ist erlebnismäßig ein nicht nachvollziehbarer Vorgang. Kein Physiker würde aber diese mangelnde erlebnismäßige Nachvollziehbarkeit für ein Manko seiner Erklärung halten.

Es scheint, daß viele Neurobiologen, insbesondere aber viele Psychologen und Philosophen, ihren Geist- und Bewußtseins-Agnostizismus, das heißt die Überzeugung von der prinzipiellen Unerklärbarkeit von Geist und Bewußtsein, aus dem Wunsch heraus vertreten, es möge noch irgendetwas in uns Menschen geben, was sich dem Zugriff der Naturwissenschaften entzieht. Dieser Wunsch ist begreiflich. Es besteht kein Zweifel daran, daß die Erkenntnisse der Hirnforschung über das Zustandekommen von Geist, Bewußtsein und Gefühlen und letztlich über die bewußten und insbesondere unbewußten Beweggründe unseres Denkens und Handelns im Gehirn das gegenwärtige Menschenbild grundlegend verändern werden. Während einige Men-

---

[15] Gerhard Roth (Anm. 10), S. 321ff.

schen dies faszinierend finden, haben andere Angst davor. Man kann ihnen aber diese Angst zumindest teilweise nehmen, indem man sachlich und klar über Dinge spricht, die letztendlich nicht komplizierter und geheimnisvoller sind – oder sogar viel weniger – als viele physikalische Vorgänge, man denke nur an die Probleme der Relativitätstheorie oder der Quantentheorie. Nur haben wir uns in diesen Bereichen an das scheinbar oder wirklich Paradoxe gewöhnt, während die Hirnforschung diese Entwicklung noch vor sich hat.

Mit meinen Ausführungen wollte ich darstellen, daß die Hirnforschung tatsächlich eine Geisteswissenschaft beziehungsweise eine Wissenschaft vom Geist ist, indem sie das Zustandekommen und das Wirken des Geistes untersucht und zumindest zum Teil erklären kann. Sie ist von ihren Methoden her zugleich eine Naturwissenschaft, aber auch von ihrem Inhalt her, denn Geist – so habe ich zu zeigen versucht – ist etwas, das der Natur angehört und sie nicht transzendiert. Aber auch wenn man die traditionelle Definition einer Geisteswissenschaft nimmt, wie sie eingangs vorgebracht wurde, nämlich als eine Wissenschaft, die das Menschlich-Individuelle, das Einmalige und Unwiederholbare zu ihrem Gegenstand hat, so kann man die Hirnforschung mit gutem Grund als eine Geisteswissenschaft bezeichnen. Denn innerhalb der Entwicklung des Gehirns eines jeden Menschen vollzieht sich auf einmalige Weise das Entstehen des individuellen Geistes und seiner unverwechselbaren Zustände. Was alles in Kultur, Kunst und Wissenschaft je geschaffen wurde, wurde von individuellen Gehirnen mit individuellen Geistzuständen geschaffen. Es ist die Aufgabe der Hirnforschung, zugleich das Gesetzmäßige wie auch das Einmalige dieser Tatsache zu erfassen.

EVA RUHNAU

Zeit und Bewußtsein – der Rhythmus des Humanen

> *Vielleicht kann ich mich einmal erkennen,*
> *eine Taube einen rollenden Stein ...*
> *Ein Wort nur fehlt! Wie soll ich mich nennen,*
> *ohne in anderer Sprache zu sein.*[1]

Gedichte – in vielen Sprachen geschrieben – erfassen das jeweils Eigene der
Kulturen; Gedichte – in allen Sprachen gesprochen – verweisen auf ein uns
Menschen Gemeinsames. Die Dauer einer gesprochenen Gedichtzeile ist eine
anthropologische Konstante, sie beträgt in allen Sprachen etwa drei Sekunden.[2] Drei Sekunden die weder durch unseren Herzschlag noch durch unseren Atemrhythmus geprägt sind, sondern sich aus der zeitlichen Dynamik
von Wahrnehmung und Handlung ergeben, ein Zeitmaß unseres Gehirns.

Die Zeit – eine oder viele?

Bis zu Beginn des 19. Jahrhunderts glaubte man, psychische Abläufe erfolgten
mit unendlicher Geschwindigkeit. Erst seit etwa zweihundert Jahren fragt man
nach der Zeitdauer psychischer Prozesse. Und seit etwa zwei Jahrzehnten erleben wir die rasante Entwicklung moderner Hirnforschung, in deren Folge sich
das in den Biowissenschaften gebräuchliche naive Zeitverständnis zu differenzieren beginnt. Seit Beginn des 20. Jahrhunderts hat auch in der Physik das
Konzept der Zeit mehrere Modifikationen durchlaufen. Die absolute Newton-
sche Zeit, die stetig und unabhängig von allen Ereignissen vergeht, wurde abhängig von Geschwindigkeit (Spezielle Relativitätstheorie) und Masse (Allgemeine Relativitätstheorie), sie wurde beobachterabhängig. Die Quantentheorie
brachte zwar innerhalb ihres Formalismus keine Abweichung vom klassisch-
mechanischen Zeitkonzept Newtons, schärfte jedoch den Blick auf den Einfluß
des Beobachters auf die Eigenschaften des zu messenden Systems.

Beobachtung und Messung gründen zunächst auf der Trennung von Subjekt und Objekt der Beobachtung und Messung. Die Cartesische Trennung
der Welt in zwei Substanzen, *res cogitans* und *res extensa*, ist Ausgangspunkt und Rahmen der Entfaltung der modernen Wissenschaft. Da der Erfolg
und die Durchsetzungskraft von Weltbildern darauf beruht, daß die, die
Weltbilder generierenden Hypothesen, nicht in Frage gestellt werden, führt

---

[1] Ingeborg Bachmann: Wie soll ich mich nennen? In: I. B.: Werke. Hg. von Christine Koschel u.a. München, Zürich: Piper ²1982. Bd. 1, S. 20.
[2] Fred Turner / Ernst Pöppel: The neuronal lyre: poetic meter, the brain and time.
In: Poetry (USA), August 1983, S. 277–309.

dies häufig dazu, daß derartige Grundannahmen für lange Zeit den Status
von nahezu Gewißheiten erlangen. Eine solche Selbstverständlichkeit war bis
vor wenigen Jahrzehnten die Vorstellung, daß Konzepte, die im Theoriege-
bäude des Beobachters Bedeutung, Vollständigkeit und Konsistenz besitzen,
für das Beobachtete in ähnlicher Weise zutreffen. Die Quantentheorie hat gezeigt, daß unser naiv-klassisches Bild der materiellen Welt nicht auf alle Bereiche der Wirklichkeit zutrifft.

Stehen wir vielleicht in Bezug auf unsere Konzepte von ›Zeit‹ vor einem
ähnlich bedeutenden Paradigmenwechsel? Muß unsere Vorstellung von Zeit
in Frage gestellt werden, die (trotz der Modifikationen durch die Relativi-
tätstheorien) nach wie vor verknüpft ist mit der Idee, daß die Sequentialität,
Homogenität und Kontinuität der Zeit des Beobachters sich auf das zu beobachtende System übertragen läßt? Gegenwärtige Grundlagenprobleme der
modernen Physik beruhen möglicherweise auf einem inadäquaten Zeitverständnis, insbesondere auf einer Überbetonung kontinuierlicher Zeit.

In den Naturwissenschaften ist heute vielfach davon die Rede, daß die
Physik als dominante Wissenschaft abgelöst wird von der neuen Leitwissen-
schaft Biologie. Speziell sind es die Neurowissenschaften, in denen die bri-
santen Fragen gestellt werden; die Fragen nach dem Bewußtsein, nach dem
Ich- oder Selbstgefühl. Das heißt, die Wissenschaft von der Materie, der er-
kannten objektiven Welt, wird abgelöst von der Wissenschaft, die sich auf
den Erkennenden selbst richtet. Die Neurowissenschaften als biologische
Wissenschaften erlauben heute andere Sichtweisen auf das Phänomen ›Zeit‹,
die die rein aus der Physik abgeleiteten Zeitkonzepte komplementär zu ergänzen vermögen.

Das Gehirn – Differenzierung und Integration

Verstehen der Funktionsweisen des Gehirns heißt Verstehen der Wechselwirkung einer sehr großen Zahl von Nervenzellen; in einem Kubikmillimeter
Großhirnrinde befinden sich etwa vierzigtausend Neuronen. Jedes Neuron
wiederum nimmt mit vier- bis zehntausend anderen Neuronen Verbindungen
auf und empfängt von ebenso vielen Nervenzellen erregende und hemmende
Impulse. Die Leistungen des Gehirns beruhen wesentlich auf zwei Prinzipien,
dem Prinzip der Differenzierung und dem Prinzip der Integration. Was bedeutet dies?

Jede Taxonomie mentaler Funktionen muß die folgenden vier Bereiche
des Psychischen umfassen:[3] Reizaufnahme (Perzeption), Bearbeitung (Asso-

---

[3]   Ernst Pöppel: Grenzen des Bewußtseins. Über Wirklichkeit und Welterfahrung.
      Stuttgart: Deutsche Verlagsanstalt 1985 (engl.: Mindworks: Time and conscious
      experience. New York: Harcourt Brace Jovanovich 1988).

ziation, Lernen und Gedächtnis), Bewertung (Emotion) und Handlung (Aktion und Reaktion). Für all diese Bereiche gilt, daß mentale Funktionen im Gehirn lokal repräsentiert sind (Modularitätsprinzip[4]). Mentale Funktionen liegen damit in Modulen vor, deren Verfügbarkeit an die Integrität neuronaler Strukturen gebunden ist. Diese Erkenntnis beruht wesentlich auf Beobachtungen hirnverletzter Patienten; daß psychische Funktionen bei Verletzungen bestimmter Hirnregionen *inter*individuell in gleicher Weise ausfallen, ist ein Existenzbeweis dieser Funktionen. Diese Entwicklung von Funktionen ist nicht allein genetisch bestimmt, sondern benötigt wesentlich die Interaktion mit der Umwelt. Genetisch vorgegebene Verschaltungen der Neuronen müssen in funktioneller Weise verstärkt oder gelöst werden. Die Differenzierung in mentale Funktionen ist damit in die Architektur der Verschaltung und die Stärke der Verbindungen der Nervenzellen eingeschrieben.

Die genannten vier Funktionsbereiche umfassen den inhaltlichen Aspekt unserer Erfahrung. Damit jedoch eine subjektive Repräsentation eines mentalen Phänomens eintreten kann, müssen spezifische logistische Voraussetzungen erfüllt sein. Da mentale Funktionen wohldefinierten räumlichen Hirnarealen zugeordnet sind, wirft dies die Frage auf, wie einheitliche subjektive Erfahrungen möglich sind. Jeder mentale Akt ist durch (›gleichzeitige‹) Aktivitäten in verschiedenen Hirnarealen gekennzeichnet. Dies zeigen zum Beispiel Untersuchungen des regionalen cerebralen Blutflusses oder PET (positron emission tomography) Studien; mehrere räumlich verschiedene Hirnareale weisen höhere Aktivität bei der Durchführung bestimmter Aufgaben (zum Beispiel beim Lesen) auf. Jeder mentale Akt kann durch ein spezifisches Muster räumlich verteilter Aktivitäten innerhalb neuronaler Funktionsgruppen charakterisiert werden. Das bedeutet jedoch, daß neuronale Mechanismen nötig sind, die die Integration verteilter Aktivitäten herstellen, damit ein subjektives Phänomen als ein Phänomen und nicht als Nebeneinander verschiedener Wahrnehmungskontexte erfahrbar ist. Die ›Zeit‹ erweist sich dabei als ein Schlüssel zur Lösung des Problems.

Zeitliche Syntax des Gehirns

Welches sind die Rahmenbedingungen, die Grundlage des bewußten Zeiterlebens sind? Als externe Ausgangsbedingung sei die Darbietung zweier Reize (Lichtblitze oder Töne) in klar definierter zeitlicher Ordnung mit extern bestimmtem zeitlichem Reizabstand gewählt. Bei einfacher, linearer Variation

---

[4] Siehe auch Jerry A. Fodor: The modularity of mind. Cambridge, Mass.: MIT Press 1983.

des Reizabstandes spaltet sich die interne subjektive Erfahrung dieser Reize in eine ganze Hierarchie elementarer zeitlicher Wahrnehmungen auf:

Koinzidenz: Ist das externe zeitliche Distanzintervall der Reize kleiner als ein bestimmter Wert (Koinzidenzschwelle), dann werden beide Reize als ein Ereignis erlebt. Die Koinzidenz- oder Fusionsschwelle ist für die verschiedenen Sinnessysteme verschieden und von den verschiedenen Transduktionszeiten (Umwandlungen der Stimuli in Nervenimpulse) der Sinnessysteme abhängig (akustisch zwei bis drei Millisekunden, taktil etwa zehn Millisekunden, visuell etwa zwanzig Millisekunden).

Gleichzeitigkeit: Überschreitet der Reizabstand die Koinzidenzschwelle, so werden zwei Ereignisse beobachtet. Fragt man jedoch, welches dieser Ereignisse früher und welches später war, so ist es für das erlebende Subjekt nicht möglich zu entscheiden, welches erstes und welches zweites Ereignis war.

Aufeinanderfolge: Erst bei Überschreiten einer Zeit-Ordnungsschwelle kann eine vorher-nachher-Relation erfahren werden. Das bedeutet, erst wenn der Reizabstand diese Schwelle überschreitet, kann die zeitliche Richtung beider Reize wahrgenommen werden. Wesentlich dabei ist, daß die Größe der Ordnungsschwelle – etwa dreißig Millisekunden – unabhängig vom Sinnessystem ist.

Dies legt folgende Hypothese nahe[5]: Das Gehirn schafft sich und ist strukturiert durch adirektionale zeitliche Zonen oder Gleichzeitigkeitsfenster. Bezogen auf die Außenzeit erscheinen solche »Zeitfenster« als Zeitquanten, deren Dauer (etwa dreißig Millisekunden) kennzeichnend für das Gehirn sind. Ein zeitliches Vorher-Nachher kann erst dann wahrgenommen werden, wenn wenigstens zwei solcher Zeitfenster gegeben sind.

Neben der Existenz der Ordnungsschwelle gibt es eine Fülle weiterer Nachweise solcher zeitlich neutraler Zonen, die auf ganz verschiedenen experimentellen Versuchsanordnungen beruhen. So erweisen sich zum Beispiel die Histogramme von Reaktionszeiten auf visuelle oder akustische Reize nicht als einfache Verteilungsfunktionen, sondern zeigen Multimodalitäten auf. Das bedeutet, daß die Reaktionen auf einen Reiz nur zu bestimmten Phasen, der durch den Reiz ausgelösten neuronalen Aktivität, ausgelöst werden.

Die Gleichzeitigkeitszonen von dreißig Millisekunden sind notwendig, um ursprüngliche Ereignisse wahrzunehmen. Sie definieren elementare Integrationseinheiten, innerhalb derer die Aktivitäten der verschiedenen Funktionseinheiten des Gehirns miteinander korreliert werden. In der Aneinanderrei-

---

[5] Ernst Pöppel: Grenzen des Bewußtseins (Anm. 3); Ernst Pöppel / Eva Ruhnau / Kerstin Schill / Nicole von Steinbüchel: A hypothesis concerning timing in the brain. In: Hermann Haken u.a. (Hg.): Synergetics of Cognition. (Springer Series in Synergetics 45) Berlin: Springer 1990, S. 144–149; Eva Ruhnau / Ernst Pöppel: Adirectional temporal zones in quantum physics and brain physiology. In: International Journal of Theoretical Physics 30 (1991), S. 1083–1090.

hung solcher Zonen wird sequentielle Ordnung identifiziert. Sukzession der Wahrnehmung bedeutet jedoch noch nicht Wahrnehmung von Sukzession, innerhalb derer aufeinanderfolgende Reize in zeitlicher Ordnung zusammengefügt werden und damit einen neuen Inhalt der Wahrnehmung generieren. Man denke zum Beispiel an die Wahrnehmung einer Melodie; der Zusammenklang aller Töne ist wichtig, nicht nur die Sukzession wahrgenommener Töne.

Ein entsprechender neuronaler Prozeß, innerhalb dessen mehrere elementare Integrationseinheiten – unabhängig vom Inhalt der in ihnen repräsentierten Ereignisse – bis zu einer Dauer von etwa drei Sekunden automatisch zu Wahrnehmungseinheiten zusammengefaßt werden, wird durch eine Reihe experimenteller Daten belegt. Werden zum Beispiel im psychophysischen Experiment zwei Reizintensitäten miteinander verglichen, so müssen sie innerhalb eines Fensters von zwei bis drei Sekunden angeboten werden, damit ein sinnvoller Vergleich möglich ist. Des weiteren zeigen Experimente, in denen vorgegebene Zeitdauern reproduziert werden, ein Überschätzen kurzer zeitlicher Intervalle und ein Unterschätzen längerer Intervalle. Das Indifferenzintervall, das heißt diejenige Zeitdauer, die am besten reproduziert wird, liegt bei etwa drei Sekunden. In völlig verschiedenen Kulturen, so zum Beispiel bei den Kalahari Buschleuten oder den Eipo in Papua-Neuguinea, können Zeitsegmente bis zur Länge von etwa drei Sekunden in der zeitlichen Organisation intentionaler Akte beobachtet werden. Auf die Dreisekunden-Taktung der Sprachverarbeitung wurde bereits zu Beginn hingewiesen. Das Gehirn fragt etwa alle drei Sekunden, was denn Neues in der Welt sei, beziehungsweise es überprüft das Vorliegen des bereits Bestätigten.

Diese präsemantische Integration, die sprach- und kulturunabhängig etwa drei Sekunden beträgt, ist die formale Basis des erlebten subjektiven »Jetzt«. Das Jetzt ist damit kein Punkt, sondern besitzt eine Ausdehnung. (Dies hat unter anderem interessante philosophische Konsequenzen, da nahezu in aller philosophischer Erörterung subjektiver Zeit, das Jetzt als punktförmig angesehen wird.) Wesentlich ist, daß innerhalb einer solchen Gegenwartsinsel von drei Sekunden, die Einheit aller vier mentaler Bereiche gegeben ist; Perzeption, Assoziation, Gedächtnis, Emotion, Handlungsplanung und Aktion sind nicht voneinander getrennt. Erst retrospektiv, innerhalb eines nächsten Jetzt, findet eine Kategorisierung statt. Die Dreisekunden-Integrationseinheiten des Gehirns bieten die formale Basis des Zustandes ›bewußt‹.[6] Der Inhalt des jeweiligen Zustandes ›bewußt‹ kann entweder eine implizite Erlebnis- und Handlungseinheit oder eine explizite Klassifikation des Erlebten sein, nicht jedoch beides zugleich.

---

[6] Ernst Pöppel: Temporal mechanisms in perception. In: International Review of Neurobiology 37 (1994), S. 185–202.

Zusammenfassend ist die zeitliche Syntax des Gehirns dadurch gegeben, daß das Gehirn sich zeitlich *diskrete* Zonen schafft: Gleichzeitigkeitszonen (von etwa dreißig Millisekunden) und eine begrenzte Kapazität der Integration aufeinanderfolgender Zonen bis zu Gegenwartsfenstern von etwa drei Sekunden.

Diese Syntax kann nun für die Semantik genutzt werden. Auf einer weiteren Ebene der Integration werden Bewußtseins*inhalte* miteinander verbunden, wobei die Integrationsintervalle von drei Sekunden als formale Basis der Repräsentation dieser Inhalte dienen. Als notwendige logistische Voraussetzung definieren die Gegenwartsinseln jedoch weder was repräsentiert ist, noch wie die repräsentierten Inhalte zusammengefügt werden sollen. Die subjektive *Kontinuität* der Erfahrung ist möglicherweise das Resultat eines *semantischen* Zusammenhangs der Inhalte dieser Gegenwartsinseln. Der Zusammenbruch der Kontinuität zum Beispiel bei Schizophrenen impliziert, daß unter normalen Bedingungen ein spezifischer neuronaler Prozeß für den semantischen Nexus verantwortlich ist.

Diskrete und kontinuierliche Zeit

Die Physik als Wissenschaft der Beobachtung und Messung basiert in ihren wesentlichen Zeitkonzepten auf der Idee des Kontinuums. Aus der Neurowissenschaft ist zu lernen, daß durch Operationen des Gehirns diskrete Zeitzonen geschaffen werden. (Hier besteht eine methodische Verbindung zu den mathematischen Beschreibungen selbstorganisierender Systeme.) Im Bereich kontinuierlicher Zeit ist die Idee der Trennung von Subjekt und Objekt der Beobachtung vorherrschend, im Bereich diskreter Zeit werden Zeitstrukturen durch die innere Dynamik eines Systems geschaffen. In unserer gewohnten Vorstellung ist das Zeitkontinuum auch die Grundlage diskreter Prozesse, derartige Prozesse sind in dieser Sichtweise eine Quantisierung des Kontinuums. Versuchen wir diese Sichtweise umzukehren, und die Diskretisierung von Prozessen als Basis kontinuierlicher Zeit zu verstehen. Dies hat zur Folge, daß die Kontinuität der Zeit eine Abstraktion ist, die eine Metaebene der Beobachtung, das heißt eine Trennung von Beobachter und Beobachtetem voraussetzt.[7]

Das Diskrete trägt sein Maß in sich, das Kontinuum erhält sein Maß von außen. In den Gegenwartsinseln von drei Sekunden spiegelt sich beides, der

---

[7]   Eva Ruhnau: Time Gestalt and the Observer. Reflexions on the Tertium Datur of Consciousness. In: Thomas Metzinger (Hg.): Conscious Experience. Imprint Academic: Thorverton, UK 1995, S. 165–184 (dt. Zeit-Gestalt und Beobachter. Betrachtungen zum *tertium datur* des Bewußtseins. In: Thomas Metzinger (Hg.): Bewußtsein. Beiträge aus der Gegenwartsphilosophie. Paderborn: Schöningh ²1996, S. 201–220).

Ausdruck der inneren Dynamik des Erlebens und die Möglichkeit, dieses Erleben perspektivisch explizit zu erfassen. Doch die Sprachen des Innen und des Außen lassen sich nicht auf eine gemeinsame Sprache abbilden, sie sind zueinander komplementär. Das eine Wort fehlt; das, was sich benennt, findet sich immer in anderer Sprache.

CHRISTA SÜTTERLIN

Ethologische Aspekte der ästhetischen Wahrnehmung und Kunst

1. Kunstgeschichte als Geistesgeschichte

Jede wissenschaftliche Beschäftigung mit historischen Daten sieht sich dem Problem der Vielfalt gegenüber. Es ist das Problem der Systematisierung und Ordnung überhaupt. Wie der Fülle gerecht werden, ohne rein beschreibend bleiben zu müssen, und wie eine Systematik ansetzen, ohne die Vielfalt reduktionistischer Einheit preiszugeben? Die Kategorien, die sich innerhalb der historischen Fächer bisher im Hinblick auf ihre Ordnung am besten bewährten, waren oft selbst geschichtlicher Natur oder gattungsbezogen beschreibend.

Nun handelt es sich bei den geisteswissenschaftlichen Fächern wie gerade der Kunst- und Literaturgeschichte ja definitionsgemäß nicht um eine Wissenschaft der phänomenalen Welt und ihrer Geschichte, sondern um eine Geschichte der menschlichen Konzepte über diese Welt, und dies schränkt die Vielfalt bereits entscheidend ein. Was wir also studieren, sind die Auszüge aus der phänomenalen Wirklichkeit, die der menschliche Geist im Laufe der Geschichte notiert hat, und welche bereits eine Ordnung im Sinne einer Vorauswahl darstellen, indem sie die sachliche Kategorisierung erleichtern. Wenn wir also von Gattungen wie Genre, Landschaft, Portrait sprechen, im anderen Falle von Roman, Erzählung und Drama, folgen wir bereits einer höchst selektiven Ordnung des menschlichen Geistes innerhalb der Fülle möglicher Wirklichkeiten.

Nun sind Konzepte und Wahrnehmungsformen meist selbst der Geschichte unterworfen. Landschaft kommt in der Malerei lange per se nicht vor und tritt hinter ikonischen und später christlichen Inhalten zurück. Das Portrait entfaltet sich noch später und trägt dem Individuellen Rechnung, das in der Renaissance und Aufklärung wichtig wird. Das Genre wiederum verengt den Blickwinkel auf typische Situationen des Alltags einer bestimmten Kultur. Traditionen entfalten darüber hinaus ein Eigenleben, das es ihnen erlaubt, über eigene Mechanismen des Austausches, über Schulen und Wanderschaften rein kulturell miteinander zu kommunizieren. Verwandte Erscheinungen, Motive und Techniken, die auf diesem Wege entstanden sind, waren gerade in der Kunstgeschichte immer wieder Thema größerer Untersuchungen und ließen sich durch Formen historischen Tradierens und interkultureller Verbreitung stimmig belegen. Ein schönes Beispiel hierfür ist Alois Riegls Mo-

nographie über die »Spätrömische Kunstindustrie«.[1] Ungleich differenzierter
haben sich in der Ethnologie die Modelle zur Beschreibung und Begründung
kultureller Parallelen in materieller Kultur und sozialem Brauchtum verschiedener Kulturen gestaltet. Die Lehre vom Kulturkontakt, welche das kunsthi-
storische Vorgehen bei der Spurensuche zur Hauptsache leitet, stellt dort unter der Flagge des »Diffusionismus« nur eine der möglichen Erklärungen dar,
die sich zwischen beziehungsweise gegen Universalienlehre, Strukturalismus
und Konvergenztheorie zu behaupten hatte.[2] Die Evidenz und Verbreitung
gleichartiger kultureller Phänomene ist in einem Zeitalter weiträumiger Wan-
derbewegungen und globalen Austausches allerdings so aktuell wie nie zuvor. Der Begriff des Kulturenvergleichs droht in dem Maße an Substanz zu
verlieren als die Kulturen an sichtbarer Abgrenzung eingebüßt haben und das
Phänomen der Vergleichbarkeit, also Ähnlichkeit, in den Ruf beliebiger
Konstruierbarkeit geraten ist.

Einer historisch ausgerichteten Wissenschaft menschlicher Kultur wie gerade der Kunstgeschichte stellt sich die Frage des Kulturenvergleichs dennoch anders und bleibt an jene nach der Basis und Herkunft von Ähnlichkeiten gebunden. Dem kulturellen und historischen Relativismus ist gerade im
Bereich der visuellen Künste die Evidenz wiederkehrender Themen und uni-
verseller Symbolik entgegenzuhalten, für deren Verbreitung und Persistenz
das Konzept der kulturellen Kommunikation nicht ausreicht. Welche Kriteri-
en sind für ihre Begründung maßgebend und welche Hypothesen wären bereit, die Evidenz solcher Ähnlichkeiten zu stützen?

2. Kunstgeschichte als Naturgeschichte?

Naturwissenschaftliche Fächer wie etwa die Zoologie und Botanik haben einen eigenen Kriterienkatalog erstellt, nach welchem Grade und Arten der
Ähnlichkeit voneinander zu unterscheiden sind. Sie tun sich dabei ungleich
leichter, als bei Nachkommen einer bestimmten Art genetisch gleichartige
Individuen – beziehungsweise bei sexueller Vermehrung eine Zufallsmi-
schung elterlicher Gene – zu erwarten sind. Auch nah verwandte Arten zeigen morphologische Ähnlichkeiten. Wenn diese auf genetische Verwandtschaft zurückgehen, nennt man sie *homolog*. Handelt es sich hingegen um
parallele Anpassungen an den gleichen Lebensraum bei nicht verwandten
Arten, spricht man von *analogen* Bildungen. Zur Feststellung der Ähnlich-

---

[1] Alois Riegl: Late Roman art industry. Rom: Bretschneider 1985.
[2] Wilhelm E. Mühlmann: Geschichte der Anthropologie. Wiesbaden: Aula 1984.
     Wolfdietrich Schmid-Kowarzik / Justin Stagl (Hg.): Grundfragen der Ethnologie.
     Beiträge zur gegenwärtigen Theorie-Diskussion. Berlin: Reimer 1981.

keit werden neben der speziellen Qualität auch die spezielle Lage im Gefüge-system sowie die Verbindung durch Übergangsformen herangezogen.[3]

Jeder Gärtner, der sich mit Züchtung bestimmter Sorten befaßt, kann also aus seinem Erfahrungswissen schöpfen und mit Gegebenheiten rechnen, die sich einigermaßen voraussagbar einstellen, das heißt unter ähnlichen Bedingungen wie im Vorjahr wiederholen. Vergleichbares gilt für die Haustier-züchtung. Erst in jüngerer Zeit hat sich die Erkenntnis der ›identischen (das heißt ähnlichen) Reproduktion‹ auch hinsichtlich einzelner festgelegter Verhaltensprogramme durchgesetzt.[4] Das bedeutet, daß ein Ethologe, der mit Tieren experimentiert, unter wiederholbaren Bedingungen ein Verhalten auslösen kann, das mit großer Wahrscheinlichkeit so ablaufen wird wie die Male zuvor.

Wie nun ist Ähnlichkeit im Bereich menschlicher Leistungen zu erwarten, welche in einer Weise von Urteils- und Lernprozessen beeinflußt sind, die jede Hoffnung auf Reproduzierbarkeit außerhalb eines rein technischen Rahmens schwinden läßt? Gewachsene Strukturen mögen teilweise auseinander entstanden und daher auch ableitbar sein, wie dies eine verzweigte Stammesgeschichte belegt; im Falle *gemachter* Strukturen stehen nicht allein bewußte Konzepte, sondern auch der Wunsch nach Innovation und Unverwechselbarkeit zwischen den einzelnen Schöpfungen, und dies macht den Begriff der Ähnlichkeit ungleich komplizierter.

Kunst ist aber gerade im visuellen Bereich nicht nur Ergebnis bewußter Setzung, sondern immer auch ein Dokument menschlicher Wahrnehmung, mindestens in dem Maße, als sie sich an ein sehendes Publikum wendet und damit auch als kommunikativer Prozeß verstanden sein will. Dieser im eigentlichen Wortsinn *ästhetische* Aspekt, der für Musikhistoriker weit geläufiger zu sein scheint und integrierter Teil des Studienfaches ist, gilt dem Kunsthistoriker noch immer als suspekt, indem das Sehen gemäß allgemeiner Auffassung weit mehr als das Hören von kognitiv erworbenen Urteilsfaktoren abhängig und von der Sinnesbasis abgelöst betrachtet wird.

Es hieße jedoch, der Wahrnehmung die Aufgabe epischen, wahllosen Sammelns zuzueignen, wenn man annähme, eine visuelle Bewertung beginne erst auf der Ebene bewußter Urteilsbildung und subjektiven Geschmacks, gewissermaßen als nachgeschalteter Prozeß. Die Ergebnisse wahrnehmungspsychologischer Forschung der vergangenen Jahrzehnte belehren uns vielmehr über die höchst selektive Verarbeitung von Sinnesreizen bereits auf

---

[3] Irenäus Eibl-Eibesfeldt: Die Biologie des menschlichen Verhaltens. Grundriß der Humanethologie. München: Piper ³1995, S. 188ff.

[4] Konrad Lorenz: Über die Bildung des Instinktbegriffes. In: Naturwissenschaften 25 (1937), S. 289–300, S. 307–318, S. 325–331; Nico Tinbergen: Social releasers and the experimental method required for their study. In: Wissenschaftliches Bulletin 60 (1948), S. 6–52; Irenäus Eibl-Eibesfeldt: Die Biologie des Verhaltens. Handbuch der Biologie. Bd. II. Frankfurt/M.: Akademische Verlagsanstalt 1966.

der Stufe der Reizaufnahme. Die Auffassung eines auf passive Wiedergabe ausgerichteten Sehens, die noch bis zu Beginn dieses Jahrhunderts gültig war und im Helmholtzschen »Kamera-Modell« des Auges gipfelte, mußte zugunsten eines merkmals-selektiven Verarbeitungsmodells des Sehvorganges fallengelassen werden. Ein breiteres Verständnis hat diese Auffassung aber erst in den zahlreichen Publikationen über ›Optische Täuschungen‹ gefunden.[5]

Gerade die Unbelehrbarkeit unseres Urteils angesichts einer nicht widerspruchsfreien oder klar widersprechenden physikalisch-geometrischen Realität macht uns klar, wie sehr unser Sehen von Deutungen und Urteilen gelenkt ist, die nicht der jeweiligen Situation entnommen, sondern dieser gleichsam übergestülpt und resistent gegen besseres Wissen sind. Untersuchungen bei außereuropäischen und traditionellen Kulturen zeigten, daß diese ›Illusionen‹ keine Sache kulturvermittelten Lernens sind.[6]

2.1. Das »intelligente« Auge[7]

Daß der Mensch jede visuelle Situation immer schon in der einen oder anderen Weise ›interpretiert‹, bedeutet zunächst nur, daß Teile der Information hervorgehoben, andere dagegen vernachlässigt und unterdrückt werden. Noch jenseits einer qualitativen Bestimmung läßt sich dieser Vorgang als großangelegter Filterungsprozeß beschreiben. Das mathematische Modell des Physikers und Informationstheoretikers Herbert W. Franke gibt den Versuch einer Quantifizierung. Von den eintreffenden 10^7 bits an Informationseinheiten, die pro Sekunde retinal aufgenommen werden, gelangt nur ein Bruchteil (160 bits) ins Bewußtsein und ins Kurzzeitgedächtnis (1000–2000 bits). Für den Langzeitspeicher unseres Gedächtnisses wird eine Kapazität von 10^5 bis 10^8 bits insgesamt angegeben.[8]

Man braucht sich von diesen Zahlen im einzelnen nicht blenden zu lassen, um zu erkennen, daß eine gewaltige Leistung der Datenreduktion auf dem Weg von der Retina bis zu den höheren Sehzentren im visuellen Cortex vorliegt. Da unser Sehapparat nicht wie ein Müllschlucker funktioniert, der ein

---

[5]   Herbert Schober / Ingo Rentschler: Das Bild als Schein der Wirklichkeit. München: Moos 1972.

[6]   S. Morinaga: Untersuchungen über die Zöllner'sche Täuschung. In: Japanese Journal of Psychology 8 (1933), S. 195–242; T. Obonai: Contributions to the study of psychophysical induction. VI. Experiments on the Müller-Lyer illusion. In: Japanese Journal of Psychology 10 (1935), S. 37–39; Christa Sütterlin: Felduntersuchungen zu Optischen Urteilstäuschungen bei den Trobriandern (Papua Neu Guinea) und bei den Himba (Namibia). (In Vorb.)

[7]   Der Titel nimmt Bezug auf Richard Gregorys Monographie: The Intelligent Eye. London, New York 1970.

[8]   Herbert W. Franke: Die neuen Bildwelten. Vortrag gehalten am Symposium: Naturwissenschaft und Kunst, Kunst und Naturwissenschaft, 1.–3. Dez. 1994, an der Universität Leipzig; H. W. F.: Kybernetische Ästhetik. Phänomen Kunst. München: Reinhardt 1979.

Zuviel an Reizinformation einfach wegwirft, wenn er voll ist, sondern die Zufuhr laufend über parallel geschaltete Prozesse verarbeitet, bündelt und verwertet, kommt man mit mathematischen Modellen allein nicht sehr weit. Sie machen nur das Ausmaß deutlich, aber nicht die Art und Weise. Schon die frühe Kritik an der Anwendung von Gesetzen der Nachrichtenübertragung auf die menschliche Wahrnehmung durch Ulric Neisser wies darauf hin, daß die an passiven Systemen erarbeiteten Normen für die neuronale Verarbeitung im menschlichen Hirn nicht gültig sind.[9]

Die Frage ist also viel entscheidender, auf welche Weise und nach welchen Kriterien die Wahrnehmung auswählt und verarbeitet. Der Reduktionsprozeß geschieht offensichtlich nicht mathematisch gleichförmig und wertneutral, sondern entlang definierbarer Kategorien. Es scheinen verschiedene Quantensprünge vorzuliegen.

Dies beginnt, wie die Gestaltpsychologie umfassend dargelegt hat, schon bei ganz einfachen Reizen. Wenn wir eine zufällige Anordnung von Geraden oder komplexeren Formelementen betrachten, stellen wir fest, daß wir diese unwillkürlich und geradezu zwangsweise in unserem Gesichtsfeld organisieren. Benachbarte Linien werden zu einer ›Figur‹ zusammengefaßt; handelt es sich um ein Streumuster von verschiedenartigen Formelementen wie Dreiecke und Kreise, werden ›ähnliche‹ Formen, also Dreiecke und Kreise zusammen gesehen.[10] Die Versuche können auch mit verschiedenen Farben erweitert werden, wobei zwischen Form- und Farbähnlichkeit eine gestufte Konkurrenz von ›Figuren‹ beziehungsweise ›Gestalten‹ entsteht. Diese Gliederung oder ›Superzeichenbildung‹ erfolgt zunächst aufgrund der begrenzten Aufnahmekapazität im Arbeitsspeicher des Gedächtnisses (siehe oben). Sie dient seiner Entlastung, indem sie Arbeitsaufwand spart. Die Gruppierung und Unterteilung des Sehreizes trägt viel zu seiner Übersichtlichkeit bei. Stimuli, welche diese Strukturierung bereits anbieten, wie in der Kunst oder Werbegrafik, fallen daher angenehm auf. Sie nehmen dem Sinnessystem die Leistung vorweg, das heißt Arbeit ab. Ist das Reizumfeld ungegliedert, seine Elemente zufallsverteilt, sucht die Wahrnehmung das Umfeld unentwegt auf Regelmäßigkeiten hin ab. Wiederholungsreize und Ähnlichkeiten, *Redundanz* also, wirken grundsätzlich positiv, da sie leichter memoriert und in bereits gespeicherte Information integriert werden können.[11] Dies wirkt sich auf ihre ästhetische Bewertung aus. Es gibt aber, wie die Versuche von Dietrich Dörner und Wolfgang Vehrs gezeigt haben, auch Optima, die nicht ohne Verlust überschritten werden können. Zuviel Ordnung in einem Reiz, die Redundanz eines Schachbrettmusters etwa, erzeugt Langeweile und erfährt eine weniger

---

[9] Ulric Neisser: Cognitive Psychology. New York: Appleton Century Croft 1960.
[10] Wolfgang Metzger: Gesetze des Sehens. Frankfurt/M.: Kramer 1975, S. 88.
[11] Richard Jung: Kontrastsehen, Konturbetonung und Künstlerzeichnung. In: Studium Generale 24 (1971), S. 1536–1565, hier S. 1538.

positive Bewertung als ein Muster, das noch die Möglichkeit zur eigenen Superzeichenbildung, also eine latente, offene Ordnung anbietet.[12] Wo gar keine Gliederung in regelmäßige Unterstrukturen mehr möglich ist, entsteht das
Gefühl der Konfusion und die Kurve des Wohlgefallens fällt wieder ab.
Schon höhere Wirbeltiere scheinen, wie Bernhard Rensch in seinen Versuchen zeigen konnte, über diese Präferenz regelmäßiger gegenüber konfuser
Muster zu verfügen.[13]

Viele Leistungen der Wahrnehmung können zunächst als Funktion einer
besseren und effizienteren Formerkennung beschrieben werden. Diese wurde
schon früh als Gesetz der ›Prägnanz‹ oder ›Guten Gestalt‹ bekannt.[14] Das
Herausarbeiten von Helligkeitskontrasten zum Beispiel dient der Erkennung
von Linien und Umrissen. Dafür zuständig sind zwei Typen von benachbar-
ten Neuronengruppen, die auf Helligkeitsreize nicht nur verschieden, sondern über laterale Hemmmechanismen auch antagonistisch reagieren. Dadurch werden Helligkeitsunterschiede schärfer herausgearbeitet. Nicht Flä-
chenreize sind für das Formensehen maßgebend, sondern Kontrastreize, also
›Linien‹. Über die Bedeutung des Kontrastsehens für die Linienwahrnehmung
und die Künstlerzeichnung hat Richard Jung eine grundlegende Arbeit geschrieben.[15] Linien und Kanten bezeichnen aber nicht nur Form-, sondern
auch Objektgrenzen, und ein besseres Erkennen von Umrissen dient vor allem auch der Unterscheidung und Identifikation von Dingen und Vorkommen
in unserer Umwelt.

Eine wichtige Funktion der Wahrnehmung scheint grundsätzlich das Erstellen eines homogenen, prägnanten und einigermaßen stabilen Wahrnehmungsbildes zu sein. Gerade die Konstanzleistungen der Wahrnehmung, wie
die Mechanismen zur Erkennung von Farb- und Größenkonstanz, stehen im
Dienste eines kohärenten Wahrnehmungsbildes, das gegen Veränderungen
von Licht und Sehdistanz in der Umwelt abgesichert bleibt. Ein Stück Kohle
zum Beispiel besitzt für uns trotz wechselnder Sonnenbestrahlung – die seinen Helligkeitswert physikalisch stark verändert – immer dieselbe ›Schwär-
ze‹, während Schnee, der bei Mondlicht eine geringere Helligkeit besitzt als
Kohle im Sonnenlicht, dennoch als ›weiß‹ wahrgenommen wird. Diese Urteilsbildung geschieht nicht aufgrund von Nachdenken, sondern selbsttätig
und bei allen Personen gleich. Und die Tatsache, daß wir einen Baum in der
Ferne als dasselbe erkennen wie den Baum vor unserem Fenster, selbst wenn
er auf der Retina nur noch das Bild in der Größe einer Fliege entwirft, ver-

---

[12] Dietrich Dörner / Wolfgang Vehrs: Ästhetische Befriedigung und Unbestimmt-
      heitsreduktion. In: Psychological Research 37 (1975), S. 321–334.
[13] Bernhard Rensch: Die Wirksamkeit ästhetischer Faktoren bei Wirbeltieren. In:
      Zeitschrift für Tierpsychologie 15 (1958), S. 447–461.
[14] Wolgang Metzger (Anm. 10), S. 201ff.
[15] Richard Jung (Anm. 11).

danken wir komplizierten Verrechnungsmechanismen in unserem Hirn.[16] Konstanzleistungen weisen darauf hin, daß unser Hirn nicht physikalische Werte, wie zum Beispiel Wellenlängen mißt, sondern einzelne Merkmale oder ›features‹, die ein Kontinuum wie gerade dasjenige der Lichtreize in distinkte Kategorien oder *Qualitäten* unterteilt: gelb, blau, rot etc. Entgegen der gängigen Meinung, Farbkategorien würden kulturell aufgeprägt, ist durch Farbzuordnungsversuche deutlich geworden, daß normalgesichtige Menschen überall die gleichen Grundfarben sehen.[17] Seit der ›Revolution‹ der modernen Hirnforschung durch die Entdeckungen von merkmalsselektiven Neuronen (1962) werden immer mehr neuronale Strukturen beschrieben, die spezifisch nur auf bestimmte Merkmals-*Kategorien*, wie die Orientierung von Linien und Kanten, Bewegung, Farbe etc. ansprechen.[18]

Wenn die Abbildung von Umwelt in unserer Wahrnehmung bereits eine Analyse nach bestimmten Aspekten der Wirklichkeit darstellt, bedeutet dies erstens, daß Grundlagen zur Wiedererkennung ähnlicher Strukturen der Außenwelt bereits auf einer Ebene vorliegen, die präkognitiv zu nennen ist. Zweitens muß aber auch Information darüber vorliegen, wie diese Aspekte zusammengehören. Es muß viel und auch richtig zusammengesetzt werden, damit es zu jenem Seheindruck kommt, den wir am Ende haben, denn wir nehmen ja subjektiv nicht Linien, Kanten und einzelne Farben wahr, sondern ganze Objekte und Situationen, zum Beispiel einen Stuhl in einem Raum. Wie es nun dazu kommt, nach welchen intermediären Programmen die Teilaspekte zu einem Ganzen integriert werden, so daß auch auf komplexer Stufe Wiedererkennen möglich wird, darüber gibt es nur Vermutungen. Lange ging man davon aus, daß *alle* Verbindungen ein Produkt von individuellen Lernprozessen seien, und diese Annahme macht auch Sinn. Ein Ganzes – genauer: ein ganzer Seheindruck – ist nie bis ins Detail gleich und kann es auch niemals sein. Der Stuhl im Raum steht immer wieder anders und ist auch selbst meist nicht derselbe. Es wäre daher auch gar nicht sinnvoll, mehr als notwendig komplexe Einheiten neuronal *stabil*, das heißt überindividuell zu verankern, weil es aufgrund dauernder Veränderung des Ganzen nur zu Fehlleistungen käme. Hier ist Lernen sinnvoll, um eine bestmögliche Anpassung an veränderte Kontexte zu garantieren. Offenbar war und ist es hingegen sinnvoll, Strukturen für stabile und wiederholbare *Teilaspekte* der Wirk-

---

[16] Richard L. Gregory: Auge und Gehirn. Zur Psychophysiologie des Sehens. Frankfurt/M.: Fischer 1972, hier S. 151–154.

[17] P. Kay / W. Kempton: What is the Sapir-Whorf hypothesis? In: American Anthropologist 86 (1984), S. 65–79.

[18] David Hubel / Torsten Wiesel: Receptive fields, binocular interactions and functional architecture in the cat's visual cortex. In: Journal of Physiology 160 (1962), S. 106–154; Semir Zeki: The Representations of Colours in the Cerebral Cortex. In: Nature 284 (1980), S. 412–418.

lichkeit zu verankern, und diese sind durch die diversen Anpassungen der Wahrnehmung offenbar gewährleistet.

2.2. Das bewertende Auge. Ethologische Brückenkonzepte

Was also in der Wahrnehmung vorliegt, ist eine Analyse der Wirklichkeit in Aspekte, die aus wiederholbaren Teilaspekten zusammengesetzt sind. Um dies genauer zu verstehen, müssen wir nochmals anders ausholen. Wenn zu einem stabilen Wahrnehmungsbild grundsätzlich die Möglichkeit des Wiedererkennens einzelner Formen unter wechselnden kontextualen Bedingungen gehört, wie sie in den verschiedenen Konstanzleistungen und den Formen ›kategorialer‹ Wahrnehmung vorliegen, kommt der Unterdrückung störender Signale große Bedeutung zu, und störende Signale sind offenbar all jene, die ein von der Struktur bisheriger Eintragungen abweichendes Bild ergeben. Es scheinen neuronale Referenzmuster vorzuliegen, die Informationen über bereits gespeicherte Erfahrungen in Form von invariablen Mittelwerten festhalten, sogenannte ›maps‹ oder ›templates‹, mit welchen die neu eintreffende Erfahrung verglichen wird. Ohne Referenz ist Wiedererkennen nicht möglich. Diese alten Strukturen stellen eine Art phylogenetisches Gedächtnis dar, in welchem das Wissen um die Invarianzen bestimmter lebenswichtiger Vorkommen gespeichert ist.

Für die Erkennung komplexerer Zusammenhänge ähnliche wie die kategorialen Strukturen der Gestaltwahrnehmung zu finden, dürfte aus bereits erwähnten Gründen schwerer fallen. Ein Ganzes ist niemals dasselbe und deshalb nicht wert, als Ganzes invariant memoriert zu werden. Dennoch scheinen voraussagbare Reaktionsnormen auch in Bereichen vorzuliegen, die ein komplexeres Reizschema aufweisen und stärker deutungsabhängig sind. Dazu gehört zum Beispiel das menschliche Gesicht, für dessen Erkennen ein lokalisierbares Zentrum im rechten Hinterhauptslappen des Cortex gefunden werden konnte. Wir kommen darauf zurück. Für den Nachweis anderer Strukturen bietet sich vorerst nur der klassische experimentelle Weg an.

Die Tier-Ethologie hat die ›Abrufbarkeit‹ solcher Modelle im Hirn in zahllosen Experimenten anhand von Attrappen überprüft. Es genügen in diesem Fall stark vereinfachte Repräsentanten von Reizsituationen, um eine bestimmte ›Gestimmtheit‹ oder ein Verhalten wie Balz, Nestbau, Angriff, Beutefang, Flucht etc. auszulösen. Spezifische Merkmale der Reizsituation wirken als Trigger, der die mit der Wahrnehmung verschalteten motorischen Mechanismen auslöst, und dies selbst bei Individuen, die unter spezifischem Erfahrungsentzug aufgewachsen sind.[19] Ein Wiedererkennen des Reizes be-

---

[19] Nico Tinbergen: The study of Instinct. London: Oxford University Press 1951; Wolfgang Schleidt: Die historische Entwicklung der Begriffe »Angeborenes Auslösendes Schema« und »Angeborener Auslösemechanismus« in der Ethologie. In:

ruht somit nicht notwendigerweise auf gelernten Strukturen. Zur Erläuterung sei das folgende Experiment von Richard Dawkins mit Hühnerküken erwähnt: Dieser stellte fest, daß nichtgefütterte dreitägige Hühnerküken bevorzugt nach dreidimensionalen Objekten (halbkugeligen Nagelköpfen) picken. Sie bevorzugen aber auch Fotografien von solchen Objekten vor anderen, wie etwa zweidimensionalen Plättchen, vorausgesetzt, sie sind so angeordnet, daß die hellere Seite oben ist. Diese Präferenz beruht nicht auf individueller Erfahrung, daß Objekte (Futterkörner) von oben beleuchtet werden. Auch Hühnerküken, die Dawkins in von unten beleuchteten Käfigen aufzog, bevorzugten gegen ihre gegenteilige aktuelle Erfahrung die Abbildungen mit den oben hellen Nagelköpfen.[20] Sie reagierten offensichtlich aufgrund stammesgeschichtlich eingespeister Erfahrung, daß das Licht im allgemeinen von oben einfällt. Diese Erfahrung trifft auch für uns Menschen zu. In der Beurteilung eines schattierten Ovals in einer Fläche entscheidet allein der Schattenfall, ob wir es als Kuhle oder Hügel interpretieren. Da wir täglich erleben, wie das Licht die Objekte von oben bestrahlt und entsprechende Schatten nach unten wirft, halten wir dies für eine individuelle Erfahrung. Tatsächlich aber entscheiden wir uns aufgrund eines *Vorwissens* für die Interpretation einer Vorlage, das nicht auf individueller, sondern auf stammesgeschichtlicher Erfahrung beruht.[21]

Damit schließt sich der Kreis zu den optischen Illusionen. Es gibt offenbar kein Sehen, das ohne subjektive Erwartungen und Hypothesen auskommt. Diese philosophisch triviale Einsicht ist aber während der letzten Jahrzehnte von Seite der experimentell arbeitenden Wissenschaften einer eingehenden Überprüfung ausgesetzt worden, die dem Begriff der Subjektivität das ausschließlich individualistische Entscheidungssubstrat entzog. Wenn unsere Wahrnehmung bestimmte Schlüsse über die Realität nahelegt, dann auch bereits auf der Basis inhärenter oder angeborener Prozesse visueller Verarbeitung, die für alle Vertreter unserer Spezies in etwa gleich sein müßten.

Soweit sich aus den bisherigen Erkenntnissen über Einzelheiten des Sehvorgangs, die ja inzwischen auch einem nichtfachlichen Publikum zugänglich geworden sind, formalästhetische Normen ableiten lassen, finden diese eine breitere Akzeptanz. Konsequenzen für bestimmte Regeln künstlerischer Darstellung wurden selbst in Künstlerkreisen seit Beginn des Jahrhunderts immer wieder diskutiert. Die ›Op Art‹ in den sechziger Jahren nahm sogar eigens Bezug auf bestimmte physiologische Prozesse in Auge und Gehirn und profitierte davon, sich in die ›Übersetzungsarbeiten‹ zwischen den Instanzen einschleusen zu können. Sie nutzten die Trägheit des Auges für Vibrationsef-

---

Zeitschrift für Tierpsychologie 19 (1962), S. 697–722; Irenäus Eibl-Eibesfeldt: Grundriß der vergleichenden Verhaltensforschung. München: Piper [8]1999.
[20] Richard Dawkins: The ontogeny of of a pecking preference in domestic chicks. In: Zeitschrift für Tierpsychologie 25 (1968), S. 170–186.
[21] Irenäus Eibl-Eibesfeldt (Anm. 3), S. 62ff.

fekte, die Kontrastbetonung für vielgestaltige Gitterstrukturen und ihre Kenntnisse über Informationsästhetik für ausgeklügelte serielle Reize, die zwischen Variation und Wiederholung spielten. Werner Spies schrieb in einer Monographie über Victor Vasarely: »Der visuelle Reflex ist stärker als die Reflexion. Die Lernfähigkeit spielt kaum eine Rolle. Unser perzeptuelles Verhalten, das wir nicht beeinflussen können, wird jedesmal wie beim ersten Mal angesprochen«.[22] Und Maurits Escher gestaltete aus den Deutungszwängen unseres Auges seine ironischen Labyrinthe, welche die Urteile unseres nachdenkenden Verstandes an der Nase herumführen.

Auswirkungen wahrnehmungsbedingten ›Vorwissens‹ auf *inhaltliche*, das heißt stärker deutungsabhängige Komponenten der Ästhetik waren bisher jedoch allgemein nicht nur bezweifelt, sondern bereits im Ansatz verworfen worden. Mochte man auf der physiologischen Ebene des Sehvorgangs noch gewisse ›constraints‹ durch vorgegebene neuronale Strukturen zur Kenntnis nehmen – dort, wo sich auch Ähnlichkeiten mit dem Sehsystem anderer Wirbeltiere nicht leugnen ließen – so gelten nach wie vor Implikationen für eine inhaltliche Beurteilung als unerlaubte Landnahme in einem Gebiet, das bisher ausschließlich als Freiraum eines persönlichen oder bestenfalls kulturell erworbenen Wertesystems betrachtet wurde.

Es hieße jedoch, den Aufwand neuronaler Strukturen und der langen Evolution, die dahinter steht, hedonistisch mißverstehen, wenn man annähme, sie sei nur entstanden, um unseren Alltag zu erleichtern und unseren ästhetischen Ordnungssinn zu befriedigen. Gewachsene Strukturen verdanken den Druck zu ihrer Entstehung ihrem Anpassungswert an langfristige Gegebenheiten der Lebensumwelt und nicht teleologischen Überlegungen einzelner Individuen oder bestimmter sozialer Schichten.

Werten und Erkennen sind daher nicht immer und allein Ergebnisse individueller Auseinandersetzung mit der Umwelt – zum Glück, sosehr dies in manchem auch wiederum wünschbar wäre. Der Einzelne wäre damit völlig überfordert.

Schon Kinder bewerten unentwegt ihre Umgebung, und dies auf frühester, elementarer Stufe. Sauer, süß, bitter und salzig sind Geschmacksurteile, die man weder vermitteln noch lernen kann, und die besonders unwiderlegbar und mimisch eindeutig bereits von Säuglingen spontan bei der Gabe von Nahrungsproben bekundet werden.[23] Lächeln, Saugen und Schmatzen sind gegenüber Mundverziehen und Ausspucken klare Äußerungen ihres Geschmacks auf mehr als nur einer Ebene. Auch die Fähigkeit zur Nachahmung mimischer Ausdrücke Erwachsener ist auf dieser Stufe bereits vorhanden, wie die Versuche von A. N. Meltzoff und M. K. Moore, sowie von T. M.

---

[22] Werner Spies: Vasarely. Köln: Dumont 1972, S. 6.
[23] Jacob E. Steiner: Human facial expressions in response to taste and smell stimulation. In: Child development and Behavior 13 (1979), S. 257–295.

Field und andere gezeigt haben.[24] Einige Säuglinge, die Zungestrecken, Mundöffnen richtig nachgeahmt hatten, waren sogar erst wenige Stunden alt. Die Umsetzung des gesehenen in den eigenen Gesichtsausdruck setzt ein reflexartiges ›Verstehen‹ der besonderen Mimik voraus. Empathie gehört als Fähigkeit mit dazu, und Versuche über das Mitweinen von Säuglingen bei entsprechenden vorgespielten Tonbändern läßt wohl auch auf eine solche Anlage schließen.[25]

Kleinkinder sind aber auch in der Lage, komplizierte optische Situationen so zu interpretieren, daß eine klare Verhaltensreaktion erfolgt. Schnallt man 14 Tage alte Säuglinge auf einem Stühlchen fest und projiziert ihnen symmetrisch sich ausdehnende Schatten auf die gegenüberliegende Leinwand, die ein Objekt in Kollisionskurs simulieren, steigen Puls- sowie Blinzelfrequenz an und die Kinder zeigen Meidereaktionen durch Kopfabwenden.[26] Auch die früheren Versuche mit dem »visual cliff«, bei welchen die durch eine Glasplatte abgedeckte Tischkante von Krabblern als Absturzgefahr erkannt und gemieden wurde, obwohl die taktile Information die Kohärenz der Unterlage vermittelte, weisen in diese Richtung.[27]

Für den Nachweis angeborener Leistungen stellt die Säuglingsforschung noch immer einen ergiebigen Vorrat an Datenmaterial auf einem Feld, das lange Zeit durch den Glauben blockiert war, der Mensch komme nur mit der Ausstattung von wenigen körperlichen Reflexen, gleichsam als unbeschriebenes Blatt zur Welt. Die Evidenz von Urteilsleistungen, die im Falle der Kleinstkinder ja unzweifelhaft *vor* aller entsprechenden Erfahrung erfolgt, läßt den Terminus *Vorurteil* in einem neuen Licht erscheinen. Bestimmte Erkenntnisleistungen und ›Vorurteile‹ gehören offensichtlich bereits auf neuronaler, also angeborener Ebene zur menschlichen Ausstattung.

Viele dieser ›Vorurteile‹, die im frühkindlichen Alter nachweisbar sind, gelten auch im Erwachsenenalter. Die Wahrnehmung der Farbe Rot zum Beispiel ist mit einer Erhöhung der Pulsschlagfrequenz und des Blutdruckes verbunden. Sie wird von den meisten Menschen als ›warm‹ und ›belebend‹ empfunden. In einem Experiment durch Johannes Itten wurden Räume, die rotorange ausgemalt waren, durchschnittlich drei bis vier Grade wärmer eingeschätzt als solche, die eine blaugrüne Farbe aufwiesen. Beide Räume hatten

---

[24] A. N. Meltzoff / M. K. Moore: Imitations of facial expressions and manual gestures by human neonates. In: Science 198 (1977), S. 75–78; T. M. Field u.a.: Discrimination and imitation of facial expressions by neonates. In: Science 218 (1982), S. 179–181.

[25] A. Sagi / M. L.Hoffmann: Empathic distress in the newborn. In: Developmental Psychology 12 (1978), S. 175–176.

[26] W. Ball und F. Tronick: Infant responses to impending collision, optical and real. In: Science 171 (1971), S. 818–820.

[27] E. J.Gibson / R. D.Walk: The visual cliff. In: Scientific American 202 (1960), S. 64–71.

die gleiche Temperatur von 15° Celsius.[28] In den meisten Kulturen gilt Rot
als Farbe, der erhöhte Aufmerksamkeit zukommt. Gewänder und Schmuck
von Häuptlingen beziehungsweise Würdenträgern sind stark von der roten
Farbe inspiriert (›Königspurpur‹). Im Kontext mit anderen Farben scheint
Rot subjektiv näher zu liegen, und dieser Farbperspektive trug gerade die
mittelalterliche Malerei mit ihrer farbsymbolischen Räumlichkeit Rechnung.
Die entrückte Madonna wurde meist im blauen Mantel, uns näher stehende
Heilige in roten Gewändern gemalt. Die Farbe Rot, welche in der Natur in
vielen Beerenarten und verzehrbaren Früchten, außerdem im Blut von
Mensch und Tier vorkommt, dürfte allein daher von erhöhtem Signalwert für
die Wahrnehmung sein. Semir Zeki hat 1980 monochromatische Neurone im
menschlichen Cortex beschrieben, die spezifisch nur auf die rote Farbe reagieren. Die kategoriale Gliederung unserer Umwelt durch die Wahrnehmung
ist nicht nur eine quantitative, sondern immer auch eine qualitative.

Was hier deutlich wird, ist die recht unbelehrbare Koppelung von Wahrnehmung und Semantisierung im Sinne einer subjektiven Bewertung. Gerade
die menschliche Mimik als soziales Signal gehört zu den gut untersuchten
Gebieten jener angeborenen Leistungen, die kulturübergreifend zu finden
sind, und zwar so, daß nicht nur der Ausdruck elementarer Gestimmtheiten
wie Freude, Zorn, Trauer, Überraschung etc. übereinstimmend ähnlich bis in
die einzelnen Muskelaktivierungen erfolgt, sondern auch von Vertretern anderer Kulturen übereinstimmend richtig verstanden und beurteilt wird.[29]
Selbst taub und blind geborene Kinder zeigen, wie Irenäus Eibl-Eibesfeldt
filmisch dokumentieren konnte, die typischen Gesichtsausdrücke wie Lachen
und Lächeln (bei Spielen und Gestreicheltwerden), Weinen (bei Verlassen-
werden), senkrechte Stirnfalten (bei Zorn und Ablehnung), obwohl sie das
nie an einem sozialen Modell lernen konnten. Die Mimik ist nur weniger
ausgeprägt und differenziert, da die soziale Verstärkung wegfällt.[30] Auch erfahren wir nichts über ihr Mimikverstehen. Es gibt hingegen Untersuchungen, die zeigen, daß schon Säuglinge klar zwischen dem freundlichen und
ärgerlichen Gesicht ihrer Bezugsperson unterscheiden.[31]

Auch das gestische Repertoire und sein Verständnis ist, wie Desmond
Morris ausführlich beschrieben hat, in einer breiten Verteilung über die ve-

---

[28] Johannes Itten: Kunst der Farbe. Subjektives Erleben und objektives Erkennen der
Wege zur Kunst. Ravensburg: Maier 1961.

[29] Paul Ekman: Cross cultural studies of facial expression. In: P. E. (Hg.): Darwin
and Facial Expression. New York, London: Academic Press 1973, S. 189–222;
Irenäus Eibl-Eibesfeldt (Anm. 3), S. 221.

[30] Irenäus Eibl-Eibesfeldt: The expressive behavior of the deaf-and-blind born. In:
Mario von Cranach / Irvin Vine (Hg.): Social Communication and Movement.
London: Academic Press 1973, S. 163–194.

[31] Paul Harris: The Child's Understanding of Emotion: Developmental Change and
the Family Environment. In: Journal of Child Psychology and Psychiatry 33, 1
(1994), S. 3–28.

schiedenen Kulturen konform. Sonderformen und Differenzierungen vor allem im Hand-Arm-Bereich sind Erweiterungen des Zeichenschatzes, welche das grundsätzliche Vokabular nicht in Frage stellen.[32] Es dürfte einleuchten, daß ein sogenannter *bias* im Sinne von zwingenden Deutungsmustern in unserer Wahrnehmung *gerade* dort vorliegt, wo eine klare inhaltliche Erfassung der Umwelt die längste Zeit unserer Geschichte von Vorteil, ja lebensnotwendig war.

Im Falle der Mimik und anderer körpersprachlicher Ausdrucksformen handelt sich offensichtlich um Bausteine eines nonverbalen Kommunikationssystems, die so verbindlich sein müssen, daß die Unzweideutigkeit der Verständigung garantiert ist. Und nur aus dem Wert dieser Verläßlichkeit für das Überleben ist der Selektionsdruck erklärlich, der auf die ›harte‹, das heißt neuronale Verankerung dieser Zeichensprache hingewirkt hat. Schon die Kurzdarbietung von Gesichtern in Sekundenbruchteilen führt zu einer Identifikation der emotionellen Gestimmtheit, wie sie durch Urteile, die aufgrund längerer Betrachtung entstehen, nicht widerlegt wird.[33] Bei Hirnverletzungen in der rechten Hemisphäre geht die Fähigkeit verloren, den emotionellen Ausdrucksgehalt von Gesichtern zu ›lesen‹, das heißt, zu verstehen.[34] Inzwischen sind Hirnstrukturen lokalisiert worden, welche eigens für die Identifikation von Gesichtern verantwortlich sind. Bei Ausfall dieser Strukturen durch Verletzung oder Schlaganfall kann der Patient nicht mehr beurteilen, ob er einen bestimmten Menschen schon gesehen hat. Jede Begegnung konfrontiert ihn sozusagen mit einem neuen Gesicht.[35] Der raschen Identifikation (Wiedererkennen) von Gesichtern sowie der Erfassung des emotionellen Zustands von Mitmenschen anhand der Mimik kam offensichtlich in der Selektion auf Gruppenbildung eine erhöhte Bedeutung zu.

Der kognitive Aspekt des Verstehens ist dabei die eine Seite, die affektive Bewertung, die auch zu einer Handlungsbereitschaft führt, die andere. Ein Hauptergebnis der klassischen Ethologie war die Entdeckung jener engen Koppelung von Wahrnehmung und daraus erfolgender Verhaltensantwort, die im Konzept von Schlüsselreiz und auslösenden Mechanismen ihre breiteste Basis fand. Bestimmte Rezeptoren sind mit den motorischen Zentren so verschaltet, daß bei Eintreffen des Schlüsselreizes das entsprechende Verhalten – Balz, Nestbau, Flucht, Kampf etc. – oder in abgeschwächter Form, eine dieses Verhalten vorbereitende Gestimmtheit ausgelöst wird. Es genügt, daß der

---

[32] Desmond Morris u.a.: Gestures. Their Origins and Distribution. London: Jonathan Cape 1979.

[33] Robert Rosenthal u.a.: Sensitivity to nonverbal communication. The PONS Test. Baltimore: John Hopkins University Press 1979.

[34] Norman Geschwind: Specializations of the Human Brain. In: Scientific American 241, 3 (1979), S. 158–168.

[35] E. Derenzi / H. Spinnler: Facial recognition in brain damaged patients. In: Neurology 16 (1966), S. 145–152; H. Hécaen / R. Angelergues: Agnosia for faces. In: Archives of Neurology 7 (1962), S. 24–32.

Reiz die Gestaltkriterien in Größe, Form und Farbe beziehungsweise Geruch, Bewegungsfigur erfüllt – was, wie jeder Attrappenversuch zeigt, oft einer enormen Reduktion der Wirklichkeit auf Signalwerte gleichkommt. Die selektive Passung der artspezifischen Wahrnehmung auf relevante Aspekte der Außenwelt ist das Ergebnis, was Jerry Lettvin zu dem Satz verführte, daß jede Tierart bereits auf neurophysiologischer Ebene ihr eigenes ›Weltbild‹ hat.[36] Für einen Frosch zum Beispiel genügt, daß der Reiz Größe und Bewegungsmerkmale eines Insektes aufweist, daß seine Wahrnehmung anspricht und Beutefangverhalten ausgelöst wird. Der Rest scheint für ihn nicht existent zu sein. Je höher die Art, desto differenzierter das Muster auslösender Reize und damit die Abbildung der Realität. G. G. Groß und Mitarbeiter konnten die Antworten einzelner Nervenzellen im Schläfenlappen des Cortex eines Rhesusaffen auf verschiedene Umweltreize wie in einer Partitur aufzeigen. Rhesusaffengesichter lösten die stärksten Antworten aus, gefolgt von anderen Affengesichtern und dem menschlichen Gesicht. Fehlten die Augen, sank die Entladungstätigkeit, blieb aber dennoch höher als bei einem Reiz, der artspezifisch neutraler war wie die menschliche Hand, oder eine Zufallsanordnung aus Strichelementen mit etwa demselben Informationsmaß wie das Affengesicht.[37]

In der inner- und zwischenartlichen Kommunikation hat sich darüber hinaus auch eine wechselseitige Anpassung zwischen Sender von Signalen und Empfängern herausgebildet, die als *Ritualisierung* bekannt geworden ist. Dabei handelt es sich um bestimmte Ausdrucksbewegungen, die im weiteren Verlauf in Anpassung an das Empfängerorgan eine Reihe von charakteristischen Veränderungen durchlaufen: die Bewegung wird vereinfacht, in der Amplitude übertrieben und oft rhythmisch wiederholt.[38] Dies trägt dazu bei, ein Bewegungsmuster für den Empfänger prägnant und unverwechselbar, also zum *Signal* zu machen, auf welches er optimal reagieren kann. Drohstellungen zum Beispiel sind gefrorene, ausgestaltete Angriffsbewegungen. Die Semantisierung (Bedeutungszuweisung) erfolgt meist empfängerseitig. Beim Menschen gibt es Ritualisierung im Bereich der Mimik und der Körpersprache. Im Theater – wie etwa im japanischen Kabuki-Theater – wird Mimik oft ritualisiert, da es auf die Wirkung und ein Verstehen auf Distanz ankommt.

---

[36] Jerry Lettvin u.a.: What the Frog's Eye Tells the Frog's Brain. In: Proceedings of the Institute of Radio Engeneering 47 (1959), S. 1940–1951; Ernst Pöppel: Lust und Schmerz. Grundlagen menschlichen Erlebens und Verhaltens. München: Severin und Siedler 1982, S. 175.

[37] G. G. Groß u.a.: Cortical visual areas of the temporal lobe. In: C. N. Woolsey (Hg.): Cortical Sensory Organization. Bd. 2, Kapitel 8. Totowa, New Jersey: Humana Press 1981.

[38] Julian S. Huxley: A Discussion on Ritualization of Behavior in Animals and Man. In: Philosophical Transactions of the Royal Society London. Series B, Nr. 772, Band 251 (1966), S. 247–526; Irenäus Eibl-Eibesfeldt (Anm. 19), S. 196f.

Die Kunst der Pantomime, die ganz auf verbales Beiwerk verzichtet, stellt dabei wohl ein unübertroffenes Optimum dar.

Die hohe Selektivität der Wahrnehmung ist also altes Erbe und Grundlage eines Weltbildes, das nicht nur artspezifisch durch eine formale wie inhaltliche Codierung der Wirklichkeit geprägt, sondern auch affektiv durch Bedürfnisse und Präferenzen besetzt ist. Man kann sogar sagen, daß die gestalthaften Erkenntnisleistungen der Wahrnehmung, die zu einem schnellen und deutlichen Erfassen der Objektwelt führen, im Dienste einer Erlebniswelt stehen, die deutlich nach Präferenzen organisiert ist und letztlich das Verhalten steuert.

Beim Menschen ist die Koppelung von Wahrnehmung und Verhalten zwar stark gelockert; perzeptiv vermittelt werden aber immer noch Gestimmtheiten als Basis von spezifischen Bedürfnissen, Vorlieben und Verhaltensbereitschaften.

Ein schönes Beispiel sind die Versuche von Karl Heinz Skrzipek: Er ließ weibliche und männliche Körperumrißattrappen – ohne Einzeichnung der sekundären Geschlechtsmerkmale – von Kindern, Adoleszenten und Erwachsenen beiden Geschlechts beurteilen. Die Zuordnung der Umrißattrappen zu den geschlechtstypischen Körperschemata von Mann und Frau erfolgte mit signifikanter Übereinstimmung über alle Versuchspersonen, wobei das Körperschema mit breiten Schultern und schmalen Hüften als männlich, jenes mit breiten Hüften und schmaler Taille als weiblich identifiziert wurde. Die Präferenzkurve erlitt dagegen einen dramatischen Umschwung. Während die vorpubertären Kinder noch signifikant das Körperschema des eigenen Geschlechts bevorzugten, kehrte sich das Verhältnis in der Pubertät genau um. Bevorzugt wurden nun die Konturen des anderen Geschlechts, während die Identifizierung stabil blieb.[39] Bestimmte Merkmale des Reizschemas scheinen nicht nur zu verläßlichen Deutungen zu führen, sondern auch klar affektiv besetzt. Die Humanethologie spricht hier in Anlehnung an das ethologische Trigger-Konzept von Auslöser-Qualitäten, die distinkte Wertungen induzieren.

Das von Konrad Lorenz beschriebene »Kindchen«-Schema sei nur deshalb erwähnt, weil sich mit den dort gemessenen Gesichts- und Körperproportionen, die für das Kleinkind typisch sind, verläßliche Gefühlsreaktionen der Zuneigung und Betreuung verbinden, und zwar auch in Anwendung auf andere Träger wie Puppen, Teddybären, Comicfiguren etc.[40]

---

[39] Karl Heinz Skrzipek: Menschliche »Auslösermerkmale« beider Geschlechter. I. Attrappenwahluntersuchungen der Verhaltensentwicklung. In: Homo 29 (1978), S. 75–88.

[40] Konrad Lorenz: Die angeborenen Formen möglicher Erfahrung. In: Zeitschrift für Tierpsychologie 5 (1943), S. 235–409; William Fullard / Anne M. Reiling: An Investigation of Lorenz's »Babyness«. In: Child Development 47 (1976), S. 1191–1193.

Ein ähnlich positives ›Vorurteil‹ scheint allgemein der Wahrnehmung von Natur zugrundezuliegen. Wir wissen von der Vorliebe für Grünpflanzen in der Umweltgestaltung verschiedenster Kulturen, selbst da, wo es sich um reine Zierpflanzen handelt. Je mehr die Lebensumwelt urbanisiert wird, desto größere Bedeutung kommt dem Pflanzendecors in der Wohnumwelt auf Stoffen und Hausgerät zu. Die Kunstblumen-Industrie verzeichnet ein Wachstum wie nie zuvor, und selbst in stadtnahen Siedlungen Balis findet man inzwischen Imitate von Bananenpalmen aus Holz und Plastik. Dabei handelt es sich um einen rein visuell vermittelten ›ästhetischen‹ Aspekt von Objekten, die weder zur Luftverbesserung noch als Nahrung dienen, sondern reine Staubfänger sind. Pflanzenreichtum ist alte Habitatprägung und läßt auf einen gesunden Lebensraum schließen. Er vermittelt, Umfragen zufolge, Selbstvertrauen und Wohlbefinden und läßt sogar das Maß an Streßsymptomen sinken.[41] Bei Studien zu Landschaftspräferenzen läßt sich zudem eine positive Beziehung von ›schön‹ beurteilten Landschaften zum Savannen-Typus feststellen.[42] Diese Vorliebe für weiträumig überschaubare Natur mit Inseln von Baumbewuchs und Wasser entspricht der Habitatwahl unserer frühesten Vorfahren und stellt den Lebensraum dar, in welchem sich die längste Zeit der Hominisation vollzog. Sie liegt auch dem Modell vieler künstlich geschaffener Parklandschaften bis heute zugrunde. Und folgt man einer kürzlich von zwei russischen Künstlern über viele Kulturen und alle Bevölkerungsschichten unternommenen Befragung nach Komponenten, die ein als schön beurteiltes Bild (»most wanted picture«) ausmachen, so müßten diese in hochsignifikanter Übereinstimmung ein Bild ergeben, worin eine Landschaft mit Bäumen und kleinem See, ein paar Tieren und einer Gruppe Menschen – also eine bukolisch anmutende Szenerie – erscheint.[43] Die menschliche Kultur greift solche Präferenzen sehr oft auf und kann sie noch verstärken.[44]

Das Sehen schließt auf verschiedenen Stufen nicht nur eine Interpretation sondern auch Bedürfnisse mit ein. Genau dies bezeichnet die Nahtstelle zur Ästhetik. Es geht hier indes nicht darum, ethologisches beziehungsweise neurobiologisches Wissen auszubreiten, das ebensogut, wenn nicht besser in Fachbüchern nachgelesen werden kann, sondern darum, Argumente in einem Dialog zu finden, der lange Zeit einseitig von Philosophen und Geisteswissenschaftlern geführt wurde. Kein Naturwissenschaftler oder Biologe würde je bestreiten, daß der Mensch höchst entscheidende Anteile an Wissens-, Ur-

---

[41] Roger Ulrich: Visual landscapes and psychological well-being. In: Landscape Research 4 (1979), Kapitel 1, S. 17–23.

[42] Gordon H. Orians: Habitat selection. General theory and application to human behavior. In: Joan S. Lockard (Hg.): The Evolution of Human Social Behavior. New York: Elsevier 1980, S. 49–66.

[43] Evelyn Weiss (Hg.): Komar & Melamid. The Most Wanted – The Most Unwanted Painting. Köln: Cantz 1997.

[44] Hubert Markl: Kultur ist mehr als »Kultur«. Unzeitgemäße Betrachtungen eines Biologen. In: Forschung und Lehre 12 (1998), S. 620–621.

teils- und Umgangsformen über Lernen erwirbt; es gibt aber kaum Geisteswissenschaftler, die den Gedanken auch nur zulassen, daß es eine Basis von Verstehen, Empfinden und Bewerten gibt, die *nicht* kulturell erworben ist, sondern ein genetisch tradiertes, ›gemeinsames‹ menschliches Erbe darstellt.

Wir halten hier nur fest: Reduktion beziehungsweise Abstraktion von Wirklichkeit sind Kennzeichen nicht erst der Kunst, sondern bereits der natürlichen Wahrnehmung. Beide Systeme verhalten sich der Umwelt gegenüber in hohem Maße selektiv, und dies in bezug auf Aspekte, die sich hinsichtlich formaler wie inhaltlicher Bedeutung auszeichnen. Die Frage drängt sich geradezu auf, wie das eine System sich zum anderen verhält und inwiefern gerade die bildende Kunst bei den Vorgaben der Wahrnehmung Anleihen macht, umsomehr als sie sich unter anderem auch als Mittel der Kommunikation versteht und an die Wahrnehmung der Menschen wendet.

Diese Frage läßt sich letztlich auch nicht versuchsweise beantworten, wenn man die grundsätzliche Unterscheidung von Ästhetik und Kunst vernachlässigt. Ästhetik im Wortsinn von erlebnisbezogener und wertender Empfindung deckt ein viel breiteres Feld im menschlichen Leben ab als Kunst, die, allen gegenteiligen Meldungen zum Trotz, noch immer Werkcharakter trägt. Es scheint zunächst, als lasse sich das meiste, was hinsichtlich perzeptiver Funktionen gesagt wurde, in Annäherung an ein ästhetisches, sozusagen als ›proto-ästhetisches‹ Verhalten beschreiben. Dies gilt es zumindest als eine intermediäre Ebene zu berücksichtigen. Was für das eine Konsequenzen haben könnte, hat es nicht notwendigerweise auch für das andere. Kunst kann immer auch anders, dies gehört zu ihrem Auftrag: Alternativen gerade da etablieren zu helfen, wo sich Gesetze und Konventionen einer allgemein verfügbar gewordenen Wahrnehmung ästhetisch durchzusetzen versuchen.

3. Die Frage der Ästhetik und Kunst – diesseits ihrer Geschichte

Wir haben damit – vielleicht vorschnell und unerlaubterweise – die Frage verkürzt auf die Annahme, daß Kriterien einer natürlichen Wahrnehmung von Wirklichkeit prinzipiell auch auf die ästhetische übertragbar seien. Dies ist theoretisch dann möglich, wenn man die natürliche Seherfahrung als die Grundlage bezeichnet, ohne die auch keine andere Seherfahrung gegeben, die also letztlich nicht hintergehbar ist. So allgemein gefaßt, läuft diese Behauptung allerdings Gefahr, in die Nähe eines Reduktionismus zu geraten, welcher den Charakter des Ästhetischen nicht zu erklären vermag, es sei denn unter Preisgabe seiner Besonderheit. Sie würde nicht mehr und nicht weniger besagen, als daß Elemente dessen, was wir als Gesetze der Wahrnehmung erkannt haben, in allen Bereichen sowohl der ästhetischen Wahrnehmung als auch der Umweltgestaltung wiederzufinden wären. Erst wenn wir die natürliche Wahrnehmung selbst als einen aktiven Prozeß der Gestaltung verstanden haben, wird es gelingen, dem allgemeinen Satz seine Trivialität zu nehmen.

Anders gesagt: Wenn Ästhetik selbst nicht anders definiert ist als als eine
Wahrnehmung, die aufgrund von bestimmten Zielvorstellungen eine selektiv
suchende und wertende Wahrnehmung ist, dann wird verständlich, daß bereits unser Sehen Teil dieses ästhetischen Prozesses ist. Es befindet sich
selbst auf dem Weg nach größerer Ordnung und Klarheit, ist also dynamisch
nach Präferenz organisiert und spricht auf Optimierung an. Der Mensch ist
immer schon ästhetisch aktiv, ein ›homo aestheticus‹ von Natur.

Nichts ist daher naheliegender, als daß er dort, wo ihm die Freiheit dazu
gegeben ist, gestaltend auf seine Umwelt Einfluß nimmt in Richtung Optimierung dessen, was unter Zufallsbedingungen nur unvollständig gegeben
ist. Und dies nicht erst im definierten Kunstwerk. Die ersten Zeichen bewußter Einwirkung auf Objekte des Kultes und Alltags sind auf Knochenfun-
den erhalten, die an die 200.000 Jahre alt sind (Bilzingsleben). Sie weisen
jene regelmäßig geführten geraden Linien und Gitter auf, die sich klar von
den Unregelmäßigkeiten des Untergrundes abheben. Was sie mitteilen, bleibt
auf Vermutung angewiesen; dennoch haben sie über die lange Zeit nicht die
Fähigkeit eingebüßt, die Aufmerksamkeit des Menschen auf sich zu ziehen
und zu leiten, als ›Zeichen‹ erkannt zu werden.[45] Ornamente geometrischer
wie pflanzenförmiger Art prägen das Bild des kultivierten Alltages in allen
Kulturen seit frühester Zeit, und wenn wir Heutigen unseren Alltag ästheti-
sieren, genügen oft Embleme dezenter Farbengeometrie im Wechsel mit Sur-
rogaten pflanzenreicher Natur. Es bedarf dazu nicht eigens der Bilder und
Skulpturen. Es ist auch natürlich, daß dies jeder für den Ausdruck seines persönlichen guten Geschmacks hält; in Wahrheit kommuniziert er damit auch
mit einem möglichst großen Publikum, das seinen Geschmack zu würdigen
versteht. Und diese Formen bewußt gepflegten Alltags sehen weltweit recht
ähnlich aus.

Was an Bedeutungen mit den einzelnen Formen und Emblemen verbunden
wird, wird oft kulturell gelernt. So zeichnen sich die Stirnband-Muster der
Gwi-Buschleute Botswanas durch hohe Geometrie und klare Farben aus.
Durch Abwandlung und Kombination der Muster drückt ein Gwi etwa aus,
zu welcher Untergruppe er gehört, welchen Status er in dieser Gruppe innehat und, falls er es für andere herstellt, welche Beziehung er zum Beschenk-
ten hat. Dieses Wissen schließt die Gruppe wie eine Sprache zusammen, die
auf ästhetischer Ebene zwar allgemeinverständlich, auf symbolischer Ebene
jedoch exklusiv ist.[46]

Grundsätzlich gilt es, den Begriff Ästhetik viel weiter unten anzusetzen als
in den gestalteten Räumen und Objekten beziehungsweise den Wert- und

---

[45] Irenäus Eibl-Eibesfeldt / Christa Sütterlin: Zeichen und Abbild. Zu den Ursprün-
    gen künstlerischen Gestaltens. In: Kult-Ur Notizen 20 (1997), S. 29–37.
[46] Polly Wiessner: Reconsidering the behavioral basis for style. A case study among
    the Kalahari San. In: Journal of Anthropology and Archaeology 3 (1984), S. 190–
    234.

Trendvorgaben unserer Kultur, nämlich in den unserer Wahrnehmung inhärenten Präferenzen selbst. Nicht Rückführung des Ästhetik-Begriffes auf die Grundlagen einer psychophysischen Seherfahrung ist das Ziel, vielmehr Heranführung, Annäherung dieser Seherfahrung an die Kriterien einer ästhetischen Dimension. Dies wäre denn auch fast der Ort, an dem Ästhetik bereits einmal angesiedelt war, als Alexander Gottlieb Baumgarten sie in seinem grundlegenden Werk (*Aesthetica*, 1750/58) eine »gnoseologia inferior« nannte, eine Art intuitiver Sinneserkenntnis.[47] Die Begründung dieser Sinneserkenntnis durch die neurophysiologischen Korrelate der Sinneswahrnehmung war zu jener Zeit als Konzept einer allgemein verbindlichen Basis jedoch noch nicht gegeben.

Dies bedeutet nicht, daß der durch die natürliche Dynamik unserer Wahrnehmung angeschobene Prozeß dort zu Ende ist, wo ihn die Basis trägt. Es gäbe weder die Vielfalt der Kulturen noch ihre Geschichte, wenn dem so wäre. Der Mensch als das weltoffene Wesen wandelt unablässig ab, lernt dazu, und gerade die neuronalen Substrate bilden die Möglichkeiten dieses Lernens. Auf einer kulturspezifischen Ebene erwirbt er die Symbole und Normen, die ihn im engeren Sinne an seine eigene Gruppe binden und auf einer biographischen erfindet er die Codes einer individuellen und innovativen Verschlüsselung, auf der Suche nach mehr oder weniger Konsens. Jedes Individuum begreift sich letztlich als eine Speerspitze der Evolution, von deren Überzeugungsgrad es abhängt, ob es andere nachzuziehen vermag und eine mehr als nur individuelle Spitze bleibt.[48]

Und von der Suche nach Konsens und Publikum hängt letztlich auch die Bindung an Kommunikationsformen mit Menschen auf einer im engeren Sinne kulturspezifischen wie auch auf einer transkulturellen Ebene ab. Dies gilt nun insbesondere *auch* für die Kunst in dem Maße, als auch sie Gegenstand der Wahrnehmung bleibt. Die im eigentlichen Sinne ästhetische Ebene im Kunstwerk ist es wohl, die am stärksten den Rückhalt in verbindlichen Formen der Kommunikation und Anbindung an Allgemeinverständlichkeit sucht. Sie ist auch der Ort, wo Überlappungen mit Bereichen der angewandten Kunst und Ästhetik stattfinden, wobei wohl das kleinere Feld von Aussagemöglichkeiten in der Kunst abgedeckt sein dürfte. In den jüngsten Entwicklungen scheint sie kaum mehr eine Rolle zu spielen. Es hieße jedoch, Ästhetik auf Werte des Schönen und Angenehmen zu reduzieren, wenn man ihr das Wirkpotential etwa in Jawlenskis Gesichtsmeditationen, Imi Knoebels *Schwarzem Kreuz* oder Goyas *Desastres de la Guerra* absprechen wollte. Es gibt auch eine Ästhetik der Macht, des Gewaltigen und des Schreckens. Und

---

[47] Alexander Gottlieb Baumgarten: Texte zur Grundlegung der Ästhetik. Lateinisch-deutsch. Hg. von Hans Rudolf Schweizer. Hamburg: Meiner 1983.

[48] Vgl. Christa Sütterlin: Grenzen der Komplexität. Die Kunst als Bild der Wirklichkeit. Neuropsychologische und ethologische Erkenntnisse in der Kunst. In: Nova Acta Leopoldina, N. F. 77, Nr. 304 (1998), S. 167–188.

es gibt vor allem keinen Kanon, in welchem nachzulesen wäre, auf welche Art man ihn am besten verfehlt. Künstler handeln intuitiv und nahmen zu allen Zeiten über Formen impliziten Wissens Bezug auf diskrete Codes perzeptiver Verschlüsselung, die nicht nur die des Betrachters, sondern letztlich auch die eigenen sind. Die Ergebnisse der modernen Hirn- und Sehforschung liefern ja nur Bausteine, die erste vorsichtige Schlüsse auf das Kunstschaffen erlauben.

Ergiebiger als das Konzept der optimalen Stimulation, das eher für ästhetische Prozesse Gültigkeit besitzt und mit gezielter Erlebnissteigerung und letztlich auch Wohlbefinden zu tun hat, dürfte für die Kunst dasjenige der Inhalts- und Wertevermittlung sein. Es ist ja offenbar so, daß in unserer Wahrnehmung neuronale Informationen darüber vorliegen, *wie*, das heißt, über welche visuellen Reizcodes Inhalte am besten verschlüsselt werden, um von uns wahrgenommen, also wieder entschlüsselt zu werden; in einzelnen Fällen auch, welche Deutungen und Emotionen damit verknüpft sind. Hier sei nochmals an das Mimikverstehen erinnert, das offenbar schon partiell bei Säuglingen vorliegt, sowie an die Untersuchungen zum Partnerschema.

Im Gegensatz zu den später gelernten Bedeutungszuweisungen, die – wenn ihre Vermittlung nicht gerade prägungsähnlich erfolgt – offen und flexibel bleiben, sind die ›präkulturellen‹ Deutungsmuster etwa so unbelehrbar und zwingend wie diejenigen, die aus den optischen Illusionen bekannt sind.

Es genügen oft nur schematisierte Kürzel, wie bei den Attrappenwahlversuchen von Skrzipek, um ein Erkennen einklinken zu lassen, sogar dann, wenn eine Deutung miterfolgt. Beim sogenannten ›Smiley‹ sind es nur ein paar Striche. Zeichnungen von Kindern leben von dieser hochabstrakten Semantisierung.

Beim »Kindchenschema«, das eher in der Trivialkunst der Comics und in der Werbung eine Rolle spielt, wird klar, daß es oft auch um rein proportionale Werte geht, auf die wir ansprechen. Die Mickymaus hat nach Stephen Jay Gould eine ganze Evolution vom listigen spitznasigen Erstling zum vollausgereiften Liebling der Nation mit großem Kopf, runder Stirn und kurzen Extremitäten durchgemacht – eine Evolution, die sich offensichtlich an den Wahrnehmungspräferenzen der Leser beziehungsweise Betrachter orientierte.[49] Dasselbe gilt für den Teddybär.[50]

Untersuchungen im Bereich der Kunst müßten sich zum Beispiel darauf richten, wie genau bestimmte proportionale Werte in den Gesichtsdarstellungen von Männern und Frauen über die Jahrhunderte realisiert sind, die in un-

---

[49] Stephen Jay Gould: A biological Homage to Mickey Mouse. In: The panda's thumb. More reflections in natural history. New York, London: Norton & Co. 1980.

[50] Christa Sütterlin: Kindsymbole. In: Wulf Schiefenhövel / Johanna Uher / Renate Krell (Hg.): Im Spiegel der Anderen. Aus dem Leben des Verhaltensforschers Irenäus Eibl-Eibesfeldt. München: Realis 1993, S. 118–125.

abhängigen Wahlversuchen als solche beurteilt worden sind. Gegenwärtig laufen entsprechende Experimente zur Attraktivitätswahrnehmung.[51] Die Detektoren für spezifische Merkmale sprechen offensichtlich auf das allen realen Vorkommen zugrundeliegende Gemeinsame an, den Typus, und dieser ist gewiß abstrakter als jedes reale Ereignis.[52] Unsere Wahrnehmung filtert ja, wie wir inzwischen wissen, das Gleichbleibende wie in einem Rasterverfahren heraus und wir nehmen das Konstante schneller wahr als die Variation, die Gestalt vor der Zufallsverteilung, die Kategorie vor der Reiztotale. So funktioniert unser Sinnesapparat – vielleicht als Basis unseres Denkens. Goethes »Urpflanze« war, wie Schiller sagte, eine »Idee«, aber in diesem Sinne auch ein Prototyp seiner typisierenden Wahrnehmung. Erst unser genaueres Hinsehen, die Beobachtung, die wir mühsam lernen müssen, erlaubt es uns, das konkrete Ereignis besser zu erfassen, aber dies erfordert viel mehr Zeit. Mehr Zeit, als wir meist haben, um adäquat und sicher in unserer vielgestaltigen Umwelt zu reagieren. Als Eibl-Eibesfeldt in den siebziger Jahren einen Mann der Eipo bat, einen Menschen zu zeichnen, entstand ein Strichmännchen, das in serialer Anordnung alle wesentliche Information zum Thema Mensch enthielt, die ihn verläßlich von einem Baum oder Tier unterscheidet. Die Eipo waren zu diesem Zeitpunkt noch unkontaktiert, lebten auf altsteinzeitlicher Stufe und kannten weder Schrift noch Zeichnung. Das Strichmännchen erinnerte stark an eine Kinderzeichnung.[53] Auch die Menschendarstellung in bronzezeitlichen Fundplätzen Oberitaliens und Spaniens zeigen dieses Schema, und wir finden es auf frühen Felsmalereien Polynesiens und des Oman.[54]

Wenn es also darum geht, eine Bild-Semantik zu etablieren, die allgemein verstanden werden und auch emotionell spezifisch ansprechen soll, kann es sein, daß der intuitive Rückgriff auf bestimmte Kommunikationsformen erfolgt, mit deren Verständnis der Künstler rechnen und mit dessen Vokabular er spielen kann, notfalls auch kontrovers, mit dem Ziel der Ironisierung oder Negation. Die semiotische Besetztheit und Unwiderlegbarkeit bestimmter Proportionen und Zeichen in unserer Perzeption, ihre jederzeitige Verfügbarkeit macht ihre Ergiebigkeit aus, auch in der Kunst. Auf einer kommunikativen Ebene kann diese auch verstanden werden als eine weitere Form der

---

[51] Karl Grammer / Randy Thornhill: Human facial attractiveness and sexual selection. The role of symmetry and averageness. In: Journal of Comparative Psychology 108 (1994), S. 233–242.

[52] Irenäus Eibl-Eibesfeldt (Anm. 3), S. 902, S. 90.

[53] Irenäus Eibl-Eibesfeldt: Und grün des Lebens goldner Baum. Erinnerungen eines Naturforschers. Köln: Kiepenheuer & Witsch (1992), hier S. 300.

[54] Jan Ozols: Zur Ikonographie der eiszeitlichen Handdarstellungen. In: Antike Welt 19 (1988), S. 46–52; Christa Sütterlin: Körperschemata im universellen Verständnis. In: Paul Michel (Hg.): Die biologischen und kulturellen Wurzeln des Symbolgebrauchs beim Menschen. (Schriften zur Symbolforschung 9) Bern, Frankfurt/ M.: Lang 1994, S. 37–62.

Ritualisierung (vgl. S. 68). Gerade wo es um Vermittlung von Werten geht, die über die Kunst hinausgehen und eine größere Gruppe erreichen beziehungsweise zusammenbinden sollen, die also im engeren Sinne kulturpolitisch sind, bewähren sich bis heute Formen, welche durch ihre Anbindung an bestimmte Bewertungen und Emotionen geläufig sind bis hin zum Klischee. Die Übertreibung von strenger Ordnung und Klarheit in der Architektur totalitärer Systeme, die Betonung der menschlichen Idealmaße in der Körperdarstellung, mit der etwa Jaques Louis David für die Werte der nationalen Erhebung warb (*Der Schwur der Horatier*) sind Teil der Indoktrination und lassen sich auf dem Hintergrund der ästhetischen Aufmerksamkeitsbindung und Wertevermittlung besser verstehen.[55] Und auf der Basis dieses gemeinsamen Wissens kann die Kunst ihr Werk der Innovation und Variation eröffnen. Das blaue Pferd Franz Marcs bleibt eine künstlerische Ikone von unvergleichlichem Rang und hat nicht dazu geführt, Diskussionen über die natürliche Farbe der Pferde zu schüren. Meist sind wir aber über die Entschlüsselung des Noch-nie-so-Gesagten so fasziniert – weil auch mit hohem kognitiven Aufwand beschäftigt – daß die Basis, die uns trägt, darüber leicht vergessen wird.

Niemand wird je klaren Sinnes behaupten, daß Kunst aus Schematenbildung oder Savannenlandschaften besteht. Gerade die Vielfalt und Unbestimmbarkeit macht bis heute ihre Geschichte und ihre Faszination aus. Auf einer kulturspezifischen Ebene – über die Detailbeobachtung des Künstlers, über alles, was wir lernen – kommt ihr jene Farbe und Ausdifferenzierung zu, die es erlaubt, von einer Donauschule, der Holländischen Landschaftsmalerei, dem französischen Rokoko, dem Wiener Jugendstil zu sprechen, und den größten Zulauf verbuchen vermutlich immer noch Werkausstellungen zu einzelnen Künstlern wie Rubens, Max Ernst, Cézanne oder, wie gegenwärtig, das Frühwerk Michelangelos. Es ist das Individuelle, das unsere Neugier weckt, das Mannigfaltige, das unsere Aufmerksamkeit zu beflügeln vermag und jene Sinnlichkeit vermittelt, die letztlich die Lust des Schauens ausmacht. Wozu also Grundlagenforschung betreiben in der Kunst?

Man braucht nicht Kunsthistoriker zu sein, um zu erfahren, daß sich eine breit angelegte Wissenschaft seit ihren rudimentären Anfängen fast zur Gänze gerade der Bewältigung der historischen Fülle verschrieben hat. Daß es italienische Einflüsse bei den schwäbischen Barockbaumeistern des 17. Jahrhunderts gibt, Raffaels Frühwerk Spuren seines Lehrers Perugino trägt und das Blau in Yves Kleins monochromen Bildern eine Metapher der Unendlichkeit ist, wird immer und immer wieder erforscht; das kann auch ruhig so bleiben. Inzwischen sind jedoch aus anderem Anlaß Erkenntnisse über

---

[55] Christa Sütterlin: Art and Indoctrination. From the Biblia Pauperum to the Third Reich. In: Irenäus Eibl-Eibesfeldt / Frank Salter (Hg.): Indoctrinability, Ideology and Warfare. New York, Oxford: Berghahn 1998, S. 279–300.

Grundlagen des Sehens, der Form- und Bedeutungswahrnehmung gewonnen worden, die nicht ohne basale Aufschlüsse für das Verständnis dessen sein können, was zur Deutung der Kunst als einer Bildsprache des Menschen gehört. Es geht zunächst schlicht um Deckung eines Bedarfs nach Ergänzung und um Angleichung an ein zeitgemäßes Niveau von Wissenschaft, das heißt um interdisziplinäre Kommunikation und Kenntnisnahme.

Wenn wir die Nachricht aus den Disziplinen der naturwissenschaftlichen Fächer richtig verstanden haben, kann es auch um die Neuschreibung einer Kunstgeschichte nicht gehen. Die Erkenntnisse über gewissen Konstanten und Grundlagen der Wahrnehmung ersetzen die Beschreibung und Analyse ihrer Ausdifferenzierungen nicht, sie haben aber einen möglichen Erklärungswert. Da sie sich weniger auf manifeste Größen beziehen als auf strukturelle Eigenschaften, das heißt auf diskrete, *im* Gewand der Diversität verborgene Daten, die durch unsere Sinnesleistungen im wahrsten Sinne des Wortes erst »ermittelt« werden, könnten wir vielleicht den Satz Xenophons über das Schöne als »Einheit im Mannigfaltigen« eines Tages besser verstehen – als ein Modus unserer Fähigkeit, Gemeinsamkeiten, ›Gestalten‹ wahrzunehmen, und zwar so, daß auch der andere sie sieht. Dann könnte man das Gespräch über das Schöne vielleicht auch wieder auf einer ontologischen Ebene aufnehmen, ohne voreilig von Konstruktionen zu sprechen, die alles meinen, nur die verbindende Brücke nicht.

4. Abschließende Betrachtung

Wir sind davon ausgegangen, daß der Begriff der Identität oder Ähnlichkeit – als Basis für eine Systematik – in den historischen Wissenschaften ein Problem darstellt aufgrund der hohen Variabilität geistiger und kultureller Leistungen des Menschen. Durch die neu gewonnenen Einsichten in den experimentell arbeitenden Natur- und Humanwissenschaften häufen sich immer mehr die Hinweise, daß es sehr wohl eine Basis des Wahrnehmens von Realität gibt, die für alle Menschen verbindlich, das heißt, vergleichbar ist und die auch verschiedene Deutungen dieser Realität bereits auf dieser Stufe impliziert. Es muß also eine Möglichkeit der Verständigung über diese Wirklichkeit geben, eine Basis für Konsens, die nicht nur auf Konvention beruht. Die moderne Hirn- und Wahrnehmungsforschung leugnet zwar nicht, daß die Abbildung des dreidimensionalen Raumes ein mentales Konstrukt sei, sie stellt jedoch in Frage, daß dieses Konstrukt beliebig revidierbar sei. Es gibt offenbar Abbildungen dieser Wirklichkeit, die sich an dieser bewährt haben und von daher ein für alle Rezipienten gleicherweise taugliches Abbild darstellen, mit dem sich leben läßt.

Dabei kann man auf einer physiologischen Ebene am reinen Funktionieren der beteiligen Mechanismen interessiert sein, also an den unmittelbaren (proximaten) Ursachen. Man kann aber auch fragen, warum die Mechanismen überhaupt entstanden sind und welche Selektionsdrucke auf eine genetische Verankerung hingewirkt haben. Bei dieser Frage nach den letzten (ultimaten) Ursachen spielen evolutionstheoretische Aspekte eine Rolle. Offenbar waren stabile, das heißt gegen zu große Variation und Lernfehler resistente Bausteine der Umweltwahrnehmung von so großem Vorteil für die Überlebenssicherheit von Homo sapiens und seiner Vorfahren, daß sich die neuronale Festlegung im Wahrnehmungssystem – gewissermaßen als ›hardware‹ – durchgesetzt hat. Durch die verhaltenssteuernde Organisation war eine optimale Anpassung an bestimmte langfristige Gegebenheiten unserer Umwelt, die sich durch diesen Wahrnehmungsmodus doch zuverlässig abbilden liessen, gewährleistet. Wer die Grundsätze eines »naiven Realismus« durch die des »kritischen Realismus« zu ersetzen bereit ist, wird dem Satz George Gaylord Simpsons folgen können, der einmal anschaulich sagte: »Der Affe, der sich von dem Ast, auf den er springen wollte, keine zureichende Vorstellung machte, war bald ein toter Affe und gehört damit nicht zu unseren Vorfahren«.[56] Eine andere als eine für unsere gegebene Ausstattung adäquate Vorstellung und Abbildung von Welt hatte mit anderen Worten gar nie die Chance, genetisch tradiert zu werden. Allen Relativismen und Zweifeln der philosophischen Postmoderne, die jede Welt und Wertvorstellung für einen überholbaren Entwurf halten – was oft Formen solipsistischen Hochmuts annimmt – ist entgegenzuhalten, daß eine Konstruktion von Wirklichkeit seit jeher besteht, aber ganz gewiß keine Angelegenheit allein der Kultur und des Individuums ist, sondern im Interesse einer einigermaßen zuverlässigen, allgemein gültigen Wirklichkeitsabbildung steht, über welche Konsens möglich wird.

Die Offenheit des Systems – in Sinne seiner Lernfähigkeit – steht im Dienste der Anpassung an rascher sich ändernde Umweltgegebenheiten, die *kulturell* tradiert werden, und das im engeren Sinne *individuelle* Lernen schöpft auf unvergleichliche Weise aus dem Erlebnisschatz der persönlichen Lebensgeschichte. *Alle* diese Ebenen sind in unserer Wahrnehmung von Welt vertreten und unauflöslich verwoben, und alle diese Ebenen spielen eine Rolle auch in der gestaltenden Wiedergabe von Welt wie gerade in der Kunst. Eine rezeptive Beurteilung dieser sekundären Welt wiederum sieht sich daher vor der Aufgabe, diesen Aspekten in ihrer Gesamtheit Rechnung tragen zu müssen.[*]

---

[56] Irenäus Eibl-Eibesfeldt (Anm. 3), S. 24ff.
[*] Danksagung: Vorliegende Arbeit entstand mit freundlicher Unterstützung durch die Max Planck Gesellschaft, München sowie die Alfred Krupp von Bohlen und Halbach-Stiftung, Essen.

ULRICH BALTZER

Vom Atem der Zeichen

Gewandelter Zeichengebrauch als Schlüssel zu einer
Sozialgeschichte der Literatur

> *Jedes Zeichen scheint* allein *tot.* Was *gibt ihm*
> *Leben?* – Im *Gebrauch* lebt es. *Hat es da den*
> *lebenden Atem in sich?* – Oder ist der Ge-
> brauch *sein Atem?*
>
> Ludwig Wittgenstein:
> Philosophische Untersuchungen §432

Der Begriff ›Sozialgeschichte der Literatur‹ verführt dazu, Soziales und seine
Geschichte auf der einen Seite der Literatur auf der anderen Seite gegenüber-
zustellen. Dieser Weg führt in die Irre unabhängig davon, welche Vermitt-
lungs- oder Beziehungsmodelle erwogen werden, die einmal auseinanderge-
rissenen Begriffsmomente wieder zu vereinen. Hans Peter Herrmann macht
das Ungenügen der Versuche, die Literaturgeschichte als Sozialgeschichte zu
erneuern, am vorausgesetzten Literaturbegriff fest.[1] Er konstatiert für die von
ihm rezensierten Sozialgeschichten der Literatur einen vor jeder sozialgeschichtlichen Überlegung fixierten, auf die Kunstautonomie ausgerichteten
Literaturbegriff, der eine sozialgeschichtliche Neuvermessung der Literatur
nicht zulasse. Peter Uwe Hohendahl hingegen setzt mit seiner Kritik am anderen Pol der Dichotomie an.[2] Die Sozialgeschichte der Literatur sei gescheitert, weil dabei ein vorgängig zu aller Literatur und Literaturgeschichtsschreibung festgelegter Begriff von Geschichte verwendet worden sei. Geschichte werde substanzialistisch mißverstanden als an sich bestehende Realität, zu der sich die Literatur und die Literaturgeschichte lediglich als Abbil-
der verhalten könnten.

Für Hohendahl ist die Geschichtsauffassung des ›New Historicism‹ vorzu-
ziehen. Dessen Verdienst bestehe darin, »die traditionelle Gegenüberstellung
von Literatur und Geschichte aufgelöst zu haben. Der literarische Text wird
als Teil der Geschichte behandelt, wie umgekehrt Geschichte als ein Feld

---

[1] Vgl. Hans Peter Herrmann: Sozialgeschichte oder Kunstautonomie? Zur Proble-
matik neuerer Geschichten der deutschen Literatur. In: Rüdiger Scholz (Hg.):
Kritik der Sozialgeschichtsschreibung. Zur Diskussion gegenwärtiger Konzepte.
(Argument Sonderband 166) Berlin, Hamburg: Argument 1990, S. 173–214.

[2] Vgl. Peter Uwe Hohendahl: Nach der Ideologiekritik. Überlegungen zu geschichtlicher Darstellung. In: Hartmut Eggert / Ulrich Profitlich / Klaus R. Scherpe (Hg.): Geschichte als Literatur. Formen und Grenzen der Repräsentation von
Vergangenheit. Stuttgart: Metzler 1990, S. 77–90, bes. S. 77f.

konzipiert wird, in dem eine Vielzahl von Texten, Dokumenten und Fakten konfigurieren«.[3] An der für den New Historicism schulbildenden Monographie, den *Verhandlungen mit Shakespeare* von Stephen Greenblatt, zeigt sich der kulturwissenschaftliche Zuschnitt, den die Literaturwissenschaft mit dieser Geschichtsauffassung gewinnt.[4] Greenblatt verknüpft zum Beispiel Shakespeares *King Lear* mit einer zeitgenössischen theologischen Streitschrift gegen den Exorzismus wie auch mit Beschreibungen von Teufelsaustreibungen. Die literarischen Texte werden eingewoben in ein Netz von Artefakten, Texten und sozialen Praktiken ganz unterschiedlicher Herkunft. Zentral sind für Greenblatt dabei die Prozesse, die sich zwischen den verschiedenen kulturell abgegrenzten Zonen abspielen. Die kulturellen Prozesse der Grenzsetzung und -verschiebung, die Gliederung dieser Zonen selbst und die Transaktionen ›sozialer Energie‹ über diese Grenzen hinweg machten es allererst erklärlich, woher bestimmte literarische Textspuren vergangener Tage die Macht bezögen, auch heute noch »Vergnügen zu bereiten, Interesse zu wecken oder Ängste auszulösen«.[5]

Angelpunkt der Überlegungen Greenblatts zum Verhältnis der kulturell abgegrenzten Zonen ist dabei der Begriff der Austauschmodi von Repräsentationen. ›Repräsentation‹ bedeute aber gerade nicht ›Abbild‹ oder ›Spiegelbild‹, wie Greenblatt betont.[6] Theater und Gesellschaft stünden sich nicht wie zwei autonome Systeme gegenüber, bei denen dann abgeschätzt werden müßte, wie angemessen das eine durch das andere repräsentiert wird. Vielmehr sei die Darstellung auf dem Theater (und man darf wohl ergänzen: die der Literatur überhaupt) nur insoweit zur Repräsentation in der Lage, als zwischen den Zonen des Repräsentierenden und des Repräsentierten ein Austausch stattfinde, der dann auch darüber bestimme, was überhaupt dargestellt werden könne und wie dies geschehe. Nicht die Repräsentation als solche interessiert Greenblatt vorrangig, sondern die Frage, wie »der Austausch sozialer Energie, die in einer kulturellen Praktik enthalten ist, ausgehandelt« wird.[7] Die komplexe dynamische Zirkulation von sozialer Energie wiederum »hängt von einer Trennung zwischen künstlerischen Praktiken und anderen sozialen Gewohnheiten ab, einer Trennung, die durch fortwährende ideologi-

---

[3] Ebd., S. 83.
[4] Vgl. Stephen Greenblatt: Verhandlungen mit Shakespeare. Innenansichten der englischen Renaissance. Frankfurt/M.: Fischer 1993 (amerik. Orig. 1988).
[5] Ebd., S. 14. Greenblatt schreibt von der ›sozialen Energie‹, sie lasse »sich nur indirekt durch ihre Auswirkungen feststellen: Sie manifestiert sich in der Fähigkeit gewisser sprachlicher, auditiver und visueller Spuren, kollektive physische und mentale Empfindungen hervorzurufen und diese zu gestalten und zu ordnen« (ebd., S. 15).
[6] Vgl. ebd., S. 18.
[7] Ebd., S. 22.

sche Anstrengungen und eine allgemein anerkannte klassifikatorische Unterscheidung produziert wird«.[8]

Greenblatts Methode könnte man also wie folgt umreißen: Um ein Bild vom Verhältnis der Literatur zu anderen kulturellen Praktiken zu erhalten, sind die Veränderungen zu betrachten, die bestimmte Praktiken, Texte, Gegenstände etc. erfahren, wenn sie von einem kulturell abgegrenzten Bereich in den anderen überführt werden, wie auch jene Prozesse, die eine solche Überführung ermöglichen oder behindern. Zu den letztgenannten Prozessen sind vor allem jene Vorgänge zu rechnen, welche die Abgrenzung der Zonen selbst betreffen. Der soziale und kulturelle Prozeß wird folglich in der Literatur nicht abgebildet im Sinne einer mimetischen Repräsentation eines der Literatur äußerlichen Geschichtsprozesses. Vielmehr ist die Literatur in allen ihren Aspekten der Produktion, Vermittlung, Speicherung und Rezeption insofern ein sozialer Prozeß als auch auf soziale Prozesse anderer Felder bezogen, weil sich zwischen der Literatur und anderen kulturellen Zonen geschichtlichem Wandel unterworfene Transaktions- und Transformationsprozesse abspielen. Wer eine Sozialgeschichte der Literatur betreiben möchte, darf sich, so ließe sich Greenblatt verstehen, nicht der Repräsentationen annehmen, die der literarische Text von Welt und Gesellschaft zeichnet, sondern muß sich ein Bild davon machen, welche Prozesse dazu führen, daß Literatur schließlich jene Repräsentationen enthält. (Greenblatts Interesse gilt den Produktionsbedingungen literarischer Texte, seine These ließe sich jedoch *mutatis mutandis* auch auf die sozialen Prozesse der Literaturrezeption anwenden.)

Letztlich bleibt also von Greenblatts Begriff ›Austauschmodi der Repräsentationen‹ nur der ›Austauschmodus‹ übrig, wenn es um (sozial-)geschichtliche Relevanz geht.[9] Zwar hat Greenblatt gewiß Recht, wenn er gegen ein einfaches Abbildverhältnis zwischen Kunst und Gesellschaft opponiert, allerdings ist bei seiner Priorisierung der Austauschverhältnisse nicht mehr zu sehen, weshalb diese mit Repräsentationen einhergehen sollen. Die Austauschprozesse erhalten oder modifizieren nach Greenblatts Auffassung wesentlich die Zonenabgrenzung und ermöglichen somit durch die Absetzung von Bezeichnetem und Bezeichnendem eine Repräsentation ohne die bekannten Antinomien der Selbstbezüglichkeit. Die Trennung der kulturellen Zonen

---

[8] Ebd., S. 23.
[9] Greenblatt diskutiert zwar symbolische Aneignungsformen, in denen »eine soziale Praktik oder eine andere Erscheinungsform sozialer Energie auf dem Wege der Repräsentation auf die Bühne übertragen wird« (ebd. S. 19). Diese repräsentative Aneignung ist für Greenblatt aber abhängig von einem zugrundeliegenden Tauschakt kulturellen Kapitals, zum Beispiel dadurch, daß das Theater mit öffentlichen Lobpreisungen oder Schmähungen bezahlt für die per Repräsentation dem Theater einverleibte soziale Praktik. Austausch und Repräsentation sind also nicht gleichgeordnet, vielmehr beruht die Repräsentation auf dem erfolgten Tauschhandel. Zur Priorität des Austausches vor der Repräsentation vgl. auch ebd., S. 22.

durch die stattfindenden Austauschprozesse ist zwar eine notwendige, nicht aber eine hinreichende Voraussetzung für Repräsentationen, das heißt, sie könnte auch gänzlich ohne diese auskommen. Eine Sozialgeschichte der Literatur, die sich von Greenblatts Vorgaben leiten ließe, sähe sich folglich bei allem Fortschritt in der Konzeption des Verhältnisses von Literatur und Gesellschaft außerstande, den unleugbar mit der Literatur gegebenen repräsentationalen Aspekt sozialgeschichtlich aufarbeiten zu können.

Hier dürfte Charles S. Peirces Zeichentheorie weiterhelfen. Im folgenden soll gezeigt werden, wie mit deren Mitteln die wichtigen Impulse und Einsichten des New Historicism für die Sozialgeschichte der Literatur bewahrt werden können, ohne dabei die Verwobenheit von sozialgeschichtlichen Prozessen mit der Repräsentationsleistung aus dem Blick zu verlieren. Für Peirce sind Zeichen dreistellige Relationen. Er definiert sie wie folgt:

> Ein Zeichen oder ein Repräsentamen ist ein Erstes, das in einer solchen genuinen triadischen Relation zu einem Zweiten, das sein Objekt genannt wird, steht, daß es fähig ist, ein Drittes, das sein Interpretant genannt wird, zu bestimmen und zwar dahingehend, dieselbe triadische Relation zu seinem Objekt anzunehmen, in der es selbst zu diesem selben Objekt steht. [...] Das Dritte muß natürlich in einer solchen Relation stehen und muß fähig sein, seinerseits ein Drittes zu bestimmen; aber daneben muß es eine zweite triadische Relation besitzen, in der das Repräsentamen, oder eher dessen Relation zum Objekt, sein eigenes (des Dritten) Objekt sein wird, und es muß fähig sein, ein Drittes zu dieser Relation zu bestimmen. All dies muß gleichermaßen vom Dritten des Dritten ebenso gelten und so fort ohne Ende; das und mehr ist in der vertrauten Idee des Zeichens involviert; und so wie der Terminus Repräsentamen hier verwendet wird, ist nichts mehr impliziert. Ein Zeichen ist ein Repräsentamen mit einem mentalen Interpretanten. Möglicherweise gibt es Repräsentamina, die keine Zeichen sind. So wird eine Sonnenblume, wenn sie, indem sie sich nach der Sonne richtet, durch diesen Akt voll in die Lage versetzt, ohne weitere Bedingungen eine Sonnenblume zu reproduzieren, die sich in genau korrespondierender Weise nach der Sonne richtet und die dies mit derselben reproduzierenden Kraft fortsetzt, zum Repräsentamen der Sonne. Aber Denken ist der Hauptmodus, wenn nicht gar der einzige der Repräsentation.[10]

Ein Zeichen ist nach Peirce zunächst einmal eine triadische Relation, die zwischen dem Zeichenobjekt, dem Zeichenmittel (Repräsentamen) und dem Interpretanten besteht. Das Zeichenmittel bezeichnet für den Interpretanten das Zeichenobjekt. Das von Peirce am Ende des Zitats verwendete Beispiel der sich nach der Sonne ausrichtenden Sonnenblumen zeigt, daß der Interpretant nicht mit einem (bewußten) Interpreten verwechselt werden darf. Jede belie-

---

[10] Charles S. Peirce: Collected Papers. Hg. von Charles Hartshorne / Paul Weiss. Cambridge (Ma.): Harvard University Press 1935ff., Bd. 2, §274 (Übersetzung von Gerhard Schönrich) im folgenden zitiert durch »CP«, gefolgt von Band- und Paragraphennummer. Bei Peirce finden sich eine Vielzahl voneinander abweichender Zeichendefinitionen, die aber in Grundzügen konstant bleiben. Da es hier nicht um eine Peirce-Exegese geht, verwende ich diejenige Definition, die meinem Anliegen am dienlichsten ist.

bige Entität, die in einer entsprechenden triadischen Zeichenrelation eingebunden ist, kann als Interpretant fungieren. Dasselbe gilt für die beiden anderen Zeichenrelate. Das Zeichenobjekt muß kein Objekt im physikalischen
Sinn sein, ebensowenig wie das Zeichenmittel. Die Zeichenrelate sind nur
das, was sie sind, weil sie in die entsprechende Relation eingebunden sind,
wie auch umgekehrt die Zeichenrelation nur besteht, weil die entsprechenden
Relate aufeinander bezogen werden.

Worin besteht nun aber die triadische Zeichenrelation? Das Zeichenmittel
bringt den Interpretanten in dieselbe Beziehung zum Zeichenobjekt, in dem
es selbst steht. Da die fragliche Beziehung des Zeichenmittels zum Zeichenobjekt darin besteht, das Zeichenobjekt für einen Interpretanten zu repräsentieren, heißt das, daß der Interpretant selbst in einer sich anschließenden
Zeichentriade wiederum zum Zeichenmittel werden und einen Interpretanten
zeichenhaft auf das Zeichenobjekt beziehen muß. Eine einzelne Zeichentriade
kann es somit nicht geben, vielmehr ist die Zeichentriade nur insoweit zeichenhaft verfaßt, als sich weitere Zeichentriaden anschließen. Diese Fortsetzung muß nicht in jedem Fall aktual gegeben sein, sie muß aber zumindest
möglich sein.[11]

Die zitierte Zeichendefinition führt daneben aber eine weitere triadische
Zeichenrelation auf. Bisher war lediglich diejenige Beziehung thematisch, die
man die Fetischfunktion des Zeichens nennen könnte. In dieser Funktion ersetzt das Zeichenmittel für den Interpretanten das Bezeichnete. Wenn ich zum
Beispiel mit dem Auto fahre und ein Schild sehe, das mich vor einem Bahnübergang warnt, dann nehme ich den Fuß vom Gas, ohne daß ich den Bahnübergang selbst sehe. Das Schild als Zeichenmittel tritt somit an die Stelle
des Bahnübergangs als Zeichenobjekt, da ich angesichts des Schildes einen
Interpretanten in Form meiner Fußbewegung bilde; eine Bewegung, die ich
auch hinsichtlich des Bahnüberganges selbst gemacht hätte. Selbstverständlich ist aber das Warnschild nicht der Bahnübergang. Um diesen Unterschied semiotisch einzufangen, bedarf es der zweiten Relation, von der im
Zitat die Rede ist. Hier wird nämlich nicht mehr das Zeichenobjekt als solches repräsentiert, sondern die *Beziehung* zwischen dem Zeichenmittel und
dem Zeichenobjekt. Somit kann der Unterschied, aber auch die Bezogenheit,
die zwischen Zeichenmittel und Zeichenobjekt besteht, selbst Gegenstand einer Repräsentation werden. Auf das Warnschild gemünzt, könnte diese Relation etwa darin bestehen, daß der Unterschied bezeichnet wird, der zwischen
dem Warnschild und dem Bahnübergang besteht.

Die beiden, in einem vollständigen Zeichen gegebenen Relationen sind
gegeneinander versetzt. Denn das Zeichenobjekt der zweiten Relation besteht
nicht allein aus dem ursprünglichen Zeichenobjekt, sondern umfaßt daneben
auch das ursprüngliche Zeichenmittel; somit steht das ursprüngliche Zei-

---

[11] Vgl. zum Beispiel CP 2.92.

chenmittel als Zeichenmittel für die zweite Relation nicht mehr zur Verfügung. Vielmehr muß nun der ehemalige Interpretant diese Aufgabe übernehmen und als Zeichenmittel den sich anschließenden Interpretanten bestimmen (dieser Interpretant wäre für die erstgenannte Relation bereits der zweite Interpretant in der Semiose und nicht der erste).

Spielen wir dies für das Beispiel des Warnschildes durch. An die erste Zeichentriade aus Bahnübergang (Zeichenobjekt), Warnschild (Zeichenmittel) und meiner Handlung, den Fuß vom Gas zu nehmen (Interpretant), schlösse sich mein Gedanke an: »Jetzt habe ich wegen des Warnschildes, das vor dem Bahnübergang warnt, den Fuß vom Gas genommen.« Dieser Gedanke ist zunächst ein Interpretant, der das Fuß-vom-Gas-Nehmen auf den Bahnübergang bezieht. Insofern ist der Gedanke Interpretant meiner Handlung und bezieht sich auf dasselbe Zeichenobjekt wie diese. Meine Handlung wird also, nachdem sie in der ersten Zeichentriade der Interpretant des Warnschildes gewesen ist, in der nun anschließenden Triade das Zeichenmittel für den Bahnübergang. Weiterhin interpretiert mein Gedanke aber meine Handlung auch als ein Zeichenmittel für die *Relation*, die zwischen dem Warnschild und dem Bahnübergang besteht, und nicht allein für den Bahnübergang als solchen. Wo für die Relation meine Handlung das erste Zeichenmittel und mein Gedanke der erste Interpretant ist, da ist für den Bahnübergang allein betrachtet meine Handlung der erste Interpretant, der Gedanke der zweite. Die Relation zwischen Warnschild und Bahnübergang kann also *als Relation* erst in der Zeichentriade repräsentiert werden, die auf diejenige folgt, in der das Warnschild als Zeichen für den Bahnübergang eintritt.

Auf die Konsequenzen, die diese Nachzeitigkeit für die Sozialgeschichte der Literatur hat, wird unten noch näher einzugehen sein. Es kann aber jetzt schon festgehalten werden, daß Peirces Definition die bei Greenblatt wichtige Abgrenzung der kulturellen Zonen in ihrer innigen Beziehung zum Zeichenprozeß erfaßt. Peirces Zeichendefinition fordert von einem vollständigen Zeichen, immer auch (wenn auch zeitlich versetzt) die Differenz zwischen Zeichenmittel und Zeichenobjekt zu repräsentieren. Bereits der Grundstruktur eines Zeichens ist folglich die Abgrenzung zwischen den Bereichen des Bezeichnenden und des Bezeichneten eingeschrieben, die sich auf der Ebene genügend komplexer Zeichengebilde als kulturelle Zonen ausprägen. Die Unterteilung in kulturelle Zonen ist dem Repräsentationsprozeß nicht äußerlich oder ihm gar als Konstituens vorgegeben, sondern ergibt sich aus der für ein vollständiges Zeichen erforderlichen Binnendifferenzierung des Zeichenprozesses selbst.

Zeichen repräsentieren ihr Objekt immer nur unter einem bestimmten Aspekt. Das sieht man im Beispiel des Warnschilds daran, daß dieses Warnschild lediglich auf die Gefahren eines Bahnübergangs hinweist, nicht aber zeigt, ob sich tatsächlich ein Schienenfahrzeug nähert, wieviele Schienen kreuzen, ob ein Schrankenwärterhaus neben dem Übergang steht etc. Um diese Aspekthaftigkeit semiotisch zu fassen, unterscheidet Peirce zwischen dem ›unmittelbaren‹ und dem ›dynamischen‹ Zeichenobjekt.[12] Das unmittelbare Objekt ist das Objekt wie es im Zeichen präsentiert wird. Das unmittelbare Objekt in unserem Beispiel des Warnschilds wäre also nicht der Bahnübergang in jeder denkbaren Hinsicht, sondern der Bahnübergang unter dem Aspekt betrachtet, daß er ein gefahrenträchtiger Kreuzungsbereich von Schiene und Straße ist. Zieht man allein das unmittelbare Objekt heran, so kann man, genau betrachtet, nicht davon sprechen, das Zeichen repräsentiere einen Aspekt des Zeichenobjektes. Eine Aspekthaftigkeit stellt sich nämlich erst dann ein, wenn mehrere unterschiedliche Hinsichten derselben Entität zugerechnet werden. Beim unmittelbaren Objekt hat man aber nur eine einzige Sicht auf das Objekt, diejenige nämlich, unter der es vom jeweiligen Zeichen repräsentiert wird. Wenn man von Aspekten eines Objektes spricht, dann versteht man ›Objekt‹ im Sinne des dynamischen Objektes, nämlich als etwas, das unter verschiedenen Hinsichten in Zeichenprozessen repräsentiert werden kann. Damit ist nicht behauptet, auf das dynamische Objekt könne man unabhängig von Zeichenprozessen zugreifen. Vielmehr ergibt sich das dynamische Objekt daraus, daß die unmittelbaren Objekte verschiedener Zeichenprozesse in einem übergreifenden Zeichenprozeß als aspekthafte Repräsentationen ein und desselben Zeichenobjekts interpretiert werden.[13]

Mit dem Begriffspaar ›unmittelbares‹ und ›dynamisches‹ Zeichenobjekt läßt sich nun auch genauer beschreiben, wie soziale Prozesse und literarische Repräsentation ineinander verwoben sind. In einem ersten, unzureichenden Versuch könnte man literarische Texte als Zeichenmittel für soziale Sachverhalte verstehen. Der literarische Text würde somit als Zeichenmittel ein bestimmtes soziales Phänomen als Zeichenobjekt darstellen, wie zum Beispiel Liebe und Tod, oder auch Exorzismus und Heiligenleben. Der literarische Text wäre somit als eine sozialgeschichtliche Quelle neben anderen aufgefaßt, weil sich das betrachtete Phänomen auch in Texten/Artefakten anderer Fachgebiete, wie etwa der Rechtswissenschaft, Theologie, Medizin etc. dargestellt fände. Semiotisch gesprochen fungierte zum Beispiel Liebe und Tod in den literarischen, juristischen, theologischen, medizinischen und allen weiteren herangezogenen Texten/Artefakten jeweils als das unmittelbare Zeichenobjekt, das durch jene als Zeichenmittel fungierenden Texte/Artefakte bezeichnet wird. Sobald man diese unterschiedlichen Repräsentationen von Liebe

---

[12] Vgl. zum Beispiel CP 4.536, 8.183, sowie Gerhard Schönrich: Zeichenhandeln. Untersuchungen zum Begriff einer semiotischen Vernunft im Ausgang von Ch. S. Peirce. Frankfurt/M.: Suhrkamp 1990, S. 129–132. Peirce unterscheidet beim Interpretantenbezug drei Typen und nicht bloß zwei wie beim Objektbezug. Die Untergliederung des Interpretanten ist für unser Problem jedoch nicht einschlägig.

[13] Gemäß der Peirceschen Vorstellung eines konvergenten unendlichen Forschungsprozesses wäre das dynamische Objekt also dasjenige (unmittelbare) Zeichenobjekt derjenigen Supersemiose, die am Ende aller Tage sämtliche Zeichenprozesse vereint, welche auf Aspekte des dynamischen Objekts verweisen.

und Tod als unterschiedliche Aspekte desselben sozialen Phänomens auffaßt, versteht man Liebe und Tod als das dynamische Objekt, auf das die Einzelsemiosen in den unterschiedlichen Diskursen verweisen. Man betriebe eine Kulturwissenschaft, die hinsichtlich bestimmter sozialer Phänomene die Zeichenprozesse verschiedener Disziplinen aufeinander bezöge.

Diese Herangehensweise wäre aber in mehrfacher Hinsicht ungenügend. Ungeklärt bleibt dabei nämlich erstens, welche (sozialen) Prozesse dazu führen, die einzelnen Texte oder Artefakte überhaupt als Darstellungen des entsprechenden Phänomens zu betrachten (insbesondere literarische Texte benennen dasjenige, wovon sie handeln, oft genug nicht explizit). Zweitens bleibt dunkel, welche Rechtfertigung es gibt, die unterschiedlichen Texte als verschieden aspektierende Darstellungen desselben sozialen Phänomens aufeinander zu beziehen. (Was hat zum Beispiel eine literarische Darstellung des Todes mit den medizinisch-juristischen Debatten um das Hirntod-Kriterium zu tun?) Drittens wäre der skizzierte Zugriff literaturwissenschaftlich unergiebig, weil die Texte dabei selbst nicht als Texte sichtbar würden, fungierten sie doch lediglich als Zeichenmittel für das betrachtete soziale Phänomen, ohne selbst in den Blick genommen zu werden. Sobald die Texte, gar die Literarizität dieser Texte, im Mittelpunkt stehen sollen, muß man den Texten selbst die Stelle des (dynamischen) Zeichenobjektes einräumen, die zuvor von den anderen sozialen Phänomenen eingenommen wurde.

Der Ausdruck »der Text selbst« meint nicht den Text als materiales Objekt oder den Text im Sinne der werkimmanenten Methode, obwohl beide Zugriffsweisen semiotisch rekonstruiert werden könnten.[14] Wie also ist ein Text ein dynamisches Objekt? Offensichtlich ist ein Text in einer Vielzahl unterschiedlicher Semiosen eingebunden. Auch dann, wenn er nicht mehrere, sondern nur einen einzigen Sachverhalt bezeichnen sollte, benötigt er doch dazu eine Form, beispielsweise diejenige eines Rezeptes, und eine bestimmte Sprache. Somit wäre er zumindest in drei unterschiedliche Semiosen eingebunden, verwiese er doch auf einen Sachverhalt, auf andere Texte derselben Form und schließlich auf Äußerungen derselben Sprache. Literarische Texte dürften normalerweise in sehr viel mehr Zeichenprozesse verwoben sein. Ein bürgerliches Trauerspiel kann zum Beispiel zugleich eine bestimmte politische Konstellation darstellen, eine bestimmte Liebeskonzeption repräsentieren, auf andere Werke derselben literarischen Gattung verweisen, den Sprachstand des Deutschen seiner Entstehungszeit abbilden usw. Von *dem* Text, der in den unterschiedlichen Semiosen gleichermaßen als Zeichenmittel fungiert, ist dabei zunächst nichts zu sehen. Denn wenn Peirce Recht haben sollte, daß jedes Zeichenrelat nur innerhalb der Zeichentriade dasjenige ist,

---

[14]   Peirces Zeichenklassifikation stellt die Mittel zur Verfügung, sowohl Zeichenmittel als materiale Objekte zu analysieren als auch das Verhältnis von Zeichen untereinander zu erfassen. Vgl. zum Beispiel CP 2.233–272.

was es ist, dann haben wir mit den unterschiedlichen Semiosen auch unterschiedliche Zeichenmittel, nicht aber *den* Text, der in diesen unterschiedlichen Semiosen als derselbe vorkommt.

Dieser einheitliche Text ergibt sich erst dann, wenn man die verschiedenen Zeichenmittel als Aspekte eines einzelnen Textes aufzufassen beginnt. Das bedeutet semiotisch gewendet, daß wir die in den Semiosen jeweils realisierte zeichenmittelhafte Bezogenheit auf die politische Konstellation, die Liebeskonzeption etc. wiederum als Zeichenmittel verstehen, die allesamt unterschiedliche Aspekte oder Textschichten eines einzelnen (Zeichen-)Objekts, nämlich den einheitlichen Text, bezeichnen. Der einheitliche Text ist also alles andere als ein(e Reihe von) Schriftstück(en) oder eine (Reihe von) Theateraufführung(en), sondern ist das Zeichenobjekt einer hochkomplexen Semiose, deren Zeichenmittel selbst wiederum Zeichenprozesse sind, nämlich diejenigen, in denen der Text als Zeichenmittel für eine politische Konstellation, eine Liebeskonzeption etc. fungiert.[15] In dieses Konstrukt des einheitlichen Textes gehen natürlich auch die der Einfachheit halber bisher nicht erwähnten Semiosen ein, in denen der Text nicht als Zeichenmittel, sondern als Zeichenobjekt oder Interpretant wirksam wird, also zum Beispiel in Semiosen, in denen andere Texte diesen Text als Zeichenobjekt repräsentieren. Von dem einheitlichen Text zu sprechen bedeutet also eine gewisse Umkehr der Bezeichnungsrelation. Nicht der Text verweist auf bestimmte Sachverhalte, Formen etc., vielmehr verweisen diese umgekehrt auf ihn als das Zeichenobjekt eines übergeordneten Zeichenprozesses.

Daß der einheitliche Text, wie ihn die werkimmanente Interpretation konzipiert, ein literaturwissenschaftliches Konstrukt aus Zeichen ist, dürfte inzwischen offenkundig sein. Den einen, systematisch geschlossenen Text der werkimmanenten Methode ersetzt Greenblatt durch eine lose Verknüpfung von Textspuren, die weit davon entfernt sind, ein konsistentes, geschlossenes Ganzes zu bilden.[16] Doch die Textspuren zerfasern auch nicht in eine Fülle von unabhängigen Verweisen, sondern bleiben als einander zugeordnete Aspekte auf ein semiotisches Konstrukt des einheitlichen Textes bezogen. Freilich faßt dabei die höherstufige Semiose, die den einheitlichen Text zum Zeichenobjekt hat, die untergeordneten Semiosen der Textspuren nicht in ein konsistentes Ganzes, sondern verknüpft sie als loses, teilweise mit Fehlstellen versehenes Netz.

---

[15] Solange der einheitliche Text lediglich zu einem bestimmten Zeitpunkt konzipiert gedacht wird, ist er das unmittelbare Objekt der übergeordneten Semiose. Denkt man ihn jedoch als dasjenige, was im historischen Wandel unter unterschiedlichen Textverständnissen aspekthaft aufscheint (und somit für verschiedene unmittelbare Objekte der vorgenannten Art), versteht man den einheitlichen Text als das dynamische Objekt der übergeordneten Semiosen.

[16] Vgl. Stephen Greenblatt (Anm. 4), S. 11f.

Unter einem zweiten Gesichtspunkt erscheint der einheitliche Text bei Greenblatt ebenfalls als Objekt eines übergreifenden Zeichenprozesses. Obwohl Greenblatt bei seiner Untersuchung der Austauschprozesse von gleichgeordneten kulturellen Zonen ausgeht, ergibt sich dennoch eine bezeichnende Asymmetrie zwischen der literarischen und den anderen Zonen: Es ist schließlich immer die Literatur, die einen Zuwachs an Bezeichnungsgehalt gewinnt, wenn literarische Texte mit Texten aus anderen Bereichen in Verbindung gebracht werden. Greenblatt stellt zum Beispiel über die Funktion der Reibung und Hitze eine Verknüpfung des zeitgenössischen medizinischen Diskurses über Sexualität mit der Kömödie *Zwölfte Nacht* her. Damit gewinnt die Komödie in Greenblatts Augen eine neue Bedeutungsdimension.[17] Wer aber, wie Greenblatt, die kulturellen Zonen gleichordnet, müßte begründen, warum der über die kalorische Auffassung der Sexualität gestiftete Zusammenhang zwischen Literatur und Medizin dazu führt, daß die Literatur auf die Medizin verweist und nicht umgekehrt. Der Grund für diese Vorzugsrichtung der Zeichenbezüge dürfte im vorausgesetzten Verständnis zu finden sein, welche Semiosen unter den höherstufigen Zeichenprozeß zusammenzufassen sind, welcher dann den einheitlichen literarischen Text konstituiert, und welche dem einheitlichen Text anderer Zonen zugehören: der literarische Diskurs realisiert den zeichenhaften Bezug auf die anderen Diskurse und nicht umgekehrt. Greenblatt braucht für die von ihm unterstellte Vorzugsrichtung deshalb keine Begründung zu liefern, weil sie die momentan in der Literaturwissenschaft und auch bei den Laien übliche sein dürfte. Welche Semiosen als Teil des literarischen Texts gelten, welche den Texten anderer Diskurse zugeordnet werden, wäre somit von den sozialen Praktiken bestimmt, die in der Literaturwissenschaft oder beim Lesepublikum etabliert sind.

Das Stichwort »sozialer Prozeß« bringt in Erinnerung, daß die Funktion des Interpretanten im Zeichenprozeß und damit ein wesentliches Moment der Peirceschen Zeichenkonzeption noch nicht genügend berücksichtigt worden ist. Der Text verweist als Zeichenmittel nur insoweit auf verschiedene Sachverhalte, Formmuster, Stileigentümlichkeiten etc. als er von einem Interpretanten in dieser Weise aufgefaßt wird, wie ja auch der einheitliche Text nur aus Sicht eines Interpretanten als das Zeichenobjekt einer höherstufigen Semiose konstituiert wird. Wenn nicht bereits bei den genannten Zeichenbezügen, dann sind soziale Prozesse spätestens mit Bezug auf die Sprache des

---

[17] Vgl. ebd., Kapitel »Dichtung und Reibung«. Im Kapitel »Shakespeare und die Exorzisten« scheint der Transferprozeß zuerst die nicht-literarische Zone zu begünstigen, denn Greenblatt belegt, daß der Theologe Harsnett die katholische Exorzismuspraxis als Theater desavouiert, das seinen Charakter als Theater zu verheimlichen suche. Schließlich ist es aber doch die Literatur, die an Bedeutung zugewinnt, weil im *King Lear* das Theater das Theatralische des Exorzismus offen ausspielen könne. Vgl. ebd., S. 139, 148, 164.

Textes mit Händen zu greifen. Die sprachlichen Ausdrücke können nur deshalb etwas bezeichnen, weil sie häufig genug und regelmäßig genug in einer bestimmten Gemeinschaft als Zeichenmittel für das Bezeichnete gebraucht werden.[18] Daß wir zum Beispiel die Äußerungen des Worts »Baum« auf einen Baum beziehen, liegt daran, daß es unter den kompetenten Mitgliedern der deutschen Sprachgemeinschaft die Praxis gibt, jene Äußerungen als Zeichenmittel für diese Gewächse zu interpretieren. Umgekehrt besteht natürlich die Praxis, mit »Baum« Bäume zu bezeichnen, nicht unabhängig davon, daß diese Praxis durch einen praxiskonformen Wortgebrauch fortgeschrieben wird. Die Bedeutung von Wörtern ist nicht in irgendeinem platonischen Himmel ein für alle Mal fixiert, sondern ergibt sich aus einem hinreichend regelmäßigen Gebrauch dieser Wörter in einer Gemeinschaft. Wenn der Gebrauch in der überwältigenden Mehrzahl der Fälle hinreichend gleichartig ist, können vereinzelt Irrtümer oder Fehlanwendungen vorkommen, die sich als irrtümlich oder als falsch jedoch nur vor dem Hintergrund der (relativ) stabilen Praxis konstatieren lassen.[19] Gäbe es jene Mehrzahl übereinstimmender Gebrauchsweisen nicht, dann ließe sich kein Fehler oder Irrtum feststellen, weil nicht zu klären wäre, worin der richtige, maßstabsetzende Gebrauch bestünde. Daß also die Äußerung von »Baum« zu einem Zeichenmittel für Bäume als Zeichenobjekt werden kann, liegt daran, daß es eine soziale Praxis gibt, in der auf Äußerungen von »Baum« im Normalfall mit der Bildung eines Interpretanten reagiert wird, der diese Äußerung als Zeichenmittel für Bäume interpretiert. Nur im Rahmen der entsprechenden sozialen Praxis ist die Äußerung ein Zeichenmittel, andernfalls wäre sie bloß ein Geräusch. Umgekehrt besteht aber die soziale Praxis, mit der Äußerung von »Baum« Bäume zu bezeichnen, in nichts anderem als darin, daß erstens Äußerungen von »Baum« als Zeichenmittel für Bäume als Zeichenobjekt interpretiert werden und zweitens Abweichungen von diesem Muster dem üblichen Schema angeglichen werden, indem für kompetent gehaltene Sprecher getadelt bzw. korrigiert werden und nicht-kompetenten Sprechern der entsprechende Gebrauch gelehrt wird.[20]

---

[18] Zur sog. Gebrauchstheorie der Bedeutung vgl. Ludwig Wittgenstein: Philosophische Untersuchungen. Werkausgabe in acht Bänden. Bd. 1. Frankfurt/M.: Suhrkamp 1984, S. 225–580.

[19] Dies ist in aller Verkürzung die zentrale These, die Saul A. Kripke (Wittgenstein über Regeln und Privatsprache. Frankfurt/M.: Suhrkamp 1987 [amerik. Orig. 1982]) für den Grund hält, der Wittgenstein dazu bewogen habe, die Möglichkeit einer Privatsprache zu leugnen. Zur Debatte im Anschluß an Kripke vgl. Paul A. Boghossian: The Rule-Following Considerations. In: Mind 98 (1989), S. 507–549.

[20] Neben dem wiederholten Gebrauch muß es normative soziale Handlungen wie das Korrigieren, Definieren, Lehren etc. geben, um der Regelanwendung ihren typischen normativen Charakter von richtiger und falscher Regelanwendung zu verleihen. Vgl. dazu Gordon P. Baker / Peter M. S. Hacker: Wittgenstein. Rules, Grammar and Necessity. An analytical commentary on the *Philosophical Investigations*. Vol. 2. Correct. reprint. Oxford: Blackwell 1994, S. 45–47; Ulrich Balt-

Daß und was ein Text, zunächst einmal auf der literalen Ebene, bezeichnet, hängt folglich von den sozialen Gebrauchsprozessen ab, die den verwendeten sprachlichen Ausdrücken ihre Bedeutung verleihen, wie auch umgekehrt der Text in dieser Repräsentationsleistung ein (konstitutiver) Teil dieser sozialen Praktiken ist.

Analoge Argumente, die hier der Kürze halber nicht dargelegt werden können, dürften zeigen, daß auch die Zuordnung eines Textes zu einer bestimmten Textgattung, das Herausstellen bestimmter Formelemente, Motivkomplexe, die Bildersprache, der Verweisungshorizont auf andere Texte und Artefakte und was sonst noch alles zu nennen wäre, von den sozialen Praktiken abhängig sind, die sich für Produktion, Rezeption und Distribution von Texten etabliert haben. Damit ist nicht impliziert, daß es nur eine einzige umfassende Praxis gäbe, zum Beispiel einen Text zu rezipieren. Unterschiedliche soziale Gemeinschaften, etwa die der professionellen Literaturkritiker, die der Literaturwissenschaftler oder die der pubertierenden, männlichen Leser einer Gymnasialklasse dürften ganz unterschiedlichen sozialen Rezeptionspraktiken angehören, die möglicherweise je nach Kontext variieren.

Entscheidend ist für die Argumentation, daß die hier einschlägigen Text-Zeichen immer nur im Rahmen eines sozialen Zeichengebrauchs Zeichen sein können. Etwas ist Teil der Zeichentriade nur dadurch, daß es soziale Praktiken gibt, die darin bestehen, die fragliche Entität in dieser Funktion zu verwenden.[21] Einem Text eine bestimmte Repräsentationsleistung zuzusprechen heißt folglich, ihn innerhalb einer bestimmten sozialen Praxis zu situieren. Repräsentation und soziale Prozesse sind also nicht zu trennen, sondern jede Repräsentation ist immer bereits ein sozialer Prozeß. Umgekehrt gilt auch, daß soziale Praktiken nicht adäquat erfaßbar sind, wenn man nicht auf die zeichenhaften Verweise achtet, die darin konstituiert und prozessiert werden.

Die innige Verwobenheit von kulturellen Semiosen mit sozialen Prozessen hat Konsequenzen für die Erkennbarkeit und die Thematisierbarkeit dieser sozialen Vorgänge. Um dies einzusehen, sei daran erinnert, daß diejenige Semiose, welche die Relation zwischen Zeichenmittel und Zeichenobjekt zum Gegenstand hat, nach derjenigen Semiose beginnt, die das Zeichenmittel als Ersatz für das Zeichenobjekt nimmt. Anders gesagt: Käme der Gebrauch des Zeichenmittels nicht in Gang, der oben als die Fetischfunktion des Zeichens

---

zer: Gemeinschaftshandeln. Ontologische Grundlagen einer Ethik sozialen Handelns. Freiburg, München: Alber 1999, S. 204–243.

[21] Dieser Satz versteht sich als Aussage über den Zeichencharakter von Artefakten oder kulturell überformten Naturobjekten. Es gibt zum Beispiel auf der Ebene der Biochemie durchaus Zeichen, die nicht über einen sozialen Prozeß zu ihrem Zeichencharakter kommen, sondern durch die biologisch gegebene Organisation eines Organismus. Diese Zeichen blende ich hier aus, weil es mir hier um literaturwissenschaftliche oder kulturwissenschaftliche Fragestellungen geht. Wenn im folgenden von Zeichen die Rede ist, sind immer nur Zeichen aus diesem restringierten Bereich gemeint.

bezeichnet wurde, könnte die Differenz zwischen Zeichenmittel und Zeichenobjekt niemals sichtbar werden, die das Zeichenmittel vom Zeichenobjekt abhebt. Für die sozialen Praktiken, die eine Entität zum Zeichenmittel machen, bedeutet dies, daß die Praxis der Zeichenverwendung bereits stattfinden muß, bevor zwischen dem in dieser Praxis bezeichneten Objekt und dem bezeichnenden Mittel unterschieden werden kann. Diese Unterscheidung selbst erfordert aber ebenfalls, handelt es sich doch um einen kulturellen Zeichenprozeß, eine soziale Praxis, die allererst durch einen weiteren Zeichenprozeß in ihrer Bezogenheit zu dem zugrundeliegenden Zeichenprozeß sichtbar wird usw.

Die damit angedeutete Aufstufung der Zeichenprozesse kann sich aber aufgrund unserer endlichen Fähigkeiten nicht beliebig weit fortsetzen. Es wird also immer eine Zeichenverwendung geben, die einfachhin durchgeführt wird, ohne daß diese Durchführung selbst noch einmal differenzierend bezeichnet würde. Diese Zeichenprozesse bilden den Horizont der Praktiken auf dem erreichten Stand der kulturellen und sozialen Entwicklung, die durchgeführt, aber als solche nicht mehr in den Blick genommen, geschweige denn kritisiert werden (können). Diese selbst nicht repräsentierten Zeichenverwendungen werden sich, gerade bei wohletablierten sozialen Praktiken, bereits auf einem Komplexitätsgrad einstellen, der (weit) unterhalb des für die Zeichenverwender maximal beherrschbaren Niveaus liegt. Beispielsweise könnten kompetente Sprecher des Deutschen aufgrund ihrer Fähigkeiten, komplexe Zeichen zu verwenden, durchaus in Frage stellen, warum das Wort »Baum« gerade Bäume bezeichnet. Diese Frage unterbleibt aber, weil der entsprechende Sprachgebrauch so gut etabliert ist, das heißt auf andere Praktiken abgestimmt ist, daß es einfach keine relevante Situation gibt, in der eine solche Frage überhaupt aufkäme.

Diese unbefragten sozialen Prozesse kommen dann erst in den Blick, wenn sich im Laufe des geschichtlichen Wandels Veränderungen ergeben, sei es in der Umwelt, sei es durch Neuentstehung und Verschiebung im Gefüge der Praktiken. Aus den sich ergebenden Veränderungen der Praktiken selbst oder ihrer Beziehungen untereinander entsteht allererst die Notwendigkeit und auch die Möglichkeit, diese Vorgänge vor Augen zu stellen. Erst dann nämlich, wenn sich in der Praxis tatsächlich durchgeführte Alternativen zum bisherigen Vorgehen etabliert haben, taucht einerseits das Problem auf, welche der alternativen Praktiken im einschlägigen Fall anzuwenden sei. In einer solchen Situation wird die bislang geübte Praxis außer Kraft gesetzt, sie verliert ihre unmittelbare Verbindlichkeit für die Praxis. Diese Suspendierung erfolgt offensichtlich nicht, wenn es keine Alternativen gibt oder diese über den Status des bloß hypothetischen Konstrukts nicht hinausgekommen sind. Anderseits, und dies ist insbesondere für die Sozialgeschichte der Literatur von Interesse, erlaubt das Aufkommen von Alternativen die kontrastive Absetzung einer bislang unangefochtenen Praxis gegenüber den neu aufgekommenen Möglichkeiten. Damit werden diejenigen sozialen Prozesse sichtbar, die zuvor einfach stattgefunden haben, ohne selbst Gegenstand der Repräsentation geworden zu sein. Für literarische Zeichenprozesse gilt, daß die sie tragenden sozialen Prozesse in ihren Spezifika erst sichtbar werden, wenn sich entweder innerhalb der Literatur Änderungen ergeben, wie zum Beispiel neue Darstellungsmethoden, neue Formen, neue Motive, oder wenn die literarischen Darstellungsweisen mit Repräsentationen aus anderen Bereichen in Beziehung gesetzt werden, zu denen bislang keine Relation bestand. Selbstverständlich gilt die durch historischen Kontrast allererst möglich werdende Sichtbarkeit auch für jene sozialen Praktiken, die zusammengenommen »Literaturwissenschaft« genannt werden. Wie in jeder Wissenschaft gibt es auch dort Selbstverständlichkeiten, wie zum Beispiel die Konzeption davon, was ein literarischer Text ist, die erst dann in ihrer ganzen voraussetzungsreichen Struktur offenbar werden, wenn sich neue Denkrichtungen etablieren.

Die zeichentheoretischen Überlegungen zeigen also, daß weder das soziale noch das geschichtliche Moment verzichtbar sind, um den Zeichenstatus literarischer Texte zu verstehen; ein Zeichenstatus, der sowohl die textlichen Verweise auf anderes betrifft als auch die Konstitution des Textes selbst als Zeichen von Zeichen. Das soziale Moment ist unverzichtbar, weil kulturelle Zeichenprozesse immer soziale Gebrauchsprozesse sind. Das geschichtliche Moment ist unverzichtbar, um die im Zeichenprozeß immer bereits statthabenden sozialen Gebräuche im Kontrast mit historisch entstandenen Alternativen in den Blick zu bekommen. Die Literatur liefert kein Abbild der sozialen Wirklichkeit. Denn ist der soziale Gebrauch tatsächlich der Atem der Zeichen, dann wird der Spiegel, den die Literatur der Gesellschaft vorhält, immer beschlagen sein.

II. Sozialsystem / Symbolsystem

Jörg Schönert

Mentalitäten, Wissensformationen, Diskurse und Medien als dritte Ebene einer Sozialgeschichte der Literatur

Zur Vermittlung zwischen Handlungen und symbolischen Formen

Die Theorie-Diskussionen in der Literaturwissenschaft der zurückliegenden dreißig Jahre sind unter anderem dadurch gekennzeichnet, daß sie – zumeist zugunsten einer neuen Debatte – abgebrochen wurden, ehe ihre Möglichkeiten ausgeschöpft waren. Dieser Befund gilt auch für die theoretischen Explikationen zu Vorgaben und Verfahrensweisen für eine Sozialgeschichte der Literatur. Entsprechende Theorie-Diskussionen wurden nahezu ausschließlich im Wissenschaftsbereich der ehemaligen ›Bonner Republik‹ geführt. Sie waren nicht zuletzt von dem Anspruch bestimmt, die simple Antithese zwischen dem materialistischen Literatur-Begriff und dem Ästhetik-Konzept des (relativ) autonomen Kunstwerks aufzubrechen und differenzierende Auffassungen zum Gegenstand der Literaturwissenschaft zu entwickeln sowie Literaturgeschichte in einer komplexen Verknüpfungsweise auf gesellschaftsgeschichtliche Prozesse zu beziehen, um so auch zu einem Gegenentwurf zu dem deterministischen Programm der marxistischen Historiographie zu kommen.

Dieser wissenschaftspolitische Stimulus hat seit dem Ende der 80er Jahre an Wirksamkeit verloren. Gleichzeitig hat sich eine systemtheoretische Grundlegung für das Konzept ›Sozialgeschichte der Literatur‹ durchgesetzt.[1] Eine konkurrierende Option entstand in der Feld-Theorie Bourdieus,[2] der es jedoch an der kategorialen Stringenz der meisten systemtheoretischen Programme fehlt. Für die systemtheoretische Fundierung eröffnen sich zwei

---

[1] Vgl. die Forschungsberichte im *Internationalen Archiv für Sozialgeschichte der deutschen Literatur* – Georg Jäger: Systemtheorie und Literatur. Teil I. Der Systembegriff der Empirischen Literaturwissenschaft. In: Internationales Archiv für Sozialgeschichte der deutschen Literatur 19,1 (1994), S. 95–125; Claus-Michael Ort: Systemtheorie und Literatur. Teil II. Der literarische Text in der Systemtheorie. In: Internationales Archiv für Sozialgeschichte der deutschen Literatur 20,1 (1995), S. 161–178; Oliver Jahraus / Benjamin Marius Schmidt: Systemtheorie und Literatur. Teil III. Modelle systemtheoretischer Literaturwissenschaft in den 1990ern. In: Internationales Archiv für Sozialgeschichte der deutschen Literatur 23,1 (1998), S. 66–111.

[2] Vgl. dazu die Forschungsberichte im »Schwerpunkt: Die Literatur- und Kunstsoziologie Pierre Bourdieus« in Internationales Archiv für Sozialgeschichte der deutschen Literatur 22,2 (1997), S.109–180 (mit den Beiträgen von Markus Schwingel und Joseph Jurt).

prinzipielle Möglichkeiten: die handlungstheoretische und die kommunikationstheoretische. Im ersten Fall ergeben sich unterschiedliche Anknüpfungspunkte in den Sozialwissenschaften, im zweiten Fall werden die Theorie-Vorgaben von Niklas Luhmann zur theoretischen Grundlegung herangezogen (vgl. insbesondere die Beiträge von Georg Jäger und seinem Schülerkreis).[3] Obwohl das kommunikationstheoretische Programm jenseits des prinzipiellen Problems handlungstheoretischer Konzeptionen – der theoretisch befriedigenden Vermittlung von ›Sozialsystem Literatur‹ und ›Symbolsystem Literatur‹[4] – entwickelt ist, kann für die Konkurrenz der beiden Orientierungen noch keine differenzierte und tragfähige Bewertung formuliert werden. Dazu notwendige Diskussionen stagnieren wohl auch deshalb, weil die Ausarbeitungen und Anwendungen der kommunikationstheoretischen Option sich in ihrer Perspektivik und Terminologie nur mit einigen Schwierigkeiten an etablierte literaturwissenschaftliche Verfahren anschließen lassen. In den handlungstheoretisch begründeten Programmen sind Anschlüsse zum einen an Vorgehensweisen der Literatursoziologie, zum anderen an Verfahren der Textanalyse ohne große Mühen herzustellen.

Solche pragmatischen Gesichtspunkte bestimmen auch meine Überlegungen zum weiteren Ausbau der handlungstheoretischen Option in diesem Beitrag, der sich dagegen wendet, die bislang gewonnenen Vorgaben zur ›Sozialgeschichte der Literatur‹ in einem noch diffusen Konzept einer umfassenden Kulturgeschichte und allgemeinen Kulturwissenschaft aufgehen zu lassen. Ich plädiere für ein Vorgehen, in dem sich mehrere disziplinäre Perspektiven in einem interdisziplinären Forschungsprogramm so verbinden, daß für Untersuchungen zu den Zusammenhängen von Literatur und Gesellschaft jeweils ›Leitperspektiven‹ (mit entsprechenden Zuordnungen weiterer Perspektiven) angegeben werden können.

Dabei wäre der historiographischen Orientierung einer ›Sozialgeschichte der Literatur‹ zunächst eine ›Sozialtheorie der Literatur‹ vorzuschalten. Zu fragen ist: Welche Leistungen erbringt die Sinnverständigung mit Hilfe von Literatur (im Sinne von ›schöner Literatur‹) für die Ausbildung individueller Identität in der Gesellschaft, das heißt für die Integration der Individuen in der Gesellschaft? Auf welche Weise sind Texte der ›schönen Literatur‹ organisiert, um diese Leistungen zu ermöglichen? Welche Kontexte müssen angelegt werden, um solche Leistungen beschreiben und bewerten zu können?

---

[3] Inwieweit die kommunikationstheoretische Orientierung durch eine kognitionstheoretische und psychologische Konzeption (zum Aspekt ›Bewußtsein‹) erweitert werden kann, muß sich in künftigen Diskussionen noch erweisen – vgl. dazu Oliver Jahraus / Benjamin Marius Schmidt (Anm. 1), S. 99–105 sowie die Beiträge des Diskussionsforums »Bewußtsein und Kommunikation« in IASL*online* unter der URL: <http://iasl.uni-muenchen.de/discuss/lisforen/lisforen.htm#bewußt>.

[4] Oliver Jahraus / Benjamin Marius Schmidt (Anm. 1), S. 95–99.

Unter dem Anspruch (literatur)wissenschaftlich kontrollierter Zuschreibungen von Bedeutungen für Texte ist festzuhalten, daß Texte der ›schönen Literatur‹ das Ergebnis von ›Bearbeitungen‹ von allgemein relevanten Erfahrungen und Wissenskomplexen unter bestimmten Vorgaben der Wahrnehmung und Bewertung, der Ordnung und Prägung durch Diskurse und Medien sind, daß sie Erfahrungen ›des Sozialen‹ nicht widerspiegeln, sondern unter den jeweils relevanten Vorgaben für literarische Bearbeitungen gestalten. Dabei sind Texte der ›schönen Literatur‹ (dem Symbolsystem Literatur zuzuordnen) das Ergebnis von Handlungen und zugleich veranlassen solche Texte Handlungen und koordinieren – als Kommunikationen der Sinnverständigungen – Handlungen. Das Sozialsystem Literatur ist abzugrenzen für Handlungen, die zu literarischen Texten führen (zu Texten, die unter bestimmten Vorgaben als ›schöne Literatur‹ angesehen werden) oder von ihnen ausgehen, sowie für Handlungen, die auf Kommunikation mit Hilfe von Literatur bezogen sind, sie ermöglichen, gestalten oder verhindern. Im Zusammenhang der gesellschaftlichen Strukturen und Funktionen läßt sich das Sozialsystem Literatur für den besonderen Bedürfnis- und Leistungsaspekt ›Sinnverständigung‹ bestimmen. Dabei gehört zur ›Umwelt‹ für ein abgrenzbares Sozialsystem Literatur das Symbolsystem Literatur. Zur ›Umwelt‹ für ein abgrenzbares Symbolsystem Literatur gehört das Sozialsystem Literatur; daraus resultiert die grundlegende doppelte Systemreferenz von Literatur: die soziale und die semiotische. Über weitere mögliche Systemreferenzen will ich in diesem Beitrag handeln.

Sowohl in literaturtheoretischer wie in literaturgeschichtlicher Perspektive stellt sich das – bereits angesprochene – Vermittlungsproblem für eine systemtheoretische Orientierung: Wie wäre ein ›intersystemischer Bereich‹ für die Konstellation von ›Sozialsystem Literatur und Symbolsystem Literatur‹ anzulegen?[5] Unter diesem Aspekt beziehe ich mich auf einen Beitrag zu Diskussionen in der Geschichtswissenschaft. Peter Schöttler hat 1989 »Mentalitäten, Ideologien, Diskurse« als Bezugspunkte für eine »dritte Ebene« (Ernest Labrousse) im sozialgeschichtlichen Vorgehen herausgestellt, um die Alternative aufzuheben, die – mit den Worten Peter Burkes – entsteht zwischen »einer Geistesgeschichte, die die Gesellschaft ausspart, und einer Sozialgeschichte, die das Denken ausklammert«.[6] Die derart bezeichnete Alternative entspricht nicht exakt dem systemtheoretischen Dilemma zu den Problemen

---

[5] Vgl. dazu Jörg Schönert: Einleitung. Möglichkeiten und Probleme einer Integration von Literaturgeschichte in Gesellschafts- und Kulturgeschichte. In: Lutz Danneberg / Friedrich Vollhardt (Hg.): Vom Umgang mit Literatur und Literaturgeschichte. Stuttgart: Metzler 1991, S. 337–348, insbesondere S. 339f.

[6] Peter Schöttler: Mentalitäten, Ideologien, Diskurse. Zur sozialgeschichtlichen Thematisierung der »dritten Ebene«. In: Alf Lüdtke (Hg.): Alltagsgeschichte. Zur Rekonstruktion historischer Erfahrungen und Lebensweisen. Frankfurt/M., New York: Campus 1989, S. 85–136, hier S. 85. – Weitere Zitate werden im fortlaufenden Text in Klammern nachgewiesen.

der Vermittlung zwischen Sozialsystem und Symbolsystem, sie teilt jedoch damit eine Reihe von Merkmalen. Deshalb soll Schöttlers Anliegen kurz referiert werden. Es gilt einer »Geschichte der komplexen und materiellen Formen von ›Bewußtsein‹ (das in Wirklichkeit ja meist etwas völlig ›Unbewußtes‹ ist)« (S. 85). Dieser Rekurs auf psychisch-mentale Systeme erscheint mir auch als aufschlußreich für eine differenzierte Sozialtheorie und Sozialgeschichte von Literatur, zumal wenn sich die Perspektiven und Kategorien dieser »dritten Ebene« als Bezugspunkte in einem intersystemischen Bereich zu Beziehungen zwischen Sozialsystemen, Symbolsystemen und psychisch-mentalen Systemen verstehen lassen. Die Kategorien von Mentalitäten, Ideologien und Diskursen, die Schöttler im Blick auf die damit verbundenen Forschungsrichtungen erörtert, sind mit jeweils unterschiedlicher Intensität auf die drei genannten Systembereiche ausgerichtet.

Mentalitäten lassen sich sozialen Strukturen zurechnen,[7] sie können als abstrahierend-integrative Beschreibungen für psychisch-mentale Strukturen verstanden werden und sie werden sowohl in Einstellungen, Verhaltensweisen und Handlungen sichtbar als auch in symbolischen Formen. Im Programm der Mentalitätsgeschichte ist für entsprechend perspektivierte Forschungen die historische Dimension eröffnet (S. 87f.). Im Erschließungsbereich der Ideologien sehe ich im Gegensatz zu Schöttler keine geeignete Perspektive für Analysen zum intersystemischen Bereich. Diese Skepsis folgt vor allem aus den Erfahrungen mit der Unschärfe des Begriffs, an der Schöttler mit seinen Überlegungen ansetzt (S. 95), um eine Reihe von Möglichkeiten und ungelösten Problemen für die untersuchungsleitende Kategorie ›Ideologie‹ zu erörtern. Komplexe von kollektiven, das heißt gruppenspezifischen Erfahrungen und Wissensbeständen (als Ressourcen für sinnbesetzte Ausarbeitungen in symbolischen Repräsentationen) erscheinen mir als besserer Ausgangspunkt, um an die Forschungspraxis von Disziplinen wie Sozialpsychologie, Wissenssoziologie und Historische Semantik (mit ihren theoretischen und geschichtlichen Interessen) anschließen zu können.

Mangelnde begriffliche Eindeutigkeit verbindet sich auch mit der Kategorie ›Diskurs‹. Doch haben die Diskussionen der letzten Jahre zumindest für Abgrenzungen unterschiedlicher Begriffsverwendungen gesorgt.[8] Für die Untersuchungsperspektiven des intersystemischen Bereichs trägt die Orientierung an Vorgaben, die sich aus Foucaults changierenden Konzepten von ›Diskurs‹ erschließen lassen: Diskurs gilt als ein »apersonales, transindividu-

---

[7] Ebd., S. 93: »Der Mentalitätsbegriff ermöglicht in diesem Sinne eine Untersuchung der alltäglichen Bewußtseins- und Verhaltensformen als Spektrum von Realitäten, die zwar in einem sozialen Kräftefeld von Klassen existieren, aber mit diesem Feld in einem jeweils neu zu analysierendem Wirkungszusammenhang stehen«.

[8] Vgl. den hilfreichen Artikel von Jürgen Fohrmann: Diskurs. In: Klaus Weimar (Hg.): Reallexikon der deutschen Literaturwissenschaft. Bd.1. Berlin, New York: de Gruyter 1997, S. 369–372.

elles ›régime‹, das gesellschaftliche Wissenssysteme herstellt, in spezifischen ›Formationen‹ [...] ordnet und aufrecht erhält«.[9] Daß gesellschaftliche Konstellationen sowie Vermittlungsweisen (wie Interesse und Macht) und Strukturen von Diskursen sowie die Ausdrucks- und Gestaltungsformen beispielsweise von literarischen Texten aufeinander zu beziehen sind, daß in Diskursen die gesellschaftlich gegebenen Möglichkeiten der Wissens- und Sinnproduktion sichtbar werden können, wird in der ›Diskurstheorie‹ behauptet, aber in literaturbezogenen ›Diskursanalysen‹ noch mit keinem weithin akzeptierten Programm untersucht.[10] An den Erwartungen, daß Diskursanalysen die »besondere Materialität der Sprache und der sprachlichen Sinnproduktion« (S. 114) zu berücksichtigen haben, werden auch Diskursanalysen außerhalb der Literaturwissenschaft zu messen sein. Wie bei allen bislang angesprochenen Kategorien handelt es sich bei Diskursen nicht um empirische Gegebenheiten, sondern um abstrahierende Konstruktionen zu bestimmten Textkorpora. Wo solche Konstruktionen für historische Konstellationen mit hinreichender Plausibilität geleistet werden konnten, ergeben sich für die Analyse von Texten sinnvoll zu nutzende Kontexte.

Peter Schöttler schließt seine Überlegungen zur »dritten Ebene« damit ab, daß er fordert, die erörterten Konzepte für entsprechende Untersuchungen nicht hierarchisch zu staffeln (also etwa Diskurse aus Mentalitäten abzuleiten), sondern sie in »komplexen Koppelungsmanöver[n] auszuprobieren« (S. 118). Diesem Vorschlag – so unbestimmt er ist – schließe ich mich an, will dabei aber noch eine weitere Perspektive einbeziehen, nämliche die medientechnische Bestimmtheit von Sinnverständigungen aller Art. Nicht nur die eben angesprochene Materialität der Diskurse wäre zu berücksichtigen, sondern auch ihre Medialität – ihre Bezogenheit auf Körperausdruck, auf Rede, auf Gesang, auf Bilder, auf Schrift, auf Bild-Text-Kombinationen usf. Ein Medium ist also ein bestimmter Typus oder eine Kombination von Mitteln zur Kommunikation, von denen die Kommunikationsmöglichkeiten geprägt, das heißt ermöglicht und beschränkt werden. Roland Posner hat beschrieben, wie sich mit unterschiedlichen Medien(techniken) erwartbare und wiederholbare Kommunikationen einer bestimmten Art und Weise verbinden, indem sie jeweils besondere Zeichenkomplexe hervorbringen, speichern und übermitteln.[11] Als weiterer Fluchtpunkt für Untersuchungen im intersystemischen Bereich wären also das Mediensystem (als Medienverbund) beziehungsweise medientechnische Systeme (im Sinne der spezifischen Konstella-

---

[9] Ebd., S. 370.
[10] Vgl. dazu erneut Jürgen Fohrmann: Diskurstheorie(n). In: Klaus Weimar (Hg.) (Anm. 8), S. 372–374.
[11] Roland Posner: Zur Systematik der Beschreibung verbaler und nonverbaler Kommunikation. Semiotik als Propädeutik der Medienanalyse. In: Hans-Georg Bosshardt (Hg.): Perspektiven auf Sprache. Interdisziplinäre Beiträge zum Gedenken an Hans Hörmann. Berlin u.a.: de Gruyter 1986, S. 267–313.

tionen einzelner medialer Vermittlungsweisen, das heißt Medientechniken) anzusehen.

Gestützt auf diese Überlegungen läßt sich nun der intersystemische Bereich in seinen möglichen Untersuchungsperspektiven und untersuchungsleitenden Kategorien für Sinnverständigungen aller Art in einem vereinfachenden Schema skizzieren. Für den komplexen Zusammenhang der Mentalitäten habe ich dabei die Wahrnehmungs- und Bewertungsmuster herausgestellt. Die Abfolge der weiteren Kategorien ist nicht als linear vermittelte Hierarchie zu verstehen. Die vertikale Anordnung orientiert sich an den unterschiedlich nachhaltigen Beziehungen zu den psychisch-mentalen bzw. zu den medientechnischen Systemen. In Erinnerung zu rufen ist, daß hierbei alle Konzepte in unterschiedlicher Weise Beziehungen zu allen vier Systembereichen eröffnen. So sind beispielsweise auch Wahrnehmungs- und Bewertungsmuster durch medientechnische Konstellationen geprägt oder Diskurs-Ordnungen in ihrem Regulierungsanspruch auf psychisch-mentale Systeme bezogen.

Schema 1:

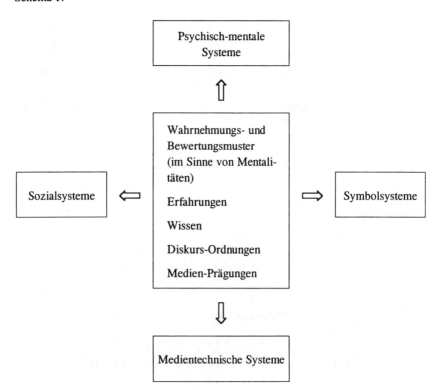

Diese Topographie zu einem interdisziplinär zu bearbeitenden Gegenstandsbereich soll nun in einem letzten Schritt dazu genutzt werden, den Ort für ein weit geöffnetes Programm für Sozialtheorie und Sozialgeschichte der (schönen) Literatur zu bezeichnen. Der Übersichtlichkeit halber beschränke ich mich auf die Zuordnung von Sozialsystemen über den intersystemischen (Vermittlungs-)Bereich zu Symbolsystemen und stelle dabei den Fall ›Sozialsystem Literatur und Symbolsystem Literatur‹ heraus.

Schema 2:

Sozialwissenschaften	Mentalitätengeschichte Sozialpsychologie Wissenssoziologie Diskursanalyse Mediengeschichte	Semiotik Hermeneutik
Gesellschaftliches Handeln	Sinnverständigungen (a) performativ, z.B. rituell (b) repräsentatorisch, z.B. textuell	Symbolische Formen/ Zeichenkomplexe
Funktionen und *Strukturen*	*Sinn und Verständigung*	*Form und* *Bedeutung*

Sozialsysteme	Intersystemischer Bereich:
	
	– Wahrnehmungs- und
	  Bewertungsmuster
	  (im Sinne von Mentalitäten)
	– Erfahrungen
	– Wissen
	– Diskurs-Ordnungen
	– Medien-Prägungen
	
	so entstehen:
	  mediengeprägte und diskursiv
	  geordnete Verarbeitungen von
	  Erfahrungen und Wissen
		Symbolsysteme

Sozialsystem Literatur	Intersystemischer Bereich: Sinnverständigung mit Hilfe von Literatur	Symbolsystem Literatur

Die erste Zeile der Tabelle entwirft den interdisziplinären Verbund, in dem –
mit unterschiedlichen Schwerpunktsetzungen – die Aufgaben von Sozialtheorie und Sozialgeschichte der Literatur verfolgt werden können. Für diesen
Verbund ließe sich – im Sinne einer Megawissenschaft – auch ›Kulturwissenschaft‹ einsetzen, oder es ließe sich die Zuständigkeit von Kulturwissenschaft
für den intersystemischen Bereich und die Symbolsysteme festlegen. Ich be-
vorzuge die disziplinär orientierte Aufgliederung der untersuchungsleitenden
Perspektiven, um daraus das trans- und interdisziplinäre Vorgehen besser bestimmen zu können. In dieser Sicht wäre Kulturwissenschaft eine integrative
Disziplin für die Wissenschaften, die sich mit Theorie und Geschichte der
unterschiedlichen Symbolsysteme befassen.

Für den intersystemischen Bereich mit der Perspektive ›gesellschaftlich
relevante und in symbolischen Formen organisierte Sinnverständigungen‹ beschränke ich mich in der weiteren Anordnung der Tabelle auf die textuellen
Repräsentationen. Sinnverständigung mit Hilfe von (schöner) Literatur gilt
dann als Spezialfall der mediengeprägten und diskursiv geordneten Verarbeitungen von Erfahrungen und Wissen – in Abhängigkeit von (Mentalitäten
zuzuordnenden) Wahrnehmungs- und Bewertungsformen.

Die verzeichneten Konzeptionen und Perspektiven legen ein weites Forschungsfeld an. Damit ist – es versteht sich – nicht die Forderung erhoben,
daß Untersuchungen von Relevanz jeweils die Gesamtheit dieser Aspekte erschließen müßten. Zu erwarten wäre jedoch, daß Ausgangpunkt, Verfahrensweise und Ziel des Vorgehens innerhalb dieses Schemas der Möglichkeiten und »Koppelungsmanöver« (Peter Schöttler) festgelegt werden.

Solche Erwartungen gelten einer verbesserten Praxis der Literaturwissenschaft – etwa im Sinne systematischer Forschungsplanung sowie der Präzisierung von Beschreibungssprache und Verfahrensweisen. Daß dabei im Vergleich zu den Theorie-Entwürfen der ehemaligen ›Münchner Forschergruppe
zur Sozialgeschichte der Literatur‹ die systemtheoretischen Annahmen als erheblich geschwächt erscheinen können, sehe ich nicht im vorhinein als
Nachteil, wenn sich dadurch die Anschließbarkeit an ähnlich orientierte Programme[12] und die Umsetzbarkeit in die Forschungspraxis erhöhen. Die
›beinharte‹ theoretische Explikation des hier skizzierten Forschungsprogramms und die eingehende Auseinandersetzung mit konkurrierenden Positionen wäre ein ungefüges Festgeschenk an die Mitstreiter aus der ehemaligen Münchner Forschergruppe (M-F-G)[13] gewesen. Und eigentlich möchte

---

[12] Vgl. etwa die Vorgaben zu weiteren systemtheoretischen Ausarbeitungen in Siegfried J. Schmidts Konzeption von Literaturwissenschaft unter den Stichworten von
»Kognition, Kommunikation, Medien und Kultur« – S. J. S.: Literaturwissenschaft
als Medienkulturwissenschaft. In: Bodo Lecke (Hg.): Literatur und Medien in Studium und Deutschunterricht. Frankfurt/M. u.a.: Lang 1999, S. 65–83, hier S. 72.

[13] Wenn ich M-F-G ohne Bindestriche in den PC eingebe, erhalte ich als Text ›Mit
freundlichen Grüßen‹. Diese automatisierte Verbindung mit ›Freundlichkeit‹ (und

ich sie auch in der bewährten Kooperation mit denjenigen führen, die seinerzeit die Theorie-Diskussion betrieben und gefördert haben. Doch das wären schon Planungen für den noch allzu fernen ›Ruhestand‹.

Freundschaft) ist ein liebenswürdig-zutreffender ›link‹ im digitalisierten Gedächtnis der einstigen Unternehmungen.

JÜRGEN FOHRMANN

Das Versprechen der Sozialgeschichte (der Literatur)

Trotz mancher Vorgeschichten gibt es Versuche einer im engeren Sinne zu
verstehenden ›Sozialgeschichte der Literatur‹ erst seit den 1970er Jahren. Die
überhaupt vergleichbaren vorausgehenden Unternehmungen – etwa: ›Zivili-
sations‹-Geschichte im Sinne der pragmatischen Historie des 18. Jahrhunderts
(Gatterer, Schlözer u.a.); ›Volkskunde‹ im Sinne romantischer Geschichts-
aufarbeitung (die Grimms u.a.); ›Kulturgeschichte‹ à la Lamprecht und Nachfolger; selbst Schückings ›Geschichte des Geschmacks‹ oder Hirsch' und
Kleinbergs Untersuchungen – haben entweder einen anderen Ausgangspunkt:
die Idee einer menschheitsgeschichtlichen ›Polizierungslinie‹; die Substantia-
lisierung der kulturellen Zeugnisse durch einen Volkscharakter; die Kultur
als breiter Spiegel des inneren Volkslebens (›Seelengeschichte‹), oder aber
machen eher tentativ auf historische Kontexte aufmerksam, um daraus im wesentlichen *eine* wichtige Fragehinsicht zu entwickeln (etwa Schückings ›Geschichte des Lesens‹, die als Geschichte des Geschmacks Hypothesen zur
Rückwirkung des Lesens auf die Werke formuliert ...).[1]

Alle diese Versuche überbietet die neue Sozialgeschichte der Literatur seit
den 1970er Jahren dadurch, daß sie ein Kommunikationsmodell der Literatur
mit einem Versprechen auf Ableitungsmöglichkeiten koppelt. Zunächst bietet
das Kommunikationsmodell den Vorteil, den Prozeß literarischer Verarbeitung als Abfolge von Schreiben, Werk und Lesen, dann Wiederschreiben und
so weiter als systematisch analysierbaren Vorgang erscheinen zu lassen; die
verstreuten Hinsichten zum Prozeß literarischer Kommunikation können so in
einen Zusammenhang gebracht, und dieser Zusammenhang kann als Analyse-
konzept diskutiert werden (etwa in der Rezeptionstheorie von Hans Robert
Jauß oder Wolfgang Iser).[2]

---

[1] Vgl. zu den genannten Autoren Johann Christoph Gatterer: Die Allgemeine Welt-
historie [...]. Halle 1767; August Ludwig Schlözer: Vorstellung seiner Univer-
sal=Historie. Göttingen 1772/73; Karl Lamprecht: Deutsche Geschichte. Bd. 1ff.
Freiburg/Br. ⁴1906ff., Levin L. Schücking: Literaturgeschichte und Geschmacks-
geschichte. In: Germanisch-Romanische Monatsschrift 5 (1913), S. 561ff.; Arnold
Hirsch: Bürgertum und Barock im deutschen Roman. Eine Untersuchung über die
Entstehung des modernen Weltbildes. Köln ²1957; Alfred Kleinberg: Die deutsche
Dichtung in ihren sozialen, zeit- und geistesgeschichtlichen Bedingungen. Eine
Skizze. Berlin 1927.

[2] Vgl. Hans Robert Jauß: Literaturgeschichte als Provokation. Frankfurt/M. 1970;
Wolfgang Iser: Der implizite Leser. Kommunikationsformen des Romans von
Bunyan bis Beckett. München 1972 u.a.

Zweitens konnte auf diese Weise – zumindest in etlichen Varianten – die Hermeneutikdiskussion neu belebt werden, ließ sich doch das Verhältnis von Lesen und Werk als Frage-Antwort-Schema (und vice versa) denken, das den Raum der Tradition, der oft als gegeben vorausgesetzt wurde, zugleich in der Frage nach dem ›Wie‹ der Geschichte temporalisierte. Eine so verstandene Sozialgeschichte der Literatur war daher ein transformiertes, gleichsam historisch konkretisiertes Dialogmodell, das mit einem offenen Horizont operierte, in den der Literaturgeschichtsschreiber einbezogen war. Geschichte zu rekonstruieren, diente dabei der Selbstreflexion des schreibenden Subjekts, das mittels dieser Tätigkeit seinen Ort zu bestimmen versuchte.

›Sozialgeschichte‹ der Literatur wurde ein solcher Versuch dadurch, daß jeder der drei Parameter (Autor – Werk – Leser) als im weitesten Sinn ›sozial bedingt‹ erschien. Dies markierte als erstes eine Absetzungsbewegung sowohl gegen metaphysische, geistes- oder ideengeschichtliche Ansätze als auch gegen zeitenthobene Ontologisierungen von Kunst als die zu sich selbst gekommene Schönheit des Wortes. Das Wort trägt immer die Spuren des Sozialen an sich, und zwar auch dann, wenn den Thesen des Russischen Formalismus und der nachfolgenden Strukturalismen (wie ebenfalls in den 1970er Jahren geschehen) Rechnung zu tragen versucht wird. Jakobsons oder Mukařovskýs Vorschläge, einen ästhetischen Wert zu denken, nötigen das Modell einer Sozialgeschichte der Literatur nur, komplizierter zu werden, also das in den Mittelpunkt zu stellen, was gern ›Vermittlung‹ (von Ästhetischem und Sozialem) genannt wurde.[3]

Damit wird dann aber auch eine zentrale theoretische Vorentscheidung markiert; sie besagt, daß die historische Rekonstruktion zwar von einem sozialen Apriori der ästhetischen Artefakte ausgehen müsse, dieses Apriori aber nicht axiomatisch formulieren kann, sondern als ›Wie-Frage‹ an die Forschung zu verweisen habe. Markiert ist damit der Unterschied zu materialistischen Theorien, deren Aufarbeitung im Sinne einer *fatal attraction* sich parallel zum Projekt der Sozialgeschichte der Literatur vollzieht und das einerseits als *doxa* dient, von der man sich absetzen muß, um Argumentationsspielraum zu behalten. Andererseits bietet diese *doxa* aber selbst die Modelle an, mit denen eine ›Vermittlung‹ von Ästhetischem und Sozialem gedacht werden konnte. Auf diese Weise ergibt sich ein Hin und Her zwischen Abwehr und Beerbung, das nicht nur die Auseinandersetzung mit dem (Rest-)Marxismus prägte, sondern den Marxismus selbst veränderte. Man könnte den Gang dieser Auseinandersetzung an Leselisten von Seminarzirkeln verfolgen: von der Lektüre der ›Klassiker‹ Marx, Engels, Lenin über die Sickingen- und Expressionismusdebatte zu Lukács und der Frankfurter Schule, dann, wenn auch eigentlich hier nicht eng assoziiert, Walter Benjamin,

---

[3] Vgl. Roman Jakobson / Morris Halle: Grundlagen der Sprache. Berlin 1960; Jan Mukařovský: Kapitel aus der Ästhetik. Frankfurt/M. 1970.

schließlich die ›strukturalistische‹ Marxrezeption Althussers, Balibars, Kosik', der *Alternative*, *Tel Quels*, Lucien Goldmanns, Gramscis, Della Volpes, Sohn-Rethels und vieler anderer: Immer ging es um den Versuch, die Form der Einwirkung des Sozialem auf das, was ›Überbau‹ genannt und im dialektischen Verhältnis zur ›Basis‹ gesehen wurde, zu ergründen.[4]

Dabei war das ›Soziale‹ allerdings auch in materialistischen Ansätzen ein nicht geklärter Ausgangspunkt und damit ein besonders umstrittener Gegenstand der Auseinandersetzung. Denn von der Festlegung, gar Axiomatisierung der ›Bewegungsgesetze‹ hing es ab, wieviel Darstellungsspielraum (der Einwirkung des Sozialen auf die ›Kultur‹) es für den einzelnen Wissenschaftler gab. Kann man sich dem Szientifischen verweigern? Der zähe, stete Versuch einiger DDR-Literaturwissenschaftlerinnen und Literaturwissenschaftler, dem Dogma zu entkommen, spricht hier für sich. Jeder der vorausgesetzten Begriffe (›Realismus‹, ›Erbe‹, ›Aneignung‹) ist solange gewendet worden, bis sich zumindest ein gewisser Raum für differenziertere Argumentationen ergab. Alle diese Formen marxistischer Literaturwissenschaft sind dadurch ›durch sich hindurch‹ geführt worden, daß man die vermeintliche Ausgangsbedingung Schritt für Schritt zur Frage erklärte: Was nämlich ist und was bedeutet eigentlich der Primat der Ökonomie?[5]

›Sozialgeschichte‹ will von keiner doxa ausgehen, auch wenn ihr, so in der Literaturwissenschaft, die komplexeren materialistischen Modelle interessant sind. In der Regel aber operiert sie mit einer Vorstellung vom Sozialen, deren Stratifikationsannahmen eher an Max Weber als an Karl Marx orientiert sind: ›Schicht‹ also anstatt ›Klasse‹. Oder noch anders: ›Gruppe/Beruf/Stand‹ statt ›Feudalgesellschaft‹ und ›antagonistisches Kräfteverhältnis‹. Sie vollzieht so die Bewegung mit, die die Arbeiten der westdeutschen Sozialgeschichtsschreibung seit den 1970er Jahren (Wehler, Kocka, die Mommsens und andere)[6] insgesamt kennzeichnete und die als ein ›auf die Füße gestellter‹ Etatismus charakterisiert werden kann. Noch immer ging es um Macht, aber diese Macht war nicht mehr Resultat des Staates, führte daher auch nicht zu seiner Apotheose, sondern ging von den Interessen sozialer Gruppen, Schichten etc.

---

4 Vgl. etwa Louis Althusser: Für Marx. Frankfurt/M. 1968; Louis Althusser / Etienne Balibar: Das Kapital lesen. 2 Bde. Reinbek 1972; Karel Kosik: Die Dialektik des Konkreten: Frankfurt/M. 1986; Lucien Goldmann: Der verborgene Gott. Studie über die tragische Weltanschauung in den Pensées Pascals und im Theater Racines. Neuwied 1973; Antonio Gramsci: Gedanken zur Kultur. Köln 1987; Galvano Della Volpe: Für eine materialistische Methodologie. Berlin 1973; Alfred Sohn-Rethel: Geistige und körperlicher Arbeit. Zur Theorie der gesellschaftlichen Synthesis. Frankfurt/M. 1970.

5 Vgl. zur Diskussion der DDR-Literaturwissenschaft Rainer Rosenberg: Zur Begründung der marxistischen Literaturwissenschaft in der DDR. In: Petra Boden / Rainer Rosenberg (Hg.): Deutsche Literaturwissenschaft 1945–1965. Fallstudien zu Institutionen, Diskursen, Personen. Berlin 1997, S. 203–240.

6 Vgl. exemplarisch Hans-Ulrich Wehler: Bismarck und der Imperialismus. Köln 1969.

aus und ergab erst in ihren Effekten jene Bewegung des Gemeinwesens, die als Bündel von ›Ökonomien‹ gesehen wurde. Der hier dann vorgebrachten ›Modernisierungsthese‹ und der ›relativen Rückständigkeit‹ Deutschlands im Vergleich zu den anderen westeuropäischen Staaten (inclusive des Deutschen Sonderwegs) korrespondierte in der ›Sozialgeschichte der Literatur‹ aber eigentlich nichts; jedenfalls gab es kein funktionales Äquivalent. Die Herausbildung ästhetischer Autonomie im 18. Jahrhundert stellte keine beliebig verlängerbare Bewegungsrichtung dar, sondern bot eher Ärgernis wie Prüfstein für das Gelingen der eigenen historischen Rekonstruktion: Wenn die Werke nicht ganz im Sozialen aufgehen, was macht man dann mit dem Rest? (Noch bis heute erklärt sich übrigens der anti-rhetorische Affekt vieler Wissenschaftler aus dem Wunsch, die Gegenstände plan und damit als Beleg zitierbar zu halten). Auch die Geschichte des Bürgertums bot nur einen begrenzten Wert für die Teleologie der literaturwissenschaftlichen Narration, denn erstens war unklar, was denn ›Bürgertum‹ eigentlich ist, und zweitens vermochte man mit *dieser* Narration nur einen Bruchteil der in Frage kommenden Literatur zu charakterisieren. Insgesamt waren die Versuche einer ›Sozialgeschichte der Literatur‹ daher nicht-teleologisch ausgerichtet, wenn man von der literarhistorischen Epochenabfolge, die als im Hintergrund liegendes Gliederungsangebot gern genutzt wurde, einmal absieht. Es gelang so auch nicht, wie dies die Literaturgeschichtsschreibung des 19. Jahrhunderts (zwischen Gervinus und Scherer) häufig versucht hatte, eine Reihe von ›Trägersubjekten‹ der Literatur zu konstruieren und ihnen eine im Prinzip geheime, sich dem Literarhistoriker aber eröffnende, richtunggebende Kraft zu unterlegen (etwa bei Gervinus: Emanzipation).[7]

Alle vorausgesetzten Kategorien galten (auch) als noch zu bestimmende. Die damit verbundene Nicht-Definition des Sozialen und der fehlende Einbau in eine Entelechie oder Teleologie zeigt alle Vor- wie Nachteile der Unterdeterminiertheit: Das Feld des ›Sozialen‹ und seine Wirkungen sind beinahe maximal geöffnet. Es ist noch herauszufinden, was ›bürgerlich‹ eigentlich meint, es ist ebenfalls zu untersuchen, welche kulturellen Effekte dieses Bürgertum zeitigt und vice versa: wie es durch Kultur konstituiert wird. Nicht in Frage allerdings steht, daß es sich grundsätzlich um ein Bedingungsverhältnis handelt, und sei es noch so abgeschwächt und im Ansatz auch schon reversibel (vollkommene Reversibilität ergäbe aber wieder ›Geistesgeschichte‹ – und dies ist auf jeden Fall zu vermeiden). Bedingungsverhältnisse werden mithin programmatisch vorausgesetzt, ohne sie inhaltlich ab ovo festzulegen. Was ›was‹ bedingt – dies ist der Ertrag, den die Forschung erbringen soll, und gerade hieraus speist sich der Imperativ der beteiligten Wissenschaftler.

---

[7] Jürgen Fohrmann: Das Projekt der deutschen Literaturgeschichte. Entstehung und Scheitern einer nationalen Poesiegeschichtsschreibung zwischen Humanismus und Deutschen Kaiserreiche. Stuttgart 1989.

Damit wird das Fenster zum Feld der Untersuchungen weit geöffnet; was lockt, ist nicht nur ›empirische Validierung‹, sondern gleichzeitig Modellbildung, resultierend aus Fallstudien. Ihre Hauptannonce heißt ›Funktionsgeschichte‹. Sie markiert die Synthese von Einzeluntersuchung und Verlaufsrekonstruktion, weil sie beides in einen Zusammenhang einzuschließen versucht und weil sie im Gelingen der Untersuchung sowohl Möglichkeit als auch Fruchtbarkeit des Ansatzes unter Beweis zu stellen vermag.

Sozialgeschichte als Funktionsgeschichte war so Prozeßgeschichte wie Relektüre. Die einzelnen Artefakte konnten in der Hoffnung wiedergelesen werden, daß an ihnen etwas anderes als die Spuren der Ideengeschichte ›ablesbar‹ ist. Sie waren der Ausdruck eines anderen, eines sozialen Bedingungszusammenhangs, in dem und für den sie eine Funktion erhielten. Damit überwand man erstens die Widerspiegelungstheorien; zweitens ergab sich durch die Unterbestimmtheit des Sozialen die Möglichkeit, in immer weiteren Spezifizierungen immer andere Relationen zu untersuchen: protestantisches Pfarrhaus und Lektüreverhalten, Bildungswesen und Stratifikation, Markt und Lyrik, die Selbstthematisierung von ›Bürgerlichkeit‹ im Roman, die Romanstruktur als bürgerliche Epopöe und so weiter oder ganz allgemein: ›sozialgeschichtliche Perspektiven von ...‹, ›sozialgeschichtliche Aspekte des ...‹. Literatur konnte dabei sowohl als Quelle dienen als auch der kontextuierenden Quellen bedürfen, um eine Erklärung zu finden.

Blickt man auf das *Internationale Archiv für Sozialgeschichte der deutschen Literatur* selbst – ich sage mit dem Ziel der captatio benevolentiae: *die* prominente Zeitschrift einer ›Sozialgeschichte der Literatur‹ –, so kann man sehen, daß nahezu alle Text – Kontext Verhältnisse sich zur Etikettierung als ›Sozialgeschichte‹ eignen: ›Naturwissenschaft und Literatur‹, religionsgeschichtliche Zusammenhänge ebenso wie Leser- und Buchmarktforschung, die Sozietäten und Dichtergruppen oder die Bedeutung der Psychologie für die Herausbildung der Literatur, Wissenschaftsgeschichte, Reisebericht und höfische Repräsentation – um nur ganz ungeordnet einiges aufzuzählen. Dabei stand der Begriff ›Sozialgeschichte‹ in den 1970er und frühen 1980er Jahren deutlich stärker im Vordergrund als später, und mit ihm Themen, die als Autorensoziologie, Distributions- und Rezeptionsforschung, Bildungs- und Schulgeschichte zu bezeichnen wären – wenn man so will: sozialgeschichtliche Realia. ›Literaturgeschichte‹ im engeren Sinne (sieht man von der Rolle von ›Gebrauchstexten‹ einmal ab) taucht bis auf wenige Ausnahmen erst seit 1985 auf, ebenso ›Formen‹-, ›Gattungs‹- und ›Stil‹-Geschichte. Diese Vielfalt ist nicht (nur) der notwendigen Heterogenität einer Zeitschrift geschuldet, sondern entspricht sowohl dem Fortgang der Diskussion als auch dem Umstand, daß jeder Diskurs auf ein ›Milieu‹, auf einen Ort verweist, der als sozialer Bedingungsraum fungieren kann, in dem und für den Literatur und andere Ausdrucksformen produziert werden. Da dieser Bedingungsraum eher von ›Gebrauchstexten‹ als von artifiziellen Einzelwerken, also nicht vom Ka-

non geprägt wird (wobei Kanonbildung selbst wieder als ein interessantes
Phänomen gilt), geht eine Sozialgeschichte der Literatur in der Tendenz auf
den alten Begriff der *Litteratur* zurück, also der Gesamtheit des jeweils her-
anzuziehenden Schrifttums. Damit kann nahezu alles zur Quelle werden, alles
zur Erklärung dienen, zumindest dann, wenn es keinen totalisierenden Anspruch erhebt, sondern bereit ist, nur ein Aspekt unter anderen zu sein. ›Sozialgeschichte‹ heißt in diesem Sinne also nichts anderes als die Markierung
einer Relation als Text und Kontext (und wenn der ›Kontext‹ selbst ein Text
ist, so erscheint er als notwendiger Vermittlungsschritt zum ›Milieu‹, also
etwa: das pietistische Erbauungsschrifttum verweist auf den Verwendungszu-
sammenhang in pietistischen Zirkeln oder ähnliches), wobei beide, aber jeweils nacheinander, nie gleichzeitig, zur conditio sine qua non füreinander
werden. Daß dies – wenn diese Diagnose stimmt – eine Vielzahl von möglichen, nicht durch eine Theorie synchronisierbaren Untersuchungen ergibt,
liegt auf der Hand. Sind diese Untersuchungen gut gemacht, so läßt sich ohne
Frage etwas lernen, aber nur so, wie man aus den vielfach auf das einzelne
und auf Additiva zielenden Analysen der Philologie etwas lernt. Hat sich
mithin das ergeben, was man eine ›Philologie der Sozialgeschichte‹ nennen
könnte?

Ihren beredesten Ausdruck findet diese wohl unvermeidliche Addition in
den großen Buchkonzepten einer *Sozialgeschichte der Literatur*, die, wenn
sie nicht nur verlegerischer Etikettenschwindel waren, nur die oben skizzierten Bewegungen widerspiegelten (also: Bezug zu einer sozialen Referenz,
möglichst komplette Ausführung der Relation ›Produktion – Distribution –
Rezeption‹, Öffnung zu einem weiten *Litteratur*begriff usw.), aber gerade eines nicht sein konnten: Darbietungen *eines* Zusammenhanges – dies, weil sie
weder an das Programm des Historismus (also: Perspektivierung des heterogenen Datenmaterials durch die rhetorisch immer wieder beschworene Kraft
einer geheimen Idee) noch an das Programm des historischen Materialismus
(vereinheitlichende geschichtliche Bewegungsgesetze) anschließen wollten.
Die Unmöglichkeit einer ›Synthese‹ war die Kehrseite des großen Argumen-
tationsspielraums. Und beides auf einmal ist wohl nicht zu haben, denn Teile
und Ganzes lassen sich stets gegeneinander paradoxieren. Erstaunlicherweise
ist dies in der Sozialgeschichtsschreibung selbst kaum reflektiert worden,
sondern das Paradigma wurde eher verlassen denn in seinen Problemen diskutiert – sieht man von einigen wenigen Ausnahmen ab.

Ich möchte das Verlassen des Paradigmas auf die erste Hälfte der 1980er
Jahre datieren, also just auf den Zeitpunkt, an dem die mehrbändigen Projekte einer *Sozialgeschichte der Literatur* konzeptionell überlegt wurden und
– sehr zögerlich – zu erscheinen begannen. Mit dieser Paradigmaaufgabe war
eine Nomenklatur-Verschiebung verbunden, die Klaus Scherpe 1983 als ›Be-

ziehung‹ und nicht ›Ableitung‹ bezeichnet hat.[8] Mit dieser in nuce vorgenommenen Begriffsersetzung wurde das zentrale Theorem einer ›Sozialgeschichte der Literatur‹ getroffen, nämlich die Nicht-Reversibilität von sozialem Zusammenhang und literarischem/nicht-literarischem Text. ›Beziehung‹ dachte demgegenüber nicht die Umkehrung der Unterscheidung als den Primat des Textes über den (sozial verstandenen) Kontext, sondern eher eine prinzipielle Gleichwertigkeit, deren wirkliche ›Gewichte‹ erst in der historischen Analyse zu finden waren. Im Prinzip war damit aber eine Aufgabe der ›Sozialgeschichte‹ als methodischem Programm verbunden, und es konnten andere Modelle in Betracht gezogen werden (etwa: Diskurstheorie, denn parallel dazu erleben die Arbeiten Foucaults ihre eigentliche Rezeption; ›Diskurstheorie‹ operiert auch noch mit einer Vorstellung ›sozialer Praxis‹, geht aber auf keine Ebene hinter die Texte zurück; daher werden auch *Kontexte* zu Texten und bleiben nicht länger a-textuelles soziales Substrat). Damit verändert sich eigentlich nicht so sehr die Breite der Untersuchungen, deutlich aber die interdisziplinären Kontakte. Geschichtswissenschaft und Soziologie verlieren ihren prominenten Ort als Gesprächspartner – dies eine Tendenz, die sich bis dato durch die Theorieentwicklungen der Literaturwissenschaft noch verstärkt hat (trotz oder gerade wegen des im Moment diskutierten kulturwissenschaftlichen Paradigmas). Von dieser Bewegung, die in der Umprägung ›Beziehung‹ statt ›Ableitung‹ ihren Ausdruck fand, ist eine Tendenz zur ›Vertextung von Kultur‹ ausgegangen, die den Kern des sogenannten ›rhetoric turn‹ ausmacht.

Gegen diese Aufgabe des sozialgeschichtlichen Paradigmas ist versucht worden, durch die Steigerung methodologischer Reflexion doch noch eine ›gegliederte‹ Integration unterschiedlicher Ebenen in *einen* komplexen Bedingungszusammenhang zu leisten und damit das Programm der Sozialgeschichte zu ›retten‹ (etwa: Münchener Forschergruppe).[9] Diese Versuche nutzen dabei in der Regel ein anderes Theoriekonzept (etwa: funktionalistische, strukturalistische Theorien, Systemtheorie), um der Sozialgeschichte zu jener Modellierung zu verhelfen, die mit dem Versprechen auf die Rekonstruktion *eines* Zusammenhangs verbunden war. Damit bewegte man sich aber zusehends in einem anderen Fahrwasser und operierte etwa mit Unterscheidungen, in denen die ursprüngliche Rede von ›bürgerlicher Literatur‹ oder ›Adelskultur‹ nur noch spurenhaft wiederzuerkennen ist. Die Rekonstruktion

---

[8] Vgl. Klaus Scherpe: ›Beziehung‹ und nicht ›Ableitung‹. Methodische Überlegungen zu einer Literaturgeschichte im sozialen Zusammenhang. In: Thomas Cramer (Hg.): Literatur und Sprache im historischen Prozeß. (Akten des Aachener Germanistentags 1982). Bd. 1. Tübingen 1983. S. 77–90.

[9] Vgl. etwas Dieter Pfau / Jörg Schönert: Probleme und Perspektiven einer theoretisch systematischen Grundlegung für eine ›Sozialgeschichte der Literatur‹. In: Renate von Heydebrand / Dieter Pfau / Jörg Schönert (Hg.): Zur theoretischen Grundlegung einer Sozialgeschichte der Literatur. Tübingen 1988, S. 1–26.

funktionaler Differenzierung ist mit den überkommenen Prämissen sozialgeschichtlicher Forschung jedenfalls schwer zu leisten, auch wenn – etwa in der
Gattungstheorie (Köhler, Voßkamp ...) vielbeachtete Verbindungsversuche
vorgelegt wurden.[10] Insofern kann man wohl eher davon sprechen, daß eine
systemtheoretisch ausgerichtete Literaturwissenschaft (Wissenschaftsgeschichte eingeschlossen) die Interessiertheit der ›Sozialgeschichte‹ beerbt hat.
Diese Interessiertheit bestand – sehr allgemein – darin, das ›Feld des Sozialen‹ in die Rekonstruktion der Geschichten so miteinzubeziehen, daß die Beschränkung auf eine in sich zirkulierende Textualität (also etwa: der Bezug
literarischer Texte ausschließlich auf literarische Texte) vermieden wird. Die
Dekonstruktion antwortet auf diese Interessiertheit mit einer Theorie des Lesens (als ›misreading‹) und einem neuen Pathos der Genauigkeit.[11] Dieser
Theorie wäre mit der Unhintergehbarkeit eines historischen Aprioris zu begegnen, vielleicht *der* Errungenschaft der sozialgeschichtlichen Betrachtungsweise, mit ihrem starken dekanonisierenden Effekt. In dieser Weise erscheint mir das ›Versprechen der Sozialgeschichte‹ nicht abgegolten, wenn
auch eine ›Sozialgeschichte der Literatur‹ – zumindest als theoretisches Unternehmen – kaum noch betrieben wird. Denkt man dieses Versprechen weiter und verbindet es dann mit Annahmen der Dekonstruktion, so ist rückt die
Untersuchung des historischen (sozialen) Orts ins Zentrum, an dem die Äußerungen in ihrer Figuration entstehen und hier das erste Mal in Wirkung
treten, gekoppelt mit den Voraussetzungen (etwa: medialer Art), die *diese*
Form der Äußerungen möglich gemacht haben. Daß diese Option nicht der
Re-Import einer strikten Bedingungsvorstellung (etwa im Sinne einer meines
Erachtens falsch verstandenen Mediengeschichte, die wirkungsmächtige mediale Ereignisse wie Kaninchen aus dem Zylinder zu zaubern versucht) sein
muß, liegt auf der Hand. Sie zielt vielmehr auf die Enttautologisierung jener
Selbstreferenz, die gern wie eine Referenz gelesen wird; gelingt sie, so mün-
det sie in eine historische Rhetorik der Kultur. Ihr Programm zu entfalten,
bleibt einer eigene Darstellung vorbehalten.

---

[10] Erich Köhler: Gattungssystem und Gesellschaftssystem. In: Romanistische Zeit-
      schrift für Literaturgeschichte 1 (1977), S. 7–22; Wilhelm Voßkamp: Gattung als
      literarisch-soziale Institutionen. In: Walter Hinck (Hg.): Textsortenlehre – Gat-
      tungsgeschichte. Heidelberg 1977, S. 27–44.
[11] Vgl. Paul de Man: Allegorien des Lesens. Frankfurt/M. 1988.

CLAUS-MICHAEL ORT

›Sozialgeschichte‹ als Herausforderung der Literaturwissenschaft

Zur Aktualität eines Projekts

1. ›Sozialgeschichte‹ der Literatur – obsolet oder Desiderat?

Wilhelm Kühlmann diagnostiziert anläßlich des zweiten Bandes von *Hansers Sozialgeschichte der deutschen Literatur*[1] eine »Art von Phantomschmerz nach dem Ableben der Theorieangebote des bürgerlichen Marxismus«,[2] der durch »handlungs- und systemtheoretische Vorschläge, auch Ansätze der Gruppen-, der Leser- oder der Mediensoziologie« überwunden werden kön- ne.[3] Geret Luhr lobt dagegen die Zurückhaltung, die dieser Band gegenüber dem »modische[n] Paradigma der ›Kulturwissenschaft‹«[4] und seinen vor- schnellen Syntheseangeboten übt und begreift die Rückkehr zu einem »tradi- tionellen sozialgeschichtlichen Zugang zur Literatur«[5] als Vorteil: Dieser erhöhe nach der im sechsten Band[6] inszenierten »Krise des sozialgeschichtli- chen Paradigmas«[7] das synchronische literatursoziologische Auflösungsver-

---

[1] Albert Meier (Hg.): Die Literatur des 17. Jahrhunderts. (Hansers Sozialgeschichte der deutschen Literatur vom 16. Jahrhundert bis zur Gegenwart 2) München, Wien: Hanser 1999.

[2] Wilhelm Kühlmann: An der Stadt vorbeigeschrieben. Eine Sozialgeschichte der Literatur des siebzehnten Jahrhunderts. In: Frankfurter Allgemeine Zeitung 227 (30.9.1999), S. 50.

[3] Ebd.

[4] Geret Luhr: Ein Lichtblick nach dem Debakel. Hansers Sozialgeschichte der Lite- ratur des 17. Jahrhunderts. In: Literaturkritik.de, 10 (Oktober 1999), S. 1. URL: <http://www.literaturkritik.de/txt/1999-10-16.html> (3.10.1999).

[5] Ebd.

[6] Edward McInnes / Gerhard Plumpe (Hg.): Bürgerlicher Realismus und Gründer- zeit 1848–1890. (Hansers Sozialgeschichte der deutschen Literatur vom 16. Jahr- hundert bis zur Gegenwart 6) München, Wien: Hanser 1996.

[7] Geret Luhr (Anm. 4), S. 1, vgl. auch die Kritik von Oliver Bruck / Max Kai- ser / Werner Michler / Karl Wagner / Christiane Zintzen: Eine Sozialgeschichte der Literatur, die keine mehr sein will. In: Internationales Archiv für Sozialge- schichte der deutschen Literatur 24,1 (1999), S. 132–157. – ›Sozialgeschichte‹ ist in *Hansers Sozialgeschichte der deutschen Literatur* allerdings schon sehr viel frü- her und provozierender verabschiedet worden, nämlich von Gert Ueding: Klassik und Romantik. Deutsche Literatur im Zeitalter der Französischen Revolution 1789–1815. (Hansers Sozialgeschichte der deutschen Literatur vom 16. Jahrhun- dert bis zur Gegenwart 4) München, Wien: Hanser 1987, der sich explizit gegen eine »sozialgeschichtliche Strukturanalyse« als den Werken »unangemessenes Para- digma« ausspricht (ebd., S. 13) und dieses aus einer Geschichtsschreibung aus- grenzt, die ihrer »Verantwortung« für den »Zustand« der »geistigen Traditionen ei- nes Volkes« gerecht zu werden versuche (ebd.).

mögen und erlaube es, die Beziehungen von Literatur und nicht-literarischen Diskursen im Zusammenhang regional divergierender, sozialer Produktions-, Rezeptions- und Distributionsbedingungen zu untersuchen. Was auf den ersten Blick das widersprüchliche Verhältnis der Literaturgeschichtsschreibung zu sozial- und kulturwissenschaftlichen Theorieangeboten zu belegen scheint – Theorieaskese wird ebenso bemängelt wie belobigt – erweist sich auf den zweiten Blick jedoch als komplementäre Argumentation: Während Kühlmann die Reserviertheit gegenüber soziologischen Theorieoptionen kritisiert, lobt Luhr eine Verweigerung gegenüber ›kulturwissenschaftlichen‹ Ansätzen und grenzt diese pauschal und implizit von ›Sozialgeschichte‹ und Soziologie ab. Damit sind die Grundzüge der gegenwärtigen Diskussion zur ›Sozialgeschichte‹ der Literatur bereits markiert. Eine Klärung ihres Verhältnisses zum ›kulturwissenschaftlichen‹ Modeparadigma könnte, so ist zu vermuten, die offenkundig derzeit prekäre Beziehung einer ›Sozialgeschichte‹ der Literatur zu interdisziplinären Theorieangeboten beleuchten; Erfolg verspricht ein solches Unterfangen jedoch nur, wenn es der ›kulturwissenschaftlich‹ orientierten Literaturwissenschaft ihrerseits gelingt, zeichen- und sozialtheoretisch zu präzisieren, was sie unter ›Kultur(en)‹ verstehen will. Vorerst mögen indessen einige vorläufige Anmerkungen und Vorschläge verdeutlichen, inwieweit für eine ›Sozialgeschichte‹ von Literatur als ›Symbol-‹ und als ›Sozialsystem‹ die Unterscheidung soziologischer von anderen Bezugskontexten konstitutiv bleibt,[8] ohne ihr einerseits einen Verzicht auf aktuelle Irritationspotentiale aus dem Bereich der ›Kulturwissenschaft‹ zuzumuten und ohne andererseits die Frage nach den Kriterien einer ›Sozialgeschichte‹ der Literatur zur bloßen Etikettierungsfrage verkommen zu lassen.[9]

Klagen über theoretische Überfrachtung oder gar krisenhafte Überfremdung begleiten die Literaturwissenschaft bekanntlich langfristig und scheinen

---

[8] Die »Konzeptualisierungsdifferenz von Symbol- und Sozialsystem« bildet laut Oliver Jahraus eine systemtheoretisch zu modellierende »theoriebautechnische Bifurkationsstelle« von Zeichen- und Sozialtheorie, die vor ›textlosen‹ Vereinseitigungen von Literaturgeschichte als Sozialsystemgeschichte (vgl. Siegfried J. Schmidt: Die Selbstorganisation des Sozialsystems Literatur im 18. Jahrhundert. Frankfurt/M.: Suhrkamp 1989) bewahren könnte (Oliver Jahraus: Die Unhintergehbarkeit der Interpretation im Rahmen literaturwissenschaftlicher Theoriebildung. In: O. J. / Bernd Scheffer: Interpretation, Beobachtung, Kommunikation. Avancierte Literatur und Kunst im Rahmen von Konstruktivismus, Dekonstruktivismus und Systemtheorie. [IASL-Sonderheft 9] Tübingen: Niemeyer 1999, S. 241–291, hier S. 265); vgl. auch schon Claus-Michael Ort: Vom Text zum Wissen. Die literarische Konstruktion sozio-kulturellen Wissens als Gegenstand einer nicht-reduktiven Sozialgeschichte der Literatur. In: Lutz Danneberg / Friedrich Vollhardt (Hg.): Vom Umgang mit Literatur und Literaturgeschichte. Positionen und Perspektiven nach der ›Theoriedebatte‹. Stuttgart: Metzler 1992, S. 409–441.
[9] Für die sozialhistorisch ausgerichtete Geschichtswissenschaft vgl. Hans-Ulrich Wehler: Die Herausforderung der Kulturgeschichte. München: Beck 1998.

inzwischen die Identität des Faches mehr zu stabilisieren als zu bedrohen.[10] Schon Dieter Pfau und Jörg Schönert situieren den von ihnen und Renate von Heydebrand 1988 im Auftrag der Münchener Forschergruppe ›Sozialgeschichte der deutschen Literatur 1770–1900‹ herausgegebenen Versuch *Zur theoretischen Grundlegung einer Sozialgeschichte der Literatur* in einer disziplinären Landschaft, die von nachlassendem Interesse am Projekt solcher ›Sozialgeschichte‹ und vor allem von »Theoriemüdigkeit« geprägt sei.[11] Diese ›Müdigkeit‹ hat sich inzwischen zwar in einer Vielfalt unterschiedlicher Theoriekonjunkturen (Dekonstruktion, Diskurstheorie, Systemtheorie, Empirische Literaturwissenschaft, New Historicism) wieder verflüchtigt, für den Dornröschenschlaf dessen, was 1988 theoretisch fundiert werden sollte, scheinen diese Konjunkturen aber weitgehend folgenlos geblieben zu sein. Daß nämlich, wie Dieter Pfau konstatiert, nicht »der Bezug auf ›Gesellschaft‹, der selbstverständlich geworden ist, [...] das Kriterium für Literatursoziologie [gibt], sondern der Bezug auf soziologische Theorie«,[12] hat die Ausarbeitung der Beziehung von Literatur und Gesellschaft in diachroner Perspektive offenkundig im selben Ausmaß nicht mehr befördern können, wie genuin soziologische Modellvorstellungen über die Struktur und Funktion von Gesellschaften ihren Orientierungswert für die Literaturwissenschaft eingebüßt haben. Der interdisziplinäre soziologische Impetus, der etwa noch das an Talcott Parsons' Systemtheorie orientierte ›Münchener Modell‹ getragen hatte,[13] ist einer transdisziplinären Integration unterschiedlicher Erkennt-

---

[10] Vgl. den Diskussionsanstoß von Wilfried Barner: Kommt der Literaturwissenschaft ihr Gegenstand abhanden? Vorüberlegungen zu einer Diskussion. In: Jahrbuch der deutschen Schillergesellschaft 41 (1997), S. 1–8 und die erste Diskussionsrunde zur ›Kulturwissenschaft‹ mit Beiträgen von Doris Bachmann-Medick, Moritz Baßler, Hartmut Böhme, Heinz Schlaffer, Jörg Schönert, Hinrich C. Seeba und Wilhelm Voßkamp in: Jahrbuch der deutschen Schillergesellschaft 42 (1998), S. 457–507.

[11] Dieter Pfau / Jörg Schönert: Probleme und Perspektiven einer theoretisch-systematischen Grundlegung für eine ›Sozialgeschichte der Literatur‹. In: Renate von Heydebrand / D. P. / J. S. (Hg.): Zur theoretischen Grundlegung einer Sozialgeschichte der Literatur. Ein struktural-funktionaler Entwurf. (Studien und Texte zur Sozialgeschichte der Literatur 21) Tübingen: Niemeyer 1988, S. 1–26, hier S. 1; ähnlich auch schon Jörg Schönert: The social history of German literature. On the present state of distress in the social history of German literature. In: Siegfried J. Schmidt (Hg.): On Writing Histories of Literature. (Poetics 14, 3/4, Special issue) Amsterdam: Elsevier 1985, S. 303–319.

[12] Dieter Pfau: Literatursoziologie. In: Walter Killy (Hg.): Literaturlexikon. Begriffe, Realien, Methoden. Bd. 14. Gütersloh, München: Bertelsmann 1993, S. 41–45, hier S. 45.

[13] Friederike Meyer / Claus-Michael Ort: Konzept eines struktural-funktionalen Theoriemodells für eine Sozialgeschichte der Literatur. In: Renate von Heydebrand u.a. (Hg.) (Anm. 11), S. 85–171; vgl. dazu kritisch resümierend Gerrit Walther: Das Buch als Tat. Talcott Parsons als Gründervater einer umfassenden Theorie zur ›Sozialgeschichte der deutschen Literatur 1770–1900‹. In: Archiv für Sozialgeschichte 31 (1991), S. 445–456 und Rainer Baasner unter Mitarbeit von

nisinteressen und Theoriekonzepte gewichen, die sich um die nach wie vor diffusen Begriffskerne ›Kultur‹ und ›Medien‹ formieren – »möglicherweise als Vorstufe einer neu zu stiftenden Großdisziplin« ›Medienkulturwissenschaft‹.[14] Der eklektische Bezug auf medien-, zeichen- und sozialtheoretische Konzepte scheint in diesem Rahmen derart selbstverständlich und ubiqitär geworden zu sein, daß nun umgekehrt ein nicht-trivialer Bezug auf ›Gesellschaft‹ oder ihre Handlungsbereiche und Subsysteme aus dem Blickfeld verschwindet und kaum mehr als Gegenstand expliziter theoretischer Reflexion Gestalt gewinnt. Unterschiedliche Modelle und Terminologien versammeln sich unter dem Etikett ›Kulturwissenschaft‹, das die Aufsplitterung des Gegenstandes von Literaturwissenschaft und Literaturgeschichte in heterogene Objekbereiche nur notdürftig auf den Begriff zu bringen vermag.[15] Daß sich ein derartiger Synkretismus der Theoriepostulate durchaus zu anregenden Forschungsprojekten konkretisieren läßt, ist nicht zu bezweifeln, kann aber auch nicht darüber hinwegtäuschen, daß eine trennscharfe ›sozialgeschichtliche‹ Perspektive in »geistes-, verfassungs-, mentalitäts- und stilgeschichtlichen Mixturen«[16] verloren geht oder synchronisch gewendet: als sozialtheoretische Perspektive in anthropologisch und ethnologisch akzentuierten Kontexten allenfalls noch punktuell aufleuchtet.[17] Auch die innerhalb der Literaturwis-

---

Maria Zens: Methoden und Modelle der Literaturwissenschaft. Eine Einführung. Berlin: Schmidt 1996, S. 183–208, insbesondere S. 200–208.

[14] So Jörg Schönert: Transdisziplinäre und interdisziplinäre Entwicklungen in den Sprach-, Literatur-, Kultur- und Medienwissenschaften. In: Georg Jäger / J. S. (Hg.): Wissenschaft und Berufspraxis. Angewandtes Wissen und praxisorientierte Studiengänge in den Sprach-, Literatur-, Kultur- und Medienwissenschaften. Paderborn: Schöningh 1997, S. 17–29, hier S. 24; vgl. auch schon Siegfried J. Schmidt: Medien, Kultur: Medienkultur. Ein konstruktivistisches Gesprächsangebot. In: S. J. S. (Hg.): Kognition und Gesellschaft. Der Diskurs des Radikalen Konstruktivismus 2. Frankfurt/M: Suhrkamp 1992, S. 425–450 oder Jörg Schönert: Literaturwissenschaft – Kulturwissenschaft – Medienkulturwissenschaft. In: Renate Glaser / Matthias Luserke (Hg.): Literaturwissenschaft – Kulturwissenschaft. Positionen, Themen, Perspektiven. Opladen: Westdeutscher Verlag 1996, S. 192–208 sowie nicht zuletzt das Plädoyer für eine »kulturwissenschaftliche Neuorientierung der Geisteswissenschaften« von Wolfgang Frühwald / Hans Robert Jauß / Reinhart Koselleck / Jürgen Mittelstraß / Burkhart Steinwachs: Geisteswissenschaften heute. Eine Denkschrift. Frankfurt/M.: Suhrkamp 1991, S. 159.

[15] Vgl. die Sammelbände von Klaus P. Hansen (Hg.): Kulturbegriff und Methode. Der stille Paradigmenwechsel in den Geisteswissenschaften. Tübingen: Narr 1993; Doris Bachmann-Medick (Hg.): Kultur als Text. Die anthropologische Wende in der Literaturwissenschaft. Frankfurt/M.: Fischer 1996; Hartmut Böhme / Klaus R. Scherpe (Hg.): Literatur und Kulturwissenschaften. Positionen, Theorien, Modelle. Reinbek: Rowohlt 1996 und Renate Glaser / Matthias Luserke (Hg.) (Anm. 14).

[16] Wovor Dieter Pfau / Jörg Schönert (Anm. 11), S. 13 warnen.

[17] Beides trifft exemplarisch auf den Einführungstext und das Forschungsprogramm des Graduiertenkollegs ›Klassizismus und Romantik‹ der Universität Gießen zu (S. 1–11, URL: < http://www.uni-giessen.de/~g91048/programm.htm > [9.5.1999]), das »ideengeschichtliche Fragen in einer kulturwissenschaftlichen [...] Perspektive neu voranzutreiben und diskurstheoretisch zu reformulieren« beabsichtigt (S. 1); darüber

senschaft inzwischen facettenreich entfaltete Orientierung an der Systemtheorie Niklas Luhmanns bietet insofern keine Gewähr mehr für eine historiographisch umsetzbare Literatursoziologie, als jene ihre sozialwissenschaftliche Basis allzuoft marginalisiert und sich entweder in ihrer »Applikation [...] als genetisch-soziologische Hermeneutik«[18] erschöpft – also zu unterkomplex binaristischen oder differenztheoretischen Textanalysen neigt – oder sich auf die Probleme des zugrundeliegenden Logikkalküls zurückzieht.[19] Innerhalb der Systemtheorie reproduziert sich somit, was die disziplinäre Situation insgesamt prägt: Wo ›Sozialgeschichte‹ nämlich noch explizit betrieben wird, scheint eine Zurechnung von Literatur auf Gesellschaft in weite Ferne zu rücken und schon die synchronische literatursoziologische Modellierung ihres Gegenstandsbereichs vor erheblichen theoretischen Schwierigkeiten zu stehen; wo sie dagegen gar nicht mehr ausdrücklich postuliert wird, scheint sie insgeheim allgegenwärtig und ihr Anspruch immer dann vermeintlich schon

---

hinaus wird eine »mentalitätsgeschichtliche Perspektive« (S. 2) verfolgt und an Systemtheorie (S. 5) und Wissenssoziologie (S. 8) appelliert. Auch Überblickspublikationen rubrizieren inzwischen ›Sozialgeschichte‹ im engeren, institutionen- und gesellschaftstheoretischen Sinn (Peter Bürger, Talcott Parsons), Diskurstheorien (Michel Foucault, Jürgen Link), Cultural Studies und die ›Kulturpoetik‹ des New Historicism (Stephen Greenblatt) unter einem gemeinsamen Stichwort, so z.B. Kirsten Wechsel: Sozialgeschichtliche Zugänge. In: Heinz Ludwig Arnold / Heinrich Detering (Hg.): Grundzüge der Literaturwissenschaft. München: Deutscher Taschenbuch Verlag 1996, S. 446–462. Arnold und Detering ordnen diese ›Zugänge‹ darüber hinaus dem Abschnitt »Verfahren der Textanalyse« zu, ebd. S. 365–535.

[18] Henk de Berg: Sinn und Unsinn einer systemtheoretischen Literatur- und Kommunikationswissenschaft. Halle 1997, S. 13. Eine Rückbesinnung auf Luhmanns wissenssoziologische und semantikgeschichtliche Studien scheint dagegen für eine ›Sozialgeschichte‹ der Literatur in der Tat ein fruchtbares Entwicklungs- und Anschlußpotential bereitzuhalten, vgl. etwa Niklas Luhmann: Die Soziologie des Wissens. Probleme ihrer theoretischen Konstruktion. In: N. L.: Gesellschaftsstruktur und Semantik. Studien zur Wissenssoziologie der modernen Gesellschaft. Bd. 4. Frankfurt/M.: Suhrkamp 1995, S. 151–180.

[19] Dazu tendiert z.B. die Grundlagendiskussion im »IASL online Diskussionsforum ›Kommunikation und Bewußtsein‹«, vgl. die Beiträge von Oliver Jahraus: Bewußtsein und Kommunikation. In: IASL online. URL: < http://iasl.uni-muenchen.de/discuss/lisforen/jahraus1.htm > (14.12.1998); Nina Ort: Kommunikation – Proömium zu einem Begriff. In: IASL online. URL: < http://iasl.uni-muenchen.de/discuss/lisforen/ort.htm > (14.12.1998) und Nina Ort: Tertium datur. Über hierarchische Dreiwertigkeit und heterarchische Triaden. In: IASL online. URL: < http://iasl.uni-muenchen.de/discuss/lisforen/no-semio.htm > (8.6.1999). – Einen kritischen Überblick über systemtheoretische Ansätze der Literaturwissenschaft gibt der dreiteilige Fortschrittsbericht *Systemtheorie und Literatur. Teil I–III* von Georg Jäger: Der Systembegriff der Empirischen Literaturwissenschaft. In: Internationales Archiv für Sozialgeschichte der deutschen Literatur 19,1 (1994), S. 95–125; Claus-Michael Ort: Der literarische Text in der Systemtheorie. In: Internationales Archiv für Sozialgeschichte der deutschen Literatur 20,1 (1995), S. 161–178 und Oliver Jahraus / Benjamin Marius Schmidt: Modelle Systemtheoretischer Literaturwissenschaft in den 1990ern. In: Internationales Archiv für Sozialgeschichte der deutschen Literatur 23,1 (1998), S. 66–111.

eingelöst zu sein, wenn literarische Texte und Gattungen auf nicht-literarische Texte und Textsorten bezogen werden, die den ›kulturellen‹ Kontext von Literatur oder einen übergreifenden Diskurszusammenhang repräsentieren. Eine solche Überinterpretation intertextueller oder interdiskursiver Beziehungen bedarf dann ihrerseits integrierender Metaphern, wie sie etwa Stephen Greenblatts ›Poetik der Kultur‹ mit einer intertextuell zirkulierenden ›sozialen Energie‹ anbietet. Ohne die literaturgeschichtliche Originalität des New Historicism zu bestreiten – konzeptuell gelangt er damit nicht über ein bloßes sozialtheoretisches Zurechnungspostulat hinaus.[20]

2. Literatur im Sozialsystem – Literatur als Sozialsystem

Soll ›Sozialgeschichte‹ der Literatur mehr als nur eine Applikation sogenannter ›Realien‹ auf Werkinterpretationen leisten und sich nicht auf Intertextualität beschränken – und nur dann rechtfertigte sie sich als eigenständige Option –, wird sie sich auf eine hinreichend komplexe synchronische literatursoziologische Modellbildung stützen müssen, die ihrerseits mindestens drei Probleme zu bewältigen hätte: Sie müßte erstens die sozialsystemischen Organisations- und Institutionalisierungsmodi von Literatur derart modellieren (Literatur als Sozialsystem), daß sich ihre Umweltbeziehungen hinreichend komplex rekonstruieren lassen (Literatur im Sozialsystem), zweitens die semiotische Komponente von Literatur mit den Semantiken anderer Sozialsysteme in Beziehung setzen und drittens beide Dimensionen ihrerseits synchronisch und diachronisch korrelieren können – ohne die drei Bezugsebenen kurzschlüssig aufeinander zu projizieren. Insofern literarischer ebenso wie sozialer Wandel immer nur interaktiv als Wandel bestimmter Entitäten in Relation zu deren jeweils zu konkretisierenden Umwelten zu beschreiben ist und weder materialistisch noch idealistisch, also »weder allein von der Umwelt [...], noch allein vom System, als einzig aktivem Subjekt, bestimmt« werden kann,[21] erweist sich seine Beschreibung als Funktion der zugrunde-

---

[20] Stephen Greenblatt propagiert eine an Pierre Bourdieus ›Feld‹-Theorie erinnernde ökonomische Begrifflichkeit (›Kapital‹, ›Währung‹, ›Zirkulation‹ usf.: Vgl. Stephen Greenblatt: Grundzüge einer Poetik der Kultur. In: S. G.: Schmutzige Riten. Betrachtungen zwischen Weltbildern. Frankfurt/M.: Fischer 1995, S. 107–122, hier S. 120–122 und Pierre Bourdieu: Die Regeln der Kunst. Genese und Struktur des literarischen Feldes. Frankfurt/M.: Suhrkamp 1999) und versteht unter ›sozialer Energie‹ Modi der ökonomischen und symbolischen Aneignung und des Tausches sowie die »Fähigkeit gewisser sprachlicher, auditiver und visueller Spuren, kollektive physische und mentale Empfindungen hervorzurufen und [...] zu ordnen« (Stephen Greenblatt: Verhandlungen mit Shakespeare. Innenansichten der englischen Renaissance. Frankfurt/M.: Fischer 1993, S. 9–33, hier S. 15).

[21] Michael Titzmann: Skizze einer integrativen Literaturgeschichte und ihres Ortes in einer Systematik der Literaturwissenschaft. In: M. T. (Hg.): Modelle des literarischen Strukturwandels. (Studien und Texte zur Sozialgeschichte der Literatur 33)

liegenden synchronischen Modellierung der Beziehungen zwischen gesellschaftlichen und literatursystemischen Handlungsbereichen. Daß die synchronische Modellbildung für eine ›Sozialgeschichte‹ der Literatur bisher allerdings auch da kaum über die Objektbereichskonstitution der ›Münchener Forschergruppe‹ hinausgelangt ist, wo diese kritisiert oder an sie implizit angeknüpft wird, scheint für die ›sozialgeschichtliche‹ Stagnation der Literaturgeschichtsschreibung zumindest mitverantwortlich zu sein. Zwei Beispiele mögen verdeutlichen, inwiefern sich vor diesem Hintergrund gleichwohl Chancen für eine erneute Diskussion der Objektbereichskonstitution einer ›Sozialgeschichte‹ der Literatur mit synchronisch wie diachronisch erhöhtem Auflösungsvermögen ergeben.

So versuchen Gerhard Plumpe und Niels Werber, »erste Paradigmen zu einer neuen Literaturgeschichtsschreibung [zu] erarbeiten«, die das »die letzten zwei Jahrzehnte bestimmende Leitkonzept der ›Sozialgeschichte‹«[22] in eine diachronische und ›polykontexturale‹ Soziologie multipler System-Umwelt-Beziehungen von Literatur überführt und auf eine systemtheoretische – das heißt hier vor allem differenztheoretische – Grundlage zu stellen beansprucht:

> Anregungen zu einer neukonzipierten Literaturgeschichte liefert die systemtheoretische Einsicht, daß Literatur seit dem Ende des 18. Jahrhunderts als ausdifferenziertes Teil*system* der Gesellschaft gleichursprünglich auch *Umwelt* anderer sozialer Systeme ist, die sie beobachten und in eigendirigierte Konzepte von ›Literatur‹ überführen, die je spezifische ›Geschichtlichkeiten‹ aufweisen. So im Recht, in der philosophischen Disziplin der Ästhetik, in der Religion, in den Naturwissenschaften, im Bildungssystem, in der Politik und in der Wirtschaft. Im Lichte dieses Sachverhaltes ist die Literaturgeschichte strikt polykontextural zu betreiben; statt den Begriff von ›Literatur‹ sozialgeschichtlich zu konfundieren, tritt in der Perspektive der System/Umwelt-Differenz die Vielfalt jener Referenzen hervor, in denen ›Literatur‹ stets anders beschrieben werden muß. Zu einer solchen Geschichte der Literatur als *Umwelt* anderer sozialer Kommunikationssysteme sollen erste theoretische und empirische Beiträge geliefert werden.[23]

Tübingen: Niemeyer 1991, S. 395–438, hier S. 436. Für die soziologische Theorie sozialen Wandels vgl. nach wie vor Peter Waldmann: Zeit und Wandel als Grundbestandteile sozialer Systeme. In: Walter L. Bühl (Hg.): Funktion und Struktur. Soziologie vor der Geschichte. München: Nymphenburger 1975, S. 132–150. Daß Wandel nicht allein autopoietisch, sondern nur als Mischung autopoietischer und allopoietischer Anteile zu beschreiben ist, betont Walter L. Bühl: Sozialer Wandel im Ungleichgewicht. Zyklen, Fluktuationen, Katastrophen. Stuttgart: Enke 1990, S. 189–209.

[22] Gerhard Plumpe / Niels Werber: Umwelten der Literatur. In: G. P. / N. W. (Hg.): Beobachtungen der Literatur. Aspekte einer polykontexturalen Literaturwissenschaft. Opladen: Westdeutscher Verlag 1995, S. 9–33, hier S. 9; vgl. auch den programmatischen Entwurf von Gerhard Plumpe / Niels Werber: Literatur ist codierbar. Aspekte einer systemtheoretischen Literaturwissenschaft. In: Siegfried J. Schmidt (Hg.): Literaturwissenschaft und Systemtheorie. Positionen, Kontroversen, Perspektiven. Opladen: Westdeutscher Verlag 1993, S. 9–43.

[23] Gerhard Plumpe / Niels Werber: Umwelten der Literatur (Anm. 22), S. 9.

Daß eine derart projektierte Literaturgeschichte, die interdiskursive und intertextuelle Beziehungen als System-Umwelt-Differenzen markiert und zur Konstruktion von Systembeziehungen nutzt, Konzeptionen von ›Sozialgeschichte‹ weniger beerbt denn fortschreibt und jedenfalls einen wichtigen Beitrag zu einer zukünftigen ›Sozialgeschichte‹ der Literatur leistet, wird ex negativo an den forcierten Abgrenzungsbemühungen gegenüber der synchronischen Dimension des ›Münchener Modells‹ deutlich, dessen Mehrebenencharakter einer ›polykontexturalen‹ Literaturbetrachtung indessen nicht nur nicht widerspricht, sondern sie geradezu erfordert.[24] Darüber hinaus folgen die Beiträge in *Beobachtungen der Literatur* – wie ein Blick auf das Inhaltsverzeichnis lehrt – durchaus den vier Parsonsschen gesellschaftlichen Funktionsbereichen ›Wirtschaft‹, ›Politik‹, ›soziale Gemeinschaft‹ (Recht, Pädagogik) und ›Kultur‹ (Religion, Philosophie); die doppelte Lesbarkeit des Titels »Beobachtungen der Literatur« als Genitivus subjectivus und objectivus (S. 7) bezeichnet darüber hinaus nicht nur die Beobachtungsrichtung von den Umwelten auf die Literatur (Genitivus objectivus: vgl. den Beitrag »Die Literatur der Philosophie«),[25] sondern auch die inverse Beobachtungsrichtung von der Literatur auf ihre Umwelten (Genitivus subjectivus: vgl. »Die Politik der Literatur«).[26] Um derartige Doppelperspektiven in reziproke System-Umwelt-Beziehungen mit eindeutigen Inklusionsverhältnissen zu übersetzen, liegt es nahe, das Unterscheidungsvermögen des ›Münchener Modells‹ zu nutzen und

---

[24]   Leider wiederholen Plumpe und Werber eine schon in Niels Werber: Literatur als System. Opladen: Westdeutscher Verlag 1992, S. 23–24 geäußerte Kritik an vermeintlichen »theoretischen Unsicherheiten« des ›Münchener Modells‹ und belegen diese mit verkürzenden, teilweise falschen Zitaten: Fehlen nämlich die Ebenenindizes, erscheinen die Verortungen von Literatur auf unterschiedlichen, mikro- und makrosozial differenzierten Funktionsebenen in der Tat als uneindeutig, ja widersprüchlich (Gerhard Plumpe / Niels Werber: Umwelten der Literatur [Anm. 22], S. 14); gemeint sind: Dieter Pfau / Jörg Schönert (Anm. 11) und Friederike Meyer / Claus-Michael Ort (Anm. 13) und die sich aus Parsons' Mehrebenenmodell ergebende Zuordnung von Literatur zur integrativen, d.h. gesellschaftlichen Orientierungsfunktion auf der Mikroebene des sozialen Handelns (Integration) und innerhalb des Sozialsystems Gesellschaft, also auf der Makroebene gesellschaftlicher Subsysteme, zum kulturellen, musterbildenden Funktionsbereich (Latency).

[25]   Gerhard Plumpe: Die Literatur der Philosophie. In: G. P. / Niels Werber (Hg.) (Anm. 22), S. 165–183.

[26]   Ingo Stöckmann: Die Politik der Literatur. Zur politischen Beobachtung der historischen Avantgarden. In: Ebd., S. 101–134. Der Untertitel impliziert eher ›Die Literatur der Politik‹ und zeigt, daß die an Niklas Luhmann erinnernden Genitiv-Formeln (à la *Das Recht der Gesellschaft, Die Kunst der Gesellschaft* usf.) nicht immer die eigentlich gemeinte Beobachtungsrichtung bezeichnen; so heißt z.B. der perspektivenreiche Beitrag von Bettina Gruber: Die Literatur der Religion. In: Ebd., S. 135–164 in der Kopfzeile »Die Religion der Literatur« und thematisiert beide Beobachtungsrichtungen – am Beispiel von Schleiermacher die »Kunstsemantik im Dienste der Religion« (S. 158ff) und am Beispiel Klopstocks die »Religionssemantik im Dienste der Kunst« (S. 143ff).

weiterzuentwickeln.[27] Zu klären wäre außerdem sowohl für das ›Münchener Modell‹ als auch für eine ›polykontexturale‹ Literaturgeschichtsschreibung, ob und wie sie auf die Umweltverhältnisse einer Literatur extrapoliert werden können, die sich noch nicht zu einem funktional differenzierten und ›autonomisierten‹ Sozialsystem aggregiert hat.

Albert Meier gelangt nämlich mit Blick auf das ›Münchener Modell‹ und auf Siegfried J. Schmidts *Die Selbstorganisation des Sozialsystems Literatur im 18. Jahrhundert* (1989) zu der kritischen Einschätzung, daß sich systemtheoretische Theoriemodelle

> (gleichgültig, ob luhmannscher oder parsonsscher Couleur) [...] regelmäßig auf den Zeitraum nach 1750 [beziehen]: auf die Phase eines ausdifferenzierten gesellschaftlichen Teilsystems ›Literatur‹, das im wesentlichen nach Marktprinzipien funktioniert und insofern eine ›relative Autonomie‹ ausbildet. Auf die Literatur vor dieser ›Sattelzeit‹ (Koselleck), d.h. auf die frühneuzeitliche Periode einer noch nicht autonom begründeten Literatur, geht keiner dieser Modellentwürfe ein. Für die Sozialgeschichtsschreibung der Barockliteratur liegt mithin keine brauchbare Theoriebildung der 90er Jahre vor.[28]

Was in Siegfried J. Schmidts sozial(system-)geschichtlichen Entwurf der Entstehung eines selbstreferentiell geschlossenen Sozialsystems Literatur – und cum grano salis auch bei Peter Fuchs' *Moderne Kommunikation. Zur Theorie des operativen Displacements* (1993) und Karl Eibls *Die Entstehung der Poesie* (1995)[29] – unabweisbar als Problemhintergrund aufscheint, ist die Frage des historischen Geltungsbereichs systemtheoretischer Modelle, die sich sowohl bei Parsons als auch bei Luhmann primär auf eine funktional differenzierte Gesellschaft mit ihren Folgeproblemen der Re-Integration und der Verarbeitung gestiegener Komplexität und Kontingenz beziehen und auf segmentär oder stratifikatorisch differenzierte Gesellschaften nicht übertragen werden können. Die Überwindung des Mißverhältnisses zwischen einer auf ›autonomisierte‹ Literatur spezialisierten sozialsystemischen Modellbildung einerseits und empirischen Befunden zur vor- und frühmodernen Literatur andererseits, die eine sozialgeschichtliche Betrachtung geradezu zu erzwingen scheinen, bildet ohne Zweifel eine der Herausforderungen, an denen sich die Zukunft einer soziologisch und theoretisch fundierten ›Sozialgeschichte‹ der Literatur entscheiden wird. Ohne eine übergreifende Modellierung des Ge-

---

[27] Vgl. nochmals Friederike Meyer / Claus-Michael Ort (Anm. 13), insbesondere S. 131–141 und S. 163–171. Anknüpfungsmöglichkeiten eröffnet ferner Joachim Linder: ›Verarbeitung‹ im Rechtssystem? Zu den ›Austauschbeziehungen‹ zwischen Literatursystem und Rechtssystem. In: SPIEL. Siegener Periodicum zur Internationalen Empirischen Literaturwissenschaft 9,1 (1990), S. 37–67.

[28] Albert Meier: Vorwort. In: A. M. (Hg.) (Anm. 1), S. 9–17, hier S. 12; vgl. auch S. 597, Anm. 9.

[29] Peter Fuchs: Moderne Kommunikation. Zur Theorie des operativen Displacements. Frankfurt/M.: Suhrkamp 1993; Karl Eibl: Die Entstehung der Poesie. Frankfurt/M.: Insel 1995.

sellschaftsbezuges etwa der Literatur des 17. Jahrhunderts werden sich auch die Wandelsprozesse des 18. Jahrhunderts nicht befriedigend erfassen lassen, so daß die Beschreibung der Genese eines ausdifferenzierten Sozialsystems Literatur vorerst auf implizit tautologische Emergenz- und zirkuläre Erklärungsformeln angewiesen bleibt (wie etwa bei Siegfried J. Schmidt), will sie nicht, was die Bände von *Hansers Sozialgeschichte der deutschen Literatur* zur Genüge illustrieren, bei impliziten Querschnittsvergleichen stehen bleiben: »Das Fehlen einer integrierenden Bezugsgröße hinsichtlich des prozessualen Geschehens zwischen Querschnitten« verführt dazu, die »Veränderungsvorgänge zwischen den beiden Querschnitten« auf jeweils einen der beiden Systemzustände zu projizieren und »als Vorgeschichte des einen [oder] als Nachgeschichte des anderen zu begreifen«.[30] Eine ›integrierende Bezugsgröße‹ könnte theoretisch also nur unterhalb der Aggregationsschwelle funktional ausdifferenzierter und ›autonomisierter‹ Subsysteme elaboriert werden, müßte synchronische Beziehungen zwischen segmentären oder stratifikatorischen Systemkomponenten modellieren und auch andere soziale Prozeßdynamiken beschreiben können, als nur diejenige irreversibel fortschreitender Differenzierung.

Daß ein solches Projekt jedoch nicht – wie Albert Meier suggeriert – am Nullpunkt beginnen müßte, verdeutlicht nicht zuletzt die avancierte – aus unerfindlichen Gründen nicht weiter reflektierte – Konzeption von Meiers Band zur Literatur des 17. Jahrunderts selbst. Insofern dessen systematische Inhaltsgliederung nämlich locker an die literatursoziologischen Strukturierungsvorschläge des ›Münchener Modells‹ anknüpft, stellt es zugleich deren Applikationsfähigkeit und dessen heuristischen Wert für das Literatursystem des 17. Jahrhunderts unter Beweis. Nach einem sozialsystemischen (»A. Historisch-politische Grundlagen«) und einem diskursgeschichtlichen, je literatursystemexternen Vorlauf (»B. Philosophisch-anthropologische Grundlagen«: ›Philosophie‹, ›Jurisprudenz‹, ›Affektenlehre‹, ›Sprachtheorie‹) werden »Literarisches Handeln« (›Autoren‹, ›Buchwesen‹, ›Sozietäten‹) und »Literarische Formen« (›Rhetorik‹, ›Poetik‹, ›Emblematik‹, ›Briefkultur‹ usf.) unter »C. Literaturbezogene Institutionen« und schließlich die drei Strata »Höfische Repräsentationsliteratur«, »Religiöse« und »Bürgerlich-weltliche Literatur« (mit »Gebrauchs- und Massenliteratur« und »Kunstliteratur«) unter »D. Literarische Institutionen: Funktionsbereiche und Gattungssystem« rubriziert.[31]

---

[30] Peter Waldmann (Anm. 21), S. 136. Siegfried J. Schmidts reduktive asymmetrische Wandlungsformel »Von literarischen Diskursen zum Sozialsystem Literatur« illustriert dies, so als gäbe es im 17. Jahrhundert kein sozialorganisatorisches Substrat der Literatur und im 18. Jahrhundert zumindest einen Funktionsverlust der Diskurse (Siegfried J. Schmidt [Anm. 8], S. 15–27, hier S. 15).

[31] Albert Meier (Hg.) (Anm. 1), S. 5–7. – Zur Begriffs-Triade ›Slit-bezogene [d.i. Sozialsystem Literatur; C.-M. O.] Institution‹, ›literaturbezogene Institution‹ und ›literarische Institutionalisierung‹ sowie zur Unterscheidung von ›Subsystem‹ und ›Teilsystem‹ vgl. Friederike Meyer / Claus-Michael Ort (Anm. 13), S. 133–137.

›Funktionsbereiche und Gattungssystem‹ signalisiert dabei, daß die eher segmentär koexistierenden, noch nicht ›autonomisierten‹ Gattungs-Teilsysteme zwar zumeist auf literaturfremde (höfische, kirchliche) Funktionsbereiche der Ständegesellschaft heteronom bezogen bleiben, zwischen ihnen aber auch schon Funktionsdifferenzierungen auftreten, bevor sich um ›literaturbezogene Institutionen‹ ein eigenständiges Sozialsystem Literatur herauszubilden beginnt. Insofern lassen sich Beziehungen zwischen funktional äquivalenten und funktional differenzierten ›literarischen Institutionen‹ bereits dann beobachten, wenn noch kein funktional ausdifferenziertes und von seiner sozialen Umwelt abgegrenztes Sozialsystem Literatur im Sinne des 18. Jahrhunderts existiert. Die mikro- und makrosoziale Analytik der vier von Talcott Parsons unterschiedenen Funktionsbereiche ›Wirtschaft‹ (Funktion der ›Ressourcenallokation‹), ›Politik‹ (Zieldefinition), ›gesellschaftliche Gemeinschaft‹ (Recht, Schule: Funktion der Integration) und ›Kultur‹ (Wertbindung und kulturelle Musterbildung) erweist sich somit als Mehrebenen-Modell in heuristischer Funktion, das auch dann objektbereichspezifisch konkretisiert werden kann, wenn noch nicht alle vier gesellschaftlichen Makro-Funktionen zu selbständigen Subsystembereichen mit intern unterscheidbaren Teilsystemen ausdifferenziert sind.[32]

Um literarischen Wandel auf gesellschaftlichen Wandel beziehen und im Rahmen langfristiger Prozesse sozialer Differenzierung und Entdifferenzierung beschreiben zu können, bedarf es also – so ist festzuhalten – eines begrifflichen und theoretischen Instrumentariums, das nicht nur Beziehungen zwischen der symbolischen und der sozialen Dimension von Literatur (etwa gattungsspezifisch) zu modellieren erlaubt, sondern darüber hinaus erstens sowohl auf funktional differenzierte als auch auf segmentär oder stratifikatorisch strukturierte Gesellschaften anwendbar ist, es zugleich zweitens ermöglicht, auch literaturbezogene und literatursystembezogene Komponenten der frühmodernen sozialen Organisation von Literatur (Institutionen der Produktion, der kollektiven und individuellen Rezeption, der Distribution, der Verarbeitung) zu unterscheiden und ihre Beziehungen zu erfassen und drittens die Prozeßdynamik heraus-

---

Die Unterscheidungen sind bei Meier nicht konsequent durchgehalten: So implizieren z.B. ›literaturbezogene Institutionen‹ eher ›literaturbezogenes‹ anstatt ›literarisches Handeln‹, welches wiederum nicht nur auf Gattungsmuster als ›literarische Institutionen‹ bzw. ›Institutionalisierungen‹ sondern auch auf Situationsdefinitionen des Rezeptions- und Produktionshandelns bezogen bleibt.

[32] Zumindest in dieser Hinsicht behalten die »Vorbereitenden Bemerkungen zu einem Diachroniemodell« von Friederike Meyer / Claus-Michael Ort (Anm. 13), S. 163–171 nach wie vor ihre Gültigkeit, versuchen sie doch, innerhalb des von den vier AGIL-Funktionen (›Adaption‹, ›Goal-Attainment‹, ›Integration‹, ›Latency‹) abgesteckten Differenzierungsfeldes auch den Funktionswandel zwischen den segmentären Teilsystemen zu berücksichtigen. Um ein Beispiel zu geben: Der kulturelle Funktionsbereich existiert auch in stratifizierten Gesellschaften, wird aber noch nicht primär von einem eigenständigen Literatur- oder Kunstsystem, sondern eher von Religion und Wissenschaft ausgefüllt.

zuarbeiten, die diesen Beziehungen jeweils zugrunde liegt. Auf zwei – so die Vermutung – hinsichtlich ihres Problembezuges kompatible Theoriekandidaten, die auch unterhalb der Schwelle erfolgreicher Systembildung literarisches und literaturbezogenes Handeln synchron und diachron zu analysieren gestatten, sei abschließend hingewiesen. Ihr potentieller historischer Geltungsbereich scheint sehr viel weitreichender als derjenige einer in der synchronischen Modellbildung auf funktionale Differenzierung fixierten Konzeption.

3. Ausblick: ›Kommunikationsmedien‹ und ›Habitus‹

Die gelegentlich kritisierte, differenzlogische und kommunikationstheoretische Tieferlegung der soziologischen Differenzierungstheorie durch Niklas Luhmann erweist sich vor diesem Hintergrund zunächst als Vorteil,[33] da sie – wie Luhmanns eigene wissenssoziologische Studien zur ›Semantik‹ des 17. Jahrhunderts belegen[34] – eine Modellierung von Gesellschaftszuständen erlaubt, die sich noch nicht durch weitreichende funktionale Differenzierung auszeichnen. Ohne die Chancen und Grenzen der Adaptionsfähigkeit von Luhmanns Theorie im allgemeinen und seiner Wissenssoziologie im besonderen für eine ›Sozialgeschichte‹ der Literatur hier eingehender abwägen zu können, scheint sich jedoch herauszukristallisieren, daß gerade eine auf dem Kommunikationsbegriff basierende soziologische Theorie einer integrativen Komponente bedarf, die auch auf der Makroebene ›autonomisierter‹ gesellschaftlicher Subsysteme oder Funktionsbereiche anwendbar bleibt und die den synchronischen Beziehungen inhärente Prozeßdynamik diachron zu elaborieren erlaubt. Wenn nämlich nach Luhmann

> jedes soziale System gleichzusetzen ist mit geschlossen operierender Kommunikation, dann muß sich [...] jeder Wandel als Veränderung der betreffenden Kommunikationsmodi oder Kommunikationsthemen erfassen lassen, jeder Konflikt vornehmlich als eine kommunikative Verweigerung gegenüber eingefahrenen Erwartungen, jede soziale Bewegung als Versuch einer Selbstverständigung der kommunikativen Gemeinschaft angesichts einer Krise, muß jede Differenzierung verstanden werden als Abkoppelung kommunikativer Teilsysteme, die sich durch Ausbil-

---

[33] Zur Kritik siehe nur Béla Pokol: Professionelle Institutionensysteme oder Teilsysteme der Gesellschaft? Reformulierungsvorschläge zu Niklas Luhmanns Systemtypologie. In: Zeitschrift für Soziologie 19,5 (1990), S. 329–344 oder Karin Knorr-Cetina: Zur Unterkomplexität der Differenzierungstheorie. Empirische Anfragen an die Systemtheorie. In: Zeitschrift für Soziologie 21,2 (1992), S. 406–419.

[34] Z.B. Niklas Luhmann: Interaktion in Oberschichten: Zur Transformation ihrer Semantik im 17. und 18. Jahrhundert. In: N. L.: Gesellschaftsstruktur und Semantik. Studien zur Wissenssoziologie der modernen Gesellschaft. Bd. 1. Frankfurt/M.: Suhrkamp 1980, S. 72–161 und N. L.: Frühneuzeitliche Anthropologie. Theorietechnische Lösungen für ein Evolutionsproblem der Gesellschaft. In: Ebd., S. 162–234.

dung eines kommunikationserschwerenden, eigenständigen Codes auszeichnen, und endlich alle systemische Reproduktion als Bewahrung der Fähigkeit, Kommunikationen aneinander anzuschließen.[35]

Zur Bearbeitung dieser Probleme steht ein von Talcott Parsons entworfenes Theoriestück, nämlich die Theorie der ›sozialen Interaktionsmedien‹ zur Verfügung, das Luhmann zur Theorie ›symbolisch generalisierter Kommunikationsmedien‹ weiterentwickelt und flexibilisiert hat. Luhmann situiert diese Theorie an der Schnittstelle von sozialsystemischen und symbolischen Zusammenhängen und profiliert sie medienhistorisch, so daß sie als integratives Theorieangebot einer literatursoziologischen und -historischen Adaption harrt, die sich von den Vorgaben Parsons' und Luhmanns gegebenenfalls auch zu emanzipieren fähig sein müßte.[36] Parsons orientiert die ›Interaktionsmedien‹ zunächst am Paradigma des zirkulierenden Geldes als ›Zusatzeinrichtungen zur Sprache‹, die als ›Medien‹ des Transfers handlungsleitender Selektionsentscheidungen Motivationsanreize dafür bieten, daß überhaupt Austauschbeziehungen zwischen funktional spezialisierten gesellschaftlichen Bereichen dauerhaft unterhalten werden und sich zum Beispiel politische Entscheidungen, wirtschaftliche Interessen, rechtliche Normen oder kulturelle Wertmuster in anderen gesellschaftlichen Subsystemen mittels der durch ›Geld‹, ›Macht‹, ›Einfluß‹ oder ›Wertbindungen‹ repräsentierten Anreize durchsetzen. Luhmann postuliert schließlich nicht nur weitere Kommunikationsmedien wie ›Vertrauen‹, ›Liebe‹ und ›Kunst‹, sondern bettet das Problem des Motivationstransfers außerdem in einen erweiterten Problemhorizont ein. Da erfolgreiche Kommunikation im Zuge der Entwicklung der technischen Speicher- und Verbreitungsmedien, insbesondere im Zuge der Umstellung von Oralität auf Schriftlichkeit und seit Erfindung und Durchsetzung des

---

[35] Michael Schmid / Hans Haferkamp: Einleitung. In: M. S. / H. H. (Hg.): Sinn, Kommunikation und soziale Differenzierung. Beiträge zu Luhmanns Theorie sozialer Systeme. Frankfurt/M.: Suhrkamp 1987, S. 7–21, hier S. 13.

[36] Erste Ansätze hierzu finden sich bei Friederike Meyer / Claus-Michael Ort: Literatur als soziales Interaktionsmedium. Zum Verhältnis von strukturaler Literaturwissenschaft und funktionalistisch-systemtheoretischen Ansätzen in der Soziologie. In: SPIEL. Siegener Periodicum zur Internationalen Empirischen Literaturwissenschaft 3,1 (1984), S. 67–97; John Ormrod: Lesegesellschaften und das ›Sozialsystem Literatur‹. Überlegungen zur Flexibilisierung des Theoriemodells der Münchener Forschergruppe (MFG). In: Monika Dimpfl / Georg Jäger (Hg.): Zur Sozialgeschichte der deutschen Literatur im 19. Jahrhundert. Einzelstudien Teil II. (Studien und Texte zur Sozialgeschichte der Literatur 28) Tübingen: Niemeyer 1990, S. 1–24; Claus-Michael Ort: Literaturwissenschaft als Medienwissenschaft. Einige systemtheoretische und literaturgeschichtliche Stichworte. In: Werner Faulstich (Hg.): Medien und Kultur. Beiträge zu einem interdisziplinären Symposium der Universität Lüneburg (LiLi. Zeitschrift für Literaturwissenschaft und Linguistik Beiheft 16) Göttingen: Vandenhoeck & Ruprecht 1991, S. 86–94; eine entscheidende Weiterentwicklung leistet Georg Jäger: Keine Kulturtheorie ohne Geldtheorie. Grundlegung einer Theorie des Buchverlages. In: Siegfried J. Schmidt (Hg.): Empirische Literatur- und Medienforschung. Siegen 1995, S. 24–40.

Buchdruckes kontingenter weil situationsabstrakter und ›unwahrscheinlicher‹ wird, kommt es zur Herausbildung von Mechanismen, die die gestiegene Kontingenz aufzufangen versuchen und Kognition und Kommunikation auf sozial erfolgversprechende, das heißt Anschlußkommunikation sichernde Weise aneinander koppeln.[37]

Welche konstanten oder sich wandelnden Funktionen in diesem mediengeschichtlichen Rahmen die Literatur vom 16. Jahrhundert bis zur Gegenwart und insbesondere auch zwischen 17. und 18. Jahrhundert erfüllt, welchem langfristigen Funktionswandel also zum Beispiel die dramatische Literatur als Leseliteratur und als Aufführungsliteratur zwischen rhetorischen und moralischen Funktionsansprüchen und ästhetischer ›Autonomie‹ ausgesetzt ist, ist noch kaum exemplarisch – theoriegeleitet und textbezogen – erforscht worden.[38] Zu fragen wäre etwa erstens, unter welchen Umständen welche Literatur für welche (politischen, religiösen, pädagogischen, moraldidaktischen) Diskurse und ihre sozialen Herkunftssysteme nicht nur die Funktion eines zusätzlichen Verbreitungsmediums sondern auch eines ›Erfolgsmediums‹ erfüllt, also selbst als symbolisch generalisiertes Kommunikationsmedium fungiert und unter welchen Umständen sie dagegen zweitens ihrerseits eines literaturfremden Kommunikationsmediums bedarf, das sie zum Beispiel pädagogisch oder moralisch legitimiert und den Erfolg literarischer Kommunikation sicherstellt, und schließlich drittens, welche Korrelationen jeweils mit dem sozialen Organisations- und Differenzierungsniveau der gesellschaftlichen Umwelten von Literatur bestehen.

Zu prüfen wäre schließlich, ob, wie und für welche historischen Objektbereiche derartige Fragestellungen innerhalb der Kultursoziologie von Pierre Bourdieu reformuliert werden können.[39] Die seit der *Soziologie symbolischer Formen* (1974)[40] immer wieder variierte und um die Begriffe ›Feld‹, ›Struktur‹, ›Habitus‹ und ›Praxis‹ zentrierte, generativ-strukturalistische Konzeption

---

[37] Vgl. einführend Talcott Parsons: Zur Theorie der sozialen Interaktionsmedien. Hg. von Stefan Jensen. Opladen: Westdeutscher Verlag 1980; Niklas Luhmann: Die Wissenschaft der Gesellschaft. Frankfurt/M.: Suhrkamp 1990, S. 178–208 und S. 597–605 sowie den letzten Stand der Konzeption der Kommunikationsmedien als ›Erfolgsmedien‹ bei Niklas Luhmann: Die Gesellschaft der Gesellschaft. Frankfurt/M.: Suhrkamp 1997, S. 190–412.

[38] Einen Beitrag versucht hierzu Claus-Michael Ort: ›Hier hat ein kluger Platz zwey Spiegel auffgestellt‹. Affektwechsel und Medienwechsel bei Christian Weise (in Vorbereitung) zu leisten.

[39] Anregungen verdanke ich der kritischen Diskussion von Bourdieus *Die Regeln der Kunst* im Kieler Lektürekreis (Nicole Ahlers, Jörg Dünne, Petra Kallweit, Ulrich Kinzel, Hans Krah, Wolfgang Lukas, Christoph Reinfandt, Dorothee Scholl, Bernhard Teuber, Anja Tippner).

[40] Pierre Bourdieu: Zur Soziologie der symbolischen Formen. Frankfurt/M.: Suhrkamp 1974, v.a. S. 125–158; zu einer textbezogenen »Wissenschaft von den kulturellen Werken« und zur »Ökonomie der symbolischen Güter« siehe auch Pierre Bourdieu: Praktische Vernunft. Zur Theorie des Handelns. Frankfurt/M.: Suhrkamp 1998, S. 56–89 und S. 163–200.

Bourdieus koppelt die soziale und die semiotische Systemreferenz von Kunst und Literatur aneinander, indem sie soziale Positionen auf ein ›Feld‹ ökonomischen und symbolischen ›Kapitals‹ bezieht, das sich der symbolischen Praxis konkreter Lebens-, Verhaltens-, Wahrnehmungs- und Geschmacks-Stile mittels eines »Systems von Strategien generierenden Handlungsdispositionen« (›Habitus‹)[41] aufprägt:

> Als Vermittlungsebene zwischen der objektiven Feldstruktur und den symbolischen Praxisformen fungiert [...] die Ebene der habituellen Dispositionen, durch welche eine Homologie zwischen der Positions- und der Symbolstruktur des Feldes hergestellt wird.[42]

So bildet beispielsweise die »Distinktion zwischen hohem, mittlerem und niederem Stil« und ihre »evidente Parallele zum barocken Blick auf die soziale Schichtung«[43] einen ›Habitus‹, dessen soziale und symbolische Reichweite als potentiell handlungsleitendes Ensemble von Wahlmöglichkeiten – an der Schnittstelle von sozialer ›Struktur‹ und künstlerischer ›Praxis‹ – als historische Variable anzusehen ist. Für eine historische wie theoretische Generalisierbarkeit des ›Feld‹- und ›Habitus‹-Konzeptes wird ferner ausschlaggebend sein, daß es gelingt, seine monetäre und ökonomische Metaphorik zu verlassen, die Dominanz von ›Geld‹ und ›Macht‹ als handlungsleitende Mechanismen zu relativieren und neben homologen Strukturähnlichkeiten noch andere, komplexere Beziehungen zwischen Sozial- und Symbolstrukturen zuzulassen.[44] Ob ›Geld‹ und ›Macht‹ im sozialen ›Feld‹ ähnliche Funktionen erfüllen wie die Interaktions- beziehungsweise Kommunikationsmedien zwischen sozialen Systemen, lohnte jedenfalls eine genauere Überprüfung. Erst dann wird etwa auch zu beurteilen sein, ob die exemplarische Analyse des literarischen ›Feldes‹ in *Die Regeln der Kunst*, die von einer Lektüre von Gustave

---

[41] Markus Schwingel: Kunst, Kultur und Kampf um Anerkennung. Die Literatur- und Kunstsoziologie Pierre Bourdieus in ihrem Verhältnis zur Erkenntnis- und Kultursoziologie. In: Internationales Archiv für Sozialgeschichte der deutschen Literatur 22,2 (1997), S. 109–151, hier S. 145. Zum ›Feld‹-Begriff vgl. im einzelnen auch Joseph Jurt: Bourdieus Analyse des literarischen Feldes oder der Universalitätsanspruch des sozialwissenschaftlichen Ansatzes. In: Internationales Archiv für Sozialgeschichte der deutschen Literatur 22,2 (1997), S. 152–180.

[42] Markus Schwingel (Anm. 41), S. 121. Vgl. auch Louis Pinto: Feldtheorie und Literatursoziologie. Überlegungen zu den Arbeiten Pierre Bourdieus. In: L. P. / Franz Schultheis (Hg.): Streifzüge durch das literarische Feld. Konstanz: Universitätsverlag 1997, S. 9–32, sowie Pierre Bourdieu: Das literarische Feld. In: Ebd., S. 33–147 und Pierre Bourdieu (Anm. 20), S. 83–279 und S. 340–445.

[43] Albert Meier (Anm. 28), S. 11.

[44] Auch die Interaktionsmedientheorie Parsons' zeichnet sich in ihren Anfängen durch eine Übergeneralisierung des ›Geld‹-Paradigmas aus, die später überwunden werden konnte. – Homologien als bevorzugte Zurechnungskategorien drohen Bourdieus Literatursoziologie auf den Stand von Lucien Goldmann: Soziologie des modernen Romans. Berlin, Neuwied: Luchterhand 1970 oder von Hans Norbert Fügen: Zur Wissenschaftlichkeit und Systematik der soziologischen Roman-Interpretation. In: Internationales Archiv für Sozialgeschichte der deutschen Literatur 7 (1982), S. 1–19 zurückzuwerfen.

Flauberts *Erziehung des Herzens* als Allegorie eben desjenigen ›Feldes‹ und
seiner Entstehung ausgeht, dem der Roman selbst angehört, nicht einem
mimetischen Kurzschluß erliegt und ob sie darüber hinaus auf literarische
›Felder‹ anderer Jahrhunderte übertragen werden kann.[45] Sowohl Luhmanns
Kommunikationsmedientheorie als auch Bourdieus ›Feld‹- und ›Habitus‹-
Konzept könnten am Ende von einem Vergleich profitieren: erstere einen
weniger residualen, binaristisch reduzierten Text- und Werkbezug gewinnen,
letzteres von kurzschlüssigen Mimesispostulaten und Homologien Abstand
nehmen und beide ihre zirkuläre Theoriestruktur sukzessive und in der historischen Konkretisation überwinden.[46]

Zukunft wird eine ›Sozialgeschichte‹ der Literatur langfristig nur haben,
wenn sie eine erkennbare Herausforderung für Literaturwissenschaft und
Literaturgeschichte bleibt und sich weder mit der Bereitstellung sogenannter
sozialhistorischer ›Realien‹ begnügt, für deren Korrelation mit Literatur sie
zudem gar keine Kriterien mehr anzugeben vermag, noch sich auf bloße
Intertextualität zurückzieht. Die weitere literatursoziologische Adaption und
literaturgeschichtliche Füllung der Luhmannschen Kommunikationsmedientheorie und der Bourdieuschen ›Feld‹- und ›Habitus‹-Theorie könnte dabei
einen – hier nur anzudeutenden – begrenzt synkretistischen aber anwendungsorientierten Entwicklungspfad markieren, auf dem nicht-triviale Beziehungen zwischen Gesellschaft und Literatur als Zeichensystem wie als Sozialsystem konstruiert werden können. Solange es das Projekt einer interdisziplinär offenen Literaturwissenschaft »als sozialwissenschaftlich operierender
Medienwissenschaft« gibt,[47] ist jedenfalls auch das Projekt einer ›Sozialgeschichte‹ der Literatur nicht aufzugeben; ohne jenes wird letztere aber kaum
aus ihrer Stagnation zu befreien sein. Daß sich eine ›sozialgeschichtliche‹
Option darüber hinaus als besonders theorieabhängig darstellt, ist von heil-
samer Konsequenz für die Literaturgeschichtsschreibung, wird sie doch permanent daran erinnert, ›Geschichte‹ nicht als gegeben, sondern als ein Konstrukt zu betrachten, dessen Konstruktionsbedingungen immer wieder von
neuem zu reflektieren sind.

---

[45] Vgl. bereits Alain Viala: Naissance de l'écrivain. Sociologie de la littérature à
l'âge classique. Paris: Minuit 1985.

[46] »Der Habitus ruft den Gegenstand hervor, befragt ihn, bringt ihn zum Sprechen,
während dieser seinerseits den Habitus hervorzurufen, an ihn zu appellieren, ihn
zu provozieren scheint« (Pierre Bourdieu [Anm. 20], S. 499).

[47] Siegfried J. Schmidt: Literaturwissenschaft als interdisziplinäres Vorhaben. In:
Johannes Janota (Hg.): Kultureller Wandel und die Germanistik in der Bundesrepublik. Vorträge des Augsburger Germanistentags 1991. Bd. 2. Vielfalt der kulturellen Systeme und Stile. Tübingen: Niemeyer 1993, S. 3–19, hier S. 10; vgl.
auch ebd.: »Die Alternative lautet nicht etwa: Sozialwissenschaft versus Textwissenschaft; sie lautet vielmehr: sozial- und medienwissenschaftlich informierte
Texterforschung versus textontologisierende Interpretation«.

MICHAEL BÖHLER

Eindimensionale Literatur

Zur Raumlosigkeit der Sozialgeschichte

1. »Krise der Sozialgeschichte«

In ihren Überlegungen zur gegenwärtigen Situation der Sozialgeschichte der
Literatur fragten die Herausgeber im Einladungs-Exposé zum vorliegenden
Band unter anderem nach möglichen kulturwissenschaftlichen Ansätzen zu
einer tragfähigen Weiterentwicklung des sozialgeschichtlichen Wissen-
schaftsprojekts, wie es sich seit den 70er Jahren herausgebildet hat. Dabei
schlagen sie im Rahmen der vier Bereichsfelder, in deren Horizont neue
Schneisen gelegt werden könnten,[1] auch die Erprobung von alternativen modernisierungstheoretischen Annahmen zur »bisherigen Orientierung der Sozialgeschichte am Modell des Bürgertums und ihre Konzentration auf die Sozialstruktur« vor. Die Anregung aufgreifend möchte ich im Folgenden den *modernisierungstheoretischen* Aspekt der Sozialgeschichte in Verbindung mit
der kulturanthropologischen Frage nach dem Verhältnis von Mensch und
Raum, von Gesellschaftsordnung und Raumordnung erörtern. Die Verbindung Sozialgeschichte – Kulturwissenschaft soll freilich nicht dahingehend
verstanden werden, daß damit der sozialgeschichtliche Ansatz der gegenwärtigen Tendenz entsprechend in einer »Einheitsdisziplin« ›Kulturwissenschaft‹
aufzuheben versucht wird.[2] Ebensowenig ist ein Anschluß an jene Bewegung
einer stillen »Liquidierung« der Sozialgeschichte in einer sich zunehmend
ausdünnenden Selbstpreisgabe des Konzepts beabsichtigt, wie sie Wendelin
Schmidt-Dengler schon 1995 festgestellt hat[3] und Oliver Bruck et alii vor

---

[1] 1) Sozialgeschichte der Literatur und Medien, 2) Sozialgeschichte der Literatur
und die Geschichtswissenschaften, 3) Sozialgeschichte der Literatur und die Humanwissenschaften, 4) Sozialgeschichte der Literatur und die Theorieentwicklung.

[2] Hartmut Böhme/Klaus R. Scherpe (Hg.): Literaturwissenschaft und Kulturwissenschaften. Positionen, Theorien, Modelle. Reinbek bei Hamburg: Rowohlt 1996,
S. 8: Es sei »eher bedenklich, wenn man von der Kulturwissenschaft wieder so
etwas wie die verlorengegangene Einheit erhofft«.

[3] Wendelin Schmidt-Dengler/Johann Sonnleitner/Klaus Zeyringer (Hg.): Literaturgeschichte: Österreich. Prolegomena und Fallstudien. (Philologische Studien und
Quellen 132) Berlin: Schmidt 1995, S. 7: »Der sozialgeschichtliche Ansatz, der
großangelegten Literaturgeschichten gegen Ende der siebziger Jahre euphorische
Impulse gab, wurde von diesen allmählich unter der Hand aufgegeben, ehe die

kurzem unter dem Titel *Eine Sozialgeschichte der Literatur, die keine mehr sein will*[4] erneut konstatiert und als Zeichen der »Krise des sozialgeschichtlichen Paradigmas« gelesen haben.[5] Angestrebt wird mit den folgenden Überlegungen vielmehr eine höhere Differenzierungsschärfe des sozialgeschichtlichen Modernisierungsmodells, die es erlaubt, das Ordnungsgefüge literarischer Sozialeinheiten in räumlichen Kulturzusammenhängen genauer zu fassen, als dies bisher gelungen ist.[6]

2. Beliebige Raumordnungen und Eindimensionalität der Literatur

In ihrer Kritik des sechsten Bandes von *Hansers Sozialgeschichte* im *Internationalen Archiv für Sozialgeschichte der Literatur* stellen Oliver Bruck et alii fest, das Problem dieser Literaturgeschichte liege »in dem Verzicht, genuin sozialgeschichtliche Sachverhalte (wie Buchhandels- und Verlagsgeschichte, Zensur, Theaterbetrieb, literarische Journalistik) sowie *regionale Differenzierungen* des ›literarischen Lebens‹ in der zweiten Hälfte des 19. Jahrhunderts überhaupt zu thematisieren«.[7] Dasselbe gelte für die Erörterungen zur Diskrepanz zwischen Modernisierung und Modernität, die ebenfalls »regionale Differenzierungen gänzlich außer acht« ließen, »ganz zu schweigen von den Besonderheiten der Verhältnisse in der Schweiz und in Österreich«.[8] Daran knüpfen die Verfasser eine grundsätzliche Methodenkritk an:

---

davon zu erwartenden Ergebnisse auch eingebracht werden konnten. Daß dieser Ansatz im besonderen für eine österreichische Literaturgeschichte vielversprechend ist, hat sich durch die Praxis der letzten Jahre mehrfach gezeigt«.

[4] Gemeint ist Edward McInnes / Gerhard Plumpe (Hg.): Bürgerlicher Realismus und Gründerzeit 1848–1890. (Hansers Sozialgeschichte der deutschen Literatur vom 16. Jahrhundert bis zur Gegenwart 6) München, Wien: Hanser 1996.

[5] Oliver Bruck / Max Kaiser / Werner Michler / Karl Wagner / Christiane Zintzen: Eine Sozialgeschichte der Literatur, die keine mehr sein will. In: Internationales Archiv für Sozialgeschichte der deutschen Literatur 24, 1 (1999), S. 132–157, hier 132: der Hanser-Band sei »Ausdruck der Krise des sozialgeschichtlichen Paradigmas, das die Herausgeber programmatisch verabschieden und durch eine ›polykontexturale‹ Literaturwissenschaft ersetzt sehen möchten«.

[6] Mit etwas anderer Blickrichtung ist es dieselbe Problemstellung, wie sie Jörg Schönert 1992 als grundsätzliche Frage formulierte: »[...] ob generalisierende Konzepte – wie die Systemtheorie [und damit verbunden etwa auch die Modernisierungstheorie; M. B.] – so differenzierungsfähig sind, daß sie [...] Textinterpretation und Darstellung geschichtlicher Prozesse im Sinne wechselseitiger Erhellungen verbinden können«. Jörg Schönert: Möglichkeiten und Probleme einer Integration von Literaturgeschichte in Gesellschafts- und Kulturgeschichte. Einleitung. In: Lutz Danneberg / Friedrich Vollhardt (Hg.): Vom Umgang mit Literatur und Literaturgeschichte. Positionen und Perspektiven nach der »Theoriedebatte«. Stuttgart: Metzler 1992, S. 337–348, hier S. 338.

[7] Oliver Bruck u.a. (Anm. 5), S. 132 (Hervorhebung vom Verfasser).

[8] Ebd., S. 133.

Die eingestandenermaßen fehlende methodische Vereinheitlichung bei einem Sammelband, der als *Sozial*geschichte der *deutschen* Literatur auftritt, wäre jedenfalls ebenso zu leisten gewesen wie die Entwicklung einer Perspektive, die Gemeinsamkeiten und Unterschiede der Literatur des gesamten deutschsprachigen Raumes im Blick behält, um dem Vorwurf eines doppelten Etikettenschwindels zu entgehen. Dem methodisch Heterogenen entspricht nämlich in durchaus paradoxer Weise eine Vereinheitlichung des Untersuchungsgegenstandes durch Auslassung und Entdifferenzierung. Dies ist nicht allein der auf Deutschland fixierten Einleitung anzulasten, sondern der Konzeption des gesamten Bandes.[9]

Der paradoxe Befund von Heterogenität in der methodischen Erfassung des ›Sozialen‹ einerseits und einer kulturtopographische und länderspezifische Unterschiede im deutschsprachigen Raum nivellierenden Generalisierungstendenz im Begriff ›deutsch‹ andererseits trifft nun freilich nicht nur auf diesen Band zu, sondern ist *grosso modo* ein Kennzeichen nicht bloß von *Hansers Sozialgeschichte der deutschen Literatur*, sondern der ganzen Gruppe der in den letzten zwanzig Jahren erschienenen Sozialgeschichten zur deutschen Literatur, insbesondere was die Darstellungen des 20. Jahrhunderts betrifft.[10] Auch sozialgeschichtlich orientierte Einzelabhandlungen wie etwa Peter Uwe Hohendahls institutionentheoretisch ausgerichtete Untersuchung *Literarische Kultur im Zeitalter des Liberalismus 1830–1870*[11] oder Siegfrid J. Schmidts systemtheoretisches Buch *Die Selbstorganisation des Sozialsystems Literatur im 18. Jahrhundert*[12] vermitteln ein ähnliches Bild: Behandelt ersterer trotz des geltend gemachten institutionentheoretischen Anspruchs die Nationalliteratur-Debatte nur gerade beiläufig und die wichtige Diskussion der Ausdifferenzierung einer kanonischen deutschen Nationalliteratur mit der Abspaltung einer schweizerischen Nationalliteratur überhaupt nicht, so sucht man bei

---

[9] Ebd., S. 133.
[10] Ludwig Fischer (Hg.): Literatur in der Bundesrepublik Deutschland bis 1967. (Hansers Sozialgeschichte der deutschen Literatur vom 16. Jahrhundert bis zur Gegenwart 10) München, Wien: Hanser 1986. – Hans-Jürgen Schmitt (Hg.): Die Literatur der DDR. (Hansers Sozialgeschichte der deutschen Literatur vom 16. Jahrhundert bis zur Gegenwart 11) München, Wien: Hanser 1983. – Klaus Briegleb/Sigrid Weigel (Hg.): Gegenwartsliteratur seit 1968. (Hansers Sozialgeschichte der deutschen Literatur vom 16. Jahrhundert bis zur Gegenwart 12) München, Wien: Hanser 1992. – Viktor Žmegač: Geschichte der deutschen Literatur vom 18. Jahrhundert bis zur Gegenwart. Bd. III, 2: 1945–1980. Königstein: Athenäum 1984. – Jan Berg u.a. (Hg.): Sozialgeschichte der deutschen Literatur von 1918 bis zur Gegenwart. Frankfurt/M.: Fischer 1981ff. – Horst Albert Glaser / Alexander von Bormann (Hg.): Deutsche Literatur. Eine Sozialgeschichte. Band 9. Weimarer Republik – Drittes Reich: Avantgardismus, Parteilichkeit, Exil. 1918–1945. Reinbek bei Hamburg: Rowohlt 1983. – Horst Albert Glaser (Hg.): Deutsche Literatur zwischen 1945 und 1995. Eine Sozialgeschichte. (UTB 1981) Bern, Stuttgart, Wien: Paul Haupt 1997.
[11] Peter Uwe Hohendahl: Literarische Kultur im Zeitalter des Liberalismus. 1830–1870. München: Beck 1985.
[12] Siegfrid J. Schmidt: Die Selbstorganisation des Sozialsystems Literatur im 18. Jahrhundert. Frankfurt/M.: Suhrkamp 1989.

letzterem trotz seines auf Empirisierungsfähigkeit ausgerichteten theoretischen Ansatzes konkrete kulturräumliche Aspekte in der ›Selbstorganisation des Literatursystems‹ in Deutschland vergebens, ebenso fehlen auch hier Überlegungen zu frühen Ansätzen einer Nationalliteratur-Diskussion, wie sie schon im 18. Jahrhundert stattfanden.[13] Gesamthaft und über die letzten fünfundzwanzig Jahre hinweg betrachtet lassen sich so zwei einigermaßen typische sozialgeschichtliche Verfahrensweisen beobachten: Entweder eine gelegentlich beinahe hilflos anmutende Beliebigkeit im topographischen Arrangement der deutschsprachigen Literaturen,[14] oder aber eine alle kulturräumlichen und geopolitischen Unterschiede verwischende Einebnung zu einem Einheitsraum gesamtdeutscher Literatur unter Einschluß von Österreich und der Schweiz.[15]

3. Ungelöste Territorialisierungsprobleme

Insgesamt läßt sich also zweifellos von einem ungelösten Raumproblem sprechen, das die Sozialgeschichte der deutschsprachigen Literatur mit sich herumschleppt – insbesondere jene Unternehmungen, die den gesamtdeutschsprachigen Raum und historische Gesamtentwicklungen behandeln. Anders scheint dies auf den ersten Blick bei sozialgeschichtlich-kulturräumlichen Untersuchungen zu einzelnen Regionen, Kulturzentren, Städten oder Ländern

---

[13] Leonhard Meister: Beiträge zur Geschichte der teutschen Sprache und Nationalliteratur. London [anonym]; Heidelberg 1777 / 1780; vgl. auch Michael Böhler: The Construction of Cultural Space. Processes of Differentiation and Integration between German-speaking Switzerland and Germany in the 18th Century. In: Annette Hofmann (Hg.): The Swiss Connection. Reconceptualizing Nature, Science, and Aesthetics. Joint Symposium of the Center for the 17th and 18th Century at the University of California at Los Angeles and the Swiss Society for the 18th Century. (Travaux sur la Suisse des Lumières 1 [1998]) Genève: Slatkine 1998, S. 117–134, hier S. 131–133.

[14] Ausführlich dazu: Michael Böhler: Vom Umgang der Literaturwissenschaft mit kulturtopographischen Aspekten der deutschsprachigen Literatur. In: Michael Böhler / Hans-Otto Horch (Hg.): Deutschsprachige Kulturräume. Perspektivierungen im Spannungsfeld von Integration und Differenz. Tübingen: Stauffenburg /Narr 2000 [in Vorbereitung].

[15] Z.B. Ralf Schnell: Die Literatur der Bundesrepublik. Autoren, Geschichte, Literaturbetrieb. Stuttgart: Metzler 1986, der die österreichischen und schweizerischen Schriftstellerinnen und Schriftsteller der Bundesrepublik zuschlägt, weil sie anders als jene der DDR »westliche Autoren« seien (S. 7); oder Wilfried Barner (Hg.): Geschichte der deutschen Literatur von 1945 bis zur Gegenwart. München: Beck 1994, der auf die großen deutschen Verlage mit Schweizer und Österreicher Autoren, das »grenzüberschreitende Lesepublikum« und die internationalen Märkte verweist. Beide weisen zudem explizit den Verdacht des »Kulturimperialismus« zurück (S. 7 bzw. XVII); vgl. dazu: Johann Holzner: Unbegründeter Kulturimperialismus-Verdacht? In: ide. Zeitschrift für den Deutschunterricht in Wissenschaft und Schule 19, 2 (1995), S. 14–16.

zu stehen, wo der Raum und im allgemeinen auch die Raumgliederung und
die dazu gehörige Literatur vom Gegenstand her zum vornherein vorgegeben
und damit definiert zu sein scheinen. Daß aber – zum Beispiel – Literatur *in*
der Provinz Westfalen nicht *eo ipso* schon »*westfälische* Literatur« ist, hat
Renate von Heydebrand in ihrem struktur-funktionalen, handlungstheoretisch
orientierten »literarhistorischen Modell-Entwurf« von 1983 aufgezeigt.[16] Und
damit wird das Verhältnis Literatur – (Kultur-)Raum wiederum von einer andern Seite her problematisch: Der Befund der wegweisenden, methodologisch
streng geführten Untersuchung von Heydebrands lautet, daß es gerade keine
»einheitliche *westfälische Literatur*« gebe – ein Befund, der sich vermutlich
auch bei andern regionalliterarischen Untersuchungen herausstellen würde.
Denn einerseits folge die Literatur in Westfalen »in ihrem Selbstverständnis
und ihrer stilistischen Ausprägung, in den jeweils bevorzugten Gattungen und
Themen« den anderswo erfolgreichen Vorbildern«. Andererseits unterschieden
sich, »in Abhängigkeit von historischen Gegebenheiten und Prozessen, die
dominanten Tendenzen in Literatur und Literaturbetrieb innerhalb der verschiedenen Landesteile Westfalens sehr wesentlich«, und schließlich seien
»die wenigen bedeutenden Autoren [...] nur je und dann – und auch nur partiell – solchen Tendenzen, von denen einige als spezifisch ›westfälisch‹ gelten,
zuzuordnen«.[17] – Mit andern Worten: Das Verhältnis von (a) Binnenvarianz
und (b) Außendifferenz im gegebenen Raum ›Westfalen‹ ist offenkundig derart – nämlich (a) relativ hoch, (b) relativ gering –, daß sich der Begriff ›westfälische Literatur‹ letztlich aufzulösen droht. Was hingegen nachgewiesen
werden könne, ist ein »Westfalen*bewußtsein*«, und es sei primär dieses Bewußtsein, worauf die »bestehende Suggestion einer westfälischen Einheitlichkeit beruht« und das »nun in der Tat im 19. und 20. Jahrhundert zu einem
wirkungsmächtigen Faktor auch des literarischen Lebens heranreift«. Dabei
sei der Merkmalskomplex einer christlich-konservativen, agrarischen Lebensform und Lebenshaltung »sicher auch mit überdurchschnittlicher Häufigkeit
an Literatur aus der Feder von Autoren zu beobachten, die in agrarisch-
konservativ-katholischen Bezirken ihre Prägung erhielten«. Aber – und nun
folgt wieder ein methodologisches *caveat!* – dieser Merkmalskomplex sei
»weder geeignet, alle Literatur im Raum Westfalen auch nur annähernd – ohne äußere Gewaltsamkeit – abzudecken, noch besitzt er genügend Trenn-
schärfe gegenüber dem Niederdeutschen einerseits, gegenüber christlich-
konservativer Dichtung anderer Landschaften von ähnlicher Struktur anderer-

---

[16] Renate von Heydebrand: Literatur in der Provinz Westfalen 1815–1945. Ein literarhistorischer Modell-Entwurf. (Geschichtliche Arbeiten zur Westfälischen
Landesforschung. Geistesgeschichtliche Gruppe. Hg. von der Historischen Kom-
mission für Westfalen) Münster: Regensberg 1983.
[17] Ebd., S. 244.

seits«.[18] Daraus ergibt sich die bemerkenswerte Schlußfolgerung hinsichtlich
der Legitimation einer Literaturgeschichte für den westfälischen Raum:

> Eine *westfälische Literaturgeschichtsschreibung* jedoch – und dabei muß es aus
> meiner Perspektive bleiben – rechtfertigt sich weder aus den zeitweise durchaus
> positiven Wirkungen des ›Westfalenbewußtseins‹ (oder gar einem durchgängigen
> westfälischen Spezifikum der in der Provinz erzeugten Literatur) noch aus dem
> besonderen Reichtum dieser Provinz [...] an herausragenden literarischen Bega-
> bungen.[19]

Trotzdem kommt von letztlich doch noch zu einer positiven Einschätzung
einer westfälischen – und das heißt generalisiert: einer regionalen – Literaturgeschichtsschreibung, die freilich etwas akademisch anmutet:

> Aber sie lohnt sich als ›Modellentwurf‹, als Beispiel für die Vielfalt der Formen
> und Funktionen, in denen sich Literatur auf so relativ engem Raum entfaltet, und
> für die abwechslungsvollen Pfade und Wege, auf denen sie sich verbreitet. Ob in
> der beeindruckenden Fülle der Hervorbringungen an Literatur in Westfalen [...]
> und anderem mehr nun doch etwas ›Westfälisches‹ zu sehen wäre, könnte nur ein
> Vergleich mit andern Kulturlandschaften, auf der Basis ähnlich aufgebauter Lite-
> raturgeschichten, zeigen.[20]

Zu einem wesentlich radikaleren Schluß über die Tunlichkeit einer regionalen
Literaturgeschichtsschreibung gelangt Hans-Peter Ecker 1989, wenn er
rundweg meint, daß »die systematische Ausrichtung der Literaturgeschichte
auf ein räumliches Orientierungsmuster [...] ihrem Gegenstand unangemessen« sei.[21] Dies gerade auch aus sozialgeschichtlichen Überlegungen heraus,
wie etwa jener, Autoren hätten »seit eh und je die geographischen, politischen, konfessionellen, sprachlichen und kulturellen Grenzen ihrer Her-
kunftsregionen überschritten, sie sind herumgereist, haben Briefe gewechselt,
Schriften historisch und räumlich entlegener Kulturkreise rezipiert und in ihr
Werk eingebracht«.[22] Ferner seien ganz elementare Fragen wie die nach der
Zugehörigkeit von Autoren zur in Frage stehenden Region kaum entscheid-
bar: Müsse zum Beispiel eine »Mindestverweildauer« in der Region vorausgesetzt werden? – Oder sollte die Zugehörigkeit nach dem Beitrag bemessen
werden, den ein Autor zur Literatur der Region geleistet hat? – Sollte nur berücksichtigt werden, was in der Region geschrieben oder publiziert wurde?
etc. etc.[23] Daraus ergibt sich für Ecker nur der eine zulässige Schluß, regio-

---

[18] Ebd., S. 244.
[19] Ebd., S. 263.
[20] Ebd., S. 263.
[21] Hans-Peter Ecker: Region und Regionalismus. Bezugspunkte für Literatur oder
Kategorien der Literaturwissenschaft? In: Deutsche Vierteljahrsschrift für Literaturwissenschaft und Geistesgeschichte 63 (1989), S. 295–314, hier S. 311.
[22] Ebd.
[23] Vgl. dazu auch: Norbert Feinäugle: Regionalliteratur oder Literatur der Region?
Erwägungen zu Gegenstand, Sinn und Aufgabe einer regionalen Literaturgeschichte. In: Joseph Kohnen (Hg.): Brücken schlagen ... »weit draußen auf eige-

nale Literaturgeschichtsschreibung vermehre »ohne wesentliche Zugewinne an literaturwissenschaftlicher Einsicht diejenigen Unzulänglichkeiten, welche schon der nationalsprachlich begrenzten Literaturgeschichtsschreibung daraus erwachsen sind, daß sie wichtige kulturelle Zusammenhänge ausblendet«.[24] Welche »kulturellen Zusammenhänge« bleiben aber, so fragt man, wenn Literatur völlig aus räumlichen Ordnungsgefügen – seien dies Regionen, Kulturräume, Sprachräume, Territorialstaaten – herausgelöst, wenn Autorinnen und Autoren in eine raumlose Lebenswelt versetzt werden?

Anders sieht die Problemlage wiederum aus, wenn wir die Diskussion des Verhältnisses von Literatur und (Kultur-)Raum zum Beispiel in Österreich ins Auge fassen. Hier ist allein schon die Frage nach einer ›österreichischen Literatur‹ ein diskursgeschichtliches (Streit-)Phänomen ersten Ranges – wo etwa die semantischen Nuancen zwischen einer »Literaturgeschichte Österreichs«, einer »Österreichischen Literaturgeschichte« und einer »Geschichte der Literatur in Österreich« Anlaß zu weitläufigen Auseinandersetzungen bilden können, und wo die Frage des Zusammenhangs von Literatur, (Kultur-)Raum, Gesellschaft, Staat, derart ausgiebig und unermüdlich debattiert wird, daß bereits 1984 Georg Schmid und Sigrid Schmid-Bortenschlager von einer österreichischen »Obsession« und einem »Phantasma«, Norbert Mecklenburg 1986 von Exzessivität sprachen[25] – einem fruchtbaren Phantasma freilich, das nach wie vor lebt und gedeiht.[26] Dabei kann die kontroverse Behandlung der ter-

---

nen Füßen«. Festschrift für Fernand Hoffmann. Frankfurt/M., Berlin: Lang 1994, S. 59–66.

[24] Hans-Peter Ecker (Anm. 21), S. 311.

[25] Georg Schmid / Sigrid Schmid-Bortenschlager: Österreichische Literatur – Obsession und Phantasma. In: Modern Austrian Literature 17, 3/4 (1984), S. 113–128. – Norbert Mecklenburg: Die grünen Inseln. Zur Kritik des literarischen Heimatkomplexes. München: iudicium 1986: »In geradezu exzessiver Weise wird seit einiger Zeit um die Frage gestritten, ob es eine österreichische Literatur gebe« (S. 261).

[26] Vgl. dazu etwa: Egon Schwarz: Was ist österreichische Literatur? Das Beispiel H. C. Artmanns und Helmut Qualtingers. In: Kurt Bartsch / Dietmar Goltschnigg / Gerhard Melzer (Hg.): Für und Wider eine österreichische Literatur. Königstein/Ts.: Athenäum 1982, S. 130–151. – Joseph P. Strelka: Zwischen Wirklichkeit und Traum. Das Wesen des Österreichischen in der Literatur. (Edition Orpheus 9) Tübingen: Francke 1994. – Wendelin Schmidt-Dengler / Johann Sonnleitner / Klaus Zeyringer (Hg.) (Anm. 3). – Friedbert Aspetsberger: Tausche Waggerl-Originalausgaben gegen Musil-Übersetzungen. In: Jahrbuch der Deutschen Schillergesellschaft 40 (1996), S. 453–461. – Klaus Zeyringer: Text und Kontext. Österreichische Literatur. Ein Konzept. In: Jahrbuch der Deutschen Schillergesellschaft 40 (1996), S. 438–448. – Albert Berger: Lauter Fragen, viele Einwände, keine klaren Antworten. In: Wendelin Schmidt-Dengler (Hg.): Probleme und Methoden der Literaturgeschichtsschreibung in Österreich und in der Schweiz: Beiträge der Tagung der Österreichischen Gesellschaft für Germanistik in Innsbruck 1996. (Stimulus. Mitteilungen der Österreichischen Gesellschaft für Germanistik. Beiheft 1) Wien: Edition Praesens 1997, S. 7–21. – Herbert Zeman: Die Literatur Österreichs – Eigenart literarhistorischer Entfaltung und mitteleuropäisch-donauländischer Standort.

ritorialen Terminologie mitten durch ein und dasselbe literaturgeschichtliche
Unternehmen gehen, wie dies die großangelegte, auf sieben Bände veran-
schlagte *Geschichte der Literatur in Österreich* bezeugt,[27] der bereits mehrere
Dokumentationsbände[28] vorangegangen waren und die nun in den beiden
Eckbänden, Band eins für die Literatur des Früh- und Hochmittelalters und
Band sieben für das 20. Jahrhundert, vorliegt.[29] (Daß dieses Unternehmen
seinerseits kontrovers diskutiert wird und ihm Konkurrenzunternehmen ge-
genüberstehen, kann nicht überraschen.)[30] Hatte der Herausgeber des Ge-
samtprojekts Herbert Zeman in der Vorbemerkung zum Mittelalterband 1994
noch für eine rein geographisch räumlich bestimmte *Geschichte der Literatur
in Österreich* plädiert und unter Hinweis auf die »Fluktuation des kulturellen
und politischen Raumes, den man ›österreichisch‹ nennen könnte [der Kon-
junktiv ist hier beachtenswert], und das damit verbundene Erscheinungsbild
der deutschen beziehungsweise deutschsprachigen Literatur im Zusammenhang mit der mittel- und neulateinischen, der italienischen, der slawischen
oder ungarischen Literaturen« empfohlen, »begriffliche Festlegungen, wie
etwa *Literaturgeschichte Österreichs* oder *Österreichische Literaturgeschichte*, zu vermeiden«,[31] so heißt es 1999 aus der Feder desselben Herausgebers
in der Vorbemerkung zu seinem eigenen, siebten Band:

> [...] Die gegenwärtige Erforschung des Mittelalters veranlaßte Fritz Peter Knapp
> von einer *Geschichte der Literatur in Österreich* zu sprechen und nötigten [sic!]
> den Herausgeber den Titel für das gesamte Werk aus Produktionsgründen zu
> übernehmen [...]. Von einer *Literaturgeschichte Österreichs* zu sprechen, wäre
> zumindest für die neueren Zeiten naheliegend gewesen, war jedoch wegen der
> Notwendigkeit eines einheitlichen Serientitels nicht mehr möglich. Da allerdings
> auch im vorliegenden Band auf die Begegnung der deutschsprachigen österreichi-
> schen Literatur mit fremdsprachlicher Dichtung Rücksicht genommen wird, ist die
> Formulierung »Literatur in Österreich« nicht unangebracht. Andererseits legt das

---

In: Herbert Zeman (Hg.): Geschichte der Literatur in Österreich. Von den Anfängen bis
zur Gegenwart. Band 7: Das 20. Jahrhundert. Graz: Akademische Druck- und Verlagsanstalt 1999, S. 639–684. – Klaus Zeyringer: Österreichische Literatur 1945–1998.
Überblicke, Einschnitte, Wegmarken. Innsbruck: Haymon 1999.

[27] Herbert Zeman (Hg.): Geschichte der Literatur in Österreich. Von den Anfängen
bis zur Gegenwart. Graz: Akademische Druck- und Verlagsanstalt 1994ff.

[28] Herbert Zeman (Hg.): Die österreichische Literatur. Eine Dokumentation ihrer literarhistorischen Entwicklung. In Zusammenarbeit mit dem Institut für Österreichische Kulturgeschichte und dem Ludwig Boltzmann-Institut für Österreichische Literaturforschung. Bd. 1–4. Graz: Akademische Druck- und Verlagsanstalt 1979–1989.

[29] Fritz Peter Knapp (Hg.): Geschichte der Literatur in Österreich. Von den Anfängen bis zur Gegenwart. Band 1. Die Literatur des Früh- und Hochmittelalters in
den Bistümern Passau, Salzburg, Brixen und Trient von den Anfängen bis zum
Jahre 1273. Graz: Akademische Druck- und Verlagsanstalt 1994. – Herbert Zeman (Hg.) (Anm. 26).

[30] Klaus Zeyringer: Literaturgeschichte als Organisation. Zum Konzept einer Literaturgeschichte Österreichs. In: Wendelin Schmidt-Dengler/Johann Sonnleit-
ner/Klaus Zeyringer (Hg.) (Anm. 3), S. 42–53.

[31] Fritz Peter Knapp (Anm. 29), S. 6.

Kapitel zur österreichischen Exilliteratur den Begriff einer »Literatur aus Österreich« nahe. Genug dieser Überlegungen, der Leser weiß, daß hier »Österreich« und »österreichisch« nicht bloß in einem staatspolitisch engeren Sinn, sondern als Signum eines sich entwickelnden und daher wandelnden Kulturraumes gebraucht wird.[32]

Später in der Zusammenfassung zum ganzen Band lesen wir:

Genug, es zeigt sich vom literatursoziologischen, ebenso wie vom thematischen und sprachstilistischen Aspekt eine österreichische Eingeprägtheit, die zum Teil auch aus der Interaktion mit der übrigen deutschen Kultur ihre Selbständigkeit gewinnt, sich damit aber übernational als ›österreichisch‹ bestimmen läßt. Muß hier überhaupt mit dem traditionsbelasteten und für die Gegenwart nicht recht glücklichen Begriff ›national‹ [...] gearbeitet werden? Genügt denn nicht ›österreichisch‹ im Sinn des alten Kulturraums und der neuen Republik, die sich – glücklich genug – neutrale Eigenstaatlichkeit zuschreiben darf? [...] Es steht jedenfalls außer Zweifel, daß es in diesem Sinn eine österreichische Literatur gibt.[33]

Und drei Seiten weiter im Schlußwort noch einmal bekräftigend:

In diesem Sinn versteht sich denn auch die vorliegende *Geschichte der Literatur in Österreich* als eine Literaturgeschichte Österreichs. Die Eigenart dieser zu beschreibenden österreichischen Literaturentwicklung ist deutlich genug, daß man sie in ihrer Besonderheit erfassen kann. Eine Literaturgeschichte Österreichs zu verfassen, ist daher nicht nur gut möglich, sondern nach den vorgegebenen Bahnen wissenschaftlich verwirklichbar; es ist andererseits zu hoffen, daß vom Standpunkt einer den gesamten deutschsprachigen Kulturraum erfassenden Geschichte der ›deutschen‹ Literatur, dort die österreichische den ihr zukommenden Platz und Stellenwert erhält.[34]

Zwar distanziert sich Zeman vom Begriff des ›Nationalen‹. Der Sache nach übernimmt aber das vage zwischen einer kulturräumlich-geographischen Bezeichnung und einem staatspolitischen Begriff oszillierende, dafür umso emphatischer und insistenter aufgeladene Wort ›Österreich‹ und ›das Österreichische‹ dessen Stelle, womit eine so verstandene ›Literaturgeschichte Österreichs‹ erneut die alte Rolle der ›Nationalliteratur‹ im 19. und 20. Jahrhundert einnimmt, nämlich die einer affirmativen Identifikations- und Abgrenzungsfunktion mit entsprechender entelechischer Struktur,[35] die hier freilich weni-

---

[32] Herbert Zeman (Anm. 26), S. 12.
[33] Ebd., S. 683f.
[34] Ebd., S. 687.
[35] Jürgen Fohrmann: Das Projekt der deutschen Literaturgeschichte. Entstehung und Scheitern einer nationalen Poesiegeschichtsschreibung zwischen Humanismus und Deutschem Kaiserreich. Stuttgart: Metzler 1988, S. 129f.: »Die Geschichte der poetischen Nationalliteratur kann so zur symbolischen Entfaltung nationaler Identität werden; ihre Spiegelfunktion verweist dann auf ihr Referenzverhältnis (Nation), und ihre Anordnung eröffnet den Sinnhorizont nationaler Entelechie. Die Poesie als innerer Spiegel des ganzen Volkes bedarf daher nicht ohne Grund einer Literaturgeschichtsschreibung, die – selbst als innere Geschichte konzipiert – es versteht, die nationalen Schätze der Vergangenheit zu heben und sie dem Leben der Gegenwart dann zuzuführen. Das historische Projekt hat damit ein ausge-

ger eine politisch nationalstaatliche Identitätssicherung bezweckt, als daß sie gleichsam einer kulturräumlichen Vereinnahmungsabsicherung gegen eine »stille Eingemeindung« dient.[36]

Es zeigt sich: Auch in kleinräumigen und teilliterarischen Zusammenhängen ist bei genauerer Betrachtung die sozialgeschichtliche Diskussion über die Verhältnisse und Wechselbeziehungen zwischen Literatur, Raum und Gesellschaft noch offen und kontrovers, besteht Bedarf nach grundlegenden Klärungen. Denn insgesamt präsentiert sich das Bild einer Sozialgeschichte der deutschsprachigen Literatur, die eher orientierungslos zwischen ›Enträumlichung‹ und ›Verräumlichung‹ hin und her schwankt, wobei sich im einen Fall die literarischen *Akteure* und *Institutionen* zu abstrakten, das heißt orts- und körperlosen Schemen verflüchtigen, während bei der Verräumlichung das Phänomen *Literatur* als Ortsspezifikum sich entweder phantomatisch aufzulösen droht – Beispiel Regionalliteratur Westfalen – oder phantasmagorisch und ideologisch auflädt – Beispiel einer in sich zusammenhängenden Literatur Österreichs von frühmittelalterlichen schreibenden Klosterbrüdern bis zu Handke. In beiden Fällen indessen wird das literarische Phänomen als komplexes Kulturgeschehen wichtiger Aspekte beraubt und damit eindimensional. Im übrigen – und dies ist ein methodologisches Bedenken – vollzieht die Sozialgeschichte als Wissenschaftsverfahren mit diesem Hin-und-Herschwanken zwischen ›Enträumlichung‹ und ›Verräumlichung‹ gleichsam mimetisch eine Bewegung, die nach Anthony Giddens ihrem Objektbereich selbst, nämlich der modernen Gesellschaft beziehungsweise dem Modernisierungsprozeß, als grundlegendes Merkmal eingeschrieben ist (siehe unten, Punkt 5).

4. Belastendes Erbe und Raumlosigkeit der sozialgeschichtlichen Theoriemodelle

Fragen wir nach den Gründen für die Schwachstelle im sozialgeschichtlichen Methoden- und Theorieparadigma hinsichtlich raumtheoretischer Gesichtspunkte, so ist einer davon zweifellos mit dem Namen Josef Nadlers verbun-

---

wähltes Signifikat (Nation) und einen ausgewählten Signifikanten (das Werk) in ein Beziehungsverhältnis gesetzt (und damit die Literatur auf ein Referenzverhältnis festgeschrieben) [...]«.

[36] Klaus Zeyringer (Anm. 26); vgl. auch Albert Berger (Anm. 26), S. 19: »Unsere Standortgebundenheit als Österreicher legt uns den Gedanken nahe, daß es eine gute und nützliche Sache wäre, endlich eine Literaturgeschichte Österreichs zu haben. Ob wir sie brauchen, bin ich mir nicht sicher: Wir brauchen sie, um den Einvernahmen der Degradierung zu Anhängseln durch die deutschen Kollegen und den oft wenig sensiblen Zuordnungen in ferneren Ländern Paroli zu bieten; wir brauchen sie nicht, weil sie entgegen der guten Absicht pädagogisch dazu dienen könnte, einen ohnehin beschränkten Horizont noch zu verengen«.

den. Denn wo immer Räumlichkeitsaspekte angesprochen oder raumtheoretische Fragestellungen aufgeworfen werden, taucht in einem beinahe schon ri-
tualistisch anmutenden Abgrenzungsvorbehalt der Name Nadlers und seiner
Literaturgeschichte der Deutschen Stämme und Landschaften auf,[37] die schon
in der ersten Auflage von 1912 – mit milieutheoretischer Wissenschaftsrheto-
rik – eine Blut-und-Boden-Theorie vertrat[38] und daher in den dreißiger Jahren
widerstandslos mit der nationalsozialistischen Rassendoktrin verbunden werden konnte.[39] In der revidierten Neufassung einer harmlos klingenden *Geschichte der deutschen Literatur* versuchte Nadler nach dem Krieg zwar in
erneuter Naturwissenschaftsmimikry eine Umschrift unter scheinbarer Revo-
kation der Rassenlehre,[40] indem er die Literaturwissenschaft an die zeitgenössische Anthropologie, die Familienkunde und die Biologie anband,[41] de facto
aber bei den alten Stammestheorien blieb. Nadler besetzte das Feld aber offenkundig noch weit über seine Zeit hinaus derart stark, daß der Fragenkom-
plex Literatur – Raum – Kultur weiterhin tabuisiert und blockiert blieb.[42]

Weit entscheidender freilich als der Schatten Nadlers ist der Tatbestand,
daß die Sozialgeschichte in ihren eigenen Theoriegrundlagen im wesentlichen
fast ausschließlich auf einem struktural-funktionalen Modell beziehungsweise seinen systemtheoretischen Umbildungen und Weiterentwicklungen auf-
baute, worin raumtheoretische Gesichtspunkte faktisch non-existent sind.
Daß im theoretisch am weitesten vorangetriebenen Modellierungsversuch ei-

---

[37] Josef Nadler: Literaturgeschichte der Deutschen Stämme und Landschaften. Regensburg: J. Habbel 1912.

[38] Ebd., S. VII: »Raum und Zeit! Zum zweiten auch das erste! Nicht eine Landschaft
als Tummelplatz zufällig zusammengewürfelter Einzelner, sondern als Nährboden,
als Materielles, als Trägerin eines ganz bestimmten Menschenschlages, von der
aus beidem, aus Blut und Erde, das Feinste, das Geistigste wie in goldenen Dämpfen aufsteigt. Es gibt auch in den Geisteswissenschaften eine Spektralanalyse«.

[39] Josef Nadler: Nation, Staat und Dichtung. Deutscher Geist / Deutscher Osten.
(Zehn Reden) München, Berlin, Zürich: Oldenbourg / Corona 1937, S. 12: »Allgemein also: Nation ist ein bestimmtes rassisches Mischungsverhältnis, ist innerhalb weiter Grenzen familiengeschichtliche Gemeinsamkeit des Blutes«.

[40] Josef Nadler: Geschichte der Deutschen Literatur. Regensburg: J. Habbel 1961;
S. XIf.: »Rasse ist keine geisteswissenschaftliche ›Erklärungs‹-möglichkeit. [...]
Einmal: Rasse ist keine soziologische Wirklichkeit; die Menschen leben nicht unter dem Gesichtspunkt bestimmter Typennormen. Und sodann: der rassische Befund geistesgeschichtlich verglichener Persönlichkeiten ist in den Jahrhunderten
vor der Photographie gar nicht und selbst im Zeitalter des Films nicht durchwegs
zu erbringen«.

[41] Ebd., S. XVI: »Die Arbeitsgemeinschaft von Biologie und Geisteswissenschaft
heißt Familienkunde. Irrtum und Frevel haben dieses Gebiet der Forschung und
Erkenntnis schwer mißbraucht. Darum muß die Ehre dieser Disziplin wieder hergestellt werden«.

[42] Ich kann daher Detlef Ignasiak: Zum Problem der Regionalisierung in der Literaturgeschichtsschreibung. In: D. I. (Hg.): Beiträge zur Geschichte der Literatur in
Thüringen. Rudolstadt: Hein 1995, S. 7–13, nicht folgen, der Nadlers »im ganzen
unhaltbares Konzept« gleichwohl eine »produktive Provokation« nennt (S. 10).

ner sozialgeschichtlichen Literaturtheorie, dem »struktural-funktionalen Entwurf« der Münchener Forschergruppe von 1988,[43] worin das literarische System und seine Subsysteme unter sich wie im Gesellschaftsganzen system- wie handlungstheoretisch äußerst minutiös auseinandergefaltet und aufgebaut werden, Räumlichkeitsaspekte und -kategorien fehlen, ist dem Versuch an sich nicht anzulasten – auch das glasperlenspielhafte Modellieren auf einer abgehobenen Abstraktionsstufe weit jenseits des empirisch konkreten literarischen Geschehens kann man dem Entwurf meines Erachtens nicht zum vornherein zum Vorwurf machen, da er nichts anderes als dies – ein Modellentwurf – sein will.[44] Problematisch hingegen ist der theoretisch relevante Sachverhalt, daß Systemzusammenhänge innerhalb von Teilsystemen und in ihrem Verhältnis zum Gesamtsystem unter dem Theoriepatronat von Talcott Parsons faktisch ausschließlich unter dem Gesichtspunkt der *funktionalen Differenzierung* aufscheinen. Einzig bei Beziehungen zwischen Teilsystemen einer funktionalen Äquivalenzklasse wie zum Beispiel Literatur, Kunst, Religion wird die Möglichkeit segmentärer Differenzierung angedeutet.[45] Dies aber führt dazu, daß soziale Raumgliederungsstrukturen außer auf der Ebene von territorialen Gesamtgesellschaften wie einem Nationalstaat[46] kaum in den Blickpunkt kommen: Regionale Kulturräume wie etwa der Oberrhein oder Bayern lassen sich eben nicht als funktional ausdifferenzierte ›Teilsysteme‹ des Ge-

---

[43] Renate von Heydebrand/Dieter Pfau/Jörg Schönert (Hg.): Zur theoretischen Grundlegung einer Sozialgeschichte der Literatur. Ein struktural-funktionaler Entwurf. (Studien und Texte zur Sozialgeschichte der Literatur 21) Tübingen: Niemeyer 1988; vgl. dazu auch die weiterführenden Überlegungen in: Jörg Schönert (Anm. 6) und Claus-Michael Ort: Vom *Text* zum *Wissen*. Die literarische Konstruktion sozio-kulturellen Wissens als Gegenstand einer nicht-reduktiven Sozialgeschichte der Literatur. In: Lutz Danneberg/Friedrich Vollhardt (Hg.) (Anm. 6), S. 409–441.

[44] Vgl. dagegen Klaus Zeyringer (Anm. 30): Der Münchner Theorie-Entwurf sei »symptomatisch für die Debatte, wie sie seit nunmehr fast zwanzig Jahren vor allem in Deutschland im Gang ist«, nämlich als reine Theoriedebatte: »Die Polarisierung zwischen Theorie und Praxis kann [...] dahin führen, daß Diskurse von Theoriemalern und Scheinarchitekten wissenschaftliche Luftschlösser bilden, während eifrige Bauherrn daneben konkrete Literaturgeschichtegebäude erreichten, denen schnell ihre Wackligkeit oder die zu glatte Fassade, hinter der es leer sei, vorgeworfen wird« (S. 45).

[45] Renate von Heydebrand (Anm. 43), S. 166. Zu den drei Haupttypen gesellschaftlicher Differenzierung – ›segmentäre Differenzierung‹ (z.B. in Stammesgesellschaften), ›stratifikatorische Differenzierung‹ (Ständegesellschaft und Feudalismus), ›funktionale Differenzierung‹ (Moderne Gesellschaften) – vgl. Niklas Luhmann: Soziologie als Theorie sozialer Systeme. In: N. L.: Soziologische Aufklärung. Aufsätze zur Theorie sozialer Systeme. Opladen, Köln: Westdeutscher Verlag 1970, S. 113–136; N. L.: Interaktion, Organisation, Gesellschaft. Anwendungen der Systemtheorie. In: N. L.: Soziologische Aufklärung 2. Aufsätze zur Theorie der Gesellschaft. Opladen 1975, S. 9–20; – Uwe Schimank: Theorien gesellschaftlicher Differenzierung. Opladen: Leske u. Budrich 1996, S. 150–200.

[46] Renate von Heydebrand (Anm. 43), S. 124.

samtsystems ›Deutschland‹ verstehen, und Österreich oder die Schweiz nicht als funktional ausdifferenzierte Teilsysteme des Gesamtsystems eines deutschsprachigen Kulturraums. Vielmehr müßten solche Teilgebilde unter dem Aspekt segmentärer Differenzierung zu fassen versucht werden. Allenfalls im Zusammenhang mit der Herausbildung der modernen Nationalstaaten Deutschland, Österreich und der Schweiz und ihren je eigenen Rechts-, Sozial- und Wirtschaftssystemen kann man in Verbindung mit den damit einhergehenden nationalen Identitätskonstruktionen von sich funktional ausdifferenzierenden Teilliteraturen sprechen – und selbst da nur mit Vorbehalten, so daß man wohl am ehesten mit einem Mischmodell segmentär / funktionaler Differenzierungstypen zu arbeiten hätte.[47] Dasselbe Problem der theoretischen Perspektivenverengung durch den struktural-funktionalen Ansatz stellt sich auf der diachronen Ebene, wo sozialer Wandel und hier insbesondere der Modernisierungsprozeß ebenfalls primär unter dem Aspekt funktionaler Ausdifferenzierungsvorgänge erfaßt werden.[48]

In beiden Hinsichten, der »Blindheit« gegenüber Räumlichkeitsaspekten in Gesellschaftsstrukturen wie dem einseitigen Verständnis von Modernisierung als funktionaler Ausdifferenzierung, ist die Sozialgeschichte der Literatur freilich nicht allein. Vielmehr teilt sie diese Schwachpunkte in der Theoriebildung mit der Allgemeinen Soziologie. In seinem Beitrag über *Die Bedeutung des Raums für die regionale, nationale und globale Vergesellschaftung – zur Aktualität von Simmels Soziologie des Raums* von 1999 spricht Manfred Garhammer gar von der »›Raumvergessenheit‹ soziologischen Denkens« und stellt fest, die Soziologie habe sich »mit dem ›Raum‹ ähnlich wie mit der ›Zeit‹ lange schwer getan«.[49] Dies gelte insbesondere für die Soziologie in Deutschland, während in der amerikanischen und englischen Soziologie vor

---

[47] Michael Böhler: Nationalisierungsprozesse von Literatur im deutschsprachigen Raum. Verwerfungen und Brüche – vom Rande betrachtet. In: Martin Huber/Gerhard Lauer (Hg.): Bildung und Konfession. Politik, Religion und literarische Identitätsbildung 1850–1918. (Studien und Texte zur Sozialgeschichte der Literatur 59) Tübingen: Niemeyer 1996, S. 21–38.

[48] Zum Problem des Modernisierungsbegriffs in literarischen Kontexten siehe: Jörg Schönert: Gesellschaftliche Modernisierung und Literatur der Moderne. In: Christian Wagenknecht (Hg.): Zur Terminologie der Literaturwissenschaft. (Germanistische Symposions-Berichtsbände 9) Stuttgart: Metzler 1986, S. 393–413 sowie J. S.: Zur Kategorie der Modernisierung in kultur- und literaturgeschichtlichen Rekonstruktionen. In: Mitteilungs-Bulletin des Trilateralen Forschungsschwerpunkts »Differenzierung und Integration. Sprache und Literatur der deutschsprachigen Länder im Prozeß der Modernisierung« 2 (1993), S. 5–32.

[49] Manfred Garhammer: Die Bedeutung des Raums für die regionale, nationale und globale Vergesellschaftung – zur Aktualität von Simmels Soziologie des Raums. In: »Kultur und Region im Zeichen der Globalisierung«. Initiative zur Einrichtung eines Sonderforschungsbereichs des Kulturwissenschaftlichen Forschungskollegs der Universitäten Bamberg und Erlangen-Nürnberg. 1. Tagung am 14.–15. Januar 1999 in Erlangen. Zugänglich unter URL < http://www.uni-erlangen.de/orient/kultur/papers/ garhamm.htm#N1 > (12. 09. 99).

allem Immanuel Wallerstein und Anthony Giddens die Reflexion von Raum und Zeit für die soziologische Theoriebildung für unverzichtbar halten würden und als endogene Variablen in die Analyse historischer Gesellschaftsformationen einzubeziehen forderten. Die Raumvergessenheit sei »daher vor allem ein deutsches Phänomen«.[50] Unter Rückgriff auf Georg Simmels *Soziologie des Raumes*[51] von 1903 und das Kapitel »Der Raum und die räumlichen Ordnungen der Gesellschaft« in dessen *Soziologie* von 1908 entwickelt Manfred Garhammer seine Gegenthesen zum funktionalen Differenzierungsmodell der Modernisierungstheorie, das sich vor allem mit der Systemtheorie und dem Namen Luhmanns verbindet:

> Weder die moderne Wirtschaft noch die moderne Gesellschaft sind ortlos geworden. Vorstellungen wie [jene] von Luhmann 1994,[52] daß der »segmentäre Typus der Vergesellschaftung« in räumlich gegliederten Einheiten durch eine weltumspannende funktional differenzierte Einheit aufgesogen wird, verkennen die Dialektik von globaler, europäischer und nationaler Dynamik. [...] Das Postulieren eines solchen Entwicklungsgesetzes von der segmentären zur funktionalen Differenzierung unterschätzt zudem die Entscheidungsfreiheit sozialer Akteure: Weil diese nicht einem objektiv waltenden Entwicklungsgesetz unterliegen, ist die Globalisierung keine geradlinige Entwicklung, Re-Nationalisierung und Blockbildung sind eingeschlossen.[53]

5. Anthony Giddens' Theorie der Moderne

Den entschiedensten Versuch, die Herausbildung der modernen Gesellschaften unter dem Aspekt der sozialen Raum-/Zeit-Ordnung zu deuten, unternahm Anthony Giddens in *The Consequences of Modernity*. Ausgehend von Talcott Parsons Ansatz, wonach es in der Soziologie um die Beantwortung der Frage gehe, wie es gelinge, »den Zusammenhalt des Systems angesichts von Interessenaufsplitterungen zu gewährleisten, die doch alle in Gegensatz zu allen anderen bringen würden«[54] schlägt Giddens eine Reformulierung der Frage nach diesen grundlegenden Konstitutionsprozessen sozialer Ordnungen vor, indem überlegt werden müsse, »wie es denn geschehe, daß soziale Systeme Zeit und Raum ›binden‹«.[55] Und bei dieser Fragestellung erscheine dann das Problem der Ordnung in der historischen Gesellschaftsentwicklung

---

[50] Ebd.
[51] Georg Simmel: Soziologie des Raums (1903). In: G. S.: Gesamtausgabe. Bd. 7. Hg. von Otthein Rammstedt. Frankfurt/M.: Suhrkamp 1995, S. 132–184.
[52] Niklas Luhmann: Europa als Problem der Weltgesellschaft. In: Berliner Debatte 2 (1994), S. 3–7.
[53] Manfred Garhammer (Anm. 49).
[54] Anthony Giddens: Konsequenzen der Moderne. Übersetzt von Joachim Schulte. Frankfurt/M.: Suhrkamp 1995, S. 24.
[55] Ebd., S. 24.

vor allem »als Problem der *raumzeitlichen Abstandsvergrößerung*«. Dementsprechend gehe es in der Gesellschaftsanalyse um die Untersuchung der Bedingungen, »unter denen Zeit und Raum derart strukturiert werden, daß Anwesenheit und Abwesenheit in einen Zusammenhang gebracht werden«.[56]

Unter dieser Fragen-Umpolung läßt sich die »Dynamik der Moderne« sodann auf folgende Erscheinungen zurückführen:

> Die *Trennung von Raum und Zeit* und deren Neuverbindung in Formen, die die Einteilung des sozialen Lebens in präzise Raum-Zeit-›Zonen‹ gestatten; die *Entbettung* [disembedding] der sozialen Systeme (womit ein Phänomen gemeint ist, das in engem Zusammenhang steht mit den Faktoren, die bei der Raum-Zeit-Trennung eine Rolle spielen); die *reflexive Ordnung und Umordnung* gesellschaftlicher Beziehungen im Hinblick auf ständig hinzukommende Erkenntnisse, die die Handlungen von Einzelpersonen und Gruppen betreffen.[57]

Unter ›Entbettung‹ versteht Giddens »das ›Herausheben‹ sozialer Beziehungen aus ortsgebundenen Interaktionszusammenhängen und ihre unbegrenzte Raum-Zeit-Spannen übergreifende Umstrukturierung«.[58] Verfahrensweisen, die solche ›raumzeitlichen Abstandsvergrößerungen‹ gestatten und daher als ›Entbettungsmechanismen‹ dienen können, sind a) die »Schaffung *symbolischer Zeichen*«, b) die »Installierung von *Expertensystemen*«.[59] Symbolisches Zeichensystem zur Entbettung *par excellence* ist das Geld: »Geld ist ein Mittel zur raumzeitlichen Abstandsvergrößerung. Das Geld schafft die Voraussetzung für die Durchführung von Transaktionen zwischen Akteuren, die in Raum und Zeit weit voneinander entfernt sind«.[60] Und an dieser Stelle verweist Anthony Giddens wiederum auf Georg Simmel, der 1900 in der *Philosophie des Geldes* ebenfalls bereits auf die räumlichen Implikationen des Geldes hingewiesen hatte:

> Die Fernwirkung des Geldes gestattet dem Besitz und dem Besitzer so weit auseinanderzutreten, daß jedes seinen eigenen Gesetzen ganz anders folgen kann, als da der Besitz noch in unmittelbarer Wirkung mit der Person stand, jedes ökonomische Engagement zugleich ein persönliches war.[61]

Unter ›Expertensystemen‹ versteht Giddens »Systeme technischer Leistungsfähigkeit oder professioneller Sachkenntnis, die weite Bereiche der materiellen und gesellschaftlichen Umfelder, in denen wir heute leben, prägen«[62] und die deshalb als Entbettungsmechanismen fungieren, weil sie »ebenso wie die

---

[56] Ebd., S. 24.
[57] Ebd., S. 28.
[58] Ebd., S. 33.
[59] Ebd., S. 34.
[60] Ebd., S. 37.
[61] Georg Simmel: Philosophie des Geldes (1900). In: G. S.: Gesamtausgabe. Bd. 6. Hg. von David P. Frisby und Klaus Christian Köhnke. Frankfurt/M.: Suhrkamp 1989, S. 448f.
[62] Anthony Giddens (Anm. 54), S. 40f.

symbolischen Zeichen dazu dienen, soziale Beziehungen von den unmittelbaren Gegebenheiten ihres Kontexts zu lösen«.[63]

Die für die Moderne kennzeichnende raumzeitliche Abstandsvergrößerung bringt es nun auch mit sich, daß ›Raum‹ und ›Ort‹ sich zunehmend voneinander abspalten:

> In vormodernen Gesellschaften fallen Raum und Ort weitgehend zusammen, weil die räumlichen Dimensionen des gesellschaftlichen Lebens für den größten Teil der Bevölkerung und in den meisten Hinsichten von der ›Anwesenheit‹ bestimmt werden: an einen Schauplatz gebundene Tätigkeiten sind vorherrschend. [...] Unter Modernitätsbedingungen wird der Ort in immer höherem Maße *phantasmagorisch*, das heißt: Schauplätze werden von entfernten sozialen Einflüssen gründlich geprägt und gestaltet.[64]

Es wäre nach Giddens freilich falsch, diesen Entwicklungsprozeß als bloß unilinearen Vorgang, gar als kontinuierlichen Entwurzelungsprozeß und als »Verlust an Gemeinschaftlichkeit« zu betrachten; vielmehr handle es sich um eine »doppelschichtige oder ambivalente Erfahrung«.[65] Wohl gelte, daß »die Moderne ›dis-loziert‹ im weiter oben analysierten Sinne: der Ort wird phantasmagorisch«. Aber ebenso gelte die Gegenbewegung:

> Das Gegenstück zur Dislozierung ist die Rückbettung. Die Entbettungsmechanismen heben soziale Beziehungen und den Informationsaustausch aus spezifischen raumzeitlichen Kontexten heraus, doch zur gleichen Zeit geben sie neue Gelegenheiten für ihre Wiedereingliederung. Das ist ein weiterer Grund, weshalb es verfehlt ist, die moderne Welt als eine Welt aufzufassen, in der der größte Teil des persönlichen Lebens in immer höherem Maße von unpersönlichen Großsystemen verschlungen wird.[66]

Dabei versteht Giddens unter ›Rückbettung‹ »die Rückaneignung oder Umformung entbetteter sozialer Beziehungen, durch die sie [...] an lokale raumzeitliche Gegebenheiten geknüpft werden sollen«,[67] und er stellt die These auf, »daß alle Entbettungsmechanismen in Wechselbeziehungen stehen zu

---

[63] Ebd., S. 42.
[64] Ebd., S. 30. Vgl. auch S. 137: »Die unter vormodernen Verhältnissen gegebene Vorrangstellung des Orts ist durch Entbettung und raumzeitliche Abstandsvergrößerung weitgehend zunichte gemacht worden. Der Ort ist etwas Phantasmagorisches geworden, denn die für ihn konstitutiven Strukturen werden nicht mehr lokal organisiert. Mit anderen Worten, das Lokale und das Globale sind mittlerweile unentwirrbar miteinander verflochten. Daß man an einem Ort hängt oder sich mit ihm identifiziert, sind Gefühle, die es zwar immer noch gibt, doch sie sind ihrerseits entbettet: Sie bringen nicht bloß ortsgebundene Praktiken und Bindungen zum Ausdruck, sondern sie sind mit sehr viel weiter entfernten Einflüssen durchsetzt«.
[65] Ebd., S. 174.
[66] Ebd., S. 176.
[67] Ebd., S. 102.

rückgebetteten Handlungskontexten, die entweder auf die Stützung oder auf die Schädigung dieser Mechanismen hinwirken können«.[68]

Eine ganz entscheidende Rolle spielt in diesen Prozessen auch das *Vertrauen*, und so entwickelt denn Anthony Giddens im Zuge seiner Moderne-Theorie eine eigentliche Soziologie des Vertrauens, die den klassischen Entfremdungstheorien des modernen Subjekts von Schiller über Marx bis zur Kritischen Theorie ziemlich radikal entgegensteht:

> Alle Entbettungsmechanismen – die symbolischen Zeichen ebenso wie die Expertensysteme – beruhen auf *Vertrauen*. Das Vertrauen ist daher in fundamentaler Weise mit den Institutionen der Moderne verbunden. Das Vertrauen wird hier nicht in Inidividuen gesetzt, sondern in abstrakte Fähigkeiten. Jeder, der Geldzeichen benützt, geht dabei von der Voraussetzung aus, daß andere, die der Betreffende niemals zu Gesicht bekommen wird, ihren Wert anerkennen.[69]

Und ebenso fundamental ist in diesem Zusammenhang Giddens' Kritik am Ausdifferenzierungsbegriff und dem Begriff der ›Funktionalen Spezialisierung‹, wie sie das Kernstück der ebenfalls bereits »klassisch« zu nennenden Modernisierungstheorien sowohl der Sozialgeschichte wie der Systemtheorien verschiedener Observanz bilden: Tendenziell sei der Differenzierungsbegriff »mit einer evolutionstheoretischen Einstellung verknüpft«, er lasse »das ›Grenzproblem‹ der Analyse gesellschaftlicher Systeme außer acht«, und oftmals sei er »recht abhängig von funktionalistischen Vorstellungen«:

> Von größerer Wichtigkeit für die gegenwärtige Auseinandersetzung ist jedoch der Umstand, daß die Fragestellung der raumzeitlichen Abstandsvergrößerung von dieser Anschauung nicht befriedigend angegangen wird. Die Begriffe der Differenzierung oder der funktionalen Spezialisierung sind nicht dazu geeignet, das Phänomen der von sozialen Systemen geleisteten Verklammerung von Zeit und Raum anzupacken. Das durch den Begriff der Entbettung beschworene Bild ist eher imstande, die wechselnden Ausrichtungen von Zeit und Raum in den Griff zu bekommen, die für den sozialen Wandel im allgemeinen und das Wesen der Moderne im besonderen von elementarer Bedeutung sind.[70]

Soweit die Grundzüge von Giddens »Gegenmodell« zum struktur-funktionalen, systemtheoretischen Modernisierungstheorem. Wie mir scheint, stecken in diesem Ansatz Möglichkeiten, die in fruchtbarer Weise an sozialgeschichtliche Zusammenhänge literarischer Phänomene herangetragen werden können, sei es *anstelle* des bisher dominierenden struktur-funktionalen Modells, sei es *in Kombination* damit, sei es *in Ergänzung* dazu. Im Folgenden sollen abschließend einige wenige Fährten in dieser Richtung verfolgt und mögliche Spuren gelegt werden.

---

[68] Ebd., S. 103.
[69] Ebd., S. 39.
[70] Ebd., S. 34.

6. Rückgewinnung der Raumdimension für die Sozialgeschichte der Literatur

6.1. Methoden der Sozialgeschichte

Unter Abschnitt 3 (S. 132ff.) war vom Wissenschaftsverfahren der Sozialgeschichte der Literatur als einem zum Teil beliebig und unkontrolliert wirkenden Hin-und-Herschwanken zwischen ›Enträumlichungs-‹ und ›Verräumlichungsvorgängen‹ die Rede. Diese Bewegungen können wir nun metatheoretisch als Entbettungsmechanismen unterschiedlichen Grades und Ausmaßes im Rahmen der für die Moderne symptomatischen Expertensysteme begreifen, deren Verfahren darin besteht, »soziale Beziehungen von den unmittelbaren Gegebenheiten ihres Kontexts zu lösen«.[71] Nur begrifflich muß die damalige Formulierung korrigiert beziehungsweise präzisiert werden: Statt von ›Enträumlichung‹ müssen wir genauer von ›Ent-Örtlichung‹ beziehungsweise ›Dis-Lokation‹ im wörtlichen Sinne als einem Vorgang der raumzeitlichen Abstandsvergrößerung im Rahmen der modernen ›Entbettungs‹-Prozesse sprechen, die ›Verräumlichung‹ entspräche der Gegenbewegung einer ›Rückbettung‹.

Hervorragendes Beispiel eines typischen Entbettungsvorgangs ist etwa die Untersuchung aus der »Frühzeit« der Sozialgeschichte in der ersten Nummer des *Internationalen Archivs für Sozialgeschichte der Literatur* 1976, *Böll in Reutlingen. Eine demoskopische Untersuchung zur Verbreitung eines erfolgreichen Autors*.[72] Es ist eine »auf Repräsentativität zielende Umfrage«, wie sie weitverbreiteten empirischen Verfahrenstechniken entspricht, die durchaus ihren eigenen Sinn und Zweck haben. Reutlingen bei Stuttgart wurde dabei gewählt, weil »dessen Bevölkerung in vielen statistischen Daten wie Alter, Beruf, Bildung, Einkommen usw. etwa dem Bundesdurchschnitt entspricht«.[73] Das heißt aber zugleich, daß keineswegs die raumzeitlich präzis bestimmbare Örtlichkeit ›Reutlingen‹ mit der ihr eigenen konkreten sozialen und kulturellen Lebenswirklichkeit interessiert und zu erfassen versucht wurde, sondern vielmehr ein abstrakter Zusammenhang zwischen einem Autor und seiner Leserschaft auf der Ebene des Gesamtsystems ›Bundesrepublik Deutschland‹, der in den demographischen Strukturen Reutlingens lediglich am besten abgebildet, ›re-präsentiert‹, das heißt konkret raumzeitlich ver-

---

[71] Anthony Giddens (Anm. 54), S. 42.
[72] Wilfried Barner u.a.: Böll in Reutlingen. Eine demoskopische Untersuchung zur Verbreitung eines erfolgreichen Autors. Teilprojekt: Textorientierte Befragung. In: Internationales Archiv für Sozialgeschichte der deutschen Literatur 1 (1976), S. 201–230.
[73] Ebd., S. 203.

gegenwärtigt erscheint. In diesem Sinne ist *Böll in Reutlingen* nicht nur das typische Beispiel eines ›Entbettungsmechanismus‹ im Rahmen eines ›Expertensystems‹, sondern zugleich veranschaulicht die Studie exemplarisch jene Abspaltung von ›Raum‹ (BRD) und ›Ort‹ (Reutlingen) und die ›Phantasmagorisierung‹ des Ortes selbst, wie sie Anthony Giddens beschreibt.

Einen ganz andern Umgang mit Raumaspekten vermittelt Walter Benjamin in seinem Essay zu Robert Walser.[74] Dabei bewegen wir uns zugleich von der Ebene des sozialen *Handlungs*systems ›Literatur‹ auf jene des kulturellen *Symbol*systems ›Literatur‹.[75] Im Essay gruppiert Benjamin Walsers Figuren in die literarische Gesellschaft von Eichendorffs Taugenichts, Hebels Zundelfrieder, Knut Hamsuns Figuren ein und fragt sodann nach deren kulturtopographischem Herkunftsort: »Woher der Taugenichts, das wissen wir. Aus den Wäldern und Tälern des romantischen Deutschland. Der Zundelfrieder aus dem rebellischen, aufgeklärten Kleinbürgertum rheinischer Städte um die Jahrhundertwende. Hamsuns Figuren aus der Urwelt der Fjorde [...]«.[76] Soweit ist Benjamins Verfahren eine kulturräumliche, »kontextualisierende« Ansiedlung, die im Rahmen von Giddens' Modell als eine ›Rückbettung‹ literarischer, das heißt symbolischer – und dies heißt zeichenhaft ›entbetteter‹ – Figuren gesehen werden kann (siehe 6.2.), und bei Eichendorff, Hebel und Hamsun geht diese örtliche Einbettung für Benjamin offenkundig zwanglos auf. Bei Robert Walser setzt er zwar ebenso zu einer Ortszuweisung an, um sie jedoch umgehend wieder zu verwerfen: »Walsers? Vielleicht aus den Glarner Bergen, den Matten von Appenzell, wo er herstammt? Nichts weniger. Sie kommen aus der Nacht, wo sie am schwärzesten ist, einer venezianischen, wenn man will, von dürftigen Lampions der Hoffnung erhellten, mit etwas Festglanz im Auge, aber verstört und zum Weinen traurig«.[77]

Auskunft wie Verfahren Benjamins sind aufschlußreich: In einem ersten Schritt bildet er einen – wie er sagt, im »germanischen Schrifttum« ausgeprägten – sowohl literarisch wie sozial definierten Figurentypus, dem sich Walsers literarische Gestalten beigesellen lassen, die Sozietät der »windbeutligen, nichtsnutzigen, tagediebischen und verkommenen Helden«. Diese sozialtypologische Positionierung im gesellschaftlichen Raum scheint soweit auch für Walsers Figuren aufzugehen. Anders verhält es sich mit dem zweiten Schritt von Benjamins Verfahren. Darin weist er seinem Kollektiv der Nichtsnutze einen je verschiedenen topographischen Herkunfts- und Umge-

---

[74] Walter Benjamin: Robert Walser. In: W. B.: Gesammelte Schriften. Bd. II, 1. Hg. von Rolf Tiedemann und Hermann Schweppenhäuser unter Mitwirkung von Theodor W. Adorno und Gershom Scholem. Frankfurt/M.: Suhrkamp 1977, S. 324–328.

[75] Zur Unterscheidung siehe: Jörg Schönert: Gesellschaftliche Modernisierung und Literatur der Moderne (Anm. 48), hier S. 402ff.

[76] Walter Benjamin (Anm. 74), S. 326.

[77] Ebd., S. 326f.

bungsraum zu. Dieser Raum besetzt freilich nicht nur geographisch unterschiedliche Gebiete, vielmehr ist er mehrdimensional in einem über das Geophysikalische hinausgehenden Sinne:

1. Ist es ein Imaginations-Raum sowohl wie ein Raum des Imaginären. Die »Wälder und Täler des romantischen Deutschland« sind ein geographischer Raum, *aus* dem heraus sich eine bestimmte Imaginationstätigkeit in Bewegung setzt und *in* dem sie sich entfaltet; zugleich sind sie ein imaginärer Raum, in dem sich die (»romantische«) Fantasie topographisch feststellt und zurückbindet.

2. Ist es ein mentalitätsgeschichtlicher Epochen-Raum. Das »rebellische, aufgeklärte Kleinbürgertum rheinischer Städte um die Jahrhundertwende« benennt sowohl den kulturgeographischen Umgebungsraum von Hebels Zundelfrieder, worin sich diese Gestalt aufbaut und in deren Milieu sie sich bewegt, wie auch den Ort, wo sich eine ganz bestimmte kulturhistorische Mentalität zeitlich wie territorial zurück- und einbinden läßt.

3. Die »Urwelt der Fjorde« Knut Hamsuns schließlich ist ein Landschaftsraum des mythisch Überzeitlichen und der Ursprungssehnsucht von »Menschen, die ihr Heimweh zu Trollen zieht«.[78]

Diese drei Erscheinungstypen eines literarisch-symbolischen Raums mögen in den drei Beispielen je unterschiedlich stark wirksam sein; grundsätzlich sind aber wohl in jeder Raumvorstellung alle drei zugleich präsent. Geographisch-kulturtopographische Räume sind zugleich Imaginationsräume wie imaginäre Räume, sind mentalitätsgeschichtliche Epochenräume und Räume des Mythischen. Umgekehrt heißt dies aber auch, daß Mythen, Mentalitäten, Imaginäres topographisch zurückgebunden sind. – Der Geist mag zwar wehen, wann und wo er will; aber *wenn* er weht, dann irgend*woher* und irgend*wohin*. Und diesen Vorgang in der literarischen Textwelt selbst wie im interpretatorischen Zuweisungs- beziehungsweise Zuschreibungsakt des Interpreten oder Literaturforschers können wir als ›Rückbettungs‹-Verfahren deuten.

Bei Robert Walser scheint indessen die Rückbezüglichkeit von kulturtopographischem Raum und Imagination / Mentalität / Mythos in Benjamins Situierungsverfahren offenkundig nicht zu funktionieren. Einer tentativen *An*siedlung – »vielleicht aus den Glarner Bergen, den Matten von Appenzell« – läßt Benjamin auf dem Fuß die kategorisch-emphatische *Aus*siedlung folgen: »Nichts weniger«. Die daran anschließende räumliche Zuordnungs- oder besser: Suchbewegung, die er sodann mit Walser vollzieht, läßt sich am ehesten als *Dis*lokation und endliche *Trans*lokation beschreiben – in jedem Fall aber als Entbettung aus ver-ortbaren Zusammenhängen überhaupt: *Dis*lokation in ein nur noch stimmungsmäßiges *paysage de l'âme* venezianischer Nächte karnevalesker Melancholie und *Trans*lokation schließlich in einen entrückten

---

[78] Ebd., S. 326.

Heilsraum nach Durchquerung des Wahnsinns: »Es sind Figuren, die den Wahnsinn hinter sich haben [...] *Sie sind alle geheilt*«.[79] Die Nils-Holgerssonsche Reise durch die deutsche und europäische Raum- und Imaginationstopographie, auf die uns Benjamin von den deutsch-romantischen Wäldern zu den Städten der oberrheinischen Tiefebene und den norwegischen Fjorden mitnimmt, und der Schwenker, den er bei Walser um den schweizerischen Alpenraum herum und an ihm vorbei Richtung Venedig vollzieht, um über den psychischen Innenraum wie das Fegefeuer des Wahnsinns in Richtung elysäische Felder der Erlösung metaphysisch zu entschwinden, dieser ganze raumsymbolische Bewegungsablauf veranschaulicht auf prägnanteste Weise das Wirken der raumzeitlichen Entbettungs- und Rückbettungsdynamik a) im literarischen Symbolsystem von Texten selbst, b) im ›wissenschaftlich-kritischen‹, das heißt sozialen, Handlungsakt der Textanalyse und Interpretation, hier jener von Benjamin.

6. 2. Literatur als symbolisches Zeichensystem der Entbettung

Wie Giddens schreibt, sind es symbolische Zeichensysteme, die eine raumzeitliche Abstandsgewinnung überhaupt erst ermöglichen und die daher als ›Entbettungsmechanismen‹ fungieren, darunter das wohl effizienteste, weil am stärksten entbettete System, das Geld (siehe S.15ff.). Literatur – so postuliere ich nun – kann auf ihre Weise als symbolisches Zeichensystem *sui generis* gleichermaßen als Mechanismus, Mittel oder Medium der Entbettung gesehen werden, wobei gerade das Beispiel Walter Benjamins zeigt, daß sowohl im Text wie in seiner Deutung unterschiedliche Dynamiken der raumzeitlichen Abstandsvergrößerung beziehungsweise -verminderung, das heißt der Entbettung beziehungsweise Rückbettung wirksam sein können. Daraus ergibt sich eine weitere Verfolgungsspur eines sozialgeschichtlichen Ansatzes für die Literatur unter Einschluß der sozialen Raum-Zeit-Ordnung. Zu deren Explikation möchte ich zusätzlich Niklas Luhmanns Theorie des Geldes als eines »symbolisch generalisierten Kommunikationsmediums«[80] beiziehen (wohl wissend, daß Giddens sein Geldkonzept entschieden von jenem Luhmanns und Parsons abhebt[81]). Wichtig ist dabei in unserem Zusammenhang die folgende Bestimmung Luhmanns: »Als generalisiertes Medium kann Geld die Verschiedenheit des Verschiedenen überbrücken, und zwar ohne dies Verschiedene als etwas anderes, Medienfremdes auszuschließen«.[82] Das gelte

---

[79] Ebd., S. 326f.
[80] Niklas Luhmann: Die Wirtschaft der Gesellschaft. 2. Aufl. Frankfurt/M. 1989. Kapitel 7, S. 230–271: »Geld als Kommunikationsmedium: Über symbolische und diabolische Generalisierungen«.
[81] Anthony Giddens (Anm. 54), S. 35f.
[82] Ebd., S. 233.

an sich für alle symbolisch generalisierten Kommunikationsmedien, in besonderer Weise aber für Geld.[83] Die Beschaffenheit und Eigenart des Herkunftsorts oder der Herkunftsinstanz wie auch jene des Orts oder der Instanz, wohin es fließt, ist bei diesem Kommunikationsmedium qua Medium völlig irrelevant. Hier schließen sich Giddens und Luhmann im Grunde zusammen, denn in dieser Bestimmung Luhmanns ist das Giddenssche Phänomen der ›Entbettung‹ ebenfalls mit ausgedrückt, nur formuliert Luhmann (positiv) als funktionale Kommunikationsleistung der ›Differenzüberbrückung‹, was Giddens in der Raum-Zeit-Ordnung als privativen Akt (der ›Ent-Bettung‹ und ›Ab-Standsvergrößerung‹) beschreibt.

Ein vergleichbarer Funktionszusammenhang der Differenzüberbrückung läßt sich auch für Kunst und Literatur postulieren. In der Musik ist er unmittelbar evident: Eine Sinfonie Beethovens überbrückt »spielend« die Differenz zwischen Ländern, Völkern, Zeiten und Kontinenten – daß Beethoven ein um 1800 in Wien lebender gebürtiger Deutscher war und seine Hörerin eine Japanerin von heute in Kyoto, diese Einbettungs-Differenzen fallen in der medialen Vermittlung dahin, obwohl Beethoven Beethoven bleibt und die Japanerin Japanerin. Mit Goethes Abendlied »Über allen Gipfeln ist Ruh' / In allen Wipfeln spürest Du / Kaum einen Hauch« verhält es sich ähnlich: Wohl kann vielleicht ein Inuit auf Baffin Island Mühe damit haben, weil er noch nie einen Baum gesehen hat, aber wo immer sonst auf der Welt Bäume stehen und Winde wehen, vermag das Gedicht kommunikationsstiftend zu wirken. Freilich gibt es hier Unterschiede: Nicht *jeder* literarische Text, nicht *jedes* kulturelle Zeugnis wirkt in gleichem Maße verbindend wie ein anderes, ist in selbem Ausmaß differenzüberbrückend. Und hier kommt der Entbettungsaspekt wieder ins Spiel: Um aus der neueren Schweizer Literatur ein Beispiel zu wählen: Dürrenmatts *Besuch der alten Dame* gelang es offenkundig, die Differenz zwischen – sagen wir mal – Güllen in der Schweiz und einem Ort in Bayern, aber auch einem solchen in der Innern Mongolei oder den Anden Südamerikas spielend zu überbrücken, während Otto F. Walter nur mit Mühe den Rhein zwischen Deutschland und der Schweiz oder Voralberg zu Österreich zu überschreiten vermochte. Das heißt mit andern Worten: die Art und Weise, wie und wie weit – ja sogar: ob überhaupt – ein literarisches Werk als symbolisch generalisiertes Kommunikationsmedium differenzüberbrückend zu wirken vermag, hängt demnach vom literarischen Typus, von Form, Struktur, aber auch von seinem ganz individuellen Charakter ab – und diese Faktoren haben wiederum mit semiotisch-rhetorischen Entbettungsaspekten zu tun. Generell läßt sich wohl sogar so etwas wie eine Faustregel formulieren: Je ›entbetteter‹ ein literarischer Text – und das heißt zugleich: je höher der Grad der symbolischen Generalisierung, desto größer die potentielle Fä-

---

[83] Ebd., S. 236f.

higkeit zur Differenzüberbrückung, monetär ausgedrückt: desto höher seine Konvertibilität als Austauschmedium. Gattungsmäßig formuliert: Eine Parabel, eine Tierfabel, ein Gleichnis ist entbetteter, mithin konvertibler als ein Zeit- oder Milieuroman.[84] Epochen- und stilgeschichtlich gesagt: Klassik überbrückt mehr Differenz als Realismus oder gar Naturalismus, Goethes *Faust* mehr als Gerhart Hauptmanns *Vor Sonnenaufgang*. Genau diesen letzteren Sachverhalt hatte aber schon Carl Spitteler 1889 hinsichtlich der Differenz Deutschland – Schweiz so formuliert: »Das Gefühl unserer Zusammengehörigkeit [mit Deutschland] ruht auf unserer gemeinsamen geistigen Erziehung, vor allem auf der beidseitigen Pflege unserer Klassiker. Der Idealismus verbindet uns, der Realismus kaum«,[85] – beinahe überflüssig zu sagen, daß klassischer Stil im Argumentationszusammenhang von Giddens sozialer Raum-Zeit-Ordnung ein literarisches ›Entbettungsverfahren‹ darstellt, Realismus und Naturalismus die Gegenbewegung der re-lokalisierenden Rückbettung (auch wenn dies immer noch im Rahmen eines symbolischen Zeichensystems geschieht, die literarische ›Ver-Ortung‹ also phantasmagorischen Charakter tragen kann).

In diesen Zusammenhang von literarischen Entbettungsvorgängen gehören auch der literarische *Kanon* und *Kanonisierungsprozesse*. Den Kanon selber als gleichsam hypertextuelles Textkorpus können wir dabei als symbolisch generalisiertes Kommunikationsmedium höherer Ordnung einer gegebenen »*canonical community*« auffassen, worin Einzelwerke aus ihren je eigenen, zeitlich und örtlich lokalen Kontexten und sozialen Gruppierungen herausgehoben und in ein neues intertextuelles Sinngefüge im Verein mit anderen kanonisierten Werken eingeordnet werden, das heißt Kanonisierungsprozesse wären demnach ebenfalls als literarische Entbettungsmechanismen zu verstehen.[86] Daß hier gerade in Verbindung mit kulturgeographischen Gegebenhei-

---

[84] So läßt sich zeitgeschichtlich nachweisen, daß zwischen der parabelhaften Struktur in den Stücken Max Frischs und Friedrich Dürrenmatts in der Nachkriegszeit (*Nun singen sie wieder, Biedermann und die Brandstifter, Andorra, Der Besuch der alten Dame*), mit denen die beiden die Bühnen der Welt eroberten, und der kulturpolitischen und moralischen Isolation der Schweiz unmittelbar nach dem Krieg ein direkter Zusammenhang besteht. Vgl. dazu: Michael Böhler: »Auch hierzulande reden wir vom Heute, als stünde kein gestern dahinter«. – Literarischer Umgang mit der Vergangenheit des Zweiten Weltkriegs in der Schweiz. In: Jakob Tanner/Sigrid Weigel (Hg.): Gedächtnis, Geld und Gesetz. Zürich: vdf 2000 [im Druck].

[85] Zitiert bei Emil Ermatinger: Dichtung und Geistesleben der deutschen Schweiz. München: Beck 1933. S. 11.

[86] Besonders deutlich wird dies sichtbar dort, wo um jenen »Third Space« gestritten wird, auf den hin die Entbettung aus den partikularen Kulturzusammenhängen erfolgen soll wie in den *Canon Wars* der USA in den 80er / 90er Jahren; vgl. dazu: Michael Böhler: »Cross the Border – Close the Gap!« – Die Dekanonisierung der Elitekultur in der Postmoderne und die Rekanonisierung des Amerika-Mythos. Zur Kanondiskussion in den USA. In: Renate von Heydebrand (Hg.): Kanon

ten komplexe Prozesse der Entbettung und Rückbettung stattfinden können, haben vor kurzem Günter Butzer, Manuela Günter und Renate von Heydebrand in ihrer Studie *Strategien zur Kanonisierung des ›Realismus‹ am Beispiel der* Deutschen Rundschau. *Zum Problem der Integration österreichischer und schweizerischer Autoren in die deutsche Nationalliteratur* gezeigt.[87] In den Ein- und Ausgrenzungsverfahren haben sie dabei eine chiastische Argumentationsstruktur beobachtet:

> Wie Deutschland auf den Realismus der Schweizer angewiesen ist, benötigen diese die deutsche Bildung, damit die neue realistische Klassik entstehen kann. Denn auch der literarische Ursprung der Schweiz wird, wie der politische, in Deutschland verortet: Die »Quellen und Muster« der schweizerischen Dichtung – der deutschsprachigen noch mehr als der frankophonen – liegen »außerhalb der Schweizer Grenze« [Zitat aus: Heinrich Breitinger: Eugen Rambert und die Literatur der französischen Schweiz. In: Deutsche Rundschau 29 (1881), S. 405].[88]

Voraussetzung einer gelingenden Integration schweizerischer Literatur in den zeitgenössischen deutschen Kanon ist demnach ihre vorherige Entbettung aus den eigenkulturell ortsgebundenen Zusammenhängen.

> Sobald aber diese Einordung in den deutschen Bildungskosmos verweigert wird und eine eigenständige, selbstgenügsame schweizerische Nationalliteratur am Horizont aufscheint, werden die Abwertung und die Ausgrenzung vollzogen. Dann ist die Rede vom literarischen »Partikularismus« und vom dichterischen »Schutzzollsystem«, denen die bewußt doppeldeutige Losung entgegengehalten wird: »wer deutsch dichtet, gehört der deutschen Literatur« [Zitat aus: Anonyme Rezension zu Ernst Hellers Dichteralbum *Sänger aus Helvetiens Gauen.* In: Deutsche Rundschau 27 (1881), S. 155]. Der »thörichte Anspruch auf eine schweizerische Nationalliteratur« muß demgemäß [...] in die Schranken einer bloßen Regionalliteratur verwiesen werden.[89]

Damit ist auch das Stichwort ›Regionalliteratur‹ wieder gefallen, deren Problematik unter Abschnitt 3 diskutiert wurde. 1985 meinte Norbert Mecklenburg am IVG-Kongreß in Göttingen, für die Zurechnung literarischer Werke zu einer Regionalliteratur sei von der Prämisse auszugehen, daß »die territoriale Dimension als eine Rahmenbedingung literarischer Kommunikationszusammenhänge nachgewiesen werden« könne.[90] Dies bedeute nicht

---

Macht Kultur. Theoretische, historische und soziale Aspekte ästhetischer Kanonbildungen. Stuttgart, Weimar: Metzler 1998, S. 483–503.

[87] Günter Butzer / Manuela Günter / Renate von Heydebrand: Strategien zur Kanonisierung des ›Realismus‹ am Beispiel der *Deutschen Rundschau.* Zum Problem der Integration österreichischer und schweizerischer Autoren in die deutsche Nationalliteratur. In: Internationales Archiv für Sozialgeschichte der deutschen Literatur 24, 1 (1999), S. 55–81.

[88] Ebd., S. 66.

[89] Ebd., S. 68.

[90] Norbert Mecklenburg: Stammesbiologie oder Kulturraumforschung? Kontroverse Ansätze zur Analyse regionaler Dimensionen der deutschen Literatur. In: Karl Pestalozzi / Alexander von Bormann / Thomas Koebner (Hg.): Vier deutsche Lite-

nur die »Einbettung ihrer Produktion und Rezeption« in die regionale »geschichtlich-gesellschaftliche Wirklichkeit«, sondern unter der »regionalen Dimension der Literatur« sei auch der »Aspekt der Zeichenbeziehungen des literarischen Werkes zu dieser Wirklichkeit« zu verstehen.[91] Renate von Heydebrand zeigte demgegenüber die Schwierigkeiten auf, den Objektgegenstand ›Literatur‹ *in* und *aus* den territorialen Grenzziehungen überhaupt nur isolieren und tatsächlich als territorial definiert bestimmen zu können. Ähnliches ergab sich aus der Beobachtung der Mühen um eine territoriale Verankerung der Literatur in Österreich. Wiederum schiene mir ein möglicher Ausweg aus der aporetischen Situation und ein Neuansatz sozialgeschichtlicher Regionalliteratur- und Kulturraumforschung darin zu liegen, daß man nicht mehr wie bisher versucht, Literatur territorial zu ver-orten, sondern im Anschluß an Giddens' Reformulierung der Modernisierungstheorie danach fragt, wie das soziale *Handlungs*system ›Literatur‹ und das kulturelle *Symbol*system ›Literatur‹ »Zeit und Raum ›binden‹« (s. S. 17), das heißt welche Prozesse der raumzeitlichen Abstandsvergrößerung wie -verminderung auf den verschiedenen Ebenen vom Verlagswesen und Buchhandel über das Bildungswesen bis hin zur literarischen Wirklichkeitsgestaltung in Texten stattfinden und welche Dynamiken von Entbettungs- wie Rückbettungsvorgängen und -verfahren dabei entwickelt werden. Nicht nur dürfte man sich davon eine gewisse Dynamisierung der Sozialgeschichte der Literatur erhoffen, wichtig wäre dabei vor allem eine theoretisch fundierte Wiedergewinnung der Raumdimension für die Literatur.

---

raturen? Literatur seit 1945 – nur die alten Modelle? (Kontroversen, alte und neue. Akten des VII. internationalen Germanisten-Kongresses. Hg. von Albrecht Schöne. Göttingen 1985, Bd. 10): Tübingen: Niemeyer, S. 3–15, hier S. 10.
[91] Ebd., S. 14.

YORK-GOTHART MIX

Soll die Literaturwissenschaft etwas anderes sein als sie selbst?

Plädoyer für ein relationales Selbstverständnis der Disziplin

Die von Wilfried Barner 1997 aufgeworfene Frage, warum die Literaturwissenschaft neben Grundsätzlichem wie der Sprachform, Metaphorik, Perspektive oder der Frage nach dem Gattungscharakter in zunehmendem Maße »Humanphänomene«[1] in das Blickfeld rücke und unter kulturwissenschaftlichen Prämissen analysiere, erweist sich als essentielles, aber keineswegs neues Problem. Bereits 1868 beschäftigte sich die »Germanistische Sektion« der »Philologenversammlung« mit Themen, die weniger mit der griechischen Ursprungsbedeutung, als mit der lateinischen Bedeutung des Wortes *philologus* (Freund antiquarischer und historischer Wissenschaften) in Einklang zu stehen schienen: Auf ein kulturhistorisch orientiertes Referat über Anredeformeln wie »mein herr« und »Ihr diener« in mittelalterlichen Texten folgten, so der Protokollführer der »Philologenversammlung« im ersten Jahrgang der *Zeitschrift für Deutsche Philologie*, noch »weitere mitteilungen und anfragen über deutsche sitten und gebräuche«.[2] Nicht zufällig wies der Vorsitzende der »Philologenversammlung« im Anschluß an diesen Vortrag die Teilnehmer »auf das bedenkliche mancher neueren forschungen und die dadurch hervorgerufene unsicherheit beim praktischen unterrichte«[3] hin.

In welchem Maß die Wissenschaftsgeschichte der Germanistik eine Geschichte von Legitimationskrisen und selbstreflexiver Identitätssuche ist, zeigte zuletzt Hartmut Böhme 1998 in seiner Replik auf Barners Vorüberlegungen im *Jahrbuch der Deutschen Schillergesellschaft*. Mit seinem »Zentralexempel der Baustelle«[4] richtete er den Blick auf »mythische, magische« und »religiöse Symbolformen«[5] und versuchte, mögliche Grenzen der Disziplin zu umreissen. Böhmes Hinweis, daß eine kulturwissenschaftlich orien-

---

[1] Wilfried Barner: Kommt der Literaturwissenschaft ihr Gegenstand abhanden? Vorüberlegungen zu einer Diskussion. In: Jahrbuch der deutschen Schillergesellschaft 41 (1997), S. 1–8, hier S. 1.

[2] Ludwig Bossler: Bericht über die Verhandlungen der Germanistischen Section der XXVI. Philologenversammlung zu Würzburg. In: Zeitschrift für deutsche Philologie 1 (1869), S. 354–357, hier S. 356.

[3] Ebd., S. 356.

[4] Wilfried Barner: Kommt der Literaturwissenschaft ihr Gegenstand abhanden? Zur ersten Diskussionsrunde. In: Jahrbuch der deutschen Schillergesellschaft 42 (1998), S. 457–462, hier S. 460.

[5] Hartmut Böhme: Zur Gegenstandsfrage der Germanistik und Kulturwissenschaft. In: Jahrbuch der deutschen Schillergesellschaft 42 (1998), S. 476–485, hier S. 483.

tierte Germanistik kein ureignes Feld für sich reklamieren kann, da sie auf verknüpfende Perspektivierungen und Thematisierungen angewiesen ist, läßt sich auch auf das 1868 gehaltene Referat über Respektsbezeugungen in mittelalterlichen Texten beziehen. Gerade in der mit ehrerbietigen Anredeformeln verknüpften »sitte des hutabnehmens«[6] manifestiert sich eine kulturell habitualisierte soziale Symbolik, die beispielsweise bei der Thematisierung des Verhältnisses von Herr und Knecht, in der Freiheitsdichtung oder, grotesk verkehrt, in der Lyrik von Jakob van Hoddis eine signifikante Rolle spielt. Friedrich Schillers stände- und rollenspezifische Deutung eines theatralisch inszenierten Grußrituals im ersten Aufzug des Schauspiels *Wilhelm Tell* evoziert den Kern eines dramatischen Konflikts, der schließlich zum helvetischen Nationalmythos und zur Chiffre politischer Freiheit schlechthin erhoben wurde.

Die Frage, ob die kulturwissenschaftliche Kontextualisierung signifikanter habitualisierter Phänomene und ihrer historisch differierenden medialen Transformationen zu einer Deprivilegierung literarischen Eigensinns, zur Preisgabe literaturwissenschaftlicher Identität und zur Relativierung der Autonomie kanonisierter Werke führt, steht in der Folge zur Debatte. Das im Rekurs auf Walter Haugs provozierende Thesen von Barner aufgeworfene Problem, warum sich die Literaturwissenschaft nicht auf ihre originären Gegenstände beschränke, wird unter der Prämisse präzisiert, daß sich in jedem literarischen Medium ebenso ästhetische Symbol- wie soziale Handlungsformen manifestieren. Jede Selbstreflexivität der Literatur, so die Ausgangsthese, korreliert mit ästhetischen und sozialen Dimensionen. Ob die von Haug angesprochene »Selbstpreisgabe« der Philologie als logische Konsequenz einer kulturwissenschaftlich Orientierung anzusehen ist, wird in der Folge anhand der von ihm konstatierten »dreifachen Dilemmatik«,[7] an Exempeln aus dem Werk Johann Wolfgang Goethes, Friedrich Schillers und Johann Peter Hebels konkretisiert. Anhand dieser Beispiele, die das von Haug als so selbstverständlich betrachtete Phänomen ästhetischer Dichotomisierung neu akzentuieren, werden tradierte Forschungspositionen zur Diskussion gestellt sowie zentrale Fragen literaturwissenschaftlicher Arbeit berührt. Es sind Probleme, die mit den drei Stichworten *Edition, literarische Wertung* und *Interpretation* zu umreißen sind.

---

[6] Ludwig Bossler (Anm. 2), S. 356.
[7] Walter Haug: Literaturwissenschaft als Kulturwissenschaft? In: Deutsche Vierteljahrsschrift für Literaturwissenschaft und Geistesgeschichte 73,1 (1999), S. 69–93, hier S. 72.

1. Textedition und sozialer Kontext

Das grundlegende Dilemma für den Philologen bestehe darin, so Haug, daß die Spezifik eines œuvres historisch nicht zu »verrechnen«[8] sei. Die Qualität eines Einzelwerks zeige sich vor allem in seiner Widerständigkeit zu allen »außerliterarischen Einbindungen«, ja darin, daß diese »historisch«[9] nicht vermittelt werden könne. Diese Singularität des kanonischen Werkes habe aber weniger zur Würdigung seiner Individualität, als zur modischen, unreflektierten »Berücksichtigung von literarischen Gebrauchsformen und Trivialtypen«[10] geführt. Bei der Problematisierung des von Haug propagierten Werkbegriffs, den Gerhart von Graevenitz als idealistisch klassifiziert,[11] fällt neben dem insistenten Rekurs auf die Wertungskriterien Individualität und Originalität vor allem die schroffe Kontrastierung von »innerliterarischen [...] und von außerliterarischen«[12] Gesichtspunkten auf. Entgegen allen Präzisierungsversuchen des Autor- und Werkbegriffs unter produktions- und rezeptionsästhetischen, diskursanalytischen, sozial-, buch- und medienwissenschaftlichen Prämissen dominiert das Plädoyer für den singulären Text, das Votum für einen originären, unverwechselbaren Gegenstand der Literaturwissenschaft.

Bei allem Respekt für dieses Abgrenzungsbedürfnis kann nicht übersehen werden, daß selbst das aus der Korrelation zwischen Autonomieästhetik und Innovationsnorm resultierende, widerständige kreative Potential, das als Varianz in der institutionalisierten literarischen Kommunikation nicht aufgeht, an mediale Vermittlungsformen gebunden bleibt, die jedes zur Veröffentlichung bestimmte Werk beinflussen und von den tragenden Handlungsrollen des Literaturbetriebs nicht ablösbar sind. Jede von der oralen Vermittlung unabhängige Praxis literarischer Rezeption wird von der Positionsbestimmung des Autors und Verlegers, flankierenden Paratexten und der Materialität des Textes beeinflußt. Prinzipiell sind deshalb zwei Gruppen von Dispositiven zu unterscheiden: »diejenigen, die die Schriftstrategien und Absichten des Autors enthüllen und diejenigen, die aus einer Verlegerentscheidung oder den technischen Bedingungen des Denkens resultieren«.[13] Autoren, formuliert Roger Chartier pointiert, »schreiben keine Bücher: nein, sie schreiben

---

[8] Ebd., S. 69.
[9] Ebd., S. 70.
[10] Ebd.
[11] Vgl. Gerhart von Graevenitz: Literaturwissenschaft und Kulturwissenschaft. Eine Erwiderung. In: Deutsche Vierteljahrsschrift für Literaturwissenschaft und Geistesgeschichte 73,1 (1999), S. 94–115, hier S. 104.
[12] Walter Haug (Anm. 7), S. 70.
[13] Roger Chartier: Lesewelten. Buch und Lektüre in der frühen Neuzeit. Frankfurt/M., New York: Campus; Paris: Éditions de la Maison des Sciences de l'Homme 1990, S. 12.

Texte, die zu gedruckten Objekten werden«.[14] Aus diesem Kontext ist auch
das von Haug beschworene Einzelwerk, das »um so mehr quersteht, je höher
seine Qualität ist«,[15] nicht zu lösen. Selbst in der programmatischen, radikalen Negation ist das Gros der literarischen Leser als Philister, Spießer,
Kleinbürger oder Banausen in der ästhetischen Reflexion präsent,[16] Autonomie wird vor allem dadurch definiert, was sie auf keinen Fall sein soll. Die
Vorstellung eines Antagonismus inner- und außerliterarischer Strukturen erweist sich ebenso wie die Annahme einer Unvereinbarkeit von ästhetischer
Qualität und massenwirksamer Medialisierung als eine gängige Mystifizie-
rung, die mit einem analogen Wissenschaftsverständnis korrespondiert: »faire
la science du sacré à quelque chose de sacrilège«.[17]

Die Beispiele eines engen Konnexes zwischen gattungstheoretischer Reflexion, ästhetischer Innovation und kalkulierter Medialisierungsstrategie
sind indes Legion. Wiederholt wurden diese Zusammenhänge am Beispiel
von Christoph Martin Wielands *Abderiten*, Friedrich Schillers *Anthologie
auf das Jahr 1782*, Johann Wolfgang Goethes *Wilhelm Meisters Wanderjah-
ren*, seinen *Geselligen Liedern*, Johann Peter Hebels Kalendergeschichten,
Georg Büchners *Hessischem Landboten*, Heinrich Heines *Reisebildern*,
Theodor Fontanes oder Friedrich Spielhagens Romanen, Else Lasker-
Schülers *Der Prinz von Theben*, Karl Kraus' *Die letzten Tage der Menschheit*, Walter Benjamins *Einbahnstraße*, Ödön von Horváths *Der ewige Spießer*, Bertolt Brechts *Herr Puntila und sein Knecht Matti*, seiner *Dreigro-
schenoper*, Arno Schmidts *Dya Na Sore* oder Volker Brauns *Hinze-Kunze-
Roman* analysiert.[18] Schillers Praxis kaschierter Selbstrezension, Hebels fiktive Selbstdarstellung als volksnaher Kalendermann, die eigenwilligen Varianten von Lasker-Schülers »Selbststilisierung« zur Dichterin des »Unbewußten«,[19] Brechts Selbstpreisgabe hehrer schriftstellerischer Individualität zugunsten divergierender Formen kollektiven Schreibens[20] oder Brauns satiri-

---

[14] Ebd., S. 102.
[15] Walter Haug (Anm. 7), S. 70.
[16] Vgl. Lothar Pikulik: Romantik als Ungenügen an der Normalität. Am Beispiel
Tiecks, Hoffmanns, Eichendorffs. Frankfurt/M.: Suhrkamp 1979, S. 140ff. –
Gerd Stein (Hg.): Philister, Kleinbürger, Spießer. Normalität und Selbstbehauptung. Kulturfiguren und Sozialcharaktere des 19. und 20. Jahrhunderts. Frank-
furt/M.: Fischer 1985.
[17] Pierre Bourdieu: Les règles de l'art. Genèse et structure du champ littéraire. Paris: Éditions du Seuil 1992, S. 260.
[18] Vgl. u.a. die einschlägigen Studien von Wolfgang Albrecht, Dieter Bänsch, Günter Berg, Wolfgang Bunzel, Karl Deiritz, Wolfgang Jeske, Bernd Kiefer, Jan
Knopf, York-Gothart Mix, Winfried Nolting, Emil Sander und Wolfgang von
Ungern-Sternberg.
[19] Dieter Bänsch: Else Lasker-Schüler. Zur Kritik eines etablierten Bildes. Stuttgart:
Metzler 1971, S. 94.
[20] Vgl. Brechts ›Herr Puntila und sein Knecht Matti‹. Hg. von Hans Peter Neureu-
ter. Frankfurt/M.: Suhrkamp 1987, S. 98ff.

sche Selbstvergewisserungen[21] im *Hinze-Kunze-Roman* sind Ausdruck bewußter, mit der Positionsbestimmung im literarischen Feld korrelierender Autorreflexion und dokumentieren, wie problematisch es sein kann, dem Schriftsteller und seinem Werk a priori einen Ausnahmestatus, ja »eine Art Exterritorialität«[22] zuzuweisen. Gleichfalls wird deutlich, daß die Wertungskriterien für die ästhetische Singularität des Einzelwerks durch die Verknüpfung von »interner und externer Analyse«[23] nicht nivelliert, sondern, ganz im Gegenteil, konkretisiert und präzisiert werden: »Tout incline«, so Pierre Bourdieu 1992, »au contraire à penser que l'on perd l'essentiel de ce qui fait la singularité et la grandeur mêmes des survivants lorsque l'on ignore l'univers des contemporains avec lesquels et contre lesquels ils se sont construits«.[24]

Der Vorwurf, eine kontextbezogene Deutung zerstöre die »Welt der symbolischen Formen«[25] und unterwerfe sie einem simplen Ökonomismus, mißdeutet, so die *erste These*, die Intention eines dem relationalen Denken Ernst Cassirers[26] verpflichteten, kultursoziologisch orientierten Ansatzes, der die Korrelationen zwischen ästhetischen und gesellschaftlichen Positionen zu umreißen versucht – ohne die eigene Logik des individuellen Habitus oder der künstlerischen Felder zu negieren. Ein Blick in die *Ausgabe letzter Hand* verdeutlicht, wie wichtig gerade Goethe diese Verklammerung von Text und Kontext war. Mehrere seiner Gedichte veröffentlichte der Autor in dieser als Vermächtnis verstandenen Ausgabe doppelt: einmal in der 24 Texte umfassenden Gruppe *Gesellige Lieder*, ein weiteres Mal in anderen Zusammenhängen, so beispielsweise in der Rubrik *Gott und Welt*. Spätere Editoren haben diese Eigenheit nicht als Vermächtnis oder als gattungstypologische Zuschreibung, sondern als überflüssige Extravaganz gedeutet. In der von Erich Trunz edierten ›Hamburger Ausgabe‹ fehlt beispielsweise in den Anmerkungen zum Gedicht *Dauer im Wechsel* nicht nur der Hinweis auf die von

---

[21] Vgl. York-Gothart Mix (Hg.): Ein ›Oberkunze darf nicht vorkommen‹. Materialien zur Publikationsgeschichte und Zensur des Hinze-Kunze-Romans von Volker Braun. Wiesbaden: Harrassowitz 1993, S. 16f.

[22] Joseph Jurt: Bourdieus Analyse des literarischen Feldes oder der Universalitätsanspruch des sozialwissenschaftlichen Ansatzes. In: Internationales Archiv für Sozialgeschichte der deutschen Literatur 22,2 (1997), S. 152–180, hier S. 165.

[23] Markus Schwingel: Kunst, Kultur und Kampf um Anerkennung. Die Literatur- und Kunstsoziologie Pierre Bourdieus in ihrem Verhältnis zur Erkenntnis- und Kultursoziologie. In: Internationales Archiv für Sozialgeschichte der deutschen Literatur 22,2 (1997), S. 109–151, hier S. 117.

[24] Pierre Bourdieu (Anm. 17), S. 106.

[25] Axel Honneth: Die zerrissene Welt der symbolischen Formen. Zum kultursoziologischen Werk Pierre Bourdieus. In: Kölner Zeitschrift für Soziologie und Sozialpsychologie 36 (1984), S. 147–164, hier S. 147.

[26] Vgl. John Michael Krois: Problematik, Eigenart und Aktualität der Cassirerschen Philosophie der symbolischen Formen. In: Hans-Jürg Braun / Helmut Holzhey / Ernst Wolfgang Orth (Hg.): Über Ernst Cassierers Philosophie der symbolischen Formen. Frankfurt/M.: Suhrkamp 1988, S. 15–44, hier S 18ff.

Goethe bereits 1815 vorgenommene Zuschreibung und Einordnung als ge-
selliges Lied, sondern der Text wurde auch interpretatorisch einseitig in den
Kontext des Alterswerks gerückt: »Erster Druck: Taschenbuch auf das Jahr
1804. In der *Ausg. l. Hd.* 1827 in die Gruppe *Gott und Welt* eingereiht, also
im Zusammenhang von Gedanken, die erst das Alterswerk voll enthüllte«.[27]
Außerdem löste Trunz die Rubrik *Gesellige Lieder* komplett auf. Diese und
andere Beispiele aus der Rubrik *Gesellige Lieder* erhellen, warum Themen,
die die produktionsästhetischen Probleme kollektiver Lyrikrezeption, die
Korrelation von poetischer und musikalischer Form, die Rolle des Dilettantismus als Epiphänomen klassischer Lyrik oder ihren Medialisierungskontext
fokussierten, jahrzehntelang aus der philologischen Forschung völlig verschwanden. Die vom Autor demonstrativ vorgenommene, als Rezeptionsvorgabe zu verstehende variable Kontextualisierung der Gedichte wurde durch
den idealistischen Glauben an eine singuläre, dem Alltagsbezug enthobene
Ästhetik in der ›Hamburger Ausgabe‹ zerstört. Erst die von Karl Eibl und
Victor Lange redigierten Bände im Rahmen der Frankfurter ›Bibliothek deutscher Klassiker‹ und der ›Münchner Ausgabe‹[28] korrigierten diese Defizite,
die vor allem aus der Vorstellung resultierten, die Gattung des geselligen
Liedes sei a priori unter die »literarischen Gebrauchsformen«[29] von minderer
künstlerischer Bedeutung zu subsumieren.

2. Ästhetische Autarkie und literarische Wertung

Ist das literarische System, so fragt Haug, »als eines von vielen Subsystemen
in ein kulturelles Gesamtsystem integriert« oder zeichnet es sich gerade dadurch aus, »daß es sich einer solchen Integration verweigert oder verweigern
kann?«[30] In seiner Erwiderung auf die Kritik von Graevenitz spezifiziert
Haug seine Frage »mit Luhmannschen Kategorien« und erläutert, daß es ihm
»um die Spannung zwischen Eigengesetzlichkeit und Querbeziehung«[31] gehe.
Nimmt man Haugs Verweis auf die Systemtheorie Niklas Luhmanns ernst, so

---

[27] Erich Trunz: Anmerkungen des Herausgebers. In: Johann Wolfgang Goethe.
Werke. Hamburger Ausgabe. Hg. von Erich Trunz. Hamburg: Christian Wegner
[4]1958, S. 527.

[28] Vgl. Karl Eibl: Kommentar. In: Johann Wolfgang Goethe. Gedichte 1800–1832.
Hg. von Karl Eibl. Frankfurt/M.: Deutscher Klassiker Verlag 1988, S. 943 und
1081ff. Folgerichtig erscheint das Lied in Eibls Ausgabe doppelt, auf S. 78f. und
493f. – Victor Lange: Kommentar. In: Johann Wolfgang Goethe. Sämtliche Werke. Bd. VI, 1. Weimarer Klassik 1798–1806. Hg. von Victor Lange. München:
Hanser 1986, S. 901.

[29] Walter Haug (Anm. 7), S. 70.

[30] Ebd., S. 70.

[31] Walter Haug: Erwiderung auf die Erwiderung. In: Deutsche Vierteljahrsschrift
für Literaturwissenschaft und Geistesgeschichte 73,1 (1999), S. 116–121, hier
S. 117.

wird hier tatsächlich ein diffiziles Problem berührt, da unter systemtheoretischen Prämissen Konflikten der Status eines »präzise und empirisch faßbaren«[32] Kommunikationsvorgangs zugewiesen wird. Gilt der systemtheoretisch orientierten Literaturwissenschaft der Kommunikationsbegriff Luhmanns zur Entwicklung historischer und sachlicher Typologien oder zur Beschreibung der Beziehung von Kommunikation zum kognitiven, psychischen und sozialen Bereich als zu strukturarm,[33] so ist diese Kritik auch auf die Negation, das »Nichtakzeptieren der Kommunikation«[34] zu beziehen.

Gleichermaßen problematisch erscheint die Frage, welche Konsequenzen aus systemimmanenten Konflikten resultieren. Luhmanns Konzeption zufolge sind Konflikte zwar als soziale Systeme anzusehen, nehmen aber nie »den Status von Teilsystemen« an, sondern existieren »parasitär«, da ihr Auslöser und Katalysator »eine Negativversion von doppelter Kontingenz«[35] ist. Ob sich die »transdisziplinären«[36] Implikationen epochemachender literarästhetischer Kontroversen und Zäsuren in ihrer ambivalenten Konsequenz durch »eine *En-bloc*-Übernahme des komplexen kategorialen Apparats«[37] der Systemtheorie historisch differenziert konkretisieren lassen, wird seit längerem in Zweifel gezogen. Anders als für Luhmanns Funktionsmodell sozialer Systeme sind für die relational orientierte Feldkonzeption Konflikte, Kontroversen und Kämpfe konstitutiv. Der im Rekurs auf Cassirer und Max Weber von Bourdieu in die Diskussion eingebrachte Feldbegriff ermöglicht es, »phänomenologisch unterschiedliche Dinge als in ihrer Struktur und Funktionsweise ähnlich zu begreifen«.[38]

Sein Vorzug ist es, im Zuge einer reziproken Historisierung die Bewertungsschemata der Forschung und den geschichtlichen Charakter der jeweiligen Quelle zu reflektieren. Der Prozeß einer Autonomisierung des literarischen Feldes wird nicht nur von wachsender Selbstreflexivität, sondern auch von wechselseitigen Negationen ästhetischer Positionen und der Formierung differierender Unterfelder begleitet:

> Der Grad der Autonomie eines Feldes kultureller Produktion zeigt sich in dem Ausmaß, in dem das äußere Hierarchisierungsprinzip dem inneren untergeordnet

---

[32] Niklas Luhmann: Soziale Systeme. Grundriß einer allgemeinen Theorie. Frankfurt/M.: Suhrkamp ³1988, S. 530.

[33] Vgl. Georg Jäger: Systemtheorie und Literatur. Teil I. Der Systembegriff der Empirischen Literaturwissenschaft. In: Internationales Archiv für Sozialgeschichte der deutschen Literatur 19,1 (1994), S. 95–125, hier S. 120f.

[34] Niklas Luhmann (Anm. 32), S. 530.

[35] Ebd., S. 530.

[36] Georg Jäger: ›Buchwissenschaft – das Münchner Modell‹. In: Buchhandelsgeschichte 3 (1997), B. 94–96, hier B. 94.

[37] Georg Stanitzek: Siegfried J. Schmidt. Die Selbstorganisation des Sozialsystems Literatur im 18. Jahrhundert. In: Internationales Archiv für Sozialgeschichte der deutschen Literatur 17,2 (1992), S. 181–191, hier S. 191.

[38] Pierre Bourdieu: Sozialer Raum und ›Klassen‹. Leçon sur la leçon. Frankfurt/M.: Suhrkamp 1985, S. 70.

ist: je größer die Autonomie, desto günstiger gestaltet sich die symbolische Kräftebeziehung für Produzenten, die von der Nachfrage unabhängig sind, um desto ausgeprägter zeichnet sich die Verwerfung zwischen den beiden Polen des Feldes ab, also zwischen dem *Unterfeld der eingeschränkten Produktion* [...] und dem *Unterfeld der Großproduktion*, die sich *symbolisch* ausgeschlossen und gebrandmarkt wiederfindet. Im ersten Fall, dessen grundlegendes Gesetz die Unabhängigkeit von äußeren Erfordernissen bildet, beruht die Ökonomie des Handelns,

so die lakonische Schlußfolgerung,

> wie in einem *Spiel, in dem der Verlierer gewinnt*, auf einer Verkehrung der grundlegenden Prinzipien des Feldes der Macht und des ökonomischen Feldes. Sie schließt Gewinnstreben aus und gewährleistet keinerlei Zusammenhang zwischen Einsätzen und Geldeinkünften; sie verurteilt das Streben nach weltlichen Ehrungen und Prachtentfaltungen.[39]

Ungeachtet dessen sind die mal als banal, mal als populär oder überlebt abqualifizierten und aus dem Unterfeld der geweihten Literatur abgedrängten Werke der Konkurrenz ex negativo im ästhetischen Credo und als Subtext in Kritiken, Polemiken, Pamphleten, Parodien, Provokationen, theoretischen Abhandlungen und programmatischen Werken epochemachender Autoren präsent. Nicht nur paradigmatische Texte der Klassik und Romantik wie Goethes und Schillers *Xenien*, Friedrich Schlegels *Lucinde* oder Joseph von Eichendorffs *Aus dem Leben eines Taugenichts*, auch exemplarische Texte der Avantgarde, Tristan Tzaras *Manifest Dada 1918* oder George Grosz' und John Heartfields Pamphlet *Der Kunstlump* etwa, sind ohne den widersprüchlich wirkenden Rekurs auf die als obsolet verworfenen literarischen Werte und Normen nur partiell verständlich. Paradoxerweise ist die Spezifik des Vergangenen nirgendwo so präsent wie bei den Vertretern der Avantgarde,

> qui sont déterminés par le passé jusque dans leur intention de le dépasser, elle-même liée à un état de l'histoire du champ: si le champ a une histoire orientée et cumulative, c'est que l'intention même de *dépassement* qui définit en propre l'avant-garde est elle-même, l'aboutissement de toute une histoire et qu'elle est inévitablement située par rapport à ce qu'elle prétend dépasser, c'est-à-dire par rapport à toutes les activités de dépassement qui sont passées dans la structure même du champ et dans l'espace des possibles qu'il impose aux nouveaux entrants.[40]

Der sich in permanenten Selektionen und Sanktionierungen manifestierende Strukturwandel des literarischen Feldes folgt deshalb auch viel stärker einer spezifischen eigenen Logik und korreliert nur vermittelt mit den Gegebenheiten des sozialen Raums und des Feldes der Macht. Gleichfalls gilt, daß jedes Werk ebenso wie das literarische Feld einem historischen Prozeß un-

---

[39] Pierre Bourdieu: Das literarische Feld. Die drei Vorgehensweisen. In: Louis Pinto / Franz Schultheis (Hg.): Streifzüge durch das literarische Feld. Konstanz: UVK Universitätsverlag 1997, S. 39.

[40] Pierre Bourdieu (Anm. 17), S. 337f.

terworfen ist, diese Entwicklung aber nicht als stringente Evolution, Geschichtsteleologie oder gar als Rangfolge anzusehen ist. Der auf die Autonomieästhetik fixierten Literaturbetrachtung kann so ein Ansatz zur Seite gestellt werden, der das Einzelwerk nicht zum sozialhistorischen Beleg für eine angenommene gesellschaftliche Struktur reduziert und damit dessen ästhetische Singularität nivelliert, sondern der durch die Fokussierung interner und externer Faktoren die Differenzqualität im Interaktionsgeflecht des literarischen Feldes konkretisiert. Der Vorwurf, diese kontextualisierende Betrachtungsweise favorisiere a priori »Gebrauchsformen und Trivialtypen«[41] erweist sich als undifferenziert. Im Gegenteil, eine auf das Kanonische fixierte Literaturwissenschaft läuft permanent Gefahr, sich in unkritischer Akklamation zu verlieren. »L'analyste«, so eine der zentralen diskussionswürdigen Thesen in Bourdieus Hauptwerk *Les règles de l'art,*

> qui ne connaît du passé que les auteurs que l'histoire littéraire a reconnus comme dignes d'être conservés se voue à une forme intrinsèquement vicieuse de compréhension et d'explication: il ne peut qu'enregistrer, à son insu, les effets que ces auteurs ignorés de lui ont exercés, selon la logique de l'action et de la réaction, sur les auteurs qu'il prétend interpréter et qui, par leur refus actif, ont contribué à leur disparition; il s'interdit par là de comprendre vraiment tout ce qui, dans l'œuvre même des survivants, est, comme leurs refus, le produit indirect de l'existence et de l'action des auteurs disparus.[42]

Unter dieser relational orientierten, wissenschaftskritischen Perspektive wird es möglich, so die *zweite These,* die Schillers Kritik an Gottfried August Bürgers Gedichten auszeichnende Differenzqualität als paradigmatisches Zeugnis der Klassik zu konkretisieren, andererseits aber auch den an die Rahmenbedingungen des autonomen künstlerischen Produktionsfeldes geknüpften *reinen Blick* der Klassiker als Konstruktion zu entmystifizieren. Die Strategie, durch »symbolische Kreation distinkter Praxis- oder Werkformen seine Stellung«[43] im literarischen Feld konsequent zu verändern, verfolgte Schiller seit seinen ersten Beiträgen für das *Wirtembergische Repertorium der Literatur.* Auffällig an seiner Tätigkeit als Kritiker war seine Attitüde, den jeweils renommiertesten Konkurrenten frontal und ungewöhnlich enragiert zu attackieren sowie diese Kritiken, einer wohlkalkulierten Medialisierungsstrategie folgend, anonym oder unter den irreführenden Kürzeln »Gz.« und »C-z.« zu veröffentlichen. Viele Rezensionen Schillers dienten nicht der von ihm selbst propagierten Intention, zur »Ausbildung des Geschmacks«, der angenehmen »Unterhaltung und Veredlung der moralischen Gesinnungen«[44]

---

41 Walter Haug (Anm. 7), S. 70.
42 Pierre Bourdieu (Anm. 17), S. 106f.
43 Markus Schwingel (Anm. 23), S. 120f.
44 Friedrich Schiller: Wirtembergisches Repertorium. Vorbericht. In: F. S.: Sämtliche Werke. Hg. von Gerhard Fricke und Herbert G. Göpfert. Bd. V. München: Hanser ⁵1975, S. 853f., hier S. 853.

beizutragen, sondern schlichtweg der Logik einer »Ökonomie der Aufmerksamkeit«.[45]

Während der bis 1782 renommierteste Dichter Württembergs, Gotthold Friedrich Stäudlin, und der erfolgreichste Almanachredaktor der Zeit, Bürger, einer rabiaten, von persönlichen Injurien durchsetzten Kritik unterzogen wurden, begegnete Schiller poetae minores wie Johann Ulrich Schwindrazheim, Johann Christoph Schwab oder Friedrich von Matthisson mit ungewöhnlichem Wohlwollen, ja demonstrativer Zustimmung. Schillers Distanzierung von der »Popularität«, vom »großen Haufen«[46] und »derjenigen Klasse von Schriften«, die beim breiten Publikum »ihren Zirkel«[47] machten, war auch die Absage an das Ideal einer aufgeklärten Geselligkeitskultur, die ihm im Zeitalter der Französischen Revolution obsolet geworden zu sein schien. Sein Ruf nach der »Krone der Klassizität« und seine Warnung, der Popularität die Prinzipien der »höhern Schönheit« aufzuopfern, basierte auf dem Konzept einer ästhetischen Erziehung, die von der ebenso plakativen wie utopischen Prämisse bestimmt wurde, die »Volksmasse« »scherzend und spielend« auf die Höhen poetischer und philosophischer Reflexion »hinaufzuziehen«.[48] Bürger propagierte hingegen angesichts des kommerziellen Erfolgs der Musenalmanache und in Anlehnung an Johann Gottfried Herders Dichtungstheorie, eine Literatur »fürs ganze Volk«[49] zu schaffen. Ganz im Gegensatz zu Schiller, der bereits 1791 Bürgers Popularitätskonzeption apodiktisch verriss, empfahl der Herausgeber des Göttinger *Musen Almanachs* nicht »die sogenannte höhere Lyrik« zu pflegen, sondern sich am Ideal der »Volkspoesie« zu orientieren: »Steiget herab von den Gipfeln eurer wolkigen Hochgelahrtheit, und verlanget nicht, daß wir vielen, die wir auf Erden wohnen, zu euch hinauf klimmen sollen«.[50]

Eine auffällige Diskrepanz öffentlicher und privater Kommentare Bürgers und Schillers über das Publikum und sein Kunstverständnis machte deutlich, daß die literaturtheoretischen Kommentare über das potentielle Publikum dazu dienten, die eigene Rolle im Netz der Macht- und Einflußmöglichkeiten des literarischen Feldes zu markieren und gegenüber der Konkurrenz zu durchzusetzen. Bürger distanzierte sich in Briefen wiederholt brüsk von sei-

---

[45] Georg Franck: Ökonomie der Aufmerksamkeit. Ein Entwurf. München, Wien: Hanser 1998.

[46] Friedrich Schiller: Über Bürgers Gedichte. In: F. S.: Sämtliche Werke (Anm. 44), S. 970–985, hier S. 974.

[47] Friedrich Schiller: Merkwürdige Rechtsfälle als ein Beitrag zur Geschichte der Menschheit. Vorrede. In: F. S.: Sämtliche Werke (Anm. 44), S. 864–866, hier S. 864.

[48] Friedrich Schiller (Anm. 46), S. 985, S. 975, S. 976.

[49] Gottfried August Bürger: Aus Daniel Wunderlichs Buch. In: G. A. B.: Sämtliche Werke. Hg. von Günter und Hiltrud Häntzschel. München, Wien: Hanser 1987, S. 685–697, hier S. 692.

[50] Ebd., S. 691f.

nen dem Broterwerb dienenden »Musenscheissereien«, dem populären »Musendreck«,[51] und auch Schiller schrieb nicht in elysischer Einsamkeit, sondern beobachtete den literarischen Markt mit akribischem Blick und zeigte sich durchaus bereit, um des Erfolges willen »dem Publicum« Konzessionen oder »eine kleine Lust« (18) zu gewähren. Der krasse Unterschied zwischen den öffentlichen und brieflichen Äußerungen Schillers über den beim weiblichen Publikum populären Elegiker Matthisson demonstrierte, daß er zwar Bürger, aber nicht diesen zuverlässigen Lieferanten sentimentaler Fabrikware als Konkurrenten auf dem Lyrikmarkt ansah. Auf Bürgers, nicht auf Matthissons Lyrik zielt deshalb auch seine vernichtende Kritik.

So steht denn die von Walter Müller-Seidel konstatierte »Erneuerung der Literatur«[52] keineswegs allein im Zentrum von Schillers Überlegungen, sondern auch das materielle Kalkül. Ungeachtet aller poetologischen Divergenzen versuchte Schiller sogar, den absatzstärksten Musenalmanach der Zeit, den von Bürger betreuten Göttinger *Musen Almanach*, nach dessen Tod als Herausgeber zu übernehmen.[53] Obwohl Matthisson von seinem poetischen Spektrum und von seiner Originalität her weit hinter Bürger zurückstand, feierte Schiller den Wörlitzer Reisehofmeister, dessen lyrisches Arsenal aus Einsamkeitstopoi, Heimchenzirpen, Vogelsang und vagen Reminiszenzen an eine idyllisch verklärte Vorzeit bestand, als einen »Jünger der wahren Schönheit«, der aus vertrautem Umgang mit »klassischen Mustern«[54] zur eigenen dichterischen Sprache gefunden habe. Diese 1794 ausgerechnet in der Jenaer *Allgemeinen Literatur-Zeitung* publizierte Bewertung kontrastierte deutlich mit dem, was Schiller brieflich gegenüber Goethe über Matthisson äußerte.[55]

Die auffällige Diskrepanz des Urteils resultierte nicht aus einem Sinn für Diskretion, sondern aus dem von Schiller gepflegten Habitus. Während der Klassiker Verlegern oder Vertrauten Freunden gegenüber ganz ungeniert über schriftstellerische Konkurrenz, Spekulationen, Entreprisen und Profit sprach, klammerte er nach außen hin, »in dichterischer Form oder in philo-

---

[51] Gottfried August Bürger an Johann Christian Dieterich, 22.3.1779 u. 4.9.[1785]. In: Mein charmantes Geldmännchen. Gottfried August Bürgers Briefwechsel mit seinem Verleger Dieterich. Hg. von Ulrich Joost. Göttingen: Wallstein 1988, S. 59, S. 155.

[52] Walter Müller-Seidel: Schillers Kontroverse mit Bürger und ihr geschichtlicher Sinn. In: Formenwandel. Festschrift zum 65. Geburtstag von Paul Böckmann. Hamburg: Hoffmann und Campe 1964, S. 294–318, hier S. 299.

[53] Vgl. York-Gothart Mix: Die deutschen Musenalmanache des 18. Jahrhunderts. München: C. H. Beck 1987, S. 72f.

[54] Friedrich Schiller: Über Matthissons Gedichte. In: F. S.: Sämtliche Werke (Anm. 44), S. 992–1011, hier S. 1010.

[55] Vgl. Friedrich Schiller an Johann Wolfgang Goethe, 31.8.1798 und 5.9.1798. In: Schillers Werke. Nationalausgabe. Bd. XXIX. Hg. von Norbert Oellers und Frithjof Stock. Weimar: Hermann Böhlaus Nachfolger 1977, S. 271–272, hier S. 271, sowie S. 274–275, hier S. 274.

sophisch-ästhetischer Verlautbarung über die Rolle des Dichters«[56] das Ökonomische penibel aus. Schillers Ruf nach »hoher und stiller Größe«[57] diente
unübersehbar der Stilisierung der Autorenexistenz und war mit Exkommuni-
kationen und »wahrhaften symbolischen Morden«[58] verknüpft, die darauf ab-
zielten, den populären Konkurrenten jede Bedeutung als *wahre* Schriftsteller
abzusprechen. Erst der Blick auf dieses Beziehungsgeflecht interner und externer Faktoren, in dessen Schnittpunkten sich die Feldpositionen der Kon-
trahenten markieren, macht Schillers Fehlurteil über Matthissons Lyrik verständlich, das sich nicht durch den Verweis auf einen »historischen Sinn«[59]
kaschieren läßt. Da Müller-Seidel in seiner vielzitierten Studie *Schillers
Kontroverse mit Bürger und ihr geschichtlicher Sinn* diese Rahmenbedingungen ausklammert, greift seine Analyse der Rezensionen auch zu kurz. Die
wenig überzeugende These, Matthissons Poeme seien »nicht so undiskutabel,
wie es die Konvention«[60] überliefere, ist die logische Konsequenz seines methodischen Vorgehens. Wäre es, wie von der Forschung immer wieder suggeriert, einzig und allein um poetologische Probleme gegangen, so hätte
Schiller dieses literaturkritische Exempel auch an Matthisson, den zur Mitarbeit an den *Horen* und dem *Musen-Almanach* eingeladenen poetae minores
oder an Johann Heinrich Voß, dem ständigen Adressaten romantischen
Spotts, statuieren können.[61]

3. Historische und enthistorisierende Interpretation

Das dritte Dilemma ist für Haug der »hermeneutische Zwiespalt«, die »Un-
vermittelbarkeit von Werkindividualität und geschichtlichem Prozeß«.[62] Er
wendet sich gegen jeden Versuch einer Horizontverschmelzung und beruft
sich dabei auf eine 1961 in der *Historischen Zeitschrift* publizierte Kritik an

---

[56] Wolfgang Martens: Zur Metaphorik schriftstellerischer Konkurrenz 1770–1800.
(Voss, Bürger, Schiller). In: York-Gothart Mix (Hg.): ›Kalender? Ey, wie viel
Kalender!‹ Literarische Almanache zwischen Rokoko und Klassizismus. Wolfen-
büttel: Herzog August Bibliothek 1986, S. 157–163, hier S. 161.
[57] Friedrich Schiller (Anm. 46), S. 985.
[58] Pierre Bourdieu (Anm. 39), S. 56.
[59] Walter Müller-Seidel (Anm. 52), S. 296.
[60] Ebd., S. 314.
[61] Vgl. Wolfgang Frühwald: Der Zwang zur Verständlichkeit. August Wilhelm
Schlegels Begründung romantischer Esoterik aus der Kritik rationalistischer Poe-
tologie. In: Silvio Vietta (Hg.): Die literarische Frühromantik. Göttingen: Vandenhoeck & Ruprecht 1983, S. 129–148, hier S. 134. – York-Gothart Mix: Die
ästhetische Erziehung des Dilettanten. Die literarische Öffentlichkeit, die Klassizität der Poesie und das Schema über den Dilettantismus von Fr. Schiller, J. W.
Goethe und J. H. Meyer. In: Hans-Wolf Jäger (Hg.): ›Öffentlichkeit‹ im 18. Jahrhundert. Göttingen: Wallstein 1997, S. 327–343, hier S. 332f.
[62] Walter Haug (Anm. 7), S. 71.

Hans-Georg Gadamers philosophischer Hermeneutik von Helmut Kuhn. Das Bemühen, Goethe in »seinem zeitbedingten Horizont« zu verstehen, glich für Kuhn dem Versuch, einen »trennenden Abgrund zu überspringen«.[63] Haug umreißt dieses Problem im Rekurs auf Walter Benjamin mit der metaphorischen Umschreibung »Tigersprung«.[64] Um den anderen Zeithorizont, die Differenz zu bewahren, ist es für Haug jedoch zwingend, das dieser Intention immanente »Moment von Gewaltsamkeit« »zugleich zurückzunehmen«.[65] Kuhn wähnte die »wahre Aneignung« eines Kunstwerks hingegen »in unmittelbarem Betroffensein – durch die Schönheit« und »die Wahrheit«.[66] Ungeachtet aller terminologischen Vagheiten wird hier ein essentielles Problem benannt, nämlich die Wirkungsmächtigkeit eines konkretisierbaren Sinns jenseits jeder historischen Diskrepanz.

Fokussiert wird die interpretierende Annäherung an eine jenseits von Epochengrenzen und Gattungstheorien wirksame Ästhetik, die, so Gadamer in *Wahrheit und Methode*, der »jeweiligen Gegenwart etwas so sagt, als sei es eigens ihr gesagt«.[67] Während die Romantik den Interpreten als kongenialen Exegeten einer historischen Abhängigkeit enthob und dem Autor an die Seite stellte, sah Gadamer das Verstehen »*nicht so sehr als eine Handlung der Subjektivität*«, sondern vielmehr als »*Einrücken in ein Überlieferungsgeschehen*«.[68] In diesem Überlieferungsgeschehen, das auch die Literaturgeschichte einschließt, vermitteln und verschränken sich Gegenwart und Vergangenheit, in ihm konkretisieren sich Historizität und Aktualität ästhetischer Normen und Erfahrung. Geisteswissenschaftliche Forschung kann sich zu dieser Tradition »nicht in einem schlechthinnigen Gegensatz«[69] denken, nicht zuletzt deshalb, weil jedes ästhetische Phänomen, auch in der Negation des Kanonischen, selbst in einem Überlieferungszusammenhang steht. Zeit und erst recht die kulturwissenschaftlich als Epoche kategorisierte Zeit erweist sich nicht primär als ein im »Tigersprung« zu überwindender »Abgrund«,[70] der »überbrückt werden muß, weil er trennt und fernhält, sondern ist in Wahrheit der tragende Grund des Geschehens, in dem das Gegenwärtige wurzelt«.[71]

---

[63] Helmut Kuhn: Wahrheit und geschichtliches Verstehen. Bemerkungen zu H.-G. Gadamers philosophischer Hermeneutik. In: Historische Zeitschrift 193 (1961), S. 376–389, hier S. 383.
[64] Walter Haug (Anm. 7), S. 71.
[65] Ebd., S. 71.
[66] Helmut Kuhn (Anm. 63), S. 385.
[67] Hans-Georg Gadamer: Wahrheit und Methode. Grundzüge einer philosophischen Hermeneutik. Tübingen: Mohr (Siebeck) 1960, S. 274.
[68] Ebd., S. 274f. Hervorhebung im Original.
[69] Ebd., S. 266.
[70] Walter Haug (Anm. 7), S. 71. – Helmut Kuhn (Anm. 63), S. 281.
[71] Hans-Georg Gadamer (Anm. 67), S. 281.

Zu dem auch merkwürdigerweise von Bourdieu als »opposition radicale entre comprendre *historiquement* [...] et comprendre *philosophiquement*«[72] gebrandmarkten Dualismus, der aus seiner einseitigen Deutung der Thesen Gadamers resultierte, heißt es in *Wahrheit und Methode* jedoch differenzierend:

> Der Zeitenabstand ist daher nicht etwas, was überwunden werden muß. Das war vielmehr die naive Voraussetzung des Historismus, daß man sich in den Geist der Zeit versetzen, daß man in deren Begriffen und Vorstellungen denken solle [...]. In Wahrheit kommt es darauf an, den Abstand der Zeit als eine positive und produktive Möglichkeit des Verstehens zu erkennen. Es ist nicht ein gähnender Abgrund, sondern ist ausgefüllt durch die Kontinuität des Herkommens und der Tradition in deren Lichte uns alle Überlieferung sich zeigt. [...] Jedermann kennt die eigentümliche Ohnmacht unseres Urteils dort, wo uns nicht der Abstand der Zeiten sichere Maßstäbe anvertraut hat. So ist das Urteil über gegenwärtige Kunst für das wissenschaftliche Bewußtsein von verzweifelter Unsicherheit.[73]

Es erweist sich deshalb auch als problematisch, die ungeachtet einer strikten Grenzziehung zwischen dem Historischen und Momentanen als »Konstrukte von objektiver historischer Realität« apostrophierten »literarischen Traditionsformen« zum zeitunabhängigen, kulturwissenschaftlich resistenten Analysegegenstand in der Auseinandersetzung mit den »außerliterarischen Gegebenheiten«[74] machen zu wollen. Wenn die Schwierigkeit des adäquaten Verstehens primär in der historischen Distanz zu suchen ist, so müßte es, polemisch formuliert, umso leichter fallen, die hermetischen Varianten der Gegenwartsästhetik zu interpretieren. Haugs Traditionsformen erweisen sich als Konstanten, die sich ungeachtet ihres historischen Charakters der weiterführenden geschichtlichen Analyse verweigern.

Der Vorstellung, »Gattungen« seien »Konstrukte von objektiver historischer Realität«,[75] wurde bereits 1967 und 1972 von Friedrich Sengle nachhaltig widersprochen. Sengle kam zu dem lapidaren Schluß, daß weder das »literarische Trinitätsdogma« noch das vermeintlich geläufige Muster der Gattungsgliederung »*vor 1848*«[76] eine besondere Bedeutung gespielt haben. Benedetto Croce hielt die Gattungssystematik und ihre Begrifflichkeit schon deshalb für verfehlt, weil sie das *Singuläre* eines Kunstwerks *verdecke*. Zweifellos unterliegen Gattungen selbst der permanenten Mutation,[77] für sie

---

[72] Pierre Bourdieu (Anm. 17), S. 424.
[73] Hans-Georg Gadamer (Anm. 67), S. 281.
[74] Walter Haug: (Anm. 31), S. 120.
[75] Ebd., S. 120.
[76] Friedrich Sengle: Biedermeierzeit. Deutsche Literatur im Spannungsfeld zwischen Restauration und Revolution 1815–1848. Bd. II. Die Formenwelt. Stuttgart: Metzler 1972, S. 1.
[77] Vgl. Jörg-Ulrich Fechner: Permanente Mutation – Betrachtungen zu einer ›offenen‹ Gattungspoetik. In: Horst Rüdiger (Hg.): Die Gattungen in der Vergleichenden Literaturwissenschaft. Berlin, New York: de Gruyter 1974, S. 1–31, hier S. 29f.

ist ein Ensemble »inhaltlicher, technisch-stilistischer, kompositioneller, intentionaler und funktionaler Momente«[78] charakteristisch, das im Moment der Literarisierung und Medialisierung historisch wird und nicht nur in Hinsicht auf eine ästhetische Differenzqualität Geschichtlichkeit reflektiert. Erst durch die Abkehr vom dogmatischen, ontologisch-anthropologischen Gattungsverständnis in der Tradition Emil Staigers wird die Analyse und Klassifikation einer Vielzahl von Textsorten möglich, die *bereits selbst* den Abstand der Zeit als eine positive und produktive Möglichkeit des Verstehens begreifen: beispielsweise alle auf Zeitereignisse rekurrierenden Dramen- und Erzählformen, aber auch die Idylle, die utopische Literatur, autobiographische Muster, das Zeitgedicht, das Feature, die Kalendergeschichte sowie jene Genres, die sich, wie die Moralischen Wochenschriften, Flugschriften oder das Hörspiel, durch die Charakteristika ihrer Medialisierung, also vermeintlich textexterne Aspekte, klassifizieren lassen. Jeder Versuch, beispielsweise die zahlreichen Varianten der Kalendergeschichte im Anschluß an Ludwig Rohners vage Charakterisierung des Genre mit dem bloßen Verweis auf ihre »Werkindividualität« und »Autarkie« als zeitunabhängige »Traditionsformen«[79] zu beschreiben, muß auch deshalb als unzureichende Erklärung a posteriori gelten, da die Gattungsbezeichnung ›Kalendergeschichte‹ erst mit der Publikation von Ludwig Anzengrubers 1882 publizierter Sammlung *Launiger Zuspruch und ernste Red. Kalender-Geschichten* in das Bewußtsein gehoben wurde. Ein drittes Beispiel soll diese Zusammenhänge illustrieren.

In seiner von einem Zeitungsbericht inspirierten, zwischen fiktionalem und faktualem Erzählen oszillierenden Geschichte *Unverhoftes Wiedersehen* spielte Johann Peter Hebel virtuos und demonstrativ mit den verschiedenen Zeitspannen des Kalenders und veranschaulichte durch eine raffinierte, auf einem parataktisch-polysyndetischen Reihungsprinzip basierende Zeitraffung die parallele Wahrnehmung von subjektiv empfundener und historischer Zeit. Der Verweis auf die wiederkehrenden jahreszeitlichen Zyklen und die alltägliche Arbeit der Bauern und Handwerker versinnbildlichte den monotonen Verlauf sinnlos gewordener Zeit und verknüpfte das Fatum der Braut mit dem Erfahrungshorizont des Kalenderpublikums. Die aufgrund ihrer extremen Relation zwischen Erzählzeit und erzählter Zeit berühmte Textpassage, die für die fünf Jahrzehnte zwischen dem Unfall des Bergmanns und der Entdeckung seines durch Vitriolwasser konservierten Leichnams stand und en passant das für den Kalender essentielle Problem einer Konkretisierung von Historizität reflektierte, lautet:

> Er kam nimmer aus dem Bergwerk zurück, und sie [...] weinte um ihn und vergaß ihn nie. Unterdessen wurde die Stadt Lissabon in Portugall durch ein Erdbe-

---

[78] Gerhard R. Kaiser: Zur Dynamik literarischer Gattungen. In: Horst Rüdiger (Hg.) (Anm. 77), S. 32–62, hier S. 34.

[79] Walter Haug (Anm. 31), S. 117, S. 120. – Walter Haug (Anm. 7) S. 69.

ben zerstört, und der siebenjährige Krieg gieng vorüber, und der Kayser Franz
der erste starb, und der JesuitenOrden wurde aufgehoben und Polen geteilt, und
die Kaiserin Maria Theresia starb, und der Struensee wurde hingerichtet, Amerika wurde frey, und die vereinigte französische und spanische Macht konnte Gi-
braltar nicht erobern. Die Türken schloßen den General Stein in der Veteraner
Höle in Ungarn ein, und der Kayser Joseph starb auch. Der König Gustav von
Schweden eroberte russisch Finnland, und die französische Revolution und der
lange Krieg fieng an, und der Kaiser Leopold der zweyte ging auch ins Grab.
Napoleon eroberte Preußen, und die Engländer bombardirten Koppenhagen, und
die Ackerleute säeten und schnitten. Der Müller mahlte, und die Schmiede häm-
merten, und die Bergleute gruben nach den Metalladern in ihrer unterirrdischen
Werkstatt. Als aber die Bergleute in Falun im Jahr 1809 etwas vor oder nach Johannes [...] eine Oeffnung durchgraben wollten, [...] gruben sie aus dem Schutt
und Vitriolwasser den Leichnam eines Jünglings heraus, der ganz mit Eisenvitriol
durchdrungen, sonst aber unverwest und unverändert war.[80]

Wie intensiv Hebel in dieser für den gemeinen Mann als Gebrauchsliteratur
konzipierten Erzählung die vom Medium des Kalenders repräsentierten linearen, zyklischen, historischen, subjektiven, sozioökonomischen, astronomi-
schen und religiösen Zeitperspektiven reflektierte, zeigt sich auch in seinem
Kunstgriff, die vorgesehene Hochzeit der Brautleute auf die längste *Nacht*,
»Sanct Luciä«,[81] die Entdeckung des Leichnams aber auf Johannis, den läng-
sten *Tag* im Jahr, zu legen. Winter- und Sommersonnenwende stehen hier als
Chiffre für die versagte Hochzeitsnacht und die ungebrochene Liebe, die
Wendepunkte und immanente Ordnung im Leben der Verlobten, für Tod und
Auferstehung. Alle diesseitigen Zeitkategorien werden in der Zeitlosigkeit
des Transzendenten aufgehoben, der Theologe Hebel spielt hier auf die für
das neutestamentarische Zeitverständnis charakteristische Unterscheidung
zwischen *chronos* und *aion* an. Seine hohen ästhetischen Ansprüche für den
Kalender von mehreren Hunderttausend badischen Lesern[82] konnte Hebel
einlösen, weil er die medialen Eigenheiten des Kalenders literarisch reflektierte und den *Rheinländischen Hausfreund* nicht als irgendeine Hülle ansah,
die beliebig gefüllt werden konnte.

Die publikationstypische Raum- und Zeitsemantik, die Korrelation zwischen Faktizität und Fiktionalität unterstreichen die Notwendigkeit, Kalen-
dertexte nicht nur unter den Vorzeichen einer »rein semantischen Definition

---

[80] Johann Peter Hebel: Unverhoftes Wiedersehen. In: Der Rheinländische Haus-
      freund oder Neuer Calender auf das Jahr 1811, mit lehrreichen Nachrichten und
      lustigen Erzählungen. Karsruhe, im Verlag des Großherzogl. Lyceums. Faksimi-
      ledruck hg. von Ludwig Rohner. Wiesbaden: Akademische Verlagsgesellschaft
      Athenaion 1981, S. 139–140, hier S. 139.
[81] Ebd., S. 139. – Vgl. auch: Hanns Bächthold-Stäubli (Hg.): Handwörterbuch des
      deutschen Aberglaubens. Bd. 6. Berlin, Leipzig 1935, Sp. 705, Sp. 1270. – Jan
      Knopf: Die deutsche Kalendergeschichte. Frankfurt/M.: Suhrkamp 1983, S. 137.
[82] Vgl. Der Rheinländische Hausfreund oder Neuer Calender auf das Jahr 1811
      (Anm. 80), S. 133.

des Textes«[83] zu betrachten, sondern diese in ihrem historischen Publikationskontext zu analysieren, um die Präsenz des Mediums *in* ihren ästhetischen Strukturen zu konkretisieren. Die Fiktion geselliger Unterhaltung, der Reiz zahlreicher intertextueller Verweise und die in der Literarizität der Texte manifeste mediale Eigenart sind ebenso wie das von Hebel wiederholt angesprochene Verhältnis von Text und Bild, so die *dritte These*, in späteren Zusammenstellungen in der Form des 1811 erstmals publizierten *Schatzkästleins des rheinischen Hausfreundes* nur bedingt rekonstruierbar. Ein Desiderat bleibt die Analyse des im Kalender auf unterschiedliche Weise veranschaulichten Symbolcharakters der Zeit mit seinen historischen, sozialen, religiösen und kulturellen Implikationen. Diese Aspekte der Kalendergeschichte blieben in den wenig innovativen neueren Untersuchungen[84] ebenso unberücksichtigt wie die an das Medium gekoppelte Raumsemantik, die im *Rheinländischen Hausfreund* nicht nur auf eine historisch definierte, alemannische »Lokalität«,[85] sondern auch auf das von Goethe in seiner Rezension der Gedichte Hebels angesprochene »Universum«[86] verweist. Vor diesem Hintergrund erweisen sich die gängigen Definitionen des Genre, die historisch unreflektiert den Text vom Medium separieren,[87] als völlig unzureichend. Bei der Analyse von Kalendergeschichten wird die von Haug monierte Beschäftigung mit den als trivial abqualifizierten literarischen Gebrauchsformen sogar zur conditio sine qua non einer schlüssigen Interpretation. Der von Gadamer umrissene Überlieferungszusammenhang ist zu einem wesentlichen Teil an das Medium gebunden.

Resümee

So wenig, wie die 1868 auf der »Philologenversammlung« beifällig aufgenommene Deutung des Hutabnehmens als »wehrlosmachung seiner selbst«[88]

---

[83] Roger Chartier (Anm. 13), S. 8.
[84] Vgl. u.a. Gerhardt Petrat: Einem besseren Dasein zu Diensten. Die Spur der Aufklärung im Medium Kalender zwischen 1700 und 1919. München u.a.: Saur 1991.
[85] Johann Peter Hebel an Justinus Kerner, 20.7.1817. In: Johann Peter Hebel. Gesamtausgabe. Hg. von Wilhelm Zentner. Bd. II. Karlsruhe: Verlag C. F. Müller 1957, S. 613–615, hier S. 614.
[86] Johann Wolfgang Goethe: Allemannische Gedichte. Für Freunde ländlicher Natur und Sitten, von J. P. Hebel. In: Goethes Werke. Hg. im Auftrage der Großherzogin Sophie von Sachsen. Bd. XXXX. Weimar. Hermann Böhlaus Nachfolger 1901, S. 297–307, hier S. 298.
[87] Vgl. u.a. Kalender im Wandel der Zeiten. Ausstellungskatalog. Hg. von der Badischen Landesbibliothek. Karlsruhe: Badische Landesbibliothek 1982, S. 165. – Otto F. Best: Handbuch literarischer Fachbegriffe. Definitionen und Beispiele. Frankfurt/M.: Fischer [2]1973, S. 127.
[88] Ludwig Bossler (Anm. 2), S. 356.

von den Kritikern auf die Situation der Disziplin bezogen wurde, so wenig ist eine relationalen Prämissen verpflichtete Analyse von »innerliterarischen« und »außerliterarischen«[89] Aspekten als Verabschiedung literaturwissenschaftlicher Identität, ja als »Selbstpreisgabe«[90] interpretierbar. Wenn Sengle die Idee, ein Rekurs auf die hegelianische Ästhetik »eröffne den sichersten Zugang zur Formenwelt« als schlichtweg »falsch«[91] verwirft, so gewinnt dieses Urteil in Hinsicht auf Haugs Vorstellung, Fragen ästhetischer Autarkie, literarischer Originalität und Historizität seien durch traditionalistische Insistenz und Selbstbeschränkung lösbarer, neue Aktualität. Nicht erst seit einer von der Diskursanalyse in der Tradition Michel Foucaults und der neueren Medien- und Buchwissenschaft forcierten Problematisierung der auratischen Einheit von Autor und Werk[92] ist die Fixierung auf die schillernden Kategorien Autarkie und Originalität fragwürdig geworden.

Haugs Versuch, die von ihm wenig konkretisierte »Literarizität des Literarischen«[93] gegen eine von Wolfgang Frühwald, Reinhart Koselleck und anderen postulierte »kulturwissenschaftliche Neuorientierung der Geisteswissenschaften«[94] ins Feld zu führen, hat die selbstreflexive Identitätssuche nicht beruhigt, sondern die Diskussion um die von Georg Jäger charakterisierte »Doppelcodierung«[95] der Ästhetik forciert. Es bleibt ein wichtiges Ziel, die für die deutsche Geisteswissenschaft typische Dichotomie von Kultur und Zivilisation[96] aufzulösen und literarische Texte, so Wilhelm Voßkamp, »zugleich als Symbolsystem und als Sozialsystem«[97] zu begreifen. Gerade unter den Vorzeichen einer verstärkten »Autorität der Zweckrationalität«[98] gibt es

---

[89] Walter Haug (Anm. 7), S. 70.
[90] Ebd., S. 73.
[91] Friedrich Sengle (Anm. 76), S. 6.
[92] Vgl. York-Gothart Mix: Der Text und seine Medialisierung. Literatur- und Buchwissenschaft im Kontext der postmodernen Theoriediskussion. In: Weimarer Beiträge 2 (1999), S. 94–111. – Y.-G. M.: Medialisierungsstrategien im 18. Jahrhundert. Prämissen und Perspektiven der Forschung. In: Das achtzehnte Jahrhundert 23, 1 (1999), S. 40–58.
[93] Walter Haug (Anm. 7), S. 80.
[94] Wolfgang Frühwald u.a.: Geisteswissenschaft heute. Eine Denkschrift. Frankfurt/M.: Suhrkamp 1991, S. 13.
[95] Georg Jäger: Keine Kulturtheorie ohne Geldtheorie. Grundlegung einer Theorie des Buchverlags. In: Siegfried J. Schmidt (Hg.): Empirische Literatur- und Medienforschung. Siegen: Lumis 1995, S. 24–40, hier S. 31.
[96] Vgl. Jörg Fisch: Zivilisation, Kultur. In: Otto Brunner / Werner Conze / Reinhard Koselleck (Hg.): Geschichtliche Grundbegriffe. Bd. 7. Stuttgart 1992, S. 679–774, hier S. 749ff. – Theodor W. Adorno: Auf die Frage: Was ist deutsch. In: T. W. A.: Gesammelte Schriften. Bd. 10, 2. Hg. von Rolf Tiedemann. Frankfurt/M.: Suhrkamp 1977, S. 691–701, hier S. 697ff.
[97] Wilhelm Voßkamp: Einheit in der Differenz. Zur Situation der Literaturwissenschaft in wissenschaftshistorischer Perspektive. In: Ludwig Jäger (Hg.): Germanistik. Vorträge des Deutschen Germanistentags 1994. Disziplinäre Identität und kulturelle Leistung. Weinheim: Beltz 1995, S. 29–45, hier S. 37.
[98] Wolfgang Frühwald u.a. (Anm. 94), S. 80.

für die kulturwissenschaftlich ausgerichtete Literaturwissenschaft wenig Anlaß, den Hut zu nehmen und sich aus einer Disziplin zu verabschieden, deren
»Einheit in der Differenz«[99] besteht.

---

[99]　Wilhelm Voßkamp (Anm. 97), S. 29.

KARL EIBL

Autonomie und Funktion, Autopoiesis und Kopplung
Ein Erklärungsangebot für ein literaturwissenschaftliches
Methodenproblem mit einem Blick auf ein fachpolitisches
Problem

Seit ich Wolfgang Frühwald kenne, gibt es eine ›Krise‹ der Germanistik – ein
ursächlicher Zusammenhang ist unwahrscheinlich. Eine ordentliche Wissenschaft, so ungefähr lehrt Karl Popper, hat sich immer in der Krise zu befinden, sonst verkommt sie zur ›Normalwissenschaft‹, in der Laufbahnbeamte
aufs Wochenende warten. Problematisch, so scheint mir jedoch, sind Ursache und Eigenart gerade dieser Krise. Es handelt sich nämlich nicht nur um
einen Zustand produktiv-neugieriger Unruhe, der die Wissenschaftlergemeinschaft umtreibt, sondern oft genug um eine seltsame Mischung aus Stupor
und Hektik, die weniger auf neue sachliche Herausforderungen als auf den
Geltungsverlust des Faches zu reagieren versucht. Unter solchem Geltungsverlust leidet natürlich nicht die Germanistik allein, sondern der gesamte Bereich der Geisteswissenschaften, spätestens seit dem weltweiten Sieg des Kapitalismus (›Globalisierung‹), der nun keine kulturelle Konkurrenz mehr zu
bekämpfen hat. Aber von diesem allgemeinen Aspekt soll hier nicht die Rede
sein. Ich will einsetzen beim ganz spezifischen Geltungsverlust der deutschen
germanistischen Literaturwissenschaft, den man nicht mit jenem allgemeinen
vermischen sollte. Sonst geht es wie mit dem Schwindsüchtigen, dessen
Krankheit man im Winter nicht erkennt, weil da alle husten.[1]

I.

Wie bei jedem Verlust ist auch beim Geltungsverlust nicht unwichtig, von
welchem Niveau aus er erfolgt. Und da muß man gegenwärtige Erfahrung
ganz weit wegschieben, um sich deutlich zu machen, wie hoch dieses Niveau
vor etwa 40 Jahren noch war (als ich zu studieren begann und Wolfgang

---

[1] Unerörtert bleibt hier auch das Phänomen, daß die Geisteswissenschaften ›sich
nützlich machen‹ wollen, indem sie in den Dienst von Industrie, Handel und Ban-
ken gehen. Das gehört in den Zusammenhang der derzeit galoppierenden Überführung der Kultur in Konzerneigentum. Unabhängig von der Frage, ob man das politisch will, werden die Geisteswissenschaften schon mittelfristig nur dann ›nützlich‹ sein können, wenn sie auch unabhängig von ihrem Nutzen Erkenntnisse gewinnen.

Frühwald wohl gerade promovierte) und wie enorm die Fallhöhe dieses Geltungsverlustes ist. Selbst die massive Kritik am Ende der 60er Jahre war ja zum Teil getragen von einer kaum mehr zu glaubenden Hochschätzung, von der heute ganz abstrus erscheinenden Annahme nämlich, die Weltrevolution könne ausgerechnet von der Germanistik ihren Anfang nehmen! Die Frage verschiebt sich: Wie konnte es zu einer solchen Hochschätzung der Germanistik kommen?

Die Hochschätzung der Germanistik war Teil einer Hochschätzung der Literatur, die mittlerweile gleichfalls stark geschwunden ist.[2] Damit meine ich nicht, daß heute weniger gelesen würde als früher oder daß ›das Buch‹ (trotz gegenteiliger Statistiken) verschwindet. Wahrscheinlich gab es noch nie so viele Literaturpreise und Förderungsstipendien – aber wer kann die letzten drei Büchnerpreisträger nennen? Geltung hat nichts mit Umsätzen zu tun. Geltung von Literatur betrifft ihre moralische Reputation, die Achtung, die man ihr (und ihren Vertretern) entgegenbringt, den Orientierungswert, den man ihr zumißt, ihre Integrität und Unüberhörbarkeit. Zwar ist ein Großteil des Direktions- und Distinktionswertes, den literarische Bildung einmal besaß, bereits 1918 untergegangen. Doch diese historische Marke bezeichnet nicht nur das Ende des Bildungsbürgertums als tendenziell egalitärer Idee (alle sollen gebildet sein), sondern zugleich einen Rückzug und Aufstieg ins Elitäre: Es blieb als Erbe die Idee einer literarischen Codierung des Allgemeinmenschlichen, das als dezidiert ›unpolitische‹ (oder ›überpolitische‹) Wertorientierung eine Gemeinschaft der Wohlgesinnten konstituieren konnte. Das literarische Deutschland war das bessere Deutschland. Hier lag eine Tradition bereit, in die man nach der Kulturkatastrophe des Nationalsozialismus mit gutem Gewissen einrücken konnte. Das galt nicht nur für die damals entstehende Literatur, sondern es galt für das ganze literarische Erbe und damit auch für die Pfleger dieses Erbes. So konstatiert etwa Karl Robert Mandelkow für die Nachkriegszeit eine »fast süchtige Hinwendung zu Goethe als dem höchsten Repräsentanten eines besseren und humanen Deutschland«.[3]

Ganz eng mit der Literatur verknüpft war auch die tonangebende Soziologie, die Sozialphilosophie Adornos, die immer schon eine ganze Ästhetik implizierte (schon Habermas muß man im Vergleich dazu als geradezu illiterat einschätzen). Im neu entstehenden Fach der Politologie waren die Literaturfreunde Arnold Bergsträsser und Dolf Sternberger wichtige Ideengeber. Und die Blütezeit der Existenzphilosophie, in Frankreich Domäne von Dichter-

---

[2] Friedrich Dieckmann (Hg.): Die Geltung der Literatur. Ansichten und Erörterungen. Im Auftrag der Deutschen Literaturkonferenz. Berlin: Aufbau 1999, behandelt vor allem die Situation in den neuen Ländern. Vgl. hier im vorliegenden Zusammenhang jedoch insbesondere den Rückblick von Michael Rutschky: Was ist Lyrik heute? In: Ebd., S. 405–416.

[3] Karl Robert Mandelkow: Goethe in Deutschland. Rezeptionsgeschichte eines Klassikers. 2 Bd. München: C. H. Beck 1980/1989, Bd. 2, S. 135.

philosophen wie Sartre, Camus oder Claudel, konnte in Deutschland immerhin die Hölderlin-, Rilke- und Trakl-Interpretationen Heideggers und seiner Schule hervorbringen. Alles, was zählte, kreiste um das Zentrum der Literatur. Gerade bei den Vertretern manichäischer Tendenzen, etwa bei Adorno und Heidegger, verlieren die Differenzen, aus der Distanz gesehen, an Bedeutung angesichts der grundlegenden Mentalitätsfigur: Der Abwertung des Pöbels und der Selbstzurechnung zu einer Insel, einer Exklave, einer Arche inmitten der Sintflut. Auf der einen Seite waren die Nazis, die Leute im Weinhaus Wolf, die Wirtschaftswunderdeutschen, Sklaven des Konsums, das uneigentliche Leben des ›Man‹, die Welt der Kulturindustrie, die Masse und was es noch alles an Distanzierungsformeln gab. Und auf der anderen Seite waren die Sensiblen, die Gerechten, die Wachen, die Kultur, die Kritischen, die sensiblen Lyriker und die wachen Kahlschläger, die inneren und äußeren Emigranten usw., eine wahrhaft heterogene Gruppierung, deren Angehörige einander immer wieder das Wohnrecht auf der guten Seite absprachen, die aber darin übereinstimmte, daß sie es für sich beanspruchten.

Es ist die Dichotomie von Gottesstaat und Weltstaat, die hier am Werk ist. Die Gemeinschaft der Heiligen, die Auserwählten, dem Wesentlichen Verpflichteten, leben in einer Arche, die auf dem Wasser des Weltstaates inmitten der Sintflut schwimmt. Man muß darum nicht gleich ins Kloster oder nach Bargfeld gehen. Auch eine heftige kritische Attitüde ist damit zu verbinden: Weltstaatschelte von der Position des Gottesstaates aus. Auch politisch engagierte Dichtung legte deshalb Wert darauf, *nicht* engagiert zu sein, das heißt ihr Engagement von dem der Politiker und Journalisten so weit wie möglich wegzurücken. So meinte Hans Magnus Enzensbergers in seinem Essay *Poesie und Politik*[4] von 1962, heute werde »was früher Inspiration hieß, auf den Namen der Kritik getauft: Kritik wird zur produktiven Unruhe des poetischen Prozesses« (S. 136). Auch Kritik also gehört zumindest der Abstammung nach in den Zusammenhang einer göttlichen Offenbarung. Das ist der neue und eigentlich ziemlich alte Epiphanie-Charakter des Gedichts, das Gedicht sei »durch sein bloßes Dasein subversiv« (ebd.). Enzensberger bezieht zugleich entschieden Stellung gegen explizit engagierte Literatur. Er betont, daß es die Sprache sei, »die den gesellschaftlichen Charakter der Poesie ausmacht, nicht ihre Verstrickung in den politischen Kampf« (S. 133).

Das Wort »Verstrickung« läßt aufhorchen. Es war das Wort, mit dem man die Situationen jener Menschen umschrieb, die, obwohl ›anständig‹, doch in irgendeiner Weise zur Kollaboration mit den Nazis gezwungen waren oder solchen unausweichlichen Zwang jedenfalls später behaupteten. Da wird deutlich, wogegen Poesie gefeit sein oder feien soll: gegen die Verstrickungen in den Weltstaat. In der ›Literatur‹ ist man unverstrickt, da ist die Seele

---

[4]   In: Hans Magnus Enzensberger: Einzelheiten. Bd. 2. Frankfurt/M.: Suhrkamp 1976, S. 113–137.

rein. Das erklärt den immensen Literaturbedarf um 1945 und danach und die hohe Geltung von Literatur in dieser Zeit. Literatur in dem angedeuteten weiten Sinn, der zum Beispiel auch die kritische Theorie umfaßt und natürlich die Literaturwissenschaft. Und wie gleich hinzuzufügen ist: Eine spezifische Art von Literaturwissenschaft. Es ist jene Variante, die seit jeher besonders der interpretierenden Pflege der großen Werke sich widmete, der Pflege des Gedächtnisses, also selbst als Aktualisierungs- und Erinnerungsinstanz eher dem literarischen als dem wissenschaftlichen Leben zugehörte. Sie war selbst Teil des Gottesstaates, ein Verfahren der Ich-Veredelung durch – so die durchaus positiv gemeinten Formeln Hans Georg Gadamers – Einrücken in ein Überlieferungsgeschehen und Horizontverschmelzung.

II.

Bekanntlich haben sich die Zugriffsweisen der Literaturwissenschaft seit den 70er Jahren geändert. Zwar hat sich das Paradigma der Werkinterpretation weiter durchgehalten, aller Interpretationskritik zum Trotz, nicht zuletzt deshalb, weil der Markt solche Interpretationen bereitwillig aufnimmt. Die kleinen gelben Bändchen verdanken ihr Florieren vor allem dem Versprechen, ein Gegenmittel gegen den Prüfungsterror des ›Interpretieren Sie ...‹ auf den verschiedenen Schul- und Hochschulebenen bereitzuhalten. Doch von solcher Äußerlichkeit des Betriebs abgesehen: Es ist gewiß weiterhin eine würdige Tätigkeit, wenn man den Bildungskanon verwaltet, als Restaurator und Kurator das Museum in Schuß hält und dem Publikum Einblick in die Schätze gibt. Ein Forschungsprogramm ist das aber nicht, und ohne Forschungsprogramm verliert auch die Kuratorentätigkeit bald den belebenden Impuls. Dominierend im Sinne eines Forschungsprogramms wurde in den siebziger Jahren das Paradigma – nein, seien wir vorsichtiger: das Schlagwort – ›Sozialgeschichte‹, das seine Überzeugungskraft aus den Konnotationen von Relevanz bezog, die sich daran knüpfen ließen – schon die Wendung zur ›Sozialgeschichte‹ war eine Reaktion auf den Geltungsverlust der Literatur und ihrer Verwandten. Das Schlagwort wurde von recht heterogenen Ansätzen in Anspruch genommen, von den Anekdoten des ›literarischen Lebens‹ bis zur Applikation avancierter soziologischer Theorie und natürlich vom Leierkasten des marxistischen ›Materialismus‹.

Neuerdings ist es einem womöglich noch geräumigeren Schlagwort gewichen, dem der ›Kulturwissenschaft‹ oder ›Kulturgeschichte‹,[5] das nun für die notwendigen Relevanz- und Imponiersignale sorgen soll. Aber welche Kultur ist gemeint? Denkbar wäre, daß man Kultur als Synonym von Gesellschaft

---

[5]   Einen Überblick gibt Thomas Anz: Literatur- und Kulturwissenschaften. In: literaturkritik.de, URL: < http://www.literaturkritik.de/txt/1999-10-03.html > (3.10.1999).

begreift, mit kleinen Differenzen des Akzents, und in praxi dürfte das meistens ausreichen. Grundsatzreflexionen machen die Sache jedoch komplizierter. Hans-Ulrich Wehler hatte Gesellschaft ursprünglich als Trias von Herrschaft, Wirtschaft und Kultur aufgefaßt, Kultur also als Teil von Gesellschaft konzipiert (– und dann gleich beiseite gelassen).[6] Es ginge aber auch umgekehrt: Daß man Gesellschaft als Teil der Kultur im Sinne der ›selbstgeschaffenen Welt des Menschen‹ auffaßt. Der neueste Beitrag Wehlers läuft auf eine weitere, etwas seltsame, Unterscheidung hinaus: daß nämlich die eher intuitiv verfahrende Verfahrensweise Sozialgeschichte, die theoretisch angeleitete hingegen Kulturgeschichte heißt.[7] Und dann erinnern wir uns noch an des frühen Georg Lukács' Diktum: »Das wirklich Soziale aber in der Literatur ist: die Form«,[8] und vielleicht noch daran, daß es zu dessen Blütezeit auch eine ›deutsche‹ Opposition von ›Kultur‹ und ›Zivilisation‹ gab, die bei den westlichen Nachbarn genau umgekehrt hieß. – Angesichts solcher Verwirrung möchte man sich fast zu den ›cultural studies‹ wenden, die immerhin eine Domäne guter Menschen sind und mit einem entelitarisierten Kulturbegriff operieren. Der Durchsetzung dieses Kulturbegriffs scheint auch der lebensweltliche Begriffsgebrauch zu Hilfe zu kommen: Die Bundesrepublik Deutschland beschäftigt derzeit im Rahmen der auswärtigen Kulturpolitik acht Fußballtrainer in Ländern der dritten Welt und läßt ausdrücklich verlautbaren, daß »Fußball [...] mehr Breitenwirkung [entfalte] als Dichter-Lesungen in Goethe-Instituten«.[9] Die Parole ›Fußball statt Goethe‹ müßte eigentlich auch dem gegenwärtigen Präsidenten des Goethe-Instituts gefallen. Hat er doch in seiner Zeit als Frankfurter Kulturdezernent großen Ruhm für die Propagierung und Praktizierung eines ›erweiterten Kulturbegriffs‹ geerntet. Jetzt jedenfalls soll das Goethe-Institut in Genua geschlossen werden, das den Staat jährlich DM 800 000 kostet, während gleichzeitig die Bertelsmann-Tochter Ufa DM 160 000 000 in den zweitklassigen Fußballverein von Sampdoria Genua investiert.[10] Wenn wir dieser Tendenz folgen, dann wäre der Kulturbegriff immerhin zum Freizeitverhalten präzisiert, umschlösse etwa die Gesamtheit ›zweckfreier‹ Unterhaltung, vom literarischen Kunstwerk

---

[6] Zu den Hintergründen des Kulturdefizits von Hans-Ulrich Wehlers Gesellschaftsgeschichte vgl. meine Überlegungen: Literaturgeschichte, Ideengeschichte, Gesellschaftsgeschichte – und »Das Warum der Entwicklung«. In: IASL 21, 2 (1996), S. 1–26.

[7] Hans-Ulrich Wehler: Die Herausforderung der Kulturgeschichte. München: C. H. Beck 1998: Entdeckt werden Bourdieu, Foucault, Weber, Freud, Erikson und die Kulturanthropologie.

[8] Georg Lukács: Literatursoziologie. Ausgewählt und eingeleitet von Peter Ludz. Neuwied: Luchterhand 1961, S. 71.

[9] Süddeutsche Zeitung vom 24. 8. 1999, S. 1.

[10] Süddeutsche Zeitung vom 15. 9. 1999, S. 19. – Letzter Stand: Das Goethe-Institut in Genua bleibt vorerst bestehen, dank eines namhaften Zuschusses der italienischen Behörden. Der Sprachunterricht wird allerdings privatisiert, die entsprechenden Lehrer werden entlassen (Süddeutsche Zeitung vom 18. 11. 1999, S. 18).

über den Beischlaf mit Pille bis zum Oktoberfest, wobei dem Oktoberfest
hinsichtlich der Breitenwirkung eindeutig der Vorrang gebührt. So ganz verkehrt ist diese Definition nicht. Aber daß an ihr noch gearbeitet werden muß,
ist einleuchtend, und ob solche Arbeit lohnt, ist zweifelhaft. Denn wie bei
ähnlichen lebensweltlich verankerten Wörtern wie Sinn, Habitus, Normalität,
Individualität, Rolle usw. besteht die Attraktivität des Gebrauchs ja gerade in
der schnellen Oberflächenverständigung, aus der sich dann jeder sein Teil her-
ausholt. Man kann sie zwar auch präzis definieren, aber keiner hält sich daran,
und das ist vielleicht auch ihr Zweck im Rahmen der Ökonomie von Verständigung auf der Geräuschebene. – Immerhin signalisieren beide Begriffe etwas
Gemeinsames Wichtiges: Es soll nicht um pure Literatur, nicht um pure literarische Werke oder Texte gehen, sondern um Texte in Kontexten.

III.

Eine der letzten Kontroversen, die zwischen Walter Haug und Gerhart von
Graevenitz,[11] ermutigt mich, das Sachproblem bei einer traditionellen Grund-
spannung aufzusuchen, die zum Beispiel schon Emil Staiger zu dem etwas
koketten Dictum herausgefordert hat: »Es ist seltsam bestellt um die Literaturwissenschaft. Wer sie betreibt, verfehlt entweder die Wissenschaft oder
die Literatur«.[12] Nicht viel anders klingt gut 40 Jahre später Walter Haugs
»Erste[s] Dilemma: Wir sind ein historisches Fach, unser Geschäft heißt Literaturgeschichte. Aber unser besonderes Interesse gilt dem einzelnen und
vor allem dem hervorragenden Werk«.[13] Das wird erweitert im ›zweiten Dilemma‹, das hier gleich in Haugs Frageform zitiert sei: »Ist das literarische
System als eines von vielen Subsystemen in ein kulturelles Gesamtsystem integriert, und wenn ja, was bedeutet diese Integration? Oder ist das literarische System gerade dadurch ausgezeichnet, daß es sich einer solchen Inte-

---

[11] Walter Haug: Literaturwissenschaft als Kulturwissenschaft? und: Gerhart von
Graevenitz: Literaturwissenschaft und Kulturwissenschaft. Eine Erwiderung, sowie: Walter Haug: Erwiderung auf die Erwiderung. In: DVjs 73 (1999), S. 69–
121.

[12] Emil Staiger: Die Kunst der Interpretation. Studien zur deutschen Literaturgeschichte. 3. Aufl. Zürich: Atlantis 1961 (1. Aufl. 1955), S. 12.

[13] Walter Haug: Erwiderung auf die Erwiderung (Anm. 11), S. 69. – Eine einseitige
Werkfixierung allerdings ist ebenso problematisch wie die forsche Proklamation,
daß es Werke überhaupt nicht ›gebe‹. Das Literarische ist offenbar unter ganz bestimmten kulturellen Bedingungen (zum Beispiel der Schriftlichkeit) stärker an die
Verdichtungsform von ›Werken‹ gebunden, während es unter anderen Bedingungen
nur spontan zu Veranstaltungen zusammengerinnt wie zum Beispiel in der Come-
dia dell'Arte oder, gleichsam am anderen Ende, in Fernsehserien. Dazu auch Karl
Eibl: Textkörper und Textbedeutung. Über die Aggregatzustände von Literatur,
mit einigen Beispielen aus der Geschichte des Faust-Stoffes. In: Renate von Heydebrand (Hg.): Kanon Macht Kultur. Stuttgart: Metzler 1998, S. 60–77.

gration verweigert oder verweigern kann? Also Funktion oder Autonomie, und wenn Autonomie: was ist dann seine Funktion? [...] Wie kann man sich diesen Methoden öffnen, ohne Literatur sich selbst zu entfremden?«[14] – das Staiger-Dilemma nur leicht variiert: Es ›gibt‹ die Literatur in Gestalt von ›Werken‹ und es ›gibt‹ sie als von Fall zu Fall aktualisierte Motivbündel, Handlungsschemata usw., es gibt sie als Teil der Kultur, aber als besonderen Teil, der sich von Hahnenkämpfen, Beischlaf oder Oktoberfest unterscheidet.

Die zentrale Frage lautet: Wie kann man das Verhältnis von Text und Kontext sowie von Literatur und Gesellschaft so konzeptualisieren, daß weder das eine noch das andere als Störfaktor beseitigt werden muß? Haug hat auf ein beliebtes Mittel der Kontextualisierung hingewiesen, auf die Allegorese, und er hat mit einigem Recht dekretiert: »Kritische Verweigerung gegenüber allen allegorischen Interpretationen ist für den Literaturwissenschaftler erstes Gebot, denn die Allegorese ist die krudeste Form der Usurpation des Fremden«.[15] Die Neigung, kontextuelle Literaturauslegung als Allegorese zu betreiben, hat ihren Grund natürlich darin, daß Literatur tatsächlich Elemente enthält, die man als abbildhaft deuten kann, ferner aber auch einen bildhaften Überschuß, der förmlich danach ruft, in irgendeine ›eigentliche‹ Rede übersetzt zu werden. Die Hermeneutik der Horizontverschmelzung, der Applikation klassischer Texte auf neue Situationen, kommt ohne Ansätze einer Allegorese überhaupt nicht zum Ziel, mag dann auch das ›Modell‹, auf das hin interpretiert wird, undogmatisch und flüssiger sein als die Heilsgeschichte, der Marxismus oder die Psychoanalyse. Es ist auch kaum etwas dagegen einzuwenden, wenn Leser Werke ihrer Lebenssituation applizieren – so lange sie keinen Zustimmungsanspruch damit verbinden. Eine ganz andere Situation ergibt sich im literaturwissenschaftlichen Verhalten gegenüber literarischen Werken. Auch der reale literaturwissenschaftliche Betrieb weist natürlich einige hedonistische Zirkel auf, in denen Literatur nur irgendwie applikativ in Bewegung gehalten wird. Aber wenn wir als Minimalkriterium wissenschaftlicher Rede den nach bestimmten Standards prüfbaren Anspruch auf Zustimmung annehmen, dann wird man in der Tat mit den Abbildungsrelationen sehr vorsichtig hantieren müssen. Eher schon wird man oft eine Art Vor-Bildung annehmen dürfen: Literarische Werke als Thesaurierungsformen für die Vorstellungen, wie Leben sein sollte oder sein könnte. Aber generell läßt sich auch das nicht voraussetzen.

Man muß wohl eine noch etwas allgemeinere, das heißt abstraktere Ebene aufsuchen. Auch da kann Haug noch einmal weiterhelfen. Er bezieht sich auf Hans-Georg Gadamer, der geschrieben habe, Interpretation sei »die Frage

---

[14] Walter Haug: Erwiderung auf die Erwiderung (Anm. 11), S. 70.
[15] Walter Haug: Erwiderung auf die Erwiderung (Anm. 11), S. 77. Natürlich mit dem Zusatz: »auszunehmen ist selbstverständlich jene Literatur, die sich schon selbst einem Modell ausgeliefert hat, die also genuin allegorisch ist«.

nach dem Problem, dessen Lösung das literarische Werk biete«, und er weist
das als »eines der grundlegendsten Mißverständnisse unserer Wissenschaft«
ab. Literatur »verkommt damit zum Exempel«. Haug setzt entgegen: »Die
Literatur verdankt ihre Existenz der Tatsache, daß es unlösbare Probleme
gibt. Sie findet ihren eigentlichen Sinn darin, in Aporien hineinzuführen, sie
bewußt zu machen und bewußt zu halten«.[16] Da ich *fast* das Gleiche seit bald
30 Jahren immer wieder sage,[17] bin ich in der erfreulichen Lage, *fast* ganz
zustimmen zu können. Haugs These läßt sich aber nur auf einen bestimmten
Typus von Literatur beziehen, den, dem ich den Namen ›Poesie‹ vorbehalten
habe und der insbesondere seit dem 18. Jahrhundert besondere Bedeutung
gewonnen hat. Haug wirft ein unangemessen ungünstiges Licht auf den anderen Typus von Literatur, wenn er davon spricht, daß Literatur zum Exempel
›verkomme‹, wenn man sie als Problemlösung begreift: Es gibt nun einmal
unstreitig Exempel-Dichtung, Literatur muß nicht erst dazu ›verkommen‹, es
gibt in großem Umfang Literatur, die vorhandene Problemlösungen unterstützt (ich nenne sie ›subsidiär‹). Sie ist zu wichtig als daß man sich nase-
rümpfend von ihr abwenden sollte, sie thesauriert Erlebens- und Verhaltensformen und hat damit immense gesellschaftsstiftende Funktionen.[18] Die andere Art von Literatur, diejenige, die sich an ungelösten Problemen abarbeitet
(ich nenne sie ›komplementär‹), interessiert uns allerdings in der Regel mehr.
Aber entscheidend ist: Im einen wie im anderen Falle *bezieht* sich Literatur
auf Probleme. Das ist die allgemeinste Formel für den Kontextbezug von Literatur. Sie mag vorerst allzu allgemein klingen, aber über sie ist jedenfalls

---

[16]   Ebd., S. 87. Mir scheint, daß Haug mit diesem Referat der Gadamer-Partie nicht
        ganz gerecht wird. Hans-Georg Gadamer: Wahrheit und Methode. 3. Auflage.
        Tübingen: J. C. B. Mohr (Paul Siebeck) 1972, S. 352ff. Gadamer bezieht sich hier
        auf Collingwoods Logik von Frage und Antwort, formuliert allerdings so vage,
        daß man tatsächlich einen gewissen Interpretationsspielraum hat.
[17]   Zuletzt in aller Ausführlichkeit: Die Entstehung der Poesie. Frankfurt/M.: Insel
        1995. – Rudolf Unger hat schon 1924 in einem Aufsatz eine Liste sogenannter
        ewiger Probleme erstellt, die in der Poesie behandelt werden: Das Problem von
        Freiheit und Notwendigkeit, das der Liebe, das der Religion, das des Todes und
        das der Gesellschaft (Literaturgeschichte als Problemgeschichte. In: R. U.: Ge-
        sammelte Studien. Bd. 1. Darmstadt: Wissenschaftliche Buchgesellschaft 1966,
        S. 137–170). Es wäre aber einzuschränken: Nicht um unlösbare, ›ewige‹ Probleme
        geht es, sondern um die *jeweils* als unlösbar *empfundenen*, denn auch da gibt es hi-
        storischen Wandel. Selbst das Problem des Todes gewinnt seine skandalisierenden
        Dimensionen erst im Zusammenhang der neuzeitlichen Individualisierungsge-
        schichte, ähnlich das Problem der Gesellschaft und auch das der Liebe.
[18]   Eine gute Kurzformulierung für diese Funktionen von Dichtung gibt Niklas Luh-
        mann: Liebe als Passion. Zur Codierung von Intimität. Frankfurt/M.: Suhrkamp
        1982, S. 24 (mit Bezug auf sein Thema ›Liebe‹). Er konstatiert, daß literarische
        Darstellungen »ihre Themen und Leitgedanken nicht zufällig wählen, sondern daß
        sie damit auf ihre jeweilige Gesellschaft und auf deren Veränderungen reagieren;
        daß sie [...] angebbare Probleme lösen, nämlich funktionale Notwendigkeiten des
        Gesellschaftssystems in eine tradierbare Form bringen«.

die Beziehung von Werk und Geschichte, Text und Kontext, Dichtung und Welt[19] oder wie immer man es umschreiben will, zu organisieren.

Ich tue nun etwas, was man gelegentlich für unmöglich hält: Ich versuche ein Problem mittels Anwendung von Kategorien der Systemtheorie Niklas Luhmanns zu *vereinfachen*. Dafür will ich einen Doppelbegriff in den Vordergrund stellen, den Doppelbegriff der Autopoiesis und der strukturellen Kopplung oder die *gekoppelte Autopoiesis*. Leider hat in den meisten Diskussionen nur die Autopoiesis Aufmerksamkeit gefunden, weil sich mit ihr besser zaubern läßt, aber erst zusammen mit der zweiten Hälfte, der strukturellen Kopplung, gewinnt der Begriff Erklärungskraft für die Analyse dessen, was bei der Frage nach dem Autonomiestatus der Literatur zur Debatte steht: Es geht um die Koevolution von Systemen.[20]

Der Begriff der Autopoiesis besagt, daß Systeme sich aus ihren eigenen Elementen reproduzieren. Er ist eng verknüpft mit dem der operativen Geschlossenheit: Operativ geschlossene System können nur mit ihren eigenen Elementen operieren, nicht mit solchen ihrer Umwelt. Wenn man diese Vorstellung hinreichend überspitzt, eignet sie sich dazu, den gesunden Menschenverstand zu verwirren. Denn es könnte scheinen, daß solche Systeme überhaupt keinen Umweltkontakt haben, und manche Zauberer des ›radikalen‹ Konstruktivismus oder der Systemtheorie schlagen aus diesem Gedanken auch hübsche rhetorische Effekte. Zwar kann man sagen, »daß kein System Operationen außerhalb der Systemgrenzen, also Operationen in seiner Umwelt vollziehen kann; und das heißt ganz konsequent, daß kein System durch eigene Operationen sich selbst mit der Umwelt verknüpfen kann«;[21] oder daß verschiedene Systeme einander ›unzugänglich‹ seien; oder daß zwischen Systemen keine Informationen ›übertragen‹ werden können; oder daß Kommunikation im Sinne irgendwelcher angeblich herrschender Auffassungen (die zumeist nur anonym angeführt werden) nicht möglich sei: Diese scheinbar radikalen Vorstellungen werden zu Fast-Trivialitäten, wenn man erfährt, wogegen sie sich eigentlich wenden: Man könne nicht »anderes Bewußtsein gleichsam anzapfen und ins eigene System überführen«.[22] Aber wer um Himmels Willen stellt sich denn heute im Ernst Kommunikation als Direkt-

---

[19] Ich spiele damit an auf das Buch von Hugo Kuhn: Dichtung und Welt im Mittelalter. Stuttgart: J. B. Metzler 1959.

[20] Einige Formulierungen dieses Abschnitts auch in meinem in Anm. 6 genannten Aufsatz.

[21] Niklas Luhmann: Autopoiesis als soziologischer Begriff. In: Hans Haferkamp / Michael Schmid (Hg.): Sinn, Kommunikation und soziale Differenzierung. Frankfurt/M. 1987, S. 307–324, hier S. 313, von Luhmann kursiviert. – Die Bedeutung und Gültigkeit der Aussage hängt natürlich davon ab, was man unter ›Operation‹ versteht und was unter ›verknüpfen‹.

[22] Niklas Luhmann: Soziale Systeme. Frankfurt/M.: Suhrkamp 1984, S. 60.

anzapfung (oder Information als Direktabfüllung) vor?[23] Statt monoton immer
wieder zu behaupten, daß es wegen operationaler Geschlossenheit keine
Kommunikation und keine Information gebe, sollte man fragen, wie Information und Kommunikation (und Erkenntnis) trotz operationaler Geschlossenheit möglich sind.

Wenn man dem Begriff der Autopoiesis die rhetorische Dramatisierung
nimmt, dann bezeichnet er die vergleichsweise vertraute Vorstellung, daß
zum Beispiel die Farben, die wir sehen, nicht ›wirkliche‹ Farben sind, die ins
Gehirn hineinfließen, sondern daß sie von unserem Sehapparat als Reizverarbeitung hergestellt werden. Daß das, was ich höre, genau genommen nicht
die Geige ist, sondern ein Konzert, das mein Trommelfell zusammen mit einigen weiteren mechanischen, elektrischen und chemischen Instrumenten in
meinem Kopf veranstaltet, dessen Anregung ich aber nicht ganz falsch auf
die mittels meiner Verarbeitung optischer Reize ›konstruierte‹ Geige zurück-
führe. Oder daß das Rechtssystem bei allen Veränderungen immer nur Recht
hervorbringt, auch wenn es auf eine politische oder sexuelle Revolution reagiert. Oder daß Veränderungen der Sprache immer nur sprachliche Veränderungen sind. Auch das literarische Werk kriecht nicht auf mystische Weise
ins Hirn, sondern dieses synthetisiert mit seinen eigenen Mitteln (darunter
sehr vielen vorangegangenen sprachlichen und literarischen Erfahrungen)
Vorstellungen, die vom Werk ausgelöst werden.

Ich habe bewußt von ›Reagieren‹, ›Reizverarbeitung‹, ›Auslösen‹ gesprochen. Denn selbstverständlich kommt auch Luhmann, kommen auch die
Konstruktivisten der nachdenklicheren Sorte nicht ohne irgendwelche Um-
weltkontakte aus. Systemtheorie und Konstruktivismus stellen für die Um-
weltabhängigkeit von Systemen den Begriff der »strukturellen Kopplung« zur
Verfügung.[24] Er führt eher ein Schattendasein, ist aber ein dringend notwendiger Komplementärbegriff zu dem weit prominenteren der Autopoiesis: Er
bezeichnet den Einfluß der Umwelt auf das System, den natürlich auch Systemtheorie und Konstruktivismus nicht leugnen können. Für normale Sterb-

---

[23] Liebende und Dichter leiden schon lange darunter, daß es nicht geht: »Einander
kennen? Wir müßten uns die Schädeldecken aufbrechen und die Gedanken einander aus den Hirnfasern zerren«. (Georg Büchner, 1835) Oder Schiller, 1797:
           Warum kann der lebendige Geist dem Geist nicht erscheinen?
           Spricht die Seele, so spricht ach! schon die Seele nicht mehr.
       Weil Kommunikation über konventionell-arbiträre Zeichen geht und nicht über
       Schläuche.
[24] Er stammt von Humberto Maturana / Francisco Varela: Der Baum der Erkenntnis.
       Die biologischen Wurzeln des menschlichen Erkennens. Bern, München, Wien
       1987, bes. S. 85ff. Vgl. Luhmann: Die Wissenschaft der Gesellschaft. Frank-
       furt/M.: Suhrkamp 1992, S. 163–166, sowie: Soziologische Aufklärung 6. Die
       Soziologie und der Mensch. Opladen: Westdeutscher Verlag 1995, S. 16–19 und
       30–33, in den Kapiteln/Aufsätzen: »Probleme mit operativer Schließung« und »Die
       operative Geschlossenheit psychischer und sozialer Systeme«. Auch in: Gesell-
       schaftsstruktur und Semantik. Bd. 4. Frankfurt/M.: Suhrkamp 1995. S. 164ff.

liche ist er sehr hilfreich, denn er macht die Systemtheorie mit einer Reihe von Alltagsvorstellungen kompatibel, zum Beispiel mit der, daß wir Menschen sind und mit Menschen umgehen. Menschen sind ja nach systemtheoretischer Lehre keine Systeme:

> Der Mensch mag für sich selbst oder für Beobachter als Einheit erscheinen, aber er ist kein System. [...] Seinem psychischen System ist sein Leben unzugänglich, es muß jucken, schmerzen oder sonstwie auf sich aufmerksam machen, um eine andere Ebene der Systembildung, das Bewußtsein des psychischen Systems, zu Operationen zu reizen.[25]

Aber Jucken und Schmerzen ist schon eine ganze Menge![26] Es ist auch für Luhmann ganz selbstverständlich, »daß es strukturelle Kopplungen zwischen Nervensystem und Bewußtseinssystem gibt«.[27] Damit aber wird die Vorstellung vom autopoietischen, operational geschlossenen System auf höchst erfreuliche, wenn auch etwas umständliche Weise verträglich mit den Vorstellungen des Alltagsverstandes.[28] Den Erkenntnisgewinn, der durch die Umständlichkeit erkauft wird, sollte man nicht zu niedrig einschätzen. Immer wenn wir mit den kausalistischen oder Abbild-Vorstellungen unseres Alltagsverstandes in Aporien geraten, können wir es mit der umständlicheren, aber präziseren Vorstellung versuchen, daß Systeme ihre Umwelt auf Grund eigener Aktivität und einfacher Erfolgs-/Nichterfolgsmeldungen mittels eigener Elemente kartographieren.

Luhmann unterscheidet mit Maturana und Varela zwei Arten oder Funktionsweisen der Kopplung: Die »Irritation« im wörtlichen Sinne der ›Reizung‹ (bei Maturana/Varela war es noch die vergleichsweise tumultuarische »Perturbation«) und die »Destruktion«. »Irritation« ist ein unspezifischer Störreiz, den das System nach Maßgabe seines eigenen Wandlungspotentials zu beseitigen versucht. In diesem Begriff versteckt sich all das, was man als ›Information‹ zu bezeichnen pflegt: Angeleitet von diesen Irritationen stellt das System ein Abbild seiner Umwelt her. Wenn man bedenkt, welch schlaue Din-

---

[25] Niklas Luhmann (Anm. 22), S. 76f.
[26] Nicht untypisch für die bedingten Reflexe, mit denen die Kopplung von manchen Systemtheoretikern verdrängt wird, ist das absurde »Beispiel« für Kopplung in Helga Gripp-Hagelstange: Niklas Luhmann. Eine Einführung. München: Fink 1995, S. 56f.: »Bekanntlich verursacht exzessiver Tabakgenuß Lungenkrebs. Ebenso bekannt ist auch, daß es unzählige Raucher gibt, die von Lungenkrebs verschont bleiben. Ganz offenbar also reagiert der Körper auf die Stimuli von außen nach je eigenen Gesetzen, die dem Zugriff von außen verschlossen sind.« Da stimmt nichts.
[27] Niklas Luhmann: Die Kunst der Gesellschaft. Frankfurt/M.: Suhrkamp 1995, S. 17.
[28] Es wäre vielleicht nützlich, auch für diese durch Kopplung konstituierten Einheiten einen Terminus zu finden, denn immerhin sind es die Dinge unserer Alltagserfahrung. Ich halte mich zurück, weil neue Wörter meistens nur neue Verwirrung erzeugen.

ge ein Computer mit der Unterscheidung 0/1 zuwege bringt,[29] muß man den Systemoberflächen nicht mehr als die elementare Irritierbarkeit durch Schmerzen (oder Jucken) – die simple binäre Meldung ›paßt‹/›paßt nicht‹, ›Erfolg‹/›Mißerfolg‹ zutrauen; damit lassen sich recht zuverlässige Weltbilder entwerfen, wenn nur der Speicher und die Rechnergeschwindigkeit groß genug sind. – Das andere ist der Fall der ›Destruktion‹. Auch ›geschlossene‹ Systeme – auch dies ist als Faktum fast trivial, aber es hat enorme Konsequenzen – sind nicht autark, sondern sie sind letztlich energetisch offen. Sie nehmen Energie auf und ›führen Entropie ab‹. (Oder: Sie sind unablösbar an Systeme gekoppelt, die das tun, wie das Bewußtsein an den Körper.) Aber wenn Systeme nicht autark sind, dann sind sie natürlich auch nur auf äußerst riskante Weise autonom. Wenn sie eigene ›Gesetze‹ entwickeln, die nicht zur Umwelt passen, werden sie zerquetscht oder sie verhungern, der Energiehahn wird ihnen abgedreht, die internen Kontrollen funktionieren nicht mehr, die Komponenten treten wieder auseinander zu Elementen, ihre prätendierte Autonomie hat ein Ende. Bei Lebewesen nennt man das ›Tod‹. Dafür haben dann andere Systeme mit passenderer Autonomie (oder ›Autopoiesis‹) leichteren Zugang zur Energiebasis. Ob es sich nun um eine Gesellschaft handelt, um eine Universität, ein dort lehrendes psychisches System (vulgo: Professor) oder einen Kakerlak: An der Energiebasis greift der Selektionsdruck ultimativ an und sortiert das Unpassende aus. Irritation und Destruktion verhalten sich zueinander wie Schmerz und Tod, und sie genügen, um ein ›Passen‹ der Systeme zu erzwingen/ermöglichen.

IV.

Die Lehre von der funktionalen Differenzierung besagt, daß die Subsysteme sich zunehmend auf ihre Bezugsprobleme einstellen und damit verselbständigen (›ausdifferenzieren‹).[30] Das wird gelegentlich so aufgefaßt, als würden sie sich von der Gesellschaft regelrecht abkoppeln. Aber solange sie ›Energie‹ importieren, können sie sich nie ganz von der Verpflichtung des Leistungs-

---

[29] Heinz von Foerster: Erkenntnistheorien und Selbstorganisation. In: Siegfried J. Schmidt: Radikaler Konstruktivismus. Frankfurt/M.: Suhrkamp 1991, S. 133–158, hält es für wichtig, daß das Vokabular der Nerven sich auf »Klick« (mit unterschiedlichen Pausen) beschränkt. »Die Signale, die dem Gehirn zugeführt werden, sagen also nicht, blau, heiß, cis, au, usw. usw., sondern ›Klick, Klick, Klick‹« (S. 138) – aber mehr braucht es ja nicht. Nach Auskunft der zuständigen Fachleute ist es jedoch sogar möglich, Nervenreize nach Modalität (Sehen, Hören usw., mit einigen Submodalitäten), Intensität, Dauer und Lokalisation zu unterscheiden (Eric R. Kandel / James H. Schwarz / Thomas M. Jessel: Neurowissenschaften. Eine Einführung. Heidelberg, Berlin, Oxford: Spektrum 1995, bes. S. 375–392: »Die sensorischen Systeme«); welch ein Übermaß an Außenkontakten!

[30] Diese Grundauffassung ist keine Spezialität Luhmanns, sondern ist seit den schottischen Moralphilosophen des 18. Jahrhunderts immer wieder artikuliert worden.

exports ablösen. Lösung von Problemen, Erfüllung von Funktionen gehören zu ihren Lebensbedingungen. Die strukturelle Kopplung erfolgt ganz wesentlich über die Anfrage: Welches Problem löst Du? Nur wenn es da eine befriedigende Antwort gibt, wird das Subsystem weiterhin ernährt. Eine völlige Isolation ist nicht möglich. Das gilt auch für Gesellschaften mit hohem Differenzierungsgrad, wenngleich die Leistungen sich zuweilen nur schwer ausfindig machen lassen.[31] Im Falle der Literatur liegt die Funktion auf einer Metaebene: Ihre Hauptfunktion ist es, in der von vitalen Entscheidungen entlasteten Sphäre des Spiels »funktionale Notwendigkeiten des Gesellschaftssystems in eine tradierbare Form [zu] bringen«,[32] das heißt Problemlösungen zu thesaurieren und zu propagieren und/oder ungelöste Probleme zu thematisieren. Daß sie die zweite Funktion, die Thematisierung von Aporien, überhaupt wahrnehmen kann, hängt vermutlich mit der Ausdifferenzierung (als Autonomisierung) zusammen.[33]

Insoweit[34] Literatur ein System ist, gilt auch für sie das Prinzip der gekoppelten Autopoiesis: Sie erhält und reproduziert sich durch Autopoiesis und sie ist den Umweltkräften durch Irritierbarkeit und Destruierbarkeit ausgesetzt (ständig wird Literatur einfach vergessen). Eine geschichtliche Verankerung von Literatur ist immer – mehr oder weniger explizit – von zwei Fragen geleitet: »Auf welche Referenzproblematik reagiert die Literatur?« und: »Mit welchen literatureigenen Mitteln tut sie das?« Das ist kein Dilemma und keine Seltsamkeit, sondern entspricht dem Doppelbegriff der gekoppelten Autopoiesis. Er ist kaum geeignet, kunstreligiöse Bedürfnisse zu befriedigen, denn die ›Autonomie‹, die er festhält, gilt für jedes System. Aber er taugt vielleicht zum Instrument, um einige Begriffsknäuel wenn nicht gleich aufzulösen, so doch durchschaubarer zu machen. So wird man sagen können,

---

[31] Es muß dabei nicht immer das Problem gelöst werden, das auf dem Türschild steht. Wenn zum Beispiel das System der ärztlichen Versorgung Problemlösungen für viele Taxifahrer, Hotels und Anlageberater bereithält, lassen sich Abstriche bei der Heilung von Krankheiten machen – zeitweise zumindest. Wie es um das Bildungssystem, insbesondere um die an Universitäten gekoppelte Wissenschaft bestellt ist, mag jeder selbst beurteilen.

[32] So die Bestimmung Luhmanns, s. o. Anm. 18. Das ist übrigens auch, wenn man es denn wissen will, der Unterschied zum Beischlaf und zum Oktoberfest.

[33] Ich erlaube mir dazu noch einmal den Verweis auf mein in Anm. 17 genanntes Buch.

[34] Unser Literaturbegriff ist ein vorwissenschaftlicher Lebensweltbegriff, rafft daher allerlei und von Fall zu Fall recht Verschiedenes zusammen. Deshalb kann man kaum sagen, daß ›Literatur‹ ein System ›ist‹. Siegfried J. Schmidt: Die Selbstorganisation des Sozialsystems Literatur im 18. Jahrhundert. Frankfurt/M.: Suhrkamp 1989, löst das Problem, indem er das Sozialsystem und das Symbolsystem Literatur unterscheidet und nur das erste behandelt. Als Sozialsystem ist ›Literatur‹ aber recht unspezifisch; es wird nur deshalb spezifisch und interessant, weil das Symbolsystem daran gekoppelt (!) ist. Auch das ist ein weites Feld, und hier soll einfach genügen: Wir fassen Literatur als System auf, *insoweit* sie ein System (oder ein Aggregat gekoppelter Systeme) ist und kümmern uns an dieser Stelle nicht darum, *wie* weit sie eines ist.

daß jede Werkinterpretation mit einer doppelten Kopplung rechnen muß: Der
an die Gegenwartssituation, in die hinein ein Werk interpretiert, auf deren
Problemhorizont es bezogen wird, wenn denn die Interpretation irgendein
Interesse finden soll, und der an die vergangene Problemsituation, der es seine Entstehung verdankt. Es ist nie das Einzelwerk in seiner Gegenwärtigkeit,
das wir interpretieren, sondern wir zetteln dabei immer auch einen Dialog
zwischen zwei Problemsituationen an. Und damit es kein bloßer Monolog
wird, wäre vor aller ›Verschmelzung‹ die historische Dimension möglichst
stark zu machen – wäre gerade beim Geschäft der Interpretation, wäre gerade
auch im Anwendungsbereich ›Schule‹ das literarische Werk besonders intensiv auf seine primäre Problemreferenz abzuhorchen.

Erfaßbar ist mit dem Konzept der gekoppelten Autopoiesis auch, daß Literatur es mit Umwelten verschiedener Dauer und verschiedener Eigenart zu
tun hat. Das Konzept erfaßt das Reagieren der Literatur mit je eigenen Mitteln auf *alle* Umweltherausforderungen und impliziert, daß die Irritationen,
die von der Umwelt auf die Literatur ausgehen, primär unspezifisch sind,
sich im binären Code von ›Paßt‹/›Paßt nicht‹ abspielen und erst im Laufe von
Selektionsprozessen des jeweils ›Passenden‹ auf die Spezifik der Irritation
einstellt. So läßt sich das 18. Jahrhundert begreifen als die Kulminationspha-
se der Herausforderung durch einen mehrere Jahrhunderte andauernden Prozeß einer fundamentalen gesellschaftsgeschichtlichen Umstellung, die in der
Terminologie Luhmanns als Umstellung von stratifikatorischer auf funktionale Differenzierung beschrieben wird.[35] Literatur stellt sich auf diese Umstellung ein, indem sie nicht mehr nur bestehende Problemlösungen unterstützt, sondern zum Reflexionsraum der neuen, unbewältigten Problemsituation wird. Aber sie tut das zu diesem Zeitpunkt nicht in der Weise, daß sie
nun das Elend der Strumpfwirker in Apolda dramatisiert; vielmehr knüpft sie
– der Autor ist selbst verwundert über die Inkongruenz[36] – beim klassizisti-
schen Stoffkanon an, um die Irritation mit der Autopoiesis der Literatur verarbeiten zu können. Das konkrete Gesicht der Probleme verdankt sich den

---

[35] Ich wähle diese insgesamt etwas umständliche Beschreibung, um mich der unfruchtbaren Debatte zu entziehen, wann denn nun genau das moderne Individuum
entstanden sei.

[36] Goethes berühmter Stoßseufzer von einer Reise zur Rekrutenaushebung: »Hier will
das Drama [Iphigenie] gar nicht fort, es ist verflucht, der König von Tauris soll
reden als wenn kein Strumpfwürcker in Apolde hungerte«. In: FA. II. Abt., Bd.
29, S. 163. – Noch als Gerhart Hauptmann rund 100 Jahre später im Schlesischen
Eulengebirge auf das Elend der dortigen Weber stößt, nimmt er es mit den noch
immer wirksamen Kategorien des Literatursystems wahr: »Was sich in diesen We-
berhütten enthüllte, war – ich möchte sagen: Das Elend in seiner klassischen
Form. [...] Der Webstuhl ist nun einmal ein Ding, an dem zu sitzen die Göttin
Kirke nicht verschmäht. Und der musikalische Klang ihrer Arbeit über die Insel
Ogygia verknüpft sich mir mit jedem Webstuhle«. Gerhart Hauptmann: Die We-
ber. Hg. von Hans Schwab-Felisch. Frankfurt/M., Berlin, Wien: Ullstein 1978,
S.163.

Deutungen, welche die ›materielle‹ Sozialgeschichte erfährt, den semantischen Vorräten, die zur Verfügung stehen, also dem Bereich, den man in diesem Zusammenhang als Kultur (oder mit Luhmann: als ›Semantik‹) bezeichnen kann. Dabei wird ein spezielles Folgeproblem der funktionalen Differenzierung, die Exklusions-Individualität, zu einem besonders wichtigen literaturnahen Problemgenerator. Auch sie wird nicht einfach ›abgebildet‹, sondern wirkt als Irritation auf das Literatursystem, das ihm mit literarischen Mitteln Rechnung zu tragen versucht.[37] Mit dem Differenzierungs-(›Autonomie-‹) und dem Individualitätsproblem ist wohl wirklich die Leitproblematik umschrieben, auf die sich Literatur seit mindestens 250 Jahren bezieht.

Aber zugleich mit der Literatur differenzieren sich auch andere Subsysteme aus, gewiß mit je eigenem Funktionsprimat, aber immer zugleich in Reaktion auf die Basisproblematik. Das Bildungssystem, das Rechtssystem, das Wissenschaftssystem, die Religion, die Politik usw. – sie alle reagieren auf den Prozeß der Differenzierung und auf die prekäre Lage der Exklusions-Individualität, verändern damit die Problemlage, indem sie neue Identitäts- und Sinnquellen versprechen oder zu versprechen scheinen. Die Politik macht das neue Integrationsangebot der ›Nation‹, konkurrierend mit der klassenlosen Gesellschaft. Das Bildungssystem verspricht die Verwirklichung des ›ganzen‹ Menschen, der zugleich alltagstüchtig ist. Das neue Rechtssystem mit seinen Konstruktionen des Rechtsstaates und der Gewaltenteilung läßt die Hoffnung erblühen, daß Gerechtigkeit an die Stelle der Macht treten möge. Die Religion verliert an dogmatischer Entschiedenheit und wird mehr und mehr zu einem konsensfähigen Fundus erbaulicher Metaphorik. Dafür wird die Wissenschaft mit Sinngebungslasten versehen, die früher die Religion getragen hatte: Vom Darwinismus, dem ›wissenschaftlichen Socialismus‹, der Psychoanalyse bis zur ›wissenschaftlich‹ dekorierten Hochschul-Esoterik[38] unserer Tage treten jeweils ganze Welt- und Menschenbilder im wissenschaftlichen Gewand auf. All das sind Reaktionen auf Differenzierung und Individualisierung.

Speziell für den Umweltbezug von Literatur bedeutet das, daß neben der basalen Referenzproblematik eine Vielzahl weiterer Umweltkonstellationen als Koppelungspartner, das heißt als Irritationsquellen in Frage kommen und von der Metainstanz Literatur Unterstützung und/oder kritische Reflexion und Ergänzung erfahren. Die basale sozialgeschichtliche Herausforderung, so hat es den Anschein, ist in diesen 250 Jahren grundsätzlich dieselbe. Daß immer mehr Menschen von ihr erfaßt werden, ist nur ein quantitativer Wandel. Aber die Probleme gewinnen durch neue Lösungsversuche neue kultu-

---

[37] Für die Sturm-und-Drang-Phase vgl. Marianne Willems: Individualität als Herausforderung an die Semantik im Sturm und Drang. Stuttgart: Niemeyer 1995.
[38] Hierzu: Alan Sokal / Jean Bricmont: Eleganter Unsinn. Wie die Denker der Postmoderne die Wissenschaften mißbrauchen. München: C. H. Beck 1999.

relle Gesichter, und das prägt auch die Literatur – bis hin zum Computer-
spiel. Man kann also eine Langzeit- und eine Kurzzeitproblematik unterscheiden, auf die Literatur sich bezieht, und man könnte, wenn Bedarf besteht, die erste als eher sozial-, die zweite als eher kulturgeschichtlich bezeichnen. Vor allem aber das Scheitern der Lösungsversuche, das Scheitern
von Wissenschaftsorientierung, Nationalismus, klassenloser Gerechtigkeit[39]
läßt die latente Fundamentalkonstellation immer wieder manifest werden und
gibt der Literatur damit immer wieder die Funktion eines fundamentalen Or-
ganons der Verständigung und Reflexion – einer der Gründe übrigens für das
Perennieren der ›Klassik‹.

Ich kehre zurück zur Eingangsbeobachtung, zum Rückgang der Geltung
von Literatur und Literaturwissenschaft. Der Bedarf eines Mediums, mit dem
in der entlasteten Sphäre des Spiels Problemlösungen in eine tradierbare
Form gebracht oder ungelöste Probleme thematisiert werden, ist gewiß auch
jetzt vorhanden; es gibt ja auch noch immer Literatur. Aber in ihr überwiegt
das freie Spielmoment. Botschaften sind zur Zeit verpönt. Die Fundamenta-
lorientierung benötigt Literatur derzeit offenbar nicht als Medium der allgemeinen Verständigung, obwohl doch angeblich die Grundlagen der Moral
allerorten wanken. Einiges spricht dafür, daß als funktionales Äquivalent der
Literatur sich eine Vielzahl von ›realen‹ Fallgeschichten etabliert hat. In den
Buchhandlungen sind es die Ratgeber- und Biographieabteilungen, die der
Belletristik den Rang abgelaufen haben. Dazu kommt, gleichfalls fallge-
spickt, der unentrinnbare moralisierenden Dauer-Diskurs in den Massenmedien: Das bunte Angebot der Bahnhofskioske und Wartezimmer, die Nach-
mittags-Talkshows im Fernsehen, gefolgt von den Seifenopern für jedes Alter
usw. Ist der neuerdings zu hörende Hohn gegenüber Adornos Diagnose von
der heraufziehenden Kulturindustrie der Hohn der Sieger (und der heimliche
Triumph Adornos)? Oder kann man sich mit dem Gedanken trösten, daß Literatur mit einigem Anspruch noch nie ein Massenphänomen war? Oder gehört beides zusammen – eine neue Konstellation von Weltstaat und Gottesstaat?

---

[39] Das Beispiel mag darauf hinweisen, daß es nicht oder nicht nur um äußerliche politische Zusammenbrüche geht. Im Gegenteil: Auf das Scheitern der Utopie der
klassenlosen Brüderlichkeit reagierten schon die Werke von Christa Wolf, und daß
diese Werke mit dem Mauerfall plötzlich bedeutungslos wurden, ist zwar bedauerlich, aber kein Anlaß zur Verwunderung..

KLAUS-DIETER ERTLER

Die Sozialgeschichte der Literatur in systemtheoretischem Gewande: eine paradoxe Konfiguration?

1. Soziologie und Historie als problematische Begriffe – Vorbemerkungen

Die Sozialgeschichte nimmt auf dem blühenden Markt des geistes- und kulturwissenschaftlichen Ideenrepertoires eine sonderbar geschwächte Position ein, was damit zusammenhängen dürfte, daß die ›Geschichte‹ als Singularbegriff unter der Postmoderne-Diskussion als eine Vielzahl historistischer Metaerzählungen stigmatisiert wurde und deren jeweilige Fokussierungen wiederum auf den Basisbegriff ›Geschichte‹ zurückwirkten. Ein solcher Paradigmenwechsel hat den Terminus ›Sozialgeschichte‹ substantiell modifiziert und die sozialwissenschaftliche Begrifflichkeit vor dem Hintergrund der tiefgreifenden historischen Umstellungen, die sich im Zuge der Globalisierung und des einheitlichen Denkens bemerkbar machten, radikal gewandelt, so daß ihre ontologische Epistemologie nicht mehr im Sinne des Überlieferten weitergeführt werden kann.

›Sozietät‹ wie auch ›Geschichte‹ sind insofern nicht mehr von außen definierbar, weil die von der Tradition her konsekrierten Beobachter an Bedeutung verloren und ihres archimedischen Punktes verlustig gingen. Gesellschaft sollte in Hinkunft nur mehr endogen und selbstreferentiell zu betrachten sein, und an die operationalen Aspekte und Modellierungen sollten neue Herausforderungen gestellt werden.

Wie kann eine terminologisch belastete Sozialgeschichte der Literatur nun vor einem derart veränderten Hintergrund der gesellschaftlichen Entwicklung in der heutigen Zeit gedacht werden, zumal sowohl das ›Soziale‹ wie auch das ›Historische‹ unter starke Legitimationsschwierigkeiten geraten sind? Bevor wir uns dieser Frage zuwenden, mögen ihre Entwicklungslinien grob nachgezeichnet werden und im folgenden zwei repräsentative Modelle genannt sein, welche die Aporien der historischen Beschreibung aufzeigen und die Grenzlinien zwischen Literatur und Historie auflösen.

Im Zuge des an die theoretisch-philosophischen Konstrukte von Saussure und Nietzsche angelehnten Strukturalismus bzw. Poststrukturalismus war die Geschichtsschreibung schon im frühen 20. Jahrhundert in Verruf gekommen. Klio, die Muse der Historie, wurde in ihrer Essenz geschwächt, da sie sich allzu oft auf die manichäistischen Diskursgeneratoren der Macht eingelassen hatte. Unter dem Deckmantel ideologischer Verfestigungen verfolgte sie das

Ziel, ihre objektivierende Position einzuzementieren und brachte leicht nachvollziehbare Kausalverbindungen mit klaren Teleologien zutage, die im Gefüge fest definierter Interessenfelder kaum für endogen kritische Ansätze zu
gewinnen waren. Ihre Positionierung ließ wenig autokritisches Denken zu,
was dazu führte, daß unreflektierte Verfestigungen verdeckt blieben und eine
Situation geschaffen wurde, die dem zeitgenössischen Stand der Wissenschaft
nicht mehr genügen konnte. Unter dieser Last sollte sie sich endlich dem
Wandel zu einer (post-)modernen Gesellschaft anpassen und ihre eigenen
Strategien offenlegen.

Darüber hinaus hatte sich mit der in den späten vierziger Jahren als fruchtbare Verbindung zwischen nordamerikanischer Kybernetik und europäischem
Strukturfunktionalismus einsetzenden Systemtheorie ein epistemologischer
Bruch vollzogen, der bis heute eine Reihe von interdisziplinären Gegebenheiten hervorbrachte und tendenziell von ontologischen wie positivistischen
Traditionen Abstand nahm. Die einschlägige Epistemologie konzentrierte
sich weniger auf eine analytische Darstellung von vorliegendem Material als
auf das systemische Beobachten konstruierter Paradigmen, deren wesentlicher
Vorteil darin bestand, der Realität die ihr lange vorenthaltene Komplexität
einzuräumen. Diese paradigmatische Umstellung auf eine systemische oder
konstruktivistische Weltsicht forderte jedoch auch ihre Opfer, wie den Verzicht auf den archimedischen Punkt und die aristotelische Logik, erbrachte
aber die Einführung einer Beobachtung zweiter Ordnung. ›Operationalität‹,
›Rekursivität‹ und ›Irreversibilität‹ wurden zu unverzichtbaren Basisbegriffen,
und man gelangte allmählich zur Erkenntnis, daß komplexe Systeme sich weniger über Vereinfachungen als durch Modellisierungen dem Blick des Beobachters eröffneten. Das wissenschaftliche Ideal lag demzufolge nicht mehr in
einer wie auch immer formulierten Objektivität, sondern in der Projizierbar-
keit eines entsprechenden modellierenden Systems.

Eine solch einschneidende Innovation bedeutete auch für Klios Ambitionen
wesentliche Umstellungen: Konnte in einer dezentralisierten Gesellschaft
noch eine Geschichtsschreibung unter monofokaler Perspektive betrieben
werden? Waren schichtspezifische Zuordnungen überhaupt noch möglich?
Wie ließen sich kausale Schlüsse durchführen?

Die aufgeworfenen Fragestellungen brachten der Geschichte und ihrer
Selbstdefinition eine Menge von Unsicherheiten und belasteten ihre Abgrenzungen mit schier unlösbaren Schwierigkeiten. Vorerst schienen sich die Differenzen zur Literatur hin überhaupt aufzulösen: In einem Kreuzchassé zwischen Geschichte und Literatur wurden die Barrieren von beiden Seiten rasch
eingeebnet, wenn man beispielsweise die einander ergänzenden Ansätze von
Hayden White und Stephen Greenblatt heranzieht. Von der historischen Seite
kommend, entwarf Hayden White sein breit angelegtes Konzept der ›Metahistory‹, ein theoretisches Verfahren, wo nachgewiesen wird, daß Geschichte
und Geschichtsphilosophie zu einem wesentlichen Teil nach literatureigenen

Prozessen geschrieben werde. Seine Studien zur Tropologie des historischen Diskurses stellten – zum Teil in der Tradition von Northrop Frye – ausführlich dar, in welchem Ausmaß die Geschichtsschreibung von den herkömmlichen Erzählstrukturen bestimmt wird und daß der historische Text selbst den Ansprüchen eines literarischen Kunstwerks vollauf genügt. Demzufolge vollzieht der Historiker einen poetischen Akt, der sein historisches Feld präfiguriert und einen Bereich schafft, in dem er zeigen kann, was sich *wirklich* zugetragen hat. Die Typen der Präfiguration benannte Hayden White nach der Terminologie der vier Tropen der poetischen Sprache: ›Metapher‹, ›Metonymie‹, ›Synekdoche‹ und ›Ironie‹ dienten ihm als Basisentscheidung. Die Erklärung könne der Historiker in seinen Schriften mittels formaler Schlußfolgerungen, mittels narrativer Strukturierungen (*emplotment*) oder mittels ideologischer Implikationen erreichen.[1] »[Historische Erzählungen sind] sprachliche Fiktionen [*verbal fictions*], deren Inhalt ebenso erfunden wie vorgefunden ist und deren Formen mit ihren Gegenstücken in der Literatur mehr gemeinsam haben als mit denen in den Wissenschaften«.[2] Geschichte und Literatur beinhalten nach der ›Poetik der Geschichte‹ von Hayden White ein nicht unübersehbares Potential an Selbstreferenz, da in diesem Ansatz mit dem theoretischen Werkzeug der historischen Betrachtung ›Literarisches‹ zur Beobachtung gelangt, operationalisiert wird und eine rekursive Verschränkung in Aussicht gestellt wird, wonach der Historie – zumindest nach systemischen Gesichtspunkten beurteilt – ein literarisch-narrativer Bauplan zugrunde liegen würde.

Die Grenzen zwischen Geschichte als trockener Dokumentation real existierender Phänomene und Literatur als ästhetisch aufgeladener, fiktionaler oder fiktionalisierender Konstruktion wird auch von der literarischen Seite in diversen Ansätzen eingeebnet: So schuf der Literaturwissenschaftler Stephen Greenblatt den Begriff der ›sozialen Energie‹, die in einem literarischen Werk mit größerer Dynamik aufzuspüren und nachzuvollziehen sei als bislang. Literatur transportiere demnach eine Reihe von institutionellen und ideologischen Auseinandersetzungen und sei keineswegs das Ergebnis eines ›totalen Künstlers‹, eines sich selbst genügenden Individuums, das in sublimer Auseinandersetzung mit einer totalisierenden Gesellschaft das Kunstwerk schaffen könne.

Statt dessen steht es uns nunmehr frei zu fragen, wie die kollektiven Überzeugungen und Erfahrungen gestaltet, von einem Medium in ein anderes transportiert, zu

---

[1] Vgl. Hayden White: Metahistory. Die historische Einbildungskraft im 19. Jahrhundert in Europa. Frankfurt/M.: Fischer 1994, S. 10f.

[2] Hayden White: Auch Klio dichtet oder die Fiktion des Faktischen. Studien zur Tropologie des historischen Diskurses. Stuttgart: Klett 1986, S. 102f.

überschaubaren ästhetischen Formen verdichtet und zum Konsum angeboten wurden.[3]

Textspuren werden hier als Zeichen kontingenter sozialer Praktiken ausgelegt, die sich als historische Folge sozialer Energie ursprünglich in diesen Texten niedergeschlagen hätten. Für Greenblatt von Interesse sind in Kunstwerken gerade solche kollektiven Äußerungen, die »kraft der in ihnen codierten sozialen Energie über Jahrhunderte hinweg die Illusion der Lebendigkeit« wachzurufen vermögen: »Mir geht es darum, die Verhandlungen zu verstehen, kraft derer die Kunstwerke eine solch wirkungsvolle Energie erhalten und verstärken«.[4]

Wie die Diskurstheoretiker, die auf die ›Verflechtung der Stimmen‹ in einem literarischen Text bestehen, verweist Greenblatt ebenso auf den partiellen, fragmentarischen wie auch widersprüchlichen Charakter der ›sozialen Energie‹, deren einzelne Elemente ausgewechselt, auseinandergerissen und einander gegenübergestellt werden, jedoch keineswegs auf ihren kollektiven Charakter verzichten können und deshalb in einem komplementären Verhältnis zueinander stehen, was dazu führt, daß eine erschöpfende und endgültige Kulturpoesie auch niemals zu erreichen ist.

2. Möglichkeiten der Erneuerung von Sozialgeschichte über systemtheoretische Konzepte

Die nachstehenden Überlegungen gehen von der Frage aus, welchen Stellenwert die Sozialgeschichte der Literatur im Kontext einer so ungünstigen Konjunktur noch innezuhaben vermag. Von Bedeutung scheint mir dabei die Tatsache zu sein, daß sie sich nicht mehr mit allen Mitteln um Homogenisierungen bemüht, sondern vielmehr eine Reihe von Dissonanzen, Brüchen und Inkongruenzen nachweist, aufgrund derer sich das Wechselverhältnis von Text und Kontext im Zusammenhang eines literarischen Werkes darstellen läßt. Wenn man bedenkt, daß die Vorgängerin der Sozialgeschichte noch in den sechziger Jahren als Politikgeschichte bekannt war und mit homogen ontologisierender Begrifflichkeit verfuhr, die in den folgenden zwei Jahrzehnten allmählich auf ein kulturell-politisches Interessenfeld ausgedehnt wurde, ist die ›übermoderne‹ Ausformung in anthropologische, kulturhistorische, familien- und geschlechterhistorische Ramifikationen nicht als Verdrängung, sondern als fruchtbare Erweiterung des vielsagenden Schlüsselbegriffes ›Sozialgeschichte‹ zu interpretieren.

---

[3] Stephen Greenblatt: Die Zirkulation sozialer Energie. In: Christoph Conrad / Martina Kessel (Hg.): Geschichte schreiben in der Postmoderne. Stuttgart: Reclam 1994, S. 219–250, hier S. 225.
[4] Ebd., S. 228.

Das Hauptproblem der Sozialgeschichte lag in ihrer schwer hinterfragbaren Eigenpositionierung, denn sie gebrauchte Parameter, die zwar objektiv scheinende Reproduktionsbedingungen des gesellschaftlichen – und im engeren Sinne literarischen – Zusammenhanges über Stratifikationen abhandelte, dabei jedoch den Umbau der Gesellschaft in eine immer stärker auf mediale Kommunikation orientierte Sozietät übersah. Konzeptuelle, auf das Subjekt aufbauende Verfestigungen wie ›Bürgertum‹, ›Arbeiterschicht‹ oder ›Ideologiekritik‹ schränkten sie ein und erzeugten Verdunkelungen, die mit jenen des kritisierten Objekts in jedem Falle gleichgestellt werden konnten. Am besten läßt sich diese Entwicklung anhand von Ideologie und Ideologiekritik nachweisen, wo vor dem Hintergrund neuerer Entwicklungen plötzlich nicht mehr die Bezeichnung des ›Ideologieverdachtes‹ Vorrang hatte, sondern die Eigenpositionierung des Beobachtenden und Wertenden in Verbindung mit dem Beobachteten und Bewerteten von immer größerer Bedeutung wurde.

Von Parsons Aufsplitterung des Subjekts in Rollen vorbereitet, kam es in den achtziger und neunziger Jahren zu einem stärkeren Entontologisierungsschub, der auf den Begriffen ›Beobachtung‹, ›Differenz‹ und ›Kommunikation‹ fußte und die Operationalisierung der bisher als kompakt beschriebenen Prozesse in den Vordergrund rückte. Handlung wurde dabei dem gesellschaftsinhärenten Kommunikationsangebot untergeordnet, so daß weder Aktanten noch räumliche Grenzen, sondern vor allem sinnhafte Unterscheidungen eine bedeutungskonstituierende Funktion erhielten. In Deutschland stellte die von Niklas Luhmann in Bielefeld entwickelte Systemtheorie einen prägnanten Zweig dieser innovativen Kritik und dieser neuen Beobachtung wie Beschreibung der Beobachtungsstrategien dar.

Das Partikulare am Bielefelder Systemdesign ist die Auflösung tradierter Denkmuster alteuropäischer Deszendenz, weshalb es auch von einer oft irritierenden Konsequenz zeugt, wenn Begriffe wie ›Geschichte‹ oder ›Kultur‹ in einer funktional differenzierten Form unter dem kommunikativen Aspekt regelrecht zersetzt werden. Von Sozial- und Kulturgeschichte bleibt demnach nur mehr der Restbestand des ›Sozialen‹ erhalten, welcher aus schräg perspektivierter Beobachtung sowohl die historische wie auch kulturelle Komponente in ihrer traditionellen Form aufgibt. Da sich keine Gesellschaft über die eigenen Operationen erreichen kann, insistiert Luhmann darauf, daß nicht die intersubjektive Verständigung im Zentrum des soziologischen Interesses stehen soll, sondern das bloße Fortsetzen von Kommunikation. Jede Selbstbeschreibung des Gesellschaftssystems wird auf diese Weise zu einer Konstruktion, weil auf operativer Ebene das System nie seine Einheit bilden kann.

Im letzten Kapitel seines umfassenden Werkes *Die Gesellschaft der Gesellschaft* streicht er hervor, wie bedeutsam die Funktionen der Selbstbeschreibungen bei der Beobachtung der Gesellschaft aus sich selbst heraus seien. Sie könnten den ambivalent formulierten Kulturbegriff gleichsam ersetzen:

Der Begriff [Kultur] bleibt jedoch undefiniert oder kontrovers definiert. Er lebt nur davon, daß ein Vorschlag, auf ihn zu verzichten, wenig Erfolgsaussichten hätte, solange keine Nachfolgebegrifflichkeit mitangeboten wird. Die spezifischen Probleme von Selbstverhältnissen und reflexiven Operationen werden durch diese Ambivalenz des Kulturbegriffs der Analyse entzogen. Sie werden nicht aufgedeckt, sondern zugedeckt; und deshalb scheint es in dem, was als ›Kulturwissenschaft‹ angeboten wird, auch keinen theoretischen Fortschritt zu geben, sondern nur Phasen der Stimulierung, der Ermattung und der Neuauflage des Appells an Kultur.[5]

Somit bietet die Systemtheorie auch den neuen Ausprägungen kulturbezogener Epistemologie auf den ersten Blick wenig Anschlußmöglichkeiten, da der Begriff der ›Kultur‹ in einer funktional differenzierten Gesellschaft den Platz der Selbstbeschreibungen einnimmt.

Mißt man Luhmanns Vorstoß ins Ungewisse die ihm gebührende Bedeutung bei, so stellt sich die Frage, welche Konsequenzen man für eine kulturorientierte Sozialgeschichte der Literatur daraus ziehen kann. Die kontinuierlichen Versuche einer Neupositionierung des Beobachters bringen der Literaturtheorie im allgemeinen, und der Sozialgeschichte der Literatur im besonderen, eine Reihe nicht leicht bewältigbarer Probleme ein. Die Schwerpunktsetzung auf ständig laufende Ereignisse mit unmittelbarem Bezug auf zirkulierende Komplexität hätte das literarische Werk der modernen Gesellschaft nicht mehr als kulturelles Objekt, sondern als kommunikatives Sinnangebot zu sehen, womit ein kaum überschätzbarer Erkenntnisgewinn in Aussicht gestellt wird. Die verfestigten Muster der Sozialgeschichte, die immer auch eine Form von Ideologiekritik darstellten, sollten erneuert und für ein kommunikationsorientiertes Umfeld aufbereitet werden. Es ging in der soziologisch verfahrenden Literaturgeschichte oft um Erklärungsversuche, auf Grund welcher stratifikatorischer Einflüsse die gesellschaftlichen Konfigurationen entstünden. So ergaben sich unschwer nachvollziehbare Kausalzuschreibungen, welche die literarischen Formen, Muster, Strömungen mehr oder minder direkt einem homogen gesellschaftlichen Zusammenhang zuordneten, wie es die Literatursoziologie Goldmanns in ihrer reinsten Form propagiert hatte und wie es im Zuge dessen von neueren Literatursoziologien und Diskurstheorien in nur wenig modifizierter Form übernommen wurde. Dieser Identitätsvorschlag sollte sich einer umfassenden Kritik aussetzen und zu einer Beobachtung der Selbstbeobachtung führen, was zwar aus einer anderen, wiederum ›kritischen‹ Perspektive erfolgt, die aber Standorte, Interessen, die semantischen Bindungen, von denen aus primäre Selbstbeobachtung zur Formulierung kommt, mitregistrieren kann. Ist nämlich laut Luhmann die Beobachtbarkeit und Beschreibbarkeit des Operierens von Selbstbeobachtungen und Selbstbeschreibungen gegeben, so können Eigenwertbildungen zu-

---

[5]   Niklas Luhmann: Die Gesellschaft der Gesellschaft. Bd. 2. Frankfurt/M.: Suhrkamp 1997, S. 883.

standekommen, die ihre Beobachtungen und Beschreibungen auf autologischer Ebene systemisch profitabel in einen längerfristigen Zirkulationsprozeß überführen.

Eine der heutigen Zeit entsprechende Sozialgeschichte der Literatur hätte demnach den Beobachter zweiter Ordnung über die Privilegierung operationaler Entfaltung in den Vordergrund zu rücken und auch das eigene epistemologische Verfahren mitzudenken. Strukturelle Grundmuster sollten durch operative Latenzen ersetzt werden. Laut Luhmann sei die Verlagerung des Problems auf eine zweite Ordnung und der Verzicht auf eine konsentierte Realität entscheidend:

> Ein Beobachter beobachtet einen anderen Beobachter im Hinblick auf das, was dieser *nicht* sehen kann. Ideologien sind, in anderen Worten, Texte, die etwas enthalten, was sie nicht enthalten, nämlich eine Auskunft über ihre Verfasser und Benutzer, und in der üblichen Definition besagt dies: eine Auskunft über deren Interessen.[6]

Den Ausweg aus der wissenschaftlich unentscheidbaren und Paradoxien generierenden Ideologiediskussion lieferte der Bielefelder Systemtheoretiker über die ›Zeit‹, eine der in seinem Erklärungssystem konsekrierten Sinndimensionen. Über die temporale Achse würden sich paradoxe Konstellationen, mit denen die Systemtheorie vorrangig hantiert, noch immer auflösen, denn was unbeobachtbar sei, wie etwa die Position des Beobachters (vor allem die des Beobachters erster Ordnung), könne über ›Zeit‹ in Operationen überführt werden, und wenn derartige Beobachtungsoperationen wiederholt auf die eigenen Resultate zur Anwendung kämen, entstünde ›Eigenwert‹ und damit eine komplexitätsfähigere Semantik.

Für die Sozialgeschichte der Literatur, inbesondere für den Abschnitt, der sich mit der Erfassung der zeitgenössischen Produktions- und Rezeptionsbedingungen von Texten im globalen Zusammenhang mediatisierter Dominanz beschäftigt, kann sich eine solche Erkenntnis fruchtbar auswirken, denn sowohl auf textueller wie auch auf kontextueller Ebene lassen sich Operationen dieser Art besser eruieren und nachvollziehen, zumal es sich im besonderen um die Entstehung, Entwicklung und Funktion von Kommunikationsvorgaben handelt, deren Komplexitäts- und Systemabhängigkeit besser perspektiviert wird. Dies wird in einer Zeit der medialen Revolution, wie sie sich durch den Einfluß der neuen Kommunikations- und Systematisierungstechniken und der damit einhergehenden globalen Vernetzung momentan abzeichnet, um so mehr vonnöten sein. Mit dem privilegierten Blick auf die Operationalisierung der rekursiv-irreversiblen Systeme erhält der Beobachter durchaus neue Möglichkeiten der Modellierung von Komplexität, so daß Zusammenhänge deutlicher in ihrer Verflechtung zutagetreten und handhabbar werden.

---

[6] Ebd., S. 1079f.

Aber auch auf textueller Ebene lassen sich in sozialhistorischer Hinsicht neue Beobachtungsebenen einbauen, die mit der allgemeinen Aufwertung der Narrativik in der Welterfassung konformgehen. Wenn Realität vor allem über narrative Konstruktionen und Modellierungen zugänglich wird – wie Hayden White dies für die Geschichte vorsieht –, gilt es in einem weiteren Schritt auch danach zu fragen, welche Funktion solche Repräsentationen in der Literatur bekommen und wie sie sich systemisch-operativ der Beobachtung stellen. Zwar liegt das Werk immer als ›ent-ereignetes‹ Konstrukt beziehungsweise als Symbolsystem vor, doch wären die ihm eingeschriebenen Kommunikationssituationen genauer zu untersuchen. Die vom Strukturalismus und der Semiotik entwickelten Ebenen, die noch an die Figur, den Erzähler und den ideellen Autor gebunden sind, müßten demnach einer Dynamisierung unterworfen werden und in ›de-ontologisierter‹ Form mit der in sie eingeschlossenen und dennoch nicht vorhandenen Umweltkomplexität wesentlich ausgeweitet werden, denn Literatur stellt einen bedeutenden Bestandteil der Selbstbeschreibung von Gesellschaft dar und vehikuliert – systemisch gesprochen – nichts anderes als die Grundzüge ihrer Autopoiesis, womit die zahlreichen in die Literatur eingebauten Ausdifferenzierungen ebenfalls in die drei gängigen Sinndimensionen zerlegt und an sachlichen, sozialen und zeitlichen Parametern operational beobachtet werden könnten. Folglich gilt es, ›Differenzierung‹, ›Kommunikation‹ und ›Evolution‹ im literarischen Werk gleichermaßen zu beleuchten und deren gegenseitige Beeinflussungen und Ergänzungen hervorzukehren, was der systemtheoretisch eingeforderten Umstellung von einer positivistischen Epistemologie auf eine systemisch-konstruktivistische entspräche.

Am ausdrucksvollsten ist der Paradigmenwechsel im Wertungszusammenhang eines narrativen Werkes nachzuvollziehen. Bei dem neuen Paradigma soll es dann vorerst um eine sozialgeschichtliche Bestandsaufnahme des Kontexts sowie um die Differenzierungs-, Kommunikations- und Evolutionsprämissen der das Werk umgebenden Gesellschaft gehen. In einem weiteren Schritt kann auf einer höheren Beobachterebene nachgewiesen werden, wie sich das umweltbezogene Sinngefüge im Werk ausnimmt, wie es sich über die sachliche, zeitliche und soziale Sinndimension konstituiert und die Autopoiesis der Gesellschaft seinerseits beschreibt. Mag man mit der textimmanenten Beobachtung eines wie immer formal verfestigten Werkes die systemtheoretische Flüchtigkeit und die permanente Rekonstruktion, deren Dimensionen in der sich ständig erneuernden Rezeption genau beobachtet werden können, in das externe Feld verlagern, lassen sich im Werk selbst allerdings die Spuren von einst verflüssigten Kommunikationen und Differenzierungen als textuell angelegte Dimensionen nachvollziehen und interpretieren.

Luhmanns Ansatz führt den Vorteil des polydimensionalen Beobachtens mit sich, wo der Beobachter weder eine externe Instanz darstellt, nach der man sich richten könne, noch eine interne Position für orthodoxes Denken einnimmt, das den andern mitteilen würde, was von offizieller Seite aus zu denken sei. Im Gegenteil, diese ontologisch-positivistische Vergegenständlichung wird durch die These ersetzt, daß sich in einem Medium wie Gesellschaft Sinn als Form[7] produziert und reproduziert. Luhmanns Beobachter zweiter Instanz kann das in den Texten angelegte fließende Interpretationspotential über die Operationalisierung weiter auslegen und unter Berücksichtigung mitlaufender Komplexität globaler fassen.

Ob diese Form über die Oppositionen von ›schön/häßlich‹ codiert ist oder über jene von ›interessant/langweilig‹ beziehungsweise ›stimmig/nicht stimmig‹, darüber wurde bei Luhmann selbst wie bei seinen literaturwissenschaftlichen Exegeten ausreichend diskutiert. Meines Erachtens handelt es sich bei der literarischen Form um Mehrfachformatierungen, die je nach Beobachtung und Kontext privilegiert werden können. Grundlegend für eine sozialgeschichtliche Aufarbeitung der modernen Literatur ist jedoch die Tatsache, daß ein Erkenntnisgewinn nicht mehr über eine feste Stratifizierung der Gesellschaft erzielt werden kann, sondern über eine Offenlegung der Bedingungen und Operationalisierungen von Beobachtung. »Der Beobachter des Beobachters ist kein ›besserer‹ Beobachter, nur ein anderer. Er mag Wertfreiheit bewerten oder dem Vorurteil der Vorurteilslosigkeit folgen; er sollte dabei aber [...] zumindest bemerken, daß er autologisch operiert«.[8]

Zur Beschreibung der im Text zirkulierenden ›Gesellschaft‹ bedarf es folglich einer selbstreflexiven Betrachtungsweise der Systemtheorie und einiger zentraler Anschlußstellen, welche am ehesten über diskurstheoretische Wege erfahrbar zu machen sind. Im Text nachweisbar wird ›Gesellschaft‹ zum einen über die ›sekundäre Modellierung‹ im Sinne von Jurij M. Lotman,[9] der die Beziehung zwischen Gesellschaft und Literatur auf fraktalerem Wege herstellte, als es die Literatursoziologie der 60er Jahre zu zeigen vermochte. Über den Umweg linguistischer Untersuchungen erfaßte er die Feinstrukturen der beiden Ebenen und konnte auf grobe Direktzuschreibungen und direkte Widerspiegelung der beiden Ebenen verzichten: »Das sekundäre modellierende System des künstlerischen Typus konstruiert *sein eigenes* System von Denotaten, das keine Kopie, sondern ein Modell der Welt der

---

[7] »Während die klassische Formtheorie Form als statische Gestalt begriffen hatte, die nach gelungen/mißlungen zu beurteilen sei, wird Form jetzt als Dispositiv eines Beobachters begriffen und als Regulativ für die Entscheidung, zu bleiben, wo man ist, (sich zu wiederholen) oder zur anderen Seite überzugehen. Ein Primat der Form gegenüber Instanzen, die in der Tradition Vernunft und Wille (Freiheit) genannt wurden, scheint eine Temporalisierung der Formen zu erfordern«. Ebd., S. 1148.

[8] Ebd., S. 1142.

[9] Vgl. Jurij M. Lotman: Die Struktur des künstlerischen Textes. Frankfurt/M.: Suhrkamp 1973.

Denotate in allgemeinsprachlicher Bedeutung darstellt«.[10] Diese zentrale Aussage Lotmans entspricht dem wesentlichen systemtheoretischen Grundsatz der zwingend notwendigen Modellbildung, ohne die eine konkrete Erfassung der globalen und komplexen Realität nicht möglich sei.

Zum anderen lieferten die Forschungen von Boris A. Uspenskij zur Standortfrage und deren Erkenntnisse zur Kompositionspoetik einen aufschlußreichen Beitrag im Hinblick auf diese Problematik. Uspenskij hatte ausgehend von Bachtins rudimentärer, aber brauchbarer Dostoevskij-Poetik eine äußerst operationelle Typologie der Standorte entwickelt, die als Träger der Erzählung im Kunstwerk fungiert. Er berücksichtigte dabei den Grad der Komplexität, in dem sich die Zusammenhänge zwischen den Wertungen und den dazugehörigen Instanzen ausnehmen und folgerte daraus, daß sich dies um so aussagekräftiger auf der kompositorischen Ebene niederschlage, je polyphoner die Stimmen im literarischen Text seien. Seine einschlägigen Studien vermittelten einen nicht geringen Aufschluß über die Orientierungs- und Perspektivierungsmöglichkeiten sowie die im literarischen Werk angelegten Standpunktdivergenzen und ließen eine enge Verbindung zur systemtheoretischen Beobachtertheorie erahnen: »Die einzelnen Standpunkte bzw. Wertsysteme innerhalb des Werkes treten also in ganz bestimmte Beziehungen zueinander und bilden so ein ziemlich kompliziertes System von Oppositionen, Unterschieden, Identitäten«.[11]

Sowohl Lotmans wie auch Uspenskijs im Grunde strukturalistisch gezeichnete Theorien deuteten unmißverständlich auf die systemtheoretisch-konstruktivistischen Ambitionen der Gesellschaftstheorie voraus, denn für sie ist das sekundäre modellierende System eine Art von Symbolkomplex, der den Gesellschaftssystemen im engeren Sinne gegenübersteht oder in sie eingeschrieben ist. Genau dies meint auch – wenngleich in einem anderen Zusammenhang – die moderne französische Systemtheorie von Jean-Louis Le Moigne, der in der Modellierung den einzig möglichen Zugang zu einem Verständnis von komplexen Zusammenhängen sieht und Vereinfachungen nur der Erklärung für komplizierte Systeme zugestehen möchte.[12]

Insofern muß sich eine Sozialgeschichte, die sich mit der zeitgenössischen, funktional höchst differenzierten Gesellschaft beschäftigt und nicht zu kurz greifen möchte, auf den sich vollziehenden Paradigmenwechsel einlassen. Sie muß deshalb auch ihre eigenen Grundannahmen umformulieren lernen und erkennen, daß das Verhältnis zwischen dem Symbolsystem ›Literatur‹ und dem Sozialsystem ›Gesellschaft‹ beziehungsweise zwischen dem gesellschaftlichen System ›Literatur‹ und der ›Gesellschaft‹ eine multiple und vielschich-

---

[10] Ebd., S. 81.
[11] Boris A. Uspenskij: Poetik der Komposition. Struktur des künstlerischen Textes und Typologie der Kompositionsform. Frankfurt/M.: Suhrkamp 1975, S. 7.
[12] Jean-Louis Le Moigne: La modélisation des systèmes complexes. Paris: Dunod 1995.

tige Beziehung darstellt und sich hauptsächlich über Ambivalenzen und Paradoxa konstituiert. Luhmann läßt eine Pluralität von Selbstbeschreibungen zu und knüpft somit an Bachtins Polyphonie-Begriff an, wo »im ›Diskurs‹ der Autodeskription also eine Mehrheit von Möglichkeiten [vorliegt], die einander weder tolerieren noch nicht tolerieren, sondern einander nur nicht mehr zur Kenntnis nehmen können«.[13]

Eine zeitgemäße Sozialgeschichte der Literatur im engeren Sinne gelangt erst dann zu ihrer vollen Entfaltung, wenn sie sich in selbstreferentiell-kritischer Form mit der Funktion von literarischen Werken als partikular gerahmten Erzählungen einläßt und deren Verbindung zu den anderen narrativen Konstrukten der Gesellschaft wie Ideologien, Geschichte(n) oder Realitätserklärungen diskursiv herzustellen vermag. Es geht darum, die vielschichtige Funktion des Erzählens bei der Beschreibung von Literatur theoretisch zu begründen und deren Relevanz für das genuine System herauszuarbeiten. So lassen sich Forschungsgebiete ins Auge fassen, die den Zusammenhang zwischen erzählter Ideologie und ideologischer Erzählung beschreiben, erzählte Historie vor dem Hintergrund historischer Erzählung beleuchten oder die narrative Formierung argumentativer Schemata im Hinblick auf ihre rhetorischen Vorlagen untersuchen.

3. Ausblick

Eine Sozialgeschichte der Literatur muß heute mehr denn je auf ihre partikulare Positionierung aufmerksam machen und ihre eigenen Beobachtungsstrategien in die Beobachtung explizit einbauen können, ansonsten begibt sie sich in die Gefahr, in alte Argumentationsmuster zurückzufallen und ihren blinden Fleck vor sich selbst zu verheimlichen. Dieser bleibt ohnehin stets schwierig zu ergründen und sollte in operationaler Beleuchtung dauernd erschlossen werden. Als Beispiel möge hier die Methode einer aufgeschlossenen Ideologieanalyse angeführt sein, die es versteht, ihre eigene, wie immer ›gepanzerte‹ Positionierung so darzulegen, daß sie sich der operationalen Selbstergründung nicht zu entziehen braucht. Als Erzählung in Form einer sekundären Modellierung gefaßt, kann Ideologie besser aufbereitet und zugänglich gemacht werden, so daß dogmatische Verfestigungen in ihrer zugleich notwendigen und kritisierten Ausprägung zum Vorschein kommen. Dabei ist die Palette von der engsten und bis zur weitesten Ideologiedefinition stets mitzuführen, denn auf diese Weise lassen sich die Fokalisierungsmöglichkeiten der Problematik von innen heraus mitbeobachten. Genauso sollte auch eine anspruchsvolle Sozialgeschichte der Literatur verfahren, da sie vom wissenschaftlichen System aus die diskursive Verflechtung der gesellschaftlichen

---

[13] Niklas Luhmann (Anm. 5), S. 1144.

Sonderformationen mit den literarischen Werken beobachtet und in Hinkunft mit einer zunehmenden Modifikation der bislang stark ontologisch ausgerichteten literarischen Begrifflichkeit zu rechnen hat.

Das literarische System ist deshalb in seiner ganzen Breite zu denken und in die systemtheoretische Multiperspektivik von ›Differenzierung‹, ›Kommunikation‹ und ›Evolution‹ einzubauen, was folglich heißt, daß Literatur in ihrem weitesten Zusammenhang – sowohl auf Produktions-, Text- und Rezeptionsseite – gedacht werden muß, um den ständig zirkulierenden Puls der Anschlußfähigkeit nicht aus dem Blickfeld zu verlieren. Sozialgeschichtliche Parameter spielen für das literarische Zusammenspiel der drei kommunikationellen Instanzen im Zuge der medialen und hypermedialen Ausfaltungen eine immer größere Rolle, allerdings nur unter der Voraussetzung, daß sie sich von überlieferten Verfestigungen lösen und sich auf die praktischen wie diskursiven Veränderungen der Gesellschaft ausrichten können. Die neuen Kommunikationsmedien modifizieren das literarische Verhalten der Zeitgenossen maßgeblich, zumal über die akzelerierte Verschriftlichung und ungehemmtere Textproduktion Potentiale frei werden, die zwar der allgemeinen Textlogorrhöe Tür und Tor öffnen mögen, andererseits aber schichtenspezifische Kommunikationsmuster durchbrechen und schräge Einstiege in die literarische Produktion wesentlich erleichtern. Eine solche Umstellung der Kommunikationsereignisse hat die Sozialgeschichte der Literatur stets zu bedenken, wenn sie ihre wissenschaftliche Pertinenz im angebrochenen Jahrtausend weiterhin erhalten möchte.

GEORG STANITZEK

Zwei Kanonbegriffe (zwei Rekurse auf Benjamin)

Der Diskurs über Medien wird in weiten Teilen der Philologie noch als Wertdiskussion geführt; perhorresziert wird zum einen die Minderung der Autorität von Literatur – zum anderen der Gegenstandsverlust der Literaturwissenschaft.[1] Bezogen hierauf soll im folgenden eine einzige Unterscheidung zur Diskussion gestellt werden. Diese Unterscheidung wird eine in den genannten Wertdiskurs eingegangene Präsupposition in den Vordergrund bringen, nämlich den Begriff des Kanons. Es geht um den Vorschlag einer Alternative, welche darin besteht, den Kanon in seiner ›Technizität‹, nämlich als Medium, als technisches Medium zu begreifen. So anzusetzen, heißt natürlich: den Kanon selber unter Medien zu situieren, und man könnte einwenden, damit werde der Medienbegriff so allgemein gefaßt, daß all' jenes, was Literaturwissenschaftler unter dem Titel der üblicherweise sogenannten ›Medien‹ betrifft – und betroffen macht –, aus dem Blick rückt. Schließlich werden ja unter ›den Medien‹ häufig nur die als ›Neue‹ apostrophierten verstanden: Film, Fernsehen, Computer; Medien also, von denen man annimmt, daß sie als Nicht-Literarisches, der Literatur Entgegengesetztes, mit ihr Konkurrierendes zu begreifen sind.[2] Insofern mag der genannte Vorschlag Gefahr laufen, als frivoles Spiel mit Begriffen mißverstanden zu werden. Doch soll das genannte *common sense*-Verständnis von ›Medien‹ hier keineswegs sophistisch wegdefiniert werden. Das wäre schon insofern falsch, als der Kanonbegriff, der hier zu problematisieren ist, in der Regel genau in diesem Zusammenhang, in der Konfrontation mit den Neuen Medien, bemüht wird: Es gibt einen Kanon literarischer Werke, und dieser Kanon wird als bedroht erachtet und verteidigt gegen die Medienwelt – also sukzessive gegen Journalismus, gegen den Film, gegen das Fernsehen, gegen den Computer und so weiter. Diese Konstellation soll im folgenden gerade ernst genommen werden, und die Unterscheidung des Kanonbegriffs, die vorzustellen und vorzuschlagen ist, soll auf diese Konstellation bezogen sein.

---

[1] Vgl. nur Wilfried Barner: Kommt der Literaturwissenschaft ihr Gegenstand abhanden? Vorüberlegungen zu einer Diskussion. In: Jahrbuch der deutschen Schillergesellschaft 41 (1997), S. 1–8, hier S. 7.

[2] Vgl. zu dieser Entgegensetzung eingehender: Georg Stanitzek: Fama/Musenkette. Zwei klassische Probleme der Literaturwissenschaft mit ›den Medien‹. In: Ralph Köhnen (Hg.): Philologie im Wunderland. Medienkultur im Deutschunterricht. Frankfurt/M. u.a.: Lang 1998, S. 11–22.

Kanonbegriff 1, man kann ihn den substantialistischen nennen. Um ihn zu explizieren, empfiehlt sich der Rückgriff auf eine Autorität: auf Walter Benjamin und damit auf einen Autor, von dem sich sagen läßt, daß er – neben Goethe – *die* germanistische Kanonfigur der letzten Jahrzehnte darstellt. Müßte man dies belegen, könnte man Richard von Weizsäckers Grußwort zum Osnabrücker Benjamin-Kongreß zitieren: Er »war einer der ganz Großen. Ihm und seinem Andenken gegenüber haben wir eine bleibende Verpflichtung«.[3] Kann man sich eine perfektere Kanonbeschwörung denken? Sie steht jedenfalls als Klappentext auf der Neuausgabe von Benjamins *Das Kunstwerk im Zeitalter seiner technischen Reproduzierbarkeit*. Weil es um Kontakt zur Konstellation von Literatur und literarischer Tradition einerseits und neuen – ›technischen‹ – Medien andererseits geht, bildet dieser Text hier den Einsatzpunkt. Die neuen Medien sind für Benjamin in diesem Aufsatz insbesondere mit dem Film gegeben. Frage also: Wie verhält es sich in diesem Zusammenhang mit dem Kanon, wie mit Goethe zum Beispiel?

Steuern wir gleich eine zentrale Stelle dieses Textes an, die Einführung des Aura-Begriffs. Die unmittelbar vorhergehenden diagnostischen Sätze lauten:

> Die Echtheit einer Sache ist der Inbegriff alles von Ursprung her an ihr Tradierbaren, von ihrer materiellen Dauer bis zu ihrer geschichtlichen Zeugenschaft. Da die letztere auf der ersteren fundiert ist, so gerät in der Reproduktion, wo die erstere sich dem Menschen entzogen hat, auch die letztere: die geschichtliche Zeugenschaft der Sache ins Wanken. Freilich nur diese; was aber dergestalt ins Wanken gerät, das ist die Autorität der Sache.[4]

Eine Niedergangsdiagnose: Die Reproduktion bedroht die ›materielle Dauer‹ der Sache, damit zugleich die ›geschichtliche Zeugenschaft‹, damit die Tradierbarkeit der Tradition – Ende der Echtheit, Ende der Autorität. Folgt der Einsatz des Aura-Konzepts: »Man kann, was hier ausfällt, im Begriff der Aura zusammenfassen und sagen: was im Zeitalter der technischen Reproduzierbarkeit des Kunstwerks verkümmert, das ist seine Aura«.[5] Man wird festhalten können, daß diese Sätze zwar gestochen apodiktisch daherkommen, daß aber das Argument nicht besonders klar wird. Der Reproduktionsbegriff in dieser allgemeinen Form umfaßt ja gleicherweise die Medien der Schrift und des Drucks – also gerade klassische Vehikel der Tradition –, und damit ist eine Uneindeutigkeit gegeben, die in der gesamten Argumentation nicht aufgelöst wird. (Wir müssen uns hier gar nicht in einem neuerlichen Versuch einer solchen Auflösung engagieren.)

---

[3] Walter Benjamin: Das Kunstwerk im Zeitalter seiner technischen Reproduzierbarkeit. Drei Studien zur Kunstsoziologie. Frankfurt/M.: Suhrkamp 1996, Klappentext.

[4] Walter Benjamin: Das Kunstwerk im Zeitalter seiner technischen Reproduzierbarkeit. In: W. B.: Gesammelte Schriften. Hg. von Rolf Tiedemann und Hermann Schweppenhäuser. Bd. 1, 2. Frankfurt/M.: Suhrkamp 1974, S. 471–508, hier S. 477.

[5] Ebd.

Daß das behauptete ›Wanken‹ der Autorität in der Reproduktion schlecht begründet oder schlecht belegt ist, und zwar an dieser Stelle, die den Einsatz eines Zentralkonzepts vorbereitet, läßt sich dem Text sehr wohl selber ablesen. Nachdem nämlich die Bedrohung des Echten, der Dauer, Zeugenschaft und Autorität in der zitierten Weise konstatiert und bevor, gewissermaßen triumphal, der Begriff der Aura eingeführt wird, erfolgt eine Fußnote, die Evidenz zu organisieren sucht. An jener Stelle, an der es heißt, »was aber dergestalt ins Wanken gerät, das ist die Autorität der Sache«, wartet Benjamin mit folgender Anmerkung auf:

> Die kümmerlichste Provinzaufführung des *Faust* hat vor einem Faustfilm jedenfalls dies voraus, daß sie in Idealkonkurrenz zur Weimarer Uraufführung steht. Und was an traditionellen Gehalten man vor der Rampe sich in Erinnerung rufen mag, ist vor der Filmleinwand unverwertbar geworden – daß in Mephisto Goethes Jugendfreund Johann Heinrich Merck steckt, und was der gleichen mehr ist.[6]

Die Anmerkung macht die Sache nicht besser. Zwar geht es um die Organisation von Evidenz, aber man kann den Eindruck haben, daß sich das Begehren nach Evidenz gewissermaßen selbständig macht. Es kommt zu einer Art metonymischen Exaltation der Wertbehauptung: Behauptung einer ›Ur‹-Nähe, die das Medium zu Goethe persönlich auszeichnen soll, so wie dessen Figur Mephisto zu Merck. Warum die Kette der Zeugenschaft und die Autorität des Werks beim Schritt zur Verfilmung abbrechen und aufhören sollten, bleibt unerfindlich (Ist Merck nicht verfilmbar?). Das Gefälle, das begründet werden sollte, wird tautologisch ausgesagt. *Faust* versus Faustfilm; Literatur, Tradition versus Medien. – Was wir hier vor uns haben, ist ein »Schweres Zeichen«;[7] es ist der Wert als Substanz. Er erscheint, indem sein Verfall beklagt wird. Soviel zum substantialistischen Kanonkonzept. Bekanntlich läßt es Benjamin im zitierten Aufsatz nicht dabei bewenden; das Argument dient der Dramatisierung einer Krise, auf die er eine andere Antwort zu geben versucht; aber auf diese Art Dramatisierung kommt es hier an. Denn auch heute scheinen Diagnosen zur Situation des literarischen Kanons im Medienkontext weitgehend diesem Typ Argumentation zu folgen. Welche Alternative gibt es hierzu? – Damit kommen wir zu

Kanonbegriff 2, der gegenüber dem gerade vorgestellten, substantialistisch genannten, einen funktionalistischen Charakter hat. Wo ist er aufzufinden? Wir müssen gar nicht weit gehen, wir finden ihn nur wenige Bände weiter, interessanterweise nämlich in Benjamins Werk selbst. Es bietet, am selben Beispiel vorgetragen – wiederum *Faust*, wiederum Faustfilm –, nicht nur ein anderes Argument, sondern ein fast genau konträres (Und man kann sich fragen, was die Tatsache, daß man in diesem Werk, neben der gerade

---

[6] Ebd., Anm. 4.
[7] Michael Rutschky: Was heißt und zu welchem Ende betreibt man Kulturpessimismus? In: M. R.: Reise durch das Ungeschick und andere Meisterstücke. Zürich: Haffmans 1990, S. 130–152, hier S. 138.

sich fragen, was die Tatsache, daß man in diesem Werk, neben der gerade
referierten, auch die Gegenposition findet, für die Qualität dieses Werks bedeutet.). Unter der Rubrik »Erkenntnistheoretisches, Theorie des Fortschritts« liest man jedenfalls im Passagenwerk folgende Notiz:

> Unzerstörbarkeit des Lebens in allen Dingen. Gegen die Prognostiker des Ver-
> falls. Und gewiß: ist es nicht eine Schändung Goethes, den *Faust* zu verfilmen und
> liegt nicht eine Welt zwischen der Faustdichtung und dem Faustfilm? So ist es.
> Aber liegt nicht von neuem die ganze Welt zwischen einer schlechten und einer
> guten Verfilmung des *Faust?* Es kommt ja nirgends auf die ›großen‹, nur auf die
> dialektischen Kontraste an, die oft Nuancen zum Verwechseln ähnlich sehen. Aus
> ihnen aber gebiert sich das Leben immer neu.[8]

Das ist als eine Art Selbstkommentar zum Argument im Kunstwerk-Aufsatz
zu lesen. Man wird nun diese alternative Option sicher nicht als Benjamins
›letztes Wort‹ in dieser Frage nehmen wollen. Vermutlich handelt es sich nur
um einen der vielen ›Widersprüche‹, die man in seinem Werk findet – und
die man wohl zu Unrecht zu homogenisieren unternimmt, statt sie aufs Konto
der Beweglichkeit eines in unterschiedlichen Situationen unterschiedlich Stellung nehmenden Autors zu rechnen. Aber es wäre einfach diese andere Option als solche zur Kenntnis nehmen, als Möglichkeit einer alternativen Ka-
nonkonzeption. Ihr zufolge wird der substantielle Wert des kommunizierten,
gelesenen, kritisierten Gegenstands in Klammern gesetzt (Die alte Großent-
gegensetzung, der Großkontrast von Theater und Kino wird erinnert, wird
sogar bekräftigt, aber er soll dahingestellt bleiben.). Der Wert rückt statt
dessen in die Unterscheidung, in den Prozeß des kritischen Unterscheidens
nach ›gut/schlecht‹. Der Kanon ist das *Medium* der rekursiven Handhabung
dieser Unterscheidung.

Denkt man dieses Konzept weiter, so wird die Frage nach der Verfassung
des Kanons, seiner Verschlechterung, seinem Schrumpfen nachhaltig ent-
dramatisiert. An Stelle dieser Dramatisierungen tritt ein Vertrauen in die
Kommunikation, auf den Kanon in der Kommunikation, in der Lektüre, unseren Lektüren. Das Medium eines so gedachten Kanons ist gar nicht durch
unterschiedliche sogenannte ›neue‹ Medien tangierbar. Vielmehr käme es
einfach darauf an, zum Beispiel am und im Fernsehen gute von schlechten
Texten zu unterscheiden.[9] An welchem Punkt auch immer man dann in einer
entsprechenden Kanonkommunikation beginnen mag, der Kanon als Korpus
von Texten des Rückbezugs, der rekursiven Bezugnahme, baut sich mit Not-

---

[8]   Walter Benjamin: Gesammelte Schriften. Hg. von Rolf Tiedemann und Hermann
      Schweppenhäuser. Bd. 5, 1: Das Passagen-Werk. Hg. von R. T. Frankfurt/M.:
      Suhrkamp 1982, S. 573.
[9]   Zum möglicherweise ungewöhnlichen Sprachgebrauch vgl. Siegfried Zielinski:
      Auslegung von elektronischen Texten. Jean-Luc Godards Mini-Serie »Histoire(s)
      du cinéma«. In: Helmut Brackert / Jörn Stückrath (Hg.): Literaturwissenschaft.
      Ein Grundkurs. Reinbek bei Hamburg: Rowohlt Taschenbuch Verlag 1992,
      S. 237–249.

wendigkeit immer wieder neu auf. Der Gegenstand der Philologie ist so gesehen unverlierbar.

Es fragt sich, was sich dem Ansatz sperrt, den Kanon in dieser Weise statt als Substanz als Funktion zu denken. Die literaturtheoretische Diskussion der letzten Jahrzehnte hat durchaus eine Reihe von Versuchen aufzuweisen, den literarischen Kanon in der einen oder anderen Weise als funktionale Größe auszuweisen: als »gedächtnismachende Maschine« beispielsweise,[10] als Funktion von Wiederholungslektüre, sei es im speziellen Sinne philologischen Studiums,[11] sei es im allgemeineren kritischer Kommunikation,[12] sei es gerade im Sinn einer Suspension des kritischen Urteils,[13] als Korpus anwendbarer Stellen[14] und so weiter – die Aufzählung muß unvollständig bleiben. Es gibt also durchaus die Möglichkeit, an jene zweite Option anzuschließen, die sich bei Benjamin eröffnet. Daß aber diese Option im Zusammenhang der gegenwartsdiagnostischen Diskurse über ›Literatur im Medienzeitalter‹ so selten wahrgenommen, daß sie in der Regel nicht einmal der Möglichkeit nach zur Kenntnis genommen und diskutiert wird, könnte daran liegen, daß sie eingefahrene Schemata der kritischen Epideixis irritiert, Schemata, welche die Wertunterscheidung als Medienunterscheidung – Literatur versus Medien – programmiert haben und deshalb in großen Kontrasten befangen bleiben, die die ›ganze Welt‹ der kleinen Unterscheidungen, auf die es ankommt, aus dem Blick geraten lassen.

---

[10] Friedrich A. Kittler: Vergessen. In: Ulrich Nassen (Hg.): Texthermeneutik. Aktualität, Geschichte, Kritik. Paderborn u.a.: Schöningh 1979, S. 195–222, hier S. 204.

[11] David Martyn: Die Autorität des Unlesbaren. Zum Stellenwert des Kanons in der Philologie Paul de Mans. In: Karl Heinz Bohrer (Hg.): Ästhetik und Rhetorik. Lektüren zu Paul de Man. Frankfurt/M.: Suhrkamp 1993, S. 13–33; Nikolaus Wegmann: Was heißt einen ›klassischen Text‹ lesen? Philologische Selbstreflexion zwischen Wissenschaft und Bildung. In: Jürgen Fohrmann / Wilhelm Voßkamp (Hg.): Wissenschaftsgeschichte der Germanistik im 19. Jahrhundert. Stuttgart, Weimar: Metzler 1994, S. 334–450.

[12] Georg Stanitzek: »0/1«, »einmal/zweimal« – der Kanon in der Kommunikation. In: Bernhard J. Dotzler (Hg.): Technopathologien. München: Fink 1992, S. 111–134.

[13] Sabine Groß: In Defense of Canons. In: Robert Bledsoe u.a. (Hg.): Rethinking Germanistik. Canon and Culture. New York u.a.: Lang 1991, S. 105–112, hier S. 109.

[14] Bernhard J. Dotzler: Benjamins Sackgasse. Aus der Geschichte deutscher Lesebücher. Eine Skizze zur Tunlichkeit der Literaturwissenschaft, alt und neu. In: B. J. D. / Helmar Schramm (Hg.): Cachaça. Fragmente zur Geschichte von Poesie und Imagination. Berlin: Akademie 1996, S. 172–177, hier S. 174ff.

Hans-Edwin Friedrich

Autonomie der Liebe – Autonomie des Romans

Zur Funktion von Liebe im Roman der 1770er Jahre: Goethes *Werther* und Millers *Siegwart*

I.

Seit den sechziger Jahren erlebt die Germanistik bekanntlich eine Welle von Theorieimporten, die einen grundsätzlichen Wandel im Verhältnis von Literaturwissenschaft und Text anzeigt. Vormals war Identifikation mit dem Gegenstand selbstverständlich. Emil Staiger etwa meinte, die Interpretation solle »bis zur Pforte des Dichterischen«[1] gelangen, das numinose ›Geheimnis des Schöpferischen‹ aber respektvoll wahren. Das ist seither zunehmender Distanz zum Gegenstand gewichen. Augenfällig ist das in der Auseinandersetzung mit der literarischen Liebe des 18. Jahrhunderts. Werthers Liebe schien den Interpreten ein lebensweltlich so vertrautes Phänomen zu sein, daß sich in der umfangreichen Literatur zu diesem doch wohl bedeutenden Liebesroman kaum einschlägige Untersuchungen finden.[2] Paul Kluckhohn, dessen Monographie über Jahrzehnte das Standardwerk darstellte, sah die Qualität von Goethes Roman darin, daß er »die umfassende und durchdringende Kraft der Liebe so überzeugend lebendig machte[], daß alle früheren Darstellungen davor verblaßten«.[3] Goethe gelang also, so wird man diesen Satz zu paraphrasieren haben, die erste dichterisch gültige Gestaltung einer anthropologischen Qualität, oder, in der Terminologie dieser Zeit, des ›Wesens der Liebe‹. Offenbar erübrigte sich daher für Kluckhohn eine eingehende Analyse.

Eine tragfähige Gegenkonzeption zu dieser communis opinio legte Niklas Luhmann in seiner 1982 erschienenen Studie *Liebe als Passion* vor. Er machte erstmals auf den Konzeptcharakter der literarischen Liebe aufmerksam und initiierte damit eine Reihe von Studien.[4] Liebe wird als symboli-

---

[1] Emil Staiger: Die Zeit als Einbildungskraft des Dichters. Untersuchungen zu Gedichten von Brentano, Goethe und Keller. Zürich, Leipzig: Niehaus 1939, S. 12.

[2] Vgl. Hans Peter Herrmann in der Einleitung zu dem von ihm herausgegebenen Sammelband: Goethes »Werther«. Kritik und Forschung. (Wege der Forschung 607) Darmstadt: Wissenschaftliche Buchgesellschaft 1994, S. 18

[3] Paul Kluckhohn: Die Auffassung der Liebe in der Literatur des 18. Jahrhunderts und in der deutschen Romantik. Halle: Niemeyer ²1931, S. 186.

[4] Genannt seien hier nur pars pro toto Georg Jäger: Freundschaft, Liebe und Literatur von der Empfindsamkeit bis zur Romantik. Produktion, Kommunikation und Vergesellschaftung von Individualität durch »kommunikative Muster ästhetisch vermittelter Identifikation«. In: SPIEL 9 (1990), S. 69–87; Jutta Greis: Drama Liebe. Zur Entstehungsgeschichte der modernen Liebe im Drama des 18. Jahrhunderts. (Germanistische Abhandlungen 69) Stuttgart: Metzler 1991; Julia Bob-

scher Code, als Bestandteil der gepflegten Semantik des 18. Jahrhunderts,[5] nicht aber als Gefühl behandelt. Als symbolisch generalisiertes Kommunikationsmedium[6] wird Liebe dezidiert nicht als Wiedergabe von Realsachverhalten aufgefaßt. Sie ist aus diesem Blickwinkel ein historisch früher Prototyp von Medienrealität.[7]

Wenn also Werther Lotte liebt, geht es zwar auch um Liebe, aber darüber hinaus um sehr vieles andere. Luhmanns Studie ist im Detail korrigiert worden,[8] die neue Forschung hat jedoch den inspirierenden Charakter seines Problemzugriffs eindrucksvoll bestätigt. Im soziologischen Horizont ist Liebe um 1800 ein Medium zur Reflexion und Thematisierung der Exklusionsindividualität als Folge der gesellschaftlichen Umstellung von Stratifikation auf Funktion. In den vorliegenden Überlegungen soll es darum gehen, weitere Implikationen des Kommunikationsmediums Liebe im Roman zu beschreiben. Gegenstand der Analyse sind die beiden Erfolgsromane der siebziger Jahre, Goethes *Die Leiden des jungen Werthers* (1774) und Johann Martin Millers *Siegwart. Eine Klostergeschichte* (1776). In einem ersten Argumentationsschritt wird Werthers Konzeption von Liebe herausgearbeitet (II). Im Roman des späten 18. Jahrhunderts dient Liebe der Reflexion poetologischer Fragen (III). Millers Roman ist ein Versuch, die Liebe *Werthers* sozial zu reintegrieren, die Katastrophen der Liebe wenigstens notdürftig zu reparieren und die Autonomie des Romans zurückzunehmen (IV).

---

sin: Von der Werther-Krise zur Lucinde-Liebe. Studien zur Liebessemantik in der deutschen Erzählliteratur 1770–1800. (Studien und Texte zur Sozialgeschichte der Literatur 48) Tübingen: Niemeyer 1994; Marianne Willems: Stella. Ein Schauspiel für Liebende. Über den Zusammenhang von Liebe, Individualität und Kunstautonomie. In: Karl Eibl / M. W. (Hg.): Individualität. (Aufklärung IX, 2) Hamburg: Meiner 1996, S. 39–76; Walter Hinderer (Hg.): Codierungen von Liebe in der Kunstperiode. (Stiftung für Romantikforschung 3) Würzburg: Könighausen & Neumann 1997; Hans-Peter Schwander: Alles um Liebe? Zur Position Goethes im modernen Liebesdiskurs. (Historische Diskursanalyse der Literatur) Opladen: Westdeutscher Verlag 1997.

5   Vgl. Niklas Luhmann: Gesellschaftsstruktur und Semantik. Studien zur Wissenssoziologie der modernen Gesellschaft. Bd. 1–4. Frankfurt/M.: Suhrkamp 1980–1995.

6   Niklas Luhmann: Liebe als Passion. Zur Codierung von Intimität. Frankfurt/M.: Suhrkamp 1982, S. 27ff.

7   Vgl. Georg Jäger: Liebe als Medienrealität. Eine semiotische Problemexplikation. In: Siegfried J. Schmidt (Hg.): Literaturwissenschaft und Systemtheorie. Positionen, Kontroversen, Perspektiven. Opladen: Westdeutscher Verlag 1993, S. 44–65.

8   Luhmann berücksichtige nicht nationale, textsorten- bzw. gattungsspezifische Differenzen und unterschätze die spezifische Bedeutung der Empfindsamkeit (vgl. Jutta Greis [Anm. 4], S. 10ff.); die Differenzen zwischen Semantik und Gesellschaft seien eingeebnet (Julia Bobsin [Anm. 4], S. 10); er zeige nicht genau auf, wo die Codierung literatursoziologisch festzumachen ist (Andreas Dörner / Ludgera Vogt: Literatursoziologie. Literatur, Gesellschaft, Politische Kultur. [WV studium 170] Opladen: Westdeutscher Verlag 1994, S. 126).

II.

Bernd Witte hat die kulturhistorische Bedeutung von Goethes Roman darin gesehen, daß hier der »Begriff der Liebe, wie er bis heute seine Gültigkeit behalten hat, überhaupt erst erfunden«[9] worden sei. Das Neue dieses Liebesbegriffs liegt darin, daß Werther enthusiastische Liebe und religiöse Ekstase so verknüpft, daß beide miteinander austauschbar werden. Für Werther ist »die Welt ohne Liebe« so unvorstellbar wie eine »Zauberlaterne [...] ohne Licht« (W 296).[10] Sie ist welterfüllender Eros, unbedingt, unbeschränkt, ganz. Werther erläutert sie im Brief vom 26. Mai: »[E]in junges Herz hängt ganz an einem Mädchen, bringt alle Stunden seines Tags bey ihr zu, verschwendet all seine Kräfte, all sein Vermögen, um ihr jeden Augenblik auszudrükken, daß er sich ihr ganz hingiebt« (W 277). Die hier noch im Rahmen der empfindsamen Diskurse formulierte Radikalität von Werthers Liebesvorstellung[11] enthält die Tendenz zu einer Autonomie der Liebe, die mit weitreichenden Folgen aktualisiert wird. Versuche, solche Liebe praktisch werden zu lassen, sie zu leben, sind von vornherein zum Scheitern verurteilt. Jeden Augenblick die ganze Hingabe ausdrücken zu wollen, muß schon daran scheitern, daß auch Liebende gelegentlich Nahrung zu sich nehmen müssen. Eine emphatisch ganze Liebe ist nicht mehr innerhalb einer Gesellschaft möglich, denn das wäre eine Partikularisierung des Ganzen dieser Liebe. Werthers Liebe ist grundsätzlich exkludiert. Sie ist als Angelegenheit des Ganzen autonom. Seine Vorstellung von Liebe hat Werther bereits ausformuliert, ehe er Lotte kennt.

Die erste Begegnung mit ihr, die Brotschneideszene, zeigt, wie Lotte im Rahmen einer solchen Liebesvorstellung wahrgenommen wird. Werthers »ganze Seele ruhte auf der Gestalt, dem Tone, dem Betragen« (W 280). Lotte wird als Seelenverwandte identifiziert, die »an mir fühlte, daß ich sie ver-

---

[9] Bernd Witte: Casanovas Tochter, Werthers Mutter. Über Liebe und Literatur im achtzehnten Jahrhundert. In: H. Kaspar Spinner / Frank-Rutger Hausmann (Hg.): Eros – Liebe – Leidenschaft. Meisterwerke der Weltliteratur. Bd. 2. (Abhandlungen zur Sprache und Literatur 10) Bonn: Romanistischer Verlag 1988, S. 93–113; hier S. 94. Vgl. dazu auch Hans-Peter Schwander (Anm. 4), S. 90ff.

[10] *Die Leiden des jungen Werthers* wird mit der Sigle W zitiert nach: Der junge Goethe in seiner Zeit. Texte und Kontexte. In zwei Bänden und einer CD-ROM. Hg. von Karl Eibl, Fotis Jannidis, Marianne Willems. Bd. 2. Frankfurt/M.: Insel 1998.

[11] Solche Konzepte im empfindsamen Roman tadelt Blanckenburg: »In der Natur ist dies schlechterdings unmöglich. Daher ist es nun zuerst in der Nachahmung so höchst unwahrscheinlich, eine Person nichts denken, fühlen, oder thun sehen, als lieben. Und dann wird auch der Charakter einer solchen Person so höchst läppisch, so wenig unterhaltend, daß, wenn ihn der Dichter nicht von einer nachtheiligen Seite zeigen will, er uns gar nicht beschäftigt. – Wie kann er nun noch lehrreich werden?« Friedrich von Blanckenburg: Versuch über den Roman. Faksimiledruck der Originalausgabe von 1774. Mit einem Nachwort von Eberhard Lämmert. Stuttgart: Metzler 1965, S. 483.

stund« (W 281). Im Verlauf des Romans wird Werther sie immer wieder mit ganzheitlichen Epitheta belegen. Er deutet seine Liebe als religiöses Phänomen, sie ist für ihn ein funktionales Äquivalent zur Religion. Als er sich von Lotte wiedergeliebt fühlt, schwärmt er unmißverständlich: »Mich liebt? Und wie werth ich mir selbst werde! Wie ich – dir darf ich's wohl sagen, du hast Sinn für so etwas – wie ich mich selbst anbete, seitdem sie mich liebt« (W 295).

Die Radikalisierung der Liebe führt in Paradoxa. Liebe ist für Werther ein Garant für Individualität; sie ermöglicht ihm, die Potentialität seines Ich im Augenblick zu aktualisieren und ganz zu sein.

> [I]ch hab sie gehabt, ich habe das Herz gefühlt, die große Seele, in deren Gegenwart ich mir schien mehr zu seyn als ich war, weil ich alles war was ich seyn konnte. Guter Gott, blieb da eine einzige Kraft meiner Seele ungenutzt, konnt ich nicht vor ihr all das wunderbare Gefühl entwickeln, mit dem mein Herz die Natur umfaßt, war unser Umgang nicht ein ewiges Weben? (W 274)

Paradoxien entstehen aus der sozialen Komponente von Liebe, die eine Schnittstelle von Individualität und Sozialität ist. Werthers Radikalisierung akzentuiert allein die Individualität. Solche Liebe ist auf Gedeih und Verderb darauf angewiesen, daß sie erwidert wird und darüber hinaus noch darauf, daß die Liebenden einander tatsächlich bruchlos verstehen. Das aber bedeutet mit Luhmann gesprochen eine Steigerung der Unwahrscheinlichkeit des Gelingens von Liebe. Der Roman bewertet diese Möglichkeit anhand einer Reihe von Kommunikationskatastrophen skeptisch.[12]

Die sozialen Rahmenbedingungen der Liebe zwischen Werther und Lotte weisen auf das Problem hin. In der Forschung hat sich die Annahme verfestigt, Lotte sei prinzipiell für Werther unerreichbar.[13] So einfach aber liegt die Sache nicht. »Albert ist ein braver Mensch, dem ich so gut als verlobt bin! Nun war mir das nichts neues, denn die Mädchen hatten mir's auf dem Wege gesagt, und war mir doch so ganz neu, weil ich das noch nicht im Verhältnisse auf sie [...] gedacht hatte« (W 284). Lotte ist anfangs nicht fest gebunden, sondern »so gut als verlobt«, und sie wäre nicht die erste Romanfigur, die wegen eines neuen Anbeters eine noch nicht bestehende Verlobung platzen ließe. Aus Werthers Sicht ist sie also nicht von vornherein unerreichbar. Aber seine Reaktion macht deutlich, daß er den Aspekt der sozialen Integration von Liebe noch überhaupt nicht bedacht hatte, und sein Verhalten zielt entgegen den Konventionen des Liebesromans nie darauf, Lotte wirklich zu gewinnen. Das ist eine logische Folge seiner Liebeskonzeption, denn eine Bindung, die in diesen sozialen Verhältnissen ausschließlich auf Ehe hinauslaufen kann, würde die Autonomie von Liebe aufheben.

---

[12] Vgl. dazu Hans-Edwin Friedrich: Der Enthusiast und die Materie. Von den »Leiden des jungen Werthers« bis zur »Harzreise im Winter«. (Trierer Studien zur Literatur 21) Frankfurt/M.: Lang 1991, S. 89ff.

[13] Vgl. zuletzt mit weiterreichenden Reflexionen Hans-Peter Schwander (Anm. 4), S. 23.

Lotte nimmt in Werthers Liebesvorstellung eine paradoxe Stellung ein. Zum einen ist sie von enormer Bedeutung, weil sie als Geliebte das Ganze repräsentiert. Zum anderen aber kommt es auf sie nicht an, weil sie als partikularer Mensch nur eine Folie des Ganzen sein kann. Diese Kippfigur würde sowohl durch ernsthafte Versuche, Albert auszustechen, als auch durch die Entfernung von Lotte zerstört. So gesehen, ist Lottes spätere Ehe mit Albert[14] Werthers einzige Möglichkeit, die Kippfigur aufrechtzuerhalten. Erst spät, unmittelbar vor Werthers Selbstmord, vermutet Lotte, es sei »nur die Unmöglichkeit mich zu besizzen, die Ihnen diesen Wunsch so reizend macht« (W 341). Allerdings ist Liebe kein reines Zeichensystem; weil sie auch eine somatische Seite hat, kann Werther die Spannung des Paradoxons nicht ertragen. Einerseits kann man nicht »die Brust zerreissen und das Gehirn einstoßen« (W 330), um den Abgrund zwischen den vereinzelten Individuen zu überwinden und vollkommene Gemeinsamkeit zu erzwingen; andererseits ist »Zugreifen« als »der Natürlichste Trieb der Menschheit« (W 330) keine Lösung. Diese Aporie wird nach der gemeinsamen Ossianlektüre beendet. Erst nach der impliziten Ankündigung von Werthers Entschluß zu sterben, ist Zugreifen möglich:

> Die ganze Gewalt dieser Worte fiel über den Unglüklichen, er warf sich vor Lotten nieder in der vollen Verzweiflung, faßte ihre Hände, drukte sie in seine Augen, wider seine Stirn, und ihr schien eine Ahnung seines schröklichen Vorhabens durch die Seele zu fliegen. Ihre Sinnen verwirrten sich, sie drukte seine Hände, drukte sie wider ihre Brust, neigte sich mit einer wehmüthigen Bewegung zu ihm, und ihre glühenden Wangen berührten sich. Die Welt vergieng ihnen, er schlang seine Arme um sie her, preßte sie an seine Brust, und dekte ihre zitternde stammelnde Lippen mit wüthenden Küssen. (W 350)

Diese Küsse sind Besiegelung des Augenblicks und Abschied zugleich.

Die Leiden des jungen Werthers führen am Beispiel der Hauptfigur eine autonome Liebe vor. Aus dem Blickwinkel gesellschaftlicher Organisation ist diese Liebe im radikalen Sinn exkludiert. Eine Verbindung zwischen Lebenspraxis und Liebe ist unmöglich. Die Verbindung von religiöser Semantik und Liebe hatte Klopstock bereitgestellt.[15] Mit Hilfe des religiösen Inventars kann Liebe autonom begründet und der heteronome Anspruch der Gesellschaft zurückgewiesen werden. Für Werther ist Liebe ein Funktionsäquivalent zur Religion.[16] Wie der Roman zeigt, steigen damit ihre Risiken exorbitant.[17]

---

[14] Vgl. zur Charakterisierung dieser Ehe: Helmut Schmiedt: Liebe, Ehe, Ehebruch. Ein Spannungsfeld deutscher Prosa von Christian Fürchtegott Gellert bis Elfriede Jelinek. Opladen: Westdeutscher Verlag 1993, S. 53f.

[15] Vgl. Paul Kluckhohn (Anm. 3), S. 177ff. Zu den gebrochen verwendeten petrarkistischen Traditionselementen vgl. Jörg-Ulrich Fechner: Die alten Leiden des jungen Werthers. Goethes Roman aus petrarkistischer Sicht. In: Hans Peter Herrmann (Anm. 2), S. 338–359.

[16] Für ihn gilt bereits, was Hartmann Tyrell als Merkmal der romantischen Liebe des 19. Jahrhundert beschreibt. Vgl. Hartmann Tyrell: Romantische Liebe –

III.

Liebe als Medienrealität ermöglicht weitreichende Reflexionen von Problemen, die den engeren Bereich des Themas ausweiten. In den *Leiden des jungen Werthers* gewinnt die Liebessemantik eine poetologische Dimension. Goethes Roman entsteht zu einer Zeit, in der immer mehr Romane geschrieben werden, die Gattung jedoch nach wie vor geringes Ansehen genießt. Blanckenburg muß trotz respektabler Beispiele noch voraussetzen, daß der Roman »nur für die Unterhaltung der Menge geschrieben ist«.[18] Im letzten Drittel des 18. Jahrhunderts beginnt sein Aufstieg zur anerkannten Größe im Gattungsgefüge, die um 1800 mit der romantischen Apotheose des Romans abgeschlossen ist. Daß der Roman für die Empfindsamkeit zur entscheidenden Gattung wurde, geht auf seine Poetik zurück. Die Nachschlagewerke des späten 18. Jahrhunderts definieren den Roman im »engsten Verstande« als »eine wunderbare, oder mit Verwirrungen durchwebte Liebesgeschichte«.[19] Die Liebeshandlung ist also das gattungskonstitutive Element.[20] Diese häufig als Verengung kritisierte Bestimmung ist natürlich kein Novum, sondern auf die Rezeption Huets zurückzuführen, dessen Romandefinition in der Übersetzung Eberhard Werner Happels lautet: »was man aber heut zu Tage Romans heisset / sind auß Kunst gezierte und beschriebene Liebes Geschichten in ungebundener Rede zu unterrichtung und Lust des Lesers«.[21] Auf die Auswirkungen dieses Diktums für die Poetik des Romans bis ins 20. Jahrhundert hinein hat Voßkamp nachdrücklich hingewiesen.[22]

Überlegungen zu ihrer »quantitativen Bestimmtheit«. In: Dirk Baecker u.a. (Hg.): Theorie als Passion. Niklas Luhmann zum 60. Geburtstag. Frankfurt/M.: Suhrkamp 1987, S. 570–599. Vgl. mit einschlägigen Belegen von Hegel, Novalis u.a. Georg Jäger (Anm. 4). S. 70ff.

[17] Vgl. dazu mit weiterführenden Überlegungen Michael Titzmann: »Empfindung« und »Leidenschaft«. Strukturen, Kontexte, Transformationen der Affektivität / Emotionalität in der deutschen Literatur in der 2. Hälfte des 18. Jahrhunderts. In: Klaus P. Hansen (Hg.): Empfindsamkeiten. Passau: Rothe 1990, S. 127–165; bes. S. 163ff. Vgl. Jutta Greis (Anm. 4), S. 84ff.

[18] Friedrich von Blanckenburg (Anm. 11), S. IV.

[19] Johann Christoph Adelung: Versuch eines vollständigen grammatisch-kritischen Wörterbuches der hochdeutschen Mundart. 5 Bde. Leipzig: Breitkopf 1774–1786. Bd. III, S. 1474.

[20] Vgl. mit weiteren Belegen Georg Jäger: Empfindsamkeit und Roman. Wortgeschichte, Theorie und Kritik im 18. und frühen 19. Jahrhundert. (Studien zur Poetik und Geschichte der Literatur 11) Stuttgart u.a., Mainz: Kohlhammer 1969, S. 57.

[21] [Eberhard Werner Happel]: Der Insulanische Mandorell, Ist eine geographische Historische und Politische Beschreibung Aller und jeden INSULN Auff dem gesamten Erd-Boden. Hamburg 1682. S. 574. Zitiert nach: Wilhelm Voßkamp: Romantheorie in Deutschland. Von Martin Opitz bis Friedrich von Blanckenburg. (Germanistische Abhandlungen 40) Stuttgart: Metzler 1973, S. 72.

[22] Vgl. ebd., S. 73f.

Der Roman ist für die Reflexion von Freundschaft und Liebe, die in der Empfindsamkeit im Vordergrund steht, das im Gattungssystem vorgesehene Medium. *Die Leiden des jungen Werthers* führen einen Fall vor, der das Liebeskonzept der Empfindsamkeit sprengt. Werthers Liebe radikalisiert nicht nur die empfindsame Liebe und beraubt sie ihrer wichtigsten Funktion, nämlich der Balancierung von Individualität und Sozialität,[23] sie propagiert radikal die Autonomie von Liebe. Mit dieser Entscheidung ist Liebe aus der gesellschaftlichen Umfriedung unwiderruflich entlassen. Der Herausgeber kann nur mehr auf das Mitgefühl der Leser hoffen, eine Lehre hat »das Büchlein« [W 269] nicht mehr anzubieten. *Werther* taugt nicht mehr zur »unterrichtung« des Lesers. Die Rezeption des Romans klagte allenthalben die moralische Funktion ein. Paradigmatisch empfahl Nicolai als Heilmittel die Heteronomie der Liebe in der Liebesehe: »[E]r geht nicht darüber zu Grunde,« wie es in einer Replik auf Werthers Brief vom 10. Mai heißt, »erliegt nicht unter der Herrlichkeit dieser Erscheinungen; denn Lotte und seine acht Kinder, die besten Gaben die ihm Gott gegeben hat, liegen neben ihm, und fühlen gesellig, was er fühlt«.[24] Liebe als autonomes Gefühl ist aber nicht mehr moraldidaktisch funktionalisierbar. Das hat Folgen für die Poetik.

Formal findet dieser Sachverhalt seine Entsprechung darin, daß Goethe von der Polyperspektivität des Briefromans[25] keinen Gebrauch macht. Die immerhin denkbare Aufnahme von Briefen Wilhelms hätte die Möglichkeit geboten, die Kategorie der Freundschaft[26] ins Spiel zu bringen, sie hätte die soziale Resonanz seines Denkens und Empfindens zu behandeln erlaubt.[27] Aber auf Sozialität kommt es nicht an. Werther plädiert für die Autonomie der Liebe, *Die Leiden des jungen Werthers* für die Autonomie des Romans als Kunstform. Das zeigt die Analyse des zunächst nicht minder erfolgreichen Konkurrenzromans des Jahrzehnts.

---

[23] Vgl. Karl Eibl: Die Entstehung der Poesie. Frankfurt/M.: Insel 1995, S. 121ff.
[24] Friedrich Nicolai: »Kritik ist überall, zumal in Deutschland, nötig«. Satiren und Schriften zur Literatur. (Bibliothek des 18. Jahrhunderts) München: Beck 1987, S. 29. Vgl. Georg Jäger: Die Leiden des alten und neuen Werther. Kommentare, Abbildungen, Materialien zu Goethes »Leiden des Jungen Werthers« und Plenzdorfs »Neuen Leiden des jungen W.« Mit einem Beitrag von Jutta Assel. (Literatur-Kommentare 21) München, Wien: Hanser 1984, S. 16.
[25] Vgl. Dieter Kimpel: Der Roman der Aufklärung (1670–1774). (Sammlung Metzler 68) Stuttgart: Metzler ²1977, S. 91f., 112.
[26] Vgl. Eckhardt Meyer-Krentler: Der Bürger als Freund. Ein sozialethisches Programm und seine Kritik in der neueren deutschen Erzählliteratur. München: Fink 1984, S. 75ff.
[27] Vgl. die Hinweise von Klaus Müller-Salget: Zur Struktur von Goethes »Werther«. In: Hans Peter Herrmann (Anm. 2), S. 317–337; hier S. 321f.

IV.

Als Johann Martin Millers umfangreicher Roman *Siegwart. Eine Klostergeschichte* 1776 beim Verleger der *Leiden des jungen Werthers* erschien, wiederholte sich der enorme Erfolg. Dem Wertherfieber folgte ein Siegwartfie-
ber.[28] Millers Roman bleibt bis weit ins 19. Jahrhundert hinein respektiert,
gelegentlich wird er dem *Werther* vorgezogen.[29] Erst später verfestigt sich in
den Literaturgeschichten die Abwertung des Romans zur Wertheriade. *Siegwart* bleibt ein Markstein, aber nunmehr als Gründungstext in der Geschichte
der Trivialliteratur.[30] Diese Einschätzung hat die Beschäftigung mit dem Roman lange auf die Feststellung ästhetischer Mängel beschränkt; Anspielungen
auf *Werther* wurden aus der Perspektive der Kunstautonomie als unoriginelle
Nachahmung gedeutet.

> *Siegwart* schont seine Leser: Er bemäntelt unerbittliche Realität durch fromme
> Phrasen. Er besänftigt den Furor der Gefühle, den *Werther* ausgedrückt und aus-
> gelöst hat. Er setzt durch seine Art der Nachahmung der Mitteilung des Unerhör-
> ten Grenzen. Und doch zittert in *Siegwart* etwas von den starken, erschütternden
> Tönen nach, die *Werther* angeschlagen hat.[31]

Diese nicht unzutreffende Einschätzung verdeckt dennoch, daß *Siegwart*
nicht als Nachahmung von Goethes Erfolgsroman geplant war, sondern ihm
eine Alternative entgegensetzen sollte. *Werther* hatte als erfolgreicher Text
literarisch Maßstäbe gesetzt, inhaltlich Maßstäbe zerbrochen, hinter die eine
ernstzunehmende Alternative nicht zurückgehen konnte. Das läßt sich an der
Liebesthematik und den Wertheranspielungen zeigen.
    Liebe ist im *Siegwart* grundsätzlich eine Sache auf Leben und Tod.

> Ach, die Liebe ist was fürchterliches [...]. Sie verzehrt die edelsten und besten
> Seelen. Unter hundert Jünglingen und Mädchen, welche sterben, würde man im-
> mer, wenn man ihre Krankengeschichte wüßte, zehen finden, die die Liebe ge-
> tödtet, oder doch um etliche Jahre dem Grabe näher gebracht hat. (S 482)[32]

---

[28] Vgl. Ingrid Engel: Werther und die Wertheriaden. Ein Beitrag zur Wirkungsge-
      schichte. (Saarbrücker Beiträge zur Literaturwissenschaft 13) St. Ingbert: Röhrig
      1986, S. 244ff.
[29] Belege bei Georg Jäger (Anm. 20), S. 75ff.
[30] Vgl. Hainer Plaul: Illustrierte Geschichte der Trivialliteratur. Hildesheim, Zürich,
      New York: Olms 1983. S. 120ff.
[31] Thomas Koebner: Die Grenzen der Nachahmung. Müllers »Siegwart« und Goe-
      thes »Werther«. In: Thomas Koebner: Zurück zur Natur. Ideen der Aufklärung
      und ihre Nachwirkung. Studien. (Beiträge zur neueren Literaturgeschichte. Dritte
      Folge 121) Heidelberg: Winter 1993, S. 227–242; hier S. 242. Vgl. Alain Faure:
      Nachwort. In: Johann Martin Miller: Siegwart. Eine Klostergeschichte. Faksimi-
      ledruck nach der Ausgabe von 1776. Mit einem Nachwort von Alain Faure. 2
      Bde. Stuttgart: Metzler 1971, S. 14*ff.
[32] *Siegwart. Eine Klostergeschichte* wird nach dem Faksimiledruck (Anm. 31) mit
      der Sigle S zitiert.

Es gibt nichts bedrohlicheres als unerfüllte Liebe. Eine Figur faßt ihre Geschichte lakonisch zusammen: »Sie liebte, wurde nicht geliebt, und starb« (S 521). Groß ist denn auch die Zahl der Figuren, die an der Liebe zugrundegehen, die entweder sterben oder ins Kloster, das »Grab auf der Welt für die Lebendigen« (S 1027),[33] eintreten.

Diese gefährliche Qualität der Liebe, das Erbe Werthers, muß domestiziert werden. »Wer einmal liebt, liebt ewig« (S 556). Für Miller ist die Liebesheirat die einzige Möglichkeit, Katastrophen zu verhindern. »[I]ch halte die häusliche Glückseligkeit für die größte« (S 217), bekundet Siegwarts Freund Kronhelm, das unterstreichen die Opfer unerfüllter Liebe, denn man ist im idealen Fall mit einem Mädchen verbunden, das »mein ganzes Daseyn ausfüllen und beleben soll« (S 292). Die Liebesehe[34] kann nur funktionieren, wenn die Liebe stabil bleibt und das Mißlingen von Kommunikation zwischen den Liebenden ausgeschlossen ist. Das zeigen die zahlreichen Szenen, in denen die Figuren musizieren. Der Erzähler weist dies als unmittelbare Offenbarung ihres inneren Wesens aus, so daß der Gleichklang der Töne auf den Gleichklang der Seelen verweist.[35]

Die Liebesehe macht im Vorfeld sorgfältige wechselseitige Prüfungen erforderlich. Die Liebesgeschichte von Kronhelm und Therese Siegwart wird stufenweise entwickelt, jeder Abschnitt eingehend analysiert. Denn wenn man nur einmal liebt, steigt das Risiko. »Man kann [...] nicht vorsichtig genug seyn« (S 290). Liebe muß dem Augenblick entrissen, sie muß in der Zeit ausgedehnt werden. »Wahre Liebe gründet sich auf Hochachtung, und muß der höchste Grad von Freundschaft seyn. Beydes ist nicht möglich, wenn man nicht die Vorzüge des andern genau kennt; und diese lernt man erst durch einen längern und vertrauten Umgang kennen« (S 292).

Werther hatte die Liebe zum Funktionsäquivalent von Religion erhoben. Hinter diesen Stand kann Miller zwar nicht zurück, aber er kann Liebe zu reintegrieren suchen. Die religiösen Konnotationen der Liebe werden im Verlauf der Handlung zunehmend ausgeweitet. Kronhelm empfindet Thereses Auftreten »als ob das Paradies sich öfnete, und ein Engel Gottes hereintrat« (S 349); die Beschreibung der ersten Begegnung zwischen Xaver Siegwart und Mariane ist gespickt mit religiösem Vokabular (vgl. S 563ff.);[36] »Maria-

---

[33] Siegwart bittet denn auch in einem Gedicht: »Gott im Himmel, laß mich sterben, / wenn du nicht für mich den Engel schufest« (S 619).

[34] Vgl. zur Liebesehe Günter Saße: Die Ordnung der Gefühle. Das Drama der Liebesheirat im 18. Jahrhundert. Darmstadt: Wissenschaftliche Buchgesellschaft 1996.

[35] Vgl. dazu Ruth E. Müller: Erzählte Töne. Studien zur Musikästhetik im späten 18. Jahrhundert. (Beihefte zum Archiv für Musikwissenschaft 30) Stuttgart: Steiner 1989, S. 41ff.

[36] Vgl. Diethard Heinze: Johann Martin Millers »Siegwart. Eine Klostergeschichte«. Der »Trivialroman« und seine Leser. In: Zeitschrift für Germanistik N. F. 2 (1992), S. 51–62; hier S. 55ff.

ne hieng an den Augen ihres Jünglings, wie die Seele eines Inbrünstigbeten-
den am Krucifix« (S 740). Und als alle Hindernisse für Kronhelm und Therese beseitigt sind, ruft er aus: »Ich bin ein Gott« (S 793). Die unglücklich Liebenden Siegwart und Mariane aber sind »Märtyrer der Liebe« (S 1072).

Miller gestaltet seinen Roman als Liebeskasuistik. Im Mittelpunkt stehen
die Liebesgeschichten von Siegwart und Kronhelm, die den gleichen Fall
zum entgegengesetzten Ende führen. Um diese Handlung ist eine Vielzahl
mißlingender Liebesgeschichten gruppiert, die jeweils analysiert und bewertet werden. Während entsprechende Episoden im *Werther* als Parallelge-
schichten konzipiert sind, werden sie im *Siegwart* als Exempla integriert.
Unerfüllte Liebe führt immer zum Abschied aus der ›bürgerlichen‹ Gesellschaft: Männer lassen sich für den Krieg anwerben, ziehen sich als Eremiten
zurück; Frauen gehen ins Wasser oder ins Kloster und welken dahin. Die
Explosivität der Liebe kann letztlich nur eingefangen werden, weil Miller die
weltlichen und geistlichen Institutionen unangetastet läßt, obwohl ihnen weder Problemlösungskompetenz zukommt noch sie von scharfer Kritik verschont bleiben. Andererseits kennt die wechselseitige Liebe, anders als im
Werther, keine grundsätzlichen Kommunikationsprobleme. Die soziale Rahmung der Liebe gelingt nurmehr um den Preis der Entproblematisierung.

Die Vielfalt der *Werther*-Anspielungen im *Siegwart* ist Teil der systematischen Auseinandersetzung. Einer der positiv gezeichneten älteren Mönche befindet, »mehrenteils sind die Jünglinge, die tief empfinden, deren größtes
Unglück ihr zu fühlendes Herz ist, die edelsten, die der Welt am meisten
dienen können« (S 1033). Die Bekundung von Mitgefühl im Sinne der Her-
ausgebervorrede des *Werther* wird sukzessive durch eine Vielzahl von Bezügen ausgebaut. Siegwart wird ähnlich wie Werther charakterisiert; die berühmte Gewitterszene mit der Klopstock-Apostrophe wird variiert (vgl. S
421f.);[37] Lottes Schleifchen erscheint in mehrfacher Gestalt.[38] Diesen der
Werthermode huldigenden identifikatorischen Bezügen gesellt Miller eine
andere Reihe hinzu, in der Werthers Verhalten jeweils durch divergentes
Verhalten von Figuren korrigiert wird. Hatte bei der ersten Begegnung
Werther Lottes Gestalt fasziniert, so befindet Kronhelm: »Ich weiß wol, daß
die Liebe sich mehrenteils beim Aeusserlichen, bey der Gesichtsbildung, und
dergleichen anfängt; aber von dieser Liebe halt ich auch so viel nicht« (S
292). Zeigt sich ein unglücklicher Rivale Siegwarts geneigt, sich »lieber jetzt

---

[37] Vgl. zur Klopstock-Apostrophe: Richard Alewyn: »Klopstock!«. In: Euphorion 73
(1979), S. 357–364; Meredith Lee: »Klopstock!«. Werther, Lotte, and the Reception of Klopstock's Odes. In: Gertrud Bauer Pickar / Sabine Cramer (Hg.): The
Age of Goethe Today. Critical Reexamination and Literary Reflection. (Houston
German Studies 7) München: Fink 1990, S. 1–11.

[38] Jedem sein Schleifchen: Thereses Schnupftuch für Kronhelm (S 344), dito ein
Schleifchen (S 411); ein Stückchen blauer Seide für Siegwart (S 684f.), ein
Schnupftuch mit einem Blutstropfen von Siegwart für Mariane (S 831).

gleich eine Kugel vor den Kopf schiessen zu lassen« (S 623), beruhigt er seine Freunde: »dazu habe ich zu viel Christenthum, und weis, daß es Sünde ist« (S 625). Die Distanz kulminiert im Ratschlag: »Mach Er die Liebe nicht zur Haupttriebfeder seiner Handlungen, und vergeß er seine übrige Bestimmung nicht drüber! Dieß ist der gewöhnliche Fehler bey jungen Leuten« (S 438).[39] Die Liebesthematik des *Siegwart* nimmt die Autonomie der Liebe, die als Äquivalent für Religion fungiert, zurück, stellt aber zugleich die Bedeutung von Liebe in Rechnung. Das impliziert die Zurücknahme der Autonomie des Romans.

In der konkreten Situation der siebziger Jahre ist Werther als avantgardistischer Text einzuschätzen, dessen Mehrdeutigkeit sogar Lessing zu korrigieren empfahl.[40] Goethe hatte den Herausgeber von Werthers Briefen so modelliert, daß er die Unangemessenheit vereindeutigender Interpretationen in seiner Deutungsabstinenz formulierte. Ein solcher Eindruck sollte im Siegwart nicht entstehen. Miller ließ die Geschichte von einem auktorialen Erzähler vermitteln, so daß zum einen der Subjektivismus der Wertherperspektive zurückgenommen, zum anderen für eine objektivierende Einordnung und Deutung der Handlung gesorgt war. Explizit sollte »[n]icht schaale Erdichtung, sondern Gewebe von Erfahrungen, durchflochten mit Fiktion, damit der Narr nicht deute«,[41] geboten werden. Der Roman sollte »etwas mehr, als blos Befriedigung der Neugierde, und Beschäftigung der Einbildungskraft« enthalten:

> Jeder Roman [...] sollte, meinem Ideal nach, zugleich *unterrichten*. Der Romanschreiber hat sich Leser von verschiednen Ständen, von verschiednem Geschlecht, von verschiedner Denkungsart u.s.w. zu versprechen, daher sollte, er, soviel als möglich, *Allen alles werden*. (S 3f.)[42]

V.

Die beiden erfolgreichen Romane stehen am Beginn der Ausdifferenzierung von Kunst als autonomes Funktionssystem im 18. Jahrhundert.[43] Sie markieren aus der Retrospektive die grundsätzlichen Alternativen von Literatur. Beide sind Romane im engsten Sinn – eine Liebesgeschichte in ungebundener

---

[39] Die Stelle rekurriert auf Werthers Brief vom 17. Mai mit dem Ausruf: »O Bestimmung des Menschen!« (W 273).

[40] Vgl. Karl Eibl (Anm. 23), S. 134ff.

[41] Brief Millers an Johann Heinrich Voß vom 16. 6. 1776; zitiert nach Reinhart Schönsee: J. M. Millers Prosaschriften als Krisenphänomen ihrer Epoche. Ein Beitrag zum Problem der Trivialität und zur Geschichte des empfindsamen Romans im 18. Jahrhundert. Diss. Hamburg 1972, S. 52.

[42] Zu Millers Selbstverständnis als Autor vgl. Alain Faure (Anm. 31), S. 19*, 23*.

[43] Vgl. Niklas Luhmann: Die Kunst der Gesellschaft. Frankfurt/M.: Suhrkamp 1995, S. 215ff.

Rede. Die Behandlung von Liebe als Thema und Problem bei Goethe und Miller enthält in dieser Perspektive den literaturpolitischen Dissens um die Autonomie des Romans als Kunstwerk. Werthers Liebesvorstellung läuft auf eine Liebe hinaus, die nur um der Liebe selbst willen da ist. Sie ist sozial exklusiv, eine Bindung ist nicht erstrebt, wäre sogar das Ende der Liebe. Diese Vorstellung wird von Goethe in einem formal komplexen Erzählexperiment problematisiert.

Miller übernimmt die Liebestopik Werthers, um ihr zentrales Element rückgängig zu machen. Sie soll aus ihrer gesellschaftlichen Exklusion gelöst werden und wieder sozial eingebunden sein. Das wird auf der Basis des Exempelschemas wesentlich als inhaltliche Amplifikation realisiert. Gleichzeitig wird die formale Komplexität zurückgenommen, die Goethes Roman auszeichnete. Millers Plädoyer für die Liebesehe entspricht dem Tenor der zeitgenössischen Sachdiskurse zur Ehe, nicht aber dem Trend, der die Ausdifferenzierung der Literatur zum autonomen System begleitete.[44]

Von beiden Romanen gehen unterschiedliche Traditionslinien aus. Seither neigen Dichter, die etwas auf sich halten, dazu, die Liebesehe als Abschluß einer Liebeshandlung zu vermeiden,[45] obwohl diese Form des Happy Ends von Leserinnen und Lesern nach wie vor heiß geliebt wird.

---

[44] Vgl. Julia Bobsin (Anm. 4), S. 21ff.
[45] Vgl. Walter Hinderer (Anm. 4), S. 10.

WOLFGANG BRAUNGART

Joli gratuliert

Eduard Mörike und sein Hund

Am 13. Mai 1842 trifft den Cleversulzbacher Pfarrer Eduard Mörike ein
schwerer Schicksalsschlag: Sein Hund Joli, ein Spitz, wird beim Streunen im
Wald von einem Jäger erschossen. Das Tier mit dem sprechenden Namen
war Mörike offenbar so wichtig, daß er auf einen solchen ›anmutigen‹,
›munteren‹, geselligen Begleiter nicht mehr verzichten wollte.[1] Schon einen
guten Monat später hat Mörike einen weißen »Seidenpudel«, der auf den Namen ›Prudent‹ hört und als »Wächter unvergleichlich« ist, sich aber »auch gut
zu Narrenspossen [anläßt]«.[2] Das muß man sich vorstellen: Mörike auf seinen
Spaziergängen um das kleine Bauern- und Winzerdorf Cleversulzbach, unterwegs mit einem weißen Pudel! Läßt schon der Name ›Joli‹ an Mörikes eigenes Verständnis von Poesie denken (franz. ›joli‹; aber auch engl. ›jolly‹),
so auch der von Jolis Nachfolger: Pudel Prudent. Ein alliterierender und as-
sonierender, ein poetischer Pudel. Man möchte in diesen beiden Hundenamen
fast ein poetisches Programm sehen. Angenehme, heitere Geselligkeit und
poetisches Sprachspiel gehen bei Mörike eine unauflösbare Verbindung ein.
Mörike gehört in die ›kleine‹ Literaturgeschichte der Heiterkeit, was für seine
Randposition als poetischer Klein-Meister, die ihm oft zugewiesen wurde,
mitverantwortlich sein dürfte. Aber Heiterkeit und Melancholie schließen
sich (auch) bei ihm nicht aus![3]

Joli selbst jedoch, den Mörike in den Briefen hin und wieder auch ›David‹
oder ›Nikodemus‹ nennt, war im Jahr seines Todes schon nicht mehr der
Jüngste und ein wenig brummig geworden. Bereits am 14. März 1839 heißt

---

[1] Vgl. auch den Kommentar in der Historisch-Kritischen Gesamtausgabe: Eduard
Mörike: Werke und Briefe. Im Auftrag des Ministeriums für Wissenschaft und
Kunst Baden-Württemberg und in Zusammenarbeit mit dem Schiller-
Nationalmuseum Marbach/N. hg. von Hans-Henrik Krummacher, Herbert Meyer
und Bernhard Zeller. Stuttgart: Klett/Klett-Cotta 1967ff., Bde. 3–14 (künftig zit.:
GA Bd., S.), hier GA 11, S. 614. – Christina Skiebe und Ellen Beyn danke ich
herzlich für Rat und Hilfe.
[2] Die Angaben nach Hans-Ulrich Simon: Mörike-Chronik. Stuttgart: Metzler 1981,
Sp. 140; GA 14, S. 119, und Kommentar, S. 504. Zur Cleversulzbacher Zeit siehe
auch das schöne, reich bebilderte Heft des Marbacher Magazins 27 (1983), das
Thomas Scheuffelen erarbeitet hat.
[3] Zur Literaturgeschichte der Heiterkeit und zu ihrer Verdrängung durch die als poetische Kraft nobilitierte Melancholie vgl. Detlev Schöttker: Metamorphosen der Freude. Darstellung und Reflexion der Heiterkeit in der Literatur des 18. Jahrhunderts.
In: Deutsche Vierteljahrsschrift für Literaturwissenschaft und Geistesgeschichte 72
(1998), S. 354–375.

es in einem Brief aus Cleversulzbach an seinen besten, seinen »Urfreund« Wilhelm Hartlaub in Wermutshausen (in diesen Briefen an Hartlaub schlägt er überhaupt den offensten und persönlichsten Ton an): »Den Joli macht sein Alter faul, difficil und empfindlich«.[4] Und am 27. Oktober 1841, ebenfalls an Hartlaub:

> Die kleine Wermutshauser Katze [...] sucht auf alle Art Joli's Freundschaft, täubelt nach seinem Schwanze, springt auf ihn zu, wird aber schnöde, oft grimmig abgewiesen. Diese HausGenossenschaft [!] ist ganz geeignet ihm sein altes Daseyn vollends zu verkümmern, deßwegen ihm zuweilen ein besonders BENE von mir widerfährt.[5]

Denn an einer guten »HausGenossenschaft« ist Mörike besonders gelegen. Das Haus ist Mörikes Mikrokosmos. Die Briefe an die Freunde geben kund, wie sehr er auf die rechte, diätetisch für ihn wichtige Hausordnung achtet: »Der Staar, der Distelfink, der Igel, Hund und Katze geben auch noch immer ihren Theil zur Unterhaltung ab«, schreibt er im Oktober 1840 wieder an Hartlaub. Aber der – zoologisch schwerlich haltbare – Ordnungsentwurf, den er Hartlaub präsentiert, gerät ihm sogleich zu einer Parodie der Ordnungsprinzipien selbst:

> Gestern hab ich die Menagerie in folgende ThierClassen eingetheilt:
> 1. stinkende und zugleich singende.
> 2. rein singende.
> 3. rein stinkende
> 4. solche die weder stinken noch singen; unter welche leztern der JOLI u. die Katze zu kommen sich schmeicheln.[6]

Die Zitate zeigen nicht nur Mörikes Achtung vor dem Kreatürlichen, sondern auch, wie das Tier in die gesellige Lebensführung einbezogen wird. Die Aufmerksamkeit, die Mörike dem scheinbar Marginalen und Alltäglichen, auch dem Unbedeutenden und Abgetanen wie etwa dem alten Cleversulzbacher Turmhahn schenken kann, läßt er auch Tieren und Pflanzen zukommen.[7] Dies kann man gewiß einen biedermeierlichen Zug nennen. Aber wichtiger ist doch, darin die produktive Kraft zu sehen für sein Leben und für sein literarisches Werk.

Deutlich wird hier auch, wie das Tier zur »HausGenossenschaft« gehört. Selbst der alte Turmhahn findet im Kreis der bürgerlichen Familie seine neue Kirchengemeinde, im Kachelofen, auf den er gesetzt wird, sein privates »Münster«, seine neue Kirche.[8] Mit seinem Staren teilt Mörike sogar den

---

[4]   GA 13, S. 25.
[5]   Ebd., S. 216.
[6]   GA 13, S. 132.
[7]   Mit großem Gewinn habe ich die Belege aus Mörikes Werk genutzt, die Marliese Eva Neef zusammengestellt und kommentiert hat: Impromptu an Joli (und anderes Getier, größeres und kleineres). Privatdruck Bingen-Bingerbrück o. J. [1998].
[8]   Vgl. dazu meine Interpretationsskizze: »Bis Anfang Applicatio«. Mörikes ›Alter Turmhahn‹ und die Predigt. In: Theologie und Glaube 88 (1998), S. 454–462.

»Potschamber«, den Nachttopf, selbst noch bei der Verrichtung des nächtlichen Geschäftes.[9] Das Haustier gehört zum sozialen Nahbereich, dessen bergende Verläßlichkeit für Mörike lebensnotwendig ist. Pater familias will er aber auch dem Haustier gegenüber bleiben, und doch ist er einer von einem ganz anderen Schlag als der hochherrschaftliche Hundehalter Thomas Mann.[10] Dem Hund gesteht Mörike dieselben Kauzigkeiten und Merkwürdigkeiten zu wie sich selbst und wie sie zum Menschen überhaupt gehören. Joli zählt nicht nur zur Affektgemeinschaft der Familie und des engeren Freundeskreises; er ist für Mörike ein wirkliches Individuum. Er ist insofern ein »Luxushund« – nur nicht zum Renommieren, gegen das Mörike die größte Abneigung hat –, ein Gesellschafter, kein Gebrauchstier.[11] Was Mörike für sich beansprucht, läßt er auch beim Haustier gelten. Gegenüber Friedrich Theodor Vischer stellt er von seiner Muse fest, sie sei »eine sehr subjektive und sehr eigensinnige«.[12]

An Hartlaub berichtet Mörike in einem ›Musterkärtchen‹ von einer ›Abstrafung‹ Jolis im Februar 1842. – ›Musterkärtchen‹ nennt er metaphorisch seine kleinen, in die Briefe eingestreuten, aus dem Leben gegriffenen Anekdoten. Sie sind für ihn so kennzeichnend wie die Musterkärtchen für »Tuchhändler, Knopfmacher, Seidenhändler [die] Karte, worauf die Proben von Tuch, Knöpfen und seidenen Zeugen angeheftet sind, und woraus der Käufer für seine Bestellung wählt«.[13] Die Metapher des ›Musterkärtchens‹ ist für den

---

9 Brief an Friedrich Theodor Vischer, Tierfreund wie Mörike, vom 4. Februar 1832. In: Heinz Schlaffer / Dirk Mende: Friedrich Theodor Vischer 1807–1887. Marbacher Magazin 44 (1987), S. 22ff.

10 Vgl. die kurze Darstellung von Herr und Hund bei Hermann Kurzke: Thomas Mann. Das Leben als Kunstwerk. München: Beck 1999, S. 293ff.

11 Zur Diskussion um den »Luxushund« im 19. Jahrhundert vgl. Jutta Buchner: Kultur mit Tieren. Zur Formierung des bürgerlichen Tierverständnisses im 19. Jahrhundert. Münster u.a.: Waxmann 1996, S. 97ff.

12 Brief an Vischer vom 26. Februar 1832. In: GA 11, S. 263.
Zum kulturhistorischen Forschungsfeld ›Mensch – Tier‹ vgl. jetzt den aspektreichen Tagungsband: Paul Münch (Hg. in Verbindung mit Rainer Walz): Tiere und Menschen. Geschichte und Aktualität eines prekären Verhältnisses. Paderborn u.a.: Schöningh 1998, besonders die Einführung des Hg.: ›Tiere und Menschen‹. Ein Thema der historischen Grundlagenforschung, S. 9–34; und Jutta Buchner-Fuhs: Das Tier als Freund. Überlegungen zur Gefühlsgeschichte im 19. Jahrhundert. In: Ebd., S. 275–294. Außerdem den Themenband: Mensch und Tier. Kulturwissenschaftliche Aspekte einer Sozialbeziehung. In: Hessische Blätter für Volks- und Kulturforschung 27 (1991). Zur Gefühlsgeschichte vgl. die zumeist literarische Belege versammelnde Anthologie von Eckhard Henscheid (Hg.): Sentimentale Tiergeschichten. Stuttgart: Reclam 1997. Kinder- und Jugendliteratur, Tierschutzkalender, populäre Literatur überhaupt bieten noch viele weitere schöne Beispiele.

13 Art. ›Musterkarte‹. In: Jacob und Wilhelm Grimm: Deutsches Wörterbuch. Bd. 12. Nachdruck München: Deutscher Taschenbuch Verlag 1984, Sp. 2765. Zu Mörikes *Musterkärtchen* siehe Kristin Rheinwald: Eduard Mörikes Briefe. Werkstatt der Poesie. Stuttgart, Weimar: Metzler 1994, S. 147ff., hier S. 150.

Adressaten zugleich ein Poesie-Signal; sie hebt die Anekdote vom restlichen Brief ab:

> Gestern habe ich meinen, seit 8 Jahren[14] besessenen Haus- und Spazier- auch – SUO MARTE – Jagd-Hund, genannt JOLI, seines Dienstes förmlich entlassen und zwar um mir den täglichen Ärger über seinen Ungehorsam, ihm selber aber die Schläge zu ersparen. Meine Spaziergänge waren ihm nachgerade langweilig, er ließ den Schwanz sinken, sobald er mich die Stiefel anziehn sah, während er lauter Leben war, wenn Clärchen nur von weitem Miene machte zu einem Gang nach Neustadt und ins Dorf. Dieß letzere war gestern Abend so auffallend, daß ich mich kurzweg resolvirte. Ich stellte, zu mehrerer Feierlichkeit, zwei brennende Lichter auf den Tisch, nahm den Hund auf den Arm, hielt eine kleine Anrede, worinnen ihm bedeutet ward, daß er, der bis daher Zweien gefolget, nunmehro, wie ich dieses Eine Licht auslösche, mich fürder nicht als seinen Herrn mehr zu betrachten, sondern der Schwester zu gehorchen habe, daß ich jedoch Atzung und Steuer wie bisher zu prästiren übernehmen, etwaige Calfaktereien aber, die er künftig zu meinen Gunsten üben möchte, auf keine Weise acceptiren werde u. s. w. worauf das DAMUS, DONAMUS, TRADIMUS[15] in bester Form erfolgte. Er zeigte über diesen ganzen ACTUS die Visage eines Simpels der Schläge befürchtet. Clärchen sofort empfing ihn auf den Arm, nachdem sie Anfangs, abergläubisch, gegen eine so bedeutende Veränderung im Hause protestirt. Agnes[16] sah ernsthaft zu, gleichfalls mit stiller Misbilligung, als wenn es sie um ihn verbarmte. »Er ist dir, sagte sie, doch einmal treu gewesen.« Zuletzt ließ sie sich aber doch von mir überzeugen, und heute werd ich ihn zum erstenmal zu meiner Nachmittagspromenade nicht einladen.[17]

Den Anspruch auf Gehorsam gibt Mörike gegenüber dem eigenwilligen Hund auf; Joli wird förmlich aus dem Dienstverhältnis entlassen, bleibt aber dennoch – nun als selbständigeres, gewissermaßen emanzipiertes Mitglied – in der Familie. Er wird Mörikes Schwester Clara überantwortet. Ihr war er freilich schon längst in besonderer Weise verbunden.[18] Das Strafritual wird zum sozialen Spiel. Durch die ganze Inszenierung, die lateinische Formel, den autoritären Gestus, in dem Mörike auf seine Autorität verzichtet – er hat den Hund im Arm! –, wird aus der Bestrafung ein selbstironisches Ritual, ei-

---

[14] Hier täuscht sich Mörike: Schon im Brief vom 10./11. Dezember 1831 berichtet er an Luise Rau, daß er »einen artigen Spitzhund beherberg[e], [...] ein gescheidtes wachsames lebhaftes Geschöpf«. In: GA 11, S. 235.

[15] Die Wendung hört sich an wie eine Parodie auf eine Rechtsformel (zum Beispiel datum; dat, donat, dedicat; dedit, dedicavit usw.; vgl. die Auflistung bei Adriano Cappelli: Dizionario di abbreviature latine ed italiane. Milano: Hoepli 1979, S. 446f. Im Brief an Hartlaub vom 8. September 1841 schließt Mörike mit einer gravitätischen lateinischen Formel, die zugleich etwas von seiner mehr ästhetisch-rituellen als theologischen Neigung zur Aura des Katholizismus verrät: »DEDI CLEV.SULZB. DIE NATAL. / S. VIRG. MARIAE. MDCCCXLI« (GA 13, S. 205).

[16] Die 1834 geborene Tochter Konstanze und Wilhelm Hartlaubs.

[17] GA 14, S. 23.

[18] Vgl. den Brief an Clara Mörike vom 6. Juli 1841. In: GA 13, S. 189: »Dein JOLI (denn er ist ja doch wahrhaftig Dein) liegt dicht an meiner Seite«; ebd., S. 192: »Der arme Tropf der JOLI kann Dich gar nicht verschmerzen; so oft ich Deinen Namen, gleichfals traurig, nenne, sieht er sich um u. wird aufs Neue nachdenklich, ob er Dich in Besigheim, in Schönthal, oder Wermutshausen glauben soll«.

ne Parodie auf den autoritären Ton. Sie zeigt, wieviel Sinn Mörike für solche Inszenierungen hat, in denen das Soziale poetisiert wird. So geht es etwa mit dem ›Geist‹, der sich immer wieder im Cleversulzbacher Pfarrhaus blicken läßt, von Mörike auch mit Joli identifiziert (Brief an Hartlaub vom 9. September 1837), von Freund Justinus Kerner aber wesentlich ernster genommen wird. Das gilt auch für Mörikes »Hauskapelle«, seine Poetenstube unterm Dach, in der er eine katholische Aura samt Reliquienkult inszeniert (Briefe an Hartlaub vom 12. August und 7. Dezember 1840 und an Karl Friedrich Hartmann Mayer vom 27. und 28. März 1841). Poetische Inszenierung und Erfindung und Soziales überlagern und durchdringen sich oft unauflösbar; man braucht nur an den mit Waiblinger und Ludwig Bauer erfundenen Orplid-Mythos oder an die Wispeliaden zu denken.

Diese Parodie einer Strafpredigt, von der er Hartlaub erzählt, trifft auch den Prediger Mörike selbst, für dessen »kleine Anrede« sich kein Hund mehr interessiert. Als Prediger mochte er sich überhaupt nur ungern inszenieren,[19] es sei denn eben in einer solchen humoristisch-sozialen Handlung. – Ein Jahr später, 1843, ist er diese Bürde des Predigeramtes los, als seinem Gesuch um vorzeitige Pensionierung stattgegeben wird. – Aus dem Bericht wird also eine heitere Geschichte, wird Literatur. ›Tradere‹ heißt nicht nur ›übergeben, anvertrauen‹, sondern auch ›überliefern, mitteilen, erzählen‹.

In Mörikes Lyrik und auch in seinen Gelegenheitsgedichten finden sich immer wieder solche Anspielungen und Hinweise auf seinen theologischen Beruf. Wiederum ein Brief an Hartlaub vom Dezember 1837 enthält eine poetische Nachricht über Joli, ein »IMPROMPTU AN JOLI / (als er, nach einer Edelthat der Bescheidenheit, von mir, von Clärchen u. Mutter wechselsweise auf den Arm genommen und, bis zu seinem Überdruß, geliebkost wurde)«:

> Die ganz' Welt ist in dich verliebt
> Und läßt dir keine Ruh,
> Und wenns im Himmel Hundle giebt
> So sind sie grad wie du![20]

Der Titel schließt ein Programm ein: Diese poetische Improvisation stellt sich ganz auf die soziale Situation ein und will ihr auch in der ästhetischen Gestalt angemessen sein. Sie muß also kurz, leicht zugänglich und heiter im Ton sein. Mit der Figur Mozarts hat Mörike in seiner Meisternovelle *Mozart auf der Reise nach Prag* (1855) ein poetisches Alter ego geschaffen, für des-

---

[19] Wie er sich vor der sonntäglichen Predigt zu drücken suchte, wie er seinen Freund Hartlaub um dessen Predigten bat, wie er sogar seine Freunde predigen ließ und sich währenddessen im Pfarrgarten aufhielt, seine »vis inertiae« (Brief an Hartlaub vom 12. August 1840. In: GA 13, S. 111ff.), das gehört in der Mörike-Forschung zu den besonders gern erzählten Anekdoten. Vgl. etwa Harry Maync: Eduard Mörike. Sein Leben und Dichten. Stuttgart: Cotta ⁵1944, besonders Kap. V: ›Der Pfarrer von Cleversulzbach‹.

[20] GA 12, S. 157f.

sen künstlerisches Genie die gesellige soziale Situation konstitutiv ist.[21] Geselligkeit ist für Mörike ein soziales und zugleich ein poetisches Prinzip.

Jolis »Edeltath« macht ihn in diesem ›Impromptu‹ zum wirklichen Mittelpunkt der ›Restfamilie‹ von Mutter, Bruder und Schwester. Er wird zum Ab glanz und Vorschein der himmlischen Hunde, sofern es die überhaupt geben sollte. Die ›Himmelhunde‹ sind aber auch schon zu Mörikes Zeiten ziemlich ambivalente Wesen: Himmelhund ist bis heute ein Schimpfwort; ›Himmel-‹ dient bis heute zur Bekräftigung und Verstärkung einer Wendung.[22] Mörike leistet sich hier natürlich keine Blasphemie; aber der familiäre, gesellige, umgangssprachliche Ton macht auch vor dem Himmel nicht halt. Die sprechsprachlichen, dialektalen Anklänge (»ganz' Welt«, »Hundle«, »grad«) wollen den Charakter des Improvisierten und Situativen unterstreichen und sind doch metrisch-rhythmisch genau gesetzt. Sie geben dem kleinen Gedicht eine Leichtigkeit und Heiterkeit, die davor warnen sollten, es mit allzu großem hermeneutischem Eifer zu traktieren. (Und eine ›gelegenheitswissenschaftliche‹ Anmerkung zu Mörikes Gelegenheits-Geselligkeitslyrik sollte darum nicht selbst ungesellig umständlich ausfallen.) Dennoch haben diese Gedichte etwas zu sagen, aber auf die diskreteste Weise. Was Mörike im Sozialen lebt, die ganze Aufmerksamkeit für das Leise, sich Entziehende, sich Verbergende: hier, bei den Gelegenheitsgedichten und bei Mörikes Lyrik überhaupt, ist sie ebenfalls gefordert. Man kann schon hellhörig werden, wenn man ein Gedicht wie das folgende auf Klara Hartlaub liest, das Patenkind von Mörikes Schwester Clara:

> Das Clärchen hab ich gar zu gern,
> Sie ist mein Licht und ist mein Stern;
> In allen Stücken glanzt sie mir
> Als Ideal und Fürbild für.[23]

So wichtig sind die Freunde und Familienmitglieder für Mörike tatsächlich. Das Gedicht umspielt die Bedeutung des Namens (»Licht«, »Stern«, »glanzt«) und weckt zugleich religiöse Konnotationen. Sengle hat sogar vom »Freundschaftskult« Mörikes gesprochen, der sich auch in den Gelegenheitsgedichten zeige.[24] Diese Gedichte sind ästhetisch-soziale Handlungen. Joli ist Gesprächspartner Mörikes. Neben dem »Hündischen« beherrscht er schon 1832, als ganz junges Tier, »das Französische [...] und spricht es abwechselnd«, al-

---

[21] Ein kurze Einführung in den neuesten Forschungsstand gibt Mathias Mayer: Eduard Mörike. Stuttgart: Reclam 1998, S. 120–133.

[22] Art. ›Himmelhund‹. In: Jacob und Wilhelm Grimm (Anm. 13). Bd. 10, Sp. 1346.

[23] Brief vom 15. März 1841. In: GA 13, S. 159. Klara Hartlaub war damals zweieinhalb Jahre alt.

[24] Friedrich Sengle: Annette von Droste-Hülshoff und Mörike. Zeitgenossenschaft und Individualität der Dichter. In: Kleine Beiträge zur Droste-Forschung 3 (1974/75), S. 9–24, hier S. 23. Sengles ausführliche Darstellung Mörikes in Bd. 3 seiner *Biedermeierzeit* (Stuttgart: Metzler 1980) ist noch immer grundlegend.

so die Sprache der gepflegten Konversation.[25] In der Literatur darf das Tier schon immer reden. Die Fabel ist dafür der poetische Ort. Das 18. Jahrhundert hat diese Gattung bekanntlich wiederbelebt. Aber von dem applikativen Moment, das der Gattung der Fabel zukommt, bleibt bei Mörike nicht viel. Der Hund, der älteste tierische Hausfreund in der Kulturgeschichte der Menschheit, wird von Mörike in den geselligen Kreis einbezogen, ja er wird immer wieder zum integrativen Zentrum des Kreises (und diese Funktion haben Hunde in einer Familie tatsächlich häufig).

Am 10. Dezember 1840 legt Mörike seinem Hund Joli das folgende Gedicht in den Mund, mit dem dieser der Schwester Clara zum 24. Geburtstag gratuliert:

JOLI GRATULIERT ZUM 10. DEZ. 1840

Soll ich lang nach Wünschen suchen?
Kurz und gut sei meine Wahl:
»Alle Jahre solch ein Kuchen,
Und zwar wohl noch sechzigmal!
Nämlich mit gesundem Leibe;
Daß kein Elsaß und kein Krauß
Dir das mindste mehr verschreibe,
Denn mit diesen ist es aus.«
Dies ist mein carmen; spar dein Lob,
Mache nicht, daß ich erröte!
Ik bin dwar ein Ilodop,
Aber ik bin kein Oëte.[26]

Der Hund wird anthropomorphisiert. Das ist in der Literatur nicht gerade ungewöhnlich. Hier aber nimmt er in der Familie eine prominente Position ein. Er wird zum Festredner. Der Herr spricht durch seinen Hund. Als Dichter wird Joli später noch einmal hervortreten.[27]

Dieser Glückwunsch Jolis ist ebenfalls nicht gerade eine hermeneutische Herausforderung. Als Gelegenheitsgedicht soll und darf er das ja auch nicht sein. Daß mit »Elsaß« und »Krauß« die beiden Hausärzte Mörikes, Karl Ludwig Elsäßer und Friedrich Krauß, gemeint waren, war Clara natürlich umstandslos ›klar‹. Was Joli hier Clara wünscht, wünschte Mörike sich selbst: daß er sich von den Ärzten nicht mehr krankschreiben und Medikamente und Kuren verordnen lassen müsse. Alles Formelhafte (›Glück‹, ›Gesundheit‹), das in solchen Gedichten ansonsten üblich ist, wird vermieden, und dennoch wird dem Ritual Genüge getan. Von der moralisierenden Appli-

---

[25] Brief an Clara Mörike; GA 11, S. 337.

[26] Eduard Mörike: Sämtliche Werke in zwei Bänden. Nach den Originaldrucken und Handschriften. Textredaktion: Helga Unger und Jost Perfahl. Bd. 2. Darmstadt: Wissenschaftliche Buchgesellschaft 1970, S. 481.

[27] Brief an Hartlaub vom 8. September 1841. In: GA 13, S. 203. Dem Kommentar zufolge (ebd., S. 555) kann es sich nur um das Gedicht *Ich mach nicht viele Worte...* handeln.

catio der Tierrede in der Fabel bleibt nur der Wunsch nach »solch ein[em]
Kuchen«.[28] Aus der barschen präventiven Zurückweisung eines möglichen
Lobs für das »carmen« spricht einerseits Jolis selbstbewußte Eigenwilligkeit,
die das Lob für sich in Anspruch nimmt, noch bevor es ausgesprochen ist
(»Mache nicht, daß ich erröte!«), und die Mörike zu schaffen macht, ihm
aber im Grunde doch gefällt. Andererseits ironisiert sie den Kunstanspruch
der bescheidenen Verschen und wertet sie dadurch gerade auf. Ihre vermes-
sene Bezeichnung als »carmen« verspottet unbegründete Geltungssucht – was
Mörike oft getan hat – und erinnert dennoch daran, daß viele lateinische
carmina eben solche Gedichte wie dieses waren: Gelegenheitsgedichte. Mörike war ein exzellenter Kenner der griechischen und römischen Poesie. 1840
veröffentlichte er seine *Classische Blumenlese*; 1855, gemeinsam mit Friedrich Notter, Übertragungen Theokrits, Bions und Moschos'; 1864, wiederum
– wie in der *Classischen Blumenlese* – als Bearbeitung einer bereits vorliegenden Übersetzung, *Anakreon und die sogenannten Anakreontischen Lieder.*

Die Schlußverse von Jolis Gratulationsgedicht zeigen den Sprachspieler
und Wispeliaden-Erfinder Mörike.[29] »Ilo«- läßt sich als Palindrom zu »Joli«
lesen. Zur Schlußsilbe -»dop« mag man sich dann seinen Teil denken. Joli
sieht sich als Hunde-»Ilodop«-Philosoph. Er ist ein Kyniker: Mehr als »alle
Jahre solch ein[en] Kuchen« braucht er nicht. Das genügt ihm, so scheint es,
zu einem bescheidenen Glück in relativer Unabhängigkeit und Bedürfnislosigkeit. Aber immerhin: »*solch* ein Kuchen« sollte es schon sein. Das ist die
Glückseligkeitslehre dieses kynischen Philosophen.[30]

Die Verballhornungen der Schlußverse, die norddeutsche (berlinerische?)
Dialekte ironisieren,[31] relativieren jedoch auch genau diesen Kynismus. Sie
sind Ausdruck einer Sprachlust, ein poetisches und zugleich soziales Sprachspiel. So weisen sie den Hunde-Philosophen eben doch als denjenigen aus,
der er gerade nicht sein will: als ›Poeten‹. Joli ist Ilo ist Joli. Joli ist als kyni-
scher Lebens-Künstler auch poetischer Künstler. Das eine geht nicht ohne das
andere.

Der Sinn dieses Gedichtes bestimmt sich ganz aus der sozialen Handlung
heraus, für die es da ist und in die es eingelassen ist. Mit seinen Ironisierun-

---

[28] Vgl. auch Braungart (Anm. 8).
[29] Die jetzt in einer schönen Faksimile-Neuedition vorliegen: Wispel. Eduard Möri-
       kes ›Wispeliaden‹. Zusammengestellt und mit einem Nachwort versehen von Frie-
       derike Roth. Berlin: Friedenauer Presse 1994.
[30] Zur Glückseligkeit aus Bedürfnislosigkeit in der kynischen Philosophie der Antike
       vgl. Heinrich Niehues-Pröbsting: Der Kynismus des Diogenes und der Begriff des
       Zynismus. Frankfurt/M.: Suhrkamp 1988.
[31] Und sie erinnern ein wenig an Sprachmengerei, wie sie sie etwa Lessings Riccaut de
       la Marliniere praktiziert hat. Über das Verhältnis zwischen den Hartlaubs und den
       Mörikes heißt es 1838 (und Clara Mörike hat hier die analoge Position Konstan-
       zes, also die der Ehefrau!): »Constance & Claire / Die liebe sick sehr. / Guillaume
       et Edouard frères / Nok villes tausendmal mehr!« – In: Eduard Mörike (Anm. 26),
       S. 435.

gen und Relativierungen nimmt das Gedicht dem Geburtstag seine Gewichtigkeit und unterstreicht doch sein Gewicht. Mit den selbstgeschmiedeten Reimen, die wir bis heute bei solchen und ähnlichen Anlässen beizusteuern pflegen, verfahren wir im Grunde nicht viel anders.

Daß Mörikes Gelegenheitslyrik bislang wenig beachtet wurde,[32] ist symptomatisch. Die Geschichte der Gelegenheitsdichtung des 19. und 20. Jahrhunderts ist insgesamt noch wenig in ähnlich gründlicher Weise systematisch erforscht, wie es die grundlegenden Monographien von Wulf Segebrecht zum Gelegenheitsgedicht bis hin zu Goethe und von Wolfgang Adam zur Gattung der ›Silvæ‹ in der Frühen Neuzeit bis hin zu Herder getan haben.[33] Die Gründe dafür liegen auf der Hand: Das Gelegenheitsgedicht verträgt sich nicht mit dem am Ende des 18. Jahrhunderts neu etablierten ästhetischen Paradigma. Schon vor Goethe kommt es zu einer Kontroverse über das Gelegenheitsgedicht.[34] War es für die frühneuzeitliche Lyrik noch zentral, so scheint es jetzt allenfalls poetisches Nebenwerk oder Elaborat von Minderdichtern, die sich von außerliterarischen Ansprüchen und Zwecken in Dienst nehmen lassen.[35] Mörikes Gelegenheitsgedicht aber zwingt genau dazu, systematisch zu bedenken, was doch getrennt werden soll: den Zusammenhang von Literatur und geselliger sozialer Situation. Wie wichtig dieser Zusammenhang für das 18. Jahrhundert und die Romantik ist, wie eng Bürgerlichkeit, Geselligkeit

---

[32] Vgl. aber: Rudolf Krauß: Eduard Mörike als Gelegenheitsdichter. Aus seinem alltäglichen Leben. Mit zahlreichen erstmals gedruckten Gedichten Mörikes und Zeichnungen von seiner Hand. Stuttgart u.a.: Deutsche Verlags-Anstalt 1895 (²1904); Anne Ruth Strauß: Mörikes Gelegenheitslyrik. Zum Verhältnis von Kern und Peripherie in seinem Werk. Diss. (masch.) Marburg 1960; Hans-Henrik Krummacher: Zu Mörikes Gedichten. Ausgaben und Überlieferung. In: Jahrbuch der deutschen Schillergesellschaft 5 (1961), S. 267–344; und besonders auch die Studie Renate von Heydebrands: Kunst im Hausgebrauch. Überlegungen zu Mörikes Epistel ›An Moriz v. Schwind‹. In: Jahrbuch der deutschen Schillergesellschaft 15 (1971), S. 280–296. Dem Fazit von Heydebrands kann man nur zustimmen: »Vielleicht ist heute der Zeitpunkt gekommen, den Wert von Dichtungen wieder zu entdecken, die ohne irrationale Verweisungen, allein durch ästhetischen Reiz, durch geistvolle Verspieltheit, vor allem aber durch den warmen menschlichen Impuls, der ihre Gestaltung veranlaßte, zu wirken vermögen«. Durch seine Gelegenheitsgedichte habe Mörike »ein Leben unter sehr beschränkten Bedingungen freundlicher gestaltet und [...] sogar Konflikte bewältigt«. Von Heydebrand sieht darin durchaus auch »Züge der Resignation [...]. Die Verbindung von Phantasie und Liebe, die Mörike darin bewährt, bleibt in jeder historischen Situation unverzichtbar«. – Ebd., S. 295f.

[33] Wulf Segebrecht: Das Gelegenheitsgedicht. Ein Beitrag zur Geschichte und Poetik der deutschen Lyrik. Stuttgart: Metzler 1977; Wolfgang Adam: Poetische und kritische Wälder. Untersuchungen zu Geschichte und Formen des Schreibens ›bei Gelegenheit‹. Heidelberg: Winter 1988. Wichtig auch: Gunter E. Grimm: Literatur und Gelehrtentum in Deutschland. Untersuchungen zum Wandel ihres Verhältnisses vom Humanismus bis zur Frühaufklärung. Tübingen: Niemeyer 1983, besonders S. 273ff.

[34] Vgl. Wulf Segebrecht (Anm. 33). Dritter Teil, S. 225ff.

[35] Amüsant: Georg Röhrig: Handbuch für Gelegenheitsdichter. Bindlach: Gondrom 1986 (zuerst München 1981).

und literarisch-sprachliche Kultur zusammengehören, hat die jüngere For-schung gezeigt.[36] Gerade solche Gelegenheitsgedichte wie die zitierten haben für Mörike ei-ne grundlegende Bedeutung, die im Laufe seines Lebens stetig zunimmt. Sie sind konstitutiv sozial, wollen einer sozialen Situation genügen und sind doch gerade dabei erlebnishaft;[37] sie sind oft auf das Alltäglichste bezogen. Sie sind scherzhaft-ernsthaft, ritualisiert und dennoch heiter und frei. Sie stellen durch ihre ästhetische Gestalt eine besondere soziale Kommunikationsform dar. Ritualität und ästhetische Subjektivität schließen sich (hier) keineswegs aus. In den Gelegenheitsgedichten kann sich – in der für Mörike charakteri-stischen Ästhetik des Understatements – aussprechen, was das Subjekt im In-nersten bedrängt, ohne daß es seine Trauer und Melancholie wie ein Banner vor sich hertragen müßte.[38] Und der Gelegenheiten sind viele; gebraucht werden Widmungsgedichte, Stammbücher- und Albumsverschen, Gedichte, um die er bei allen möglichen Anlässen gebeten wird, Verse von Haus zu Haus, Beigaben zu Geschenken[39] und ›Musterkärtchen‹ wie das *Impromptu an Joli.*

Poesie und soziales Leben gehören für Mörike unauflösbar zusammen; Poesie ist für Mörike in einem Maße Gelegenheitspoesie, wie vielleicht bei keinem Autor des 19. Jahrhunderts sonst. Das schmälert für ihn selbst ihren Wert als literarische Kunstwerke keineswegs. Im Gegenteil: Es zeichnet ge-rade das bescheidene Leben aus, das Mörike führt, daß es zu Poesie werden kann. Und es adelt die Poesie, daß sich in ihr das soziale Leben wirklich dar-stellen kann. Mörikes Kunst der kleinen Form ist auch eine Kunst der Selbst-

---

[36] Wolfgang Adam (Hg.): Geselligkeit und Gesellschaft im Barockzeitalter. (Wolfen-bütteler Arbeiten zur Barockforschung 28) Wiesbaden: Harrassowitz 1997; Markus Fauser: Das Gespräch im 18. Jahrhundert. Rhetorik und Geselligkeit in Deutsch-land. Stuttgart: M & P 1991; Detlef Gaus: Geselligkeit und Gesellige. Bildung, Bürgertum und bildungsbürgerliche Kultur um 1800. Stuttgart, Weimar: Metzler 1998; Astrid Köhler: Salonkultur im klassischen Weimar. Geselligkeitskultur als Lebensform und literarisches Konzept. Stuttgart: M & P 1996; Dorothea Kühme: Bürger und Spiel. Gesellschaftsspiele im deutschen Bürgertum zwischen 1750 und 1850. Frankfurt/M., New York: Campus 1997; Angelika Linke: Sprachkultur und Bürgertum. Zur Mentalitätsgeschichte des 19. Jahrhunderts. Stuttgart, Weimar: Metzler 1996.

[37] Wulf Segebrecht (Anm. 33) kommt mehrfach kurz auf Mörike zu sprechen. Wie Goethe, so Segebrecht völlig zutreffend, habe auch Mörike die »historische Alter-native [...] zwischen dem Casualgedicht und dem Erlebnisgedicht« in seiner Form des Gelegenheitsgedichts synthetisiert (ebd., S. 22f.).

[38] Vgl. dazu meine knappe Interpretation des Widmungsgedichts an Konstanze Hart-laub *Zum Schönthaler Gurkenrezept:* W. B.: Zur Ritualität der ästhetischen Mo-derne. Eine kleine Polemik und einige Beobachtungen zur Kunst der Mittellage bei Eduard Mörike. In: Alfred Schäfer / Michael Wimmer (Hg.): Rituale und Rituali-sierungen. Opladen: Leske & Budrich 1998, S. 209–227, besonders S. 223f.

[39] Susanne Fliegner: Der Dichter und die Dilettanten. Eduard Mörike und die bür-gerliche Geselligkeitskultur des 19. Jahrhunderts. Stuttgart: Metzler 1991, S. 83ff. (»Verewigung des Alltäglichen – die Gelegenheitsgedichte«).

bescheidung und Selbsttherapie für eine psychisch zutiefst gefährdete Existenz. Er paßt seine Ausdrucksformen – seien es Gedichte oder Erzählungen oder auch andere kulturelle Praktiken, die der bürgerlichen Dilettantenkultur des 19. Jahrhunderts entstammen – seinem Gesundheitszustand an.[40] Die Übergänge sind hier ganz fließend. Jüngst erst ist gezeigt worden, in welcher Weise viele seiner Gedichte beim Briefeschreiben entstehen, also aus der für ihn lebensnotwendigen schreibenden Vergewisserung seiner Freunde hervorgehen und darauf bezogen sind.[41] Auch das Briefeschreiben selbst ist für Mörike eine soziale Kunstform. Seine Gedichte, seine Briefe, sein Sammeln von Versteinerungen,[42] seine Basteleien, nicht nur für seine Kinder, sein Hang zum Kunsthandwerk:[43] dies alles ist verstehbar als gestaltende Bewältigung eines Lebens, das seinen Halt im Beruf eines evangelischen Pfarrers allein nicht mehr finden konnte und in den Aufgaben des Amtes nicht mehr aufging. Daß die Gründe dafür nicht nur biographischer Natur sind, liegt auf der Hand. Es ist nicht nebensächlich, wie verständnisvoll Mörike das wissenschaftliche Werk seines Freundes aus der Zeit im Tübinger Stift, David Friedrich Strauß, kommentiert hat.

Am Werk Mörikes läßt sich zeigen, was generell für die kulturellen Äußerungen und Handlungen der Menschen gilt: Sie sind immer auch gestaltende Bewältigung des Lebens. Durch die Art und Weise, wie wir unsere kulturellen Äußerungen und Handlungen gestalten, sagen wir immer auch etwas darüber, was sie für uns sind.

Es ist viel darüber diskutiert worden, ob eine kulturwissenschaftliche Öffnung der Geisteswissenschaften, wie sie Wolfgang Frühwald angeregt hat, wirklich mehr sei als eine bloße Mode, ob sie nicht von der Literatur wegführe, ob sie nicht die ›alte‹ Sozialgeschichte nur umetikettiere. – Aber was heißt ›alt‹? Georg Jägers sozialgeschichtliche Forschungen zur Literaturgeschichte kennzeichnen ein Forschungsgebiet, in dem noch lange viel zu tun ist.[44] Eine sich kulturwissenschaftlich verstehende Literaturwissenschaft braucht die Literatur in ihrer Eigentümlichkeit keineswegs aus dem Blick zu verlieren und kann sich doch zugleich als ›Human- und Sozialwissenschaft‹ begreifen. Literatur ist nicht ›unmittelbar zu Gott‹; die Literaturwissenschaft muß das soziale Leben der Literatur zur Kenntnis nehmen, wenn sie eine ent-

---

[40] Siehe dazu ebd., besonders Kap. I (›Der Zusammenhang von Krankheit, Diätetik und dichterischem Rollenverständnis bei Mörike‹). – Zur therapeutischen und diätetischen Auffassung von Kunst ausführlich schon Renate von Heydebrand: Eduard Mörikes Gedichtwerk. Beschreibung und Deutung der Formenvielfalt und ihrer Entwicklung. Stuttgart: Metzler 1972, S. 283ff.

[41] Kristin Rheinwald (Anm. 13).

[42] Vgl. Susanne Fliegner (Anm. 39), S. 163ff.

[43] Ebd., S. 179ff.

[44] Vgl. auch den Diskussionsbeitrag von Oliver Bruck / Max Kaiser / Werner Michler / Karl Wagner / Christiane Zintzen: Eine Sozialgeschichte der Literatur, die keine mehr sein will. In: Internationales Archiv für Sozialgeschichte der deutschen Literatur 24 (1999), S. 132–157.

scheidende Dimension der Literatur selbst nicht verfehlen will. Mörikes Gelegenheitslyrik hat diese Dimension, das soziale Leben selbst, ständig im
Blick. Ihre ästhetische Gestalt bestimmt sich entscheidend von dort her. Was
der »Gehalt« von Lyrik ist, hat einmal ein großer Mörike-Kenner gesagt, »das
zu bestimmen verlangt freilich Wissen wie vom Inneren der Kunstwerke so
auch von der Gesellschaft draußen«.[45]

Zu diesem Wissen haben Wolfgang Frühwald und Georg Jäger mit ihrem
wissenschaftlichen Werk viel beigetragen:

> Joli dankt und gratuliert – und mit ihm der Verfasser!

---

[45] Theodor W. Adorno: Rede über Lyrik und Gesellschaft. In: T. W. A.: Noten zur
Literatur I. Frankfurt/M.: Suhrkamp 1975, S. 73–104, hier S. 76. Die *Rede* enthält Adornos Interpretation von Mörikes *Auf einer Wanderung* (ebd., S. 92ff.).

RAINER KOLK

Literatur, Wissenschaft, Erziehung

Austauschbeziehungen in Hermann Hesses *Unterm Rad*
und ·Robert Walsers *Jakob von Gunten*

Immerhin die fünfte Grundlagendebatte seit der Epoche Rankes ist jüngst in
der Geschichtswissenschaft geortet worden. Die modernisierungstheoretisch
versierte Sozialgeschichte, vor fünfundzwanzig Jahren selbst Herausforderer
des methodologisch desinteressierten Umgangs mit Geschichte, sieht sich Po-
stulaten einer kulturhistorischen Revision gegenüber: Ihr ist es um eine Li-
mitierung der Relevanz struktureller Bedingungen geschichtlicher Prozesse zu
tun, deren Untersuchung durch die Berücksichtigung von Handlungsmustern
und -kontingenzen, Mentalitäten, kollektiven Identitäten, Ritualisierungen
zumindest ergänzt werden soll.[1]

Etwa zeitgleich mit der Historischen Sozialwissenschaft formierte sich in
den sechziger Jahren in der Germanistik die sozial- und funktionsgeschichtlich orientierte Literaturwissenschaft. Zu ihrer Programmatik gehörten die
Erweiterung des Gegenstandsbereichs sowie die Berücksichtigung von Insti-
tutionen-, Bildungs- und Wissenschaftsgeschichte.[2] Wenngleich diese Umak-
zentuierung in der Disziplin kaum jemals die ›paradigmatische‹ Geltung
strukturgeschichtlicher Konzepte in der Geschichtswissenschaft erreichte und
sich bald rivalisierenden strukturalistischen und poststrukturalistischen Theorieangeboten konfrontiert sah, wird man ihr fortdauernde Wirkungen in Forschung und Lehre bescheinigen können; von der Konzeption von Literaturgeschichten, Editionen und Kommentaren bis hin zu schulischen Curricula,
Studienordnungen und Unterrichtsmaterialien.

Die gegenwärtigen Vorschläge für eine kulturwissenschaftliche Fundierung der Literaturwissenschaft führen, bei aller Skepsis gegenüber makro-
theoretischen Vorgaben, sowohl die Einbeziehung neuer Objekte wie ihre
Kontextualisierung fort. New Historicism, Literaturanthropologie und die
aktualisierte, überwiegend an systemtheoretischen (Luhmann, Parsons) und

---

[1] Vgl. die Beiträge in: Thomas Mergel / Thomas Welskopp (Hg.): Geschichte zwischen Kultur und Gesellschaft. Beiträge zur Theoriedebatte. (Beck'sche Reihe
1211) München: Beck 1997, bes. die Einleitung der Herausgeber und den Kommentar von Hans-Ulrich Wehler.

[2] Vgl. das Resümee von Wolfgang Frühwald: Sozialgeschichte und Literaturgeschichte. In: Wolfgang Schieder / Volker Sellin (Hg.): Sozialgeschichte in
Deutschland. Entwicklungen und Perspektiven im internationalen Zusammenhang.
Bd. I. Die Sozialgeschichte innerhalb der Geschichtswissenschaft. (Kleine Van-
denhoeck-Reihe 1517) Göttingen: Vandenhoeck & Ruprecht 1986, S. 110–133.

kultursoziologischen (Bourdieu) Entwürfen orientierte Literatursoziologie[3]
untersuchen Relationen zwischen Texten und sozialen Praktiken – allerdings
mit starken Vorbehalten gegen Zentralsignifikate wie ›Bürgertum‹ oder ›Nation‹.[4] Gemeinsam ist diesen kulturgeschichtlich interessierten Reformulierungen ein pragmatischer, dezidiert nicht-normativer Literaturbegriff, die
Aufmerksamkeit für Symbol- und Zeichensysteme und ihre Leistung als kulturelle Reflexionsinstanzen wie für die mediale Konstitution von Bedeutungen und ihre Speicherung.[5]

Die folgenden Überlegungen greifen aus diesem Rahmen die Frage nach
dem Zusammenhang von literarischen Texten, Erziehungssystem und wissenschaftlicher Thematisierung am Beginn des 20. Jahrhunderts heraus: Jugend
und Jugendliche werden zu einem Gegenstand forcierter kultureller Selbstreflexion.

I.

»Man hat sich eben inzwischen auf die tiefe Tragik besonnen«, so ist 1906 in
einem pädagogischen Fachblatt zu lesen, »die das Schülerleben birgt, die in
einem Teile der Selbstmordstatistik ihren erschreckendsten Ausdruck findet«.
Eine »Reihe von Schülerromanen« sei bis zu Hesses *Unterm Rad* entstanden,
»in denen der Finger auf schwärende Wunden gelegt« werde, »die das Leben
eines erheblichen Teiles unserer Jugend vergiften«.[6] Zwei Aspekte sind in
dieser Rezension bemerkenswert. Zum einen attestiert sie der staatlich geför-
derten Jugenderziehung Defizite von bereits statistisch signifikanten Ausmas-
sen. Zum anderen wird literarischen Texten zugetraut, wie es heißt, »neben

---

[3]   Vgl. als Übersicht mit weiterführenden Vorschlägen Andreas Dörner / Ludgera
      Vogt: Literatursoziologie. Literatur, Gesellschaft, Politische Kultur. (WV studium
      170) Opladen: Westdeutscher Verlag 1994. In aller Regel verfolgen diese Kon-
      zepte auch – im weitesten Sinne – ›interpretatorische‹ Interessen, während die ent-
      sprechende sozialwissenschaftliche Subdisziplin sie ignoriert; vgl. Jürgen Ger-
      hards: Kunstsoziologie. Einleitende Bemerkungen. In: J. G. (Hg.): Soziologie der
      Kunst. Produzenten, Vermittler und Rezipienten. Opladen: Westdeutscher Verlag
      1997, S. 7–21, hier S. 8.
[4]   Vgl. hierzu Jürgen Fohrmann: Der Kommentar als diskursive Einheit der Wissen-
      schaft. In: J. F. / Harro Müller (Hg.): Diskurstheorien und Literaturwissenschaft.
      (st 2091) Frankfurt/M.: Suhrkamp 1988, S. 244–257.
[5]   Vgl. Wilhelm Voßkamp: Literaturwissenschaft und Kulturwissenschaften. Versuch
      einer Bestandsaufnahme. In: Frank Fürbeth u.a. (Hg.): Zur Geschichte und Pro-
      blematik der Nationalphilologien in Europa. 150 Jahre Erste Germanistenver-
      sammlung in Frankfurt am Main (1846–1996). Tübingen: Niemeyer 1999,
      S. 809–821.
[6]   H. Th. Matth. Meyer: Rez. Dr. Fuchs und seine Tertia. Heitere Bilder von der
      Schulbank von Fritz Pistorius. Berlin 1905. In: Der Saemann 2 (1906), S. 391f.
      Das folgende Zitat ebd.

den künstlerischen Werten [...] Kultursaat« zu »bergen«, von der »wir mit der Zeit Erntesegen erwarten dürfen«.

Diese hohe kulturelle Legitimität der »Schulgeschichte«, wie noch 1980 Alfred Andersch seine Erzählung *Der Vater eines Mörders* im Untertitel nennt, läßt sich um 1900 der Konjunktur des Themas in zwei Bereichen ablesen. Zum einen erscheint eine Vielzahl literarischer Verarbeitungen, darunter inzwischen kanonisierte Texte der Klassischen Moderne wie Wedekinds *Frühlings Erwachen*, Musils *Die Verwirrungen des Zöglings Törleß* oder Heinrich Manns *Professor Unrat*.[7] Zum anderen werden im Kontext der im Kaiserreich intensivierten schul- und hochschulpolitischen Debatten auch Aspekte des gesellschaftlichen Umgangs mit Jugend insgesamt berührt. Dabei zeichnen sich sowohl in den bildungspolitischen wie in den wissenschaftlichen Kontroversen Prozesse der Binnendifferenzierung ab: Subdisziplinen wie Jugendpsychiatrie und Schulhygiene in der Medizin und Pädagogische Psychologie und Heilpädagogik in der Erziehungswissenschaft formieren sich, 1906 findet der erste Kongreß für Kinderforschung und Jugendfürsorge statt.[8] Als juristischer Terminus war der Begriff »Jugendlicher« bereits Ende der achtziger Jahre geprägt worden, charakteristischerweise im Hinblick auf angebliche Gefährdungen der Jugend, die sich in größeren Teilen als ›verwahrlost‹ zu erweisen schien.[9] Die im engeren Sinne schulpolitischen Kommentare aktualisieren im Kontext der Auseinandersetzung um ›realistische‹ oder ›humanistische‹ Ausbildung auch die Überbürdungsdebatte, in der es seit den siebziger Jahren um die notwendigen und akzeptablen Belastungen der schulpflichtigen Jugendlichen mit Hausaufgaben und Examina gegangen war; nicht zuletzt die befürchtete Minderung der körperlichen Leistungsfähigkeit der wehrpflichtigen jungen Männer bietet Anlaß für kulturkritische Verschärfungen.[10]

Die literarischen Thematisierungen der Jugendlichen und ihrer familialen und institutionellen Erfahrungsräume stoßen auf eine breite öffentliche Resonanz. Bereits im ersten Jahrzehnt nach der Jahrhundertwende werden Publikationen wie Emil Strauß' *Freund Hein*, Hesses *Unterm Rad* oder das Schulkapitel aus Thomas Manns *Buddenbrooks* nicht nur als Ereignisse im Literatursystem registriert, sondern auch als Belege, die sich reformpädagogischen

---

[7] Als Bestandsaufnahme vgl. John Neubauer: The fin-de-siècle culture of adolescence. New Haven 1992, S. 220–227.

[8] Vgl. Peter Dudek: Jugend als Objekt der Wissenschaft: Geschichte der Jugendforschung in Deutschland und Österreich 1890–1933. Opladen: Westdeutscher Verlag 1990, S. 70–133.

[9] Aus begriffsgeschichtlicher Sicht hierzu Lutz Roth: Die Erfindung des Jugendlichen. München: Juventa 1983, S. 101. Kontext sind zivil- und strafrechtliche Überlegungen zur Volljährigkeitsgrenze und entsprechenden Strafzumessungen.

[10] Vgl. Johannes-Christoph von Bühler: Die gesellschaftliche Konstruktion des Jugendalters. Zur Entstehung der Jugendforschung am Beginn des 20. Jahrhunderts. Weinheim: Deutscher Studienverlag 1990, S. 67–79.

Ambitionen einfügen lassen. In ihnen werde, so Kommentatoren, ein formalisierter Bildungsbegriff entlarvt, dem ein nur zu berechtigtes Plädoyer für ästhetische Erziehung entgegengesetzt sei. Dem »Recht der Jugend auf eine Jugend« (Theodor Heuss über Hesses Intention), auf eigenständigc Entfaltung, verweigere sich die wilhelminische Obrigkeitsschule, ihre Anforderungen seien unnatürlich und lebensfeindlich.[11] Die Texte legen solche pädagogischen Referentialisierungen nahe; so mit der Beschreibung unsensibler Lehrer und des in der Familie und ihrem sozialen Umfeld entstehenden Leistungsdrucks, der schulischen Erfolg als ersten Schritt zu sozialem Aufstieg sucht. Der Tod der Protagonisten ist letzte Konsequenz einer ausweglosen Situation, in der jugendliche Individualität zwischen unnachsichtigen Erziehungsinstanzen zerrieben wird.[12] Literatur spiegelt unter diesem Blickwinkel gesellschaftliche Entwicklungen, hier: solche im Bildungssystem, die Stoffe und Anlässe für literarische Produktion liefern. Zumal die Biographien einiger Autoren scheinen dies zu rechtfertigen: Rilkes traumatische Erfahrung in der Militärrealschule, Hesses bis in die Psychiatrie führender Konflikt mit Elternhaus und Klosterschule, die deprimierenden Erinnerungen der Brüder Mann an Lübecker Gymnasialmisere. Die einschlägigen Texte gewinnen dann kompensatorische Qualitäten und illustrieren über den Einzelfall hinaus Prinzipien und Argumente der zeitgenössischen Bildungsreformer.

II.

Im Blick auf den Status von Literatur in kulturellen Wissensordnungen läßt sich diese Konstellation spezifizieren.[13] Insgesamt liegt eine wechselseitige Beobachtung von Literatur und Pädagogik/Psychologie in dreifacher Hinsicht vor:

1. Wissenschaft wird durch die literarische Verwendung ihrer Wissensbestände popularisiert. Für zunächst als wissenschaftlich klassifiziertes Wissen werden durch Transfer in ein anderes Subsystem neue Rezipientengruppen erschlossen. Die Ausdifferenzierung des Wissenschaftssystems seit dem 18.

---

[11] Zu den reformpädagogischen und schulpolitischen Kontexten vgl. ausführlich York-Gothart Mix: Die Schulen der Nation. Bildungskritik in der Literatur der Moderne. Stuttgart, Weimar: Metzler 1995, hier S. 209.

[12] Vgl. diese in der vorliegenden literaturwissenschaftlichen Forschung dominierende Lesart zuletzt bei Joachim Noob: Der Schülerselbstmord in der deutschen Literatur um die Jahrhundertwende. (Beiträge zur neueren Literaturgeschichte N. F. 158) Heidelberg: Winter 1998.

[13] Ich greife hier die systematischen Vorschläge von Karl Richter, Jörg Schönert und Michael Titzmann auf: Literatur – Wissen – Wissenschaft. Überlegungen zu einer komplexen Relation. In: K. R. / J. S. / M. T. (Hg.): Die Literatur und die Wissenschaften 1770–1930. Stuttgart: M & P Verlag für Wissenschaft und Forschung 1997, S. 9–36.

Jahrhundert und seine Binnendifferenzierung, die den heute geläufigen Disziplinenverbund hervorbringt, macht mit der Akzentuierung innerwissenschaftlicher Relevanzen auch eine Überbrückung zum nichtwissenschaftlichen Publikum erforderlich.[14] Wissenschaftliches Wissen wird dadurch an Alltagswissen, das es zunächst grundsätzlich abweist, angenähert und kann so Akzeptanz auch außerhalb der scientific community, möglicherweise sogar Deutungskompetenz jenseits der ursprünglichen ›Zuständigkeit‹, gewinnen.

2. Pädagogische Texte adaptieren literarische zur quasi-empirischen Absicherung. Dies kann den Folgen des ungesicherten disziplinären Status erziehungswissenschaftlichen Wissens im 19. Jahrhundert zugerechnet werden. Die Pädagogik entwickelt sich nach der Blütezeit des deutschen Idealismus nicht zur »Normalform«[15] empirischer Disziplinarität, wie sie in den zeitgenössischen Kulturwissenschaften mit der textphilologischen Grundlegung der Philologien und der Geschichtswissenschaft sowie in den Natur- und Technikwissenschaften zu beobachten ist. Eine Vielzahl zumeist reformpädagogischer Diskussionsbeiträge kann deshalb gerade nicht-wissenschaftliche Texte zur Legitimation eigener Projekte anführen; gelegentlich werden sogar literarische Texte zu diesem Zweck geschrieben, dem interessierten Laien »die Augen für so manche der modernen Erziehungsfragen zu schärfen«.[16] Zumal kanonisierte Texte – von *Émile* bis zum *Hungerpastor* – fungieren als Belege für Konzeptionen, die sich gegen institutionell etablierte wenden. Im Gegenzug forciert die sich formierende Experimentelle Psychologie ihre Verwissenschaftlichung durch Abgrenzung gegen

> Personen der Geschichte und Dichtung, wie etwa Cäsar, [...] Iphigenie, Achilles, Saul usw. [...] Mit Charakteren dieser Art gibt sich der experimentelle Psychologe bei seiner Forschungsarbeit nicht ab, höchstens, daß er ganz zuletzt aus Gründen der Übung und Beherrschung die Forschungs*ergebnisse* auf sie *anwendet*. Was er verlangt, das sind *psychische Tatbestände*, die natürlich nur durch exakte Untersuchungen an dem Bewußtsein *gegenwärtiger leibhaftiger* Menschen zu gewinnen sind.[17]

Das Verfahren, nicht-wissenschaftliche Elemente der kulturellen Tradition aufzurufen, muß im Zuge der induktiv-empirischen Konzeptualisierung eines Forschungsfeldes als unwissenschaftlich dementiert werden. Die Modifizie-

---

[14] Vgl. Rudolf Stichweh: Zur Entstehung des modernen Systems wissenschaftlicher Disziplinen. Physik in Deutschland 1740–1890. Frankfurt/M.: Suhrkamp 1984, S. 60f.

[15] Jürgen Oelkers: Die grosse Aspiration. Zur Herausbildung der Erziehungswissenschaft im 19. Jahrhundert. Darmstadt: Wissenschaftliche Buchgesellschaft 1989, S. IX.

[16] Danziger: Über Erziehungsromane. In: Die Mittelschule 23 (1909), S. 77–83, hier S. 78.

[17] C. L. A. Pretzel: Vom ersten Kongreß für experimentelle Psychologie. In: Die deutsche Schule 8 (1904), S. 317–321, hier S. 318 (Hervorh. i. Orig.).

rung von Kriterien für ›Wissenschaftlichkeit‹ auf die Untersuchung lebender Probanden fordert das methodisch kontrollierte, intersubjektiv überprüf- und wiederholbare Experiment. Der künstlerisch originelle Wurf wird dem Alltagswissen zugerechnet, ist allenfalls paratextuell verwendbar: in Vor- und Nachworten, Mottos, Widmungen.

3. Literarische Texte verwenden (›reform‹-)pädagogische Realitätskonstruktionen. Insbesondere der von Ellen Key mit erheblicher öffentlicher Resonanz propagierte »Mythos des Kindes«, aber auch ähnliche Stilisierungen von Jugendlichkeit, die selbst schon ästhetische Züge tragen,[18] werden im Literatursystem genutzt, um künstlerisch interessante Formen zu erzeugen.[19]

III.

Diese zuletzt genannte Relation von Literatur und kulturellem Wissen, dessen Sektor ›Psychologie des Kindes und Jugendlichen‹ um 1900 eine spezifische Mischung aus Alltagsbeobachtungen, wissenschaftlichem Wissen, kulturphilosophischen Projektionen und pädagogischer Empirie aufweist,[20] ist charakteristisch für das Konstitutionsprinzip der Darstellung jugendlichen Leidens in *Unterm Rad*, schon von den Zeitgenossen vielfach als prototypischer Beleg dichterischer Einsicht in den desolaten Zustand des Bildungswesens zitiert.[21] Hesse etabliert sich – nach dem Aufsehen erregenden *Peter Camenzind* – als namhafter Autor. Neuere Interpretationen betonen die Parallelen der Romanhandlung zur Biographie Hesses, der als Schüler ›unter die Räder‹ von pietistischem Elternhaus und Maulbronner Seminarausbildung geriet.[22] Der Autor

---

[18] Vgl. Jürgen Oelkers: Reformpädagogik. Eine kritische Dogmengeschichte. 2. Aufl. Weinheim, München: Juventa 1996, S. 95f.

[19] Vgl. grundsätzlich Elena Esposito: Code und Form; Gerhard Plumpe / Niels Werber: Systemtheorie in der Literaturwissenschaft oder »Herr Meier wird Schriftsteller«. Beide Aufsätze in: Jürgen Fohrmann / Harro Müller (Hg.): Systemtheorie der Literatur. (UTB 1929) München: Fink 1996, S. 56–81, S. 173–208.

[20] Vgl. exemplarisch Ulrich Herrmann: Die »Majestät des Kindes« – Ellen Keys polemische Provokationen. In: Ellen Key: Das Jahrhundert des Kindes. Studien. Neu hg. mit einem Nachwort von U. H. Weinheim, Basel: Beltz 1992, S. 253–264.

[21] Nachweise bei York-Gothart Mix (Anm. 11), S. 193f., S. 209f.

[22] Vgl. Michael Müller: Unterm Rad. In: Hermann Hesse. Romane. (RUB 8812) Stuttgart: Reclam 1994, S. 7–28; York-Gothart Mix: Selbstmord der Jugend. H. Falladas *Der junge Goedeschal*, R. Bechers *Abschied*, H. Hesses *Unterm Rad* und der Erziehungsalltag im Kaiserreich. In: Germanisch-Romanische Monatsschrift 75 (1994), S. 63–76, hier S. 68–71; Helga Esselborn-Krumbiegel: Hermann Hesse: Unterm Rad. In: Interpretationen. Erzählungen des 20. Jahrhunderts. Bd 1. (RUB 9462) Stuttgart: Reclam 1996, S. 55–74; Joachim Noob (Anm. 12), S. 159–164. Marion Marquardt liest den Roman mit Blick auf die Distinktionsstrategien seines Autors und dessen Positionierung im literarischen Feld: M. M.: Zur sozialen Logik literarischer Produktion. Die Bildungskritik im Frühwerk von Thomas Mann, Heinrich Mann und Hermann Hesse als Kampf um symbolische Macht. (Epistemata 205) Würzburg: Königshausen & Neumann 1997, S. 278–313.

rechne in seinem Text mit rigorosen institutionellen Erziehungsmaßnahmen ebenso ab wie mit einer philisterhaft-leistungsbewußten Familie, formuliere eine Kritik, die sich im unversöhnlichen Romanende zur Ablehnung der wilhelminischen Gesellschaft insgesamt steigere.

Schon diese hier angesprochene Schlußsequenz mit dem Tod des Protagonisten allerdings bleibt uneindeutig. »Niemand wußte auch, wie er ins Wasser geraten sei«, heißt es auf der vorletzten Seite über den ertrunkenen Hans Giebenrath:

> Er war vielleicht verirrt und an einer abschüssigen Stelle ausgeglitten; er hatte vielleicht trinken wollen und das Gleichgewicht verloren. Vielleicht hatte der Anblick des schönen Wassers ihn gelockt, daß er sich darüber beugte, und da ihm Nacht und Mondblässe so voll Frieden und tiefer Rast entgegenblickten, trieb ihn Müdigkeit und Angst mit stillem Zwang in die Schatten des Todes. (S. 176f.)[23]

Keineswegs zeigt der Roman eine bewußte Selbsttötung des Protagonisten angesichts starr und uneinsichtig agierender Erzieher, wie dies *Freund Hein* tut, mit dessen Verfasser Strauß Hesse befreundet war. Vielmehr stirbt Hans Giebenrath in dem Moment, da ihm nach den Enttäuschungen in Maulbronn und mit Emma der Beginn seiner Lehrzeit als Mechaniker eine verloren geglaubte Orientierungssicherheit verspricht: »Als Hans bei dem schönen Sonnenschein durch die Gassen schlenderte, hatte er seit Monaten zum erstenmal wieder eine Freude am Sonntag« (S. 165), den er mit seinen neuen Arbeitskollegen verbringen wird.

Ergiebiger als der Aufweis von Parallelen zwischen Leben und Werk eines Autors ist für eine Sozial- und Funktionsgeschichte der Literatur die Annahme, daß literarische Texte kulturelle Bedeutungen »nicht einfach abbilden und fixieren, sondern über einen Prozeß der Symbolisierung und Neukodierung oftmals erst herausbilden oder eigenwillig verändern«, einen »symbolischen Bedeutungsspielraum« eröffnen.[24] Solche Spielräume sieht eine kulturanthropologisch orientierte Literaturanalyse zumal in den Repräsentationen kulturell signifikanter Abläufe verankert, deren Darstellung zugleich Selbstthematisierung meint, als Komponente kultureller Reflexion verstanden werden kann.[25] Mit Blick auf die ›Schulgeschichte‹ wäre dann nicht ein be-

---

[23] Zitiert wird nach Hermann Hesse: Gesammelte Werke in zwölf Bänden. Frankfurt/M.: Suhrkamp 1972, hier Bd. 2. Unterm Rad. Diesseits; Nachweise im folgenden durch Seitenzahlen im Text.

[24] Doris Bachmann-Medick: Kulturelle Spielräume: Drama und Theater im Licht ethnologischer Ritualforschung. In: D. B.-M. (Hg.): Kultur als Text. Die anthropologische Wende in der Literaturwissenschaft. (FTb 12781) Frankfurt/M.: Fischer Taschenbuch Verlag 1996, S. 99–121, hier S. 99. Aus systemtheoretischer Perspektive zu anthropologischen Fragestellungen vgl. Karl Eibl: Die Entstehung der Poesie. Frankfurt/M., Leipzig 1995, bes. S. 11–34. Zu literaturwissenschaftlichen Adaptionen vgl. Wolfgang Braungart: Ritual und Literatur. (Konzepte 53) Tübingen: Niemeyer 1996.

[25] Ich kann diesen Aspekt hier nur andeuten. Zu denken ist beispielsweise an ›kulturelle Vergesellschaftung‹, wie sie etwa bei Karl Eibl (Anm. 24), S. 196f. ange-

stimmter Schultyp als gesellschaftlich sanktionierter Zwangsmechanismus zu bestimmen, sondern die Aufmerksamkeit auf die symbolischen Handlungsse- quenzen zu richten, in denen eine Kultur selbstreflexiv erscheint. Hesses *Unterm Rad* erweist sich in dieser Perspektive als ein Text, der kulturelle Grenz- und Übergangserfahrungen thematisiert.

Diese ›Liminalität‹ als spezifische Schwellenphase ist zunächst in der Eth- nologie beschrieben worden, die sich für die Syntax sozialer Prozesse interes- siert.[26] Zumal gesellschaftliche Rituale als standardisierte und auf Wiederho- lung angelegte kulturelle Verhaltensfolgen verdienen hier Beachtung, weil in ihnen geltende, konventionalisierte soziale Hierarchien, Machtstrukturen, Geschlechterverhältnisse oder Denkformen symbolisiert sind. Zunächst in magischen und religiösen Kontexten angesiedelt, läßt sich der Ritualbegriff auch in dieser ›säkularisierten‹ Variante nutzen. Rituale fungieren dann als Elemente »sozialer Dramen«, in denen gesellschaftliche Konflikte unter- schiedlichster Observanz in strukturiertem Verlauf inszeniert und möglichst balanciert werden.[27] In Fortführung der Ritualanalysen Arnold van Genneps zu den vielfältigen »rites des passages« in staatenlosen Gesellschaften lassen sich »die vielen kulturellen Darstellungsgattungen«, vom Gerichtsverfahren bis zum schriftlich oder mündlich überlieferten Text, als Formierungen und Reflexionsfolien soziokulturellen Handelns interpretieren. Übergangsriten integrieren »zeitliche Prozesse und agonale Beziehungen«.[28]

Texte wie *Unterm Rad* lassen sich derart als »metasoziale[r] Kommentar«[29] verstehen, in dem kulturelle Konflikte thematisiert sind, ihr Archiv und Re- flexionsraum zugleich. Schon der Beginn des Romans konstituiert die zen- trale agonale Konstellation der ›Schwelle‹ als Konfrontation der Generatio- nen. Vater Giebenrath führt das Leben des »Philisters«, verfügt über »abge-

---

sprochen wird: Literatur leistet Beiträge zur Homogenisierung von Fraktionen des Bürgertums.

[26] Vgl. Victor Turner: Vom Ritual zum Theater. Der Ernst des menschlichen Spiels. (FTb 12779) Frankfurt/M.: Fischer Taschenbuch Verlag 1995.

[27] Vgl. ebd., S. 110ff. zu Phasen und »Anpassungs- u. Bewältigungsmechanismen«. Ähnliche Verläufe auf der individuellen Ebene interessieren die entstehende Ent- wicklungspsychologie; vgl. Heinz Abels: Jugend vor der Moderne. Soziologische und psychologische Theorien des 20. Jahrhunderts. Opladen: Leske & Budrich 1993, S. 59f.

[28] Victor Turner (Anm. 26), S. 124: »Sie vermitteln den Akteuren sowohl verbal als auch nichtverbal die auf eigenem Erleben beruhende Erkenntnis, daß das soziale Leben aus einer Reihe von Bewegungen in Raum und Zeit, einer Reihe von Tätig- keitswechseln und einer Reihe von individuellen Übergängen von einem Status zum anderen besteht. Sie vermitteln ihnen das Wissen, daß solche Bewegungen, Veränderungen und Übergänge nicht nur von Ritualen markiert, sondern auch herbeigeführt werden«. Den Aspekt der Machtasymmetrie in sozialen Ritualen (»Einsetzungsriten«) betont Pierre Bourdieu: Was heißt Sprechen? Die Ökonomie des sprachlichen Tausches. Wien: Braumüller 1990, S. 84ff.

[29] Clifford Geertz: Dichte Beschreibung. Beiträge zum Verstehen kultureller Syste- me. (stw 696) 3. Aufl. Frankfurt/M. 1994, S. 252.

grenzte Schlauheit« und »Mißtrauen gegen jede überlegene Kraft und Persönlichkeit« (S. 7f.). Sohn Hans erscheint als »fein und abgesondert«, als »etwas
Besonderes«, dessen Begabung »keinen Zweifel« zuläßt (S. 8f.). Diese Disposition materialisiert sich in schulischen Leistungen, die eine Aufnahme ins
protestantisch-theologische Maulbronner Seminar möglich werden lassen.
Hans wird wiederholt in solchen Übergangsphasen vorgeführt. Zunächst gerät er zwischen die Welt der Erwachsenen und seine eigene Altersgruppe,
von der er sich durch »eine freche, selige Ahnung« getrennt sieht, »daß er
wirklich etwas anderes und besseres sei als die dickbackigen, gutmütigen
Kameraden und auf sie vielleicht einmal aus entrückter Höhe überlegen her-
absehen dürfe« (S. 18).[30] Dieses internalisierte Leistungsethos, verknüpft mit
Erwartungen sozialen Aufstiegs (S. 30), verrät Affinität zur Generation des
Vaters und der Dorfhonoratioren.[31] »Die Ehre war groß, doch hatte er sie
keineswegs umsonst« (S. 10). Die Exklusivität der Zulassung zum Landex-
amen für Maulbronn wird akzentuiert durch lebensgeschichtliche Übergänge,
in denen Hans schließlich »die schönen, freien, verwilderten Knabenfreuden
so weit dahinten liegen« sieht (S. 13).[32] Bereits in dieser Phase der Disziplinierung stellt sich das Bewußtsein eines Verlustes ein, »ohne daß etwas Le-
bendiges und Erlebenswertes statt dessen gekommen wäre« (S. 29). Nach
dem glänzend bestandenen Examen werden die Ferien mit dem expliziten
Plan begonnen, »die verlorene schöne Zeit nun doppelt ein[zu]holen und
noch einmal recht ungeniert und sorgenlos ein kleiner Knabe« zu sein (S. 35).
Tatsächlich wird kaum von Freizeit, wohl aber von regelmäßigen propädeuti-
schen Übungen im Blick auf die Maulbronner Anforderungen die Rede sein.

Unterm Rad profiliert dieses Übergangsstadium doppelt: Hans bewegt sich
sowohl zwischen Kindheit und Jugend wie zwischen traditioneller, dörflicher
Lebenswelt und akademischem Milieu, auf das ihn die philologisch orientierten Lehrer ebenso verweisen wie der wissenschaftlich tätige Pfarrer, dessen Ambitionen den »Untersuchungen und Artikeln für gelehrte Journale«
gelten, nicht aber der »naive[n] Herzenstheologie, welche über die Schlünde
der Wissenschaft hinweg sich der dürstenden Volksseele in Liebe und Mitleid
entgegenneigt« (S. 43).[33] Liminalität als zentrale agonale Situation des Romans wird entsprechend drastisch demonstriert in der Sequenz über die Aufnahme ins Seminar. Die Zeremonien der Einkleidung, der Stubenbelegung,
des Abschieds von den Eltern werden als Elemente eines Rituals beschrieben,
das den Novizen dem ›sozialen Tod‹ aussetzt. Auf die räumliche Separierung

---

[30] Vgl. S. 38: »Er verachtete sie so sehr [...]«.
[31] Mehrfach wird Hans' Leistungsdenken betont, vgl. S. 11, S. 31, S. 42, S. 44,
S. 96; entsprechend der Vater S. 25 und S. 54, der Pfarrer S. 15.
[32] Verboten werden wegen der Examensvorbereitungen Angeln und Kaninchen-
zucht, vgl. S. 13 und S. 16.
[33] In der Erstfassung, die 1904 in der *Neuen Zürcher Zeitung* in Fortsetzungen erscheint, wird zum Beispiel hier schärfer polemisiert.

im Klosterinternat (»weltfern«, S. 57) folgt die von überkommenen familialen Bindungen (S. 58), auch wenn sich Relikte sozialer Differenzierung zunächst halten können (S. 61). Zugleich vollzieht sich die Integration in die neue Sozialordnung der durch Namen unterschiedenen Stuben und der als Alterskohorte organisierten Lerngruppe insgesamt. Sie ist durch die Ausbildung einer Art Gegenstruktur zur Gesellschaft in der Form einer »Communitas« (Turner) charakterisiert, einer auf Egalität aufruhenden Gemeinschaft der Initianden. Eine vollständige affektiv-soziale Restrukturierung ist das Ziel dieser Schwellensituation, die als »feine und sichere Art der Brandmarkung« gilt, so daß man »jeden schwäbischen Seminaristen sein Leben lang als solchen erkennen« kann (S. 58). Diese Habitualisierung durch Bruch mit lebensweltlichen Traditionen wird durch eine spezifische Differenz der Ausbildungsinstitution gefördert, an deren »Einrichtungen und Sitten [...] nichts Schwäbisches zu spüren« ist (S. 62).

Giebenraths projektierte Integration in diese neudefinierte Lernorganisation wird nach anfänglichen Erfolgen[34] durch eine Orientierung an Kriterien von Freundschaft ersetzt. Behält zunächst »im Kampf zwischen Freundespflicht und Ehrgeiz« (S. 85) letzterer die Oberhand, so kehrt sich dies nach dem Unfalltod eines Mitschülers um: »Es war irgend etwas in ihm anders geworden«, wird nach dem Begräbnis über Hans konstatiert, »ein Jüngling aus einem Knaben, und seine Seele war gleichsam in ein anderes Land versetzt, wo sie ängstlich und unheimisch umherflatterte und noch keine Rastplätze kannte« (S. 94). Sein Bewußtsein einer »Schuld gegen Heilner« (S. 95) bewirkt die explizite Absage an das bis dahin geläufige Leistungsdenken (S. 96), Solidarität mit dem in der Schule unangepaßten, eigenwilligen und künstlerisch interessierten Gleichaltrigen dominiert institutionelle Erwartungen: »Die Lehrer aber sahen mit Schrecken den bisherigen tadellosen Schüler Giebenrath in ein problematisches Wesen verwandelt und dem schlimmen Einfluß des verdächtigen Heilner unterlegen« (S. 97). Es sind dies die Romanpassagen, auf die sich die Lesart vom unversöhnlichen Gesellschaftskritiker Hesse beruft. Denn jeder Lehrer habe

> lieber einige Esel als ein Genie in seiner Klasse [...]. Und so wiederholt sich von Schule zu Schule das Schauspiel des Kampfes zwischen Gesetz und Geist, und immer wieder sehen wir Staat und Schule atemlos bemüht, die alljährlich auftauchenden paar tieferen und wertvolleren Geister an der Wurzel zu knicken. (S. 97f.)[35]

---

[34] Vgl. S. 85: »Sein Ideal war nun einmal, vorwärts zu kommen, berühmte Examina zu machen und eine Rolle zu spielen, aber keine romantische und gefährliche«, heißt es angesichts mangelnder Solidarität mit einem bestraften Mitschüler.

[35] Vgl. auch S. 50 über die menschliche Natur, die durch den »Schulmeister« zunächst »zerbrochen« werde. – Der Roman partizipiert hiermit an einer zeitgenössischen Argumentation, der zufolge zumal das humanistische Gymnasium das wahre Talent unterdrücke, beruflicher Erfolg und soziales Ansehen geradezu gegen

Aber der Roman differenziert, stellt solchen dozierenden Passagen, die sich von zeitgenössischen Polemiken gegen die »Tyrannei«[36] der Schulen nicht unterscheiden, den narrativ integrierten Hinweis auf physiologische Besonderheit zur Seite. Jene »Müdigkeit«, die in der erwähnten Schlußsequenz des Textes aufgerufen wird, sie findet sich kontinuierlich, um die eigentümliche konstitutionelle Schwäche Giebenraths zu illustrieren, die sich besonders in periodisch auftretenden, mit Leistungsdruck verbundenen Kopfschmerzen manifestiert.[37] Der Text demonstriert Körperlichkeit als Ergebnis sozialer Prozesse, der Körper als physisches Gebilde wird in Abhängigkeit von sozialen Rahmenbedingungen gezeigt.[38] Die Sozialstrukturen, in denen Hans agiert, die dörfliche Gemeinschaft wie das Maulbronner Seminar, üben ein hohes Maß sozialer Kontrolle, fordern strikte Disziplinierung auch des Körperlichen. Entsprechend stimuliert der Konflikt mit den erotischen Offerten der in der Stadt sozialisierten Emma die körperliche Reaktion: »Eine tiefe Schwäche überkam ihn; noch ehe die fremden Lippen von ihm ließen, verwandelte die zitternde Lust sich in Todesmüdigkeit und Pein, und als Emma ihn freigab, schwankte er und hielt sich mit krampfhaft klammernden Fingern am Zaun fest« (S. 150). Der Körper fungiert im Text als »Ausdrucksmedium sozialer Bedeutungsgehalte«.[39] Konsequent wird dies in der Episode des Sonntagsausflugs gezeigt, den Hans in der »zuverlässige[n] Gemeinschaft« (S. 165) seiner Arbeitskollegen zunächst hochgestimmt unternimmt, und der Angst vor väterlichen Sanktionen ebenso evoziert wie körperliches Versagen beim geforderten Renommiergehabe. Daß er sich, angetrunken im nassen Gras liegend, »beschmutzt und geschändet« (S. 175) vorkommt, ist somatische und psychische Reaktion zugleich.

In *Unterm Rad* werden, anders als im fast durchgängig linear erzählten *Freund Hein*, liminale Prozesse über Erinnerung verdeutlicht. Analog zur symbiotischen Naturerfahrung (S. 28) Giebenraths konstituiert die Rede vom »Damals« (S. 29, S. 126) eine diskontinuierliche Zeitstruktur, in der Gegenwart im Rekurs auf Vergangenheit bewertet wird: als in sich widersprüchliche Schwellenphase sozial-kultureller Identitätsbildung. Die »zweite Kinderzeit« (S. 127), in die sich Hans mit Selbstmordgedanken nach seinem Schei-

---

die Schule entstünden: »Und immer wieder sind es vor allem die von den Schulmeistern Gehaßten, die Oftbestraften, Entlaufenen, Davongejagten, die nachher den Schatz unseres Volkes bereichern« (S. 98).

[36] So einer der umtriebigsten Reformpädagogen der Zeit, Ludwig Gurlitt: Der Deutsche und seine Schule. Erinnerungen, Beobachtungen und Wünsche eines Lehrers. Berlin: Wiegand 1905, S. IX und passim.

[37] Vgl. S. 12, S. 45, S. 54, S. 100, S. 163.

[38] Allgemein hierzu Mary Douglas: Ritual, Tabu und Körpersymbolik. Sozialanthropologische Studien in Industriegesellschaft und Stammeskultur. (FTb 7365) Frankfurt/M.: Fischer Taschenbuch Verlag 1986, S. 99ff.

[39] Ebd., S. 122; vgl. Pierre Bourdieu: Sozialer Sinn. Kritik der theoretischen Vernunft. (stw 1066) Frankfurt/M.: Suhrkamp 1993, S. 126ff.: ›Einverleibung‹ sozialer Strukturen.

tern in Maulbronn flüchtet, verweist auf jene zweite Erzählebene, von der aus die des Schul- und Werkstattbesuchs evaluiert werden kann. Der Versuch einer – literaturhistorisch aus der Romantik bekannten – ›Reise in die Kindheit‹[40] scheitert wie Hans' Liebesbeziehung, die allerdings »eine klare, starke Erinnerung aus der Zeit« stimuliert, »da hier im Garten noch seine Hasen herumsprangen« (S. 151). Diese Temporalstruktur indiziert zunächst das Scheitern einer sozialen Reintegration. Der neue Status, den Hans nach der sozialen Separierung von seinen Freunden im Heimatdorf und anschließend von seinen Maulbronner Mitschülern erhält, bleibt einer der Schwebe, führt nicht in neuerliche Orientierungssicherheit, sondern setzt ihre Auflösung fort. Darüber hinaus erweisen sich die Momente der Erinnerung als destruktiv für Alltagsorganisation: »Er wußte nicht, daß im Kleide dieser Erinnerung seine Kindheit und sein Knabentum noch einmal fröhlich und lachend vor ihm aufstand, um Abschied zu nehmen und den Stachel eines gewesenen und nie wiederkehrenden großen Glückes zurückzulassen« (S. 152).

Diese Destabilisierung konventioneller Deutungsmuster, etwa des Karrieredenkens und der Akzeptanz von Autoritäten, verweist auf die generelle Leistung solcher narrativer Präsentationen von Übergangssituationen. In ihnen wird die Konventionalität kultureller Orientierungen selbst reflexiv, durch Inversion zur Disposition gestellt. Sowohl Vater Giebenrath als auch die Pädagogen folgen einer sozialen Logik, nach der das Absolvieren von Bildungsinstitutionen Laufbahnchancen eröffnet, Statuserhöhung in Aussicht stellt. Diese soziale Logik wird in *Unterm Rad* durch narrative Inszenierung ihrer Konsequenzen als konventionalisierte, nicht-natürliche, widersprüchliche vorgeführt. Schule eignet sich in besonderem Maße für diese symbolische Subversivität, weil sie als Institution einer »public liminality« gelten kann.[41] Die Aufhebung sozialer Unterschiede (›Chancengleichheit‹), die Erfahrung der Orientierung an Gleichaltrigen (statt an ›natürlichen‹ Familienhierarchien), die räumliche und zeitliche Separierung konstituieren eine eigene soziale ›Welt‹, deren Unbestimmtheiten als Spielräume kultureller Reflexion (auch) narrativ verfügbar werden. Die angedeutete Hochschätzung in der reformpädagogischen Rezeption wie der kommerzielle Erfolg des Genres ›Schulgeschichte‹ um 1900 ist dann mit Folgen sozialen Wandels zu korrelieren. Die ästhetische Inszenierung kindlichen und jugendlichen ›Leidens‹ in den biographisch unausweichlichen Institutionen des Bildungssystems verdeutlicht die moderne Problematik von Lebenslauf und Identität. Ihre ›Einheit‹ ist fragil, bedarf der Anstrengung im Spannungsfeld unterschiedlicher

---

[40] Im Text S. 127–135. Vgl. Dieter Richter: Die Reise in die Kindheit. Ein romantisches Motiv. In: Günter Oesterle (Hg.): Jugend – ein romantisches Konzept? Würzburg: Königshausen & Neumann 1997, S. 181–192.
[41] Ich übertrage die Klassifizierung Victor Turners für das Theater, zit. bei Doris Bachmann-Medick (Anm. 24), S. 104.

Anforderungen. Auch und gerade jugendliche ›Individualität‹ ist den »Einseitigkeiten der Teilfunktionen« (Georg Simmel) konfrontiert.[42]

IV.

Die literarischen Thematisierungen ›gefährdeter‹ Jugend, für die *Unterm Rad* exemplarisch herangezogen wurde, verdeutlichen eine Relation zwischen Wissenschafts-, Bildungs- und Literatursystem. Abschließend soll gezeigt werden, daß die Konjunktur des Themas auch eine literatur›interne‹ Facette kennt: *Jakob von Gunten* benutzt die zeitgenössische ›Schulgeschichte‹ als Medium eigener Form.

»Man lernt hier sehr wenig, es fehlt an Lehrkräften, und wir Knaben vom Institut Benjamenta werden es zu nichts bringen, das heißt, wir werden alle etwas sehr Kleines und Untergeordnetes im späteren Leben sein« (S. 7).[43] Schon der erste Satz des Romans stellt klar, daß von idealistischen Konzeptionen individueller Bildung bei gleichzeitigem Gattungsfortschritt nicht die Rede sein wird, schließlich sei es sogar »untersagt, Lebenshoffnungen in der Brust zu hegen« (S. 92). Und an die »Vorschrift« (S. 55) dieses Instituts fühlen sich seine Eleven allemal gebunden, denn ihre Existenz läßt sich nicht nach den Kategorien überkommener Sozialphilosophie klassifizieren: »Sind wir Produkte einer höheren Kultur, oder sind wir Naturkinder? Auch das kann ich nicht sagen. Das eine weiß ich bestimmt: wir warten! Das ist unser Wert« (S. 93). Dieses Warten ist zunächst das des ausgebildeten Dieners auf die Anstellung, aber es bezeichnet auch jenen Zustand der ›Schwelle‹, den die literarischen Thematisierungen des leidenden Jugendlichen um 1900 zu ihrem zentralen Thema machen. Zumal die scheiternden ›Übergänge‹ der bedrängten Schüler in Texten wie *Freund Hein* oder *Unterm Rad* werden im *Gunten* als intertextuelle Referenzen herangezogen, der sich geradezu als Erfüllung der Prophezeihung Walsers vom Herbst 1905 lesen läßt: »Ich werde bald viel schreiben, daß die Hesse u. Companie sich fürchten sollen«.[44]

---

[42] Vgl. grundsätzlich Rudolf Stichweh: Lebenslauf und Individualität. In: Jürgen Fohrmann (Hg.): Lebensläufe um 1800. Tübingen: Niemeyer 1998, S. 223–234; das Zitat S. 230. – Die Rezeptionsgeschichte dieser Texte müßte einzelne Rezeptionsmilieus unterscheiden. Schulisches ›Leiden‹ wurde keineswegs allgemein als solches anerkannt. Gegenläufige Argumente betonen die Notwendigkeit von Disziplin und Pflichterfüllung für ein sozial verantwortliches Leben, dem individuelle Ansprüche unterzuordnen seien: »educatio strenua« (Friedrich Paulsen, vgl. Anm. 46).

[43] Zitiert wird nach Robert Walser: Das Gesamtwerk in 12 Bänden. Hg. von Jochen Greven. Zürich, Frankfurt/M.: Suhrkamp 1978, hier Bd. VI. Jakob von Gunten. Der Räuber; Nachweise im folgenden durch Seitenzahlen im Text.

[44] An Flora Ackeret. Zit. nach Robert Walser: Briefe. (st 488) Zürich: Suhrkamp 1979, S. 40.

Die subtile Anspielungstechnik Walsers soll zunächst durch einige Einzel-
beobachtungen demonstriert werden. Heißt es in *Unterm Rad* über die Tätigkeit des Lehrers polemisch, daß sie die »Natur« des Menschen als etwas »Un-
berechenbares, Undurchsichtiges, Gefährliches« zum Wohle der Allgemeinheit zuerst zu »zerbrechen« wünsche, und diese »Ausbildung« schließlich
durch die »sorgfältige Zucht der Kaserne krönend beendigt« werde,[45] so läßt
Jakob von Gunten gleich zu Beginn seiner Aufzeichnungen Befriedigung über
den herrschenden Uniformzwang im Institut erkennen, »weil ich nie recht
wußte, was ich anziehen sollte« (S. 8). Dieser fröhliche Pragmatismus durchzieht den ganzen Roman, der die Diskussionen über jugendliche Individualität mit der Definition von Freiheit als »Nicht-lange-zu-Ertragendes« (S. 101)
bedient: »Mich soll man nur antreiben, zwingen, bevormunden. Ist mir
durchaus lieb« (S. 28). Das in den zeitgenössischen Reformdebatten zentrale
Argument einer ›Überbürdung‹ des Schülers mit dispersen Lernstoffen, in
Freund Hein sind es die Grammatik der alten Sprachen und Mathematik,
wird überraschend widerlegt: »wir Zöglinge des Instituts Benjamenta sind zu
einem oft halbtagelangen seltsamen Müßiggang verurteilt« (S. 15). Jakob
sind »die Dummen« entsprechend »unglaublich lieb« (S. 41), während die
›Schulgeschichte‹ gegen die mechanische Paukschule antritt, die Sensibilität
und selbständiges Denken erdrücke. Dem Institut Benjamenta hingegen sind
diese Eigenschaften an Zöglingen suspekt: »Daß ich der Gescheiteste unter
ihnen bin, das ist vielleicht gar nicht einmal so sehr erfreulich« (S. 24).
Denn, wie schon Hans Giebenraths Schicksal bewies, intellektuelle Überlegenheit in Verbindung mit Schulerfolg führt zu sozialer Isolation unter
Gleichaltrigen. Nichts davon bei Jakob, der sein »Denkvermögen« verachtet:
»Denkt man, so sträubt man sich, und das ist immer so häßlich und Sachen-
verderbend« (S. 90). Diese Ästhetik der Unterwerfung, Zentraltugenden sind
»Geduld und Gehorsam« (S. 7), will sich eines reflexhaften Habitus versi-
chern: »Wenn zum Beispiel ein Zögling des Institutes Benjamenta nicht weiß,
daß er artig ist, dann ist er es. Weiß er es, dann ist seine ganze unbewußte
Zier und Artigkeit weg, und er begeht irgendeinen Fehler« (S. 90). Jakob
drängt auf Innenlenkung:

> Er wird ein ganz wundervoller Diener sein, denn nicht nur sein Äußeres paßt zu
> diesem Beruf der Demut und des Entgegenkommens, nein auch die Seele, die
> ganze Natur, das ganze menschliche Wesen meines Kameraden hat etwas im al-
> lerbesten Sinn Dienerhaftes. (S. 31)

Nicht zufällig erklingt solches Lob der Habitualisierung geforderter Tugend
als Beschreibung des Zöglings Kraus, der als Vorbild intrinsischer Motivation gelten darf, als ihr Meister gleichsam: »Ich sehe seine schöne Seele auf
seinem Gesicht« (S. 32), lobt Jakob, der die Monotonie des Unterrichts nicht
als Defizit kritisiert, sondern als Arkanum interpretiert: »Wenig lernen! Im-

---

[45] Hermann Hesse (Anm. 23), S. 50.

mer wieder dasselbe! Nach und nach fange auch ich an, zu begreifen, was für eine große Welt hinter diesen Worten verborgen ist. [...] Uns Zöglinge will man bilden und formen, wie ich merke, nicht mit Wissenschaften vollpfropfen« (S. 63). Konsequent stellt sich Jakob deshalb auf die Seite der Schulorthodoxie, die sich gegen die Idealisierung des leidenden Schülers und die literarische Darstellung der »trübseligen Gestalten ihrer Erzieher und Lehrer auf der Bühne oder im Roman« wehrt. Heißen die Grundregeln dieser Programmatik: »1. Lerne gehorchen! [...]. 2. Lerne dich anstrengen! [...]. 3. Lerne dir versagen und deine Begierden überwinden!«,[46] so setzen dem Hesse und Strauß die Berufung auf Besonderheit und Entwicklungspotentiale des je einzelnen Schülers entgegen. Jakobs Institut hingegen legt es fortwährend auf ein Bewußtsein an, »daß wir nichts Großes sind« (S. 64), eine »kugelrunde Null« (S. 8, vgl. S. 66, S. 164) vielmehr: »Das Gesetz, das befiehlt, der Zwang, der nötigt, und die vielen unerbittlichen Vorschriften, die uns die Richtung und den Geschmack angeben: das ist das Große, und nicht wir«, die »Zwerge« (S. 64).

Nicht die »Ehrfurcht vor der Individualität ihrer Kinder«[47] steuert die Erziehung nach dem Benjamenta-Prinzip, sondern die Vorschrift. Sie umgreift Geist und Körper gleichermaßen: »Ich glaube, man darf sich nicht einmal die persönliche Nase putzen. [...] Nasen von Zöglingen sollen stumpf und gestülpt erscheinen, so verlangen es die Vorschriften, die an alles denken«. Auch an Augen und Ohren. »Das Dressierteste an uns ist aber doch der Mund, er ist stets gehorsam und devot zugekniffen« (S. 55f.).[48] Der Körper zeigt nicht wie bei Hans Giebenrath die Spuren der geistigen Unterdrückung, das Institut wünscht ihn als äußerliches Äquivalent zur mentalen Disposition, die solchen Zwang »dem Leben und seinen Stürmen« (S. 64) geschuldet sieht: »Meiner Ansicht nach krankt gerade hieran die gegenwärtige junge Generation, die Zeter und Mordio schreit und nach Papa und Mama miaut, wenn sie sich Pflichten und Geboten und Beschränkungen ein wenig beugen soll« (S. 65).

Es paßt zu solchen unzeitgemäßen Bekenntnissen zur Lust an der Disziplin, daß sie von einer Darstellung der Freundschaft begleitet werden, die nicht als emotionales Palladium gegen institutionell und familiär bedingte

---

[46] Dies die Forderungen des bekannten Bildungshistorikers Friedrich Paulsen: Alte und neumodische Erziehungsweisheit. In: F. P.: Gesammelte Abhandlungen. Hg. u. eingel. von Eduard Spranger. Stuttgart, Berlin: J.G. Cotta'sche Buchhandlung Nachfolger 1912, S. 593–603, hier S. 597–600; im Orig. kursiv. Der Text erschien zuerst 1908.

[47] Ellen Key (Anm. 20), S. 167.

[48] Vgl. die Beobachtungen von Otto F. Best: Zwei Mal Schule der Körperbeherrschung und drei Schriftsteller. In: MLN 85 (1970), S. 727–741, hier S. 732; Klaus-Michael Hinz: Wo die bösen Kinder wohnen. Robert Walsers Melancholie. Mit einer Fußnote zu Kafkas Spielsachen. In: K.-M. H. / Thomas Horst (Hg.): Robert Walser. (st 2104) Frankfurt/M.: Suhrkamp 1991, S. 310–322.

Unterdrückung fungiert. Während in *Unterm Rad* die Freunde Giebenrath und Heilner »als eine auffallende und mit Mißgunst betrachtete Insel von der Menge abgetrennt lagen«,[49] während in *Freund Hein* die Lindner und Notwang »Blutsbrüderschaft machen«,[50] da gesteht Jakob von Gunten, »wie lieb« (S. 29) ihm Kraus ist, da er von ihm »gehauen« (S. 49) werden möchte. Und nicht in einer symbiotisch erfahrenen Natur agieren die Zöglinge, sondern in der Großstadt, der gerade »Natur fehlt«. Ihre Beschreibung wird in die Lebensphase vor der Institutszugehörigkeit abgedrängt und reiht Konventionen idyllisierter Naturdarstellung ostentativ auf: »Ich glaube, ich hörte immer die Singvögel in den Straßen auf und ab zwitschern. Die Quellen murmelten immer. Der waldige Berg schaute majestätisch auf die saubere Stadt nieder. [...] Stimmen und Düfte waren immer da« (S. 21).[51]

Die Thematik der Schwelle, des Übergangs schließlich erscheint in ironischer Inversion. »Ich schämte mich« (S. 17), so Jakob über seine ersten Erfahrungen im Institut, die seine ›Blödigkeit‹ nur zu deutlich erweisen. Nicht muß eine selbstbewußte Individualität gegen eingeschliffene Disziplinierungsmechanismen verteidigt werden, sie stellen sich als notwendige Begleitung einer ›Dressur‹ heraus, welche die Defizite ebenjener Vorphase anlasten: »Was mir damals lächerlich und stumpfsinnig vorkam, erscheint mir heute schicklich und schön« (S. 18). Und wie ein süffisanter Kommentar jenes vielbeschworenen und umstrittenen »Mythos des Kindes« der Key und Gurlitt lesen sich die Bekenntnisse Jakobs: »Ich war eigentlich nie Kind [...]. Ich entwickle mich nicht. [...] Ich respektiere ja mein Ich gar nicht, ich sehe es bloß, und es läßt mich ganz kalt. [...] Ich kann nur in den untern Regionen atmen« (S. 144f.). Dort eben, so wäre anzufügen, wo nicht »ein warm rieselndes Goldlicht« über »Wipfelwogen« scheint, kein »Sonnenlichtdunst« zu bemerken ist: »Heiner dachte: Wie ist die Erde so schön!«[52] Jakob von Gunten schließt: »Weg jetzt mit dem Gedankenleben. Ich gehe mit Herrn Benjamenta in die Wüste. [..] Gott geht mit den Gedankenlosen. Nun denn adieu, Institut Benjamenta« (S. 164).

Walsers Roman ist die ironische Kontrafaktur der ›Schulgeschichte‹ – identifiziert man sie idealtypisch mit den genannten Texten Strauß' und Hesses. Keiner ihrer charakteristischen Züge bleibt unkommentiert. Weder der zusammenhanglose Lehrplan, dessen Einförmigkeit im Text gerühmt wird, das bornierte Lehrpersonal, das nun nur noch schlafend anzutreffen ist,

---

[49] Hermann Hesse (Anm. 23), S. 103.
[50] Emil Strauß: Freund Hein. (RUB 9367) Stuttgart: Reclam 1995, S. 135. Wie Heiner spielt auch Jakobs »Schulkamerad Schacht« Geige – »vermittels seiner Einbildungskraft«, wie der Roman sarkastisch bemerkt: »ein seltsames Wesen«, er »gleicht einem kränklichen, eigensinnigen Mädchen« (S. 13).
[51] Vgl. Klaus Peter Philippi: Robert Walsers »Jakob von Gunten«. In: Der Deutschunterricht 23 (1971), Beiheft 1, S. 51–70, hier S. 55: »triviale Idylle«.
[52] Emil Strauß (Anm. 50), S. 187.

der unsensible Vater, dessen »Vortrefflichkeit« (S. 12) jetzt Anlaß zur Flucht wird: »Schade, ich sollte nicht Eltern haben, die mich lieben« (S. 22). Noch die organisatorische Disziplinierung, die als Wohltat empfunden, die Freundschaft mit einem Gleichaltrigen, der doch – ganz auf der Höhe der Darwin-Rezeption – als »affenähnliches Wesen« (S. 11) beschrieben wird. *Jakob von Gunten* greift diese in den vorliegenden ›Schulgeschichten‹ präsenten Elemente auf, ändert aber ihre narrative Kopplung. Seine literarische Form zeichnet sich dadurch aus, daß die Komponenten der – aus der Perspektive jugendlicher ›Entwicklungs‹potentiale – feindlichen Lebenswelt mit anderem Vorzeichen rearrangiert werden. Stellt sich der Lebenslauf der Heiner Lindner und Hans Giebenrath in ›absteigender Linie‹ dar, so der des Jakob von Gunten in ›aufsteigender‹, als Reinigung von vormaligen Illusionen und Vorurteilen durch »educatio strenua« (Paulsen). Am affenähnlichen Kraus »sieht man so recht, was das Wort Bildung eigentlich bedeutet« (S. 79), jedenfalls nicht »Entartung«, denn Zögling Jakob hat mit Gewinn die »Ehren-Arten gewechselt« (S. 114).[53] Nicht ganz wie er da ist, gedenkt er sich auszubilden, sein dunkler Wunsch ist Perfektion in der Krausschen Kunst, sich »ein wenig zu schicken, zu schmiegen« (S. 31). Anpassung als Lebenszweck.

Walser potenziert das Genre, schreibt auf der Meta-Ebene, eröffnet ein Archiv der ›Schulgeschichte‹ durch Zitat ihrer Elemente.[54] Diese Art der Selektion aus einem Arsenal vorhandener Möglichkeiten ist selbstreferentiell: Nicht die pädagogische Umwelt des Literatursystems wird auf Medien abgesucht, sondern die in ihm bereitstehenden Formen werden als Medium rekrutiert – wenn auch die psychologisch-pädagogischen Wissensbestände als Verstehensbedingung vorausgesetzt werden. Was literaturhistorisch als Innovation gesehen werden kann, muß keine positiven ökonomischen Folgen zeitigen. An Fragen einer praktischen Pädagogik interessierte Leser dürfte der Roman kaum beeindruckt haben, literaturkritisch konnte auch der wohlmeinende Rezensent seinen Gegenstand als »echte[s] Dichtererstaunen darüber, wie sonderbar die Welt uns ansieht«,[55] stillstellen. Der *Gunten* war kein er-

---

[53] Vgl. zu dieser »Schule der Souveränität« Klaus Michael Hinz: Robert Walsers Souveränität. In: Paolo Chiarini / Hans-Dieter Zimmermann (Hg.): »Immer dicht vor dem Sturze...«. Zum Werk Robert Walsers. Frankfurt/M.: Athenäum 1987, S. 153–171, hier S. 166f.

[54] Dies als Ergänzung zu dem in der Walser-Forschung seit längerem bekannten ›verfremdenden‹ Schreiben, das Traditionen (Bildungsroman, psychologischer Roman) aufgreift, um sie zu unterlaufen. Vgl. Manfred Engel: Aussenwelt und Innenwelt. Subjektivitätsentwurf und moderne Romanpoetik in Robert Walsers *Jakob von Gunten* und Franz Kafkas *Der Verschollene*. In: Jahrbuch der Deutschen Schillergesellschaft 30 (1986), S. 533–570; hier S. 549f. Dies jetzt auch ein zentraler Aspekt bei Peter Utz: Tanz auf den Rändern. Robert Walsers »Jetztzeitstil«. Frankfurt/M.: Suhrkamp 1998, S. 45 und passim.

[55] Hermann Hesse: Robert Walser. In: Katharina Kerr (Hg.): Über Robert Walser. Erster Band. (st 483) Frankfurt/M.: Suhrkamp 1978, S. 52–57, hier S. 56.

folgreiches Buch.[56] Seinen Autor wird das nicht überrascht haben, denn »mit der Sentimentalität, mit dem, was man den Schrei nennt, macht man die besten, die emporkömmlichsten und bekömmlichsten Geschäfte« (S. 118).

---

[56] Vgl. Jochen Greven: Robert Walser. Figur am Rande, in wechselndem Licht. (FTb 11378) Frankfurt/M.: Fischer Taschenbuch Verlag 1992, S. 122, S. 129.

Michael Ansel

Die Naturwissenschaften im Werk Gottfried Benns zwischen 1910 und 1933/34

Ein Rekonstruktionsversuch auf der Basis von Bourdieus Feldtheorie

Obwohl Jürgen Schröders Untersuchung über Benn[1] zweifellos einen der gewichtigsten Beiträge der Benn-Forschung in den 70er Jahren darstellt, wird man sie von einer gewissen Einseitigkeit des Blickwinkels nicht freisprechen können: Schröder möchte die »frühe Sozialisationsgeschichte« Benns rekonstruieren, um das diesen Autor von Kindheit an peinigende Gefühl des Außenseitertums herauszuarbeiten, das zu einer seine ganze Gedankenwelt prägenden »antithetische[n] Grundkonstellation von Ich und Gesellschaft« geführt habe und sein Werk zur »Kompensation eines profunden Ohnmachtsgefühls gegenüber der Gesellschaft« habe geraten lassen. Die von Schröder verwendeten, definitorisch im übrigen nicht präzisierten drei Variablen des (künstlerisch produktiven) Ich, der Kunst und der Gesellschaft bieten keine hinreichende Basis für eine heutigen Ansprüchen genügende sozialgeschichtliche Forschungsarbeit und führen zwangsläufig zu merkwürdigen Befunden: So glaubt Schröder festhalten zu können, daß »Benn in den Jahren 1932–34 [...] eine[n] ersten verzweifelten Resozialisierungsversuch seit seiner Jugend versucht« und daß bis etwa 1928/29 das von ihm entwickelte »aristokratische Selbstwertgefühl des insularen narzißhaften Künstlers [...] eine Sache seiner privaten Existenz [ist] und [...] nicht die geringsten gesellschaftlichen Ansprüche [erhebt]«. Zu diesen pauschalierenden Urteilen gehört auch die Schröder selbst ein gewisses Unbehagen bereitende – man beachte seine übervorsichtige Formulierung – politische Einschätzung Benns: Bis gegen Ende der 20er Jahre sei er gemäß dem Urteil seiner zeitgenössischen »Freunde wie [...] Feinde [...] nicht zu Unrecht eher ›links‹ als ›rechts‹ [anzusiedeln]«.

Es geht hier nicht darum, eine instruktive, auch 20 Jahre nach ihrer Veröffentlichung noch immer mit Gewinn zu lesende Arbeit zu verurteilen. Viel-

---

[1] Jürgen Schröder: Gottfried Benn. Poesie und Sozialisation. Stuttgart u.a. 1978. Die folgenden Zitate ebd., S. 10, 32, 35, 33, 59, 60 und 11; vgl. auch J. S.: Gottfried Benn und die Deutschen. Studien zu Werk, Person und Zeitgeschichte. Tübingen 1986. Schröder selbst betont die Zusammengehörigkeit der beiden Publikationen: »Beschäftigt sich das Buch vorwiegend mit dem Benn der Jahre bis 1934, so die Studien mit dem Dichter der Jahre 1930 bis zu seinem Tode (1956). Sie bilden also den zweiten Teil einer Gesamtbetrachtung« (ebd., S. 7).

mehr wird der Versuch gemacht, sie als repräsentatives Beispiel für die Defizite der sozialgeschichtlichen Forschung der 70er und frühen 80er Jahre zu
lesen, die aufgrund eines Mangels an einer tragfähigen methodischen Basis
ihrer selbstgewählten Aufgabenstellung nicht gerecht werden konnte. Wenn
Schröder selbstkritisch einräumt, »daß es mit der Theoriefestigkeit meines
Versuchs nicht zum besten bestellt ist«, so artikuliert er eine Einsicht, die für
das hier durch seine Arbeit verkörperte traditionelle Paradigma der Sozialgeschichte insgesamt gilt und deshalb seit etwa der Mitte der 80er Jahre zu
neuen, vor allem auf die Systemtheorie rekurrierenden Versuchen einer reflektierteren Fundierung des an sich legitimen und sinnvollen sozialgeschichtlichen Erkenntnisinteresses geführt hat.

Der folgende Aufsatz soll zeigen, daß diese Aufgabe auch von der in der
Germanistik erst in den letzten Jahren allmählich rezipierten Kultursoziologie
Bourdieus[2] wahrgenommen werden kann. In Anbetracht des knappen uns zur
Verfügung stehenden Raums konzentrieren wir uns mit der Feldtheorie auf
einen zentralen Aspekt von Bourdieus Soziologie. Ebenfalls aus Platzgrün-
den, aber auch in Anbetracht der Tatsache, daß es mittlerweile instruktive
Ausführungen über Bourdieus Theoriebausteine,[3] aber wenig anwendungsbe-

---

[2] Hans-Peter Müller: Kultur, Geschmack und Distinktion. Grundzüge der Kulturso-
ziologie Pierre Bourdieus. In: Friedhelm Neidhart u.a. (Hg.): Kultur und Gesellschaft (Kölner Zeitschrift für Soziologie und Sozialpsychologie, Sonderheft 27).
Opladen 1986, S. 162–190; Klaus Eder (Hg.): Klassenlage, Lebensstil und kulturelle Praxis. Beiträge zur Auseinandersetzung mit Pierre Bourdieus Klassentheorie.
Frankfurt/M. 1989; Gunter Gebauer / Christoph Wulf (Hg.): Praxis und Ästhetik.
Neue Perspektiven im Denken Pierre Bourdieus. Frankfurt/M. 1993; Gerhard
Fröhlich/Ingo Mörth (Hg.): Das symbolische Kapital der Lebensstile. Zur Kultur-
soziologie der Moderne nach Pierre Bourdieu. Frankfurt/M. 1994.

[3] Ludwig Fischer / Klaas Jarchow: Die soziale Logik der Felder und das Feld der
Literatur. Einleitende Anmerkungen zum kultur- und literaturtheoretischen Ansatz
Pierre Bourdieus. In: Sprache im technischen Zeitalter 25, 102 (1987), S. 164–
172; Andreas Dörner / Ludgera Vogt: Kultursoziologie (Bourdieu – Mentalitätengeschichte – Zivilisationstheorie). In: Klaus-Michael Bogdal (Hg.): Neue Literaturtheorien. Eine Einführung. Opladen 1990, S. 131–153; Klaas Jarchow / Hans
Gert Winter: Pierre Bourdieus Kultursoziologie als Herausforderung der Literaturwissenschaft. In: Gunter Gebauer / Christoph Wulf (Anm. 2), S. 93–134; Ran-
dal Johnson: Editor's Introduction. Pierre Bourdieu on Art, Literature and Culture.
In: R. J. (Hg.): Pierre Bourdieu. The Field of Cultural Production. Essays on Art
and Literature. Cambridge 1993, S. 1–25; Joseph Jurt: Für eine Wissenschaft der
Genese kultureller Werke. Versuch einer Rekonstruktion des literatursoziologischen Ansatzes von Pierre Bourdieu in *Les règles de l'art*. In: Archiv für das Studium der neueren Sprachen und Literaturen 231 (1994), S. 319–347; J. J.: Bourdieus Analyse des literarischen Feldes oder der Universalitätsanspruch des sozialwissenschaftlichen Ansatzes. In: Internationales Archiv für Sozialgeschichte der
deutschen Literatur 22, 2 (1997), S. 152–180; Markus Schwingel: Kunst, Kultur
und Kampf um Anerkennung. Die Literatur- und Kunstsoziologie Pierre Bourdieus
in ihrem Verhältnis zur Erkenntnis- und Kultursoziologie. In: Internationales Archiv für Sozialgeschichte der deutschen Literatur 22, 2 (1997), S. 109–151. Die
Studien der Bourdieu-Schule zur französischen Literatur seit dem 17. Jahrhundert
referiert Joseph Jurt: Die Theorie des literarischen Feldes. Zu den literatursoziolo-

zogene, die Brauchbarkeit dieser Bausteine konkret erprobende Arbeiten gibt,[4] setzen wir die Kenntnis der Feldtheorie voraus und versuchen mit ihrer Hilfe, Benns kompliziertes, mehrfachen Wandlungen unterworfenes Verhältnis zu den Naturwissenschaften zu klären. Wir werden vier Stadien dieses Verhältnisses zwischen dem Beginn von Benns Studium und seinem 1935 erfolgten Rückzug in die Wehrmacht unterscheiden und gehen von der Überlegung aus, daß sich Benn in seiner Eigenschaft als Medizinstudent beziehungsweise Mediziner, als Dichter und als anfänglicher Befürworter sowie offiziöser Repräsentant der nationalsozialistischen Kulturpolitik in den drei Feldern der Wissenschaft, der Literatur und der Macht positionieren mußte und daß die hierzu erforderlichen Anpassungsleistungen ihren Niederschlag in seinen Stellungnahmen zu den Naturwissenschaften gefunden haben.

Unser Aufsatz besteht aus vier Teilen: Der erste arbeitet die jeweiligen Zeitspannen von Benns Aktivitäten in den genannten Feldern heraus. Zweitens werden die in exemplarisch ausgewählten programmatischen Werken Benns anzutreffenden Reflexionen über die Naturwissenschaften und deren Verhältnis zur Dichtung referiert. Der dritte Teil wertet diese Befunde auf der Grundlage von Bourdieus Feldtheorie aus. Abschließend sollen mittels einer Diskussion der hierbei gewonnenen Untersuchungsergebnisse einige Gründe angeführt werden, weshalb sich Bourdieus Kultursoziologie zur konstruktiven Bearbeitung der von der traditionellen Sozialgeschichte nicht befriedigend gelösten Fragestellungen eignet.

1. Dreifelderwirtschaft

Es ist bislang viel zu wenig beachtet worden, daß der Beginn von Benns Werdegang als Autor nicht nur aus literarischer, sondern auch aus wissenschaftlicher Perspektive betrachtet werden muß.[5] Gemeinhin gilt Benn seit

---

gischen Arbeiten Bourdieus und seiner Schule. In: Romanistische Zeitschrift für Literaturgeschichte 5 (1981), S. 454–479; J. J.: Das literarische Feld. Das Konzept Pierre Bourdieus in Theorie und Praxis. Darmstadt 1995.

[4] Klaas Jarchow: »Soweit, was Johann Kinau betrifft. Im übrigen bin ich Gorch Fock«. Eine Sozioanalyse; Hans-Gerd Winter: Der determinierte »Hochseil«-Artist. Vom Werden des »zerteilten Zeitgenossen« Peter Rühmkorf, beide in: Inge Stephan / H.-G. W. (Hg.): »Liebe, die im Abgrund Anker wirft«. Autoren und literarisches Feld im Hamburg des 20. Jahrhunderts. Berlin, Hamburg 1990, S. 83–110 u. S. 317–336; Michael Einfalt: Zur Autonomie der Poesie. Literarische Debatten und Dichterstrategien in der ersten Hälfte des Second Empire. Tübingen 1992; John Guillory: Cultural Capital. The Problem of Literary Canon Formation. Chicago, London 1993.

[5] Vgl. Paul Raabe: Der frühe Benn und die Veröffentlichung seiner Werke. Anhand einiger verstreuter Briefe des Dichters 1913–1921. In: P. R. / Max Niedermayer (Hg.): Gottfried Benn. Den Traum alleine tragen. Neue Texte, Briefe und Dokumente. Wiesbaden 1966, S. 11–38; Horst Fritz: Gottfried Benns Anfänge. Wieder in: Bruno Hillebrand (Hg.): Gottfried Benn. (Wege der Forschung 316). Darm-

der Veröffentlichung seiner als Debüt wahrgenommenen *Morgue* (1912) als Dichter. Ein Blick in den *Epilog* seiner *Gesammelten Schriften* (1922), in dem er erstmals mit angeblich autobiographischen Informationen an die Öffentlichkeit getreten ist, belegt, daß er frühzeitig an der Verbreitung einer solchen Einschätzung interessiert war:

> Ich approbierte, promovierte, doktorierte, schrieb über Zuckerkrankheit im Heer, Impfungen bei Tripper, Bauchfellücken, Krebsstatistiken, erhielt die Goldene Medaille der Universität Berlin für eine Arbeit über Epilepsie, was ich an Literatur verfaßte, schrieb ich, mit Ausnahme der ›Morgue‹, die 1912 bei A.R. Meyer erschien, im Frühjahr 1916 in Brüssel. (GWE II, S. 251)[6]

An dieser Stelle, die wörtlich in den *Epilog und Lyrisches Ich* der *Gesammelten Prosa* (1928) übernommen wurde, wird eine strikte Zweiteilung zwischen medizinischen Schriften und Literatur vorgenommen und suggeriert, Benn habe im wesentlichen nach dem Abschluß seiner wissenschaftlichen Publikationstätigkeit – die von ihm erwähnte Medaille hatte er 1911 erhalten – als Dichter reüssiert.

Eine chronologische Sichtung der frühesten Veröffentlichungen Benns zeigt jedoch ein anderes Bild. Die ersten drei Publikationen sind der literarischen Sphäre zuzuordnen. In den *Grenzboten*, deren Zeit als bedeutende literarische Zeitschrift längst abgelaufen war, erschienen im Februar bzw. März 1910 die beiden Gedichte *Gefilde der Unseligen* und *Rauhreif* und das dialogisch gestaltete, dichtungstheoretischen Fragen gewidmete *Gespräch*. Anschließend dominieren zunächst (populär)wissenschaftliche Arbeiten: die drei ebenfalls in den *Grenzboten* gedruckten Aufsätze *Beitrag zur Geschichte der Psychiatrie*, *Zur Geschichte der Naturwissenschaften* und *Medizinische Psychologie* und die Untersuchung *Die Ätiologie der Pubertätsepilepsie* (1911).[7] Nach dem Erscheinen der *Morgue* und vor dem Ausbruch des Ersten Weltkriegs publizierte Benn neben literarischen Beiträgen mit seiner Dissertation *Über die Häufigkeit der Diabetes melittus im Heer* (1912) und dem Aufsatz *Über einen Fall von innerer Einklemmung infolge Mesenteriallücke bei einem Neugeborenen* (1914) zwei weitere wissenschaftliche Schriften. Da dieser

---

stadt 1979, S. 261–283 (erstmals 1968). Beide Publikationen blenden Benns medizinische Sozialisation völlig aus.

6   Benns Werke werden mit dem Kürzel GWE zitiert nach: Gottfried Benn. Gesammelte Werke in der Fassung der Erstdrucke. Textkritisch durchgesehen und herausgegeben von Bruno Hillebrand. 4 Bände (I: Gedichte, II: Prosa und Autobiographie, III: Essays und Reden, IV: Szenen und Schriften). Frankfurt/M. 1982–1990. Verweise mit der Sigle SW beziehen sich auf: Gottfried Benn. Sämtliche Werke. In Verbindung mit Ilse Benn herausgegeben von Gerhard Schuster. [Bislang] 5 Bände. Stuttgart 1986–1991.

7   Die hier und im folgenden genannten wissenschaftlichen Untersuchungen sind erneut abgedruckt in: Gottfried Benn. Medizinische Schriften. Herausgegeben und mit einem Nachwort von Werner Rübe. Wiesbaden 1965. Im Nachwort dieser Edition nennt Rübe die Publikationsorte der Erstveröffentlichungen.

Aufsatz allerdings schon am Ende des Jahres 1912 abgeschlossen wurde,[8] könnte man annehmen, Benns Interesse an wissenschaftlichen Publikationen sei seit jenem Zeitpunkt erloschen gewesen. Daß dies nicht zutrifft, dokumentiert der 1918 vorgelegte Beitrag *Nebenwirkungen bei Arthigon*, der während Benns Tätigkeit an einem Prostituiertenkrankenhaus in Brüssel entstanden war. 1921 schließlich publizierte er den Aufsatz *Die Ansteckung mit Syphilis in der Krankenpflege*. Dabei handelt es sich allerdings um eine Auftragsarbeit, die Benn aus freien Stücken nicht verfaßt hätte – wir werden darauf zurückkommen.

Benn hat also entgegen den eigenen Aussagen bezüglich seines literarischen Werdegangs selbst über den Zeitpunkt der Veröffentlichung seiner ersten Sammelbände *Gehirne* (1916) und *Fleisch* (1917) hinaus wissenschaftliche Untersuchungen vorgelegt. Obwohl er als Dichter in diesen Jahren ungleich produktiver war, wird man festhalten können, daß er sich bis zu seiner Niederlassung als Arzt die Option offengehalten hat, wissenschaftlich zu publizieren. Sein Publikationsverhalten entspricht seiner akademischen und beruflichen Sozialisation genau. Man kann davon ausgehen, daß Benn sein Medizin-Studium mit Engagement und Ehrgeiz betrieben hat: Parallel zu seinem Studium arbeitete er ein Jahr lang bis Oktober 1911 als Unterarzt an der Charité und schrieb im selben Jahr die bereits erwähnte, preisgekrönte Arbeit über *Die Ätiologie*. Zu diesem Zeitpunkt brauchte er sich über seine beruflichen Perspektiven der nächsten Jahre keine Gedanken zu machen, weil er sich als Student der Kaiser-Wilhelm-Akademie für das militärärztliche Bildungswesen verpflichtet hatte, nach dem Studium für jedes Semester Studiendauer ein Jahr lang als Militärarzt tätig zu sein. Diese Situation änderte sich schlagartig nach der Feststellung seiner Dienstuntauglichkeit in der zweiten Hälfte des Jahres 1912. Die nunmehr von ihm angenommenen, alle nur zeitlich begrenzt ausgeübten Anstellungen als Mediziner bis zum Kriegsausbruch belegen, daß Benn während dieses Zeitraums nicht willens oder vielleicht aus äußeren Gründen nicht in der Lage war, in beruflicher Hinsicht eine klare Entscheidung zu treffen. Dieser Zustand überdauerte sogar seinen Kriegseinsatz in Brüssel. Nach der Rückkehr nach Berlin arbeitete Benn nochmals als Assistentarzt an der Charité, bis er etwa im November 1917 seine Praxis für Haut- und Geschlechtskrankheiten eröffnete. Da Benn sich nicht schon gleich nach seinem erstmaligen Ausscheiden aus dem Militärdienst zu einem solchen Schritt, sondern für eine Stelle als Arzt entschieden und umgehend die Untersuchung *Über einen Fall von innerer Einklemmung* ausgearbeitet hat, ist die Vermutung nicht abwegig, daß er zeitweilig eine wissenschaftliche Laufbahn in Erwägung zog. Noch in Brüssel, wo er gemäß der von uns herangezogenen Stelle aus seinem *Epilog* ausschließlich die Pro-

---

[8] Vgl. Hanspeter Brode: Benn-Chronik. Daten zu Leben und Werk. München, Wien 1978, S. 30.

duktion von »Literatur« für erwähnenswert hielt, besaß Benn den Ehrgeiz,
neben seinen ärztlichen Dienstpflichten »Kontakt mit der wissenschaftlichen
Literatur [zu halten]«[9] und Material für den Aufsatz über die *Nebenwirkungen
bei Arthigon* auszuarbeiten. Drei Jahre später war dieser Ehrgeiz verflogen.
In einem im Juni 1921 geschriebenen, seinem Beitrag *Die Ansteckung mit
Syphilis* beigelegten Brief an Elsa Fleischmann-Hilliger bittet Benn um Nachsicht für seinen Aufsatz, der nur auf nachdrücklichen Wunsch der Adressatin
entstanden sei:

> Mir fällt es nämlich unendlich schwer [...], überhaupt noch eine wissenschaftliche
> Arbeit zu machen [...] Ich bezweifle den Satz von der Kausalität zu sehr, um noch
> nach Gründen und Folgerungen zu fragen; [...] ich glaube weder an Wissenschaft
> noch an Erkenntnis, insonderheit halte ich die Naturwissenschaften für Komparserie
> bei allen ernsteren Fragen u[nd] zum Schluß glaube ich weder an Entwicklung noch
> an Fortschritt weder des einzelnen noch der Gesamtheit – kurz: Sie sehen, vor was
> für schwere metaphysische Fragen und Insuffizienzien mich Ihre Aufforderung ge-
> führt hat.[10]

In der Zeit zwischen dem Medizinstudium und seiner Niederlassung als Arzt
publizierte Benn also nicht nur als Dichter, sondern in eingeschränktem Umfang auch als Wissenschaftler und war somit sowohl im wissenschaftlichen
als auch im literarischen Feld tätig. Was seinen weiteren Werdegang bis zur
Mitte der 30er Jahre anbelangt, können wir uns kurz fassen, weil alle weiteren, im Rahmen unserer Fragestellung relevanten Daten hierfür bekannt sind.
Bis zur Machtergreifung der Nationalsozialisten war er der kulturell interessierten Öffentlichkeit lediglich als Akteur innerhalb des literarischen Feldes
bekannt. Nach 1933 änderte sich die Lage jedoch für ihn erneut. Durch sein
anfängliches Engagement für den Nationalsozialismus, das ihm kurzfristig
den kommissarischen Vorsitz in der Dichtersektion der Preußischen Akademie der Künste und die stellvertretende Präsidentschaft in der Union nationaler Schriftsteller einbrachte, wurde er wegen der massiven Versuche einer
Instrumentalisierung der Kunst im Dienst der nationalsozialistischen Ideologie gezwungen, als Repräsentant des neuen Regimes aufzutreten und dessen
kulturpolitische Zielsetzungen mitzutragen. Benn sah sich dem unmittelbaren
Zugriff des Machtfeldes ausgesetzt und mußte mit der Doppelrolle als Dichter und Propagandist des Nationalsozialismus zurecht kommen – dieses Experiment ist rasch gescheitert und führte zu seinem Rückzug in die Reichswehr.

---

[9]   Hans Egon Holthusen: Gottfried Benn. Leben, Werk, Widerspruch. 1886–1922.
      Stuttgart 1986, S. 238.
[10] Zitiert nach: Gottfried Benn. Ausgewählte Briefe. Mit einem Nachwort von Max
      Rychner. Wiesbaden 1957, S. 14f.

2. Vier Etappen der Auseinandersetzung mit den Naturwissenschaften

2.1. Naturwissenschaftlich fundierte Dichtung

Die wissenschaftskritischen Reflexionen des eben zitierten Briefs an Fleischmann-Hilliger sind jedem mit Benns Essayistik der 20er und frühen 30er Jahre vertrauten Leser bekannt. Dabei sind sie keineswegs selbstverständlich. Benn hatte zunächst freiwillig und erfolgreich Medizin studiert und diesen Studienwunsch sogar gegen den Willen seines Vaters durchgesetzt. Insofern ist es nicht überraschend, daß er sich in seinen ersten Veröffentlichungen keineswegs so abfällig über die Naturwissenschaften äußerte. Aus den populärwissenschaftlichen Beiträgen für die *Grenzboten* spricht im Gegenteil eine geradezu emphatische Wissenschaftsgläubigkeit. Benn feiert die Methode der Induktion als die große Errungenschaft des 19. Jahrhunderts, die im Verlauf einer etwa einhundertjährigen Forschungsarbeit einen immensen Wissensbestand geschaffen und damit gerade wegen ihrer Ausblendung der Metaphysik und der Beschränkung auf empirische Experimente die Grundlagen für eine neuerdings mögliche Hinwendung zu »letzten Fragen« (GWE III, S. 21) bereitgestellt habe. Benn reproduziert den naturwissenschaftlichen Monismus der Jahrhundertwende, wenn er einer Physik-Vorlesung attestiert, es handele sich in ihrem Fall

nicht allein um die Erklärung aller chemisch-physikalischen Prozesse durch ein großes und einigendes Prinzip, [... sondern] vielmehr um die Zurückführung aller kosmischen Vorgänge überhaupt auf ein Letztes und Schließliches, um eine Zusammenfassung und um einen Abschluß mit allerhand Fernblicken – also [um] ein kosmologisches, ein philosophisches Kolleg. (GWE III, S. 22)

Der Auffassung des jungen Mediziners Benn zufolge sind die Naturwissenschaften seiner Zeit unversehens in die Lage versetzt worden, ein Erklärungsmonopol für sämtliche zentralen Fragen des Daseins zu besitzen, die früher Gegenstand theologischer oder philosophischer Reflexionen waren. Aufschlußreich sind in diesem Zusammenhang seine Erörterungen über »die psychophysische Frage« (GWE III, S. 15):

Man hatte an Geweben des Körpers experimentiert und hatte Reaktionen bekommen aus dem Gebiet des Seelischen [...]; man war an eine Stelle gekommen, da waren die beiden Lebensbereiche zusammengeknotet und man konnte von hier aus sich in das dunkle rätselhafte Reich des Psychischen tasten. Und damit stand man vor etwas unerhört Neuem in der Geschichte der Wissenschaften: das Psychische [...], das Unfaßbare schlechthin ward Fleisch und wohnete unter uns; in der Knechtsgestalt des Leiblichen trat es ganz und gar handgreiflich den forschenden Sinnen entgegen und konnte sich dem nicht mehr entziehen, mit naturwissenschaftlichem Handwerkszeug bearbeitet zu werden. (GWE III, S. 14f.)

Es ist zu erwarten, daß diese von der Physiologie angeblich ausgehende Heilsbotschaft, die dem Pfarrersohn Benn eine biblische Diktion abnötigt, auch auf den angehenden Dichter eine Faszination ausüben mußte. Diese Erwartung wird bestätigt durch das *Gespräch*, das Benn nach dessen Erstveröffentlichung zeitlebens nicht mehr abdrucken ließ. Hier vertritt Thom, der Wortführer der beiden Dialogpartner, die Ansicht, dem modernen Dichter bleibe keine andere Wahl, als »die Dinge und Geschehnisse auf ihren rein tatsächlichen Bestand zurückzuführen, sie auf eine wissenschaftliche Basis zu stellen« (GWE IV, S. 14). Als Beispiel führt er den seit dem Naturalismus in Deutschland vielgelesenen dänischen Autor Jacobsen an, der auch »ein großer Naturwissenschaftler« gewesen sei und »bewußt diese Art zu schauen und zu schildern als Methode aus den Naturwissenschaften in die Kunst hinübergenommen« habe (GWE IV, S. 14 und 18). Thom gibt einschlägige Kenntnisse der Zellbiologie, in der sich »das Leben [...] in seinen primitivsten Formen« (GWE IV, S. 16) zeige, als geradezu unverzichtbare Voraussetzung für dichterische Kompetenz aus:

> Das ganze Chaos von Geschehnissen, das sich aus den Beziehungen der Menschen zueinander ergibt [...], das läßt sich doch schließlich alles restlos auf einige ganz wenige Funktionen zurückführen, die eben die Funktionen des Lebens an sich sind und die in jeder Zelle stumm sich abspielen [...] In mir entsteht immer eine Empfindung von ganz eigentümlichem Gefühlston, wenn ich mir Jacobsen vorstelle, wie er mit einem Mikroskop an der Arbeit ist und eine Zelle studiert: wie das Leben, aufgegipfelt in eines seiner subtilsten Exemplare, in dem das Seelische, das Zerebrale sich aufgefasert hat in seine feinsten und äußersten Vibrationen, sich über ein anderes Leben beugt: dumpf, triebhaft, feucht, alles eng beieinander, und wie doch beide zusammengehören und durch beide die eine Welle läuft und wie beide leibverwandt sind bis in die chemische Zusammensetzung ihrer Säfte. (GWE IV, S. 16f.)

2.2. Wissenschaftsschelte

Die hier artikulierte Wissenschaftsgläubigkeit[11] hat sich in der vier Jahre später in den *Weißen Blättern* veröffentlichten Szenenfolge *Ithaka* (1914) in

---

[11] Die Aufsätze von Walter Müller-Seidel (Zwischen Darwinismus und Jens Peter Jacobsen. Zu den Anfängen Gottfried Benns. In: Klaus Bohnen u.a. [Hg.]: Fin de siècle. Zu Naturwissenschaft und Literatur der Jahrhundertwende im deutsch-skandinavischen Kontext. Kopenhagen, München 1984, S. 147–171; Goethes Naturwissenschaft im Verständnis Gottfried Benns. Zur geistigen Situation am Ende der Weimarer Republik. In: Hans-Henrik Krummacher u.a. [Hg.]: Zeit der Moderne. Zur deutschen Literatur von der Jahrhundertwende bis zur Gegenwart. Stuttgart 1984, S. 25–53; Wissenschaftskritik und literarische Moderne. Zur Problemlage im frühen Expressionismus. In: Thomas Anz / Michael Stark [Hg.]: Die Modernität des Expressionismus. Stuttgart, Weimar 1994, S. 21–43) reklamieren Benn eindeutig für die Literatur der Moderne, die erst unter der Voraussetzung der Zurückweisung des von den Naturalisten noch akzeptierten Weltdeutungsmonopols der Naturwissenschaften habe entstehen können. Diese Zuordnung führt zu einer wenig überzeugenden Interpretation des *Gesprächs* (vgl. W. M.-S.: Darwinismus, S. 163 ff.): Der naturalistisch argumentierende Thom wird gegenüber Gert, der den »Geist [...] Benns, des damaligen wie des späteren« (S. 164) verkörpere, ab-

ihr genaues Gegenteil verkehrt. Wenn der Pathologieprofessor Albrecht als Vertreter einer positivistischen, utilitaristischen und durch Standesdünkel korrumpierten Wissenschaft davon spricht, mit seinen Forschungen einen »Schritt näher zur Erkenntnis der großen Zusammenhänge, die das All bewegen« (GWE IV, S. 22), gekommen zu sein, dann ist dies nur noch ironisch zu verstehen. War in *Zur Geschichte der Naturwissenschaften* zu lesen, unter gegenwärtigen Bedingungen hätte sich auch Thomas von Aquin einem naturwissenschaftlichen Studium nicht entziehen können (GWE III, S. 21f.), so läßt Benn den Professor nunmehr spötteln:

> Wir sind doch nicht Thomas von Aquino [...]! Haben Sie denn nichts gehört von dem Morgenrot des Konditionalismus, der über unserer Wissenschaft aufgegangen ist? Wir stellen die Bedingungen fest, unter denen etwas geschieht. Wir variieren die Möglichkeiten ihrer Entstehung, die Theologie ist ein Fach für sich! (GWE IV, S. 22)

Gegen eine solche induktive, als banal und selbstgenügsam denunzierte Wissenschaftspraxis, die den an ihr Beteiligten nur »subalternste Gehirntätigkeiten« (GWE IV, S. 23) abzuverlangen vermöge, begehren die von einer zivilisationskritischen Sehnsucht nach irrationaler Ichentgrenzung und trancehafter Verschmelzung mit dem Kosmos erfaßten Studenten Lutz und Kautski und der Assistenzarzt Rönne auf. Der Text endet mit einer Apotheose des von Nietzsche beschriebenen Dionysos-Kults: »Wir wollen den Traum. Wir wollen den Rausch. Wir rufen Dionysos und Ithaka!« (GWE IV, S. 28).

Dieselbe Wissenschaftskritik findet sich in dem als Rede konzipierten Essay *Das moderne Ich* (1920). Sie wird dort jedoch nicht mehr mit individuellen Aversionen, sondern mit dem Aufweis der destruktiven Folgen der naturwissenschaftlichen Forschung und der sozialdarwinistischen Weltanschauung begründet. Den Anlaß hierfür bietet der verlorene Erste Weltkrieg, vor dessen »kathastrophale[m] Hintergrund« (GWE III, S. 35) die Krise der Naturwissenschaften inszeniert wird. Zum einen konfrontiert Benn die vermeintliche Trivialität der Forschung mit den verheerenden Auswirkungen des durch sie ermöglichten technisierten Krieges – »Was für ein Leben und Weben in den technischen Künsten, [...] was für ein rüstiger Fortschritt vom Mantelgeschoß bis zur Lydditgranate!« (GWE III, S. 32f.) – und moniert die dennoch weitgehend ungebrochene gesellschaftliche Reputation der sich als

---

gewertet. Generell gilt, daß Müller-Seidel, wie in diesem kurzen Zitat ebenfalls zum Ausdruck kommt, das Denken von Benn als konstante, keine nennenswerte Entwicklung aufweisende Größe behandelt, alle seine Äußerungen über die Naturwissenschaften in einem einheitlichen Sinne interpretieren zu können glaubt und deshalb nicht nur im Hinblick auf das *Gespräch* zu einigen problematischen Wertungen gelangt. – Zur Kritik an einem (stark von Müller-Seidel inspirierten) Forschungsansatz, der von einer strikten Trennungslinie zwischen den Naturwissenschaften und der modernen Literatur ausgeht, vgl. auch Walter Erhart: Medizingeschichte und Literatur am Ende des 19. Jahrhunderts. In: Scientia Poetica 1 (1997), S. 224–267, hier S. 227ff.

Dienst am leidenden Menschen aufspielenden medizinischen Forschung. Zum
anderen attackiert er den gewichtigen Beitrag des »Darwinismus bei Begründung der Notwendigkeit von Kriegen« (GWE III, S. 36) und polemisiert unter Berufung auf ein Buch von Semi Meyer gegen den völlig verfehlten darwinistischen »Entwicklungsbegriff« (GWE III, S. 38), der deterministisch
aufgefaßt worden sei und deshalb unvorhersehbare Innovationen fälschli-
cherweise definitiv ausgeschlossen habe. Angesichts dieses prinzipiellen Irrtums der darwinistischen Evolutionslehre provoziert Benn seine Leser mit der
These, daß »der Weltkrieg [...] auf einer falschen naturwissenschaftlichen
Grundlage, sozusagen irrtümlich, entstanden« (GWE III, S. 37) sei.

Die Absicht des Essays ist klar: Er verfolgt eine Diskreditierungskampa-
gne, die das Weltdeutungsmonopol der Naturwissenschaften und der sich auf
sie stützenden Ideologien der Naturbeherrschung, der allgemeinen Wohlfahrt
und des Sozialdarwinismus destruieren soll. Gegen das angeblich zu Ende
gegangene naturwissenschaftliche Zeitalter und sein auf den Prinzipien der
Wissensakkumulation und Rationalität aufbauendes Menschenbild wird der
Mythos der von der Individuation und ihren Bewußtseinsqualen erlösenden
dionysischen Selbstentgrenzung ausgespielt, der in Benns Werken seit 1914
immer wieder beschworen wird und hier seinen Zenit erreicht hat.[12] Trotz
dieser eindeutigen Zielsetzungen wirkt *Das moderne Ich* auf merkwürdige
Weise inhomogen. Das hat weniger mit jenen von Gerhard Schuster zu Recht
als »überbordende Partieen« (SW III, S. 448) bezeichneten Passagen des
Erstdrucks zu tun, die Benn anläßlich der acht Jahre später erfolgten Wieder-
veröffentlichung des Textes in der *Gesammelten Prosa* gestrichen hat, sondern resultiert aus grundsätzlichen inhaltlichen Defiziten des Essays.

Benn unterstellt dem positivistischen, anwendungsorientierten Wissen-
schaftsbetrieb einen absoluten Wahrheitsanspruch, den dieser weder einlösen
konnte noch wollte. Wenn er davon spricht, die aus dem Krieg zurückkeh-
rende Jugend solle sich mit der verlassen am Abgrund stehenden Psyche
identifizieren und habe mit der Absicht, »die Binde von Sais zu lüften«, ihr
Studium aufgenommen (GWE III, S. 29), so illustrieren diese auf den Mythos von Amor und Psyche sowie auf Schillers Lehrgedicht *Das verschleierte
Bild zu Sais* anspielenden, existentielle Grenzsituationen und die Problematik
der bedingungslosen Wahrheitssuche thematisierenden Hinweise, daß Benn
die Naturwissenschaften auf der Basis einer von ihm selbst an sie herangetragenen Unfehlbarkeitsprojektion kritisiert. Außerdem wirkt seine dagegen
vorgebrachte Feier des irrationalistisch-dionysischen Rauschzustands reichlich forciert. Das von Benn aus wirkungsästhetischen Gründen bewußt ge-
wählte Verfahren – »und plötzlich: aus Thrazien: Dionysos« (GWE III,
S. 45) –, naturwissenschaftliches Denken und jenen Rauschzustand unver-

---

[12] Wilhelm Wodtke: Die Antike im Werk Gottfried Benns. Wiesbaden 1963, hier
S. 35.

mittelt nebeneinander zu stellen, kann inhaltlich nicht überzeugen. Benns Essay vermag nicht plausibel darzulegen, weshalb die Erkenntnis- bzw. Erlebnisqualitäten der von ihm favorisierten trancehaften Seinsschau mit ihrer Inklination zu im übrigen äußerst blaß bleibenden schöpferischen Potentialen als sinnvolle Alternative des rationalen Erkenntnisstrebens gelten und ihm sogar überlegen sein soll.

2.3. Die Naturwissenschaften im Dienst einer pseudobiologischen Dichtungstheorie

In seinem zehn Jahre später veröffentlichten Essay *Zur Problematik des Dichterischen* (1930) geht Benn wesentlich souveräner mit seinem Thema um. Während er sich im *Modernen Ich* gewissermaßen mühsam durch den Wust einer erstarrten wissenschaftsgeschichtlichen Überlieferung zu seinem eigentlichen Anliegen durcharbeitet, geht er nun direkt von seiner Fragestellung aus und handelt sie konzis ab. Gegen die sich in seiner Zeit mehrenden Stimmen, »die einen reinen Parteicharakter der künstlerischen Äußerung fordern«, da sie »die sozialen Voraussetzungen für eine Dichterschaft [... für] gar nicht mehr gegeben« hielten (GWE III, S. 83), wendet sich Benn mit dem »Versuch, das Dichterische als Begriff und Sein mit einer neuen Hypothese zu erfassen und als Phänomen von primärem Charakter innerhalb des biologischen Prozesses zu lokalisieren« (GWE III, S. 84).

Benn polemisiert gegen die Forderung nach einer zeitgemäßen Literatur mit dem Verweis auf die völlige Sinnlosigkeit der Geschichte und bezieht die Naturwissenschaften in diese Kritik ein: Er skizziert den raschen Wandel der jeweils für unumstößliche Wahrheiten ausgegebenen wissenschaftlichen Erkenntnisse bzw. Modelle und hebt somit deren prinzipielle Vorläufigkeit und Falsifizierbarkeit hervor. Benn knüpft an ein Motiv aus dem *Modernen Ich* an, wenn er ausführt, daß die beiden »Standardbegriffe [des 19. Jahrhunderts] vor unseren Blicken in vehementer Weise ihre historische Sendung beenden: der Entwicklungsbegriff [und ...] der Individualitätsbegriff« (GWE III, S. 85). Da das vorige Jahrhundert »doch sicher das Jahrhundert der Wissenschaften [war]« (GWE III, S. 85f.), hätte jeder sich damals in den Dienst der Zeit stellende Dichter jenen beiden nunmehr überholten Standardkategorien Genüge leisten und somit Werke verfassen müssen, die heutzutage ebenfalls schon obsolet wären. Die Unmöglichkeit für den ambitionierten Autor, sich an naturwissenschaftlichen Erkenntnissen zu orientieren, sei angesichts der aktuellen Grundlagenkrise der Naturwissenschaften allzu offensichtlich:

Wenn aber nun gar, wie heute, die Basis des wissenschaftlichen und damit des modernen Weltbilds überhaupt schwankt [...], wo soll dann der Dichter sich befinden, jede neue Bulle des wissenschaftlichen Ordens erst studieren [...], oder genügt er schon seiner Charge, wenn er einstimmt in das allgemeine Gejodel über die Größe der Zeit und den Komfort der Zivilisation? (GWE III, S. 87)

Der Dichter könne nicht auf der Seite der in Comtes »Philosophie der positiven Erfahrung« und der induktiven Wissenschaften einmündenden Aufklärung stehen, »die damit endete, daß ihre heutigen erlauchten Koryphäen, Koryphäen aus der Universitas litterarum, den doch durch eine längere Geschichte wie die der Hochschulen dokumentierten Drang nach Universalität und Totalität ›ein logisches Spiel zur Befriedigung autistischer Gelüste‹ nennen« (GWE III, S. 90). Statt dessen »[besteht] seine Größe vielmehr gerade darin [...], daß er keine sozialen Voraussetzungen findet, daß eine Kluft besteht, daß er die Kluft bedeutet gegenüber diesem Zivilisationsschotter« (GWE III, S. 91). Er wende sich »in einer Art Rückfallfieber und Sturzgeburt nach Innen, Niederem« dem »Grundstock der Psyche« zu (GWE III, S. 91 u. 92), um an archaischen, prälogischen Vorstellungsweisen zu partizipieren, welche die Menschheit stammesgeschichtlich wesentlich länger prägend begleitet hätten als die rationalen Erklärungsmuster der technisch-industriellen Zivilisation und von diesen zwar zurückgedrängt, aber nicht definitiv getilgt worden seien. Diese mystische, in Traumvisionen und ekstatischen Rauschzuständen mögliche Seinsschau sei dem logischen Denken überlegen, da sie im Gegensatz zu ihm universal sei und eine lustvolle, alle scheinbaren Kontingenzen in einer höheren Einheit auflösende Verschmelzung des Ich mit dem Kosmos ermögliche. »Die Seele« – Benn zitiert hier den französischen Ethnologen Lévy-Bruhl – »trachtet nach Tieferem als der Erkenntnis, nach etwas Tieferem, das ihr Ganzheit und Vollendung gibt« (GWE III, S. 92). Einem solchen »archaisch erweiterte[n], hyperämisch sich entladende[n] Ich scheint das Dichterische ganz verbunden« (GWE III, S. 95). Unter Berufung auf Nietzsches Heraklit-Deutung hält Benn fest, daß der wahre Dichter ein gesellschaftlicher Außenseiter und an der Behandlung aktueller sozialer Fragen völlig desinteressiert sei, und beendet seinen Essay mit einer Montage von Goethe- und Nietzsche-Zitaten bzw. mit Anspielungen auf sie:

> Mögen andere [...] Beziehungen schildern, die vorübergehn, von Fragen leben, die sich schnell zerlösen, immer und zu allen Zeiten wird er wiederkommen, für den alles Leben nur ein Rufen aus der Tiefe ist, einer alten und frühen Tiefe, und alles Vergängliche nur ein Gleichnis eines unbekannten Urerlebnisses, das sich in ihm Erinnerungen sucht. (GWE III, S. 96)

Wenn sich Benn abfällig über das im 19. Jahrhundert begründete positivistische, auf Induktion beruhende und die Verwertbarkeit seiner Ergebnisse bezweckende Wissenschaftsideal äußert, so folgt er damit der schon in *Das moderne Ich* eingeschlagenen Richtung. Während er sich dort allerdings zu einer Fundamentalkritik der Naturwissenschaften veranlaßt sieht und davon lediglich die sich kritisch gegen den Darwinismus wendende Literatur ausnimmt, differenziert er nun sowohl in chronologischer als auch thematischer Hinsicht. Verworfen werden alle jene philosophischen und wissenschaftlichen Strömungen, die Benn »summarisch« der von ihm zwischen dem 12. und dem 19. Jahrhundert lokalisierten »Aufklärung« zuordnen zu können glaubt und die insbesondere durch das »Baconsche Zeitalter« und die Werke Comtes und Mills flankiert würden (GWE III, S. 89–91, Zitate S. 89). Positiv hingegen bezieht er sich auf neuere Forschungen zur Embryologie und Paläontologie, Ethnologie und Psychoanalyse. Die von diesen Fächern vorgelegten Forschungsergebnisse werden allerdings nicht um ihrer selbst willen referiert, sondern lediglich in der für Benns Umgang mit Zitaten typischen Weise bewußt zugespitzt oder sogar verfälschend so präsentiert,[13] daß sie sich als Beweismaterial für seine angeblich biologische, tatsächlich aber primär auf Goethe und Nietzsche rekurrierende Theorie des Dichterischen eignen. Insbesondere Nietzsches Schriften verdankt Benn wesentliche Impulse für sein Dichterverständnis, während die zu seiner Begründung scheinbar aufgebotenen neueren Erkenntnisse der herangezogenen Naturwissenschaften lediglich zur Bestätigung der Richtigkeit einer unabhängig von ihnen gewonnenen Auffassung instrumentalisiert werden.

2.4. Kunst und Naturwissenschaft als Analogieerscheinungen

Im *Bekenntnis zum Expressionismus* (1933) findet man nur noch wenige Reflexe von Benns fulminanter Kritik der Naturwissenschaften aus dem Jahr 1920. Benn spricht zwar abschätzig von »liberalistischem Opportunismus« und der »reine[n] Verwertungswelt der Wissenschaft« (GWE III, S. 267), die er wie alle anderen, ihm ideell verbundenen Mitglieder der expressionistischen Generation bei seinem Versuch einer geistigen Erneuerung Europas vorgefunden habe. Ansonsten hält er sich mit weiterführenden polemischen Attacken in dieser Sache auffallend zurück, obwohl es sich z.B. im Zuge seiner kapitalismuskritischen Ausführungen über die zwischen 1910 und 1925 herrschende, ausschließlich als »Industrieprodukte, Hypothekeneintragungen [... und] Darwinismus« definierte »Wirklichkeit« (GWE III, S. 265) geradezu angeboten hätte, auch die positivistische, utilitaristische Naturwissenschaft des 19. Jahrhunderts als Bestandteil der von ihm bekämpften »erbärmlichste[n] bürgerliche[n] Weltanschauung« (GWE III, S. 267) zu diskreditieren.

Statt dessen stehen zwei ganz andere Argumente im Vordergrund der Ausführungen zum Verhältnis von Literatur und Naturwissenschaften. Erstens betont Benn die von den modernen Naturwissenschaften selbst hervorgerufene »fundamentale Erschütterung [...] seit 1900 bei Zertrümmerung der na-

---

[13] Diese Vorgehensweise wird aufgezeigt von Thomas Ehrsam: Spiel ohne Spieler. Gottfried Benns Essay »Zur Problematik des Dichterischen«. Kommentar und Interpretation. Zürich, München 1986, S. 38f., 65, 84ff. und 183f.

turwissenschaftlichen, der seit 400 Jahren ›wirklich‹ gemachten [Wirklich-keit]« (GWE III, S. 266), die eine existentielle Verunsicherung heraufbe-schworen habe: »Neue Wirklichkeit –, da die Wissenschaft offenbar nur die alte zerstören konnte, blickte man in sich und blickte zurück« (GWE III, S. 266). Zweitens widerlegt Benn die von den Gegnern des Expressionismus erhobenen Anschuldigungen, der Expressionismus sei »rein subjektiv, unver-ständlich [...] und vor allem [...] ›rein formalistisch‹« (GWE III, S. 268) ge-wesen, mit dem Argument, daß er nichts anderes als die künstlerische Ana-logieerscheinung der modernen Mathematik und Physik gewesen sei: »Diese Vorwürfe sind äußerst paradox im Munde von Zeitgenossen, die ein solches Wesen mit der modernen Physik trieben [...] Diese monströse Wissenschaft, in der es nichts gibt als unanschauliche Begriffe, künstlich abstrahierte For-meln, das Ganze eine im Goetheschen Sinne völlig sinnlos konstruierte Welt« (GWE III, S. 269), wird nun herangezogen, um die Plausibilität und ideenge-schichtliche Notwendigkeit des Expressionismus zu rechtfertigen:

> Eigentlich dürfte doch wohl keiner [... dem Expressionismus] die Identität mit sei-ner Zeit bestreiten, auch mit deren unangefochtenen Leistungen, ihrem nicht als volksfremd empfundenen Stil: er war die komplette Entsprechung im Ästhetischen der modernen Physik und ihrer abstrakten Interpretation der Welten, die expressi-ve Parallele der nichteuklidischen Mathematik, die die klassische Raumwelt der letzten zweitausend Jahre verließ zugunsten irrealer Räume. (GWE III, S. 269)

Aus dieser Perspektive läßt sich auch das erste, die destruktive Kraft der mo-dernen Wissenschaft thematisierende Argument als implizierte Variante der hier konstruierten Parallelisierung lesen: Wie die Wissenschaft habe auch der Expressionismus die Wirklichkeitszertrümmerung einer obsoleten, »unter-gangsgeweihte[n] Welt« (GWE III, S. 266) vorangetrieben, um Raum für überfällig gewordene Neuerungen zu schaffen.

Die Unterscheidung zwischen einer überlebten und einer modernen, kon-struktiven Wissenschaft findet sich im *Lebensweg eines Intellektualisten* (1934) nicht mehr. Letzte, schwache Relikte von Benns früheren Ausfällen gegen die Naturwissenschaft des 19. Jahrhunderts kann man an seinem Hinweis auf »das Plausible, Flache, die Wissenschaft als die theoretische Interpretation der Welt – die Nietzschelage« (GWE II, S. 334) und an der Bemerkung erkennen, der Künstler stehe »mit dem hochdotierten Wissenschaftler [...] in dem Verhältnis, daß sie sich beide für Vorstufen und Kuriositäten halten« (GWE II, S. 330). Ansonsten dominieren eindeutig positive Bezüge zu den Naturwissenschaften.

Das betrifft nicht nur die im ersten Teil des Textes zur »genealogische[n] Rechtfertigung« (GWE II, S. 307) zitierten »Rassestudien« (GWE II, S. 310), an die Benn sowohl wegen seiner pseudobiologischen Dichtungstheorie als auch in Anbetracht seiner früheren, von ihm natürlich erwähnten (GWE III, S. 308) Aufsätze über das Erbmilieu des protestantischen Pfarrhauses nahtlos anknüpfen konnte.[14] Auch die im *Modernen Ich* diskreditierte Wissenschaft der »induktiven Epoche«, die zu Benns Studienzeit an der Kaiser-Wilhelm-Akademie »die Jahre ihres höchsten Triumphes [...], ihrer wahrhaft olympischen Größe« (GWE II, S. 312) erlebt habe, erfährt eine erstaunliche Hochschätzung:

> Eines lehrte sie die Jugend [...]: Kälte des Denkens, Nüchternheit, letzte Schärfe des Begriffs, Bereitschaft von Belegen für jedes Urteil, unerbittliche Kritik, Selbstkritik [...] Die kommenden Jahrzehnte konnte man ohne sie nicht verstehen, wer nicht durch die naturwissenschaftliche Epoche hindurchgegangen war, konnte nie zu einem bedeutenden Urteil gelangen, konnte gar nicht mitreifen mit dem Jahrhundert –: Härte des Gedankens, Verantwortung im Urteil, Sicherheit im Unterscheiden von Zufälligem und Gesetzlichem, [...] das wuchs hier. (GWE II, S. 312)

War die von Benn angesprochene Nüchternheit jener Wissenschaftspraxis 1920 als antiquierte Banalität interpretiert worden, erscheint sie nun als produktiver und zukunftsweisender Wert. Benn spricht geradezu von der »schöpferische[n] Seite des Objektiven«, die in ihrer Eigenschaft als »tiefe Skepsis, die Stil schafft«, auch in künstlerischer Hinsicht weitreichende Folgen hervorgerufen habe (GWE II, S. 312).

Diese Argumentation war möglich geworden, weil Benn Wissenschaft und Kunst unter dem titelprägenden Oberbegriff des Intellektualismus zusammengefaßt und als gleichgerichtete Äquivalente verstanden hat: »Lebensweg eines Intellektualisten oder das schicksalhafte Anwachsen der Begriffswelt oder das Verhältnis des Nordens zur Form – das sind meine Themen« (GWE II, S. 306f.). Intellektualismus als Verfahren, »[die Welt] in Begriffe zu bringen, sie und sich in Begriffen zu reinigen«, sei als ein »anthropologischer Grundtrieb« zu betrachten (GWE II, S. 335), der schon das Überleben des menschlichen »Vorfahr[n ...], als er aus dem Quartär trat«, garantierte: »Der Begriff [...] schied Welt von Chaos, trieb die Natur in die Enge, schlug die Tiere, sammelte und rettete die Art« (GWE II, S. 337). Auch in der von Nietzsche beschworenen »Kunst als [der] letzte[n] metaphysische[n] Tätigkeit innerhalb des europäischen Nihilismus« trete der Geist als »bewußt formender Geist« der Natur entgegen (GWE II, S. 332 u. 334). Stefan George habe eindrucksvoll demonstriert, daß der Kunst »das Halten der Ordnung, das Erkämpfen der Form gegen den europäischen Verfall« (GWE II, S. 333) obliege. Der schöpferische Mensch begreife sich »als nackte formale Trächtigkeit« (GWE II, S. 323): »In diesem grundlegenden Gefühl für die anthropologische Erlösung im Formalen, für die Reinigung des Irdischen im Begriff beginnt die neue Epoche, das neue Notwendige, beginnt [...] über der faustischen die Form- und Beziehungs-, beginnt die Ausdruckswelt« (GWE II, S. 325).

---

[14] Diese Aufsätze sind von Gerhard Schuster (SW IV, S. 592) zusammengestellt worden.

3. Die Positionsbedingtheit der Stellungnahmen

Der eben referierte Versuch, Kunst und Wissenschaft als spezifische Formen
des Intellektualismus zu parallelisieren, verweist auf den naheliegenden
Sachverhalt, daß Benns Ausführungen über die Naturwissenschaften stets im
Zusammenhang mit seinem Selbstverständnis als Dichter betrachtet werden
müssen. Wenn man auf der Grundlage von Bourdieus Kultursoziologie[15] die
bislang ermittelten Befunde auswerten will, so muß man allerdings von der
feldspezifischen Bedingtheit einer Autorrolle und des von ihr erzeugten
Kunst- und Selbstverständnisses ausgehen. Im folgenden soll daher gezeigt
werden, daß auch die verschiedenen Resultate von Benns Auseinandersetzung
mit den Naturwissenschaften mit seinen Positionen im literarischen Feld sowie in den Feldern der Wissenschaft und Macht erklärt werden können.

Die Wissenschaftseuphorie, die Benns populärwissenschaftliche Beiträge
für die *Grenzboten* und sein *Gespräch* prägt, resultiert zunächst aus der Studienzeit ihres Verfassers. Als Medizinstudent befand sich Benn in einer
durch wenig Spielräume gekennzeichneten, stark beherrschten Position innerhalb des wissenschaftlichen Feldes, das genau festgelegte Karrierestruktu-
ren ausgebildet hat.[16] Um sich dort etablieren zu können, blieb ihm als Neu-
ankömmling nichts anderes übrig, als sich das von seinen Professoren für
relevant erachtete Fachwissen anzueignen und dessen Kenntnis in mündlichen

---

[15]   Die für uns zentralen Arbeiten liegen gesammelt vor in Pierre Bourdieu: Die Regeln der Kunst. Genese und Struktur des literarischen Feldes. Übersetzt von Bernd
Schwibs und Achim Russer. Frankfurt/M. 1999. Als weitere, hier einschlägige
Beiträge Bourdieus in deutschsprachiger Fassung, die nicht oder nur in stark modifizierter Form in diese Publikation eingegangen sind, seien erwähnt: Künstlerische
Konzeption und intellektuelles Kräftefeld. In: P. B.: Zur Soziologie der symbolischen Formen. Aus dem Französischen von Wolfgang Fietkau. Frankfurt/M.
1974, S. 75–124; Die Wechselbeziehungen von eingeschränkter Produktion und
Großproduktion. In: Christa Bürger u.a. (Hg.): Zur Dichotomisierung von hoher
und niederer Literatur. Frankfurt/M. 1982, S. 40–61; Einführung in eine Soziologie des Kunstwerks. In: Irene Dölling (Hg.): P. B. Die Intellektuellen und die
Macht. Aus dem Französischen von Jürgen Bolder. Hamburg 1991, S. 101–124;
Das intellektuelle Feld. Eine Welt für sich. In: P. B.: Rede und Antwort. Aus dem
Französischen von Bernd Schwibs. Frankfurt/M. 1992, S. 155–166. Eine klug
ausgewählte englischsprachige Sammlung kunstsoziologischer Arbeiten Bourdieus
bietet: Pierre Bourdieu. The Field of Cultural Production (Anm. 3). – Eine um
Vollständigkeit bemühte, etwa 650 Einträge umfassende Liste der Bücher, Aufsät-
ze, Interviews und Sammelbände Bourdieus einschließlich deren Übersetzungen
von 1958 bis Januar 1994 findet man bei Gerhard Fröhlich/Ingo Mörth (Hg.)
(Anm. 2), S. 271–311. Sämtliche ins Englische übersetzte Werke, Aufsätze und
Interviews von bzw. mit Bourdieu, seine französischen Buchpublikationen und die
englischsprachigen Rezensionen und wissenschaftlichen Arbeiten über ihn bis 1997
sind verzeichnet bei: Pierre Bourdieu. A Bibliography. Compiled by Joan
Nordquist (Social Theory: A Bibliographical Series 47). Santa Cruz 1997.

[16]   Vgl. Pierre Bourdieu: The specificity of the scientific field and the social conditi-
ons of the progress of reason. In: Social science information. Sur les sciences so-
ciales 14, 6 (1975), S. 19–47.

und schriftlichen Prüfungen unter Beweis zu stellen. Wie erfolgreich Benns akademische Sozialisation verlief, erhellt aus der Tatsache, daß er nicht nur eine preisgekrönte Arbeit verfaßte, sondern im Anschluß daran während seiner Tätigkeit als Assistenzarzt auch als Beiträger für medizinisch-psychiatrische Fachzeitschriften zugelassen wurde.

Benns Interesse am Erwerb naturwissenschaftlicher Erkenntnisse und sein anfängliches Engagement im Rahmen jenes Wissenschaftsbetriebs, den er später als geisttötende Pedanterie verspottet hat, speisen sich jedoch noch aus einer anderen Quelle: Die bei der Erörterung des *Gesprächs* zitierte Passage, die von dem durch das Mikroskop blickenden Naturforscher und Dichter Jacobsen handelt, reproduziert jenen durch den Darwinismus inspirierten weltanschaulich-pseudoreligiösen Monismus, der für die Literatur der Jahrhundertwende insgesamt charakteristisch ist.[17] Die 1904 an die *Deutsche Roman-Zeitung* in Berlin geschickten Gedichte,[18] also Benns erste Versuche, als Dichter öffentlich auf sich aufmerksam zu machen, fallen in die Zeit einer intensiven Jacobsen-Rezeption in Deutschland.[19] Benns erste Publikationen, die Gedichte *Gefilde der Unseligen* und *Rauhreif* sowie das Prosastück *Nocturno*, stehen unter dem Einfluß des jungen Rilke bzw. des literarischen Jugendstils. Als sich Benns künstlerisches Bewußtsein zu schärfen begann, konnte er auf eine Vielzahl populärwissenschaftlicher Schriften oder literarischer Werke zurückgreifen, die sich dem damals omnipräsenten Thema der angeblich den gesamten Kosmos durchwirkenden Alleinheit widmeten. Wenn Benn also im *Gespräch* die Bemerkung Gerts, »ehe man einen Roman oder ein Gedicht schreiben wollte, müßte man Chemie, Physik, experimentelle Psychologie, Atomistik, Embryologie studieren« (GWE IV, S. 14), durch Thom bejahen läßt, so läßt sich diese Antwort als eine auch von ihrem Verfasser für gültig erachtete Handlungsmaxime auffassen: 1910 glaubte Benn in Anbetracht der monistischen Grundströmung in der Literatur der Jahrhundertwende davon ausgehen zu können, daß der Erwerb konkreten naturwissenschaftlichen Wissens auch seinen künstlerischen Ambitionen unmittelbar zugute kommen müsse.

Seit der Veröffentlichung der *Morgue* stellte sich die Situation für Benn anders dar. Diese Gedichtsammlung machte seinen Namen erstmals der literarischen Öffentlichkeit bekannt und brachte ihn in Kontakt mit jenen Mitgliedern der Avantgarde Berlins, die heute größtenteils dem Expressionismus

---

[17] Vgl. Monika Fick: Sinnenwelt und Weltseele. Der psychophysische Monismus in der Literatur der Jahrhundertwende. Tübingen 1993; Peter Sprengel: Darwinismus und Literatur. Germanistische Desiderate. In: Scientia Poetica 1 (1997), S. 140–182, hier S. 162f. und 167–171.

[18] Vgl. Ludwig Greve: Gottfried Benn 1886–1956. Eine Ausstellung des Deutschen Literaturarchivs im Schiller-Nationalmuseum Marbach am Neckar. Marbach 1986, S. 22f.

[19] Vgl. Conny Bauer: Die Rezeption Jens Peter Jacobsens in der deutschsprachigen Kritik 1890–1910. In: Klaus Bohnen u.a. (Hg.) (Anm. 11), S. 128–146.

zugeordnet werden. In stilistischer Hinsicht verfolgte der Expressionismus[20] eine dezidiert antiimpressionistische Stoßrichtung; thematisch begriff er sich als eine, den naturwissenschaftlichen Materialismus bekämpfende, die Rechte des Geistes anerkennende Aufbruchsbewegung, die gegen die verknöcherten Formen der wilhelminischen Kultur und ihren antiquierten Wissenschafts- und Ausbildungsbetrieb aufbegehrte. Einen ersten Niederschlag der Tatsache, daß man in diesen von Nietzsches fundamentaler Kulturkritik zutiefst geprägten Kreisen mit einer naiven wissenschaftsbejahenden Haltung kein Gehör finden konnte, findet man in der Szenenfolge *Ithaka*. Hier wird zwar der von Darwins Evolutionstheorie begründete monistische Glaube als Grundlage der dionysi- schen Selbstentgrenzungsphantasien beibehalten, zugleich aber dem Professor in seiner Eigenschaft als offiziellem Repräsentanten einer obsoleten Wissen- schaft zum Vorwurf gemacht, daß die von ihm konzipierten Modelle und an- gewandten Methoden zur Erforschung der Mysterien des Lebens überhaupt nicht geeignet seien.

In seinen seit 1915 erschienenen Rönne-Novellen hat Benn diese Wissen- schaftskritik fortgeführt und auf die für die expressionistische Generation wichtige Thematik des Zusammenhangs zwischen gestörter Wirklichkeits- wahrnehmung und prekärer Ichkonstitution fokussiert.[21] Gleichzeitig hat er sich trotz seiner erstmals in *Ithaka* massiv auftretenden Polemik gegen die Naturwissenschaften nicht davon abhalten lassen, weiterhin als Mediziner zu forschen und zu publizieren. Dies erklärt sich aus den unterschiedlichen An- forderungen der beiden Felder, in denen sich Benn zwischen 1912 und 1917 bewegte. Solange er eine akademische oder medizinische Laufbahn in Erwä- gung zog, mußte er sich mit Arbeiten ausweisen, die den von der Forscher- gemeinschaft anerkannten Untersuchungsmethoden Genüge leisteten. In die- sen Kreisen hätte sich eine aggressive Wissenschaftskritik nur nachteilig auf die geplante Karriere auswirken können. Im literarischen Feld hingegen be- teiligte er sich an jener nicht nur von den Mitgliedern des Expressionismus getragenen Kritik, die von einer Außensicht des in Frage gestellten Gegen- stands ausging und genuin gesellschafts- und kulturkritische Fragestellungen verfolgte. Hier wäre Benns Bekenntnis, sich als Mediziner einer induktiv verfahrenden und an Systematisierung interessierten Methode zu befleißigen, bestenfalls mit Gleichgültigkeit aufgenommen worden.

---

[20] Vgl. Hermann Korte: Abhandlungen und Studien zum literarischen Expressionis- mus 1980–1990. In: Internationales Archiv für Sozialgeschichte der deutschen Li- teratur. Sonderheft 6 (1994), S. 225–279; Thomas Anz/Michael Stark (Hg.) (Anm. 11); Klaus Amann / Armin A. Wallas (Hg.): Expressionismus in Öster- reich. Die Literatur und die Künste. Wien u.a. 1994; Bernhard Weyergraf (Hg.): Literatur der Weimarer Republik 1918–1933. München, Wien 1995.

[21] Vgl. Silvio Vietta / Hans-Georg Kemper: Expressionismus. München 1975, S. 134– 176.

Gleichzeitig ist zu betonen, daß die miteinander unvereinbaren feldspezifischen Beiträge Benns keineswegs zu seinem Glaubwürdigkeitsverlust im jeweils anderen Feld führten. Dafür gibt es zwei Gründe: Erstens verfügten sowohl das wissenschaftliche als auch das literarische Feld zum Zeitpunkt von Benns Eintritt in sie über eine relativ hohe Autonomie und absorbierten deshalb wegen ihrer stabilen Feldgrenzen und wegen der in ihnen ablaufenden verdichteten Kommunikation die Wahrnehmungsperspektive der in ihnen Agierenden stark. Zweitens muß man Benns vergleichsweise bescheidene Position in beiden Feldern berücksichtigen: Weder als Student sowie Assistenzarzt noch als angehender, lediglich innerhalb der literarischen Avantgarde Berlins bekannter Dichter hatte er so viel wissenschaftliches und kulturelles Kapital gesammelt, um in einer dieser Rollen als öffentlich anerkannte Autorität auftreten zu können. Solange Benn seine Wissenschaftskritik nicht in wissenschaftlichen Kommunikationskontexten, sondern im literarischen Feld artikulierte, brauchte er keine Sanktionen seitens seiner akademischen Lehrer zu befürchten. Darf man ihm Glauben schenken, so blieb seine dichterische Tätigkeit vielen seiner Medizinerkollegen sehr lange verborgen: »Als ich schon Mitglied der Dichterakademie war, saß ich eines Abends bei einem Kollegen am Eßtisch [...], da beugte sich plötzlich eine Dame mit liebreizendem Lächeln zu mir herüber und sagte: ›Herr Doktor, ich höre, Sie besteigen auch den Pegasus?‹« (GWE II, S. 449f.).

Zum Zeitpunkt der Niederschrift und Publikation des *Modernen Ich* hatte sich Benn bereits als Arzt niedergelassen und damit gegen eine akademische Karriere entschieden. Aus der Perspektive des literarischen Feldes, in dem allein er sich in den nächsten 15 Jahren bewegte, bedeutete dies für ihn eine Entlastung in mehrfacher Hinsicht. Benn konnte seine intellektuelle Kompetenz nunmehr ganz auf die von ihm schon lange zuvor favorisierte Dichtung konzentrieren. Jene Interessengegensätze, die aus seiner Zugehörigkeit zu zwei Feldern resultierten und die wir exemplarisch an seinen unterschiedlichen Stellungnahmen zu den Naturwissenschaften aufgezeigt haben, erledigten sich von selbst. Man kann davon ausgehen, daß dies auch in psychischer Hinsicht befreiend wirkte, weil es der Festigung von Benns ohnehin nicht stabiler Identität entgegenkam. Da er des weiteren seinen Lebensunterhalt fortan primär aus den Einkünften seiner Praxis bestritt, konnte er eine weitgehende Unabhängigkeit gegenüber dem literarischen Markt wahren und als autonomer, lediglich dem eigenen künstlerischen Gewissen verpflichteter Autor auftreten. Schließlich muß man berücksichtigen, daß das literarische Feld im Gegensatz zum wissenschaftlichen keine verbindlichen Laufbahnregelungen hervorgebracht hat und insofern den in ihm Agierenden eine große Variationsbreite an Wahlmöglichkeiten hinsichtlich der eigenen Karriereplanung offenhält.

Diese Faktoren und der Sachverhalt, daß Benn sich zu Beginn der 20er
Jahre innerhalb der literarischen Avantgarde Berlins etabliert hatte, haben ihren Niederschlag im *Modernen Ich* gefunden. Benn hatte in richtungweisen-
den expressionistischen Zeitschriften (*Die Aktion, Der Sturm, Die weißen
Blätter, Pan*) publiziert und 1916/17 mit *Gehirne* und *Fleisch* seine ersten
Sammelbände in renommierten Verlagsreihen herausbringen können. Angesichts des von ihm akkumulierten Kapitals ist es nicht verwunderlich, daß
diese Leistung duch die ihm gebotene Möglichkeit honoriert wurde, sich in
einem Essay über die geistige Situation der Zeit zu äußern. Ein solcher Essay, der außerdem Aufschlüsse über sein Selbst- und Dichtungsverständnis zu
bieten versprach, konnte mit der Aufmerksamkeit der interessierten Zeitgenossen rechnen. *Das moderne Ich*, dem eine große Bedeutung in Benns Werk
zukommt, weil es – abgesehen von dem in der Öffentlichkeit nicht wahrgenommenen *Gespräch* – die erste und für die folgenden Jahre zunächst einzige
programmatische Äußerung Benns darstellt, mußte 1920 tatsächlich drei Mal
aufgelegt werden.[22] Zu diesem Zeitpunkt hatte die Wissenschaftskritik einen
vormals in Deutschland unbekannten Grad an Intensität erreicht. »Die zwanziger Jahre, als Wissenschaftskritik sich revolutionär gab und zugleich zum
Marktgespräch geworden war, markieren nach außen wie nach innen den
Umbruch in der Geschichte der deutschen Wissenschaftstradition«.[23] Hinzu
kommt, daß in den naturwissenschaftlichen Fächern selbst schon seit längerem auf öffentlichkeitswirksame Weise Thesen diskutiert und Theorien entwickelt wurden, die den älteren, im 19. Jahrhundert gültigen Modellen zuwi-
derliefen.[24] Benn konnte sich mit seiner fulminanten Polemik also einer relativ breiten Zustimmung sicher sein, zumal er die Naturwissenschaften insgesamt zu kritisieren vorgab, sich tatsächlich aber insbesondere gegen im
19. Jahrhundert konzipierte Kategorien (Entwicklungs- und Individualitätsbegriff) richtete.

So betrachtet, erweist sich Benns Wissenschaftsschelte als Versuch, die erreichte Position innerhalb des literarischen Feldes durch eine konsensorientierte
Stellungnahme zu stabilisieren. Darüber hinaus bezweckt Benn jedoch noch einen genuin feldspezifischen Konsens, der als Motivation für seine in *Ithaka*
noch nicht praktizierte Zurückweisung des darwinistischen Monismus zu betrachten ist. Er polemisiert weniger aus politischen oder humanitären, sondern

---

[22] Vgl. GWE III, S. 657.
[23] Gerhard Lauer: Die verspätete Revolution. Erich von Kahler. Wissenschaftsge-
      schichte zwischen konservativer Revolution und Exil. Berlin, New York 1994,
      S. 219. Lauer faßt auf wenigen Seiten (S. 218–226) die innerwissenschaftlichen
      Gründe für den allerseits beklagten »Verlust der Orientierungsleistung der Wissen-
      schaften« (S. 221) prägnant zusammen.
[24] Vgl. Elisabeth Emter: Literatur und Quantentheorie. Die Rezeption der modernen
      Physik in Schriften zur Literatur und Philosophie deutschsprachiger Autoren
      (1925–1970). Berlin, New York 1995. (Die Kenntnis dieser Publikation verdanke
      ich einem Hinweis von Frank Holl.)

primär aus künstlerischen Gründen gegen den monistischen Entwicklungsbegriff, der seines Erachtens das Prinzip der schöpferischen Kreativität bedroht. Zu Beginn seines Essays bezeichnet er die Naturwissenschaften als ein ekelerregendes »Handwerk, das nie an eine Schöpfung glaubte«, in dessen Umfeld »die Tabelle hoch ging und die Schöpfung sank« (GWE III, S. 29 und 33). Während der Begriff der Schöpfung an diesen Stellen noch doppeldeutig ist – er kann die von Gott geschaffene, durch den Zugriff naturwissenschaftlicher Formeln verstümmelte und ihres eigentlichen Reichtums beraubte Welt oder das von der geisttötenden wissenschaftlichen Methode negierte Produkt menschlicher Kreativität bedeuten –, erweist sich im weiteren Verlauf des Textes, daß Benn primär die zweite Wortbedeutung im Auge hat. Er kritisiert die »Denknotwendigkeit [...], daß in der Ausgangsform einer Entwicklung alle Ergebnisse irgendwie schon enthalten seien.« Statt dessen müsse man »die schöpferische Seite der Entwicklung« in Betracht ziehen, die »nicht abläuft oder entfaltet, sondern auf den vorhandenen Grundlagen schöpferisch das Unberechenbare erbaut [...] Der Geist ist frei und der Schöpfung trächtig« (GWE III, S. 38).

Benn lehnt den monistischen Determinismus im Einklang mit der für den vermittlungsfeindlichen Expressionismus typischen Auffassung ab, daß allein der Bruch mit der Tradition Spielräume für authentische Kreativität eröffne. Wenn er betont, daß »der Geist [...] entstanden [ist] und [...] täglich um sein Reich [kämpft]« (GWE III, S. 38), so läßt sich dieses Reich als Sphäre der Kunst sowie als jenen Raum innerhalb der Gesellschaft, in der sich die Kunst Gehör verschaffen kann, definieren. Im *Modernen Ich* hat Benn also erstmals programmatisch auf die Existenz eines literarischen Feldes verwiesen, das eigenen, dem Einflußbereich der Naturwissenschaften nicht gehorchenden Gesetzmäßigkeiten folgt. Angesichts seines Werdegangs, der einige Jahre im Zeichen des Medizinstudiums und eines naturwissenschaftlich fundierten Dichtungsverständnisses stand, ist es gut nachvollziehbar, weshalb der Essay den Eindruck hinterläßt, sein Verfasser habe das allein einer nur aus sich selbst verständlichen Dichtung reservierte Terrain den Naturwissenschaften regelrecht abgetrotzt. Nicht umsonst heißt es im Hinblick auf seinen Gewährsmann Semi Meyer, dessen Buch habe »die eigentliche Bresche in das naturwissenschaftliche Prinzip [gelegt]« (GWE III, S. 38). Die Formulierung: »Sie dürfen sich erschaffen, Sie sind frei« (GWE III, S. 39), läßt sich – wiederum feldtheoretisch reformuliert – so verstehen, daß Benn selbst noch lernen mußte, mit der ihm feldintern zugestandenen Rolle als Autor produktiv umzugehen. *Das moderne Ich* dokumentiert sein sich allmählich festigendes Bewußtsein, daß das literarische Feld einer eigenen Funktionslogik unterworfen ist. Die Inkonsistenzen des Textes lassen sich somit auch mit Benns noch nicht abgeschlossenem Selbstfindungsprozeß hinsichtlich seiner feldspezifischen Autorrolle erklären. Immerhin steht die Identifikationsfigur des Narziß eindeutig für seine Absicht, die eigene Position über das Prinzip der Distinktion zu definieren und somit deren Originalität und Unverwechselbarkeit zu betonen.

Zehn Jahre später hatte sich Benn auch in der breiteren, nicht nur auf die Avantgardezirkel Berlins beschränkten Öffentlichkeit einen Namen gemacht. Nach den *Gesammelten Schriften* (1922) waren 1927/28 die *Gesammelten Gedichte* und die *Gesammelte Prosa* erschienen, die einen repräsentativen Querschnitt seines Werks enthielten, seine Weiterentwicklung als Dichter seit den frühen 20er Jahren dokumentierten und eine relativ große Resonanz auslösten.[25] Seit 1927 hatte Benn die Möglichkeit, im Berliner Rundfunk aufzutreten. 1929 trug er eine aufsehenerregende, durch einen Artikel von Max Herrmann-Neiße über ihn ausgelöste Kontroverse mit Johannes R. Becher und Egon Erwin Kisch aus, die in die unmittelbare Vorgeschichte des Essays *Zur Problematik des Dichterischen* gehört. Diesem Text kommt eine zentrale Stellung in Benns Werk zu: Er eröffnet die Reihe jener bedeutenden Essays, die Benn in den letzten Jahren der Weimarer Republik vorgelegt hat, ist – abgesehen von dem eher dem Prosagenre zugehörigen *Urgesicht* (1929) – sein erster literaturprogrammatischer Beitrag für die etablierte und hochangesehene *Neue Rundschau* und thematisiert eine für das literarische Feld grundlegende Fragestellung. Wegen der deutlichen Steigerung seiner Reputation als Autor konnte es sich Benn in diesem Essay leisten, seine Rolle als Dichter von allen an ihn herangetragenen Erwartungen definitiv abzugrenzen. Besonders interessant ist, daß er sich nicht nur gegen die öffentliche Meinung, sondern sogar gegen die seines Erachtens im literarischen Feld selbst dominierende Auffassung darüber wandte: Der von ihm zurückgewiesene Glaube an die soziale Verpflichtung des Dichters beruhe auf einer »grundsätzlich optimistische[n], technisch-melioristische[n] Weltanschauung«, die derzeit »übrigens merkwürdigerweise nicht im entferntesten politisch oder sozial begründet oder begrenzt« sei, sondern auch die geistige Elite erfaßt habe (GWE III, S. 84). Mit diesem Hinweis distanziert sich Benn nicht nur von politisch-weltanschaulichen Vereinnahmungen der Literatur, sondern generell von allen Strömungen, die der Neuen Sachlichkeit der 20er Jahre zuzurechnen sind.

In Anbetracht seiner starken Position innerhalb des literarischen Feldes, die es Benn ermöglichte, sogar gegen die dort herrschende Majoritätsauffassung zu opponieren, ist es nicht verwunderlich, daß die Naturwissenschaften für ihn keine akute Bedrohung mehr darstellten. Nachdem er ihr Weltdeutungsmonopol schon 1920 energisch bestritten und einen eigenständigen

---

[25] Vgl. Peter Uwe Hohendahl (Hg.): Benn — Wirkung wider Willen. Dokumente zur Wirkungsgeschichte Benns. Frankfurt/M. 1971; Bruno Hillebrand (Hg.): Über Gottfried Benn. Kritische Stimmen 1912–1956. Frankfurt/M. 1987; Augustinus P. Dierick: Gottfried Benn and his Critics. Major Interpretations 1912–1992. Columbia 1992.

Geltungsbereich für die Dichtung reklamiert hatte, lag es nahe, die mittlerweile erreichte Autorität innerhalb des literarischen Feldes zur Demonstration der zehn Jahre früher mehr angedeuteten als ausgeführten Überlegenheit der dichterischen Vision über das naturwissenschaftliche Denken zu nutzen. Dieser Absicht dienen drei Strategien: Erstens ist Benn am Aufweis der Vorläufigkeit aller naturwissenschaftlichen Erkenntnisse interessiert, die dem Dichter keine verläßlichen Orientierungshilfen böten. Dennoch versucht er zweitens, die Forschungsergebnisse der neueren, nicht mehr dem 19. Jahrhundert zuzuordnenden Fächer der Embryologie und Paläontologie, Ethnologie und Psychoanalyse für die Richtigkeit seiner angeblich biologischen Dichtungstheorie heranzuziehen. Daß er sich hierbei in den Widerspruch verwickelt, die von ihm der grundsätzlichen Falsifizierbarkeit ihrer Resultate geziehene Wissenschaft zur Stützung seiner vermeintlich zeitunabhängigen Theorie zu instrumentalisieren, ist erstmals schon von Oelze erkannt worden.[26] Drittens identifiziert Benn den Erkenntnismodus der stammesgeschichtlich zurückliegenden mystischen Partizipation mit der von Nietzsche thematisierten Seinsschau Heraklits und Goethes transzendentaler Auffassung der Wirklichkeit als Gleichnis eines Urerlebnisses, sanktioniert den von ihm eingenommenen Standpunkt also mit zwei Namen, die im literarischen Feld seiner Zeit höchste Anerkennung genossen[27] und betont die jeder rational-induktiven Wirklich-

---

[26] Benns briefliche Reaktion auf diesen Einwand ist aufschlußreich für sein mittlerweile erreichtes stabiles Selbstverständnis als Dichter. Am 27. Januar 1933 schreibt er an Oelze, sein Verfahren sei nur »scheinbar widerspruchsvoll«, da es ihm nicht um wissenschaftliche Wahrheit, sondern um die künstlerisch zu verstehende Beglaubigung existentieller, nur mittels der Philosophie oder Kunst zugänglicher und ihre Evidenz selbst hinlänglich verbürgender Erkenntnisse ankomme: »Der Formtrieb, der Gestaltungs- u[nd] Abgrenzungstrieb braucht ja Material, Stoff. Aber man verwendet ihn nicht im Wahrheitssinn, sondern [...] entwickelt eine Perspective. Ist diese existentiell glaubhaft, überzeugend als Ausdruck eines Sehens, einer Vision, ist ihr Zweck erfüllt. Natürlich wird ihr Realitätsgehalt, ihr exacter Befund eventuell bald überholt u[nd] verdrängt von neuen Befunden, [...] sogennanntem Beweismaterial. Aber es bleibt ihre visionäre Realität, ihr Bildhaftgewordenes, ihre im Hinblick auf den Autor existentielle Realität. Sie bleibt als Ausdruck, als Kunst. Sie ist Erkenntniss [sic!], während Wissenschaft ja nur Sammelsurium [...] ist«. Zit. nach: Gottfried Benn. Briefe an F. W. Oelze 1932–1945. Hg. von Harald Steinhagen und Jürgen Schröder. Wiesbaden, München 1977, S. 27f.

[27] Benns berühmter, hier inhaltlich durchaus einschlägiger Essay *Goethe und die Naturwissenschaften* (1932) wird nicht eigens behandelt, weil ihm hinsichtlich der von uns verfolgten, die feldspezifisch definierte Sozialisation seines Verfassers rekonstruierenden Untersuchungsmethode keine Schlüsselstellung zukommt. Müller-Seidel (Goethes Naturwissenschaft [Anm. 11], S. 41ff.) hat darauf hingewiesen, daß sich Benn als Wissenschaftskritiker auf Goethe berufen konnte. Ergänzend ist hinzuzufügen, daß Goethe im *Modernen Ich* noch ausdrücklich in die Erfolgsgeschichte des monistischen Entwicklungsgedankens integriert wird (GWE III, S. 35), gegen die er 12 Jahre später zur ideengeschichtlichen Alternativfigur mutiert. Außerdem wird Goethe von Benn trotz der von Müller-Seidel zu Recht betonten faktischen Unterschiede der Kunstauffassungen der beiden Dichter erneut zur Legitimation der eigenen Dichtungstheorie herangezogen: Wenn Goethe 1932

keitserfassung überbietende, auf Immerseiendes gerichtete Universalität der dichterisch-visionären Daseinserfahrung.

Nach der nationalsozialistischen Machtergreifung muß Benn bald begriffen haben, daß er die Rolle des souverän innerhalb des literarischen Feldes agierenden Dichters nicht länger würde spielen können. Zwar war zum Zeitpunkt der Veröffentlichung des *Bekenntnisses zum Expressionismus* in vielerlei Hinsicht noch nicht entschieden, welche Gestalt die neue Kulturpolitik annehmen und wie sie sich insbesondere zum Expressionismus stellen würde. Ihre Absicht, massiv in die künstlerische Produktion einzugreifen, hatte sie jedenfalls schon eindringlich bewiesen.[28] Benn antwortete mit seinem Essay auf den nach seiner Erstveröffentlichung im Oktober 1933 von 34 Zeitungen nachgedruckten Aufsatz *Die neue Dichtung* von Börries von Münchhausen, der die Expressionisten als eine von Juden und zwielichtigen bürgerlichen Existenzen dominierte, ausschließlich mit sich selbst beschäftigte Literatengruppe denunziert, die eine volksfremde, unsittliche und ästhetizistische Kunst produziert hätten.[29] Diesen Ausführungen gegenüber befand sich Benn in einer mißlichen Lage. Von Münchhausen hatte seiner Polemik ausnahmslos kunstexterne, also innerhalb eines intakten literarischen Feldes lediglich sekundäre Wertmaßstäbe zugrundegelegt. Diesen Sachverhalt konnte Benn jedoch angesichts der veränderten, die Volksverbundenheit alles künstlerischen Schaffens einfordernden ideologischen Lage nicht thematisieren, weil dies seinem Op-

---

ein gegenwärtig höchst aktuelles »anschauliche[s] Denken« (GWE III, S. 193) attestiert wird, ein »ausgesprochen affektgeführtes Denken, körperlich umwogt, mit starker Hirnstammkomponente, will man es biologisch basieren, im Gegensatz zum Rindentyp des intellektualistischen Professionals«, ein »gegenständliches Denken, dem dichterischen sehr nah«, »das auf den Typus, das große Motiv, das Legendäre, die letzten arthaften Schichten zielt« (GWE III, S. 195), so sind dies alles Elemente, die auch in dem Essay *Zur Problematik des Dichterischen* eine zentrale Rolle spielen. Auch dort könnte es heißen: »Das zielt auf die Gene, die Erbmasse, es sind die Mütter, die Altväter, es ist das Urphänomen [...] Noch einmal das Archaische [...] Noch einmal die ungetrennte Existenz« (GWE III, S. 203).

[28] Vgl. Jan-Pieter Barbian: Literaturpolitik im ›Dritten Reich‹. Institutionen, Kompetenzen, Betätigungsfelder. Frankfurt/M. 1993 (auch in: Archiv für Geschichte des Buchwesens 40 [1993], S. 1–394); J.-P. B.: Die vollendete Ohnmacht? Das Verhältnis der Schriftsteller zu den staatlichen und parteiamtlichen ›Schrifttumsstellen‹ im ›Dritten Reich‹. In: Internationales Archiv für Sozialgeschichte der deutschen Literatur 20, 1 (1995), S. 137–160. – Konkret zu Benn vgl. Joseph Wulf: Literatur und Dichtung im Dritten Reich. Eine Dokumentation. Gütersloh 1963, S. 113–123; Peter Uwe Hohendahl: Einleitung. In: P. U. H. (Hg.) (Anm. 25), S. 13–86, hier S. 39–48; Glenn R. Cuomo: Purging an »Art-Bolshevist«. The Persecution of Gottfried Benn in the Years 1933–1938. In: German Studies Review 9 (1986), S. 85–105.

[29] Dieser Aufsatz ist wieder abgedruckt worden in GWE III, S. 678–684. Vgl. auch Reinhard Alter: Gottfried Benn und Börries von Münchhausen. Ein Briefwechsel aus den Jahren 1933/34. In: Jahrbuch der Deutschen Schillergesellschaft 25 (1981), S. 139–170. Die Auseinandersetzungen zwischen diesen beiden Dichtern sind auch für die Vorgeschichte von Benns *Lebensweg eines Intellektualisten* relevant.

ponenten den triumphierenden Hinweis ermöglicht hätte, mit der Verteidigung einer angeblich bloß ästhetischen Kategorien verpflichteten Literatur bestätige Benn ja nur die von ihm bereits gestellte Diagnose über den Expressionismus. Dennoch mußte Benn dem Aufsatz von Münchhausens entgegentreten, weil er selbst als Vertreter der inkriminierten Dichtung reüssiert hatte und als solcher dort an prominenter Stelle auch namentlich genannt wird. Wenn Benn eine Ehrenrettung des Expressionismus und dessen Anerkennung als legitime künstlerische Strömung durch maßgebliche nationalsozialistische Kreise gelungen wäre, so hätte er auch die eigene kulturpolitische Stellung innerhalb des Regimes gefestigt, als dessen Befürworter und Repräsentant er bis etwa Mitte des Jahres 1934 öffentlich in Erscheinung trat.

Zur Legitimation des Expressionismus schlägt Benn zwei Strategien ein: Erstens versucht er seine Autorität als nationalsozialistischer Kulturrepräsentant auszuspielen. Nachdem er gleich zu Beginn seines Aufsatzes mit Referenzbekundungen gegenüber der »Führung des neuen Deutschlands« aufgewartet und auf die Vorreiterrolle des Futurismus für den italienischen Faschismus hingewiesen hat, rechtfertigt er seine besondere Verpflichtung zur Verteidigung des Expressionismus, aus dem »übrigens [...] auch Hanns Johst [...] hervorgegangen« sei, mit dem Hinweis, er sei »der einzige von dieser ganzen zersprengten Gemeinschaft [...], der die Ehre hat, in der neuen deutschen Akademie der Dichtung einen Sitz zu haben« (GWE III, S. 261, 263, 261 und 262). Zweitens betont er die ideengeschichtliche Notwendigkeit des Expressionismus sowohl in diachroner als auch synchroner Perspektive: »Dieser Stil hatte schon seine Vorankündigung im ganzen 19. Jahrhundert« (GWE III, S. 264). Goethe, Kleist, Nietzsche, Hölderlin, aber auch Karl Hauptmann und Hermann Conradi, ja sogar Richard Wagner, Cézanne, van Gogh und Munch seien als seine Vorläufer oder sogar schon Vollender anzusehen. Außerdem sei der Expressionismus zwischen 1910 und 1925 »keine deutsche Frivolität [...] und auch keine ausländische Machenschaft, sondern ein europäischer Stil« gewesen. »Der Ausbruch eines neuen Stils auf so breiter Front spricht ohne jede Erklärung für das vollkommen Autochthone, Elementare seiner Formen, für eine neue naturhafte Lage des europäischen Geschlechts« (GWE III, S. 263). Der Aufweis der Parallelen zwischen der modernen Kunst und Wissenschaft stellt eine Variante dieser Argumentation dar, die von Münchhausen als beschränkten, in Kunstsachen inkompetenten Provinzler bloßstellen sollte. Nachdem Benn schon in seiner Essayistik seit 1930 zum einen zwischen einer obsoleten, dem 19. Jahrhundert zugehörigen und einer zeitgemäßen Wissenschaft unterschieden und zum anderen das appolinische, auf Formgebung, artifizieller Gestaltung und Konstruktivität beruhende Element der Kunst hervorgehoben hatte, konnte er nun die moderne, international aufsehenerregende und große Anerkennung genießende Atomphysik als ideengeschichtliche Komplementärerscheinung des Expressionismus darstellen.

Aus dieser Verteidigung des Expressionismus wird klar, daß die Autonomie des literarischen Feldes gegen Ende 1933 bereits stark beschädigt und vom Machtfeld dominiert war. Wenn sich Benn auf seinen Sitz in der von den Nationalsozialisten aus politischen Gründen reorganisierten Dichterakademie und auf die von ihm früher ausdrücklich des literarischen Feldes verwiesene bzw. lediglich zur Beglaubigung der ihr übergeordneten Dichtungstheorie zugelassene Wissenschaft beruft, so verwendet er – außer seiner Betonung der über jeden Zweifel erhabenen kunsthistorischen Legitimität des Expressionismus – zwei feldexterne Rechtfertigungen und unterscheidet sich in dieser Hinsicht kaum noch von seinem Gegner. Ohnehin spricht schon aus dem Titel des *Bekenntnisses zum Expressionismus* eine Defensivhaltung, da man sich in der Regel nur zu einer nicht (mehr) allgemein anerkannten Sache zu bekennen braucht. Anders sieht es mit dem Titel des letzten von uns ausgewerteten Textes aus: Benns Selbstbezichtigung als Intellektualist greift einen von den Nationalsozialisten verpönten Begriff[30] auf und signalisiert damit eine Distanzierung von den neuen Machthabern. Während es im *Bekenntnis* noch geheißen hatte, das Bedürfnis nach künstlerischer Gestaltung sei »nichts weniger als Intellektualimus« (GWE III, S. 267), bekundet Benn nunmehr seinen Abstand von einem Regime, mit dem er innerlich spätestens seit der Mitte des Jahres 1934 gebrochen hatte. Es spricht für die in totalitären Regimen opportune Behutsamkeit dieser Abstandnahme, daß er seinen Text nicht per Vorabdruck in einer Zeitschrift präsentierte, sondern nur als letzten Beitrag seines Sammelbandes *Kunst und Macht* erscheinen ließ. Lediglich der in politischer Hinsicht willfährigste und für Benns bürgerliche Existenz unmittelbar relevante erste Teil des *Lebenswegs eines Intellektualisten*, in dem Benn nachweist, »reinblütiger Arier« (GWE II, S. 306) zu sein, erschien unter dem ideologisch nicht anrüchigen Titel *Ahnenschwierigkeiten* im Juni 1934 in der *Deutschen Zukunft*.

Aus der Perspektive des Machtfeldes läßt sich das *Bekenntnis zum Expressionismus* als Versuch lesen, sich eine gesicherte, Gestaltungsspielräume hinsichtlich des literarischen Lebens eröffnende Stellung innerhalb des neuen Regimes aufzubauen und dies nicht zuletzt mit dem Hinweis auf die in der Vergangenheit erworbene Reputation als (nach)expressionistischer Dichter zu begründen. Zwischenzeitlich hatte Benn erkannt, daß die Nationalsozialisten mit dem literarischen Feld seine geistige Lebensgrundlage zerstört und damit das von ihm akkumulierte kulturelle Kapital entwertet sowie sich der Verpflichtung entzogen hatten, ihm einen politischen oder materiellen Gegenwert

---

[30] Vgl. Joseph Wulf (Anm. 28), S. 128f. Benns Schwanken zwischen einer ablehnend-regimekonformen und einer oppositionellen, identifikatorischen Verwendung dieses Begriffs wird dokumentiert in SW IV, S. 585.

für seine künstlerischen Leistungen zu gewähren. Um im Machtfeld erfolgreich sein zu können, hätte sich Benn mit den Zielsetzungen des Nationalsozialismus identifizieren und auch dessen kunstspezifische Vorgaben dichterisch und kulturpolitisch umsetzen müssen. Da er hierzu nicht bereit und das Taktieren mit seiner nicht mehr anerkannten dichterischen Kompetenz nicht länger lohnend war, konnte er – um den Preis des Verzichts auf kulturpolitischen Einfluß – auf Distanz zu den neuen Machthabern gehen.

Da sich Benn im Machtfeld in einer stark dominierten Position und schon aus Gründen der intellektuellen Selbstachtung in latenter Opposition zu einem totalitären Regime befand, war es ratsam, dem Nationalsozialismus so wenig Angriffsflächen als möglich zu bieten. Diese Strategie prägt nicht nur sein Verhalten bis 1945 – seine Rückkehr in die Wehrmacht und sein bis zum endgültigen Veröffentlichungsverbot praktiziertes Verfahren, das, »wenn ich überhaupt publiziere, [...] etwas Unbemerkte [zu] bevorzugen«[31] –, sondern auch die Darstellungsabsicht im *Lebenslauf*. In diesem Text versucht Benn, die eigene Entwicklung als einen mit schicksalhafter Notwendigkeit sich vollziehenden, von den zentralen geistigen Problemen des ersten Drittels des 20. Jahrhunderts geprägten Werdegang eines von einem quasireligiösen Kunstfanatismus umgetriebenen Ich darzustellen, um alle gegen ihn erhobenen Vorwürfe mit dem Hinweis auf die Unausweichlichkeit seiner Sozialisation als Mensch und Dichter entkräften zu können. Dieser Absicht dienen auch seine Reflexionen über die Naturwissenschaften.

Zunächst bewegt sich Benn mit dem Nachweis seiner »arischen« Abstammung ganz unauffällig auf dem Boden der nationalsozialistischen Rassenideologie.[32] Die zweite nennenswerte, im Zusammenhang der Darlegungen zur Studienzeit an der Kaiser-Wilhelm-Akademie auffindbare Passage über die Naturwissenschaften verfolgt eine doppelte Zielsetzung: Zum einen konnte Benn kein Interesse mehr daran haben, eine vom Militär unterhaltene Institution herablassend zu behandeln – im Gegenteil: Nachdem er zuvor schon durch seine Ausführungen über die Rassestudien, seinen Exkurs in die angeblich deutsche Geschichte des Mittelalters in der »alten Wendengegend zwischen Putlitz, Perleberg und Lenzen« (GWE II, S. 307), den Hinweis, daß fünf Söhne seiner Mutter in den Ersten Weltkrieg gezogen seien, und die Schilderung seiner auch von heidnischen Gebräuchen geprägten Jugend auf dem Land einige Aspekte der nationalsozialistischen Ideologie treffsicher angeschnitten hatte, spielte er mit seiner aktiven, gewissermaßen mit dem Studium beginnenden Militärzeit eine weitere Trumpfkarte in diesem Sinne aus. Im deutschen Heer

---

[31] Brief an Oelze vom 9. Dezember 1935; zit. nach: Gottfried Benn. Briefe an F.W. Oelze 1932–1945 (Anm. 26), S. 89.

[32] Man kann allenfalls in der namentlichen Erwähnung Friedrich Merkenschlagers einen Seitenhieb auf den Nationalsozialismus erblicken. Merkenschlager hatte Benn in einem Brief vom 25. Mai 1934 darüber informiert, daß er in Ungnade gefallen und aus dem Reichsdienst entlassen worden sei (vgl. SW IV, S. 693).

und den von ihm getragenen Einrichtungen – das möchte Benn signalisieren –
sei es schon immer mustergültig zugegangen, und er habe die ihm dadurch zuteil gewordene vorzügliche Ausbildung stets zu schätzen gewußt. Zum anderen
dient das uneingeschränkte Lob der Akademie und ihres Wissenschafts- und
Ausbildungsbetriebs auch schon dem Generalthema seiner Schrift: Sein schicksalhafter, unter dem epochen- und generationstypischen Oberbegriff des Intellektualismus zu subsumierender Werdegang habe dort seinen Ausgang genommen.

4. Sozialgeschichte auf der Basis von Bourdieus Kultursoziologie

Um Benns unterschiedliche Ausführungen über die Naturwissenschaften erklären zu können, sind wir von der Existenz von drei Feldern ausgegangen,
haben Benns Positionen in diesen Feldern anhand des von ihm erworbenen
feldspezifischen Kapitals rekonstruiert und sind der Frage nachgegangen, ob
er in den Zeiten der doppelten Feldzugehörigkeit zwischen 1912 und 1917
sowie 1933/34 von der Konvertierbarkeit der unterschiedlichen Kapitalsorten
profitierten konnte. Damit haben wir außer der Feldtheorie im wesentlichen
drei mit ihr unmittelbar verknüpfte Theoriebausteine von Bourdieus Kultursoziologie herangezogen: die Feldposition, die Kapitalakkumulation und das
Prinzip der grundsätzlichen Konvertierbarkeit verschiedener Kapitalsorten.
Dieses relativ bescheidene Verfahren, welches das von Bourdieus Soziologie
bereitgestellte begriffliche Instrumentarium keineswegs ausschöpft, reichte
zur Klärung unserer Fragestellung aus. Mit seiner Hilfe ließen sich die Beweggründe für den Wandel von Benns Darlegungen über die Naturwissenschaften und für den Sachverhalt aufdecken, weshalb Benn zeitgleich mit
wissenschaftskritischen Äußerungen hervortreten und die von ihm der Trivialität bezichtigten wissenschaftlichen Methoden durch deren forschungsprakti-
sche Anwendung anerkennen konnte. Auf der Grundlage des in Schröders Untersuchung konzipierten linearen Sozialisationsprozesses von Benn wäre dies
nicht möglich gewesen.

   Im Gegensatz zur traditionellen Sozialgeschichte ermöglicht Bourdieus
Kultursoziologie eine wesentlich differenziertere Kontextualisierung literarischer Werke oder solcher Stellungnahmen, die in kunstprogrammatischer
Hinsicht relevant sind. Wir können diesen Sachverhalt hier nicht erschöpfend,
sondern nur bezüglich jener Aspekte behandeln, die im Rahmen unseres Aufsatzes deutlich geworden sind. Bourdieus Ansatz geht von einer in verschiedene Felder ausdifferenzierten modernen Gesellschaft aus, weist dem literarischen Feld einen spezifischen Ort in dieser Gesellschaft zu und begreift es wie
alle Felder als einen (relativ) autonomen, durch relationale Strukturen geprägten und einer eigenen Funktionslogik gehorchenden Kosmos. Individuelle Pro-

zesse der Sozialisation oder Identitätsbildung sind einem solchen Ansatz zufolge nur vor dem Hintergrund der sie jeweils prägenden Feldstrukturen angemessen zu verstehen und nicht als einsträngige, von einem biographischen Ich als Fixpunkt getragene Entwicklungen. Wir konnten zeigen, wie sinnvoll es ist, den Sozialisationsprozeß von Benn je nach seiner Feldzugehörigkeit variabel zu definieren: Damit war es möglich, Benns Werdegang polyperspektivisch zu analysieren und die Koinzidenz unterschiedlicher Realitätsanforderungen an ihn und den Niederschlag seiner Umgangsweise mit ihnen in seinem Werk zu erörtern.

Zweitens konnte demonstriert werden, daß die Feldtheorie die Möglichkeit bietet, eine textzentrierte hermeneutische Betrachtung literarischer Werke zu überwinden und diese Werke sowie die sie erzeugende künstlerische Produktivität in einen größeren, für deren Verständnis unmittelbar relevanten Zusammenhang zu integrieren. Schröder deutet die von ihm herangezogenen Texte als authentische Quellen der psychischen Befindlichkeit Benns und wird dadurch ihrem höchst artifiziellem Charakter nicht gerecht. Wollte man, seiner Lesart folgend, die in *Ithaka* formulierte Wissenschaftskritik als Artikulation einer existentiellen inneren Krise deuten, so käme man hinsichtlich der medizinischen Forschungstätigkeit Benns in Brüssel in arge Erklärungsnöte. Im Gegensatz hierzu wurde deutlich, daß man Benns unterschiedliche, einander zum Teil widersprechende Ausführungen über die Naturwissenschaften nur dann begreifen kann, wenn man sie auf die Stellung ihres Verfassers im literarischen Feld zurückführt. Bourdieus Kultursoziologie begreift literarische Werke als Stellungnahmen, die von der feldspezifischen Position ihres Verfassers und dessen Bestrebungen zur Optimierung jener Position abhängig sind, und situiert sie in einem sie sowohl bedingenden als auch durch sie selbst konstituierten literarischen Kosmos. Auf diese Weise kann man nicht nur ihren Enstehungskontext und ihre Zielrichtung, sondern auch ihren Status als literarische, sich durch spezifisch ästhetische Wesensmerkmale auszeichnende und mit politischen Maßstäben nur unzureichend klassifizierbare Texte angemessen rekonstruieren.

Dieser zuletzt genannte, die ästhetische Differenzqualität der Dichtung als einer nichtpragmatischen Textsorte thematisierende Aspekt ist von uns allerdings nicht behandelt worden. Generell gilt, daß wir uns im Rahmen eines Aufsatzes nicht nur auf die Anwendung einiger Theoriebausteine aus Bourdieus Kultursoziologie, sondern auch auf eine Auswahl der mit ihrer Hilfe beantwortbaren sozialgeschichtlichen Fragestellungen konzentrieren mußten. In Anbetracht des objektmodellierenden Einflusses der Theorie hat dies Folgen für die Untersuchungsgegenstände, von denen zumindest eine Konsequenz angesprochen werden soll: Da die Gravitationskraft der Felder im Mittelpunkt unserer Darlegungen steht, erscheint Benn hier als ein weitgehend passiver, auf vorgegebene Strukturen reagierender Autor. Diese Sichtweise mag insofern im Sinne Bourdieus sein, als sie die Vorstellung vom Künstler als autonomem Schöpfer relativiert, indem sie das Augenmerk auf die feldspezifischen Bedingungen der Möglichkeit für literarische Produktivität und den Entwurf einer Autorrolle lenkt. Andererseits läßt sich mit Bourdieus Kultursoziologie durchaus auch die aktive Seite der künstlerischen Selbstdarstellung im Sinne einer kreativen, vorgegebene Feldoptionen nutzenden Rolleninszenierung reformulieren.

Dieser Hinweis sollte nicht so verstanden werden, daß Bourdieus Ansatz grundsätzlich zu jeder sozialgeschichtlichen Fragestellung eine maßgeschneiderte Lösung bereithält. Wenn wir Theoriebausteine von Bourdieu verwendet haben, so heißt das lediglich, daß man als Literaturwissenschaftler sinnvoll mit ihnen arbeiten kann. Vorbehaltlos zu akzeptieren braucht man sie nicht. Ein solcher Vorbehalt kann sich auf Bourdieu selbst berufen, der den Empiriebezug seiner erkenntnisleitenden Kategorien immer wieder ausdrücklich betont hat. Nicht eine abstrakt entworfene, den Gegenständen übergestülpte, sondern nur eine anhand der Auseinandersetzung mit ihnen selbst entwickelte, ihre Gegebenheiten angemessen berücksichtigende Theorie besitzt seines Erachtens eine hinreichend ergiebige Problemlösungskompetenz. Parallel zur eben erfolgten Erwähnung des objektmodellierenden Einflusses der Theorie ließe sich somit von der theoriebildenden Kraft der Empirie sprechen. Die von uns vorgelegten Untersuchungsergebnisse berechtigen zu der These, daß sich das von Bourdieu entwickelte begriffliche Instrumentarium gerade auch wegen seiner Offenheit gegenüber den zu analysierenden Objekten gut zur Verfolgung einer Vielzahl weiterer Fragen nutzen läßt, die außerhalb der Thematik unseres sich auf den Sektor der Textproduktion beschränkenden Aufsatzes liegen und von der traditionellen Sozialgeschichte ebenfalls nicht befriedigend beantwortet werden konnten. Gleichzeitig trägt es zur Überwindung des latenten Theoriedefizits der meist ohne ein elaboriertes methodisches Fundament durchgeführten sozialgeschichtlichen Forschungsarbeit bei: Es dient als tragfähige Ausgangsbasis für konstruktive methodologische Diskussionen, weil es eine sowohl in kultursoziologischen Analysen erprobte als auch reflektierte Matrix erkenntnisleitender Kategorien bereitstellt, auf die man sich zustimmend, aber auch kritisch beziehen kann.

WOLFGANG HARMS

Die studentische Gegenwehr gegen Angriffe auf Paul Hankamer an der Universität Königsberg 1935/1936

Ein Versuch der Verteidigung einer Geisteswissenschaft[*]

Vorgänge um einen Germanistikprofessor und seine Studierenden an einer Universität im Dritten Reich einzeln zu betrachten und erklären zu wollen, unterliegt vielerlei methodischen Gefahren, vielerlei Verführungen zu Generalisierungen und Vereinfachungen, ganz abgesehen von der Frage, wieweit aus großem Zeitabstand Studierende nur mit Hilfe von Archivalien individuell wahrgenommen werden können. Eine spezielle Abfolge von Angriffen auf einen Hochschullehrer und seine Verteidigung insbesondere mit Berücksichtigung der Handlungen und Haltungen seiner Studierenden darstellen zu wollen, bedarf auch der Begründung, warum gerade dieser Einzelfall beachtenswert ist.

Paul Hankamer (1891–1945) war seit 1932 ordentlicher Professor für Deutsche Sprache und Literatur an der Universität Königsberg, als er ab Dezember 1935 publizistisch und in seinen Lehrveranstaltungen vom NS-Studentenbund mit dem Ziel angegriffen wurde, ihn aus dem Amt zu entfernen. Nach längerer Gegenwehr Hankamers und vieler seiner Hörerinnen und Hörer wurde er nach dem Wintersemester 1935/36 seiner Professur enthoben. Die heftige und damit risikoreiche Verteidigung gegen nationalsozialistische Angriffe, die vor allem auf die weltanschauliche Position des Hochschullehrers ausgerichtet waren, ist nicht deshalb behandelnswert, weil sie zeit-, fach- oder ortstypisch gewesen wäre, sondern weil sie, zumal was die nachweisbare öffentliche studentische Artikulation von Argumenten betrifft, sehr selten war. Der Einsatz der Königsberger Germanistikstudenten erforderte »ohne Zweifel beträchtlichen Mut« und ist »eines der wenigen tröstlich-humanen Ereignisse in der weithin trostlosen Geschichte des Deutschen Seminars der Universität Königsberg«,[1] ja darf sogar fächer- und regionenübergreifend als eines der wenigen hervorhebenswerten Beispiele dafür gelten, daß Studierende zugunsten politisch angegriffener Professoren mit offenem Protest Stellung bezogen.[2]

---

[*] Für Gespräche und Hinweise danke ich Hartmut Freytag (Hamburg), Walter Müller-Seidel und Kathrin Stegbauer (beide München) sowie Birgit Wägenbaur (Marbach).

[1] Ludwig Jäger: Seitenwechsel. Der Fall Schneider/Schwerte und die Diskretion der Germanistik. München 1998, S. 76. Dem Verfasser verdanke ich den ersten Hinweis auf publizistische Angriffe gegen Hankamer.

[2] In der sonst von polemisch einseitigen Darstellungen des Verhaltens von Professoren nicht gerade freien Darstellung bei Helmut Heiber: Universität unterm Haken-

Hauptgrundlage für meine Beobachtungen zu diesem Sonderfall studentischen Widerstands in der Germanistik des Dritten Reichs ist ein Konvolut von Briefen aus der Zeit vom 13. Dezember 1935 bis zum 1. Februar 1936, die seine Studentinnen und Studenten an Paul Hankamer richteten. Es ist zusammen mit weiteren persönlichen Unterlagen Hankamers aus dieser Zeit im Nachlaß von Marie Luise Kaschnitz in Marbach überliefert, auf den mich Birgit Wägenbaur dankenswerterweise aufmerksam gemacht hat.[3] Die umfangreichen persönlichen Dokumente dürften von Hankamer beizeiten, wohl vor zu erwartenden Hausdurchsuchungen, in die Hände seines Königsberger Kollegen, des Klassischen Archäologen Guido Freiherr von Kaschnitz-Weinberg (1890–1958, in Königsberg Lehrstuhlinhaber von 1932–1937), des Ehemanns der Lyrikerin, gegeben worden sein; er war wie Hankamer schon 1932 nach Königsberg berufen worden. Hankamers Notizen im Taschenkalender (ebenfalls im selben Nachlaß), der vom 1. Januar bis 13. Februar 1936 dicht mit Eintragungen gefüllt ist, brechen dann endgültig ab.

Die Angriffe gegen Hankamer wurden publizistisch eröffnet. Im dritten Heft der Zeitschrift *Der Student der Ostmark* (ab Anfang Januar 1936 mit dem Untertitel *Kampfblatt der Gaustudentenbundführung Ostpreußen des NSD-Studentenbundes*) erschien am 4. Dezember 1935 zunächst ein anonymer Artikel unter der Überschrift *Katholische Aktion in Königsberg?*[4] Er wurde zuerst am 6. Dezember 1935 in der Universität Königsberg ausgelegt und von vielen Germanisten gelesen (laut Bericht von Hankamers Schüler Albrecht Berndt, Typoskript vom 14.12.1935). In der Aufmachung gibt sich der Artikel wie eine Rezension von Hankamers *Deutscher Literaturgeschichte* (2. Aufl. Bonn: Verlag der Buchgemeinde 1934), beginnt dann aber sogleich mit einem programmatischen Zitat aus den NS-Monatsheften, das »allein die Ehre der Nation und die Gesetze des eigenen Blutes als höchste und letzte Wertmaßstäbe« postuliert. Danach wird Hankamers *Literaturgeschichte* so dargestellt – später durch eine Klitterung aus dem Zusammenhang gerissener Sätze ergänzt –, als wäre sie ein Dokument der *Actio Catholica*, die nicht verstanden habe, daß »Katholisch-deutsch Antithese« sei. Schon wenige Tage nach dem Erscheinen begab sich Albrecht Berndt mit zwei weiteren Studenten zum studentischen Fachschaftsleiter Werner Grude und zum Kulturamtsleiter Christian Hansen, um dagegen zu protestieren, daß Hankamer als »ein

---

kreuz. 3 Teile. München u.a. 1991, hier Teil 1: Der Professor im Dritten Reich, S. 217f., wird als eines der sehr wenigen Beispiele des Einsatzes von Studierenden und Assistenten zugunsten politisch angegriffener Professoren diese studentische Königsberger Aktion für Hankamer hervorgehoben.

[3] Von mir zitierte Manuskripte liegen – soweit nicht anders angegeben – in diesem Hankamer-Konvolut innerhalb des Kaschnitz-Nachlasses. Nach Abschluß dieses Manuskripts wurde ich aufmerksam auf Helmut Kunigk: Paul Hankamer in Königsberg (1932–1936). In: Zeitschrift für die Geschichte und Altertumskunde Ermlands 48 (1996), S. 166–204; ich konnte nur noch einige Nachweise aufnehmen.

[4] Vgl. auch Ludwig Jäger (Anm. 1), S. 75f.

undeutscher Söldling des politischen Katholizismus« hingestellt werde. Die beiden Funktionäre »geben zu, daß Fehler gemacht seien, im übrigen verberge sich hinter der Anonymität der gesamte Studentenverband und verwiesen uns daher an den Führer desselben, Herrn Hinz« (Bericht Berndt). Ein Gespräch mit Hinz, an dem auch der – noch nicht zweiundzwanzigjährige – studentische Senior des Deutschen Seminars (Ernst) Friedrich Ohly teilnahm, folgte am 10.12.1935; es führte zur Erneuerung des Vorwurfs, Hankamer agiere als Katholik undeutsch. Die Studenten wiesen die Behauptung, Hankamer sei Mitglied der Katholischen Aktion und handele undeutsch, zurück.

An den Tagen nach dem 10. Dezember begannen die Störungen der Vorlesungen Hankamers. Nach den Berichten, die Albrecht Berndt am 14. Dezember 1935 und Friedrich Ohly am 14. Januar 1936 verfaßten und die nicht nur für eine interne Wirkung bestimmt waren, wurde Hankamer zunächst von seinem Auditorium mit gesteigertem Beifall begrüßt, nur wenige zogen ein abfälliges Scharren vor (so noch am 12.12). Aber am 13. Dezember störten im Auditorium unbekannte Studierende aus anderen Fakultäten Hankamer mit Rufen, während die eigenen Hörer mit einem als positive Begrüßung eingesetzten Trampeln zeigten, daß sie die Vorlesung wünschten (Hankamer selbst – in seinem Bericht vom 11.1.36 an den Kurator – schätzt, daß unter 150 Hörern 80 fremde Demonstranten waren). Hankamers Versuche, seine Vorlesung zu beginnen, wurden von den nichtgermanistischen Anwesenden durch Zwischenrufe verhindert. Sprechchöre verlangten von ihm zu Beginn den sogenannten deutschen Gruß (»Wo bleibt der deutsche Gruß?«), obwohl dieser damals auch von Parteimitgliedern nicht generell vor Lehrveranstaltungen ausgeführt wurde. Andere Zwischenrufe lauteten: »Wir wollen uns lieber über die Sätze im letzten *Student der Ostmark* unterhalten«, womit das angeblich Undeutsche in Hankamers *Literaturgeschichte* gemeint war. Auf Hankamers Wort, er wolle zunächst einiges Sachliche bemerken, wurde ihm geantwortet, er habe gar nichts zu bemerken, sondern habe sich zu rechtfertigen. Eine Zuspitzung war es, als gerufen wurde, wer den deutschen Gruß kenne, habe genug gelernt. Es kam auch zu Schlägereien zwischen Studenten beider Lager. Die Mischung aus weiteren Anfeindungen in der Zeitschrift des NS-Studentenbundes und aus allgemeinen Störungen der Vorlesungen setzte sich fort. Berndt, Ohly und ein nicht genannter dritter Student berichteten darüber sofort dem Rektor, dem Baltologen Georg Gerullis (1888–ca. 1944, in Königsberg Lehrstuhlinhaber von November 1933–1937), der alles kommentarlos zur Kenntnis nahm. Ein undatierter Zettel mit einer handschriftlichen Notiz Hankamers besagt: »Auf Wunsch des Rektors lasse ich meine Vorlesungen bis Weihnachten ausfallen«. Diese Ankündigung könnte schon in Kraft gewesen sein, als am 19. Dezember erstmals das nächste Heft des *Student der Ostmark* ausgelegt wurde, in dem die Vorwürfe des ersten Artikels unterstrichen und noch klarer herausgestellt wurden: Das Buch und die Vorlesung »sei ein einziger Beweis dafür, daß Prof. Hankamer rassefremden und rasseschädlichen Kräften dienstbar sei, die er günstigstenfalls unfähig sei, in ihrer Gefährlichkeit zu erkennen, folglich auch darzustellen und damit ihnen zu widerstehen«. Es wird dann wieder auf Hankamers Katholizismus und dessen Gefahren für die Germanistik hingewiesen und behauptet, »einen deutschen Dichter katholischen Geistes gebe es nicht und dürfe es nie geben« (alles nach Bericht F. Ohly).

Im Januar wurden die Störungen unregelmäßig fortgesetzt. Auf Initiative von Ohly unternahmen es germanistische Studierende, einen Text zu verfassen, in dem Hankamer gegen die publizierten Vorwürfe in Schutz genommen wird, und ihn im Deutschen Seminar auszulegen, um Unterschriften derer zu sammeln, die dieser Erklärung zustimmten (spätestens ab 21.1.36). Dieser Text mit den bis dahin gesammelten Unterschriften wurde kurz vor dem 29. Januar aus dem Seminar entwendet und der Redaktion des *Student der Ostmark* übergeben; laut einem erhaltenen Protokoll vom 2. Februar 1936 hat die Studentin Lisa von Küchler gegenüber Hankamer zugegeben, die Liste dem Studentenbund zur Verfügung gestellt zu haben. Am 29. Januar 1936 erschien als Extrablatt des *Student der Ostmark* (dann auch am 12. Februar im nächsten regulären Heft der Zeitschrift) ein Abdruck der Erklärung und der Unterschriften, um die studentische Gegenwehr unter der Überschrift *Am Pranger* (so auch das lapidare Zitat in Hankamers Notizkalender am 29.1.) als »Sabotage des Kampfes des NSDStB gegen volksfremden und volksschädlichen Geist« anzugreifen. Der redaktionelle Teil endet mit dem zynischen Zuruf an die Verfasser und ihre Unterstützer: »Weggetreten, meine Herren! Ihr seid allmählich nicht mehr von gestern, Ihr seid von vorgestern«.

Dieses anprangernde Blatt gibt uns heute die Möglichkeit, den Inhalt der Erklärung zu würdigen und die Namen der 44 mutigen studentischen Unterzeichner mit Respekt wiederzugeben:

> Wir drücken Herrn Professor Hankamer durch unsere Unterschrift aus:
> daß wir seine Lehrtätigkeit in Vorlesungen und Seminaren und seine deutsche Literaturgeschichte nie als ein Wirken im Sinne der katholischen Aktion oder einer katholischen Propaganda erfahren haben, sondern daß er im Gegenteil gerade den außerkatholischen Kräften deutscher Geschichte und deutschen Geistes gerechteste Würdigung zuteil werden ließ,
> daß wir sein Katholischsein nie in einem anderen Sinne als dem einer echten und wesenhaft unauflöslichen Einheit mit dem deutschen Wesen erfahren haben, und daß wir der Überzeugung sind, daß sein Lehren allein einer lebendig in die Gegenwart wirkenden Vermittlung der besten und größten in der Geschichte der deutschen Dichtung faßbaren deutschen Kräfte gedient hat.

> Königsberg, im Januar 1936

> Das Schreiben haben unterzeichnet: Ernst Friedrich Ohly, Gerhard Strauch, Heinrich Hadlich, Bruno Liebrucks, August Deblon, Meinhard Reichelt, Hans-Joachim

Wegner, ein Ausländer, dessen Namen wir nicht veröffentlichen, da wir ihm zu unserem Bedauern die Kompetenz bestreiten müssen, in dieser rein deutschen Angelegenheit zu urteilen, Friedrich Luft, Magdalene Schlemminger, Hildegard Jersch, Willy Kramp, Walter Schäfer, Rohtraut Bäsken, Hans-Jürgen Seekamp, Sigurd Schulze, Theo Penners, Werner Brettschneider, Waltraut Grigoleit, Maja Thoenes, Elisabeth Loerzer, Anna Plehn, Christel Barowski, Renate v. Hase, Frida Ribbat, Georg Schweinshaupt, Paula Kindor, Eva Knauer, Joseph Kaufmann, Rolf Arnold, Heinz Schultz, Anna Bodschwinna, Maria Friedrich, Hildegard Treichel, Hildegard Riechert, Erna Pischke, R. G. Reusse, Traute Poweleit, Gerhard Klein, Kurt Burmeister, Johannes Makowski, Eva Müller, Siegfried Naumann, Kurt ... [unleserlich]

Bei dem hier verachtungsvoll anonymisierten Ausländer handelt es sich um Leonard Forster, den späteren Cambridger Lehrstuhlinhaber. Als einer der beiden ersten aller Briefverfasser teilte er bereits am 13. Dezember 1935 Hankamer mit: »Ich habe heute in Ihrer Vorlesung das schlechte Benehmen einiger Kommilitonen miterlebt und möchte diese Gelegenheit ergreifen, Ihnen mein innigstes Mitgefühl auszusprechen. Falls Ihnen bei Gelegenheit der Einsatz eines Ausländers irgendwie behilflich sein könnte, stehe ich Ihnen zu jeder Zeit gerne zur Verfügung«. Ähnliche Versicherungen, zu dem angegriffenen Professor zu stehen, ohne inhaltliche Gründe – etwa hinsichtlich der Auffassung vom Fach und seinen Gegenständen – darzulegen, finden sich auch bei deutschen Mitstudenten. In einem Fall gibt es einen schnellen, von Hankamer in seinem Notizkalender registrierten Wandel: Die Studentin Elisabeth Aßmann schreibt am 12. Januar 1936 an Hankamer, sie habe bei ihm immer wieder erfahren dürfen, daß seine »ganze Arbeit ein Bemühen um unser Eindringen in die deutsche Kultur und in das deutsche Geistesleben« sei, »das uns allen die tiefste Förderung zuteil werden ließ«, und daß er »es in seltener Weise verstanden habe, uns Lehrer und Führer zu sein«; sie bekundet ihm abschließend ihre »tiefe Verehrung und Dankbarkeit«. Schon neun Tage später gibt es Anlaß, daß Hankamer in seinen Kalender notiert: »Frl. Aßmann verabschiedet sich und unterschreibt [die Erklärung] nicht«; am selben Tag zählt er – anscheinend mit Befriedigung – noch 40 Anwesende in seinem Seminar, zu dem wohl nur wenig mehr Teilnehmer gehört hatten (Notiz am 14.1.: »Seminar etwas gelichtet. Ohne Störung«).

Aus dem eben dargelegten Wandel mag man erschließen, unter welchem Druck aus einander entgegenstehenden Erwartungen, Ängsten und Neigungen die Unterzeichner und eventuell weitere ihnen nahestehende Studierende gestanden haben mögen. Zugleich vermittelt der eben zitierte Brief etwas von der allgemeinen und grundsätzlichen Diktion der meisten der Briefschreiber, die in der Darstellung ihres Verhältnisses zu ihrem akademischen Lehrer, insbesondere ihres Danks für vermittelte Ziele oder Einsichten immer wieder zu Begriffen oder Formeln greifen, mit denen auch die Gegenseite manche ihrer Formulierungen hätte ausstatten können (zum Beispiel »Eindringen in die deutsche Kultur und in das deutsche Geistesleben; Lehrer und Führer«).

Zur Auseinandersetzung mit etwas konkreteren Stichworten zwangen dagegen sowohl die publizierten Vorwürfe gegen Hankamer (Katholizismus und »Undeutschheit« usw.) als auch die Argumente, die zugunsten Hankamers vonseiten seiner Studenten wie auch – relativ spät erst nach dem Verfassen der meisten Briefe – in der ausgelegten Erklärung angewandt wurden, um den Lehrer zu retten: Hier bemühte man sich, mit möglichst vielen Nachweisen der nationalen, deutschen Ausrichtung seiner Lehre und Forschung ein Einsehen bei nationalsozialistischen Organisationen zu erreichen; daneben fällt auf, daß die Schmähung als »jüdisch versippt« (Hankamers Frau, die sich 1925 in Köln als Volkskundlerin habilitiert hatte, 1932 ihrem Mann nach Königsberg gefolgt war und 1938 in die USA emigrierte, hatte eine jüdische Mutter; er selbst gibt in einem in Berlin verwahrten Fragebogen von 1934 an, seine Frau sei reformierter Konfession und nicht arisch) in diesem Verteidigungsversuch nicht aufgegriffen wurde. Es ist bei den Bemühungen um die Wahrung eines Konsenses in der Erklärung zugunsten Hankamers mitzubeachten, daß viele Unterzeichner selbst in nationalsozialistischen Gliederungen Mitglied waren (was ab 1933 bei der Aufnahme des Studiums und danach immer schwerer zu umgehen war), ja daß mancher meinte, er könne gegen die anscheinend allein vom NS-Studentenbund gegen Hankamer gerichteten Angriffe Unterstützung bei der SA, anderen NS-Organisationen, beim Rektorat oder bei militärischen Vorgesetzten erwirken; in mehreren Fällen (bei Militär und SA) erlangten Studenten Hankamers sogar positive Unterstützungszusagen, die aber schließlich nicht oder nicht wirkungsvoll eingelöst werden sollten. Es stand Hankamer und seinen studentischen Verteidigern jedenfalls zunächst nicht die Gesamtheit der NS-Organisationen als Gegner gegenüber, vielmehr gibt es Indizien für die Richtigkeit der Annahme, daß der NS-Studentenbund mit den Angriffen auf Hankamer seine eigene Stellung innerhalb der konkurrierenden NS-Organisationen zu festigen und zu verbessern, also seinen Einfluß an der Universität zu vergrößern versuchte.[5] Der erwähnte nationalsozialistische Fachschaftsvertreter Werner Grude hat laut einem von dem Altgermanisten Gottfried Weber (1897–1981, Lehrstuhlinhaber in Königsberg seit 1930) angefertigten und Hankamer am 17. Januar 1936 zugestellten Protokoll gesagt:

> Der Studentenbund kämpfe eben selbst um seine Existenz, und er müsse seine Existenzberechtigung durch etwas Außergewöhnliches und Revolutionäres beweisen. Darum vorwiegend sei die vom Studentenbund gewählte Form des Angriffs gegen Herrn Prof. H. zur Anwendung gebracht worden.

---

[5] Zur überörtlichen Stellung des NS-Studentenbundes vgl. Darstellungen bei Michael Grüttner: Studenten im Dritten Reich. Paderborn u.a. 1995, der vom »Machtrausch« spricht, den der NS-Studentenbund 1923 erlebt habe (S. 77); dieser sei aber ab 1934 bei seinen Aktionen auf studentischen Protest gestoßen. Vgl. unten mit Anm. 12.

Was sich zwischen den Parteigliederungen im einzelnen ereignete, bleibt unklar. Die studentische Erklärung zugunsten des germanistischen Hochschullehrers wendet sich zuerst der Aufgabe zu, die publizistischen und mündlichen Angriffe des NS-Studentenbundes zurückzuweisen, hat dabei zugleich die weitere Beurteilung durch Parteigliederungen, Rektorat und Kultusministerium mitzubeachten. Dagegen war eine innerfachlich-germanistische Argumentation relativ unwichtig, wurde hier also fast ganz unterlassen. Die eigene Kompetenz wird mehr auf Erfahrungen in Hankamers Lehrveranstaltungen aufgebaut als durch Hinweise auf sein weiteres Œuvre. Daß hier allein Hankamers *Literaturgeschichte* erwähnt wird, wird durch die schmähenden Artikel im *Student der Ostmark* nahegelegt, nicht durch eine innerfachliche Diskussion. Daß die eigenen, für sicher gehaltenen Ziele und Maßstäbe umschrieben werden mit Formeln wie »deutscher Geist, deutsches Wesen [und die] besten und größten in der Geschichte der deutschen Dichtung faßbaren deutschen Kräfte«, dürfte einerseits als größtmögliche Annäherung an spezifisch nationale Vorstellungen aufseiten der nationalsozialistischen Gegner im weitesten Sinn als vielversprechend angesehen worden sein, andererseits bezeugen auch die privat an Hankamer gerichteten studentischen Briefe, daß nationale Kategorien in aller Selbstverständlichkeit auch im nichtöffentlichen Dialog der Erklärungsunterzeichner als Bestandteil der Ziele eines geisteswissenschaftlichen Studiums angesehen wurden. Verteidigt wurden mit Hilfe dieser Kategorien Freiräume für ein geisteswissenschaftliches Studium jenseits des Zugriffs nationalsozialistischer Ideologen.

Und hiermit komme ich zum Kern meiner Frage, wie denn in einer längst schlagkräftig organisierten Diktatur eine nicht organisierte und überhaupt nicht in artikuliertem politischen Konsens stehende Hörerschaft diesen raren Fall eines offen bekundeten Widerstandes zustandebringen konnte, wie sie ihn privat zu begründen vermochte und zugleich den Schritt an die von der politischen Gegnerschaft in jeder Hinsicht beherrschte akademische Öffentlichkeit riskierte. Die Ähnlichkeit der Inhalte mancher Briefe ist zum Teil durch die vorgegebene NS-Publizistik provoziert, doch gibt es auch andere Ähnlichkeiten in den individuellen Angaben der Ziele des Studiums, speziell der durch Hankamer vermittelten Einsichten. Diese Ähnlichkeiten dürften auf eigene, auf das Studium gerichtete Erwartungen und auf Hankamers Lehre zurückzuführen sein; man wird dabei auch nach Stereotypenbildungen in der Folge der germanistischen und philosophischen, vor allem auf Sinnwahrnehmung und Sinnvermittlung ausgerichteten Zielbeschreibungen seit Dilthey und allgemein der Geistesgeschichte- und der Deutschkunde-Diskussion näher fragen müssen,[6] als ich es hier auf schmaler Dokumentenbasis zu tun vermag.

---

[6]   Vgl. Überlegungen von Rainer Kolk: Liebhaber, Gelehrte, Experten. Das Sozialsystem der Germanistik bis zum Beginn des 20. Jahrhunderts. In: Jürgen Fohrmann / Wilhelm Voßkamp (Hg.): Wissenschaftsgeschichte der Germanistik im 19.

Von den 44 Unterzeichnern haben sich im Dezember 1935 und Januar 1936 unter dem unmittelbaren Eindruck der Königsberger Störungen 14 in unterstützenden Briefen an Hankamer gewandt, außerdem verfaßten zwei der Unterzeichner (Berndt und Ohly) Stellungnahmen, die außerhalb der privaten Verständigung zugunsten Hankamers eingesetzt wurden. Ferner liegen aus demselben Zeitraum weitere Hankamer unterstützende Briefe von Königsberger Hörern des Wintersemesters 1935/1936 außerhalb des Kreises der Unterzeichner vor (Elisabeth Aßmann, Pater Heinrich Kreutz), weitere von ehemaligen Studierenden Hankamers, die sich außerhalb der Königsberger Universität aufhielten und offenbar sehr schnell über die Angriffe auf ihren Lehrer verständigt worden waren (Werner Brettschneider aus einer Königsberger Infanteriekaserne; Rotraud Gabeth, Leipzig; Gottfrieda Ruegenberg, Köln; Rolf Stöver, Mönchengladbach; eine amerikanische Assistenzprofessorin mit Vornamen Margret). Der einzige Brief negativen Inhalts aus diesem Zeitraum stammt von dem Studenten Christian Hansen, der am 16. Januar 1936 nunmehr als Leiter der Kulturwissenschaftlichen Fachschaft unterzeichnet und auf »die heutige Auseinandersetzung« mit Hankamer näher eingeht; hier wird parteilich berichtet von scharfen verbalen Auseinandersetzungen zwischen den NS-Studentenschaftsvertretern Hansen und Grude einerseits und Hankamer andererseits über dessen Verhältnis zum NS-Studentenbund, wird außerdem »die gewaltsame Unterbrechung [der] letzten Vorlesung bedauert« und gesagt, Hankamers Schüler hätten zu seiner »Verteidigung zu falschen und unlauteren Mitteln« gegriffen. In letzter Behauptung dürfte sich spiegeln, daß die Berichte von Berndt und Ohly über das Deutsche Seminar hinaus schnell bekannt geworden waren und dem NS-Studentenbund wohl doch nicht ganz ungefährlich erschienen. Dagegen dürfte in Hansens Brief nichts auf eine Kenntnis von der Tatsache oder gar von Inhalten der vielen Privatbriefe anspielen. Werner Brettschneider erhielt das Flugblatt, das die Unterzeichner (und damit auch ihn selbst) anprangert, in seiner Königsberger Kaserne, reagiert zunächst mit Ärger, hat sich dann aber »darüber gefreut, denn nun hat der Kampf die offene Schärfe, die nur gut tuen kann«. Es wurde also auch der Schritt aus der Privatheit heraus mit Hoffnungen begleitet.

Die Inhalte der studentischen Briefe sind so individuell gehalten, daß sie ohne Absprache abgefaßt sein dürften; diese Annahme schließt nicht aus, daß einige Verfasser sich gegenseitig zu schriftlichen Äußerungen ermuntert haben. Hankamer hat das Eintreffen der privaten Briefe offenbar nicht öffentlich erwähnt, aber seine Kalendernotiz am 15. Januar 1936 (»Dauernd Briefe«; 20.1.: »Reichelts Brief«) ist wohl als Spur eines ihm wichtigen Faktums

---

Jahrhundert. Stuttgart 1994, S. 48–114, hier S. 113, sowie von Jürgen Fohrmann: Das Projekt der deutschen Literaturgeschichte. Entstehung und Scheitern einer nationalen Poesiegeschichtsschreibung zwischen Humanismus und Deutschem Kaiserreich. Stuttgart 1989, S. 226ff., S. 230 zu Diltheys »weitreichender Verschiebung der Sinndimension von der Objekt- zur Metaebene«.

einzuschätzen. Man könnte aus Hankamers eigenen Notizen und Berichten den Schluß ziehen, daß er es als eine gewisse Selbstverständlichkeit ansah, daß sich seine Schüler auf riskante Weise für ihn einsetzten, was ja insbesondere für Berndt und Ohly als Verfasser von Berichten und eidesstattlichen Erklärungen und für alle Unterzeichner der von Ohly initiierten Erklärung gilt. Aber die karge Sprache des Notizkalenders spiegelt auch Sorge um diesen Einsatz, etwa wenn er Folgen für seine Schüler registriert:

> [August] Debl.[ons] Gebührenerlaß endgültig abgelehnt [25.1.36; Deblon war zweiter Senior des Deutschen Seminars]; Der arme Ohly [1.2.36]; Ausschluß m[einer] Schüler vom Leistungskampf [5.2.36]; O[hly] aus Studienstift[un]g [6.2.36]; Ohly: entlassen aus Wettbewerb. Drohende Entlassung aus S.A. [7.2.36]; Unruhe. Was soll [mit] meinen Schülern geschehen? [10.2.36];

in diesem umfassenden Sinn wohl auch das Registrieren einer Erkrankung von Berndt (22.1.36, dazu am 23.1. »Krank: Gedanke an Berndt«). Ausführlicheres zu seinen Schülern schreibt Hankamer in seinem am 10. Januar 1936 vom Kurator angeforderten und bereits am 11. Januar verfaßten zwölf Seiten langen Bericht über die Störungen seit Anfang Dezember 1935.

Ehe ich Gemeinsamkeiten und Besonderheiten der studentischen Briefe an Hankamer beachte, nenne ich die Verfasser der Briefe in alphabetischer Folge und gebe ich, ohne daß ich gründliche Recherchen unternehmen konnte, dort Hinweise zur Person, wo es mir möglich war. In Klammern stehen die Daten der Briefe; diese sind unterschiedlich lang, in der Regel etwa zwei Seiten, in einigen Fällen sind sie sehr viel länger.

Rolf Arnold (17.1.36), Elisabeth Aßmann (12.1.36), Rohtraud Bäsken (13.12.35), Albrecht Berndt (21.12.35; vor allem dessen Bericht vom 14.12.35), Christel Barowski (15.1.36), Erna (nicht, wie im Flugblatt, Anna) Bodschwinna (13.1.36), Werner Brettschneider (1.2.36, als Soldat aus einer Königsberger Kaserne; laut Notizkalender hat er über den Vorwurf, Hankamer sei »Kommunistischer Agitator«, gelacht), August Deblon (21.12.35, aus den Weihnachtsferien aus Wuppertal), Leonard Forster (13.12.35, der spätere Cambridger Lehrstuhlinhaber, 1913–1997), Maria Friedrich (15.1.36), Rotraud Gabeth (16.1.36, aus Leipzig), Waltraud Grigoleit (16.1.36; Heinrich Hadlich (23.1.36), Willy Kramp (26.1.36, 1909–1986, später Schriftsteller), Pater Heinrich Kreutz (14.12.35), Friedrich Ohly (Bericht vom 14.1.36, der spätere Kieler und Münsteraner Lehrstuhlinhaber, 1914–1996), Meinhard Reichelt (ohne Datum, ein Brief von ihm am 20.1.36 von Hankamer im Notizkalender erwähnt; ist Offiziersanwärter, holt Hankamer am 21.1. auf dem Weg zum Seminar von zu Haus ab; von Ohly als Zeuge benannt), Frida Ribbat (20.1.36, bezeichnet sich als »eine seiner ältesten Schülerinnen«), Gottfrieda Ruegenberg (9.1.36 aus Köln, schreibt aufgrund von Berichten, die Hankamer ihrem Vater geschrieben hatte, war selbst im Erholungsurlaub), Walter Schäfer (23.12.35), Rolf

Stöver (27.12.35 aus Mönchengladbach, 12. Januar 1936 Karte aus Bielefeld; hat Studium absolviert, ist Soldat; wurde von der Unterzeichnerin Hildegard Jersch informiert; von ihm existiert eine als Manuskript gedruckte Autobiographie aus der Nachkriegszeit); Hans-Joachim Wegener (nicht, wie im Flugblatt, Wegner; 15.1.36).

Die Situation der Schreibenden ist einerseits von dem schon erwähnten Druck der hochschulpolitischen Konfrontation bestimmt, zugleich hat es offenbar gerade dieser Druck ermöglicht, Bekenntnisse zu formulieren, die sonst ungesagt geblieben wären, weil eine derartige Offenheit gegenüber einem Professor von Studierenden als ungehörig verstanden wurde. Dieses wird etwa in den Briefen von Waltraud Grigoleit und der schon examinierten Rotraud Gabeth ausgesprochen:

> Gerade in dieser Zeit ist es für mich eine innere Notwendigkeit, Ihnen mit dem aufrichtigsten Dank noch einmal zu sagen, wieviel ich in jeder Hinsicht an Hilfe und Richtung für das ganze Leben von Ihnen empfangen habe, und ich bitte Sie zu verzeihen, daß ich hier manches davon auszusprechen versuche, was man zu anderer Zeit nicht so offen sagen würde.

> Sie werden vielleicht überrascht, hoffentlich aber nicht verstimmt sein über meine plötzliche Beredsamkeit, mit der ich hier Geständnisse mache, wozu ich 2 Jahre lang genug Gelegenheit gehabt hätte, aber vielleicht hören Sie in diesen Tagen gern die Bestätigung, daß Ihr Wirken nicht verlorengeht [...]. Wären diese Angriffe auf Sie [...] nicht gekommen, ich hätte gewiß nicht das Schweigen auf gewiß irgendwie ungeschickte und tolpatschige Art gebrochen.

Beide Zitate sind längeren Briefen entnommen, doch mag die Erläuterung, daß erst der Druck der Angriffe ein offenes Wort ermöglicht hat, auch für andere, kürzere Briefe gelten, in denen hinter einer verknappten Diktion ein ähnliches Problem verborgen gehalten wird.

Nun möchte man vielleicht erwarten, daß eine so ungewohnte Offenheit anschauliche Inhalte dessen, was dem Lehrer zu verdanken ist, zur Folge habe. Aber in dieser Situation geht es zwischen den Briefschreibern und dem Adressaten nicht um Information über erst darzustellende Inhalte, sondern um ein Konsens betonendes Abrufen von Gemeinsamkeiten, über die man zu einer Gemeinschaft inmitten von Gegnern gefunden hat. Daher bleibt in den Briefen eine konkrete Darlegung weitgehend aus, fallen relativ selten Namen der Autoren, auf die der Lehrer seine Schüler aufmerksam gemacht hat; es werden dann Namen wie Goethe, Kleist, Hölderlin, George, gelegentlich auch Paracelsus, Böhme und Stifter erwähnt. Am häufigsten fällt Luthers Name, aber dieses ist von dem ganz spezifischen Element der Situation nahegelegt, nämlich von dem nationalsozialistischen Vorwurf, Hankamer habe als Germanist den Katholizismus propagiert. Hierauf reagieren viele Briefe (u.a. F. Ribbat, G. Ruegenberg, W. Grigoleit, R. Gabeth, H.-J. Wegener, R. Stöver, R. Arnold, M. Friedrich, E. Bodschwinna, C. Barowski und W. Kramp) mit individuell formulierten Bekenntnissen. Die Studierenden scheinen ganz überwiegend Protestanten zu sein, und mehrere von ihnen erläutern, daß sie gerade auch angesichts ihres zweiten Studienfachs evangelische Theologie dankbar dafür seien, daß Hankamer keine konfessionellen Gegensätze habe aufkommen lassen. Insbesondere seine Vorlesungen über Luther werden aus prononciert protestantischer Sicht mit größter Hochachtung und Dankbarkeit kommentiert. Dagegen wird der vom NS-Studentenbund vorgebrachte Vorwurf, Hankamer sei »jüdisch versippt« in keinem der Briefe erwähnt. Ähnlich wie in der (erst nach den Briefen vorgelegten) Erklärung der Unterschriftenaktion wird der Vorwurf, Hankamer werde von undeutscher Gesinnung geleitet, in verschiedener Weise fast in jedem Brief zurückgewiesen. Hier kommt es auf einer allgemeinen Verständigungsebene zu Ähnlichkeiten der Antworten, gerät aber auch manche Formulierung so unspezifisch, daß sich – von heute her gesehen – Ähnlichkeiten mit Äußerungen des gegnerischen Lagers aufdrängen. Lapidar bekennt etwa Walter Schäfer, er habe Hankamers Mahnung akzeptiert, »mit starkem Willen und guter Kraft das Erbe deutscher Kultur in mich aufzunehmen, daß ich es unversehrt weitertragen kann«; er fährt fort: »Durch Sie bin ich diesem Erbgut verpflichtet«. Dem Verfasser dieses knapp gehaltenen Bekenntnisses zu seinem Lehrer ist jedoch der Wille, diesen voll zu unterstützen, zu glauben. Gottfrieda Ruegenberg schreibt in einem sehr differenziert artikulierten Brief zu diesem Thema unter anderem: sie vertraue Hankamer als ihrem Lehrer, »weil wir in Ihnen die Gestalt des deutschen Geistes so bezwingend erlebten: die unbedingte, unerschütterbare ehrfürchtige Hingabe der ganzen deutschen Seele an die Geistesarbeit, an das geistige Erkennen der Wahrheit«, man habe sich geeint gesehen »in der Gemeinschaft des lebendigen Eindringens in unsere deutsche Kultur«. Von einer Gemeinschaft geht auch Rolf Stöver (12.1.36) aus, wenn er bekennt, sie wüßten »Deutschland und seinem Geiste zu dienen, ob man das nun anerkennt oder ob man uns deshalb verfolgt«. Es wird deutlich, daß sich diese Studenten ihre eigenen, sie mit Hankamer verbindenden Vorstellungen von deutscher Kultur und Literatur nicht von ihren politischen Gegnern bestimmen lassen wollen.

Wo es um Hankamers Leistungen für die Wahrnehmungen im Umgang mit deutscher Literatur geht, sprechen die studentischen Verfasser wiederholt in Verbindung von ›deutsch‹, ›Geist‹, ›Kultur‹ und höchsten sittlichen Werten. Darin zeigt sich als eine gemeinsame Linie, daß man zusammen mit Hankamer Studium und Wissenschaft als Suche nach Sinn sieht, und dieser Sinn wird nirgendwo in der Nähe der nationalsozialistischen Ideologie angesiedelt. Daß »in der Gewinnung von Sinn das Gedächtnis einer Kultur gesichert« werde,[7] daß dabei die Sinngewinnung ein Akt der Autonomieverteidi-

---

[7] Jürgen Fohrmann: Der historische Ort der Literaturwissenschaft. In: Ludwig Jäger / Bernd Schwitalla (Hg.): Germanistik in der Mediengesellschaft. München 1994, S. 25–36, hier S. 34; vgl. Petra Boden: »Es geht ums Ganze!« Vergleichen-

gung einer Geisteswissenschaft sei, konnte nach 1945 zu den Möglichkeiten gehören, eine Germanistik fern der NS-Reglementierung weiterzuentwickeln. Im Sprachgebrauch bei Hankamers Studenten kann man bei der Artikulierung des Verlangens nach Sinn und Wert spüren, daß hier eine Gegenposition gegen die NS-Germanistik gesucht und verteidigt wird, doch bleiben deutliche begriffliche Abgrenzungen selten. W. Grigoleit dankt Hankamer dafür, daß sie, indem »man nach dem wirklich Wesentlichen, dem innersten Sinn und Gesetz der deutschen Dichtung suchen lernte, [...] weit über alle wissenschaftliche Einzelerkenntnis hinaus eine wirklich befreiende und klare Antwort, ein Gefühl und eine Erkenntnis für das Höchste und Beste im Leben überhaupt« gefunden habe. In ähnlichem Sinn dankt Hans-Joachim Wegener dafür, daß Hankamer am Werk des späteren Goethe – im Wintersemester 1935/36 Gegenstand von Hankamers Vorlesung und Hauptseminar (›Mittelstufe‹) – gezeigt habe, »wie wir uns bilden müssen, um die Mitte der eigenen Existenz zu finden und uns zum Nutzen der Gemeinschaft zu bilden und zu vervollkommnen«. Maria Friedrich, die sich zu Hankamers »weiterem Hörerkreis« rechnet, betont:

> Sie verstehen es, deutsche Dichtung und Literatur so vor uns lebendige Gestalt werden zu lassen, daß wir an ihrem geistigen Gehalt wirklich teilhaben können ... Man wird in Ihren Stunden einfach in diesen Bereich mithineingenommen, in dem man sich unmittelbar zu geistiger Zucht und hoher ethischer Haltung aufgerufen fühlt. Ihr Unterricht ist wie eine Forderung an den ganzen Menschen.

Christel Barowski schreibt, es sei Hankamer gelungen,

> in seinen Schülern ein solches Bewußtsein der Werte hoher deutscher Dichtung zu wecken und damit über alle persönlichen Unterschiede, über jede konfessionelle Spannung, auch über die zwischen Christen und Nichtchristen, hinweg im Gefühl der Verantwortung und Einsatzbereitschaft für diese gemeinsamen deutschen Werte ein Gefühl der Verbundenheit zu schaffen.

Die in den meisten Briefen selbstverständliche Hochschätzung des Nationalen, das Einverständnis mit der Beschränkung auf die Höhenkammliteratur, eine weitgehende Sicherheit hinsichtlich dessen, was als Wert gilt, mag sich hier und da in der Nähe der Terminologie der politischen Gegner bewegen, vor denen hier Hankamer in Schutz genommen wird. Das mag eventuell auf Vorsicht zurückzuführen sein, könnte eher aus Gemeinsamkeiten der Epoche abzuleiten sein, ist aber in keinem dieser Briefe als eine Verringerung des Einsatzes für Hankamer und die von ihm vertretene, jetzt politisch bedrohte Wissenschaft oder gar als Zugeständnis an die Denkinhalte der Gegner anzusehen. Aus den Briefen spricht ein Konsens zwischen den Studierenden und ihrem Lehrer darüber, daß sie ihre ›deutschen‹ Inhalte und Ziele in geistiger Freiheit fern von jedem Diktat gewonnen und dann auch anders gefüllt haben.

---

de Beobachtungen zur germanistischen Literaturwissenschaft in beiden deutschen Staaten 1945–1989. In: Euphorion 91 (1997) S. 247–275, hier S. 249.

Die Briefe des Heinrich Hadlich und des Willy Kramp nehmen eine Sonderstellung ein, die zugleich zu zeigen vermag, wie selbst Dankesbezeugungen für Hankamer nicht unbedingt mit einer Distanz zum Nationalsozialismus einhergehen mußten. Hadlich erklärt, als Nichtkatholik sei er Hankamers Gegner, wie er als Deutscher ihm verbunden sei. »Sie haben meine Gegnerschaft gesehen und geachtet, und wenn ich zögerte, sie allezeit auszusprechen, haben Sie mich dazu angeregt und ermahnt«. Nach längeren Ausführungen zu dieser Art Respektverhältnis aktualisiert Hadlich seinen Gedankengang mit Blick auf die Vorwürfe des NS-Studentenbundes, ohne diesen eigens zu nennen. Er erklärt den Katholizismus als einen notwendigen Bestandteil des »göttlich gerichteten« deutschen »Reichs. Weil es solchen deutschen Katholizismus wirklich gibt, wäre es verderblich und ein Schlag gegen dies einige deutsche Reich und seine Ewigkeit, wenn man jene Deutschen, die katholisch sind, ausrotten wollte«. Er äußert seinen Dank für die Begegnung mit Hankamer und erläutert seine Auffassung von Wissenschaft und Universität, alles im Tenor dessen, der Endgültiges weiß. Bevor er sich als »Ihr dankbarer Schüler und ehrerbietiger Gegner« verabschiedet, erinnert er an viele persönliche Begegnungen und Gespräche mit Hankamer, auch an dessen Besuch bei ihm, steigert also seinen Respekt bis hin zu Anzeichen menschlicher Nähe, vergißt aber nicht das Bekenntnis: »Meinen Nationalsozialismus trage ich tief in mir, und ich lasse ihn mir nicht durch die ewige Kleinheit der Menschen stehlen«. Der Brief läßt etwas von Hankamers Fähigkeit erkennen, auch zwischen sich und Fernstehenden Gesprächsverhältnisse entstehen zu lassen. Dieses dürfte ein wichtiger Hintergrund für die vielfache Bekundung studentischer Dankbarkeit sein. Rolf Stöver schreibt hierzu von der Dankbarkeit dafür, »daß ich bei Ihnen neben der großen Freude am Fachstudium die Gemeinschaft erlebt habe, die da entsteht, wo man im Bewußtsein des verschiedenen Standpunktes in geistiger Zucht sich müht um die Erkenntnis der Wahrheit«.

Gelegentlich gehen einige der Briefverfasser auch dazu über, mit Hilfe begriffsgetragener Reflexion sich über ihre und Hankamers Stellung im Fach Germanistik Klarheit zu schaffen. Willy Kramp deutet – er war 1934 bei Hankamer über Gutzkow promoviert worden[8] – an, daß es zwischen ihm und Hankamer Wechsel zwischen persönlicher Nähe und Distanz gegeben, daß Hankamer für ihn aber immer Autorität geblieben sei. »Wenn ich für mich persönlich frei geworden bin von einer positivistisch-liberalistischen Art, deutsche Dichtungsgeschichte zu studieren, so ist das zum größten Teil Ihr Verdienst«. Hankamer sei stets »persönlich streng, zuchtvoll und aristokratisch« erschienen, habe vor seinem Schüler zum »Gehorsam ... die hohen Bilder und Werte deutschen Geistes« aufgerichtet, und es überrasche nicht, daß dann »die Trägen und Schwächlichen« sich von ihm zurückgezogen hätten

---

[8] Nach Helmut Kunigk (Anm. 3), S. 192, Anm. 83.

und ihn als »Ästheten verschrieen« hätten. Aus Hankamers Brief vom 14. Dezember 1935 an den Minister (s. unten) ist zu ersehen, daß er seine für eine katholische Buchgemeinde verfaßte *Literaturgeschichte* als Gegenposition zu marxistisch-liberalistischen Buchgemeinden der Zeit (um 1927/28) konzipiert habe: »Diese Kulturproblematik [der Leser der katholischen Buchgemeinde] war in keiner Weise gegen etwas andres als den Hintergrund des Liberalismus und Marxismus gesehen« (im selben Brief vom 14.12.1935). Willy Kramp, der sich nicht im Gegensatz zum nationalsozialistischen Staat sieht, geht auf den Liberalismus-Begriff, den Hankamer offenbar wiederholt verwendet hat, näher ein:

> Ich habe von Ihnen gelernt, daß das Studium der Großen ein Ringen mit und gegen die Großen ist. Ich habe von Ihnen gelernt, daß es Liberalismus ist, Stefan George »anzuerkennen«, ohne ihm gehorsam zu werden und sich von ihm verwandeln zu lassen; daß es Liberalismus ist, Heinrich Mann »abzulehnen«, ohne ihn vorher in seiner ganzen satanischen Gewalt gespürt und überwunden zu haben. Wenn man, wie ich höre, heute von Ihnen fordert, Sie sollten Heinrich Mann aus dem Seminar entfernen, so ist das genau dasselbe, als forderte man, daß die Werke von Marx aus dem Nationalökonomischen Seminar entfernt werden. Aber ist das kämpferisch, dem Gegner auszuweichen, statt ihn zu stellen und mit ihm geistig zu kämpfen, bis entweder er oder ich fallen? Man sei doch nicht so kurzsichtig: Marx und H. Mann sind doch nur die sichtbaren Verkörperungen von geistigen und politischen Versuchungen, die als solche immer noch an unser Volk herantreten und die deshalb immer wieder aufs Neue im Keim und im Geist überwunden werden müssen.

Kramp sieht dann Hankamer als »Lehrer deutscher Dichtung« im Kampf gegen »die Krankheit, [...] deren Symptome Marx und Mann heißen«. Kramp sieht sich dabei in der Rolle eines Zeugen, der es Hankamer als »Ehre« anrechnet, wie er Heinrich Mann behandelt habe, und sieht ihn frei von jener »Schande«, die im *Student der Ostmark* Hankamer wegen der Behandlung Heinrich Manns vorgehalten wird.

Ob Hankamer diese Darstellung angemessen gefunden hätte, scheint mir nicht sicher zu sein. Die am 4. Dezember 1935 im *Student der Ostmark* (S. 46) zitierten Sätze aus Hankamers *Literaturgeschichte* lassen sich in ihrem Urteil über Heinrich Mann weitaus differenzierter lesen, sind aber nur mit dem Ziel ausgewählt, den Verfasser als urteilsunfähigen Bewunderer Heinrich Manns erscheinen zu lassen: »Die deutsche Prosa hat nun ihren europäischen Stil gefunden und ist durch Heinrich Mann zu einer erstaunlichen Präzision und rhythmischen Bewegtheit gelangt, hat die Schärfe der Dialektik und die Bildfülle der Eindruckskunst erhalten«. In seinem Rechtfertigungsbrief vom 14. Dezember 1935 an den »Herrn Reichs- und Preussischen Minister für Wissenschaft, Erziehung und Volksbildung«, Bernhard Rust, rückt Hankamer diese Stelle über Heinrich Mann dadurch zurecht, daß er sagt: »Nur dadurch, dass die 1928–29 formulierte Beurteilung nur stückweise wiedergegeben wird, ist das [d.h. diesen Satz in seinem Zusammenhang nicht als

»scharfen Angriff gegen den Schriftsteller« zu erkennen] möglich«. Einerseits ist Hankamer mit H. Mann differenzierter umgegangen, als Willy Kramp es darstellt, andererseits nähert sich Hankamer in der Defensive, in die er ab Anfang Dezember 1935 gedrängt worden ist, den Betrachtungen Kramps an: ein solcher Gegner wird intensiv wahrgenommen, um ihn letzten Endes doch als Gegner erkennbar werden zu lassen.

Wenn Kramp zuvor Hankamers Behandlung Stefan Georges andeutet, so spricht daraus nicht, daß Hankamer als Angehöriger des George-Kreises angesehen wird (was auch nicht zuträfe); verbunden wird die Achtung vor George mit jenem Bild des ›Dichters als Führer‹, das schon vor dem Dritten Reich – und auch bei dessen Gegnern, wie Max Kommerell – als signifikante Metapher verwendet wurde, um die herausgehobene Stellung von Dichtern und Dichtung in einem elitären, anspruchsvollen Bildungs- und Erziehungsprogramm zu betonen, ohne daß dabei immer bewußt wurde, daß man damit einer auch politischen Führerideologie den Weg bereitete. Rotraud Gabeth wendet diese Vorstellung in ihrem Brief auch auf Hankamer selbst an: er habe seine Hörer »ständig zur Selbständigkeit erzogen und gedrängt, so daß das echte Verhältnis von Führer und freiwilliger Gefolgschaft möglich wurde«. Es dürfte im Sinne Hankamers formuliert sein, wenn Kramp ein bloßes ›Anerkennen‹ ohne eine Unterordnung unter Georges Botschaft und deren Worte nicht billigt. Wieweit die abgelehnte Haltung »liberalistisch« sei, ist vielleicht weniger im politischen Sinne des Begriffs, sondern wohl eher im Sinne von »neutral zur Kenntnis nehmend« aufzufassen. Es könnte sein, daß in Gottfrieda Ruegenbergs Brief vom 9. Januar 1936 Ähnliches anklingt, wenn sie zu dem von Hankamer vermittelten Umgang mit Dichtung schreibt: »Eine Hingabe, vor der die Warnung vor ›objektiver voraussetzungsloser‹ wie vor ›tendenziöser‹ Wissenschaft überflüssig wird in dem Maße, wie eben die Liebe das Gesetz unnötig macht!« An Hankamers Umgang mit Dichtung wird von vielen der Briefschreiber eine Haltung des Respekts und der Achtung gegenüber dem Dichterwort, das Bemühen um das Erkennen und die Vermittlung von Werten beschrieben und mit Dank beantwortet; an dieser Haltung des Lehrers gegenüber den Gegenständen seines Faches wird wiederholt das Wahrnehmen von Sinn als Faszinosum angedeutet. Und hierin mag mehr als in literaturwissenschaftlichen, begriffsgeleiteten Erklärungen die Möglichkeit bestanden haben, das Verhältnis zum bedrohten akademischen Lehrer so zu beschreiben, daß er sich im rechten Maße anerkannt und gestützt sehen konnte. Rolf Arnold knüpft in seinem Brief vom 17. Januar 1936 an rechtfertigende Worte Hankamers an; dieser habe nach der ersten Vorlesungsstörung im Dezember bekannt, er habe »von dem gesprochen [...], aus dem heraus ein Mensch lebt, das er aber nicht öffentlich aussagt«, und ausdrücklich für diesen Schritt dankt ihm sein Schüler, ohne eigens hervorheben zu müssen, daß Hankamer sich mit seiner Auffassung von akademischer Lehre nicht in Einklang mit den Vertretern des Nationalsozialismus befinde.

Die von mir in den Mittelpunkt gerückten studentischen Briefe sind vor allem eine Verständigung mit dem bedrohten und verehrten Lehrer, erreichen eine Wirkung nach außen eher dadurch, daß sie ihn zu bestärken versuchen bei seinen Bemühungen, seine Lehrtätigkeit mit unveränderten Inhalten und Zielen fortzusetzen. Nach außen in die universitäre und politische Öffentlichkeit wirken dagegen außer der unterzeichneten Erklärung die beiden von den Studenten Albrecht Berndt (14.12.35) und Friedrich Ohly (14.1.36) verfaßten Berichte und eidesstattlichen Erklärungen sowie Hankamers Stellungnahme an den Kurator der Universität Königsberg Friedrich Hoffmann (12.1.36) und an den zuständigen Reichsminister Bernhard Rust (14.12.35). In seinen Bericht über die Details der ersten Vorlesungsstörungen flicht Berndt auch eigene Urteile. »Die Hörerschaft Prof. Hankamers, auch die vielen, die weltanschaulich nicht mit ihm übereinstimmen, empfanden diese Vorgänge spontan nicht nur als einen Angriff auf Prof. Hankamer, sondern auch auf sich und die Würde und das Ansehen einer deutschen Universität«. Als Berndt seinen Bericht in den Anfängen der Entwicklung verfaßte, ging er deutlich noch von der Hoffnung aus, daß sein vorangegangenes Gespräch mit relativ fachnahen nationalsozialistischen studentischen Funktionären gezeigt habe, daß es zwischen diesen und den vom NS-Studentenbund geführten vorwiegend fachfremden Störern einen Dissens gebe, den man zugunsten der eigenen Position verstärken könne; auch hatte er Anlaß zu der Annahme, daß sein Hitlerjugendführer sein eigenes Verhalten für angemessen halte und decken werde.

Friedrich Ohlys einen Monat später verfaßter Bericht schildert ebenfalls Einzelheiten der verbalen und zum Teil handgreiflichen Auseinandersetzungen, zeigt aber auch, wie sich nach dem 13. Dezember 1935 die Anzeichen mehren, daß der NS-Studentenbund in der Universitätsführung Unterstützung erhält. Hatte Berndt lediglich von spontanen Drohungen im Hörsaal zu berichten, die ihm die Suspendierung der HJ-Mitgliedschaft androhten (was er klar als »Zerstörung aller Berufsmöglichkeiten« erkennt, »da es verboten ist, nach Austritt bzw. Ausschluß von anderen Gliederungen der Partei aufgenommen zu werden«), machte Ohly inzwischen die Erfahrung, daß analoge Drohungen bei einem am 19. Dezember 1935 anberaumten offiziellen Gespräch im Studentenwerk mit dessen Leiter Fuchs und sieben Mitarbeitern ausgesprochen wurden. Hier nimmt man seine vorangegangenen Versuche, bei Studentenbundführer Hinz und bei Rektor Gerullis gegen die Störungen zu protestieren und Hankamer zu rechtfertigen, zum Anlaß, ihm persönliche Nachteile anzudrohen:

> Ich müsse mir darüber klar sein, welche Folgen ein Beharren auf meinem Standpunkt für meine Mitgliedschaft in der Reichsförderung [der Studienstiftung, in der Ohly seit 1932 gefördert wurde] haben müsse. Es wurde mir erklärt, es gebe keinen Unterschied zwischen einer Stellungnahme gegen das Vorgehen des NSDSTB

[d.i. des nationalsozialistischen deutschen Studentenbundes] in diesem einen Falle und gegen die ganze Bewegung [d.h. des Nationalsozialismus]. Wenn ich mich gegen das Verhalten der Königsberger Unterführer des NSDSTB in diesem Kampfe erkläre, bedeute das auch eine Erklärung gegen den Nat.Soz. überhaupt. Das lasse sich nicht trennen.

Nach diesem von ihm als »Kreuzverhör« charakterisierten Gespräch erklärte Ohly, »daß es mir unmöglich sei, den Kampf gegen Prof. Hankamer wie ihn der Königsberger NSDSTB für richtig und notwendig hält, zu unterstützen, und daß ich damit die mir daraus erwachsenden Folgen auf mich nähme«. Er habe danach seinem SA-Führer hiervon berichtet, der ihn dafür gelobt habe, seine »Meinung den betr. Stellen offen gesagt« zu haben, und ihm zugesichert habe, ihn gegen eventuelle Vorwürfe »selbstverständlich in Schutz [zu] nehmen«. Offenbar hat Ohly schon am 19. Dezember angekündigt, daß er über seine Erfahrungen berichten werde; dieses wurde im Studentenwerk doch wohl mit Sorge gehört, denn es gab noch den Versuch des Leiters Fuchs, in einem weiteren Gespräch mit Ohly zu anderen Ergebnissen zu kommen, sofern der Bericht bis dahin unterbleibe. Über den Ausgang dieses Versuchs und über den angekündigten Schutz gibt es keine Nachricht. Tatsächlich wurde Ohly schon im Februar kurz nacheinander aus der Studienstiftung und der SA ausgeschlossen und von der Universität gewiesen; die Auffassungen von Parteiorganisationen sowie akademischer und politischer Spitzenpositionen müssen sich sehr schnell denen des NS-Studentenbunds angenähert haben.

Ohly schließt seinen Bericht vom 14. Januar 1936 mit einigen persönlichen Erklärungen, denen er den Charakter von eidesstattlichen Angaben mit Zeugenbenennung (Meinhard Reichelt, Albrecht Berndt) gibt. Er betont, ohne vorheriges Wissen von Prof. Hankamer selbständig gehandelt zu haben. Als Gründe für seine Proteste und den Bericht gibt er »drei verschiedene und zusammengehörige: persönlich-menschliche, sittliche und sachliche« an: Er bekundet zunächst seine »Achtung und Dankbarkeit gegenüber Hankamer als einem Menschen und Lehrer«. Zum zweiten, dem sittlichen Grund rechnet er auch die Notwendigkeit der Verteidigung von Inhalten der Forschung und der Lehre Hankamers. Ohly bekennt hier zunächst in ähnlicher Kürze wie mehrere der Verfasser persönlicher Briefe, daß Hankamer seinen Katholizismus nie verhehlt habe, daß dieses in dem vom NS-Studentenbund jetzt angegriffenen Buch schon seit 1926 zu lesen, daß also eine offene Auseinandersetzung längst möglich gewesen sei. In den jetzt vorgenommenen Entstellungen und Unwahrheiten sowie den hierauf folgenden Störungen verrate sich eine Gesinnung, die er ablehne.

Es ist meine Überzeugung, daß auch der politische Kampf nicht der Tatsache eines derartig unerhörten Betragens gegenüber einem Kriegsfreiwilligen und einem Gelehrten von Hankamers Rang als Entschuldigung dienen darf. Überbrüllen eines Professors und Prügelei im Hörsaal in Gegenwart von mehreren Ausländern kann nur dazu dienen, Deutschlands Ansehen zu schädigen.

Ohly bekräftigt danach, was er im Studentenwerk bekundet hatte: er stelle
sich nicht auf die Seite des NS-Studentenbundes. Erst danach folgt, was Ohly
als »sachlich« bezeichnet; seine Stellungnahme sei eine

> Anerkennung der unleugbaren und nicht angreifbaren menschlichen Größe und
> der wissenschaftlichen Bedeutung des Lehramts von Prof. Hankamer. Dieser
> weiß, daß ich auf Grund meiner protestantischen Erziehung und meiner späteren
> persönlichen Entwicklung stets in einem ernsten und echten Spannungsverhältnis
> zu seiner katholischen Weltanschauung gestanden habe. Mir hat wie allen Schü-
> lern stets die Möglichkeit offen gestanden, mit ihm in wahrer und ernster geistiger
> Auseinandersetzung zu stehen und ihm dies zum Ausdruck zu bringen. Dazu
> kommt, daß die gegen Herrn Prof. Hankamer von seinen Gegnern erhobenen
> Auswürfe in wesentlichen Teilen unwahr sind und ihm Absichten und Tendenzen
> unterlegen, die nicht den Tatsachen entsprechen.

Mit diesen Erklärungen Ohlys stehen viele der Inhalte der etwa gleichzeitig
verfaßten studentischen Briefe in Einklang. Der Schritt an die Universitäts-
und Parteiöffentlichkeit, den die Studenten Berndt und Ohly mit ihren Berichten und Bekenntnissen wagen, gibt ihren Texten die Qualität von Tapfer-
keit, die provozierend wirken mußte und in diesem Zusammenhang außer
von Studierenden von keinen anderen Hochschulangehörigen riskiert wurde.
In Berndts Zurückhaltung und in Ohlys Beteuerungen, auf dem Boden des
Staates geblieben zu sein und bleiben zu wollen, dürfte noch die Hoffnung
auf Konzilianz zu Gunsten von Hankamers Lehrfreiheit mitwirken; die Konfrontation mit Partei und Staat hatten aber beide einvernehmlich auf sich genommen und als hohes Risiko gesehen, und sie handelten trotz dieses Wissens. Die erheblichen Beeinträchtigungen ihrer Zukunftsaussichten sind für
Berndt und Ohly erwiesen, sind von anderen Unterzeichnern eher zufällig
bekannt, so von dem späteren Frankfurter Philosophen Bruno Liebrucks
(1911–1986), der die Studienförderung verlor und aus der SA ausgeschlossen
wurde,[9] sowie von dem späteren Theaterkritiker Friedrich Luft (1911–1990),
der sein Studium nach dieser Protestaktion nicht fortzusetzen vermochte,[10]
dürften wohl auch für viele andere anzunehmen sein.

Auf beide Berichte bezieht sich Hankamer mehrmals in seinen Briefen an
Kurator und Minister und anscheinend auch in Gesprächen mit dem Rektor
Gerullis und dem Kurator Hoffmann (Kalendernotiz vom 27.1.36: eines von
vier Gesprächsthemen mit dem Kurator ist *Ohly*). Gegenüber dem Kurator
geht Hankamer im Brief ähnlich vor, wie es Berndt und Ohly taten: Relativ
fern von Inhalten, Zielen oder Argumentationen fachspezifischer Art werden
Verhaltensweisen angegriffen beziehungsweise gerechtfertigt. Im Brief an
den Minister legt er dagegen, wie schon erwähnt, detailliert die Entstellungen
und allgemeinen unsachlichen Behandlungen seiner *Literaturgeschichte* vor,
wie sie der *Student der Ostmark* publiziert hatte.

---

[9]   Nach Helmut Heiber (Anm. 2), Teil 1, S. 218 mit Anm. 819.
[10]   S. Walther Killy: Literaturlexikon. Bd. 7. Gütersloh, München 1990, S. 380.

Hinter Hankamers klaren und streitbaren Äußerungen steht seit den Störungen im Dezember eine Verunsicherung. Korrekt datiert und unterschrieben hält er am 26. Dezember 1935 auf einem besonderen Blatt fest: »Niemals werde ich einen Selbstmord begehen, der mir unter diesen Umständen die feigste Tat erscheint. Niemals werde ich einen Fluchtversuch machen, bei dem ich zurecht erschossen werden könnte. Ich schreibe dies unter dem Eindruck eines Traumes«. Eine vergleichbare Sorge spricht aus einem Brief vom 20. Dezember 1935, dem Hankamer die Anrede »Lieber und verehrter Herr und Freund« voranstellt, dessen Empfänger Pate eines der Hankamer-Söhne ist und wohl mit dem Bonner Theologen Fritz Tillmann identisch sein könnte; die in Marbach erhaltene Kopie ist sehr sorgfältig korrigiert und mit Ergänzungen versehen. In diesem Brief mischen sich Berichte von den Störungen, Selbstrechtfertigungen und Sorgen um die eigene Familie, die in die Frage münden, ob der Angeredete ihn beim Aufbau einer neuen Existenzform unterstützen und ihm raten würde, sich sogleich ins heimatliche Rheinland zurückzuziehen. Aus diesem Brief erfährt man, daß Rektor Gerullis den Besuch der drei Studenten mit A. Berndt als Wortführer deswegen bedaure, weil »dadurch die Angelegenheit in das Politische verschoben sei«; dagegen habe Hankamer beim Rektor betont, es seien »ganz private Äußerungen«, für die er dankbar sei. Der Rektor aber habe ihm geraten, seine Vorlesungen bis Weihnachten zu unterbrechen. Den Vorgänger von Gerullis, den Philosophie-Professor Hans Heyse – »bereits 1935 ein dezidierter NS-Hochschullehrer«[11] –, habe er gefragt, was Gerullis von ihm halte und was er über die Vorgänge im Berliner Ministerium berichten werde; Heyse habe geantwortet, Gerullis »habe persönlich gegen mich keine Einwendungen zu machen, es sei denn, daß ich doppelt so klug sei wie meine beiden anderen Kollegen zusammen«. Hankamer schließt an diese Worte dessen, den er zwar kollegial angesprochen, aber als politischen Gegner verstehen mußte, die besorgte Überlegung an, ob er selbst als gefährlicher Gegner eingeschätzt werde. Es gibt in diesem Brief weitere Anzeichen dafür, daß Hankamer marginale oder partielle Vermutungen von der Wahrnehmung der politischen Gefahr der gesamten Situation nicht immer zu trennen vermag. Er gibt an, daß er den Anfang der Störungen mit einem von ihm gerügten »ungebührlichen Benehmen der Studentin Monika Gappe« in Verbindung gebracht habe; Anlaß zu dieser Vermutung hatte er insofern, als man am 12. Dezember 1935 an die Wandtafel *Wir ehren Dietrich Eckart* geschrieben hatte. Er nimmt dieses zum Anlaß, dem angeredeten Freund ausführlich zu erläutern, ihm sei einige Zeit zuvor von jener Studentin vorgehalten worden, daß er die Werke des nationalsozialistischen

---

[11] So Ludwig Jäger (Anm. 1), S. 81; Heyse hat – laut einer Erinnerung aus dem Jahre 1975, nach Helmut Heiber (Anm. 2), S. 188 – Hankamer und den Klassischen Philologen Walter F. Otto zu seinem »geistigen Kreis« gerechnet; Weiteres s. bei Helmut Heiber (Anm. 2), Teil 2, S. 323ff.

Autors Eckart (1868–1923) nicht in die Seminarbibliothek aufgenommen habe. Er habe dann dargelegt, daß er vor dem persönlichen Schicksal dieses Autors Respekt habe, daß dieses Schicksal aber größer sei als die literarische Bedeutung seines Werks. Alle anderen Behauptungen über Äußerungen Hankamers seien verleumderisch. Daß hinter den Aktionen des NS-Studentenbundes ein umfassenderes Kalkül stehen könne, wird in solchen Teilen des Situationsberichts nicht erwogen.

Andererseits vermochte Hankamer die politische Brisanz auch von innerwissenschaftlicher Tätigkeit voll wahrzunehmen und intellektuell souverän zu bewältigen. Dieses zeigt insbesondere sein in Marbach erhaltenes Gutachten über die von Heinrich Harmjanz unter dem Titel *Volk, Mensch und Ding* vorgelegte volkskundliche Habilitationsschrift (undatiert; Verfahren 1935 abgeschlossen). Hier attestiert Hankamer als Positivum lediglich »eine echte, in diesem Ausmaß nicht allzu häufige innere Anteilnahme am Gegenstande«, während er die wissenschaftliche Leistung durchweg negativ charakterisiert, denn es sei »in der Durchführung der Grundgedanken [...] bisher in keinem in sich geschlossenen Teil ein druckfertiges Endstadium erreicht«; er bestreitet ihm unter anderem die Fähigkeit, »der Forschung abgeschlossene Gedankenreihen darzubieten«. Deutlich oder zwischen den Zeilen erkennbar wird hier der aufstrebende NS-Funktionär Heinrich Harmjanz, der in Königsberg ab 1930 führend an der Aktivierung des NS-Studentenbundes beteiligt war und ab 1939 als Fachreferent für Geisteswissenschaften im Reichserziehungsministerium in Berlin äußerst wirksam wurde,[12] in seiner Parteilichkeit und Wissenschaftsferne durchschaut. Daß Harmjanz dann 1935/36 während der gegen Hankamer gerichteten Aktionen des NS-Studentenbundes Mitglied des – aus nur wenigen Personen bestehenden – Akademischen Senats war (als Dozentenvertreter), könnte Hankamers Gefährdung gesteigert haben. Noch im Jahre 1936 – wohl im Sommersemester – wurde Hankamer zwangsentpflichtet, bezog eine Pension, hatte aber keine Möglichkeit mehr zu lehren. Er zog Anfang 1937 mit seiner Familie nach Solln bei München, wo er 1945 nach Kriegsende starb.[13] Er blieb bis zuletzt mit vielen seiner Studenten und Studentinnen in Verbindung.

In einem Fragebogen trug Hankamer am 25.10.1934 in die Rubrik ›Besonderes Forschungsgebiet‹ an erster Stelle ein: »Deutsche Literatur als geistige Geschichte des deutschen Volkes«. Die Studenten und Studentinnen, die sich 1935/1936 in Königsberg zu ihm als ihrem Lehrer bekannten, haben unter diesem Hauptziel Hankamers erlebt, wie ihr Lehrer – »den Möglichkeiten eines christlichen Humanismus zugewandt«[14] – sie zu Werten und äs-

---

[12] S. Ludwig Jäger (Anm. 1), S. 49ff.
[13] Weiteres bei Helmut Kunigk (Anm. 3), S. 199–201.
[14] Friedrich Ohly: Artikel »Paul Hankamer«. In: Neue Deutsche Biographie 7 (1966) Sp. 617–618, hier Sp. 617. In einer frühen Würdigung wird Hankamer zu den wenigen Gelehrten gezählt, die »in bitteren Jahren dem Geist die Treue hielten«,

thetischen Wahrnehmungen führte, die gegenüber der nationalsozialistischen Ideologie einen Freiraum für die Erschließung von Sinn benötigten. Hankamers Schüler verteidigten dieses ohne organisatorischen Zusammenhalt individuell und ohne eine reflektierte Begrifflichkeit, die sich scharf und deutlich von Begriffen ihrer Gegner hätte absetzen können. Die studentische Verteidigung Hankamers in ihren öffentlichen und privaten Äußerungen lebte von moralischen und geistigen Überzeugungen, wurde aber gerade dadurch zum Politikum gegenüber einer alles beherrschenden staatlichen Macht. Die Verteidigung durch die »eigenen Studenten war machtlos gegen die Übergewalt der von außen hineinkommandierten fremden Elemente«, und die Verteidiger haben »die Treue zu ihrem verehrten Lehrer zum Teil bitter bezahlen müssen«.[15] Weder eine fachbezogene Argumentation noch die erwiesene moralische Stärke noch die Darlegung von Werten als Ziele dieses Lehrers und des von ihm vertretenen Faches haben Gegner konziliant werden lassen oder irgendeinen Teil des benötigten geistigen Freiraums retten können. Der Versuch der Königsberger Studentinnen und Studenten der Germanistik hat die zügige Vertreibung ihres Lehrers aus dem akademischen Lehramt nicht verhindert. Von Universität und Partei bestimmte Publikationen des Dritten Reichs versuchten in jeder Hinsicht, Hankamer in Vergessenheit geraten zu lassen; die nächsten Ausgaben des Königsberger Vorlesungsverzeichnisses[16] und von Kürschners Gelehrtenkalender (1940/41) nennen seinen Namen nicht mehr. Was bleibt, ist die seltene, wissenschaftlich und menschlich tapfere Tat, sich gegen eine politische Übermacht individuell und intellektuell für die Wahrung der akademischen Freiheit mit hohem persönlichen Risiko einzusetzen.

---

so Walter Müller-Seidel: Spiel der Mächte. Paul Hankamer zum Gedächtnis. In: Die Sammlung 5 (1950) S. 202–208, hier S. 207; vgl. Wolfgang Harms: Artikel »Paul Hankamer« und »Friedrich Ohly«. In: Internationales Germanistenlexikon 1800–1950. Hg. von Christoph König, bearbeitet von Birgit Wägenbaur, in Verbindung mit Andrea Frindt, Hanne Knickmann, Volker Michael, Moira Paleari und Karla Rommel. [voraussichtlich Berlin – New York 2002].

[15] Wilhelm Worringer: Paul Hankamer. In: Jahrbuch der Albertus-Universität zu Königsberg/Pr. 2 (1952), S. 26–29, hier S. 29; der Kunsthistoriker Worringer (1881–1965, in Königsberg Lehrstuhlinhaber 1928–1945) hatte sich für die Berufung Hankamers 1932 eingesetzt.

[16] Das Königsberger Vorlesungsverzeichnis für das Sommersemester 1936 verzeichnet Hankamer noch mit vollem Lehrprogramm, da es zusammen mit dem Verzeichnis für das Wintersemester 1935/36 bereits im Herbst 1935 gedruckt worden war. Im Verzeichnis für das Wintersemester 1936/37 wird Hankamer nur mit der Angabe »von amtlichen Pflichten entbunden« aufgeführt, seit dem Sommersemester 1939 nirgendwo mehr erwähnt.

III. Wissen / Kultur / Medien

NORBERT GROEBEN

Fragen zur (gesellschaftlichen) Funktion der Literaturwissenschaft als Sozialgeschichte des medialen Wandels

1. Fragen gleich unsichere Thesen?

Wer auch immer am Ende des zwanzigsten Jahrhunderts Literaturwissenschaft betreibt, sieht sich durch die enormen medialen Veränderungen mehr
oder minder explizit gezwungen, zumindest bisweilen – sei es aus Rechtferti-
gungsdruck oder -bedürfnis – über die Funktion der Literatur und komplementär der Literaturwissenschaft in dieser Mediengesellschaft nachzudenken.
Dabei entwickelt man dann unter Umständen in Form eines »brain storming«
Gedanken, die recht schnell (auch einem selbst) als Hoffnungen oder
Wunschvorstellungen erkennbar sind. Wunschvorstellungen in bezug auf die
Bedeutung des Faches, seine Antworten auf die angesprochenen Medienentwicklungen, beziehungsweise die – auch zukünftige – Stellung und Funktion
in der Gesellschaft. Ich möchte hier einige solcher Wunschvorstellungen vorbringen – und zwar, wie es für ein brain storming üblich ist, nicht in ausge-
feilt-stringenter Argumentationsstruktur, eher in assoziativ-argumentativer,
essayistischer Form. Dabei erscheint mir das brain storming-Prozedere nicht
nur wegen der Hoffnung attraktiv, auf diese Weise vielleicht das eine oder
andere kreative beziehungsweise zumindest anregende Argument zu generieren, sondern in erster Linie, weil beim brain storming ganz dezidiert die Regel gilt, sich durch die eigene (auch wunschbestimmte) Assoziationsstruktur
von Gedanken zu Gedanken weitertragen zu lassen, ohne die resultierenden
Ideen sofort zu bewerten (und damit den Gedankengang unter Umständen
vorzeitig konventionell abzubrechen). Dieses Strukturprinzip scheint mir für
den gegebenen Anlaß besonders angemessen zu sein, da es sich um einen
Beitrag handelt, der sich nicht zuletzt an ungleich Kompetentere richtet. Ihnen möchte ich gern explizit die Bewertung der folgenden assoziativen Ar-
gumentsequenzen überlassen und mich daher auf das Fragen zurückziehen.
Natürlich enthalten Fragen auch immer bestimmte Thesen, sei es als Präsup-
position(en) oder als impliziter Rahmen von Antwortperspektiven. Aber das
Fragen macht, soweit und solange es sich nicht um rhetorische Fragen handelt, deutlich, daß man auch in bezug auf die mitbehaupteten Thesen unsicher
ist. In diesem Sinne sollen die folgenden Fragen, auch wenn sie zunächst
vielleicht zum Teil wie rhetorische aussehen, als unsichere Thesen verstanden werden, deren Bewertung anderen Personen beziehungsweise Instanzen
überlassen bleiben soll.

2. Sollte die Literaturwissenschaft nicht die Relation zum sich wandelnden Medienumfeld intensiver und umfassender bearbeiten?

Hinter dieser Frage steht das Unbehagen, daß eine Literaturwissenschaft, die sich den veränderten Manifestationen von Literatur und Lesen in unserer Mediengesellschaft nur unzureichend anpaßt, ihre Funktion unnötigerweise selbst beschneidet. Zu den veränderten Manifestationen gehört beispielsweise, daß ein Großteil der Lesevorgänge heute empirisch direkt oder indirekt mit dem Computer verbunden ist (sei es als Lesen von Texten auf dem Bildschirm oder von gedruckten Texten als Handwerkszeug für die Computerbenutzung etc.). Diese Textmanifestationen und darauf bezogenen Verarbeitungsprozesse nehmen einen zunehmend größeren Anteil an der Kulturtechnik ›Lesen‹ in unserer Gesellschaft ein, an dem die Literaturwissenschaft eigentlich nur zu ihrem eigenen Schaden vorbeigehen kann. In diesem Zusammenhang gewinnt die seit den siebziger Jahren diskutierte Ausweitung der Gegenstandsexplikation der Literaturwissenschaft nicht nur auf sogenannte »triviale« literarische Texte, sondern auch auf Gebrauchstexte der Kategorie »Non-Fiction« neue Aktualität. Denn es lassen sich durchaus Strukturmerkmale feststellen, bezüglich derer fließende Übergänge beziehungsweise historische Interaktionen zwischen Fiction und Non-Fiction wahrscheinlich sind.

Ein paradigmatisches Beispiel könnte aus meiner Sicht das Strukturmerkmal der Nicht-Linearität sein, das im Rahmen der neuen Medienentwicklungen zumeist ausschließlich beziehungsweise doch in Form eines qualitativen Sprungs dem Computermedium zugeordnet wird, und zwar in der (nur) von diesem Medium ermöglichten bis erzwungenen Variante des Hypertextes. Dabei wird die Hypertext-Struktur gern vor allem in Kontrastierung zur »klassischen« linearen Buchstruktur expliziert: als eine Art hierarchisch strukturiertes Netzwerk von Informationen, das durch die Verbindung von unterschiedlichsten Informationsknoten (auf verschiedenen Abstraktheitsebenen etc.) eine je individuelle Rezeptions- und Verarbeitungssequenz ermöglicht. Abgesehen davon, daß die Begeisterung für solche neuen medialen Strukturen zum Teil mit empirisch nicht belegten Begründungen operiert (wie, daß diese nicht-lineare assoziative Struktur wegen der Strukturparallelität zum Gedächtnisaufbau die Textrezeption ganz grundlegend verbessere), ist die Hochwertung der medialen Innovationen in der Regel mit dem Bewußtsein einer vollständigen, historisch absoluten Neuartigkeit verbunden. Gerade dieses Bewußtsein aber ist unter Umständen gar nicht gerechtfertigt und eventuell mit darauf zurückzuführen, daß sich die Literaturwissenschaft, die entsprechende geschichtliche Wurzeln und Entwicklungen nachzeichnen könnte, der Analyse solcher medialen Entwicklungen – noch – weitgehend versagt. Denn aus literaturwissenschaftlicher Sicht läßt sich meines Erachtens sowohl auf der Ebene der literarischen Texte als auch der poetologischen Reflexionen eine Fülle von Beispielen anführen, die unabhängig von der linearen Oberflächenstruktur des klassischen Printmediums eine assoziativ-konzeptuelle Tiefenstruktur in den Mittelpunkt stellt. Das reicht von postmodernen literarischen Stilkombinationen über Arno Schmidts *Zettels Traum*, einschlägige Spiegel- und Labyrinthmetaphern zurück bis zur expressionistisch-dadaistischen Zerschlagung von Grammatik- und Semantikkonventionen oder Mallarmés Konzeption von »Le livre«, die eine entsprechende Rezeptionsvorgabe des Lesens mit verteilten Rollen von immer neu kombinierten Textteilen vorsah ...

Komplementär auf poetologischer Ebene gefragt: Besteht die Funktion von Literatur im 20. Jahrhundert (vgl. das Schlagwort von der »modernen Ästhetik«) nicht zu einem großen Teil darin, eingeschliffene Wahrnehmungs-, Denk- und Erlebenssequenzen (»Linearität«!) durch immer wieder neue Assoziationsstrukturen aufzubrechen? Und wenn dem so ist, manifestiert sich in der Hypertext-Struktur von Non-Fiction im Computer dann nicht eine Strukturkonvergenz von Non-Fiction und Fiction, die sich in Zukunft unter Umständen auch zunehmend in komplexen Mischformen zwischen diesen (ehemals) dichotomisch gedachten Werkkategorien manifestieren wird? Eine Strukturkonvergenz, die aber kaum ins – öffentliche – Bewußtsein dringt, nicht zuletzt weil dieses Bewußtsein von den rasanten Medieninnovationen und dem damit verbundenen Innovationsdruck dominiert wird. Dieser Innovationsdruck, der jede neue (nicht nur, aber auch mediale) Entwicklung als (zumindest kognitive) Revolution hochzustilisieren verpflichtet, impliziert auch noch einen motivationalen Anreiz, die allseits vorhandene Informationsüberlastung zumindest zum Teil mit der »Strategie« des mangelnden Geschichtsbewußtseins zu »bewältigen«. Denn je weniger man von geschichtlichen Wurzeln weiß, desto mehr kann man guten Gewissens von (historisch) absoluter Neuartigkeit der propagierten (medialen) Entwicklungen ausgehen. Bisweilen scheint es so, als ob aus diesen und anderen Gründen mangelndes Geschichtsbewußtsein geradezu zur »Kultur« der neuen Medialität gehöre.

Ein Beispiel dafür, das mir persönlich immer eine Art psychischen Zahnschmerz bereitet, betrifft bestimmte Manifestationen des Fremdwortgebrauchs innerhalb der »Computer-Kultur«. In diesem Bereich werden alle – zum Beispiel auch lateinischen – Wortstämme nur über die englische Form adaptiert, was nicht nur dazu führt, daß es nur noch ein ›Editieren‹, kein ›Edieren‹ mehr gibt, sondern auch, daß das Fremdwort für ›Auswählen‹ vom englischen ›select‹ abgeleitet wird und deshalb durchgängig (auch in bezug auf Menschen [-gruppen]) ›selektieren‹ heißt. Und das ohne jedes Bewußtsein dafür, daß die den parallelen Ableitungen aus dem Lateinischen entsprechende deutsche Fremdwortform von lateinisch *seligere* eigentlich ›selegieren‹ heißt, während ›selektieren‹ ein biologischer Fachbegriff (für die Auswahl von *Tier*kategorien) ist, der exakt mit diesem Hintergrund während

des Nationalsozialismus von den KZ-Ärzten für die Selektion derjenigen benutzt wurde, die sie »in's Gas« geschickt haben (so auch wenigstens die letzte
Auflage des Duden-Wörterbuchs).

Die Frage ist, ob die Literaturwissenschaft ihren Anteil an diesem mangelnden Geschichtsbewußtsein hat, weil sie ihre Aufgabe der Vermittlung
von Geschichtsbewußtsein aus Berührungsängsten gegenüber den neuen Medien nicht zureichend erfüllt.

3. Kann die geschichtliche Analyse einen realitätsadäquaten (dritten) Weg zwischen Kulturpessimismus und -optimismus weisen?

Die Berücksichtigung geschichtlicher Entwicklungen sollte auf Dauer – wie
im Fall der Linearität/Nicht-Linearität – unnötige und unsinnige Dichotomien
vermeiden helfen. Dazu gehört nicht zuletzt die Dichotomisierung von Kulturpessimismus und -optimismus (in bezug auf die neuen Medien). Historisch
wird man hier sicher zugeben müssen, daß die überzogene Dichotomisierung
von der kulturpessimistischen Kritik der neuen Medien und ihrer Funktion in
unserer Gesellschaft ausgegangen ist. Aber ob nun als Reaktion darauf oder
durch den angesprochenen Innovationsdruck (mit-)bedingt, es gibt – zumindest implizit – auch den Gegenpol eines nicht-realitätsadäquaten Kulturopti-
mismus (vor allem in bezug auf die Computer-Medien). Ein Indikator aus der
praktischen Lebenserfahrung ist hier für mich vor allem die mangelnde Sensibilität der »Computer-Fans« gegenüber dem Computer als potentielle »Zeit-
vernichtungsmaschine«. Zwar ist es unbezweifelbar, daß der Computer von
der Textverarbeitung über die Statistik bis zur (elektronischen) Briefkommu-
nikation enorm Zeit spart – wenn er »läuft«; aber ihn zum »Laufen« zu bringen, erfordert zum Teil höchst komplexe Programminstallations-Prozeduren,
Absturz-Reparationsversuche etc., die nach Aussage der Experten/innen in
der Regel höchstens ein Fünf-Minuten-Problem darstellen ... Ich beschäftige
mich dann normalerweise drei Stunden mit etwas anderem, um bei der entsprechenden Nachfrage die freudige Auskunft zu erhalten, daß es höchstens
noch fünf Minuten dauern könne! Das Zeitproblem ist ein praktisches Beispiel für die eigentlich triviale Einsicht, die aber merkwürdigerweise in der
Dichotomisierung von Kulturpessimismus und -optimismus oft vergessen
wird, daß es in dieser Welt kaum etwas gibt, was ausschließlich gut oder
schlecht ist (auf jeden Fall nichts, was nur gut ist beziehungsweise wirkt).
Dies betrifft auch die Relation des klassischen Print-Mediums zu den neueren
elektronischen Medien. Sowohl in bezug auf quantitative Aspekte (wie Zeit
etc.) als auch hinsichtlich qualitativer Dimensionen (Verarbeitungsstrategien
etc.) dürfte der mediale Wandel mit Funktions*verschiebungen* verbunden
sein, nicht mit völligen Funktionsersetzungen. Das Lesen kann also unter

Umständen seine Funktion als Schlüsselkompetenz der Kulturteilhabe behalten, allerdings sicherlich mit Verschiebungen der Manifestationsbereiche (vom intimen literarischen Buchlesen zum funktional-ökonomischen Informationslesen am Computer) und insbesondere mit der Ergänzung durch andere Schlüsselkompetenzen wie zum Beispiel Computer-Bildung (computer literacy).

Aber auch für die Binnendifferenzierung dieses Konstrukts der Computer-Bildung sind vielschichtige, zum Teil spannungsreiche (Be-)Wertungsperspektiven anzusetzen. Das betrifft vor allem die Einstellungsdimensionen, die im Konzept der Computer-Bildung neben dem deklarativ-inhaltlichen und prozedural-handlungsbezogenen Computer-Wissen unbedingt zu berücksichtigen sind. In bezug auf diese Einstellungen sollte man zwischen dem Computer als Lern-/Arbeitsmittel und als Unterhaltungs-/Kommunikationsmittel unterscheiden, desgleichen die Perspektive der persönlichen Erfahrungen von der der gesellschaftlichen Folgen der Computertechnologie trennen; wenn man dann noch die aus der Kulturpessimismus-/-optimismus-Diskussion stammende Unterscheidung von Computer als nutzbare/nützliche Technologie versus unbeeinflußbare Maschine/Technik berücksichtigt, ergeben sich acht Einstellungsbereiche, die keineswegs übereinstimmend negativ oder positiv gepolt sein müssen. Im Gegenteil, eine konstruktive Medienkompetenz besteht unter Umständen gerade aus der Verbindung einzelner kritischer Einstellungsdimensionen und trotzdem vorhandener Kompetenzen in der Computer-Nutzung – eine Kombination, die allerdings heute vermutlich in der Literaturwissenschaft weniger häufig anzutreffen sein dürfte als in dem idealtypischen Gegenpol der Informatik-Wissenschaft. Vergleichbar dürfte auch bei den Verarbeitungsstrategien und -kompetenzen, zum Beispiel für die angesprochene Hypertext-Struktur, eine Kombination von neuen und alten Anforderungen zielführend sein. So kommen zur Bewältigung der nichtlinearen Textstruktur und der je individuellen, zum Teil assoziativen Rezeptionswege eines solchen Textes sicherlich erhöhte Anforderungen auf die Rezipienten/innen in bezug auf sogenannte metakognitive Selbstbeobachtungs- und -kontrollkompetenzen hinzu, damit man immer zumindest eine grobe Abbildung des bisherigen Rezeptionsweges und Informationsstandortes im Kopf hat, um sich nicht in der komplexen Hyperstruktur zu verlieren (»lost in hyperspace«). Andererseits sind spezifische Verarbeitungsstrategien aus dem Bereich des Print-Mediums nicht nur aufrecht zu erhalten, sondern unter Umständen sogar unter den Bedingungen einer Hypertext-Struktur noch auszubauen: wie etwa die analytische Kompetenz des kritischen Lesens (von der Bestimmung von Argument-relationen über die Identifizierung von Argumentationslücken, -inkohärenzen etc. bis zu der Unterscheidung von Belegen und subjektiven Bewertungen etc. einschließlich der [»literarischen«] Mittel zur Vermittlung von [Wertungs-]Perspektiven). Insgesamt kann man die Verarbeitungskompetenzen auf höchstem Abstraktionsniveau unter den generellen

Zielen der Strukturiertheit versus Analogizität zusammenfassen; das sind auch diejenigen zentralen Kompetenzmerkmale, die in kulturpessimistischen beziehungsweise -optimistischen Analysen den gegenübergestellten Medien quasi als inhärente Dynamik zugeordnet werden. Danach ist das Print-Medium nicht nur selbst durch Strukturiertheit gekennzeichnet, sondern ermöglicht auch strukturiertes Denken (spezifizierbar bis auf konkreteste Kompetenzniveaus); komplementär enthalten und ermöglichen die hypermedialen Strukturen Analogizität im Sinne der bildhaften Anschaulichkeit des Denkens, der Anwendbarkeit etc. Auch hier gilt wieder, daß diese Ziele/Zielmerkmale weder uneingeschränkt positiv oder aber negativ zu bewerten sind, und insbesondere, daß sie sich auch nicht unvermeidbar gegenseitig ausschließen (wie die Dichotomie von kulturpessimistischer und -optimistischer Position häufig zu suggerieren scheint). Eine konstruktive Konzeption der mit dem Medienwandel einhergehenden Funktionsverschiebung(en) dürfte vielmehr darin bestehen, die positiven Möglichkeiten neuer Medien (Stichwort »Analogizität«) zu nutzen, ohne dadurch die bewahrenswerten Möglichkeiten klassischer Medien (Stichwort »Strukturiertheit«) aufzugeben.

Dies wäre ein dritter, realitätsbezogener Weg zwischen Kulturpessimismus und -optimismus, der überdies auf den Medienwandel nicht in passiver, sondern aktiv-konstruktiver Form reagiert. (Denn die Passivität des von dem Medienwandel Überrollt-Werdens ist die Gemeinsamkeit der dichotomisierten Positionen von Kulturpessimismus und -optimismus, nur eben einmal mit negativem, einmal mit positivem Vorzeichen.) Wie aber lassen sich Explikationen und Rechtfertigungen eines solchen »dritten« Weges als Nutzung kreativer neuer und Bewahrung unverzichtbarer alter Möglichkeiten realisieren? Stellt für eine solche Modellexplikation nicht die geschichtliche Analyse von bisherigen Funktionsverschiebungen (von Mündlichkeit/Schriftlichkeit bis zu Lesen/Fernsehen) einen fruchtbaren Ansatzpunkt dar? Und erfordert die Notwendigkeit, Nützlichkeit und Brauchbarkeit von Funktionen, Verarbeitungskompetenzen etc. zu begründen, nicht die interdisziplinäre Kooperation mit empirisch-kulturwissenschaftlich arbeitenden Disziplinen (wie insbesondere Soziologie, Psychologie und Pädagogik)? Wobei die (kulturgeschichtliche) Analyse des medialen Wandels dann eventuell nur den inneren Ring einer umfassenden sozial- und kulturgeschichtlichen Modellierung der Entwicklung(en) von Literatur in Interaktion mit der Gesellschaft und deren Wandel bildet?

4. Gibt es Bereiche, in denen die Individualhistorie als kurze Reduplikation der Kulturhistorie anzusetzen ist?

Ein wichtiges Problem, das mit der »Mediatisierung« unserer Gesellschaft verbunden ist, besteht in der wachsenden Schwierigkeit, den Faktizitätsgehalt von Medienprodukten abzuschätzen. Zwar kann man bekanntlich auch mit Fotografien »lügen« – durch Ausschnittsselektion, Perspektivenwahl etc. –, aber die drastischeren Formen (wie Einsetzen eines anderen Kopfes in ein Ganzkörperbild) haben lange Zeit doch wenigstens erhebliche Anstrengungen erfordert und waren auch eindeutig(er) nachweisbar, als das für die praktisch mühelose digitale »Bearbeitung« von Bilddokumenten heute gilt. Entsprechend diesen veränderten technischen Möglichkeiten müssen sich auch die Sensibilitäten und Fertigkeiten einer kritisch-konstruktiven Medienkompetenz verändern, das heißt entwickeln, um eine sinnvolle Kombination von Medialitäts- und Realitätsbewußtsein zu erreichen. Die klassische dichotome Realitäts-Fiktions-Unterscheidung ist in diesem Zusammenhang sicherlich aufzulösen in die Diagnose von fließenden Übergängen, Mischformen etc.; die ontogenetische Entwicklung einer solchen Diagnosekompetenz impliziert dann unter Umständen auch eine sukzessiv veränderte Verarbeitung von Fiktionalitäts- beziehungsweise Realitätssignalen, die parallel zu den historischen Veränderungen im Laufe der Entwicklung zur Mediengesellschaft (ab-)läuft.

Diese historische Entwicklung ist nicht nur, aber auch von den technologischen Möglichkeiten der jeweils neuen Medien geprägt gewesen. So erfüllte Bewegungswahrnehmung bis zur Erfindung des Films – verständlicher- und sinnvollerweise – die Funktion eines Realitätssignals, weswegen die ersten Filmzuschauer/innen bei der auf sie zurasenden Lokomotive (auf der Leinwand) fast in Panik gerieten. Nachdem die Bewegungswahrnehmung durch die Gewöhnung an das Medium Film diese Funktion des Realitätsindikators verloren hatte, besaß dann aber lange Zeit doch zumindest die dreidimensionale Tiefenwahrnehmung eine solche Funktion – die sie wiederum mit dem Aufkommen der heutigen 3-D-Filme (vgl. auch Weiterentwicklungen der IMAX-Technik) verloren hat. Und in Zukunft werden mit der Entwicklung der virtuellen Realitäten auch bestimmte Merkmale der sinnlichen Erfahrung und Interaktivität diese Funktion verlieren (müssen), das heißt unmittelbare taktile beziehungsweise kinästhetische etc. Erfahrung kann nicht mehr als Indikator für ein »Realitäts«-Erleben genutzt werden, genauso wenig wie die Möglichkeit, auf die Gegenstände und Personen in der erlebten Welt – interaktiv – (in Echtzeit) Einfluß nehmen zu können. Diese historischen, mit der Medienentwicklung verbundenen Verschiebungen in den Kategorien der Fiktionalitäts- beziehungsweise Medialitäts- und Realitätssignale muß die ontogenetische Entwicklung sicherlich auf die eine oder andere Art und Weise »wiederholen«, um gegenüber der historisch entwickelten Medienlandschaft

eine zureichende kritische Verarbeitungskompetenz zu erreichen. Dabei ist es
eine empirische Frage, ob die ontogenetische Entwicklung in Parallelität zu
den historischen Veränderungen in der Tat strukturell vom Print-Medium
ausgeht, das heißt ob Realitäts-Fiktions-Unterscheidungen – in unserer Gesellschaft – besonders häufig beziehungsweise besonders gut von der literarischen Sozialisation aus erlernt werden; dies ist *ein* Aspekt der Grundsatzfra-
ge, ob die Lesekompetenz auch in einer multimedialen Gesellschaft als basale
Schlüsselkompetenz für die kritisch-konstruktive Medienverarbeitung erhalten bleibt oder nicht.

Wie die einschlägige entwicklungspsychologische Forschung zur Verarbeitung von Spiel- bis Mediensituationen (perceived reality-Forschung) gezeigt hat, sind zur Modellierung einer solchen Medienkompetenz allerdings
die produktseitigen Fiktionalitäts- und Realitätssignale (die vor allem von der
Literaturwissenschaft aus erarbeitet worden sind) durch rezeptionsseitige
Fiktionalitäts- beziehungsweise Realitätskriterien zu ergänzen. Diese (vor allem von der medienwissenschaftlichen Perspektive aus thematisierte) Seite
bezieht sich auf die Aspekte des je individuellen Wissenssystems (von Medi-
enrezipienten/innen), die zur Bewertung von Medieninhalten nach ihrer (Un-)
Glaubwürdigkeit beziehungsweise (Im-)Plausibilität benutzt werden. Dazu
gehört das Wissen darum, was nach unserer (derzeitigen) Realitätsauffassung
»tatsächlich vorhanden«, was zwar (noch) nicht gegeben, aber möglich ist,
was möglich und wahrscheinlich oder aber unwahrscheinlich, was irreal und
unmöglich ist etc. Dieses Wissen umfaßt natürlich auch das Medienwissen,
das heißt explizite oder implizite Kenntnisse über Medienarten, einzelne Genres in diesen Medienkategorien, Unterformen von Genres, formale und technische Gestaltungsmöglichkeiten usw. Auch hier gilt wieder unvermeidbar,
daß Medien- wie Weltwissen historischen Veränderungen unterliegen, und
zwar nicht nur ontogenetisch lebenshistorischen, sondern vor allem auch
phylogenetisch sozialhistorischen. Was in einer Gesellschaft als »Realität«
oder »Wirklichkeit« gilt, ist vom herrschenden Weltbild mitgeprägt und zumeist intensiv (wenn auch nicht völlig explizit) sozial sanktioniert. Psychoti-
sche Erkrankungen konnten im Mittelalter nicht anders als in einem religiösen Sprachspiel der »Besessenheit vom Teufel« beschrieben und erfahren
werden, während ein Wissenschaftler, der dieses Sprachspiel heute (als Erklärungsmodell!) benutzen wollte, sich damit relativ schnell selbst aus der
scientific community ausschließen würde (bis auf einige Enklaven in der katholischen Theologie). Die rezeptionsseitigen (individuellen) Fiktionalitäts-
beziehungsweise Realitätskriterien sind also immer in Wechselwirkung mit
den sozialen Realitäts- und Fiktionalitätsvorstellungen zu sehen, von alltags-
theoretischen Erkenntnispositionen über dominierende naturwissenschaftliche
Weltbildhypothesen, soziale Stereotype etc. bis hin zu (säkularisierten) Tran-
szendenzvorstellungen und -erfahrungen. Die Rede von Realitäts-Fiktions-

Unterscheidungen bezieht sich also immer auf Wirklichkeits- und Fiktionali*tätskonstruktionen*, in denen sich überdies auch noch die Wechselwirkung zwischen individuellen und sozialen Konstruktionen (als Rahmenvariable für jede individuelle Entwicklung) manifestiert.

Daraus ergibt sich die Frage, ob die Zielvorstellung eines kritisch-konstruktiven Umgangs mit »alten« wie neuen Medien letztendlich nicht nur die individuelle Entwicklung, sondern auch das sozial-kulturelle Umfeld einschließlich seines historischen Gewachsenseins analysieren muß. Bestehen also kritisch-konstruktive Realitäts-Fiktions-Unterscheidungen praktisch in einer Faktualisierung beziehungsweise Fiktionalisierung von zu verarbeitenden (medialen) Informationen, wobei diese Faktualisierungen und Fiktionalisierungen immer vor dem Hintergrund und im Rahmen des sozialhistorisch geteilten Wissens und Glaubens zu sehen sind? Welche Kohärenzen beziehungsweise Inkohärenzen der je individuellen Faktualisierung und Fiktionalisierung sind in bezug auf diesen sozialen (Realitäts- und Fiktionalitäts-)Rahmen denkbar beziehungsweise anzustreben? Oder: Ist das Modell der Ontogenese als kurze Reduplikation der Phylogenese im Bereich der Medien und ihrer kompetenten Verarbeitung das brauchbarste, konstruktivste, oder gibt es andere, die zielführender sind?

5. Konstruktive Wertungsmodelle zur Beeinflussung von Medienentwicklungen?

Kritische Medienkompetenz als die Fähigkeit, in einer konstruktiven (das heißt unter anderem die Stärken des klassischen Printmediums bewahrenden) Weise mit den Medien(-inhalten) umzugehen, benennt ganz eindeutig eine Zielvorstellung und vollzieht damit eine Wertung. An diesem Punkt gibt es für die interdisziplinäre Kooperation mit den empirischen Sozial- beziehungsweise Kulturwissenschaften ein Problem, da diese seit Max Weber weitgehend vom Postulat der Werturteilsfreiheit bestimmt werden: das heißt der These, daß wertende (präskriptive) Sätze (besser: Sprach*verwendungen*) als wissenschaftliche Aussagen unzulässig seien, da sie nicht empirisch prüf- und damit legitimierbar seien. Dem steht auf Seiten der Literaturwissenschaft gegenüber, daß hier seit eh und je mit dem Teilbereich der »literarischen Wertung« Werturteile abgegeben und – zumindest vom Anspruch her – auch begründet werden. Auch in bezug auf dieses Problem könnten, wie nicht selten bei interdisziplinärer Kooperation, beide Disziplin-Traditionen voneinander lernen. Die empirische (Sozial-)Wissenschaft könnte von der philologischen Tradition lernen, daß man sich trotz der unbestreitbaren Schwierigkeiten bei der Begründung präskriptiver Aussagen diesem Rechtfertigungsanspruch stellen kann und sollte; denn der Verzicht auf die Analyse und gege-

benenfalls Kritik von Wertungen bringt diese – auch in der Wissenschaft –
nur scheinbar zum Verschwinden (wie man etwa am Kanon-Problem der Literaturwissenschaft sehen kann). Das Werturteilsfreiheitspostulat hat – sozialhistorisch gesehen – zur Zeit Max Webers eine konstruktive Funktion erfüllt, nämlich das Problembewußtsein gegenüber völlig subjektiven Wertungen zu schärfen, die von seiten der (Sozial-)Wissenschaften beziehungsweise
Wissenschaftlern praktisch gewohnheitsmäßig mit dem Anspruch objektiver
Wahrheiten verkündet worden sind. Mittlerweile aber ist dieses Problembewußtsein deutlich geschärft worden, zum Beispiel indem ohne Schwierigkeiten ein Konsens über die Unterscheidung von deskriptiven und präskriptiven Aussagen erzielbar ist; außerdem sind die Analysemöglichkeiten auch
und gerade in bezug auf Satzsysteme, die Werturteile enthalten, substantiell
weiterentwickelt worden. Daher hat ein puristisch aufrechterhaltenes Werturteilsfreiheitspostulat heute eher die kontraproduktive Funktion, durch den
Verzicht auf wissenschaftliche Analyse bestimmter Problembereiche irrationalen Positionen beziehungsweise Entscheidungen in diesen Bereichen den
Raum und die Wirkung zu überlassen. Denn nicht zuletzt auch in bezug auf
Präskriptionen gilt die kritisch-rationalistische Feststellung und Erfahrung,
daß explizite Aussagen und Positionen sehr viel einfacher und wirksamer zu
kritisieren sind als implizite, unterstellte beziehungsweise ›nur‹ mittranspor-
tierte. Dies dürfte unter Umständen der Punkt sein, an dem die literaturwissenschaftliche Tradition von der empirisch-sozialwissenschaftlichen lernen
kann, nämlich selbstkritisch zu schauen, an welchen Stellen eventuell kryptonormative Wertungen mittransportiert werden (wie das nicht selten bei Vorbehalten oder Ängsten gegenüber den neuen Medien der Fall ist), und statt-
dessen diese kryptonormativen Implikationen explizit zu machen: als analy-
sierbare und kritisierbare Wertungspositionen. Denn selbstverständlich ist
nicht jeder kryptonormative Vorbehalt gegen neue Medien (und deren Bild-
oder Anschaulichkeitsdominanz, Distanz zur logisch-stringenten Argumentation etc.) eo ipso unberechtigt, aber die Berechtigung ist eben in möglichst
expliziter Weise zu analysieren, zu diskutieren und nachzuweisen.

Die Möglichkeiten eines solchen »Nachweises« sind – wie gesagt – in den
letzten Jahrzehnten deutlich weiter entwickelt worden. Ein interessantes Modell stellt hier sicherlich die Ziel-Mittel-Argumentation dar, in der gemischt
deskriptiv-präskriptive Satzsysteme analysiert werden, und zwar in der
Form, daß unter der präskriptiven Oberprämisse der Setzung bestimmter Ziele danach gefragt wird, wie diese Ziele – empirisch – erreicht werden können; die entsprechenden deskriptiven Sätze ermöglichen dann die Rechtfertigung spezifischer Unterziele, was komplementär allerdings auch die Möglichkeit einer »negativen Kritik« bedeutet: Wenn sich die empirischen Sätze,
die die Mittel zur Erreichung der angestrebten (Unter-)Ziele angeben, nicht
bewähren lassen, dann sind diese Ziele wegen der Falsifikation ihrer empiri-

schen Implikationen auch als ungerechtfertigt abzulehnen. Komplementär bedeutet »negative Kritik«, daß auch bei Bewährung der empirischen Mittel-
Implikationen ein konkretes Ziel immer nur unter Rückgriff auf ein voraus-
gesetztes Ober-Ziel zu rechtfertigen ist, für das allerdings in der Regel
durchaus auch wieder deskriptive Sätze als Mittel zur Erreichung angegeben
und überprüft werden können, die wiederum eine Rechtfertigung in Relation
zu einem Ober-Ziel ermöglichen und so fort. Allerdings stößt diese relative
Rechtfertigung im Verhältnis zu Ober-Zielen irgendwann an ihre Grenze der
Grundwerturteile, die nicht mehr durch eine Kombination von empirischen
Implikationen und Ober-Zielen gerechtfertigt werden können, weil sie ober-
ste Ziele darstellen. Aber auch für die Rechtfertigung solcher sogenannten
Grundwerturteile gibt es mittlerweile durchaus Modellvorschläge: vom Er-
langer Beratungsmodell bis zur transzendentalpragmatischen Begründung der
Frankfurter Schule. Das alles ermöglicht keine (empirisch) zwingenden Begründungen beziehungsweise Rechtfertigungen von Zielsetzungen, Wertposi-
tionen etc., aber die wissenschaftstheoretische Diskussion im Kontext der
szientifischen Wissenschaftskonzeption hat in den letzten Jahrzehnten unabweisbar klar gemacht, daß auch für die empirische Prüfung deskriptiver Sätze
mitnichten von einer zwingenden Begründung oder Geltungsprüfung ausgegangen werden kann (vgl. das analytische Konzept der Nicht-Aussagen-
Konzeption von Theorien verbunden mit der kritisch-rationalistischen Konzeption der Forschungsprogramme etc.). Insofern besteht hier gerade kein
struktureller Unterschied in der Begründungssicherheit bei der Analyse von
deskriptiven und präskriptiven Aussagen, so daß die Ausschließung von
Werturteilen und deren (möglichst) rationaler Analyse aus der wissenschaftlichen Diskussion weitgehend uneinsichtig bleiben muß.

Dieses Fazit aus den wissenschaftstheoretisch-methodologischen Entwicklungen der letzten Jahrzehnte vorausgesetzt, ergibt sich dann aber relativ direkt die Frage, ob eine sozial- und kulturhistorische Analyse des medialen
Wandels in unserer Gesellschaft nur deskriptiv »rückwärts gewandt« konzipiert und durchgeführt werden sollte, oder nicht auch »vorwärts gewandt«,
das heißt zukunftsorientiert und damit präskriptiv. Denn überall in der Gesellschaft wird, um es ganz grundsätzlich anzugehen, als die zentrale Funktion der historischen Analyse propagiert, daß wir »aus der Geschichte lernen«
wollen und sollen: für die Gegenwart und die Zukunft! Dieses »Lernen« kann
doch aber nur bedeuten, bestimmte Fehler nicht zu wiederholen, potentielle
Fehlentwicklungen zu diagnostizieren und für die Zukunft, wenn eben möglich, zu vermeiden oder zumindest abzuschwächen – alles präskriptive Zielsetzungen, die selbstverständlich in Hinblick auf bestimmte Ober-Ziele und
gegebenenfalls auf Grundwerturteile zu rechtfertigen sind. Wenn aber die so-
zial- und kulturhistorische Analyse des medialen Wandels in unserer Gesellschaft (entsprechend den oben diskutierten punktuellen Beispielen) nicht zu-

letzt, sondern von der systematischen Berechtigung her sogar in unvermeidbarer Konsequenz die Erarbeitung von Entwicklungszielen für eine konstruktive Gestaltung des Medienwandels in der Gesellschaft enthält, liegt damit dann nicht in bezug auf die praktischen Konsequenzen für Gegenwart und Zukunft der gesellschaftlichen Entwicklung eine sozial-utopische Funktion der sozial- und kulturhistorischen Analyse vor? ›Sozialutopie‹ hier natürlich dezidiert nicht verstanden im Sinne des klassischen Staatsromans, das heißt des vom Staatswesen aus total und zum Teil dann auch autoritär-totalitär gedachten umfassenden Entwurfes eines Gemeinwesens, sondern unter primär anthropologischer Perspektive, spezifiziert auf (wenn auch vom Umfang her zum Teil dramatisch wachsende) Teilbereiche unserer Gesellschaft. Eine solche sozialutopische Funktion der sozial- und kulturhistorischen Analyse des medialen Wandels würde und müßte dann also nicht nur Zielsetzungen für den konstruktiven (zukünftigen) Umgang mit alten und neuen Medien explizieren sowie rechtfertigen, sondern auch danach fragen, welche Möglichkeiten und Grenzen es für die Beeinflussung des medialen Wandels gibt (immer verstanden nicht allein als technologische Veränderung, sondern primär als Entwicklung der Nutzungs- und Verarbeitungskompetenzen von medialen Angebotsstrukturen etc.). Das aber impliziert als übergeordneten Schritt die Elaboration von »Meta-Modellen« in bezug auf die Beeinflussbarkeit des medialen Wandels: Welche Modelle für die Umsetzung von sozial- und kulturhistorischen Analysen des medialen Wandels in Beeinflussungs- und Veränderungsmöglichkeiten der gegenwärtigen und absehbaren Medienentwicklungen lassen sich explizieren – und rechtfertigen? Oder wäre das eine unzulässige Grenzüberschreitung in der unrealistischen oder sogar überheblichen Hoffnung, wissenschaftlich-interdisziplinäre Analysen für die gesellschaftliche (Medien-)Entwicklung praktisch wirksam werden zu lassen?

WILHELM VOSSKAMP

Medien – Kultur – Kommunikation
Zur Geschichte emblematischer Verhältnisse

1. Medien und kulturelle Kommunikation

In der gegenwärtigen Diskussion über die Öffnung der Philologien gegenüber den Kulturwissenschaften spielt – neben der genaueren Bestimmung von Textanalyse und Literaturgeschichte – die Frage der Medien und Medialität eine herausgehobene Rolle.[1] Texte in allen Kulturen machen auf unterschiedliche Medien und das Problem von Medialität aufmerksam: »Alles, was über die Welt gewußt, gedacht und gesagt werden kann, ist nur in Abhängigkeit von den Medien wissbar, denkbar und sagbar, die dieses Wissen kommunizieren. [...] Nicht die Sprache, in der wir denken, sondern die Medien, in denen wir kommunizieren, modellieren unsere Welt. Medienrevolutionen sind deshalb Sinnrevolutionen, sie re-modellieren die Wirklichkeit und schaffen eine neue Welt«.[2] ›Alte‹ Medien (Schrift und Buchkultur) haben deshalb ebenso wie die ›neuen‹ Medien (Audiovisualität und Digitaltechnik) in den kulturwissenschaftlichen Diskussionen der letzten Jahre besondere Aufmerksamkeit gefunden.[3] Die technologische Entwicklung hat zu mancher Euphorie, aber nicht selten zu kulturkritischen, gelegentlich auch apokalyptischen Visionen Anlaß gegeben. Hier wiederholen sich dann die Topoi jener Ängste, wie sie – häufig wörtlich – bei der Erfindung des Buchdrucks in der frü-

---

[1] Vgl. Wilhelm Voßkamp: Einheit in der Differenz. Zur Situation der Literaturwissenschaft in wissenschaftshistorischer Perspektive. In: Ludwig Jäger (Hg.): Germanistik: Disziplinäre Identität und kulturelle Leistung. Weinheim: Beltz Athenäum 1995, S. 29–45; außerdem W. V.: Literaturwissenschaft und Kulturwissenschaften. Versuch einer Bestandsaufnahme. In: Frank Fürbeth u.a. (Hg.): Zur Geschichte und Problematik der Nationalphilologien in Europa. 150 Jahre Erste Germanistenversammlung in Frankfurt am Main (1846–1996). Tübingen: Niemeyer 1999, S. 809–821, und die Diskussion im Jahrbuch der Deutschen Schillergesellschaft 42 (1998), S. 457–507, mit dem Einleitungsbeitrag von Wilfried Barner: »Kommt der Literaturwissenschaft ihr Gegenstand abhanden? Zur ersten Diskussionsrunde«. Zur Diskussion der Rolle von Clifford Geertz in den Diskussionen zur kulturwissenschaftlichen Orientierung vgl. jetzt Sherry B. Ortner (Hg.): The Fate of »Culture«. Geertz and Beyond. Berkeley, Los Angeles, London: University of California Press 1999.

[2] Aleida und Jan Assmann: Schrift – Kognition – Evolution. In: Eric A. Havelock (Hg.): Schriftlichkeit. Das griechische Alphabet als kulturelle Revolution. Weinheim: VCH Acta Humaniora 1990, S. 2.

[3] Vgl. Ludwig Jäger / Bernd Switalla (Hg.): Germanistik in der Mediengesellschaft. München: Fink 1994.

hen Neuzeit oder anläßlich der durch die zeitgenössischen Romane hervorgerufenen »Leserevolution« im 18. Jahrhundert zu finden sind.

Medien sollten grundsätzlich als die Wirklichkeit mitkonstituierende Kulturen der Kommunikation betrachtet und eher unter Gesichtspunkten der Transformation und Prägung der gesellschaftlichen Realität als lediglich unter solchen der Verbreitung von Informationen verstanden werden. Geht man – mit Niklas Luhmann – davon aus, »daß Medien nur an der Kontingenz der Formbildungen erkennbar sind, die sie ermöglichen«,[4] läßt sich die gegenwärtig vornehmlich über die digitalen Medien geführte Diskussion auch sprach-, literatur- und kulturgeschichtlich historisieren und die Singularität der gegenwärtigen ›Medienrevolution‹ spezifizieren. In der konkurrierenden Gleichzeitigkeit der ›ungleichzeitigen‹ Medien (Rede, Schrift, Buch, Film, Fernsehen, Internet) wird es darauf ankommen, zu einer Neubestimmung des historischen Ortes und der gesellschaftlichen Funktion unterschiedlicher Medien im gegenwärtigen kulturellen Haushalt zu gelangen. »Neue Medien machen alte nicht obsolet, sie weisen ihnen andere Systemplätze zu«.[5] Die Analyse der aktuellen Medienkonkurrenz verweist deshalb stets auf die Voraussetzungen des historischen Medienwandels im Zusammenhang gesamtkultureller Prozesse. Gegenüber einer zuweilen einseitig von der Technizität her bestimmten Mediendiskussion bleibt der historisch jeweils unterschiedliche soziokulturelle Kontext im einzelnen zu analysieren. Dabei dürften Untersuchungen der Symbol- und Zeichensysteme und das Herausarbeiten der Eigenart von Kultur als einer »Illusion des Seins« (Ernst Cassirer) oder eines »kondensierten Verweisungsüberschusses« (Niklas Luhmann) von zentraler Bedeutung sein.[6]

Unter kulturwissenschaftlichen und kulturgeschichtlichen Aspekten spielt – komplementär zum Medienbegriff – der Kommunikationsbegriff die entscheidende Rolle, Kommunikation als »diejenige Operation, die von Medien ermöglicht und durch Medien in spezifischen Formen ausgestaltet wird«.[7] Zu diesen spezifischen Formen gehören Sprache, Literatur und Kunst – auch in ihrer besonderen (ästhetischen) Differenzqualität.[8] Sie erhalten ihren Ort innerhalb kommunikativer Prozesse und können deshalb auch nicht in eine Ge-

---

[4] Vgl. dazu vor allem Niklas Luhmann: Die Kunst der Gesellschaft. Frankfurt/M.: Suhrkamp 1995, S. 165–214: »Medium und Form« (hier S. 168); außerdem im III. Teil dieses Beitrags.

[5] Friedrich A. Kittler: Geschichte der Kommunikationsmedien. In: Jörg Huber / Alois Martin Müller (Hg.): Raum und Verfahren. Zürich: Stroemfeld/Roter Stern 1993, S. 169–188, hier S. 178.

[6] Vgl. Wilhelm Voßkamp: Literaturwissenschaft und Kulturwissenschaften (Anm. 1), S. 813.

[7] Vgl. Georg Stanitzek: Medien: Kulturen der Kommunikation. In: Mitteilungen des Deutschen Germanistenverbandes 42 (1995), S. 72–75.

[8] Vgl. Hans Belting: Das Ende der Kunstgeschichte. Eine Revision nach zehn Jahren. München: Beck 1995, S. 166.

genstellung zur Medienrevolution gebracht werden. Die gelegentlich in der Differenz zu kommunikativen Prozessen gesehenen Kategorien von Poetizität, Literarizität und Ästhetizität verstellen häufig den Blick dafür, daß es bei Sprache, Literatur und Kunst ebenso um kommunikative Sachverhalte geht, die Gegenstand der Kulturwissenschaften und Kulturgeschichte sind. Die jeweils unterschiedlichen disziplinären Aufgaben sind eingebunden in ein übergreifendes Konzept von Kommunikation, mit Hilfe dessen historische Prozesse analysiert werden und die gegenwärtige Gesellschaft sich selbst und ihre Zukunft diskutiert. Dazu gehört etwa die Frage, wie angesichts einer zunehmenden Ikonographisierung unserer Gesellschaft die *visuelle Kommunikation* in die Analyse von Kommunikationsprozessen einbezogen werden kann. Die Rede von der »Übersetzbarkeit« von Bildern in Schrift oder Schrift in Bildern oder die Diskussion über eine »Verbildlichung der Schrift beziehungsweise einer Verschriftlichung des Bildes« gehört in diesen Zusammenhang.[9]

2. Mediengeschichte als Geschichte kulturellen Wandels

Mediengeschichte als Geschichte des durch Kommunikation bestimmten kulturellen Wandels ist bisher weitgehend Desiderat geblieben. Durch die gegenwärtige Medienkonkurrenzsituation angeregte mediengeschichtliche Ansätze konzentrieren sich auf teleologische Modelle der Durchsetzung und Nutzung einzelner, jeweils ›neuer‹ Medien, so daß dann aus der »Vorgeschichte des Mediums Computer« berichtet und die »medialen Voraussetzungen« dieses technisch neuesten Mediums thematisiert werden.[10] Friedrich

---

[9] Mike Sandbothe: Transversale Medienwelten. Philosophische Überlegungen zum Internet. In: Gianni Vattimo / Wolfgang Welsch (Hg.): Medien – Welten, Wirklichkeiten. München: Fink 1998, S. 59–83, hier S. 71ff.

[10] Vgl. Wolfgang Coy: Aus der Vorgeschichte des Mediums Computer. In: Norbert Boltz / Friedrich A. Kittler / Christoph Tholen (Hg.): Computer als Medium. München: Fink 1994, S. 19–38; W. C.: Bildschirmmedium Internet? Ein Blick in die Turingsche Galaxis. In: Helmut Schanze / Peter Ludes (Hg.): Qualitative Perspektiven des Medienwandels. Positionen der Medienwissenschaft im Kontext »Neuer Medien«. Opladen: Westdeutscher Verlag 1997, S. 163–171. Zugespitzt jetzt bei Friedrich A. Kittler: Die Simulation siegt. Die technischen Weltmächte und das Ende der Vielfalt. In: Frankfurter Allgemeine Zeitung Nr. 277 (27.11.1999), S. III. Zu vorliegenden Ansätzen der Mediengeschichte vgl.: Stationen der Mediengeschichte. In: LiLi. Zeitschrift für Literaturwissenschaft und Linguistik 26 (1996), darin vor allem die Beiträge von Joan Christine Bleicher: Das Fernsehen am Wendepunkt der medienhistorischen Entwicklung (S. 86–115), Helmut Schanze: Literaturgeschichte des Digitalmediums (S. 116–130), außerdem den Aufsatz von Karl Prümm: In der Hölle – im Paradies der Bilder. Medienstreit und Mediengebrauch (S. 52–69). Eine historische Übersicht zu einzelnen Medien bietet: Geschichte der Medien. Hg. von Manfred Faßler / Wulf R. Halbach. München: UTB 1998, und Heinz Hiebler / Karl Kogler / Herwig Walitsch: Kleine Medienchronik. Von den ersten Schriftzeichen zum Mikrochip. Hg. von Hans Hiebel. München: Beck 1997. Zur Konzeption einer ›Nutzungsgeschichte‹ der

Kittler hat aus der Perspektive einer gegenwärtigen »Zwischenzeit« einen kurzen Überblick über die »Geschichte der Kommunikationsmedien« gegeben, die – in eine Epoche der Schrift (Handschrift, Druckschrift) – Technischer Medien (Telegraphie und Analogtechnik, Digitaltechnik) eingeteilt – folgerichtig die »Geschichte der Kommunikationstechniken als eine Serie strategischer Eskalationen« bezeichnet: »Ohne Referenz auf den oder die Menschen haben Kommunikationstechniken einander überholt, bis schließlich eine künstliche Intelligenz zur Interzeption möglicher Intelligenzen im Weltraum schreitet«.[11] Dieses durch Technikgeschichte dominierte Modell muß einseitig bleiben, weil nicht nur von einer (unbefragten) gesamtgeschichtlichen Konstruktion ausgegangen wird, sondern das Prinzip der »Überholung« notwendig den teleologischen Zielpunkt in der jeweiligen Gegenwart favorisiert. Das jeder Geschichtsschreibung zugrunde liegende Spannungsverhätlnis von ›objektivistischem Anspruch‹ und »subjektiver (metonymischer) Konstruktion« bleibt ebenso unreflektiert wie das inhärente geschichtsphilosophische Teleologie-Modell selbst.[12]

Betrachtet man den historischen Medienwandel als Teil einer allgemeinen kulturgeschichtlichen Entwicklung und Veränderung der gesellschaftlichen Kommunikationsstrukturen, steht die Frage, »wie Medien an der kognitiven und kommunikativen Selbstorganisation der Gesellschaft beteiligt sind«, im Vordergrund:

> Medienangebote werden ganz selbstverständlich als ein relevanter Teil dieser gesellschaftlichen Wirklichkeit angesehen, die sie beobachten. Aus dem beschleunigten Umschlag eines wachsenden Kommunikationsangebots folgt somit die Reflexivität von Beobachtung, die Notwendigkeit der Selbstbeobachtung und die Beobachtung zweiter Ordnung: Medien müssen zunehmend und bevorzugt auch das beobachten, was andere Medien beobachten.[13]

Damit wird das »Beobachten des Beobachters zum [mediengeschichtlichen] Thema«[14] und Georg Jägers Vorschlag, von daher »Mediengeschichte als Evolution

---

»Einleitung in eine Mediengeschichte« von Manfred Faßler und Wulf R. Halbach (Geschichte der Medien [s.o. Anm. 10], S. 7–53; auch das dort zusammengestellte Literaturverzeichnis). Vgl. jetzt die vorbildliche Arbeit von Ulrike Hick: Geschichte der optischen Medien. München: Fink 1999.

[11] Friedrich A. Kittler: Geschichte der Kommunikationsmedien (Anm. 5), S. 188.

[12] Jürgen Fohrmann: Über das Schreiben von Literaturgeschichte. In: Peter J. Brenner (Hg.): Geist, Geld und Wissenschaft. Arbeits- und Darstellungsformen von Literaturwissenschaft. Frankfurt/M.: Suhrkamp 1993, S. 175–202, hier S. 191.

[13] Peter M. Spangenberg: Mediengeschichte – Medientheorie. In: Jürgen Fohrmann / Harro Müller (Hg.): Literaturwissenschaft. München: Fink 1995, S. 31–76, hier S. 34.

[14] Niklas Luhmann: Weltkunst. In: N. L. / Frederick D. Bunsen / Dirk Baecker (Hg.): Unbeobachtbare Welt. Über Kunst und Architektur. Bielefeld: Haux 1990, S. 7–45, hier S. 16.

von Beobachterebenen, mithin also aus einem Gesichtspunkt zu konzipieren«, plausibel.[15]

Eine solche selbstreflexive Mediengeschichtsschreibung wird sich – in der Verabschiedung von Formen einer ›histoire totale‹ – auf symbolische Ordnungen und Funktionszusammenhänge konzentrieren müssen und den Schwellen der soziokulturellen Kommunikation keinen determinierenden Charakter zuschreiben können. Unter Gesichtspunkten eines offenen Wechselverhältnisses könnten historische Figurationen als Geschichte von Gebrauchssituationen und -funktionen analysiert werden, bei denen spezifische Bedürfniserwartungen und Bedürfnissynthetisierungen eine zentrale Rolle spielen.[16] Von daher wären »Teilgeschichten mit unterschiedlicher Reichweite« zu konzipieren, ohne daß auf eine teleologische Kausalität von Gesamtgeschichte gesetzt wird.[17] Zu lösen bleiben dann allerdings jene verknüpfungs- und prozeßtheoretischen Probleme, die auch die Literaturgeschichtsschreibung seit langem beschäftigen.[18]

3. Emblematische Verhältnisse: Aus der Geschichte der Intermedialität

Als Beispiel für eine medienhistorische Figuration, die Fragen und Probleme der Gebrauchssituationen und -funktionen aufwirft, soll die Konstellation der (intermedialen) Emblematik und ihrer Wirkungsgeschichte kurz skizziert werden. Die Voraussetzung bildet dabei das Dominantwerden einer typographischen Kultur auf der Grundlage des Buchdrucks als »Schlüsseltechnologie«, die zu einer entscheidenden »Umschichtung kommunikativer Verhält-

---

[15] Georg Jäger: Die theoretische Grundlegung in Gieseckes *Der Buchdruck in der frühen Neuzeit*. Kritische Überlegungen zum Verhältnis von Systemtheorie, Medientheorie und Technologie. In: Internationales Archiv für Sozialgeschichte der deutschen Literatur 18,1 (1993), S. 179–196, hier S. 196.

[16] Vgl. Wilhelm Voßkamp: Literaturgeschichte als Funktionsgeschichte der Literatur (am Beispiel der frühneuzeitlichen Utopie). In: Thomas Cramer (Hg.): Literatur und Sprache im historischen Prozeß. Bd. 1: Literatur. Tübingen: Niemeyer 1983, S. 32–54, hier S. 40f.

[17] Jörg Schönert: Darstellungsformen in der Literaturgeschichtsschreibung: Untersuchungen am Beispiel von drei Einzelbänden zur Geschichte der deutschen Literatur aus den 70er und 80er Jahren. In: Lutz Danneberg / Jürg Niederhauser (Hg.): Darstellungsformen der Wissenschaften im Kontrast. Aspekte der Methodik, Theorie und Empirie. Tübingen: Narr 1998, S. 509–514, hier S. 513.

[18] Jörg Schönert: Einleitung. Möglichkeiten und Probleme einer Integration von Literaturgeschichte in Gesellschafts- und Kulturgeschichte. In: Lutz Danneberg / Friedrich Vollhardt (Hg.): Vom Umgang mit Literatur und Literaturgeschichte. Positionen und Perspektiven nach der Theoriedebatte. Stuttgart: Metzler 1992, S. 337–348; Wilhelm Voßkamp: Literaturgeschichte und Gesellschaftsgeschichte. Probleme einer interdisziplinären Literaturwissenschaft. In: Paul Nolte (Hg.): Perspektiven der Gesellschaftsgeschichte. München: Beck 1999, S. 79–89.

nisse« führt.[19] Damit steigen die »Chancen für eine mediale Mischstruktur der Kommunikationssysteme« – der Weg zu einer multimedialen Kultur ist vorgezeichnet.[20] Während die Schrift ihre ›Aura‹ verliert (»die sie in der mittelalterlichen Kultur als Garant von Wahrheit, als Gefäß von Arkanwissen, aber auch als Bestandteil magischer Praktiken besessen hatte«,[21] wird das Medium aufgewertet und auratisiert. Die Bedeutung und katalysatorische Wirkung läßt sich vor allem im Humanismus ablesen und in jenen Formen der Wissensvermittlung, die eine schnelle Vervielfältigung von Büchern erlaubt, zu einer Verbilligung der Abschriften führt und die Standardisierung von Texten ermöglicht. »Alles, was informativ (›kundwürdig‹) ist, erscheint im Druck – andererseits gilt nur noch das als gesellschaftlich relevante Information, was man auch gedruckt lesen kann«.[22]

Schon Marshall McLuhan hat darauf hingewiesen, daß der Buchdruck einen »Sinnenwandel« bewirkt, der fortan durch die dominierende Rolle des Gesichtssinns bestimmt ist.[23] Dieser findet in der Verbindung von Buchdruck und Bildreproduktion (Letterndruck und Druckgraphik) seine charakteristische Ausprägung.

> Mit den Schriftmedien wurden auch die Bildmedien revolutioniert. War die Neuerung der Linearperspektive zunächst eine Errungenschaft der herkömmlichen Zeichnungen und Malerei, so erzeugte die Drucktechnik überhaupt einen neuen Bildtyp, die Druckgraphik, die von Anfang an unter dem Gesetz der Linearperspektive stand [...]. Die neuen Techniken erzeugen eine ganz neue Intensität der Verbindung von Schrift und Bild. Beide sind zwei Seiten eines technischen Verfahrens. [...] Das Gedruckte aktiviert den lesenden Blick und den perspektivisch

---

[19] Michael Giesecke: Der Buchdruck in der frühen Neuzeit. Eine historische Fallstudie über die Durchsetzung neuer Informations- und Kommunikationstechnologien. Frankfurt/M.: Suhrkamp 1991, hier S. 22. Ivan Illich (Im Weinberg des Textes. Als das Schriftbild der Moderne entstand. Ein Kommentar zu Hugos »Didascalicon«. Frankfurt/M.: Luchterhand 1991) hat darauf aufmerksam gemacht, daß der »technische[n] Durchbruch [...] um 1150 stattfand, 300 Jahre, bevor man anfing, bewegliche Lettern zu benutzen. Dieser Durchbruch basierte auf der Kombination von mehr als einem Dutzend technischer Erfindungen und Einrichtungen, mittels derer die Buchseite von einer Partitur zum Textträger umgestaltet wurde« (S. 10); Illich hebt hervor, »daß eine Verschriftlichungsrevolution den Gegenstand schuf, der 300 Jahre später gedruckt werden würde« (S. 122).

[20] Michael Giesecke (Anm. 19), S. 20.

[21] Jan-Dirk Müller: Der Körper des Buchs. Zum Medienwechsel zwischen Handschrift und Druck. In: Hans Ulrich Gumbrecht / K. Ludwig Pfeiffer (Hg.): Materialität der Kommunikation. Frankfurt/M.: Suhrkamp 1995, S. 203–217, hier S. 205.

[22] Michael Giesecke (Anm. 19), S. 501.

[23] Marshall McLuhan: Die Gutenberg-Galaxis. Das Ende des Buchzeitalters. Bonn: Addison-Wesley 1995, S. 54 (zuerst Toronto 1962).

gelenkten Blick gleichermaßen. Weil der Druck beider tertium comparationis ist, können Schriftbild und Bild in metaphorischem Tausch für einander eintreten.[24]

Exakt hier läßt sich der Einsatz der (intermedialen) Emblematik historisch situieren. Die hybride Kunstform des Emblems bietet komplexe Möglichkeiten des Bild-Schrift-/Schrift-Bild-Wechselverhältnisses; sie antwortet insgesamt auf einen Bild- und Verbildlichungsbedarf, der durch das neue Druckmedium technologisch gestillt werden kann. Das gilt allerdings auch in umgekehrter Weise: »Die neue Technologie [des Drucks] hat es verstanden, ein gesellschaftliches Bedürfnis zu erzeugen, das sie nur selbst befriedigen kann«.[25]

Daß Funktionen der Bedürfnissynthese mit solchen der Bedürfniserweiterung und Bedürfnisproduktion korrespondieren - Bedürfnisse werden immer zugleich erfüllt und geweckt[26] - läßt sich im Horizont der intermedialen Beziehung von Text und Bild / Bild und Text prototypisch im Felde der Emblematikgeschichte darstellen. Nicht nur bietet der historische Variantenreichtum der Text-Bild / Bild-Text-Konstellationen ein reiches Anschauungsmaterial für intermediale (speziell bi-mediale) Figurationen, sondern darüber hinaus liefert die emblem-poetologische Diskussion Hinweise für eine genauere Bestimmung des Inter-Medialen und ihrer Selbstreflexion.[27]

Sowohl auf der Ebene der Gattungsbestimmung des Emblems (vornehmlich im 16. und 17. Jahrhundert) als auch auf der Ebene der historischen Reihen- und Variantenbildungen bis in die Gegenwart (im Film, Video und in

---

[24] Gerhart von Graevenitz: Das Ornament des Blicks. Über die Grundlagen des neuzeitlichen Sehens, die Poetik der Arabeske und Goethes »West-östlichen Diwan«. Stuttgart: Metzler 1994, S. 4f.

[25] Michael Giesecke (Anm. 19), S. 543.

[26] Vgl. Wilhelm Voßkamp (Anm. 16), S. 40f.

[27] Eine komprimierte Zusammenfassung der Emblematikforschung bieten die Artikel und Aufsätze von Wolfgang Harms: Emblematik. In: Walther Killy (Hg.): Literatur Lexikon. Bd. 13. Gütersloh, München: Bertelsmann 1992, S. 200–202, Dietmar Peil: Emblematik. In: Ulfert Ricklefs (Hg.): Das Fischer Lexikon Literatur. Bd. 1. Frankfurt/M.: Fischer 1996, S. 488–514, und Bernhard F. Scholz: Emblem. In: Reallexikon der deutschen Literaturwissenschaft. Gemeinsam mit Harald Fricke, Klaus Grubmüller und Jan-Dirk Müller hg. von Klaus Weimar. Bd. 1. Berlin: de Gruyter 1997, S. 435–438. Besonders hervorzuheben sind die Arbeiten von: Mario Praz: Studies in Seventeenth Century Imagery. London: The Warburg Institute 1939, William S. Heckscher / Karl-August Wirth: Emblem, Emblembuch. In: Reallexikon der deutschen Kunstgeschichte. Bd. 5. Stuttgart: A. Druckenmüller 1959, Sp. 85–228, Peter M. Daly: Emblem Theory. Recent German Contributions to the Characterization of the Emblem Genre. Nendeln/Liechtenstein: KTO Pr. 1979, Albrecht Schöne: Emblematik und Drama im Zeitalter des Barock. München: Beck ³1993, Carsten-Peter Warncke: Sprechende Bilder - Sichtbare Worte. Das Bildverständnis in der Frühen Neuzeit. Wiesbaden: Harrossowitz 1987, Ingrid Höpel: Emblem und Sinnbild. Vom Kunstbuch zum Erbauungsbuch. Frankfurt/M.: Athenäum 1987, Bernhard F. Scholz: Das Emblem als Textsorte und als Genre. Überlegungen zur Gattungsbestimmung des Emblems. In: Christian Wagenknecht (Hg.): Zur Terminologie der Literaturwissenschaft. Stuttgart: Metzler 1988, S. 289–308.

der Werbung) lassen sich charakteristische intermediale Konstellationen und Lösungsvorschläge für das Wechsel- und Austauschverhältnis von Text und Bild beobachten: ob es sich um die Verflechtung/Verbindung von Bild und Text oder um die Differenz/Trennung zwischen den beiden Medien handelt. Erkennbar wird jene Einheit in der Differenz, die weder das eine Medium im anderen aufgehen läßt noch ein wechselseitiges Sich-Ausschließen impliziert, sondern auf Koppelung und Wiedereinführung setzt.[28]

Modellbildend für die graphisch-literarische Mischgattung in der Emblematik ist eine Triasstruktur, die (idealtypisch) aus drei konstitutiven Elementen: *Inscriptio* (Lemma, Motto, Devise), *Pictura* (Icon, Imago, Sinnbild) und *Subscriptio* (Epigramm) besteht. Die *Pictura* wird in der Regel durch zwei Textelemente eingefaßt; die *Subscriptio* bildet den auslegenden Teil, die das Bild sprachlich kommentiert. Eine durch die *Inscriptio* annoncierte und in der *Subscriptio* ausgeführte (lehrhafte) Sinnauslegung hat dazu geführt, das Emblem häufig zu sehr in die Nähe exemplarischer Rede zu rücken, die im Dienst »deutender und praxisbezogen normativer Möglichkeitserschließung« stehe.[29]

Daß dies häufig zu einer Verkennung der Inkongruenzen von Text und Bild als emblematischen *Rätseln* geführt hat, läßt sich seit der Hochkonjunktur der Emblembücher in der frühen Neuzeit immer wieder beobachten. Es geht um kein »Nachwortverhältnis« (Martin Warnke) im Verhältnis des Textes zum Bild. Dominant ist vielmehr ein Verfahren der Verrätselung durch *Kombinatorik* von Texten und Bildern. Das mag an einem Beispiel des ›Vaters der Emblematik‹, Andreas Alciatus (zuerst 1531; später hohe Auflagen)[30] veranschaulicht werden [Abb. 1].

Bild und Text lassen sich auf den ersten Blick separat wahrnehmen, je nach dem ob man stärker den Charakter des Bildes oder den des Textes betont. Die Verbindung von Bild und Text / Text und Bild offenbart indes ein selbstreflexives Spannungsverhältnis zwischen den beiden Komponenten und

---

[28] Vgl. dazu vor allem die Arbeiten von Joachim Paech: Intermedialität. In: Medienwissenschaft 14,1 (1997), S. 12–30; J. P.: Paradoxien der Auflösung und Intermedialität. In: HyperKult. Geschichte, Theorie und Kontext digitaler Medien. Hg. von Wolfgang Coy u.a. Basel, Frankfurt/M.: Stoemfeld/Nexus 1997, S. 331–367; J. P.: Intermedialität. Mediales Differenzial und transformative Figurationen. In: Jörg Helbig (Hg.): Intermedialität. Theorie und Praxis eines interdisziplinären Forschungsgebiets. Berlin: Schmidt 1998, S. 14–30. Außerdem Yvonne Spielmann: Intermedialität. Das System Peter Greenaway. München: Fink 1998, hier S. 7–161.

[29] Vgl. Konrad Hoffmann: Aliciati und die geschichtliche Stellung der Emblematik. In: Walter Haug (Hg.): Formen und Funktionen der Allegorie. Stuttgart: Metzler 1979, S. 515–534; vgl. dazu im gleichen Band: Erich Kleinschmidt: Denkform im geschichtlichen Prozeß. Zum Funktionswandel der Allegorie in der Frühen Neuzeit (S. 388–404).

[30] Zitierte Ausgabe: Andreas Alciatus: Emblematum Libellus. Mit einer Einleitung von August Buck. Darmstadt: Wissenschaftliche Buchgesellschaft 1991 [Reprographischer Nachdruck der Originalausgaben Paris 1542].

Intermedialität, die auf den Rätselcharakter und das Unentschiedene der Auslegung verweist.

Unter der Überschrift (*inscriptio*) »In silentium« (»Von Stilschweigen«) zeigt das Bild einen Gelehrten (vgl. Haltung, Kopfbedeckung) in einem gegenüber der Umwelt (Natur) offenen Arbeitszimmer mit einem Buch auf dem Lesepult und einer Kerze auf einem daneben stehenden Tisch. Weitere Utensilien (Schreibzeug, Papiere an der Wand) deuten auf einen schreibenden Menschen. Die entscheidende Geste ist der auf die Lippen gelegte Zeigefinger vor dem aufgeschlagenen Buch. Der lateinische Text[31] – in einer freien Übersetzung – lautet wie folgt:

> Während er schweigt unterscheidet sich der Törichte nicht von dem Weisen. / Die Sprache und die Stimme sind ein Zeichen seiner Torheit; / also möge er die Lippen zusammenpressen und mit dem Finger das Schweigen bezeichnen / und sich in den Pharier Harpokras verwandeln.[32]

Harpokras (auch Horos) ist der Sohn von Isis und Osiris, von dem Plutarch in den *Moralia* schreibt, daß er nicht als ein unvollkommener und kindlicher Gott anzusehen sei, sondern als ein über Götter und Menschen nachdenkender Mann, der seinen Finger an die Lippen lege zum Zeichen einer beherrschten Rede – oder des Schweigens. Ihm wird aber gleichzeitig zu verstehen gegeben, daß die Zunge »Glück sei und Gott«.[33]

Deutlich ist der Zusammenhang zwischen der Kindlichkeitsgeste einerseits und der Weisheitsmaxime andererseits. Die Kerze deutet darüber hinaus auf die Lebenszeit. Das aufgeschlagene Buch ist eine Selbstthematisierung des Mediums, dessen sich der Gelehrte bedient; das Arbeitszimmer jene ›Schnittstelle‹, die den Arbeitsplatz in einer bestimmten mediengeschichtlichen Konstellation veranschaulicht. Der ›Sinn‹ des Emblems ist damit aber nicht enträtselt; Mehrfachcodierungen bieten sich an.[34]

Wenn man die intermediale Einheit in der Differenz unterschiedlicher Medien betont, sind Koppelungen und jeweilige Wiedereinführungen besonders wichtig. »Die Emblematik lebt [darüber hinaus] von der ständigen Erneuerung der sprachlichen und bildlichen Versinnlichung von Vorstellungen (potentiell zahllose *picturæ* und *subscriptiones* zu einem Lemma), um der Habi-

---

[31] Andreas Alciatus: Emblematum Libellus (Anm. 30), S. 22.

[32] Die der Ausgabe von 1542 (hier S. 23) beigegebene deutsche Übersetzung lautet: »Von Stilschweigen // Fur witzig einen narn man schetzt / der schweygt, vnd er verredt sich bald / So ey bey einem weysen schwetzt,/ Gleich als ein haff der vbel hald: / Darumb deinn mund beschlossen halt / Mit dem finger, vnd red nit vil, / Wie der got Harpocras gemalt, Der dich solch tugend leren wil«.

[33] Plutarch's Moralia V. 351C–438E. With an English Translation by Frank Cole Babbitt. Cambridge/Mass., London: 1984, S. 159. Den Hinweis auf diese Stelle verdanke ich Aleida Assmann.

[34] Vgl. dazu, auch zum folgenden, Wilhelm Voßkamp: Emblematik und Intermedialität. Über Lesen von »Gemäldepoesy« (erscheint demnächst).

tualisierung und dem gänzlichen Affektverlust vorzubeugen«.[35] Deshalb läßt sich der Prozeß der medialen Transformationen in der Geschichte der Emblematik auch bis heute (etwa im experimentellen Grafikdesign oder in der Werbung) durchgehend beobachten. Medialität und Rätselstruktur im Sinne differenzierter Unentscheidbarkeit gehören zusammen. Dies ist auch durch eine eigentümliche ›Doppel-Lektüre‹ (des Bildes und des Textes) bedingt, die wiederum auf prinzipiell mögliche (unterschiedliche) Variationen in der Text-Bild/Bild-Text-Verknüpfung verweist.[36]

Die Lust des Enträtselns richtet sich – vornehmlich im Kontext der concettistischen Tradition der Frühen Neuzeit (vom Emblem wird »sonderbare und artige Spitzfindigkeit« gefordert) – auf jenen Reichtum der Formenbildung, der durch die verschiedenen intermedialen Koppelungen von Text und Bild möglich ist. Geht man von der (esoterischen) ›Kunst‹form‹ des Emblems aus, muß die Frage nach dem Kommentarverhältnis von Text und Bild in ihrer differenten Einheit im Mittelpunkt stehen. Wie verhalten sich – semiotisch gefragt – die ›natürlichen‹ (analogen) Zeichen des Bildes zu den ›künstlichen‹ (arbiträren) Zeichen der Poesie? Sind Bilder in einem ›dichten‹, – Texte in einem ›differenzierten‹ Symbolsystem kodiert (Nelson Goodman)?

Entscheidend ist das Oszillieren zwischen den unterschiedlichen medialen Formen und jene Zirkulation, die eine fortgesetzte (autopoitische) Formengenerierung zu erlauben scheint.

Wenn man mit Niklas Luhmann von der Unterscheidung zwischen Medium und Form ausgeht[37] und das Emblem als ein Medium charakterisiert, dessen Elemente durch lose Koppelung bestimmt sind, läßt sich auf der Seite der Form eine Vielzahl unterschiedlicher Varianten beobachten, die die operative Verbindung des Bild-Text/Text-Bild-Verfahrens in der Geschichte der Emblematik deutlich macht. Wichtig ist dabei, daß das Medium nur an den Formenbildungen historisch konkret beobachtbar ist und durch die unabschließbare Vielzahl und Vielfalt variantenreicher Formen nicht ›verbraucht‹ wird. Der Erfolg des spezifischen Bild-Text-Verhältnisses in der Emblematik liegt – entgegen den Versuchen einzelner Emblemforscher, zu einem Normal- oder Idealtypus zu gelangen[38] – gerade in der loseren Koppelung seiner Ele-

---

[35] Wolfgang Neuber: Imago und Pictura. Zur Topik des Sinn-Bilds im Spannungsfeld von Ars Memorativa und Emblematik (am Paradigma des »Indianers«). In: Wolfgang Harms (Hg.): Text und Bild. Bild und Text. Stuttgart: Metzler 1990, S. 245–261, hier S. 257.

[36] Vgl. dazu grundsätzlich W. J. T. Mitchell: Picture Theory. Essays on Verbal and Visual Representation. Chicago, London: University Chicago Press 1994.

[37] Vgl dazu Anm. 4.

[38] Vgl. Albrecht Schöne: Emblematik und Drama (Anm. 28), S. 97; Bernhard S. Scholz: Didaktische Funktion und Textkonstitution im Emblem. In: Jahrbuch für Internationale Germanistik 13 (1981), S. 10–35. Eine stärkere Betonung der Rätselhaftigkeit bei August Buck: Die Emblematik. In: A. B. (Hg.): Renaissance und Barock II. Neues Handbuch der Literaturwissenschaft. Bd. 10. Frankfurt/M.: Athenaion 1972, S. 328–345.

mente, die auch aufgrund der Selbständigkeit der einzelnen Komponenten (*pictura* und *subscriptio*) deren dynamische Variabilität und Selbstgenerierung ermöglicht. ›Gezähmt‹ wird die Formenbildung durch literarisch-soziale Gattungsinstitutionalisierungen, die durch das Wechselverhältnis von historisch jeweils unterschiedlichen Gattungserwartungen und -bestätigungen beziehungsweise -abweichungen oder -brüchen und jeweiligen Neuproduktionen gesteuert wird.[39] Als ein flüssiges Medium eignet sich das Emblem aufgrund seiner losen Koppelung der Elemente für historisch unterschiedlich auftauchende Situationen und Zwecke, weil es keine *festgeschriebene* Fremdreferenz gibt. Etwas überspitzt formuliert: die Emblematiktradition läßt sich als ein dominanter Lektüremodus für Bild-Text/Text-Bild-Relationen in der abendländischen kulturellen Tradition lesen.

Das gilt auch dann noch, wenn man das Schriftbild im Blick auf die »Erscheinungsform des Graphischen« oder die Buchseite als Ganzes unter dem Aspekt der Rahmung (als ›Fenster-Modell‹) interpretiert.[40] Am interessantesten dürften dabei Formen der Selbstreferentialität sein – wie das Alciatus-Emblem zeigt –, weil hier die »Wiedereinführung desselben oder eines anderen Mediums auf der Formseite des Mediums« eine wichtige Rolle spielt und insbesondere den Rätselcharakter hervorhebt.[41]

Als bemerkenswertes Beispiel mag dafür das Titelkupfer-Emblem zu Grimmelshausens *Der abenteuerliche Simplicissimus Teutsch* dienen [Abb. 2]. Bei dem bewaffneten, monströsen Fischvogel mit gehörntem Menschenkopf und einem Enten- und einem Klauenfuß, die Masken zertreten, »liegen die wahrhaft aufregenden Bezüge der *pictura* gerade im Verhältnis der Phönix-Chimäre zu dem Gezeigten und [...] in der mehrdeutigen Auflösung des Gezeigten selbst«.[42] Der selbstreflexive Hinweis des Emblems auf das Emblem im Buch des Buches (des Romans) hat zu vielfachen und unterschiedlichen astrologischen, alchimistischen und allegorischen Interpretationen Anlaß gegeben.[43] Hinzu kommt die Selbstthematisierung des Verweisens durch eine charakteristische Fingerhaltung, die als obszöne Spottgeste kon-

---

[39] Vgl. Wilhelm Voßkamp: Gattungsgeschichte. In: Reallexikon der deutschen Literaturwissenschaft (Anm. 27), Bd. 1, S. 655-658.

[40] Vgl. dazu grundsätzlich: Gottfried Boehm (Hg.): Was ist ein Bild? München: Fink 1994 (darin vor allem: G. B.: Die Wiederkehr der Bilder, S. 11–38, und G. B.: Die Bilderfrage, S. 325–343).

[41] Vgl. Joachim Paech: Paradoxie der Auflösung und Intermedialität (Anm. 28), S. 337.

[42] Sybille Penkert: Grimmelshausens Titelkupfer-Fiktionen. Zur Rolle der Emblematik-Rezeption in der Geschichte poetischer Subjektivität. In: S. P. (Hg.): Emblem und Emblematik-Rezeption. Vergleichende Studien zur Wirkungsgeschichte vom 16. bis 20. Jahrhundert. Darmstadt: Wissenschaftliche Buchgesellschaft 1978, S. 257–285, hier S. 267; vgl jetzt auch den Kommentar von Dieter Breuer zum *Simplicissimus*. In: Hans-Jacob Christoffel von Grimmelshausen. Werke I.1. Frankfurt/M.: Deutscher Klassiker Verlag 1989, S. 794f.

[43] Vgl. Sybille Penkert (Anm. 42), S. 268.

trafaktisch auf den Finger des Apostels Johannes (mit dem Buch) hinweist. Bei Grimmelshausen kann man sowohl das hohe Auflösungsvermögen als auch jene Form der Selbstreferentialität beobachten, die an hermetische Traditionen der Verrätselung in der Renaissance anknüpft. Erst ein bestimmter Grad an »pikturaler Kompetenz« (Arthur Danto) ermöglicht – keineswegs eindeutige – Auslegungen. Die *subscriptio* ist dagegen vergleichsweise eindeutig lesbar im Unterschied zur vieldeutigen (Un)Lesbarkeit des Bildes.[44]

Die *Lesbarkeit* im Blick auf das intermediale Text-Bild/Bild-Text-Verhältnis gehört zu den zentralen Fragestellungen, gerade wenn man die Tradition der Emblematik bis in die Gegenwart, auch in anderen, genre-unabhängigen Dokumenten untersucht. Leserinnen und Leser werden zu einer »intellektuell anregenden und aktivierenden Spurensuche [aufgefordert], in deren Verlauf sich [auch] scheinbar ganz heterogene Geschichten zu einer Sinneinheit zusammenschließen« sollen.[45] Es besteht eine Art von ›Vertragsverhältnis‹ zwischen den Rezipienten des Emblems und ihren mannigfachen Konfigurationen. Ihre Lektüren sind auch dann nicht eindeutig, wenn – in der Tradition des mittelalterlichen *mundus symbolicus* – von einer ›Sinnentdeckung‹ gesprochen werden kann und aus bestimmten ontologischen Sätzen umsetzbare Lehren für menschliches Handeln gezogen werden sollen. Gerade hieroglyphische Embleme in der humanistischen Tradition, die sich vornehmlich auf die antike *sapientia veterum* beruft, verstärken den Eindruck von Doppel- und Mehrfachcodierungen, wie man es an den gezeigten Beispielen von Alciatus und Grimmelshausen ablesen kann. Sinnerwartungen von Rezipienten werden durch ›zweite Lektüren‹ häufig nicht bestätigt, sondern destabilisiert. Trotz einzelner Dynamisierungen der medialen Differenz und Möglichkeiten des Verschiebens der Demarkationslinie zwischen Bild und Text beziehungsweise Text und Bild ist das Festhalten einer differenten Einheit entscheidend. Unterschiedliche Lesekulturen (etwa die mittelalterliche Vorlesekultur, die auf Curiositas und Wissensanhäufung Wert legende barocke Gelehrsamkeit oder pragmatische Lektüreerwartungen im 18. Jahrhundert) müßten dabei in Beziehung gesetzt werden zu den ausdifferenzierten Ausprägungen der Emblemkultur. Das gilt insbesondere für die Relationierung mit einschneidenden medientechnischen Veränderungen und Zäsuren.

Das mag noch an zwei Beispielen aus dem 20. Jahrhundert veranschaulicht werden. Das eine (aus dem Jahr 1967, [Abb. 3]) steht noch ganz in der Tradition der Buchkultur: Bemerkenswert ist hier ebenso die Kontinuität der Triasstruktur von *inscriptio*, *pictura* und *subscriptio* (als Ankündigung der

---

[44] Vgl. dazu generell Sabine Gross: Lese-Zeichen. Kognition, Medium und Materialität im Leseprozeß. Darmstadt: Wissenschaftliche Buchgesellschaft 1994.

[45] Vgl. Thomas Cramer: Fabel als emblematisches Rätsel. Vom Sinn der Illustrationen in den Fabelsammlungen von Posthius und Schopper, 1566 (Ms. Wien 1999).

Dichterlesungen)[46] wie die selbstreferentielle Thematisierung des Schreibens und Schweigens, obwohl hier eine Reihe von Lesungen angekündigt wird, die man nur *sprechend* realisieren kann. Der Kontrast von skripturaler und oraler Tradition (vgl. Feder und Mund) wird ironisch gebrochen dadurch, daß die Lippen geschlossen bleiben. Mehr noch, auf den ›zweiten‹ Blick verweist die emblematische Triasstruktur auf die Tradition der Physiognomik des 18. Jahrhunderts. In Anspielung auf die Charakterköpfe Lavaters wird zugleich in einer abstrahierenden Reduktion auf die Tradition des Autorenporträts verwiesen. Schließlich handelt es sich um die ›Jungbuchhändler‹, – ein im Horizont der späten 60er Jahre (dem Beginn der digitalen Medienrevolution) zusätzliches ›historistisches‹ und selbstironisches Aperçu.

Auch in dem aus der Werbegrafik stammenden, abschließenden Beispiel [Abb. 4.] läßt sich unschwer die Triasstruktur *inscriptio* (Hauptstichwort: »Automatisierung«), *pictura* (zwei denkende Männer in Nadelstreifenanzügen und denkerischer Sitzhaltung), und die *subscriptio* (mit der naheliegenden Kaufempfehlung [»Predigergesinnung«, Leo Spitzer]) erkennen.[47] Der ›erste‹ Blick wird sich vermutlich auf die beiden denkenden Männer richten, die die (beabsichtigte) Rodin-Assoziation auslösen können. Auch hier wird mit einem Kontrast gearbeitet – diesmal in der bildlichen Verdoppelung und in der Pose des Sich-wechselseitig-den-Rücken-Zuwendens.

Die *subscriptio* wird vermutlich erst im zweiten Blick wahrgenommen; und auch das ist bewußt inszeniert, weil »Stell Dich« in scharfem Kontrast zu den sitzenden Denkern formuliert ist. Das »Stell Dich« wird dann auch eher als eine zweite *inscriptio* (denn als ein Motto) aufzufassen sein.

Das Schriftbild der *subscriptio* – in Anspielung auf eine epigrammatische Zeilenstruktur – bewirkt unter Gesichtspunkten der Entzifferung des Inhalts der Botschaft für den literarisch Gebildeten einen Verzögerungseffekt. Die inhaltliche Aussage (das ist nicht mehr sonderlich überraschend) zielt auf Interdisziplinarität und Kommunikation – also auf das, was das Bild in seiner Darstellung der isolierten Denker gerade nicht zeigt.

Die einzelnen Fallbeispiele machen auf die prinzipielle Spannung zwischen der einheitlichen, medientechnischen Voraussetzung (der sie ihre Entstehung verdanken) Buchdruck, Druckgrafik, Bildreproduktion – und der Doppelheit von Bild und Text beziehungsweise Text und Bild (die den kommunikativen Erfolg verbürgt) aufmerksam. Koppelung differenter Formen bei Wahrung ihrer spezifischen Differenzqualität in der Einheit der Gattung ›Emblem‹ ist das Geheimnis. Der ›Kampf‹ des Bildes mit der Schrift läßt sich in unter-

---

[46] Ulrich Ott / Friedrich Pfäfflin (Hg.): Protest! Literatur um 1968. Eine Ausstellung des Deutschen Literaturarchivs in Verbindung mit dem Germanistischen Seminar der Universität Heidelberg und dem Deutschen Rundfunkarchiv im Schiller-Nationalmuseum Marbach/Neckar (Marbacher Kataloge 51). Marbach 1998.

[47] Erschienen in der Frankfurter Allgemeinen Zeitung vom 30.3.1999.

schiedlichen Figurationen beobachten; stets geht es um die Doppelpräsenz von Schrift und Bild in einem historischen Gebrauchs- und Funktionskontext.

Die Beispiele offenbaren dabei eine für die Geschichte der emblematischen Verhältnisse zweifache Tendenz: einerseits zur Indienstnahme im Sinne einer Zweckform (Uniformität, Wiederholbarkeit, Argumentations- und Manipulationsmittel) – andererseits zur früh erkennbaren Selbstreferentialität (die an Mittel und Möglichkeiten der Avantgarde-Kunst erinnert). Eine Verbindung beider Tendenzen ist dabei nicht ausgeschlossen, wie das moderne Grafikdesign zeigt.

Darzustellen bleibt die Geschichte dieser spannungsvollen Entwicklung unter Gesichtspunkten je spezifischer ›Leistungen‹ in *unterschiedlichen* historischen Gebrauchskontexten. Läßt sich die Geschichte der Emblematik als Exempel für die inhärenten Widersprüche in der Geschichte der Text-Bild/Bild-Text-Beziehungen der Moderne lesen? Erzeugt sie in immer neuen Varianten jene Bedürfnisse, die wiederum nur sie in optimal differenzierter Weise befriedigt? Dann könnte die Geschichte emblematischer Verhältnisse als mediengeschichtlicher Beitrag zu einer Funktionsgeschichte von Intermedialität verstanden werden.

22   AND. ALC. EMBLEM. LIB.

In *ſilentium*.   III.

Cùm tæt, haud quicquam differt ſapientibus amens,
   Stultitiæ eſt index linguáq; uoxq; ſuæ.
Ergo premat labias, digitóq; ſilentia ſignet,
   Et ſeſe Pharium uertat in Harpocratem.

Abb. 1: Andreas Alciatus: Emblematum Libellus. Paris 1542.

Abb. 2: J.J. Christoph von Grimmelshausen: Der abenteuerliche
Simplicissimus Teutsch. Erstausgabe. Nürnberg 1669 (E1).

ARBEITSKREIS BERLINER JUNGBUCHHÄNDLER

Programm September 1967

Mittwoch 6.9.67
Klaus Roehler: Prosa

Mittwoch 13.9.67
Hans Magnus Enzensberger

Mittwoch 20.9.67
Reinhold Böhm: Lyrik und Prosa

Mittwoch 27.9.67
R.W. Schnell liest aus
seinem neuen Roman

Sonderveranstaltung:
10.9.67
Ruth-Inge Heinze liest aus
dem von ihr

Übersetzten Buch:
Lena Kuchler-Silber-
mann, Hundert Kinder.
Anschließend Diskussion.

Bitte beachten Sie die beiliegende
Information über die Fahrt
zur Buchmesse.

Beginn der Lesungen jeweils
um 20.30 Uhr.
Am Sonntag und Montag ist
der Keller auch ab 20.15 Uhr
geöffnet.

1 Berlin-Friedenau, Görresstr. 9
(Am Friedrich-Wilhelm-Platz)

Abb. 3: Protest! Literatur um 1968. Eine Ausstellung des Deutschen Literaturarchivs in Verbindung mit dem Germanischen Seminar der Universität Heidelberg und dem Deutschen Rundfunkarchiv im Schiller-Nationalmuseum Marbach am Neckar. Hg. von Ulrich Ott und Friedrich Pfäfflin. (Marbacher Kataloge 51) Marbach 1998.

"Stell dich." Ich bin ein großartiger Ingenieur.

Du bist ein großartiger Computerfachmann.

Keiner pfuscht dem anderen ins Handwerk, okay?

Nein! Wer große Lösungen will, muss raus aus seinem Kasten.

Muss gemeinsam denken.

Ingenieurkunst trifft Informationstechnologie.

Dann ist auch der Weg frei für eine neue Qualität.

Asea Brown Boveri AG · Postfach 10 01 64 · 68001 Mannheim · Telefax 06 21/43 81-474 · Internet: www.abb.de

Abb. 4: Frankfurter Allgemeine Zeitung, 30.3.1999.

FOTIS JANNIDIS

Literarisches Wissen und Cultural Studies

Unter dem Banner einer Sozialgeschichte der Literatur war eine ehrgeizige Bewegung angetreten, Literatur aus der werkimmanenten Betrachtungsweise zu befreien und sie gesellschaftlich zu kontextualisieren, ja ihre Bedingtheit durch die gesellschaftlichen Verhältnisse nachzuweisen. Dieses Programm gilt heute allgemein als gescheitert.[1] Hier ist nicht der Ort, dieses Scheitern zu untersuchen, schon allein weil es selbst wiederum eine komplexe wissenssoziologische Untersuchung voraussetzt, wollte man das Amalgam aus ganz unterschiedlichen Faktoren analysieren. Schon während der Hochzeit der materialistischen Literaturwissenschaft kam ein wesentliches Kernstück dieser Theorie, das Widerspiegelungstheorem, in eine Krise, ohne daß die Suche nach Alternativen wirklich erfolgreich gewesen wäre; erfolgreich nicht nur in dem Sinn, daß sie die theoretischen Probleme lösen, sondern auch in dem Verständnis, daß sie einem größeren Kreis der Fachwissenschaftler bekannt sind und plausibel erscheinen. Ein praktisches und ein theoretisches Problem trennen die meisten heutigen Literaturwissenschaftler von der Sozialgeschichte der Literatur. Der Preis für die Anlehnung an aktuelle Gesellschaftstheorien war bislang stets ein außerordentlich hoher Abstraktionsgrad. Kontextualisierungen mit Hilfe solcher Gesellschaftstheorien konnten kaum für die Literaturinterpretation fruchtbar gemacht werden und drohten den Untersuchungsgegenstand – gemessen am Differenzierungsgrad des interpretatorischen Bestecks – hoffnungslos zu banalisieren. Außerdem hat die klare Trennung zwischen Basis hier und Überbau dort, Kultur einerseits und Gesellschaftsstruktur andererseits ihre Plausibilität verloren angesichts der Erkenntnis, daß nicht nur die Kultur wesentlicher Bestandteil dieser so sauber abgegrenzten Basis ist, sondern auch ihre Beschreibung unlösbar mit kulturellen Konstruktionen verquickt ist. Das wichtigste Erbe der theoretischen Anstrengung seitens einer Sozialgeschichte der Literatur ist wohl nicht ein überzeugendes theoretisches Konzept, sondern eine Reihe offener Fragen.

---

[1] Claus-Michael Ort zum Beispiel spricht – meines Erachtens zu Recht – vom ›konzeptionellen Scheitern‹ der »verfrüht begonnenen ›Sozialgeschichten der Literatur‹«; vgl. Claus-Michael Ort: Vom *Text* zum *Wissen*. Die literarische Konstruktion sozio-kulturellen Wissens als Gegenstand einer nicht-reduktiven Sozialgeschichte der Literatur. In: Lutz Danneberg / Friedrich Vollhardt (Hg.): Vom Umgang mit Literatur und Literaturgeschichte. Positionen und Perspektiven nach der ›Theoriedebatte‹. Stuttgart: Metzler 1992, S. 410.

Die wichtigste lautet: Wenn Literatur bestimmt ist durch die Gesellschaft, in der sie entsteht, tradiert und rezipiert wird, und auch auf die Gesellschaft zurückwirkt, wie können ›Gesellschaft‹, ›Literatur‹ und ihr Bedingungsverhältnis so konzeptualisiert werden, daß das Verständnis von beidem wirklich gefördert wird und nicht lediglich eine Trivialisierung entweder der Gesellschaft, der Literatur oder des Bedingungsverhältnisses erreicht wird?

Inzwischen gibt es mehrere kulturalistische Bewegungen; einige von ihnen beanspruchen, gesellschaftstheoretische Fragen dieser Art zu erledigen oder zu lösen. Sie tragen eine Reihe ganz verschiedener Namen und haben, bis auf den bevorzugten Rückgriff auf den Begriff ›Kultur‹, nur wenige Gemeinsamkeiten: ›Kulturwissenschaften‹, ›Kulturgeschichte‹, ›kulturalistische Philosophie‹ oder auch ›Cultural Studies‹. Im folgenden soll einer der Ansätze, die *Cultural Studies*, daraufhin untersucht werden, ob er nicht die von der Sozialgeschichte angestrebte Kontextualisierung des Textes in die gesellschaftsstrukturelle Umwelt und somit eine Modernisierung der sozialhistorischen Methode leistet.

Maßstab der Tauglichkeit dieses Ansatzes sollen nicht theoretische Konsistenz oder Fruchtbarkeit der Einzeluntersuchungen sein, obwohl beides sicherlich wertvolle Indikatoren sind. Vielmehr sollen die Menge verschiedener Formen literarischen Wissens, deren Wahrnehmung durch die theoretischen Vorgaben erleichtert und somit wahrscheinlicher wird, zum Kriterium für die Tauglichkeit gemacht werden. Ausgangspunkt wird eine etwas eingehendere Untersuchung eines Satzes im Roman *Buddenbrooks* auf die implizierten Wissensformen hin sein. In einem zweiten Schritt werden die *Cultural Studies* soweit rekonstruiert, daß in einem dritten Schritt ein Vergleich zwischen der Sozialgeschichte der Literatur und den *Cultural Studies* ermöglicht wird. Entscheidungskriterium des Vergleiches sollen die hier ermittelten Wissensformen und die zugehörigen Erschließungsweisen sein: Inwieweit werden sie von einer der beiden gesellschaftsstrukturell kontextualisierenden Literaturtheorien erfaßt und mit außerliterarischen Faktoren relationiert?[2] Der zu prüfende Punkt wird also sein, inwieweit durch die Interessen und Fragestellungen der *Cultural Studies* literarisches Wissen besonders vielfältig ermittelt und in gesellschaftliche Zusammenhänge eingebettet werden kann, besser oder schlechter oder einfach anders als durch die sozialgeschichtlichen

---

[2] Diese Vorgehensweise hat den Vorteil, daß sie zur Prüfinstanz für theoretische Überlegungen die Ergebnisse der eigentlichen literaturwissenschaftlichen Praxis macht. Claus-Michael Orts (Anm. 1) Problemdiagnose ist plausibel und wird in einigen Punkten im folgenden bestätigt, aber sein Modell (S. 424) zeigt die übliche Ausdifferenzierung auf Seiten der gesellschaftsstrukturellen Beschreibung. Die Wissensformen, mit denen ein Literaturwissenschaftler bei der Interpretation zu tun hat, sind deutlich zahlreicher und auch komplexer strukturiert, als bei Ort auch nur angedeutet wird. Deshalb soll im folgenden der umgekehrte Weg gegangen werden.

Ansätze. Anders formuliert: In welcher Art und Weise fördern die beiden Literaturtheorien die Beobachtung bestimmter Wissensmomente in Literatur?

I.

Die Lektüre von Texten setzt Wissen voraus, insbesondere wenn sie, wie im folgenden angenommen wird, um Angemessenheit in dem Sinne bemüht ist, daß die zur Entstehungszeit gültigen sprachlichen Regeln und Wissensbestände heranzuziehen sind.[3] Neben dem explizit als Proposition geäußerten sprachlichen Wissen, das wiederum eingebettet ist in nicht mitgenannte umfassendere Zusammenhänge, bilden für eine solche angemessene Lektüre zahlreiche weitere Wissensformen eine notwendige Voraussetzung. Sie können durch eine Reihe ebenfalls konventionalisierter Schlußverfahren expliziert werden. All dieses Wissen soll im folgenden als ›impliziertes Wissen‹ bezeichnet werden.[4]

Demonstrationsobjekt für unsere Frage nach dem Wissen, das Voraussetzung für ein angemessenes Verständnis des Textes ist, soll ein – nicht ganz beliebig ausgewählter – Satz aus Thomas Manns *Buddenbrooks*[5] sein:

---

[3] Im folgenden wird versucht die Annahmen und Schlußfolgerungen eines Lesers insoweit zu verfolgen, als diese durch den Text im Rahmen seiner Entstehungszeit und die vorausgesetzte enzyklopädische Kompetenz – im Sinne Ecos – nahegelegt werden. Die Analyse macht also weniger Annahmen über die tatsächliche Rezeption, sondern ermittelt die Arbeit, die der Text dem impliziten Leser zumutet; vgl. ›zur enzyklopädischen Kompetenz‹ Umberto Eco: Lector in fabula. Die Mitarbeit der Interpretation in erzählenden Texten. München, Wien: dtv 1987, S. 94f. Allerdings soll der Begriff soweit gefaßt werden, daß die im folgenden angesprochenen Wissensformen, die Eco mit seinem besonderen Interesse für Codes nicht beachtet, ebenfalls darunter fallen; vgl. zum Modell-Leser, wie Eco ihn nennt, ebd. S. 61ff.

[4] Was hier als ›impliziertes Wissen‹ bezeichnet wird, wird in der Linguistik und der Philosophie ausführlicher diskutiert, insbesondere unter dem Stichwort ›Präsuppositionen‹. Der Literaturwissenschaftler, der erhofft, schnellen Zugriff auf ein nützliches Instrumentarium zur Analyse implizierten Wissens zu erhalten, wird enttäuscht. Die Diskussion ist gekennzeichnet durch die Konzentration auf sehr einfache, zumeist isolierte Sätze und eindeutig definierte Situationen und das dominierende Interesse für die Zuordnung der Präsuppositionen zur Semantik oder Pragmatik. Dennoch lassen sich daraus ganz unsystematisch eine Reihe von Unterscheidungen zusammentragen, die im folgenden dankbar genutzt werden. Einen Überblick bieten: Günther Grewendorf / Fritz Hamm / Wolfgang Sternefeld: Sprachliches Wissen. Eine Einführung in moderne Theorien der grammatischen Beschreibung. Frankfurt/M.: Suhrkamp [6]1993, insbesondere S. 401ff. Wolfgang Heinemann / Dieter Viehweger: Textlinguistik. Eine Einführung. Tübingen: Niemeyer 1991, S. 93ff. Einen Überblick auf dem Stand der 70er Jahre findet man in Umberto Eco (Anm. 3), S. 94ff.

[5] Zitiert wird nach Thomas Mann: Buddenbrooks. Verfall einer Familie. Gesammelte Werke in 13 Bde. Bd. 1. Frankfurt/M.: Fischer 1990.

»Ah!« sagte der Senator kurz, wobei er mit einem kleinen Ruck den Kopf erhob und eine Sekunde lang hell, fest und freundlich in das Gesicht Frau Iwersens blickte. (S. 426)

Der Satz schildert, soviel wird schon ohne größeres Zusatzwissen deutlich, das Verhalten einer Figur unterschieden nach sprachlichem und mimisch-gestischem Aspekt. Aus dem engeren Kotext des Satzes wird deutlich, daß es sich hier um eine Reaktion handelt: Die Passage, in der er enthalten ist, schildert die Begegnung der jungen Familie des Senators Buddenbrook – bestehend aus seiner exotischen Ehefrau Gerda und dem kleinen Hanno – mit der des Blumenhändlers Iwersen.

Beginnt man mit einer einfachen Klärung der Wortbedeutungen, so wird schon beim Wort »Senator« deutlich, in welch komplexem Verhältnis historisches Wissen und künstlerische Binnenstruktur des Textes stehen. »Senator« evoziert einen Vorstellungskomplex, dessen wesentlichen Merkmale ›Mitglied einer einflußreichen staatlichen Organisation‹ und ›hoher sozialer Status‹ sind. Es liegt nahe, an dieser Stelle anzunehmen, daß die Art, wie die Erzählstimme auf den Protagonisten verweist, die soziale Gliederung und die Formen sozialer Ungleichheit in der geschilderten Hansestadt thematisiert. Ein genaueres Verständnis dieser Thematisierung scheint eine Klärung vorauszusetzen, welche Funktion der Senat in den deutschen Hansestädten im ausgehenden 19. Jahrhundert hat sowie welche gesellschaftliche und kulturelle Rolle seine Mitglieder spielen. Das Thema hat politologische, soziologische, historische und sozialpsychologische Aspekte, die man nennen und ausführen kann. Die Menge des Detailwissens, die auf diese Weise entsteht, ist offensichtlich kaum zu bändigen, wie die stetig anschwellenden Anmerkungsapparate der neueren Klassikereditionen zeigen.[6]

Tatsächlich wird man sich jedoch schwer tun, nachzuweisen, an welchen Stellen ein Leser mehr über den Lübecker Senat wissen muß, als das anfangs genannte sehr allgemeine Vorwissen und das, was im Roman selbst ausgeführt wird. Schon der Satz aus der gleichen Passage, »Iwersen verbeugte sich ebenso tief wie ungeschickt«, verdeutlicht den sozialen Rangunterschied – wenn man gelernt hat, Verbeugungen und insbesondere die Form ihrer Ausführung als Signal sozialer Hierarchie zu lesen.[7] Das vorausgesetzte Wissen des Textes ist also diffuser, sehr viel allgemeiner, als die Rekonstruktion dieses Wissens mit der gesamten Komplexität aus der Perspektive der jeweiligen Fachdisziplinen nahelegt. Halten wir also fest: Sachwissen bildet eine wesentliche Voraussetzung für das Verständnis literarischer Texte. Völlig unge-

---

[6]   Solches statisch organisierte Sachwissen wird in der Textlinguistik zumeist als ›Frame‹ bezeichnet, in dem zusammengehöriges Wissen organisiert ist und in der Lektüre zur Monosemierung herangezogen wird; vgl. die Literatur in Anm. 4.

[7]   Das gleiche gilt für die unterschiedlichen Anredeformen. Thomas Buddenbrook spricht den Blumenhändler mit »Iwersen« an, während dieser mit »Herr Senator«, also einer unökonomischeren und damit auch formelleren Variante antwortet.

klärt – und zwar auch in der literaturwissenschaftlichen Praxis – ist aber die Frage, wie ausführlich, detailliert und vernetzt mit weiteren Wissensbeständen die Rekonstruktion dieses Sachwissens für die angemessene Lektüre von Literatur sein muß. Die Rekonstruktion wird zur Zeit immer mitgesteuert vom Detailreichtum und der Komplexität dieses Wissens in den einschlägigen Nachbardisziplinen, obwohl eigentlich bekannt ist, daß Literatur in Bezug auf Sachwissen nur selten das Niveau der Fachdisziplinen hat, sondern vielmehr das einer allgemeinen Öffentlichkeit, wie sie in den letzten 200 Jahren durch Zeitungen, Zeitschriften und populäre Schriften gebildet wird.

Die Figur, auf die das geschilderte Verhalten des Senators ausgerichtet ist, wird als ›Frau Iwersen‹ bezeichnet. Sie ist die Ehefrau des Blumenhändlers »Iwersen«, und es liegt heute nahe, schon den Mangel eines Eigennamens als Hinweis nicht nur auf die Gepflogenheiten bei der Namengebung in Ehen zu sehen, sondern über das damit verbundene juristisch kodifizierte Geschlechterverhältnis zu den Fragen von Geschlechteridentität insgesamt vorzustoßen. Der Text lädt allerdings nicht dazu ein, ja er setzt noch nicht einmal dieses Wissen voraus. Ein Leser könnte sich aus dem Namenswechsel der Figur Antonie Buddenbrook zu Frau Grünlich bis zu Frau Permaneder diese Regeln sogar rekonstruieren. Die Frage nach der geschlechtsspezifischen Differenz führt in diesem Fall daher eher in die Irre, schon weil auch die männlichen Figuren von der Erzählstimme sehr oft mit ihrem gesellschaftlichen Namen bezeichnet werden, wie die Anrede »Senator« für Thomas Buddenbrook deutlich macht. Die Verwendung der Namen in dieser Passage betont aber die gesellschaftliche Rolle der Figuren und positioniert den Leser so, daß er diese zuerst wahrnimmt, wie er ja auch die Figuren nur von außen wahrnehmen kann.

Man kann also den Befund vorläufig so zusammenfassen: Der literarische Text setzt Sachwissen beim Leser voraus, allerdings in einer relativ verdünnten Form, da die wesentlichen Merkmale dieses Sachwissens durch textinterne Strategien, zum Beispiel Kontrastierung, profiliert werden.

Zurück zur Begegnung Thomas Buddenbrooks mit Frau Iwersen: Der Name Iwersen wird an dieser Stelle in die Handlung des Romans eingeführt; der Leser kann – auf den ersten Blick – die Hintergründe der Beziehung zwischen den Figuren nicht kennen, da über die bereits erwähnten Signale sozialer Differenz hinaus keine expliziten Informationen gegeben werden. Tatsächlich verwendet Thomas Mann an dieser Stelle aber eine raffinierte sprachliche Form, um die Identität von Frau Iwersen mit einer bereits in die Handlung eingeführten Figur herzustellen.

Im knappen 15. Kapitel des dritten Teils wird eine Begegnung Thomas Buddenbrooks mit seiner heimlichen Geliebten, dem Ladenmädchen Anna, geschildert; genauer noch: es wird der Abschied zwischen den sich liebenden Jugendlichen geschildert, die sich beide den gesellschaftlichen Konventionen

fügen, die eine Heirat zwischen dem aufstrebenden Kaufmannssohn, der am
Vortag seines obligatorischen Auslandsaufenthalts steht, und der kleinen
Blumenverkäuferin verbieten. Das verstohlene Treffen findet statt in »einem
ganz bescheidenen Blumenladen mit schmaler Tür und dürftigem Schaufensterchen, in dem ein paar Töpfe mit Zwiebelgewächsen nebeneinander auf
einer grünen Glasscheibe« (S. 167) stehen. Von Anna heißt es in einer ausführlicheren Beschreibung, sie »besaß einen beinahe malaischen Gesichtstypus« (S. 168).

Der Laden, vor dem die Familie Iwersen steht, wird in fast den gleichen
Worten geschildert: der »kleine Blumenladen mit der schmalen Tür und dem
dürftigen Schaufensterchen, in welchem ein paar Töpfe mit Zwiebelgewächsen nebeneinander auf einer grünen Glasscheibe paradierten« (S. 425). Frau
Iwersen weist »einen dunklen, südlichen Gesichtstypus« (ebd.) auf.

Die Identifizierung Frau Iwersens mit Anna beruht also auf der fast identi-
schen Beschreibung des Blumenladens und der Frauenfigur in den beiden
Textpartien; die Feststellung der Identität wird jedoch dem Leser überlassen.
Welches Wissen auf seiten des Lesers macht es wahrscheinlich, daß er diese
Feststellung trifft? Immerhin könnte er ja erwarten, daß der Erzähler ihn
über einen so wichtigen Umstand informiert. Der Leser eines literarischen
Textes wird allerdings nicht annehmen, daß alles, ja noch nicht einmal alles
Wichtige explizit genannt wird, da es eine sehr lange Tradition indirekten literarischen Sprechens gibt. Außerdem wird er die große Ähnlichkeit der
sprachlichen Formen als Hinweis auf die Identität des Bezeichneten in der erzählten Welt[8] nehmen, da Identität und Differenz in diesen Fällen ausschließlich sprachlich erzeugt werden und er der Erzählstimme im Falle der sugge-
rierten Identität nur trauen kann. Diese beiden Argumente sind aber erst dann
gültig, wenn der Leser die beiden Passagen nebeneinander hält und die
sprachliche Nähe feststellt. Wieso aber kann man plausibel annehmen, daß
ein aufmerksamer Leser eben das tut? Aufgrund der geschickten Aufmerk-
samkeitslenkung des Textes. An die Jugendliebe Thomas Buddenbrooks wird
der Leser an zumindest einer Stelle noch einmal erinnert.[9] Der Blumenladen
wird, noch ohne die markante sprachliche Wiederholung, nur wenige Seiten

---

[8] Als ›erzählte Welt‹ wird – einem Vorschlag von Martinez/Scheffel folgend – das
»raumzeitliche Universum der Erzählung« bezeichnet, also das, was bei Genette
›Diegese‹ heißt; vgl. Matias Martinez / Michael Scheffel: Einführung in die Er-
zähltheorie. München: Beck 1999, S. 23; Gérard Genette: Die Erzählung. München: Fink 1994, S. 313. Die Art und Weise, wie von der Darstellung auf die erzählte Welt referiert wird, und der Leser eine mentale Repräsentation dieser Welt
bei der Lektüre textgeleitet konstruiert, gehört ebenfalls zum kulturellen Wissen.
Ein ausgearbeitetes Modell insbesondere für den Aspekt der Handlung findet man
bei Wolf Schmid: Die narrativen Ebenen ›Geschehen‹, ›Geschichte‹, ›Erzählung‹
und ›Präsentation der Erzählung‹. In: Wiener Slawistischer Almanach 9 (1982),
S. 83–110.

[9] »Er [Thomas] erinnerte sich wohl seiner Jugendsünden« (S. 313).

vor der Begegnung zwischen Senator und Iwersen bereits etwas ausführlicher erwähnt.[10] Damit ist vielleicht schon eine vage Erinnerung geweckt und die Vermutung, es handele sich um den selben Laden, schon angeregt. Das bildet wiederum den Hintergrund für die Begegnungs-Passage. Wichtiger aber noch ist ein zweiter Umstand: Zwar umfaßt die Passage mit der Liebesbegegnung lediglich ein knappes Kapitel, aber aufgrund des Inhalts erhält sie ein um so größeres Gewicht: Der Leser erfährt an dieser Stelle ein Geheimnis, das er nur mit den beiden Figuren teilt, was um so gewichtiger ist, als er Zeuge wird, wie Thomas davon Abstand nimmt, seine Schwester einzuweihen.[11] Der Inhalt des Geheimnisses aber ist die erste Liebe von Thomas und Anna, spätere Iwersen.

Damit die äußerst knappen kohärenz- und sinnstiftenden textlichen Mittel überhaupt wirken können, muß eine entsprechende Motivation zu deren Wahrnehmung beim Leser angenommen werden. Genauer gesagt findet hier das Sinnmodell ›Liebe‹ gleich doppelt Verwendung: als Sinnmodell für die Strukturierung von Textphänomenen durch den Leser und als Motivations-faktor, dies auch anzuwenden. Auf der Ebene des Textes werden Verhal-tensweisen der Figuren geschildert und durch das Sinnmodell motiviert. Al-lerdings sind die entsprechenden Hinweise sehr knapp gehalten. Ein Gelingen der Kommunikation kann nur vorausgesetzt werden, wenn angenommen wird, daß der Leser diese Hinweise angemessen gewichtet – trotz ihrer knappen sprachlichen Präsentation. Dies kann erwartet werden, wenn die Hinweise sich nach dem kulturellen Wissen des Lesers auf wesentliche Verhaltensfak-toren von Figuren beziehen. Neben dem allgemeinen Interesse an diesen Verhaltensfaktoren kann man aber für einige davon eine gewisse Neugier des Lesers voraussetzen. Liebe gehört sicherlich dazu. Liebe ist ein so zentrales Gefühls- und Erlebensmuster der Neuzeit, daß nicht nur das Wissen darum, sondern auch besonders großes Interesse daran beim Leser erwartet werden kann und diese Erwartung wiederum in die Textstrategie eingehen kann: Die sprachliche Verknappung kann noch weitergetrieben werden, da ein ausglei-chendes Neugierverhalten vorausgesetzt werden kann. Dies wird verstärkt durch den Umstand, daß es sich hierbei um die ›erste Liebe‹ handelt, der in Literatur und wohl auch in der Selbstbeschreibung von vielen Menschen be-sondere Kraft und Relevanz zugeschrieben wird.[12] Den besonderen Status, den die ›erste Liebe‹ hat, wird auch im Romantext selbst thematisiert, näm-

---

[10] »Die Nachbarschaft war sympathisch: gute Bürgerhäuser mit Giebeln; am beschei-densten unter ihnen erschien das vis-à-vis: ein schmales Ding mit einem kleinen Blumenladen im Erdgeschoß« (S. 420).

[11] Als Tony Thomas vorwirft, er könne ihren Kummer wegen Morten nicht verste-hen, wird der Leser nur informiert, daß es hier etwas zu wissen gibt, das der Er-fahrung Tonys gleicht; vgl. S. 157.

[12] Genauer gesagt: von Amerikanern und Europäern und in den letzten 250 Jahren.

lich in der sehr viel ausführlicheren Beschreibung der Beziehung zwischen Tony und Morten.[13]

Der Leser wird an dieser Stelle also in die Position versetzt, der Begegnung auf zwei Ebenen folgen zu können: einmal der öffentlichen Deutung ›Begegnung zweier sozial sehr weit auseinanderstehender Familien, die Nachbarn sind‹ und der privaten Deutung ›Begegnung mit dem früher geliebten Menschen‹. Aus der ihm zugeschriebenen Position erfährt der Leser nichts über die Innenperspektive der Figuren. Diese externe Fokalisierung, die im Roman sehr häufig zu finden ist, verstärkt die öffentliche Deutung, da die private kaum zugänglich ist. Auch die Reaktionen von Thomas Buddenbrook scheinen sich lediglich darauf zu beschränken, die öffentliche Deutung nicht zu stören, ja sie durch das Einhalten der sozialen Regeln für eine solche Situation zu bestätigen. Der oben zitierte Satz schildert die letzte sprachliche Reaktion Buddenbrooks auf das knappe Gespräch, das er mit dem Blumenhändler führt. Die Damen und die Kinder haben geschwiegen, auch am Grußzeremoniell waren nur die Männer beteiligt. Der Hinweis des Blumenhändlers, daß die gelobte Richtkrone von der Frau stammt, nötigt Buddenbrook allerdings dazu, auf diese Information zu reagieren. Der typische Ablauf eines solchen Höflichkeitsgesprächs läßt nun eine entsprechende Äußerung der Dame gegenüber erwarten.[14] Reagiert wird nicht sprachlich, da mehr als das unbestimmte »Ah« nicht gesagt wird, sondern mimisch: Er blickt sie freundlich an, was die anderen Anwesenden – dies unterstellt man als Leser – als Anerkennung auffassen. Drei Informationen sind in diese Schilderung eingewoben, die ihr ihre Vielschichtigkeit verleihen. Die zusätzliche Chakterisierung der sprachlichen Reaktion als »kurz« läßt diese angesichts der öffentlichen Deutung etwas zu karg erscheinen. Der explizite Hinweis darauf, daß Thomas Buddenbrook Frau Iwersen in die Augen blickt, läßt den Schluß zu, dies geschehe in dieser Begegnung zum ersten Mal. Der Senator blickt Frau Iwersen nicht einfach nur in die Augen, sondern erhebt vorher »mit einem kleinen Ruck« den Kopf.

Wie etwa aus dem Lob der Eltern Johann und Elisabeth Buddenbrook über ihre Tochter Tony hervorgeht, gehört es zum Persönlichkeitsideal dieser Patrizierfamilie, keinen Dünkel gegenüber den unteren Schichten an den Tag zu

---

[13] Es gibt noch eine weitere Verbindung zwischen der ersten Schilderung des Treffens von Thoms Buddenbrook und Anna Iwersen und dem späteren, die allerdings nur sehr aufmerksamen Lesern bei der ersten Lektüre auffallen wird, der Straßenname ›Fischergrube‹.

[14] Konventionalisierte Vorgänge wie das Grüßen werden von der kognitiven Psychologie als ›Skripts‹ bezeichnet; sie spielen bei der Kohärenzbildung des Lesers und auch beim Erkennen von Abweichungen eine wesentliche Rolle; vgl. zum Beispiel Gert Rickheit / Hans Stohner: Grundlagen der kognitiven Sprachverarbeitung. Modelle, Methoden, Ergebnisse. Tübingen, Basel: Francke 1993, S. 81f., S. 236f.

legen.[15] Es wird sogar als besondere Fähigkeit Thomas Buddenbrooks hervorgehoben, daß er »mit Ungezwungenheit ihre Sprache zu reden und sich dennoch in unnahbarer Entfernung zu halten« (S. 268) versteht. In dieses Bild paßt auch die Art und Weise, wie er das Gespräch mit Iwersen beginnt, weniger aber die abrupte Art, es zu beenden und zur Frau gerade nichts mehr zu sagen.

Die Feststellung, daß Thomas Buddenbrook Frau Iwersen ansieht, läßt, wie gesagt, den Schluß zu, daß er ihr vorher nicht in die Augen gesehen hat. Grundlage für diese relativ eindeutige und eher banale Schlußfolgerung ist eine komplexe Voraussetzung, die seit den bahnbrechenden Arbeiten von Grice als Konversationsmaxime bezeichnet wird:[16] Der Leser unterstellt der Mitteilung des Textes, daß sie relevant ist. Läßt ihn die erste Auffassung einer Textinformation vermuten, diese Maxime sei verletzt, dann versucht er eine Neudeutung der Textinformation, die keine Verletzung mehr darstellt, da er davon ausgehen kann, daß auch der Autor sich an diese Maxime hält.

Eben diese Maxime ist auch gültig, wenn die Erzählstimme mitteilt, der Senator habe den Kopf »mit einem kleinen Ruck« gehoben. Allerdings ist eine Umdeutung der Information nicht so einfach. Offensichtlich ist der kleine Ruck bedeutsam, aber eine Zuschreibung von Bedeutung, die dies aufhellen würde, setzt eine Reihe verschiedener Schlußfolgerungen voraus. Diese Schlußfolgerungen sind übrigens, wie die meisten hier behandelten, keineswegs in einem strengen Sinne ›logisch‹, sondern lediglich Plausibilitätsannahmen, die sich auf impliziertes Wissen stützen können; über die Funktionsweise dieser Schlußfolgerungen wird gleich noch etwas mehr zu sagen sein. Der kleine Ruck könnte ein typisches Merkmal aller Kopfbewegungen des Senators sein, aber davon erfährt der Leser sonst nichts, oder er könnte eine zufällige Eigenheit gerade dieser Bewegung sein, aber da es sich nicht um wahrgenommene Wirklichkeit, sondern um ein Kommunikat handelt, wird der Leser aufgrund der Konversationsmaxime die Annahme bilden können, daß dieser Ruck eine Bedeutung habe und es ihm aufgegeben ist, diese nicht offensichtliche Bedeutung zu erschließen. Auf der Suche nach einem geeigneten Kontextwissen, das die unterstellte Bedeutung der Kopfbewegung entschlüsseln hilft, wird er sein lebensweltliches und literarisches Wissen über den Zusammenhang von körperlichen Zeichen und seelischen Vorgängen heranziehen. Doch auch dieses Wissen wird erst einmal nur den Schluß

---

[15] »Es war kein Schade, daß Tony auf ihren Gängen durch die Stadt alle Welt kannte und mit aller Welt plauderte; der Konsul zumal war hiermit einverstanden, weil es keinen Hochmut, sondern Gemeinsinn und Nächstenliebe verriet« (S. 65). Selbst wenn der Konsul den Charakter seiner Tochter, wie viele Hinweise im Text deutlich machen, falsch einschätzt, so wird hieraus doch das gültige Wertsystem deutlich.

[16] Vgl. H. Paul Grice: Logik und Konversation. In: Ludger Hoffmann (Hg.): Sprachwissenschaft. Ein Reader. Berlin, New York: de Gruyter 1996, S. 163–182.

zulassen, daß es einen Zusammenhang gibt, da das körperliche Zeichen selbst wiederum nicht entsprechend weit konventionalisiert ist.

Der Schluß, welche Art innerer Vorgang hier über ein körperliches Symptom bezeichnet wird, kann sich auf die Bedeutung des Wortes »Ruck« stützen: »die rasche kurze Bewegung«,[17] die »kurze Bewegung, die abrupt, stoßartig einsetzt od. aufhört«.[18] Außerdem klingt die Redensart ›sich einen Ruck geben‹ an. Das Ruckartige der Bewegung kommt demnach durch eine gewisse Anstrengung zustande, mit der – so kann man das Argument ergänzen – ein innerer Widerstand überwunden wird.

Der Leser verwendet hier das abduktive Schlußverfahren, das seinen Namen bekanntlich dem amerikanischen Semiotiker Charles Peirce verdankt und hier noch einmal kurz in Erinnerung gerufen sei. Ein deduktiver Schluß schließt bekanntlich von der Regel (›Alle Menschen sind sterblich‹) und dem Fall (›Sokrates ist ein Mensch‹) auf das Ergebnis (›Sokrates ist sterblich‹). Der induktive Schluß folgert von dem Fall und dem Ergebnis auf die Regel. Der abduktive Schluß folgert von einem Ergebnis und der Regel auf den Fall:

> (1) Sokrates ist sterblich
> (2) Alle Menschen sind sterblich.
>
> (3) Sokrates ist ein Mensch.

Solche abduktiven Schlüsse liegen einem großen Teil der menschlichen Zeichenverwendung zugrunde[19] und auch die oben explizierte Folgerung vom körperlichen Symptom auf den inneren Zustand folgt ihm:

> (1) Thomas Buddenbrook bewegt sich ohne ersichtlichen Anlaß ruckhaft
> (2) Menschen, die ›sich innerlich einen Ruck geben‹, signalisieren das körperlich
>
> (3) Thomas Buddenbrook verrät durch sein körperliches Verhalten, daß er sich innerlich ›einen Ruck gibt‹.

Allerdings werden hierbei auch die Unterschiede deutlich: Wer bestimmt, daß die Regel (2) in diesem Fall herangezogen werden muß und nicht irgendeine andere? Ja, schon der Inhalt der Regel (2) ist selbst wiederum nur eine Annahme, die sich auf das kulturelle Wissen über den Zusammenhang zwischen seelischen und körperlichen Vorgängen stützt. Außerdem ist die Regel

---

[17] Deutsches Wörterbuch von Jacob Grimm und Wilhelm Grimm Bd. 14. München: dtv 1984, Sp. 1344.

[18] Duden. Das große Wörterbuch der deutschen Sprache in 6 Bänden. Bd. 5. Mannheim: Bibliographisches Institut 1980, S. 2185. Ein modernes Wörterbuch kann hier verwendet werden, da die Bedeutung sich, wie das Grimmsche Wörterbuch zeigt, in den letzten 250 Jahren kaum verändert hat.

[19] Vgl. zum Beispiel Charles Sanders Peirce: Deduktion, Induktion und Hypothese. In: C. S. P.: Die Festigung der Überzeugung. Frankfurt/M., Berlin, Wien: Ullstein 1985, S. 127–142. In dieser frühen Schrift nennt Peirce dieses Schlußverfahren noch ›Hypothese‹, erst später ›Abduktion‹. Vgl. zur Rolle der Abduktion in der Zeichenverwendung Rudi Keller: Zeichentheorie. Tübingen, Basel: Francke 1995. Kap. 11 ›Schlußprozesse‹.

›weicher‹ gefaßt, da sie lediglich irgendein körperliches Zeichen behauptet, wohl mit der impliziten Zusatzannahme, daß dieses der inneren Überwindung angemessen sein muß. Das konkrete Verhalten Thomas Buddenbrooks aber muß erst mittels einer Subsumtion als dieser Kategorie zugehörig bestimmt werden.

Diese Schlußfolgerungen sind, man muß das noch einmal betonen, recht weit entfernt von logischen Schlußverfahren, da sie ständig Leerstellen mit Annahmen füllen müssen, die solange gültig sind, wie sie plausibel wirken, durch neue Informationen aber jederzeit unplausibel werden können. Hinzu kommt eine weitere Komplikation: Es handelt sich in unserem Fall um erzählte Zeichen. Es wird mittels sprachlicher Zeichen ein körperliches Zeichen vermittelt. Der Leser eines literarischen Textes konstruiert ja bekanntlich aus den sprachlichen Informationen des Textes eine fiktive Welt, deren Regeln durch sein Weltwissen *und* sein Textwissen bestimmt werden. Der Leser wählt aus seinem Wissen über die Regeln fiktionaler Texte je nach Epoche, nach Textsorte, nach Autor des vorliegenden Textes anders aus und wird auch die Konstitution neuer Regeln im jeweiligen Text mitbeachten. Dieses Textwissen wirkt sich darauf aus, welche Elemente der erzählten Welt er als Zeichen sieht und welche Regeln er aus seinem Weltwissen zur Entschlüsselung heranzieht. Insbesondere wird dieser Prozeß durch die Darstellung im Text gesteuert. So etwa in unserem Beispiel, in dem die Erwähnung des körperlichen Verhaltens aufgrund der Konversationsmaximen und der erwähnten Schlußfolgerungen zur Wahrnehmung und Dekodierung eines Zeichens führt.

Das Ende des Satzes schildert, wie Thomas Buddenbrooks freundlich und heiter Augenkontakt aufnimmt. Er erfüllt damit, wie oben erwähnt, das Grußritual in vollendeter Weise. Faßt man die Momente des Satzes zusammen, dann beobachtet der Leser in der erzählten Welt, wie Thomas Buddenbrook, als er durch den Verlauf des Gesprächs dazu gezwungen wird, zwar sprachlich verstummt, aber nach einer kurzen inneren Anstrengung auch in diesem Fall seine gesellschaftliche Rolle vollendet erfüllt. Der Leser wird aufgrund seines kulturellen Wissens um das Phänomen (erste) Liebe, das auch im Roman selbst noch einmal thematisiert wird, allerdings die besondere Dimension dieser inneren Anstrengung erkennen können. Deshalb wirkt die Darstellung dieser Begegnung besonders provokativ: Selbst die Identität der ehemals geliebten Frau mit der Blumenhändlerin wird, ebenso wie die innere Überwindung, die es den Senator kostet, auch hier die vorgegebene Rolle auszufüllen, nur indirekt mitgeteilt. Das Verschweigen dieser Umstände wird sozusagen in die Erzählform überführt und dem Leser so als Verschweigen, also als aktiver Akt, erfahrbar gemacht.[20]

---

[20] Man kann diese Form der Informationsvergabe im Text als besondere Illokution

Satz und Passage sind Teil eines umfassenderen Textes, und der Leser kann sie aufgrund sprachlicher und thematischer Bezüge erst zu anderen Passagen und dann zur umfassenderen Thematik des Textes in Verbindung setzen und sich aufgrund der poetologischen Konventionen des Romans um 1900 dazu auch aufgefordert sehen. Hier nur einiges zu den offensichtlicheren Bezügen: Der Handlungsstrang Anna-Thomas findet sein Ende mit dem Abschied, den sie von seinem aufgebahrten Leichnam nimmt. Auch hier dominiert das Motiv von Gefühlen, die der Umwelt verheimlicht werden. Zugleich ist das Verhalten Thomas Buddenbrooks ein Element in der gesamten Charakterisierung der Figur und deren Entwicklung. Der besondere Kraftaufwand, den es ihn kostet, die öffentliche Rolle aufrechtzuerhalten, wobei deren Notwendigkeit gleichzeitig behauptet wird, wird häufiger thematisiert und gehört zu den wesentlichen Aspekten der Figur. Damit steht diese wiederum in der Entwicklungslinie, die schon im Titel des Romans vorgegeben ist, und ist somit Teil der komplexen Gesamtbedeutung des Textes, die über typisierte Schlußfolgerungen einer Autorinstanz zugeschrieben wird.[21]

II.

»Everyone knows what cultural anthropology is about: it's about culture. The trouble is that no one is quite sure what culture is«.[22] Was Geertz hier über Kulturanthropologie feststellt, gilt ebenso für Kulturwissenschaft und ähnliche Wortbildungen. Die Allgegenwärtigkeit des Wortes ›Kultur‹ in den neueren Theoriediskussionen wirkt schon etwas unheimlich, wenn man zugleich an die Vielfalt, Widersprüchlichkeit und Innovationsfreiheit der meisten Definitionsvorschläge des auratischen Begriffs denkt. Es liegt nahe, lediglich eine strategisch vermarktete Mode zu vermuten, wenn die Vorzüge der neueren Kultur-Theorien ganz unverhüllt mit pragmatischen Interessen wie der Sicherung der beliebteren Plätze an den Fleischtöpfen der Wissenschaft zu-

---

begreifen und die ermittelten Schlußfolgerungen und Hypothesenbildungen als notwendige Bedingungen, um diese Illokution gelingen zu lassen.

[21] Die historisch variable Position des Autors als Instanz der Bedeutungszuschreibung ebenfalls zu erfassen, ist meines Erachtens wesentlich für die Angemessenheit der Rekonstruktion literarischer Kommunikation im oben angesprochenen Sinne; vgl. dazu Fotis Jannidis: Der nützliche Autor. Möglichkeiten eines Begriffs zwischen Text und historischem Kontext. In: F. J. u.a. (Hg.): Rückkehr des Autors. Zur Erneuerung eines umstrittenen Begriffs. Tübingen: Niemeyer 1999, S. 351–388.

[22] Clifford Geertz: A Life of Learning. Charles Homer Haskins Lecture for 1999. American Council of Learned Societies Occasional Paper No. 45. URL: <http://www.acls.org/op45geer.htm>.

sammengebracht werden.[23] Diese Aspekte und beflügelnden Nebengedanken sind sicherlich vorhanden, aber für das folgende soll davon ausgegangen werden, daß dieser Diskussion auch andere wesentliche Probleme zugrundeliegen, denen man sich dadurch annähern kann, daß man sich die programmatischen Verlautbarungen ansieht.

Die Diskussion um eine Erneuerung der Geisteswissenschaften durch eine kulturalistische Wende ereignet sich auf unterschiedlichen Feldern und vollzieht sich in ganz unterschiedlichen Diskussionszusammenhängen. In der Geschichtswissenschaft wurde eines der profiliertesten Paradigmen, die Gesellschaftsgeschichte, durch eine Reihe von jüngeren Kulturhistorikern herausgefordert – wenn auch in so moderater Weise, daß man von einer Revolution selbst metaphorisch nicht sprechen mag.[24] In der Philosophie, insbesondere in der Wissenschaftsphilosophie, wird der herrschende Naturalismus, verstanden als philosophische Position, von einer »kulturalistischen Wende« bedroht.[25] Manche Literaturwissenschaften denken unter anfeuernden Zurufen von wissenschaftspolitischer Seite über eine Erweiterung oder Neuformation des Faches bzw. der Dachdisziplin mit der Bezeichnung ›Kulturwissenschaft‹ nach, und erste institutionelle Folgen sind zu sehen.[26] Die Bezeichnung *Cultural Analysis* als Sammelbezeichnung für eine narratologisch und semiotisch

---

[23] Hohendahl konstatiert den Akzeptanzverlust der Geisteswissenschaften in den amerikanischen Hochschulen, um daraus die Aufgabe der *Cultural Studies* abzuleiten: »In this context the move towards Cultural Studies can be seen as embracing a project that provides a new, so-to-speak updated version of cultural defense of the university«. Peter-Uwe Hohendahl: The Quest for Cultural Studies. In: Hans Adler / Jost Hermand (Hg.): Concepts of Culture. New York: Peter Lang u. a. 1997, S. 4. Vgl. auch Hartmut Böhme und Klaus R. Scherpe im Vorwort zum Sammelband: H. B. / K. R. S. (Hg.): Literatur und Kulturwissenschaften. Positionen, Theorien, Modelle. Hamburg: Rowohlt 1996, S. 7f.

[24] Zum Einstieg in die umfangreiche Diskussion vgl. Thomas Mergel / Thomas Welskopp: Geschichte zwischen Kultur und Gesellschaft. München: Beck 1997. Vgl. auch Hans-Ulrich Wehler: Die Herausforderung der Kulturgeschichte. München: Beck 1998; der Titel, der zuerst wie eine direkte Erwiderung des Herausgeforderten erscheint, ist eine wenig ertragreiche Auseinandersetzung mit den Klassikern der Kulturgeschichte. Ein etwas verkürzender Überblick und eine Reihe von anregenden Anwendungen bei Peter Burke: Varieties of Cultural History. Ithaca/NY: Cornell University Press 1997.

[25] So der Titel des zweiten Sammelbandes von Dirk Hartmann und Peter Janich, den Vertretern eines – so das selbstgewählte Schlagwort – »methodischen Kulturalismus«; vgl. Dirk Hartmann / Peter Janich: Die kulturalistische Wende. Zur Orientierung des philosophischen Selbstverständnisses. Frankfurt/M.: Suhrkamp 1998.

[26] Es gibt einige Neugründungen, die das Wort »Kultur« im Titel führen, aber auch Umbenennungen; so heißt das frühere Hamburger »Literaturwissenschaftliche Seminar« inzwischen »Institut für Germanistik II: Neuere deutsche Literatur und Medienkultur«. Zur problematischen Situation der Literaturwissenschaft und zu möglichen wissenschaftspolitischen Konsequenzen vgl. auch Jörg Schönert: Literaturwissenschaft – Kulturwissenschaft – Medienkulturwissenschaft. Probleme der Wissenschaftsentwicklung. In: Renate Glaser / Matthias Luserke (Hg.): Literaturwissenschaft – Kulturwissenschaft. Positionen, Themen, Perspektiven. Opladen: Westdeutscher Verlag 1996, S. 192–208.

operierende Interpretationstätigkeit wird nicht nur von einzelnen Wissenschaftlern verwendet,[27] sondern wird auch institutionalisiert. Nicht zuletzt
werden die *Cultural Studies*, nachdem sie schon die akademische Welt in den
USA erobert haben, nun auch zunehmend in Deutschland rezipiert.

Diese verschiedenen Strömungen weisen einige Gemeinsamkeiten auf,
zum Beispiel ein Interesse an Theoretikern wie Foucault und Bourdieu oder
die Skepsis gegenüber Großtheorien, aber sie als Einheit zu rezipieren, führt
nur zu Fehlwahrnehmungen und Verwirrung. Gerade in der deutschen Diskussion wird nicht immer deutlich zwischen *Cultural Studies* und der Tradition der Kulturwissenschaften unterschieden.[28] Im folgenden soll daher nur eine dieser theoretischen Traditionen, die *Cultural Studies*, auf ihre methodischen und thematischen Schwerpunkte befragt werden.[29] Schon dies erfordert, angesichts ihres vierzigjährigen Bestehens,[30] eine sehr abstrahierende

---

[27] Zum Beispiel die als Erzähltheoretikerin bekanntgewordene Mieke Bal (Hg.): The
Practice of Cultural Analysis. Exposing interdisciplinary Interpretation. Stanford:
Stanford University Press 1998.

[28] Vgl. Hartmut Böhme / Klaus R. Scherpe (Hg.) (Anm. 23), S. 7. Die Gleichsetzung von Kulturwissenschaft mit Volkskunde durch die Herausgeberin eines Bandes mit dem Titel »Literaturwissenschaft – Kulturwissenschaft« zeigt besonders
deutlich, wie unterschiedlich die Forschungstraditionen sind; vgl. Renate Glaser in
R. G. / Matthias Luserke (Hg.) (Anm. 26), S. 7. Zur Differenz vgl. auch Dietrich
Harth: Das Gedächtnis der Kulturwissenschaften. Dresden, München: Dresden
University Press 1998, S. 51.

[29] Die anschließende, sehr komprimierende Zusammenfassung stützt sich vornehmlich auf die folgenden Titel: Roger Bromley / Udo Göttlich / Carsten Winter (Hg):
Cultural Studies. Grundlagentexte zur Einführung. Lüneburg: zu Klampen 1999;
ein sehr nützlicher Sammelband, der erstmals zahlreiche Aufsätze von Angehöri-
gen der *Cultural Studies* aus den letzten 40 Jahren in deutscher Sprache zugänglich
macht. Jan Engelmann (Hg.): Die kleinen Unterschiede. Der Cultural Studies-
Reader. Frankfurt/M., New York: Campus 1999; eine Mischung aus neuen
deutsch- und einigen wichtigen älteren englischsprachigen Aufsätzen. Lawrence
Grossberg / Cary Nelson / Paula Treichler (Hg.): Cultural Studies. New York
u.a.: Routledge 1992; der repräsentative Sammelband ist das Ergebnis einer Kon-
ferenz und wurde mit zusätzlichen Texten von bekannten Vertretern der *Cultural
Studies* angereichert. Er stellt eine wichtige Ergänzung zu den genannten deutschen
Sammelwerken dar, da er die Heterogenität der Ansätze und die etwas bizarre
Vielfalt der Arbeitsfelder dokumentiert. Einen sehr gehaltreichen Überblick über
die *Cultural Studies*, allerdings aus dem selektiven Blick des Medienwissenschaft-
lers, bietet Andreas Hepp: Cultural Studies und Medienanalyse. Eine Einführung.
Opladen: Westdeutscher Verlag 1999. Eher als Arbeitsbuch für Studierende konzipiert und mit einem größeren Schwerpunkt bei der Landeskunde ist Jürgen
Kramers: British Cultural Studies. München: Fink 1997, das unter anderem einen
kompakten und didaktisierenden Überblick über die Theorieansätze bietet, die von
den *Cultural Studies* aufgegriffen wurden.

[30] Am Anfang stehen die Arbeiten von Raymond Williams: Culture and Society
(1958), Richard Hoggart: The Uses of Literacy (1958), Edward P. Thompson: The
Making of the English Working Class (1963). Institutionalisiert wurde die Strömung durch die Grundung des Centre for Contemporary Cultural Studies in Birmingham 1964. Ausführlicher zur Geschichte der *Cultural Studies* aus der Perspektive eines Beteiligten vgl. Stuart Hall, zeitweiliger Direktor des CCCS: Cultural Studies and its Theoretical Legacies. In: Lawrence Grossberg / Cary Nel-

Vorgehensweise und kann nur der ersten Prüfung dienen, ob eine weitere Annäherung und Beschäftigung von Gewinn sein kann.

Erschwert wird dies Unternehmen noch dadurch, daß viele Beiträge zu den *Cultural Studies* sehr dezidiert den Standpunkt vertreten, daß es keinen gemeinsamen theoretischen Rahmen gebe und es sich hierbei um *kein* homogenes Projekt handle. Allerdings besteht eine gewisse Einigkeit darüber, daß es sich um ein *Projekt* handelt, das nicht nur intellektuelle Modellbildung betreiben will, sondern dabei auch politisch relevant sein möchte. Hieran zeigt sich das marxistische Erbe der *Cultural Studies*, die aus einer kritischen Auseinandersetzung mit der marxistischen Basis-Überbau-Theorie entstanden sind. Dem ökonomischen Determinismus hat man eine integrale und gleichgewichtigere Betrachtungsweise entgegengesetzt, die ökonomische Faktoren nur als einen Teil von mehreren wesentlichen Faktoren anerkennt. Mit der Aufwertung der Kultur (im weitesten Sinne) für die Gesellschaftstheorie ging von Anfang an ein positives Bild von den Medienbenutzern sozial benachteiligter Schichten einher. Anders als im Konzept der Frankfurter Schule, wo die Masse wehrlos der Manipulation durch die Medien, insbesondere die modernen Massenmedien ausgesetzt ist, haben schon die frühen Vertreter der *Cultural Studies* die Aktivität und Kreativität im Umgang mit den angebotenen kulturellen Produkten hervorgehoben.[31] Kultur wird nicht als Medium und Produkt eines Konsens, und sei es eines erzwungenen, begriffen, sondern als gekennzeichnet vom Dissens, vom Aushandeln und vom Kampf um Bedeutungen.

Kultur kann nach dieser Auffassung nur in der jeweiligen Besonderheit des kulturellen Objekts und seiner Einbettung in soziale Praktiken innerhalb von gesellschaftlichen, politischen und ökonomischen Zusammenhängen angemessen untersucht werden. Dafür kann es keine umfassende Rahmentheorie geben, da »*sowohl* die Spezifität verschiedener Praktiken *als auch* die Formen der durch sie konstituierten Einheit zu reflektieren«[32] sind. Das Bemühen

---

son / Paula Treichler (Hg.) (Anm. 29), S. 277–294. Vgl. außerdem den Abriß der Geschichte der *Cultural Studies* mit weiterführender Literatur bei Andreas Hepp (Anm. 29), S. 78–108. Zur institutionellen Durchsetzung vgl. auch Helmut Peitsch: British Cultural Studies – European Studies – German Studies: A Non-Relationship? In: Hans Adler / Jost Hermand (Hg.) (Anm. 23), S. 25–47.

[31] Die neuere Diskussion bezieht sich auf drei wesentliche Theoretiker dieses Aspekts: Michel de Certeau, John Fiske und Lawrence Grossberg; vgl. dazu Rainer Winter: Spielräume des Vergnügens und der Interpretation. Cultural Studies und die kritische Analyse des Populären. In: Jan Engelmann (Hg.) (Anm. 29), S. 35–48. Zu einem Grundproblem der *Cultural Studies* gehört die Beziehung zwischen der Aufwertung des Rezipienten einerseits und der kritischen Medienanalyse andererseits. Wenn selbst der politisch entmündigte Unterschicht-Rezipient die Medienprodukte der Herrschenden in seinem Sinne verwendet, dann nimmt dies der kritischen Analyse dieser Produkte die Spitze.

[32] Stuart Hall: Cultural Studies. Zwei Paradigmen. In: Roger Bromley / Udo Göttlich / Carsten Winter (Hg) (Anm. 29), S. 137.

um eine Forschungspraxis, die die konkreten sozialen, historischen und materiellen Gegebenheiten nicht aus dem Blick verliert,[33] ist kennzeichnend für die *Cultural Studies* und macht die meisten ihrer Vertreter wohl auch mißtrauisch gegenüber Großtheorien mit dem Anspruch, alles erklären zu können.[34] Eine Folge davon ist ein ausgeprägter und auch programmatischer Eklektizismus im Umgang mit theoretischen Angeboten, die nach den Bedürfnissen der Forschungsprojekte gewählt und verwendet, sozusagen zusammengebastelt werden (*bricolage*). Die Forschungsprojekte sind zumeist interdisziplinär angelegt, und dieses Überschreiten der akademischen Disziplingrenzen zur Trans- oder gar Gegendisziplinarität[35] hat programmatischen Charakter. Man interessiert sich nicht nur für die Genese von Artefakten, sondern auch für ihre Form und vor allem für ihre Rezeptionsweise. Der Begriff Artefakt ist mit Absicht so weit gewählt, da nicht nur eine Berücksichtigung nichtkanonisierter Literatur, sondern aller Textsorten und insgesamt aller menschlichen Produkte als Teil der Kultur gefordert und praktiziert wird. Die Populärkultur der Gegenwart ist bevorzugtes Forschungsobjekt der *Cultural Studies* und rückt diese auch in eine spannungsreiche Nähe zu den Medien- und Kommunikationswissenschaften.

Die Assimilation neuer theoretischer Konzepte in die *Cultural Studies* ist auch davon geprägt, das oben schon genannte primäre Anliegen nicht aus den Augen zu verlieren: Die Erkenntnis der Einbettung kultureller Objekte in soziale Praktiken muß stets selbst als soziale Praxis begriffen werden, deren Folgen mitzubedenken sind.[36] Von dieser Position aus wurden Elemente strukturalistischen, semiotischen, poststrukturalistischen, diskursanalytischen und feministischen Denkens gewählt und in die *Cultural Studies* integriert. Zwei Momente scheinen dabei eine besondere Beharrungskraft in der Theoriediskussion zu haben und können daher vielleicht als wesentlich erachtet werden: die Aufwertung der historischen Akteure und die Kontextualisierung in eine nicht nur als Text konzipierte soziale und ökonomische Umwelt. Richard Johnsons Kritik am poststrukturalistischen Sprung vom ›Leser im Text‹ zum ›Leser in der Gesellschaft‹,[37] die sich auch auf die Kulturtheorie der Frankfurter Schule übertragen ließe, geht in bezeichnender Weise von der durch die vorgegebenen Strukturen zwar beschränkten, aber nicht auf sie reduzierbaren Aktivität der Subjekte aus:

---

[33] Lawrence Grossberg, Cary Nelson und Paula Treichler in der Einleitung zu ihrem Sammelband (Anm. 29), S. 6.

[34] Vgl. Peter-Uwe Hohendahl (Anm. 23), S. 8.

[35] *Cultural Studies* »is an interdisciplinary, transdisciplinary, and sometimes counterdisciplinary field«. In: Lawrence Grossberg / Cary Nelson / Paula Treichler (Hg.) (Anm. 29), S. 4.

[36] »Die Cultural Studies sind Bestandteil des Kreislaufs, den sie beschreiben wollen«. In: Richard Johnson: Was sind eigentlich Cultural Studies. In: Roger Bromley / Udo Göttlich / Carsten Winter (Hg) (Anm. 29), S. 158.

[37] Ebd., S. 175f.

Subjekte *sind* widersprüchlich, *im Prozeß* begriffen, fragmentiert, produziert. Aber Menschen und gesellschaftliche Bewegungen streben auch danach, Kohärenz und Kontinuität zu produzieren und können dadurch über Gefühle, Bedingungen und Zielvorgaben ein gewisses Maß an Kontrolle ausüben.[38]

Die Betonung der subjektiven Perspektive korreliert mit einem großen Interesse an der Frage, wie Identitäten konstituiert, bekämpft, verteidigt und diffamiert werden, seien es nun nationale, ethnische, postkoloniale oder geschlechtsspezifische.[39]

Stuart Hall, einer der bekanntesten Vertreter der *Cultural Studies*, übernimmt von Foucault das Konzept des dezentrierten und widersprüchlichen Subjekts, das sich aus Sprache und Wissen konstituiert, kritisiert aber Foucaults Weigerung, irgendwelche Determinismen in die Untersuchung einzubeziehen. Gerade die Forderung, die spannungsreiche Beziehung zwischen bestimmenden Faktoren und Einschränkungen der Wahlmöglichkeit sowie der gleichzeitigen Beobachtbarkeit der Wahl, des befreienden Umgangs mit Limitierungen nicht vorschnell aufzulösen und auf einen Pol zu reduzieren, gehört sicherlich zu den interessanteren Denkanstößen der *Cultural Studies*. Der Umgang mit Artefakten, die Produktion von Bedeutung wird aus der Perspektive der Subjekte rekonstruiert[40] und soll gleichzeitig auf die sozialen und ökonomischen Beziehungen hin untersucht werden. Es geht um die »*kulturelle* Produktion *subjektiver* Formen«.[41] Die Auffassung von der Kultur als Text,[42] also als Geflecht von bedeutungtragenden und -erzeugenden Mo-

---

[38] Ebd., S. 177.

[39] Dieses Interesse teilen die *Cultural Studies* mit anderen Richtungen der oben erwähnten kulturalistischen Bewegungen; für eine Untersuchung der Foucaultschen Ansätze vgl. zum Beispiel Jan Goldstein: Foucault's Technologies of the Self and the Cultural History of Identity. In: Arcadia 33,1 (1998), S. 46–63. Goldsteins Kritik, daß Foucaults Hinweise auf ›human agency‹ bei der Subjektivation nur knappe Andeutungen bleiben, ist sicherlich anschlußfähig für die Position der *Cultural Studies*.

[40] Auch das Interesse an diesem Aspekt teilen die *Cultural Studies* mit vielen der oben genannten kulturalistischen Bewegungen; der Anthropologie Clifford Geertz, der mit seinem Konzept der *thick description* für viele davon ein wichtiger Theoretiker ist, formuliert dies alterspragnant so: »discovering who they think they are, what they think they are doing, and to what end they think they are doing it«; Clifford Geertz (Anm. 22).

[41] Richard Johnson (Anm. 36), S. 161.

[42] Diese Gedankenfigur wird in der neueren Diskussion zumeist mit Rekurs auf Clifford Geertz begründet; vgl. Clifford Geertz: Dichte Beschreibung. Bemerkungen zu einer deutenden Theorie von Kultur. In: C. G.: Dichte Beschreibung. Beiträge zum Verstehen kultureller Systeme. Frankfurt/M.: Suhrkamp 1991, S. 7–43. Zur Kritik daran vgl. aus ideologiekritischer Perspektive Carsten Lenk: Kultur als Text. Überlegungen zu einer Interpretationsfigur. In: Renate Glaser / Matthias Luserke (Hg.) (Anm. 26), S. 116–128. Aus dekonstruktionsnaher Sicht vgl. Thomas Fechner-Smarsly: Clifford Geertz' ›Dichte Beschreibung‹ – ein Modell für die Literaturwissenschaft als Kulturwissenschaft. In: Jürg Glauser / Annegret Heitmann (Hg): Verhandlungen mit dem New Historicism. Das Text-Kontext-Problem in der Literaturwissenschaft. Würzburg: Königshausen & Neumann 1999, S. 81–101.

menten, ist verbunden mit einer Interessenverlagerung weg vom Text im engeren Sinne; untersucht werden soll »*das gesellschaftliche Leben subjektiver Formen* in jedem Augenblick ihrer Zirkulation, zu der auch ihre Verkörperung als Text gehört«.[43]

Das Bild von der Zirkulation aus der ökonomischen Sphäre erinnert daran, daß eine wesentliche Bezugsbasis für die *Cultural Studies* immer noch das marxistische Gesellschaftsmodell ist. Bei aller Kritik an geschichtsphilosophischen Standpunkten und Großtheorien geht es den Vertretern der *Cultural Studies* immer noch um die Aufgabe, gegen etablierte Machtpositionen vorzugehen.[44] Konzeptualisiert werden diese Machtpositionen jedoch durchaus noch mit den analytischen Kategorien des Marxismus, die zu moralischen Kategorien ausgedünnt sind. Kritik wird geübt an allen Formen der Machtausübung, und als Inbegriff solcher Machtausübung gilt offenbar die weiße Mittelklasse. Das theoretische Problem, wie kulturelle Produkte durch ihre Integration in soziale Praktiken bestimmt sind und wie sie an der Stabilisierung oder Unterminierung dieser Praktiken mitwirken, ist durch die *Cultural Studies* offensichtlich nicht gelöst worden, ja es wird zumeist nicht einmal als solches gesehen.

III.

Ein Vergleich der sehr unterschiedlichen sozialhistorischen Ansätze[45] mit den ebenso divergenten, die unter dem Etikett *Cultural Studies* gebündelt werden,

---

[43] Ebd., S. 169. Die *Cultural Studies* vertreten keinen einheitlichen Standpunkt in der Frage, wie weit die Metapher von Kultur als Text zu treiben sei; stärker poststrukturalistisch orientierte Positionen, die kein außerhalb mehr wahrnehmen können, stehen in Auseinandersetzung mit anderen, die den politischen Auftrag der *Cultural Studies* auf diese Weise bedroht sehen.

[44] Stuart Hall betont, offenbar in Richtung US-amerikanischer Adaptionen der *Cultural Studies*, daß es eine unaufhebbare Spannung zwischen der Analyse von Texten und politischen Fragen gebe; vgl. Stuart Hall (Anm. 30), S. 284. Dieser Hinweis auf eine eigentlich sehr offensichtliche Differenz wird verständlich erst auf dem Hintergrund der oftmals sehr pathetischen Selbststilisierung der eigenen Tätigkeit, die man bei manchen Vertretern der *Cultural Studies* antrifft. Janice Radway, um ein Beispiel zu nennen, antwortet auf die Frage, was sie zu dem Paradox von Kritik an der Universität innerhalb der Universität sagen würde: »We can't simply give up on the academy. If we do, there are other people ready to make it an even purer space of domination«, aus der Diskussion zum Aufsatz von Janice Radway. Mail-Order Culture and its Critics. In: Lawrence Grossberg / Cary Nelson / Paula Treichler (Hg.) (Anm. 29), S. 529.

[45] Die sozialhistorischen Ansätze werden hier nicht in vergleichbarer Weise rekonstruiert, da sie den meisten Lesern noch präsent sein werden, und um die Wirkung dieses diffusen Wissens bei der Untersuchung von Literatur geht es mir. In der Literaturwissenschaft werden ohnehin die wenigsten Theorien in ihrer vollen Komplexität angewendet, sondern eher in einer auf wenige zentrale Begriffskerne verknappten Schwundstufe. Das hat bei aller Kritik, die man aus Sicht des ent-

muß notwendig schematisch ausfallen. Es sei zudem auch gleich vorwegge-
schickt, daß an dieser Stelle nicht von Interesse ist, welches Wissen in sozialhistorischen Studien tatsächlich thematisiert wird, da diese ausgiebig zahlreiche andere Ansätze, nicht zuletzt den geistesgeschichtlichen, verwenden –
aber eben nicht integrieren, wie gleich noch erläutert wird.

Sozialhistorische Ansätze – und das haben sie mit den *Cultural Studies*
gemein – stellen die sozialen Differenzbildungen und Phänomene, die sich
darauf beziehen lassen, in den Vordergrund. Auf diese Weise wird die Aufmerksamkeit auf alle Wissensformen gelenkt, die sich entweder als direkte
Thematisierung sozialer Differenzierung im Text begreifen lassen oder als
indirekte Folgeerscheinungen solcher Differenzierung. Im oben gewählten
Beispiel wäre dies die Darstellung der Familie Iwersen im Unterschied zu
den Buddenbrooks: die sprachlichen Unterschiede (Dialekt vs. Hochsprache),
die Unterschiede im Verhalten (ungeschickte Reverenz vs. souveräne Herab-
lassung), die unterschiedlichen Lebenskarrieren (Anna steigt vom Ladenmädchen zur Ladenbesitzerin auf, Thomas Buddenbrook erlebt den Niedergang
der alten Familienfirma). Ein Vergleich mit den gesellschaftsgeschichtlich
ermittelten Fakten ermöglicht eine Bewertung des Textes (Wie gut ist das
Deckungsverhältnis? Wohin werden die Sympathien des Lesers gelenkt?).
Hinzukommt eine weitere gedankliche Operation: Geistesgeschichtliche Bestände werden als sozialgruppenspezifische ›Ideologien‹ aufgefaßt, [46] so sind
Liebe und Individualität zum Beispiel ›bürgerlich‹ und können damit dem
Aufstieg der bürgerlichen Klasse zugerechnet werden. Diese Form der Wis-

---

täuschten Theoriebauers an solch selektiver Verwendung üben mag, wohl auch
ganz praktische Gründe: Die Menge zu verarbeitenden historischen Materials ist
oft schon so groß, daß der gleichzeitige Umgang mit einer komplexen Theorie
zur Informationsüberlastung führen würde. So orientiert sich das hier verwendete
Schema nicht an einer Liste ausformulierter theoretischer Entwürfe zur Sozialgeschichte der Literatur, wie sie Bernhard Jendricke zusammengestellt hat, sondern
eher an den Resten davon, die in den Einzelinterpretationen von Texten zu finden
sind; vgl. Bernhard Jendricke: Sozialgeschichte der Literatur. Neuere Konzepte
der Literaturgeschichte und Literaturtheorie. In: Renate von Heydebrand / Dieter
Pfau / Jörg Schönert (Hg.): Zur theoretischen Grundlegung einer Sozialgeschichte
der Literatur. Ein struktural-funktionaler Entwurf. Tübingen: Niemeyer 1988,
S. 27–84. – Die wissenschaftsgeschichtliche Aufarbeitung der Sozialgeschichte in
der Literaturwissenschaft steht noch aus und wird wohl, angesichts der zeitlichen
Nähe der Ereignisse, noch weiter auf sich warten lassen. Als Beispiel für die wenig förderliche Polemik, die der materialistische Flügel der Sozialgeschichte immer noch auslösen kann, vgl. Bernd Balzer: Ein gewendetes ›Königsprojekt‹. Sozialgeschichtliche Literaturgeschichtsschreibung »im historischen Prozeß«. In: Johannes Janota (Hg.): Kultureller Wandel und die Germanistik in der Bundesrepublik. Bd 2. Tübingen: Niemeyer 1993, S. 161–172.

[46] Auch diese gedankliche Bewegung teilt die Sozialgeschichte mit den *Cultural Studies*, ebenso die zahlreichen Rettungsfiguren, um vom Literaturwissenschaftler geliebte kulturelle Güter doch positiv besetzen zu können; so zum Beispiel auf höchstem Niveau Theodor W. Adorno: Rede über Lyrik und Gesellschaft. In:
T. W. A.: Noten zur Literatur. Frankfurt/M.: Suhrkamp 1981, S. 49–68.

senssoziologie hat den Vorteil, Ideen und Gesellschaft überhaupt miteinander vernetzen zu können, hat aber den Nachteil, daß diese Zuschreibungen immer sehr grob sind und weder die Differenziertheit des Materials, wie es die Geistesgeschichte bereitstellt, verarbeiten kann, noch dem Komplexitätsgrad der Texthermeneutik angemessen ist.[47] Ein weiterer Nachteil des ›Ideologie‹-Begriffs ist die mangelnde Differenzierung gegenüber so unterschiedlichen Phänomenen wie auf der einen Seite zum Beispiel eine philosophische Formulierung, die der Denker schon in seiner nächsten Schrift als ›Irrtum‹ erkennen und revidieren kann, und auf der anderen Seite kulturelle Muster wie ›Liebe‹ oder Mentalitätsformen, die bestimmend für Denken, Fühlen, Handeln von Subjekten sind.

Sozialgeschichte kann in den avancierteren Formen[48] ein sehr komplexes Gesellschaftsmodell verwalten, hat aber Probleme, Bezüge zu den textbezogenen Phänomenen herzustellen. Das zeigt sich auch ganz handfest an der Gliederung von Sozialgeschichten zur Literatur: Am Anfang steht ein Kapitel über die sozialen und ökonomischen Daten der Zeit, dann folgen die Kapitel zur Literatur; allerdings werden in den späteren Abschnitten kaum mehr die Informationen des Einleitungskapitels aufgegriffen.[49] Bezüge zwischen den

---

[47] Um diese Probleme zu lösen, interessieren sich die Literaturwissenschaftler, die ehemals sozialgeschichtlich gearbeitet haben und nicht gleich die gesamte Fragestellung ad acta gelegt haben, sehr für neuere Formen der Wissenssoziologie, die subtilere Formen der Zuschreibung bzw. Reformulierungen des Problems ermöglichen; vgl. zum Beispiel Karl Eibl: Literaturgeschichte, Ideengeschichte, Gesellschaftsgeschichte – und das ›Warum der Entwicklung‹. In: Internationales Archiv für Sozialgeschichte der deutschen Literatur 21,2 (1996), S. 1–26. Oder Georg Jäger: Die Avantgarde als Ausdifferenzierung des bürgerlichen Literatursystems. Eine systemtheoretische Gegenüberstellung des bürgerlichen und avantgardistischen Literatursystems mit einer Wandlungshypothese. In: Michael Titzmann (Hg.): Modelle des literarischen Strukturwandels. Tübingen: Niemeyer 1991, S. 221–244.

[48] Man denke zum Beispiel an: Friederike Mayer / Claus-Michael Ort: Konzept eines strukural-funktionalen Theoriemodells für eine Sozialgeschichte der Literatur. In: Renate von Heydebrand / Dieter Pfau / Jörg Schönert (Hg.) (Anm. 45), S. 85–171.

[49] Das gilt schon für einen der ersten Versuche, eine solche Geschichte zu schreiben; vgl. Alfred Kleinberg: Die deutsche Dichtung in ihren sozialen, zeit- und geistesgeschichtlichen Bedingungen. Hildesheim, New York: Olms 1978 (ED 1927); siehe zum Beispiel S. 274 der abrupte Übergang zwischen Sozialdaten und Ideengeschichte, der nur durch das Konzept einer »seelischen Unruhe« des aufsteigenden Bürgertums geleistet wird. Auf höherem Niveau, aber mit dem gleichen ungelösten Bezugsproblem dann: Horst Albert Glaser (Hg.): Deutsche Literatur. Eine Sozialgeschichte. Reinbek bei Hamburg: Rowohlt 1980ff. – Dieses Problem teilt die Sozialgeschichte der Literatur übrigens mit der Anwendung der historischen Systemtheorie Luhmanns auf die Literaturwissenschaft. Die Systemtheorie enthält kaum eigene Ansätze, ihren sehr weiten Begriff der ›Semantik‹ weiter zu gliedern; auch die Reformulierung des Kommunikationsbegriffs sieht von allen medienspezifischen Unterscheidungen ab, so fehlt es zum Beispiel an einer Texttheorie oder einem Modell, die Differenzierungen der Semiotik integrieren zu können; vgl. auch Dietrich Schwanitz: Dichte Beschreibung. In: Jürgen Fohrmann / Harro Müller (Hg.): Systemtheorie der Literatur. München: Fink 1996, S. 276–291, hier

sozialhistorischen Daten und den Einzeltexten können nur selten plausibel hergestellt werden, die Kette reicht höchstens noch bis zu den literarischen Textsorten, die durch die Metapher der ›Institution‹ vergesellschaftet werden.[50]

Eine sozialgeschichtliche Betrachtungsweise würde also von den rekonstruierten Wissensformen insbesondere Aspekte des Sachwissens, also den Frame ›Hansestadt Mitte des 19. Jahrhunderts‹ und die damit verbundenen Skripte, zum Beispiel ›Grüßen‹, verarbeiten können, wäre aber stumpf gegen die ermittelte Illokution ebenso wie gegen die vorausgesetzten Schlußfolgerungen, außer vielleicht in dem Sinne, daß sie diese auf die bürgerliche Ideologien ›Liebe‹ und – als Verfahren – ›Ästhetizismus‹ beziehen könnte.

Die *Cultural Studies* dagegen können, bei aller schon skizzierten Kritik, aufgrund ihres programmatischen theoretischen Eklektizismus mehr Wissensformen in ihre Beobachtungen integrieren. Diskursanalytische, medientheoretische, poststrukturalistische, soziologische Theoriebausteine können als Suchraster für Textphänomene verwendet werden und diese mit sozialen Praktiken verbinden. So ließen sich unter dieser Optik nicht nur die schon erwähnten Bezüge zwischen Phänomenen des untersuchten Satzes und gesellschaftlichem Wissen herstellen, sondern eine Reihe weiterer Relationsmöglichkeiten tut sich auf, zum Beispiel könnte der Diskurs über Liebe um 1900 eine Folie bieten, um das implizierte Wissen des Textes zu kontextualisieren. Von einem der Lieblingsthemen der *Cultural Studies*, der Identität, ließe sich für die verschiedenen Wissensformen des untersuchten Satzes sogar eine integrierende Perspektive gewinnen. Da die vorliegende Studie keine empirische Studie zum Rezeptionsverhalten ist, zu der auch der kreative Umgang mit dem Text gehört, soll es an dieser Stelle um die Identität des impliziten Lesers und Autors gehen, genauer um die Konstruktion des Autor- und Leserbildes durch die kommunikativen Mittel des Textes. Aufgrund der kommunikativen Struktur des Textes werden sowohl Leser als auch Autor – verstanden als Kommunikationskonstrukte – in ihrer Position zueinander festgeschrieben und mit mehr oder weniger zahlreichen identitätsverleihenden Merkmalen versehen. Bei der Lektüre eines Textes wird der reale Leser durch Merkmale des Textes, auch und besonders durch das implizierte Wissen, zur Formung eines Autorbildes und zur Stellungnahme dazu angeregt. Der reale Leser muß diese Position nicht einnehmen, kann es vielleicht auch nicht, wenn ihm dafür notwendiges Wissen fehlt oder er einfach andere In-

---

S. 289f. Ausführlicher und in der Beschreibung der theoretischen Problemlage sehr viel ergiebiger noch ist Claus-Michael Ort: Systemtheorie und Literatur. Teil II. Der literarische Text in der Systemtheorie. In: Internationales Archiv für Sozialgeschichte der deutschen Literatur 20,1 (1995), S. 161–178.

[50] Etwa bei Wilhelm Voßkamp: Gattungen als literarisch-soziale Institutionen. Zu Problemen sozial- und funktionsgeschichtlich orientierter Gattungstheorie und -historie. In: Walter Hinck (Hg.): Textsortenlehre – Gattungsgeschichte. Heidelberg: Quelle & Meyer 1977, S. 27–44.

teressen mit der Lektüre verfolgt. Ebenso ist der empirische Autor nicht mit diesem Bild identisch. Die oben analysierten Wissensformen, noch mehr aber die vorausgesetzten Wissensgewinnungsstrategien, also das implizierte Wissen insgesamt, können unter dem Gesichtspunkt einer komplexen Inszenierungsstrategie der Autorposition analysiert werden. Die Art des implizierten Wissens läßt sich dann im Vergleich zu anderen, zeitgleichen Werken als Positionsnahme im Feld der möglichen Autorpositionen bestimmen.[51]

So fruchtbar solche Überlegungen sind, die Unternehmungen der *Cultural Studies*, die mir bekannt sind, haben dennoch ein wesentliches Problem nicht gelöst: das Beobachtete auch überzeugend in umfassendere Zusammenhänge zu integrieren. Wie das Beispiel zeigt, kann ein Textphänomen auf diese Weise mit einer sozialen Praxis verbunden werden, aber diese Verbindung ist noch sehr konkret, das heißt auch sehr schwer vergleichbar mit anderen, ähnlichen Praktiken, und man kann über diese Art der Relationierung weder die vorhandenen Phänomene erklären noch die Grenzen ihrer Variabilität angeben. Verglichen mit der Sozialgeschichte weisen die *Cultural Studies* eine höheren Komplexität bei der Beobachtung des Wissens auf und erleichtern so also die Wahrnehmung ganz unterschiedlicher Textphänomene, aber dem entspricht keine ebenso hohe Komplexität bei der weitergehenden gesellschaftsstrukturellen Kontextualisierung. Anstelle dessen tritt, wie schon der Interventionscharakter der Theorie nahelegt, die Moral. Die Herrschenden und Beherrschten sind die letzten Bezugpunkte für die Zuschreibungen.

Es drängt sich die Frage auf, wie man die Fruchtbarkeit zahlreicher theoretischer Ansätze, die keine Großtheorien sind, beibehalten und gleichzeitig die Komplexität auch bei der Kontextualisierung der kulturellen Objekte und der damit verbundenen sozialen Praktiken in umfassendere gesellschaftliche Bedingungen dennoch auf einem angemessenen Niveau halten kann. Ein erster Schritt müßte darin bestehen, diese Theorien mittlerer Reichweite, um eine Formulierung von Robert Merton zu borgen, nicht nach dem bloßen Bastlerprinzip heranzuziehen. So sympathisch diese Praxis auf den ersten Blick auch sein mag, bei genauerer Betrachtung zeigt sich, daß bestimmte Entscheidungen des Interpretationsprozesses, die notwendigerweise begründet werden müssen, dann nicht auf der Basis umfassenderer theoretischer Konzepte, sondern sehr einfacher, letztlich moralischer Kategorien getroffen werden, nämlich denen der Herrschenden auf der einen Seite und der Entrechteten auf der anderen.

---

[51] Auf diese Weise können die Analysen zum literarischen Feld von Pierre Bourdieu, die sich vor allem auf Handlungselemente oder auf theoretische Verlautbarungen beziehen, mit spezifischen Textphänomenen zusammengebracht werden; vgl. Pierre Bourdieu: Die Regeln der Kunst. Genese und Struktur des literarischen Feldes. Frankfurt/M.: Suhrkamp 1999.

Ebensowenig kann man aber mit einer neuen Großtheorie alle anderen überflüssig machen.[52] Der Erfolg der kulturalistischen Bewegungen wie auch die Vielfalt des Wissens, das man in der praktischen Interpretation ermitteln kann, beides sind Stützen für theoretische Positionen, die diese Komplexität nicht auf einige Begriffe zusammenschnurren lassen. Worum es also geht, ist eine Rahmentheorie, die *notwendig* ergänzt werden muß durch ein unabgeschlossenes Set von Theorien mittlerer Reichweite aus den verschiedensten Disziplinen. Die Schnittstellen zwischen diesen Theorien mittlerer Reichweite und der Rahmentheorie müssen so bestimmt werden, daß nicht jede binnentheoretische Verschiebung zu einer Neubestimmung des Zusammenwirkens führen muß und auch Klarheit über die Zuordnungen besteht, damit die Zusammenarbeit nicht zu einem Import wird, der das Importierte auf das anschauliche Komplexitätsmaß reduziert, das man einer fachfremden Theorie entgegenbringt. Dies ist wohl die Mindestbedingung für künftige Theorieangebote. Ansonsten ist die Literaturwissenschaft erst einmal verurteilt, so weiterzumachen, wie bisher: Entweder ist der Befund der konkreten Arbeit schon von Anfang an in den Begriffen der gewählten Großtheorie restlos aufgehoben, oder die Ergebnisse der Arbeit sind diffus plausibel, ja schlimmer noch, sie sind – irgendwie – ›interessant‹.

---

[52] Ein Gestus, den die Systemtheorie sehr pflegt.

MICHAEL GIESECKE

Literatur als Produkt und Medium kultureller Informationsverarbeitung und Kommunikation

1. Die Informationstheorie als Antwort auf die Anforderungen unserer Zeit an die Literatur und die Literaturwissenschaften

Wenn wir davon ausgehen, daß die Industriegesellschaft gegenwärtig grundlegende Wandlungen erfährt und der Begriff der ›Informationsgesellschaft‹ aktuelle Entwicklungstendenzen in unserer Kultur auf den Punkt bringt, eine Zukunftsvision enthält, dann ergeben sich neue Maßstäbe, nicht nur zur Beurteilung der Wirtschaft, sondern auch zur Beurteilung von Wissenschaft, Literatur und praktisch allen anderen kulturellen Phänomenen. Zunächst einmal fordert uns dieser Leitbegriff auf, uns selbst, unsere Kultur und unsere Umwelt als informationsbearbeitende Systeme und die ablaufenden Prozesse als Vorgänge der Informationsverarbeitung und Kommunikation zu verstehen.

Folgt man dieser Auffassung, so lassen sich grundsätzliche Wandlungen in der kulturellen Informationsverarbeitung am Ende unseres Jahrhunderts feststellen. Die vielleicht wichtigsten Veränderungen faßt – aus der informationstheoretischen Perspektive – die nachstehende Tabelle (Abb. 1) zusammen:

Abb. 1: Die Informationsgesellschaft

fördert	relativiert	orientiert die Literaturwissenschaft auf
1. Informationstheoretische Perspektive auf Natur und Gesellschaft	Ökonomische Orientierung; Einseitige handlungs- oder wahrnehmungstheoretische Ansätze; Dualismus Materie-Geist	Kollektive und zirkuläre Gestaltung von Produktion und Rezeption
2. Multisensuelle, multiprozessorale, multimediale Praxis und Medien	Monomediale, lineare sprachliche Medien	Multimediale Erkenntnis- und Ausdruckstheorien, Parallelverarbeitung, Sowohl-Als-Auch-Denken

3. Interaktivität, synchrone Rückkopplung, Rekursivität	Interaktionsfreie Massenkommunikation	face-to-face Kommunikation als Situation maximaler Interaktivität und Multimedialität
4. Dezentrale Vernetzung von Kulturen und Menschen, Globalisierung	Nationalliteraturen	Globale kulturelle Netzwerke
5. Selbstwahrnehmung, -steuerung und latente Verarbeitungsformen	Orientierung an fremdgesetzten, allgemeinen, auf Dauer angelegten Normen	Interaktion von Selbst- und Umweltwahrnehmung und -steuerung

Die einzelnen Reihen der Tabelle sollen nun kurz erläutert werden.

Der *erste* Punkt nimmt die Beobachtung auf, daß die Grundbegriffe der Industriegesellschaft: Boden, Arbeit/Energie und Kapital gegenwärtig um Konzepte von Information und Kommunikation ergänzt werden. Literatur erscheint unter dieser Perspektive als eine kulturelle Form *zusammenhängender* Erfahrungsgewinnung, -verarbeitung und -darstellung. Sie erfolgt ganzheitlich, das heißt sie nutzt alle Medien und Sinnesorgane des Menschen und sie erfolgt zunehmend als soziale, vielfach unmittelbar rückgekoppelte Kooperation zwischen Menschen und Gemeinschaften. Im Unterschied zu den traditionellen epistemologischen und handlungstheoretischen Ansätzen wird die Wahrnehmung, Verarbeitung und Gestaltung von Informationen als ein zirkulärer und rekursiver Vorgang aufgefaßt. Es erscheint vor diesem Hintergrund als sinnlos, Rezeptionsmodelle ohne Darstellungskomponente – und umgekehrt – zu formulieren.[1] Unter dem Zwang der neuen technischen Medien beginnt augenblicklich bei Künstlern und Wissenschaftlern der Abschied von den die Industrie- und Buchkultur prägenden Vorstellungen der ›Produktion‹ und ›Rezepti-

---

[1] Ähnliches hat schon Claus-Michael Ort formuliert: »Eine Literaturwissenschaft *als* Medienwissenschaft wird sich folglich nicht auf den Aspekt der technischen Speicher-, Übertragungs- und Aufführungsmedien von Literatur, also etwa auf Buchwissenschaft oder Verarbeitungsgeschichte (Literaturverfilmung usf.) beschränken können. Ihr Thema bildet statt dessen die sozialorganisatorischen Produktions-, Rezeptions-, Distributions- und Verarbeitungsbedingungen literarischer Wirklichkeitskonstruktionen [...]«. (Literaturwissenschaft als Medienwissenschaft. Einige systemtheoretische und literaturgeschichtliche Stichworte. In: Werner Faulstich [Hg.]: Medien und Kultur. Göttingen 1991, S. 51–61, hier S. 52).

on‹. Literarische (und andere) Internetprojekte lassen häufig keinen Unterschied mehr zwischen Autoren und Nutzern, Partizipation und Distanz zu.[2]

Zweitens gehe ich davon aus, daß die einseitig auf den Augen basierende, rationale, an standardsprachliche Medien gebundene Informationsverarbeitung ihre kulturelle Bedeutung zugunsten multisensueller, multiprozessoraler und multimedialer kultureller Informationsverarbeitung verliert. Die monomediale, technisierte und interaktionsfreie Kommunikation, die Grundlage des typographischen Zeitalters und noch immer der gängigen Kommunikations- und Literaturtheorien ist, liefert kein Paradigma für unsere Zeit, in der es um die Gestaltung des Zusammenwirkens verschiedener Medien und um eine Verbesserung der Rückkopplung geht.

Als Basis für multimediale Literaturbegriffe, für multisensuelle ästhetische Informationsverarbeitung (wie überhaupt für Kommunikationstheorien) bietet sich die Kommunikation von Angesicht zu Angesicht, nicht zwischen zwei, sondern zwischen mehreren Menschen als der komplexeste Fall interaktiver, multisensueller, multimedialer Verständigung an. (Typischerweise greift auch die technische Informatik auf diese Situation in ihren Programmen zurück.) Dabei tritt als Medium nicht nur die Rede, sondern der gesamte Körper zum Beispiel in Form des Tanzes auf.

Drittens ist davon auszugehen, daß sich die Frequenz der Rückkopplung erhöht und das Ideal der interaktionsfreien Kooperation, wie es für den Buchmarkt in der Neuzeit typisch ist, an Glanz verliert. Damit treten ganz neue Probleme, zum Beispiel jenes der Synchronisation zwischen den Kommunikatoren in den Vordergrund.

Globalisierung und dezentrale Vernetzung der Menschen und Kulturen relativieren – *viertens* – die Bedeutung nationaler Vergesellschaftungsformen und hierarchischer Sozialsysteme. Die Literatur der Industrienationen, die in den vergangenen Jahrhunderten viel Legitimation aus ihrer Rolle als Identitätsbeschaffer für nationale Gemeinschaften zog, muß sich nach neuen Leitbildern umschauen. Vom staatlichen Gemeinwohl wechselt die Aufmerksamkeit zu denjenigen Faktoren, die für das Überleben der Menschheit wichtig sind.

Für eine vergleichende Literaturwissenschaft bedeutet dies, daß sie ihre Rolle innerhalb des Globalisierungsprozesses klären muß. Ich bin skeptisch, ob sich diese Globalisierung von Kulturen und Literaturen als Addition von Nationalkulturen beziehungsweise -literaturen begreifen lassen. Wenn nicht, dann verliert die traditionelle Untersuchungszelle ›Nationalliteratur‹ ihre Rolle als Basiselement. Wie in der ökonomischen und politischen Diskussion

---

[2]   Christiane Heibach: »Creamus, ergo sumus«. Ansätze zu einer Netz-Ästhetik. URL: ‹http://www.update.ch/beluga/digital/99/heibach.htm›; auch in Beat Suter / Michael Böhler (Hg.): Hyperfiction. Hyperliterarisches Lesebuch: Internet und Literatur. Basel, Frankfurt/M. 1999, S. 101–112.

wird der Begriff der Menschheit aufgewertet. Die vielen vergleichenden Literaturwissenschaften nehmen sich die vielfach differenzierte Menschheitsliteratur zum Gegenstand. Dabei wird es eklektizistisch zugehen. Ebensowenig wie in der Literatur selbst kann Konsequenz beziehungsweise Stilreinheit das alleinige Prinzip sein.

Manche Bereiche der nationalsprachlichen Literaturwissenschaft werden gewiß ihre monomediale und kulturspezifische Nische behalten. Je allgemeiner und vergleichender die Literaturwissenschaft allerdings vorgehen will, desto stärker wird sie sich von der paradigmatischen Vorstellung der Literatur der Industriekulturen, der Romanliteratur seit dem 18. Jahrhundert, lösen. Dieses Phänomen fasziniert bekanntlich keineswegs durch seinen multimedialen, globalen und interaktiven Charakter – im Gegenteil.

Über weite Zeiträume hinweg waren Kunst und Literatur – *fünftens* – die vielleicht wichtigsten Katalysatoren individueller und sozialer *Selbstreflexion*. Sie dienten den Individuen und Gemeinschaften als Medium der Selbsterkundung und dadurch auch der Identitätsfindung.[3] Seit gut hundert Jahren haben sich vielfältige therapeutische Institutionen und Beratungskontexte herausgebildet, die diese selbstreflexive Funktion zu ihrer Hauptaufgabe machen. Insoweit hat die Kunst im Hinblick auf die Selbstwahrnehmung und Beschreibung professionelle Konkurrenz bekommen. Der jungen Generation erscheinen die selbstreflexiven Deutungsangebote älterer Literatur häufig als naiv. Verglichen mit der Beziehungsdiagnose, der Deutung von Gruppendynamik und individuellen Selbstbeschreibungen, die heute in den Alltagsgesprächen – von professionalisierten Kommunikationsformen ganz zu schweigen – üblich sind, erscheint diese Kritik durchaus verständlich. Es ist eine spannende Frage, in welche Richtung die Literatur diesen Exklusivitätsverlust auszugleichen sucht.

Ein zweiter Blick auf die konzeptionellen Anforderungen der Informationsgesellschaft an die Literaturwissenschaften – und allgemein auch an andere Kulturwissenschaften – zeigt, daß viele Theorien, die gerade en vogue sind, diesen nicht genügen: So ist der Radikale Konstruktivismus weder multisensuell noch multiprozessoral. Das Gleiche gilt auch für die in der Gegenabhängigkeit verharrenden dekonstruktivistischen Konzepte. Die Systemtheorie ist eine vom Entweder-Oder-Denken geprägte Ordnungsmacht, die weder für Zerfallsvorgänge noch für dezentrale und latente Netze modelltheoretische Anregungen liefert. Sie hat zwar Konzepte für die Dynamik von Komplexitätsreduktion und den Aufbau von Systemen (›Wie ist soziale / kommu-

---

[3] Vgl. Georg Jäger: Die Reflexivität literarischer Kommunikation. Zur Rekonstruktion der literarischen Evolution im 18. Jahrhundert als Reflexivitätsgewinn. In: Werner Faulstich (Hg.): Medien und Kultur. (LiLi Beiheft 16) Göttingen 1991, S. 86–94.

nikative Ordnung möglich?‹), nicht aber für Komplexitätsinduktion, Chaos
und Zerfallsvorgänge.

2. Weitere kommunikationstheoretische Perspektiven

Für das Verständnis natürlicher, menschlicher und kultureller Kommunikation reicht das erkenntnis- und informationstheoretische Konzept nicht aus. In
der noch immer in den Wissenschaften verbreiteten Suche nach einem einzigen universellen oder auch nur ›passenden‹ Modell schlägt sich meines Erachtens das hierarchische Denken der Industriekultur nieder. Für die Gestaltung kultureller Netzwerke taugen monomanische Ansätze nicht. Vielmehr
kann man der Komplexität multimedialer, massiv parallel verlaufender kultureller Prozesse nur durch das Prinzip der Mehrfachbeschreibung gerecht
werden. Dasselbe Phänomen ist durch verschiedene Beschreibungsper-
spektiven, die sich ergänzen und einander voraussetzen, zu modellieren.

Neben dem im eigentlichen Sinn informationstheoretischen (epistemologischen) Ansatz nutze ich zweitens das *Spiegelungs-* und drittens das *Vernetzungskonzept.* Im Spiegelungsmodell erscheint Information als eine Eigenschaft verschiedener Seinsstufen der Materie, beziehungsweise von verschiedenen Typen von Medien. Kommunikation wird als Widerspiegelung, Resonanz, Pacing zwischen Medien und Kommunikatoren verstanden. Ich wüßte
nicht, wie eine Theorie, die auf eine solche ontologische und medientypolo-
gische Komponente verzichtet, die unterschiedliche Materialität der Medien
berücksichtigen kann.

Das strukturelle Modell (Vernetzungskonzept) trägt der Tatsache Rechnung, daß alle Informationen zu anderen in Beziehung stehen und ihre Bedeutung (auch) aus ihrer Stellung im Netz ziehen. Information erscheint als
Eigenschaft von Strukturen und Systemen. Diese Auffassung gehört zu den
Grundüberzeugungen der strukturalistischen Sprachwissenschaft, der Semiotik und der Begriffsgeschichte/historischen Semantik. Sie findet sich auch in
strukturalistischen Schulen der Literaturwissenschaft, die Literatur als eine
emergente Eigenschaft spezifischer sprachlicher Strukturen begreifen. Im
Hinblick auf ›Kommunikation‹ hebt der strukturalistische Ansatz die Notwendigkeit der Vernetzung von Kommunikatoren hervor. Kommunikation erscheint als Relationierungs- und Systembildungsprozeß von Sprechern/Hörern.
Mit mehr oder weniger hoher Frequenz wechseln dabei die Kommunikatoren
ihre Funktion, oszillieren zwischen Sende- und Empfangsmodus. Literarische
Kommunikation wird durch die Charakterisierung von Vernetzungswegen und
von Autoren, Lesern, Verlegern und anderen Kommunikatoren spezifiziert.

Die drei Kommunikations- und Informationsmodelle sind in der Abbildung 2
zusammengestellt.

Abb. 2: Allgemeine Informations- und Kommunikationstheorie

	ontologische Modelle	epistemologische/ informationstheoretische Modelle	strukturelle Modelle
Information als	Eigenschaft von verschiedenen Seinsstufen von Materie/Medien	Gegenstand und Ergebnis von Informationsverarbeitungsprozessen	(emergentes) Merkmal von Relationen, Strukturen, Systemen von Zeichen
Informationsverarbeitung als (dynamische Dimension)	Spiegelung eines Mediums (vermittelt durch einen Katalysator) in einem anderen (simplex!)	Umformung von Informationen eines Mediums durch einen Prozessor in ein anderes Medium Oberbegriff für Prozesse der Informationstransformation: Wahrnehmung/Rezeption (Input), Speicherung, Verarbeitung, Reflexion/ Regelung, Darstellung	Erzeugen/Verändern von Zeichenketten; lineare Relationierung; Struktur und Textbildung auf einem Emergenzniveau
Kommunikation als	Wider-*Spiegelung*, Resonanz, Pacing zwischen Medien (duplex!)	*Parallelverarbeitung* von Informationen durch mindestens 2 Informationssysteme (ggf. höhere Bedingungen)	zirkuläre, rückgekoppelte, rekursive Relationierung/ *Vernetzung* von Kommunikatoren. Systembildung und -auflösung.
Theoretische Voraussetzung	Typologie von materiellen Medien und von Katalysatoren / Kommunikatoren / Informationssystemen (ontologische Emergenztheorie); Spiegelungstheorie; → *Medientheorie*	Reformulierung der traditionellen Subjekt-Objekt-Erkenntnistheorie durch die Informatik/ Kybernetik / system analysis: *Informationstheorie*	*Strukturalismus*, Semiotik, *Systemtheorie*, Synergetik, Netzwerktheorie systemische Emergenztheorie

Erst alle drei Perspektiven zusammengenommen ermöglichen es, Phänomene wie die Identitätsbildung von Personen und kulturellen Gemeinschaften als kommunikativen Prozeß zu erklären.

3. Literatur in informations- und kommunikationstheoretischer Perspektive

Die in der Abbildung 2 zusammengefaßten Perspektiven auf Information, Informationsverarbeitung und Kommunikation lassen sich auch auf literarische Informationen und die literarische Kommunikation anwenden. In einer ersten Annäherung ergeben sich dann die in der nachfolgenden Abbildung 3 zusammengestellten Konzepte.

Abb. 3: Literatur, literarische Kommunikation und Literaten aus kommunikationstheoretischer Perspektive

Konzepte	Literarische Information als	Literarische Kommunikation als	Literaten als
ontologisch	mehrdeutiger Spiegel und Spiegelungsprodukt anderer Medien	Katalysator und Produkt spezifischer kultureller Widerspiegelungsprozesse	Spiegel und Deuter von Spiegelungsphänomenen
informations-theoretisch	Gegenstand und Ergebnis spezifischer (psychischer, sozialer, u.a.) Wahrnehmungs-, Verarbeitungs- und Darstellungsprozesse	Parallelverarbeitung literarischer Informationsmedien durch mehrere Prozessoren	Elemente (Sensor, Prozessor, Effektor) informationsverarbeitender Systeme
strukturell	emergente Eigenschaft spezifischer sprachlicher/semiotischer Relationierung	Vernetzung von Kommunikatoren durch literarische Medien	network-agents

Die in der Tabelle dargestellten Zugangsformen zur Literatur und zur literarischen Kommunikation reformulieren natürlich größtenteils vertraute literaturwissenschaftliche Ansätze. Es geht mir weniger um neue Perspektiven als vielmehr darum, die vorhandenen und bislang häufig nebeneinander herlaufenden Richtungen in allgemeine kommunikationstheoretische Überlegungen einzuordnen. Damit wird die Literatur als Sonderfall von Spiegelungs-, Informationsverarbeitungs- und Vernetzungsprozessen erkennbar. Zugleich ergeben sich in den verschiedenen Dimensionen klare Fragen an die Werke und Autoren, die wiederum Vergleiche erleichtern. Eine Rechtfertigung solcher Klassifikationsversuche sehe ich jedenfalls darin, einen Beitrag zur Zusammenführung der Produkte, der ja ganz arbeitsteilig vorgehenden Literaturwissenschaftler zu leisten. Dabei muß ich nochmals betonen, daß die drei Perspektiven gleichberechtigt sind und Hierarchisierungen hier ebenso wenig Sinn haben wie zwischen den Sinnen. Der Normalfall in der Theoriegeschichte der Ästhetik scheint dagegen eher zu sein, daß aus den verschiedenen Modellierungsmöglichkeiten – beziehungsweise aus den Sinnen – eine beziehungsweise einer ausgewählt und den anderen übergeordnet wurde.[4]

Die Aufstellung beantwortet noch nicht die Frage nach der *Spezifik* literarischer und überhaupt ästhetischer Informationsverarbeitung, Spiegelung und Vernetzung. Diese ist einerseits als empirische Frage durch entsprechende Untersuchungen zu beantworten. Andererseits gibt es bekanntlich reichlich Hypothesen und Ergebnisse, über die andere viel besser berichten können als ich. Ich will den Vorzug der Einbettung des Literaturstudiums in die allgemeine Kommunikationslehre in aller Kürze dadurch demonstrieren, daß ich literarische Formen der Informationsverarbeitung und Spiegelung mit anderen Formen, die ich genauer kenne, nämlich jene der beschreibenden neuzeitlichen Fachprosa, konfrontiere. (Die Auseinandersetzung mit der Spezifik literarischer *Vernetzung* wäre natürlich ein weiteres Feld.) Auch hier wiederhole ich größtenteils nur jahrhundertealte Selbstverständlichkeiten. Aber vielleicht gewinnen sie durch ihre Einbettung in diesen Kontext eine andere Attraktion und Plausibilität.

4. Literatur als Spezialfall individueller menschlicher Informationsverarbeitung

Konfrontieren wir die Informationsproduktion, wie sie in der neuzeitlichen Wissenschaft typisch ist und wie sie sich in der Fachliteratur niederschlägt,

---

[4] Obwohl Hegel beispielsweise die Ästhetik eingangs seiner *Einleitung in die Ästhetik* allgemein als »Wissenschaft des Sinnes, des Empfindens« (S. 37) bezeichnet, ordnet er diesen psychologischen (epistemologischen) Ansatz dem strukturalistischen semiotischen eindeutig unter: »Deshalb bleibt die Untersuchung der Empfindungen, welche die Kunst erregt oder erregen soll, ganz im Unbestimmten stehen [...] Denn die Reflexion auf die Empfindungen begnügt sich mit der Beobachtung der subjektiven Affektion und deren Besonderheit, statt sich in die Sache, das [semiotische] Kunstwerk zu versenken« (Georg Friedrich Wilhelm Hegel: Vorlesungen über die Ästhetik. Teil 1. Stuttgart 1977, S. 79).

mit der literarischen Informationsverarbeitung, wie sie sich in Romanen niederschlägt, so fallen folgende Merkmale der letzteren auf:

- synästhetische Wahrnehmung
- sowohl rationale als auch affektive (parallele) Verarbeitung der Informationen
- permanente Verknüpfung von äußeren und inneren Sinneswahrnehmungen (Körper als Resonanzraum)
- konsequente Nutzung der Selbstbeobachtung als Mittel der Umwelterkundung
- implizite (latente) Darstellung und Kommunikation der Informationen.

Literatur ist das Produkt einer besonderen Form der Gewinnung von Erfahrung über die Umwelt, ihrer Verarbeitung und Darstellung. Im Gegensatz zu anderen professionellen und ausdifferenzierten Formen der Erfahrungsgewinnung wächst ihre Qualität in dem Maße, in dem *alle* Sinne (und wie wir gleich sehen werden, auch mehrere innere psychische Instanzen) eingesetzt werden. Der Fortschritt der Wissenschaften beruhte bis in die jüngste Vergangenheit hinein auf der Konzentration der Wissenschaftlergemeinschaft auf visuelle und sprachlich symbolische Informationen. »Nur wer die Sinne auseinanderhält, hat sie beieinander«, wie Peter Utz das Programm aufgeklärter Informationsverarbeitung in der Goethezeit so schön zusammengefaßt hat.[5]

In der Multisensualität einer auf literarische Darstellung und überhaupt auf Kunst gerichteten Wahrnehmung liegt die Ursache für die große Attraktivität dieser Formen der Weltaneignung in der gegenwärtigen multimedialen Umbruchssituation. Zugleich liegt hier bekanntlich ein Zugang zum Problem der ›Ästhetik‹ überhaupt. Sie beruht, wie vor allem die Literaturtheoretiker der Romantik betonten, auf Synästhesien und spielt mit ihnen. Allerdings haben bislang die wenigsten Theoretiker der Versuchung widerstanden, die Sinne zu hierarchisieren. Sie scheuen vor der Komplexität zurück, die sich einstellt, sobald wir von der prinzipiellen Gleichrangigkeit der Sinne ausgehen. Widersprüchlichkeit und die Notwendigkeit kommunikativer Abstimmung sind vorprogrammiert. Ohne eine Akzeptanz dieser Gleichrangigkeit ist das Prinzip multimedialer Informationsverarbeitung aber nicht zu verstehen.

Sowohl die einzelnen Autoren als auch die Literaturen unterschiedlicher Kulturkreise (und vermutlich auch literarische Gattungen) unterscheiden sich danach, welche Sinne mit welcher Intensität genutzt und jeweils in Beziehung gesetzt werden.[6] In den neueren Beratungs- und Kommunikationstrainings ist es ganz üblich, mit den Teilnehmern herauszuarbeiten, welcher Sinnentyp sie jeweils sind. Die Art der Erfahrungsgewinnung, so zeigt sich, drückt sich natürlich auch in der Sprachauswahl aus. Taktile kinästhetische Typen ›be-

---

[5] Peter Utz: Das Auge und das Ohr im Text. Literarische Sinneswahrnehmung in der Goethezeit. München 1990, S. 7.
[6] Vgl. schon Walter Benjamin: Das Kunstwerk im Zeitalter seiner technischen Reproduzierbarkeit. Frankfurt/M. 1963; als kulturgeschichtliche Heuristik nutzt Michel Serres (Die fünf Sinne. Frankfurt/M. 1994) diesen Ansatz.

greifen‹ häufiger, visuelle ›kommen zur Einsicht‹, auditive fühlen sich ›im Einklang‹, ›schwingen‹ und so fort. Visuelle Typen können ihre Umwelt kaum verstehen, wenn sie diese nicht visuell seziert haben. Sie eignen sich gut zum Wissenschaftler und haben dann des öfteren Verständigungsschwierigkeiten mit solchen Professionen, in denen Umwelterkundung eher über die Hände erfolgt. Es steckt also auch ein Kommunikationsmodell in diesem Ansatz: Parallelverarbeitung wird durch ähnliche Hard- und Software bei den Kommunikatoren erleichtert.

Nehmen wir uns vor diesem Hintergrund einen beliebigen literarischen Textausschnitt vor. In *Der weiße Dampfer* von Tschingis Aitmatow erzählt ›der Junge‹, die Hauptfigur:

> Im Winter geht mir bei uns der Schnee bis an den Hals. Und Schneewehen gibt es! Wenn man in den Wald will, kommt man nur mit dem grauen Pferd Alabasch durch, es bahnt sich mit der Brust einen Weg. (S. 43)

Mit welchen Sinnen wird hier die Erfahrung des Protagonisten gewonnen? Zu welcher Art von Erfahrung stiftet der Text den Leser an? Welche Sinne muß er einsetzen, um den Wahrnehmungsprozeß des Jungen/Aitmatows zu wiederholen?

Bei Identifikation mit dem Protagonisten spüre ich den Schnee am Hals, eine starke kinästhetische Wahrnehmung. Verstärkt wird dies noch durch die Erwähnung der ›Brust‹, die den Schnee wegschiebt. Zugleich sehe ich natürlich die Schneewehen. Aitmatow bleibt auch bei dem folgenden Satz kinästhetisch und wandert gleichsam vom Hals über die Brust zu den Beinen und dem Gleichgewichtssinn:

> Und der Wind ist hier so stark, man kann sich nicht auf den Beinen halten. Wenn auf dem See Wellengang ist, wenn dein Dampfer von einer Seite auf die andere kippt, dann kommt das von unserem San-Tasch-Wind.

Nachdem wir nun körperlich/taktil auf die Situation eingestimmt sind, können wir auch *hören* und die Folgen der Bewegung *sehen*:

> Der Großvater hat erzählt, vor sehr, sehr langer Zeit sind feindliche Truppen gekommen, um dieses Land zu erobern. Aber da hat von unserer Schlucht San-Tasch ein solcher Wind geweht, daß die Feinde sich nicht im Sattel halten konnten. Sie saßen ab, aber auch zu Fuß kamen sie nicht weiter. Der Wind peitschte ihnen so ins Gesicht, daß sie bluteten. Da wandten sie sich vom Wind ab, doch der Wind stieß sie in den Rücken, ließ sie nicht zurückblicken, nicht stehenbleiben und verjagte sie bis auf den letzten Mann vom Issyk-Kul. So ist es gewesen. Aber wir leben in diesem Wind! Bei uns fängt er an. Den ganzen Winter hindurch knarrt, heult und stöhnt der Wald im Wind. Man kriegt richtig Angst.

Je nachdem welche Sinne wie eindrücklich angesprochen wurden, werden auch beim Leser Erinnerungen, Bilder hervorgerufen und nehmen die Assoziationsketten unterschiedliche Richtungen.

Diese Erkenntnis verbreitet die Literaturwissenschaft seit langem und sie wird im Literaturunterricht intensiv umgesetzt. Im einfachsten Fall geschieht dies durch die Aufforderung an die Schüler, die sinnesspezifischen Ausdrücke in dem Text herauszusuchen und sie zu klassifizieren. Mittlerweile sind aber unsere psychologischen Kenntnisse über die Wahrnehmung und vor allem unsere Möglichkeiten, diese zu trainieren, erheblich weiter entwickelt. Besonders intensiv hat die Schule des NLP (Neurolinguistisches Programmieren) diese neuen Erkenntnisse zusammengetragen und auch geeignete Trainingskurse entwickelt.[7] Zur Veranschaulichung habe ich in der Abbildung 4 diejenigen Merkmale (Submodalitäten) aufgelistet, die in dieser Trainingsform bei der Untersuchung visueller Erfahrungen berücksichtigt werden.

Abb. 4: Visuelle Submodalitäten

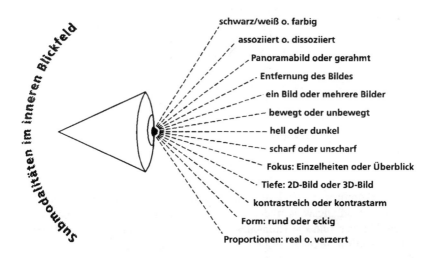

Nutze ich diese Heuristik zur Rekonstruktion meines Verstehens des letzten Abschnittes, so fällt mir zum Beispiel auf, daß das Geschehen zunächst wie ein schwarz-weißer, ziemlich unscharfer und kontrastarmer Film abläuft. Ich stehe weit entfernt von den ›Feinden‹ und sehe sie von hinten. Sobald ›der Wind ihnen ins Gesicht peitscht, daß sie bluteten‹ verlasse ich meinen dissoziierten Standpunkt und habe die Gesichter sehr nahe in der Totale vor mir. Das Bild bekommt etwas Farbe, es wird kontrastreich und scharf. Indem sich die Feinde ›vom Winde abwenden‹, wenden sie sich auch von mir ab. Sie verschwinden wieder aus dem Bild, verschwimmen mit der Landschaft.

---

[7] Vgl. zum Beispiel Alexa Mohl: Der Zauberlehrling I. Paderborn 1993.

Es ist klar, daß je genauer, je mikroskopischer diese Analyse wird, desto deutlicher unterschiedliche Lesarten des Textes hervortreten. So lange dieses Verfahren allerdings bloß als ein analytisches Instrumentarium für Umwelterkundung eingesetzt wird: Wie hat der Autor seine Informationen gewonnen? Welche Sinne muß der Leser einsetzen, um dessen Erfahrungen zu wiederholen? bleibt es hinter den Möglichkeiten ästhetischer Erziehung zurück.[8] Der Text und das Verfahren kann auch als Medium der Weckung, Entwicklung und Erkenntnis der ganz individuellen Wahrnehmungs- und Darstellungsformen des Lesers selbst genutzt werden. Wie würde dieser vergleichbare Situationen erleben, welche Wahrnehmungsformen kann er nicht nachvollziehen, wo stellen sich Überraschungen ein – und welche biographischen Gründe könnte es für die Differenzen geben? Um noch einmal auf mein Beispiel zurückzukommen: Was bedeutet es, daß ab einem bestimmten Punkt und für eine kurze Zeit meine Augen mit der Quelle des Windes übereinfallen? Identifikation mit dem Helden, mit Wind? Ja schon, aber dieser setzte den Feinden hinterher, stieß sie in den Rücken, blieb in Körperkontakt, bis sie schließlich hinter dem Horizont verschwanden.

Letztlich lassen sich beide Fragerichtungen nur dann konsequent verfolgen, wenn zwischen ihnen beständig hin und her gewechselt wird, Fremd- und Selbsterkundung einander abwechseln und miteinander verknüpft werden. Eine informationstheoretische Literaturbetrachtung muß sowohl die selbstreferentiellen als auch die fremdreferentiellen Programme rekonstruieren, die bei der Parallelverarbeitung literarischer Medien eingesetzt werden. Sie ist programmorientiert.

Wie schon der Hinweis auf das Neurolinguistische Programmieren zeigt, hat die Literatur in diesem Jahrhundert zunehmend Konkurrenz in ihrer Funktion bekommen, die individuelle Reflexion der individuellen Wahrnehmungs- und Handlungsweisen anzuregen. Eine Katharsis verspricht nicht nur der Theaterbesuch und die Romanlektüre, sondern ebenso die vielen Therapieformen, selbstreflexiven Gespräche mit Freunden, Sachinformationen über die Psychodynamik in den Medien, die Konfrontation mit fremden Kulturen und vieles anderes mehr. Manche Vorbehalte gegen die Belletristik und die Bücher überhaupt mögen gerade durch die große Effektivität dieser anderen und direkteren Formen der Selbsterfahrung Nahrung bekommen.

Andererseits fällt auf, daß die Literaturproduktion zu therapeutischen Zwecken in den letzten Jahren geradezu boomartig gewachsen ist. *Metaphern schreiben* und *creative writing* als Medien der Problembewältigung und der

---

[8]   Mindestens drei Lernziele sind unter dieser Perspektive hier zu verfolgen: synästhetische Wahrnehmungsfähigkeit steigern, Selbsterfahrung der bevorzugten Sinne und Verarbeitungsmodalitäten ermöglichen, multimediale Darstellungsfähigkeiten erweitern.

Persönlichkeitsentwicklung sind ›in‹.[9] Für mich deutet sich hier eine spannende Konvergenz zwischen traditionellen Formen literarischer Selbst- und Weltaneignung einerseits und professionalisierten Formen der Beratung andererseits an, die über den gegenwärtigen Boom hinaus gewiß ihre Bedeutung behalten wird.

Nachdem ich mich mehr mit dem Zusammenhang zwischen Wahrnehmungs- und Darstellungsmodalitäten beschäftigt habe, soll es im nächsten Abschnitt um eine andere Spezifik der inneren psychischen Verarbeitung und Konstruktion literarischer Informationen gehen.

5. Mit Kopf und Bauch: affektive und kognitive Informationsverarbeitung

Literaten und ihre Leser haben die Möglichkeit, neben den höheren Schichten der (linken) Hirnhälfte auch das Gefühl, das Unbewußte und also stammesgeschichtliche ältere psychische Instanzen bei der Informationsgewinnung und -verarbeitung einzusetzen. Und gute Literatur tut dies. Körperliche Resonanz gilt, seit wir überhaupt Äußerungen über die Sprachkunst kennen, als Gütekriterium. ›Kopflastigkeit‹ ist zu meiden. Voraussetzung ist, daß Leser wie Autor zwischen innerer und äußerer Wahrnehmung unterscheiden und ihren Körper – seine Erschütterung und Entlastung, wie Nietzsche sagen würde – spüren können. In dieser Nutzung verschiedener psychischer Instanzen und Wahrnehmungsformen ist sie reicher als etwa die naturwissenschaftliche Beschreibung.[10]

Die affektive Informationsgewinnung, das implizite Wissen und die Formen seiner weitgehend unbewußten Äußerung werden in den westlichen Industrienationen notorisch unterbewertet. Sie findet statt. Kaum jemand leug-

---

9   David Gordons *Therapeutische Metaphern* ist hier ein Standardwerk und auch in der deutschsprachigen Ausgabe ein Bestseller (Paderborn [5]1995). Sehr zu empfehlen auch Alexa Mohl: Der Zauberlehrling II. Paderborn 1996, Kap. 4, S. 221f. Metaphern). Zur ›creative-writing‹-Bewegung vgl. Gabriele L. Rico: Writing the natural way. Los Angeles 1983. Titel der deutschen Ausgabe: Garantiert schreiben lernen. Hamburg 1984, oder Georg Otto Wack: Kreativ sein kann jeder. Hamburg 1993.

10   So zuletzt auch Bernd Scheffer: Interpretation und Lebensroman. Zu einer konstruktivistischen Literaturtheorie. Frankfurt/M. 1992, S. 24: »Ein Verständnis von ›Literatur‹, eine Literaturtheorie kann sich nicht allein am Medium Sprache, noch nicht einmal an Texten und ihrer Bedeutung allein orientieren, weil bei jeder Begegnung mit Literatur solche Prozesse beteiligt sind, die sich allein auf einer ›vorgegebenen Materialbasis‹ nicht erklären lassen: Es sind generelle Wahrnehmungsprozesse [...], die weit über die sprachliche Wahrnehmung hinausgehen, es sind Prozesse globaler kognitiver und emotionaler, sogar körperlicher Wirklichkeits-Konstruktion«. Scheffer arbeitet die Besonderheiten literarischer, psychischer Informationsverarbeitung unter dem Stichwort ›Halluzinatorik‹ in mehrere Richtungen aus.

net sie ernsthaft, aber sie bleibt, wie Familiengeheimnisse so häufig, unter der Decke. Und ähnlich wie diese blockiert sie auch eher die Interaktion, als daß sie zusätzliche Ressourcen neben unserer rationalen Umweltbetrachtung und der bewußten sprachlichen Informationsverarbeitung freisetzt.

Kunst und Literatur gehören zu den wenigen Bereichen der Buchkultur, in denen diese emotionalen Ressourcen schon immer entwickelt und gebraucht wurden. Während die Produzenten der Fachliteratur ganz auf die Umwelt orientiert sind und als Resonanzraum praktisch ausschließlich ihr Großhirn nutzen, braucht die Belletristik den Körper des Lesers, sein Bewußtes und Unbewußtes als relevante, immer wieder zu fokussierende und zu reizende Umwelt. Sie führt zu Einsichten über die Umwelt über den Umweg der mehr oder weniger latenten Selbstwahrnehmung. Natürlich ›beschreibt‹ sie die Welt auch, ähnlich wie jede Fachprosa, und vermittelt insofern allgemeine, das heißt von der leiblichen Konstitution des lesenden Individuums unabhängige Informationen. Aber wenn sie sich damit begnügt, wird sie flach, plakativ, bloß ›realistisch‹. Geht sie unter die Haut, kann sie nur individuell, gebrochen durch das *Temperament* und den Körper – nicht nur des Autors, wie es Emile Zola formulierte – sondern auch des Lesers erlebt werden. Sie wird zu einem inneren kognitiven *und* leiblichen Ereignis. Diese Möglichkeit unterscheidet die schöne Literatur von der Fachprosa der Neuzeit. Deren Leistung besteht gerade darin, Leser und Autoren als generalisierte Idealtypen zu konstruieren und zu nutzen. Sie können die Erkenntnis der Autoren nur wiederholen, überprüfen oder anwenden, indem sie sich auf den Standpunkt dieser Idealtypen stellen. Im Extremfall sind dies die emotionslose, einäugigen Sehmaschinen, die die Theoretiker der Perspektive seit dem Mittelalter beschrieben haben und die ihre gänzlich leiblose Form in den Foto- und optischen Meßapparaten der Neuzeit gefunden haben.

Während also die Beschreibungen der Fachliteratur gleichbleibende Gültigkeit für alle Leser, die sich auf diese Normierung einlassen, beanspruchen kann, soll die Wirkung der schönen Literatur so gleich und so unterschiedlich sein, wie die Resonanzkörper und -seelen der Leser dies sind. Literarische Bildung zielt deshalb auch nicht auf eine Standardisierung der Informationsverarbeitung, sondern eher auf eine Sensibilisierung der inneren Augen, Ohren, Taktilität und so fort. *Ähnlichkeiten zwischen dem Erleben des Autoren und des Lesers stellen sich nicht dadurch her, daß sich beide auf normierte Rollen zurücknehmen, sondern sie ereignen sich aufgrund mehr oder weniger zufälliger Verwandtschaft der Resonanzkörper und der Programme der Selbst – und Umwelterkenntnis.* Damit wäre ein wesentlicher Unterschied zwischen literarischer und fachwissenschaftlicher Kommunikation genannt. Natürlich wird die Parallelverarbeitung in der Literaturgesellschaft auch durch soziale Normierungsprozesse ermöglicht, aber da der Zwang zur Synchronisierung in dieser Gesellschaft geringer als in der Wissenschaftlergemeinschaft ist, können die fremden Steuerungsmechanismen zugunsten der Selbststeuerung und damit zufälliger Koinzidenzen zurückgestellt werden.

Wenn nun die Informationsgesellschaft tatsächlich multisensuell, multiprozessoral und multimedial entwickelt werden soll, dann können wir von der literarischen Informationsverarbeitung lernen. Über affektive Wahrnehmungen und den Möglichkeiten ihrer gesellschaftlichen/sozialen Verbreitungen haben wir hier ein großes Erfahrungsreservoir. Das ist zwar von den Verteidigern der schönen Künste schon immer so gesehen worden, nur hatte es im Zeitalter der Aufklärung keine Konsequenzen. Dies könnte sich in der oder in den globalen Informationsgesellschaften in Zukunft ändern.

Was mich veranlaßt, an diese These zu erinnern, ist jedenfalls die Tatsache, daß die Betonung der Notwendigkeit affektiver Formen der Kommunikation und Informationsverarbeitung und selbstorganisierter, nur schwach normativ gesteuerter technisierter Kommunikation nunmehr nicht nur und nicht einmal mehr in erster Linie in den Kreisen von Kunst und Literatur geäußert wird. Bücher über emotionale Intelligenz werden bei einem Publikum zum Bestseller, das um seine Arbeitsplätze fürchtet.[11] In den Assessmentcentern werden emotionale Fähigkeiten abgetestet. Kreativität – im Gegensatz zu funktionalen und vernünftigen Lösungen – wird nicht nur gefordert, sondern tatsächlich für die Anpassung der Gesellschaft an die neuen Bedingungen gebraucht.

Ein schon in mehrere Sprache übersetztes und als Standardwerk gelobtes Buch der Wirtschaftswissenschaftler Ikujiro Nonaka und Hirotaka Takeuchi mit dem Titel: *Die Organisation des Wissens. Wie japanische Unternehmen eine brachliegende Ressource nutzbar machen* stellt in der Einleitung fest:

> Wir möchten in diesem Buch zeigen, daß es bei der Schaffung von Unternehmenswissen ebenso sehr um körperliche Erfahrung und Versuch/Irrtum geht, wie um abstrakte Modelle und das Lernen von anderen [Menschen] [...]. Wir klassifizieren menschliches Wissen in zwei Kategorien: Auf der einen Seite explizites Wissen, das sich formal, das heißt in grammatischen Sätzen, mathematischen Ausdrücken, technischen Daten, Handbüchern und dergleichen artikulieren läßt. Diese Form des Wissens kann problemlos von einem Menschen zum andern weitergegeben werden; in der westlichen Philosophietradition nimmt sie eine beherrschende Stellung ein. Demgegenüber steht jedoch ein wichtigerer Wissenstyp, implizites Wissen, der sich dem formalen sprachlichen Ausdruck entzieht. Dieses Wissen baut auf die Erfahrung des Einzelnen und betrifft schwer faßbare Faktoren wie persönliche Überzeugung, Perspektiven und Wertsysteme.[12]

Zum impliziten Wissen zählen die Autoren neben den nicht reflektierten Werten, Normen und affektiven Bewertungen auch enaktive Fähigkeiten, bildhafte Vorstellungen und gruppendynamische Positionen.

---

[11] Vgl. – als Spitze des Eisberges – Daniel Goleman: Emotionale Intelligenz. München 1997 (engl. 1995).

[12] Ikujiro Nonaka / Hirotaka Takeuchi: Die Organisation des Wissens: Wie japanische Unternehmen eine brachliegende Ressource nutzbar machen. Frankfurt/M. 1997.

Implizites Wissen ist als entscheidender Bestandteil des kollektiven menschlichen Verhaltens bislang weitgehend vernachlässigt worden. Dies dürfte wohl auch einer der Hauptgründe sein, weshalb die Erfolge des japanischen Managements den Menschen im Westen nach wie vor Rätsel sind. In diesem Buch beschäftigen wir uns mit explizitem und implizitem Wissen als dem Grundstein in einer komplementären Beziehung. Das dynamische Wechselspiel zwischen diesen beiden Wissensformen bildet den Schlüssel zur Wissensschaffung im Unternehmen und vollzieht sich in einem spiralförmigen Prozeß immer wieder aufs Neue.[13]

Im Text folgt dann eine Modellierung der verschiedenen Wissenstypen und der Formen ihrer Umwandlung. Das ganze wird anschließend in empirischen Untersuchungen von den Autoren am Beispiel verschiedener Unternehmen erprobt. Dabei treten deutliche Unterschiede zwischen der Informationsverarbeitung im ostasiatischen und im europäischen und amerikanischen Kulturkreis zutage. Es würde mich interessieren, ob es ein ähnlich differenziertes Analyseinstrumentarium aus dem Bereich der Literaturwissenschaft für die literarische *Produktion* gibt.

Daß bislang die Literaturwissenschaft von dem Kreativitäts- und Emotionsboom kaum profitiert hat – und, was vielleicht noch schwerer wiegt, auch deren Studentinnen und Studenten nicht – hängt natürlich mit der Angst der Profession zusammen, ihren wissenschaftlichen Anspruch zu verlieren: Am Ende könnte sie sich von den Literaten bloß noch durch die langweiligere Literatur unterscheiden, die sie produziert. Aber sie hängt auch damit zusammen, daß keine geeigneten Methoden für eine affektive Datenerhebung und -auswertung zur Verfügung zu stehen scheinen. Wie dem auch sei: Wenn die bloß rationalistisch explizierende Einstellung noch nicht einmal in der Lage ist, Differenzen in der Industrieproduktion unterschiedlicher Kulturen zu begreifen, dann wird eine ähnlich rigide verfahrende Literaturwissenschaft erst recht nicht in der Lage sein, die Kraft der verschiedenen Literaturen zu erkennen. Was tun?

Mindestens geht es darum, die uns gegebenen Möglichkeiten der Informationsgewinnung und -verarbeitung – und dazu gehört eben auch die affektive Informationsverarbeitung – zu nutzen und kulturspezifische Filter zu reflektieren und zu modifizieren.[14]

Ausgangspunkt kann die Entwicklung der Fähigkeit sein, eigene Affekte zu bemerken, ausgelöste Vorstellungen und die entstehenden Assoziationsketten zu verfolgen, zwischen den eigenen Anteilen und den auslösenden Reizen zu trennen. Intuitiv beherrschen dies natürlich viele Literaturwissenschaftler, aber sie sprechen über diese Kunstlehre ungern und scheinen zu

---

[13] Ebd., S. 8f.

[14] Mit der Schulung solcher umfassenden Selbstreflexionen bei Studentinnen und Studenten befasse ich mich nun schon seit vielen Jahren in den Trainings und mit verschiedenen Formen kontrollierter Erhebung affektiver Daten und deren Auswertung zusätzlich in der Kommunikativen Sozialforschung. Vgl. URL: < http://www.ifgb.uni-hannover.de/extern/kommunikationslehre/giesecke/index >.

erwarten, daß ihre Studenten diese Fähigkeit schon irgendwie erlernt haben oder nebenbei in den Veranstaltungen lernen. Wie die Blicke über den Tellerrand der eigenen Disziplin zeigen, ist gegenwärtig mehr als das Vertrauen auf das Prinzip Hoffnung möglich.

6. Literatur als Medium sozialer Kommunikation und Informationsverarbeitung

Ich habe mich bislang im wesentlichen mit der individuellen menschlichen Informationsverarbeitung beschäftigt. Bevor ich zu dem zweiten grundlegenden kommunikationstheoretischen Konzept, dem Spiegelungsmodell, übergehe, sei darauf hingewiesen, daß diese individualisierende und psychologisierende Sichtweise zwar eine bevorzugte, aber keineswegs eine ausreichende Herangehensweise ist. Natürlich ist Literatur ein psychisches Informationsmedium, aber genauso fungiert sie in Prozessen *sozialer* Informationsverarbeitung. Die immer noch häufig anzutreffende Idee, daß sich soziale Informationsverarbeitung als Addition individueller Erkenntnisprozesse zureichend verstehen läßt, klingt vor dem Hintergrund systemischen, synergetischen Denkens und der Emergenztheorie zunehmend unwahrscheinlich.

In jedem Fall verlieren wir Klassifikationsmöglichkeiten, wenn wir auf die Untersuchung der Typik der Literatur als sozialem Kommunikations- und Informationsmedium verzichten. So lassen sich die verschiedenen literarischen Gattungen beispielsweise als Medium verstehen, das jeweils für einen bestimmten Typus eines Sozialsystems entwickelt wurde. Briefe und Gedichte etwa dürften zunächst in kleinen Sozialsystemen kursiert haben, in denen sich die Kommunikatoren kannten. Die vielstrophigen Epen und Heldenlieder stützten die Identität von größeren Gruppen, die durch verwandtschaftliche Beziehungen charakterisiert sind. Ohne die Ausbildung von Stadtkulturen sind die griechischen Schauspiele kaum vorstellbar und auch in späterer Zeit differenzieren sich hier die Gattungen nach den Aufführungssituationen. Erst nachdem die Gattungen eine gewisse Reife erreicht haben, lassen sie sich, jedenfalls teilweise, in andere Sozialsysteme exportieren und können in ihnen eine produktive Funktion einnehmen. Solche ›Übertragungsphänomene‹ können wir vor allem im Zuge der Einführung neuer technischer Kommunikationsmedien beobachten. (Auf die soziale Einbettung der Romanliteratur komme ich im letzten Abschnitt noch einmal zurück.)

7. Die Literatur als Spiegel und Spiegelungsprodukt der vielen kulturellen Informationsmedien

Die Literatur erscheint aus dieser Perspektive sowohl als Informationsmedium, in dem sich die Strukturen vieler anderer spiegeln, als auch als ein informationsverarbeitendes System, welches Spiegelungen aufdeckt und zwischen Medien, Kulturen, Menschen und so fort vermittelt (vergleiche auch Abb. 2 und 3).

Je besser sie ist, desto mehr vermittelt und spiegelt sie. Außerdem nimmt die Tiefenstaffelung der Spiegel zu.

Besonders deutlich wird der Spiegelungscharakter in literarischen Gattungen, wie der Parabel, der Fabel, dem Gleichnis oder dem Märchen. Aber auch in anderen und längeren Gattungen wird mit Spiegeln gearbeitet. Natürlich läßt sich auch die *Metapher* vor diesem Hintergrund interpretieren: Was immer sie sonst noch sein mag, in jedem Fall stellt sie vergleichende Beziehungen zwischen unterschiedlichen Medien her.

Auch diese Einsicht ist nicht neu. Aber man kann sie vor dem Hintergrund des Konzepts der Kommunikation als Spiegelung systematisieren, unter anderem indem man die verschiedenen Typen von Medien beziehungsweise Informationssystemen auseinanderhält und die spezielle Dynamik der verschiedenen Spiegelungsprozesse aufdeckt. Also: Wie spiegelt sich Biogenes in Psychischem und in Sozialem, Soziales in Psychischem und Technischem usf.

Ich habe in der Abbildung 5 (s. gegenüberliegende Seite) in diesem Sinne Medien in Form einer Kreuztabellarisierung aufgelistet, die bei literarischen Spiegelungen typischerweise benutzt werden.

Jede biographische Erzählung möchte dem Zuhörer das Erleben des Erzählers nachvollziehbar machen, Katalysator zur Wiederholung der Psychodynamik sein. Die Schilderung der körperlichen Bewegungen, des Verhaltens des Protagonisten, zeigt Parallelen zu seinem Erleben und ermöglicht dem Leser eben hierdurch den Schluß auf das Seelenleben. Es genügt aber auch, den Tumult auf der Straße, das Hin und Her der Personen zu beschreiben, um einen Eindruck von der Gemütsverfassung des literarischen Zuschauers zu geben. Die Walfische im *Kassandramal* von Tschingis Aitmatow legen die Seelen der Menschen offen. Die Bibel nutzt Pflanzen, wie zum Beispiel den Dornenstrauch oder tiefwurzelnde Bäume, um Ungläubige von Personen zu unterscheiden, die fest im Glauben stehen. Das bei uns wohl bekannteste Werk, welches die Beziehung in der anorganischen Natur zur Klärung der Beziehungen in und zwischen Mann und Frauen nutzt, stammt von Johann Wolfgang Goethe und trägt den Titel *Wahlverwandtschaften*. Die Spiegelung des Menschen in der Technik und umgekehrt ist ein beliebtes expressionistisches Thema.

Abb. 5: Wichtige Typen von Spiegelungen

von \ in	Psychischem	Verhalten/Körper	Sozialem	Tieren	Pflanzen	übriger Natur	Technik
Psychischem							
Verhalten/Körper							
Sozialem							
Tieren							
Pflanzen							
übriger Natur							
Technik							

Wenn bloß zwei Spiegel oder/und nur eine Spiegelungsrichtung genutzt wird, so empfinden wir die literarischen Werke schnell als psychologisierend, sozial agitierend, simpel und so fort und sie sind dann auch vielfach der Fachliteratur unterlegen. Wie die Form der Tabelle aber schon andeutet, ist nicht nur eine Spiegelungsrichtung möglich. So kann die körperliche Bewegung durch die Schilderung der Gemütslage verständlich gemacht werden. Struktur und Dynamik der Psyche der Menschen in der Mark Brandenburg erhellen sich aus den langen Alleen und dem Stechlin-See. Das andere große Thema Theodor Fontanes ist die Spiegelung von Sozialem in Psychischem: Der preußische Verwaltungsapparat als biographisches Entscheidungsprogramm auch und gerade in gänzlich privaten Situationen.[15] Aber wie schon gesagt: Die Kunst besteht darin, zwar eine dominante Spiegelungsrichtung vorzugeben, aber dennoch immer wieder die Richtung zu wechseln, zu oszillieren.

Das Spiegelungskonzept kann nicht nur zum Verständnis literarischer Stilmittel und insbesondere natürlich auch zu einer Klassifikation von ›Metaphern‹ eingesetzt werden, es eignet sich auch für evolutionstheoretische und historische Betrachtungen. Die Vermutung liegt nahe, daß Kulturen, Zeiten, Regionen, soziale Schichten, Autoren sich nach den bevorzugten Spiegelungstypen unterscheiden.

---

[15] Und solange *Effi Briest* von den Studierenden als Prüfungsthema so gerne gewählt wird, können wir wissen, daß unsere Universitäten (noch) viel Ähnlichkeit mit den Apparaten und Anstalten besitzten, deren Funktionsweise Fontane ergründete. Es sind die Strukturähnlichkeiten zwischen den beiden Systemen, die es ermöglichen, sich mit seinen eigenen Erfahrungen als Studentin und Student im Medium der Literatur am Beispiel der fernen erzählten Umwelt auseinanderzusetzen.

Hirten- und Nomadenkulturen, in denen zum Beispiel auch Aitmatow
wurzelt, dürften vorwiegend Tiere als Spiegelungsmedium nutzen. Die Pflanzen haben in den mittelalterlichen Agrarkulturen und in einzelnen Epochen
islamischer Länder eine große Rolle gespielt. Typischerweise werden diese
Vergleiche mit Tieren und Pflanzen im späteren Industriezeitalter immer
mehr zugunsten einer technischen und sozialen Metaphorik zurückgedrängt.[16]

Gegenwärtig zeigen sich allerdings, meines Erachtens, deutliche Anzeichen einer Gegenbewegung. Nicht nur die Ausrichter der ›EXPO 2000‹ versuchen mit der Betonung von Bäumen, Gärten, eben der Natur ein Gegenge-
wicht zur Technik zu schaffen. Auch das Management an der Jahrtausend-
wende ›führt‹ nicht mehr, sondern ›fördert‹ das ›Wachstum‹.

Spiegelungen und Widerspiegelungen sind Grundcharakteristika von
Wahrnehmung und Kommunikation und keineswegs ein ausschließlich
künstlerisches Prinzip. Wie bei dem informationstheoretisch-epistemologischen Ansatz auch, stehen wir deshalb vor der Aufgabe, die Spezifik künstlerischer Spiegelungen – beziehungsweise künstlerischer Informationsverarbeitung – aufzudecken. Ich muß mich an dieser Stelle (Abb. 6) darauf beschränken, einige Hypothesen über die Unterschiede zwischen Spiegelungen
in der Fachprosa und in der Belletristik zur Diskussion zu stellen.

Abb. 6: Unterschiede zwischen Spiegelungen in der Fachprosa und in der Belletristik

Fachliteratur	Belletristik
– Vergleichsgrößen werden explizit benannt und standardisiert, z.B. Längenmaße, geometrische Formen, physikalische Modelle.	– Vergleichsgrößen werden nicht benannt, bleiben *individuell*: Freiheit auszuwäh-len. Spiegelungen können latent bleiben.
– Es gibt Regeln für das Vergleichen (Messen)	– Viele Vergleiche sind möglich, keine Norm
– Der Vergleich ist einseitig: a wird durch b erklärt und nicht umgekehrt.	– Der Vergleich ist reversibel. Beide Medien erhellen sich wechselseitig. Das führt zu ambivalenten Charakteri-sierungen.

---

[16] Diese Entwicklungslinien habe ich ausführlicher in meinem Vortrag auf der Jah-
restagung der ›Deutschen gartenbauwissenschaftlichen Gesellschaft und des Bun-
desverbandes der Diplomingenieure Gartenbau und Landespflege i.V.‹ in Dresden,
3. März 1999 behandelt. Der Text steht auf meiner Homepage zur Verfügung.
URL: < http://www.ifgb.uni-hannover.de/extern/kommunikationslehre/giesecke/in-
dex /Vortrag/Pflanzen als Medium > .

8. Literatur als kulturelles Phänomen

Wenden wir die informationstheoretische, die spiegelungstheoretische und die strukturelle Beschreibungsperspektive gemeinsam auf literarische Phänomene an, so erhalten wir Modelle, die kulturwissenschaftlichen Ansprüchen genügen. Das gegenwärtige Interesse an *Kultur* und *Kulturwissenschaften* gründet letztlich in der Ahnung, daß die strikt disziplinäre (funktional differenzierende) Beschreibung unserer Gesellschaft für die Lösung zukünftiger Gestaltungsaufgaben wenig Impulse liefern kann.

Gebraucht wird ein ganzheitliches, multimediales Herangehen. Oder anders: ein Zusammenführen der ausdifferenzierten Systeme beziehungsweise Wissensbereiche.

Es macht keinen Sinn, einer bloßen Modifikation sozialwissenschaftlicher, psychologischer oder anderer einzelwissenschaftlicher Konzepte nun das Etikett ›Kulturwissenschaft‹ anzuheften. Es sollten vielmehr Unterschiede zwischen sozialen, psychischen, informationstechnischen Phänomenen einerseits und kulturellen Phänomen andererseits gemacht werden. Diese Anforderung löst das vorgestellte Konzept durch das Prinzip der Mehrfachbeschreibung. *Kultur* erscheint dann als mehrdimensionales Modell, wobei die verschiedenen Dimensionen, zirkulär miteinander zusammenhängen und sich so wechselseitig erklären. Natürlich sind auch andere Dimensionen, als die hier vom Standpunkt einer allgemeinen Kommunikationswissenschaft vorgeschlagenen, möglich.

Aus der epistemologisch-informationstheoretischen Sicht erscheinen kulturelle Phänomene als multisensuelle, massiv parallel verarbeitende und multimedial kommunizierende Systeme.

Aus der strukturellen Perspektive erscheinen Kulturen (und Menschen) als Ökosysteme, das heißt als Zusammenschlüsse nicht bloß von mehreren Systemen, sondern von mehreren unterschiedlichen Systemtypen. Ökosysteme haben kein Zentrum. Sie können sich aus der Sicht jedes Teilsystems beschreiben und jede dieser Beschreibungen liefert andere Einsichten, holt andere Zusammenhänge hervor.

Aus spiegelungstheoretischer Sicht bestehen kulturelle Phänomene aus unterschiedlichen Klassen von Medien. Beschreibungen menschlicher Kulturen müssen mindestens soziale (ökonomische), psychische, technische und biogene Systeme berücksichtigen.

Der Mensch als Teil der Kultur und als Produkt der naturgeschichtlichen Evolution setzt sich ebenfalls aus verschiedenen Typen informationsverarbeitender Systeme: physikalischen, chemischen, biogenen, psychischen, sozialen und anderen zusammen. Die Einheit der Kulturen wird durch die wechselseitige Spiegelung der Systeme ineinander hergestellt: Strukturähnlichkeiten, Wiederholungen, Übertragungen, resonanter Rhythmus und so fort.

9. Literatur als kulturgeschichtliches Evolutionsprodukt

Ich habe mich bislang mit der Literatur eher in systematischer, synchroner Perspektive befaßt. Alle drei Herangehensweisen lassen sich aber auch evolutionstheoretisch interpretieren.[17]

So erscheint die Literaturgeschichte aus der informationstheoretisch-epistemologischen Sicht als Geschichte der Veränderung sozialer und indivi-dueller Informationsverarbeitung. Ein Grundzug wäre hier die Ausdifferen-zierung *sprachlicher* Wahrnehmungs-, Verarbeitungs- und Darstellungsfor-men aus dem Ensemble menschlichen Erlebens und Verhaltens. Mit den Ver-änderungen der Vernetzungsformen zwischen den Kommunikatoren und der Emergenz neuer Typen derselben hat sich die Literaturwissenschaft schon immer beschäftigt – und diese Frage erhält angesichts der neuen elektroni-schen Vernetzungsmöglichkeiten eine besondere Aktualität.[18]

Der Höhepunkt der Isolierung der Sprachkunst von den übrigen leiblichen Medien und der literarischen Kommunikation aus der face-to-face Kommuni-kation scheint mittlerweile überschritten. Ihn bildete der Roman, den erst die neuzeitlichen Industriekulturen geschaffen haben. Dieser ist eine konsequent monomediale, die rückkopplungsärmste sowie zugleich technisch und in vie-lerlei Hinsicht auch sozial voraussetzungsvollste Dichtkunst, die wir kennen: Nur der Roman und die davon abgeleiteten literarischen Formen sind auf das typographische Medium und die massenhafte marktwirtschaftliche Verbrei-tung angewiesen.[19] Ohne die ebenfalls ungemein voraussetzungsvollen Theo-rien interaktionsfreier Beschreibung und entsprechender Wahrnehmungstheo-rien ist diese Kunstgattung unvorstellbar: Produktion und Rezeption verlaufen einsam und müssen dennoch koordiniert sein. Die Romankunst kann gesell-schaftliche Strukturen spiegeln, braucht sich nicht auf einfache Sozialsysteme

---

[17] Vgl. ausführlicher Michael Giesecke: Abhängigkeiten und Gegenabhängigkeiten der Informationsgesellschaft von der Buchkultur – öffentlicher Vortrag im Kunst-historischen Museum der Stadt Wien am 27.11.98 im Rahmen der vom Internatio-nalen Forschungszentrum Kulturwissenschaften (IFK) und dem KHM organisierten Tagung ›Audiovisualität vor und nach Gutenberg‹. Die Schriftfassung erscheint in Horst Wenzel (Hg.): Audiovisualität vor und nach Gutenberg. Mailand (SKIRA) (im Druck).

[18] Georg Jäger kommt das Verdienst zu, diesem Thema – zum Teil in Zusammenar-beit mit Vertretern des Buchhandels – in der literaturwissenschaftlichen Diskussion beständig neue Impulse zu geben. Programmatisch seine Vorlesung ›Printkultur vs. EDV-Kultur: Zur Medialität des Textes‹, Universität Hamburg, WS 97/98. Vgl. weiter G. J. / Monika Estermann: Deutsche Buchhandelsgeschichte in kulturver-gleichender Absicht. In: Shiro Kohsaka / Johannes Laube (Hg.): Informationssy-stem und kulturelles Leben in den Städten der Edo-Zeit. Wiesbaden 1998. Vgl. Vittorio E. Klostermann (Hg.): Verlegen im Netz. Zur Diskussion um die Zukunft des wissenschaftlichen Buches. Frankfurt/M. 1987.

[19] Diese Isolierung und Ausdifferenzierung ist letztlich das Hauptthema von Siegfried J. Schmidts innovativem Werk *Die Selbstorganisation des Sozialsystems Literatur im 18. Jahrhundert*, Frankfurt/M. 1989.

oder psychische Strukturen zu beschränken. Sie ermöglicht ein ästhetisches, interaktionsfreies Gemeinschaftserlebnis zwischen unüberschaubar vielen Adressaten, einem dispersen, nicht vorherstimmbaren Publikum.

Ohne komplexe technische Apparaturen und spezielle soziale Institutionen wie Verlags- und Vertriebswesen, marktwirtschaftliche Verteilungsnetze, liberale Zensurpolitik, sozial hochgradig normierte Kodesysteme, Leser, die zu beständigem Rollenwechsel in der Lage sind und so fort ist diese Form nicht denkbar. Deshalb ist die Dichtkunst auch keine Vorreiterin der neuen typographischen Medien gewesen – ganz anders etwa als die Malerei.

Dies ist auch die Antwort auf die mir häufig gestellte Frage, warum schöne Literatur in meinen Büchern zur Buchkultur in der Frühen Neuzeit praktisch nicht auftaucht. Es brauchte mehr als zweihundert Jahre, bis das neue Medium seine eigenen ästhetischen Darstellungsformen und ein angemessenes kommunikatives Setting, eine Literaturgesellschaft, geschaffen hat.[20] Die Romanliteratur (im weiteren Sinn) ist mit anderen Worten eine ungemein voraussetzungsvolle Kunstgattung, die auf den elementaren Formen des Beschreibens, interaktionsfreien Wahrnehmungs- und Darstellungstheorien und vielem anderen mehr aufruht (vergleiche Abb. 7):

Abb. 7: Voraussetzungen der Romanliteratur

- Typographische Herstellungs*technik* und technische Verbreitungsmedien
- Marktwirtschaftliche, wenig hierarchische Verbreitungsformen und flexible soziale Netze
- Interaktionsfreie, monomediale Wahrnehmungs- und Darstellungstheorien
- Sozial hochgradig normierte Wahrnehmungs- und Darstellungsprogramme sowie Kodesysteme (Standardsprachen)
- Individualisierte Produktions- und Rezeptionsformen
- Komplexe Sozialsysteme: Verlags- und Vertriebsorganisationen, ›Salons‹
- Reflexions- und Kritikinstanzen (Literaturwissenschaft) im gleichen Medium, eine liberale Zensurpolitik
- Kommunikatoren, die zu vielfältigem Rollen- und Perspektivenwechsel in der Lage sind

Die anderen literarischen Hauptformen: Schauspiel, Epen (Reimdichtung), Lieder und so fort sind in anderen, früheren Kulturen entstanden. Sie sind in multimedialer, interaktiver und in technischer und sprachlicher Hinsicht nicht

---

[20] So gesehen hat die Rede von der »lutherischen Pause« in der Literatur des 16. Jahrhunderts durchaus ihre Berechtigung.

so voraussetzungsvoll. Sie haben vor und neben dem Druck bestanden und, so ist zu vermuten, sie werden auch im Zeitalter der elektronischen Medien ihre Nische finden. Natürlich haben sich auch diese Gattungen im Zusammenspiel mit den Buchmedien und beim Aufbau der Nationalkulturen verändert, aber sie sind auf diese weder genetisch noch funktional angewiesen.

Die literarische Evolution ist also, wie nicht anders zu erwarten, sowohl durch Variation als auch durch Selektion gekennzeichnet. Variation, insoweit eine Zunahme und Modifikation der Gattungen zu beobachten ist. Selektion, insofern die an das typographische Medium gebundene Literatur den Gebrauch der Sinne und die Interaktionsmöglichkeiten maximal reduziert.

Dieser großräumige Rückblick ermöglicht auch eine Vorausschau: Eine weitere Steigerung der Herauslösung der Sprachkunst aus dem Gespräch und der unmittelbaren Interaktion ist unwahrscheinlich. Wahrscheinlicher ist die multimediale Integration vorhandener Formen und die Entstehung neuer Gattungen, die weniger monomedial orientiert sind (Variation). Es ist klar, daß die neuen elektronischen Medien als Katalysator und technische Realisierungsform sowohl die wichtigste Basis für die Variation als auch für die Integration liefern werden.

Eine zeitgemäße allgemeine, historisch und kulturell vergleichende Literaturwissenschaft kann den Literaturbegriff der (späten) typographischen Kultur jedenfalls nicht als Basis und Vergleichsmaßstab nehmen. Ich denke, diese Überzeugung ist eine Triebfeder der immensen Produktivität von Georg Jäger in den letzten Jahren.

10. Zusammenfassung

Literatur aus kommunikationswissenschaftlicher Sicht

1. Informationstheoretische (epistemologische) Modelle
   a) Literatur als Spezialfall/Medium individueller menschlicher Informationsverarbeitung: → psychologischer Ansatz
   b) Literatur als ausdifferenziertes Medium kultureller Kommunikation und Informationsverarbeitung: → soziologischer kulturtheoretischer Ansatz

2. Spiegelungsmodelle/ontologische Modelle
   a) Literatur als multimedial mehrdeutiger Spiegel und Spiegelungsprodukt der verschiedenen Informationsmedien: → medientheoretischer Ansatz
   b) Literatur als Katalysator kultureller und menschlicher Spiegelungen

3. Strukturelle Modelle
   a) Literatur als emergente Eigenschaft spezifischer sprachlicher Struktu-
      ren: → strukturalistische und semiotische sprach- und literaturwissen-
      schaftliche Ansätze
   b) Literatur als Medium der Vernetzung spezifischer Kommunikatoren

4. Alle Ansätze lassen sich auch evolutionstheoretisch interpretieren.

HELMUT F. SPINNER

Information oder Wissen – eine Alternative für die Geisteswissenschaften?

Vorbemerkungen

Zunächst im Hinblick auf das spezielle Thema der Literaturversorgung für die Geisteswissenschaften, dann immer mehr ausgreifend auf wissenschafts-politische (Universität, Forschungsförderung, Wissensproduktion), ge-samtgesellschaftliche (kulturelle und soziale Folgen der wissenstechnischen Innovationen), europäische und weltpolitische (Verschiebungen der weltwei-ten kognitiv-kulturellen Gravitationsfelder, Epochengliederung) Fragen stellte Wolfgang Frühwald die als Weichensteller verstandene, alle weiteren Überlegungen durchlaufende Leitfrage: *Information oder Wissen?*

Im folgenden beschränke ich mich auf diese Alternative, mit einem Seiten-blick auf die Stellung der Geisteswissenschaften in der Wissensgesellschaft. Das ist m.E. ein Schlüssel zum Verständnis seiner apokalyptisch-futuristischen Visionen, ansonsten aber nur ein schmaler Ausschnitt seiner Gedanken zur Entwicklung und Gestaltung der Wissenskulturen im elektroni-schen Zeitalter. Schon beim einfachen Leser, der Deutungshypothesen über den Text legt, erst recht für Kommentatoren und Kritiker, die es im noch zu erläuternden Sinne Frühwalds wirklich ›wissen‹ wollen, stellen sich Gegen-fragen:

(1) Was versteht Frühwald unter ›Information‹ und ›Wissen‹; sind die beiden Grundbegriffe und die damit formulierte Fragestellung klar genug, um seine weitgespannten Ausführungen verstehen und überprüfen zu können?

(2) Wenn ja: Ist das überhaupt die Frage, auf welche es im gesamten Pro-blemzusammenhang wirklich ankommt?

(3) Wenn nochmals ja: Sind die Geisteswissenschaften – im Verein mit den klassischen Kulturtechniken – eine gute Antwort?

(4) Wenn nein: Können wir Frühwalds Szenario mit allen Vorgaben, An-nahmen, Randbedingungen etc. so (um-)deuten, daß es für die aufgeworfene Problematik – Selbstverständnis und Zukunftsfähigkeit der Geisteswissen-schaften in der Wissensgesellschaft – eine andere Lösung gibt, welche die Ausgangsfrage als Herausforderung ernst, aber als Alternative nicht wörtlich nimmt?

Frühwalds Frage ist meines Erachtens wichtig, aber vielschichtig und muß konkretisiert werden. Seine Antwort ist richtungsweisend, aber nur nach Art eines Wegweisers, der den Weg nicht selbst geht.

1.   Information oder Wissen – ist das die Frage?

1.1. Frühwalds Szenario: farbig

Das Szenario besteht aus spärlichen Erläuterungen der Grundbegriffe, reichen Kontextbezügen und gerade ausschweifenden, höchst besorgten Folgenbetrachtungen, die über den Ausgangspunkt weit hinausgehen. Unter der Fragestellung ›Information oder Wissen?‹ bringt Frühwald zwar wenig zur Bestimmung der manifesten Begriffsbedeutungen, aber doch so viel über den Kontext und die Konnotationen, daß sich zu den beiden implizit definierten Grundbegriffen ein ziemlich eindeutiges Bild ergibt.

Kleine Texte haben den Vorteil, daß man sie manuell bearbeiten kann (›händisch‹, sagen unsere Ingenieure), um sich schnell einen Überblick zu verschaffen, was über die drei Hauptsachen ›Wissen‹, ›Information‹ und ›Geisteswissenschaften‹ gesagt wird. Man nehme Farbmarkierer und mache sich damit, eingedenk der einfachen ›Farbenlehre‹ zur Statusbezeichnung in der staatlichen Ministerialbürokratie, über Frühwalds Artikelserie[1] her (von der bibliophilen Festrede »Die Informatisierung des Wissens« 1986 bis zum Abgesang auf alteuropäische Wissenstraditionen »Wir bestehen buchstäblich aus Sternenstaub« 1999; das Buch 1997 in Bibliothekseigentum natürlich ausgenommen, welches man nicht so graffitiartig verunstalten darf). Um die Gefahr der – zumeist vorurteilskonform verzerrenden – Überinterpretation zu verringern, markiere ich lediglich die expliziten Nennungen als ›Treffer‹.[2]

---

[1] Vgl. Wolfgang Frühwald: Information oder Wissen? Zur Entwicklung der Geisteswissenschaften und ihrer Literaturversorgung in der Bundesrepublik Deutschland. In: Rudolf Frankenberger / Alexandra Habermann (Hg.): Literaturversorgung in den Geisteswissenschaften. Frankfurt/M.: Klostermann, S. 10–29; W. F.: Das Modell der ›Philologien‹. Zur Entstehung der Geisteswissenschaften aus dem Denken des Historismus in Deutschland. In: Geschichte und Gegenwart 13 (1994), S. 191–203; W. F.: Die Informatisierung des Wissens. Zur Entstehung der Wissensgesellschaft in Deutschland. Stuttgart: Alcatel SEL Stiftung. Stiftungsfeier 1995, S. 5-14; W. F.: Zeit der Wissenschaft. Forschungskultur an der Schwelle zum 21. Jahrhundert. Köln: DuMont 1997; W. F: Das Ende der Gutenberg-Galaxis. Über den Einfluß des Mediums auf den Inhalt wissenschaftlicher Publikationen. In: Leviathan 26 (1998), S. 305–318; W. F.: Athen aus Alexandrien zurückerobern. Bildung im Informationszeitalter. In: Forschung & Lehre. 5 (1998), S. 228–232; W. F.: Die Zukunft der Universität. In: Klaus Pinkau / Manfred Popp / Christina Stahlberg (Hg.): Der Universitäts- und Forschungsstandort Deutschland im globalen Markt. Leipzig: Hirzel 1998, S. 37–46; W. F.: ›Theoria cum Praxi‹. Die Formen neuen Wissens und die Aufgabe der Forschungsförderung in Deutschland. In: Kurt Nowak / Hans Poser (Hg.): Wissenschaft und Weltgestaltung. Hildesheim, Zürich, New York: Olms 1999, S. 325–333; W. F.: Wir bestehen buchstäblich aus Sternenstaub. An der Schwelle zum neuen Jahrtausend: Erfahrungsbeschleunigung auf unüberschaubaren Wissensstrecken. In: Frankfurter Allgemeine Zeitung 283 (4. Dezember 1999), Beilage. Wolfgang Frühwalds Arbeiten werden im laufenden Text durch Jahres- und Seitenzahl zitiert.

[2] Als ›Treffer‹ gilt jedes Paar aus Thema und Rhema, d.h. Objektbenennung mit Merkmalszuschreibung. Von den expliziten ›Stellen‹ aller Art (substantivisch, ad-

Ich beginne mit der Festrede 1986, zu der die Fingerübung mit Farben ein ebenso plakatives wie aufschlußreiches Bild liefert. Der Fortgang der Argumentation spiegelt sich in einer chamäleonhaften Verwandlung entlang der Farbenlinie vom Rotlichtmilieu des Informationszeitalters (Abschnitt I, S. 10–14; Trefferverhältnis 15 zu 3 für Rot) über die blaue Brücke des wahren Wissens (Beginn des Abschnitts II, S. 14–15) zur grünen Wiese der Geisteswissenschaften (Fortgang des Abschnitts II, S. 16–20, sowie der Abschnitt III, S. 18–28, mit eindeutiger Blau/Grünverschiebung im Verhältnis 3 zu 5 zu 19), welche durch die neuen Wissenstechniken umgepflügt wird (Schlußabschnitt S. 28–29; wieder ganz in Rot mit Ausnahme des atypischen ›Wissensbalastes‹). Der Autor verfügt offensichtlich über mehrere, fast überschneidungsfreie Begrifflichkeiten, die er der wechselnden Thematik in nicht ganz astreiner, aber tendenziell optimierender Zuordnung verpaßt. In der Summenbilanz 27 zu 12 zu 24 – angesichts der Seelenverwandtschaft von Wissen und Geisteswissenschaften noch deutlicher mit 27 zu 36 – zeichnet sich eine klare, harte Dichotomie zwischen Informations- und Wissenstatbeständen ab.

a) Die alarmierende Farbe Rot: Informationen in jeder Menge

Was Frühwald unter ›Information‹ versteht, wird nirgends ausdrücklich gesagt, aber durch begriffliche Familienähnlichkeiten, Angabe von Merkmalen und Beschreibung der Konsequenzen deutlich ausgemalt. Er versteht darunter vieles – nur nichts Gutes!

Die negative Einstimmung erfolgt bereits auf der zweiten Seite des titelgebenden Ausgangsaufsatzes (1986) mit der Feststellung, »daß heute ›Kommunikation‹, ›Information‹ und ›Werbung‹ weitgehend synonym gebraucht« (1986, S. 11) würden. Zu den insgesamt 27 Nennungen 1986 (gegenüber 12 für Wissen und 24 für Geisteswissenschaften) zählen: Informations-Propheten, ›bloße‹ Informations-Systeme und Informations-Literatur, mangelnde beziehungsweise überflüssige Information, Informations-Balast, Informations-Überflutung, Informations-Chaos, Informations-Labyrinth.

Daran werden Verlustmeldungen, Verschiebungsfeststellungen und Verfallsdiagnosen für die sogenannte Informations-Gesellschaft (1986, S. 11) angeknüpft, die man unter den Stichworten *Bloßigkeit & Losigkeit* zusammenfassen kann: von dem, was Information ›bloß‹ ist, bis zu den heutigen Erscheinungsformen einer kultur-, kommunikations-, qualitäts-, orientierungslosen Unterhal-

---

jektivisch, adverbial etc.) bleiben lediglich jene außer Betracht, in denen die Suchnamen als belanglose Redensarten, bloße Füllsel (wenn zum Beispiel in 1986, S. 13, von ›Wissens-‹ und Erkenntnisgebieten‹ die Rede ist) oder redundante Wiederholungen auftreten. Das ist zwar manchmal schwer zu entscheiden, kommt aber nicht oft vor. Im übrigen dürften sich diese leeren Nennungen in etwa ausmitteln.

tungsmentalität und Massenmedialität »in einer Zeit allgemeiner Niveausen-
kung« (S. 22).

b) Die besorgte Farbe Blau: kriteriengebundenes, qualifiziertes Wissen

Im Gegensatz zum Informationsbegriff liefert Frühwald für den Wissensbegriff eine allgemeine, von vornherein auf die Geisteswissenschaften bezogene
Mehrwert-Definition: In Abhebung von bloßer Information oder Mitteilung
bedeutet Wissen »»die übergreifende Kenntnis, die Strukturierung und Systematisierung von Einzeltatsachen« (1986, S. 14). Diesen Mehrwert zu schaffen ist Aufgabe der griechisch-abendländischen Theorienwissenschaft, vor
allem natürlich der Geisteswissenschaften, deren philologisch-historische
Ausrichtung sie in eine besonders intime Nähe zur Tradition des durchgei-
stigten (reflektierten, distanzierten, uninteressierten) Hochwissens bringt
(vgl. 1994). So gestellt nach methodisch erschlossener, gewichteter und und
gewerteter (Fach-)Information durchzieht die Wissensfrage »die Geschichte
der Universität von Beginn an und erreicht in heutigen Auseinandersetzungen
nur deshalb einen Höhepunkt, weil die Information weltweit vernetzt, rasch
verbreitet und allen zugänglich gemacht werden kann« (Athen aus Alexandri-
en 1998, S. 228).

Abgesehen von der wegweisenden These, daß Wissen »immer mehr als Information« (1986, S. 14) bedeute, wird es mit Wissensanstrengung, Wis-
senswerten, Kenntnissen assoziiert, wobei lediglich die »wahrhafte Wis-
sensexplosion« (1986, S. 12) sowie anstelle des Ganzen auftretendes »sektio-
nales und spezialistisches Wissen« (1986, S. 15) nicht so positiv klingen.
Dem ›Immermehr‹ der bloßen Informationsanhäufung wird die beständig verbesserte Kenntnis von Sinn- und Sachzusammenhängen entgegen gehalten.
Das bringt den klassischen Gelehrten aus dem engeren Bereich der Geisteswissenschaft ins Spiel, aus ihrem Umfeld allenfalls noch Literaten und Intellektuelle: alle im Selbstverständnis weit entfernt vom ›Wissensmanager‹ unserer Zeit, der doch nur Informationen verwalten kann.

Die Fronten scheinen unmißverständlich geklärt und unüberbrückbar getrennt zu sein und waren es wohl auch bis vor kurzem: auf der einen Seite die
Allianz von Wissen, (Geistes-)Wissenschaft und tradierten Kulturtechniken
(Sprache, Schrift, Buchdruck); auf der anderen Seite der neue Bund von Informationsproduktion, ja -industrie, und neuen Wissenstechniken.

Was den Hauptgegensatz zwischen Information und Wissen nicht nur auf
die Spitze treibt, sondern – schlimmer! – durcheinander bringt und im informationellen Gegenzug aufzurollen droht, ist die heutige Doppeltendenz zur
Informatisierung der Wissensarten und Vereinigung der Wissensbestände in
offenen elektronischen Netzen, die weder eine Eingangsschleuse für gehobe-
nes Wissen noch eine innere Kulturentrennung zwischen E- und U-Wissen
kennen.

Soweit ich die weitere Entwicklung überblicken kann (in Unkenntnis evtl. Zwischenschritte) besteht Frühwalds nächster Zug nach einem guten Jahrzehnt darin, auf die Herausforderung der Informatisierung mit einer neuen Antwort zu reagieren, die darin besteht, daß die erste Dichotomisierung zwischen Information und Wissen durch die zweite Dichotomisierung von Informationsgesellschaft – mit der Informations- und Kommunikations*industrie* als Kernbestandteil – und Wissensgesellschaft abgelöst wird, in der Informationen nicht länger ausgegrenzt, wohl aber qualitätsmäßig bewußt und sozial dienlich »ausgewählt, bewertet, in Beziehung gesetzt, gewichtet« (1996, S. 11) werden.

Damit wird zwar, aber eben nicht nur, die durchlaufende Kategoriendifferenz reproduziert, sondern eine eventuell weiterführende Problemstellung thematisiert, die heißen könnte: Information *und* Wissen, ja *als* Wissen der reflektierteren Art. Ob daraus eine echte Wissensgesellschaft hervorgeht oder nur so etwas wie eine – immerhin! – besser informierte Gesellschaft,[3] bleibt ebenso offen wie die Frage nach neuen geisteswissenschaftlichen Beiträgen, die über das traditionelle Aufgabenspektrum hinausgehen. Diese Lücken werden überdeckt durch apokalyptische Beschreibungen der in schwärzesten Farben ausgemalten »alles überschwemmenden neuen Sintflut namens Information« (1996, S. 6). Und weit und breit kein Noah mit seiner Arche, um von jeder Gattung (sprich: Wissensart) ein Exemplar zu retten. (Paare müssen es nicht sein, da sich das Wissen nach Art, Gattung, Stil nicht durch Kopulieren, sondern durch Kopieren vermehrt.)

c) Die verblassende Farbe Grün: Geisteswissenschaften im Hintergrund

Wenn ›Information oder Wissen?‹ die Frage ist, dann heißt die Antwort: ›Geisteswissenschaften‹, welche von dieser zu jenem führen. Denn ihnen ist »die Umwandlung von Information in Wissen aufgegeben« (1986, S. 14). Geleitet vom unverminderten Qualitätssinn derer, die Wissenschaft als Beruf ausüben – wobei sich der Geisteswissenschaftler vom Bibliothekar eine Scheibe abschneiden kann (S. 22; oder ist hier mit dem Festredner der Gaul durchgegangen?) –, führt geisteswissenschaftliche Forschung auf dem Wege sichtender Systematisierung, kritischer Kommentierung und wertender Strukturierung zu Fach- und Bedeutungswissen (S. 23). Sogar der sonst eher übel beleumundete Rezensent kommt am Rande hier noch zu Ehren (vgl. 1998, S. 315f.).

Aber anstatt ihrer ursprünglichen Aufgabe zu genügen und echtes Wissen zu erzeugen, beteiligen sich die heutigen Geisteswissenschaften »an der überschüssigen Produktion von Information« und nähren an ihrem Busen die

---

[3] Wie als realisierbare Forderung erhoben in Helmut F. Spinner: Die Architektur der Informationsgesellschaft. Bodenheim: Philo-Verlag 1998, S. 232ff.

Schlange unserer Unkultur »der Überfütterung und Überfüllung« (1996,
S. 14). Kein Wunder, daß es um sie nicht gut steht. Aber das ist nicht das
Ende. Am Horizont zeigt sich, wenn auch zunächst nur als Wunschbild (vgl.
1996, S. 5) gegen den Hauptstrom der Informatisierung des Wissens unter
den Bedingungen ökonomischer und technischer Regime,[4] die Idee einer
»durch Wissen und aus Wissen« kulturell und sozial profilierten *Wissenge-*
sellschaft (1999, S. 331).

1.2. Frühwalds Begriffsfeld ›Information‹: flurbereinigt

Frühwald spricht von ›Information‹ und ›Wissen‹ in vielen Varianten, Verbindungen und Verflechtungen. Es handelt sich offensichtlich nicht um scharf
abgegrenzte Fachtermini, sondern um Begriffsfamilien und Problemfelder.
Dafür spricht der fehlende Bezug auf die einschlägigen Informations- beziehungsweise Wissenstheorien. Dieser Verzicht auf eine theoretische Klärung
und systematische Grundlegung ist umso auffälliger, als die Unreflektiertheit
und Theorielosigkeit des vorherrschenden Sprachgebrauchs – mit Recht – an-
geprangert wird.

Die IuW-Thematik wird durch ein im weitesten Sinne ›kognitives‹ Be-
griffsfeld angesprochen (in alphabetischer Reihenfolge zur späteren Durchsystematisierung): Daten, Erkenntnis, Fakten(darstellung beziehungsweise -
übermittlung), Forschung, Information, Kenntnis(se), Verstehen, Theorie,
Wissen, Wissenschaft. In dieser Gemengelage zeichnet sich eine duale, unter-
schwellig dichotome Struktur ab mit folgenden Teilfeldern: I-Feld (Information, Daten, Fakten) und W-Feld (Wissen, Erkenntnis, Forschung, Theorie,
Methode, Wertung, [Geistes-] Wissenschaft).

Wer das Informationsfeld untersuchen will, öffnet die Tür zu einem Laby-
rinth. Man findet nur wieder heraus, wenn man sich an die Eingänge erinnert. Als Türöffner und Wegweiser fungieren folgende Pioniere ihres Faches
mit bahnbrechenden Beiträgen zur Beackerung des oben aufgelisteten Wort-
feldes:[5]

---

[4] Zum Verdrängungswettbewerb der Wissensregime vgl. Helmut F. Spinner: Wis-
    sensregime der Informationsgesellschaft. ›Wissen aller Arten, in jeder Menge und
    Güte‹ als Gegenstand der Rechts-, Wirtschafts- und Wissensordnung. In: Jahrbuch
    Telekommunikation und Gesellschaft 5 (1997), S. 65–79. Frühwald bezieht sich
    auf Michael Gibbons u.a.: The New Production of Knowledge. London, Thousand
    Oaks, New Delhi: SAGE 1994.
[5] Folgendes ist ein Vorgriff ohne weitere Literaturangaben auf eine laufende Studie
    ›Ein neues Wissenskonzept für das Informationszeitalter‹, die als Grundlegung des
    Wissensarten-Projekts dient, mit dem das *Wissensordnungs-Projekt* inhaltlich sub-
    stantiiert werden soll – ganz im Sinne der Forderung Frühwalds, jetzt vordringlich
    die Aufmerksamkeit auf die Inhalte zu richten und darauf zu vertrauen, daß die
    Strukturen dann schon folgen würden. Bei den nicht ohne weiteres mitwachsenden
    Ordnungen ist das möglicherweise nicht der Fall, von den harten Regimen auf ei-
    genen Bahnen ganz zu schweigen.

R. V. L. Hartley (1928), Claude Shannon (1948) und Norbert Wiener (1948) mit ihrer mathematisch-statistischen Theorie der Signalübertragung, beschrieben als Serie von Ja/Nein-Entscheidungen zur Reduktion anfänglicher – *vor* dem Empfang bestehender – Ungewißheit.

Rudolf Carnap mit seiner Inklusionstheorie des Satzinhalts (1934), zunächst rein syntaktisch definiert als *logischer Gehalt* der nichtleeren Folgerungsmenge; mit der formalisierten Semantik (1942ff.) und probabilistischen Induktiven Logik (1950)[6] vollzogene Wende zur Popperschen ›negativen‹ Bestimmung des Informations- beziehungsweise Behauptungsgehalts (›*assertive power*‹).

Karl Popper mit der revolutionär gewendeten *Exklusionstheorie des Propositionsgehalts* (1935), definiert als *informativer beziehungsweise empirischer Gehalt* – später vereinfacht zum (empirischen) ›Informationsgehalt‹ – im Sinne der durch die Aussage ausgeschlossenen kontingenten Weltzustände, welche für empirische Aussagen die Klasse der Falsifikaktionsmöglichkeiten repräsentieren.[7]

Zur Einordnung der Informationstheorie in den Bezugsrahmen allgemeiner Zeichentheorien kommen hinzu:

Karl Bühler mit seiner *Theorie der Sprachfunktionen* (1927ff.), bei denen von ›Information‹ nicht die Rede ist, obwohl es bei der insgesamt dominanten Darstellungsfunktion im Sinne einer möglichst richtigen Wirklichkeitswiedergabe in der Sache darum geht.[8]

Charles Morris mit seiner *Semiotik* (1938), deren Ausfächerung in Syntax, Semantik und Pragmatik zwar m. E. keine sachgerechte Durchsystematisierung des I-Feldes ermöglicht, wohl aber eine weithin akzeptierte Unterteilung in syntaktische, semantische und pragmatische Ansätze, Dimensionen oder Aspekte. Obgleich Morris kein eigenes, ausgearbeitetes Informationskonzept vorlegt, kann man im Hinblick auf die unterstellte Dominanz der Pragmatik in dem eher beiläufig erwähnten ›informativen Gebrauch‹ von Zeichen zur Verhaltensbeeinflussung eine Vorform pragmatischer Informationsansätze sehen.[9]

---

[6] Rudolf Carnap: Logische Syntax der Sprache. Wien: Springer 1934; 2., unveränderte Aufl., Wien und New York: Springer 1968; R. C.: Introduction to Semantics. Cambridge, Mass.: Harvard University Press 1942; R. C.: Logical Foundations of Probability. 2. Aufl. Chicago: University of Chicago Press 1963.

[7] Karl R. Popper: Logik der Forschung. Wien; viele beständig erweiterte und verbesserte Auflagen. Tübingen: Mohr; zitiert nach der 10. Aufl. 1994; K. R. P.: Ausgangspunkte. Meine intellektuelle Entwicklung. Hamburg: Hoffmann und Campe 1979.

[8] Karl Bühler: Die Krise der Psychologie. [1927]. Im Haupttext unveränderte 2. Aufl. Jena 1929. 3. Aufl. Stuttgart: Fischer 1965.

[9] Charles William Morris: Foundations of a Theory of Signs (1938); deutsch: Grundlagen der Zeichentheorie, zusammen mit: Ästhetik der Zeichentheorie. Frankfurt/M.: Fischer 1988.

Leider durchzieht diese löblichen Konzeptualisierungsversuche – keineswegs nur und eher zögerlich die technikgeborenen, welche lange die Kommunikationsterminologie vorzogen – nach Art eines *running gag* eine informationsbezogene Begrifflichkeit, die auch bei fachlich hochkompetenten modernen Autoren ein fürchterliches Durcheinander anrichtet, wenn sie die formalen und substantiellen, qualitativen und quantitativen, nachrichtentechnischen und sprachbezogenen, logischen und empirischen, syntaktischen, semantischen, pragmatischen etc. Informationsbegriffe auf die Reihe zu bringen versuchen, ohne die zugrunde liegenden Ideen vom Ansatz her auseinander zu halten.

Wenn schon die gängige Einteilung in syntaktische, semantische und pragmatische Informationsbegriffe beziehungsweise -theorien nicht den Kern der Informationsproblematik trifft, dann gilt dies noch mehr für die unsystematischen Auflistungen der umlaufenden Begriffsvielfalt,[10] die nicht nur unvollständig sind, sondern weder eine theoretische Grundlegung liefern noch einen klaren Durchblick verschaffen. Ein Dutzend Informationsbegriffe ist für das eine zu viel, für das andere zu wenig.

Da es sich hier durchweg um Zeichenfolgen mit oder ohne semantische ›Bedeutung‹ und pragmatische ›Bewertung‹ (Gewichtung, Wirkung etc.) handelt, sind für die theoretische Flurbereinigung nicht die Zuordnung zu den Bühlerschen Sprachfunktionen oder den Morrisschen Semiotikdisziplinen[11] maßgeblich, sondern zwei Fragen zum Kern des Themas:

Erstens, ob für die Ansätze der ›Inhalt‹ der Zeichen beziehungsweise Symbole in die ›Information‹ einbezogen wird oder außer Betracht bleibt. Zweitens, worin der ›Gehalt‹ inhaltsbezogener Information gesehen wird: in dem, was eine Aussage logisch einschließt, semantisch ausschließt oder pragmatisch bewirkt. Als Zusatzfrage steht zur Debatte, wie weit der so erfaßte Gehalt vom ›wirklichen Inhalt‹ abweichen darf, um noch repräsentativ dafür akzeptabel zu sein.

In diesem Raster sind zu unterscheiden: zunächst die Übertragungstheorien von den Inhalts- oder Gehaltstheorien; sodann bei den Inhaltsbezügen der letzteren die Theorien des eingeschlossenen, ausgeschlossenen und bewirkenden Gehalts. Das ergibt folgende Systematik der Informationskonzepte:

(I) Syntaktisch-statistische *Informations-Übertragungstheorien* für die technische Transmission von ›sinnlosen‹, ›inhaltsfreien‹ Zeichenfolgen nach dem Hartley/Shannon/Wiener-Ansatz, wie sie auch der gleichfalls nichtinhaltlichen Informationsbearbeitung durch die Computer-Syntaxmaschinen zugrunde liegen.

---

[10] Wie bei Peter Fleissner u.a.: Der Mensch lebt nicht vom Bit allein. Frankfurt/M., Berlin, Bern etc.: Lang 1996, Kap. 1 S. 3ff. und Heinz Zemanek: Weltmacht Computer. Weltreich der Information. Esslingen: Bechtle 1991, S. 159ff.

[11] Wie bei Bernd-Olaf Küppers: Der Ursprung biologischer Information. München, Zürich: Piper 1986.

(II) Semantisch-logische *Informations-Spielraumtheorien* für die Informationsweitergabe durch Wahrheitswertübertragung nach formalen Regeln der Tarski/ Carnap-Linie.

(III) Semantisch-empirische Informations-Gehaltstheorien der Bühler/Popper-Linie.

(IV) Pragmatische *Informations-Wirkungstheorien* der inhaltlich-informationellen Verursachung, wie sie in der Morris-Semiotik angedacht ist und neuerdings von pragmatischen Informationskonzepten aufgegriffen werden.

Ob man sie alle, wie hier nur der Vollständigkeit wegen den unüblichen Klarnamen vorangestellt, als ›Informationstheorien‹ bezeichnen kann, hängt davon ab, wie eng man Information mit Inhalten verbinden will und wie weit die Begriffsexplikate beziehungsweise deren Konsequenzen vom intuitiven Vorverständnis des ›wirklichen Informationsgehalts‹ abweichen dürfen, wenn man Informationsprozesse und -produkte unter das Motto stellt: *Erfassen, wiedergeben, weitergeben, was der Fall ist, und das möglichst so, wie es ist!* Sind wir also bereit, zum Beispiel in Kauf zu nehmen:

Bei Position I: Daß vereinzelten Zeichen oder beliebigen Zeichengebilden ohne Sinn und Bedeutung Informationsgehalt zugeschrieben werden kann, mit der kontraintuitiven Konsequenz, daß er mit der Buchstabenzahl ansteigt, auch wenn unter Umständen mit vielen Worten nichts gesagt wird. (Der ›Informationsgehalt‹ ist tatsächlich ein inhaltsindifferenter Entscheidungsgehalt im Sinne der Anzahl von Verzweigungen beziehungsweise Alternativen in einem binär strukturierten Entscheidungsbaum.)

Bei Position II: Daß sich die Transferleistungen der Logik lediglich auf die Wahrheitswerte beziehen und daß dieses ›Ausmelken‹ von eventuell informationshaltigen Prämissen, inhaltlich gesehen, systematisch gehalts*vermindernd* ist?

Bei Position III: Daß die mit nichtleeren Aussagen gelieferte Information paradoxerweise in der Angabe der ›verbotenen‹, das heißt behauptungsgemäß ausgeschlossenen Fälle liegt, mit der Konsequenz, daß den besten (gehaltvollsten; sogar den wahren) Theorien die Hypothesenwahrscheinkeit Null zugeschrieben werden muß?

Bei Position IV: Daß die pragmatische Information subjektiv, situativ und kontextuell – gegenüber dem Vorwissen, den Erwartungen und Umständen – so stark relativiert sein kann, daß von einem feststellbaren *kognitiven* Informationsgehalt fast nichts mehr übrig bleibt, dem die Effekte zugeschrieben werden können?

Ideengeschichtlich gesehen, handelt es sich um unabhängige, größtenteils vortechnische Konzeptualisierungsversuche, die man auch terminologisch streng auseinander halten sollte und nur mit Hilfe eines lose verbundenen Montage- oder Modularisierungskonzepts im Sinne einer differentiellen Wissenstheorie wieder zusammenbringen kann.[12] Kein Informationskonzept kann den ›vollen Inhalt‹ von Darstellungen erfassen und als ›Information‹ ausweisen. Aber es gibt eine Trennungslinie entlang der kognitiven Wasserscheide, die auf der einen Seite mit syntaktisch-formalen Begriffen wie Zeichen, Strukturen, Bits, Alternativen (als Entscheidungskaskaden zur Reduzierung von inhaltsfreier Ungewißheit durch fortwährende Zerlegung der ›Informationselemente‹-Menge, bis nur noch *ein* physikalisches Signal übrigbleibt); auf der anderen Seite mit semantischen, epistemischen, pragmatischen Begriffen über Sinn, Bedeutung, Gehalt, Geltung, Güte, Neuheit, Wert des Wissens beschrieben werden kann.

Nicht nur wegen der späteren Hinwendung Carnaps zur Popperschen Informationsidee – obgleich nicht zu der sie einbettenden Wissenschaftstheorie –, sondern mehr noch wegen der auch für die Logik typischen Indifferenz gegenüber dem ›Inhaltlichen‹ ist es angebracht, die maßgebliche Konfliktlinie nicht zwischen ›den Positionen (I) und (II), sondern zwischen diesen und (III) zu ziehen, der (IV) je nach Ausgestaltung als Teil, Variante oder Weiterentwicklung zugeschlagen werden kann.

Das erlaubt es, die *Inhaltsfrage* in den Mittelpunkt zustellen, auf welche Frühwald so großen Wert legt. Allerdings mit dem Zusatz, daß vor der Frage nach ›guten‹ Wissensinhalten von *High Quality-Information* die Frage kommt, ob, wo, wie in der sogenannten Informationsgesellschaft *überhaupt* Inhalte zur Debatte stehen.

1.3. Frühwalds Titelfrage: ausgepackt

Wie ist nun Frühwalds Frage zu verstehen: *Information oder Wissen?* Als Richtschnur soll nicht hermeneutische Frömmigkeit, sondern informationelle Fairneß dienen: Interpretiere im Zweifel so, daß möglichst viel von der Position des Autors ›gerettet‹ wird, das heißt sinnvoll und wichtig erscheint – aber immer als Hypothesen, um der Antikritik eine (Widerlegungs-)Chance zu geben. Deshalb sollen weder die Vieldeutigkeit der Grundbegriffe und Unklarheit der Leitfrage gegen den Autor ausgespielt noch spektakuläre Thesen aus dem Zusammenhang gerissen werden. Statt dessen sollen die Vorgaben und Randbedingungen der durchgängigen Argumentationslinie beachtet werden, wie sie mit den folgenden Leitsätzen zusammengefaßt werden können:

(1) Information ist Wissensbasis, nicht nur Signal. Auch ›bloße‹ Information‹ in kleinster Stückelung, größter Menge, parataktischer Verbindung (als

---

[12] Vgl. den ersten Versuch bei Helmut F. Spinner: Differentielle Erkenntnistheorie zur Untersuchung von ›Wissen aller Arten, in jeder Menge und Güte‹. Ein Montagekonzept des Wissens für das Informationszeitalter. In: Christoph Hubig (Hg.): Conditio Humana. Dynamik des Wissens und der Werte. Berlin: Akademie-Verlag 1997, S. 497–520.

Haufen, Schutt, Flut), schwächster Güte (sozusagen Informationsdreck als Bodensatz der Wissenshierarchie) hat *Darstellungsfunktion für, über, zu etwas* – wenn auch unter Umständen nur zur Faktenwiedergabe – und verweist damit zuständigkeitshalber auf *semantische* Informationsdimensionen beziehungsweise Theorieansätze.

Das ist Frühwalds Absage an die statistisch-quantitative Informationsauffassung der obigen Position (I) für nur technisch hochleistungsfähige Syntaxmaschinen. Wenn von ›Information‹ in noch so negativer Einschätzung gesprochen wird, ist zwar nicht *High Quality Information* oder E-Wissen gemeint, aber immer schon mehr als uninterpretierte Zeichensequenzen der Signalübermittlung. Frühwalds Kritik beginnt, wo die heutigen Informations- und Kommunikationsvorgänge die Wasserscheide zur Semantik überschritten haben, aber die Wissenslinie nicht erreichen.

(2) Wissen ist mehr als (semantische) Information. Der Mehrwert ergibt sich aus Prozessen beziehungsweise besteht in Resultaten der Bewertung, Gewichtung, *Höherqualifikation* von Informationen. Dasselbe gilt im Verhältnis von Informationsgesellschaft zur Wissensgesellschaft.

(3) ›Wissen oder Information?‹ ist die weichenstellende Alternative. Was für die europäische Kultur des 19. Jahrhunderts die Große Dichotomie zwischen ›Zivilisation‹ und ›Barbarei‹ war, ist heute die intellektuelle Wasserscheide zwischen tradierter europäischer Wissenschaftskultur – einschließlich der zugehörigen Kulturtechniken – und neuartigen Informationswelten nach Art der ›Wüste Internet‹, teils auch der Massenmedien. Die Auseinandersetzung wird allerdings nicht nach Art eines traditionellen Kulturkampfes, sondern als ordnungspolitischer Verdrängungswettbewerb der Wissensregime geführt. Technikgetragene Informatisierung und marktgetriebene Kommerzialsierung – Ökonomisierung einschließlich flankierender Rechtsentwicklungen unter der Führung des Privatrechts – bestimmen die Entwicklungsrichtung.

(4) Die Anschlußfrage heißt ›Informations- oder Wissensgesellschaft?‹. Die Signatur des elektronischen Zeitalters wird durch die Informations- und Kommunikationstechnologien im Verbund mit der Informationsindustrie bestimmt.

(5) Die Forderung lautet: Umwandlung von Information in Wissen, nicht zuletzt mit Hilfe der Geisteswissenschaften!

Gegenläufig zur allgemeinen Informatisierung des Wissens, sind für die wünschenswerte, wissenschaftlich und kulturell weiterhin vorbildliche Umwandlung von Information in Wissen die Geisteswissenschaften mitverantwortlich. Auch ohne die großen wissenschaftlich-technischen Entwicklungslinien des Informatisierungsprozesses zu bestimmen, könnten sie wegweisend sein für den Aufbau der Wissensgesellschaft. Aber das hängt nicht allein von ihnen ab, sondern vom gesamten europäisch-westlichen Kulturbündel aus Wissenschaft, Forschung und Bildung (insbesondere im Universitätsbereich und Höheren Schulwesen), Wissensmedien mit Sprache, Schrift und Buchdruck, Kunst und Literatur.

Wenn also kein semantischer ›Mehrwert‹ der Information gegenüber syntaktisch-technischen Vorgängen, kein epistemischer Vorrang zwischen (höher) gewertetem, (stärker) gewichtetem, (reflexiv) beurteilten und (human) verantwortetem Wissen und bloßer Information (vgl. Athen aus Alexandrien 1998, S. 41), aber auch in der semantischen Verzweigung keine kognitive Verwandschaft beider Arten, wenn schließlich keine tragende Rolle der Geisteswissenschaften – im Verein mit zweckfreier Grundlagenforschung, hoher Literatur, freier Kunst, universitärem Kulturmilieu etc. – herauskommt, dann hat man Frühwalds Thematik verfehlt. Sie schließt eine ganze Fragenbatterie ein, die im Fortgang der genannten Arbeiten entfaltet wird, wenn auch nicht immer explizit:

Erstens die *Stilfrage* nach den zugrunde liegenden Denk- und Darstellungsformen: Was wie eine bloße Gegenüberstellung zweier Möglichkeiten der symbolischen ›Naturwiedergabe‹ erscheint – unzusammenhängende Fakteninformation ohne Sinnzusammenhänge und Qualifizierungen einerseits, systematisches und reflektiertes Theorienwissen andererseits, nebst zugehörigen Medien –, läuft letztlich auf den Vergleich von konträren Erkenntnisstilen hinaus.

Zweitens die *Inhaltsfrage* nach den eigentlichen informativen, wissensbezogenen Aspekten des sogenannten Informationszeitalters. Die Frage zielt auf das ›Was, Worüber, Wozu‹ der Kommunikationsprozesse, Informationsmengen, Wissensexplosionen. Ist das alles nur eine Mengenkonjunktur leeren Geredes, banaler Unterhaltung, desinformierender Propaganda, billiger Phrasen? Gibt es auch Inhaltliches, das sich in Begriffen ›substantieller‹ Information oder echten Wissens ausdrücken läßt? Ist die Informationsgesellschaft eine besser informierte, breiter informierende Gesellschaft? Oder geht es nur um inhaltsfrei gelieferte (wie Telefon, Fax), vornehmlich mit banalem Stoff abgefüllte (wie Fernsehen) oder völlig inhaltsindifferente (wie das Internet) Medien?

Drittens die *Qualitätsfrage* nach Güte, Niveau, Stand kriterienfreier Low Quality- oder kriteriengebundener High Quality-Information gehobenen Wissens. Damit ist zum Beispiel nach dem Vorhandensein von gesellschaftlichen Qualitätszonen für kriteriengebundenes Wissens gefragt, dessen Qualität durch vorgegebene Ziele und wirksame Infrastrukturen der Kritik und Kontrolle gewährleistet ist. Oder werden die offenen, flachen Netze zu Verbreitungszonen für ›kriterienfreie‹ Informationen?

Viertens die *Ordnungsfrage* nach den Rahmenbedingungen für die Informationstätigkeiten oder Wissensbereiche, in denen die gesellschaftliche Wissensarbeitsteilung veranstaltet wird. Für die Gegenwart ist die Frage konkret und scharf zu stellen nach dem laufenden Verdrängungswettbewerb der *Wis-*

sensregime, insbesondere bezüglich der neuerlichen Tendenzen zur Privatisierung und Kommerzialisierung weiter Wissensbereiche.

Fünftens die *Technikfrage* nach den Funktionen der tradierten Kulturtechniken für Wissenskulturen, im Gegensatz zu den ganz andersartigen Auswirkungen der elektronischen Informations- und Kommunikationstechnologien.

2. Geisteswissenschaften – ist das die Antwort?

Wir kommen nun in den grünen Bereich, auch wenn er in den späteren Arbeiten nur aus Farbtupfern besteht. Man kann daran sowohl den Terrainverlust der Geisteswissenschaften als auch den zunehmenden Pessimismus des früheren DFG-Präsidenten ablesen.

Der extensive Gebrauch der EDV in den *Humanities* verändert nach Frühwald »die Substanz herkömmlicher geisteswissenschaftlicher Analyse« und bedroht »die thesenbildende Kraft und die wissenschaftliche Phantasie geisteswissenschaftlicher Arbeiten«, ihren »Mut zur wertbestimmenden Auswahl« angesichts der »Faktenflut«, ihr Selbstverständnis und ihren «spezfischen Forschungsbegriff«. Obgleich auch die langsameren Geisteswissenschaften an der Expansion des Hochschulwesens partizipieren konnten, sind sie gegenüber den anpassungsfähigeren Naturwissenschaften und den beschleunigten gesellschaftlichen Entwicklungen in eine Randlage der »Isolation und Vereinsamung« (1986, S. 12,13,16,19,17) gekommen.

Welche Aufgaben stellen sich den Geisteswissenschaften als »wertbestimmenden Fachwissenschaft(en)«, wenn alles wächst, nur nicht das wertende, gewertete Wissen darüber? Obgleich mit dem nicht sonderlich theoriefreudigen und phantasiereichen wissensbewahrenden Bibliothekswesen auf Gedeih und Verderb verbunden, sollen die Geisteswissenschaften selbst nichts dergleichen sein. »Nicht die Verzeichnung des Überflusses ist ihre erste und nächste Aufgabe«, nicht einmal die als Editionsphilologie luxurierende Quellendokumentation ihrer eigenen Geschichte, sondern »Forschungsichtung, Interpretation und Wertung« (1986, S. 24).

Dazu brauchen die Geisteswissenschaften die Reflexionskraft des Denkens, die Erkenntnisleistung der Forschung, die Distanzhaltung kultivierter Bildungssprache, die Vermittlungsleistungen der Printmedien (Schrift, Buchdruck, Fachliteratur – dummerweise ›Fachinformation‹ genannt), die »republikartige Verfassung der europäischen Universität« (1986, S 39). Zusammengefaßt gesagt, geht es um die Erzeugung kriteriengebunden Wissens mit ›Inhalt‹, trotz aller Fülle innerlich verbunden durch Sinn- und Sachzusammenhänge anstelle der äußerlichen Verknüpfung durch Anhäufung zu Informationsbergen oder ›flacher‹, parataktischer Vernetzung nach Art von Hypertexten.

Vom philologischen Anmerkungsapparat bis zum marottenhaft gepflegten
Zettelkasten – auf den selbst strenge Systemtheoretiker wie Niklas Luhmann
nicht verzichten wollen – reicht der Wissenshorizont geisteswissenschaftlicher
Gelehrsamkeit.

2.1. Das Philologiemodell: die Geisteswissenschaften als Textwissenschaften

Zu den beiden ererbten Existenzfragen der Geisteswissenschaften – die von
den Naturwissenschaften bestrittene theoriegetragene Wissenschaftlichkeit
und die von der Wissenschaftstheorie bezweifelte methodische Besonderheit
des beanspruchten ›Eigensinns‹[13] – ist heute als dritte die Frage nach ihrem substantiellen Beitrag zum Gesamtwissen unserer Zeit gekommen. Was sollen, was
können die Geisteswissenschaften noch beitragen, ohne das wir in Zukunft nicht
leben zu können glauben?

Nach dem von Frühwald (1994, S. 201) aufgestellten Sechs-Phasen-
Entwicklungs-modell der geisteswissenschaftlichen Fächer umfaßt die unter dem
Paradigma des Historismus stehende II. ›Philogogische Phase‹ lediglich die Zeit
von 1830 bis 1860; die eigentliche (IV.) ›Geisteswissenschaftliche Phase‹ mit dem
*Dilthey*schen Paradigma der Lebensphilosophie die Zeit von 1910 bis 1940; die
vorerst letzte VI. ›Sozialwissenschaftliche Phase‹, unter anderem mit dem so-
zialphilosphischen Paradigma der Kritischen Theorie die Zeit von 1940 bis
1980.

Das Philologiemodell und jene merkwürdige *Operation Called ›Verstehen‹*
scheinen überwunden zu sein; nach dem Auslaufen der Phasengeschichte
1980 einschließlich ihres Habermasschen Nachhalls der Versprachlichung der

---

[13] Der neuerdings auch aus den eigenen Reihen in Zweifel gezogen wird; vgl. Peter
      J. Brenner: Das Verschwinden des Eigensinns. Der Strukturwandel der Geistes-
      wissenschaften in der modernen Gesellschaft. In:. P. J. B.: Geld, Geist und Wis-
      senschaft. Frankfurt/M.: Suhrkamp, S. 21–65. Obgleich dem Abgesangsritual auf
      hochidealisierte ›Errungenschaften der occidentalen Kulturherde‹ (wie Max Weber
      respektlos sagte) – vom Autor über die Orientierung bis zum Zusammenhang –
      nicht abgeneigt, widerspricht Frühwald (1994, S. 191) der damit verbundenen Ei-
      gensinn-Angleichungsthese zugunsten eines Modernisierungsprogramms für die
      Geisteswissenschaften durch einen nicht näher beschriebenen *Paradigma-Wechsel*.
      Sicherlich nicht inhaltlich deckungsgleich, aber richtungsmäßig parallel zielen
      meine Überlegungen auf eine Ersetzung des Philologiemodells durch ein *Wis-
      sensmodell*, um den Geisteswissenschaften ein neues Aufgabenfeld zu geben (wie
      früh und frech, aber unausgegoren vorgeschlagen bei Helmut F. Spinner: Tech-
      nikfolgenforschung im Überblick. Von den drei bisherigen Generationen der
      Technikfolgen- und Technikbegleitforschung zur vierten Generation der Technik-
      grundlagenforschung neuer Art. In: Der Hochschullehrer 2, 2 [Mai 1989], S. 1–
      7); mit besseren Argumenten im Hinblick auf die Weiterentwicklung der ›alten‹,
      sprachgetragenen Geisteswissenschaften zu ›neuen‹, technikunterstützten Wissen-
      schaften vgl. Helmut F. Spinner: Die vierfache Ausformung der modernen Wis-
      senschaft und das transdisziplinäre Denken der fünften Art. In: Georg Jäger / Jörg
      Schönert (Hg.): Wissenschaft und Berufspraxis. Paderborn u.a.: Schöningh 1997,
      S. 59–94, hier S. 87ff.

Welt im Kommunikationsprozeß von gänzlich unelektronisch virtualisierten Diskursen: als wäre die Gesellschaft eine Seminarveranstaltung für die diskutierende Klasse, während die Arbeit von »den anderen« (Helmut Schelsky) gemacht wird.

Wer aber über viele Jahre das überaus trockene Brot der Philosophischen Fakultätentage gegessen hat, nimmt einen anderen Eindruck vom fortlebenden Selbstverständnis der philologisch-historisch orientierten Geisteswissenschaften mit, welche die Verschiebung nicht nur der materiellen, sondern auch der geistigen, kreativen, innovativen Gravitationsfelder auf die Natur-, Lebens- und Technikwissenschaften einfach nicht zur Kenntnis nehmen, geschweige denn gegenhalten können. Wenn auf dem letzten Philosophischen Fakultätentag (vom 25.–27. November 1999 in Karlsruhe) die zaghafte Forderung erhoben wird, daß die Geisteswissenschaft nach Art der Politik zum Zwecke der Gegnerbekämpfung ›Begriffe besetzen‹ solle und dazu kein frischerer Leitbegriff einfällt als der restlos ausgelutschte Bildungsbegriff, dann kommt das einer Bankrotterklärung gleich.

Was bleibt, sind Restzuständigkeiten für alte Sprachlehre und Geschichte, die ideengeschichtliche Verwaltung des eigenen Erbes, Inseln der Allgemeinbildung (wenn nicht im, so doch für das Gymnasium!) – vor allem aber: Textmaterialien für luxurierend interpretierende ›Wortwissenschaften‹, von Mini-Fragmenten bis zu Riesen-Editionen, wofür man unabhängig von der Länge ›lebenslänglich‹ bekommen kann.

Abweichend von Frühwalds (1986) engerer Bestimmung und ideengeschichtlich zutreffenden Verortung im Historismus verstehe ich unter dem *Philologiemodell* der Geisteswissenschaften ein Selbstverständnis, welches sich mit der in der zweiten Hälfte des 19. Jahrhunderts abgebrochenen Historisierung keineswegs erledigt hat. Ich meine die bis heute durchgezogene, in den neuphilologischen ›Wortwissenschaften‹ sogar noch verstärkte Programmlinie der Sekundärbetrachtungen: die Welt als Buch, das Buch als Text, der Text als Medium,[14] alles als Konstrukt von hochgradig selbstreferentiellen ›Eigenwelten‹ ohne Außenkriterium. Dann hat man eben *nichts als* Text im Wissensraum und ist *nichts als* Philologe, Philosoph, Literat.

Wenn Frühwald die Rückwirkungen der kulturtechnischen Medialisierung durch Schrift und Buchdruck untersucht (und stark positiv bewertet) ebenso wie die Folgen der elektronischen ›Informatisierung‹ (und meist negativ beurteilt), dann ist das richtig, aber nicht alles. Es bleibt die geisteswissenschaftliche Textualisierung der Welt nach dem Propositionsparadigma der aus

---

[14] Zur diesbezüglichen Kritik der Geisteswissenschaften vgl. Jürgen von Kempski: Brechungen. Kritische Versuche zur Philosophie der Gegenwart. Reinbek bei Hamburg: Rowohlt 1964, S. 285ff. Der sachdienliche Hinweis auf die theoretischen Sozialwissenschaften (S. 221ff.), die überhaupt nicht in die philologisch verzeichnete Wissenslandschaft der ›Zwei Kulturen‹ passen, ist leider bis heute nicht bis zu den Geisteswissenschaften vorgedrungen.

der Schule sattsam bekannten ›ganzen Sätze‹, welche die empirischen Man-
nigfaltigkeit (Max Weber) mit bildungsbürgerlichen Sprachkonventionen
überziehen wie eine grüne Soße (um im Bilde der Farbmarkierung zu bleiben). Dagegen wandten sich radikale Gegenstömungen in Kunst (Dadaismus
mit seiner vor allem sprachskeptischen Rebellion gegen die Regelherrschaft
abendländischer Rationalität), Literatur (Großstadtroman, Konkrete Poesie,
Experimentelle Lyrik), Theater (von Brechts Gestik bis zu Wilsons Dese-
mantisierung), von denen die akademischen Geisteswissenschaften – so weit
ich sehe – jedoch nur literaturgeschichtliche Kenntnis nahmen.

2.2. Die Wendung zum Wissen: mehr Fragen als Antworten

Wenn das Philologiemodell die Geisteswissenschaften allenfalls zur ver-
sprachlichten Kommunikationsgesellschaft führen kann, was führt sie dann
zur Wissensgesellschaft? Das können dann nur noch Wissensaufgaben sein,
denen die Geisteswissenschaften gewachsen sind. Sie lassen sich anhand der
oben ausgepackten Ausgangsfrage konkret angeben.

a) Zur Stilfrage

Einerseits stemmt Frühwald in dem geschilderten Szenario Information und
Wissen so weit auseinander, daß die gemeinsame semantische Plattform und
kognitive Familienähnlichkeit völlig in den Hintergrund treten. Dasselbe gilt
für seine Entgegensetzung von tradierten Kultur- und elektronischen Kommunikationstechniken, welche die aufgezeigten untechnischen Wurzeln des
Informationsbegriffs in der Semantik außer acht läßt. Andererseits wird von
mir zugestanden, daß seine dramatische Lageschilderung gegensätzlicher Tatbestände und auseinanderlaufender Entwicklungen empirisch weitgehend zutreffend ist.
    Der scheinbare Widerspruch löst sich auf, wenn man Ort und Art dieser
Zweiwelten-Lehre – einer neuen *Grand Dichonomy* zwischen ›zivilisiertem‹
Wissen und ›barbarischer‹ Information, wie analog von Ernest Gellner beschrieben – genauer betrachtet. Nach meiner These geht es hier gar nicht um
den zwar gegebenen, aber durchaus überbrückbaren Unterschied zweier Wissensarten, sondern um verschiedene Wissensauffasssungen, Wissenschafts-
formen und Weltbilder.
    Nicht umsonst habe ich die Beschreibung des I-Feldes so ausführlich refe-
riert. Was Frühwald so eindrucksvoll zur Debatte stellt, entspricht überhaupt
keinem der genannten Informationskonzepte, sondern umreißt zwei *Erkennt-
nisstile*.[15]

---

[15] Zum ideengeschichtlichen Hintergrund und den damit verbundenen Weltbildern
    im archaischen Denken vgl. Paul Feyerabend: Wider den Methodenzwang. 3.

Auf der einen Seite wird mit aller Deutlichkeit das Aggregat-Weltbild des *Additiven Erkenntnistils* beschrieben, der Einzelheiten auflistet und in ›flacher‹ Parataxe, serieller Aufzählung, lokaler Haufenbildung zu einem Aggregatraum (im Sinne von Erwin Panofsky) verbindet. Das ergibt heute, wissenstechnisch gestützt, die Informationsmassierungen über Fakten oder Fiktionen, welche nicht durch innere Sinn- und Sachzusammenhänge theoretisch verbunden sind, sondern nur lokal, temporal, umstandshalber nach Gleichörtlichkeit, Gleichzeitigkeit oder einfach Verfügbarkeit. Nichts daran ist wissensmäßig neu an dieser früher enzyklopädischen, heute elektronischen ›Listenwissenschaft‹, außer ihrer mit Hilfe der IuK-Technologien erstmals ermöglichten Realisation im großen Stil. Im kleineren, weil technisch noch nicht gestützten Stil sind diese Datenhaufen von Otto Neurath, einem linken Vertreter des Wiener Kreises, als ›Ballungen‹ beschrieben worden.

Auf der anderen Seite wird der *Theoretische Erkenntnisstil* zwar nur angedeutet, aber für die Wissenschaft und Wissensgesellschaft stillschweigend in Anspruch genommen, wenn es um die Umwandlung von mengenhafter Fakteninformation in zusammenhängendes, reflektiertes, referiertes, bewertetes Wissen geht. Frühwalds Beschreibung des »Daten zum Netzwerk verknüpfende(n) Denken(s)« (1996, S. 7) sowie die Charakterisierung der daraus resultierenden Informationslandschaft betrifft viel mehr die grundsätzlichen Stileigenschaften als die informationstheoretisch begriffenen Inhalte von ›Information oder Wissen?‹. Folgerichtig heißt das Motto nicht Informatisierung von Wissensinhalten, sondern beliebige Inhalte kreuz- und querverbindende *Vernetzung* (1996, S. 12).

Dafür gibt es keine inhaltlichen Limitierungen und epistemischen Kriterien, aber doch eine semantische Untergrenze. Um die schwindelerregenden Größenordnungen, hybriden Zusammenballungen und ebenso willkürlichen Entflechtungen in den Griff zu können (to handle) braucht man Informationsmanagement. Kein Wunder, daß es unter der falschen Flagge des ›Wissensmanagements‹ zum neuesten Topthema der Managementlehren geworden ist.

Für die Geisteswissenschaften ist die Stilfrage umso wichtiger, als sie das keineswegs geklärte Wissenschaftsverständnis der Geisteswissenschaften berührt, welches zwischen Idiographik und Nomothetik immer noch keine eindeutige Position gefunden hat. Modern ausgedrückt und von Frühwald auch thematisiert: zwischen Fachinformation in größter Menge und Theorienanspruch ohne volle Allgemeinheit und strenge Exaktheit.

Aufl. als Neuausgabe. Frankfurt/M.: Suhrkamp 1983; zur systematischen Ausarbeitung und zeitgenössischen Ausprägung vgl. Helmut F. Spinner: Der ganze Rationalismus einer Welt von Gegensätzen. Fallstudien zur Rationalitätstheorie der Doppelvernunft. Frankfurt/M.: Suhrkamp 1994, S. 82ff.

b) Zur Inhaltsfrage

Frühwald zeichnet das Bild einer zunehmend inhaltsleeren Informationsgesellschaft und fordert mehr Aufmerksamkeit für die Inhalte der Informationswelten (1996, S. 5ff.). Einen Grund dafür sieht er in der Schwerpunktverlagerung auf die Medien. In der Tat gibt es elektronische Medien, die von vornherein ›inhaltsfrei‹ gebaut und nur so begehrt sind. Dagegen gibt es keine wirklich leeren Bücher – höchstens solche mit ›leeren Worten‹, also schwachen Inhalten. Das ist aber etwas anderes als die Banalität der Bildmedien, welche alles – einschließlich *wichtiger* Inhalte, zum Beispiel Nachrichten – als Unterhaltungsware (U-Wissen) präsentieren.

Vor der Frage nach Art und Wert der transportierten Inhalte kommt die Frage, *ob überhaupt* Inhalte eingespeichert und ›kommuniziert‹ werden. Im Vorfeld geht es hier um zwei Tatbestände: Zum einen zeigen alle erläuterten Informationstheorien (mit Ausnahme der Position I, welche aber von vornherein für Syntaxmaschinen und Signalmedien gedacht ist), daß auch die abschätzig behandelte ›bloße‹ Information Informationsgehalt hat: in kleiner Stückelung und geringer Güte vielleicht, aber dafür in größter Menge. Zum anderen lehrt die moderne Kommunikationstheorie (Watzlawick), daß man nicht Nichtkommunizieren könne.[16] Aber man kann sehr wohl Nichtinformieren, noch schlimmer, Desinformieren.

In Frühwalds Szenario kommen die vielen Informationen gegenüber dem wenigen Wissen zu schlecht weg, obgleich sie im selben Boot sitzen und eine gemeinsame Inhaltsfront gegen die Leerformelhaftigkeit der Unterhaltungsware und die Manipulationstendenzen der werbenden Desinformation bilden sollten. Nicht ›Wissen oder Information?‹, sondern *›Information oder Nichtinformation?‹* lautet die Inhaltsfrage, zunächst völlig unabhängig von allen anderen hier genannten Teilfragen.

Das ist wiederum eine vortechnische Alternative, welche durch die neuen technischen Bedingungen verschärft wird, aber nicht nur zum Schlechteren. Bildungssprache und Printmedien sind nicht nur auf der besseren Seite dabei. Die Inhaltsfrage verweist auf eine *geistesgeschichtliche Informationslinie*, deren Anfang lange vor dem Informationszeitalter liegt. Die intellektuelle Sorge um die Inhalte entzündete sich nicht erst angesichts der ›Quatsch-Explosionen‹ (Gernot Wersig) in den modernen Massenmedien. Die Einhaltung der Informationslinie ist ein Kampf um die Inhalte. Er richtet sich nicht gegen die bloße Information, sondern gegen die ›leeren‹ Kulturerscheinungen, wo immer sie sich breit machen: im ›Verbrechen‹ des funktionslosen Ornaments des Jugendstils (Adolf Loos, 1908), in der Verphrasung der Sprache (Karl Kraus), in der ›Wortmusik‹ der Metaphysik (Wiener Kreis der Wis-

---

[16]   Zur Kritik Helmut F. Spinner: Architektur der Informationsgesellschaft (Anm. 3), S. 14f.

senschaftslogiker, darunter Carnap), in den ›Leerformeln‹ der Ideologien (Ernst Topitsch), im leeren ›Gerede‹ (Martin Heidegger, gegen dessen ›Jargon der Eigentlichkeit‹ sich wiederum Adorno mit dem Leerheitsvorwurf wandte).

Am weitesten ging Karl Popper mit seinem Versuch, durch ein Abgrenzungskriterium wenigstens für die Erfahrungswissenschaften einen Damm gegen das inhaltslose Gerede aufzuschütten. Daß die Geisteswissenschaften sich hier nicht einfach zum Ankläger machen können, zeigt der überzogene, aber nicht völlig aus der Luft gegriffene Vorwurf, selber nur ›Wortwissenschaften‹ zu sein.

Die damit verteidigte Inhaltslinie wird entlang der informationellen Wasserscheide durch die Überlegung gezogen, daß es wissensmäßig nicht allein auf Wahrheit, Allgemeinheit, Genauigkeit etc. ankommt, sondern auf interessante, aufschlußreiche, nichttriviale Wahrheiten – also jene, die Wahrheit mit ›Inhalt‹, d.h. mit semantischem Informationsgehalt verbinden. Sonst verkommt die intellektuelle Kultur zum Geschwätz, zur Propaganda, zur Öffentlichkeitsbearbeitung und schlägt um in Demagogie, Manipulation, Verdummung. Das ist heute so aktuell wie damals.

c) Zur Qualitätsfrage

In allen entwickelten Kulturbereichen gibt es unter verschiedenen Bezeichnungen scharf ausgeprägte, in den Institutionen, Ausbildungsgängen und Berufsrollen fest verankerte Differenzbildungen zwischen ›hohen‹ und ›niederen‹ Erscheinungsarten: akademische Kunst und Kunsthandwerk; E-Musik und U-Musik; Oper und Operchen (Operette); Kochkunst und Hausmannskost; Expertenwissen und Laienwissen (mit eigens ausgearbeiteten Epistemologien für Wissenschaft und Common Sense) etc. Das Ergebnis ist die bekannte kulturelle Parzellenwirtschaft, deren Übertragung auf den Bildungs- und Wissensbereich die Auseinanderentwicklung von höchsten (›Hochschulen‹ genannt, heute einschließlich Technischer Hochschulen, mit den Fachhochschulen vor der Tür), höheren und einfachen Schulen mit sich brachte.

Wenn auch vorgeblich nur als horizontale Teilung gemeint, aber doch als ›Härteskala‹ mit qualitativer Hierarchisierung gebracht, entwickelte sich im Universitätsbereich die Aufspaltung in ›zwei Kulturen‹ (C. P. Snow),[17] die nicht miteinander sprechen, sondern allenfalls übereinander. Daß alle diese Trennungen ebenso entschieden immer wieder infrage gestellt und im Zuge von Gegenrevolutionen ›überwunden‹ werden sollen, ist nur die andere Seite

---

[17] Zur Kritik vgl. Hans Lenk: Wissenschaftskulturentrennung und methodologische Wissenschaftseinheit im Blickwinkel des Interpretationismus. In: Herbert Mainusch / Richard Toellner (Hg.): Einheit der Wissenschaft. Opladen: Westdeutscher Verlag 1993, S. 195–225.

der Medaille, die am Gesamtbild nichts ändert. Das Pendel schlägt zurück, bleibt aber nicht in der Luft stehen. Die Geisteswissenschaften sind trotz aller Universalitätsansprüche mehr denn je eine getrennte Kultur, wobei sie sich die meisten Verbindungsglieder selbst abgehackt haben.

Beim Wissensthema kann man bis auf Platons Unterscheidung von echtem, sicheren Wissen (*episteme*) und bloßer Meinung (*doxa*) zurückgehen. Ich habe diese vielfältigen Vorgaben mit den Begriffen des *E-Wissens* und *U-Wissens* aufgegriffen, die meines Erachtens auf allen Ebenen anwendbar sind, so daß man auch von *High Quality-Information* und *Low Quality-Information* sprechen kann.

Frühwald geht hier von der geisteswissenschaftlichen Warte der Hochliteratur (vgl. 1996, S. 7) auf Abstand zur Informationsindustrie. Damit legt er in seine Leitfrage ›Information oder Wissen?‹ eine Qualititätslinie, deren Aufrechterhaltung von größter Bedeutung ist. Aber muß sie gerade hier verlaufen? Gibt es keine hochqualifizierte Information und kein niveauloses Wissen, auch in den Geisteswissenschaften? Ist die korrekte Fakteninformation aus dem Nachrichtenbereich der Medienindustrie nicht wertvoller als manches literarische Geschwafel? Sollte man nicht die Qualitätsfrage *überall* stellen und die E/U-Linie quer durch den Informations- und Wissensbereich ziehen?

Die Antwort ergibt sich aus weiterführenden Vorstellungen darüber, was kognitive Qualität ist und wie man sie schaffen oder verbessern kann. Da man sie wohl kaum von vornherein für irgendetwas garantieren und mit einem Schlag erreichen kann, braucht man nach Auffassung der modernen Wissenschaftstheorie eine *Infrastruktur der Kontrolle und Kritik*, wie sie für den Wissenschaftsbereich kennzeichnend ist.

Was ihr in den Geisteswissenschaften vielfach entgegen steht, sind nicht die Informationsmengen der Literaturdatenbanken, sondern das hermeneutische Selbstverständnis des Philologiemodells, welches die Auslegungsstimmigkeit über die Aussagenrichtigkeit stellt.[18] Im Gegensatz zu dieser sind je-

---

[18] Ein Beispiel ist die semiotische Analyse der Relativitätstheorie durch Bruno Latour, auch wenn es sich hier um eine soziologische Vertextung der (sozialen) Wirklichkeit handelt, die von Fachleuten nicht ernst genommen wird (zur Kritik vgl. Alan Sokal / Jean Bricmont: Eleganter Unsinn. Wie die Denker der Postmoderne die Wissenschaft mißbrauchen. München: Beck 1999, S. 113ff.) Diese genretypische *Philologie von Nichtphilologen* ist keineswegs auf postmoderne Wortwissenschaften beschränkt, wie die deutsche Max-Weber-Forschung zeigt (zur Kritik vgl. Helmut F. Spinner: Rationalismus (Anm. 11), S. 114). Daß die Geistes-, zumal die Literaturwissenschaften, offenkundig nicht ›kriterienfest‹ sind, wie Sokals Jux gezeigt hat, wird nicht dadurch entschuldigt, daß auch Naturwissenschaftler es *außerhalb ihres Faches* nicht sind (dazu Mara Beller: Über wen haben wir gelacht? An den Exzessen postmoderner Theorien sind die Physiker nicht unschuldig. In: Die Zeit 13 [25. März 1999], S. 59).
Was dem soziologischen Textmodell des sozialen Konstruktivismus im Vergleich zum handwerklich gekonnteren Philologiemodell abgeht, sind drei Errungen-

ner keine Grenzen gezogen, wie sich unter anderem an der mit Recht kritisierten Ideologieanfälligkeit der Geisteswissenschaften zeigt.

d) Zur Ordnungsfrage

Was eine flächendeckende Infrastruktur der Kritik für die Qualitätsverbesserung des wissenschaftlichen Wissens, das ist der Ordnungsrahmen für die ganze Bandbreite der gesellschaftlichen Wissensarbeitsteilung. Da die (Universitäts-)Wissenschaft immer noch eine vergleichsweise homogene und abgehobene Wissenskultur verkörpert, stellt sich die Ordnungsfrage vor allem für die nichtwissenschaftlichen Bereiche und Bestände. Im gegenwärtigen Verdrängungswettbewerb der Ordnungen überrollt das ökonomische Wissensregime die kognitive Landschaft mit den privatrechtlichen Regelungen des westlichen Rechts (Eigentum, Vertrag, Haftung etc.) und den privatwirtschaftlichen Imperativen des globalisierten Marktes (Kommerzialisierung, *Free Flow of Information* für Unterhaltung, Werbung, Sport etc., mit politischen Abstrichen auch für Nachrichten).

Das ist kein rein geisteswissenschaftliches, also ein ernstes Problem mit weitreichenden Konsequenzen. Frühwald (1997, S. 77ff.; außerdem 87ff. und S. 122ff.) behandelt es unter dem Stichwort ›Wissenskreisläufe‹ als neuartige Erzeugung des Wissens unter dem ökonomischen Regime, welches langfristig angelegte akademische Wissensinnovation der kurzfristig getakteten wirtschaftlich-technischen Produktinnovation dienstbar zu machen versucht. Das Instrument ist die Steuerung der Wissenserzeugung (von linken Autoren ›Finalisierung‹ genannt), das Ergebnis ›proprietäres und patentiertes Wissen‹ im (zeitlich begrenzten) Verfügungsmonopol der Nutzer, die mit den Erzeugern (Autoren, Erfindern) meist gar nicht identisch sind, also Fremdherrschaft in jeder Hinsicht. Frühwald sieht in der Kolonialisierung des akademisch-universitäres Sondermilieus mit autonomer Wissensordnung durch das ökonomische Wissensregime »ein groß angelegtes Selbstmordunternehmen der westlichen Welt« (1997, S. 78).

Das läßt an Deutlichkeit nichts zu wünschen übrig, ist aber meines Erachtens wiederum eine *beide Seiten* der Alternative ›Information oder Wissen?‹ durchlaufende Überlegung.

---

schaften der Geisteswissenschaften: erstens hermeneutische Kriterien (wenn auch noch so fragwürdig); zweitens philologische Kompetenzen (allerdings einseitige, ohne wissenschaftstheoretische und wissenspsychologische Gegenprobe); drittens die Tradition einer jahrhundertelang eingeübten Auslegungskunst (trotz aller Verirrungen und Verfälschungen, wenn man zum Beispiel an die ›unbegrenzte Auslegung‹ denkt, wie sie von Bernd Rüthers beim NS-Recht aufgewiesen worden ist; man darf aber auch an den unbestimmten Begriff der ›Wesentlichkeitsgarantie‹ des Grundgesetzes denken).

e) Zur Technikfrage

Wie die Aufzählung der Informationskonzepte gezeigt hat, ist das Thema ›Information‹ keineswegs von vornherein und in ganzer Bandbreite technisch besetzt. Angesichts des heutigen Einflusses der IuK-Technologien wäre es jedoch unangebracht, die später einsetzende und inzwischen völlig dominierende technische Überlagerung in Frage zu stellen.

Der semantische Informationsgehalt ist zwar der herunterdiskontierte Barwert jeder Wissensart, aber das informatisierte Wissen auf technischen Trägersystemen ist die vorherrschende Erscheinungsform. Der Begriff der ›Informationsgesellschaft‹ ist keine semantische Definition, sondern eine technische Innovation. Ob der Nachfolger- oder Gegenbegriff der ›Wissensgesellschaft‹ seinerseits die technische Komponente rücküberlagern kann, erscheint höchst fraglich.

Technisch ausgelotet, schließt die begriffliche Alternative ›Information oder Wissen?‹ auch die technologische zwischen den tradierten Kulturtechniken für den gelehrten Umgang mit Wissen und die neuen Wissenstechniken für die Informationsverarbeitung ein. In der Tat bilden die letzteren die Basisstruktur der Informationsgesellschaft, der die Wissensgesellschaft allenfalls einen etwas anderen ideologischen Überbau aufpfropfen kann.

Was bei der Technikfrage problematisch erscheint, ist nicht die Alternative selbst, sondern die beiden Technologien unterstellten Eigenschaften und Gebrauchsweisen. Daß die IuK-Technologien neuartige, in dieser Funktion noch kaum in Anspruch genommenen *Wissensveränderungstechniken* sind, bleibt außer Betracht.

Zusammenfassend gesagt, sind das fünf Teilfragen, die eigenständige Untersuchungen erfordern und die Ausgangsalternative ›Information oder Wissen?‹ nicht widerspiegeln, sondern auf eigenen Bahnen durchlaufen: mal näher beim Informationspol, mal näher beim Wissenspol, nie genau auf der begrifflichen Trennlinie. Jede Option zieht ihre eigene Linie und untergräbt die große Dichotomie der Ausgangsfrage.

Schlußbetrachtung: Von der Informationsgesellschaft zur
Wissensgesellschaft mit den Geisteswissenschaften – ist das der Weg?

Während die gegenwärtige Informationsgesellschaft lediglich mit technischen Informationsmedien durchsetzt ist, gewinnt die Wissensgesellschaft »ihre Lebensgrundlagen aus reflektiertem und bewertetem Wissen« (1996, S. 5). Für Frühwald ist es eine »erst in Umrissen erkennbare« (1997, S. 125) Wunschvorstellung, deren Verwirklichung einen entsprechenden Umwandlungsprozeß von bloßer Information in solches Wissen erfordert (1996, S. 5). Obgleich den Geisteswissenschaften die erste Zuständigkeit (für Ideen statt

Informationen), beste Verortung (in der Universität statt in der Wirtschaft) und volle Befähigung (Reflexion, Bewertung, Beurteilung nach Inhalt und Güte des Wissens) für die ›alte‹ Wissenserzeugung – im Gegensatz zur neuen Informationsproduktion – zugeschrieben wird, wird ihnen hier anscheinend nicht viel zugetraut. Je mehr Frühwald von der Wissensgesellschaft spricht (1996 und 1997, wobei der Titel des zweiten Teils ›Der Weg zur Wissensgesellschaft‹ mit der höchst heterogenen Thematik fast nichts zu tun hat), desto weniger von den Geisteswissenschaften (1996 kein Treffer; 1997 nur wenige in anderem Zusammenhang).

Können die Geisteswissenschaften zur Umwandlung der Informationsgesellschaft in eine Wissensgesellschaft von sich aus nichts beitragen? Dazu müßten sie wohl selbst erst auf den Weg gebracht werden. Frühwald hat ihn vorgezeichnet mit der Wendung zum Wissen, die – wie erläutert – über den Wissensbegriff weit hinausgeht. Dazu gehört ein wissenschaftlicher Erkenntnisstil, Konzentration auf die Inhalte, Hochhaltung der Qualität, eine eigenständige Wissensordnung, Schrift- und Buchkultur als zugehörige Technologien.

Von den Kulturtechniken abgesehen, ist dafür das Philologiemodell nur sehr begrenzt tauglich. Die Theoriebildung ist umstritten, die Aufmerksamkeit richtet sich auf Textmaterialien, die Qualität ist keineswegs kriterienfest, die den Geisteswissenschaften maßgeschneiderte Wissensordnung ist mit der Humboldtschen Universität in die Defensive gedrängt, während die Wissenstechniken gegenüber den überkommenen Kulturtechniken zunehmend dominant werden. Was braucht die Wissensgesellschaft und was könnten die Geisteswissenschaften dazu beitragen, wenn sie es denn wollten? Die einfache Antwort lautet: Wissen für jene, Geist von diesen. Da die Wissensgesellschaft nicht weniger als die Informationsgesellschaft technikgetragen und marktgetrieben sein wird, sollte man sich an die alte Metapher vom ›Geist in der Maschine‹ erinnern und den – nach Friedrich Kittler sowieso längst ausgetriebenen – Geist der Geisteswissenschaften neu bestimmen. Für die Wissensgesellschaft kann es nur das ›weiche‹ Wissen sein, welches nicht nur die ›harte‹ Maschine zur Wissensbearbeitung und (wie ergänzend gesagt) Wissensveränderung tauglich macht, sondern die Frage der *nichttechnischen Zielsetzungen, Rahmenbestimmungen und Randbedingungen für die Wissensgesellschaft* aufwirft.

Wenn die Wissensgesellschaft vom analysierten, reflektierten, evaluierten Wissen ›lebt‹, dann kann sie nur von Geisteswissenschaften ›genährt‹ werden, die ihre Aufgaben nicht länger am Philologiemodell bestimmten. Dazu ist ein *Wissensmodell* erforderlich, für das (semantische) Information der inhaltliche Grundstoff ist, seine Höherqualifizierung zur Erkenntnis das Mittel und die Selektion der ausgewählten, aktivierten Kenntnisse im Hinblick auf Wissenswerte – des Neuen, Richtigen, Wichtigen etc. – das Ziel.

Was die Geisteswissenschaften als ›Wissenswissenschaften‹ eigener Art einbringen können, sind meines Erachtens drei Bausteine zur Wissensgesellschaft (mit denen bezeichneterweise, im dunklen Drang des eigenen Interesses wohl bewußt, ausgerechnet von Traditionalisten der Beamtenstatus für Professoren verteidigt wird, nachdem die ›hoheitlichen Funktionen‹ nicht mehr ziehen):

Erstens die *Qualität kriteriengebundenen, ansonsten ›uninteressierten‹ Wissens* – einschließlich hochqualifizierter Information, zum Beispiel des Recherchejournalismus oder im informationellen ABD-Bereich (Archiv, Bibliothek, Dokumentation).

Zweitens die *Öffentlichkeit und Zugänglichkeit der publizierten Wissensinhalte*, wenn auch meist nur als eine Art Ergebnisberichterstattung ohne Einblick in die ›innerbetrieblichen‹ Abläufe und Umstände.

Drittens die *Unabhängigkeit von Wissensunternehmen* unter dem öffentlich-rechlichten Schutzschild des Grundgesetzes.

Die finanzielle Abhängigkeit vom Staat darf allerdings nicht übersehen werden. Sie würde für den geisteswissenschaftlichen Kleinbetrieb weniger ins Gewicht fallen, wenn nicht die administrative Gängelung hinzukäme, die alle ›Autonomie‹ glatt durchschlägt. Die Trilogie aus Qualität, Inhalt, Unabhängigkeit darf allerdings nicht als Besitzstand betrachtet, sondern muß als Aufgabe übernommen werden. Dann erst bilden die Wissenskriterien einen Beitrag zum Aufbau von Qualitätszonen, desgleichen die Öffentlichkeit für Verbreitungszonen und die Unabhängigkeit für Schutzzonen des Wissens. Zur Aufrechterhaltung des wissensmäßigen – nicht einmal so sehr und vor allem nicht nur des wissenschaftlichen – Qualitätsniveaus gehören zum Beispiel die angesichts technikgestützter, marktgetriebener Mengenkonjunktur von Unterhaltung, Werbung, Propaganda überall angebrachten Hinweise, daß leerformelhafte Kommunikation keine Informationsqualität, das ›Reden‹ der Online-geschalteten Geräte keine Dialogqualität, die schwache Interaktivität des Mediennutzers keine Kritikqualität haben.

Was den Geisteswissenschaften außer der Selbstbesinnung auf diese zu wenig genutzten Stärken ins Haus steht, ist der *Verlust der Monopolstellung* für die letzten intellektuellen Güter, über die sie immer noch zu verfügen glauben. Die Allgemeinbildung ist an die Gymnasien abgewandert, die alten Sprachen verlieren ebenso an Boden und neuerdings auch Deutsch als Wissenschaftssprache, Reflexion wird zum Ornament der Information. Jetzt muß das alles *im Wettbewerb* verteidigt und verbessert werden. Was aber Post und Bahn überlebt haben, sollte auch die Geisteswissenschaften nicht umbringen. Wenn man bedenkt, daß man heute billiger und besser telefonieren kann, erahnt man, wie die Kunden früher von den öffentlich-rechlichen Monopolbetrieben ausgenommen worden sind. Den Geisteswissenschaften sollte das Mahnung, Ansporn und Lehre sein.

HEINZ-ELMAR TENORTH

Wem gehört der Text, was sagt die Literatur?

Literatur als Argument in der historischen Bildungsforschung

I.

Innerhalb der historischen Bildungsforschung sind von Beginn an zentrale Fragestellungen einer Sozialgeschichte der Literatur ausdrücklich begrüßt und positiv rezipiert worden. »Literatursoziologie und Lesergeschichte« wurden »als Bildungsforschung« interpretiert,[1] die Analyse von Biographien und Autobiographien, die ohne das Vorbild der Literaturwissenschaft generell, der Sozialhistoriker der Literatur im besonderen nicht denkbar ist, rechnet inzwischen zu den Königswegen der einschlägigen Sozialisationsforschung;[2] Fragen der Produktion, Distribution und Rezeption von Literatur, gleich welcher Qualität und Provenienz, sind bis heute in der Bildungsgeschichte bedeutsam[3] und allein im Blick auf Gruppen, Milieus und Organisationen, auf Medienstrukturen und Verlage sowie vor dem Hintergrund von Sozialisationsprozessen angemessen beantwortbar. In der Untersuchung von Mustern der Kanonbildung und -tradierung nahm wiederum die neu entstehende Sozialgeschichte der Literatur Fragen auf, die von klassischen Studien der Historischen Bildungsforschung, wie sie innerhalb der Erziehungsgeschichte vor-

---

[1] Ulrich Herrmann: Literatursoziologie und Lesergeschichte als Bildungsforschung. Historische Sozialisationsforschung im Medium der Kinder- und Jugendliteratur. In: Internationales Archiv für Sozialgeschichte der deutschen Literatur 2 (1977), S. 187–198.

[2] Man vergleiche nur die folgenden Beiträge, die sich alle im *Handbuch qualitative Forschungsmethoden in der Erziehungswissenschaft* (Hg. von Barbara Friebertshäuser und Annedore Prengel. Weinheim, München: Juventa 1997) finden: Rachel Monika Herweg: Historisch-hermeneutische Quellenanalyse anhand von Bildern, Texten und überlieferten Zeugnissen (S. 286–297); Dorle Klika: Methodische Zugänge zur historischen Kindheitsforschung (S. 298–308); Theodor Schulze: Interpretation von autobiographischen Texten (S. 323–340); Charlotte Heinritz: Autobiographien als erziehungswissenschaftliche Quellentexte (S. 341–353); Luise Winterhager-Schmid: Jugendtagebuchforschung (S. 354–370).

[3] Ich nenne exemplarisch Meike G. Werner: Ambivalenzen kultureller Praxis in der Jugendbewegung. Das Beispiel des freistudentischen Jenenser Serakreises um den Verleger Eugen Diederichs vor dem Ersten Weltkrieg. In: Jahrbuch für historische Bildungsforschung 1 (1993), S. 245–264; Christiane Hof: Von der »erzählten Wahrheit« zur »Wahrheit des Erzählens«. Zur Bedeutung der Erzählpraxis in der Erwachsenenbildung. In: Jahrbuch für historische Bildungsforschung 4 (1998), S. 220–244.

lagen (und zu ihrem Schaden heute zu selten betrieben werden),[4] allenfalls im
methodischen Aufwand zu unterscheiden waren, nicht in den Quellen oder
den Interpretationen,[5] denn ohne den Blick auf die Schule sind solche Fragen
kaum zu klären. Das Bildungssystem bildete auch den Ansatzpunkt für sozialhistorische Studien über die Träger und Rezipienten von Literatur und
Kultur und die Adressaten und Akteure der ›Bildung‹.[6] Denkt man disziplin-
bezogen, dann kann man fast sagen, daß sich die traditionelle Geschichte der
Pädagogik dadurch erneuerte, daß sie sich der Sozialgeschichte verbunden
hat, und daß sie Sensibilität für ihre Themen und historische Tiefenschärfe in
ihren Analysen in dem Maße gewann, wie sie auch die Perspektiven einer
Sozialgeschichte der Literatur berücksichtigte. Distanziert man sich von solchen Binnenperspektiven, dann wird bewußt, daß beide, Sozialgeschichte der
Literatur und Historische Bildungsforschung, ihre theoretische Innovation und
methodische Inspiration dem gleichen Kontext einer sozialhistorischen Erneuerung der Betrachtung von Gesellschaft, Bildung und Kultur verdankten.

Um so erstaunter reibt sich der Bildungshistoriker die Augen, wenn die
Historiker der Literatur, aber auch Literaturwissenschaftler den Weg der Sozialgeschichte wenn nicht als vollständigen Irrweg, so doch als eine heute nur
wenig Ertrag versprechende Arbeitsrichtung beschreiben. Das mag verständlich erscheinen, wenn ein Literaturwissenschaftler wie Karl Heinz Bohrer
»das eigentlich ästhetische Ereignis im Text« zum zentralen Thema seiner
Analyse erklärt,[7] aber für »historische Gelehrsamkeit die Altertümer betref-
fend« und für »das historische Wissen«, im Gegensatz zu »literarisch-
stilistischer Anverwandlung« und der »ästhetischen Bewegung«, eher einen
Platz außerhalb der Literaturwissenschaft für angemessen hält, hätten sie es
doch »nie eigentlich mit Kunst, sondern mit Geschichte, Nationalerziehung
und Politik zu tun«.[8]

---

[4]   Die erziehungswissenschaftliche Fragestellung – nach der Lehrbarkeit des Kanons
      und seiner Funktion im Lernprozeß – fehlt deshalb leider weitgehend in Renate
      von Heydebrand (Hg.): Kanon Macht Kultur. Theoretische, historische und soziale
      Aspekte ästhetischer Kanonbildungen. Stuttgart, Weimar: Metzler 1998.
[5]   Hans-Georg Herrlitz: Der Lektürekanon des Deutschunterrichts im Gymnasium.
      Heidelberg: Quelle & Meyer 1964; Peter-Martin Roeder: Zur Geschichte und Kri-
      tik des Lesebuchs der höheren Schule. Weinheim: Beltz 1961; Georg Jäger: Schule
      und literarische Kultur. Bd. 1: Sozialgeschichte des deutschen Unterrichts an höhe-
      ren Schulen von der Spätaufklärung bis zum Vormärz. Stuttgart: Metzler 1981;
      Elmar Schwinger: Literarische Erziehung und Gymnasium. Zur Entwicklung des
      bayerischen Gymnasiums in der Ära Niethammer/Thiersch. Bad Heilbrunn: Klink-
      hardt 1988.
[6]   Reinhart Koselleck (Hg.): Bildungsgüter und Bildungswissen. Stuttgart: Klett 1990
      (Bildungsbürgertum im 19. Jahrhundert Teil II).
[7]   Karl Heinz Bohrer: Vorwort. In: K. H. B. (Hg.): Ästhetik und Rhetorik. Lektüren
      zu Paul de Man. Frankfurt/M.: Suhrkamp 1993, S. 7–9, hier S. 7.
[8]   Karl Heinz Bohrer: Die Negativität des Poetischen und das Positive der Institution.
      In: Merkur 598, 53 (1999), S. 1–14, hier S. 1 (u.ö.); in vergleichbarer Abgren-
      zung auch Karl Heinz Bohrer: P.S. (III). In: Merkur 575, 51 (1997), S. 183–184.

Die Abkehr von einer sozialhistorisch orientierten Literaturgeschichte mutet dagegen schon etwas überraschend, wenn nicht sogar problematisch und seltsam an, wenn sie mit dem Plädoyer für eine »kulturwissenschaftliche« Orientierung parallel geht.[9] Nicht nur, daß der Leitbegriff der ›Kultur‹ kaum präzise von den Grundbegriffen der Sozialgeschichte unterscheidbar ist; denn in der Dimension der Sozialität bewegt man sich allemal, gleich ob Strukturen, Ereignisse, Akteure oder Rituale Thema der Analyse sind. Vor allem aber, das knappe Verdikt der ästhetischen Theorie bleibt bestehen, daß auch »die neue Kulturwissenschaft (noch weniger als die alte Geschichtsphilosophie) den Kern des Imaginativ-Literarischen, ganz zu schweigen von dessen poetischer Negativität, nicht wahrnehmen kann«.[10] Bohrer schließt jedenfalls mit der systematischen Pointe: »Die Literaturwissenschaft wird sich also nicht als Wissenschaft vom Menschen andienen können, sofern sie von Literatur spricht, wie die von Kulturfunktionären und Wissenschaftspolitikern in Umlauf gesetzte ideologische Formel lautet«.

Offenbar sind der ›Gegenstand‹ der Literaturwissenschaft und ihr Thema selbst in der Literaturwissenschaft nicht unstrittig gegeben,[11] und das hat nicht nur in den systematischen Schwierigkeiten der Bestimmung des Charakters von ›Text‹ und ›Literatur‹ seine Wurzeln, sondern auch in der anscheinend korrumpierenden Nähe zur Historisierung, Funktionalisierung und Pädagogisierung der Literatur, in der sich die Sozialgeschichte der Literatur und die historische Bildungsforschung als ›Wissenschaften vom Menschen‹ wechselseitig befruchtet haben.

Ergab sich dieser Ertrag, so könnte man fragen, also eher zufällig, am falschen Objekt und nur in Verkennung der besonderen Qualität einer zentralen Quelle, die beiden, der Sozialgeschichte wie der historischen Bildungsforschung, gemeinsam war? Muß man deshalb die Sozialgeschichte der Literatur besser aufgeben, um etwas über Literatur zu lernen, und in der Bildungsgeschichte die Literatur meiden, um etwas über den Menschen und seine Bildungsprozesse im historischen Kontext zu erfahren? Ist ›Kultur‹ die Formel, all diesen Schwierigkeiten aus dem Wege zu gehen und zugleich für die historisch-soziale Besonderheit der Literatur und die Möglichkeiten und Bedin-

---

[9] Klaus R. Scherpe: Literaturgeschichte im sozialen und kulturellen Zusammenhang. Eine Revision und ein Prospekt. In: Zeitschrift für Germanistik N.F. 1/2 (1991), S. 257–269, bes. S. 259.

[10] Karl Heinz Bohrer (Anm. 8), S. 13, S. 12 für das folgende Zitat.

[11] Wilfried Barner: Kommt der Literaturwissenschaft ihr Gegenstand abhanden? In: Jahrbuch der deutschen Schillergesellschaft 41 (1997), S. 1–8 sowie die Beiträge zur Diskussion der von Barner aufgeworfenen Frage im *Jahrbuch der deutschen Schillergesellschaft* 42 (1998), S. 457–507. In den Beiträgen zur Diskussion finden sich nicht nur erneut das Plädoyer für Kultur und die Kulturwissenschaften (Doris Bachmann-Medick; Hartmut Böhme, Jörg Schönert), der Verweis auf Kunst und die Kunstwissenschaften (Hartmut Böhme) sowie die Weiterungen des Textbegriffs (Moritz Baßler), sondern auch die Abwehr der Kulturkritik (Hinrich C. Seeba).

gungen von Sozialisation einen gegenstandsadäquaten und interdisziplinäre Relationen stiftenden Begriff zu finden?

In den folgenden Überlegungen will ich diese Fragen aufnehmen, in der Absicht, die Beziehungen von Sozialgeschichte der Literatur und historischer Bildungsforschung systematisch zu einem Zeitpunkt weiter zu diskutieren, zu dem man nicht mehr nur über Forschungsprogramme reden muß, sondern auch die Forschungspraxis als Referenz einführen kann. Für diese Diskussion sollen zunächst noch einmal die Gründe in Erinnerung gerufen werden, die eine enge Beziehung beider Disziplinen nahegelegt haben, dann die Argumente geprüft werden, die für eine Distanz von Literaturwissenschaft und den ›Wissenschaften vom Menschen‹ sprechen, um schließlich an einem Exempel zu zeigen, daß selbst historische Bildungsforschung ohne Rücksicht auf das »ästhetische Ereignis im Text« ihr eigenes, wenn es denn sein soll: menschheitswissenschaftliches Thema nicht angemessen bearbeiten kann.

II.

Geht man den Gründen für die fruchtbare Kooperation von Sozialgeschichte der Literatur und historischer Bildungsforschung nach, dann ergeben sich eigentümliche Befunde für den Status und die Funktionsweise der leitenden Begriffe, die eine Kommunikation zwischen den Disziplinen ermöglicht haben. Diese Kooperation war zwar über die gemeinsam geteilten Quellen und das Referenzfeld – die Einheit von Literatur als Sozialsystem und als Symbolsystem[12] – eröffnet, aber nicht in der Forschungspraxis dadurch auch schon organisiert und konkretisiert worden. Eine Beziehung war vielmehr erst dadurch möglich, daß sich beide Disziplinen in sehr starker Weise und gleichsinnig auf zwar gemeinsame, und insofern kommunizierbare, der Herkunft und der Theorie nach aber anderen Disziplinen entstammende Begriffe bezogen: Sozialisation, Produktion, Distribution, Kommunikation, Rezeption – in den frühen Untersuchungen, Kanon, Kultur, Konstruktivität, selbst Text, Symbol oder Zeichen – in den jüngeren Arbeiten.

Die hier genannten Begriffe sind weder in der Literaturwissenschaft noch innerhalb der Bildungsforschung erfunden oder theoretisch entscheidend geprägt worden; sie entstammen vielmehr anderen Disziplinen. Der bedeutsame Begriff der Sozialisation kommt insofern aus der Soziologie und der Sozial-Psychologie, Produktion und Distribution aus den Wirtschaftswissenschaften und der Nationalökonomie, andere, wie der Rekurs auf Kanon oder Text, entstammen der theologisch-philosophischen Tradition, weitere schließlich, zum Beispiel Konstruktion und Konstruktivität, den Naturwissenschaften oder

---

[12] Wilhelm Voßkamp: Die Gegenstände der Literaturwissenschaft. In: Jahrbuch der deutschen Schillergesellschaft 42 (1998), S. 503–507, hier S. 505.

der Mathematik. Im Umgang mit der Literatur haben historische Bildungsforschung und Sozialgeschichte der Literatur diese Begriffe nicht nur rezipiert, sondern in der Regel auch die theoretisch-methodischen Implikationen, zum Teil unreflektiert, mit übernommen, die diesen Begriffen und Theorien innewohnen.

Am Beispiel des Sozialisationsbegriffs kann man insofern erkennen, daß alle Beteiligten Literatur nicht einfach nur als Datum und Beleg für die einschlägigen Lern- und Erziehungsprozesse gesehen, sondern dezidiert als Produkt und Faktor von Sozialisation verstanden und analytisch verwendet haben. Die Literatur wurde quasi als Empirie benutzt, dann, wenn man die Mechanismen der Sozialisation erkunden, Differenzen in sozialen Milieus präzisieren, Veränderungen über die Zeit bestimmen wollte.[13] Die Literatur war ferner, manifestiert zum Beispiel in ›Kultbüchern‹ von Jugendkulturen, nicht nur selbst historisch folgenreiches Medium der Sozialisation, sie lieferte auch Indizien für die historisch bedeutsamen ›Kindheitsbilder‹ und wurde zu einer zentralen Quelle der Beschreibung, Analyse und Kritik von ›Kinderwelten‹.[14] Dabei unterschieden sich die Disziplinen allenfalls darin, daß der Literaturwissenschaftler zum Beispiel gegenüber den Möglichkeiten, das Kind auch wirklich zu verstehen, sehr viel skeptischer argumentierte als der Pädagoge, der gewissermaßen von Profession aus auf die Kenntnis des Kindes angewiesen ist und sich deshalb auch als kompetent zum Verstehen stilisiert, um das Kind auch formen zu können.[15]

Diese sozialisationstheoretische Fragestellung, schon immer wesentlich von einem Sozialisationsverständnis geprägt, das sich der Formel von der »gesellschaftlichen Konstruktion der Wirklichkeit« verdankt,[16] konnte deshalb auch nicht nur relativ leicht an wissenshistorische Studien anschließen, sondern auch der Karriere der ›Konstruktivitäts‹-Metaphorik und ihrem Umfeld folgen, die sich nicht nur in der Literaturwissenschaft, sondern auch in den Sozialwissenschaften ausgebreitet hat. Nur scheinbar wird damit die Sozialisationsthematik und ihre Perspektive verlassen, der Sache nach verschiebt sich nur die leitende Interpretationsprämisse. Statt einer tendenziell determinierenden Annahme über den Sozialisationsprozeß, treten jetzt eher die akti

---

[13] Ein Beispiel aus jüngerer Zeit geben die Abhandlungen in Jürgen Fohrmann (Hg.): Lebensläufe um 1800. Tübingen: Niemeyer 1998.

[14] Die ›Kindheitsbilder‹ zeigt der Literaturwissenschaftler Dieter Richter: Das fremde Kind. Zur Entstehung der Kindheitsbilder des bürgerlichen Zeitalters. Frankfurt/M.: Fischer 1987; für die ›Kinderwelten‹ Erich Renner (Hg.): Kinderwelten. Pädagogische, ethnologische und literaturwissenschaftliche Annäherungen. Weinheim: Deutscher Studien Verlag 1995.

[15] Man vgl. etwa die Skepsis bei Dieter Richter 1987 mit Ulrich Herrmann: Können wir Kinder verstehen? Rousseau und die Folgen. In: Zeitschrift für Pädagogik 43 (1997), S. 187–196.

[16] Peter Berger / Thomas Luckmann: Die gesellschaftliche Konstruktion der Wirklichkeit. Eine Theorie der Wissenssoziologie. Frankfurt/M.: Fischer 1970.

ven Leistungen der Subjekte beziehungsweise, und quasi stellvertretend, die
Konstruktionsleistungen der Literatur und ihrer Autoren ins Blickfeld.[17] Aber
die Implikation bleibt doch, daß man nicht nur Literatur und die Fiktionen
eines Autors, sondern Lebenswelten und Bildungsprozesse thematisiert, wenn
man die Texte studiert. Je ›konstruktivistischer‹ die Argumentation, um so
weniger wird dann noch die jetzt schon fast altertümlich erscheinende Frage
aufgenommen, ob und wenn ja welche Differenz es überhaupt noch zwischen
den Bildern und Konstruktionen der Texte und den Welten der Kinder und
der Sozialisation gibt.[18]

Diese Distanz gegenüber der Wirkungsfrage, die für die ältere Sozialisationsforschung große Bedeutung hatte, mag auch damit zusammenhängen, daß
sich die Referenzdisziplinen und -begriffe für die Thematik verschoben haben. An die Stelle der alten strukturfunktionalistischen Soziologie traten zuerst Fragestellungen des symbolischen Interaktionismus, dann bald ethnologische Überlegungen, verbunden mit methodischen Prämissen, die nicht kau-
salanalytisch, sondern praxeologisch inspiriert waren. Für »dichte Beschreibungen« wäre es aber geradezu ein Sündenfall, alte Erwartungen an die eindeutige Zurechnung von Ursachen und Wirkungen aufzunehmen, wenn man
die Rituale und Praktiken, Formen und Muster von Sozialisation in einer
Kultur beschreibt.

Für die historische Bildungsforschung schien der Wechsel zum Leitbegriff
der Kultur um so näher zu liegen, als die Pädagogik schon traditionell die
Welten, denen ihre besondere Aufmerksamkeit gilt, als ›Kultur‹ aufgefaßt
und als Ort der ›Bildung‹ verstanden hat.[19] Aber trotz einiger Nähe zur Ethnologie folgte die historische Bildungsforschung solchen Offerten eher zögerlich; und das mag an den ambivalenten Erfahrungen liegen, die im pädagogischen Milieu mit dem Begriff der Kultur im 20. Jahrhundert vorliegen.
Vor diesem Hintergrund man mag sich eher wundern, daß die Begeisterung,
mit der in den Literaturwissenschaften der Weg zur ›Kultur‹ als Leitbegriff
gesucht wurde, nicht ebenfalls stärker durch die Erfahrungen gezügelt worden ist, die mit der älteren Nutzung des Kulturbegriffs in den historischen
Disziplinen gemacht worden sind. Alle methodischen Probleme, die sich
theoretisch mit der Auffassung der Welt als ›Kultur‹ und methodisch mit der

---

[17] Auch hier nur exemplarisch als Beleg u.a. Gertrud Lehnert (Hg.): Inszenierungen
von Weiblichkeit. Weibliche Kindheit und Adoleszenz in der Literatur des 20.
Jahrhunderts. Opladen: Westdeutscher Verlag 1996; Susanne Pellatz: Körperbilder
in Mädchenratgebern. Pubertätslektüre zur Zeit der Formierung bürgerlicher Kultur. Weinheim, München: Juventa 1999.
[18] Für dieses Problem z.B. noch Fritz Seidenfaden: Kindheitserfahrungen in Autobiographien. In: Erich Renner (Anm. 14), S. 38–51.
[19] Traditionell: Wilhelm Flitner: Die Geschichte der abendländischen Lebensformen.
München: Piper 1967; reaktualisiert und sozialwissenschaftlich modernisiert dann
Klaus Mollenhauer: Vergessene Zusammenhänge. Über Kultur und Erziehung.
Weinheim, München: Juventa ²1985.

Prämisse verbinden, diese Wirklichkeit wie einen ›Text‹ und damit die »Poetik der Kultur« verstehen zu können, sind in der bildungstheoretisch inspirierten Erziehungswissenschaft jedenfalls hinreichend dokumentiert worden. In der Kritik der geisteswissenschaftlichen Pädagogik kann man nachlesen, daß sie mit diesen theoretisch-methodischen Prämissen weder die Welt angemessen verstanden noch ihre eigene Rolle im Bildungsprozeß kritisch interpretiert, sondern allenfalls Mystifikationen ihrer Realität erzeugt hat.[20]

Die Attraktivität von Sozialisation und Kommunikation, von Sozialgeschichte und Ethnologie bestand und besteht gerade darin, daß sie solche Selbstblockaden anscheinend nicht so stark favorisieren wie die traditionellen Begriffe. Es betrifft deshalb auch das Selbstverständnis der historischen Bildungsforschung und nicht nur eine Problematisierung einer ihrer zentralen Quellen, wenn mit der Sozialgeschichte der Literatur zugleich die alten Leitbegriffe, in denen Forschung und wechselseitige Wahrnehmung organisiert waren, ihre Geltung verlieren.

III.

Wie die Literaturwissenschaft aktuell, hat die Bildungsforschung ebenfalls, und zum Teil schon früher, die Frage gestellt, welches die angemessenen Begriffe für ihren Gegenstand sind, und es waren dann nicht zuerst die Tradition und der Kulturbegriff, sondern Sozialisation und Kommunikation, erst später Kultur, mehr noch Lebenswelt und Praxis, denen solche Leitfunktion zugeschrieben wurde. Aber unverkennbar hat es auch eine Debatte gegeben, die eigene Fragestellung vom Begriff der ›Bildung‹ aus neu zu entfalten und hier das autonome Thema und die genuine Theorie zu finden.[21] Die Gründe für diese neuen Anstrengungen, auch theoretisch wieder Eigenständigkeit zu gewinnen, sind vielfältig, keineswegs nur in schlecht kaschiertem Traditionalismus oder disziplinärer Statuspolitik zu suchen.

Dennoch, in Zeiten eines konstruktivistischen Verständnisses von Wissenschaften muten solche am ›Gegenstand‹ ansetzenden Fragen etwas antiquiert an (und da wird wirklich selbst schuld sein, wer meint, seinen Gegenstand verloren zu haben[22]). Aber offenkundig sind solche Fragen nicht überflüssig. Eine einfache Lösung könnte zwar darin bestehen, über je separate Leitbe-

---

[20] Ilse Dahmer / Wolfgang Klafki (Hg.): Geisteswissenschaftliche Pädagogik am Ausgang ihrer Epoche. Erich Weniger. Weinheim: Beltz 1968.

[21] Programmatisch wurde der Begriff für das *Handbuch der deutschen Bildungsgeschichte* (Bd. 1ff., München: Beck 1987ff.) aufgenommen, für die systematische Diskussion vgl. z.B. Zeitschrift für Pädagogik 43, 6 (1997).

[22] Hartmut Böhme: Zur Gegenstandsfrage der Germanistik und Kulturwissenschaft. In: Jahrbuch der deutschen Schillergesellschaft 42 (1998), S. 476–485, hier S. 478.

griffe Revier- und Disziplinkonstruktionen voranzutreiben; aber dann wäre der Gewinn wechselseitiger Kommunikation und Lernfähigkeit verschenkt. Die Begriffe sind ja einerseits das Medium, in denen Disziplinen die Alternativen ihrer theoretisch-methodischen Optionen diskutieren und ihre Eigenständigkeit gegenüber anderen Disziplinen und deren Fragen klären; andererseits organisieren sie grenzüberschreitende Kommunikation und sichern die Anschlußfähigkeit der eigenen Forschung. Zu gewissen Zeiten macht es deshalb auch Sinn, solche Debatten zu führen. Die Literaturwissenschaft tut das im Blick auf die Sozialgeschichte der Literatur, die historische Bildungsforschung im Versuch, den Bildungsbegriff gegen alle Kritik nicht vollständig zu verlieren. Gibt es auch für dieses Problem Gewinn aus der Kooperation, kann die Bildungsforschung von der Sozialgeschichte der Literatur auch dann noch profitieren, wenn diese nicht zuerst die ›Sozialität‹ oder ›Kulturalität‹, sondern primär die ›Literarizität‹ ihres Gegenstandes zu berücksichtigen sucht?

Wenn man Literatur auch künftig aus der Perspektive von Bildung und Erziehung beobachtet, wie man es in starkem Maße, fast schon parasitenhaft, in der Vergangenheit betrieben hat, und wie es selbst die Minimalversion einer Sozialgeschichte der Literatur – oder ihre modernisierte Variante als »polykontexturale Literaturgeschichtsschreibung« – noch für vertretbar hält,[23] dann ist es zweckmäßig, über anschlußfähige Begriffe der gemeinsamen Kommunikation zu verfügen. Wenn der Begriff der ›Kultur‹ das allein nicht leistet, wofür die disziplinäre Erfahrung der Bildungsforschung spricht, könnte die Gemeinsamkeit über die Quellenbasis, die ›Texte‹ also und den Status der ›Literatur‹, gestiftet werden?

Trotz aller Gegenstandskontroversen, in der Literaturwisssenschaft kann man Antworten auf die Frage finden, was der literarische Text ist: »Literarische Texte in ihrer paradoxen Struktur von (ästhetischer) Autonomie einerseits und Vieldeutigkeit andererseits sind Gegenstände der kulturellen Selbst-Wahrnehmung und Selbst-Thematisierung. In Texten beobachten sich Kulturen selbst«.[24] In der Fortsetzung der Dualisierung von ›Autonomie‹ und ›Vieldeutigkeit‹ empfiehlt Voßkamp deshalb für die Analyse, die »textuelle Eigenart als auch ihre historische *Kon*textualität ernst« zu nehmen, die »Funktion literarischer Texte«, unter anderem als »Medien des ›kommunikativen‹ und ›kulturellen‹ Gedächtnisses«, das heißt als »Reflexionsinstanz«, zu sehen und dabei sowohl die »Speicherfunktion« als auch die »Selektion (mittels Kanon, Zensur und jeweiligen Organisationsformen)« zu unterscheiden, insgesamt al-

---

[23] Zu formulieren Edward McInnes / Gerhard Plumpe (Hg.): Bürgerlicher Realismus und Gründerzeit 1848-1890. München, Wien: Hanser 1996, S. 13; vgl. aber die mit guten Gründen gegen Programm und Praxis einer solchen Sozialgeschichte skeptische Diskussion dieser Position bei Oliver Bruck u.a.: Eine Sozialgeschichte der Literatur, die keine mehr sein will. In: Internationales Archiv für Sozialgeschichte der deutschen Literatur 24, 1 (1999), S. 132–157.

[24] Wilhelm Voßkamp (Anm. 12), hier S. 504.

so »Literatur als Sozialsystem und Symbolsystem« zu betrachten und ihren »ästhetischen Mehrwert« im »Überschuß an literarischen und künstlerischen Formen« nicht zu ignorieren, »der gesellschaftlichen Strukturen nicht vollständig zuzuordnen ist«.[25]

Diese ja nicht zuletzt systemtheoretisch inspirierte Redeweise erlaubt nicht nur die Verbindung mit einer »polykontexturalen Sozialgeschichte«, sondern auch intradisziplinäre Anschlüsse. Voßkamp wird, wie die Kritiker der alten Sozialgeschichte, die fortgeschrittene »Differenzierung von Wissen und Gesellschaft« ebenso unterstellen wie die Vielfalt von Umwelten, und auch er wird nicht behaupten, daß es heute noch so etwas wie »eine integrale, gar in einer Formel schlüssig resümierbare Selbstbeschreibung« von Gesellschaften geben kann.[26] Sein Textbegriff erlaubt zugleich den Anschluß der historischen Bildungsforschung, schon über den Begriff der ›Selbstthematisierung‹, die ja auch in anderen Formen als denen der Literatur geschieht, worauf Voßkamp selbst hinweist, wenn er für die Funktion des Gedächtnisses auch von »kollektivem Wissen« spricht, das »in bestimmten textuellen Formen und Genres (bewahrt)« wird, »so daß auch hier die Frage der Geformtheit eine zentrale Rolle spielt«. Eine »Sozial- und Funktionsgeschichte« der Literatur und eine Historiographie, die auch die »Literarizität der Texte als geschichtliche Realität herauszuarbeiten vermag«,[27] stehen nebeneinander – und es gibt, wenn man nicht poststrukturalistisch auf Geschichte verzichtet, keine systematische Möglichkeit, den analytischen Umgang mit Texten, gleich welcher Qualität, literarisch oder nicht, zu normieren. Als Formen der Selbstthematisierung von Gesellschaften, Kulturen, Milieus, Organisationen, Gruppen, selbst von Personen (und Autoren) kann man sie immer betrachten. Der überlieferte Text ist überdeterminiert, multivalent, in sich spannungsreich, und er gehört, mit anderen Worten, deshalb auch niemandem beziehungsweise immer nur dem, der ihn thematisiert, mit welcher Perspektive auch immer.

Für den Bildungshistoriker erlaubt das nicht nur eine periphere Relationierung zu einer historischen Analyse von Literatur, im Begriff der Selbstthematisierung ist vielmehr der Anschluß zu ihrer eigenen systematischen Frage, der Konstitution von personaler und sozialer, kollektiver wie individueller Identität im historischen Prozeß, ebenso zentral gegeben wie die basale methodische Annahme, daß ›Texte‹ sich – neben Verhalten, Praktiken, Ritualen, Objekten, die selbstverständlich ihre eigenen Untersuchung verdienen, und sei es mit ›Texten‹, – ohne ihren Status zu verletzen, als Manifestation von Identität und der Prozesse ihrer Konstitution lesen lassen. Die Nähe zur Lite-

---

[25] Ebd., S. 504 f., u.a. unter Berufung auf Renate Lachmann und Claus-Michael Ort.

[26] So argumentieren McInnes / Plumpe (Anm. 23), S. 13, wenn sie ihre am Schema von System und Umwelt organisierte Bestimmung von Sozialgeschichte geben und ›Polykontexturalität‹ erläutern.

[27] Wilhelm Voßkamp (Anm. 12), S. 506.

ratur mag dann nicht immer so manifest sein, wie bei der historischen Analyse von Kinder- und Jugendliteratur, die sich völlig zwanglos und zugleich sowohl der Tatsache der literarischen Transformation der Erziehungsambition wie der pädagogischen Transformation der Literatur widmet (aber sie hinterläßt in der jüngeren Zeit ihren Lesern wie ihren Autoren gleichermaßen das Problem der funktionalen Spezifikation zwischen Pädagogik und Literatur).[28] Autobiographische Texte schließlich, und nicht nur, wenn sie von sensiblen Beobachtern der Seele und ihrer Empfindsamkeit stammen, gelten geradezu als ideale Dokumente von Bildungsprozessen. Nicht zufällig hat die Sozialgeschichte der Literatur von solchen offenbaren Affinitäten aus die größte Anziehungskraft für die Bildungshistoriker gefunden.

Dennoch, bei aller Eröffnung einer Pluralität von Zugängen, ist das nicht im Ergebnis doch wieder die Deformation des Textes zugunsten einer Nutzung für Zwecke jenseits der Literarizität? Die Modi des Textzuganges und der Lektüre entsprechen ja nicht selten einer Strategie, die Pädagogen für ihre eigene Historie und Literaturwissenschaftler für Soziologen diagnostiziert haben: die Vergangenheit oder der überlieferte Text werden zum »Steinbruch theoretischer Rechtfertigungen«,[29] die Literatur wird allein als »Beleg« für vorgängig Gewußtes genutzt.[30] Bohrers Einwand schließlich, daß es nur um »Geschichte, Nationalerziehung und Politik« gehe, ist auf den ersten Blick auch nur schwer zu entkräften.

IV.

Will man nicht an der scharfen Trennung, ja Disjunktion der Disziplinen, der theoretischen Begriffe und Perspektiven festhalten und die Möglichkeit einer Brücke zwischen Ästhetik und den ›Menschenwissenschaften‹ weiterhin bezweifeln, dann wird man die gemeinsame Referenz, die Nähe, vielleicht sogar die partielle Identität der Fragen noch stärker als über den Textbegriff aufweisen müssen.

---

[28] Hans-Heino Ewers (Hg.): Kinder- und Jugendliteratur der Aufklärung. Stuttgart: Reclam 1980 kann in seiner »Einleitung« (S. 5–59) zeigen, daß diese Dualität der Referenzen mit der gattungsspezifischen Differenzierung selbst bewußt – und als Problem bis in die Gegenwart tradiert – wird.

[29] Klaus Mollenhauer: Funktionalität und Disfunktionalität der Erziehung. In: K. M.: Erziehung und Emanzipation. München: Juventa 1968, S. 22–35, hier S. 23.

[30] Das ist ein Vorwurf, der sich gleichsinnig gegen die Sozialgeschichte der Literatur wie gegen die Textnutzung durch Soziologen richtet, vgl. Klaus Scherpe (Anm. 8) sowie, in der Charakterisierung der Textnutzung durch Niklas Luhmann, Jürgen Fohrmann: Textzugänge. Über Text und Kontext. In: Scientia Poetica 1 (1997), S. 207–223, hier S. 211: »Eigentlich liest Luhmann keine Texte [...] Das, was sich in Luhmanns Fußnoten findet, sind – jenseits seines erfreulichen Sarkasmus [...] – Belege und nur Belege. Keine Abweichung ist möglich«.

Die Lösung für dieses Problem ist, zumindest historisch, auch einfacher, als es nach den strikten Abgrenzungssignalen, die Karl Heinz Bohrer bemüht, aussehen mag. Der exemplarische Text, das historische Modell der Beziehungen von Literaturtheorie, Literaturgeschichte und historischer Bildungsforschung liegt nämlich ohne Zweifel vor: Es ist der Bildungsroman, an dem sich sowohl Identität wie Differenz der Perspektiven der beteiligten Disziplinen aufweisen und auch die Gründe für den Wandel ihrer Beziehungen und die allmähliche Soziologisierung in der Begrifflichkeit der Analyse beobachten lassen. Für den Bildungshistoriker hat die Analyse der Geschichte dieser Gattung und der Beziehung von Bildungsprozessen und Literatur, die sich darin dokumentiert, schließlich noch die Pointe, daß er mit den Schwierigkeiten, ja Defiziten seiner eigenen Forschung dann unabweisbar konfrontiert wird, wenn er sich auch dem ästhetischen Problem, also dem vermeintlich der Literaturwissenschaft allein zukommenden Thema widmet.

Die hier vorgetragene These kann an dieser Stelle selbstverständlich nicht umfassend belegt und erörtert, aber von zwei literarhistorischen Studien aus wenigstens plausibel gemacht werden, die am Schnittpunkt von historischer Sozialisations- und Bildungsforschung, der Sozialgeschichte der Literatur und der theoretischen Frage ihrer Literarizität argumentieren. Meine Überlegungen gehen einerseits von der These der *Dichtung als Sozialisationsspiel* aus, mit der von Friedrich Kittler Goethes *Wilhelm Meister* in seinen beiden Fassungen interpretiert wurde, andererseits von der Analyse der *Bildungskritik in der Literatur der frühen Moderne*, mit der York-Gothart Mix den Bildungsroman in der Phase zweifacher Desillusionierung, über individuelle Bildungsprozesse und die Möglichkeiten des Bildungsromans, thematisiert hat.

Die Nähe der Bildungsgeschichte zur Literatur mag nicht immer so manifest sein, wie beim Bildungsroman; denn ihn als »Sozialisationsspiel« zu lesen, so demonstriert Friedrich Kittler, heißt, den eigenen Anspruch, Form und Intention, historischen und sozialen Ort, Thema und Programm dieser Texte selbst zur Geltung zu bringen, und zwar so, daß man die Praxis der Erziehung in der bürgerlichen Kleinfamilie zugleich »als Material und Ermöglichungsgrund für das Sozialisationsspiel des Textes zu erfassen« vermag.[31] Kittlers diskursanalytische Interpretation, die diesen Leitlinien folgt, muß hier nicht in extenso ausgebreitet werden, schon weil der Bildungshistoriker sich der Frage enthalten kann, ob seine literaturhistorische Konstruktion wirklich so eindrucksvoll die Kontroversen über die Interpretation der Fassungen des *Wilhelm Meister* klärt, wie sie mir erscheint. Zentral für eine bildungsgeschichtliche Fragestellung, die dem Problem der Literarizität des

---

[31] Gerhard Kaiser / Friedrich A. Kittler: Dichtung als Sozialisationsspiel. Studien zu Goethe und Gottfried Keller. Göttingen: Vandenhoeck & Ruprecht 1978, S. 7–12, zit. S. 11; Friedrich A. Kittler: Über die Sozialisation Wilhelm Meisters. In: Kaiser / Kittler, S. 13–124.

Textes angemessen sein will, ist vor allem, daß Kittler zwar ein sozialisation-
stheoretisches Modell unterlegt und auch zu bestätigen sucht, aber gegen den
Einwand der Selbstbestätigungsstrategie doch zeigen kann, daß er damit dem
Text und seiner autonomen Struktur inhärent bleibt: »Literatur« erscheint als
»Ritual der Sozialisation«, »Sozialisation [...] als Ritual der Literatur« (S. 15),
der sozialisationstheoretische Rekurs auf die neu sich entfaltende »Mütter-
lichkeit« tritt nicht von außen an den Text, sondern hat seine »Positivität [...]
nur als eine textuelle Operation«, im »anonymen Feld der Reden« (S. 28).

Der Bildungshistoriker wird allenfalls Fragen stellen, die Kittler selbst
nicht fremd sind, die er aber ignorieren kann. Das sind Fragen, die zur Soziologie nicht nur der Leser und Autoren, sondern auch zur Sozialgeschichte
von Bildungsprozessen führen: Ob sich dieses Spiel nicht allein in exklusiven
sozialen Zirkeln beobachten läßt, aber keineswegs mit der Durchsetzung der
Kleinfamilie universell wird und parallel geht. Das Sozialisationsspiel, so eine weitere Frage, mag sich auch in der späteren Geschichte über einen Diskurs organisieren, in dem sich moderne Erziehung durchsetzt, als »Para-
doxon einer Erziehung, die nicht zweckgerichtet ist« (S. 19), und die Kittler
»Sozialisation« nennt (statt »Bildung«, wie es die Tradition selbst tat[32]), aber –
in Kittlers Begriffen – die *Aufschreibsysteme*[33] variieren doch eindeutig und
damit die Bedingungen, unter den sich dieses Spiel vollzieht und das Phänomen historisch ausprägt.

Bereits um 1900 ist die Situation, daß der Bildungsroman »Sozialisation
und Literatur (koppelt)« (S. 108), schwerlich noch zu erkennen. An die Stelle
der Kleinfamilie und des Primats der Mutter tritt, zumindest ergänzend, aber
im Lebenslauf unausweichlich, die Schule, nicht Individualität, sondern Ega-
lisierung bestimmt das Sozialisationsspiel. Der Schulroman um 1900 – so
zeigt es nämlich York-Gothart Mix[34] – dokumentiert insofern, literarhisto-
risch, die Desillusionen bürgerlicher Bildungsambitionen und ihrer Themati-
sierungsform sowie, sozialgeschichtlich, den allein im vermeintlich massen-
haften und alltäglichen Schüler-Selbstmord noch aufzulösenden Konflikt zwischen der gesellschaftlichen Zumutung und den individuellen Entwürfen von
Identität. Das Drama des begabten Kindes, das in psychoanalysierender Klage als Schuld nicht allein der Schule, sondern der Erziehung heute generalisiert wird, hat die Literatur um 1900 nicht nur als Problem schon entdeckt,
sondern als Abschied vom alten Begriff der Individualität wie vom alten Begriff der Bildung bereits in eigener Form thematisiert.

---

[32] Kluge (Anm. 31), S. 69 nutzt dann freilich doch den Bildungsbegriff, um die
Selbstreferenz des Prozesses hervorzuheben und damit die stärkste Innovation im
Sozialisationsmuster gegenüber den vormodernen Welt: »dient die Bildung aus-
drücklich dazu, Produktivität selber zu produzieren«.

[33] Friedrich A. Kittler: Aufschreibesysteme 1800-1900. München: Fink ³1995.

[34] York-Gothart Mix: Die Schulen der Nation. Bildungskritik in der Literatur der
frühen Moderne. Stuttgart: Metzler 1995.

Anders als man bei dieser knappen Skizze der zentralen These vermuten würde, trägt Mix aber diese Pointierung der literarischen Schulkritik in einer Weise vor, die auch die literarische Autonomie der diskutierten Texte prüft und zur Geltung kommen läßt. Indem er die Transformation des Themas in der Form des Romans und der Schulerzählung beschreibt und dabei zwischen »introvertiertem Kritizismus und kritisch-denunziatorischer Wut«, zwischen »Ironie und Autoanalyse« unterscheiden kann, bewahrt er zugleich die Distanz gegenüber den historischen Thematisierungen des Phänomens, die sich in Texten der zeitgenössischen Politik, Pädagogik oder Psychologie finden. Das setzt nicht allein die Literatur ins Recht und markiert die Differenz zwischen schulkritischen Propagandatexten, die durchaus auch von Literaten stammen können, und ästhetischer Gestaltung des Themas, es erzeugt in der Rücksicht auf die Literarizität der Texte auch die Provokation der bildungshistorischen Selbstverständlichkeiten.

Während im Gedächtnis der Pädagogik, zumal ihrer reformpädagogischen Fraktion, die Schule um 1900 nichts anderes ist als der »alltägliche Seelenmord«,[35] legt die Formanalyse der Schulromane nahe, die Konstruktionsleistung des Subjekts selbst dort noch zu suchen, wo vermeintlich nur Unterwerfung wartet. Das Problem des Bildungshistorikers wird es dann, ausgerechnet im Medium der Ironie, einer der Erziehung fremden Kategorie, diese Eigenleistung des Subjekts zu finden.

Aber Ironie ist anscheinend, wenn auch nicht unvermeidlich oder gar zwingend, die einzige Form, die Bildung und Individualität dann noch annehmen können, wenn öffentliche Erziehung im Lebenslauf für alle unausweichlich wird. Sie ist zugleich die Prämisse dafür, daß Literatur öffentliche Bildungsprozesse nicht nur abbildet, gar unter dem unbefragten Diktat von Realismus und Fortschritt (oder Reaktion), sondern literarisch autonom thematisiert. Nach den Erfahrungen mit den Schulromanen um 1900 wäre die schulbezogene Literatur der SBZ und DDR dafür ein anderes Exempel. Die literarisch unreflektiert-undistanzierte Gestalt, in der Hermann Kants *Aula* den politisch angemaßten Triumph der Arbeiter- und Bauernfakultäten duplizierend feiert, kontrastiert dann zum Beispiel der autonomen Thematisierung, die Uwe Johnson den Anfang der 1950er Jahre manifesten Schulkonflikten um die ›Junge Gemeinde‹ zum Beispiel in *Ingrid Babendererde* oder in den *Jahrestagen* gibt.[36]

---

[35] Ellen Key: Das Jahrhundert des Kindes. Studien [Stockholm 1900]. Neu hg. mit einem Nachwort von Ulrich Herrmann. Weinheim, Basel: Beltz 1992.
[36] Für die literarischen Quellen Hermann Kant: Die Aula. Berlin: Rütten & Loening 1986; Uwe Johnson: Ingrid Babendererde. Reifeprüfung 1953. Frankfurt/M.: Suhrkamp 1985; Ders.: Jahrestage 4. Aus dem Leben von Gesine Cresspahl. Frankfurt/M.: Suhrkamp 1983; für den Kontext, trotz der scheinbar eindeutigen Titelthese, Ulrike Mietzner: Enteignung der Subjekte – Lehrer und Schule in der DDR. Eine Schule in Mecklenburg von 1945 bis zum Mauerbau. Opladen: Leske & Budrich 1998.

Für die historische Bildungsforschung hinterlassen solche Texte, für 1900 wie für die Zeit nach 1950, das Problem, daß die Literatur anscheinend eher als der distanzierte Forscher auch die ambivalente Wirkung der öffentlich intendierten Erziehung sehen und thematisieren kann. Die autonome Logik der Literatur, ihre Form der Thematisierung von Selbstthematisierungen, die paradoxe Gleichzeitigkeit von Überwältigung und Ironie, die sie überliefert, kann offenbar eher die spezifische Qualität der Bildung sichtbar machen, die man als Leistung des Subjekts unterstellt. Und es ist, lebensgeschichtlich wie literarisch, anscheinend nur als Problem der Form zu verstehen, was Individualität heute noch bedeuten kann. Schon deshalb, zur Problematisierung scheinbarer Gewißheiten und zur Distanz gegenüber dem intentionalen pädagogischen Überschwang, sollten die Bildungshistoriker auf die Literatur und ihre Sozialgeschichte nicht verzichten. Sie liefern ihr die Perspektive auf die Wirklichkeit, die Theorien noch fremd ist, und sie erzeugt Hypothesen, an deren Prüfung sich ihre eigene Kompetenz erweisen kann.

MARIANNE WILLEMS

Sozialgeschichte als Analyse kultureller Muster: Stephen Greenblatt im Kontext der Kultursoziologie

Der Mainstream sozialgeschichtlicher Literaturdeutungen der Vergangenheit glaubte die historische Wirklichkeit als äußere interpretationsfreie Realität auffassen zu können, auf die sich Literatur dann als ›Überbauphänomen‹ beziehen ließ.[1] Die Ebene der Wirklichkeitskonstruktionen, der Geschichts- und Weltdeutungen der historischen Akteure kam so als eigenständiges Untersuchungsfeld gar nicht erst in den Blick. Ging es darum, die kulturellen Veränderungen des 18. Jahrhunderts zu erklären, griff man auf das Konstrukt ›aufsteigendes Bürgertum‹ zurück. Diese Formel, die den Beginn ihrer Karriere der marxistischen Geschichtsphilosophie verdankt, bald aber zum Allgemeingut literarhistorischer Deutungen wurde, verknüpft Literatur- und Gesellschaftsgeschichte auf scheinbar einfache und plausible Weise: Das Bewußtsein des sich emanzipierenden Bürgertums, so die zentrale Idee, drückt sich als Widerspiegelung seiner materiellen Lebensverhältnisse in seinen kulturellen Objektivationen aus.[2] Diese Objektivationen können im Trend des gesellschaftlichen Fortschritts liegen und werden dann als kritisch, progressiv, aufklärerisch etc. gewertet oder aber ihm zuwiderlaufen, was ihnen Etikettie-

---

[1] Die folgenden Überlegungen stehen im Kontext einer geplanten Untersuchung der Wirklichkeitskonstruktionen in den Erzählungen des Cottaschen *Morgenblatts* (1807–1815). Im ersten Schritt dieser Untersuchung wird es um die Inszenierungsmuster von Geschichte in den Erzählungen der Jahrgänge 1807 und 1808 im Vergleich zu Kleists Erzählung *Das Erdbeben in Chili* gehen. Kleists Erzählung erschien im August 1807 unter dem Titel *Jeronimus und Joseph. Eine Szene aus dem Erdbeben von Chili* im *Morgenblatt*. Sie gehört sicherlich zu den am häufigsten interpretierten Texten der deutschen ›Hochliteratur‹. Aber niemand hat bisher den Veröffentlichungskontext in ihre Untersuchung mit einbezogen. Das verweist auf ein grundsätzliches Defizit sozialgeschichtlicher Literaturinterpretation.

[2] Zur Problematisierung dieses sozialhistorischen Paradigmas führte nicht die bereits in den 70er Jahren einsetzende empiriegestützte Kritik der Sozialhistoriker am Begriff des Bürgertums als homogener Gruppe oder Klasse, sondern der Plausibilitätsverlust marxistischer Kategorien und Erklärungsmuster. Die ›Krise der Sozialgeschichte‹, die man seit dem Ende der 80er Jahr innerhalb der Literaturwissenschaft konstatiert, ist eine Krise des letztlich marxistisch-materialistisch orientierten Ansatzes, der mit dem geschichtsphilosophischen Erklärungsmodell aufsteigender Trägerschichten arbeitet. Vgl. hierzu Karl Eibl: Literaturgeschichte, Ideengeschichte, Gesellschaftsgeschichte – Und »Das Warum der Entwicklung«. In: Internationales Archiv für Sozialgeschichte der deutschen Literatur 21,2 (1996), S. 1–26.

rungen als ›(Realitäts-)Flucht‹ und ›Kompensation‹ einträgt.[3] Theoretische Ansätze zur Erfassung der Wirklichkeitsdeutungen, allgemein der Strukturen des Alltagswissens, jenseits des Widerspiegelungstheorems wurden unter diesen Voraussetzungen nicht entwickelt. Solche Ansätze werden erst notwendig, wenn man davon ausgeht, daß Geschichte eben nicht als interpretationsfreie Realität zu erfassen ist.

Die gesellschaftlichen Realitäten (Ereignisse, Normen, Institutionen usw.) bilden keine ›harten Tatsachen‹, auf die sich die Literatur kritisch oder affirmativ beziehen kann. Sie konstituieren sich erst in den Deutungen der historischen Akteure. Diese Deutungen beruhen auf kollektiven Deutungsmustern von Wirklichkeit, die Wahrnehmungen und Handlungen ordnen und mit denen Menschen auch auf gesellschaftliche Prozesse und historische Veränderungen reagieren. Setzt man das voraus, dann muß die Aufdeckung der Beziehungen zwischen der Literatur und den Wissensbeständen und Sinnstrukturen der Alltagswelt in den Mittelpunkt sozialgeschichtlicher Ansätze treten. Wollen diese wirklich als ›*Sozial*geschichte‹ gelten, dürfen sie nicht versuchen, die Strukturen, auf die sie ihr Augenmerk richten, überkulturell und ahistorisch zu begreifen, sondern müssen sie in ihrem konkreten historischen Gesellschaftsbezug sehen und erklären. Das heißt, sie müssen Vorstellungen über den Bezug zwischen gesellschaftlichen und kulturellen Strukturen jenseits des problematisch gewordenen schichtsoziologischen Ansatzes und des Widerspiegelungstheorems entwickeln, und sie müssen – wollen sie ihren Anspruch aufrechterhalten, Geschichtsschreibung zu sein – auch über theoretische Annahmen bezüglich der Genese und des Wandels der Wissensformen und Sinnstrukturen verfügen.

Ein literaturgeschichtlicher Ansatz, der sich dezidiert den Strukturen des Alltagswissens zuwendet, ist der durch Stephen Greenblatt geprägte ›New Historicism‹. Er schließt jedoch, da er die historische Realität ausschließlich als psychisch-kulturelle Struktur erfaßt, Fragen nach der Verknüpfung von kulturellen und gesellschaftlichen Strukturen ebenso aus wie die Frage nach ihrem historischen Wandel. Darüber hinaus weist dieser Ansatz, insbesondere in kompetenz- und handlungstheoretischer Hinsicht, Defizite auf. Im Folgenden wird er im Hinblick auf ein Konzept sozialgeschichtlicher Literaturwissenschaft betrachtet, indem seine Anschlußfähigkeit an die (nicht zuletzt deutsche) Tradition der Kultursoziologie aufgezeigt wird.

---

[3] Vgl. hierzu den Einleitungsteil meines Aufsatzes: Wider die Kompensationsthese. Zur Funktion der Genieästhetik der Sturm-und-Drang-Bewegung. In: Euphorion 94 (2000) [im Druck].

1. Kulturbegriffe und Wissensformen

Die Ebene des Wissens ›unterhalb‹ der reflexiven Bewußtseinsformen, die in den ›Höhenkammtexten‹ von Wissenschaft, Religion, Philosophie, Politik, Kunst etc. explizit ausformuliert vorliegen, integriert sehr unterschiedliche Wissensformen, die in unterschiedlicher Verteilung und Gewichtung Gegenstand verschiedener kultursoziologischer Ansätze sind. Diese Wissensformen reichen von elementaren Wahrnehmungs-, Denk- und Handlungsmustern, wie sie etwa bei Erving Goffman, Pierre Bourdieu und Norbert Elias im Vordergrund stehen, bis hin zu den impliziten Weltanschauungen, den Alltagstheorien der Lebens- und Weltdeutung, denen sich beispielsweise Bernhard Groethuysen und Max Weber besonders zuwenden. Auch für Greenblatt stehen die elementaren Aktions- und Reaktionsmuster, zum Beispiel ›automatisch‹ ablaufende Reaktionen des Vergnügens, der Abscheu, der Verachtung etc. im Vordergrund. Das zeigt sich bereits in seinem Kulturbegriff, den es nun im Kontext verschiedener kultursoziologischer Konzepte zu betrachten gilt.

1.1. Gewohnheiten und generelle Kompetenzen

Wie schon Michel Foucault betont auch Stephen Greenblatt den restriktiven Charakter der kollektiven Denk-, Wahrnehmungs- und Handlungsmuster. Unter Kultur versteht er, Clifford Geertz zitierend:

> nicht primär ›Komplexe konkreter Verhaltensmuster – Sitten, Gebräuche, Traditionen, Gewohnheitsmuster –‹ [...] sondern vielmehr ›einen Satz von Kontrollmechanismen – Pläne, Rezepte, Regeln, Instruktionen ... –, die das Verhalten regieren‹.[4]

In seinem Handbuchartikel *Kultur*[5] von 1990 setzt er diesen Kulturbegriff dem Edward B. Tylors[6] entgegen, den er für zu vage und zu umfassend und damit für zu uneffektiv für die Arbeit des Literaturwissenschaftlers hält:

> Wie können wir die Effektivität des Kulturbegriffs erhöhen? Beginnen wir vielleicht mit einer Reflexion auf die Tatsache, daß der Begriff auf so etwas wie eine

---

4   Stephen Greenblatt: Selbstbildung in der Renaissance. Von More bis Shakespeare (Einleitung). In: Moritz Baßler (Hg.): New Historicism. Literaturgeschichte als Poetik der Kultur. Frankfurt/M.: Fischer 1995 (Orig.: Renaissance Self-Fashioning: From More to Shakespeare. Chicago 1980), S. 35–47, hier S. 38.
5   Stephen Greenblatt, »Kultur«. In: Moritz Baßler (Hg.): New Historicism. Literaturgeschichte als Poetik der Kultur. Frankfurt/M.: Fischer 1995, S. 48–59 (Orig.: »Culture«. In: Frank Lentricchia / Thomas McLaughlin (Hg.): Critical Terms for Literary Study. Chigago, London 1990, S. 225–232).
6   Stephen Greenblatt: Kultur (Anm. 5), S. 48, zitiert Tylors Kulturdefinition aus dem Jahre 1871: »Kultur oder Zivilisation, im weiten ethnographischen Sinne verstanden, ist jenes komplexe Ganze, das Wissen, Glauben, Kunst, Moral, Gesetz, Brauch und alle anderen Fähigkeiten und Gewohnheiten umfaßt, die sich der Mensch als Mitglied der Gesellschaft erworben hat«.

Opposition verweist: *Restriktion* und *Mobilität.* Das Ensemble von Überzeugungen und Praktiken, die eine gegebene Kultur bilden, fungiert als eine umfassende Kontrolltechnologie, eine Reihe von Beschränkungen, in denen sich das Sozialverhalten zu bewegen hat, ein Repertoire von Modellen, mit denen die Individuen konform gehen müssen.[7]

Bei aller im folgenden zu diskutierenden Unbestimmtheit des so eingeführten Kulturbegriffs läßt sich festhalten, daß Kultur, verstanden als »umfassende Kontrolltechnologie« beziehungsweise als »Satz von Kontrollmechanismen«, nicht in erster Linie relativ handlungsferne Muster der Welt- und Lebensdeutung, wie sie Geschichts- und Gesellschaftsbilder oder auch Biographiemuster darstellen, sondern vor allem ›verinnerlichte‹ »kulturelle Verhaltenscodes«[8] fokussiert, die das alltagspraktische Handeln und Erwarten unmittelbar anleiten. In dieser Richtung wird der Kulturbegriff durch Greenblatt weiter präzisiert: »Kultur kommt hier in der Tat ihrer früheren Bedeutung von ›Kultivierung‹ nahe – der Verinnerlichung und Ausübung eines Sittencodes«.[9] Mit dem »Repertoire von Modellen«, den »Pläne[n], Rezepte[n], Regel[n], Instruktione[n] [...] –, die das Verhalten regieren«, sind also primär Aktions- und Reaktionsschemata gemeint, die ein Verhalten steuern, das gewohnheitsmäßig, spontan, gleichsam automatisch abläuft.

In diesem Sinne ist bei Arnold Gehlen von »Systemen stereotypisierter und stabilisierter *Gewohnheiten*«[10] die Rede. Nach Gehlen handeln wir primär in »habituell gewordenen eingeschliffenen Verhaltensfiguren, die ›von selbst‹ ablaufen. Dies aber versteht sich nicht nur von dem im engeren Sinne praktischen, äußeren Handeln, sondern vor allem auch von dessen inneren Bestandstücken: Gedanken- und Urteilsgängen, Wertgefühlen und Entscheidungsakten; auch sie sind meist weitgehend automatisiert«.[11] Die vorreflexiven Verhaltensorientierungen fungieren nach Gehlen als ›zweite Natur‹. Sie kompensieren als kulturelle Definitionen die relative ›Instinktlosigkeit‹ des Menschen.[12] Auch Pierre Bourdieus Habitus-Analyse zielt wesentlich auf die hier angesprochene Ebene der Gewohnheiten, die er in Übereinstimmung mit den

---

[7]   Stephen Greenblatt: Kultur (Anm. 5), S. 49.
[8]   Ebd., S. 52.
[9]   Ebd., S. 51f.
[10] Arnold Gehlen: Urmensch und Spätkultur. Philosophische Ergebnisse und Aussagen. Wiesbaden: Aula 1986, S. 19.
[11] Arnold Gehlen: Die Seele im technischen Zeitalter. Sozialpsychologische Probleme in der industriellen Gesellschaft. Reinbek bei Hamburg: Rowohlt 1957, S. 104.
[12] Arnold Gehlen: Urmensch (Anm. 10), S. 23. Greenblatt teilt auch die anthropologischen Voraussetzungen der Kultursoziologie, wie sie bei Gehlen formuliert sind. Wiederum mit Berufung auf Geertz und andere Vertreter der amerikanischen Kulturanthropologie bestimmt er als gemeinsame Grundlage dieser Ansätze: »die Überzeugung, daß Menschen als ›unfertige Tiere‹ geboren werden, daß die Tatsachen des Lebens weniger kunstlos sind als sie aussehen« (Stephen Greenblatt: Selbstbildung [Anm. 4], S. 39).

Vorstellungen Gehlens als ›zweite Natur‹ beschreibt.[13] In die gleiche Richtung weist Michel Foucaults Begriff der »Automatik der Gewohnheiten«,[14] die er in *Überwachen und Strafen* als Effekt institutioneller Kontroll- und Disziplinierungsmechanismen darstellt.

Bei allen genannten Autoren geht es um inkorporierte, den Gebots- und Verbotsstandards der jeweiligen Kultur entsprechende Strukturen, die das Verhalten unmittelbar regeln.[15] Sie orientieren Kognition, Geschmack und Moral und äußern sich – was insbesondere von Norbert Elias herausgearbeitet wurde – in entsprechenden Empfindungen der Scham, der Peinlichkeit, des Stolzes, der Verachtung, des Ekels, des Vergnügens und so weiter.[16] Daß auch Greenblatt primär solche ›verinnerlichten Strukturen‹ im Auge hat, die subjektiv unverfügbare Emotionen (Geschmacksempfindungen, Ängste, Verachtungsimpulse, etc.) determinieren, zeigt sich nicht nur in seinem Begriff von Kultur als »umfassende[r] Kontrolltechnologie«.[17] Dafür spricht auch seine ständige Betonung der affektiven Komponente der kulturellen Codes, was ihn deutlich in die Nähe von Norbert Elias rückt.

Die emotionale Komponente der kulturellen Codes taucht bei Greenblatt zum Beispiel auf, wenn er davon spricht, die »Rekonstruktion« einer Kultur ziele darauf, »einen Sinn für die entscheidenden Dinge wiederzugewinnen«, die den Zeitgenossen »Vergnügen und Schmerz bereiteten«.[18] An anderer Stelle des gleichen Textes spricht er im Hinblick auf Shakespeare von den »schlimmsten Ängste[n] seiner Gesellschaft in bezug auf Verwandtschaftsbeziehungen«,[19] die in *King Lear* gestaltet seien. In der Einleitung zu *Selbstbildung in der Renaissance* heißt es über die für die Analyse ausgewählten Autoren: Sie steuerten auf die »sensibelsten Bereiche ihrer Kultur« los, »um die darin vorherrschenden Befriedigungen und Ängste auszudrücken«.[20] Im Begriff der zirkulierenden ›sozialen Energie‹, der in *Verhandlungen mit Skakespeare* im Zentrum des dort entwickelten Modells literarischer Kommunikation steht,[21] sind die Emotionen, die durch die sprachlich repräsentierten

---

[13] Pierre Bourdieu: Sozialer Sinn. Kritik der theoretischen Vernunft. Frankfurt/M.: Suhrkamp 1987, S. 97–121, besonders S. 105.

[14] Michel Foucault: Überwachen und Strafen. Die Geburt des Gefängnisses. Frankfurt/M.: Suhrkamp 1977, S. 173.

[15] Vgl. Herbert Willems: Rahmen, Habitus und Diskurse: Zum Vergleich soziologischer Konzeptionen von Praxis und Sinn. In: Berliner Journal für Soziologie 7 (1997), S. 91f.

[16] Norbert Elias: Über den Prozeß der Zivilisation. Soziogenetische und psychogenetische Untersuchungen. Bd. 2: Wandlungen der Gesellschaft. Entwurf zu einer Theorie der Zivilisation. Frankfurt/M.: Suhrkamp 1980, S. 397ff.

[17] Stephen Greenblatt: Kultur (Anm. 5), S. 52f.

[18] Ebd., S. 50.

[19] Ebd., S. 56.

[20] Stephen Greenblatt: Selbstbildung (Anm. 4), S. 42.

[21] Vgl. Fotis Jannidis: Der nützliche Autor. Möglichkeiten eines Begriffs zwischen Text und historischem Kontext. In: F. J. / Gerhard Lauer / Matias Martinez / Si-

kulturellen Codes ausgelöst werden, mitgedacht: »Sie [die soziale Energie] manifestiert sich in der Fähigkeit gewisser sprachlicher, auditiver und visueller Spuren, kollektive physische und mentale Empfindungen hervorzurufen«.[22] Zu denken ist hier nicht nur an die Konditionierungen von Geschmacks- und Moralempfindungen, auch nicht nur an Ängste wie Scham und Peinlichkeit, die aus der drohenden oder tatsächlichen Übertretung der jeweiligen kulturellen Verhaltenscodes resultieren. Es geht vielmehr auch, und darin besteht ein weiteres Moment der Nähe zu Elias, um die emotionalen Bindungen der Mitglieder einer Gesellschaft, die in gemeinsamen Symbolen (zum Beispiel Wappen, Fahnen, gefühlsbeladenen Begriffen etc.) verankert sind. Diese gelten Elias als wesentliche Grundlage der sozialen Integration.[23]

Daß bei Greenblatt und bei Vertretern kultursoziologischer Ansätze die unbewußten Automatismen des Verhaltens im Vordergrund stehen, bedeutet freilich nicht, daß die entsprechenden theoretischen Konzeptionen auf diese beschränkt sind. Elias beschreibt neben Verhaltensmustern, die nach der Art eines ›bedingten Reflexes‹ funktionieren, auch generelle Kompetenzen im Denken und Handeln,[24] wie sie zum Beispiel die Praxis des Höflings verlangt: »Überlegung, Berechnung auf längere Sicht«,[25] eine »Delikatesse« der Sprache,[26] eine »Kunst der Menschenbeobachtung«[27] und anderes mehr. Die Eliassche Analyse schließt sogar andeutungsweise ›Weltbilder‹ ein, bis hin zu den expliziten Systemen von Literatur[28] und Philosophie.[29] Ähnlich weit ist das Spektrum der von Greenblatt berücksichtigten kulturellen Codes. So reichen die »kulturellen Verhaltenscodes«, die er in *Wie es euch gefällt* artikuliert sieht, von den unbewußten Mustern der Körperdisziplinierung, zum Beispiel des »Abstand[s], den wir automatisch von anderen halten«,[30] bis hin zum »elaborierten ironischen« Werbungsverhalten.[31] In *Verhandlungen mit Shakespeare* sind Rituale und Zeremonien wie der Exorzismus[32] und die königliche Begnadigung[33] Untersuchungsgegenstand. Als Elemente der Kultur des Renaissancedichters Edmund Spenser identifiziert Greenblatt neben ela-

---

mone Winko (Hg.): Rückkehr des Autors. Zur Erneuerung eines umstrittenen Begriffs. Tübingen: Niemeyer 1999, S. 351–388.

22 Stephen Greenblatt: Verhandlungen mit Shakespeare. Innenansichten der englischen Renaissance. Frankfurt/M.: Fischer 1993, S. 15.

23 Norbert Elias: Was ist Soziologie? Weinheim, München: Juventa 5. Auf. 1986, S. 150.

24 Diesen Kompetenzen, die er gruppenspezifisch verteilt sieht, gilt neben den Automatismen des Verhaltens auch Bourdieus Hauptinteresse.

25 Norbert Elias: Prozeß der Zivilisation (Anm. 16), S. 370.

26 Ebd., S. 410.

27 Ebd., S. 375.

28 Norbert Elias: Prozeß der Zivilisation (Anm. 16), S. 375ff.

29 Ebd., S. 384ff.

30 Stephen Greenblatt: Kultur (Anm. 5), S. 52.

31 Ebd.

32 Stephen Greenblatt: Verhandlungen (Anm. 22), S. 124ff.

33 Ebd., S. 167ff.

borierten Verhaltenscodes, zum Beispiel dem »erlesenen Raffinement bei Ho-fe«,[34] kollektive religiöse und moralische Vorstellungen und Deutungsmuster der Gesellschafts- und Geschichtswahrnehmung, wie zum Beispiel den »nu-ancierten [...] Begriff moralischer Hierarchien« und die »apokalyptischen Phantasien«.[35]

1.2. Kultur als soziale Struktur, Praxis und Habitus

Trotz aller Betonung des restriktiven Charakters und auch der Machtdimensi-on der kulturellen Codes steht Greenblatt den theoretischen Entwürfen von Norbert Elias und Pierre Bourdieu weit näher als der Foucaultschen Diskurs-theorie.[36]

Wie schon aus der oben zitierten Kulturdefinition[37] Greenblatts hervor-geht, ist Kultur für ihn nicht nur durch »Restriktion«, sondern immer auch durch »Mobilität« gekennzeichnet. Den »Beschränkungen« werden stets die »Freiheiten« gegenübergestellt, den »Grenzen« die »Spielräume«. Das für jede Kultur konstitutive Spannungsgleichgewicht von Freiheit und Beschränkung, das für das Subjekt und damit auch für den Autor – wenn auch in einge-schränkter Weise – als ›Erfinder‹ und ›Schöpfer‹ Raum läßt, ist konstitutiv für die Theorie Greenblatts. Dieser Theorieaspekt bietet die Möglichkeit, der Vagheit seines Kulturbegriffs durch den Aufweis von theoretischen Parallelen und Anschlüssen abzuhelfen.

Wenn Greenblatt in seinem Handbuchartikel Kultur als »Ensemble von Überzeugungen und Praktiken« definiert, die er dann als eine »Reihe von Be-schränkungen, in denen sich das Sozialverhalten zu bewegen hat«, bezie-hungsweise als »ein Repertoire von Modellen, mit denen die Individuen kon-form gehen müssen«,[38] paraphrasiert, dann läßt er eine fundamentale Diffe-renz verschwimmen, die sein Ansatz gleichwohl konsequent voraussetzt: Die Differenz von Sinnstruktur und der sie aktualisierenden Praxis. Wäre für Greenblatt in orthodox strukturalistischer Manier die Aktualisierung der Struktur generell ein bloßer Kopiervorgang, dann spielte diese Differenz in

---

[34] Stephen Greenblatt: Kultur (Anm. 5), S. 53.

[35] Ebd. Eine große Rolle spielen in *Selbstbildung* literarisch vermittelte biographi-sche Muster der Identitätsbildung (vgl. Stephen Greenblatt: Selbstbildung [Anm. 4], besonders S. 41f.). Immer geht es in den Arbeiten Greenblatts auch um literarische Schemata, wie Erzählmuster und Gattungskonventionen.

[36] Stephen Greenblatt selbst sieht sich in der Tradition des französischen Poststruktu-ralismus. Insbesondere hebt er die Prägung seiner Arbeit durch Michel Foucault hervor. Vgl. Stephen Greenblatt: Grundzüge einer Poetik der Kultur. In: St. G.: Schmutzige Riten. Betrachtungen zwischen Weltbildern. Frankfurt/M.: Fischer 1995, S. 107–122, hier S. 107f. Pierre Bourdieus Buch *Entwurf einer Theorie der Praxis* bezeichnet er in: Verhandlungen (Anm. 22), S. 211, als »anregend«.

[37] Stephen Greenblatt: Kultur (Anm. 5), S. 49.

[38] Ebd.

seiner Konzeption keine Rolle, und er würde sie zu recht ignorieren. Dem ist
aber keineswegs so.

Die kulturellen Codes, die »Modelle« oder, wie es in der Geertz zitieren-
den Definition heißt, »die Pläne, Rezepte, Regeln, Instruktionen ...«,[39] die
den »Überzeugungen und Praktiken« einer Kultur zugrunde liegen, stellen für
Greenblatt kein starres Regelsystem dar, das das Handeln, Denken und
Wahrnehmen der historischen Akteure mechanisch determiniert und programmiert:

> Was etabliert wird, unter höchst unterschiedlichen Umständen [...], ist eine
> Struktur, über die sich improvisieren läßt, eine Reihe von Mustern, die genügend
> Elastizität und genügend Raum für Variationen aufweisen, um die meisten Teil-
> nehmer einer gegebenen Kultur aufzunehmen.[40]

Die Betonung von Grenzen *und* Spielräumen als notwendigen Bestandteilen
jeder kulturellen Sinnstruktur hat Greenblatt mit einer Reihe von Kultursoziologen, speziell mit Pierre Bourdieu und Erving Goffman, gemeinsam. Bei
diesen finden sich auch explizite Begründungen für die relative Offenheit der
kulturellen Codes, die bei Greenblatt mit Hinweisen auf die Integrations-,
Überlebens- und Reproduktionsfähigkeit von Kultur nur angedeutet werden.[41]
So läßt sich Goffmans Analyse der kulturellen Codes auf die Formel bringen:

> There will never be a book for the rules of social life that is analogous to a book
> for the rules of chess, because it is impossible to specify all contexts and all the
> possible ›moves‹ open to interaction.[42]

Ganz ähnlich argumentiert Bourdieu, wenn er die Vorstellung einer mechanischen Determiniertheit der kulturellen Praxis durch die ihr zugrunde liegenden Schemata zurückweist:

> Um zu ermessen, auf welche Schwierigkeiten eine mechanistische Theorie der
> Praxis stieße, bei der diese als eine rein mechanische Reaktion definiert würde
> [...] braucht man sich nur das grandiose und verzweifelte Vorhaben jenes Ethno-
> logen vorzustellen, der mit schönstem positivistischen Wagemut nach zwanzigmi-
> nütiger Beobachtung der Küchenarbeit seiner Frau 480 elementare Verhaltensein-
> heiten aufzeichnet und dann die ›Episoden‹, die wissenschaftlich verarbeitet wer-

---

[39] Stephen Greenblatt: Selbstbildung (Anm. 4), S. 38.
[40] Stephen Greenblatt: Kultur (Anm. 5), S. 54.
[41] Warum die kulturellen Muster notwendig Elastizität und Spielräume aufweisen
müssen, erklärt Greenblatt mit dem knappen Hinweis: »um die meisten Teilnehmer einer gegebenen Kultur aufzunehmen« (ebd.). Weiterhin führt er als Begründung an: Eine »absolute[] Mobilität«, eine »perfekte[] Freiheit« ohne »Beschränkungen« (ebd.) ist im Interesse der Überlebensfähigkeit einer Kultur ebenso ausgeschlossen wie eine »absolute[] Ordnung« (ebd.). Insbesondere die Reproduktionsfähigkeit der Kultur, ihre Übertragbarkeit von einer Generation auf die andere,
erfordert nach Greenblatt ein Mindestmaß an Freiheit und Beweglichkeit (ebd.).
[42] Philip Manning: Erving Goffman and Modern Sociology. Stanford: Polity Press
1992, S. 77.

den müssen, auf 20 000 pro Tag und pro Akteur, also für eine Gruppe von mehreren Hundert Klassen von Akteuren auf mehrere Millionen jährlich schätzt.[43]

Keine Struktur kann die ins Unendliche gehende Fülle der konkreten Situationen vorherbestimmen und im voraus regeln. Die Akteure müssen immer wieder »unvorhergesehenen und immer wieder neuen Situationen die Stirn bieten« können.[44] Die kulturellen Muster müssen dementsprechend an eine Fülle unterschiedlicher Kontexte und Situationen anpaßbar sein und auch unter gewandelten gesellschaftlichen Bedingungen, die die Praxis neu konstituieren, anwendbar bleiben. Um dies leisten zu können, brauchen die kulturellen Muster – wie es bei Greenblatt heißt – »Elastizität und genügend Raum für Variationen«, was eine grundsätzliche Differenz zwischen der Struktur und der Praxis voraussetzt, die sich im Verhältnis zur Struktur als »regelhafte[] Improvisation[]«[45] konstituiert.

Wenn aber in dieser Weise eine grundsätzliche Differenz zwischen Struktur und strukturaktualisierender Praxis angenommen wird, dann muß auch so etwas wie eine »Relaisstation«[46] angenommen werden, die zwischen Struktur und Praxis vermittelt. Es muß eine Instanz geben, die die allgemeinen Muster in konkrete, spezifische und angemessene Vorstellungen und Verhaltensweisen überführt. Von Greenblatt wird diese Funktion nicht weiter reflektiert. Es bleibt bei einer vagen Vorstellung vom Subjekt. Bourdieus Habituskonzept hilft diesem theoretischen Mangel ab.[47]

Der Habitus, wie Bourdieu ihn entwirft, wird durch die Praxis strukturiert und strukturiert seinerseits die Praxis.[48] Die durch die gesellschaftlichen Existenzbedingungen erzeugten habituellen Handlungs-, Denk- und Wahrnehmungsschemata programmieren aber eben nicht mechanisch das Handeln, Denken und Wahrnehmen, sondern setzen ihm einer Grammatik analog Grenzen. Der Habitus ist also nicht nur unendlich produktiv, sondern immer auch restringiert und zugleich restringierend.

> Da er ein erworbenes System von Erzeugungsschemata ist, können mit dem Habitus alle Gedanken, Wahrnehmungen und Handlungen, und nur diese, frei hervorgebracht werden, die innerhalb der Grenzen der besonderen Bedingungen seiner eigenen Hervorbringung liegen. Über den Habitus regiert die Struktur, die ihn erzeugt hat, die Praxis, und zwar nicht in den Gleisen eines mechanischen Deter-

---

43 Pierre Bourdieu: Sozialer Sinn (Anm. 13), S. 115.
44 Ebd., S. 114.
45 Ebd., S. 107. Spricht Bourdieu von »regelhaften Improvisationen«, so ist bei Greenblatt in fast wörtlicher Übereinstimmung von einer »Struktur, über die sich improvisieren läßt« die Rede (s.o.).
46 Norbert Elias: Prozeß der Zivilisation (Anm. 16), S. 329.
47 Bourdieu liefert die theoretisch elaborierteste Ausarbeitung des Habituskonzepts, das sich auch bei anderen Kultursoziologen findet. Vgl. Herbert Willems (Anm. 15), S. 90ff., und H. W.: Rahmen und Habitus. Zum theoretischen und methodischen Ansatz Erving Goffmans. Frankfurt/M.: Suhrkamp 1997, S. 181ff.
48 Vgl. Pierre Bourdieu: Sozialer Sinn (Anm. 13), S. 98.

minismus, sondern über die Einschränkungen und Grenzen, die seinen Erfindungen von vornherein gesetzt sind.[49]

Die charakteristischen Daseinsbedingungen, die die habituellen Dispositionen erzeugen,[50] schließen durch das, was sie als Möglichkeiten und Unmöglichkeiten, Freiheiten und Notwendigkeiten definieren, durch Erleichterungen und Verbote etc. bestimmte Vorstellungen und Praktiken von vornherein aus und legen andere nahe.[51] Der Habitus ›versucht‹ entsprechend, die (potentiell unendlich vielen) »›vernünftigen‹ Verhaltensweisen« zu erzeugen, die alle Aussicht auf Belohnung haben, weil sie objektiv den Daseinsbedingungen angepaßt sind. »Zugleich trachtet« er, »alle Verhaltensweisen auszuschließen, die gemaßregelt werden müssen, weil sie mit den objektiven Bedingungen unvereinbar sind«.[52] Der Habitus fungiert demnach als Erzeugungsschema immer neuer – potentiell »unendlich viele[r]« – Gedanken, Wahrnehmungen und Handlungen von »dennoch begrenzter Verschiedenartigkeit«.[53] Er generiert die ›geregelten Improvisationen‹, die für Bourdieu wie für Greenblatt die Praxis wesentlich kennzeichnen. Damit wird klar, wie die Praxis als Variation und Anpassung kultureller Muster überhaupt *möglich* wird, warum uns »das Handeln der Individuen niemals wie ein ausgeklügelt' Buch erscheint, aber auch nicht wie eine Serie völlig freier Entscheidungen eines Wesens, das nur zu einem gezwungen ist, nämlich frei zu sein«.[54]

2. Zum Verhältnis von Kultur und Literatur

Rekonstruiert man Greenblatts Entwurf kultureller Praxis im Lichte des Habituskonzeptes, dann wird seine Bestimmung des Verhältnisses von Kultur und Literatur transparenter. Vor allem aber wird seine Literaturkonzeption verständlicher, die sich im Grunde noch in den Grenzen des traditionellen

---

[49] Ebd., S. 102.
[50] Besondere Bedeutung kommt hierbei den klassenspezifischen Daseinsbedingungen der ›primären Sozialisation‹ zu. Die mit ihnen verknüpften objektiven sozialen und ökonomischen Notwendigkeiten wirken nach Bourdieu als äußere Zwänge. Sie treten in der Welt der Familie als spezifische Objektwelt (Zugänge zu materiellen und immateriellen Gütern), als Formen geschlechtsspezifischer Arbeitsteilung, Formen der Konsumption, als Verhältnis zu Verwandten etc. zu Tage und prägen in dieser Erscheinungsform die Strukturen des Habitus, die wiederum zur Grundlage der Wahrnehmung und Beurteilung aller späteren Erfahrungen werden (ebd., S. 101). Die so gesellschaftlich erzeugten Denk-, Wahrnehmungs- und Handlungsschemata werden über ständige individuelle und kollektive Sanktionen verstärkt und über Sozialisation und Erziehung (ebd., S. 114) an die nächste Generation weitergegeben (ebd., S. 101).
[51] Vgl. ebd., S. 100.
[52] Ebd., S. 104.
[53] Ebd.
[54] Alois Hahn: Würdigung. Pierre Bourdieu zum 65. Geburtstag. In: Kölner Zeitschrift für Soziologie und Sozialpsychologie 47 (1995), S. 802–804, hier S. 803.

›engen Literaturbegriffs‹ bewegt, dem ja ein heute kaum mehr plausibilisierbares Autorkonzept eignet, nämlich die Vorstellung vom Autor als ›individuellem Subjekt‹, als ›Genie‹ und ›Schöpfer‹.

Die historische Realität wird von Greenblatt ausschließlich als psychischkulturelle Struktur gefaßt. Die Literatur bezieht sich entsprechend nicht auf das »gesellschaftliche[.] Leben« als äußere Referenz, als ob dieses »interpretationsfrei ›die Sache selber‹ sei«.[55]   markiert vielmehr einen »kulturellen Ort«[56] beziehungsweise einen »Disku .yp«,[57] der von anderen »kulturellen Orten« beziehungsweise »Diskurstypen« wie Erziehung, Politik, Religion etc., ebenso wie vom »Bewußtsein und Leben ihrer Schöpfer und ihres Publikums«[58] zu unterscheiden ist. Sie führt aber alles andere als eine autonome Existenz jenseits der dort herrschenden symbolischen Strukturen. Sie (re)präsentiert soziale Werte und Kontexte.[59] Als eine »besondere[] menschliche[] Aktivität«[60] ist Literatur, wie alle anderen Äußerungsformen des gesellschaftlichen Lebens, eine Erscheinungsform kultureller Praxis. Wie allen anderen menschlichen Aktivitäten liegen ihr die kulturellen Muster, die das Denken, Wahrnehmen und Handeln der Akteure einer Zeit prägen, zugrunde.

Wenn Greenblatt gleichzeitig betont, daß literarische »Kunstwerke [...] nicht bloß passiv« die kulturellen Codes einer Zeit und damit »das vorherrschende Kalkül von Mobilität und Restriktion« spiegeln, sondern dazu beitragen, »es vermöge ihrer eigenen improvisatorischen Intelligenz zu formen, zu artikulieren und zu reproduzieren«,[61] so findet das seine Erklärung vor dem Hintergrund der behandelten Differenz von kultureller Praxis und kultureller Struktur. Wie jede Erscheinungsform kultureller Praxis ist die Literatur eben nicht bloß determinierter Ausdruck, nicht bloßer Reflex der kulturellen Muster einer Zeit, sondern sie aktiviert sie in Variationen und Improvisationen. Und wie alle anderen Erscheinungsformen kultureller Praxis ist der literarische Text damit weder als willkürliche subjektive Schöpfung noch als bloße Kopie allgemeiner Muster zu begreifen, sondern stets nur als Verbindung beider Seiten: Er verknüpft Individuelles und Allgemeines, Innovation und Regelmäßigkeit; er bringt die kulturellen Codes einer Zeit also nicht bloß zum Ausdruck, er kann sie auch in gewissem Maße reflektieren, sie in

---

[55] Stephen Greenblatt: Selbstbildung (Anm. 4), S. 40.
[56] Stephen Greenblatt: Kultur (Anm. 5), S. 50.
[57] Stephen Greenblatt: Selbstbildung (Anm. 4), S. 40.
[58] Ebd.
[59] Die Analyse literarischer Texte kann daher auch zu einem besseren Verständnis der sie umgebenden Kultur führen, wie umgekehrt deren Analyse zu einem besseren Verständnis der literarischen Werke führt (Stephen Greenblatt: Kultur [Anm. 5] S. 51).
[60] Stephen Greenblatt: Selbstbildung (Anm. 4), S. 40.
[61] Stephen Greenblatt: Kultur (Anm. 5), S. 54.

Frage stellen, mit ihnen spielen, sie verändern.[62] Ja er kann dies – wie im folgenden deutlich werden soll – in einer vor anderen kulturellen Texten ausgezeichneten Weise.

Greenblatt verzichtet weitgehend auf theoretische Explikationen[63] und erweckt so den Eindruck, die besondere Kultur formende, ja verändernde Kraft, die er dem »große[n] Kunstwerk[]«[64] als Qualität zuspricht, basiere letztlich auf einer nicht weiter reduzierbaren Qualität seines Autors als ›Schöpfer‹ und ›Erfinder‹. Genau an dieser Stelle hilft das Habituskonzept im Sinne Bourdieus doppelt weiter. Es erklärt und präzisiert nämlich Greenblatts Autorkonzept und verleiht ihm erst Plausibilität.

Ganz im Einklang mit Bourdieus Vorstellungen heißt es bei Greenblatt über den Künstler: »trotz unseres romantischen Originalitätskultes« sind die »meisten Künstler selbst nur begabte Schöpfer von Variationen«,[65] auch »jene großen Autoren, die wir mit besonderer Ehrfurcht betrachten und dafür feiern, daß sie die papageienhafte Nachahmung der Klischees ihrer Kultur verweigern, sind wohl eher besonders brillante Improvisatoren als absolute Revolteure oder reine Erfinder«.[66] Für die Künstler Greenblatts gilt mithin in besonderer Weise, was Bourdieu für Individuen allgemein beschreibt: Ihr Habitus wird strukturiert durch die Strukturen der Praxis, in denen sie sozialisiert werden, und er wirkt als »strukturierende Struktur[]«[67] wieder auf die Praxis zurück. Die Künstler können dementsprechend zwar nicht in ›subjektiver Freiheit‹ neue Denk- und Handlungsmuster erfinden. Aber indem sie die kulturellen Muster in situationsspezifischen individuellen Anpassungen und Variationen aktivieren, wirken sie formend auf die kulturelle Praxis. Sie können sie verändern und so zu Schöpfern jener »geregelten Transformationen«[68] werden, als deren Grundlage Bourdieu den Habitus beschreibt. Sie können den Mustern und damit den Institutionen, die diese prägen, »Korrekturen und Wandlungen«[69] aufzwingen. Bourdieu bezeichnet dies als »Kehrseite und Voraussetzung« dafür, daß die sozialen Strukturen nur in der Reaktivierung durch die Habitus der historischen Akteure »in Funktion, am Leben, in Kraft« gehalten werden können.[70]

---

[62] Greenblatt bestimmt in Selbstbildung (Anm. 4), S. 38, die »Reflexion« der »verhaltensformenden Codes« als eine Funktionsweise von Literatur.

[63] Er selbst begründet seine ›theoretische Enthaltsamkeit‹ damit, daß der »Neue Historismus eher eine Arbeitsweise und keine Schule« sei (Stephen Greenblatt: Grundzüge einer Poetik [Anm. 36], S. 107).

[64] Stephen Greenblatt: Kultur (Anm. 5), S. 57.

[65] Ebd., S. 54.

[66] Ebd.

[67] Pierre Bourdieu: Sozialer Sinn (Anm. 13), S. 98.

[68] Ebd., S. 102.

[69] Ebd., S. 107.

[70] Ebd.

Auch das, was »große Autoren«[71] in Greenblatts Darstellung von anderen individuellen Akteuren unterscheidet, und das, was die Literatur als »große Kunst«[72] vor anderen kulturellen Texten auszeichnet und in besonderer Weise zur Veränderung von Kultur disponiert, legt Bezüge ҇n Habituskonzept Bourdieuscher Prägung nahe. »Große Autoren« sind für ҇nblatt »Meister« der »herrschenden Codes, die Mobilität und Restriktion der Menschen bestimmen«, »Spezialisten im kulturellen Austausch«.[73] Analog dazu geht Bourdieu von einem habituell begründeten Virtuosentum aus. Es ermöglicht zum Beispiel im Bereich der Sprache, immer wieder neue einander überbietende »geistreiche Bemerkungen«, weil ihm ein Habitus zugrunde liegt, »der über die objektiv verfügbaren Ausdrucksmittel so vollkommen verfügt, daß diese so weit über ihn verfügen, daß er seine Freiheit gegen sie behaupten kann, indem er die in ihnen [...] enthaltenen seltensten Möglichkeiten ausschöpft«.[74] Eine in dieser Weise verfaßte besondere habituelle Disposition unterstellt Greenblatt auch den »literarischen Künstlern«: »Durch ihr Vermögen, einprägsame Geschichten zu konstruieren, ihre Beherrschung effektvoller Bildlichkeit und vor allem ihr Gespür für die größte kollektive Schöpfung jeglicher Kultur: die Sprache, sind literarische Künstler dazu befähigt, diesen Haushalt [den Symbolhaushalt einer Kultur] zu manipulieren«.[75]

Daß die Literatur durch das Moment der Mobilität, der Freiheit, der Variation und der Improvisation bestimmt ist und ›die Werke großer Kunst‹ dazu befähigt sind, »gegen die Beschränkungen ihrer eigenen Kultur [zu] wüten«,[76] ist jedoch in Greenblatts Entwurf nicht nur auf die Fähigkeiten des Autors zurückzuführen. Dieses Moment findet also seine Erklärung nicht nur im Habituskonzept. Ein weiterer Aspekt kommt hinzu: die besondere mediale Verfaßtheit von Literatur, die freilich auch einen in besonderer Weise habituell ausgezeichneten Autor, eben den Autor als ›Meister der kulturellen Codes‹ erfordert. Literatur steht im Schnittpunkt unterschiedlicher Diskurstypen, sie kombiniert aus den unterschiedlichsten gesellschaftlichen Feldern stammende Wissensformen, die sonst nicht miteinander in Kontakt kämen.[77]

Sie [die literarischen Künstler] nehmen symbolisches Material aus einer kulturellen Sphäre und bewegen es in eine andere [...], wandeln seine Bedeutung ab, ver-

---

[71] Stephen Greenblatt: Kultur (Anm. 5), S. 54 und 55.
[72] Stephen Greenblatt: Selbstbildung (Anm. 4), S. 40.
[73] Stephen Greenblatt: Kultur (Anm. 5), S. 55.
[74] Pierre Bourdieu: Sozialer Sinn (Anm. 13), S. 106.
[75] Stephen Greenblatt: Kultur (Anm. 5), S. 55.
[76] Ebd., S. 57.
[77] Dieser Aspekt steht für Greenblatt im Mittelpunkt. Der ›Austausch‹ zwischen der Kunst und den anderen gesellschaftlichen Feldern bezieht sich dabei nicht nur auf Deutungs- und Verhaltensmuster, die in meinen Überlegungen im Vordergrund stehen, sondern auf kulturelles Material im weitesten Sinne bis hin zu Kostümen und Requisiten. Vgl. hierzu besonders: Stephen Greenblatt: Verhandlungen (Anm. 22) S. 9–33.

binden es mit weiterem Material aus einem anderen Bereich und verändern so seinen Ort in einem umfassenden gesellschaftlichen Entwurf.[78]

Die Kombination des kulturellen Materials aus unterschiedlichen ›kulturellen
Orten‹ und seine ›Inszenierung‹ im Medium der Literatur verändert das Material:

> große Kunstwerke sind keine neutralen Relaisstationen im Umlauf des kulturellen
> Materials. Es geschieht etwas mit den Dingen, Überzeugungen und Praktiken,
> wenn sie in literarischen Texten dargestellt, neu imaginiert und inszeniert werden,
> etwas oft Unvorhersehbares und Beunruhigendes.[79]

Die Literatur verdoppelt und bestärkt also keineswegs nur die »vorherrschenden Überzeugungen und Gesellschaftsstrukturen«.[80] Die »neuartige[] Montage
und Gestaltung« der kulturellen Muster, Vorstellungen und Praktiken läßt
vielmehr kulturelle Elemente »machtvoll interagieren«, die sonst »kaum miteinander in Kontakt treten«, und ermöglicht so, daß »große Kunstwerke« sich
»an den Grenzen dessen bewegen, was zu einer gegebenen Zeit an einem gegebenen Ort sagbar ist«.[81]

Aus dem bisher Gesagten geht hervor, daß Greenblatt ›große Kunstwerke‹
von der Masse literarischer Texte unterscheidet, daß er also wie selbstverständlich von der Dichotomie von ›hoher‹ und ›niederer‹ Literatur ausgeht.
Sieht man einmal von dem Wertungsaspekt ab, ist die Differenzierung, die er
implizit vornimmt, durchaus nachvollziehbar und hilfreich. Sie bedarf aber,
wie im folgenden Punkt zu zeigen ist, einer historischen Kontextierung.

Zwar sind alle literarischen Texte durch das Moment der Restriktion *und*
der Mobilität gekennzeichnet, aber es gibt »große Unterschiede im Kalkül
von Mobilität und Restriktion«.[82] Sofern Literatur ein bloßes Mittel der
»Übertragung von Kultur«[83] ist, das heißt sofern sie die Codes, die an anderen kulturellen Orten herrschen, nur reproduziert und damit den herrschenden
»kulturellen Grenzen durch Lob und Tadel Geltung verschafft«,[84] dominiert
in ihr das restriktive Moment. Solche ›zweckgebundenen‹ literarischen Texte
verlieren ihre Bedeutung und Wirksamkeit, wenn die in ihnen »artikulierten
und geltend gemachten Modelle und Beschränkungen« sich »selbst substantiell wandeln«.[85] Wie die Texte der anderen Diskurstypen werden sie »praktisch unverständlich [...], sobald man sie aus ihrer unmittelbaren Umgebung
entfernt«.[86] Um ihre Bedeutung wiederzugewinnen, muß man die Situation
rekonstruieren, in der sie hergestellt wurden. Anders verhält es sich mit ›lite-

---

[78] Stephen Greenblatt: Kultur (Anm. 5), S. 55f.
[79] Ebd., S. 57.
[80] Ebd.
[81] Ebd.
[82] Ebd., S. 53.
[83] Ebd.
[84] Ebd., S. 49.
[85] Ebd.
[86] Ebd., S. 51.

rarischen Kunstwerken‹. Hier überwiegt das Mobilitätsmoment. Sie sind nicht bloße Mittel der Übertragung der kulturellen Codes. Sie verschaffen nicht nur dem herrschenden Kalkül von Mobilität und Restriktion Geltung. Kraft der »improvisatorischen Intelligenz«[87] ihrer Autoren und deren Möglichkeit der Kombination und Inszenierung heterogener kultureller Materialien im Medium der Literatur formen und verändern sie dieses Kalkül. Sie strukturieren und prägen damit die kulturelle Praxis neu. Literarische Kunstwerke enthalten einen ›Gutteil der Situation‹, in der sie hergestellt wurden, in sich selbst und sind daher ›aus sich selbst heraus verstehbar‹; sie können den Zusammenbruch der Bedingungen überleben, unter denen sie entstanden sind.[88]

3. Zum Zusammenhang und Wandel gesellschaftlicher und kultureller Strukturen

Da Greenblatt die historische Realität ausschließlich als psychisch-kulturelle Struktur erfaßt, finden sich bei ihm keine theoretischen Aussagen zum Zusammenhang zwischen materiellen gesellschaftlichen und kulturellen Strukturen. Gleichwohl leugnet er die Existenz solcher materieller Strukturen nicht: So spricht er zum Beispiel von einer »gesellschaftlichen und historischen Dimension symbolischer Praxis«,[89] von »Institutionen«,[90] wie »Hof, Kirche, Kolonialverwaltung« und »patriarchalische[r] Familie«.[91] Ebenso selbstverständlich setzt er den historischen Wandel der kulturellen Strukturen voraus, wenn er von einem ›substantiellen Wandel‹ der kulturellen Muster,[92] allgemein von »historischen Kontingenzen« ausgeht, in die die Kultur eingebettet sei.[93] Wenn Greenblatt konstatiert, »daß es zwischen verschiedenen Kulturen große Unterschiede im Kalkül von Mobilität und Restriktion gibt«,[94] dann drängt sich die Frage nach den gesellschaftlichen Ursachen für diese Unterschiede auf. Diese Frage stellt sich verschärft, wenn er literarischen Texten ebenfalls ein unterschiedliches Kalkül von Restriktion und Mobilität zuschreibt und dieses einem zeitlichen Wandel unterworfen sieht. So rechnet er

---

[87] Ebd., S. 54.
[88] Ebd., S. 51. Vgl. hierzu auch Stephen Greenblatt: Verhandlungen (Anm. 22), S. 15f. Dort rückt Greenblatt die besondere Anpassungsfähigkeit von »ästhetischen Formen sozialer Energien« (z.B. von Mischgefühlen aus Angst und Lust) als Erklärungsvariable für die ›Überlebensfähigkeit‹ von Kunstwerken in den Vordergrund.
[89] Stephen Greenblatt: Kultur (Anm. 5), S. 56.
[90] Ebd., S. 50, 55.
[91] Stephen Greenblatt: Selbstbildung (Anm. 4), S. 41.
[92] Stephen Greenblatt: Kultur (Anm. 5), S. 49.
[93] Ebd., S. 57.
[94] Ebd., S. 53.

die Dominanz des restriktiven Moments in der Literatur der Vergangenheit
zu: »die westliche Literatur [ist] über einen sehr langen Zeitraum eine der
großen Institutionen gewesen, die den kulturellen Grenzen durch Lob und
Tadel Geltung verschafft haben«.[95] Insbesondere »in Zeiten, in denen die Sitten ein entscheidendes Zeichen für Standesunterschiede waren«,[96] erfüllte die
Literatur die Funktion der »Übertragung von Kultur«, der »Weitergabe von
Verhaltensrollen«.[97] Greenblatt wirft die Fragen nach den gesellschaftlichen
Bedingungen der unterschiedlichen kulturellen Strukturen und ihres Wandels
auf. Die Antworten auf diese Fragen müssen allerdings woanders gesucht
werden.

Sofern in den kulturgeschichtlichen Ansätzen Feststellungen über den Zusammenhang zwischen den materiellen gesellschaftlichen Strukturen und den
psychisch-kulturellen Strukturen getroffen werden, herrscht weitgehend
Übereinstimmung darüber, daß den gesellschaftlichen Strukturen der Primat
zuzuerkennen sei. Nach Bourdieu werden die Habitusformen und mit ihnen
die Wissensformen durch die sozialen Existenzbedingungen, vor allem durch
die schichtspezifischen Daseinsbedingungen der ersten Familiensozialisation,
erzeugt. Ähnlich wie Bourdieu führt Elias die psychischen Dispositionen auf
die Zwänge sozialer Felder, die sich schichtspezifisch konstituieren, zurück.
Einen weit weniger direkten Zusammenhang zwischen gesellschaftlichen
Strukturen und Wissensformen stellt Niklas Luhmann her. Er behauptet nur,
daß semantische Strukturen[98] nicht unabhängig von den Gesellschaftsstrukturen variieren, ihr Wandel also durch den der gesellschaftlichen Strukturen
limitiert wird.

Anders als Bourdieu, der ebenso wie Greenblatt die Erklärung des historischen Wandels aus seiner Argumentation ausschließt, verfügen Luhmann und
Elias über eine Theorie des gesellschaftlichen Wandels, auf die sie den Wandel der Wissensformen beziehen, um so deren ›Geschichtlichkeit‹ zu erklären.

Die Entwicklung der semantischen Strukturen zeichnet sich nach Luhmann
durch eine gewisse Eigenlogik aus. Die These von der Eigenlogik der Entwicklung der Wissensformen besitzt Plausibilität insbesondere für die hand-
lungsferneren Welt-, Lebens- und Geschichtsbilder sowie für die Ideen der

---

[95] Ebd., S. 49.
[96] Ebd., S. 52.
[97] Ebd., S. 53.
[98] Niklas Luhmann: Gesellschaftsstruktur und Semantik. Studien zur Wissenssoziologie der modernen Gesellschaft. Bd. 1. Frankfurt/M.: Suhrkamp 1980, S. 19,
versteht unter »Semantik einer Gesellschaft« ihren »Vorrat an bereitgehaltenen
Sinnverarbeitungsregeln [...], einen höherstufig generalisierten, relativ situations-
unabhängig verfügbaren Sinn«, der im Handeln und Erleben aktualisiert wird.
Damit ist zunächst der »Alltagsgebrauch« von Sinn gemeint. Auf dieser Ebene ist
die Semantik einer Gesellschaft ausschnitthaft für jedermann verfügbar (S. 19).
Davon zu unterscheiden ist der Bereich »gepflegter Semantik« (ebd.). Auch sie
wird im Erleben und Handeln aktualisiert, ist aber an dafür ausdifferenzierte Situationen, Rollen und Teilsysteme sowie an Schrift gebunden (S. 20).

›gepflegten Semantik‹, also für den Bereich des Wissens, den Luhmann in seinen Untersuchungen zur Semantik privilegiert.[99] Die semantischen Konzepte werden Luhmann zufolge nicht direkt von den gesellschaftlichen Verhältnissen der historischen Akteure bestimmt, sie stehen vielmehr in eigenen Traditionszusammenhängen, die für ihre Genese und ihren Wandel ebenso bedeutsam sind wie die gesellschaftlichen Strukturen. Ideen entwickeln sich demnach notwendig in der Anknüpfung und Auseinandersetzung mit den in der Tradition bereitstehenden semantischen Konzepten, die sie variieren und umdeuten. Die Variationen des Ideengutes sind also ›innersemantisch‹ erklärbar. Welche Ideen sich aber durchsetzen, Dominanz gewinnen und überdauern, das hängt von den gesellschaftlichen Strukturen ab. Der durch sie erzeugte Problemlösungsbedarf wirkt als Selektionsrahmen für die Ideen. Zentrale Bedeutung kommt dabei der Umstellung der Differenzierungsform der Gesellschaft von primär stratifikatorischer auf primär funktionale Differenzierung zu, die für Luhmann die wichtigste Variable des Modernisierungsprozesses bildet. Die sich mit dieser Umstellung wandelnden sozialen Daseinsbedingungen konstituieren Probleme,[100] für die die semantische Entwicklung Lösungen bereitstellen muß.[101]

---

[99] Luhmanns Semantikbegriff ist zwar so umfassend, daß er alle Wissensformen umgreift. In den faktischen Untersuchungen aber zeigt sich eine umgekehrte Gewichtung wie sie die meisten anderen kultursoziologischen Ansätze kennzeichnet. Luhmanns Hauptinteresse gilt der ›gepflegten Semantik‹, den explizit ausformulierten Ideen von Religion, Kunst, Philosophie, Wissenschaft etc., daneben den kollektiven Vorstellungen von Liebe, Sexualität, Individualität etc., die er in einer Art ›Sickertheorie‹ von der ›gepflegten Semantik‹ ableitet. Automatismen des Verhaltens, wie sie bei Gehlen, Bourdieu, Elias und Greenblatt im Vordergrund stehen, kommen bei Luhmann kaum vor. Eine Ausnahme bildet die stark an Elias angelehnte Beschreibung der Disziplinierungseffekte der Oberschichtinteraktion; vgl. Niklas Luhmann: Interaktion in Oberschichten: Zur Transformation ihrer Semantik im 17. und 18. Jahrhundert. In: N. L.: Gesellschaftsstruktur und Semantik (Anm. 98), S. 72–161.

[100] So führt die Umstellung auf funktionale Differenzierung zur sozialstrukturellen Außenstellung des Individuums und damit zur Notwendigkeit, Individualität neu zu definieren und Kommunikationsformen für Individualität bereitzustellen. Die sich im gleichen Prozeß vollziehende ›Entlastung‹ der Oberschichtinteraktion von gesellschaftlichen Leitungsaufgaben schafft den Bedarf für eine neue Interaktionssemantik, die Lösung der Ehe aus gesellschaftlichen Bezügen den Bedarf für eine neue Liebessemantik etc. Vgl. Niklas Luhmann: Individuum, Individualität, Individualismus. In: N. L.: Gesellschaftsstruktur (Anm. 98). Bd. 3. Frankfurt/M.: Suhrkamp 1989, S. 149–258; N. L.: Liebe als Passion. Zur Codierung von Intimität. Frankfurt/M.: Suhrkamp 1982; N. L.: Interaktion in Oberschichten (Anm. 99).

[101] Daß Genese und Wandel der Wissensformen des von Luhmann pivilegierten Bereichs der Semantik nicht als bloßer Reflex der gesellschaftlichen Bedingungen erklärbar sind, aber auch umgekehrt diese nicht als bloßer Reflex der Ideen, zeigt bereits Bernhard Groethuysen: Die Entstehung der bürgerlichen Welt- und Lebensanschauung in Frankreich. 2 Bde. Frankfurt/M.: Suhrkamp 1978 (Neudruck der Erstausgabe: Halle an der Saale: Niemeyer 1927 [1. Bd.] und 1930 [2. Bd.]). Für Groethuysen ist selbstverständlich, daß man menschliches Handeln nicht ver-

Norbert Elias geht in seinen historischen Untersuchungen zwar von schichtspezifischen Feldern aus, deren Bedingungen die Verhaltensdispositionen erzeugen, aber auch in seinen Überlegungen spielt die funktionale Differenzierung eine zentrale Rolle. Sie erscheint wie bei Luhmann als die entscheidende Variable des Modernisierungsprozesses. Sie ist aber nicht nur der Motor des gesellschaftlichen Wandels, sondern bildet zugleich mit der Gewaltmonopolisierung die allgemeine Bedingung der Transformation der psychisch-kulturellen Strukturen, die Elias als Zivilisierungsprozeß beschreibt. Die funktionale Differenzierung führt Elias zufolge zu immer längeren und komplexeren Abhängigkeitsketten, in die das Verhalten des einzelnen eingebettet ist, und zwingt ihn so zur Regulierung seines Verhaltens im Hinblick auf diese Abhängigkeitsketten. Diese Regulierung arbeitet keineswegs nur bewußt, sondern wird dem Individuum »von klein auf mehr und mehr als ein Automatismus angezüchtet«.[102] Die funktionale Differenzierung als Motor der gesellschaftlichen Entwicklung konstituiert auch die schichtspezifischen Felder mit ihren speziellen Abhängigkeiten, Zwängen und Erfordernissen, wie den Hof oder die Stadt als Verkehrs- und Handelszentrum. Mit fortschreitender funktionaler Differenzierung werden jedoch immer breitere Schichten von ihren Implikationen betroffen. Zugleich breiten sich die Verhaltensmodelle der Oberschichten aus, an denen sich die nachfolgenden Schichten orientieren, und amalgamieren mit denen der unteren Schichten. Damit nehmen die Unterschiede im Verhalten zwischen den Schichten ab, die Varianten und Spielarten ›zivilisierten Verhaltens‹ aber nehmen zu.[103]

Die von Greenblatt festgestellte Variabilität im kulturellen Kalkül von Mobilität und Restriktion beziehungsweise die Verschiebung der Balance der kulturellen Struktur von der Restriktion hin zur Mobilität läßt sich im Anschluß an Luhmann und Elias als Resultat funktionaler Differenzierungsprozesse erklären. Das zentrale Argument kann folgendermaßen skizziert werden: Während in der primär stratifikatorisch differenzierten Gesellschaft schichtspezifische Verhaltenscodes das Verhalten relativ konkret regeln und der einzelne dort in allen seinen Lebensäußerungen der Beobachtung und Kontrolle durch eine relativ homogene Gruppe ausgesetzt ist, müssen in der

---

stehen kann, wenn man seine Analyse auf die sozialen Strukturtatsachen beschränkt und die je nach historischen und nationalen Kontexten verschiedenen Bedeutungswelten ausklammert. Die sozialen Strukturtatsachen werden von Groethuysen freilich noch als klassenspezifische Lebens- und Daseinsbedingungen gefaßt. Ihre Implikationen, Erfordernisse und Notwendigkeiten, auf die er die Weltanschauungen bezieht, können aber auch als Probleme im Gefolge funktionaler Differenzierungsprozesse gelesen werden, auf die die religiösen und moralischen Orientierungen als Lösungen gemäß den Bedeutungswelten, aus denen sie hervorgehen, unterschiedlich, aber funktional äquivalent antworten. Vgl. hierzu: Alois Hahn. Essay über Bernhard Groethuysen, Die Entstehung der bürgerlichen Welt und Lebensanschauung in Frankreich. In: Soziologische Revue 3 (1980), S. 414–423.

[102] Norbert Elias: Prozeß der Zivilisation (Anm. 16), S. 312ff., besonders S. 317.

[103] Ebd., S. 342ff.

primär funktional differenzierten Gesellschaft Menschen unterschiedlichster Herkunft integriert werden, die in vielfältigsten personal und sachlich von einander abgeschotteten und nicht aufeinander abgestimmten gesellschaftlichen Feldern agieren. Je vielfältiger aber die nicht integrierten Handlungsräume werden, um so mehr ›Elastizität‹ muß die kulturelle Struktur aufweisen, um so mehr Spielräume und Freiheiten für individuelle Variationen muß sie zulassen. Bourdieu spricht diese historische Tatsache an, wenn er es als »Sonderfall« bezeichnet, daß »der Habitus unter Bedingungen zur Anwendung gelangt, die identisch oder homothetisch mit denen seiner Erzeugung sind«.[104] Was Bourdieu allerdings unerörtert läßt, ist, daß es sich hierbei keineswegs um ein universales Problem handelt, sondern um eines, das sich historisch entwickelt hat. In der primär stratifikatorisch differenzierten Gesellschaft war die Regel, was erst in der modernen primär funktional differenzierten Gesellschaft zum ›Sonderfall‹ wird: Die Bedingungen der primären Familiensozialisation, unter denen die habituellen Verhaltensmuster erworben wurden, waren zugleich die Bedingungen, unter denen sie lebenslang zur Anwendung kamen.[105] Erst in der modernen Gesellschaft wird der einzelne im Verlauf seines Lebens immer wieder mit neuen, oft sich widersprechenden gesellschaftlichen Bedingungen konfrontiert. Die Konsequenzen dieser Umstellung für die Identitätsbildung und für die Verfaßtheit der kulturellen Muster reflektieren weder Bourdieu noch Greenblatt. Beide beschreiben Spielräume für Improvisationen und Variationen als Universalie jeder kulturellen Struktur, sehen aber nicht die notwendige Zunahme dieses Moments in der Moderne. Mit Luhmann und Elias läßt sich demgegenüber zeigen, daß und wie sich die Dominanz des Moments der Mobilität der historischen Entwicklung verdankt.

Vor diesem Hintergrund ist auch die von Greenblatt herausgestellte Qualität des ›großen Kunstwerks‹, die Dominanz des Merkmals der Mobilität, die Fähigkeit kulturelle Muster nicht nur zu reproduzieren, sondern mit ihnen zu spielen, sie zu variieren und zu verändern, zu verstehen. Wenn Greenblatt von den vergangenen Zeiten spricht, in denen die »westliche Literatur [...] eine der großen Institutionen gewesen [ist], die den kulturellen Grenzen durch Lob und Tadel Geltung verschafft haben«,[106] deutet er das selbst an. Eine Literatur, die im Dienst der »Übertragung von Kultur«[107] steht, und de-

---

[104] Pierre Bourdieu: Sozialer Sinn (Anm. 13), S. 117. »In diesem Sonderfall« erzeugen »die durch die objektiven Bedingungen und durch ein tendenziell an diese Bedingungen angepaßtes pädagogisches Handeln dauerhaft aufgeprägten Dispositionen [...] objektiv mit diesen Bedingungen vereinbare Praktiken und an deren objektive Erfordernisse [...] vorangepaßte Erwartungen« (S. 117).

[105] Entsprechend heißt es bei Niklas Luhmann: Individuum (Anm. 99), S. 167: Früher wurde man »dort sozialisiert, wo man sein gesellschaftliches Leben zu führen hatte: im Hause«.

[106] Stephen Greenblatt: Kultur (Anm. 5), S. 49.

[107] Ebd., S. 53.

ren Autoren »diese Funktion höchst bewußt«[108] ist, entspricht der Logik und den Erfordernissen einer stratifikatorisch differenzierten Gesellschaft mit ihren schichtspezifischen Moral- und Verhaltenscodes. Dementsprechend hält Greenblatt fest, daß die Literatur die Funktion, »Verhaltensrollen«[109] und »Sittencodes«[110] zu übertragen, »insbesondere in Zeiten« erfüllte, »in denen die Sitten ein entscheidendes Zeichen für Standesunterschiede waren«.[111]

Im Zuge der Umstellung auf funktionale Differenzierung löst sich die Literatur aus dieser Funktion. Es entsteht die ›autonome Kunst‹.[112] Sie ist von direkten gesellschaftlichen Funktionen wie der Erziehung oder der politischen Repräsentation und damit von der unmittelbaren Bindung an andere kulturelle Felder (Erziehung, Religion, Politik etc.) entlastet. An die Stelle des Zweck- und des Realitätsbezuges, wie er in den Nachahmungstheorien gefaßt war, tritt in dieser Literatur der Autorbezug. Plausibilisiert und legitimiert wird diese Umstellung durch das neue Autorkonzept, das in der zweiten Hälfte des 18. Jahrhunderts mit dem Geniebegriff ausformuliert vorliegt. Der Autor als ›Schöpfer‹, als ›individuelles Subjekt‹, begründet nun die Regeln seines Werks und nicht mehr der Bezug auf die ›Natur‹ und einen ›vernünftigen Zweck‹. Damit erst kann die von Greenblatt den Autoren zugeschriebene Kraft zur ›Improvisation‹ und ›Variation‹ der kulturellen Muster zur vollen Entfaltung kommen. Erst mit der Abkoppelung der Literatur von direkten gesellschaftlichen Funktionen und der damit gegebenen Lösung aus der Unterordnung unter bestimmte kulturelle Felder kann der mediale Aspekt der Literatur, ihre Fähigkeit, Wissensformen aus den heterogensten kulturellen Feldern zu kombinieren und zu transformieren und so an die Grenzen des in einer Kultur ›Sagbaren‹ vorzustoßen,[113] voll ausgeschöpft werden.[114]

---

[108] Ebd.

[109] Ebd., S. 53.

[110] Ebd., S. 52.

[111] Ebd.

[112] Zum Zusammenhang zwischen der funktionalen Ausdifferenzierung und der Autonomiekonzeption der Kunst vgl. Marianne Willems (Anm. 3).

[113] Stephen Greenblatt: Kultur (Anm. 5), S. 57.

[114] Die Trennung von Kunst und Gesellschaft, die natürlich auch schon vor der expliziten Autonomiekonzeption der Kunst vollzogen wird, ist die generelle Bedingung für die besonderen medialen Möglichkeiten der Kunst. Greenblatt deutet das in: Verhandlungen (Anm. 22), S. 30, an: Die »Illusion«, das Theater »sei von jeder gewöhnlichen gesellschaftlichen Praktik meilenweit entfernt«, der Glaube »an seine Nutzlosigkeit und praktische Wertlosigkeit [...] verschafft dem Theater einen ungewöhnlich großen Freiraum für seine Verhandlungen und Tauschgeschäfte mit den umliegenden Institutionen, Autoritäten, Diskursen und Praktiken«.

4. Schluß

Die Betrachtung des Ansatzes von Greenblatt im kultursoziologischen Kontext zeigt begrenzte Kompatibilitäten. Die dargestellten Ansätze widersprechen einander nicht, sondern bestätigen und ergänzen sich in wesentlichen Punkten. Greenblatts Überlegungen schließen die Verknüpfung mit kultursoziologischen Ansätzen, die von materiellen gesellschaftlichen Strukturen ausgehen, nicht aus. Sie erfordern sogar diese Ergänzung, wie der Vergleich mit Bourdieus Habitustheorie zeigt. Ebenso wie Bourdieu bedarf Greenblatt der Anbindung an eine historische Theorie, wie sie Elias und Luhmann vorlegen. Je nach Untersuchungsgegenstand wird man stärkere Anleihen bei der einen oder anderen Theorie machen. Die unterschiedlichen Wissensformen erfordern graduell unterschiedliche theoretische Zugänge. Luhmanns Theorie der eigenlogischen Entwicklung der Wissensformen trifft vor allem für die komplexen ›diskursiven‹ Wissensformen zu, für die Geschichts- und Weltbilder, die Deutungen von historischen Ereignissen, Institutionen und Normen sowie für die expliziten Ideen der ›gepflegten Semantik‹. Mit Bourdieu oder Elias ist komplementär davon auszugehen, daß elementare Verhaltensmuster, wie zum Beispiel Geschmacks- und Moralorientierungen, entscheidend durch die sozialen Bedingungen der ersten Familiensozialisation geprägt werden. Für die Deutungen, mit denen die Zeitgenossen auf historische Ereignisse, den Wandel von Institutionen und Normen reagieren, sind dagegen die semantischen Traditionskontexte, an die sie anschließen, weit prägender. Historische Ereignisse, Veränderungen von Institutionen und Normen etc. determinieren ihre Deutungen nicht. Sie müssen vielmehr als Generatoren von Problemen gefaßt werden, auf die die Deutungen als Anpassungen, als Problemlösungen, gemäß den Bedeutungswelten, aus denen sie hervorgehen, reagieren.

Mit Greenblatt und Bourdieu sind Korrelationen zwischen Texten auf der Ebene der Geschichts- und Gesellschaftsbilder[115] als Variationen gemeinsamer kultureller Deutungsmuster zu begreifen. Für die Erklärung ihrer jeweiligen konkreten Ausformung ist das Habituskonzept heranzuziehen. Die Deutungsmuster selbst beziehungsweise ihre Dominanzen, die sich durch ihre Präsenz in unterschiedlichen Texten beweisen, sind jedoch nur durch Bezug auf die durch die sozialen Strukturtatsachen konstituierten Probleme einerseits und auf die semantischen Traditionen, an die sie anschließen, andererseits zu erklären.

Schließlich ist von einer weiteren Differenz zwischen den unterschiedlichen Wissensformen auszugehen: Während die elementaren Verhaltensmuster primär in der Familiensozialisation erworben werden, spielen für die Vermittlung der Welt- und Geschichtsbilder Medien die wichtigste Rolle. Sie

---

[115] Sie bilden den Gegenstand der von mir geplanten Untersuchung der Erzählungen des *Morgenblatts*, siehe Anm. 1.

sind ›bewußtseinsnäher‹, der Reflexion zugänglicher und damit auch einem schnelleren Wandel unterworfen. Für die Genese und den Wandel dieser Wissensformen kommt unter den kulturellen Texten der Literatur eine besondere Bedeutung zu. Greenblatts Ansatz kann dazu anleiten, die spezifische mediale Verfaßtheit von Literatur bei jeder sozialgeschichtlichen Literaturinterpretation zu berücksichtigen.

Ursula Peters

Neidharts Dörperwelt

Mittelalter-Philologie zwischen Gesellschaftsgeschichte
und Kulturanthropologie*

»Warum darf Literaturwissenschaft nicht Literaturwissenschaft sein?« Mit
dieser provozierenden Titelfrage hat im Oktober 1996 der Mediävist Walter
Haug auf der in Ascona veranstalteten Tagung ›Literaturwissenschaften als
Kulturwissenschaft‹ seine Zuhörer konfrontiert.[1] Er wendet sich gegen eine
kulturwissenschaftliche Vereinnahmung der Literatur und insistiert auf deren
Sonderstatus. Daß auf dieser Tagung neben programmatischen Entwürfen einer kulturwissenschaftlich orientierten Literaturwissenschaft zugleich auch
ein tiefes Unbehagen formuliert und dabei pointiert auf den genuinen Fach-
gegenstand, eben die Literatur in ihrem spezifischen Charakter, gepocht worden ist, ist nicht erstaunlich. Gibt es doch spätestens seit der vielzitierten
Denkschrift des Wissenschaftsrates von 1991 zur Lage der Geisteswissenschaften[2] nicht nur eine publizistische Flut programmatischer Arbeiten und
Sammelbände mit ›Kultur‹ beziehungsweise ›Kulturwissenschaft‹[3] im Titel,
sondern zugleich auch eine beachtliche Reihe höchst kritischer Stimmen. Am
vehementesten und grundsätzlichsten hat die Geschichtswissenschaft diese

---

* Eine erweiterte Fassung habe ich unter dem Titel »Text und Kontext. Mittelalter-
  Philologie zwischen Gesellschaftsgeschichte und Kulturanthropologie« am 14. Juli
  1999 in der Klasse für Geisteswissenschaften der Nordrhein-Westfälischen Akademie der Wissenschaften gehalten. Er wird in dieser Form veröffentlicht werden.
[1] Inzwischen ist dieser Vortrag in etwas veränderter Form publiziert: Walter Haug:
  Literaturwissenschaft als Kulturwissenschaft? In: Deutsche Vierteljahrsschrift für
  Literaturwissenschaft und Geistesgeschichte 73 (1999), S. 69–93. Er hat auch hier
  sofort eine Reaktion provoziert: Gerhart von Graevenitz: Literaturwissenschaft
  und Kulturwissenschaft. Eine Erwiderung. In: Ebd., S. 94–115; vgl. auch Haugs
  Antwort: Erwiderung auf die Erwiderung. In: Ebd., S. 116–121.
[2] Wolfgang Frühwald u.a. (Hg.): Geisteswissenschaften heute. Eine Denkschrift.
  Frankfurt/M.: Suhrkamp 1991.
[3] Vgl. etwa übergreifend: Klaus P. Hansen (Hg.): Kulturbegriff und Methode. Der
  stille Paradigmenwechsel in den Geisteswissenschaften. Eine Passauer Ringvorle-
  sung. Tübingen: Narr 1993; K. P. H.: Kultur und Kulturwissenschaft. Eine Einführung. (UTB 1846) Tübingen, Basel: Francke 1995; speziell auf die Literaturwissenschaft bezogen: Doris Bachmann-Medick (Hg.): Kultur als Text. Die anthropologische Wende in der Literaturwissenschaft. (Kultur und Medien 2490)
  Frankfurt/M.: Fischer 1996; Hartmut Böhme / Klaus R. Scherpe (Hg.): Literatur
  und Kulturwissenschaften. Positionen, Theorien, Modelle. (rowohlts enzyklopädie
  575) Reinbek: Rowohlt 1996; Renate Glaser / Matthias Luserke (Hg.): Literaturwissenschaft – Kulturwissenschaft. Positionen, Themen, Perspektiven. Opladen:
  Westdeutscher Verlag 1996.

Kontroversen ausgetragen.[4] Aber auch in den neueren Philologien führte die Diskussion um ihre kulturwissenschaftliche Basis häufig zu eher skeptisch-kritischen Fragen nach den Implikationen dieser postulierten Neuorientierung und berührte sehr bald die neuralgischen Punkte des disziplinären Selbstverständnisses: als Fragen nach den angesprochenen Kulturkonzepten, ihren wissenschaftsgeschichtlichen Traditionen, nach dem Gegenstandsbereich einer kulturwissenschaftlichen Literaturwissenschaft und – nicht zuletzt – dem genuinen Status der Literatur.[5]

Erstaunlich ist allerdings, daß gerade ein Altgermanist diese provozierende Frage gestellt hat. Denn in der Mittelalter-Philologie hat die Programmatik einer kulturwissenschaftlichen Öffnung bislang keine vergleichbaren Grundsatzdiskussionen entfacht. War doch die Mediävistik schon immer von einem sehr viel weiteren Literatur- und Kulturbegriff ausgegangen, hatte sie sich doch nie in der gleichen Weise wie die neueren Philologien an bestimmten Fragestellungen beziehungsweise literaturwissenschaftlichen Richtungen beteiligt, die vornehmlich das ›Literarische‹ an der Literatur zum zentralen Gegenstand ihrer analytischen Bemühungen machen. Demgegenüber sind die älteren Texte von Anfang an eher unter einer ausgeprägt kulturhistorischen Perspektive, eher in ihrem Kontextbezug, ihrer Verflechtung mit dem im weitesten Sinne ›Leben‹ ihrer Autoren und Rezipienten und deshalb auch neuerdings ganz selbstverständlich unter einer deutlicher kulturwissenschaftlichen, ja sogar kulturanthropologischen Perspektive betrachtet worden. Dieser literarhistorische Weg von einem kulturhistorisch-gesellschaftsgeschichtlichen zu einem eher kulturanthropologischen Verständnis mittelalterlicher Texte läßt sich am besten am Minnesang, speziell an der Lyrik Neidharts abschreiten.

Die volkssprachige Liebeslyrik des 12. und 13. Jahrhunderts bietet in ihren verschiedenen Liedtypen ein weites Spektrum unterschiedlicher Ausprägungen des Sprechens über Liebe und Sexualität, verbunden mit sehr verschiedenen Figurationen des Geschlechterverhältnisses. Die auffallendste Variante ist dabei das Werbungslied, der *grand chant courtois*: im Normalfall handelt es sich hier um Monologe, um Reflexionen des liebenden Sängers

---

[4]   Eine systematische Auseinandersetzung mit den verschiedensten historiographischen Konzepten einer Kulturwissenschaft bietet der Sammelband: Wolfgang Hardtwig / Hans-Ulrich Wehler (Hg.): Kulturgeschichte heute. (Geschichte und Gesellschaft Sonderheft 16) Göttingen: Vandenhoeck & Ruprecht 1996.

[5]   Dies zeigen die kontroversen Diskussionen in den in Anm. 3 genannten Sammelbänden zum Themenbereich »Literaturwissenschaft als Kulturwissenschaft«. Programmatische, kritische Fragen stellt auch Wilfried Barner: Kommt der Literaturwissenschaft ihr Gegenstand abhanden? Vorüberlegungen zu einer Diskussion. In: Jahrbuch der deutschen Schiller-Gesellschaft 41 (1997), S. 1–8, die er dem für das Jahr 1998 geplanten (und bereits in Bd. 42 dieser Zeitschrift erschienenen) Diskussionsforum zur Frage nach den ›Gegenständen‹ der Literaturwissenschaft mit auf den Weg gibt.

über seinen offenbar aussichtslosen Dienst an einer Dame, die gelegentlich von Frauenstrophen unterbrochen werden können, ohne daß daraus ein Dialog wird.[6] In diesen Ich-Aussagen des Sängers entsteht das Bild einer ungewöhnlichen Geschlechterbeziehung, die dem Mann die Rolle des demutsvoll ausharrenden, untergebenen Liebesdieners, der Partnerin die der hoheitsvoll ablehnenden, gelangweilten bis herrischen Dame zuweist. Da diese Konstellation all unseren Vorstellungen und Informationen über die Hierarchisierung der Geschlechter im Mittelalter widerspricht, ist schon immer nach Gründen für die Entstehung und für die spezifische Funktion dieses literarischen Liebeskonzepts gesucht worden, das bedeutet: nach Kontexten, literarischen, gesellschaftlichen, kulturhistorischen wie ideologischen, die das Entstehen wie auch den Erfolg einer solchen Liebesvorstellung plausibel machen. Dementsprechend schreiten die verschiedenen Entstehungstheorien der Liebeslyrik wechselnde Bezugsfelder – literarische wie geschichtlich-gesellschaftliche Referenzsysteme – ab.[7] Die Ergebnisse waren zwar im einzelnen alles andere als befriedigend. Und doch hat diese versuchsweise Anbindung der literarischen Liebesdarstellung an ganz unterschiedliche Referenzbereiche unser Verständnis des Minnesangs im ganzen sehr gefördert, sind doch dadurch die Besonderheiten der Ich-Reflexionen des Sängers im Werbungslied jeweils sehr genau hervorgetreten.

Am wirkungsmächtigsten hat sich dabei die im weitesten Sinne gesellschaftsgeschichtliche Deutung erwiesen. Ausgangspunkt waren hier die Reflexionen des Sängers über seinen aussichtslosen Dienst an einer ungenannten Dame, über seine augenscheinlich erfolglose Unterwerfung unter ihren Willen, über das Erstaunliche, das moralisch Ambitionierte dieser Haltung. In ihnen sah man zunächst mehr oder weniger direkte Huldigungen mittelalterlicher Berufssänger an die Herrin des Hofes[8] oder Gesten der Galanterie adeliger Herren.[9] Sie wurden aber auch gelesen als Ausdruck wie Moment eines bedeutenden Zivilisationsschubes durchgreifender Verhaltensregulierung am

---

[6] Grundlegende Informationen über die Poetik des Minnesangs generell und seine verschiedenen Liedtypen im besonderen bietet Günther Schweikle: Minnesang. (Sammlung Metzler 244) Stuttgart: Metzler 1989.

[7] Vgl. die Stichworte der Entstehungstheorien (mit weiterführender Literatur) bei Günther Schweikle (Anm. 6), S. 71–77.

[8] Eduard Wechssler: Das Kulturproblem des Minnesangs. Studien zur Vorgeschichte der Renaissance. Bd. 1. Minnesang und Christentum (1909). Neudruck Osnabrück: Zeller 1966, S. 113ff., hat diese Position auf die Formel Minnesang als »politischer Panegyricus« gebracht; vgl. dazu Ursula Liebertz-Grün: Zur Soziologie des »amour courtois«. Umrisse der Forschung. (Beihefte zum Euphorion 10) Heidelberg: Winter 1977, S. 72ff.

[9] Dies vermutet Eduard Wechssler (Anm. 8), S. 155ff. für das Auftreten hoher Herren als Minnesänger, die sehr bald das »Frauendienstlied« der lohnabhängigen Berufsdichter imitiert hätten.

Fürstenhof,[10] als das literarische Ergebnis spezifischer Sozialisationsbrüche in der adeligen Erziehung,[11] dann aber auch als literarische Reaktion auf gravierende Veränderungen von Lebensgewohnheiten und -perspektiven. Dies ließ sich in sehr verschiedene Funktionsbestimmungen ausdifferenzieren: etwa Liebeslyrik als männliche Antwort auf sich wandelnde Geschlechterbeziehungen in der religiösen Frauenbewegung,[12] als literarische Umformulierung frustrierter Integrations- oder gar Aufstiegsbestrebungen bestimmter Adelsgruppen,[13] oder aber als poetische Artikulation der Gesellschaftserfahrungen der jüngeren Adelssöhne, die durch die strikte Familienpolitik des Adels von Erbe, Ehe und Herrschaft ausgeschlossen wurden.[14] Grundlage dieser im

---

[10] So vor allem Norbert Elias: Über den Prozeß der Zivilisation. Soziogenetische und psychogenetische Untersuchungen. 2 Bde. (1939). Zweite, um eine Einleitung vermehrte Aufl. (1969). Neuaufl. Frankfurt/M.: Suhrkamp 1976, in dem Minnesang-Kapitel: »Zur Soziogenese des Minnesangs und der courtoisen Umgangsformen« (2. Bd., S. 88–122).

[11] Vgl. Ignace Feuerlicht: Vom Ursprung der Minne (1939). Wieder in: Rudolf Baehr (Hg.): Der provenzalische Minnesang. Ein Querschnitt durch die neuere Forschungsdiskussion. (Wege der Forschung 6) Darmstadt: Wissenschaftliche Buchgesellschaft 1967, S. 263–302.

[12] Dies hat Reto R. Bezzola: Guillaume IX. et les origines de l'amour courtois. In: Romania 66 (1940), S. 145–237, für die Entstehung der ›Werbungslieder‹ Wilhelms IX. erwogen, der – zurückgekehrt vom Kreuzzug – habe erleben müssen, daß die weiblichen Mitglieder seiner Familie sich inzwischen den religiösen Umkehrforderungen des Predigers Robert d'Arbrissel geöffnet hätten und in dessen ambitionierte Neugründung Fontevrault eingetreten seien. Wilhelm habe als Reaktion in einem seiner Lieder ein erotisch-weltliches ›Umkehrprogramm‹ der höfischen Liebe propagiert. Ähnlich argumentiert auf breiterer Basis 40 Jahre später Bernd Thum, wenn er den Minnesang an einen »Geschlechterkonflikt« bindet, der sich im religiös motivierten Aufbruch und Ausbruch hochadeliger Damen des 12. Jahrhunderts vollziehe und in der Konzeption höfischen Liebens aufgefangen worden sei; vgl. Bernd Thum: Aufbruch und Verweigerung. Literatur und Geschichte am Oberrhein im hohen Mittelalter. Aspekte eines geschichtlichen Kulturraums. 2 Bde. Waldkirch/Br.: Waldkircher Verlagsgesellschaft 1980, hier Bd. 2: »Geschlechter-Kultur und Minne am Oberrhein II: Adelskrise und Psycho-Soziologie der Minne«, S. 345–421; B. T.: Geschlechter und Minne. Ein Versuch zur Sozial-, Funktions- und Mentalitätsgeschichte des oberrheinischen Minnesangs im 12. Jahrhundert. In: Ulrich Müller (Hg.): Minne ist ein swaerez spil. Neue Untersuchungen zum Minnesang und zur Geschichte der Liebe im Mittelalter. (Göppinger Arbeiten zur Germanistik 440) Göppingen: Kümmerle 1986, S. 3–74.

[13] Dies ist die Argumentationsfigur bei Herbert Moller: The social causation of the courtly love complex. In: Comparative Studies in Society and History 1 (1958/59), S. 137–163, vor allem aber bei Erich Köhler: Observations historiques et sociologiques sur la poésie des troubadors (1964). Dt.: Die Rolle des niederen Rittertums bei der Entstehung der Trobadorlyrik (1966). Wieder in: Arno Borst (Hg.): Das Rittertum im Mittelalter. (Wege der Forschung 349) Darmstadt: Wissenschaftliche Buchgesellschaft 1976, S. 293–314, sowie E. K.: Vergleichende soziologische Betrachtungen zum romanischen und zum deutschen Minnesang. In: Karl H. Borck / Rudolf Henß (Hg.): Der Berliner Germanistentag 1968. Vorträge und Berichte. Heidelberg: Winter 1970, S. 61–76. Sie hat in den 70er Jahren die gesellschaftsgeschichtliche Minnesang-Diskussion bestimmt.

[14] Die Rolle der *Jeunes*, der von der Familienpolitik des Adels in ihrem gesellschaftlichen Status zutiefst bedrohten jüngeren Adelssöhne, für die Entstehung der

weitesten Sinne gesellschaftsgeschichtlichen Lektüren war die vor allem bei den Trobadors auffallend konkrete Gesellschaftsterminologie von Herrschaft und Dienst, von Herr/Herrin und Vasall, von Dienst und Lohn, von Gnade und Ungnade, die hinter den poetischen Liebesreflexionen eine zwar verdeckte, aber doch die Texte in ihrer Funktion zutiefst bestimmende Gesellschaftsproblematik vermuten ließ.[15]

Noch mehr gilt dies für das Minnesang-Œuvre von Neidhart,[16] der mit einem Teil seiner Lieder, den sogenannten Winterliedern, an diesem Typus des Werbungsliedes anknüpft, jedoch zugleich eine sehr explizite, ungewöhnlich konkrete, die Lieder signifikant prägende Gesellschaftsthematik einführt. In seinen Winterliedern beginnen die Reflexionen des liebenden Sängers in der Regel mit einer (topischen) Winterklage, gefolgt von einer Liebesklage, an der sich eine Reihe von Strophen mit wüsten Verbalinjurien gegen die Dörper anschließen, die als rauflustige Bauernlümmel nicht nur dem Sänger die eigene »frowe« – gelegentlich mit Erfolg – abspenstig machen, sondern als ritterlich aufgeputzte Parvenus die Mädchen beim Tanz belästigen, maltraitieren, feindliche Übergriffe auf das Landgut des Sängers, »Riuwental«, ausüben, aber auch gegenseitig in erbitterte Raufereien und Prügeleien verstrickt sind und überhaupt mit ihrem Auftreten gleichsam als feindliche Gegenwelt die gesamte gesellschaftliche Ordnung aus den Fugen geraten lassen. Durch die ganz offensichtliche strukturelle Zugehörigkeit dieser Lieder zum Typus

---

höfischen Kultur im weiteren Sinne verfolgt Georges Duby seit seinem berühmten Aufsatz: Dans la France du Nord-Ouest. Au XIIe siècle: les »Jeunes« dans la société aristocratique (1964). Dt.: Die »Jugend« in der aristokratischen Gesellschaft. In: G. D.: Wirklichkeit und höfischer Traum. Zur Kultur des Mittelalters. Berlin: Wagenbach 1986, S. 103–116, in vielen Arbeiten zur adeligen Familie und Ehe im Mittelalter; vgl. etwa G. D.: Le chevalier, la femme et le prêtre. Le mariage dans la France féodale (1981). Dt.: Ritter, Frau und Priester. Die Ehe im feudalen Frankreich. Frankfurt/M.: Suhrkamp 1988, hier S. 326ff. Die längst überfällige Kritik an Georges Dubys ›Entstehungstheorie‹ der ›höfischen Liebe‹ bietet Rüdiger Schnell: Die ›höfische Liebe‹ als Gegenstand von Psychohistorie, Sozial- und Mentalitätsgeschichte. Eine Standortbestimmung. In: Poetica 23 (1991), S. 374–424.

[15] So stellt Eduard Wechssler: Frauendienst und Vasallität. In: Zeitschrift für französische Sprache und Literatur 24 (1926), S. 159–190, systematisch die Vasallitätsbildlichkeit der Trobadors zusammen. Aber auch Erich Köhler geht immer wieder von der Gesellschaftsterminologie der Lieder aus, hinter denen sich eine entsprechende Gesellschaftsthematik verberge; vgl. E. K.: Vergleichende soziologische Betrachtungen zum romanischen und zum deutschen Minnesang (Anm. 13), vor allem aber seine Aufsätze zu einzelnen Gesellschaftsbegriffen der Trobadors in dem Sammelband: E. K.: Trobadorlyrik und höfischer Roman. Aufsätze zur französischen und provenzalischen Literatur des Mittelalters. (Neue Beiträge zur Literaturwissenschaft 15) Berlin: Rütten & Loening 1962.

[16] Die Lieder Neidharts. Hg. von Edmund Wießner. Fortgeführt von Hanns Fischer. Vierte Aufl. revidiert von Paul Sappler. Mit einem Melodienanhang von Helmut Lomnitzer. (Altdeutsche Textbibliothek 44) Tübingen: Niemeyer 1984.

des Werbungsliedes[17] läßt sich ein Großteil ihrer thematischen Novitäten ohne weiteres im Rahmen eines innerliterarischen Evolutionsprozesses beschreiben. Erklärungsbedürftig ist jedoch die dezidierte Gesellschaftsthematik
der Dörperschelte. Sie ist im Kontext des Minnesangs Novum und Skanda-
lon, zugleich wird sie im Spätmittelalter zum Markenzeichen einer mit
Neidharts Namen verbundenen literarischen Tradition. Auf sie haben sich
von Anfang an die philologischen Bemühungen um ein adäquates Verständnis
von Neidharts literarischem Œuvre konzentriert.[18] Die Antworten fielen unterschiedlich aus. Die Winterlieder mit ihren drastischen Dörperstrophen sei-
en eine Art Kompensationsphänomen: Wie bereits Minnesänger vorher schon
versuchsweise in einzelnen Scheltstrophen, gelegentlich sogar in ganzen Liedern, habe nun Neidhart in seinem Winterlied-Œuvre konsequent und bewußt
die ideale Spannung höfischer Liebe zerstört und ihr in einer Art contre-texte
ein eher ›realistisches‹ Gegenbild entgegengesetzt.[19] Dieses Gegenbild könne
zugleich als Adelssatire verstanden werden, die dem adeligen Hofpublikum
in der alles andere als vorbildlichen Figur des adeligen Sängers einen Spiegel
seiner Depravierung vorhalte.[20] Oder: Mit der Dörperschelte der Winterlieder
reagierten Neidhart und sein (klein-)adeliges Publikum auf eine zunehmende
Durchlässigkeit der Standesgrenzen, auf den erfolgreichen Aufstieg einer
bäuerlichen Oberschicht im 13. Jahrhundert, auf die Rekrutierung von Bau-

---

[17] Dies ist vor allem von Michael Titzmann: Die Umstrukturierung des Minnesang-
Sprachsystems zum ›offenen‹ System bei Neidhart. In: Deutsche Vierteljahrsschrift für Literaturwissenschaft und Geistesgeschichte 45 (1971), S. 481–514,
aber auch von Kurt Ruh: Neidharts Lieder. Eine Beschreibung des Typus (1974).
Wieder in: K. R.: Kleine Schriften. Bd. I. Dichtung des Hoch- und Spätmittelal-
ters. Hg. von Volker Mertens. Berlin, New York: de Gruyter 1984, S. 107–125,
herausgearbeitet worden.

[18] Im 19. Jahrhundert galt Neidharts Œuvre wegen seiner Bauernthematik, seinen
sprachlichen und thematischen Tabubrüchen als Dörperpoesie, die den Adelshof
verlassen und in bäuerlichen Kreisen, im Volk gepflegt worden sei. Die bedeu-
tendsten Vertreter dieses Neidhartverständnisses sind Rochus von Liliencron:
Über Neidharts höfische Dorfpoesie. In: Zeitschrift für deutsches Altertum und
deutsche Literatur 6 (1848), S. 69–117 und Albert Bielschowsky: Geschichte der
deutschen Dorfpoesie im 13. Jahrhundert. Bd. 1. Leben und Dichten Neidharts
von Reuenthal. (Sonderdruck der Acta Germanica II, 2) Berlin: Mayer & Müller
1891. Dies änderte sich erst grundlegend, als die spezifische Minnesang-Struktur
als literarischer Raum, als Folie und Appellgeflecht der Lieder erkannt wurde, die
ein mit diesen Typencharakteristika des Minnesangs vertrautes Publikum voraussetzt.

[19] In diese Richtung zielen etwa Richard Alewyn: Naturalismus bei Neidhart von
Reuental. In: Zeitschrift für deutsche Philologie 56 (1931), S. 37–69; Paul
Böckmann: Formgeschichte der deutschen Dichtung. Erster Band. Von der Sinn-
bildsprache zur Ausdruckssprache. Der Wandel der literarischen Formensprache
vom Mittelalter zur Neuzeit. Hamburg: Hoffmann und Campe 1949, S. 176–183.

[20] Dies ist die zentrale These von Ulrich Gaier: Satire. Untersuchungen zu Neidhart,
Wittenwiler, Brant und zur satirischen Schreibart. Tübingen: Niemeyer 1967, in
dem Neidhart-Kapitel, S. 7–96.

ern im herzoglichen Heer.[21] Und deutlicher auf interne Konflikte des Adels bezogen: Die Polemik gegen die aggressiven, die gesellschaftliche Ordnung untergrabenden Dörper ziele eigentlich auf den niederen Adel Österreichs, der im 13. Jahrhundert in der engeren Umgebung der Landesfürsten bedeutende Positionen besetze, dadurch die hohen Ministerialen, die österreichischen Landherren, in ihren Privilegien bedrohe und deshalb in Neidharts Texten zum Feindbild der Dörper werde.[22] Gemeinsamer Fluchtpunkt dieser Überlegungen ist der Kontext vermuteter Gesellschaftsprozesse im 13. Jahrhundert: die Auflösung strikter Standesgrenzen, die Ausdifferenzierung eines hohen und eines niederen Adels sowie die forcierte Territorialpolitik der Landesfürsten, die spezielle Veränderungen in der literarischen Reihe bewirkt, wenn nicht gar erzwungen hätten, sei es direkt als explizite Thematisierung gesellschaftlicher Problemzonen – wie im Auftreten ritterlich ausgestatteter Bauern – oder eher indirekt über die Vermittlungsebene einer übergreifenden gesellschaftlichen Verunsicherung, die bestimmte literarische Themen zurückdränge und andere hervortreibe, eher satirische als normativ-utopische Literaturtraditionen fördere und überhaupt Gesellschafts- wie Konflikthandeln zum zentralen Gegenstand der Literatur mache.

Allerdings ist das für Neidharts Lieder scheinbar so augenfällige Bezugsfeld des gesellschaftlichen Wandels in seiner Rolle als Wirkungsfaktor weniger offensichtlich als vermutet. Zwar haben sich Bauern in den Truppen des österreichischen Herzogs Friedrichs II. nachweisen lassen und ebenso auch erbitterte Auseinandersetzungen adeliger Führungsschichten im Umkreis dieses Herzogs und seiner Nachfolger. Aber daß diese Fakten tatsächlich die entscheidenden Merkmale eines gravierenden sozialen Wandels in der österreichischen Adelsgesellschaft des 13. Jahrhunderts darstellen, ist alles andere als gesichert. Denn die Aufname von Bauern in die fürstlichen Heere ist nicht erst im 13. Jahrhundert bezeugt. Und auch Konflikte etablierter Hochadelsfamilien mit angeblich ›neuen‹ Adelsgruppen im Umfeld fürstlicher Herr-

---

[21] Zur älteren Forschung, die diesen Typ von Argumenten zusammengetragen hat, vgl. Jürgen Schneider: Studien zur Thematik und Struktur der Lieder Neidharts. Eine kritische Auseinandersetzung mit der Forschung. Neuansätze einer Interpretation der Liedaussagen unter literatursoziologischen Aspekten. 2 Teile. (Göppinger Arbeiten zur Germanistik 196/197) Göppingen: Kümmerle 1976, Bd. I, S. 302ff.; Bd. II, S. 142, Anm. 2; dazu auch Christa Ortmann / Hedda Ragotzky / Christelrose Rischer: Literarisches Handeln als Medium kultureller Selbstdeutung. In: Internationales Archiv für Sozialgeschichte der deutschen Literatur 1 (1976), S. 1–29, hier S. 20f.; Hans-Joachim Behr: Ich gevriesch bî mînen jaren nie gebûren also geile. Neidharts ›Dörper‹-Feindschaft und das Problem sozialen Aufstiegs im Rahmen des Territorialisierungsprozesses in Bayern und Österreich. In: Helmut Birkhan (Hg.): Neidhart von Reuental. Aspekte einer Neubewertung. (Philologica Germanica 5) Wien: Braumüller 1983, S. 1–16.

[22] So argumentiert Petra Giloy-Hirtz: Deformation des Minnesangs. Wandel literarischer Kommunikation und gesellschaftlicher Funktionsverlust in Neidharts Liedern. (Beihefte zum Euphorion 19) Heidelberg: Winter 1982.

schaft sind keineswegs auf das 13. Jahrhundert beschränkt.[23] Ihr Aussagewert als Seismograph gesellschaftlicher Entwicklungen scheint jedenfalls eher begrenzt zu sein. Es ist deshalb nur konsequent, daß man in der Neidhart-Forschung schon bald, wenn auch nicht immer explizit, die Kategorie des Krisenbewußtseins eingeführt hat, wodurch sich die Text-Kontext-Diskussion von den Gesellschaftsfakten auf die Ebene kollektiver Gesellschaftserfahrungen verlagert hat. Unter dieser Perspektive kann dann auch ein eher partikuläres, eigentlich unproblematisches Ereignis wie die Anwerbung bäuerlicher milites unter Herzog Friedrich II. zum Indikator eines gesellschaftlichen Umbruchs, ja einer ganzen Zeitenwende werden. Ausgangspunkt einer solchen Kontextanalyse ist dann weniger die Ereignisgeschichte als die Ebene der sie steuernden und verarbeitenden Vorstellungsgeflechte und Denkschemata der Menschen. Dies ist die Richtung, die seit den 70er Jahren die Mentalitätsgeschichte vorgegeben hat und der auch die Neidhart-Forschung gefolgt ist.[24]

Damit gewinnen thematisch nahestehende literarische Texte, also vergleichbare ideologische Produkte – die Mentalitätsgeschichte würde sagen: vergleichbare Dokumente des Imaginären – als Kontext an Bedeutung, da sie die Diskussionen um übergreifende, zeittypische Erfahrungswelten und Deutungsmuster auf eine breitere Basis stellen. Im Falle der spezifischen Dörperthematik von Neidharts Winterliedern sind das sehr verschiedene Texttypen, die erstaunlich Gleichartiges formulieren und sich auf diese Weise gegenseitig zu bestätigen scheinen: Bayerische Landfriedensbestimmungen des 12. und 13. Jahrhunderts ordnen Ritter und Bauer strikt getrennten Lebensbereichen zu, belegen die Bauern mit detaillierten Vorschriften und Verboten hinsichtlich ihres Auftretens, ihrer Kleidung, ihrer Waffen.[25] Österrei-

---

[23] Umfassend informiert über diese Problemzonen der österreichischen Adelsgesellschaft Folker Reichert: Landesherrschaft, Adel und Vogtei. Zur Vorgeschichte des spätmittelalterlichen Ständestaates im Herzogtum Österreich. (Beihefte zum Archiv für Kulturgeschichte 23) Köln, Wien: Böhlau 1985; vgl. aber auch die gegen bestimmte sozialhistorische Deutungsversuche der Germanistik gerichtete Studie von Max Weltin: Die Geschichte des sogenannten ›Seifried Helbling‹ als Quelle für die Ständebildung in Österreich. In: Jahrbuch für Landeskunde von Niederösterreich 1984/85, S. 338–466.

[24] Am explizitesten formuliert Petra Giloy-Hirtz (Anm. 22) diese Veränderung des Blicks, S. 124ff. Generell zur Mentalitätsgeschichte und ihrer Rolle in der mediävistischen Literaturwissenschaft vgl. Jan-Dirk Müller: Aporien und Perspektiven einer Sozialgeschichte mittelalterlicher Literatur. In: Wilhelm Voßkamp / Eberhard Lämmert (Hg.): Historische und aktuelle Konzepte der Literaturgeschichtsschreibung / Zwei Königskinder? Zum Verhältnis von Literatur und Literaturwissenschaft. (Kontroversen, alte und neue. Akten des VII. Internationalen Germanisten-Kongresses 1985, II) Tübingen: Niemeyer 1986, S. 56–66.

[25] Zu den entsprechenden Bestimmungen des Bayerischen Landfriedens von 1244 in bezug auf Neidharts Winterlieder vgl. Eberhard Nellmann: Der Feiertag auf dem Dorf. Überlegungen zu Neidhart und zum Bayerischen Landfrieden von 1244. In: Detlef Altenburg / Jörg Jarnut / Hans-Hugo Steinhoff (Hg.): Feste und Feiern im Mittelalter. Paderborner Symposion des Mediävistenverbandes. Sigmaringen:

chische Chronisten des 13. Jahrhunderts berichten empört von bäuerlichen Rekruten in den herzoglichen Truppen,[26] und bayrisch-österreichische Dichtungen aus der Mitte bis Ende des Jahrhunderts wie der *Seifried Helbling*[27] oder das Märe vom *Helmbrecht*[28] thematisieren ausführlich, geradezu insistierend die Aufstiegsversuche reicher Bauern in den Ritterstand, aber auch Konflikte zwischen landesherrlicher Gewalt und Adelspolitik. Die im Minnesang-Kontext so ungewöhnliche Dörperschelte der Winterlieder ist offenbar eingebunden in einen – wie es scheint – für bayerisch-österreichische Texte des 13. Jahrhunderts geradezu charakteristischen gesellschaftsthematischen Diskurs, der ein mentales Umfeld von aristokratischem Standesstolz, von Abwehr gegen bäuerliche Aufstiegsbestrebungen und Bauernpolemik abdeckt.

Allerdings ist damit für ein funktionsgeschichtliches Verständnis von Neidharts Texten noch nicht sehr viel gewonnen. Es ist ja noch gar nicht klar, in welcher Funktionalisierung dieses generelle Thema aristokratischen Standesstolzes in seiner eventuell bayerisch-österreichischen Zuspitzung auf den Gegensatz Adel–Bauern die Neidhartschen Winterlieder bestimmt. Jedenfalls hat sich die Neidhart-Forschung mit nur mäßigem Erfolg um eine mentalitätsgeschichtliche Konkretisierung der Dörperthematik bemüht und in den Schimpfkanonaden des Ich der Winterlieder literarische Figurationen einer tiefsitzenden, ständischen Verunsicherung des österreichischen Adelspublikums, seiner Abstiegsängste, Bedrohungserfahrungen und Aggressionsphantasien gesehen.[29] Aber: ganz abgesehen davon, daß Mentalitätsgeschichte nicht einfach mit Sozialpsychologie verrechnet werden kann und prinzipiell die ungenierte Gleichsetzung von Bauernpolemik mit adeligen Abstiegsängsten methodisch höchst problematisch ist, ist es darüber hinaus auch wenig wahrscheinlich, daß gerade die Rezipienten von Neidharts Liedern von sozialen Abstiegsängsten bestimmt gewesen seien. Im Gegenteil, dieses literaturkundige Minnesang-Publikum war offenbar ein exklusiver Kreis, der sich an einem virtuosen Spiel mit den verschiedensten Versatzstücken des Minnesangs delektiert hat. Das bedeutet aber zugleich, daß das merkwürdig konkrete Themengeflecht bäuerlichen Aufstiegs, das Neidharts Winterlieder mit einigen bayerisch-österreichischen Texten gemeinsam hat, unter anderen Ver-

---

Thorbecke 1991, S. 145–152, bei dem allerdings das Verständnis der Neidhartschen Dörperstrophen auf einer konjizierten Negation in den überlieferten Landfriedensbestimmungen zum sogenannten Waffenverbot basiert.

[26] So in der *Österreichischen Reimchronik* des Ottokar von Steiermark: Hg. von Joseph Seemüller, nach den Abschriften Franz Lichtensteins (1890–1893). Nachdruck: (MGH Deutsche Chroniken V, 1/2) Dublin, Zürich: Weidmann 1974, V. 26173ff.

[27] Hg. von Theodor von Karajan. In: Zeitschrift für deutsches Altertum und deutsche Literatur 4 (1844), S. 1–284, vor allem das 8. Gedicht, S. 164–197.

[28] Wernher der Gartenaere. Helmbrecht. Hg. von Friedrich Panzer und Kurt Ruh. 10. Aufl., besorgt von Hans-Joachim Ziegeler. (Altdeutsche Textbibliothek 11) Tübingen: Niemeyer 1993.

[29] So argumentiert vor allem Petra Giloy-Hirtz (Anm. 22).

ständnisprämissen als dem sozialpsychologischen Umfeld gesellschaftlicher Krisenerfahrungen und sozialer Abstiegsängste betrachtet werden muß.

Dies ist freilich nicht weiter verfolgt worden, denn die funktionsgeschichtliche Neidhart-Forschung hat sich in den 80er Jahren stillschweigend von sozialhistorischen Fragestellungen verabschiedet und weiter ausgreifende kulturtheoretische Verständnisebenen der Dörperschelte erprobt. Hier stand die Dörperthematik der Winterlieder weniger für die Themen einer ständischen Hierarchisierung oder Aufstiegsproblematik als für eine (fremde) Welt des aus dem herrschenden Diskurs Ausgegrenzten. Methodische Anknüpfungspunkte und Grundlage waren zwei Kulturtheorien, Norbert Elias' zivilisationshistorisch gewendete Kulturgeschichte und Michail Bachtins Theorie volkskultureller Karnevalisierung. Dies bedeutet, daß die Dörperstrophen der Winterlieder nun in ganz andere literarische Zusammenhänge gestellt werden und damit zugleich ein anderes Sinnpotential entfalten. Norbert Elias verfolgt auf der Basis von mittelalterlich-frühneuzeitlichen Tischzuchten und Verhaltenslehren, aber auch von Manierenbüchern des 17. Jahrhunderts unter dem Stichwort »Prozeß der Zivilisation« die Interferenzen von gesamtgesellschaftlichen Strukturwandlungen und Veränderungen des psychischen Habitus. Er beschreibt dies als den zivilisatorischen Weg von zwischenmenschlichen Fremdzwängen zu einzelmenschlichen Selbstzwängen, von einer zunehmenden Verhaltensdisziplinierung und Affektkontrolle und verweist dabei auch auf die volkssprachige Liebeslyrik des 12. und 13. Jahrhunderts und die sie tragenden »courtoisen Umgangsformen«:[30] Sie bezeugten einen deutlich markierten Zivilisationsschub im 12. Jahrhundert. Trotz dieser sehr direkten Verrechnung von Literatur und Leben hat diese zivilisationshistorische Sicht in den 70er Jahren das Verständnis des Minnesangs ganz wesentlich geprägt. Eine mediävistische Auseinandersetzung fand jedoch erst mit einer erheblichen Verzögerung statt.[31] Und sie konkretisierte sich weniger auf Elias' problematischen Umgang mit literarischen Texten[32] als auf deren Rolle in einem wie auch immer gearteten Zivilisationsprozeß.

So fordert Walter Haug im Gegenzug gegen Elias' Fortschrittsoptimismus eine Art »Dialektik des Anstands«.[33] Er meint damit eine Geschichte der Ge-

---

[30] Norbert Elias (Anm. 10), Bd. 2, S. 88.
[31] Eine kurze Präsentation der Minnesang-Thesen von Norbert Elias bietet bereits im Jahre 1977 Ursula Liebertz-Grün (Anm. 8), S. 89–91, eine treffende Kritik erst Rüdiger Schnell (Anm. 14), S. 394ff.
[32] Dies betont hingegen der Ethnologe Hans Peter Duerr: Der Mythos vom Zivilisationsprozeß. Bd. 1. Nacktheit und Scham. Frankfurt/M.: Suhrkamp 1900, O. 21ff.
[33] Walter Haug: Literaturgeschichte und Triebkontrolle. Bemerkungen eines Mediävisten zum sog. Prozeß der Zivilisation. In: Jahrbuch der Heidelberger Akademie der Wissenschaften für 1993. Heidelberg: Winter 1994, S. 51–58; weiter ausgreifend W. H.: Kulturgeschichte und Literaturgeschichte. Einige grundsätzliche Überlegungen aus mediävistischer Sicht. In: Ingrid Kasten / Werner Paravicini / René Pérennec (Hg.): Kultureller Austausch und Literaturgeschichte im Mit-

genrechnungen, der Verdrängungsphänomene, des Disziplinierten, des Widerständigen und verweist dabei auf die zentrale Rolle der Literatur. Sie dokumentiere gerade nicht einen Zivilisationsschub im Sinne einer Verfeinerung der Sitten, sondern löse sich immer wieder aus diesem Zivilisationsprozess und entwerfe im Medium des Fiktionalen eine eigene Welt, in der das im Kulturprozeß Ausgegrenzte, das Unterdrückte, Nicht-Integrierbare unerbittlich wiederkehre. Unter diesem Gesichtspunkt gewinnen bestimmte Themenfelder der höfischen Dichtung ein besonderes Gewicht: der gesamte Bereich des sogenannten Unhöfischen wie Sexualität und Körperlichkeit, Eros, Krankheit und Tod, Wahnsinn und Häßlichkeit, aber auch Ich-Ausbrüche im Minnesang, Konfliktszenen im Höfischen Roman, Gewaltaktionen und Akte von Wut und Jähzorn. In ihnen artikuliere sich das in der Höfischen Kultur Ausgegrenzte, die Unterseite, die Schattenseite des Zivilisationsprozesses.[34] Genau dies hat bereits im Jahre 1986 Jan-Dirk Müller[35] an Neidharts Winterliedern herausgestellt: Er analysiert die Dörperstrophen unter dem Gesichtspunkt einer Dialektik von höfischem und unhöfischem Sprechen und profiliert die grundlegende Ambivalenz der imaginierten Dörperwelt. Abstoßend und faszinierend zugleich, verweise sie auf »Defizite des höfischen Diskurses« (S. 451) und böte zumindest eine punktuelle Befreiung von jenen »im höfischen Diskurs vorerst nur projizierten Selbstzwängen« (S. 451).

Während bei diesem Verständnis der Dörperstrophen – wie ja auch bei Norbert Elias' Kulturtheorie – mehr oder weniger deutliche kollektivpsychologische Theorien über die Mechanismen der Verdrängung beziehungsweise der Wiederkehr des Verdrängten präsent sind, verbleibt der russische Kultursemiotiker Michail Bachtin mit seinem sprachtheoretisch fundierten Kulturkonzept der ›Karnevalisierung‹ auf der Beschreibungsebene kultureller Äußerungen. Diese wiesen wie die Sprache selbst eine tiefgreifende Ambivalenz auf und funktionierten dialogisch, da allem offiziell geprägtem Ernst zugleich der Widerspruch des karnevalisierten Lachens des Volkes inhärent

---

telalter. Transfers culturels et histoire littéraire au Moyen Age. (Beihefte der Francia 43) Sigmaringen: Thorbecke 1998, S. 23–33, hier S. 29–33, bes. S. 33.

34 Diese Themenfelder werden programmatisch in dem von Gert Kaiser herausgegebenen Band: An den Grenzen höfischer Kultur. Anfechtungen der Lebensordnung in der deutschen Erzähldichtung des hohen Mittelalters. (Forschungen zur Geschichte der älteren deutschen Literatur 12) München: Fink 1991, verfolgt.

35 Jan-Dirk Müller: Strukturen gegenhöfischer Welt. Höfisches und nicht-höfisches Sprechen bei Neidhart. In: Gert Kaiser / J.-D. M. (Hg.): Höfische Literatur. Hofgesellschaft. Höfische Lebensformen um 1200. (Studia humaniora 6) Düsseldorf: Droste 1986, S. 409–493, hier S. 449ff. Ein in seinem Rekurs auf Elias' Zivilisationstheorie vergleichbares Textverständnis hatte Jan-Dirk Müller bereits an Ps.-Konrads *Halber Birne* erprobt, vgl. J.-D. M.: Die *hovezucht* und ihr Preis. Zum Problem höfischer Verhaltensregulierung in Ps.-Konrads ›Halber Birne‹. In: Jahrbuch der Oswald von Wolkenstein-Gesellschaft 3 (1984/85), S. 281–311.

sei.[36] Diese gegenläufig-widerständige Lachkultur des Volkes binde Offizielles und Tabuisiertes, Hohes und Niedriges ungeniert zusammen und konterkariere auf diese Weise systematisch jede Ausprägung offizieller Kultur, die immer von zeit- und kulturspezifischen karnevalesken Volkstraditionen begleitet sei. Es ist nicht erstaunlich, daß auch die für das Neidhart-Œuvre so charakteristische Dörperwelt in diese übergreifende karnevaleske Kulturtradition eingebunden worden ist.[37] Bezugssystem ist nicht die Gesellschaft, sind auch nicht sozialpsychologisch orientierte Kulturanalysen, sondern – das ist ihr Vorzug – das offizielle Literatursystem, hier also die höfische Minnesangtradition, die in bestimmten literarischen Formen, etwa in Neidharts Winterliedern beziehungsweise ihren Dörperstrophen eine subversiv-oppositionelle Karnevalisierung erfahren habe. Neidharts Publikum werde in den Winterliedern mit einer Stimmenvielfalt, mit den verschiedensten Formen »dialogischer und hybrider Rede« (S. 75) konfrontiert, das mit den unterschiedlichsten Wissensformationen versetzt sei, unter anderem auch mit subliterarischem, aus dem höfischen Diskurs verbanntem, tabuisiertem, volkskulturellem Wissen über Sexualität, Körperlichkeit und bäuerlichen Alltag.[38]

Damit ist bereits explizit das Gebiet der Kulturanthropologie betreten. Schon Michail Bachtins Merkmalbündel des Karnevalesken, das epochen- beziehungsweise kulturspezifische Formationen anti-offizieller volkskultureller Verhaltens- und Diskurstraditionen umfaßt, überschneidet sich auffallend mit Bestimmungen der kulturanthropologischen Ritual- und Gesellschaftsanalyse,

---

[36] Vgl. den übergreifenden Aufsatz von Michael Bachtin: Aus der Vorgeschichte des Romanwortes (1940). In: M. B.: Die Ästhetik des Wortes. Hg. und eingeleitet von Rainer Grübel. Frankfurt/M.: Suhrkamp 1979, S. 301–336 sowie generell sein Rabelais-Buch: Rabelais und seine Welt. Volkskultur als Gegenkultur. Hg. und mit einem Vorwort versehen von Renate Lachmann. Frankfurt/M.: Suhrkamp 1987, hier vor allem das weit ausgreifende Einleitungskapitel, S. 49–110. Inzwischen ist allerdings das Konzept der Karnevalisierung von den verschiedensten Seiten einer deutlichen Kritik unterzogen worden; sehr scharf aus mediävistischer Perspektive Dietz-Rüdiger Moser: Schimpf oder Ernst? Zur fröhlichen Bataille über Michail Bachtins Theorie einer »Lachkultur des Mittelalters«. In: Angela Bader u.a. (Hg.): Sprachspiel und Lachkultur. Beiträge zur Literatur- und Sprachgeschichte. Rolf Bräuer zum 60. Geburtstag. (Stuttgarter Arbeiten zur Germanistik 300) Stuttgart: Heinz 1994, S. 261–309.

[37] Petra Herrmann: Karnevaleske Strukturen in der Neidhart-Tradition. (Göppinger Arbeiten zur Germanistik 406) Göppingen: Kümmerle 1984, versucht »die Entwicklung, die das in Neidharts Namen immer weitergetragene Liedgut im Laufe der Jahrhunderte [...] nahm, mit Hilfe des Karnevalskonzepts von Bachtin [...] zu beschreiben« (S. 351).

[38] Dies führt Helmut Tervooren: Flachsdreschen und Dirnenessen. Zu Neidharts Winterlied 8: ›*Wie sol ich die bluomen überwinden*‹. In: Dorothee Lindemann / Berndt Volkmann / Klaus-Peter Wegera (Hg.): *bickelwort* und *wildiu mære*. Festschrift für Eberhard Nellmann zum 65. Geburtstag. (Göppinger Arbeiten zur Germanistik 618) Göppingen: Kümmerle 1995, S. 272–293, an Neidharts Winterlied 8 vor.

wie sie etwa in den 60er Jahren der Ethnologe Victor Turner[39] mit seinem Konzept der menschlichen Erfahrung als Prozessualität eines sozialen Dramas entwickelt hat, in dem der Phase der Grenzüberschreitung, des Schwellenzustands, der Liminalität eine entscheidende Bedeutung zukomme. In dieser Schwellenphase seien die normalen Verhältnisse vorübergehend außer Kraft gesetzt und würden erst in Ritualen der symbolischen Aufhebung von Regeln und Rollen, der Normüberschreitung, der Grenzverletzungen, der Statusumkehr, das heißt – nach Turner – der Anti-Struktur wieder neu begründet. All das, was an Neidharts Winterliedern unter einer Bachtinschen Perspektive charakteristisches Merkmal einer Lachkultur zu sein scheint, die die genuine Dialogizität aller kulturellen Prozesse bestätigt, würde dann unter einem kulturanthropologischen Blick zu einem signifikanten Beispiel für literarische Figurationen von Liminalität: die bäuerliche Usurpation von Ritterschaft und Frauendienst, die Ambivalenz des ritterlichen Sänger-Ichs, seine Abkopplung von der höfischen Gesellschaft, seine merkwürdige Ortlosigkeit, seine gesellschaftliche Marginalisierung und Demütigung, die Statuserhöhung der Dörper und die gravierende Dehierarchisierung der gesamten gesellschaftlichen Ordnung in der Dörperwelt.[40]

Ist mit diesen kulturanthropologischen Lektüren von Neidharts Dörperwelt etwas Entscheidendes gewonnen? Sie haben gewiß den großen Vorzug, daß sie die scheinbare Gesellschaftsthematik dieser Strophen, die Statusfragen, die Aufstiegsproblematik, den Standesstolz des Sängers, seine Bauernpolemik einem unvermittelten sozialgeschichtlichen beziehungsweise sozialpsychologischen Verständnis und damit dem Bezugsfeld der Gesellschaftsgeschichte entziehen und von vorneherein auf einer symbolischen Ebene des Sprechens ansiedeln: sei es als literarische Signatur einer bedrohlichen Präsenz und Wiederkehr der vom höfischen Zivilisationsprozeß ausgegrenzten grotesken Körper, einer epochenspezifischen anarchisch-widerständigen Lachkultur-Tradition oder einer Ritualwelt der Schwellensymbole, in denen dann in jeweils unterschiedlicher Weise über gesellschaftliche Erfahrungen verhandelt wird. Und doch stellt sich natürlich auch hier – wie bei den sozialgeschichtlichen, aber auch den mentalitätsgeschichtlichen Überlegungen –

---

[39] Victor Turners übergreifende Ritual-Studien sind zusammengestellt in: V. T.: The Ritual Process. Structure and Anti-Structure (1969). Dt.: Das Ritual. Struktur und Anti-Struktur. (Theorie und Gesellschaft 10) Frankfurt/M., New York: Campus 1989; V. T.: From Ritual to Theatre. The Human Seriousness of Play (1982). Dt.: Vom Ritual zum Theater. Der Ernst des menschlichen Spiels. Frankfurt/M., New York: Campus 1989.

[40] Differenzierte Überlegungen zu den Bestimmungen von Anti-Zeremoniell im Vergleich mit Turners Ritualen der Statusumkehr bietet Jörn Bockman: Zeremoniell, Anti-Zeremoniell und Pseudo-Zeremoniell in der Neidhart-Tradition oder Nochmals der Veilchenschwank. In: Jörg Jochen Berns / Thomas Rahn (Hg.): Zeremoniell als höfische Ästhetik in Spätmittelalter und früher Neuzeit. Tübingen: Niemeyer 1995, S. 209–249.

die Frage, ob nicht auch bei diesen kulturanthropologischen Sinnzuweisungen die Texte doch wieder zum Dokument für bestimmte Sachverhalte werden: zwar nicht für die Auflösung von Standesgrenzen beziehungsweise den erfolgreichen Aufstieg bäuerlicher Oberschichten im 13. Jahrhundert und auch nicht für sozialgeschichtlich verortbare Krisensymptome im Selbstverständnis des österreichischen Landesadels im 13. Jahrhundert, aber dann eben für die Existenz und Wirkungsmächtigkeit von charakteristischen Verlusterfahrungen im höfischen Zivilisationsprozeß, von übergreifenden lachkulturellen Volkstraditionen oder von der Bedeutung und Wirkungsweise gesellschaftlicher Prozeßrituale der Liminalität, wie sie Kulturtheoretiker des 20. Jahrhunderts entwickelt haben.

Hat also Walter Haug mit seiner provozierenden Frage doch recht? Verhakt sich die Forderung nach einer kulturwissenschaftlichen Erneuerung der Literaturwissenschaft doch wieder in die alten Vermittlungsprobleme von Text und Kontext? Und führt nicht gerade ein kulturanthropologisches Literaturverständnis am – wie Haug meint – Entscheidenden der Literatur vorbei: an ihrem eigenen Charakter, ihrem genuin Widerständigen gegen alle Bezugssysteme?

Nicht unbedingt. Eine kulturwissenschaftliche Öffnung der Literaturwissenschaft bedeutet ja keineswegs, daß nun literarische Texte gleichsam bedeutungsverdichtete ethnographische Fakten sind, die erst unter bestimmten kulturanthropologischen Beurteilungsrastern ihre eigentliche Bedeutung und damit ihre tiefere Funktion entfalten. Auch im Hinblick auf kulturanthropologische Lektüren gelten natürlich jene in der literaturwissenschaftlichen Fiktionalitätsdiskussion vor allem von Wolfgang Iser[41] formulierten Basisannahmen, daß Elemente der außertextlichen Realität im Text durch bestimmte literarische Verfahren zu einer gleichsam in Klammer gesetzten Welt werden, die sich gerade nicht in ihrem unmittelbaren Referenzbezug auf die lebensweltliche Realität erschließt.

Dieses Pochen auf eine »Umformulierung formulierter Welt« (S. 231), wie sie sich in den literarischen Texten vollziehe, war bei Iser gegen dichterbiographische und psychoanalytische Konkretisierungen des Textsinns gerichtet, in erster Linie aber gegen sozialgeschichtliche Lektüren. Standardvorwurf war und ist ja, daß diese gerne in einer Art Allegorese von inhaltlichen Analogien zwischen literarischer Thematik und gesellschaftlichen Faktoren ausgehen und nach inhaltlich vergleichbaren Gesellschaftskonstellationen als den funktional entscheidenden Bezugsfeldern der literarischen Texte suchen, an-

---

[41] Zuerst in dem Beitrag: Akte des Fingierens oder Was ist das Fiktive im fiktionalen Text? In: Dieter Henrich / Wolfgang Iser (Hg.): Funktion des Fiktiven. (Poetik und Hermeneutik 10) München: Fink 1983, S. 121–151; erweitert als 1. Kapitel von: W. I.: Das Fiktive und das Imaginäre. Perspektiven literarischer Anthropologie. Frankfurt/M.: Suhrkamp 1991, S. 18–51. Die Zitate stammen aus dieser Fassung.

statt den spezifisch literarischen Umgang mit diesen Gesellschaftsthemen herauszuarbeiten. Im Falle Neidharts wäre dann darauf zu insistieren, daß die Dörperschelte in einer charakteristisch verqueren Zuspitzung die in der höfischen Dichtung schon immer präsente Standesthematik nun bewußt und explizit ausspielt, sie aber gerade nicht ein Bezugsfeld von Gesellschaftsproblematik anvisiert, sondern umgekehrt den fiktionalen Status von Neidharts Liedern markiert und zwar vor allem durch ihre spezifische Fokussierung und Brechung in der Präsenz des zwischen »Riuwentaler«-Rolle und »Nîthart«-Figur changierenden Autor-Sängers. Vergleichbares gilt für kulturanthropologisch gewendete Lektüren. Auch sie sollten sich weniger auf die Inhaltsebene vermuteter ›Kultursymbole‹ begeben als auf die ihrer spezifischen Umformulierung in der Literatur.[42] Erst dann wäre der Weg frei für eine angemessene Einschätzung auch der möglichen kulturanthropologischen Dimensionen etwa von Neidharts Dörperwelt. Sie müßte einerseits sehr wohl deren auffallende Verbindungslinien zu jenen elementaren Kultursymbolen, sei es der karnevalesken Verkehrung, der Turnerschen Liminalität oder Anti-Struktur, akzentuieren, aber doch zugleich auch immer die tiefgreifende Veränderung, die Dekomposition, ja Destruktion, die diese durch ihre Einlagerung in die Welt literarischer Imagination erfahren.[43] Damit wird aber die Kontextanalyse beinahe zu einer Art Königsweg für die Analyse der spezifischen Differenzqualität der Texte. Und da eine kulturwissenschaftliche Öffnung der Literaturwissenschaft eigentlich nichts anderes als eine möglichst umfassende Kontextualisierung der Texte ist, wäre sie gerade nicht gleichbedeutend mit einer »Vereinnahmung« der Literatur, sondern hätte – umgekehrt – ausdrücklich ihren besonderen Status im Blick.

Unter dieser Voraussetzung ließen sich auch jene – im ganzen eher problematischen – Vorschläge einer dezidiert kulturanthropologischen Literaturgeschichte fruchtbar machen, wie sie seit den frühen 80er Jahren Stephen Greenblatt in seinen Shakespeare-Studien unter den programmatischen Stich-

---

[42] Bislang gibt es in der Altgermanistik erst Ansätze eines so gefaßten kulturanthropologischen Literaturverständnisses. Am nächsten kommen ihm Überlegungen von Jan-Dirk Müller: Ritual, Sprecherfiktion und Erzählung. Literarisierungstendenzen im späten Minnesang. In: Michael Schilling / Peter Strohschneider (Hg.): Wechselspiele. Kommunikationsformen und Gattungsinterferenzen mittelhochdeutscher Lyrik. Heidelberg: Winter 1976, S. 43–76, zum pararituellen Charakter etwa der mittelalterlichen Liebeslyrik und seiner virtuosen Destruktion in Neidharts Œuvre. Auch Müller ruft zunächst die verschiedensten Spielarten von Ritualhandeln als mögliche Referenzsysteme der Inszenierung des Sängerauftritts im Minnesang ab (S. 43–48). Im Unterschied zu anderen Versuchen, die Spezifik des Minnesangs über den Ritualbegriff zu bestimmen, zieht er jedoch diese Ritual-Kontexte nicht affirmativ zu einem neuen Verständnis der Texte heran, sondern macht sie zur Basis der Bestimmung der charakteristischen Differenzqualität des Minnesangs.

[43] Dies ist genau das Ergebnis einer diffizilen Analyse der Neidhartschen Dörperwelt in ebd., S. 55–66.

worten New Historicism, neuerdings eher Cultural Poetics propagiert.[44] Denn
auch hier geht es um die Vielfalt von Diskurstraditionen, um die spannungsreiche Koexistenz unterschiedlicher – wie es hier heißt – »kultureller Praktiken«, an der die literarischen Texte partizipierten und in die sie verstrickt
seien. Der New Historicism würde nun die literarischen Texte mit diesen
verschiedenen, auch den scheinbar entlegensten Kontexten konfrontieren und
auf ihre produktiven Überblendungen und Friktionen befragen mit dem Ziel,
so das kulturelle Zeichensystem einer ganzen Gesellschaft zu entschlüsseln.[45]
Ein weniger weit gespanntes, dafür aber vielleicht realisierbares, jedenfalls
methodisch einigermaßen kalkulierbares Ziel wäre hingegen die Spezifik des
Einzeltextes. Denn auch sie ließe sich in systematischen Vergleichen mit diesem Netzwerk möglicher Bezugsfelder herausarbeiten.

Im Rahmen dieser Art von Kontextualisierung gewinnt dann auch die For-
schungsgeschichte eine neue Bedeutung. Gerade in der Mittelalter-Philologie
sind ja in den letzten 150 Jahren an einigen wenigen Texten die unterschiedlichsten Lektüren erprobt und dabei immer wieder wechselnde Kontexte ab-
gerufen worden. Sie sollten als Folie eines weiter ausgreifenden kulturwissenschaftlichen Textverständnisses möglichst präsent gehalten werden. Die
Besonderheit der Texte entfaltet sich ja gerade in der Kombination, der Kon-
tamination, vor allem aber der charakteristischen Umformulierung unterschiedlichster Diskurstraditionen, lebensweltlich-biographischer wie sozial-
geschichtlich-politischer, kulturanthropologisch-ritueller wie literaturtypolo-
gischer. Und sie zeigt sich in ihrer virtuosen Balance zwischen einem scheinbar prägnant-konkreten Bezug auf diese kulturellen Kontexte und ihrer
gleichzeitigen spielerischen Lösung aus ihnen. Unter dieser Perspektive ist es
dann auch nicht mehr so erstaunlich, daß in Neidharts Winterliedern juristi-
sche Bestimmungen der Landesfriedensordnungen ebenso eingegangen sind
wie bäuerliches Alltagswissen, spruchdichterliche Gesellschaftsthematik
ebenso wie literarische Travestietraditionen, grobianische Sexualitätsdiskurse
und hochliterarische Frauendienstthematik – und daß all dies wiederum eingebunden ist in die literarisch inszenierte Welt der Reflexionen eines Sänger-
Ichs des Werbungslieds.

---

[44] Zur spezifisch kulturanthropologischen Dimension von Stephen Greenblatts Kul-
    turpoetik-Konzept vgl. Doris Bachmann-Medick: »Writing culture« – ein Diskurs
    zwischen Ethnologie und Literaturwissenschaft. In: Kea. Zeitschrift für Kulturwis-
    senschaften 4 (1992), S. 1–20, hier S. 17ff.; D. B.-M.: Einleitung. In: D. B.-M.
    (Hg.) (Anm. 3), S. 7–64, hier S. 45–47. Stephen Greenblatt bezieht sich freilich
    weniger auf Victor Turner als auf Clifford Geertz' kulturhermeneutischen Konzept
    der »Dichten Beschreibung«, das auf die Bedeutung kulturspezifischer Handlungen
    zielt und das Greenblatt zum Deutungsrahmen kultureller Akte des »Self-
    fashioning« macht.
[45] Auf diesen übergreifenden kulturtheoretischen Anspruch des New Historicism
    verweist zurecht Doris Bachmann-Medick: Einleitung. In: D. B.-M. (Hg.)
    (Anm. 3), S. 46.

JAN-DIRK MÜLLER

Der Widerspenstigen Zähmung

Anmerkungen zu einer mediävistischen Kulturwissenschaft

I.

Die Diskussion um eine kulturwissenschaftliche Ausrichtung der Sprach- und Literaturwissenschaften[1] ist inzwischen so allgemein, die grundsätzlichen Stellungnahmen und Glaubensbekenntnisse sind so zahlreich, die Vorteile und Gefahren wurden so ausführlich erörtert, daß es an der Zeit scheint, für eine Weile die Programmdebatte durch die praktische Erprobung der vorgeschlagenen Konzepte zu ersetzen. Nur so lassen sich vielleicht Einwände ausräumen wie derjenige hemmungslosen Dilettierens von Literaturwissenschaftlern auf fremden Gebieten, der der Nivellierung differenter Zeichenordnungen oder der der Degradierung literarischer Texte zur bloßen Quelle allgemeiner kulturgeschichtlicher Trends.[2] Für den Mediävisten ist ein Teil dieser Debatte ohnehin befremdlich, denn je weiter man sich – zeitlich oder räumlich – aus dem eigenen Kulturzusammenhang entfernt, desto notwendiger ist zum Verständnis der beobachteten Phänomene (literarische und sonstige Texte, Bräuche, Normen usw.) die Rekonstruktion des kulturellen Kontextes, in den sie eingebettet sind. Für die auf vormoderne Epochen oder auf außereuropäische, nicht-›westliche‹ Welten gerichteten Wissenschaften waren kulturwissenschaftliche Fragestellungen daher schon immer eine Selbstver-

---

[1] Eine Bestandsaufnahme in: Geisteswissenschaften heute. Eine Denkschrift. Von Wolfgang Frühwald, Hans Robert Jauß, Reinhart Koselleck, Jürgen Mittelstraß, Burkhart Steinwachs. Frankfurt/M.: Suhrkamp 1991; zum Kulturbegriff dort: Mittelstraß, S. 39–44; Koselleck, S. 136–141. – Reformbedürftigkeit und Reformperspektiven der Geisteswissenschaften sind wiederkehrende Motive (im Sinne von Anstoß, Impuls) in den wissenschaftlichen Arbeiten von Wolfgang Frühwald und Georg Jäger. Bei manchen Unterschieden in den Antworten ist beiden die Frage gemeinsam: Was muß man tun, wenn man sieht, daß nicht alles so weitergehen kann wie bisher?

[2] Ein Teil der heute geführten Debatte greift auf Diskussionen um 1900 zurück. Man muß hier allerdings zwischen den programmatischen Entwürfen u.a. im Umkreis der entstehenden Soziologie (M. Weber, Simmel, Cassirer) und den praktischen Versuchen der Kulturgeschichtsschreibung unterscheiden. Die letztere bietet häufig nicht mehr als ein buntes Panorama heterogener Einzelheiten (A. Schultz) oder schuldet ihre Synthesen ungedeckten Vorgriffen und großzügigen Selektionen des Materials (K. Lamprecht). Und selbst die Meisterwerke eines Jacob Burckhardt oder Johan Huizinga verdanken ihren Rang weniger der breiten Durchdringung und Erschließung eines sperrigen und widersprüchlichen Materials als einer intuitiven Erfassung dominanter Tendenzen.

ständlichkeit, und man wird den Verdacht nicht los, daß die erbitterten Strei-
tigkeiten in den Neuphilologien aus der Angst resultieren, die eigenen kulturellen Selbstverständlichkeiten als bloß kontingente und deshalb zu historisie-
rende erkennen zu müssen und dabei der Dignität des eigenen Gegenstandes
verlustig zu gehen: der Ausnahmestellung des literarischen Kunstwerks und
›der‹ Literatur im allgemeinen. Die Kulturwissenschaft stellt nämlich die her-
kömmliche Hierarchie kultureller Hervorbringungen infrage, an deren Spitze
die Künste standen. Dabei ist deren Auszeichnung gegenüber Theologie und
Religion, Philosophie, den einzelnen Wissenschaften selbst erst Errungenschaft einer vor etwa 250 Jahren einsetzenden, in der Renaissance vor-
bereiteten Entwicklung. Wurde bis dahin die Erkenntnisleistung der Dichtung in der Regel im Blick auf jene anderen Diskurse bestimmt (der Dichter
als Theologe, Philosoph, Sachverständiger für allerlei Künste), so gilt seitdem die Poesie als Organon einer durch nichts anderes ersetzbaren, allem anderen überlegenen Erfahrung und Erkenntnis von Welt, und für Musik und
Bildende Kunst gilt Ähnliches. Diese Auszeichnung begünstigte die Ausbildung eigener Expertenkulturen zu ihrer Erschließung (der Literatur-, Kunst-
und Musikwissenschaft eben), die ihre besonderen Erkenntnisleistungen
durch das unterscheidungslose Einerlei einer nivellierenden Kulturwissenschaft bedroht sehen.

Wenn das Programm einer kulturwissenschaftlichen Öffnung der Philologien mithin eine Herausforderung vor allem für die Wissenschaften von den
neueren Literaturen ist, so trifft doch der für den Mediävisten beruhigende
Satz *nil novi sub sole* – wir haben immer schon Kulturwissenschaft betrieben[3]
– das Problem nicht ganz. Gefordert wird ja mehr als nur die Grenzüberschreitung in Richtung auf Volkskunde, Archäologie, Kunstgeschichte, Sozialgeschichte und so weiter, wobei weiterhin im Mittelpunkt das bessere Verständnis des literarischen Textes steht, sondern Ziel ist das Verständnis des
kulturellen Zusammenhangs, in dem der literarische Text selbst nur ein Träger kultureller Bedeutung unter anderen ist. Vorab ist deshalb zu untersuchen, welcher Status dem Texttypus, der sich in der Moderne als literarischer ausdifferenziert hat, in der jeweiligen Kultur zukommt, inwieweit
er durch abweichende mediale Bedingungen konstituiert ist, welchen Gel-
tungsanspruch er neben anderen kulturellen Gebilde hat, welche Funktionen
er im Kontext sprachlicher wie außersprachlicher Zeichenordnungen erfüllen
soll. Die Konsequenz ist also eine viel radikalere Historisierung als das Her-
beizitieren verschiedener Kontexte zur Aufschließung der Textsemantik, eine
Historisierung nämlich, die auch den Gegenstand – die Literatur – nicht ein-

---

[3] So Alfred Ebenbauer: Altgermanistik und Kulturwissenschaft. Eine Vortragsskiz-
     ze. In: Stimulus. Mitteilungen der Österreichischen Gesellschaft für Germanistik
     1998/2 (Germanistik im Spannungsfeld zwischen Philologie und Kulturwissen-
     schaft. Beiträge der Tagung der Österreichischen Gesellschaft für Germanistik in
     Wien 1998. Hg. von Wendelin Schmidt-Dengler und Anton Schwob), S. 3–17.

fach als gegeben hinnimmt, sondern als historisch gewordenen betrachtet. Für den Mediävisten ist dies die Pointe von Barners Frage, ob der Literaturwissenschaft ihr Gegenstand abhanden komme,[4] denn es ist allererst zu klären, ob und in welcher Form dieser Gegenstand in fremden kulturellen Zusammenhängen überhaupt existiert.

Darüber aber gab es für die ältere Kulturgeschichtsschreibung ebensowenig Zweifel wie anläßlich der Ausflüge der älteren deutschen Philologie in die Bereiche des Mythos, der Sage, der Alltagskultur usw. Deren Selbstverständlichkeit war meist mit einer gewissen Unschärfe des Literaturbegriffs auch in literaturwissenschaftlich zentrierten mediävistischen Untersuchungen erkauft: Texte waren unterschiedslos ›Denkmäler‹, die mit anderen, zum Beispiel archäologischen ›Denkmälern‹ in Verbindung gebracht werden konnten, weil es sich letztlich um Phänomene gleicher Ordnung handelte. So ebnete der Begriff des ›Denkmals‹ die höchst differenten kulturellen Bedeutungen des Überlieferten ein, was selbst dort zu Verzerrungen führte, wo man sich auf Texte beschränkte. ›Denkmäler‹ waren die Hamelburger Markbeschreibung wie der Lorscher Bienensegen, der erste Merseburger Zauberspruch wie das Freisinger Paternoster, die Glossen in einer lateinischen Handschrift wie das *Muspilli* oder das *Hildebrandslied*. Mit ›Denkmal‹ wird unterstellt, die historischen Wissenschaften hätten einen homogenen Untersuchungsbereich, der eben nur nach den jeweiligen Methoden und Erkenntnisinteressen der Einzeldisziplinen zu bearbeiten sei, einmal sprach- oder sagengeschichtlich, einmal theologisch, historisch, archäologisch, wissenschaftsgeschichtlich oder eben auch literaturwissenschaftlich. Auf Grund der Nivellierung aller Texte zum ›Denkmal‹ war der Übergang von im engen Sinn literaturgeschichtlichen Gegenständen aufs Feld etwa der Volkskunde, der Altertumskunde, der Mythologie, der Stammesgeschichte und so weiter ohne allzuviele methodische Bedenken jederzeit möglich, und Forscher wie Otto Höfler nutzten diese Möglichkeit ebenso unbekümmert wie riskant.

Vom Erkenntnisanspruch einer Kulturwissenschaft ist das einigermaßen entfernt. Anders, als ihre Kritiker glauben, geht es dieser nämlich um Unterscheidung und nicht um Gleichmacherei. Nur vor der weißen Wand des Historismus erscheinen Glossen, Otfrids *Krist*, die Merseburger Zaubersprüche

---

4 Wilfried Barner: Kommt der Literaturwissenschaft ihr Gegenstand abhanden? Vorüberlegungen zu einer Diskussion. In: Jahrbuch der deutschen Schillergesellschaft 41 (1997), S. 1–8. Barner geht es um etwas anderes: die schleichende Entwertung der herkömmlichen Gegenstände von Literaturwissenschaft auf Kosten eines diffusen Kulturbegriffs, der sich im wesentlichen angeblichen Marktchancen, einer Abkehr vom Eurozentrismus und von den Anstrengungen (und Dünkeln) einer konservativen Hochkultur verdankt. Die Fragen, die Barner zu Ende seines Beitrags – gedacht als Auftakt einer Diskussion ähnlich der über das ›Neue‹ in der Literaturwissenschaft – aufwirft, sind die nach wie vor aktuellen Herausforderungen für die theoretische Bestimmung der Literaturwissenschaft wie für ihre universitäre Praxis.

oder das *Hildebrandslied* als Exemplare der einen Spezies ›Denkmal‹. Im
frühen Mittelalter gehören Zaubersprüche in den Bereich instrumentellen
Wissens (oder sind Belege einer inkriminierten dämonengläubigen Praxis);
Glossen sind Verständnishilfen für den Benutzer lateinischer Handschriften;
Otfrids *Krist* adaptiert theologische Theoreme in einer anspruchsvollen volks-
sprachigen Kunstform für eine selbstbewußte Laienelite des ostfränkischen
Königreichs; das *Hildebrandslied* bewahrt in Form einer wahrscheinlich fingierten Mündlichkeit die Erinnerung an eine halb vergessene Vergangenheit.
Die ›Denkmäler‹ besetzen also ganz und gar unvergleichbare Positionen im
kulturellen Zusammenhang und müssen von dieser Position her verstanden
werden. Dem hat die neuere Mediävistik Rechnung getragen, und so kann
man dort von einer Inkubationszeit kulturwissenschaftlicher Ansätze sprechen, in der – allerdings auf streng einzelwissenschaftlicher Basis – Teile ihres Programms bereits verwirklicht wurden.

II.

Die Kulturwissenschaft darf nicht diese einzelwissenschaftliche Differenzierung rückgängig machen, wohl kann sie einer mit ihr stets verbundenen Entkoppelung einzelwissenschaftlicher Erkenntnisse entgegenarbeiten, indem sie
Literatur als ein besonderes kulturelles Phänomen wieder in den Kontext
stellt, aus dem sie hervorgeht, den sie in sich aufnimmt, den sie reflektiert
und von dem sie sich – manchmal – abstößt. Da sie in ihrer literaturwissenschaftlichen Spielart auf der Differenz der überlieferten Texte bestehen muß,
arbeitet die Kulturwissenschaft an der Aufhebung der historistischen Ver-
dinglichung kultureller Überlieferung zum ›Denkmal‹ oder – in anderer Metaphorik – zur ›Quelle‹ für dieses oder jenes kulturgeschichtliche ›Faktum‹.
Sie sucht Texte als besondere sprachliche Konfigurationen von Erfahrung zu
lesen; diese bedienen sich dabei der zeitgenössisch verfügbaren rhetorischen
und poetischen Verfahren, Strukturschemata und Gattungsmuster, haben an
zeitgenössischen Wissens- und Wertordnungen teil und sind in zeitgenössische Gebrauchs- und Praxiszusammenhänge mehr oder minder eng eingebunden.
    Kulturgeschichtliche Kontextualisierung kann man insofern als Fort-
setzung sozialgeschichtlicher Ansätze seit den 1970er Jahren sehen.[5] Der genuine Ort der Sozialgeschichte war natürlich die Geschichtswissenschaft, und
dort vor allem setzte sie sich – gegen die Dominanz der politischen, der Ver-
fassungs- und Ideengeschichte – durch, doch wurde sie zugleich leitendes

---

[5]   Zu beider Verhältnis vgl. Wolfgang Hardtwig / Hans-Ulrich Wehler (Hg.): Kul-
      turgeschichte Heute. (Geschichte und Gesellschaft. Sonderheft 16) Göttingen:
      Vandenhoeck & Ruprecht 1996; vgl. insbesondere den Artikel von Thomas Mer-
      gel.

Forschungsparadigma in den übrigen historischen Disziplinen. Dabei haftete ihr freilich in den Philologien der Vorwurf des Theorie-Imports an. Dieser wirkte sich darin aus, daß das zentrale Problem einer Sozialgeschichte der Literatur dasjenige einer ›Vermittlung‹ der herkömmlichen philologischen Erkenntnisse (in bezug auf Textstrukturen, Gattungen, Denkmuster) mit anderwärts erhobenen sozialhistorischen Daten war, ein Problem, für das eigentlich nur der orthodoxe Marxismus eine klare, freilich auch schlichte Lösung bot: Literatur als Epiphänomen gesamtgesellschaftlicher Prozesse.

Unbefriedigend blieb aber auch die Alternative, einen eigenen literaturgeschichtlichen Sektor von Sozialgeschichte ins Zentrum zu rücken, also sozialen Status und soziale Rollen der Literaturproduzenten, Medien, Formen und Umfang der Distribution von Texten, Schichtung, Bildungsgrad, soziale Orientierung von Rezipienten oder die statistisch meßbare Wirkung literarischer Texte. So wichtig solche Untersuchungen sind – sie werden meist als ›Literatursoziologie‹ im engeren Sinne gefaßt –, den literarischen Werken selbst bleiben sie äußerlich. Das komplementäre Projekt einer ›Sozialgeschichte im Text‹ (Schönert) aber war mit höchst kontroversen Grundannahmen über die Wechselbeziehungen zwischen ›objektiv‹ ermittelbaren gesellschaftlichen Strukturen und deren ›subjektiver‹ Verarbeitung durch Autoren und Leser belastet.[6]

Immerhin war mit der Frage nach dem gesellschaftlichen Kontext die hergebrachte Begrenzung des Gegenstandsbereichs auf das literarische (oder auch: musikalische, bildende) Kunstwerk aufgegeben. Allerdings nahm die Sozialgeschichte häufig vorweg eine Eingrenzung der zu erhebenden Kontexte vor, nämlich auf Phänomene, die relevant für soziologische Theoriebildung waren; eher am Rande standen zumindest anfangs andere Kontexte wie zum Beispiel die Praktiken und Gegenstände der Alltagskultur, Bilderwelten, psychische Dispositionen, Emotionen, Wahrnehmungen. Diese Beschränkung zu überwinden, ist seit den 80er Jahren Programm der Kulturwissenschaften.

---

[6] Insbesondere die ›Münchner Forschergruppe‹ hat Modelle der Vermittlung erarbeitet: Renate von Heydebrand u.a. (Hg.): Zur theoretischen Grundlegung einer Sozialgeschichte der Literatur. Ein struktural-funktionaler Entwurf. (Studien und Texte zur Sozialgeschichte 21) Tübingen: Niemeyer 1988. In den Arbeiten der Gruppe wird die Grenze zu allgemeiner kulturwissenschaftlichen Fragestellungen oft bereits überschritten; vgl. etwa Michael Titzmann (Hg.): Modelle des literarischen Strukturwandels. (Studien und Texte zur Sozialgeschichte der Literatur 33) Tübingen: Niemeyer 1991 (darin vor allem die Beiträge von Claus-Michael Ort und Michael Titzmann); Lutz Danneberg u.a. (Hg.): Vom Umgang mit Literatur und Literaturgeschichte. Positionen und Perspektiven nach der »Theoriedebatte«. Stuttgart: Metzler 1992 (bes. Einleitung und Beiträge der Sektion 4). Ein Fazit der älteren, eindeutiger sozialgeschichtlich fokussierten Debatte zog Jörg Schönert: The social history of German literature. On the present state of distress in the social history of German literature. In: Poetics 14 (1985), S. 303–319; zur ›Sozialgeschichte im Text‹ J. S.: The reception of sociological theory by West German literary scholarship 1970–1985. In: Richard Sheppard (Hg.): New ways in *Germanistik*. New York u.a.: Berg 1990, S. 71–94.

›Kultur‹ ist dabei nicht ein Sektor ›neben‹ der Gesellschaft, so wenig wie Kulturgeschichtsschreibung einen   renzten Ausschnitt der ›eigentlichen‹ Geschichtsschreibung behandelt, so.   ⌐rn Geschichte insgesamt ist ein kulturelles Phänomen und insofern Gegenstand der Kulturgeschichtsschreibung; diese tritt nicht als Spezialdisziplin von Fall zu Fall ergänzend zur politischen, militärischen oder sonstigen Geschichten hinzu.

Ebenso wichtig für das neue Paradigma ist die Kritik am objektivistischen Selbstmißverständnis der historischen Wissenschaften: Der sogenannte *linguistic turn* in der Geschichtswissenschaft trägt dem Umstand Rechnung, daß historisches Wissen ganz überwiegend sprachvermittelt ist, der Gegenstand dieses Wissens daher immer nur in dieser Vermittlung existiert und deshalb nie als solcher, ohne Analyse seiner textuellen Verfaßtheit erkannt werden kann. Insofern sind diskursive Formationen, Gattungsmuster, Ordnungen des Wissens, Imaginationen als kulturelle Phänomene, nämlich als Mittel einer »gesellschaftlichen Konstruktion der Wirklichkeit«[7] ebenso ›real‹ wie historische Ereignisse, sogenannte Fakten, oder mittels statistischer Daten belegbare Strukturen.

Mit der Fokussierung der sprachlichen Gegebenheit kultureller Überlieferung kehrt sich gegenüber dem vorausgehenden sozialgeschichtlichen Paradigma die Richtung des Theorietransfers um, indem nicht mehr die Textwissenschaft ihre Fragen und Theoriemodelle aus der Geschichte und der Soziologie bezieht, sondern umgekehrt textwissenschaftliche Methoden sich als unabdingbar für Erschließung und Analyse historischer und sozialer Phänomene erweisen.[8] Insofern trifft der Einwand des ›Theorieimports‹, der gegen die Kulturwissenschaft erhoben wurde,[9] nicht zu, im Gegenteil, denn der Anspruch, Kultur als ›Text‹[10] – als Zeichenensemble – zu betrachten, bedeutet ja

---

[7] So der Titel von Peter L. Berger / Thomas Luckmann: Die gesellschaftliche Konstruktion der Wirklichkeit. Eine Theorie der Wissenssoziologie. Frankfurt/ M.: Suhrkamp 1969.

[8] Verknüpft ist die Debatte darüber mit den Namen von Hayden White: Die Bedeutung der Form. Erzählstrukturen in der Geschichtsschreibung. Frankfurt/M.: Fischer 1990; vgl. etwa Hans Robert Jauß: Der Gebrauch der Fiktion in Formen der Anschauung und Darstellung der Geschichte. In: Formen der Geschichtsschreibung. Hg. von Reinhart Koselleck, Heinrich Lutz und Jörn Rüsen. (Theorie der Geschichte 4) München: dtv 1982, S. 415–451.

[9] Sinngemäß Walter Haug: Literaturwissenschaft als Kulturwissenschaft? In: Deutsche Vierteljahrsschrift für Geistesgeschichte und Literaturwissenschaft 73 (1999), S.69–93; etwa S.71; vgl. Wilfried Barner (Anm. 4), S. 7. Haugs Bedenken mögen überspitzt sein, doch protestieren sie zurecht gegen eine Forschungspraxis, die die Differenz zwischen unterschiedlichen ›Zeichen‹- und ›Text‹-Typen überspringen zu können glaubt.

[10] Zur Problematik dieser Metapher vgl. Doris Bachmann-Medick (Hg.): Kultur als Text. Die anthropologische Wende in der Literaturwissenschaft. Frankfurt/M.: Fischer 1996; Carsten Lenk: Kultur als Text. Überlegungen zu einer Interpretationsfigur. In: Renate Glaser / Matthias Luserke (Hg.): Literaturwissenschaft – Kulturwissenschaft. Positionen, Themen, Perspektiven. Opladen: Westdeutscher Verlag 1996, S. 116–128; Moritz Baßler (Hg.): New Historicism. Literaturgeschichte als

gerade, Theorie und Methodik textwissenschaftlicher Analyse auf alle Arten von Zeichenordnungen anzuwenden. Wenn ich demgemäß im folgenden von einem literarischen Text ausgehe und als Textwissenschaftler argumentiere, so betrachte ich doch das textwissenschaftliche Verfahren als generalisierbar, solange man von der textuellen Gegebenheit des Überlieferten ausgeht; denn die in meinem Text verhandelten Sachverhalte existieren für uns auch sonst immer nur in textueller Vermittlung. Deren kulturspezifische Ausdifferenzierung – der Platz des jeweiligen Texttypus im Verhältnis zu anderen Texttypen innerhalb des ›literarischen Systems‹ einer Zeit – ist Untersuchungsgegenstand einer historischen Kulturwissenschaft. Jenes ›System‹ ist selbst eine historische Größe und kann nicht einfach von der Gegenwart aus aufs Mittelalter projiziert werden.

III.

Ich wähle ein spätmittelalterliches Maere (oder auch nach alternativer Terminologie: eine mittelalterliche Novelle).[11] Doch geht es mir primär nicht dar-

---

Poetik der Kultur. Mit Beiträgen von Stephen Greenblatt, Louis Monrose u.a. Frankfurt/M.: Fischer 1995 sowie meine knappen ›Überlegungen zu einer mediävistischen Kulturwissenschaft‹ in den *Mitteilungen des Germanistenverbandes* 4 (1999), S. 572–583.

[11] Zur Diskussion des Begriffs: Joachim Heinzle: Märenbegriff und Novellentheorie. Überlegungen zur Gattungsbestimmung der mittelhochdeutschen Kleinepik. Zeitschrift für deutsches Altertum 107 (1978), S. 121–138; J. H.: Boccaccio und die Tradition der Novelle. Zur Strukturanalyse und Gattungsbestimmung kleinepischer Formen zwischen Mittelalter und Neuzeit. In: Wolfram-Studien 5 (1979), S. 41–62; Jan-Dirk Müller: Noch einmal: Maere und Novelle. Zu den Versionen des Maere von den ›Drei listigen Frauen‹. In: Philologische Untersuchungen gewidmet Elfriede Stutz zum 65. Geburtstag. Hg. von Alfred Ebenbauer. (Philologica Germanica 7) Wien: Braumüller 1984, S. 289–312; Hans-Joachim Ziegeler: Erzählen im Spätmittelalter. Mären im Kontext von Minnereden, Bispeln und Romanen. (MTU 87) München: Artemis 1985. Ob man nun den Novellen- oder Maeren-Begriff ablehnt oder nicht: Man kommt nicht ohne Bezeichnung für diesen besonderen Erzähltypus aus, der sich strukturell und funktional von verwandten Erzähltypen wie Exempel, Parabel, Fabel, Schwank unterscheidet (vgl. die Untersuchungen von Ziegeler) und deshalb nicht in der differenzlosen Überlieferung ›mittelalterliche Kleinepik‹ verschwinden sollte. Maeren sind um einen ›Kasus‹ zentriert (zum ›Kasus‹ als »Geistesbeschäftigung«: André Jolles: Einfache Formen. Legende. Sage. Mythe. Rätsel. Spruch. Kasus. Memorabile. Märchen. Witz. Tübingen: Niemeyer [4]1968, S. 171–199): Ein Kasus kann durchaus lehrhafte Aspekte implizieren, indem die Norm auf ihren Geltungsradius befragt wird (ebd., S. 190), aber primär geht es um den ›eminenten Fall‹, die ›unerhörte Begebenheit‹, auf die Erzähler- und Leserperspektive fokussiert werden. Ob man diesen Typus ›Maere‹ nennt (wozu ich wegen des eingeführten Sprachgebrauchs neige) oder sonstwie, ist ohne Belang. Auch versteht sich von selbst, daß es Übergänge zu verwandten Erzählformen – in diesem Fall also zur eindeutiger didaktisch instrumentalisierten Kleinepik – gibt: ›Gattung‹ ist nun einmal kein bloßes Klassifikationsinstrument, um Texte säuberlich zu sortieren.

um, die einzelnen dort thematisierten Sachverhalte im Rekurs auf allgemeinere kulturgeschichtliche Daten aufzuklären, sondern nach der Bedeutung dieses Texttypus im kulturellen Haushalt des Mittelalters zu fragen, die von der
scheinbar verwandter Gattungen heute, wie zum Beispiel der Novelle, ab-
sticht.

Die Geschichte läuft gelegentlich unter dem an Shakespeare und die Tieck-
sche Shakespe   ersetzung angelehnten Titel *Der Widerspenstigen Zähmung* um,[12] wird ... der mittelalterlichen Überlieferung dagegen *der vrouwen
zuht* genannt (V. 6).[13] Der Stoff ist weit verbreitet. In der Kombination der
verschiedenen Motive weiblicher Widersetzlichkeit und der mehr oder minder erfolgreichen männlichen Zähmungspraktiken lassen sich kulturspezifische Varianten ausmachen,[14] insgesamt aber erweisen sich die Motive über
die Jahrhunderte und Räume hinweg als erstaunlich konstant. Das liegt wohl
daran, daß die Geschichte einen Grundkonflikt (und eine fundamentale
Angst) in den patriarchalischen Gesellschaften Europas behandelt: den Versuch der Frau im Geschlechterkampf die Oberhand über den Mann zu gewinnen. So hat der Stoff das Interesse der Gender-Forschung gefunden, die an
ihm typische Klischees patriarchalischer Diskriminierung zeigen konnte; dem
ist kaum etwas hinzuzufügen.[15]

Weniger bedacht wurde bisher der Status eines derartigen Textes und sein
Platz in übergreifenden diskursiven Zusammenhängen. Das Maere ist, so wie
es auf uns gekommen ist, von unmittelbaren pragmatischen Bindungen frei-

---

[12] Cornelie Sonntag: Sibotes »Frauenzucht«. Kritischer Text und Untersuchungen
(Hamburger Philologische Studien 8). Hamburg: Buske 1969; die Verfasserin
sucht aus verschiedenen, unterschiedlich ausführlichen überlieferten Fassungen
einen ›kritischen‹ Text zu kontaminieren, mit allen fragwürdigen Konsequenzen
solch eines Unterfangens. Der Abdruck der wichtigsten handschriftlichen Versionen empfiehlt trotzdem diese Ausgabe, und um die Argumentation auf einen gemeinsamen Bezugspunkt zu beziehen, wird, trotz grundsätzlicher Bedenken, nach
dem von Sonntag hergestellten Text zitiert, der eine Art ›Normalversion‹ der Ge-
schehensfolge enthält. Für mein Vorhaben reicht dies aus, zumal eine handschrif-
tennahe kritische Ausgabe fehlt; dabei sind die Varianten weithin nicht von Belang, indem Plus- (oder Minus-)Verse sich im wesentlichen um die paradigmatische Verstärkung (oder Schwächung) der im übrigen gleichen Handlungs-
konstellationen drehen. Wo dies erforderlich ist, zumal in den Eingangs- und
Schlußpartien, werden aber Abweichungen in den einzelnen Handschriften nach
Sonntags Transkriptionen berücksichtigt.
[13] ›Von der frawen zucht‹ ist die Geschichte in den Handschriften w und i überschrieben (S. 124); in K und H wird als Thema das ›übele wîp‹ (S. 74), in Handschrift l »zwa bös Weiber« (S. 155) genannt; die oben zitierte Titelgebung in V. 6
fehlt in l.
[14] Cornelie Sonntag (Anm. 12), S. 225–248.
[15] Zuletzt Claudia Brinker-von der Heyde: Weiber-Herrschaft oder: Wer reitet wen?
Zur Konstruktion und Symbolik der Geschlechterbeziehung. In: Beiheft 9 der
Zeitschrift für deutsche Philologie: Manlîchiu wîp, wîplîch man. Zur Konstruktion
der Kategorien ›Körper‹ und ›Geschlecht‹ in der deutschen Literatur des Mittelalters. (Internationales Kolloquium der Oswald von Wolkenstein-Gesellschaft und
der Gerhard-Mercator-Universität Duisburg, Xanten 1997) Berlin 1999, S. 47–65.

gesetzt (steht also nicht im Zusammenhang einer Predigt, eines juristischen Beweisverfahrens o.ä.). Es will von »gemelîchen dingen« (V. 3) handeln, also einem Gegenstand, über den man lachen kann, und es wird als »guot« empfohlen (V. 5), was sich offenbar auf seine ästhetische Qualität, seine ›gekonnte‹ Machart bezieht.[16] Dies schließt natürlich eine lehrhafte Absicht der Erzählung nicht aus, wie sie denn auch einleitend exponiert wird (V. 7–30) und am Ende noch einmal, mit unterschiedlichen Akzenten in den einzelnen Handschriften. Der erzählte Verlauf stützt zwar die Tendenz dieser Lehre, ist aber nicht in dem Sinne exemplarisch, daß er eine Punkt für Punkt auf die Lebenspraxis übertragbare Alltagssituation darstellte; erzählt wird vielmehr ein lächerlich-außergewöhnlicher Fall zwecks Beförderung einer alltäglichen, überall wiederholbaren Einsicht. Insofern besteht zwischen Lehre und Narration ein Spannungsverhältnis. Die Gattung Maere ist der Ort, an dem Alltagsmoral und unerhörter Kasus aufeinanderstoßen können.[17] Sie eröffnet einen Spielraum des Erzählens, in dem anerkannte Positionen im Geschlechterverhältnis bis an die Grenzen des Absurden ausgereizt werden können. Die Fiktion läßt Konstellationen zu, die aus der gesellschaftlichen Praxis ausgeschlossen sind, um eben diese Praxis zu bestätigen. Beide, Fiktion wie Praxis können sich auf dieselbe imaginäre Institution der Geschlechterordnung berufen.[18]

Die Wahl gerade dieses Maere, in dem der exzeptionelle Kasus letztlich nur das Gewöhnliche bestätigt, unterläuft eine stillschweigende Übereinkunft von Kritikern der Kulturwissenschaft, daß nämlich der literarische Text – im Vergleich mit anderen kulturellen Gebilden – sich durch höhere Komplexität und einen höheren Reflexionsgrad auszeichne. Für dieses Maere wird man das schwerlich behaupten können. Die Möglichkeit der Fiktion, mit Sprache zu spielen, neben der Alltagsrealität andere Ordnungen der Welt zu entwerfen, zugespitzte Situationen durchzudeklinieren, kann also durchaus zugunsten jener Realität instrumentalisiert werden und ist offenbar keineswegs notwendig mit Reflexion, Überschreitung oder Problematisierung des gewöhnlich Geltenden verknüpft. Daß dergleichen einzelnen literarischen Texten faktisch zukommen kann (also im Mittelalter vielleicht den Werken Dantes, Chrétiens von Troyes, Gottfrieds von Straßburg oder Wolframs von

---

[16] Man kann in diesen Bemerkungen eine ausdrückliche Versprachlichung der ›poetischen Funktion‹ (Jakobson) sehen: der Rezipient wird darauf aufmerksam gemacht, daß er nicht nur auf den Inhalt, sondern auch auf die Faktur achten soll. Nur Handschrift 1 geht unter Aussparung solcher Charakteristiken gleich medias in res.

[17] Hierzu insbesondere André Jolles (Anm. 11), S. 171–199; zu den poetologischen Implikationen: Udo Friedrich: Metaphorik des Spiels und Reflexion des Erzählens bei Heinrich Kaufringer. In: Internationales Archiv für Sozialgeschichte der deutschen Literatur 21,1 (1996), S. 1–30.

[18] Zur Triangulierung des Fiktiven, des Imaginären und des Realen: Wolfgang Iser: Das Fiktive und das Imaginäre. Perspektiven literarischer Anthropologie. Frankfurt/M.: Suhrkamp 1991, S. 19–23.

Eschenbach), besagt nichts über den Platz, den der fiktionale Text grundsätzlich – als ›Sprechen unter Möglichkeitsbedingungen‹ – im kulturellen Zusammenhang der Zeit einnimmt.

In dieser Kombination des Außergewöhnlichen mit dem Trivialen war das
Maere dem Überlieferungsbefund zufolge erfolgreich. Der Verlauf des Kasus
ist immer derselbe, ebenso wie die Schlüsse, die aus ihm gezogen werden
sollen:[19] Erzählt wird von zwei ›bösen‹ Damen der Gesellschaft, Mutter und
Tochter, die beide zur (männlichen) Raison gebracht werden, zur Nachahmung empfohlen allen Eheherren, die mit ähnlichen Schwierigkeiten zu
kämpfen haben. Die böse, sich dem Mann immerzu und erfolgreich widerset-
zende Mutter hat eine ebenso böse Tochter. Um die Tochter wirbt ein Ritter
und nimmt sie trotz den Warnungen des leidgeprüften Vaters zur Frau. Wenn
er sie von den Eltern heimholt, zeigt er, wie man Frauen zähmt. Als die
Mutter davon erfährt, will sie die Tochter vom Abweg des ehelichen Gehor-
sams wieder zurückführen. Das mißlingt. Im Gegenteil wird sie selbst durch
eine noch drastischere Methode von ›Frauenzucht‹ zur Räson gebracht. Hin-
künftig leben alle glücklich, die Frauen gerne gehorchend, die Männer zufrieden ob ihres gottgefälligen Hausrechts. Der Erzähler erklärt sich solida-
risch mit den Erziehungserfolgen der männlichen Protagonisten der Handlung, er zieht die Männer, denen er die Geschichte erzählt, ins Einvernehmen
und legt den Frauen nahe, aus pragmatischen Überlegungen dem Ergebnis
zuzustimmen.[20]

IV.

Das Maere bedient in erster Linie Klischees mittelalterlicher Misogynie, und
zwar auf eine recht anspruchslose Weise. Im überlieferten Titel bedeutet *zuht*
sowohl ›Erziehung‹ wie ›Züchtigung‹. Als Verfasser nennt sich – sprechender
Name? – ein gewisser Si-bot(e) (V. 16), durch den Namen also als jemand
bezeichnet, der selbst das ist, was man als Si-mandl, als Pantoffelheld, ver-
höhnt: er bedarf »selbe rātes wol« (V. 10). Der Erzähler inszeniert sich als
ein Narr, über den man lachen kann, dessen wohlgemeinte Ratschläge aber
umso mehr Gewicht haben, als sie auf eigener Erfahrung beruhen.

---

[19] Die Varianz der Handschriften bietet das übliche Bild: Einfügen von Füllversen,
      Austausch von Epitheta, metrische Glättungen (oder Aufrauhungen), Ausfüllen
      von Leerstellen usw.
[20] Schon der Einsatz der Erzählung ist auf Einvernehmen der Männer gestimmt. Am
      Schluß gibt es in H und K einen Rat an die Frauen, ihren Männern gehorsam zu
      sein (V. 799–800), ergänzt in K₂ (S. 123) durch einen obszönen Rat an die Män-
      ner (›Satteln‹ und ›Reiten‹ der Frau); ähnlich l (S. 180, V. 971–984), wo der ob-
      szöne Rat durch eine grotesk übersteigerte Strafe ersetzt ist (Aufhängen der Frau
      mit zwei Wölfen).

Die Botschaft ist schlicht, das unzählige Male bezeugte kulturelle Stereotyp ›richtiger‹ Geschlechterbeziehungen wird einmal mehr bestätigt, eine auch
nur minimale spielerische Distanz zu seinen brutalen Implikationen ist auch
bei Detailbetrachtung nicht zu erkennen. Da ist ein alter vorbildlicher Ritter,
der glücklich leben könnte, wäre nicht seine böse Frau, die ihm immer zuwi-
der handelt und spricht und derer er nicht Herr wird, ist er doch »alze senftes
mvtes« (Hs.H, S. 76, V. 42). Seine Sanftmut zeigt sich daran, daß er nur zu
den gewöhnlicheren Mitteln greift, um die Frau in seine Botmäßigkeit zu
zwingen, indem er auf ihrem Rücken unzählige Stöcke zerschlagen läßt.[21]
Das fruchtet nichts. Bei der Tochter setzt sich das fort, wobei an ihr die Diskrepanz zwischen dem was von ›Natur‹ richtig wäre, und dem, was soziale
Fehlentwicklung ist, nach außen tritt: »Got het sie gebildet/ zeiner schoenen
vrouwen« (V. 98f.); das heißt, sie hat alle Anlagen zur Vollkommenheit und
ist damit natürlich für einen Mann bestimmt. Doch schreckt sie alle Heirats-
kandidaten ab und bescheidet in einem langen Dialog, der die ganze Unver-
schämtheit weiblichen Herrschaftsanspruches vorführen will, selbstbewußt
ihren Vater: »ich wolde daz lenger mezzer tragen« (V. 140), kurz, eine »übeliu Kriemhilt« (V. 163) und eine Verkehrung der rechten Ordnung, der mit
gewöhnlichen Mitteln nicht beizukommen ist. Deshalb muß der Bräutigam,
der es dann doch wagt (V. 220) und sich auch vom Vater nicht abschrecken
läßt, zu ungewöhnlichen Mitteln greifen.

Ein Mutter-Tochter-Gespräch, das den üblichen Verlauf dieses literarischen Typus wieder auf den Kopf stellt, geht voraus. Auch der Rat der Mutter – die Vorherrschaft der Frau – droht mit Gewalt: »ich wil dich ze tôde
slân« (V. 268), wenn die Tochter ihrem Mann nachgebe. Vier Wochen lang
dreimal täglich Prügel vom Gatten (V. 294f.) und ein zerschundener Rücken
(V. 272f.) seien besser, als daß der Mann herrsche, gegen den die Tochter
sich mit Kratzen, Beißen und Haare ausreißen zur Wehr setzen solle.

Dann kommt der Bräutigam die Braut abholen. Bei sich hat er ein Pferd
»daz was lützel schatzes wert« (V. 308), einen Windhund und einen Habicht
(statt des wertvolleren Falken). Auf dem Rückweg reitet er »einen smalen
stîc« (V. 334), »durch ein wilt geverte« (V. 338), »daz nieman saehe ir zweier tât« (V. 336): Was jetzt folgt – das ist wichtig für die Ökonomie des Erzählens –, ist nicht öffentlich, gehört in eine Sphäre, die dem Blick der anderen verborgen ist. Als erstes kommt der Habicht dran, der in der Wildnis seinem Jagdinstinkt folgen und trotz Verbot des Ritters von der Hand auffliegen
will. »Dîn zücken ist mir ungemach« (V. 345), warnt dieser den Habicht;
zücken ist Intensivum von *ziehen*, die übertrieben heftige, daher unhöfische
Bewegung, die der *zuht* (aus dem gleichen Stamm) widerspricht. Die Verfeh-
lung lenkt also schon auf das eigentliche Thema, die Erziehung (*zuht*) der

---

[21] S. 77, V. 54f. u. 59–62; die Handschrift H hat nur die zweite Textstelle.

Frau. Der Habicht pariert nicht, und der Ritter dreht ihm den Hals um:[22] »Nû habe dir daz dîn wille was« (V. 354). Dann warnt er jeden, der ihn begleitet, Frau und Tiere, es gehe ihnen ebenso, wenn sie von der »boese[n] site« (V. 357) des Ungehorsams nicht abließen. Ähnliches wiederholt sich mit dem Windhund, der auf der Seite mitlaufen will und, als das nicht geht, am Seil zerrt, weil er nicht folgen kann: »daz dû sô zückes« (V. 365), wirft der Ritter ihm wieder vor. Auch der Hund verstößt gegen die *zuht*; erzürnt (Hs. K$_2$) haut der Ritter ihn in Stücke. Beim Pferd gibt es ebenfalls einen Vorwand: »Gurre, dû snabes./ Dû enzeldes noch entrabes« (V. 389f.): Da es nicht gleichmäßig-ruhig geht (es hat den Paßgang nie gelernt), schlägt er dem Pferd den Kopf ab. Drei Verfehlungen, die in der ›Natur‹ von Tieren liegen, die zwar schon dem Menschen gefügig sind, sich aber noch nicht ganz seiner Herrschaft unterworfen haben: der für die Jagd instrumentalisierte Instinkt, dem der Jagdvogel gegen den Befehl des Jägers nicht folgen soll; die Anhänglichkeit des Hundes, der seinen Herrn nicht belästigen darf; der unregelmäßige Schritt des Reitpferdes, dem die Dressur des *zeltens* fehlt. Im zeitgenössischen Sprachgebrauch: die *natura* ist noch nicht voll domestiziert (*nutritura*), und das zieht drei drastische Strafen nach sich.[23]

Ein ähnlich halbzivilisiertes Naturwesen ist die Frau, und so muß setzt sich in ihr die Reihe der Tiere fort; sie aber kann zeigen, daß sie besser erziehbar ist. Der Ritter hat Anspruch auf ein Pferd, doch das Pferd ist hin; die Folgerung ist klar: »Vrouwe, ich muoz iuch rîten« (V. 418). Ihren Vorschlag, wenigstens auf den Sattel zu verzichten, weist er zurück: »Daz waere ein ungenaemer site« (V. 428).[24] Er wittert Widerspruch (V. 429), doch ist sie gleich bereit, auch den Sattel zu tragen und sich aufzäumen zu lassen. Immerhin reitet er sie nur »drîer sper lanc« (V. 444), doch verlangt er, daß sie im Paßgang geht. Seine drohende Frage »Vrouwe, snabet ir?« (V. 447) weist sie erschrocken zurück; sie kann »zelden«, denn sie hat es von einem Pferd am Hof ihres Vaters – Erziehungsinstanzen sind männlich – gelernt (V. 456f.): »Ich kan wol sanfte unde ebene gân« (V. 458). Nachdem sie unter Beweis gestellt hat, daß sie parieren kann, steigt er ab »und nam si under sîn

---

[22] Die Worte des Ritters »Sît dû nâch ungemache strebes/ unde ungerne sanfte lebes« (V. 349f.) zitieren den Waldmenschen aus Hartmanns *Iwein*, der ähnlich sein Unverständnis über die ritterliche Lebensform Kalogrenants ausdrückt. Was dort Zerrbild ritterlichen Ehrstrebens ist, ist hier Unbotmäßigkeit einer minderwertigen Kreatur, die sofort mit dem Tod geahndet wird.

[23] Dabei handelt es sich um einen Topos mittelalterlicher Anthropologie (vgl. etwa die Geschichte von der Katze als Kerzenträger, an der eine Maus vorbeirennt); zu seiner Bedeutung im Gender-Kontext Ursula Peters. Gender trouble in der mittelalterlichen Literatur? Mediävistische Genderforschung und Crossdressing-Geschichten. In: Manlîchiu wîp (Anm. 15), S. 284–304, hier S. 300f.

[24] Die rechte *site* (mhd. mask.) ist Schlüsselkonzept der Erzählung. Sie grenzt sich von der *boesen site* der natürlichen Neigung der Tiere ab und schließt den gesellschaftlichen Rang des Ritters ein. Das Mittel, ihr Geltung zu verschaffen ist *zuht*, die wiederum in Opposition zu unkontrollierter Bewegung (*zücken*) steht.

gewant« (V. 468), eine Gebärde des Schutzes, die die Übernahme seiner Pflichten als Eheherr andeutet. »Sîn vrünt« sind plötzlich zur Stelle – offenbar in der Wildnis »dâ ers heimelîche het gesat« (V. 470) –, die Hochzeit wird gefeiert und sie wird »daz aller beste wîp« (V. 477).

Die Zähmung der Tochter ärgert die Mutter, die ihre inzwischen ›gute‹ Tochter (K²) als »übel barn« (V. 495) und »übeliu hût« (V. 499) beschimpft. Bei einem Besuch macht sie deshalb von ihrem elterlichen Züchtigungsrecht gegenüber der Tochter Gebrauch (V. 504f.): falsche *zuht* wie vorher *boeser site* der Tiere. Die Tochter droht der Mutter im Gegenzug mit der Gewalt ihres Gatten (»knütelwerc«, V. 551), des besten Mannes, »den kein vrouwe ie gewan« (V. 518). Damit sind die Weichen für eine Kraftprobe gestellt. Auch der Vater ist mit jedem Mittel zur Zähmung der bösen Alten einverstanden: »Welt ir sie villen oder schern/ oder brâten ûf den koln« (V. 592f.). Was, auf einen Menschen bezogen, eine sadistische Gewaltphantasie scheint, nennt übliche Prozeduren bei der Tierverwertung: Häutung (um Leder zu gewinnen), scheren (der Wolle wegen) und rösten (des Fleischs).²⁵ Auch hier orientiert sich der Umgang mit der Frau am Tier.

Der Schwiegersohn nimmt zwei Knechte als Hilfe, droht zuerst wieder mit einer Prügelorgie, »biz ir in baetet umbe den lîp« (V. 637) – nur auf die Kräfte des Prügelnden ist Rücksicht zu nehmen (V. 627–635) –. Als das nicht hilft, diagnostiziert er:

> Ir traget zwêne zornbrâten,
> die ligent ûzen an iuwerm die,
> dâvon enwurdet ir guot nie. (V. 668–670)

Er gibt vor, bei der Frau die Genitalien eines Mannes zu vermuten, zwei Stück Fleisch, die sie an ihrem Oberschenkel nahe der Scham trage. Diese müssen »ûz gesniten« (V. 673) werden.²⁶ Nach wilden, grotesken Beschimpfungen der Frau, die sich dagegen wehrt, wie ein »wilt eberswîn« (V. 691) beschaffen zu sein, läßt er sie von den Knechten ergreifen, schneidet ihr »durch daz niderhemede« (V. 699) eine tiefe Wunde und behauptet, den »zornbrâten« entfernt zu haben, indem er ihr eine vorbereitete, in Blut gewälzte Hammelniere zeigt.²⁷ Die Frau fleht unter dem Eindruck der Schmer-

---

²⁵ Bei *villen* (schinden) sollte nicht vorschnell die übertragene Bedeutung (›blutig schlagen‹) eingesetzt werden; ebenso sind *schern* und *brâten* durchaus wörtlich verstehbar; l (V. 724) hat *sieden*, w (V. 706f.) – unspezifischer – erwürgen und aufhängen.

²⁶ Claudia Brinker-von der Heyde (Anm. 15), S. 57 spricht von einem »Szenario« »rituelle[r] Kastration«; dieses Szenario ist allerdings nicht mehr als Theater.

²⁷ Die Nieren gelten als Quelle der sexuellen Lust des Mannes, manchmal auch der Frau. Vgl. Joan Cadden: Meanings of sex difference in the Middle Ages. Medicine, science, and culture. Cambridge: University Press 1993, S. 180. Entsprechend sind im Mittelhochdeutschen die *niern* der Ort der (meist männlichen) Sexualität; vgl. Mittelhochdeutsches Wörterbuch II, 1, S. 347: »daz ein minne dicke laeret die nirn des sâmen, den si dar inne vindet« oder »grôzer huorgelust kumt

zen, auf die Operation des zweiten *zornbrâten* zu verzichten, dessen mögliche
Wirkung sie auch so unterdrücken werde: »Ich wil haben guote siten«
(V. 724). Obwohl die Tochter abrät (sie hat die Mechanismen der schwarzen
Pädagogik offenbar nicht verstanden),[28] gibt der Ritter nach, entläßt die Frau.
Diese ist künftig in allem ihrem Mann gehorsam, wobei beim geringsten Wi-
derspruch die Erinnerung an den Schwiegersohn und den zweiten Zornbraten
genügt, um sie gefügig zu machen: ein erfolgreicher Erziehungsprozeß.

V.

Beide Erziehungsgeschichten beziehen sich auf ein kulturelles Stereotyp, das
das Geschlechterverhältnis festschreibt; beide radikalisieren dessen metapho-
rische oder wissenschaftliche Begründung durch buchstäbliche Umsetzung in
Aktion. Die erste Geschichte bezieht ihre Pointe aus der gängigen Metapher,
daß die Frau durch den Mann ›gezügelt‹ werden muß, denn man weiß »frae-
num mulierum vt plurimum non est ratio, quia communiter a ratione defici-
unt«.[29] Die Vernunft, *proprium* des Menschen, ist bei der Frau defizitär,
denn die Frau ist »quasi vir incompletus« (Bl. 160^v). Dies impliziert in der
gelehrten Anthropologie keineswegs ihre Degradierung zum Tier.[30] Der
Mensch darf nicht über den Menschen – das Ebenbild Gottes – herrschen, so
wie er nach dem Auftrag in der Genesis (1 Mos 1,26) über Tiere herrschen
soll.[31] Das Maere dagegen suggeriert in der buchstäblichen Auffassung von
›zügeln‹ genau dies: Der Mann zäumt sie wie ein Reittier auf; Frauen und
Tiere gehören in ein und dieselbe Kategorie.[32] Damit kommt eine zweite, obszöne Metapher ins Spiel: das ›Reiten‹ der Frau als Umschreibung des Se-

---

dicke von der nâtûre, die di niern habent« oder – metaphorisch häufig für ›Lende‹
–»si hâte ir nieren wol begurt mit der kiusche gürtel«; hier scheint überdies, wie
die Plazierung der *zornbrâten* zeigt, zwischen Hoden (so *nier* bis heute in Mund-
arten) und Nieren des Schafbocks nicht genau unterschieden; die Szene ist also –
außer in K$_2$ – keineswegs gegenüber dem französischen fabliau und den Stierho-
den dort verharmlost.

[28] Sie fürchtet, der verbleibende »zornes brâten« könne »ein jungen« (V. 733) hervorbringen: Sie rechnet also mit der prokreativen Kraft des männlichen Genitals.

[29] So eine Formulierung des Aegidius Romanus, der damit eine bekannte Auffassung
wiedergibt (De regimine principum libri tres. Rom 1556, I, 2,18, Bl. 162^r); den
Hinweis verdanke ich Udo Friedrich.

[30] Bei Aegidius Romanus (I, 2, 14 u. 15) ist sie überdies ausdrücklich den *pueri* wie
den *servi* übergeordnet, und der Mann hat sie auf andere Weise zu lenken (*rege-
re*) als jene.

[31] Vgl. Aurelius Augustinus. De civitate dei, 19, 15: Sklaverei ist deshalb legitimati-
onsbedürftig und muß als Folge der Sünde des Sem gegen seinen Vater Noah eigens begründet werden. Seiner Natur nach, wie Gott sie ursprünglich schuf (und
das heißt als Mann und Frau), ist Augustinus zufolge ›kein Mensch eines Menschen oder der Sünde Knecht‹.

[32] Claudia Brinker-von der Heyde (Anm. 15), S. 55; vgl. S. 52–60.

xualaktes. Die von der Moralphilosophie geforderte ›Leitung‹ durch den Mann enthält im Maere, zumal mit der Präzisierung ›drei Speere lang‹, einen burlesken Nebensinn: Die ungehorsame Frau muß ›zugeritten‹ werden. Scheint das Aufzäumen zum Zelter die *natura* der Frau zu vergewaltigen, indem sie sie einer wesensfremden *nutritura*, der Domptur des Paßgangs, unterzieht,[33] so entspricht ›reiten‹ dem, was man als *natura* eben dieser Frau immer schon kennt. In der Gattung Mære mit seiner karnevalesken Konkretisierung moralphilosophischer und alltäglicher Metaphorik sind anthropologische Norm und misogyne Alltagsmoral austauschbar; männliche Ratio und männliche Sexualität fallen ineins. Dabei wird die Distanz zum seriösen Geschlechterdiskurs durchaus markiert: Die ›Erziehung‹ der Frau mittels Degradierung zum Reittier findet dort statt, wo niemand zusehen kann. Die szenische Konkretisation erlaubt das Spannungsverhältnis zwischen absurder Buchstäblichkeit und metaphorischer Geltung komisch auszuagieren. Fiktionsintern garantiert ›Wildnis‹ dieselbe Lizenz, die, von außen betrachtet, das aufgerufene Gattungsmuster Maere ankündigt.

Beim zweiten Fall steht im Hintergrund die von Thomas Laqueur beschriebene, auf Galen zurückgehende Vorstellung, daß die männlichen und die weiblichen Genitalien im Prinzip gleich gebaut sind, die weiblichen nur innerhalb des Körpers, die männlichen außerhalb liegen und ihre Gestalt die genaue Umkehrung derjenigen des anderen Geschlechtes ist.[34] Mit Lage und Funktion der Geschlechtsteile ist eine Bewertung verknüpft: Die männliche Organisation des Körpers ist vollkommener, weil funktionstüchtiger. Die angemessene Ausbildung der Geschlechtsteile ist die des Mannes. Bei der Frau wird diese Ausbildung durch die mindere Qualität des Samens oder sonstige widrige Umstände bei der Zeugung behindert. Die Frau ist insofern ein mißlungener Mann. Diese Auffassung war bis in die Frühe Neuzeit so stark, daß sie die Beobachtung leitete und entgegenstehende physiologische Beobachtungen umgedeutet werden mußten.[35] Hierauf basiert die Erfindung des

---

[33] Vgl. Anm. 23; dies ist nur als komische Zuspitzung tolerierbar.

[34] Thomas Laqueur: Auf den Leib geschrieben. Die Inszenierung der Geschlechter von der Antike bis Freud. Frankfurt/M.: Campus 1992. Dem Penis entspricht die Vagina, den Hoden die Eierstöcke, dem Scrotum die Gebärmutter; es gibt männlichen und weiblichen ›Samen‹ usw. Allerdings ist die Parallellisierung der körperlichen Beschaffenheit sehr unterschiedlich weit ausgeführt; häufig wird statt dessen auf die Differenz abgehoben (Joan Cadden [Anm. 27], bes. S. 177–183; 188f. u.ö.). Man kann also nicht wie Laqueur das one-sex-model zur allein herrschenden Meinung erklären (vgl. Ursula Peters [Anm. 23], S. 286).

[35] Thomas Laqueur (Anm. 34), S. 20. Sein Buch zeigt, daß auch sogenannte biologische Tatsachen kulturell überformt sind und nur im Rahmen bestimmter kultureller Erkenntnissysteme wahrgenommen werden können. So verdanke sich das Theorem von der Unterschiedlichkeit der beiden Geschlechter keineswegs dem Erkenntnisfortschritt (im Gegenteil führt auch seine wissenschaftliche Untermauerung in Aporien), sondern primär einer neuen ›Geschlechterpolitik‹. Zu bedenken ist allerdings, daß es durchaus adäquatere und weniger adäquate medizinische Theorien gibt. Laqueur zeigt nur, daß deren Durchsetzung mit übergreifen-

zornes brâten als einer männlichen Mißbildung am weiblichen Körper. Allerdings »illustriert« das Maere nicht die Theorie,[36] setzt sie nicht einmal ernsthaft voraus,[37] sondern spielt auf sie nur als Hintergrund an, um einem
schwankhaften Experiment Glaubwürdigkeit zu verschaffen, der Scheinopera-
tion eines Genitale, das am ›falschen‹ Ort, nämlich am Körper der Frau sitzt,
dort jedoch an der ›richtigen‹ Stelle, nämlich in der Nähe ihrer Scham. Die
medizinische Theorie muß jedoch, damit der Schwank funktioniert, in einer
Weise konkretisiert werden, die ihrem Erklärungsanspruch widerspricht:
Statt strukturell den männlichen verwandte Geschlechtsteile werden der Frau
identische angedichtet, die zurechtgeschnitten werden müssen. Nur in eine
derart ›verkehrte‹ Natur darf gewaltsam eingegriffen werden, was doch bei
der mit der Schöpfung statuierten Geschlechterdifferenzierung, auf die sich
die medizische Theorie einen Reim zu machen sucht, Sakrileg wäre.

Aus heutiger Perspektive liest sich das Maere als ein aufwendig auser-
zähltes Vorurteil, ein Schwank von mäßigem Witz und von zweifelhafter
Moral. Trotz ihrer eher schlichten Machart hat die Geschichte einige Voraussetzungen, die sich der Leser des 20. Jahrhunderts erst aneignen muß, allgemeinere wie die bekannte, nirgends in Frage gestellte patriarchale Gesellschaftsordnung, in der Frauen unablässig geprügelt werden (und trotzdem
sich mausig machen), und speziellere wie die Verteilung der *ratio* unter den
Geschlechtern und die naturkundlichen Annahmen über männliche und weibliche Geschlechtsorgane. Beide Male geht das Maere von akzeptierten anthropologischen Aussagen aus, löst sie aus ihrem (metaphorischen, philosophischen oder medizinisch-wissenschaftlichen) Kontext und setzt sie wörtlich
in eine Schwankhandlung um.

Beide Erziehungsgeschichten verklammern natürliche und soziale Hierarchie. Die erste Frau wird über die Stufenleiter der ›Haustiere‹ bis zu dem
Punkt geführt, der ihr als Frau erreichbar ist: Sie kann sogar den Paßgang
lernen. Indem sie ihren natürlichen Platz an der Spitze der unvernünftigen
Lebewesen einnimmt, qualifiziert sie sich für die Rolle, die ihr im sozialen
Gefüge vorbehalten ist: Das gehorsamste Haustier ist die beste Ehefrau. Der
zweiten Frau wird drastisch klar gemacht, daß der Versuch, über die natur-
gegebene Position hinauszukommen, auf eine körperliche Mißbildung schließen läßt, die mit chirurgischen Mitteln beseitigt werden muß. Was die Se-

---

den gesellschaftlichen Bedingungen zu tun hat, »daß so ziemlich alles, was man
über das Geschlecht des Leibes (*sex*) *aussagen* möchte [...] immer schon etwas
aussagt über das Geschlecht im soziokulturellen Raum (*gender*)« (S. 24f.).

[36] Selbst wenn es genauer auf die physiologischen Besonderheiten von Mann und
Frau einginge, wäre das Maere als ›Illustration‹ recht uninteressant – ein Text unter vielen; zur Kritik solch ›illustrierender‹ Funktion literarischer Texte für »Humanphänomene« aller Art: Wilfried Barner (Anm. 4), S. 1.

[37] Der »brâten« liegt »ûzen an iuwerm dic« (V. 669): eine Verharmlosung? Für die
Annahme jener Theorie spricht, daß der Ritter bei der Operation tief ins Fleisch
schneiden muß.

xualtheorie gerade nicht impliziert: Die vorgetäuschte Operation definiert die aufsässige Frau als Monster, als Hermaphroditen. Die soziale Verirrung wird als Verirrung der Natur ausgegeben. Gegenüber dem Essentialismus der Geschlechterdifferenz seit dem späten 18. Jahrhundert werden nicht aus der biologischen Verschiedenheit von Frau und Mann ihre sozialen Rollen abgeleitet, sondern die ›richtige‹ soziale Rollenverteilung (*site*) läßt umgekehrt Schlüsse auf die biologische (zoologische) Beschaffenheit zu – bei Abweichung: Haustier oder Monster. Daß die Mutter sich vom pädagogischen Schwiegersohn über ihre eigene körperliche Beschaffenheit täuschen läßt (sollte ihr nie am Oberschenkel ein ›Zornbraten‹ aufgefallen sein?), unterstreicht in provokanter Versuchsanordnung, daß ›Mann sein‹ auf gesellschaftlicher Ebene ›Mann sein‹ von ›Natur‹ nach sich zieht.

VI.

Fingieren hat hier eine doppelte Bedeutung, wobei beide Akte des Fingierens sich an einer normativen Ordnung ausrichten. Die fiktiven Versuchsanordnungen des Hauptakteurs (Fiktion$_1$) und ihre lächerliche Darbietung im Maere (Fiktion$_2$) dienen dazu, dem, was jeder für richtig hält, auch in diesem Fall Geltung zu verschaffen. Die gewöhnliche zivilisatorische Zurichtung (*zuht*, nicht zuletzt mittels der unablässig angedrohten oder verabreichten Prügel) erweist sich als unzulänglich und wird deshalb im schwankhaft-brutalen Arrangement des Ritters und dessen komischer Präsentation für den Hörer des Maere in eine Richtung überschritten, die der Frau probe- und versuchsweise ihr Menschsein bzw. ihre Geschlechtsidentität raubt. Beides führt unmittelbar zur Befestigung der zivilisatorischen Norm – die Protagonistinnen dürfen sogleich wieder allseits geachtete Mitglieder der menschlichen Gesellschaft sein.[38]

Für eine kulturwissenschaftliche Fragestellung bietet das Maere einen dreifachen Ertrag: Es ruft erstens im Zusammenspiel von Erzählung und Lehre eine historische Ordnung der Geschlechterdifferenz auf, die in ihrer Abstimmung medizinischer, rechtlicher und sozialer Annahmen als in sich schlüssig erscheint und die ihre anthropologische Basis in der Hierarchie der Lebewesen hat. Es bringt zweitens in der erzählten, vom Protagonisten fingierten Konstellation den latenten Gewaltcharakter dieser Ordnung ans Licht (dem spiegelbildlich eine latente Angst antwortet), ausgefaltet in einer Klimax von Prügeln, Todesdrohung, Verstümmelung und Hinrichtung, die ihrerseits an eine Antiklimax der unvernünftigen Lebewesen geknüpft ist. Und es führt drittens unter der Gattungsprämisse des Maere Formen des Fingierens vor,

---

[38] Besonders im ersten Fall: V. 469–481; in den einzelnen Handschriften zum Teil noch stärker betont.

die nicht einer Erweiterung imaginärer Möglichkeiten, eines Spielraums denkbarer Alternativen dienen, sondern im Gegenteil deren Begrenzung und Abschluß, indem sie geltende pragmatische Normen unter unwahrscheinlichen Extrembedingungen bestätigen und ihre grausam-radikale Exekution lizensieren und lachend genießbar machen.

Das Maere thematisiert also erstens die Identität von naturaler und zivilisatorischer Ordnung, jedoch so, daß im Gegensatz zur Neuzeit die zivilisatorische der naturalen vorgeordnet ist. Weit entfernt, aus einer bloß graduellen Unterschiedlichkeit des *sex*, wie manche Adepten Laqueurs glauben, eine Kritik an einer essentialistischen Geschlechteropposition abzuleiten,[39] unternimmt es das Maere, auch die gesellschaftliche Konstruktion von Geschlechterrollen – *gender* – essentialistisch festzuschreiben. Biologische Determination hat nämlich dort ihre Grenze, wo sie Determination zum sozial Verkehrten ist; sie läßt dann den Schluß auf Verkehrung der Natur zu und muß korrigiert werden: Zwar hat die Tochter ihre Bosheit von der Mutter, diese von ihrer Mutter (V. 90–94; 622–624) ererbt, so daß scheinbar legitimatorisch das adlige Prinzip des Bluterbes aufgerufen ist.[40] Doch stiftet solch ein Erbe in diesem Fall keine Legitimität, denn es würde die rechtmäßige soziale Ordnung pervertieren. Das sozial Falsche kann aber nur Unnatur sein; was sich als natürlich (*art*) maskiert, muß deshalb korrigiert werden. Die Vermännlichung der Frau ist Anmaßung gegenüber dieser Ordnung; tatsächlich wäre sie eine Vertierung: Eine Frau, die so handelt wie die Mutter, bei der ist zu erwarten, daß sie die Genitalien eines Mannes hat, und die Komödie mit den Geschlechtsorganen eines als besonders geil verschrieenen Tieres bringt den ›Beweis‹.

Das Maere erzählt zweitens die Auseinandersetzung um das rechte Geschlechterverhältnis als Kette von Gewalttaten, und zwar nicht nur im Namen der patriarchalen Ordnung, sondern ebenso bei den Versuchen, diese in Frage zu stellen. An Berechtigung und Notwendigkeit von Prügeln zur ›Erziehung‹ der Frau besteht kein Zweifel. Die fiktive Versuchsanordnung erlaubt jedoch, die sozial akzeptierte Gewalt der Prügel durch die Unterjochung zum Reittier zu verschärfen und diese noch in der blutigen Verstümmelung in einer fingierten Operation zu überbieten. Doch antwortet der Gewalt der einen Seite die Gewalt der anderen: Was an der Widersetzlichkeit der Frauen wie weibliche Emanzipation gelesen werden könnte (obwohl der Erzähler keinen

---

[39] Dies ist eine utopische Vorstellung, die von manchen Feministinnen an Laqueurs Beobachtungen geknüpft wird: vgl. Ursula Peters (Anm. 23), S. 303: mittelalterliche Erzählungen legen eine Labilität der Geschlechterdifferenz im Sinne eines one-sex-model gerade nicht nahe.

[40] Vgl. Claudia Brinker-von der Heyde (Anm. 15), S. 56. Dabei ist der naheliegende Gedanke der Erbsünde zurückgedrängt, denn sie müßte Männer und Frauen gleichermaßen betreffen. Allenfalls die grundsätzliche Erziehungsbedürftigkeit des Menschen (der Frau) ist ihm entlehnt. Die kulturelle Überformung einer pervertierten Naturanlage heißt *zuht*. Sie ist ausschließlich Sache des Mannes.

Zweifel daran läßt, daß er es für verkehrte Welt hält), ist – zumal in den Drohungen der Mutter – ebenso auf Gewalt gegründet wie die den Frauen vergeblich eingebleute Männerherrschaft: Die Frauen wehren sich notfalls mit Zähnen und Klauen gegen die Ehemänner, die deshalb Verstärkung brauchen, und auch die Weiberherrschaft muß mit Prügeln oder selbst der Androhung des Todes durchgesetzt werden. Die Frage ist nicht Gewalt oder Gewaltlosigkeit, sondern wer Gewalt üben darf. Es sind die Männer. Die ›animalische‹ Natur der Frau muß wie diejenige der Tiere gewaltsam bis zum Blutvergießen von den Männern beherrscht werden, dressiert, zurechtgeschnitten. Was in der symbolischen Ordnung der Geschlechter latent bleibt, tritt in der buchstäblichen Verkörperung des Symbolischen (Metapher, medizinische Theorie) nach außen. Kehrseite der Gewalt ist Angst. Die überlegene Frau muß blutig überwältigt werden, damit sie nicht selbst blutig überwältigt, und sie wird ›kastriert‹, damit sie nicht selbst kastriert.

Drittens, Fingieren tritt in zwei Gestalten auf, die beide darauf zielen, die gewöhnliche Geschlechterordnung als pragmatisch sinnvoll darzustellen, das eine Mal mittels der zielgerichteten Inszenierungen der Hauptfigur, das andere Mal als fiktionales Erzählen von solch einer Inszenierung. Das erste Mal radikalisiert die Erfindung nur die Konsequenzen, die sich aus dem ›richtigen‹ Geschlechterverhältnis ergeben und setzt dieses praktisch durch, das zweite Mal stellt sie die Radikalisierung als unterhaltsames und belehrendes Fallbeispiel dar. Von literarhistorischem Interesse ist nur der zweite Fall: Der Maeren-Kasus überdreht den Konsens ›aller richtig Denkenden‹ nur ein wenig – wie dies überhaupt typisch für Maeren ist, weshalb sich aus ihnen in der Regel wenig konstruktive Handlungsanweisungen gewinnen lassen –, damit man darüber lachen kann. Das Lachen gilt der ingeniösen List des jüngeren Mannes und der Dämlichkeit der Frauen (zumal der alten), die darauf hereinfallen; so ist das Lachen auch schadenfroh und dient noch einmal der manifesten Botschaft des Textes: Männer sind nun einmal klüger und stärker als Frauen und sollten deshalb herrschen. Die vom Text nahegelegte Schlußfolgerung hat ein doppeltes Publikum: die Frauen, die lernen, daß Möchtegern-Emanzipation zu nichts führt, die Männer, denen lachend ihre Überlegenheit, physisch wie intellektuell bestätigt wird. Beides kann die komische Verkörperung symbolischer Ordnung im Maere zusammenzwingen. Das Lachen befreit nicht von den Zwängen der gewöhnlichen Geschlechterordnung, sondern blamiert diejenigen, die sich gegen sie zu behaupten versuchen: Erzählen als Mittel der Versicherung über gemeinschaftliche Normen gerade dort, wo sie in Gefahr scheinen könnten.

Die Fiktion verdoppelt insofern nicht nur die geltende Geschlechterordnung der Herrschaft des Mannes (1), sondern bringt aus der historischen Distanz verschwiegene, aus dem Alltagsdiskurs ausgegrenzte Implikationen ihrer imaginären Begründungen ans Licht (2). Vom Boden dieser Ordnung aus gesehen, erlaubt sie allerdings gerade nicht deren Transgression (3), sondern verbaut im Gegenteil den Weg zu ihr noch sicherer. Im Phantasma der herrschsüchtig-omnipotenten Frau und ihrer gewaltsam-komischen Zähmung werden für den nachgeborenen Leser Gewalt und Angst, die hinter jeder Ordnung stehen, erkennbar, während sie für den mittelalterlichen Hörer in der Fiktion der Schwankhandlung immer schon als gebannte, komisch distanzierte und von den Protagonisten souverän beherrschte erscheinen. Schwankimmanent ist die latente Bedrohlichkeit nur Mittel, männliche Gewalt als ›legitime‹ Gegengewalt bis zum Exzeß zu rechtfertigen und so selbst unter extremen Bedingungen zu stabilisieren. Erst in historischer Perspektive ist das Begründungsdefizit und seine Kompensation durch wechselseitige Androhungen von Gewalt erkennbar. Die literarische Gattung gibt die Lizenz zur radikalen Zuspitzung und erlaubt, in deren lächerlicher Inszenierung zugleich ihre radikalen Konsequenzen abzubiegen. Fingieren – ob auf der Ebene der Handlung oder der literarischen Kommunikation – wirkt an der Instituierung und Rechtfertigung von Alltagsnormen mit.

Was nun ist der Ertrag der literarischen Imagination? Was man ihr als Surplus in der Regel zuschreibt – höhere Reflexionskapazität, Ausspekulieren von Alternativen zum Bestehenden, Engführung und Dekonstruktion antagonistischer sozialer Geltungsansprüche oder ähnliches – all das fehlt hier. In seinen theoretischen (medizinischen) Voraussetzungen und in seinen ethischen Konsequenzen bleibt das Maere unter dem Niveau dessen, was im Mittelalter über Geschlechterdifferenz gedacht werden konnte und gedacht wurde. Trotzdem ist unbestreitbar, daß das Maere etwas aussagt, was in der theologischen oder medizinischen Literatur ausgespart ist. Wie kann das sein?

Gewiß kann das Maere auch als Quelle für mittelalterliche Geschlechterhierarchie gelesen werden, doch bestätigt es dann nur, was man aus anderen mittelalterlichen Diskursen weiß. Was über diese hinausführt, verdankt sich dem schlichten Umstand, daß eine Geschichte erzählt wird, die überdies weder unter dem Diktat einer mimetisch einzuholenden Faktizität steht noch an Wahrscheinlichkeitskriterien gemessen werden muß. Erzählen bedeutet Sinnstiften durch mehr oder minder kohärente Anordnung und Verknüpfung komplexer Elemente (›Geschehnisse‹), wobei bei fiktionalem Erzählen der Spielraum für die Selektion wie für die Verknüpfung der Elemente erheblich weiter als in Alltagserzählungen ist. Solche Sinnstiftung gelingt jedoch immer nur annähernd, denn jene Elemente haben ein Eigengewicht, das sich nie vollständig von dem narrativ hergestellten Sinn zähmen läßt. Geschichten enthalten deshalb Löcher und Kontingenzen. Diesen Umstand kann literarisches Erzählen planmäßig (das heißt im bewußten Einsatz ästhetischer Mittel) nutzen: zur Reflexion, ja sogar zur Subvertierung der auf der Oberfläche hergestellten narrativen Ordnung. Eine derartige Instrumentalisierung (das bedeutet auf der Rezipientenseite: wahrnehmbare ästhetische Organisation dieser Gegenläufigkeit) scheint aber nicht notwendig mit dem Auftreten solcher ›Löcher‹ und ›Kontingenzen‹ in Erzählungen, zumal in fiktionalen, verknüpft. Und genau hier werden sie, unabhängig von ihrer poetischen Komplexität und ihrem ästhetischen Rang, für kulturwissenschaftliche Fragestellungen interessant. Indem der Text nämlich gängige Argumentationsmuster und Metaphernketten narrativ konkretisiert und in Handlungsfolgen ausfaltet, läßt er momenthaft ans Licht treten, was in ihnen ausdrücklich nicht zur Sprache kommen kann. Er enthält einen Überschuß über die explizite Versuchsanordnung hinaus, der für den nachgeborenen Kulturhistoriker auf deren Voraussetzungen verweist, jedoch maerenimmanent nicht wahrgenommen werden soll und insofern die ›Botschaft‹ des Maere nicht konterkariert. Die Fiktion hat insofern eine unterschiedliche Bedeutung für den zeitgenössischen und den nachgeborenen Rezipienten: lachendes Einverständnis mit der Norm vs. Mobilisierung von Kritik an ihr; Sich-Einlassen aufs Erfundene zwecks Bestätigung des Bekannten vs. Sich-Einlassen aufs Erfundene zwecks Erfahrung des Fremden. Insofern ist das Maere ein ›Symptom‹ für kulturelle Differenz. Diese doppelte Perspektive verdankt es der Möglichkeit fiktionaler Texte, die Grenzen der gültigen Ordnung zu testen, unabhängig von der Alternative, ob sie sie bestätigen oder infragestellen. Diese Leistung kann von diesseits (durch die Adressaten des Maere) oder von jenseits der Grenze (durch den Literarhistoriker) wahrgenommen und beurteilt werden. So kann, je nach Standpunkt die symbolische Ordnung wie ihre Schattenseite Gestalt gewinnen. Beides, die Ordnung wie ihr Schatten, konstituiert das gesellschaftlich Imaginäre. Für die literarische Situation des mittelalterlichen Maere scheint charakteristisch, daß die bedrohliche Seite im literarischen Spiel ›weggelacht‹ wird. Die komische Fiktion fügt zwar der Rede über das Geschlechterverhältnis etwas hinzu, das die – im weitesten Sinne – pragmatischen Diskurse nie enthalten können, aber sie stellt sich letztlich dann doch in deren Dienst.[41] Es ist dies eine Möglichkeit, die von der modernen Ästhetik als trivial inkriminiert würde. Die Kulturgeschichtsschreibung hat zu konstatieren, daß dies im Mittelalter eine akzeptierte Option literarischer Fiktion ist und daß folglich an den letzten beiden Jahrhunderten abgelesene Aussagen über den Platz der Literatur im kulturellen Gefüge selbst historisch zu relativieren wären. Literaturwissenschaft löst sich mithin keineswegs in Kulturwissenschaft auf, sondern erhält in ihr ihren wohldefinierten Ort.

---

[41] Es mag provozierend sein angesichts des Kunstanspruchs der neueren Literatur, das literarisch Imaginäre dem gesellschaftlich Imaginären nicht rangmäßig überzuordnen, aber mir scheint diese Hierarchie historisch ein Sonderfall zu sein. Das Verhältnis des Fiktiven und des Imaginären weicht in meinem Fallbeispiel jedenfalls von demjenigen ab, das Wolfgang Iser (Anm. 18) für die moderne Literatur beschrieben hat.

CHRISTIAN KIENING

Alterität und Mimesis

Repräsentation des Fremden in Hans Stadens *Historia*

I.

Zu den wichtigsten Impulsen, die in den letzten Jahren die Literaturwissenschaft auf neue Wege geführt haben, gehören diejenigen, die aus dem Kontakt mit der Kulturanthropologie oder Ethnologie herrühren.[1] Was in jener an Bedeutung gewonnen hat, das Interesse am Zusammenhang von Text und Kultur sowie die Reflexion über die Bedingungen kultureller Sinnkonstitution, wird zunehmend wichtig auch für eine Literaturwissenschaft, die sich bemüht, über die Dichotomie von Text und Geschichte hinauszukommen. Die Technik dichter Beschreibung, die Rekonstruktion symbolischer Sinnsysteme, die Sensibilität für die Alterität des Untersuchungsgegenstands, die Einsicht in die semiotische Komplexität von Repräsentationsformen – all dies trifft ebenso dort auf Interesse, wo (fremde) Kulturen im Medium von Texten, wie dort, wo (fremde) Texte im Kontext kultureller Formationen erschlossen werden sollen.[2]

In keinem Fall handelt es sich schlichtweg um die Etablierung eines neuen Paradigmas, sofern man mit diesem ein einheitliches Set von Methoden und ein geschlossenes Inventar von Kategorien verbindet. Weit eher geht es um

---

[1]   Vgl. Doris Bachmann-Medick (Hg.): Kultur als Text. Die anthropologische Wende in der Literaturwissenschaft. Frankfurt/M.: Fischer 1996; Christian Kiening: Anthropologische Zugänge zur mittelalterlichen Literatur. Konzepte, Ansätze, Perspektiven. In: Hans-Jochen Schiewer (Hg.): Forschungsberichte zur germanistischen Mediävistik (Jahrbuch für Internationale Germanistik. Reihe C 5,1). Bern u.a.: Lang 1996, S. 11–129. Die Spannung zwischen älteren und neueren Positionen wird greifbar in der Diskussion zwischen Walter Haug und Gerhart von Graevenitz über »Literaturwissenschaft als Kulturwissenschaft« in: Deutsche Vierteljahrsschrift für Literaturwissenschaft und Geistesgeschichte 73 (1999), S. 69–121.

[2]   Zur ethnologischen/kulturanthropologischen Diskussion Clifford Geertz: The Interpretation of Culture. Selected Essays. New York: Basic Books 1973 (dt. teilweise in: Dichte Beschreibung. Beiträge zum Verstehen kultureller Systeme. Frankfurt/M.: Suhrkamp 1983 u.ö.); James Clifford / George E. Marcus (Hg.): Writing Culture. The Poetics and Politics of Ethnography. Berkeley: University of California Press 1986; Eberhard Berg / Martin Fuchs (Hg.): Kultur, soziale Praxis, Text. Die Krise der ethnographischen Repräsentation. Frankfurt/M.: Suhrkamp 1993; Volker Gottowik: Konstruktionen des Anderen. Clifford Geertz und die Krise der ethnographischen Repräsentation. Berlin: Reimer 1997; Lutz Ellrich: Verschriebene Fremdheit. Die Ethnographie kultureller Brüche bei Clifford Geertz und Stephen Greenblatt. Frankfurt/M., New York: Campus 1999.

eine Infragestellung scheinbarer interpretatorischer Sicherheiten, eine Problematisierung der dem Untersuchungsgegenstand häufig unterstellten Sinneinheit und ein Insistieren auf Brüchen, Gegenläufigkeiten und Widerstimmigkeiten. Unübersehbar hat sich ein neues Gespür entwickelt für das Zusammenspiel von Kontinuitäten und Diskontinuitäten, das die historische und situative Spezifik von Kulturen wie Texten charakterisiert.

Damit ist keine Verabschiedung des in Generationen ausgebildeten Instrumentariums hermeneutischer Wissenschaften verbunden. Weder werden in der Kulturanthropologie/Ethnologie funktions- und strukturanalytische Verfahren noch in der Literaturwissenschaft sozial- und geistesgeschichtliche Methoden obsolet. Doch richtet sich der Blick in stärkerer `Maße auf die Prämissen, die jene Ansätze oft stillschweigend voraussetzen, die Punkte, die sie ausblenden, und auf die Grenzen, die sie dem Verständnis des Gegenstandes auferlegen. Resultat ist im Falle des literarischen Textes eine doppelte Verschiebung: eine Einschränkung ästhetischer Autonomie und gleichzeitige Erhöhung kultureller Signifikanz. Der literarische Text erscheint als ein heterogenes Gebilde, zusammengesetzt aus Stücken der Tradition, die in ihm zugleich eine neue Dynamik gewinnen kann, teilhabend an Diskursen, die durch ihn zugleich eine neue Richtung erhalten können, bezogen auf eine ›Wirklichkeit‹, die er nicht einfach abbildet oder spiegelt, in die er aber auf spezifische Weise eingelassen ist – als Produkt situativ unterschiedlicher Praktiken, in denen gesellschaftliche Gruppen Bedeutung herstellen im Medium geformter Rede.

Mit der Einsicht in das komplexe Verhältnis zwischen Text und Kontext, in kulturanthropologischem Rahmen als ›Krise der Repräsentation‹ bezeichnet, gewinnen zugleich zwei Begriffe an Bedeutung, die in entscheidender Weise auch das Verhältnis zwischen Gegenstand und Analyse als ein prekäres ausweisen: Alterität und Mimesis. Beide Begriffe sind im Kontext moderner und postmoderner Repräsentationstheorien unterschiedlich gefaßt worden.[3] Wichtig für die literaturwissenschaftliche Analyse scheint eine pragmatische Definition, die beide Begriffe zu operablen Größen macht. Alterität, als methodisch-hermeneutischer Begriff verstanden, bezöge sich in diesem Sinne nicht auf eine radikale, substantielle Differenz zwischen (Texten verschiedener) Kulturformationen, sondern auf ein Moment des nicht von vornherein Verfügbaren, das die Eigenheit des sprachlich-literarischen Weltentwurfs kennzeichnet, auf eine systemhafte Fremdheit des Textes, die erst in geduldi-

---

[3] Vgl. Michael Taussig: Mimesis and Alterity. A Particular History of the Senses. New York. Routledge 1993 (dt. Hamburg: Europäische Verlagsanstalt 1997); Klaus R. Scherpe: Das Andere verstehen? Mimesis – ein Vermögen beim Umgang mit dem Fremden. In: Neue Rundschau 107, 1 (1996), S. 36–45; Andreas Kablitz / Gerhard Neumann (Hg.): Mimesis und Simulation. Freiburg/Br.: Rombach 1998; Bernhard F. Scholz (Hg.): Mimesis. Studien zur literarischen Repräsentation. Tübingen: Francke 1998.

ger Analyse und immer nur in bestimmten Grenzen rekonstruierbar ist.[4] Mimesis beträfe weder einfach nur eine Nachahmung von ›Wirklichkeit‹ noch ein aller Zeichenhaftigkeit vorausgehendes anthropologisches Vermögen, sondern die beständig entgleitende Grenze zwischen Kulturen und ihren Repräsentationen, die oszillierende Bewegung, in der ein Text die Welt(en), auf die er referiert, sich aneignet und zugleich neu konfiguriert.[5]

Wie in der neueren anthropologisch geprägten Kulturwissenschaft Kulturen, so zeigen sich in der jüngeren Literaturwissenschaft Texte, und nicht zuletzt kanonische, vielschichtiger in ihren Profilen, ihren inter- und kontextuellen Beziehungen, als bislang wahrgenommen. Die Analyse versucht, diese Komplexität – eine auf der multiplen Verknüpfung und Überlagerung verschiedener Zeichensysteme und -anordnungen beruhende Komplexität – nicht zu verringern, sondern zu entfalten. Mit Hilfe einer kontrollierten Distanznahme zum Untersuchungsgegenstand, die diesen nicht von vornherein an das Eigene, Vertraute und Gegenwärtige anschließt, unternimmt sie es, das in jeder analytischen Erschließung virulente Problem der Übersetzung (von einer Kultur in eine andere, einem Text in einen anderen) im Sinne einer produktiven Verunsicherung zu nutzen, einer Verunsicherung, die nicht in postmoderne Beliebigkeit münden muß, vielmehr einen Gewinn an Tiefenschärfe, Differenzqualität und Historizität ermöglichen kann.

Besonders naheliegend scheint die Verknüpfung anthropologischer und literaturwissenschaftlicher Zugangsweisen bei Texten, die es ohnehin in zentraler Weise mit dem Kontakt zwischen Kulturen zu tun haben: etwa bei Reiseberichten. Auch hier aber hat erst in jüngerer Zeit eine eindringlichere Reflexion der Bedingungen stattgefunden, unter denen sich die Repräsentation fremder Kulturen vollzieht. Lange unterwarf die moderne Forschung die Texte einer rigorosen Dichotomie von Erfahrung und Erfindung, Authentizität und Nicht-Authentizität, maß sie sie in unreflektiertem Eurozentrismus explizit oder implizit an späteren Einsichten in geographische oder kulturelle Dimensionen fremder Kulturen. Mittlerweile ist deutlich geworden, daß auf diese Weise das Spezifische vieler Berichte, und gerade der frühneuzeitlichen, die zwischen alten und neuen Wissensformationen oszillieren, kaum zu erfassen ist. Der eigentümlich collagehafte Charakter der Texte gilt nun nicht mehr als ästhetische Schwäche, sondern als Produkt eines Systems mimetischer Beziehungen, in dem Wissen, Worte und Waren unter bestimmten Be-

---

[4] Ein Versuch zur komplexeren, über die traditionelle Hermeneutik hinausgehenden Bestimmung von Alterität bei Peter Haidu: The Semiotics of Alterity: A Comparison with Hermeneutics. In: New Literary History 21, 3 (1990), S. 671–691.

[5] Vgl. Robert Weimann: Mimesis und die Bürde der Repräsentation. Der Poststrukturalismus und das Produktionsproblem in fiktiven Texten. In: Weimarer Beiträge 31, 7 (1985), S. 1061–1099.

dingungen austauschbar sein können.[6] Rhetorische Muster und Strategien erscheinen als Aspekte, die den Anspruch der Texte auf Autorität und Authentizität untermauern.[7] Das Nebeneinander alter und neuer geographischer Modelle zeigt sich als charakteristisch für die langsame und spannungsvolle Homogenisierung eines traditionellerweise mit Diskontinuitäten durchsetzten Weltbildes.[8]

Damit zeichnet sich auch eine neue Dynamik im Verhältnis von Eigenem und Fremdem ab. Die Texte, geprägt von einer Schriftkultur, die prinzipiell dazu tendiert, mit ihren Mitteln andere, schriftlose Kulturen zu vereinnahmen, lassen das Fremde im Horizont des Eigenen erscheinen, eignen es sich an im Rahmen der Diskurse und Praktiken ihrer Zeit.[9] Sie beschreiben nicht einfach ein Aufeinandertreffen zweier Welten, sondern übertragen die eine in die andere, machen die fremde Welt fast automatisch zum Modell: für das Barbarische, das Entartete oder auch das Paradiesische, das Ursprüngliche. So wie das Verhältnis von Eigenem und Fremdem ein asymmetrisches ist, so bietet sich zu seiner Analyse eine Matrix an, die, wie das Begriffspaar Alterität und Mimesis, ihrerseits asymmetrischen Charakter hat.[10] Alterität ist eine fluktuierende Größe der Relation, eine von Ort zu Ort, von Satz zu Satz variable Differenz zwischen Eigenem und Fremdem, die wahrnehmbar wird durch die Mimesis eines Textes, der eine fremde Wirklichkeit darzustellen beansprucht. Das mimetische Verfahren, Bedingung der Möglichkeit, Alterität als relationale zugänglich zu machen, ist jedoch zugleich dasjenige, welches das Andere einem ihm fremden Repräsentationssystem anverwandelt.

Im Mittelpunkt des Spannungsfeldes von Alterität und Mimesis steht im Falle der Reiseberichte meist jenes Subjekt, das sich seinerseits in der Spannung von erlebendem und erinnerndem, handelndem und schreibendem Ich konstituiert. Dieses Subjekt ist eine ambivalente Größe: Als singuläres, das den Raum der Erfahrung durchmessen hat, und zugleich allgemeines, das die Exemplarizität des Berichteten garantiert, ist es sowohl innerhalb wie außerhalb der Repräsentation. Es ermöglicht deren potentielle Authentizität, verur-

---

[6] Stephen Greenblatt: Wunderbare Besitztümer. Die Erfindung des Fremden. Reisende und Entdecker [engl. 1991]. Berlin: Wagenbach 1994.

[7] Wolfgang Neuber: Fremde Welt im europäischen Horizont. Zur Topik der deutschen Amerika-Reiseberichte der Frühen Neuzeit. Berlin: Schmidt 1991.

[8] Bernhard Jahn: Raumkonzepte in der Frühen Neuzeit. Zur Konstruktion von Wirklichkeit in Pilgerberichten, Amerikareisebeschreibungen und Prosaerzählungen. Frankfurt/M. u.a.: Lang 1993.

[9] Vgl. Michel de Certeau: Das Schreiben der Geschichte [frz. 1975]. Frankfurt/M., New York: Campus, Paris: Editions de la Maison des Sciences de l'Homme 1991, S. 137–171 (am Beispiel von Jean de Léry). Zum medialen Aspekt der Konstruktion der Neuen Welt Horst Wenzel (Hg.): Gutenberg und die Neue Welt. München: Fink 1994.

[10] Robert Weimann unter Mitarbeit von Sabine Zimmermann (Hg.): Ränder der Moderne. Repräsentation und Alterität im (post)kolonialen Diskurs. Frankfurt/M.: Suhrkamp 1997.

sacht aber auch ihre prinzipielle Fragilität. Das folgende Fallbeispiel gehört zu den ersten in der Geschichte der frühneuzeitlichen Amerikareiseberichte, die diese Problemkonstellation in solcher Prägnanz zum Vorschein bringen.

II.

Im Februar 1557 erschien in Marburg die *Warhaftige Historia vnd beschreibung eyner Landtschafft der Wilden/ Nacketen/ Grimmigen Menschenfressen Leuthen/ in der Newenwelt America gelegen/ vor vnd nach Christi Geburt im Land zů Hessen vnbekant/ biß vff dise ij. nechst vergangene jar/ Da sie Hans Staden von Homberg auß Hessen durch sein eygne erfarung erkant/ vnd yetzo durch den truck an tag gibt.*[11] Es handelt sich um die erste selbständige deutschsprachige Amerika-Schrift überhaupt, und um den ersten detaillierten Bericht über die an der brasilianischen Küste lebenden Tupinambá, einen Stamm aus der weitverzweigten Sprachgruppe der Tupi-Guaraní.[12] Der Bericht gliedert sich in zwei Teile. Ein erster Teil folgt der Chronologie der Ereignisse (im Rahmen zweier Brasilienreisen) und konzentriert sich auf die Abenteuer des Helden in der neunmonatigen Gefangenschaft: seine Bedrohung, seine Fluchtversuche, seine Teilnahme an den Zügen des Stammes und vor allem auch seine zunehmende Integration in die fremde Lebenswelt. Ein zweiter Teil hat systematischen Charakter und beschreibt unabhängig von der Ereignisfolge Lebensraum und Lebensweise, Gebräuche und Riten der Tupinambá.

Andernorts waren die Tupinambá Mitte des 16. Jahrhunderts keine unbekannte Größe mehr. Französische Kaufleute verschifften seit Jahren Brasilholz nach Europa – und gelegentlich auch brasilianische Einwohner. Schon 1550 waren vor König Heinrich II. in Rouen 50 Tupinambá zusammen mit 250 brasilienerfahrenen Seeleuten in einer gewaltigen Inszenierung aufgetreten und hatten südamerikanisches Alltagsleben nachgestellt.[13] Im deutschen

---

[11] Ich zitiere nach der Faksimileausgabe des Erstdrucks. Hans Staden: Wahrhaftige Historia [...]. Hg. von Günter T. H. Bezzenberger. Kassel-Wilhelmshöhe: Thiele & Schwarz 1978. Nützlich bleibt wegen des Namen- und Sachverzeichnisses auch die Übersetzung: Hans Staden: Zwei Reisen nach Brasilien. In die Sprache der Gegenwart übertragen, mit einem Nachwort und mit Erläuterungen versehen von Karl Fouquet. Marburg: Trautvetter & Fischer Nachf. [5]1995.

[12] Ethnologische Rekonstruktion (u.a. anhand der frühen europäischen Berichte) bei Alfred de Métraux: La civilisation matérielle des tribus Tupi-Guarani. Paris: Geuthner 1928; A. d. M.: La religion des Tupinamba et ses rapports avec celle des autres tribus Tupi-Guarani. Paris: Leroux 1928; zusammenfassend A. d. M.: The Tupinambá. In: Julian H. Steward (Hg.): Handbook of South America Indians. Bd. 3. Washington: Smithonian Institution 1948, S. 95–133; wichtig auch John Hemming: Red Gold. The Conquest of the Brazilian Indians. Cambridge/Mass.: Harvard University Press 1978 (Register).

[13] Erschienen als Bericht: C'est la deduction du sumptueux ordre plaisantz spectacles et magnifiques theatres. Rouen 1551; Neuausgabe von Margaret M. McGrowan.

Sprachraum war dergleichen noch weitgehend unbekannt. Zur Verfügung
standen in Übersetzung die älteren Kolumbus- und Vespucci-Texte, außerdem einige Flugschriften, die, oft phantastisch bebildert, die Neue Welt der
Alten nahebrachten.[14] Verständlich, daß in dieser Situation der Bericht des
Hombergers Hans Staden zur Sensation wurde, zumal er begleitet ist von
über fünfzig Holzschnitten, die die Kultur der Tupinambá detailreich vergegenwärtigen. Noch im gleichen Jahr erschienen ein autorisierter und zwei
nicht autorisierte Nachdrucke. Im folgenden Jahr kam eine niederländische
Übersetzung heraus, die unzählige Auflagen erlebte. Im Jahr 1592 publizierte
der Verleger Theodor de Bry im Rahmen seiner Reisesammlung eine lateinische Fassung, die ebenfalls mehrfach nachgedruckt wurde.[15]

Wie sehr Stadens Text geschätzt wurde, zeigt sich daran, daß gegen Ende
des Jahrhunderts sogar ein französischer Brasilienreisender auf ihn bezug
nahm. Jean de Léry, calvinistischer Geistlicher aus Genf, war kurz nach Stadens Rückkehr im Rahmen eines französischen Kolonieprojekts nach Brasili-
en aufgebrochen, hatte dort fast ein Jahr verbracht und 1578 seine Eindrücke
publiziert. Durch den Basler Humanisten Felix Platter wurde er auf Stadens

---

Amsterdam o. J.; vgl. auch dies.: Form and Themes in Henri II's Entry into Rou-
en. In: Renaissance Drama N.S. 1 (1968), S. 199–251.

[14] Zu den älteren Texten Friedrich W. Sixel: Die deutsche Vorstellung vom Indianer
in der ersten Hälfte des 16. Jahrhunderts. In: Annali del Pontificio Museo Missio-
nario Etnologico già lateranensi 30 (1966), S. 9–230; Frauke Gewecke: Wie die
neue Welt in die alte kam. München: dtv 1992, S. 88–133; Bernhard Jahn
(Anm. 8), S. 153–198. Zu den Brasilienberichten des 16. Jahrhunderts Zinka Zie-
bell-Wendt: Relatos quinhentistas sobre o Brasil. Humanistas, pastores e mercena-
rios numa terra de canibals. Diss. Berlin (FU) 1993. Zu den bildlichen Darstellungen William C. Sturtevant: First Visual Images of Native America. In: Fredi
Chiappelli (Hg.): First Images of America. The Impact of the New World on the
Old. Berkeley, Los Angeles, London 1976, S. 455–482; Karl-Heinz Kohl: Über
einige der frühesten graphischen Darstellungen der Bewohner der Neuen Welt in
der europäischen Kunst. In: K.-H. K.: Abwehr und Verlangen. Zur Geschichte
der Ethnologie. Frankfurt/M., New York: Qumran/Campus 1987, S. 63–87, 150–
153; Susi Colin: Das Bild des Indianers im 16. Jahrhundert. Idstein: Schulz-
Kirchner 1988; Hildegard Frübis: Die Wirklichkeit des Fremden. Die Darstellung
der Neuen Welt im 16. Jahrhundert. Berlin: Reimer 1995.
Dürers Randzeichnung zum Gebetbuch Maximilians, auf der man lange einen Tupinambá mit Federmütze dargestellt sah (vgl. Hugh Honour: The New Golden
Land. European Images of America from the Discoveries to the Present Time.
New York: Pantheon Books 1975, S. 13, Abb. 8) gibt tatsächlich, angelehnt an
einen Holzschnitt Jörg Breus d.Ä., einen Eingeborenen aus Sumatra wieder (Das
Gebetbuch Kaiser Maximilians. Der Münchner Teil mit den Randzeichnungen von
Albrecht Dürer und Lucas Cranach d.Ae. Rekonstruierte Wiedergabe. Einführung
von Hinrich Sieveking. München: Prestel 1987, S. XXIIIf., f. 41ʳ).

[15] Bibliographie der Ausgaben in: Hans Staden: Wahrhaftige Historia. Hg. und
übertragen von Reinhard Maack und Karl Fouquet. Marburg: Trautvetter & Fischer Nachf. 1964, S. 211–231; zum Erfolg des Textes Wolfgang Neuber
(Anm. 7), S. 259f. und W. N.: Die Drucke der im Original deutschen Amerikareiseberichte bis 1715. Synopse, Bibliographie und marktgeschichtlicher
Kommentar. Tl. 2. In: Frühneuzeitinfo 2, 2 (1991), S. 12–27, hier S. 14f.

Historia aufmerksam und ließ sich den Text mündlich übersetzen. In der vierten Ausgabe seines eigenen Berichts von 1599 fügte er dann eine Passage hinzu, in der er die erstaunliche Übereinstimmung zwischen Stadens Angaben und den eigenen Beobachtungen vermerkt: »nous avions si bien rencontré en la description des Sauvages Bresiliens [...], qu'on diroit que nous avions communiqué ensemble avant que faire nos narrations«. Stadens Buch, so Léry, verdiene es, gelesen zu werden von allen, welche die »coutumes et façons de faire« der Indianer, der »Sauvages Bresilien«, kennenlernen wollen.[16]

Spätere Jahrhunderte sind Léry in seiner Einschätzung gefolgt. Im 18. rückte Staden in einem mehrfach gedruckten Totengespräch auf die gleiche Stufe mit Kolumbus,[17] im 20. galt die *Historia* als »eine der unmittelbarsten und verläßlichsten Quellen aus der Zeit der Landnahme durch die Portugiesen und der sich verstärkenden Berührung der Europäer mit den steinzeitlichen Indianern«.[18] Wie Lérys Bericht zählte auch derjenige Stadens zu den frühen Meisterwerken ethnographischer Literatur, zu den raren Beispielen abendländischer Offenheit für überseeische Kulturen.[19] Erst in den letzten Jahren sind von historischer Seite Zweifel an dieser Einschätzung laut geworden. Stadens *Historia* wurde nun als gemachter Bestseller bezeichnet, als »Produkt einer dem Diktat des Markterfolgs unterworfenen ausgeklügelten Geschäftsstrategie«.[20] Vor allem in ihrem spektakulärsten Element, der Beschreibung des rituellen Kannibalismus, sei sie fast vollständig von kulturellen Stereotypen und literarischen Vorlagen abhängig.[21]

---

[16] Jean de Léry: Histoire d'un voyage faict en la terre du Bresil (1578). Hg. und kommentiert von Frank Lestringant. Paris: Le livre de poche 1994, S. 545.

[17] [David Fassmann:] Curieuses und besonders Gespräche Jn dem Reiche derer Todten Zwischen Christophoro Columbo, als dem Berühmten Erfinder der neuen Welt, Und Johann Staden, eines gleichfalls berühmten Deutschen See und Schiff=Mannes. Frankfurt und Leipzig ³1729; Faksimileausgabe, Abdruck und portugiesische Übersetzung (durch Rosemarie Erika Horch): Cristóvão Colombo e Johann Staden um Diálogo no Reino dos Mortos. São Paulo: Instituto de Estudos Brasileiros 1992.

[18] Staden, übertr. von Karl Fouquet (Anm. 11), S. 168.

[19] Vgl. z.B. Eberhard Berg: »Wie ich in der tyrannischen Völker Gewalt kommen bin«. Hans Stadens Reisen in die Neue Welt. In: Peter J. Brenner (Hg.): Der Reisebericht. Die Entwicklung einer Gattung in der deutschen Literatur. Frankfurt/M.: Suhrkamp 1989, S. 178–196.

[20] Annerose Menninger: Die Macht der Augenzeugen. Neue Welt und Kannibalen-Mythos 1492–1600. Stuttgart: Steiner 1995, S. 186.

[21] Ebd., S. 165–182. Die Existenz des brasilianischen Kannibalismus verteidigte von ethnologischer Seite Donald W. Forsyth: The Beginnings of Brazilian Anthropology. Jesuits and the Tupinambá Cannibalism. In: Journal of Anthropological Re-

Der exakte philologische Nachweis solcher Abhängigkeiten ist allerdings bislang nicht gelungen. Wörtliche Übernahmen aus älteren Texten findet man in der *Historia* keine, wohl aber zahlreiche Details, die in älteren Texten fehlen und ihrerseits Parallelen in späteren französischen oder portugiesischen Texten besitzen. Daß der Held das anthropophagische Ritual der Tupinambá nicht nur mitansehen muß, sondern eine Zeit lang in beständiger Gefahr schwebt, ihm zum Opfer zu fallen, verlieh der *Historia* zweifellos eine hohe Attraktivität und einen besonderen Rang im Rahmen der frühneuzeitlichen Amerikadiskurse. Die Alternative jedoch, ethnographisches Dokument oder literarische Fiktion, führt auch hier in die Irre. Sie verstellt den Blick auf die Logiken des Textes, seine Praktiken, das Fremde zu diskursivieren, seine Möglichkeiten, Authentizität zu erzeugen.

Daß auch für die *Historia* die Matrix von Alterität und Mimesis eine wichtige Rolle spielt, läßt sich schon an der Präsentationsform ablesen. Titelblatt und Vorwort signalisieren jenes Verfügen über das Fremde, das es gestattet, bei dessen Bedingungen zu verweilen. Das Titelblatt betont die Singularität und die durch Augenzeugenschaft gesicherte Authentizität des Berichts und bietet überdies mehrere Alteritätssignale: Der Text weist auf den unzivilisierten Charakter der »Menschfressen Leuthen« hin, das Bild zeigt einen Menschenfleisch verzehrenden Indianer in der Hängematte (mit beigegebenem originalsprachlichem Schriftband). Im Vorwort begründet der Marburger Professsor der Mathematik und Medizin Johannes Dryander ausführlich die Plausibilität des Textes – unter anderem mit seiner mimetischen Qualität: Staden habe seine Geschichte »eynfeltiger weise nicht mit geschmückten oder brechtigen worten oder Argumenten« vorgetragen und gerade deshalb müsse man ihm »grossen glauben« schenken (A 3ᵛ). Diese Form formaler Wahrheitssicherung steht in der Zeit nicht allein.[22] Der englische Theologe und Geograph Richard Hakluyt wird wenig später in seiner großen Sammlung von Reisedokumenten (*The Principal Navigations, Voyages, Traffiques and Discoveries of the English Nation*, 1589–1600) die Dominanz des Faktischen über das Rhetorische noch erhöhen, indem er »den eigentlichen Beschreibungen eine Unmenge von Briefen, Urkunden, Privilegien, Verträgen, Handelsinstruktionen, Segelanleitungen, geographischen Verzeichnissen, Wortlisten und vieles andere« beifügt.[23]

---

wohld: Zur Problematik der ethnohistorischen Auswertung des Reiseberichts von Hans Staden. In: Neue Romania 10 (1991), S. 115–134.

[22] Vgl. Wolfgang Neuber (Anm. 7), S. 148.

[23] Ingrid Schiewek: Das Ferment der Praxis: Volkssprachige pragmatische Prosa. In: Robert Weimann (Hg.): Realismus in der Renaissance. Aneignung der Welt in der erzählenden Prosa. Berlin, Weimar: Aufbau 1977, S. 183–245, hier S. 218, ebd. S. 220 das Beispiel des Luke Fox, der seine Leser davor warnte, »irgendwelche blumigen Redensarten oder beredte Kunstausdrücke zu erwarten«.

Die *Historia* ist davon, trotz einer beigegebenen Karte und zahlreicher eingestreuter Tupi-Wörter, noch entfernt. Doch unübersehbar ist auch hier, daß sich durchgängig eher eine Entfaltung als eine Verminderung von Alterität vollzieht. Das beginnt bei der Darstellung der Räume. Anders als andere frühneuzeitliche Amerikaberichte bietet der Text eine relativ differenzierte Sozio-Geographie.[24] Das Gebiet, in dem der Reisende beziehungsweise Gefangene sich aufhält, ist geprägt von Spannungen zwischen Franzosen und Portugiesen und von deren jeweiligen Freund- oder Feindschaften mit den Indianern. Diese wiederum stellen keine uniforme Masse dar, sondern teilen sich in »vil geschlecht Wilder leut« und »vil verenderung der spraach« (II 2; p j^r). Drei Hauptgruppen rücken im ersten Teil des Berichts ins Zentrum: die mit den Portugiesen befreundeten Tupiniquin, die Tupinambá und die Carijó. Orientiert an den Grenzen von Meer und Gebirge, bestimmt Staden die Lage der Stämme zueinander und unterstreicht sogar auf der Karte den Anspruch auf die Plausibilität der räumlichen Gliederung, indem er seine Augenzeugenschaft betont. Aussagen über Gebiete, in die er nicht selbst gelangte, bleiben konjektural. Für den Nordteil Brasiliens findet sich nur der Hinweis: »hie sollen amesonen wonen wie mich die wilden bericht haben«.

Der zweite, systematische Teil der *Historia* verdeutlicht den Charakter der Tupinambá im Blick auf Stämme, die teilweise gleiche, teilweise unterschiedliche Lebensformen besitzen. Die nomadisch lebenden Guianá praktizieren andere Jagd- und Körpertechniken und eine andere Form des Kannibalismus. Die weiter im Landesinnern lebenden Stämme sind noch weniger vom Kontakt mit den Europäern beeinflußt. Die Tupinambá befinden sich nach dem Bild, das Staden in Übereinstimmung mit anderen Autoren der Zeit entwirft, in einer Situation des Übergangs. Eisenwerkzeuge sind im Begriff, Steinbeile und Obsidianklingen abzulösen. Handel mit den Franzosen trägt dazu bei, die kulturellen Grenzen zu verschieben.[25]

Dieser Außendifferenzierung der Küstenbewohner entspricht im ersten Teil eine Binnendifferenzierung. Alle männlichen Hauptakteure erscheinen mit ihren Namen und ihren verwandtschaftlichen Positionen: Zwei Brüder, Jeppipo Wasu und Alkindar Miri, sind es, die den Deutschen gefangennehmen, ihr Vaterbruder, Ipperu Wasu, ist es, der den Gefangenen geschenkt bekommt; eine wichtige Rolle spielen Vratinge Wasu und Kenrimakui, die »konige auß zweyen andern hütten« (I 35; i j^r), sowie der große Häuptling Konyan Bebe, der auch in französischen Texten der gleichen Zeit auftaucht.[26]

---

[24] Bernhard Jahn (Anm. 8), S. 240–248.
[25] Vgl. John Hemming (Anm. 12), S. 37.
[26] Vgl. André Thevet: La Cosmographie vniverselle. Tome II. Paris: l'Huillier 1575, f. 924^{r/v}; Ausgabe: Les Français en Amérique pendant la deuxième moitié du XVIe siècle. Le Brésil et les Brésilien par André Thevet. Choix de textes et notes par Suzanne Lussagnet. Paris: Presses Universitaires de France 1953, S. 88–93; John Hemming (Anm. 12), S. 123f.

Die Anderen erhalten Namen und zugleich eine Stimme. Staden flicht nicht nur zahlreiche Wörter aus der Tupi-Sprache in Text und Holzschnitte ein, sondern ganze Sätze als wörtliche Zitate: »Schere inbau ende / Du bist mein gebundenes Tier [...] Oqua moa amanasu. Das ist so vil gesagt: Das grosse wetter gehet hintersich« (I 20; f ii^r). Dieses Interesse an Originalsprachlichem hat wenig zu tun mit dem etwa gleichzeitigen Versuch des Franziskaners Bernardino de Sahagun, das Nahuatl der Azteken systematisch zu erfassen und in Bild und Text wiederzugeben.[27] Und es hat wohl auch nicht die gleiche Funktion wie der Abdruck von ganzen Dialogen oder Wortlisten in französischen Brasilientexten.[28] Stadens Tupiwörter dienen weniger der Verallgemeinerung als der Individualisierung, weniger der Repräsentation als der Präsenz des Anderen. Sie stehen im Zeichen einer Bemühung um Authentizität.

Dementsprechend entbehrt die *Historia*, anders als die meisten Amerikaberichte der Zeit, weitgehend der Vergleiche.[29] Weder die eigene zeitgenössische Lebenswelt noch die antike Kultur bieten hier eine Folie. Nur selten tauchen vertraute Kategorien auf, um die fremden Praktiken, Riten und Überlieferungen einzuordnen.[30] Die Haartracht der Indianer erinnert zwar an die Tonsur der abendländischen Mönche und scheint eine kulturelle Kontinuität zu suggerieren:

> Jch hab sie offt gefragt/ woher sie das muster der haar hetten/ Sagten sie/ Yhre vorvätter hettens an eynem Manne gesehen/ der hette Meire Humane geheyssen/ vnd hette vil wunderbarlichs dings vnterjnen gethan/ vnd man wil es sei eyn Prophet oder Apostel gewesen (II 16; r j^r).

---

[27] Tzvetan Todorov: Die Eroberung Amerikas. Das Problem des Anderen [frz. 1982]. Frankfurt/M.: Suhrkamp 1985, S. 260–285; Monika Walter: Indianischer Seelenadel und mestizische Sprachvernunft. Alterität im frühmodernen Lateinamerika-Diskurs. In: Robert Weimann (Anm. 10), S. 44–117, hier S. 86–93.

[28] Jean de Léry (Anm. 16), S. 479–503 (*Colloque de l'entrée ou arrivée en la terre du Bresil, entre les gens du pays nommez* Tououpinambaoults, *et* Toupinenkins *en langage sauvage et François*, gefolgt von einer kleinen Grammatik); Yves d'Evreux: Voyage au Nord du Bresil fait en 1613 et 1614. Présentation et notes d'Hélène Clastres. Paris: Payot 1985, S. 117–119 (Namen für Körperteile und -aktivitäten).

[29] Zum Vergleich als einer Kategorie kultureller Verständigung Arnold Esch: Anschauung und Begriff. Die Bewältigung fremder Wirklichkeit durch den Vergleich in Reiseberichten des späten Mittelalters. In: Historische Zeitschrift 253 (1991), S. 281–321. Noch unbeeinflußt von Überlegungen zum spezifischen Status von Repräsentationen (›writing culture‹) sieht Peter J. Brenner das Fehlen von Vergleichen in der *Historia* als Mangel in der Erfassung der fremden Wirklichkeit: Vom Augenschein zur Wissenschaft. Formen neuzeitlicher Welterfahrung in den Reiseberichten von Hans Staden und Jean de Léry. In: Daphnis 21 (1992), S. 179–217, hier S. 205f.

[30] Die Verwendung scharfer Dornen vergleicht Staden mit dem Auslegen von Fußangeln (II 3), die Rehböcke mit den aus Hessen geläufigen (II 30).

Doch Staden beläßt es bei einer konjekturalen Formulierung und stellt keine explizite Verbindung her mit jener in Brasilien schon im 16. Jahrhundert verbreiteten Tradition, dergemäß der Apostel Thomas die Vorfahren der Indianer besucht und ihnen unter anderem den Anbau von Maniok beigebracht habe.[31] Die von gelehrten Amerikaberichterstattern geübte Anstrengung, die Herkunft der Indianer im Kontext alttestamentlicher oder antiker Geschichte zu erklären,[32] sucht man in der *Historia* vergeblich. Zwar ruft der Ursprungsmythos des großen Wassers unweigerlich die Assoziation mit der Sintflut hervor (II 23; r iiij^v). Ein klares Kulturmodell im Umgang mit den Indianern stellt sich jedoch nicht ein. Als der Held einen Tupinambá von den mythischen Vorvätern Krimen, Hermittan und Koem erzählen hört, denkt er beim Namen Koem sofort an den biblischen Noahvater Cham. Doch der geläufigen Herkunftserklärung vertraut er sich nicht ohne weiteres an: »Koem heysset auff jre spraach der morgen« (II 18; r ij^v). Das Deutungssystem der Tupinambá bleibt gültig.

Auch dort, wo die Gültigkeit dieses Systems zweifelhaft wird, tritt nicht schlichtweg ein europäisches an seine Stelle. Die religiösen Riten der Tupinambá finden kaum die moralische Zustimmung des Europäers und behalten dennoch ihr eigenes Recht. Bei einem im damaligen Brasilien verbreiteten Ritus, der Vorhersage der Zukunft aus den Kürbisrasseln (Maracás), findet der Deutsche heraus, daß es tatsächlich nicht die Rasseln sind, sondern die Wahrsager, die mit verstellter Stimme sprechen:

> Wie ich nu das erstemal vnter sie kam/ vnd sie mir daruon sagten/ meynte ich es were ettwan eyn Teuffels gespenste/ Dann sie sagten mir offtmals wie die dinger [die Rasseln] sprechen Wie ich nun in die hütten kam/ da die Weissager inne waren/ welche die dinger solten sprechen machen/ musten sie alle nider setzen. Aber wie ich den betrůg sahe/ gieng ich zur hütten hinaus/ gedachte/ Wie eyn armes verblentes volck ist das (II 23; r iiij^v / s j^r).

Dem metanarrativen Satz des Erzählers, der die Verblendung der Tupinambá feststellt, korrespondiert das Handeln des Protagonisten, der die Hütte verläßt. Festgehalten ist damit die Kapazität des überlegenen protestantischen

---

[31] Vgl. Dialogues of the Great Things of Brazil (Diálogos das grandezas do Brasil). Attributed to Ambrósio Fernandes Brandão. Übersetzt und kommentiert von Frederick Arthur Holden Hall, William F. Harrison und Dorothy Winters Welker. Albuquerque: University of New Mexico Press 1987, S. 308 u. 330, Anm. 21; Anthony Grafton (with April Shelford and Nancy Siraisi): New Worlds, Ancient Texts. The Power of Tradition and the Shock of Discovery. Cambridge/Mass.: The Belknap Press of Harvard University Press 1992, S. 142f.

[32] Dialogues (Anm. 31), S. 99–103 u. 125, Anm. 56 mit Hinweis auf spanische und portugiesische Autoren, die sieben bzw. elf verschiedene Hypothesen für die Herkunft der Indianer entwickelt haben; zur Diskussion Margaret T. Hodgen: Early Anthropology in the Sixteenth and Seventeenth Centuries. Philadelphia: University of Pennsylvania Press 1964; Olive Patricia Dickason: The Myth of the Savage. And the Beginnings of French Colonialism in the Americas. Edmonton: University of Alberta Press 1984, S. 32–35 (zu Johann Boem *Omnium gentium mores*).

Subjekts, zwischen den kulturellen Systemen zu wechseln, zugleich aber auch die (immerhin anfängliche) Bereitschaft dieses Subjekts, an eine trügerische Wirklichkeit der prophetischen Stimmen zu glauben. Der prononcierte Akt der Distanznahme verdeckt nicht die Spannung zwischen verschiedenen Erklärungsmodellen und die immerhin teilweise Plausibilität, die von der fremden Kultur ausgeht.

Das gilt in auffälliger Weise selbst dort, wo das – aus europäischer Sicht – abstoßendste Element der indianischen Kultur zur Diskussion steht: der Kannibalismus.[33] Auch hier dominiert keine souverän deutende abendländische Wahrnehmung. In der *Historia* fehlen auf auktorialer Ebene Aussagen, die den Kannibalismus eindeutig als verdammenswert oder abscheulich kennzeichnen würden. Zwar erlebt der Leser mit, wie der Protagonist in der erzählten Welt sich wehrt gegen eine ebenso bedrohliche wie befremdliche Praktik. Im narrativen Arrangement des Erzähler-Autors hingegen bleiben bemerkenswerte Ellipsen. Einmal wird der Deutsche von Konyan Bebe aufgefordert, sich ein Menschenbein aus dem Fleischkorb zu nehmen. »Jch sagte Eyn unvernünfftig thier frisset kaum das ander/ solte dann eyn mensch den andern fressen. Er beyß darein/ sagte/ Jau ware sche/ Jch bin eyn Tiger thier/ es schmeckt wol/ damit gieng ich von jm« (I 44; m ij^r). Wieder ist der Akt räumlicher Distanznahme nicht mit einer Auslöschung des eigenkulturellen Rechts der Anderen verbunden. Der Protagonist verstummt. Das letzte Wort im Dialog hat der Tupinambá.[34]

Aufs ganze gesehen behält der Kannibalismus seine Unumstößlichkeit, und dies nicht einfach als Ausdruck der Bestialität der Anderen, sondern als Teil ihres kulturellen Systems. So wie der Protagonist scheitert, den Kannibalismus argumentativ zu überwinden, so kann der Erzähler-Autor nicht verbergen, welche Faszination die Anthropophagie ausübt. Präzise beschreibt er den Ablauf eines konsistenten Rituals, das sich aus unzähligen Details zusammensetzt: angefangen mit dem Bekleben und Bemalen der Opferkeule, endend mit der Abwehrmagie des Totschlägers, der nach der Tat einen Tag lang mit einem kleinen Bogen auf Wachsfiguren schießen muß, damit ihm die Arme vom »schrecken des todtschlagens« nicht lahm werden.

Die enorme Wirkung dieser Beschreibung auf Zeitgenossen und nachfolgende Generationen kann nicht überraschen: Kein anderer Protagonist kam bis dahin kannibalischen Akten so nahe wie der hessische Büchsenschütze, kein anderer Text repräsentierte sie so ausführlich wie die *Historia*.[35] Auch

---

[33] Guter Überblick zu diesem Komplex bei Frank Lestringant: Le cannibale. Grandeur et décadence. Paris: Perrin 1994; s. auch Annerose Menninger (Anm. 20).

[34] Als »sprechendes Beispiel für ein beiderseitiges kulturelles Nicht-Verstehen« begreift die Szene Eberhard Berg (Anm. 19), S. 185.

[35] Bereits die um 1500 erschienenen Texte lassen eine sukzessive Annäherung des Beobachters an kannibalische Akte erkennen. Im ›Kolumbus-Brief‹ ist, ohne Betonung des Augenscheins, nur die Rede von »vast wilde lüt die essent menschen-

hier verzichtet Staden aber darauf, durch Vergleiche den Charakter des Fremden zu konturieren.[36] Er stellt die Anthropophagie nicht in den Kontext bekannter Erscheinungen, begreift sie nicht schlichtweg, wie die meisten Autoren vor ihm, als ›perverse‹ Form der Ernährung oder extremen Akt ›barbarischer‹ Grausamkeit. Er situiert sie vielmehr im Rahmen eines Systems von Rache und Vergeltung (II 26: »warumb eyn feind den andern esse«) und konzentriert sich auf ihre innere Logik. Dadurch wird das anthropophagische Ritual als eines sichtbar, das darauf basiert, die Gefangenen nicht einfach zu zerstückeln und zu verspeisen (wie es bei Vespucci den Anschein hatte), sondern zunächst ansatzweise in den Stamm zu integrieren und schließlich total zu absorbieren.

Bedenkt man dies, will der relativ breite Raum, den der Kannibalismus in der *Historia* einnimmt, nicht einfach als marktorientierte Ausnutzung eines Sensationspotentials erscheinen. Viel eher dürfte er einen Fluchtpunkt darstellen, der für die Konstitution sowohl des Subjekts wie des Textes eminente Bedeutung besitzt. Die Inkorporation der Anderen in der Handlungswelt repräsentiert jene Grenze, an die das erlebende Subjekt gelangt ist und von der her nun das berichtende Subjekt die Inkorporation der Anderen im Text mit einer bis dahin undenkbaren Aura von Alterität und Authentizität versieht. Daß der Held überlebt, ist nicht nur Bedingung der Möglichkeit des Textes als solchen. Es ist auch Bedingung der Möglichkeit, in maximaler Weise das überlebende Subjekt mit der brasilianischen Eigenwirklichkeit zu infizieren und zugleich das literarische Produkt mit der Energie des Fremden aufzuladen.

Der Kannibalismus fungiert im Text als Figur, die den in der Absorption drohenden radikalen Sinnverlust in eine Quelle emphatischen Bedeutungsgewinns verwandelt. Daß diese Verwandlung aber genau dort an Grenzen stößt, wo sie ihren zentralen Bezugspunkt besitzt, im abendländischen Subjekt nämlich, zeigt sich an einem spezifischen Aspekt der Kannibalismusdarstellung: der Rolle der Frauen.[37] Sie tragen in der *Historia* keine Namen, übernehmen aber im Rahmen des anthropophagischen Rituals wichtige Aufgaben. Sie hänseln und verspotten die Gefangenen und führen ihnen ihr künftiges

---

fleisch« (dt. Ausg. Straßburg: Kistler 1497, b j^v). Vespucci will nach dem *Mundus novus*-Brief einen alten Indianer gekannt haben, »von dem sy sagten das er mer dann von dreühundert menschen leiben gessen han« (2. dt. Ausg. o. O. 1505, A iiij^r), und nach den *Quattuor navigationes* sogar mit angesehen haben, wie einer der Spanier von den Indianern in eine Falle gelockt, getötet und verspeist worden sei (dt. Ausg. *Dis büchlein saget* [Straßburg: Grüninger 1509], E v$^{r/v}$).

[36] Jean de Léry (Anm. 16), S. 375–377, verweist u.a. auf die Greuel der Bartholomäusnacht (24. August 1572) und stellt bezüglich der »sauvages Anthropophages« fest: »il ne faut pas aller si loin qu'en leur pays, ny qu'en l'Amerique pour voir choses si monstrueuses et prodigieuses«.

[37] Vgl. Sabine Schülting: Wilde Frauen, fremde Welten. Kolonisierungsgeschichten aus Amerika. Reinbek 1997, S. 119–130.

Los gestisch vor Augen. Sie präparieren schließlich die Toten, laufen mit deren abgeschnittenen Gliedmaßen um die Hütten und »machen eyn groß geschrey/ von freuden« (II 29; t iij^v/iiij^r).

Die Frauen, lustvolle Akteure des kannibalischen Szenarios, erscheinen als gefährliche Wesen, denen auch der Deutsche nach seiner Gefangennahme ausgesetzt ist. Als er zum Tanz geführt wird, ist er in ihrer Hand und kann die ungewisse Gefahr für Leib und Leben nur unter Zuhilfenahme abendländischer religiöser Sinnmuster kompensieren.[38] Was aber hier und im folgenden ausgespart bleibt, ist die Möglichkeit, daß er sexuelle Beziehungen zu den indigenen Frauen aufnimmt: Üblicherweise, Staden erwähnt es im zweiten Teil, wurden den für die rituelle Tötung vorgesehenen Gefangenen Frauen zugewiesen, mit denen sie häufig sogar Kinder zeugten. Die Leerstelle mag immerhin ahnen lassen, daß die Subjektivität der Repräsentation, die auf dem Kontinuum von schreibendem und erlebendem Ich basiert, zugleich der Repräsentation von Subjektivität Grenzen auferlegte.

Welche Bedeutung der Subjektivität selbst im Kontext der objektivierten Kannibalismus-Darstellung zukommt, zeigt sich an deren Ende. Der lapidare Abschlußsatz »Dis als hab ich gesehen vnd bin dabei gewesen« (II 29; v j^r) macht sichtbar, daß die Entfaltung der fremden Welt nicht zu trennen ist von ihrer Wahrnehmung durch das erlebende Ich. Mit dem Wort *Ich* beginnt Stadens Text, und dieses Ich bleibt den ganzen Text über präsent. Die *Historia* erzielt einen Effekt gesteigerter Fremdheit, indem sie einerseits auf Kommentare und Vergleiche, Moralisierungen und Generalisierungen verzichtet, andererseits aber an einer subjektiven Wahrnehmungsperspektive festhält, die als diejenige eines Augenzeugen Wahrheit beansprucht. Alterität, Authentizität und Subjektivität begründen sich wechselseitig. Der Leser wird Zeuge der Versuche eines europäischen Subjekts, die andere Kultur zu verstehen und zu vergegenwärtigen – aber zu vergegenwärtigen nicht nur als eine andere, sondern als seine eigene temporäre Umwelt.

III.

Die spezifische Erzeugung von Fremdheit, die Hans Staden betreibt, gehört also, soviel zeigt sich bereits jetzt, in entscheidender Weise zu den mimetischen Praktiken des Textes. Diese Praktiken finden ihrerseits ein Pendant in der Handlungswelt. Die *Historia* beschreibt nicht einfach anhand des unfrei-

---

[38] »Da leyteten mich die weiber/ etliche bei den armen/ etliche bei den stricken so ich vmb den hals hatte/ so hart das ich kaum den athem konte holen/ Also zohen sie mit mir hin/ ich wüste nicht was sie mit mir in dem sinne hatten/ mit dem wurd ich ingedenck/ des leidens vnsers Erlösers Jesu Christi wie der von den schnöden Juden vnschuldig leyd/ Dardurch tröstete ich mich vnd war desto gedültiger« (II 22; f iiij^r).

willigen Aufenthalts eines hessischen Büchsenschützen in Brasilien eine indianische Kultur. Noch folgt sie schlichtweg dem exemplarischen Modell von riskanter Ausfahrt und glücklicher Heimkehr. Sie zeigt vielmehr einen Helden, zu dessen zentralen Leistungen es zählt, sich der Kultur, in die er geraten ist, soweit anzupassen, daß er sich schließlich glorreich wieder aus ihr lösen kann.[39]

Zunächst bleibt der Umgang mit den überseeischen Kulturen ein oberflächlicher. Auf seiner ersten Reise nimmt der Deutsche von Lissabon aus an Kaperfahrten vor der nordafrikanischen Küste teil und gelangt sodann nach Nordbrasilien (in die Nähe von Pernambuco), wo er an der Entsetzung einer von Indianern belagerten portugiesischen Siedlung mitwirkt. Der Weg des Helden auf einem Schiff ins Landesinnere, vorbei an den attackierenden Caeté und ohne kommunikativen Kontakt mit diesen, erscheint im Gesamtrahmen der *Historia* wie eine zunächst folgenlose Vorwegnahme jenes Eindringens in die fremde Welt, das sich auf der zweiten Reise ereignen wird.

Auch diese zweite Reise – im Rahmen der Expedition des Don Diego de Sanabria, der im Auftrag der spanischen Krone am Rio de la Plata aufwärts Kolonisierungsarbeit leisten sollte – führt allerdings noch nicht gleich zu einer intensiveren Begegnung mit den Indianern. Die Europäer erleiden mehrfach Schiffbruch und behaupten sich in einer Situation der Not und des Mangels dank eines Tauschhandels mit den Carijó. Doch der Handel ist weder von Dauer noch von kulturellen Beziehungen begleitet; die Indianer ziehen sich zurück, die Europäer behalten ihr Mißtrauen (I 11; d jʳ).

Noch in der Zeit, in der der Deutsche als Vorsteher eines Inselforts eine Wasserstraße in der Nähe von Sao Vincente bewacht, bleibt der Austausch mit den Indianern gering: »Ich hatte eynen wilden man/ eynes geschlechts/ welche heyssen Carios/ der war mein eygen/ der fing mir wild/ mit dem gieng Jch auch vnterweilen in den Walt« (II 16; e ijʳ). Erst mit der Gefangennahme durch die Tupinambá kommt ein Prozeß des Hineinwachsens in die fremde Kultur in Gang. Ein zunächst unfreiwilliger Prozeß. Der Europäer wird der Kleider beraubt, die Augenbrauen werden ihm abrasiert, und die Frauen wollen ihm mit dem traditionellen Kristallsplitterschneider auch den Bart abnehmen. Er wehrt sich gegen den Verlust des (letzten) europäischen Identitätsmerkmals, doch vergeblich.[40] Als der Bart einige Tage später abgeschnitten wird, so pointierterweise mit einer der von den Franzosen eingetauschten Scheren – mehrsinniges Zeichen eines kulturellen Übergangs.

---

[39] Vgl. auch Silvia Schmitz: Reisende Helden. Zu Hans Staden, Erec und Tristan. In: Thomas Cramer (Hg.): Wege in die Neuzeit. München: Fink 1988, S. 198–228, hier S. 200 u. 208.

[40] Sabine Schülting (Anm. 37), S. 126: Angst vor der »Effeminierung und Ent-Europäisierung«.

Im weiteren erfolgt eine sukzessive Anpassung an die indianische Kultur.[41] Zunächst versteht der Deutsche viele Zusammenhänge nicht oder falsch. Er kennt das Ritual der Anthropophagie nicht genau und glaubt deshalb, der Tod würde ihm unmittelbar bevorstehen. Er kennt das Wort *prasse* nicht und mißversteht deshalb die Ankündigung, man werde ihn zum Tanz führen (I 22; f iij^v/iiij^r). Doch er lernt, mit der Sprache, den verwandtschaftlichen Bindungen (wichtig: Brüder und Väter) und den Riten umzugehen, lernt, sich im Alltag zu behaupten. Als er zum ersten Mal dem großen Konyan Bebe begegnet, ist er in der Lage, ihn angemessen zu begrüßen:

> ich gieng hin bei jn/ vnd redete mit jm/ gleich wie wie die wort auff ire spraach gefallen/ vnd sagte: Bistu der Konyan Bebe: lebestu noch: ja sagte er ich lebe noch. Wolan sagt ich/ Ich hab vil von dir gehort/ wie du so eyn weydlicher man seiest. Da stund er auff/ vnd gieng vor mir her spacieren von grossem hochmůt. (I 28; g iij^v).

Die erfolgreiche Imitation des Begrüßungsritus erhöht das Prestige des Gefangenen und stellt einen wichtigen Schritt zur Veränderung der Situation dar. Entscheidend ist hier und im weiteren die gedankliche Anpassung an die Kategorien der Tupinambá. Beispielsweise im Versuch, den Mond als einflußreiche Instanz zu instrumentalisieren.[42] Als eine Krankheit unter den Indianern ausbricht, wendet man sich um Hilfe an den Deutschen, dessen zorniger Gott als Urheber der Krankheit gilt. Das bietet die Möglichkeit, die Furcht der Indianer vor dem fremden Christengott zu nutzen, Unwetter und Unglücksfälle als dessen Manifestationen erscheinen zu lassen.

Der Gefangene indianisiert den eigenen Gott gemäß dem magischen Rache- und Vergeltungsdenken der Tupinambá und profiliert sich selbst als denjenigen, der kontrollierend und vorhersagend mit dem Übersinnlichen umzugehen vermag. Er wird zum Propheten und Heiler.[43] Medizinisch gesehen ist er zwar nicht besonders erfolgreich, die Krankheit, für die sich die Indianer seine Hilfe erhofft haben, kostet zahlreiche Mitglieder des Stammes das Leben. Doch sein individuelles Los verbessert er entscheidend. Er überzeugt die Indianer dauerhaft davon, daß man den weißen Mann nicht verspeisen dürfe. Er entgeht dem Damoklesschwert der Anthropophagie und wird

---

[41] Vgl. Michael Harbsmeier: Wilde Völkerkunde. Andere Welten in deutschen Reiseberichten der Frühen Neuzeit. Frankfurt/M.: Campus 1994, S. 104–107.

[42] Der Gefangene blickt verzweifelt zum Himmel auf und bittet Gott um ein seliges Ende. Gefragt, warum er den Mond ansehe, antwortet er, der Mond blicke zornig auf die Hütte des Jeppipo Wasu: »die figur so in dem Mon ist/ dauchte mich selbs so schrecklich sein (Gott vergeb mirs) das Ich selbs gedachte/ Gott vnd alle creaturen müsten zornig auf mich sein« (I 30; h ij^r).

[43] Die im Stammesgefüge ambivalente und durchaus fragile Position von Beratern, Heilern und Kriegsführern betont Karl-Heinz Kohl: »Travestie der Lebensformen oder kulturelle Konversion«? Zur Geschichte des kulturellen Überläufertums. In: K.-H. K.: Abwehr und Verlangen (Anm. 14), S. 7–38, 143–148, hier S. 37.

nun selbst zum Helfer und Tröster derjenigen, die als Gefangene geopfert werden sollen.

Das Heraustreten aus der Rolle des rituellen Opfers ist verbunden mit einer erhöhten Bewegungsfreiheit und einer verstärkten Teilnahme an den Aktivitäten des Stammes. Der Deutsche beteiligt sich ebenso am Fischfang wie am Kriegszug und wird schließlich einem anderen Häuptling zum Geschenk gemacht, der ihn in seine Familie aufnimmt. Er erhält den Status eines Adoptivsohns und geht mit den Söhnen des Häuptlings auf die Jagd (I 50; n ij^r). Damit ist der Höhepunkt einer Erfolgsgeschichte erreicht, die in entscheidender Weise auf den mimetischen Fähigkeiten des Gefangenen beruht: »muste also alle zeit das beste vorwenden/ vnnd das gefiel jnen wol« (I 39; k iij^r). Er erweist sich als guter Schauspieler. Nicht nur gaukelt er den Indianern vor, daß er, obwohl er zwar Portugiesisch, aber kein Französisch spricht, zu den mit den Tupinambá befreundeten Franzosen gehöre. Es gelingt ihm auch, sich die Praktiken und Riten der Tupinambá so zu eigen zu machen, daß er Teil ihrer Kultur werden kann.

Zwei Inszenierungen sind in dieser Hinsicht besonderes interessant. Die erste spielt sich ab unmittelbar nach der (zweiten) Ankunft in Brasilien (I 10; c iiij$^{r/v}$).[44] Eine Expedition wird ausgeschickt, die Bucht zu erkunden und Kontakt mit den Indianern – hier den Carijó – aufzunehmen. Auch der Deutsche gehört dazu. Nach erfolgreicher Verständigung wird er zum Mutterschiff zurückgeschickt, begleitet von zahlreichen Indianern. Der bunte Haufen macht den Europäern Angst, zumal der Deutsche, als er angerufen wird, keine Antwort gibt. Erst als schon fast Schüsse fallen, fängt er an zu lachen und beruhigt die Kameraden an Bord. Nur der Leser weiß, daß das Ganze ein geplanter Scherz war, abgesprochen mit dem Leiter des Expeditionskommandos.

Die zweite Inszenierung steht kontrapunktisch zur ersten am Ende des Brasilienaufenthalts (I 52; n iij$^{r/v}$). Ein französisches Schiff liegt im Hafen und ist bereit, den Deutschen mitzunehmen. Doch dieser ist kein einfacher Gefangener mehr und kann sich nicht einfach davonstehlen. Er muß seinen Abschied gemäß indianischen Regeln in Szene setzen. Er wird zusammen mit dem Häuptling Abbati Bossange, seinem ›Adoptivvater‹ an Bord eingeladen, und als der Häuptling wieder an Land gehen will, erheben sich vereinbarungsgemäß zehn Mitglieder der Besatzung, die sich als Stadens Brüder ausgeben und ihn mit nach Europa nehmen wollen: »Dieselbigen meine brüder wolten in keynen weg/ das ich wider mit jnen an landt solt zihen/ sonder ich solte heym zihen/ dann vnser vatter begerte mich noch eyn mal zusehen ehe dann er stürbe« (n iij^v).[45] Der Trick gelingt. Unter dem Versprechen, mit dem ersten Schiff wieder zurückzukommen, kann der Deutsche mitsegeln.

---

[44] Vgl. Michael Harbsmeier (Anm. 41), S. 100.
[45] Vgl. Horst Wenzel: Kain und Abel oder Alle Menschen werden Brüder. Zur Bedeutung des Bruderbildes bei der Aneignung des Fremden. In: Hans-Jürgen

Die beiden Inszenierungen markieren die Grenzen der brasilianischen Abenteuer. Die erste ist gedacht für die Europäer und zeigt den Deutschen unter seinen indianischen ›Freunden‹, eine emblematische Vorwegnahme der folgenden Ereignisse. Die zweite ist gedacht für die Indianer und zeigt den Deutschen unter seinen europäischen ›Verwandten‹, eine Vorwegnahme der Reintegration in die Alte Welt. Jeweils erweist sich der Held als Meister der mimetischen Aktion, als Grenzgänger, der sowohl die Ängste der Europäer wie die Praktiken der Indianer einzuschätzen vermag. Der temporäre Rollenwechsel intensiviert den Kontakt zwischen den Kulturen und sichert zugleich dessen Darstellbarkeit. Das mimetische Prinzip in der Handlungswelt bewirkt jene größtmögliche Annäherung an das Fremde, auf die das mimetisches Prinzip auch in der Textorganisation zielt.

Zwei Aspekte besitzen dabei aufs Ganze gesehen besondere Bedeutung: die Aufspaltung des Texts in zwei Teile und die Beigabe einer umfangreichen Holzschnittserie. Die Aufspaltung ermöglicht es, Ereignis und Kontext, Subjekt und System in der Balance zu halten. Sie trennt den subjektivierten Reisebericht, der die Zusammenhänge, und die objektivierte Ethnographie, die die Dynamik auszublenden droht, und bezieht doch beide aufeinander. Denn der zweite Teil systematisiert nicht einfach, was der erste nur en passant erwähnt. Er inszeniert auch erneut die Bewegung von Ausfahrt und Rückkehr, beschreibt in den Rahmenkapiteln erneut die Reisewege – als müßte von neuem garantiert werden, daß die fremde Welt in Raum und Zeit existiert, daß sie zu erreichen und wieder zu verlassen ist. Auch im zweiten Teil wird die Authentizität der Darstellung durch zahlreiche Verweise auf teilnehmende Beobachtung gestützt. Schon das Titelblatt dieses Teils kündet einen Bericht an über »handel vnd sitten der Tuppin Inbas/ derer gefangner ich gewesen bin« (o iiij^r). Immer wieder heißt es dann: »Ich habe gesehen«, »ich habe gehört«, »ich habe es selbst getan«. Die subjektive Komponente der Wahrnehmung garantiert den mimetischen Charakter des Textes.

Unterstützt wird dieser wiederum durch die 54 den Text begleitenden Holzschnitte (plus Karte).[46] Sie besitzen mehr als nur illustrierende Funktion. Während ältere Americana häufig ikonographische Vorbilder aus anderen Drucken übernahmen oder, wie in den Vespucci-Drucken, primitive Formen von Gesellschaftlichkeit imaginierten, bieten die Holzschnitte der *Historia* einen differenzierten Zugang zur fremden Welt.[47] Die auf Schiffsdarstellun-

---

Bachorski / Werner Röcke (Hg.): Weltbildwandel. Selbstdeutung und Fremderfahrung im Epochenübergang vom Spätmittelalter zur Frühen Neuzeit. Trier: Wissenschaftlicher Verlag 1995, S. 147–162, hier S. 150–153.

[46] Die Forschung ging in der Regel davon aus, daß den Holzschnitten ›unbeholfene Zeichnungen‹ von Stadens eigener Hand zugrunde liegen; erhalten oder belegt sind solche nicht. Beschreibung der einzelnen Bilder bei Susi Colin (Anm. 14), S. 207–212.

[47] Vgl. Marc Bouyer: Des sauvages et des images. In: Hans Staden: Nus, féroces et anthropophages. o. O.: Métailié 1979, S. 10–18. Die Hinweise auf ikonographi-

gen konzentrierten des ersten Teils markieren, wie schon in den Drucken des Kolumbus-Briefs, den Übergang zwischen den ›Welten‹. Andere zeigen in weiter Totale kartenartige Küstenumrisse, zwischen denen sich die Konflikt-szenen zwischen Europäern und Indianern abspielen, die am Beginn der bra-silianischen Abenteuer stehen. Die allermeisten repräsentieren Aktivitäten der Tupinambá sowie deren Relation zu ihrem deutschen Gefangenen.

Die Subjektzentriertheit des Textes findet ihr Pendant auf den Holzschnit-ten. Nicht nur im ersten, chronologischen, auch im zweiten, systematischen Teil garantiert die Aufnahme des Europäers in die Bildkomposition die Au-thentizität der Wahrnehmung. Die Serie der Kannibalismusdarstellungen et-wa, der größte geschlossene Block in der *Historia*, wird eingeleitet durch zwei aus dem ersten Teil wiederholte Holzschnitte, die den Weg des Gefan-genen ins Dorf, die Scherung der Augenbrauen und die Exponierung im Kreis der Frauen vorführen. Sie wird abgeschlossen durch ein Bild, auf dem der Deutsche (hier durch die Initialen *H S* kenntlich) mit gefalteten Händen zu einer Gruppe Indianer hinzutritt, die einen menschlichen Kopf in einem Kessel kochen.

Nicht wenige Holzschnitte enthalten Informationen, die über den Text hin-ausgehen. Einmal sieht man einen Indianer beim Fischfang mit Reuse sowie das anschließende Grillen der Fische, wo im Text vom Nahrungserwerb überhaupt keine Rede ist (f j^r). Ein ander Mal ist – im Kontext jener Situati-on, in der der Deutsche zum Krankenheiler werden soll (i j^r; Abb. 1) – im Vordergrund eine Gruppe Kranker dargestellt, die sich hilfesuchend an den Deutschen wendet, im Hintergrund ein Indianer, der auf den Mond als ver-meintliche Ursache der Seuche hinweist. Der Mittelgrund zeigt ein Begräbnis von Toten: Die Männer sind im Begriff, die in Netze gehüllten Verstorbenen in sitzender Stellung in Gruben hinunterzulassen; die Frauen vollführen Ge-sten der Trauer. Im Text selbst ist diese Begräbnissituation nicht erwähnt. Doch trifft Stadens Darstellung mit dem zusammen, was man aus anderen Brasilienberichten über die Trauersitten der Tupinambá weiß.[48]

So wie die Holzschnitte beim Kannibalismus eine rituelle Abfolge wieder-zugeben versuchen, so versuchen sie andernorts, Bewegung einzufangen, in-dem sie fliegende Vögel im Vorder- oder Hintergrund plazieren oder mehrere Momente einer Handlungsfolge auf ein Bild konzentrieren. Die Szene, in der der Held zu einem Schiff französischer Brasilholzhändler schwimmt und bit-tet mitgenommen zu werden, ist auf dem Holzschnitt in einer fast filmischen

---

sche Parallelen bei Andreas Toscano del Banner: Frühe Darstellungen Amerikas. Hans Stadens ›Wahrhaftige Historia‹. In: Staden-Jahrbuch 37/38 (1989/90) [1992], S. 50–73, sind in ihrer Allgemeinheit zu wenig aussagekräftig.

[48] Vgl. André Thevet: Les singvlaritez de la France antarctiqve, autrement nommée Amérique [...]. Paris: Heritiers de Maurice de la Porte 1558 (Faks. Paris: le temps 1982), cap. 43, f. 81^v–83^v (mit Abb.); Jean de Léry (Anm. 16), cap. 19, S. 468–479; de Métraux, Religion (Anm. 12), S. 113–121.

Wiedergabe des Bewegungsmoments gestaltet (1 j^v; Abb. 2): Mehrfach gezeigt ist der Fliehende (zunächst am Strand, dann vor dem Schiff), außerdem im Hintergrund ein Tupinambá, der Vögel jagt, und mehrere Frauen, die Muscheln am Meeresstrand sammeln. Wie im Text sind auch im Bild Ich und Umwelt, Ereignis und Kontext gemeinsam präsent.

Eine ähnliche Dynamisierung der Mimesis vollzieht sich auf einem Holzschnitt, der, im zweiten Teil zur Illustration des Maniokanbaus wiederverwendet, im ersten eine mehrstufige (im Text beschriebene) Handlungsfolge veranschaulicht: Der Deutsche hat ein Kreuz errichtet, das von einer Tupinambá-Familie entwendet und als Reibunterlage verwendet wird. Starker Regen setzt ein, der die Maniokernte zu verderben droht. Der Deutsche macht den Diebstahl des Kreuzes verantwortlich, und in der Tat, kaum ist das Kreuz wieder aufgerichtet, hört der Regen auf. Der Holzschnitt (m iiij^v; Abb. 3) bündelt, emblematisch konzentriert, die verschiedenen Elemente der Geschichte in einer kreisförmigen Bewegungsfolge, die rechts unten im Sonnenschein mit dem Gebet vor dem Kreuz beginnt und über die Stationen Diebstahl, Maniokernte und -heimtransport (nun bei schlechtem Wetter) wieder rechts unten und wieder im Sonnenschein endet. In komplexer Weise sind damit indianische und christliche Lebenswelt aufeinander bezogen. Wie im Text erscheint auch im Bild die Störung indianischer Praktiken als Konsequenz der Störung des christlichen Ritus, der am Ende restituiert wird.[49]

Die Szene besitzt paradigmatischen Charakter für die *Historia* im ganzen. Die Restitution des Kreuzes nimmt die Rückkehr des Helden in die christliche Kultur vorweg. Sie vollzieht sich mit der Hilfe Gottes, dem auch ansonsten Staden sein Überleben zuschreibt. »Wie der Almechtige Gott eyn zeychen thet«, lautet die Überschrift des Kapitels, und genau dies bildet den Sinnhorizont des Gesamttextes. Von vornherein macht Staden klar, daß die *Historia* vor allem dem Lobpreis Gottes dienen soll, der ihn beständig unterstützt und schließlich »aus der Gewalt der grausamen Wilden« befreit habe. Dementsprechend sieht man einen Helden, der sich in allen kritischen Situationen an Gott wendet und dessen (erfolgreiches) Gebet, in voller Länge abgedruckt, den ersten Teil beschließt. Das ganze Südamerika-Abenteuer erweist sich in dieser Perspektive als Prüfung für die Glaubensstärke des Protestanten. Es wird zur Geschichte eines göttlich gelenkten Irrwegs. Es führt in eine Situation äußerster Gefahr und größtmöglicher Gottesferne, doch zugleich eine Situation, in der sich die Omnipräsenz Gottes zeigt für den, der an ihn glaubt. Er habe seine Abenteuer beschrieben, sagt Staden am Ende,

---

[49] Auf die »Gegenüberstellung von christlichem Kreuz und indianischem Totenschädel« und damit den visualisierten Gegensatz von Symbolen »des ewigen Lebens und der ewigen Verdammnis« weist Horst Wenzel hin: Deutsche Conquistadoren. Hans Staden in der Neuen Welt. In: Dietrich Huschenbett / John Margetts (Hg.): Reisen und Welterfahrung in der deutschen Literatur des Mittelalters. Würzburg: Königshausen & Neumann 1991, S. 290–305, hier S. 301.

Das auch eyn yeder höre/ das der Allmechtige Gott yetzt noch eben so wol seine Christgleubigen vnder dem gotlosen Heydnischem volck wunderbarlich beschützet vnd geleitet/ als er von anbegin ye gethon hat (v iiijʳ).

Doch diese Perspektive deckt kaum den Text als ganzen ab.[50] Die andere Welt ist nicht einfach eine irdische Hölle, durch die der Christ hindurchgehen muß, um sein Heil zu finden, nicht einfach eine Gegenwelt, die im Kontrast die Prinzipien der abendländischen Welt erkennen läßt. Sie ist ein Raum eigener Ordnung: ein Faszinations- und Erlebnisraum. Der zweite Teil enthüllt mit seiner Rekonstruktion der Lebensweise der ›gottlosen Heiden‹ nicht nur die Gefahren, die dem Christen in der Welt drohen, sondern auch die Chancen des Protestanten, sich zu behaupten selbst dort, wo das Fremde übermächtig ist. Sich zu behaupten heißt aber im Kontext der *Historia*, ebenso auf Glück und göttliche Fügung zu vertrauen wie Überlebensstrategien und Anpassungsmuster zu entwickeln.

Diese Anpassungsmuster wiederum besitzen ihre eigene Dynamik. Als der Deutsche nach Europa zurückkehrt, hat er das Rachedenken der Tupinambá, das er sich zunutze machen konnte, noch nicht völlig überwunden. Er trifft Angehörige der französischen Schiffsbesatzung, die ihn nicht mitnehmen wollte (s. Abb. 2) und teilt ihnen mit, sie bräuchten keine Hoffnung auf eine Rückkehr der Ihren zu haben: »ich wil euch eyn prophet sein/ das von Got solche vnbarmhertzigkeyt vnd tyrannei/ so sie im Land bei mir gethon haben [...] nicht würde vngestrafft bleiben« (o ijᵛ). Sich als Prophet gerierend, prolongiert der glücklich Zurückgekehrte genau jene Machtposition, die ihm die Tupinambá eingeräumt hatten. Am Ende gibt zwar die Berufung auf die göttliche Gnade dem Ich seine *humilitas* zurück, doch der einmal eröffnete Raum der Alterität wird durch die teleologische Rahmenkonstruktion nicht einfach geschlossen. Wer sich nicht mit dem Text begnügen wolle, solle sich selbst auf die Reise machen: »Darmit er nit im zweiffel lebe/ so neme er Gott zu hilff/ vnd fahe diese reyse an/ Ich hab jm hierin kundtschaft genug gelassen/ der spur volge er nach/ Dem Gott hilfft/ ist die wellt nicht zůgeschlossen« (Schluß).

IV.

Hier zeichnet sich ab, welche Spannungen der Repräsentation Stadens *Historia* durchziehen. Der Text folgt im grundsätzlichen der für alle Reiseberichte charakteristischen Bewegung von Ausfahrt und Rückkehr. Doch bereits die Ausfahrt ist gekennzeichnet durch eine Verschiebung. Der hessische Büchsenschütze will zunächst 1547 nach Osten: »name mir vor/ wens Gott gefellig

---

[50] Vgl. auch ebd., S. 297: Programmatisch formuliere Staden »die Bestätigung des traditionellen Weltbildes, die er praktisch doch bereits in Frage stellt«.

were/ Indiam zubesehen« (I 1; a j^r). Er gelangt jedoch, da der Indienfahrer schon abgelegt hat, auf einem portugiesischen Schiff nach Westen. Zurückgekehrt, beabsichtigt er 1549, nach einer Ruhepause, mit den Spaniern in die Neue Welt aufzubrechen: »nach eyner landtschafft Rio de Platta genant« (I 5; b iij^r). Erneut landet er in Brasilien, die Weiterfahrt zu den sagenhaften Goldländern Südamerikas scheitert.

In der Diskrepanz von erstrebten und erreichten Zielen wiederholt sich nicht nur ansatzweise die Situation des Kolumbus und damit diejenige des Beginns der ›Entdeckung‹ der beiden Amerika. In ihr ist auch jenes Moment der Kontingenz eingefangen, das die christliche Perspektive als Providenz zu erweisen versucht. Abgekommen vom Weg, gestrandet an unbekanntem Ort, schließlich vereinnahmt von der fremden Welt, findet der Europäer einen Erfahrungsraum, in dem sich nicht materielle Interessen erfüllen können, sondern kulturelle Praktiken bewähren müssen. Das Verhältnis zwischen eigenen und fremden Regeln ist neu zu verhandeln, aus der Infragestellung abendländischer Sinnmuster die Überlegenheit abendländischer Adaptationsstrategien neu zu begründen.

Voraussetzung dafür, daß sich diese Überlegenheit als solche erweisen kann, ist die Rückkehr. Sie markiert das Ende der anderen Welt und ist zugleich Bedingung ihrer Repräsentation. Sie begrenzt das Fremde und eröffnet die Möglichkeit seiner Kontrolle. Doch diese Kontrolle ist eine fragile. Da die andere Welt eine unerhörte, gleichwohl authentische sein soll, ist der Text und mit ihm die Wahrheit des Ich nur im Raum jenseits des Textes zu gewährleisten.[51] Das erklärt die Nennung zahlreicher Personen, die Stadens Itinerar bezeugen können, im Nachwort. Und es erklärt, warum am Schluß des Textes die Figur des Aufbruchs – die am Beginn des ersten wie des zweiten Teils eine Rolle spielte – ein drittes Mal zum Tragen kommt: nun im Hinblick auf den Leser, der die Bewegung des Autors nachvollzieht – nicht nur durch Lesen, sondern auch durch Reisen. Damit ist jene Grenze anvisiert, die den Text konstituiert und seine Wahrheit garantiert, die überdies die andere Welt als Objekt der Begierde von Autor und Leser bis zum Ende präsent hält.

Darauf zielt auch die Vorrede Johannes Dryanders. Sie beschränkt sich nicht darauf, die *Historia* als Dokument des Gottvertrauens und göttlicher Hilfe in der Not auszuweisen. Sie untermauert vielmehr die Wahrheit des Berichts durch den Hinweis auf Überprüfbarkeit (Heliodorus Hessus, dem Staden in Übersee begegnete, könne bei seiner Rückkehr Zeugnis von der Begegnung ablegen) und durch die Differenzierung zwischen einer auch scheinbar Wunderbares rational erklärenden Wissenschaft und einer am Unvorstell-

---

[51] Vgl. Hannes Kästner / Eva Schütz: Beglaubigte Information. Ein konstitutiver Faktor in Prosaberichten des späten Mittelalters und der frühen Neuzeit. In: Textsorten und literarische Gattungen. Berlin: Schmidt 1983, S. 450–469.

baren zweifelnden Volksmeinung.[52] Damit ist die *Historia* angeschlossen an wissenschaftliche Positionen der Zeit und angereichert mit einer Autorität, die dem Text angesichts eines im deutschsprachigen Raum noch kaum erfahrungsgesättigten Amerikadiskurs publizistischen Erfolg sicherte.

Auffällig bleibt, im Blick auf diesen Diskurs, in welchem Maße die *Historia* daran festhält, daß Alterität erfahrbar sei – nicht durch Angleichung der Anderen, sondern durch Angleichung an sie. Staden betreibt eine ›exaggeration of differences‹[53] und rückt dabei nicht selten auch das Vertraute in verfremdendes Licht. Die europäische Schriftkultur etwa, welche die Existenz der *Historia* überhaupt erst ermöglichte, läßt er aus der Außensicht als magische Praxis erscheinen: Die Tupinambá hätten einen Sturm auf den Umgang des Deutschen mit einem portugiesischen Buch zurückgeführt (»Apo Meiren geuppawy wittu wasu Immou. Der böse mensch der heylige/ machet das der windt yetzt kompt/ dann er sahe des tages in die donnerheude«; I 37; i iii^v/ iiij^r).

Die *Historia* entfernt sich damit von der geläufigen Doppelstrategie, den Indianer einerseits als guten Wilden, andererseits als unmenschlichen Barbaren darzustellen. Ja, sie entfernt sich überhaupt von der Idee, der Indianer eigne sich als funktionales Objekt, Gegenstand der Verwertung. Die Aktionen des Tausches oder Austausches, der Machtergreifung oder Stellvertretung, die die Europäer (nicht zuletzt in ihren Texten) vollzogen, galten verschiedenen Zielen: Gold oder anderen Ressourcen, Land oder Menschen. Orientiert am Nutzen der Neuen Welt waren sie nahezu immer. Nicht immer allerdings mußte dieser Nutzen materieller Art sein.[54] Auch kultur- oder religionspolitisch ließen sich die neuentdeckten Länder und Völker in Dienst nehmen. Mit den brasilianischen und südostamerikanischen Kulturen konnten die Europäer, stärker als mit den zentralamerikanischen oder andinen, einen Urzustand imaginieren und ein Experimentierfeld für die Genese von Kultur gewinnen. Die Franzosen suchten Brasilien als paradiesischen Freiraum, jenseits konfessioneller (Selbst)-Zerfleischung, und fanden – nach dem Scheitern der Kolonie – ein literarisches Traumland, das sich als Korrektiv für europäi-

---

[52] Vgl. Horst Wenzel (Anm. 49), S. 297–299; Peter J. Brenner (Anm. 29), S. 214–217. Zu Person und Werk Dryanders Annerose Menninger (Anm. 20), S. 183f., und Michael Harbsmeier (Anm. 41), S. 112–119, hier S. 118: Staden sei für Dryander »ein willkommenes Mittel [gewesen] für jene Art von ›Volksaufklärung‹, die er auch selbst mit seinen medizinischen und astronomischen Schriften zu betreiben bestrebt war«.

[53] James A. Boon: Other Tribes, Other Scribes. Symbolic Anthropology in the Comparative Study of Cultures, Histories, Religions and Texts. Cambridge/Mass.: University Press 1982, S. 26.

[54] Vgl. schon für Kolumbus Joachim Moebus: Über die Bestimmung des Wilden und die Entwicklung des Verwertungsstandpunktes bei Kolumbus. In: Karl-Heinz Kohl (Hg.): Mythen der Neuen Welt. Zur Entdeckungsgeschichte Lateinamerikas. Berlin: Frölich & Kaufmann 1982, S. 49–56.

sche Mißstände eignete.[55] Für den eingangs erwähnten Calvinisten Léry waren die Tupinambá trotz Kannibalismus noble Wilde, Gegenbilder zu verdorbenen Europäern:»Möge Gott sie als Dämonen und Furien dienen lassen, um uns in unserer unsäglichen Gier zu martern«.[56]

Nicht so Hans Staden. Er schreibt nicht als Konquistador oder Missionar, nicht als Kaufmann, Plantagenbesitzer oder Sklavenhändler. Er entwirft keine allgemeine, nur eine individuelle Sinngeschichte der Indianer, eine Geschichte, die es weit stärker als die wenig späteren Brasiliengeschichten Thevets und Lérys erlaubt, Ich, Text und Welt in neue Beziehung zu bringen. Staden präsentiert sich als Glücksritter, dessen Glück die schiere Existenz der Anderen ist. Ihnen zu begegnen und wieder zu entkommen eröffnet die Möglichkeit, den Text als Zeugnis einer Erfahrung und sich selbst als jenes erlebende Subjekt zu erweisen, das – mit Gottes Hilfe – über das Andere zu verfügen, es zu vermitteln und zu beherrschen vermag.

Die *Historia* gehört also nicht zu jenen Texten, die wenig Neues in der Neuen Welt fanden und Alteritätserfahrungen eher blockierten als förderten.[57] Sie ist aber auch nicht einfach Produkt einer Ethnologie avant la lettre, ungeplant und unsystematisch. Sie ist ein literarisches Monument, das sich selbst als Dokument einer Bewahrung gibt: Der eigene Weg und die andere Welt werden präsentiert als Spuren, denen der Leser potentiell in die Wirklichkeit hinein zu folgen vermag. Um aber als ein solches Dokument erscheinen zu können, muß der Text Strategien verwenden, die immer neu zwischen dem Festhalten an der Alterität und der Anverwandlung der Mimesis oszillieren. Der Versuch, die Fremdheit der fremden Welt wiederzugeben, geht einher mit einer Steigerung der Anschaulichkeit der Repräsentation, aber auch mit einer gezielten Verwendung von Sinnmustern, die das Fremde ans Eigene anschließen, ihrerseits aber brüchig sind in der Verfügung. Nicht zuletzt dies ist es, das Nebeneinander von Deutungspotentialen unterschiedlicher – transzendenten, strukturellen und rhetorischen – Charakters, das die Alterität der »Wilden/ Nacketen/ Grimmigen Menschenfressen Leuthen« und die mimetischen Akte des europäischen Subjekts in der Schwebe hält und dazu beiträgt, daß die *Historia* die zeitgenössischen Diskurse des Wissens, des Glaubens und der Macht auf bemerkenswerte Weise durchquert.

Ähnliches gilt auch für andere Texte der gleichen Zeit. Dem genauen Blick zeigt sich der Umgang mit dem Fremden schon in den frühen Briefen

---

[55] Vgl. Frank Lestringant: Le huguenot et le sauvage. L'Amérique et la controverse coloniale, en France, au temps des Guerres de Religion (1555–1589). Paris: Amateurs de Livres 1990; F. L.: L'expérience huguenotte au nouveau monde (XVIᵉ siècle). Genève: Droz 1996.

[56] Jean de Léry (Anm. 16), S. 312f.: »pleust à Dieu qu'à fin que ils servissent desjà de demons et de furies pour tourmenter nos gouffres insatiables«.

[57] Vgl. Hans Ulrich Gumbrecht: Wenig Neues in der Neuen Welt. Über Typen der Erfahrungsbildung in spanischen Kolonialchroniken des XVI. Jahrhunderts. In: Wolf-Dieter Stempel und Karlheinz Stierle (Anm. 60), S. 227–249.

des Kolumbus und des Vespucci, nicht weniger dann in den großen spanischen, portugiesischen und französischen Geschichten der Neuen Welt vielfältiger und uneinheitlicher, als häufig angenommen. Die Kategorien, in die man europäisches Verhalten gegenüber der Neuen Welt eingeteilt hat – Legitimieren, Idealisieren oder Verstehen,[58] Entdecken, Erobern, Lieben oder Kennen[59] –, sind zwar in der Theorie Alternativen, schließen sich in der Praxis aber nicht aus. Jeweils neu zu beobachten sind an den Texten variable und plurale Formen kultureller Differenz. Sie betreffen die Ränder der abendländischen Geographie, führen aber ins Zentrum jener frühneuzeitlichen Gemengelage, in der sich mit der Pluralisierung existierender und möglicher Welten auch eine Zunahme widersprüchlicher und partieller Sinnstiftungen vollzog.[60]

---

[58] Mario Erdheim: Anthropologische Modelle des 16. Jahrhunderts. Über Las Casas, Oviedo und Sahagún. In: Karl-Heinz Kohl (Anm. 54), S. 57–67.
[59] Tzvetan Todorov (Anm. 28).
[60] Vgl. Wolf-Dieter Stempel / Karlheinz Stierle (Hg.): Die Pluralität der Welten. Aspekte der Renaissance in der Romania. München: Fink 1987.

Abb. 1

Abb. 2

Abb. 3

HEINZ DIETER KITTSTEINER

Jacob Burckhardt als Leser Hegels

1. Burckhardt und das andere Deutschland

»Am 16. Oktober 1868 lieh sich Jacob Burckhardt Hegels *Vorlesungen über die Philosophie der Geschichte* in der Ausgabe von 1837 aus der Baseler Universitätsbibliothek aus« – mit diesen Worten hatte ich meinen Beitrag beginnen wollen – als mir kürzlich in einem Meißener Antiquariat eine Broschüre aus dem Jahre 1946 in die Hände fiel. Eine Rede des Lyrikers, Romanciers und Essayisten Wolf von Niebelschütz über *Jacob Burckhardt*. Wolf von Niebelschütz – ich hatte in den 70er Jahren einmal unwillig in seinem Vierbänder *Der Blaue Kammerherr* herumgelesen, erstaunt darüber, wie man im und nach dem Krieg sich an einem »galanten Roman« versuchen konnte. Nun also dieser Essay, gedruckt in Bremen, als Vortrag aber allem Anschein nach gehalten in Basel. Ich ging der Sache nach: Es gab von Niebelschütz weitere Vorträge über Burckhardt, der älteste von 1942, dann eine Lesung in Bielefeld 1945, dann noch einmal ein Vortrag 1947, wieder in Bielefeld. Da ich nun schon einmal dabei war, registrierte ich auch, daß Niebelschütz 1943 in einem Vortrag an der Sorbonne versucht hatte, den französischen Studenten im besetzten Frankreich anhand von Eduard Mörike klarzumachen, daß die Deutschen eine Nation von einer »eigentümlichen Milde« seien. Nach dem Krieg hatte er seinen Lebensunterhalt mit Auftragsarbeiten der Wirtschaft bestritten und unter anderem eine Geschichte des Gerling-Konzerns geschrieben.[1]

Auch den Burckhardt-Vortrag von 1946 liest man heute mit einiger Reserve. Die Deutschen – und wohl die Schweizer gleich mit – sollen dem Professor Burckhardt aus Basel Dank wissen, daß er die Selbstgerechtigkeit und die Wertungen der politisch beschränkten Geschichtsschreibung ad absurdum geführt habe. »Denken Sie allein nur an die eben beendigten zwölf Jahre, an die Macht, die über uns war, und an der wir nicht Anteil hatten; denken Sie an die Fülle von innerem Leben, das darunter her heimlich sich fortsetzte, ver-

---

[1] Wolf von Niebelschütz: Eduard Mörike. Ansprache vor Studenten der Sorbonne. In: W. v. N.: Über Dichtung. Frankfurt/M. 1979, S. 73–92, hier S. 75. – Vgl. Walter Delabar: Die Dinge sind härter als die Wünsche. In: JUNI. Magazin für Kultur & Politik (1990), S. 31–43, hier S. 36. – Detlef Haberland: Wolf von Niebelschütz zum 30. Todestag. Mit einer Bibliographie seiner Schriften. In: Philobiblon. Eine Vierteljahresschrift für Buch- und Graphiksammler 34 (1990), S. 13–25.

wandelte, vergor und morgen die wirkliche Gegenwart bilden wird, im Bösen oder im Guten, während die Macht komplett zugrunde ging; denken Sie, kurzum, an die Erbitterung, die wir empfinden, wenn wir uns ständig mit jenen großen Leuten verwechselt sehen, die nicht wir waren und dennoch wir gewesen sein sollen«. So einfach wird man das heute nicht mehr sagen wollen. Fest steht hingegen der Glaube an ein anderes Deutschland – und das wird mit Burckhardt beschworen. Das Neue muß und wird kommen, aus dem Gegensatz heraus zu »Macht, Reichtum und Geschäften«. »Die Macht ist böse an sich«, dieser Satz finde sich in unzählbaren Varianten bei Burckhardt, das sei das Zentrum seines historischen Denkens.[2] Dieses Vertrauen in den großen Kulturhistoriker rechtfertigt eine Frage:

Wie umstritten war eigentlich Burckhardt im »Dritten Reich«, so daß er nach dem Kriege als ein schweizerischer Gewährsmann für ein besseres Deutschland herangezogen werden konnte?

Ein kurzer Blick auf die Rezeptionsgeschichte der *Weltgeschichtlichen Betrachtungen* gibt zumindest Hinweise. Sie sind zuerst – unter Zugrundelegung von Vorlesungstexten und Nachschriften – erschienen 1905 im Spemann-Verlag, herausgegeben von Jakob Oeri; Friedrich Meinecke hat sie 1906 in der *Historischen Zeitschrift* zurückhaltend-wohlwollend rezensiert – aber fast selbstverständlich reibt er sich an der Vorstellung, die Macht sei »böse an sich«.[3] Der Erfolg des Nachlaßwerkes war nicht groß; während des Ersten Weltkrieges zog es auch keine Aufmerksamkeit auf sich. Doch Burckhardts Zeit kommt immer dann, wenn in Deutschland ein *heroisches* Selbstverständnis zusammenbricht, wenn es einen Krieg verliert, und man nach neuer Orientierung sucht. Nun übernahm der Kröner-Verlag, der als eine Art gehobenen Baedeker ja auch den »Cicerone« führte, die Edition mit einem kenntnisreichen Nachwort von Rudolf Marx. Diese Ausgabe erschien noch einmal in Auflagen von 1935 und 1941 – dann wurde kein Papier mehr für die *Weltgeschichtlichen Betrachtungen* bewilligt; inzwischen hatte die Schlußwendung aus dem Nachwort auch einen leisen Appellcharakter bekommen: »Seht ihn nur an – / niemandem war er untertan«. Ein Umschwung der Haltung zu Burckhardt im Gegensatz zu den ersten Nachkriegsjahren, für die die Arbeit von Karl Joël von 1918 stehen mag, war schon um 1929/30 zu konstatieren. Der später zu den Nationalsozialisten übergegangene Historiker Otto Westphal räumte Burckhardt einen Ehrenplatz unter den »Feinden Bis-

---

[2] Wolf von Niebelschütz: Jacob Burckhardt. Ein Vortrag. Bremen 1946, S. 24f.
[3] Werner Kaegi: Jacob Burckhardt. Eine Biographie. Bd. 6. Basel, Stuttgart 1977, S. 123ff. – Vgl. auch: Jacob Burckhardt: Weltgeschichtliche Betrachtungen. Hg. von Rudolf Stadelmann. Pfullingen 1949, Textkritischer Anhang, S. 329–347. – Friedrich Meinecke: Rez. *Weltgeschichtliche Betrachtungen*. In: Historische Zeitschrift 97 (1906),S. 557–562, hier S. 559.

marcks« ein und bemängelte wiederum, daß Burckhardt der »bösen Macht« des Staates alles Sittliche abspreche.[4]

Der Schritt von den »Feinden Bismarcks« zu den »Reichsfeinden« war schnell getan; er blieb dem 772 Seiten starken Wälzer von Christoph Steding vorbehalten. Dieses mit Hilfe eines Rockefeller-Stipendiums zum Teil in der Schweiz geschriebene Werk ordnet die Kulturgeschichte dem verhaßten geographischen »Ring um Deutschland« zu, der von Basel (Nietzsche und Burckhardt), den Haag (Johan Huizinga) und Kopenhagen (Georg Brandes) um das »Reich« herum gelegt werde, um es zu neutralisieren und zu verschweizern. Gerade von der Rheinschiene von Basel bis Rotterdam drohe Deutschland die geistige Verstümmelung am Reichskörper – und Burckhardt mit seiner unpolitischen Kulturgeschichtsschreibung sei einer der schlimmsten Betreiber dieser Umtriebe. Carl Schmitt war mit Stedings Buch hoch zufrieden und lobte ihn als Vorkämpfer gegen jene »kulturelle Front, deren letzter Sinn Entpolitisierung, Neutralisierung, Entscheidungslosigkeit, Nihilismus und letztlich Bolschewismus ist«.[5] Da sich Christoph Steding mit Kleinigkeiten wie mit den Differenzen zwischen Burckhardt und Nietzsche nicht aufhielt, reihte er Nietzsche gleich mit in die ästhetische Dekadenz ein – was zur Folge hatte, daß sein Buch von allzu groben Ausfällen gegen Nietzsche, auch gegen Wagner, kurz von Rundumschlägen aller Art vor der Drucklegung von Walter Frank gereinigt werden mußte.[6]

Ein großangelegter Vergleich zwischen Nietzsche und Burckhardt von Alfred von Martin erschien 1941. Burckhardt gilt als der in seiner Kultur verankerte Weltbürger, während Nietzsche, der Mann des »hemmungslosen Ressentiments« als ein »Entwurzelter« dargestellt wird. Wer lesen konnte, wußte mit diesem Hinweis etwas anzufangen; diese kritische Linie wird aber dadurch konterkariert, daß Nietzsche als antideutscher Philosemit firmiert, während für Burckhardt Distanz »zum Judentum wie zum Pariser Literatentum«, speziell zu Heinrich Heine positiv hervorgehoben wird.[7] Gleichwohl,

---

4 Jacob Burckhardt: Weltgeschichtliche Betrachtungen. Mit einem Nachwort hg. von Rudolf Marx. Stuttgart 1941, S. 328. – Otto Westphal: Feinde Bismarcks. Geistige Grundlagen der deutschen Opposition 1848–1918. München, Berlin 1930, S. 114ff.

5 Christoph Steding: Das Reich und die Krankheit der europäischen Kultur. Hamburg 1938, passim, hier S. 53ff. und S. 327ff. – Carl Schmitt: Neutralität und Neutralisierungen. Zu Christoph Stedings Buch *Das Reich und die Krankheit der europäischen Kultur* (1939). In: C. S.: Positionen und Begriffe im Kampf mit Weimar-Genf-Versailles. 1923–1939. Berlin 1988, S. 271–295, hier S. 272.

6 Steding war 1937 an Nierenversagen gestorben; sein Buch wurde aus dem Nachlaß herausgegeben. Helmut Heiber: Walter Frank und sein Reichsinstitut für Geschichte des neuen Deutschlands. Stuttgart 1966, S. 517ff. – Vgl. dazu auch: Karl Ferdinand Werner: Das NS-Geschichtsbild und die deutsche Geschichtswissenschaft. Stuttgart u.a. 1967, S. 29ff.

7 Alfred von Martin: Nietzsche und Burckhardt. München 1941, S. 168ff. – Vgl. auch die 4. Auflage von 1947, S. 172.

Alfred von Martin hatte 1933 unter Protest seine Professur niedergelegt und sich der schriftstellerischen Tätigkeit gewidmet. Sein Buch wurde in der NS-Presse negativ rezensiert; ein zweites Werk über die *Religion Burckhardts* aus dem Jahre 1942 wurde 1943 von der Gestapo beschlagnahmt.[8]

Neben dieser katholischen Sicht auf Burckhardt gab es aber auch den Burckhardt des Exils, repräsentiert durch Karl Löwith. Löwith hatte 1928 seine öffentliche Antrittsvorlesung in Marburg über *Burckhardts Stellung zu Hegels Geschichtsphilosophie* gehalten und die Grundgedanken dieses Vortrags zu dem Buch *Jacob Burckhardt. Der Mensch inmitten der Geschichte* ausgearbeitet, das 1936 im Vita Nova Verlag in Luzern erschien. Mit dieser Titelgebung hatte Löwith eine Formel gefunden, die Würde des Menschen gegen seine Vereinnahmung durch die Hegelsche Geschichtsphilosophie auszudrücken.[9] In Deutschland nahm man auf sein Buch (soweit ich sehe) keinen Bezug – zunehmend aber wieder auf Burckhardt. Je länger der Zweite Weltkrieg dauerte und je negativer er aus deutscher Sicht sich entfaltete, desto unaufhaltsamer stieg auch der Stern Jacob Burckhardts bei jenen deutschen Historikern, die, in welcher Art auch immer, halb reserviert-zögernd, halb überwältigt von den viel berufenen »Anfangserfolgen«, doch *deutsch* genug empfunden hatten, um nicht in die Falle konservativer Wertüberschneidungen mit dem »Reich« zu geraten. Daß es daneben mehr Aktivisten gab, als man nach dem Krieg wahrhaben wollte, steht auf einem anderen Blatt. Werner Kaegi hat die Haltung Gerhard Ritters und Friedrich Meineckes rekonstruiert. Als das Schlachtenglück um 1942/43 sich wendete, nahmen sie – halb unwillig – die *Weltgeschichtlichen Betrachtungen* wieder zur Hand, bis sich der greise Meinecke 1947 schließlich zu der Einsicht durchrang, daß Burckhardt wohl »tiefer und schärfer in das geschichtliche Wesen der eigenen Zeit hineingesehen« und daher auch mehr Weitblick bewiesen habe als Ranke.[10] Aber nicht nur die alten Männer vom Fach lasen wieder Burckhardt, sondern auch die flotte Publizistin aus dem Umkreis des Widerstandes vom 20. Juli, Ursula von Kardorff. Und da sie die *Weltgeschichtlichen Betrachtungen* nicht zur Hand hatte, griff sie eben zur *Kulturgeschichte der Renaissance*. Unter dem 25. Februar 1944 notiert sie in ihrem Tagebuch:

> Las vorhin bei Jacob Burckhardt: Die dem Bösen aufs stärkste entgegenwirkende sittliche Kraft: es ist die rätselhafte Mischung aus Gewissen und Selbstsucht, wel-

---

[8] Alfred von Martin: Die Religion in Jacob Burckhardts Leben und Denken. Ein Studie zum Thema Humanismus und Christentum. München 1942. – Vgl. dazu: Alfred von Martin: Gerichtstag über Jacob Burckhardt? Eine Antikritik. In: Geistige Welt. Vierteljahrsschrift für Kultur- und Geisteswissenschaften 1 (1946), S. 31–43, hier S. 43, Anm. 40.

[9] Beide Schriften, dazu kleinere Artikel und Rezensionen sind zusammengefaßt in: Karl Löwith: Sämtliche Schriften. Bd. 7: Jacob Burckhardt. Stuttgart 1984.

[10] Werner Kaegi: Jacob Burckhardt (Anm. 3), S. 138. – Vgl. auch Winfried Schulze: Deutsche Geschichtswissenschaft nach 1945. München 1993, S. 56.

che dem modernen Menschen noch übrigbleibt, auch wenn er alles übrige, Glaube, Liebe, Hoffnung, eingebüßt hat.

Und sie fügt dem leicht variierten Zitat hinzu: »Paßt auf uns alle ausgezeichnet«.[11] Es gibt im »Dritten Reich« und dann vor allem im Krieg – das mögen diese kursorischen Hinweise belegen – deutscherseits eine Art Untergrundlektüre Burckhardts; nach 1945 erfolgte dann eine kleine Burckhardt-Renaissance, so daß die Vorträge Wolfs von Niebelschütz durchaus auf eine interessierte Aufnahme rechnen konnten. Es geht um das »Böse« an der Macht und um das Kräftedreieck Hegel-Burckhardt-Nietzsche. Und damit bin ich erneut bei meinem Thema: *Jacob Burckhardt als Leser Hegels.*

2. Burckhardt leiht sich Hegel aus

Am 16. Oktober 1868 also lieh sich Jacob Burckhardt aus der Baseler Universitätsbibliothek Hegels *Vorlesungen über die Philosophie der Geschichte* aus. Der Herausgeber der *Weltgeschichtlichen Betrachtungen*, die nun heute wieder bescheidener und richtiger *Über das Studium der Geschichte* heißen, folgert aus dem Umstand, daß Burckhardts Hegellektüre in der Ausgabe von 1837, Bd. X, schon auf Seite 101 abbreche, daß sein eigentlicher Widerpart, an dem er sich gerieben und an dem er seine eigenen Gedanken entwickelt habe, der heute weitgehend vergessene Ernst von Lasaulx gewesen sei.[12] Über die Wichtigkeit von Lasaulx besteht gar kein Zweifel; die vielen Hinweise belegen das. Man muß aber auch Burckhardts halb respektvolles, halb ironisches Verhältnis zu den sogenannten »großen« Philosophen in Rechnung stellen, um seine Haltung zu Hegel zu kennzeichnen. Wer gegenüber seinem Schüler Heinrich Wölfflin äußert, Eduard v. Hartmann sei leichter zu lesen als Schopenhauer, »allein er verstehe auch Hartmann nicht«, der kokettiert mit seinem philosophischen Vermögen.[13] Wir wollen also *doch* einen Blick auf Hegel werfen, denn jeder, der sich einmal mit dessen Geschichtsphilosophie befaßt hat weiß, daß man gar nicht so sehr viel weiter lesen muß, wenn es um die Grundlagen geht. Denn Hegel hatte das »schwere Geschütz« gleich zu Beginn seiner Vorlesung aufgefahren: läßt man sich davon beeindrucken, dann ist der eigentliche Durchgang durch die Weltgeschichte nur die Ausführung eines schon skizzierten Planes. Der Herausgeber Peter Ganz hat die Passagen zusammengestellt, aus denen Burckhardt seine Exzerpte verfertigt hat. Die Annotationen selbst sind schon bei Kaegi abgedruckt.

---

[11] Werner Kaegi: Jacob Burckhardt (Anm. 3), S. 136f.
[12] Jacob Burckhardt: Über das Studium der Geschichte. Der Text der *Weltgeschichtlichen Betrachtungen.* Hg. von Peter Ganz. München 1982, S. 35ff.
[13] Jacob Burckhardt und Heinrich Wölfflin: Briefwechsel und andere Dokumente ihrer Begegnung 1882–1897. Hg. von Joseph Gantner. Leipzig 1988, S. 37.

Die erste Aufmerksamkeit Burckhardts gilt dem Zentrum des Hegelschen Planes. »Wer die Welt vernünftig ansieht, den sieht sie auch vernünftig an«. Burckhardt kommentiert lakonisch: »O du Zopf«. Und wenn Hegel sagt, diesen Gedanken müsse die Philosophie zur Geschichte *mitbringen*, dann setzt Burckhardt in Klammern hinzu: »Quod erat demonstrandum und nicht ›mitzubringen‹«. Dann geht er an folgende Kernsätze Hegels:

> Unsere Erkenntniß geht darauf, die Einsicht zu gewinnen, daß das von der ewigen Weisheit bezweckte, wie auf dem Boden der Natur, so auf dem Boden des in der Welt wirklichen und thätigen Geistes, herausgekommen ist. Unsere Betrachtung ist insofern eine Theodicee, eine Rechtfertigung Gottes, welche Leibniz metaphysisch auf seine Weise in noch unbestimmten, abstrakten Kategorien versucht hat, so daß das Uebel in der Welt begriffen, der denkende Geist mit dem Bösen versöhnt werden sollte. In der That liegt nirgend eine größere Aufforderung zu solcher versöhnenden Erkenntniß als in der Weltgeschichte.

Burckhardt beginnt seine Notiz mit einer höhnischen Wiederholung, um dann zur Sache zu kommen:

> p. 18 ›von der ewigen Weisheit bezweckten‹ und gibt seine Betrachtung als eine Theodizee aus! vermöge der Erkenntnis des Affirmativen, in welchem das Negative (populär: das Böse) zu einem Untergeordneten und Überwundenen verschwindet.[14]

Was ist eine Theodizee? Immanuel Kant hat es in unübertroffen knapper Weise definiert: Eine Theodizee ist die »Vertheidigung der höchsten Weisheit des Welturhebers gegen die Anklage, welche die Vernunft aus dem Zweckwidrigen in der Welt gegen jene erhebt«.[15] Hegel hat – wenn er seine Geschichtsphilosophie ausdrücklich als eine Theodizee bezeichnet – das theologisch-philosophische Theodizeemotiv variiert und dynamisiert: Nun ist daraus die Rechtfertigung des Verlaufs der Geschichte angesichts des Bösen geworden, das in ihr geschieht. Insofern wird auch das Böse gerechtfertigt: Die Arbeit des Negativen mußte so und nicht anders getan werden, um bestimmte, den ganzen Prozeß vorantreibende Funktionen auszuüben. Die Geschichte ist sozusagen der schwierigste Bereich, an dem eine Theodizee sich scharfsinnig üben kann.

Dieses Problem also registriert Burckhardt. Und was interessiert ihn noch? Der nächste Grundgedanke, der unmittelbar das *Ziel* des Theodizee-Planes bei Hegel benennt: »Die Weltgeschichte ist der Fortschritt im Bewußtseyn

---

[14] Jacob Burckhardt: Über das Studium der Geschichte (Anm. 12), S. 462. – Vgl. G. W. F. Hegel: Vorlesungen über die Philosophie der Geschichte. In: G. W. F. H.: Werke in zwanzig Bänden. Hg. von Eva Moldenhauer und Karl Markus Michel. Bd. 12. Frankfurt/M. 1970, S. 28 – In der Ausgabe von Hoffmeister steht noch verdeutlichend: »[...] und es ist in der Weltgeschichte, daß die ganze Masse des konkreten Übels uns vor die Augen gelegt wird«. G. W. F. Hegel: Die Vernunft in der Geschichte. Hg. von Johannes Hoffmeister. Hamburg 1955, S. 48. – Werner Kaegi: Jacob Burckhardt (Anm. 3), S. 59.

[15] Immanuel Kant: Über das Mißlingen aller philosophischen Versuche in der Theodicee. Akademie Textausgabe (= AT). Bd. 8. Berlin 1968, S. 255.

der Freiheit, – ein Fortschritt, den wir in seiner Nothwendigkeit zu erkennen haben«.[16] Dieses Telos der Geschichte schält sich heraus im Gang der Ereignisse; was immer in der Geschichte Negatives und Bösartiges geschehen mag, letztlich muß es dieser Verwirklichung des »Bewußtseins der Freiheit« dienen. Muß es das wirklich? Es gibt einige Stellen, in denen F ' Zweifel an der Gewißheit seines Theodizee-Motivs ausdrückt – allerding̟ ̣ur, um sie dann wieder zu überwinden, damit der Geschichtsbetrachter sich nicht in »leeren, unfruchtbaren Erhabenheiten« trübsinnig gefallen möge.[17] Es ist aber genau diese Passage, die Burckhardt als nächstes kommentiert hat. Sie ist zu lang, um sie ganz wiederzugeben. Ihr Kernpunkt lautet:

> Wenn wir dieses Schauspiel der Leidenschaften betrachten, und die Folgen ihrer Gewaltthätigkeit, des Unverstandes erblicken, der sich nicht nur in ihnen, sondern selbst auch, und sogar vornehmlich zu dem, was gute Absichten, rechtliche Zwecke sind, gesellt, wenn wir daraus das Uebel, das Böse, den Untergang der blühendsten Reiche, die der Menschengeist hervorgebracht hat, sehen, so können wir nur mit Trauer über diese Vergänglichkeit überhaupt erfüllt werden [...]. Man kann jene Erfolge ohne rednerische Uebertreibung, blos mit richtiger Zusammenstellung des Unglücks, den das Herrlichste an Völkern und Staatengestaltungen, wie an Privattugenden erlitten hat, zu dem furchtbarsten Gemälde erheben, und ebenso damit die Empfindung zur tiefen, rastlosesten Trauer steigern, welcher kein versöhnendes Resultat das Gegengewicht hält [...].

Bis zu diesem Einwand gegen sich selbst geht Hegel. Und genau an diesem Gedanken setzt Burckhardt mit einer trockenen Bemerkung an: »p. 24 fällt ihm dann freilich ein, wie es in der Welt *wirklich* zugeht«.[18]

Nur bis zu diesem Punkt – der Rest der Burckhardtschen Notizen betrifft die »bedeutsam eingeleitete Lehre von der Perfektibilität« und die Einteilung der Weltgeschichte. Dann kann man sagen: Burckhardt hat sich ganz gezielt das Theodizee-Problem angesehen – bis hin zu einem Nebengedanken bei Hegel, der zur Eröffnung seiner eigenen Blickweise dienen konnte, bis hin zu dem Punkt, an dem Hegel erörtert, daß es, zumindest für den betrachtenden »moralischen Geist« – nicht für den *Weltgeist* – ein Übel in der Geschichte geben könne, das die versöhnende Perspektive nicht mehr zuläßt, sie aufsprengt. Nach dem hilflosen Herumtaumeln eines Dilettanten im philosophischen Irrgarten sieht dieser Umgang mit Hegel nicht aus. Burckhardt hat dabei einen Fund gemacht, mit dem er vielleicht gar nicht gerechnet hatte – ein Einwand Hegels gegen sein eigenes System, einen Einwand, den er dann ausbauen kann, um sich von der ganzen Sichtweise zu entfernen. Wie sieht die Verwandlung dieses Gedankens bei Burckhardt aus? Wir können nichts

---

[16] Jacob Burckhardt: Über das Studium der Geschichte (Anm. 12), S. 463. – Werner Kaegi: Jacob Burckhardt (Anm. 3), S. 59.

[17] G. W. F. Hegel: Die Vernunft in der Geschichte (Anm. 14), S. 81.

[18] Jacob Burckhardt: Über das Studium der Geschichte (Anm. 12), S. 464. – G. W. F. Hegel: Die Vernunft in der Geschichte (Anm. 14), S. 80f. – Werner Kaegi: Jacob Burckhardt (Anm. 3), S. 59.

anderes tun, als uns an die zeitlich am nächsten zur Hegellektüre liegende Einleitung zum *Studium der Geschichte* vom 11. November 1868 zu halten.

3. Die geschichtsphilosophischen »Centauren«

Auch in den *Weltgeschichtlichen Betrachtungen* fallen berühmt gewordene Sätze in der Einleitung. Burckhardt tritt als der fertige Anti-Hegel auf. Er notiert: »Verzicht auf alles Systematische. Kein Anspruch auf ›weltgeschichtliche Ideen‹, sondern nur auf Wahrnehmungen. Wir geben Querdurchschnitte durch die Geschichte und zwar in möglichst vielen Richtungen. Vor allem: keine Geschichtsphilosophie«. Und dann folgt das an Böcklin gemahnende Bild: »Die bisherige Geschichtsphilosophie: Sie ist ein Centaur, denn Geschichte, d.h. das Coordinieren ist = Nichtphilosophie und Philosophie, d. h. das Subordinieren ist = Nichtgeschichte«. Philosophie und Historie gehören ursprünglich nicht zusammen; sie sind als »cognitio ex principiis« und »cognitio ex datis« – wie Kant noch formulierte – in der Hierarchie des Denkens so weit voneinander entfernt, wie es nur sein kann.[19] Auf diese alte Einteilung der Wissenschaften, die noch bis in die Zeit der Aufklärung hinein Gültigkeit hatte, greift Burckhardt zurück. Er benutzt sie aber, um für eine Zeit *nach* der Geschichtsphilosophie zu sprechen. Denn inzwischen hatte es, auch bei Kant, eine Geschichtsphilosophie gegeben. Geschichtsphilosophie ist eine junge Disziplin; im modernen Sinn ist sie ein Produkt des letzten Drittels des 18. Jahrhunderts. Sie war in ihrer klassischen Ausformulierung von Kant bis Hegel eine erste wissenschaftliche Reaktion auf eine bedrohliche Erfahrung: Daß die Menschen bei all ihrem wachsenden technischen Vermögen der Naturbeherrschung einem Entwicklungsprozeß unterworfen sind, den sie selbst nicht *machen* können. Nur aus dieser Problemkonstellation stammen überhaupt diese fragwürdigen, zugleich aber hoch bedeutsamen Konstruktionen einer »unsichtbaren Hand«, einer »Naturabsicht« einer »Vorsehung« oder einer »List der Vernunft« in der Geschichte. Man delegiert – bei Kant und Hegel noch im Vertrauen auf »Gott« oder einen »weisen Welturheber« – das, was man selbst nicht herstellen kann, dem objektiven historischen Prozeß. Man überlagert das blinde Ungefähr der Geschichte mit einem Sinn, mit einem »Endzweck«, auf den alles hinauslaufen soll.[20] Für

---

[19] Jacob Burckhardt: Über das Studium der Geschichte (Anm. 12), S. 225. – Vgl. Löwith: Der Mensch inmitten der Geschichte. Philosophische Bilanz des 20. Jahrhunderts. Hg. von Bernd Lutz. Stuttgart 1990, S. 105. – Zur Systematisierung der »Historie« vgl. Friedrich Kambartel: Erfahrung und Struktur. Bausteine zu einer Kritik des Empirismus und Formalismus. Frankfurt/M. 1968, S.61–86. – Immanuel Kant: Kritik der reinen Vernunft. AT. Bd. 3. Berlin 1968, S. 540 (B 864).
[20] Vgl. dazu: Heinz Dieter Kittsteiner: Listen der Vernunft. Motive geschichtsphilosophischen Denkens. Frankfurt/M. 1998, S. 7–42.

Burckhardt gegen Ende der sechziger Jahre des 19. Jahrhunderts scheint das alles schon vorbei und überholt zu sein. Philosophie und Geschichte fallen in ihre ursprüngliche Dichotomie zurück: Philosophie ist nicht Geschichte und Geschichte ist nicht Philosophie. Wer sie zusammensetzen will schafft hybride Fabelwesen, »Centauren« eben.

Jetzt zeigen sich im Text vom 11. November die Lesefrüchte von den Tagen nach dem 16. Oktober. Die Geschichtsphilosophie gab »Längsdurchschnitte« – bei Hegel den Gang der Vernunft im Bewußtsein der Freiheit vom Orient bis auf Europa. Für Burckhardt ist das nur das »kecke Antizipieren eines Weltplanes«. Mehr noch; Burckhardt verweist auf die Genealogie dieses Denkens. Man darf sich durch den Anfang des Satzes: »Die religiöse Geschichtsübersicht hat ihr besonderes Recht und geht uns hier nichts an; Vorbild: Augustin, de civitate Dei« nicht täuschen lassen. Das ist kein Nebengedanke, sondern eine Randbemerkung holt den Augustinischen *Gottesstaat* hinein als Ursprung und Grundmodell der Geschichtsphilosophien: »welche an der Spitze aller dieser Theodiceen steht«. Da taucht, wenn auch nur als Marginalie, der zentralen Begriff wieder auf, von dem Burckhardt sich absetzt. Alle diese Geschichtsphilosophien mitsamt ihren theologischen Vorläufern waren »Theodizeen« – und Burckhardt will dezidiert keine Theodizee mehr geben. Nicht der Blickpunkt zum Ruhme Gottes, nicht der Standpunkt eines über die Menschen hinwegschreitenden Weltgeistes kann der Geschichtsbetrachtung zugrunde gelegt werden. Und nun folgt das Burckhardtsche Credo: »Unser Ausgangspunkt: vom einzigen (bleibenden und) für uns möglichen Centrum, vom duldenden, (strebenden und) handelnden Menschen wie er ist und immer war und sein wird; daher unsere Betrachtung gewissermaßen pathologisch«. Es ist dieses Zitat, das Karl Löwith hervorgehoben hat, um den »menschlichen Standpunkt« in Burckhardts Stellung zur Geschichte zu betonen.[21]

Doch seltsam: Die Einleitung vollzieht nach dieser anti-hegelianischen Klimax eine Wende – sie geht von der Kritik an der geschichtsphilosophischen Teleologie zu einem Nachfolgeproblem der Geschichtsphilosophie über. Den Anfang macht eine halbe Rechtfertigung jener geschichtsphilosophischen »Centauren«: »Immerhin« – so heißt es nun – »ist man dem Centauren den höchsten Denk schuldig und begrüßt ihn gerne hie und da an einem Waldesrand der geschichtlichen Studien. Welches auch sein Princip gewesen, er hat einzelne mächtige Ausblicke durch den Wald gehauen und Salz in die Geschichte gebracht«.

Ein Hinweis zeigt, daß Burckhardt hier an Herder gedacht hat.[22] Indes geht die Stoßrichtung gegen die kleinkarierte Detailforschung ganz allge-

---

[21] Jacob Burckhardt: Über das Studium der Geschichte (Anm. 12), S. 226. – Vgl. Löwith, Der Mensch inmitten der Geschichte (Anm. 19), S. 129f.
[22] Jacob Burckhardt: Über das Studium der Geschichte (Anm. 12), S. 227.

mein, die von allen philosophischen Fragestellungen an die Geschichte von
vornherein absieht. Burckhardt hat diese Form der Geschichtswissenschaft
immer verachtet und sich über sie belustigt. In einem Brief vom April 1847
schreibt er an den Freund Gottfried Kinkel über die Berliner gelehrte Histo-
riker-Welt:

> Der liebe Gott will auch bisweilen seinen Jocus haben, und dann macht er Philo-
> logen und Geschichtsforscher von einer gewissen Sorte, welche sich über die gan-
> ze Welt erhaben dünken, wenn sie wissenschaftlich ermittelt haben, daß Kaiser
> Conrad II. am 7. Mai 1030 zu Goslar auf den Abtritt gegangen ist und dergleichen
> Weltinteressen mehr. Es sitzt hier eine rechte Clique dieser Art beisammen und
> gönnen sich vor Neid den Sonnenschein nicht.

Gegen diese »VV.EE«, die »viri eruditissimi« und ihre historistische Klein-
kunst hilft nur eine gehörige Portion Geschichts-Philosophie.[23] Man braucht
Überblicke und Durchblicke, um sich in der Geschichte orientieren zu können. Nach der Hegelschen Weise sind sie nicht mehr zu erlangen; gerade
darum aber hat Hegel mit seiner Geschichtsphilosophie eine Leerstelle hinterlassen, die neu und anders besetzt werden muß. Eine Lehre vom geschichtlichen Zusammenhang soll entwickelt werden, die zu dem einzig und
allein noch möglichen Ausgangspunkt vom »duldenden und handelnden Menschen« hinzutreten kann.

Wer unter diesem Aspekt die restlichen Seiten der *Einleitung* durchmu-
stert, wird sich nicht mehr wundern, wenn er auf Sätze trifft, die so hegelia-
nisch klingen, daß man gleich der These von Ernst H. Gombrich zustimmen
möchte, Burckhardt sei eigentlich Hegelianer gewesen; er habe sich darüber
nur selbst getäuscht: »Obwohl Burckhardt der Meinung war, von beobachteten historischen Tatsachen her zu verallgemeinern, entdeckte er zum Schluß
in diesen Tatsachen jenen Hegelianischen Weltgeist wieder, den er als spe-
kulative Abstraktion verworfen hatte«. Ich möchte dieser These – bei allem
Respekt vor dem großen Sir Gombrich – doch widersprechen.[24] Tatsächlich
taucht nun plötzlich ein »Geist« wieder auf; dieser Geist – sagt Burckhardt –
sei eine »geschichtliche Macht von höchster momentaner Berechtigung« und
er entdeckt in diesem »Geist« ein äußerst dynamisches Prinzip:

> Allein der Geist arbeitet weiter: Widerstreben dieser Lebensformen und Bruch,
> durch Revolution oder allmälige Verwesung; Sturz von Moralen und Religionen;
> vermeintlicher Untergang, ja Weltuntergang. Inzwischen baut der Geist etwas
> Neues, dessen äußeres Gebäude mit der Zeit dasselbe Schicksal erleiden wird.

---

[23] Jacob Burckhardt: Briefe. Hg. von Max Burckhardt. Bd. 3. Basel 1955, S. 68.–
Alfred von Martin: Gerichtstag über Jacob Burckhardt? (Anm. 8), S. 31.

[24] Ernst H. Gombrich: Die Krise der Kulturgeschichte. Gedanken zum Wertproblem
in den Geisteswissenschaften. München 1991, S. 52. – Vgl. dazu Heinz Dieter
Kittsteiner: Kants Theorie des Geschichtszeichens. Vorläufer und Nachfahren. In:
H. D. K. (Hg.): Geschichtszeichen. Köln, Weimar, Wien 1999, S. 81–115, hier
S. 102ff.

Und um dem ganzen noch ein Tüpfelchen aufs i zu setzen, notiert er sich über den »Geist« am Rande: »er ist ein Wühler«. Der Geist als Wühler hat eine gute Herkunft. »Brav, alter Maulwurf! Wühlst Du so hurtig fort? O trefflicher Minierer « sagt Hamlet in der 5. Szene des 1. Akts zum Geist des Vaters, der sich – nach seinem Auftritt – wieder unter die Erde begeben hat, ihm aber von unten zuruft, er möge auf sein Schwert schwören, seinen Tod zu rächen. »Brav gewühlt, alter Maulwurf« ruft auch der Shakespeare-Leser Karl Marx dem unterirdisch-wühlenden historischen Prozeß zu.

»Er ist ein Wühler« – das bringt die Leser von Burckhardts Briefen auf den Plan. Genau das hatte er nämlich im Juni 1842 an seinen demokratisch-revolutionären Gottfried Kinkel geschrieben: »Was meine Wenigkeit betrifft, so werde ich nie Wühler und Umwälzer sein wollen; eine Revolution hat nur dann ein Recht, wenn sie unbewußt und unbeschworen aus der Erde steigt«.[25] Das ist 1842 sozusagen althegelianisch formuliert: Nicht der fichteanische Aktivismus der Junghegelianer bringt eine Umwälzung hervor, sondern der »unbewußte«, von Menschen gar nicht bewußt machbare Geschichtsprozeß selbst. Und doch ist Burckhardt *kein* Hegelianer, wenngleich er an der Vorstellung eines überwältigenden historischen Geschehens festhält. Immer wieder kommt er auf die »beschleunigte Bewegung des ganzen Weltprocesses« zurück – ja die Lehre von den Krisen und Revolutionen nannte er ausdrücklich seine »Sturmlehre«. Auch hier gibt es eine verblüffende Parallele zur Ausdrucksweise von Marx, der von einem »Sturmvogel der Krise« gesprochen hatte.[26] Und dennoch ist Burckhardt kein Hegelianer – wir werden nun die Differenzen zu Hegel an zwei Abschnitten durchmustern: An der Betrachtung *Über Glück und Unglück in der Weltgeschichte* und an der Vorlesung über *Die historische Größe*.

4. »Über Glück und Unglück in der Weltgeschichte«

Der Vortrag *Über Glück und Unglück* ist gehalten am 7. November 1871. Ob Friedrich Nietzsche ihn gehört hat? Möglich ist es, denn auch sein Semester in Basel hatte in jenen Tagen wieder begonnen. Am 18. November berichtet er dem Freunde Carl von Gersdorff, er habe mit Burckhardt in dessen Stube gemeinsam die im Freundeskreis verabredete »Dämonenweihe« gefeiert: mit einem Trankopfer, und also seien »reichlich zwei Biergläser guten Rhône-

---

[25] Burckhardt, Briefe (Anm. 23) Bd. 1, S. 202.
[26] Jacob Burckhardt: Über das Studium der Geschichte (Anm. 12), S. 225. – Vgl. Ernst Schulin: Buckhardts Potenzen- und Sturmlehre. Zu seiner Vorlesung über das Studium der Geschichte (den weltgeschichtlichen Betrachtungen). (Sitzungsberichte der Heidelberger Akademie der Wissenschaften, Phil.-hist. Klasse, Jg. 1983, 2) Heidelberg 1983, S. 5–30. – Karl Marx: Das Kapital. Bd. 2. In: K. M. / Friedrich Engels: Werke. Bd. 24. Berlin 1963, S. 410.

weines« auf die Straße geflossen.[27] Was also hätte er dann zu hören bekommen? Daß es schwankende Gesichtspunkte gibt, nach denen »Glück und Unglück« je nach Standort und Weltlage beurteilt werden. Zum Exempel: Es war ein »Glück«, daß die Griechen über die Perser und Rom über Carthago siegte, daß sich Europa im achten Jahrhundert des Ansturms des Islams erwehrte – es war ein »Unglück«, daß Athen im peloponnesischen Krieg den Spartanern unterlag oder daß die deutschen Kaiser den Kampf mit den Päpsten verloren. Burckhardt führt diese Reihung schnell ad absurdum; die Weltgeschichte ist eben nicht »um unsertwillen« und unserer vordergründigen Werturteile willen vorhanden. Wie bitte? Wie verträgt sich das mit seinem Ausgangspunkt vom »duldenden und handelnden Menschen«? Denn im Grunde ist auch dies ein Hegelscher Gedanke; nichts anderes, das bloße Beziehen des historischen Materials auf temporär wichtig erscheinende Gesichtspunkte, wirft Hegel der politischen, der *pragmatischen* oder *reflektierenden* Geschichtsschreibung vor.[28] Doch nun trennen sich ihre Wege, denn vom Unglück kommt Burckhardt unmerklich auf das »Böse«: »Das Böse auf Erden als Theil der großen weltgeschichtlichen Oeconomie« – das war Hegels Thema gewesen, das Thema seiner Theodizee. Sofort unterbricht eine Randbemerkung den Gedanken schon im Ansatz: »Die Macht ist böse (Schlosser)«.[29]

Und jetzt folgt eine Auseinandersetzung mit Hegel, die wieder auf die Hegellektüre von 1868 zurückverweist. Wie mephistophelische Versuchungen klingen Hegelsche Motive an. Resultiert denn nicht oft auch etwas Gutes aus dem Bösen? Doch Burckhardt bleibt standhaft: »Allein daraus, daß aus Bösem Gutes, aus Unglück relatives Glück geworden ist, folgt noch gar nicht daß Böses und Unglück nicht anfänglich waren, was sie waren«.[30] Hat denn nicht aber die »Zerstörung auch Verjüngung« zur Folge? *Veränderung* und *Verjüngung* waren überhaupt die beiden ersten Kategorien, die Hegel nach dem allgemeinen Begriff der Weltvernunft einführt; interessanterweise in einer Parallelstelle zu jener Passage, die Burckhardt sich notiert hatte. Der Reisende empfindet – das ist noch ganz im Stile von Volneys *Ruinen* gedacht – der Reisende empfindet Melancholie unter den Trümmern von Palmyra und Persepolis, ihn überfällt »uninteressierte Trauer« über den Untergang »glänzenden und gebildeten Menschenlebens«. Doch diese Melancholie wird überwunden durch das morgenländische Motiv des »Phoenix aus der Asche«, überhöht durch den abendländisch-christlichen Gedanken der Erhöhung der

---

[27] Friedrich Nietzsche: Sämtliche Briefe. Kritische Studienausgabe (= KSA). Bd. 3. Hg. von Giorgio Colli und Mazzino Montinari. München 1986, S. 244.
[28] Jacob Burckhardt: Über das Studium der Geschichte (Anm. 12), S. 232 und S. 237. – G. W. F. Hegel: Die Vernunft in der Geschichte (Anm. 14), S. 17.
[29] Jacob Burckhardt: Über das Studium der Geschichte (Anm. 12), S. 239.
[30] Ebd., S. 240.

Gestalten des Geistes in ihrer »Verjüngung«.[31] So spendet Hegel sich Trost über die Vergänglichkeit. Doch auch hier bleibt Burckhardt *relativ* prinzipienfest: Es gibt für ihn »(wenigstens scheinbar) absolut zerstörende Mächte, unter deren Hufschlag kein Gras mehr wächst«. Mit den Schädelpyramiden des Mongolenherrschers Timur, der Mauern aus Stein, Kalk und lebenden Menschen aufführen ließ – mit solchen Gewaltherrschern läßt sich keine Theodizee und keine Dialektik betreiben. Aus ihnen erwächst nichts Gutes. Doch das Mephisto-Motiv – »ein Teil von jener Kraft,/ die stets das Böse will und stets das Gute schafft« – meldet sich ganz leise auch hier noch: Haben die Mongolen nicht Europa vor den Osmanen gerettet?[32]

Insgesamt aber gilt, daß alle solche Überlegungen nur angestellt werden dürfen, wenn man das Ganze der Geschichte, den »Weltplan« schon im Voraus weiß. Eben das hatte Hegel angedeutet, daß es nun an der Zeit sei, den »Plan der Vorsehung« zu erkennen. Was Hegel zu wissen glaubt, weiß Burckhardt nicht mehr: »Bei allen Zerstörungen läßt sich aber immer Eins behaupten: (die Oeconomie der Weltgeschichte im Großen bleibt dunkel;) wir wissen nie was geschehen sein würde wenn Etwas, und sei es das Schrecklichste, unterblieben wäre«. Und weil Burckhardt es nicht weiß, rät er dazu, mit dem Gedanken des Trostes aus der »Compensation« sparsam umzugehen. Es ist der letzte Rest eines nun depotenzierten Theodizee-Motivs, allerdings unter der Prämisse seiner beibehaltenen verstörenden Erfahrung, daß nicht *wir* die Herren unserer Geschichte sind. Bei Burckhardt ist die unbewußte Produktion der Geschichte in die an Schopenhauer gemahnende Formel gegossen, daß wir lernen möchten, »die Blindheit unseres Wünschens« einzusehen.[33] Der Abschluß dieser Betrachtung nimmt eine seltsame, und zugleich bedeutende Wendung: Wenn wir schon das Ganze nicht wissen können, wäre es nicht wenigstens möglich, einen beobachtenden Standpunkt der Ruhe einzunehmen? Kaum unterscheidbar verschlingen sich hier geschichtsphilosophische und historistische Denkmotive. »Könnten wir völlig auf unsere Individualität verzichten und die Geschichte der kommenden Zeit (etwa mit eben) so viel Ruhe und Unruhe betrachten wie wir das Schauspiel der Natur, (zum Beispiel eines Seesturms vom festen Lande aus mit) ansehn, so würden wir vielleicht eines der größten Capitel aus der Geschichte des Geistes bewußt miterleben«.

Wer Geschichte betrachten will »wie ein Schauspiel der Natur vom festen Lande aus«, der muß irgendwann einmal bei seinen philosophischen Studien in Kants *Kritik der Urteilskraft* den Abschnitt über das »dynamisch-Erhabene

---

[31] G. W. F. Hegel: Die Vernunft in der Geschichte (Anm. 14), S. 35.
[32] Jacob Burckhardt: Über das Studium der Geschichte (Anm. 12), S. 241.
[33] Ebd., S. 242f. und S. 245. – G. W. F. Hegel: Die Vernunft in der Geschichte (Anm. 14), S. 39.

in der Natur« gelesen haben.[34] Allerdings wird er die Erfahrung machen, daß es in der Geschichte diesen festen Standpunkt nicht gibt. Und wer auf seine »Individualität« verzichten möchte, um dem »Geist der Menschheit erkennend nachzugehen« – der ist aus ebenderselben Kritik an der Hegelschen Geschichtsphilosophie zu einem ähnlichen Grundsatz wie Ranke gekommen. Ästhetische Betrachtung tritt an die Stelle der wissenden Vernunft. Und warum? Weil das Telos des Prozesses nicht mehr einsehbar ist. Zugleich befreit sie aber vom unbewußten Handeln im Prozeß, getrieben von immer neuen Wünschen und Hoffnungen. Wer etwas »bewußt« miterleben will, muß sich jenseits der politischen Leidenschaften des Tages ansiedeln, jenseits aber auch des vermeintlich gewußten Telos. Gerade dann aber tritt für ihn das »Böse« unverhüllt aus seiner dialektischen Umklammerung hervor. Es ist was es ist – böse an sich selbst, nicht von vornherein eingebaut in den Fortgang einer Philosophie der Freiheit. Als einzig mögliche Erkenntnis bleibt die beschauende Wiedergabe des Geschehenen: »Was einst Jubel und Jammer war, muß Erkenntnis werden, wie eigentlich auch im Leben des Einzelnen«. Der von Hegel außer Dienst gestellte Satz von der *Historia magistra vitae* taucht wieder auf; für Hegel kam die »Belehrung« immer zu spät, man kann in der Geschichte keine Erfahrungen sammeln, weil ihre Konstellationen immer wieder neu und unvergleichlich sind. Erst in der Dämmerung, wenn eine Gestalt des Lebens alt geworden ist, beginnt die Eule der Minerva ihren Flug. Burckhardt ist skeptischer und zugleich beruhigter: »Damit erhält auch der Satz: Historia vitae magistra einen höhern und zugleich bescheidnern Sinn. Wir wollen durch Erfahrung nicht so wohl klug (für ein andermal), als weise (für immer) werden«.[35]

5. Über Historische Größe

Wir springen in dem Vorlesungszyklus Burckhardts ein Jahr zurück, auf den 8. November 1870. Und hier wissen wir nun genau, daß Nietzsche diesen Vortrag – eigentlich waren es drei Vorträge am 8., 15. und 22. November – gehört hat. Denn er schreibt in einem vor dem 7. November begonnenen, aber erst nach dem 8. November beendeten und abgeschickten Brief an Gersdorff:

> Gestern Abend hatte ich einen Genuß, den ich Dir vor allem gegönnt hätte. Jacob Burckhardt hielt eine freie Rede über ›historische Größe‹, und zwar völlig aus unserm Denk- und Gefühlskreise heraus. Dieser ältere, höchst eigenartige Mann ist zwar nicht zu Verfälschungen, aber wohl zu Verschweigungen der Wahrheit ge-

---

[34] Jacob Burckhardt: Über das Studium der Geschichte (Anm. 12), S. 245. – Immanuel Kant: Kritik der Urtheilskraft. AT. Bd. 5, Berlin 1968, S. 261.
[35] Jacob Burckhardt. Über das Studium der Geschichte (Anm. 12), S. 230.

neigt, aber in vertrauten Spaziergängen nennt er Schopenhauer ›unseren Philosophen‹. Ich höre bei ihm ein wöchentlich einstündiges Colleg über das Studium der Geschichte und glaube der Einzige seiner 60 Zuhörer zu sein, der die tiefen Gedankengänge mit ihren seltsamen Brechungen und Umbiegungen, wo die Sache an das Bedenkliche streift, begreift.[36]

Nicht nur deutet Nietzsche Vertrautheit mit dem berühmten Manne an – er pocht auch auf Kongenialität und fügt hinzu daß, wäre er nur ein paar Jahre älter, er solche Vorlesungen auch halten könnte. Übrigens habe sich Burckhardt in der »heutigen Vorlesung« Hegels Philosophie der Geschichte angenommen, in einer »des Jubiläums durchaus würdigen Weise« – es war das Jahr 1870 und 1870 war nicht nur Krieg, sondern man feierte den 100. Geburtstag des geschichtsphilosophischen Schwaben. Was hat Nietzsche in diesem Kolleg zu hören bekommen? Daß unser Verhältnis zur historischen Größe ambivalent ist. In der Gegenwart erscheint sie als ein Mangel; dennoch müssen echte und falsche Größen auseinandergehalten werden.

Einerseits: »Unser Knirpstum; Größe ist, was wir nicht sind. [...] Und dennoch fühlen wir, daß der Begriff unentbehrlich ist und daß wir ihn uns nicht dürfen nehmen lassen«. Andererseits entdecken wir in uns ein Gefühl »der unechtesten Art, nämlich ein Bedürfnis der Unterwürfigkeit und des Staunens, ein Verlangen, uns an einem für groß gehaltenen Eindruck zu berauschen«. Was also ist Größe? Burckhardt antwortet mit zwei Worten: »Einzigkeit, Unersetzlichkeit«.[37] War Alexander »groß«? War Columbus »groß«? Was zeichnet große Künstler aus? Die Konzentration der Willenskraft? Inmitten dieser eher fragenden Erörterungen tauchen plötzlich Hegelsche Motive auf – der Titel dieser Vorlesungen heißt ja auch *Die Individuen und das Allgemeine*. Die Geschichte liebt es bisweilen, sich »auf einmal in einem Menschen zu verdichten, welchem hierauf die Welt gehorcht«. Wer dächte da nicht an die berühmte Briefstelle Hegels, er habe in Jena Napoleon als die »Weltseele zu Pferde« durch die Straßen reiten sehen. Was also gehört dazu: Willensstärke »welche magischen Zwang um sich verbreitet«, Seelenstärke, wie sie »Friedrich der Große« bewiesen habe. Die Revolutionsmänner und Revolutionsgenerale kommen bei Burckhardt hingegen schlecht weg; überhaupt sieht er die schon eingangs skizzierte Ambivalenz darin, »historische Größe« zu unterscheiden »von bloßer Macht«.[38] Es muß noch etwas Zusätzliches dabeisein: »Es zeigt sich, scheint es, eine geheimnisvolle Coincidenz des Egoismus des Individuums mit dem was man den gemeinen Nutzen der die Größe, den Ruhm der Gesammtheit nennt«. Auch das hatte Hegel nicht viel anders formuliert, wenn er von seinen großen Männern sagt: »Ihre Sache war es, dieses Allgemeine, die nothwendige höchste Stufe ihrer Welt zu wissen,

---

[36] Ebd., Einleitung von Peter Ganz, S. 50. – Friedrich Nietzsche: Sämtliche Briefe (Anm. 27), S. 155.
[37] Jacob Burckhardt: Über das Studium der Geschichte (Anm. 12), S. 377ff.
[38] Ebd., S. 392ff.

diese sich zum Zwecke zu machen und ihre Energie in sie zu legen«. Selbst die Zusammenfassung gegen Ende der Vorlesung, die großen Männer seien notwendig, damit die Welt sich ruckweise von abgestorbenen Lebensformen frei machen könne – alles bester Hegel.[39]

Und doch bleibt eine entscheidende Differenz: Hegel mediatisiert seine Heroen. Was immer sie auch geleistet haben mögen, sie bringen es niemals weiter als bis zum »Geschäftsführer« des Weltgeistes; aus ihren Intentionen wird etwas anderes, als sie gedacht hatten. Sie sind sozusagen nur Mittel zum Zweck – und da der Zweck ebenso vernünftig wie erkannt ist, realisieren sie das »Fortschreiten im Bewußtsein der Freiheit«. Daher rechtfertigt Hegel auch die Mittel – bis hin zu dem ungeheuerlichen Satz: »Eine große Gestalt, die da einherschreitet, zertritt manche unschuldige Blume, muß auf ihrem Wege manches zertrümmern«.[40] An genau diesem Punkt klinkt Burckhardt sich aus. Er konstatiert zwar bei den Helden der Geschichte »eine merkwürdige Dispensation von dem gewöhnlichen (Sittengesetz)«. Dem »Mann nach dem Herzen Gottes« wird manche Ruchlosigkeit nachgesehen und Burckhardt notiert sich etwas resigniert am Rande: »Es ist thatsächlich noch gar nie Macht gegründet worden ohne Verbrechen. Und doch entwickeln sich die wichtigsten materiellen und geistigen Besitzthümer der Nationen nur an einem durch Macht gesicherten Dasein«. Doch sogleich macht er Ausnahmen. Für einen Richard III. gibt es diese Nachsicht nicht – seine Taten waren lediglich Verbrechen. Man sieht: Was für Hegel leicht war – Burckhardt tut sich schwer damit. Gibt es eine »Rechtfertigung der Verbrechen der großen Individuen«? Die Diskussion dieser Möglichkeit zieht sich über Seiten hin. Es ist klar: Da für ihn das Theodizee-Motiv entfällt, gibt es eigentlich keine Rechtfertigung des Übels, und da er das Ziel der Geschichte nicht zu kennen behauptet, entfällt auch die große Idee, um derentwillen alles gerechtfertigt wird. Ja, vielleicht kommen die »großen Männer« sogar aus der Mode. Das »Pathos unserer Tage« – so sagt er – das »Besserlebenwollen der Massen« kann sich gar nicht in einer großen Gestalt verdichten, was nicht ausschließt, daß solche Gestalten in einer historischen »Crisis« einmal auferstehen, »worauf dann Alles hinterdrein läuft«.[41] Der deutsche Leser liest solche Sätze wie Schlegels *rückwärtsgewandter Prophet* – mit einer unguten Vorahnung.

---

[39]   Ebd., S. 401 und S. 405: »Denn die großen Männer sind zu unserm Leben nothwendig damit die weltgeschichtliche Bewegung sich (periodisch und) ruckweise frei mache von bloßen (abgestorbenen Lebensformen und vom) reflectirenden Geschwätz«. – G. W. F. Hegel: Die Vernunft in der Geschichte (Anm. 14), S. 98.
[40]   G. W. F. Hegel: Die Vernunft in der Geschichte (Anm. 14), S. 99f.
[41]   Jacob Burckhardt: Über das Studium der Geschichte (Anm. 12), S. 401 und S. 405.

6. Burckhardt und Nietzsche

Wie mögen die Vorlesungen auf den jungen Nietzsche gewirkt haben? Er war als jungberufenes Genie in übermütiger Stimmung in Basel angekommen. Ein Brief an Mutter und Schwester zum Neuen Jahr 1869 endet: »Ha ha ha (Lacht). Ha ha ha (Lacht noch einmal.) Schrumm! (Geht ab.) F. N.«. Er lacht sich ins Fäustchen und genießt seine Professur – wenngleich sich sein Baseler Horizont bald eintrüben wird. Das Jahr 1870 findet ihn als eine Art Kriegs-tourist. Eine Reise nach Paris als »philosophischer Flaneur« zu unternehmen hatte er schon lange erhofft. Nun verspricht er sich viel davon, im Nachtrab des deutschen Heeres nach Paris zu gelangen. Er meldet sich bei einem Sanitätsdienst, und das Unternehmen mißlingt gründlich. »Ich hatte« – so schreibt er an Richard Wagner – »einen elenden Viehwagen, in dem 6 Schwerleidende lagen, allein während jener Zeit zu besorgen. [...] Alle mit zerschossenen Knochen, mehrere mit 4 Wunden [...] Daß ich es in diesen Pestdünsten aushielt, selbst zu schlafen und zu essen vermochte, erscheint mir jetzt wie ein Zauberwerk«.[42] Als der Lazarettzug in Karlsruhe anlangt, ist der kurzsichtige Sanitäter selbst mit Ruhr und Diphterie infiziert; das Abenteuer »ins Allgemeinere zu wirken« ist zu Ende. Etwas kleinlaut nimmt der eingeschweizerte Freiwillige, der eigentlich in diesem Krieg gar nichts zu suchen hatte, seine Baseler Gewohnheiten wieder auf. Als das Wintersemester beginnt, ist er – um diese Erfahrungen reicher – wieder so weit genesen, daß er an jenem 8. November Burckhardts Kolleg über *Historische Größe* besuchen kann.

Hatte er nicht (noch auf dem Papier eines Feldpostbriefes) an Gersdorff geschrieben, wäre er nur etwas älter, könne er solche Vorlesungen auch halten? 1874 erscheint eine Einlösung dieses Anspruchs, die *Zweite unzeitgemäße Betrachtung. Über Nutzen und Nachtheil der Historie für das Leben.* Man kann sie als Nietzsches Antwort auf Burckhardts *Weltgeschichtliche Betrachtungen* ansehen, die wiederum – Ironie der Geschichte – diesen stolzen Titel in der Herausgabe aus dem Nachlaß wohl nur bekommen haben, weil der Herausgeber andeuten wollte, daß man sie als schon vorab gegebene Antwort auf Nietzsches *Unzeitgemäße Betrachtung* zu lesen habe.[43] Nun also ist die *Zweite Unzeitgemäße* erschienen und Nietzsche wartet auf Resonanz. An Gersdorff schreibt er im März 1874: »Gute Briefe habe ich, von vielen Seiten. Burckhardt, mein College, hat mir in einer Ergriffenheit über die Lecture der ›Historie‹ etwas recht gutes und Characteristisches geschrieben«. Die unbestimmte Wendung »recht gutes und Characteristisches« will nicht

---

[42] Friedrich Nietzsche: Sämtliche Briefe. Bd. 2 (Anm. 27), S. 362. – Ebd., an Erwin Rohde, S. 358. – Werner Ross: Der ängstliche Adler. München 1994, S. 240ff. – Friedrich Nietzsche: Sämtliche Briefe (Anm. 27), S. 143.

[43] Jacob Burckhardt: Über das Studium der Geschichte (Anm. 12), Einleitung von Peter Ganz, S. 56.

recht zur »Ergriffenheit« passen, und tatsächlich ist der Brief Burckhardts an Nietzsche so abgefaßt, daß man eigentlich nur eines herauslesen kann: Er geht auf Distanz. »Ich habe die Geschichte« – so schreibt er – »nie um dessentwillen gelehrt, was man pathetisch unter Weltgeschichte versteht, sondern wesentlich als propädeutisches Fach; [...] auch dachte ich gar nie daran, Gelehrte und Schüler im engeren Sinne großzuziehen, sondern wollte nur, daß jeder Zuhörer sich die Überzeugung und den Wunsch bilde: man könne und dürfe sich dasjenige Vergangene, welches jedem individuell zusagt, selbständig zu eigen machen, und es könne hierin etwas Beglückendes liegen«.[44] Wie eine kalte Dusche mußte das auf den Verfasser der Schrift über den *Nutzen und Nachteil* wirken, der sich sehr wohl an Burckhardt attachiert hatte, und der seinerseits, am Ende seiner Schrift, die »Jugend« zur Tat aufruft. Der Ausgangspunkt ist bei beiden zunächst ähnlich: beide Geschichtsdenker haben Schopenhauer im Hintergrund, beide kritisieren Hegel und reiben sich an Eduard von Hartmann. Doch Burckhardts skeptischer Blick auf eine Geschichte, der das Ziel, das letzte »Warum« abhanden gekommen ist, wird bei Nietzsche zur Gewißheit von der Verderblichkeit des historischen Prozesses und zu seiner Anklage im Namen des »Lebens«. Zeitkritik verdichtet sich in der Kritik an dem alle Kultur überwuchernden »historischen Sinn«.

> Aber es ist krank, dieses entfesselte Leben und muss geheilt werden. Es ist siech an vielen Uebeln und leidet nicht nur durch die Erinnerung an seine Fesseln – es leidet, was uns hier vornehmlich angeht, an der *historischen Krankheit*. Das Übermaass von Historie hat die plastische Kraft des Lebens angegriffen, es versteht nicht mehr, sich der Vergangenheit wie einer kräftigen Nahrung zu bedienen.[45]

Häufig liest man Nietzsches Schrift nur als Kritik am aufkommenden Historismus; das ist zu einseitig. Sie ist ebensosehr Kritik an der Geschichtsphilosophie, die in ihrem Versagen die Kleinmeisterei des Historismus erst freigesetzt hat. Hinter der Kritik an der Geschichtswissenschaft steht aber die Angst vor dem historischen Prozeß, der blind aber dynamisch vorwärtsrollenden »Geschichte selbst«. Bei Hegel hatte sie noch mitgeholfen, menschliches Unvermögen in »Vernunft« umzulenken. Diese Denkfigur ist nun blamiert; Geschichte und Leben sind auseinandergetreten und stehen sich feindlich gegenüber. Das Leben kann sich »Geschichte« in plastischer Kraft nicht mehr anverwandeln. »Plastische Kraft« – ein Begriff aus Burckhardts *Kultur der Renaissance*; dort fällt es in einem bezeichnenden Zusammenhang zur Charakterisierung der »Renaissancemenschen«.

---

[44] Nietzsche, Sämtliche Briefe. Bd. 4 (Anm. 27), S. 211. – Jacob Burckhardt: Über das Studium der Geschichte (Anm. 12), Einleitung von Peter Ganz, S. 56.
[45] Friedrich Nietzsche: Vom Nutzen und Nachtheil der Historie für das Leben. In: F. N.: Sämtliche Werke. KSA. Bd. 1. Hg. von Giorgio Colli und Mazzino Montinari. Berlin, New York 1967-1977, S. 245–334, hier S. 329.

> Endlich aber zeigen die geistig Mächtigen, die Träger der Renaissance, in religiöser Beziehung eine häufige Eigenschaft jugendlicher Naturen: sie unterscheiden recht scharf zwischen gut und böse, aber sie kennen keine Sünde; jede Störung der inneren Harmonie getrauen sie sich vermöge ihrer plastischen Kraft wiederherzustellen und kennen deshalb keine Reue; da verblaßt denn auch das Bedürfnis der Erlösung [...].[46]

Für Nietzsche sind solche Bilder kein *ferner Spiegel*; er träumt davon, mit einer Hundertschaft solcher »unmodern erzogener, das heisst reif gewordener und an das Heroische gewöhnter Menschen« die ganze lärmende Afterbildung seiner Zeit zum Schweigen zu bringen. Nietzsche hat die Hoffnung nicht aufgegeben, das »Chaos« doch noch einmal zu »organisieren« – sich der Geschichte zu bemächtigen. Nicht in illusorischer Bändigung, wie in der Geschichtsphilosophie mit ihrer Hoffnung auf eine »List der Vernunft« im Hintergrund der agierenden Personen, sondern in wirklicher Machtergreifung durch die »Jugend«.[47] Warum müssen diese wiedergeborenen Renaissancemenschen an das »Heroische« gewöhnt sein? Sicherlich – auch Burckhardt war um die Unumgänglichkeit großer Männer nicht herumgekommen. Aber er hatte sie (wenn auch ohne ihre Verbrechen zu exkulpieren) doch noch an Hegel herangerückt: Sie führen das »Allgemeine« einer Zeit aus. Für Nietzsche stellt die Geschichte keine Aufgaben mehr. Sie ist insgesamt eine dem Leben feindliche Macht. Um ihr zu begegnen, kann man nicht mit ihr zusammenarbeiten – man muß gegen sie aufstehen. Und für diesen Aufstand braucht man bislang unerhörte Kräfte – einen neuen Menschen. Nietzsches Anthropologie ist gar nicht zu denken ohne diesen Hintergrund: Einen Menschen zu entwerfen, der der Geschichte als ganzer entgegentreten kann. Was er dafür braucht? Gerade kein fein ziseliertes historisches Wissen, sondern ein durch »Instinkte und kräftige Wahnbilder beherrschtes Leben«. Ein »umhüllender Wahn« muß wie eine »umschleiernde Wolke« über dem Leben liegen, wenn es den Anblick der Geschichte ertragen soll. Der viel beschworene »Übermensch« ist wesentlich jemand, der es mit der »Geschichte« aufnehmen können soll.[48]

Nietzsche wird seine Stellung zur Geschichte später noch ändern; er wird, wie in der *Genealogie der Moral* von 1887, selbst zum Kulturhistoriker werden, der einzelne mächtige Ausblicke durch den Wald haut und Salz in die Geschichte bringt. Er wird die Sehnsucht nach der »höchsten Mächtigkeit und Pracht des Typus Mensch« in die Welt setzen; er wird von »arischen Eroberer-Rassen« fabulieren und die Juden als das »priesterliche Volk« mit dafür verantwortlich machen, daß die Herrenmoral der »Gesunden« von der ressen-

---

[46] Jacob Burckhardt: Die Kultur der Renaissance in Italien. Stuttgart 1966, S.465 f.
[47] Friedrich Nietzsche, Vom Nutzen und Nachtheil (Anm. 45), S. 295 und S. 333. – Vgl. dazu Heinz Dieter Kittsteiner: Nietzsches ›souveränes Individuum‹ in seiner ›plastischen Kraft‹. In: H. D. K.: Listen der Vernunft (Anm. 20), S. 132–149.
[48] Friedrich Nietzsche, Vom Nutzen und Nachtheil (Anm. 45), S. 298f.

timentgeladenen »Sklavenmoral« zugrunde gerichtet wird.[49] Alle diese Überlegungen *jenseits von Gut und Böse* bleiben bei ihm vieldeutig, immer wieder
mit gegenläufigen Motiven durchflochten. Doch trotz dieser Verfeinerung,
die nicht allzuviel mit der späteren brutalen Rezeption zu tun hat – das alles
ist nicht mehr Burckhardts Welt. Alfred von Martin hat es in seinem Buch
Nietzsche und Burckhardt von 1941 vorsichtig, aber deutlich ausgedrückt:

> Wenn Nietzsche die ›vornehmen‹ Kulturen der Antike und der Renaissance in ei-
> nen positiven Kontrast setzte zu den modernen ›Gleichheits‹tendenzen, dann war
> das auch Burckhardt'schen Grundauffassungen gemäß; wenn er aber jene ›star-
> ken‹ Zeiten als Vorbild hinstellte für die muskel- und nervenschwache, unvitale,
> humane, ›zärtliche‹ eigene Zeit, so ist das schon ein anderer, Burckhardt fremder
> Ton; und wenn Nietzsche schließlich, aus lauter Haß und Verachtung gegen den
> ›heillos mittelmäßigen‹ und unerquicklich ›zahmen Menschen‹, das ›Haustier‹, das
> ›Gewürm‹ Mensch dessen möglichst extrem gedachtem Gegensatz, dem ›Raubtier‹
> mit dem ›Raubtiergewissen‹, ein möglichst robustes Lob spendet [...] – dann steht
> Burckhardt auf der Seite der von Nietzsche bekämpften, ›mit der christlichen Mo-
> ral tief verwandten Moral Schopenhauers‹.[50]

7. Noch einmal Burckhardt

Burckhardt als Leser Hegels war mein Thema. Ich habe es darauf eingeschränkt, daß Burckhardt das Theodizee-Motiv bei Hegel aufbricht, daß er
die rechtfertigende Einhüllung des »Bösen« in den Gang des Weltganzen
nicht mehr mitmacht, und daß er in skeptischer Resignation vor der Geschichte verharrt, eine Haltung, die ein Standhalten in der Zeit mit trösten-
dem Blick auf die Kunst nicht aus- sondern einschließt. Dieses Motiv der
Nicht-Rechtfertigung des Bösen durch eine vermeintlich höhere, wie immer
geartete Zielsetzung, machte zugleich die Lektüre Burckhardts für mißtraui-
sche Zeitgenossen aus den Jahren des »Dritten Reiches« interessant. Kritik an
Hegel aus Burckhardtscher Perspektive hieß übrigens nicht, daß Hegel nun
seinerseits zum genehmen Philosophen geworden wäre. Den einen war er
nicht aktivistisch genug, den anderen zu christlich.[51] Doch Burckhardt ist –
ob er nun wollte oder nicht, eng mit der Rezeption Nietzsches verflochten.
Auch Nietzsche kritisiert zunächst Hegel, nimmt aber dann dessen Grundmo-
tiv der Bändigung der Geschichte auf, jetzt aber nicht mehr mit der »List der
Vernunft« im Rücken, sondern in direkter Aktion. Dabei prägt er Sentenzen
aus, die dazu auffordern, sich der Geschichte unter erschwerten Bedingungen

---

[49] Friedrich Nietzsche: Zur Genealogie der Moral. In: F. N.: Sämtliche Werke.
      KSA. Bd. 5. Hg. von Giorgio Colli und Mazzino Montinari. Berlin, New York
      1967–1977, S. 247–412, hier S. 253, S. 263 und S. 267ff.
[50] Alfred von Martin, Burckhardt und Nietzsche (Anm. 7), S. 119f.
[51] Franz Böhm: Anti-Cartesianismus. Deutsche Philosophie im Widerstand. Ham-
      burg 1938, S. 26. – Hans Heyse: Idee und Existenz. Hamburg 1935, S. 238.

noch einmal zu bemächtigen. Hayden White hat diese Differenz exakt herausgearbeitet: Burckhardt »glaubte, den Weg zu sehen, auf dem die Welt sich
bewegt, doch fehlte ihm der Wille, sich dieser Bewegung zu widersetzen.
Dies trennt ihn von seinem Freund und Kollegen Nietzsche«. Hayden White
schlägt sich auf die Seite Nietzsches; er rechnet Burckhardt der satirischen
Schreibweise zu, dem »unglücklichen Bewußtsein«, dem das Heroische fremd
sei.[52]

Manchen Lesern Burckhardts in der Zeit zwischen 1933 und 1945 war es
des Heroischen schon viel. Wer nur einen Blick in Heideggers Nietzsche-
Vorlesung von 1940 wirft, dem schlägt dieser Tatendrang entgegen. »Die
Welt vermenschlichen« – hatte Nietzsche im *Willen zur Macht* gesagt – »d.h.
immer mehr uns in ihr als Herren fühlen«. Heidegger legt das so aus, daß der
Mensch wesenhaft über der Welt stehe »und sich zur Meisterung dieser ent-
schlossen hat«.[53] Meisterung der Welt – das hat 1940 einen ganz besonderen
Beigeschmack. Auch darüber macht sich Heidegger Gedanken. Wie kommt
es, daß die Deutschen an allen Fronten siegreich vorgehen?

> Es genügt nicht, daß man Panzerwagen, Flugzeuge und Nachrichtengeräte besitzt;
> es genügt auch nicht, daß man über Menschen verfügt, die dergleichen bedienen
> können; es genügt nicht einmal, daß der Mensch die Technik beherrscht, als sei
> diese etwas gleichgültiges jenseits von Nutzen und Schaden, Aufbau und Zerstö-
> rung, beliebig von irgendwem und zu beliebigen Zwecken brauchbar.

Nein – man braucht dazu ein neues »Menschentum«, das Nietzsche metaphysisch vorhergesehen habe, »das über den bisherigen Menschen hinausgeht«,
das sich der »machinalen Ökonomie« anpasse, »zur Einrichtung der unbe-
dingten Herrschaft über die Erde«.[54]

Nietzsche und Burckhardt waren – bei allen bereits bestehenden Differenzen – in der Rezeption nun so weit auseinandergetreten, daß der *eine* als
heimliche Kritik am *andern* gelesen werden konnte. In der Lektüre von Hans
Joachim Schoeps von 1936 steht Burckhardt eben nicht jenseits von Gut und
Böse; sondern in seinem Bekenntnis zu »Kunst als Lebensform« bleibt er
gleichzeitig ohne Illusionen über das, was in der modernen Welt kommen
wird. Nietzsche hingegen ringe um eine »neue Welt«; der Autor blickt zurück
auf das »dionysische Gefühl« des Wandervogels, zugleich ist sein Artikel
aber gespickt mit Abgrenzungen: »Alle Parolen, die heute im Schwunge sind,
sind bei Nietzsche angelegt und oft sogar erstmalig gleich so formuliert wor-

---

[52] Hayden White: Metahistory. Die historische Einbildungskraft im 19. Jahrhundert
in Europa. Frankfurt/M. 1991, S. 303f. und S. 346.

[53] Friedrich Nietzsche: Der Wille zur Macht. Mit einem Nachwort von Ralph-Rainer
Wuthenow. Frankfurt/M. 1992, S. 432, Nr. 614. – Martin Heidegger: Nietzsche:
Der europäische Nihilismus. In: M. H.: Gesamtausgabe. 2 Abteilung. Bd. 48.
Frankfurt/M. 1986, S. 171.

[54] Martin Heidegger: Nietzsche (Anm. 53), S. 205.

den, daß sie kaum mehr übertroffen werden können«.[55] Aber auch Burckhardt
war vor Vereinnahmungen nicht gefeit. Gottfried Benn beispielsweise, in den
Tagen seines »Schicksalsrausches« von 1933, las aus Burckhardt heraus, daß
Völker bestimmte »Lebenszüge« an den Tag zu bringen hätten, »und zwar
völlig ohne Rücksicht auf die Beglückung des Einzelnen, auf eine möglichst
große Summe von Lebensglück«. Das paßte wunderbar zu Nietzsche, den er
dafür in Anspruch nahm, daß eine »herrschaftliche Rasse« nur aus »furchtba-
ren und gewaltsamen Anfängen emporwachsen« könne.[56]

Nach dem militärischen und moralischen Desaster las man es anders. Angesichts der »offenen Notlage der Gegenwart« versuchte man zunächst, sich
des »Abendlandes« zu erinnern, und Burckhardt mußte dabei helfen.[57] Manche Dinge schlummerten lange im Verborgenen – sagt Wolf von Niebelschütz 1947, dann aber träten sie hervor. Wüßte man mehr über Burckhardt
Bescheid, dann müßte das »hypochondrische Europa« nicht »verstört nach
dem Opium der Geschichts-Flucht« greifen, »weil das gestrige Stimulans der
Geschichts-Verehrung ihm schlecht bekam«. Nun sollte Burckhardt die Deutschen lehren, wie man es mit mildem Relativismus dennoch in der Geschichte
aushält.[58] Niebelschütz sagt das in einer Bielefelder Buchausstellung *Weltoffene Schweiz*. Indes war in der Schweiz 1943 das Buch des deutschen, in Zürich lehrenden Philosophen Eberhard Grisebach erschienen; eine Abrechnung
mit Burckhardt nach dem Muster der ästhetisierenden *Apolitie*. Eine Kritik
hat dieses Buch in der Schweiz nicht erfahren. Der Redaktor der *Neuen
Schweizerischen Rundschau* habe, darauf angesprochen, warum das Buch
noch nicht rezensiert sei, geantwortet: »Es ist nicht Nachlässigkeit, wenn wir
schweigen, sondern Höflichkeit«.[59] Es gab allerdings eine Antikritik zu diesem Buch von Alfred von Martin, die aber im »Dritten Reich« nicht gedruckt
werden konnte. Nun erschien sie 1946. Sie kulminiert in dem Motiv, daß
Burckhardt die europäische Tradition zu retten suchte, während andere, wie
Nietzsche und sein existenzphilosophischer Nachfahre »Herr Grisebach« noch
in den Untergang stoßen wollten, was schon falle. »Für Burckhardt bestand
die Krise in der immer zunehmenden Gefährdung der Tradition, – für Grisebach besteht sie darin, (oder wird sie doch dadurch so ungeheuer bedenklich), daß die Tradition noch immer nicht völlig beseitigt ist, wiewohl sie nur

---

[55] Hans Joachim Schoeps: Gestalten an der Zeitenwende. Burckhardt. Nietzsche.
       Kafka. Berlin 1936, S. 37.
[56] Gottfried Benn: Doppelleben. In: G. B.: Gesammelte Werke. Bd. 4. Hg. von
       Dieter Wellershoff. Stuttgart 1986, S. 69–172, hier S. 79.
[57] Heinrich Knittermeyer: Jacob Burckhardt. Deutung und Berufung des abendländi-
       schen Menschen. Stuttgart 1949, S. 9.
[58] Wolf von Niebelschütz: Jacob Burckhardt und der deutsche Geist. In: W. v. N.:
       Freies Spiel des Geistes. Reden und Essais. Düsseldorf, Köln 1961, S. 310–318,
       hier S. 311.
[59] Werner Kaegi: Jacob Burckhardt (Anm. 3), S. 134.

noch hemmend zu wirken imstande sei.[60] Alfred von Martin macht die nicht ganz unzutreffende Bemerkung, der Grisebachsche Angriff auf Burckhardt gehöre in das leider umfangreiche Kapitel der »trahison des clercs«. Julien Benda hatte diesen Verrat historisch lokalisiert: Seit dem Ende des 19. Jahrhunderts begännen die »clercs«, deren Aufgabe es doch sei, die Passionen der Politiker und des Publikums kritisch zu dämpfen, »beim Spiel der politischen Leidenschaften mitzuhalten«.[61] Das wäre eine Überlegung wert. Burckhardt war – belehrt durch Hegel – ein »clerc« der alten Schule; Nietzsche ist schon eine Figur des Übergangs, nicht frei davon, in der späteren Rezeption für den *Verrat der Intellektuellen* in Anspruch genommen zu werden.

---

[60] Alfred von Martin: Gerichtstag über Jacob Burckhardt? (Anm. 8), S. 42. – Eberhard Grisebach: Jacob Burckhardt als Denker. Bern, Leipzig 1943, S. 323ff. – Den genuinen Nationalsozialisten allerdings war Grisebach zu lasch, allein schon deshalb, weil er »neutral« in der Schweiz saß. Gerhard Lehmann: Die deutsche Philosophie der Gegenwart. Stuttgart 1943, S. 367.

[61] Julien Benda: Der Verrat der Intellektuellen. Mit einem Vorwort von Jean Améry. Frankfurt/M., Berlin, Wien 1983, S. 112.

KONRAD EHLICH

Der »Sitz im Leben« – eine Ortsbesichtigung

I.

Zu den wenigen Termini, die aus der deutschen kulturwissenschaftlichen
Tradition einen Weg in andere, insbesondere die englische Wissenschaftssprache gefunden haben, gehört der Ausdruck »Sitz im Leben«.[1] Der folgende Beitrag soll ihm nachgehen. Die Fakten seiner Entstehung sollen dabei
nicht im Mittelpunkt stehen. Neuere Arbeiten, so die große Monographie von
Klatt, haben hierzu Erhellendes gesagt.[2] Klatt kommt zu dem Ergebnis, der
»Sitz im Leben« sei eine geniale Erfindung Gunkels.[3] Vielmehr soll es darum
gehen, dieses Konzept und seine Versprachlichung linguistisch etwas genauer
zu betrachten – eben eine Ortsbesichtigung vorzunehmen. Ziel ist dabei vor
allem ein Beitrag zu einer Kritik des Konzeptes im Licht einer sozialwissenschaftlich sensibilisierten linguistischen Analyse von Texten.

II.

Der Ausdruck »Sitz im Leben« wurde von Hermann Gunkel im Rahmen seiner Analysen des Alten Testaments entwickelt und in der von ihm und Hugo
Greßmann begründeten form- oder gattungsgeschichtlichen Schule zu einer
weiten Verbreitung geführt. Religionsgeschichtliches Interesse und literarkritische Herangehensweise an die Texte des Alten Testaments bestimmten die

---

[1] Als Beispiel für die englischsprachige Verwendung diene etwa Krister Stendhal:
The School of St. Matthew and its Use of the Old Testament. Uppsala u.a.:
Almqvist & Wiksell 1954.

[2] Werner Klatt: Hermann Gunkel. Zu seiner Theologie der Religionsgeschichte und
zur Entstehung der formgeschichtlichen Methode. Göttingen: Vandenhoeck und
Ruprecht 1969; vgl. auch Kurt Galling: Art. »Gunkel, Hermann«. In: Die Religion
in Geschichte und Gegenwart 2 (^{3}1958), Sp. 1908f.

[3] Vgl. Gerhard Sellin: »Gattung« und »Sitz im Leben« auf dem Hintergrund der Pro-
blematik von Mündlichkeit und Schriftlichkeit synoptischer Erzählungen. In:
Evangelische Theologie 50, 4 (1990), S. 311–331, hier S. 328; Andreas Wagner:
Gattung und ›Sitz im Leben‹. Zur Bedeutung der formgeschichtlichen Arbeit Her-
mann Gunkels (1862–1932) für das Verstehen der sprachlichen Größe ›Text‹. In:
Susanne Michaelis und Doris Thopinke (Hg.) Texte – Konstitution, Verarbeitung,
Typik. München und Newcastle: Lincom Europa, S. 117–163 (mit ausführlichem
Literaturverzeichnis).

Erkenntnisziele dieser Forschungsrichtung. Das Ziel war eine »israelitische Literaturgeschichte«, wie Gunkel es in einem programmatischen Aufsatz formulierte.[4] Mit Gunkel und Greßmann[5] nahm die alttestamentliche Wissenschaft eine Vorreiterrolle unter den theologischen Wissenschaften ein – aber nicht nur dort. Den von Gunkel und seinen Kollegen entwickelten Fragestellungen und Methoden kam für die sich innerhalb der Philologien entfaltenden Erkenntnisinteressen ein exemplarischer Stellenwert zu – ja, zum Teil griffen sie über den Horizont der Philologien in einer Weise hinaus, die ebenso kühn wie folgenreich war. Zugleich freilich läßt sich bereits hier einiges von den wissenschaftsmethodischen Problemen erkennen, die in späteren Entwicklungsphasen einer sozialwissenschaftlichen Literaturanalyse fast wie eine Art Schatten immer neu die gewonnenen Erkenntnisse zu verdunkeln drohen. Eine kritische Analyse der Größe und des partiellen Scheiterns des Gunkel-Programms mag so zur Selbstaufklärung sowohl der Linguistik wie der Literaturwissenschaft eine Beitrag zu liefern imstande sein.

III.

Schon die äußere Form des Ausdrucks »Sitz im Leben« weist auf seinen spezifischen wissenschaftssprachlichen Charakter hin. Es handelt sich offensichtlich um eine Metapher. Ihre Valenz verlangt nach einer Subjektausfüllung, die ausgespart ist: Was hat einen »Sitz im Leben«? Es ist der Text, und zwar zunächst einmal der »literarische Text« – wie sich zeigen wird, freilich in einer spezifischen Interpretation (vgl. unten VII.). Der Text wird also gleichsam personalisiert – allerdings nicht soweit, daß man den *Sitz* als Verbalabstraktum nehmen und re-verbalisieren könnte: Es wird also nicht auch gesagt, der Text »sitze« im Leben. Vielmehr ist das assoziative Feld, das mit »Sitz im Leben« aufgerufen wird, offensichtlich eher an abstrakten Verwendungen des Nomens *Sitz* orientiert, also etwa einem Sitz im Parlament, in einer Kammer, in einer sonstigen Einrichtung. Die sprachliche Ambivalenz, die sich in der Kappung der Rückführung auf das entsprechende Verbum bemerkbar macht, hat sicher zugleich ein gewisses Nutzerbefremden aufgerufen, das dem Ausdruck bis heute entgegenschlägt – und bei aller Akzeptanz zugleich auch ein leichtes Zögern bei seinem Gebrauch veranlaßt. Die bleibende Verwendung der Anführungszeichen bearbeitet nicht zuletzt dieses nutzersemantische Problem. Sieht man von diesem leichten Befremden ab, so ist aber die Metapher offensichtlich gut gewählt: Sie leuchtet ein und evoziert

---

[4]   Hermann Gunkel: Reden und Aufsätze. Göttingen: Vandenhoeck und Ruprecht 1913.
[5]   Hugo Greßmann: Die Aufgaben der alttestamentlichen Forschung: In: Zeitschrift für die alttestamentliche Wissenschaft 42, N.F. 1 (1924), S. 1–33.

aus sich heraus eine konzeptuelle Vorstellung auf der Seite der Hörer beziehungsweise Leser. Dies macht ihre Attraktivität bis heute aus.

IV.

Läßt sich der »Sitz« also durchaus auf Anhieb verstehen (wenn auch nur schwer übersetzen), so erweisen sich die anderen beiden Elemente des Ausdrucks – entgegen dem ersten Augenschein – als durchaus vertrackte Bestandteile, *Leben* und die Präposition *in* als Teil des Gesamtausdrucks.

Verfolgen wir dies zunächst für das »Leben« weiter. *Leben* ist eine Leitvokabel des öffentlichen Diskurses jenes Zeitraumes, derer sich Gunkel bediente. Diese Vokabel *Leben* war ihrerseits zu einer Metapher mit weitreichenden Verwendungsweisen, zu einem attraktiven semantischen Kristallisationspunkt geworden, der unterschiedlichste, meist eher diffuse Kritiken an den mentalen, diskursiven und institutionellen Verfaßtheiten und Verfestigungen des feudal-bürgerlichen status quo im Kaiserreich ermöglichte. Diese wurden – wiederum diffus – zusammengefaßt in der Bewegung der »Lebensphilosophie«.[6] Die Metapher wurde bei den Kritikern zu einer Art von »Letztbegründung«, die mehr aufgerufen als expliziert werden mußte, um durch die Berufung auf sie den Ausbruch aus den ein neues Denken hindernden konzeptionellen Beständen zu rechtfertigen – und eigentlich auch schon zu bewerkstelligen.

An dieser Nutzung beteiligte sich faktisch auch Gunkel. Dies tat er freilich, ohne daß er sich auf einen der herausragenden Theoretiker wie etwa Nietzsche oder aber Dilthey explizit beriefe.[7] Am weitesten gingen noch die Bezüge auf Konzeptionen hinsichtlich des Verstehens, wie sie bei Dilthey ihre Entfaltung fanden. Emphatische Äußerungen wie die, die von Hans Schmidt, einem seiner Schüler (1877–1953), berichtet wurde: »Wer Jesaja erklärt, muß träumen, er sei Jesaja«[8] zeigen Gunkel als »Einfühlungs«-Virtuosen.

Es ist in diesem Zusammenhang auch nicht zufällig, daß der enge Freund Nietzsches, Franz Overbeck (1837–1905), Kirchengeschichtler und Neutestamentler in Basel, zu den unmittelbaren Vorläufern des Gunkelschen Konzepts der Formgeschichte gehört.[9]

Insgesamt aber war die alttestamentliche Exegese zu sehr in ihre eigenen Traditionen und den allgemeineren diskursiven Kontext der Theologie einge-

---

[6] Otto Bollnow: Art. »Lebensphilosophie«. In: Die Religion in Geschichte und Gegenwart 4 (^{3}1960), Sp. 252–255.
[7] Werner Klatt (Anm. 2), S. 173.
[8] Ebd., S. 174.
[9] Franz Overbeck: Über die Anfänge der patristischen Literatur. In: Historische Zeitschrift 48 (1882), S. 417–472.

bunden, als daß solche expliziten Bezugnahmen sehr sinnvoll oder gar erforderlich gewesen wären. Aber es ergaben sich doch differenzierte Parallelen zur allgemeinen »geistigen Situation«. Auch in der alttestamentlichen Wissenschaft lag ein weithin akzeptierter status quo des Wissens vor, wie er insbesondere in der entwickelten Literarkritik bei Wellhausen und im Anschluß an ihn hergestellt war. Der emphatischen Berufung auf das »Leben« kommt demgegenüber ein argumentationstrategisch ganz ähnlicher Stellenwert zu wie in der Lebensphilosophie.

Allerdings entfaltet sich diese Argumentation nicht als eine gleichermaßen radikale Kritik wie in der zeitgenössischen Philosophie – es gab hinter die literarkritischen Resultate schließlich kein Zurück; und Wellhausen selbst hatte als ein zentrales Ergebnis seiner Arbeit, besonders seiner Rekonstruktion der vordeuteronomischen Geschichte Israels, eine Darstellung des Alten Testaments erreicht, der die Beziehung auf das »Leben« nicht fremd war.[10] So schreibt Smend zu den *Prolegomena* charakterisierend: Der »vorexilische(n) Überlieferung [...] gehört seine Sympathie, und also den Patriarchen, Königen und Propheten, wie sie weder durch den Zwang kultischer Institutionen noch durch das Schema theologischer Begrifflichkeit reglementiert, als lebendige Menschen nach dem Gebot ihrer Natur und der Umstände handeln«.[11] Insofern entwickelte sich das neue Gesamtkonzept zugleich in verhaltener Kontinuität.

Gleichwohl würde man, wollte man sich der – mittlerweile freilich nahezu inflationären – Nutzung des von Kuhn entwickelten Konzepts des »Paradigmas« anschließen, hier wahrscheinlich durchaus sinnvoll von einem Paradigmenbruch sprechen können.[12] Ein Bruch jedenfalls war das, was durch die Formgeschichte mit ihrer zentralen Kategorie »Sitz im Leben« in Gang kam, und die Durchsetzung der neuen Herangehensweise traf auf den entschlossenen Widerstand der Vertreter der durch die neue Fragestellung zugleich in Frage gestellten literaturtheoretischen Voraussetzungen, die das Fundament der literarkritischen Schule bildeten.

Gunkel selbst hat diese Auseinandersetzungen massiv erfahren. Ein Zeugnis ist etwa einem Brief an Budde zu entnehmen:

> Erlauben Sie mir aber hinzuzufügen, daß ich seit langem den Eindruck habe, daß Wolken des Mißverständnisses zwischen mir und einigen meiner Fachkollegen, zu denen auch Sie gehören, aufgezogen sind. Niemals habe ich in meinen Veröffentlichungen die Ehrfurcht vor dem älteren Geschlecht verleugnet, und auch darin keinen Zweifel gelassen, daß ich mich ganz auf dessen Schultern stehend fühle. Aber diese Empfindungen des Vertrauens sind mir leider wenig erwidert worden. Die

---

[10] Julius Wellhausen: Geschichte Israels I. o.O. 1878 und in Fortführung Ders.: Prolegomena zur Geschichte Israels. Berlin, Leipzig: de Gruyter 1883.
[11] Rudolf Smend: Deutsche Alttestamentler in drei Jahrhunderten. Göttingen: Vandenhoeck und Ruprecht 1989, S. 107.
[12] Gerhard Sellin (Anm. 3), S. 311.

neuen Einstellungen, die ich versucht habe, erfordern neue Einstellungen des Geistes, und ich muß die bittere Klage führen, daß man so wenig Neigung gehabt hat, sich auf solche Neueinstellungen einzulassen. [...] So bin ich in meiner Vereinsamung müde und traurig geworden und meine Freunde sind nur meine Schüler, die meine Forschung verstanden haben.[13]

V.

Ist der Ausdruck *Leben* in seiner pragmatisch-semantischen Funktion also gerade *als diffuser* genauer zu bestimmen, so mag es erstaunen, daß auch die Präposition *in* oben als problematisch eingeschätzt wurde. Selbstverständlich ist nicht sie selbst mit besonderen Schwierigkeiten belastet, sondern, wie oben gesagt, in ihrer hier vorfindlichen Verwendung: Wie soll der Sitz gerade »im« Leben aufgefunden werden, »in« ihm liegen? Durch die Präposition wird der Ausdruck »Leben« in einer spezifischen Weise restringiert und spezifiziert, er erscheint als sozusagen räumliche, sich mehrdimensional erstrekkende Größe, als ein Ort. Dies wiederum wirkt zurück auf die Verstehensmöglichkeiten des »Sitzes«, wie eben (III.) bereits gezeigt: Es geht, um andere mögliche Metaphern heranzuziehen, um die *Verankerungen* oder *Fundierungen* in etwas anderem. Indem dieses andere als »Leben« bestimmt wird, evoziert die Metapher als ganze jenen Diskurs des »Lebens« als des diffus »Lebendigen«, Nicht-Starren und Nicht-Erstarrten, den Bollnow für die Lebensphilosophie insgesamt konstatiert, und dies in genau der polemisch-distanzierenden Absicht, die deren Nutzung der Metapher kennzeichnet: »Der Begriff des Lebens, wie ihn die L(ebensphilosophie) verwendet, ist immer ein Kampfbegriff, der sich gegen einen bestimmten Gegner absetzt«.[14]

VI.

Wie eingangs (I.) gesagt, ist die Entstehungsgeschichte des Ausdrucks »Sitz im Leben« einigermaßen geklärt. Aus den Texten Gunkels ist sogar zu entnehmen, wie eine zunächst noch flexible Formulierung zunehmend zu einer festen Metapher gerinnt, die als solche dann von Teilen der Disziplin aufgenommen und als »terminus technicus« eingesetzt wird. In einem Aufsatz, der zuerst in der *Deutschen Literaturzeitung* 1906 veröffentlicht und dann an prominenter Stelle in den methodologisch folgenreichen *Reden und Aufsätzen*

---

[13] Zitiert von Werner Klatt (Anm. 2), S. 179.
[14] Otto Bollnow (Anm. 6), Sp. 253.

wieder abgedruckt wurde, schreibt Gunkel: »Jede alte literarische Gattung hat ursprünglich ihren *Sitz im Volksleben* Israels an ganz bestimmter Stelle«.[15]

Diese Formulierung läßt die später terminologisch gerinnende Metapher in statu nascendi erkennen. Es ist ein Verfahren alltäglicher Wissenschaftssprache, das Gunkel in seinem terminologisch gar nicht ambitionierten Text anwendet; er verläßt sich auf die Übertragungsplausibilität, die den Reiz auch noch des späteren Ausdrucks ausmacht.[16] Koch weist als den ersten terminologischen Gebrauch eine Verwendung in der *Theologischen Rundschau* 20 aus dem Jahr 1917 aus.[17] Besonders in den späten Werken stabilisiert sich dieser Gebrauch.

In der Sache freilich bewährt sich die 1906 erstmals ausgesprochene Konzeptualisierung über die ganze Folgezeit hin. Es ist der »Brückenschlag von der Gattungsbeobachtung zum Sitz im Leben«,[18] der für Gunkels Arbeit wichtig wurde – und damit die Rekonstruktion und Situierung der »Gattung« als entscheidenden Merkmals einer Literatur avant la lettre, die Gunkel in den von ihm behandelten Texten vorfand.

Für das Leitinteresse Gunkels nämlich, eine israelitische Literaturgeschichte zu schreiben, ergaben sich ernsteste Schwierigkeiten: Nicht nur, daß die Chronologie häufig unsicher war; vielmehr erwies sich ein zentrales Konzept von Literatur, Literaturgeschichte und Literaturgeschichtsschreibung als problematisch, das für die Nationalliteraturkonstrukte seit Vilmar ebenso unumgänglich wie für die Literaturauffassung der Neuzeit konstitutiv war: der schöpferische Autor, die *Schriftstellerpersönlichkeit*. So beklagt Gunkel »das Fehlen der Überlieferung über die Person der Schriftsteller: von vielen Schriften ist uns nicht einmal der Name der Verfasser bekannt; genaue Angaben über persönliche Verhältnisse und individuellen Entwicklungsgang können wir kaum über einen einzigen geben«.[19] Dies bedeutete nach den Kriterien der Zeit geradezu schon apriorisch das Scheitern des Unternehmens einer Literaturgeschichte. Wollte man sich damit nicht abfinden – und dies wäre unbefriedigend gewesen –, so mußte man sich nach neuen Wegen für die Literaturgeschichte umsehen. Man hatte schließlich Texte, die der Literatur zugehörten; man war sich darüber im klaren, daß diese ihre Geschichte hatten; und Kenntnisse darüber waren für die angestrebte Rekonstruktion der Religionsgeschichte Israels unumgängliche Voraussetzung.

---

[15] Hermann Gunkel (Anm. 4). S. 33.
[16] Interessanterweise findet sich ein ganz vergleichbarer Prozeß in der Verfestigung einer Metapher, der des (Schach-)Spiels, zur ontologisierenden Sachbestimmung für die Sprache bei Saussure, s. Konrad Ehlich: Die Lust des Linguisten am Spiel – Saussure. In: Grazer Linguistische Studien 21 (1984), S. 65–97.
[17] Klaus Koch: Was ist Formgeschichte? Neukirchen-Vluyn: Neukirchener Verlag des Erziehungsvereins [5]1989, S. 47.
[18] Ebd.
[19] Hermann Gunkel (Anm. 4), S. 30.

Diese geradezu aporetische Forschungssituation zwang also dazu, nach Auswegen zu suchen, die auch die überkommenen Grundannahmen nicht unberührt lassen konnten. Gunkel fand sie im Bezug auf die Gattungen: Waren zwar die Persönlichkeiten weithin nicht auszumachen, so ermöglichten die Texte selbst doch eine historische Rekonstruktion, entnahm man sie nur den Selbstverständlichkeiten einer achronen Sichtweise und löste man sich vom Individualismus. Dafür sah Gunkel zwei Argumente: »in der Antike (zwingt) die Sitte den Menschen viel stärker [...] als in der Gegenwart; [...] die religiöse Literatur (ist) [...] wie alles Religiöse sehr konservativ«.[20] Daraus zieht er den Schluß: »Demnach hat es die Literaturgeschichte Israels, wenn sie ihrem Stoff gerecht wird, zunächst weniger mit den Schriftstellerpersonen zu tun [...], sondern mehr mit dem Typischen, das dem Individuellen zugrunde liegt, d.h. mit der schriftstellerischen Gattung. *Israelitische Literaturgeschichte ist demnach die Geschichte der literarischen Gattungen Israels«*; für sie äußert Gunkel Zuversicht: »[...] eine solche vermögen wir aus unseren Quellen wohl herzustellen«.[21]

VII.

Von diesen Voraussetzungen aus konstruiert Gunkel die Literaturgeschichte Israels, für die er eine allgemeine Verlaufsform entwirft. So will er zu dem Ziel einer wirklichen Geschichte kommen, die eben keine bloße Versammlung von Einzelfakten sein darf, sondern eine »Geschichtserzählung« sein muß.[22]

Er kommt zu einer interessanten Drei-Gliederung, die zunächst eine »volkstümliche Literatur«, dann die »großen Schriftstellerpersönlichkeiten« und schließlich die »Epigonen« sieht. Die Gattung und der »Sitz im Leben« haben ihren Ort innerhalb dieser literaturgeschichtlichen Entwicklung nun vor allem und systematisch in der ersten Phase. »Jede alte literarische Gattung hat ursprünglich ihren *Sitz im Volksleben* Israels an ganz bestimmter Stelle«.[23] Nach einigen Beispielen erläutert Gunkel, was er damit meint: »Wer die Gattung verstehen will, muß sich jedesmal die ganze Situation deutlich machen und fragen: wer ist es, der redet? wer sind die Zuhörer? welche Stimmung beherrscht die Situation? welche Wirkung wird erstrebt?«[24] Die Beschreibung des »Sitzes im Volksleben« ist – wie wir heute sehen – eine Zusammenstellung *pragmatischer Faktoren*: die Situation, Sprecher, Hörer,

---

[20] Ebd., S. 31.
[21] Ebd.
[22] Hermann Gunkel: Art. »Bibelwissenschaft: I. Altes Testament, C. Literaturgeschichte: Literaturgeschichte Israels«. In: Die Religion in Geschichte und Gegenwart 1 (1909), Sp. 1189–1194, Sp. 1191.
[23] Hermann Gunkel (Anm. 4), S. 33.
[24] Ebd.

Ziele der Sprechenden; dazu tritt mit der »Stimmung« ein Faktor, der den Theorie-Erwartungen der Zeit in besonderer Weise entgegenkommt. Für die Sprecher geht Gunkel sogar noch einen Schritt weiter, indem er »oft [...] die Gattung je durch einen Stand vertreten (sieht), für den sie bezeichnend ist«, etwa Priester, Sänger oder – ganz erschlossen – einen »Stand der wandernden Volkserzähler«.[25]

Diese frühe pragmatische Bestimmung wird von Gunkel nun gleich in einer sehr spezifischen Weise weiter entwickelt, indem er den Unterschied zwischen *mündlicher* und *schriftlicher Kommunikation* zusätzlich ins Spiel bringt: »Wer sich in diesen Ursprung der Gattungen vertieft, wird erkennen, daß sie fast sämtlich ursprünglich nicht *geschrieben*, sondern *gesprochen* bestanden haben. Denn auch das ist ja ein Hauptunterschied altisraelitischen und modernen Wesens, daß damals die Schrift so viel weniger Kultur und auch die ›Literatur‹ bestimmte als unter uns«.[26]

An dieser Stelle bearbeitet Gunkel durch das Setzen von Anführungszeichen beim Wort *Literatur* das eigenartige Paradox, zu dem ihn seine Überlegungen geführt haben: Es ist eine mündliche Literatur, mit der er es zu tun hat. Diese analytische Paradoxalität hätte der Bearbeitung bedurft; sie erfährt sie aber nicht. Insofern ist das Sprechen von »Literatur« hier auf eine einigermaßen merkwürdige Weise eingeschränkt und problematisch (vgl. oben III.).

Aus der Mündlichkeit leitet Gunkel die Bestimmung einiger Charakteristika der Texte ab, die er behandelt – Charakteristika, die freilich durch die Oralitätsforschung der Folgezeit als nicht unbedingt sehr stichhaltige Grundannahmen deutlich wurden, zum Beispiel die Unterstellung eines sehr geringen Umfangs der jeweiligen mündlichen Texte. Von seinen Annahmen ausgehend, entwickelt Gunkel zugleich eine literarkritische Maxime, die eine Aufgabe eben in der Rekonstruktion jener kurzen Texte sieht, die ihm als für die Anfangsphase des Überlieferungsprozesses allein vorstellbar gelten[27] – eine Maxime, die zum Teil freilich zu grotesken Texteingriffen führt.

Das »Volksleben« tritt also der »Schrift« gegenüber – und der Übergang in die schriftliche Form verdient besondere Beachtung. Es sind *Sammlungen*, die diesen Übergang formmäßig ermöglichen. Gunkel sagt: »[...] unter diesem Zeichen der Sammlung steht fast alles, was uns im Alten Testament an ›Büchern‹ erhalten ist«.[28] In ihnen sind die »kleineren Einheiten« enthalten – und aus ihnen wiederum sezierend herauszulösen, um die Ursprungsphasen wieder zu erreichen.

Neben das Volk und die Sammler tritt dann als dritte Gruppe die Gruppe der eigentlichen »Schriftsteller«. Diese nehmen die Gattungen auf: »[...] so

---

[25] Ebd.
[26] Ebd., S. 33.
[27] Ebd., S. 34f.
[28] Ebd.

entsteht die Dichtung der Künstler aus der Dichtung des Volkes«, indem die Schriftsteller »sich des vom Volk ausgebildeten Stils bedienen und ihn für ihre individuellen Zwecke verwenden«. »Kleinere Geister übernehmen den Stil, wie er ist; selbständige fügen hie und da etwas Eigenes hinzu; gewaltige bilden ihn persönlich um«.[29] Indem dies alles geschieht, so sieht es Gunkel, ergibt sich für die Gattungsgeschichte ein merkwürdiger Effekt: »Die Gattung erlebt ihre klassische Zeit«.[30] In der Darstellung »der *großen Schriftsteller Israels*« wird »d i e *Krone der Literaturgeschichte Israels*« erreicht.[31]

Schließlich, in der epigonalen Phase, wird nachgeahmt; die literarische Produktion wird »matt«, ihre Ergebnisse »entbehren des Lebens«.[32] Schließlich ist gar von einer Agonie die Rede.

Die so unterstellten allgemeinen Entwicklungen haben auch für die Gattungen selbst ihre Folgen. Bereits die Nutzung der Gattungen durch die Schriftsteller bringt deren Modifikation zustande; mehr noch: gerade in den Psalmen ergibt sich in der Spätphase eine Vielfalt von »*Mischgattungen*« (vgl. X.).

Die Entdeckung des »Sitzes im Leben« ist also auf ein bestimmtes literaturgeschichtliches Entwicklungsmodell bezogen. Dies bestimmt ebenso das Interesse, das Gunkel an diesem Konzept hat, wie die Grenzen, die es bei ihm erfährt. Unschwer ist nämlich zu sehen, daß mit der zweiten und – darauf bezogen – mit der dritten Phase der von Gunkel entworfenen Literaturgeschichte eben jene allgemeinen Konstrukte wieder aufgerufen werden, an denen das Konzept des »Sitzes im Leben« gerade Kritik übt, nämlich die »Schriftstellerpersönlichkeit«. Darauf ist zurückzukommen (IX.). Zuvor aber lohnt es, sich noch etwas deutlicher darüber zu verständigen, was die Gunkelsche Entdeckung denn *linguistisch* bedeutet.

VIII.

Es war eben schon darauf hingewiesen worden, daß und in welcher Weise Gunkel bei der Näherbestimmung seiner Metapher des »Sitzes im Leben« pragmatische Kategorien analytisch nutzt und einsetzt: Sprecher, Hörer und Situation; Ziele der Interaktanten. Zudem wird mit dem Einbezug von Mündlichkeit das diskursive sprachliche Handeln selbst thematisiert. Gunkels Literaturanalyse greift also auf eine theoretische Entwicklung der Linguistik vor, die erst in der zweiten Hälfte des Jahrhunderts sich entfalten sollte, in-

---

[29] Ebd., S. 35.
[30] Ebd.
[31] Ebd.
[32] Werner Klatt (Anm. 2), S. 187.

dem er mit dem »Sitz im Leben« eine gegenüber dem vorherrschenden Literaturverständnis neue Bestimmung vornimmt.

Dieser Prozeß ist nun aber noch in einer zweiten Weise interessant. Denn
in der Rückgewinnung des »Sitzes im Leben« als einer für die literaturtheoretische Arbeit wichtigen Kategorie geschieht ein Prozeß der theoretischen
Restitution, der den Text selbst als ein spezifisches Phänomen des sprachlichen Handelns betrifft.

Texte stellen sich funktional-pragmatisch als sprachliche Produkte dar, die
sich einer spezifischen Aufgabe des sprachlichen Handelns verdanken, nämlich der Überwindung von dessen Flüchtigkeit. Das Ergebnis ist die *Zerdehnung* der zunächst in sich homogenen, Sprecher und Hörer umgreifenden
Sprechsituation, in der sowohl die einzelne sprachliche Handlung wie der
Diskurs ihren Ort haben. Um eine sprechsituationsübergreifende Vermittlung
sprachlichen Handelns zu erreichen, bedarf es der Entwicklung von sprachlichen Strukturen eigener Art, die der *Flüchtigkeit* entnommen sind. Es bedarf
also der Mittel von *Überlieferung.* Die Antwort auf dieses Problem ist der
Text. Der Text kann sowohl mündlich wie schriftlich sein. Die Schrift ist
kein notwendiges Merkmal des Textes – obwohl im schriftlichen Text dessen
Bestimmung zu sich selbst kommt. Er ist als schriftlicher auch materiell *aus
der Sprechsituation heraushebbar.*

Die Zerdehnung der Sprechsituation, die im mündlichen Text noch personal vermittelt wird, führt so zu einer Isolierung des Textes gegen die Sprechsituation. Die Herauslösung des Textes macht sich zugleich für die Wahrnehmung wie für die Wahrnehmungsmöglichkeit der sprachlichen Hand-
lungsqualität des Textes bemerkbar. Die Isolierung des Textes wird zu einem
faktischen Bestimmungselement für ihn. Dieses setzt sich in der theoretischen
Befassung mit dem Text um. Die Textwissenschaften – schon die antiken wie
dann jedenfalls die neuzeitlichen – arbeiten mit isolierten, verdinglichten
Texten, die eine theoretische Konzeptualisierung unter Einbeziehung der
Funktionalität des Textes nicht mehr nahelegen, ja vielleicht nicht einmal gestatten. Lediglich der *Autor,* der die Sprecherposition innehat, bleibt davon
ausgenommen. In der Entwicklung des europäischen Individualismus in all
seiner Vielfalt werden Autor und Text zu den beiden Brennpunkten textueller
Theorie – und bleiben das lange, bis durch sozialgeschichtliche wie rezepti-
onsgeschichtliche literaturwissenschaftliche Konzeptualisierungen des literarischen Prozesses und seiner Resultate die Ausblendungen allmählich zurückgenommen werden.

Die Gunkelschen Entdeckungen nun leisten für die Restituierung der
Pragmatik des gegen seine Handlungszusammenhänge isolierten und aus ihm
heraus verdinglichten Textes einen wichtigen Beitrag. Hierin liegt Gunkels
hervorgehobene allgemein literaturwissenschaftliche Bedeutung. Seine Erkenntnisse verleihen Teilen des ausgeblendeten Gesamtprozesses Aufmerk-

samkeit und lösen so die Verdunkelungen auf, die durch die literaturwissenschaftliche Spiegelung der Herauslösung des Textes aus seinen sprechsituativen Zusammenhängen in der Theoriebildung entstanden waren.

Dies freilich tun sie zunächst als Kompensation für eine Aporie, die erst durch die Konfrontation der von Gunkel analysierten Texte mit der dafür zur Verfügung stehenden Theorie sichtbar wurde.

IX.

Der kompensatorische Charakter der Gunkelschen Theorieoperation macht nun freilich zugleich auch deren Schwäche aus. Dies wird deutlich, sobald man die Entdeckung des »Sitzes im Leben« auf den Stellenwert hin befragt, der ihr innerhalb der Gunkelschen Literaturgeschichtskonzeption zukommt. Wie oben gezeigt, wird diese Entdeckung nämlich in ihrer Wirkung beschränkt auf eben jene Teile, in denen das Autor-Text-Modell nicht greift. Zwar wird die Frage nach der *Gattungs*bestimmung auch für die Texte fortgeschrieben, für die Gunkel wieder das sichere Terrain überkommener literaturwissenschaftlicher Theoriebildung erreicht, die Texte der »Schriftstellerpersönlichkeiten«. Die Frage nach dem »Sitz im Leben« hingegen verliert sich für sie. Aus dem Zusammenhang ihrer Einführung heraus ist das zwar verständlich. Doch es zeigt zugleich, wie schwer sich Gunkel mit einer konsequenten Nutzung der von ihm gemachten Entdeckung tut. Der kompensatorische Charakter, der ihr zukommt, macht sie gleich auch wieder überflüssig. Die Kritik an der überkommenen Literaturwissenschaft läßt sich im Gesamtrahmen zunächst nicht durchhalten.

Trotz dieser Selbstbeschränkung hinsichtlich der eigentlichen Tragweite der gemachten Entdeckung hat ihm die Rezeption dies zunächst nicht gedankt. Die hauptsächliche Kritik besonders in der Wellhausen-Schule artikuliert sich etwa bei Bertholet in einer Rezension zu Gunkels *Israelitischer Literatur,*[33] indem sie einklagt, was Gunkel mit Gründen nicht mehr bieten wollte. Klatt charakterisiert diese Kritik so: »Dahinter steht der Vorwurf eines Vergehens am Allerheiligsten der damaligen Theologie [...], der Vorwurf nämlich, *Gunkel* werde dem ›eigentlich Persönlichen‹ nicht gerecht«.[34]

Gunkels Kritik an der Persönlichkeits-, also Autorfixiertheit des theologischen Umfeldes ist zu wenig radikal, als daß sie zu einer durchgreifenden Veränderung hätte führen können. Die Folgegeschichte zeigte, daß Gunkel damit seiner Rezeption eine schwere Hypothek mit auf den Weg gegeben hatte. Zu sehr blieb er dem breiteren Konsens der Persönlichkeitsfixierung

---

[33] Hermann Gunkel: Die israelitische Literatur. Berlin und Leipzig: Teubner 1906 (Die Kultur der Gegenwart I, 7, 51–102).
[34] Werner Klatt (Anm. 2), S. 177.

der kulturprotestantischen Religionsauffassung verhaftet, als daß er seine
Entdeckung konsequent hätte umsetzen und so zugleich zu einem Beitrag
hätte ausbauen können, der für ein allgemeines Sprach- und Textverständnis,
das auch für die Literaturwissenschaft breiter nutzbar hätte werden können,
auf eine umfänglichere Veränderung von dessen Voraussetzungen gedrungen
hätte. Das von Gunkel vertretene Religionskonzept hatte sein Zentrum in der
»religiösen Persönlichkeit« und ihren »Empfindungen«. Auch die Bestimmungen zum »Sitz im Leben« erreichten erst hier ihren Fluchtpunkt; das methodologisch und inhaltlich Neue wurde so derart perspektiviert, daß die Fragestellungen des ausgehenden 19. Jahrhunderts auch im 20. sich fortsetzen konnten.

Im weiteren Tableau der Sprachwissenschaft blieb es der zur Literaturwissenschaft hin offenen Linguistik etwa eines Jakubinski, dann eines Bachtin
vorbehalten, eine vergleichbare Kritik voranzutreiben – freilich auch dort zunächst folgenlos, wenn auch aus anderen Gründen.

X.

Die Kritik Gunkels an den Voraussetzungen der Literaturwissenschaft seiner
Zeit und damit am Autor-Text-Modell, auf dem sie basierte, blieb also, linguistisch gesehen, *partialisiert*. Doch enthielt sie ein weitergehendes Potential, das in der Folgezeit ausgearbeitet werden sollte. Dabei wirkten sich freilich die Problemstellen innerhalb der Gunkelschen Konzeptbildung unmittelbar aus.[35]

Durch die Beschränkung des »Sitzes im Leben« auf nur einen Teil der
Texte erfuhr insbesondere die Frage der *Mündlichkeit* eine eigenartige Gewichtung.[36] Die Bindung des Konzepts »Sitz im Leben« an die Mündlichkeit
und die Begrenzung auf sie stand seiner systematischen Entwicklung im Wege.

Auch rezeptionsstrukturell wirkte diese Restriktion sich aus. So ist es nicht
erstaunlich, daß Gunkels Auffassungen außerhalb der Theologie vor allem in
der Volkskunde aufgegriffen wurden.[37] Dies hatte sich ohnehin insofern nahegelegt, als die einzigen erkennbaren Bezüge innerhalb der – den Verfahren
der Zeit entsprechend – spärlichen Verweise auf Vorläufer und parallele
Entwicklungen die auf Herder und die Grimms waren. Von seinen Zeitgenossen Gunkels war es Axel Olrik, von dem sich Gunkel anregen ließ.[38]

---

[35] Vgl. die in Anm. 3 genannte Literatur.
[36] Erhardt Güttgemanns: Offene Fragen zur Formgeschichte des Evangeliums. München: Kaiser 1970.
[37] Vgl. Hermann Bausinger: Formen der »Volkspoesie«. Berlin: Schmidt 1968.
[38] Axel Olrik: Epische Gesetze der Volksdichtung [1909]. In: Wolfgang Harnisch
(Hg.): Gleichnisse Jesu. Positionen der Auslegung von Adolf Jülicher bis zur
Formgeschichte. Darmstadt: Wissenschaftliche Buchgesellschaft 1982, S. 58–69.

Es stellte sich weiter eine Art *rekonstruktiver Beliebigkeit* ein, in deren Gefolge »Sitze im Leben« sozusagen aus der Defizienz von Textverstehensstellen »erzeugt« wurden. Besonders ein skandinavischer Schüler Gunkels, Sigmund Mowinckel (1884–1965), nutzte die von Gunkel eröffnete Spur zu einer großangelegten Erschließung eines israelitischen »Thronbesteigungsfestes Jahwes«, das er in einen weiteren altorientalischen Zusammenhang stellte. Seine Interpretation der Psalmen auf dieser Grundlage wirkte schulbildend, machte zugleich aber auch die Problematik einer solch lediglich erschließenden Behandlung des »Sitzes im Leben« deutlich.

Die Durchführung des Gunkelschen Programms wurde von ihm außer für die Genesis[39] vor allem für die Psalmen angegangen. Sein Psalmenkommentar (1929) stellte die konkreten literaturinterpretativen Resultate vor.[40] Die eigentliche gattungsgeschichtliche Analyse konnte Gunkel nicht mehr vollenden. Sein Schüler Joachim Begrich gab das Werk heraus.[41] Hier zeigte sich eine weitere Problematik, nämlich eine bereitwillige Ansetzung einer Vielzahl von *»Mischgattungen«*, zunächst den »Epigonen« charakteristisch zugeordnet (vgl. oben VII.), zugleich aber auch Ausdruck einer gewissen Verlegenheit in der Entfaltung des Programms. Hier wären grundlegendere theoretische Bemühungen erforderlich gewesen – und sind es bis heute, die den Stellenwert einer Gattung für die einzelnen Exemplare ihrer Realisierungen, für den einzelnen Diskurs oder den einzelnen Text, präziser bestimmen.

Die breitere Rezeption und die kritische Diskussion von Gunkels »Sitz im Leben«-Konzept läßt weitere allgemeine Probleme erkennen, die für das Verständnis von sprachstrukturellen Formen nicht nur mit Blick auf den »Sitz im Leben« von Bedeutung sind.

Die nicht hinreichende Entfaltung der Metapher »Sitz im Leben« führte zu Weiterentwicklungen in zwei auseinanderlaufenden Richtungen:

Einerseits wird an Stelle der konkreten Rekonstruktion der *Institutionen* des sprachlichen Handelns und ihres Stellenwertes für dieses Handeln ein Ausweichen ins Anthropologische angestrebt. Die bei Gunkel in der Anlage durchaus konkrete Orientierung auf die für die israelitische Gesellschaft charakteristischen gesellschaftlichen Strukturen in ihrer Bedeutung für das sprachliche Handeln der zu ihr gehörenden Sprecher wird durch die Annahme eines anthropologischen Bedarfsbilds sprachlichen Handelns ersetzt, indem verschiedene allgemeine sprachliche Grundbedürfnisse unterstellt wer-

---

[39] Hermann Gunkel: Genesis. Göttingen: Vandenhoeck und Ruprecht 1901 u.ö. (Handkommentar zum Alten Testament I, 1).

[40] Hermann Gunkel: Die Psalmen. Göttingen: Vandenhoeck und Ruprecht 1929 (Handkommentar zum Alten Testament II, 2).

[41] Hermann Gunkel: Einleitung in die Psalmen. Hg. von Joachim Begrich. Göttingen: Vandenhoeck und Ruprecht 1933 (Handkommentar zum Alten Testament II, Ergänzungsband).

den.[42] In diese Richtung geht auch die wohl wirkungvollste Fortschreibung des gattungsgeschichtlichen Ansatzes, die André Jolles mit seinen *Einfachen Formen* schuf.[43]

Andererseits zeigt sich eine gewisse *Metaphernexpansion.* Der »Sitz im Leben« wird durch einen »Sitz in der Literatur«, einen »Sitz in der Rede«,[44] einen »Sitz im strukturierten Verhalten«[45] ergänzt, interpretiert und zum Teil ersetzt. Die genauere Verhältnisbestimmung zu der Ausgangsmetapher bleiben diese Expansionen meist schuldig. Auch alternative, zum Teil bereits ältere Metaphern werden zu Interpretamenten des »Sitzes im Leben«, so etwa das »Milieu« oder eben die »Situation«.[46] Vermutlich wird erst eine wissenschaftssprachliche Kritik, die sich der theoretischen Rekonstruktionsmöglichkeiten der linguistischen Theoriebildung vergewissert, der Versuchung widerstehen, durch einfache Theorem- oder gar Terminologie- beziehungsweise Metaphernkonglomerate die theoretischen Probleme lösen zu wollen.

Eine handlungstheoretische Interpretation der bei Gunkel als wissenschaftssprachliche Metapher skizzierten Konzeption des »Sitzes im Leben« kann schließlich vielleicht auch dazu beitragen, die sowohl linguistisch wie literaturwissenschaftlich immer wieder vorgebrachten Argumente dagegen zu bearbeiten, die darauf insistieren, daß eine Analyse der *einzelnen* sprachlichen Handlungen wie der *einzelnen* literarischen Texte durch den Aufweis ihrer strukturellen und funktionalen Voraussetzungen, Strukturen und Konsequenzen unmöglich gemacht würde.

XI.

Die »Ortsbesichtigung« hat an eine theoretische Konstruktionsstätte geführt, die einen faszinierenden und als ganzen überzeugenden Grundriß erkennen läßt. Zugleich freilich hat sie in einzelnen Teilen des Grundrisses schon angelegte Problembereiche und Bruchstellen sichtbar werden lassen, die in der nachfolgenden Theoriegeschichte bis hin zur Aufgabe der Konstruktionsstätte selbst, zu einer Abwendung von ihr und einer Hinwendung zu ganz anderen Aspekten der Texte geführt haben.

Dies geschah weithin freilich nicht durch eine kritische Analyse von Leistungsfähigkeit und Grenzen – weder des Ausdrucks »Sitz im Leben« noch

---

[42] Z.B. Claus Westermann: Lob und Klage in den Psalmen. Göttingen: Vandenhoeck und Ruprecht 1977; Hans-Peter Müller: (1983) Art. »Formgeschichte / Formenkritik I. Altes Testament«. In: Theologische Realenzyklopädie 11 (1983) Berlin, New York: de Gruyter S. 271–285.

[43] André Jolles (1930) Einfache Formen. Tübingen: Niemeyer ³1965 [1930].

[44] Georg Fohrer u.a.: (1973) Exegese des Alten Testaments. Einführung in die Methodik. Heidelberg: Quelle und Meyer 1973, S. 85.

[45] Hans-Peter Müller (Anm. 42), S. 281.

[46] Vgl. schon Hermann Gunkel selbst (Anm. 4), S. 33.

der mit ihm erkennbar gemachten Desiderate noch auch der Lösungsmöglichkeiten, die die Metapher selbst angeboten hat. Vor allem eine Umsetzung des in ihr mehr Angedeuteten als Ausgeführten in einen theoretischen Gesamtzusammenhang ist erforderlich. Hierfür bieten sich neuere pragmatische Theorieentwicklungen an.

Eine enge Kooperation von Linguistik, Literaturwissenschaft und Exegese mag für die kritische Nutzung von Gunkels Konzept des »Sitzes im Leben« wie für dessen Weiterentwicklung vielleicht für alle drei Disziplinen zu neuen Erkenntnissen führen und so dazu beitragen, daß sich ein gesellschafts- und handlungsanalytisch aufgeklärtes Verstehen literarischer Texte und der produktiv wie rezeptiv an ihnen Beteiligten entfalten kann. Für das Gespräch zwischen Exegese und Linguistik gibt es dafür bereits eine Reihe von neueren konkreten Versuchen.[47] Aus der Sicht der Pragmatik bieten sich solche transdisziplinären Wissenschaftsdiskurse nicht zuletzt als Möglichkeiten des Lernens, zugleich aber auch als Prüfsteine für theoretische Analysekonzepte an, die sich nicht auf einzelne Sprechhandlungen beschränken. Ob und in welcher Weise die Möglichkeiten solcher Transdisziplinarität auch für eine sozialgeschichtlich orientierte Literaturwissenschaft von Nutzen sein kann, würde sich wahrscheinlich nicht zuletzt in konkreten Arbeiten an den Texten erweisen können.

---

[47] Klaus Berger: Formgeschichte des Neuen Testaments. Heidelberg: Quelle und Meyer 1984; Koch (Anm. 17), Sellin und Wagner (Anm. 3).

FRIEDRICH VOLLHARDT

Von der Sozialgeschichte zur Kulturwissenschaft?

Die literarisch-essayistischen Schriften des Mathematikers
Felix Hausdorff (1868–1942): Vorläufige Bemerkungen
in systematischer Absicht

Nachdem sich das Interesse der Forschung von der Sozial*geschichte* auf die
Untersuchung des Sozial*systems* der Literatur verlagert hat, sind neue Ansätze vor allem im Bereich der intersystemischen Beziehungen oder in den
›Umwelten‹ des Literatursystems gesucht worden. Die Begrifflichkeit, mit
der die Entwicklung des sozialgeschichtlichen Paradigmas hier in groben
Strichen nachgezeichnet wird, gehört selbst zu der veränderten Theorielage:
Die Metasprache der Systemtheorie ist in dem Moment zur geläufigen Rede
geworden, in dem die Erkenntnisprämissen, der Gegenstandsbezug und die
historisch-empirische Reichweite des Paradigmas aus literaturwissenschaftlicher Sicht kritisch geprüft werden.[1]

Intersystemische Bezüge? Seit der Mitte der 1990er Jahre sprechen wir
auch hierzulande vom *cultural turn*, um die Vielfalt der Bedingungen und
Wechselwirkungen anzudeuten, die bei der Deutung literarischer Werke zu
berücksichtigen sind. Ob die gegenwärtig geführte Diskussion über eine
›kulturwissenschaftliche‹ Fundierung unserer Disziplin zu der genaueren
Ortsbestimmung sozialgeschichtlicher Methoden und zur Klärung alter
Grundfragen beiträgt, bleibt – nicht ohne Skepsis – abzuwarten. Daß von einer Sozialgeschichte *im* Text stets auch das kulturelle Wissen berücksichtigt
wurde, das einem Autor und seinen Adressaten zur Verfügung stand, muß
nicht eigens betont werden: Verbindungen zwischen Sozial- und Literaturgeschichte ergeben sich gerade durch solche denkgeschichtlichen Kontextualisierungen, wobei der Übergang vom ›Text‹ zum ›Wissen‹ eingehender Analyse und theoretischer Begründung bedarf. Nicht alle Wissensformationen wurden von der Sozialgeschichte der Literatur in gleicher Weise beachtet. Vor
allem das in den Fachdisziplinen produzierte, für einzelne Gruppen spezifische gelehrte Wissen ist – mit Ausnahme popularisierter Formen – nicht systematisch im Hinblick auf seine Bedeutung für die literarische Sinnverständigung untersucht worden; aus dieser besonderen Interdependenz von Poesie

---

[1] Vgl. die von Georg Jäger in dieser Zeitschrift eröffnete Reihe von Forschungsrefe-
raten: Systemtheorie und Literatur Teil I. Der Systembegriff der Empirischen Literaturwissenschaft. In: Internationales Archiv für Sozialgeschichte der deutschen
Literatur 19 (1994), S. 95–125.

und Wissen ergibt sich die Forderung, Literatur- und Wissenschaftsgeschichte enger miteinander zu verknüpfen.[2]

Nimmt man die jüngste sozialgeschichtliche Darstellung der Literatur des
Bürgerlichen Realismus und der Gründerzeit als Beispiel, lassen sich zwei
Gründe für die Vernachlässigung des Themas nennen:

> Die Blockade gegen Naturwissenschaft hängt [...] damit zusammen, daß die Auto-
> nomie von Literatur erst zu hoch, später zu gering veranschlagt wurde, wobei in
> der sozialgeschichtlich orientierten Forschung antitechnokratische Ressentiments
> ebenso eine Rolle gespielt haben werden wie ein wohlberechtigtes Mißtrauen ge-
> gen ›Natur‹ und eben jene Definitionsmacht von Naturwissenschaft, mit der es die
> hier in Frage stehende Epoche bereits zu tun hatte.[3]

Eine derartige Abwehrhaltung hat es in der angloamerikanischen Forschung
nicht gegeben, im Gegenteil: Hier entwickelte sich in den letzten Jahrzehnten
neben der *Intellectual History* und der verzweigten *History of Science* »a
whole subfield or ›interdiscipline‹ of ›science and literature‹, with its own
professional association and specialised [sic] publications«.[4]

Nicht unproblematisch ist zudem – hier liegt der zweite Grund – die unge-
prüfte Verwendung der systemtheoretisch begründeten Annahme einer steti-
gen Auseinanderentwicklung der Wissenssphären als Grundmuster der Modernisierung. Zu fragen ist nach der Geltung dieser Prämisse und damit nach
der Möglichkeit, »daß ›Differenzierung‹ und ›Entdifferenzierung‹ eher der
Entwicklungslogik des literarischen Feldes [...] gehorchen«.[5] Trotz der bestehenden Unterschiede zwischen wissenschaftlicher und literarischer Weltdeutung kommt es immer wieder zu einem Austausch[6] zwischen den Denksyste-
men, der – betrachtet man die narrativen Strukturen, die Metaphorik oder die
soziale Praxis der Wissenschaftssprache – nicht nur in einer Richtung erfolgt.
Doch in welchem zeitlichen Rahmen? Gibt es die in der Phase der Ausdiffe-

---

[2] Dieser Aufgabe widmet sich die 1997 gegründete Zeitschrift *Scientia Poetica.
     Jahrbuch für Geschichte der Literatur und der Wissenschaften* (Tübingen: Max
     Niemeyer Verlag).
[3] Oliver Bruck / Max Kaiser / Werner Michler / Karl Wagner / Christiane Zintzen:
     Eine Sozialgeschichte der Literatur, die keine mehr sein will. In: Internationales
     Archiv für Sozialgeschichte der Literatur 24 (1999), S. 132–157, hier S. 141.
[4] Stefan Collini: Introduction. In: C. P. Snow: The Two Cultures. Cambridge UP
     1993, S. VII–LXXI, hier S. LIII.
[5] Oliver Bruck u.a. (Anm. 3), S. 142.
[6] Von einem »Konvergenzpotential« sprechen Daniel Fulda und Thomas Prüfer: Das
     Wissen der Moderne. Stichworte zum Verhältnis von wissenschaftlicher und litera-
     rischer Weltdeutung und -darstellung seit dem späten 18. Jahrhundert. In:
     D. F. / T. P. (Hg.): Faktenglaube und fiktionales Wissen. Zum Verhältnis von
     Wissenschaft und Kunst in der Moderne. Frankfurt, Berlin: Lang 1996, S. 1–22,
     bes. S. 5: »Luhmanns Modernitätskonzept, das wesentlich auf die autopoietische
     Selbstreferenz von ausdifferenzierten Subsystemen der Gesellschaft abhebt, er-
     scheint demgegenüber als zu schematisch in bezug auf die Interdependenz ver-
     schiedener Wissensformen, da die *konstitutive* Bedeutung des Konvergenzpotenti-
     als für die autonomen Wissenschaften und Künste in ihm keinen Platz hat«.

renzierung der Wissenschaften zu beobachtende Wechselwirkung noch im späten 19. Jahrhundert? Daran ist zu zweifeln, betrachtet man die rasch abnehmende ›Kulturbedeutung‹ des mathematisch-naturwissenschaftlichen Wissens nach 1800, das dem »Gesetz der Trivialisierung« unterliegt: »im Wissensfortschritt verlieren die Erkenntnisse zunehmend an Bedeutung«.[7] Die in den naturwissenschaftlichen Kernfächern formulierten Ergebnisse werden unanschaulich und damit für die (literarische) Öffentlichkeit inhaltsleer. Zwar bemühen sich angesehene Universitätsgelehrte wie Hermann Helmholtz, Rudolf von Virchow, Ernst Haeckel und Ernst Mach um eine Sinndeutung der modernen Naturforschung, doch ohne in eine ernsthafte Konkurrenz um die verlorene Orientierungs- und Legitimationsfunktion der Wissenschaft einzutreten; die Festrede kann sich gegenüber der Arbeit im Laboratorium in programmatischer Weise neutral verhalten.[8] »So markiert das späte 19. Jahrhundert einen endgültigen Einschnitt im Trivialisierungsprozeß der Naturwissenschaften«.[9]

Für die Literatur hat dies Folgen. Es gibt eine unmittelbare, wenn auch negative Wechselwirkung mit der genannten Entwicklung: Das moderne mathematisch-naturwissenschaftliche Wissen läßt sich in der ›schönen Literatur‹ weder adäquat thematisieren noch darstellen, allein die zum kulturellen Wissen gehörenden Formen der Popularisierung können – ihrerseits indirektmetaphorische Bezugnahmen – in fiktionale Textwelten eingehen. Das betrifft auch »eine Konzeption von Literatur, die sich als ›Anwendung‹ von Wissenschaft [...] oder gar als – methodisch den Wissenschaften strukturgleiches – ›Experiment‹ verstand, wie dies zum Teil in rührender Naivität der Naturalismus versuchte [...]«.[10] Was bleibt, sind einige über Zwischeninstanzen

---

[7] Friedrich H. Tenbruck: Der Fortschritt der Wissenschaft als Trivialisierungsprozeß. In: F. T.: Die kulturellen Grundlagen der Gesellschaft: der Fall der Moderne. Opladen: Westdeutscher Verlag 1989, S. 143–174, hier S. 148.

[8] Wie das prominente Beispiel der *Reden* Emil Du Bois-Reymonds zeigt, in denen durchgehend vor einer spekulativen Sinnsuche gewarnt wird: »Für die deutsche Naturwissenschaft war bekanntlich die Zeit zu Ende des vorigen Jahrhunderts bis ziemlich tief in dieses hinein [...] solch eine dunkle Phase. Aehnlich einem hochbegabten, aber unreifer Schwärmerei hingegebenen Jüngling, noch taumelnd vom aesthetischen Trunk aus dem Zauberborn seiner grossen Litteratur-Periode, liess der deutsche Geist durch poetisch-philosophisches Blendwerk sich irren, und verlor er den in der Naturforschung einzig sicheren Pfad«. (Reden. Zweite Folge. Leipzig: Veit 1887, S. 355.) Vgl. auch Jochen Zwick: Akademische Erinnerungskultur, Wissenschaftsgeschichte und Rhetorik im 19. Jahrhundert. Über Emil Du Bois-Reymond als Festredner. In: Scientia Poetica 1 (1997), S. 120–139.

[9] Friedrich H. Tenbruck (Anm 7), S. 158: »Die ursprünglichen, dann immer nur modifizierten und hinausgeschobenen Erwartungen sind abgeschrieben, was nicht hindert, daß bis in unsere Gegenwart hinein untergründige Resterwartungen flüchtig hochschießen, wenn neue Theorien sich dafür anbieten [...]«.

[10] Michael Titzmann: 1890–1930. Revolutionärer Wandel in Literatur und Wissenschaften. In: Karl Richter / Jörg Schönert / Michael Titzmann (Hg.): Die Literatur und die Wissenschaften 1770–1930. Stuttgart: Metzler 1997, S. 297–322, hier S. 303f.

vermittelte Relationen, die einer Verarbeitung von Folgeproblemen im kulturellen ›Sinnhaushalt‹ dienen.[11] Zu diesem Themenspektrum, das sich mit der fortschreitenden wissenschaftlichen Spezialisierung herausbildet, gehört etwa die »Remythisierung weiter Lebensbereiche« und die »Gefahr der Zerstörung der Rationalität und des von Rationalität geleiteten Alltagshandelns durch unerkannte Alltagsmythen«[12] oder die Pro und Kontra diskutierte Macht der instrumentellen Vernunft. Natürlich kann Literatur noch auf weitere Motive und Elemente zugreifen, um indirekt das epistemische Wissen der Fachdisziplinen oder unmittelbar(er) die soziale Praxis, die öffentliche Anerkennung und staatliche Förderung[13] der Wissenschaft zu thematisieren, womit oft auch die Funktion der Kunst in der naturwissenschaftlich-technisch geprägten Welt der Moderne mit reflektiert wird. Diese Bezugnahme ist durchaus einseitig, in der umgekehrten Richtung gibt es offenbar keinerlei Wissenstransfer, der eine Untersuchung lohnt. Das Engagement für eine nicht monodisziplinär angelegte Wissenschaftsgeschichte, welche sich die »Konstituierung eines gemeinsamen Bewußtseins von ›Kulturwissenschaft‹ als Aufgabe«[14] stellt, scheint hier ihre Grenze zu erreichen.

Wie ertragreich ist es, bei den Arbeiten eines hochspezialisierten, mathematisch verfahrenden Naturwissenschaftlers im späten 19. oder frühen 20. Jahrhundert nach einer »Problemgeschichte« zu suchen, die es erlaubt, »jene tieferen Schichten der Genese wissenschaftlicher Erkenntnis zu erfassen [...], in denen in der Auswahl bestimmter Ansätze und Sichtweisen die Einzelforschung konstituiert wird«?[15] Bis zur Kritik der idealistischen Naturphilosophie – für die eine Schrift des Biologen Matthias Jakob Schleiden aus dem

---

[11] Vgl. die Aufzählung von Michael Titzmann, ebd., S. 304–306.

[12] Wolfgang Frühwald: Humanistische und naturwissenschaftlich-technische Bildung: die Erfahrung des 19. Jahrhunderts. In: Geisteswissenschaften heute. Eine Denkschrift von W. F., Hans Robert Jauß, Reinhart Koselleck, Jürgen Mittelstraß, Burkhart Steinwachs. Frankfurt/M.: Suhrkamp 1991, S. 73–111, hier S. 111.

[13] Bei welcher in dem hier erörterten Zeitraum die Naturwissenschaften erstmals in den Mittelpunkt treten, wie die Ausrichtung und die Strukturpläne der Kaiser-Wilhelm-Gesellschaft zeigen; vgl. Pierangelo Schiera: Laboratorium der bürgerlichen Welt. Deutsche Wissenschaft im 19. Jahrhundert. Frankfurt/M.: Suhrkamp 1992, S. 291.

[14] Otto Gerhard Oexle: Auf dem Wege zu einer historischen Kulturwissenschaft. In: Mediävistische Komparatistik. Festschrift für Franz Josef Worstbrock zum 60. Geburtstag. Hg. von Wolfgang Harms und Jan-Dirk Müller. Stuttgart, Leipzig: Hirzel 1997, S. 241–262, hier S. 250; vgl. auch Otto Gerhard Oexle: Naturwissenschaft und Geschichtswissenschaft. Momente einer Problemgeschichte. In: Naturwissenschaft, Geisteswissenschaft, Kulturwissenschaft: Einheit – Gegensatz – Komplementarität? Hg. v. O. G. Oexle. Göttingen: Wallstein 1998, S. 99–151. Eine Zwischenbilanz der Diskussion über *Germanistik als Kulturwissenschaft* liefert ein von Ute von Bloh und dem Vf. betreutes Themenheft: Mitteilungen des Deutschen Germanistenverbandes 46/4 (1999).

[15] Otto Gerhard Oexle: Historische Kulturwissenschaft (Anm. 14), S. 259.

Jahr 1844 exemplarische Bedeutung gewonnen hat[16] – erscheint die Frage
nach ›Problemgeschichten‹, die sich zwischen verschiedenen Disziplinen entwickeln, außerordentlich sinnvoll; nach der Mitte des 19. Jahrhunderts wird
die Zahl derartiger Gegenstände, die in der Kooperation zwischen verschiedenen Fächern kulturwissenschaftlich zu rekonstruieren sind, zunehmend geringer, wenn nicht singulär. Ausnahmen bilden die skandalträchtigen Grenz-
überschreitungen, etwa der Fall des Leipziger Astrophysikers Karl Friedrich
Zöllner, der seine wissenschaftliche Professionalität dafür ein- und seine
Autorität auf das Spiel setzte, um das Vorhandensein spiritistischer Phänomene zu behaupten. Die deutsche (Fach-)Öffentlichkeit der 1870er und
1880er Jahre reagierte auf solche Alleingänge weniger tolerant als etwa die
englische, Zöllner wurde aufgrund seiner schwärmerischen Ausbrüche aus
der *scientific community* ausgeschlossen; polemische »Rückzugsgefechte«
führten den Leipziger Wissenschaftler »ins Abseits eines weltanschaulichen
Sektierertums«.[17]

Die Reaktion der Fachkollegen sagt nicht nur etwas über die Grundorien-
tierungen der experimentell verfahrenden, dabei streng reduktionistisch denkenden Wissenschaftskultur aus, sondern auch über den funktionalen Zusammenhang, in dem sie – der Konfliktfall führt es vor Augen – mit einer die
eng gezogenen Grenzen ignorierenden ›Gegenkultur‹ steht. Bekanntlich ist
die Zahl der holistischen Modelle, die sich mit dem Reduktionismus der offiziellen Wissenschaftskultur nicht abfinden wollen, in den Jahrzehnten um
1900 sprunghaft angestiegen.[18] Ein Grund mehr, noch einmal nach den Verbindungen zu fragen, die zwischen den kulturellen Sphären bestehen und die,
wie an einem exzeptionellen Fall zu prüfen und darzustellen ist, *auch* wechselseitig von Bedeutung gewesen sind. Das komplexe Verhältnis von wissenschaftlichem, literarischem und sozialem Wandel um 1900 soll im Ausgang
von einem Beispiel untersucht werden, das Bezugswege in beiden Richtungen
eröffnet und damit für eine wissenschafts- und sozialgeschichtlich orientierte

---

[16] Matthias Jakob Schleiden: Schelling's und Hegel's Verhältnis zur Naturwissen-
schaft. Zum Verhältnis der physikalischen Naturwissenschaft zur spekulativen
Naturphilosophie. Hg. von Olaf Breidbach. (Schriften zur Naturphilosophie 4)
Weinheim: VCH Acta Humaniora 1988.

[17] Christoph Meinel: Karl Friedrich Zöllner und die Wissenschaftskultur der Gründerzeit. Eine Fallstudie zur Genese konservativer Zivilisationskritik. Berlin: Sigma
1991, S. 42. Vgl. auch Moritz Epple: Die Entstehung der Knotentheorie. Kontexte
und Konstruktionen einer modernen mathematischen Theorie. Braunschweig, Wiesbaden: Vieweg 1999, S. 161–174. Unter welchen Umständen Zöllner als »einzige[r]
Naturwissenschaftler von Rang« seine ›Experimente‹ mit einem Medium aufnahm,
erläutert Adolf Kurzweg: Die Geschichte der Berliner »Gesellschaft für Experi-
mental-Psychologie« mit besonderer Berücksichtigung ihrer Ausgangssituation und
des Wirkens von Max Dessoir. Diss. Berlin 1976, S. 29ff.

[18] Vgl. den von Moritz Baßler und Hildegard Châtellier herausgegebenen Sammelband *Mystik, Mystizismus und Moderne in Deutschland um 1900* (Strasbourg:
Presses Universitaires 1998), der die von Christoph Meinel aufgeworfenen Fragen
leider nur am Rande behandelt.

Literaturforschung vielleicht nicht repräsentativ, dafür aber um so interessanter sein dürfte.

I.

Der Leipziger Astrophysiker Karl Friedrich Zöllner ist nicht ohne Grund angeführt worden. Wenige Jahre nach dem Aufsehen erregenden ›Fall‹ des Wissenschaftlers hat an der Leipziger Sternwarte, an der Zöllner tätig war, der junge Naturwissenschaftler Felix Hausdorff (1868–1942) seine Karriere begonnen. Dieser Name ist heute jedem Studenten der Mathematik geläufig, jenseits der Fachwissenschaft jedoch kaum bekannt. Die mit seinem Namen verbundene mengentheoretische Topologie – eine für die moderne Mathematik grundlegende Disziplin – ist ebensowenig zum Bestandteil unseres ›kulturellen Wissens‹ geworden wie seine epochemachenden Beiträge zur Mengenlehre, Maßtheorie, Funktionalanalysis und Algebra. In Arbeiten zur Wissenschaftstheorie wird der Name gelegentlich erwähnt,[19] sporadisch auch im Zusammenhang mit Hermann Broch, der in den 1920er Jahren mit dem Mathematiker Ludwig Hofmann in Privatstunden die *Grundzüge der Mengenlehre* (1914), das Hauptwerk Hausdorffs, studiert hat.[20]

Doch nicht durch diese Bezugnahmen wird die Distanz zwischen den Disziplinen verringert, sondern durch eine von Hausdorff vollzogene Grenzüberschreitung: Zwischen 1897 und 1910 veröffentlicht er unter dem Pseudonym Paul Mongré literarische und erkenntnistheoretische Arbeiten, die einen vorzüglichen Einblick in die wissenschaftlich-kulturellen Formationen der Jahrhundertwende geben. Das Themenspektrum dieser Schriften läßt erkennen, daß der junge Hausdorff an dem ›Fall Zöllner‹, der in seinem eigenen Institut verhandelt wurde, Interesse im Blick auf eine Gegenwarts- und Krisendiagnose gehabt haben dürfte, noch dazu in dem von einem besonderen Szientismus geprägten Leipziger Gelehrtenmilieu.[21] Dies soll im folgenden gezeigt werden.

---

[19] Vgl. Wolfgang Stegmüller: Probleme und Resultate der Wissenschaftstheorie und Analytischen Philosophie. Band II: Theorie und Erfahrung, Studienausgabe Teil G. Berlin, Heidelberg: Springer 1986, S. 255–260.

[20] Nachweis bei Paul Michael Lützeler: Hermann Broch. Eine Biographie. Frankfurt: Suhrkamp 1985, S. 96. In einer anregenden Studie hat Carsten Könneker (Moderne Wissenschaft und moderne Dichtung. Hermann Brochs Beitrag zur Beilegung der »Grundlagenkrise« der Mathematik. In: Deutsche Vierteljahrsschrift für Literaturwissenschaft und Geistesgeschichte 73 [1999], S. 319–351) durch die Rekonstruktion dieses autodidaktischen Studiums *eine* mögliche Bedeutungsschicht in den Schriften Brochs freigelegt, ohne jedoch die Ergebnisse durch den Vergleich mit konkurrierenden, ebenfalls aus dem zeitgenössischen Kontext erschlossenen und an der Semantik der Texte orientierten Bedeutungszuweisungen zu prüfen.

[21] Die biographische Detailstudie von H. J. Ilgauds und G. Münzel erwähnt leider nur den Namen Zöllners: Heinrich Bruns, Felix Hausdorff und die Astronomie in

Am Beginn der pseudonym veröffentlichten Arbeiten stehen philosophische Reflexionen und zeitkritische Impressionen (*Sant' Ilario. Gedanken aus der Landschaft Zarathustras.* Leipzig: C.G. Naumann 1897), gefolgt von zahlreichen Essays, die zwischen 1898 und 1910 vornehmlich in der *Neuen [Deutschen] Rundschau* erscheinen, einer systematischen Abhandlung (*Das Chaos in kosmischer Auslese. Ein erkenntnistheoretischer Versuch.* Leipzig: C.G. Naumann 1898),[22] einem Gedichtband (*Ekstasen.* Leipzig: H. Seemann 1900) und einem in Berlin aufgeführten Theaterstück (*Der Arzt seiner Ehre,* Groteske. 1904), das 1912 im Verlag von S. Fischer noch einmal gedruckt wird. Die Reihe dieser philosophisch-literarischen Schriften endet um 1910 mit der Berufung Hausdorffs auf eine außerplanmäßige Professur an der Universität Bonn, der – kurz vor der Veröffentlichung seines vielbeachteten Hauptwerkes – die Übernahme eines Ordinariats in Greifswald (1913) und schließlich die Rückkehr nach Bonn (1921) folgt. Es entsteht ein umfangreiches, nun rein mathematisches Werk, das Hausdorff über seine Emeritierung (1935) hinaus fortsetzt. Als letzten Ausweg vor der Verfolgung durch das nationalsozialistische Regime und der Deportation in ein Konzentrationslager wählt er am 26. Januar 1942 den Selbstmord.[23] Der gerettete Nachlaß umfaßt mehr als 25.000 Seiten, die jedoch nur zu einem ganz geringen Teil an die literarischen Interessen des jungen Wissenschaftlers erinnern.[24]

Die folgenden Ausführungen werden sich auf die frühen Aphorismen und Essays konzentrieren, für die – der Titel der ersten Publikation zeigt es deutlich – das Werk Friedrich Nietzsches von Bedeutung gewesen ist, in Zu-

---

Leipzig. In: Vorlesungen zum Gedenken an Felix Hausdorff. Hg. von Eugen Eichhorn und Ernst-Jochen Thiele. Berlin: Heldermann 1994, S. 89–106. Zum Leipziger ›Positivisten-Kränzchen‹ der 1880er Jahre vgl. Roger Chickering: Der »Leipziger Positivismus«. In: Geschichtswissenschaft neben dem Historismus. Hg. von Eckhardt Fuchs und Steffen Sammler. (Comparativ 5 Jg., H. 3) Leipzig: Universitätsverlag 1995, S. 20–31.

[22] Dieser Text ist von Max Bense unter einem veränderten Titel neu herausgegeben worden: Zwischen Chaos und Kosmos oder Vom Ende der Metaphysik. Baden-Baden: Agis 1976. In seinen ästhetischen Abhandlungen hat sich Max Bense zuvor bereits auf dieses Werk berufen, um die Grundzüge einer nach-idealistischen »kosmologischen Ästhetik« zu entwerfen: Aesthetica. Einführung in die neue Aesthetik. Baden-Baden: Agis 1965, S. 285f.

[23] Zu den eben skizzierten Stationen des Lebensweges und zur Bedeutung des mathematischen Werkes vgl. den Vortrag von Egbert Brieskorn: Felix Hausdorff – Elemente einer Biographie. In: Felix Hausdorff[,] Paul Mongré 1868-1942. Ausstellung vom 24. Januar bis 28. Februar 1992 im Mathematischen Institut der Rheinischen Friedrich-Wilhelms-Universität Bonn [Katalog], S. 77–94. – Ich danke Egbert Brieskorn für wichtige Hinweise und die Erlaubnis, seine unveröffentlichten Typoskripte zum literarisch-philosophischen Werk Hausdorffs einzusehen.

[24] Auszüge aus diesen mathematischen Aufzeichnungen erscheinen in den *Gesammelten Werken* Hausdorffs, die unter der Leitung von Egbert Brieskorn im Springer-Verlag ediert werden; der achte Band der Ausgabe ist den literarisch-essayistischen Arbeiten vorbehalten (hg. von Lutz Danneberg und Friedrich Vollhardt).

stimmung und Ablehnung: Hausdorff orientiert sich an dem von Nietzsche repräsentierten Typus des Intellektuellen, widerspricht diesem aber in der Form und dem Gehalt einer Metaphysikkritik, die >mathematisch< argumentiert; den strenggläubigen Parteigängern Nietzsches ist dies nicht entgangen.[25] Ein Grund für das Unverständnis, mit dem zünftige Philosophen auf die erkenntnistheoretischen Grundsätze Hausdorffs reagierten, liegt vielleicht in deren Darstellung begründet, genauer darin, »daß das philosophische Problem in der Form eines Gleichnisses behandelt wurde – und daß die Sprache dieses Gleichnisses eine verhüllte mathematische Sprache war, welche Begriffe benutzte, die gerade im Entstehen waren und erst Jahrzehnte später endgültig kodifiziert wurden«.[26] Zur Entschlüsselung dieser Aussageverknüpfungen, die eine nicht allein auf philosophischer Sprache beruhende Form des >Zeigens< hervorbringen, kann die Literaturwissenschaft einen Beitrag leisten, sofern sie ihre Kompetenzen als *Text*wissenschaft bei der Quellenanalyse einsetzt.

Das gilt selbstverständlich auch für den unter dem vielsagenden Titel *Ekstasen* publizierten Gedichtband. Hausdorff/Mongré benutzt ein Modewort der Zeit, das in den antinaturalistischen Strömungen der Décadence beliebt war;[27] und erwartungsgemäß trifft der Leser seiner Gedichte auf die reiche

---

[25] Vgl. Franz Overbeck und Heinrich Köselitz [Peter Gast]: Briefwechsel. Hg. von David Marc Hoffmann, Niklaus Peter und Theo Salfinger. Berlin, New York: Walter de Gruyter 1998. Hausdorffs *Sant' Ilario* wird von den Briefpartnern wohlwollend kommentiert, während die nachfolgende erkenntnistheoretische Schrift eine »Enttäuschung« darstellt: »Ich muss gestehen, dass mir darin nicht Alles klar ist. [...] Von einer Zeit*linie* zu reden, wie es Mongré thut, geht mir ganz wider den Strich. Das ist allerprimitivste Physikervorstellung: die Linie als fortbewegter Punkt! Die Linie als eindimensionales Wesen!« Köselitz an Overbeck, 14. November 1898 (Nr. 236, S. 457). Hausdorff stand mit Köselitz, einem der Verwalter von Nietzsches Nachlaß zu Lebzeiten, in persönlicher Verbindung.

[26] Egbert Brieskorn (Anm. 23), S. 81. An anderer Stelle hat Brieskorn nachdrücklich betont, daß die von Hausdorff im Grenzbereich von Mathematik und Philosophie entwickelten Denkkategorien nicht zur freien Verwendung stehen, trotz ihrer bisweilen >literarischen< Darstellungsform, die zu solchen Übertragungen einlädt: »Solche geistige Hygiene scheint mir [...] in einer Zeit, wo alles mit allem vermischt wird, empfehlenswert. Es gibt heute ein weit über den Bereich der Wissenschaft hinausgehendes Interesse an allem, was sich irgendwie mit dem Wort >Chaos< in Verbindung bringen läßt. Propagandisten der sogenannten Postmoderne konstatieren eine Tendenz zur >Entübelung des Chaos< [...]. In solchen Zusammenhängen beruft man sich auch auf Hausdorff« (Egbert Brieskorn: Einleitung. In: E. B. [Hg.]: Felix Hausdorff zum Gedächtnis. Band I: Aspekte seines Werkes. Braunschweig, Wiesbaden: Vieweg 1996, S. 2–10, hier S. 8.). Eine Warnung, die auf das gleichzeitig durchgeführte und ähnliche Intentionen verfolgende Sokal-Experiment verweist; vgl. die von Johannes Schwab und Dietmar Zimmer übersetzte Textsammlung: Alan Sokal und Jean Bricmont: Eleganter Unsinn. Wie die Denker der Postmoderne die Wissenschaften mißbrauchen. München: Beck 1999.

[27] Bis hin zur »Trivial-Décadence« eines Felix Dörmann: »Ihre Liebe ist Lüge, käuflich – aber egal./ Ich weiß, daß diese schäumenden Ekstasen/ Erkünstelt sind./ Daß sie nur künstlich Deinen Leib durchrasen,/ Mein bleiches Kind«. Zitiert nach Wolfdietrich Rasch: Die literarische Décadence um 1900. München: Beck 1986,

Pflanzen- und Farbsymbolik aus der Formenwelt des Jugendstils. Hausdorff pflegt in dieser Zeit Kontakte mit Autoren wie Richard Dehmel und Otto Erich Hartleben, die ihm durch den Leipziger Literatenkreis um den Juristen Kurt Hezel vermittelt werden. Hartleben hat eine seiner Nachdichtungen aus dem Gedichtzyklus *Pierrot Lunaire* des Belgiers Albert Kayenbergh (Pseudonym: Albert Giraud) Hausdorff gewidmet,[28] der sich seinerseits an einer konkurrierenden Übertragung dieses Kultbuches der Décadence versuchte: Für eine Reihe von commedia dell'arte-Figuren werden Szenen eines Melodramas entworfen, bei denen der Verzicht auf jede Handlungsführung durch eine artifizielle, die Realitätsferne zum Ausdruck bringende Sprache herausgestrichen wird. Diese Nachdichtungen bilden das Kernstück der Hausdorffschen *Ekstasen*, die damit jedoch nicht zu einem Beleg für die These werden, daß nur eine nicht-mimetische, bewußt konstruierende Kunstpraxis die mit der gesellschaftlichen Modernisierung verbundenen Erfahrungen umzusetzen vermochte.[29] Die Sammlung enthält auch metrisch streng regulierte Gedichtformen (Rondel, Sonett) und die in der Zeit unvermeidlichen *laudes italiae*,[30] die weniger avanciert erscheinen, aber in gleicher Weise als Reaktionen auf andere Literaturprogramme und Stilhaltungen zu deuten sind.

Mit der Frage nach den für Hausdorff wichtigen Künstlergruppen, den von ihm bevorzugten Publikationsorganen und Verlagen lassen sich erste, *sozialgeschichtlich* begründete Ansätze einer Deutung vornehmen, denen in einem zweiten Schritt die *kulturwissenschaftliche* Frage nach den Ausprägungen und dem Verhältnis von literarischer Weltdeutung und mathematisch-naturwissenschaftlichem Fortschritt in der Moderne folgen kann. Was die Wege der Wissensvermittlung, grundlegende Denkmuster und Handlungsorientierungen

---

S. 10. Einen Einblick in die zeitgenössische Begriffsverwendung liefert eine populärwissenschaftliche Arbeit von Paul Mantegazza: Die Ekstasen des Menschen. Aus dem Italienischen von R. Teuscher. Jena: Costenoble 1888, bes. S. Kap. 14: »Die ästhetischen Ekstasen« (S. 329–342).

[28] Albert Giraud [d.i. Albert Kayenbergh] Otto Erich Hartleben: Pierrot Lunaire. Berlin: Edition Sirene 1991, S. 65. Mit den weiteren Widmungen an Hermann Bahr, Otto Julius Bierbaum, Richard Dehmel, Curt [sic] Hezel, Fritz Mauthner, Paul Scheerbart, Detlev von Liliencron, Hans Heilmann u.a. imaginierte Hartleben bei dem Erstdruck der deutschen Fassung 1893 eine Sozietät von Literaturliebhabern, der 1903 die Gründung der *Halkyonischen Akademie für unangewandte Wissenschaften* folgte. Hausdorff hat zwar die Villa Hartlebens am Gardasee – gleichzeitig Sitz der ›Akademie‹ – besucht, sich jedoch nicht in das Mitgliederverzeichnis aufnehmen lassen; vgl. Handbuch literarisch-kultureller Vereine, Gruppen und Bünde 1825–1933. Hg. von Wulf Wülfing, Karin Bruns und Rolf Parr. Stuttgart, Weimar: Metzler 1998, S. 191–197.

[29] Die Alternativen zu diesem vereinfachenden, in der Forschung gleichwohl beliebten Analogieschluß nennt Jörg Schönert: Gesellschaftliche Modernisierung und Literatur der Moderne. In: Zur Terminologie der Literaturwissenschaft. Hg. von Christian Wagenknecht. Stuttgart: Metzler 1989, S. 393–413, bes. S. 408f. Anm. 42.

[30] Felix Hausdorff: Ekstasen. Leipzig: H. Seemann 1900, S. 116–125: »Das Vorgebirge von Portofin«, »In der Medicäerkapelle«, »Michelangelos Pietà«, »Certosa«.

betrifft, findet man im Falle von Hausdorff/Mongré – ähnlich wie bei Robert
Musil und Hermann Broch – verschiedenartige Quellen vor, die in einigen
Teilbereichen miteinander verflochten sind: »Die Aufgabe der Wissenschaftsgeschichte, soweit sie Wissensgeschichte sein will, wäre, den überdisziplinä-
ren Zusammenhang sozusagen in Indizienbeweisen zu rekonstruieren«.[31]

II.

Hermann Broch oder Robert Musil vollziehen den Schritt aus der Universität
in den Literaturbetrieb ganz bewußt. Die beiden mathematisch gebildeten
Autoren – will man sie zum Vergleich heranziehen – setzen bewußt auf eine
Karriere als Schriftsteller, wobei sie sich ihr naturwissenschaftliches Wissen
zunutze machen, um in den poetologischen Selbstreflexionen und Debatten
der Zeit mit einem Gestus der Überlegenheit aufzutreten; bei genauerem Hinsehen zeigt sich dann, daß diese Künstlerästhetiken der klassischen Moderne
viele Motive der Goethezeit wiederholen.

Ganz anders Felix Hausdorff. Er wählt mit Bedacht den Künstlernamen
Paul Mongré, um auf selbstgewählte Zeit die Grenzen der Kulturen zu überspringen, ohne dabei den bürgerlichen Paß vorzeigen zu müssen: Hausdorff
möchte à son gré die Seiten wechseln, und zwar so, daß die Welt der Kultur
die Superiorität des mathematisch-naturwissenschaftlich begründeten Argu-
ments ahnen möge, die Welt der Wissenschaft aber nicht unbedingt etwas
von dem Versmaß erfährt, in dem sich Felix Hausdorff sein Verhältnis zur
Welt – oder, um ein Schlüsselwort der Zeit zu benutzen, zum *Leben* –
künstlerisch abmißt. Den in den Essays und den Schriften zur Erkenntnistheorie entwickelten Gedanken fehlt damit zwar die Autorität des identifi-
zierbaren Fachgelehrten, doch wenn die Argumente Mongrés – so dürfte
Hausdorff gedacht haben – nicht für sich selbst sprechen können, dann
spricht dies gegen sie. Und noch einmal umgekehrt gedacht: Warum sollte
der Universitätsgelehrte Hausdorff seine Karriere, bei der er mit Widerstän-
den aufgrund seines ›mosaischen Glaubens‹ rechnen mußte, noch zusätzlich
durch Kontakte zu bestimmten Künstlerkreisen belasten, die in der wilhelminischen Ära als anrüchig galten?[32] Hausdorff machte dies nach eigenem Be-

---

[31] Herbert Mehrtens: Moderne – Sprache – Mathematik. Eine Geschichte des Streits
um die Grundlagen der Disziplin und des Subjekts formaler Systeme. Frank-
furt/M.: Suhrkamp 1990, S. 185 (Kap. 2.3: Metaphysikkritik und Mengenlehre:
Felix Hausdorff, S. 165–186).

[32] Bei der Veröffentlichung eines erotischen Gedichtes aus dem Zyklus *Verwandlun-
gen der Venus* hat Richard Dehmel mehrfach mit Zensurproblemen zu tun gehabt,
wobei er sich bei einer gerichtlichen Auseinandersetzung im Jahr 1906 von dem
Juristen Kurt Hezel, dem Leipziger Bekannten Hausdorffs, vertreten ließ. Im
Dehmel-Archiv (DA) der Staats- und Universitätsbibliothek Hamburg befinden
sich mehrere maschinenschriftliche, mit dem Briefkopf der Leipziger Rechtsant-

lieben und ließ um 1910, mit der Ernennung zum Extraordinarius in Bonn, die öffentliche Figur Paul Mongré ohne weitere Nachrufe sterben.

Der Unterschied zu Broch oder Musil liegt auf der Hand. Beide Autoren haben sich zu einem bestimmten Zeitpunkt ihres Lebens dem Literaturbetrieb ausgeliefert, wodurch sie auch zur Einhaltung der hier geltenden Regeln gezwungen waren: Verlagsgeschäfte, Feuilletonkontakte, Schriftstellertreffen, Mäzenatenförderung. Hausdorff konnte diesen Betrieb in völliger Unabhängigkeit von außen beobachten, die ungeschriebenen Gesetze ignorieren und sich, genau umgekehrt wie Broch und Musil, zu einem bestimmten Zeitpunkt ganz zurückziehen. Das führt zu folgenden Annahmen:

(1.) Zwischen Hausdorff und Mongré bestand kein Verhältnis wechselseitiger Abhängigkeit. In den Essays und vor allem in den erkenntnistheoretischen Schriften wird zwar das transkribierte Sachwissen des Mathematikers sichtbar und Spuren davon lassen sich noch in den Bildbereichen der lyrischen Texte nachweisen (wofür jedoch starke Grabungen unter der Ornamentik notwendig sind[33]); kehrt man die Blickrichtung um, bleibt es dagegen problematisch, von Hausdorffs Beschäftigung mit der Form des Sonetts oder der Philosophie Nietzsches unmittelbar auf Ergebnisse oder Tendenzen in seinen mathematischen Arbeiten zu schließen.[34] Daraus ergibt sich

(2.) die Frage nach den Motiven, aus denen heraus der Mathematiker Hausdorff über einige Jahre in der Gestalt Paul Mongrés am literarischen Leben in Deutschland teilgenommen hat. Und das mit Erfolg: Die *Neue Deutsche Rundschau*, in der die meisten seiner Arbeiten erschienen, gehörte zu den führenden Kulturzeitschriften der Jahrhundertwende. Die Frage nach der ›intentio auctoris‹ eröffnet ein Feld von Schwierigkeiten, das mit dem erneuten Hinweis auf Hermann Broch und Robert Musil pragmatisch zu begrenzen ist: Eine vergleichsweise große Unabhängigkeit von den Institutionen

---

waltskanzlei versehene Briefe von Kurt Hezel an Richard Dehmel, in denen u.a. dieses Verfahren erwähnt (DA Br. H 433; Brief vom 20. Oktober 1906) oder eine Verabredung getroffen wird: »Ich habe nach Deinem Begehr dafür Sorge getragen, dass Paul Mongré nebst Gemahlin Dich mit begrüssen werden«. (DA Br. H. 441; 6. März 1908). Nach dem Beginn des Ersten Weltkrieges, an dem Dehmel als Kriegsfreiwilliger teilnimmt, scheint sich das Verhältnis abgekühlt zu haben, wie ein nun handschriftlicher, ironisch gehaltener Brief Hezels vom 14. Januar 1915 zeigt (DA Br. 1915: 74/1). Wie distanziert das Verhältnis von Mongré zu Dehmel gewesen ist, läßt sich nur schwer einschätzen. Jedenfalls gehörte Hausdorff zu den Empfängern eines 1907 genehmigten Privatdruckes des als obszön eingeschätzten Gedichtes *Venus Consolatrix* (zu seinem Dankschreiben s.u. S. 556f.); vgl. hierzu Gary D. Stark: Pornography, Society, and the Law in Imperial Germany. In: Central European History 14 (1981), S. 200–229, bes. S. 227f.

[33] Zu welchen Ergebnissen dies führen kann, zeigt Egbert Brieskorn exemplarisch an dem Gedicht *Unendliche Melodie*: Elemente einer Biographie, S. 80.

[34] Mit entsprechender Vorsicht deutet Herbert Mehrtens (Anm. 31, S. 182) solche Übergänge nur an: »Es dürfte die philosophische, kulturkritische Arbeit gewesen sein, die ihn [sc. Hausdorff] (neben der Bekanntschaft mit Cantor) zum Raumproblem und zur Mengenlehre brachte«.

des Literaturbetriebs dürfte darauf schließen lassen, daß Hausdorff seine
Kontakte, die spezifischen literarischen Formen und die Botschaften seiner
Essays entsprechend frei und kaum zufällig gewählt hat. Dabei konnte er auf
die Wirkung der Mongréschen Texte mit Neugier warten, ohne sogleich reagieren zu müssen; auf Wirkung hatte er es jedoch zweifellos angelegt, dafür
spricht nicht nur die Tatsache der Veröffentlichung, sondern konkrete, identi-
fizierbare Umstände, auf die Formen und Formulierungen anspielen. Einige
dieser intendierten Bezugspunkte lassen sich leicht erkennen und erschließen,
viele müssen erst mühsam erschlossen werden, zahlreiche werden sich gar
nicht mehr als solche erkennen lassen. Dennoch erscheint es reizvoll, das literarische Werk Hausdorffs in seinen engeren Kontexten zu betrachten, um
es einem historisch adäquaten Verständnis zu öffnen. Das führt

(3.) zu der Frage, welche Schritte hier getan werden können, sieht man
von der Untersuchung der bereits genannten Literatenkreise um Otto Erich
Hartleben und Richard Dehmel einmal ab. Vorarbeiten gibt es keine, der
pseudonyme Autor ist der Literaturwissenschaft vollkommen unbekannt. Neben wenigen Rezensionen lassen sich einige Erwähnungen bis in die späten
zwanziger Jahre ausmachen, etwa bei dem Literarhistoriker Adolf Bartels,
der an Hausdorff/Mongré – wie nicht anders zu erwarten – lediglich die Re-
ligionszugehörigkeit bemerkenswert findet. Von weitaus größerem Interesse
ist hier ein scheinbar beiläufiges Zitat von Alfred Döblin, der in einem unveröffentlichten Manuskript aus dem Jahr 1902 den »Mangel an System« bei
Nietzsche kritisiert und dazu wörtlich – ohne das Pseudonym zu befragen –
Paul Mongré anführt, der dieses Defizit auf Nietzsches Freude »an bezau-
bernden Halbwahrheiten«‹ zurückführt.[35] Hier könnte ein Zugang zu noch
wenig bekannten Kommunikationsräumen der literarischen Moderne gesucht
werden, doch fehlen vorerst weitere Zeugnisse.

Alfred Döblin dürfte Hausdorffs erste Veröffentlichung mit einiger Aufmerksamkeit gelesen haben, da er aus dem fast vierhundert Druckseiten umfassenden Text diejenige Stelle herausgreift, an der es weniger um die Philosophie Nietzsches als um Hausdorffs eigene Grundsätze geht, die der Autor
in Abgrenzung von Nietzsche, dem »der dürre Ernst der wissenschaftlichen
Verallgemeinerung« fehle, und aus Anlaß der beiden Lehren von der »Wie-
dergeburt und Wiederkunft« entwickelt, die »weder Irrthümer noch Wahrheiten, sondern Halbwahrheiten, schöne bunte Provisoria« seien, »wie sie bei
jeder Sublimation philosophischer Begriffe als flüchtige Nebenproducte ab-
fallen«:

---

[35] Alfred Döblin: Der Wille zur Macht als Erkenntnis bei Friedrich Nietzsche (1902);
   zitiert nach: Nietzsche und die deutsche Literatur. Bd. I: Texte zur Nietzsche-
   Rezeption 1873–1963. Hg. von Bruno Hillebrand. München: dtv 1978, S. 315–
   330, hier S. 317.

Nicht nur die Welt als Ganzes, sondern jedes kleinste Zeittheilchen von ihr kann transcendent reproducirt werden, und in beliebiger Reihenfolge gegen andere Theilchen, aber ohne empirisches Bewusstsein davon: das heisst aber einfach, dass Vergangenheit, Gegenwart und Zukunft nur empirische Localisationen und ›an sich‹ nicht zu definiren sind – was man sonst aus diesem nüchternen Schulsatze macht, ist phantastischer Hocuspocus.[36]

Diesen mathematisch grundierten Ansatz hat Hausdorff in seiner kurz darauf veröffentlichten Schrift *Das Chaos in kosmischer Auslese* entfaltet, bei der die Rezeptionsbarrieren entschieden höher lagen, was die Zahl der Bezugnahmen herabgesetzt haben mag – die Döblin-Spur führt vorerst nicht zu einer Eingrenzung möglicher Kontexte. Wenn die Zahl der Anhaltspunkte gering ist, beginnt man mit einer möglichst festen Größe.

III.

Die *Neue [Deutsche] Rundschau* war eine Zeitschrift, der es weniger auf hohe Verkaufszahlen als vielmehr darauf ankam, sich an die »Spitze der kulturellen Pyramide«[37] zu setzen; der »intellektuelle Anspruch der Beiträge« reduzierte von vornherein die Reichweite der bürgerlich-liberalen, politisch eher enthaltsamen Zeitschrift, deren Schwerpunkt »auf der Wechselwirkung von Kunst und Kultur« lag.[38] Das Projekt des Fischer-Verlages wollte zugleich jedoch mehr sein als nur das »Kommunikations- und Selbstdarstellungsmedium eines geschlossenen Zirkels« von Kennern, wie es die *Blätter für die Kunst* für den George-Kreis waren. Die *Neue Rundschau* wurde rasch zur führenden Kulturzeitschrift, die »nicht mehr um Prestige kämpfte, sondern dem, was sie druckte, Prestige verlieh.«[39] Ein Otto Erich Hartleben zugeschriebener Zweizeiler lautet: »Bedenk, o Mensch, daß du vergehst,/ selbst wenn du in der Neuen Rundschau stehst«.[40] Nach 1900 paßt sich die Zeit-

---

[36] Paul Mongré [d.i. Felix Hausdorff]: Sant' Ilario. Gedanken aus der Landschaft Zarathustras. Leipzig: C.G. Naumann 1897, S. 314f.; Sigle: ‹SI›.

[37] Monika Dimpfl: Die Zeitschriften *Der Kunstwart, Freie Bühne / Neue Deutsche Rundschau* und *Blätter für die Kunst*: Organisation literarischer Öffentlichkeit um 1900. In: Zur Sozialgeschichte der deutschen Literatur im 19. Jahrhundert. Einzelstudien, Teil II. Hg. von M. D. und Georg Jäger. Tübingen: Niemeyer 1990, S. 116–197, hier S. 143.

[38] Karl Ulrich Syndram: Kulturpublizistik und nationales Selbstverständnis. Untersuchungen zur Kunst- und Kulturpolitik in den Rundschauzeitschriften des Deutschen Kaiserreiches (1871–1914). Berlin: Mann 1989, S. 119.

[39] Monika Dimpfl: Zeitschriften (Anm. 37), S. 143. Vgl. auch Birgit Kulhoff: Bürgerliche Selbstbehauptung im Spiegel der Kunst. Untersuchungen zur Kulturpublizistik der Rundschauzeitschriften im Kaiserreich (1871–1914). Bochum: Brockmeyer 1990, S. 147–176.

[40] Das gern benutzte Zitat bei Wolfgang Grothe: Die Neue Rundschau des Verlages S. Fischer. Ein Beitrag zur Publizistik und Literaturgeschichte der Jahre von 1890

schrift zwar dem Buchdruck an – der Umbruch wurde so gestaltet, daß Vorabdrucke sofort in die Buchausgabe umgesetzt werden konnten –, was jedoch der ästhetisch-intellektuellen, nicht auf Erfolg setzenden Orientierung der Zeitschrift – ›mittlere‹ Autoren wurden nicht abgedruckt – keinen Abbruch tat.[41] Der Großmachtpolitik des Kaiserreiches stand die *Neue Rundschau* reserviert gegenüber, bereits vor dem Ersten Weltkrieg ließen sich republikanisch-demokratische Stimmen vernehmen; auf Internationalität hatte die Verlagsführung bereits früher Wert gelegt,[42] was sich auch mit inhaltlichen Ansprüchen verband.

Die herausragende Neuerung und zugleich das Sorgenkind der Zeitschrift war die Form des »künstlerisch gestalteten Essays«. Peter de Mendelssohn berichtet in seiner Verlagsgeschichte, daß sich Samuel Fischer und seine leitenden Redakteure, darunter Oscar Bie und der eben zitierte Samuel Saenger, immer wieder über inhaltliche und konzeptionelle Fragen berieten und speziell über die Gefährdung der sensiblen Literaturgattung, die dem »deutschen Gründlichkeitsfanatismus« und »dem starken deutschen Hang zu unfruchtbarer Gelehrsamkeit« ausgeliefert sei; »wir leiden unter dem neuen deutschen Erbübel der übergroßen Spezialisierung ...[.] [...] Es existieren einige Gebiete des Wissens, in denen es überhaupt unmöglich ist, einen anständig schreibenden Mitarbeiter zu gewinnen«.Welche Gebiete das sind, scheint außer Frage zu stehen, doch hier wartet das von Peter de Mendelssohn aus Originalzitaten nachgestellte Redaktionsgespräch mit einer Überraschung auf:

> [D]ie Mehrzahl unserer Gelehrten hat noch immer kein Ohr für die Akustik des Forums [...]. Sie finden den weltmännischen Ton nicht ... Die besten Popularisatoren unter den Gelehrten, teilweise ganz vortreffliche Schriftsteller, die die Essayform fast künstlerisch meistern, sind überraschenderweise unter den Naturwissenschaftlern zu finden. Aber schlimm steht es um die Hüter und Pfleger der Geisteswissenschaften ...[.] [43]

Felix Hausdorff scheint die Forderungen des Verlages auf das genaueste erfüllt zu haben. Er hat die Prosaform so anspruchsvoll behandelt, wie Fischer es wünschte. In dem Essay *Der Komet*, erschienen 1910, wird über eine Redaktionskonferenz ganz anderer Art gespottet, die Monatsschrift heißt vielsagend »Der Spleen«. Die hier persiflierten Grundbestandteile des verkäuflichen Essays verraten aber wohl auch etwas über die Verlagspolitik im Hause Fischer, präsentiert werden sie mit feiner Selbstironie des Autors:

---

bis 1925. In: Archiv für Geschichte des Buchwesens 4 (1963), Sp. 809–997, hier Sp. 971.

[41] Vgl. Monika Dimpfl: Zeitschriften (Anm. 37), S. 166–171.

[42] Zur späteren Ausrichtung der Zeitschrift vgl. Michel Grunewald: Deutsche Intellektuelle als Vorläufer des ›Geistes von Locarno‹. *Die Neue Rundschau* und Frankreich zwischen 1919 und 1925. In: Recherches Germaniques 18 (1988), S. 67–88.

[43] Peter de Mendelssohn: S. Fischer und sein Verlag. Frankfurt/M.: Fischer 1970, S. 470–472.

Verleger: Haben Sie Ihren Essai über den Kometen fertig für das Maiheft? Etwas noch nicht Dagewesenes, ekstatisch [!] Auf= und Abschwebendes, um die höchsten Gipfel Kreisendes, Sie verstehn, so etwas ultraviolett Transzendentales, eine Projektion auf die nichteuklidische Bewußtseinsebene? Haben Sie es? Geben Sie es.

Mit dem noch nicht auf die Wiederkehr des Halleyschen Kometen (»nicht Dagewesenes«) eingestellten Redakteur mustert der Verleger daraufhin die eingegangenen Manuskripte, die nach den »drei Haupttribünen [...]: I. Wissenschaft, II: Philosophie, III: Stimmung« eingeteilt werden. Die erste Gruppe von Texten bleibt – streng nach dem Urteil der Fischer-Lektoren (»unfruchtbare Gelehrsamkeit«) – unberücksichtigt. Die zur zweiten Kategorie zählenden Beiträge werden ebenfalls nur überflogen: »Worüber kann man sich philosophisch aufregen? Sagen wir: über die Macht der Mathematik, über die Gesetzmäßigkeit in der Natur, über die großen Räume und die großen Zeiten«.Endlich gelingt dem Verleger ein Fund, indem er – die Artikulation spielt eine Rolle – aus einem Manuskript vorliest:

> Verleger: »In Lubienitzkys Geschichte der Kometen ...«
> Redakteur: »Lubienitzky? Endlich einmal ein unbekannter Name. Lubienitzky war nicht vorauszusehen.«
> Verleger: »In Lubienitzkys Geschichte der Kometen wird erzählt, im Jahre 1000 unserer Zeitrechnung sei aus einer Öffnung des Himmels eine brennende Fackel mit langem blitzendem Schweife herabgefallen [...].«
> Redakteur (weiterlesend): »Weltuntergang ... sie drängen sich in die Kirchen, vor Angst irrsinnig, zitternde Tiere mit verglasten Augen ... das tausendjährige Reich ... Die Wahrscheinlichkeit, daß die Erde mit einem Kometenkern zusammenstoße, ist nahezu Null ... Durchgang durch den Schweif gefahrlos ... magnetische Gewitter ...«
> Verleger (vor sich hinmurmelnd): »Lubienitzky, Lubienitzky. [...] Wir sind gerettet.«[44]

Gemeint ist Stanislaus de Lubinietz[ky] (1623–1675), ein bedeutender Theologe und Naturforscher, der 1688 ein dreiteiliges *Theatrum Cometicum* veröffentlichte, das Hausdorff vielleicht aus seiner Zeit an der Leipziger Sternwarte, das heißt aus der Fachgeschichte kannte. Die ineinander geschobenen Zeitebenen kommentieren das Verhältnis von wissenschaftlichem und zivilisatorischem Fortschritt: Das Publikum des 20. Jahrhunderts betrachtet Himmelserscheinungen noch immer mit irrationalen, ja apokalyptischen Erwartungen und Gefühlen, nicht anders als die Zeitgenossen Lubinietzkys. Die Einführung des nicht leicht auszusprechenden polnischen Namens, den sich der Verleger auf der Zunge zergehen läßt, gewinnt eine Nebenbedeutung vielleicht noch dadurch, daß der zeitgenössische Leser bei dem Vornamen Stanislaus unwillkürlich die Nennung eines ganz anderen polnischen Autors erwarten konnte, nämlich Stanislaus Przybyszewski, der in den 1890er Jah-

---

[44] Paul Mongré [d.i. Felix Hausdorff]: Der Komet. In: Die Neue Rundschau 21/5 (1910), S. 708–712. Beiträge aus der *Neuen Rundschau* werden im folgenden unter der Sigle »NR« im Text nachgewiesen.

ren zu den populärsten Vermittlern okkultistischer und spiritistischer Lehren
gehörte und in den von Hausdorff geschätzten Berliner Künstlerkreisen verkehrte.[45]

Die irrationalistischen Strömungen sind das erklärte Ziel der polemischen
und satirischen Angriffe Hausdorffs, hier findet er ein Thema und einen Ton,
bei dem er auf Wiedererkennung rechnen durfte, da er die Autorität und die
illusionslose Abgeklärtheit des Naturwissenschaftlers durchscheinen läßt,[46]
der das Angebot an Ersatzreligionen und deren Komplement, die materialistischen und monistischen ›Weltanschauungen‹, einer scharfen Kritik unterzieht.
Für den kruden Biologismus, die Art der Wissensvermittlung und die Atmosphäre des vom Darwinismus geprägten Denkens, welche die Bestseller Ernst
Haeckels und Wilhelm Bölsches erzeugen, hat Hausdorff nur Spott übrig:

> Zu den Pubertätskrisen, durch die ein moderner Mensch hindurch muss, gehört
> ebensowohl die wissenschaftliche als irgend eine religiöse oder poetische Roman-
> tik. Lauter Ungeheuer, deren Breite den ganzen Hohlweg füllt, haben es auf die
> jugendliche Persönlichkeit abgesehen; Niemand kommt ungefressen vorbei. Nur
> die Hartgepanzerten und ›Unverdaulichen‹ verlassen auf anderem Wege den laby-
> rinthischen Bauch, schütteln sich, nehmen ein Bad, und wandern in die Tiefendi-
> mension der Dinge hinein, die ihnen jene Vordergrunds-Thiere verdecken wollten
> [...]; alle diese Entozoen, die nichts als die Magenwände und Darmzotten des Un-
> gethüms um sich sehen, reden von einer gemeinsamen ›Welt‹anschauung. (SI 70f.)

Da sich Hausdorff einerseits gegen »materialistische[] Oberflächlichkeit und
Alleswisserei« (SI 21) wendet und andererseits die »Discussion mit Wirrköp-
fen« zu vermeiden sucht (»der beständige Zwang, sich einer undeutlichen
Sehweite zu accomodiren«; SI 83f.), bleibt die Verständigung auf eine Bewe-
gung zwischen den Extremen angewiesen, die zusätzlich durch die neuen
Spielarten einer Psycho-Analyse erschwert wird:

> Wir treiben Intimolatrie – [w]ir haben das Binnenleben der Seele entdeckt und
> freuen uns als echte Künstler, Deutsche und Obscuranten, dass es wieder einmal
> eine Qualität giebt, die sich nicht beweisen, sondern nur glauben lässt. Intim! Ein
> neues Evangelium, eine neue Rangordnung und Gnadenwahl: [...] Bethätigung,
> Wissenschaft, Erfolg – alles keine Intimität; nur der schlafende Fakir taucht in die
> Tiefen, des Idioten weisse Seele ist der Sitz eleusinischer Enthüllungen. – Nun,
> auch diese Pendelschwingung der modernen Entwicklung ist schon wieder in der
> Umkehr begriffen. Von den Pferdekräften zur Seelenmagie, von der Mechanik zur

---

[45] Vgl. Julius Bab: Die neuromantische Boheme (Dehmel und Przybyszewski)
      [1904]. In: Die Berliner Moderne 1885–1914. Hg. von Jürgen Schutte und Peter
      Sprengel. Stuttgart: Reclam 1987, S. 630–634.
[46] Das geschieht nebenher, etwa wenn sich der Erzähler selbst anspricht: »Für Einen,
      der mit der Natur und ihrem Gesetzmässigen zu thun hat [...]« (SI 39). Durch den
      Einsatz mathematischer Metaphorik: »Ich zähle das Glück des Lebens nach Punk-
      ten; Linien, Flächen und Körper kommen für mich nur insoweit in Betracht, als sie
      sich in Punkten schneiden können« (SI 152). Oder mit der Lehrhaftigkeit des
      Aphorismus: »Aus der Befugniss des Mathematikers, reelle Formeln auf imaginä-
      rem Wege abzuleiten, macht der Metaphysiker den Unfug, empirische Dinge ma-
      gisch zu erklären« (SI 253).

Mystik, vom Militarismus zum Occultismus – und wieder zurück; aus dem Hin und Her wird doch schliesslich einmal ein Vorwärts. (SI 186f.)

Aufklärung um 1900? Kein leichtes Unternehmen, vielmehr eine Gratwanderung, da der Titel des Mongréschen Lyrikbandes (*Ekstasen*) selbst die Suche des Menschen nach Entgrenzung, kurz ein »emphatisch-gesteigerte[s]« Lebensgefühl[47] thematisierte, allerdings nicht im Sinne eines metaphysischen Bedürfnisses (»nur eine unberechtigte Eigenthümlichkeit des Menschen, die er sich angewöhnt hat und wieder abgewöhnen kann«; SI 304), sondern auf der Grundlage einer Ästhetik ›mehrerer Welten‹:

> Das vollkommene lyrische Gedicht schildert nicht Stimmung, sondern ist sie; es lässt sich sowenig wie Musik in Sprache übersetzen; es verhält sich zur normalen Sprache wie überhaupt Kunstwirklichkeit zur empirischen Wirklichkeit. (SI 279)

Dieses Kunstideal findet Hausdorff weder in der naturalistischen noch in der radikal anti-mimetischen Literatur seiner Gegenwart verwirklicht, sondern in den Gedichten Conrad Ferdinand Meyers, »deren Ernst, Süssigkeit und Concentration gegen alle andere Lyrik ungerecht stimm[t]« (SI 229). Die literarische Verarbeitung von Modernisierungsvorgängen kann in formaler Hinsicht, wie bemerkt, ganz unterschiedlich ausfallen. Nur in der Ablehnung des Naturalismus waren sich zahlreiche Schriftsteller der Jahrhundertwende einig, die *Neue Rundschau* bündelte diese Tendenzen.

IV.

Der Kurs der Zeitschrift war gegen den Naturalismus gerichtet – ein Moment, das neben dem Prestige für Hausdorffs Beteiligung maßgeblich gewesen sein dürfte. Gleich am Beginn von *Sant' Ilario* heißt es über die Präformation des Menschen durch »Umgebung, Rasse, Klima, Organisation, physiologisches Gemeingefühl«:

> [D]as ist eine moderne Bedenklichkeit und Erwägung, die in der Theorie vom milieu nur einen vorläufigen, groben und doctrinären Ausdruck gefunden hat. So leichten Kaufes wird man das souveräne Ich nicht los [...]. (SI 12)

Hausdorffs Abhandlung *Massenglück und Einzelglück* aus dem Jahr 1898 bietet nur dem Titel nach einen den Zielsetzungen der Zeitschrift widersprechenden, also politischen oder sozialreformerischen Beitrag; im Gegenteil, es geht um die Identität des Nichtzuunterscheidenden bei Leibniz und Kant und die Folgen:

---

[47] In der Lyrik um 1900 lassen sich drei Varianten dieses »Lebensmodells« unterscheiden; vgl. Klaus Wieland: Der Strukturwandel in der deutschsprachigen Lyrik vom Realismus zur frühen Moderne. Bonn: Romanistischer Verlag 1996, S. 220f.

Man bemerkt hier [sc. bei den Begriffen von Raum und Zeit] unschwer die An-
knüpfungsstelle für jene höchst pittoresque, aber auch höchst unwissenschaftliche
Grundanschauung, die Schopenhauers metaphysisches Denken beherrscht: ihm
sind die Erkenntnißformen täuschende Gaukelkünste, die das metaphysisch Eine
und Ruhende zum empirisch Vielen und Bewegten zersplittern. [...] Von dieser in-
disch = platonisch = schopenhauerisch = wagnerischen Metaphysik ist allenfalls das
Gegentheil wahr, gesetzt, daß sie zur Wahrheit überhaupt in einer Beziehung steht.
(NR IX/1 [1898], S. 64–75, hier S. 68)

Da das principium individuationis auf diesem Weg nicht zu finden ist, wendet
sich der erkenntnistheoretische Skeptiker – so lautet die Selbstbezeichnung
des Essayisten – den empirischen Forschern, den Physiologen, und ihrem für
die Entscheidung der Frage letztlich untauglichen Instrument der »Vivisec-
tion« zu, was auch metaphorisch zu verstehen ist. Aber selbst in dieser ver-
nunftgebotenen Gegnerschaft fühlt sich der Anwalt des Individuums unwohl:

Wir enthalten uns des Urtheils; wir bemerken nur beiläufig und mit Ekel, daß in
unserem unreinlichen neunzehnten Jahrhundert keine Partei, und sei es an sich die
vernünftigste, ohne Flankendeckung durch die Legionen des Obscurantismus sich
ins Feld wagt. Impfgegner, Alkoholgegner, Thierschützer, Naturärzte, Friedens-
freunde, Keuschheitsapostel, ›einige‹ Christen, Bayreuther und sonstige Weltver-
besserer [...]

greifen »zum Dynamit«, wenn man ihnen nicht Recht gibt (S. 71). Schließlich
kommt der Verfasser auf die im Titel angekündigte soziale Frage zurück, die
eine ethische: »Ich habe hier von Glück geredet wie ein Engländer« (S. 72),
also utilitaristisch und individualistisch, was am Ende in folgende Formulierung zugespitzt wird:

Wenn also ein plus von Glück erzeugt werden soll, so ist nicht eine Pluralität von
Einzelnen, sondern der zum Glücke fähigere und begabtere Einzelne mit den verfügbaren Mitteln zu beglücken: grob geredet, man schaffe Champagner für Einen,
nicht Branntwein für Hundert. (S. 75)

Warum zögert der Geistesaristokrat? Weil es gar so ernst nicht gemeint ist,
auch der Sarkasmus hat seine Stilebene. Das Lob des »energische[n] Egoismus« setzt sich bis zum Schluß fort, an dem ein die aufklärerische Vernunft
feierndes Diderot-Zitat steht. Damit gibt Hausdorff ein ernstzunehmendes Signal. Nicht abzuleugnen ist für ihn die Wahrheit jener vom Individuum ausgehenden Ethiken des 18. Jahrhunderts, die – durchaus mit Lust am Paradox
– den Eigennutz und das Glück des einzelnen als Quelle des gesellschaftlichen Wohlstandes priesen.

Mit den Stichworten Irrationalismus, aufklärerische Kritik der Erkenntnis
und Individualismus sind bereits alle Elemente genannt, die den folgenden,
kaum drei Monate später erschienenen Essay bestimmen: *Das unreinliche
Jahrhundert* (NR IX/5 [1898], S. 443–452). Was mit einer Kant-Kritik beginnt, endet in einer Apotheose des 18. Jahrhunderts. Ein kalkulierter Widerspruch? Wohl nicht, da Hausdorff den Ethiker Kant kritisiert, der von dem

liberalen Protestantismus des 19. Jahrhunderts – dem »unreinlichen« Jahrhundert – zum Religionsersatz erhoben wurde: Wenn der Regierungsreferendar sein Gesangbuch in den Sonntagsrock steckt und zur

> Kirche geht: so ist er nicht Streber, denn dann würde er das Gesangbuch in der Hand tragen, sondern Kantianer. Man muß den modernen Menschen, der sich mittelalterlich gebärdet, nicht etwa als schnöden Heuchler ansehen; o nein! damit [...] unterschätzt man das Nebeneinander von Kraut und Rüben, das in einem modernen Kopfe möglich ist. [...] Unser Kirchgänger hingegen denkt sich gar nichts dabei, daß er in der rechten Rocktasche das erbauliche Büchlein mit Goldschnitt, in der linken die Sportzeitung bei sich führt: als ›Erscheinung‹ hetzt er Pferde, Hasen und Socialdemokraten, als ›Ding an sich‹ fühlt er für die Mühseligen und Beladenen. (S. 446)

Neben dem »Specialbetrieb der Wissenschaft« steht der »Spiritismus« – eine Reminiszenz an die Zöllner-Affäre – und das vornehmere, aber einen ähnlichen *frisson* suchende »metaphysische Bedürfniß«: »Welch ein Abstand gegen das achtzehnte Jahrhundert, das man [...] sauber und hell nennen muß!« (S. 451). Um den Kontrast zu verstärken, verlängert Hausdorff die Liste der Gegensatzpaare noch beträchtlich, wobei er, was Anspielungen betrifft, dem Leser einiges abverlangt: »[D]amals [sc. im 18. Jahrhundert] beschränkte Ganzheit, heute die schillernde Coquetterie mit dem Heine'schen ›Riß‹ oder der unerschöpflichen pluralité du moi!«[48] (S. 452). Die Anspielung auf Fontenelles *Entretiens sur la pluralité des mondes*, den 1686 erstmals veröffentlichten astronomischen Bestseller der Aufklärung, wird der Polemik geschickt untergeschoben, die Norm der Satire nur dem an der Geschichte der Wissenschaften Interessierten zu erkennen gegeben.

Bemerkenswert ist, daß in dem ein Jahr später publizierten Essay *Tod und Wiederkunft* (NR X/12 [1899], S. 1277–1289) ein stilistisches Muster verwendet wird, das Fontenelle in dem erwähnten *Entretien* geformt und zum Vorbild für viele Nachahmungen im 18. und noch im 19. Jahrhundert[49] gemacht hat: Der Wissenschaftler unterrichtet eine wißbegierige Freundin über die ›letzten‹ Fragen des Menschen. Hausdorff verweist in diesem Aufklärungsdialog auf sein Buch über das *Chaos in kosmischer Auslese*: »Dort sind Sie [sc. die Freundin] in einem sphärocyklischen Zaubercabinet und können Kreis, Ring und Kugelspiel, in das wir Bewußtseinsnarren mitten hineingestellt sind, mit Seelenruhe von außen betrachten« (S. 1282). Um das Gespräch aufzulockern, wird ein erotischer Studentenulk eingeflochten (*Faust* II, V. 6261), doch danach geht es von den Pythagoreern mit einem Sprung über den nur »bildlichen« Nietzsche hinweg zur Hypothese von der Wieder-

---

[48] Parallelstelle in *Sant' Ilario* (Anm. 36), S. 195.
[49] Vgl. Wolfgang Rohe: Literatur und Naturwissenschaft. In: Bürgerlicher Realismus und Gründerzeit 1848–1890. Hg. von Edward McInnes und Gerhard Plumpe. (Hansers Sozialgeschichte der deutschen Literatur vom 16. Jahrhundert bis zur Gegenwart 6) München: Hanser 1996, S. 211–241 u. 768–773, bes. S. 216.

kunft, die jedoch nicht der Befriedigung metaphysischer Bedürfnisse dient, da sie »ohne Einfluß auf die Bewußtseinswelt« bleibt, »sie gilt also unabhängig vom empirischen Zeitinhalt und hat von der Erfahrungsseite weder Bestätigung noch Widerlegung zu erwarten [...]«; es folgen noch einige Stufen der Erläuterung, die auf das Fassungsvermögen des Publikums abgestimmt sind, bis das Gespräch unterbrochen wird: »hier, verehrte Freundin, muß ich selbst Ihnen für heute unverständlich bleiben« (S. 1283f.). Der Autor zeigt zwar, daß er die epagogische Topik beherrscht, gleichwohl gehört die zitierte Unterbrechung nicht zu den Kunstgriffen des Lehrgesprächs, da der Gegenstand gar nicht erschöpfend behandelt werden soll; der Essay überschreitet nicht die Grenzen zur Popularphilosophie und ihrer ungehemmten Metaphorik, aus dem Wissen um die Probleme darf keine Weltanschauung modelliert werden. Der Erkenntnistheoretiker Hausdorff ist zugleich an der Sprache, ihren Möglichkeiten und Grenzen interessiert, wie seine Auseinandersetzung mit Fritz Mauthner – eine der ersten umfangreichen Stellungnahmen – und die nachfolgende Debatte mit Gustav Landauer zeigt (Paul Mongré: *Sprachkritik*. In: NR XIV/12 [1903], S. 1233-1258), die in einer eigenen Untersuchung darzustellen ist. Was sich in der Sprache des Alltags, der Philosophie oder der Poesie über die wissenschaftliche Erkenntnis der Welt überhaupt *sagen* läßt und aus welchen *Motiven* es gesagt werden soll, hat Hausdorff immerhin angedeutet.

V.

»Je weniger eine Philosophie von dem thatsächlich Bestehenden rechtfertigt, desto unverdächtiger ist sie« (SI 304). Dieser Grundsatz bildet eine Prämisse des Hausdorffschen Philosophierens, die der Erläuterung bedarf, da es sich nicht um Kritik oder ›Kritizismus‹ in einem vordergründigen Sinn handelt: »je weniger sich eine Philosophie, sei es pro oder contra [!], mit dem Bestehenden einlässt, desto ernsteres Gehör verdient sie«. Es geht um ein Denken ohne »historischen Anschluss«, das heißt ohne »Parteinahme« und ohne »Freunde und Gegner« (ebd.), nur dann ist – hier folgt ein zweiter wichtiger Grundsatz – »Selbstkritik der Wissenschaft«[50] (SI 342) möglich. Die Wissenschaft muß sich vor sich selbst schützen: Vor den Mechanismen der Meinungsbildung, der Themenwahl und der – nicht allein von der Fachöffentlichkeit – geforderten Übereinkunft, wie ihre Ergebnisse zu deuten sind. Das ist der soziale Aspekt der beiden Grundsätze, die auch eine kognitive Forderung enthalten: Selbstkritik soll vor der Möglichkeit des Irrtums schützen (oder diesen richten), wobei die Kriterien rationaler Prüfung in allen Bereichen des Wissens

---

[50] Herbert Mehrtens (Anm. 31, S. 171) führt die Stelle ebenfalls an, versetzt sie jedoch in andere Zusammenhänge.

Geltung besitzen. Auch der umschlossene Bezirk der Mathematik bietet keinen Schutz vor dem Irrtum, den der Wissenschaftler in seinem Verhalten zur Welt entwickelt.

Mit fast übertriebener Härte hat Felix Hausdorff auf einen Vorgang in der literarischen und wissenschaftlichen Öffentlichkeit reagiert, der das Fehlen jeder Selbstkritik zum Ausdruck brachte. Gemeint ist die »Shakespeare-Bacon-Frage« (SI 204–206), auf die sich Georg Cantor eingelassen hatte, der Begründer der jungen Disziplin der Mengenlehre, den Hausdorff später persönlich kennenlernte und verehrte. Nach einer psychischen Krise hat sich Cantor für kurze Zeit von der Mathematik abgewandt und in einer Serie von Veröffentlichungen nachzuweisen versucht, daß Francis Bacon der Verfasser der Shakespearschen Dramen sei.[51] Die Methode der Entzifferung von Signalen und Anspielungen, kurz die ›hermetische Abdrift‹ (Umberto Eco) der Dekonstruktion wird von Hausdorff aufgedeckt (»nichts unterhaltender als mit beliebigen Freiheiten der Interpretation aus einem beliebigen Drucktext einen beliebigen Gemeinsinn herauslesen«) und anschließend parodiert: »Wie würde man z.B. in einer freien Viertelstunde beweisen, dass Kant, nicht Goethe der Dichter des Faust ist?« (S. 204) Das Fazit lautet:

> Man thut Unrecht, die Unvernunft summarisch als Gegensatz des Vernünftigen zu verstehen; es giebt Gradunterschiede, und die Shakespeare-Baconfrage ist, wie der Spiritismus, vielleicht ein Gipfel im Hochgebirge der Absurdität. (S. 206)

Die Berufung auf den »bon sens« oder die »Vernunft« (ebd.) steht am Schluß etwas isoliert, ohne Kontakt zu den poetischen Arbeiten von Hausdorff/Mongré, in denen die Spielräume der Weltdeutungen beschworen werden, zunächst emphatisch, dann mit zunehmender Zurückhaltung.

Gottes Schatten heißt eine Abrechnung mit den pseudoreligiösen Tendenzen der Zeit, die 1904 erscheint (NR XV/1 [1904], S. 122–124). Die lange Tirade eines »Rationalisten«, dem man die Enttäuschung und Erregung anmerken soll, gipfelt in den Schlüsselworten der Mongréschen Poesie:

> Wenn solche aufregenden Rendezvous und ekstatischen Berührungen mit Gott wieder Mode werden sollten, so wird die Sprache, in der davon geredet wird, vielleicht gar nicht theistisch klingen [...]. Mit demselben Mißtrauen stehe ich dem erklärten Atheismus der Naturwissenschaften gegenüber: da ist ein primitiver

---

51 Vgl. Adolf Fraenkel: Das Leben Georg Cantors. In: Georg Cantor: Gesammelte Abhandlungen mathematischen und philosophischen Inhalts. Hg. von Ernst Zermelo. Hildesheim: Olms 1966 (Nachdruck der Ausgabe Berlin 1930), S. 452–483, bes. S. 462f.; die wichtigste Publikation der genannten Reihe: Die Rawley'sche Sammlung von zweiunddreissig Trauergedichten auf Francis Bacon. Mit einem Vorwort hg. von Georg Cantor. Halle: Niemeyer 1897. Vgl. auch Walter Purkert und Hans Joachim Ilgauds: Georg Cantor. (Biographien hervorragender Naturwissenschaftler, Techniker und Mediziner 79) Leipzig: Teubner 1985, S. 52–59. – Zu der seit den 1880er Jahren heftig geführten Kontroverse hat sich – die Bacon-These positiv in Betracht ziehend – auch Nietzsche in *Ecce homo* geäußert.

Gottesbegriff gegen einen späten, raffinierteren, verhüllten umgetauscht [...].
(S. 123)

Warum dann der Titel *Ekstasen*? Wenn in mystischen Traditionen über Techniken nachgedacht wurde, mit denen sich das gewöhnliche Leben ›überschreiten‹ lassen sollte, dann mag dem etwas Unwahrscheinliches anhaften, auf der Ebene des Bewußtseins kann man die – angeblich eingetretene – Empfindung als Einbildung erklären. Bleiben wir in dem so umrissenen Sprachfeld, hat es durchaus Sinn, daß Hausdorff aus seinem Alltagsleben als Mathematiker heraustritt – ékstasis – in die Zweitexistenz des Dichters, der es sich erlaubt, nach künstlerischen Formen einer Weltaneignung zu suchen. Der Titel hätte ebensogut *Evokation* lauten können: So hat der von Hausdorff bewunderte Max Klinger eine Radierung seiner *Brahms-Fantasie* von 1894 überschrieben.[52]

In dem zuvor zitierten Essay nimmt der Autor die Künstler von dem Vorwurf, pseudoreligiösen Unsinn zu verbreiten, noch ganz aus. In dem letzten [!] der Texte, die Felix Hausdorff unter dem Pseudonym Paul Mongré veröffentlicht (*Andacht zum Leben*. In: NR XXI/12 [1910], S. 1737–1741), liest man dagegen folgendes:

> Aber die unangenehmste aller Komplikationen ist und bleibt das Leben. [...] Nur die Dichter, die andächtigen Seelen, helfen sich mit verhältnismäßig einfachen Mitteln: mit Anbetung! [...] Hier wird das Ignoramus zur Geste der Verehrung, zu hochgezogenen Augenbrauen und öligen Blicken, zu weichen, feuchten, von Tiefsinn dampfenden Worten priesterlicher Lyrik, [...] die sich gerade am Irrationalen, Grausamen, Dämonischen der vita femina berausch[t]. (S. 1737)

Der letzte Satz bereitet – trotz aller Nietzsche-Anspielungen – Schwierigkeiten bei der Auslegung. Man wird ihn, mit allen Vorbehalten, nur als eine Distanzierung von den eigenen lyrischen Versuchen, von der Stoffwahl bis zum symbolischen Darstellungsbereich, verstehen können. Als eine Abgrenzung auch von Autoren wie Richard Dehmel, die hier ein Vorbild geliefert haben. Das zeitgleiche Verschwinden Paul Mongrés von der literarischen Bühne könnte diese Vermutung bestätigen, nicht jedoch der zitierte Briefwechsel Kurt Hezels, in dem von späteren Begegnungen zwischen den beiden Autoren berichtet wird (s.o. S. 544).

Im Jahr 1907 richtet Felix Hausdorff an Richard Dehmel das erwähnte Dankschreiben für die Übersendung eines ungekürzten Exemplars der *Ver-*

---

[52] Felix Hausdorff hat Max Klinger persönlich gekannt und mehrfach über ihn geschrieben, auch an prominenter Stelle; vgl. Paul Mongré: Max Klingers Beethoven. In: Zeitschrift für Bildende Kunst. NF Dreizehnter Jahrgang. Leipzig: Seemann 1902, S. 183–189. Klingers Radierungen galten um die Jahrhundertwende »weithin als das Kühnste und Modernste«, »welches sich ein bürgerlicher Gelehrter in sein Wohnzimmer hängen konnte [...]«. (Wolfgang J. Mommsen: Die Herausforderung der bürgerlichen Kultur durch die bürgerliche Avantgarde. Zum Verhältnis von Kultur und Politik im Wilhelminischen Deutschland. In: Geschichte und Gesellschaft 20 [1994], S. 424–444, hier S. 438.)

wandlungen der Venus; das »Dämonische der vita femina«? In dem Schreiben versichert Hausdorff dem Adressaten,

> dass Sie für mich Einer der ganz Wenigen sind, die wirklich die Elemente aus einem letzten Dissociationszustande heraus zu neuen Formen zwingen, im Gegensatze zu den Vielen, die nur die vorhandenen Gestaltungen mosaikartig combiniren. Aber ein solches Bekenntniss würde sich vielleicht aus Zeitmangel und dergleichen Gründen zu sehr verspäten, während Sie das augenblickliche Recht haben zu wissen, dass Ihr Geschenk in die Hände eines dankbaren Empfängers gekommen ist. [53]

Ein rhetorisches Meisterstück – ein wirkliches »Bekenntnis« wird nicht abgelegt.[54] Kann es nun, zum Jahreswechsel 1908, nicht mehr abgelegt werden, da für den Autor die Zeit der »Ekstasen«, der pathetischen Feier des Lebens vorbei ist? Das bleibt Spekulation. Über die Aussagekraft der Kunst und das künstlerische ›Wissen‹ hat sich der Autor in einer Weise geäußert, die nur im Austausch zwischen den Disziplinen zu entschlüsseln ist.

Über Felix Hausdorffs *wissenschaftlichen* Weg in die Moderne wissen wir hinlänglich Bescheid; bei dem Weg Paul Mongrés in die *künstlerische* beziehungsweise *philosophische* Moderne können wir immerhin feststellen, daß diejenigen nicht zu seinen Weggefährten gehörten, die eine Generation später mit dem Selbstbewußtsein der ersten Stunde und im Namen der »symbolische[n] Logik« dazu aufriefen, »alle ›lyrischen‹ Elemente aus der Wissenschaft wegzuschaffen [...]«.[55] Die Trennung von Funktionsbereichen ist nicht das alleinige Signum der Moderne. Das Werk von Felix Hausdorff (Paul Mongré) lädt dazu ein, den Zusammenhang von Denkstrukturen und Wissensformationen zu untersuchen, wobei die Forschung bei den stets im Zusammenhang auftretenden sozialgeschichtlichen und kulturwissenschaftlichen Fragestellungen auf textwissenschaftliche Methoden, kurz auf bewährte Praxisformen der Philologie zurückgreifen kann, um Berechnungen zu dem Gedankenhaushalt einer Zeit anzustellen.

---

[53] Hamburger Staats- und Universitätsbibliothek, Dehmel-Archiv Br. 1907: 74. Handschriftlicher Brief auf weißem, unliniertem Papier in schwarzer Tinte und von beiden Seiten beschrieben; datiert Leipzig (Lortzingstraße 13), 3. Dezember 1907. – Für die Genehmigung der an dieser Stelle nur auszugsweisen Veröffentlichung danke ich der StuUB Hamburg.

[54] Vgl. zu diesem Brief auch Egbert Brieskorn (Anm. 23), S. 87.

[55] Hans Hahn: Die Bedeutung der wissenschaftlichen Weltauffassung, insbesondere für Mathematik und Physik [Erstdruck: Erkenntnis 1 (1930/31), S. 96–105]. In: H. H.: Empirismus, Logik, Mathematik. Mit einer Einleitung von Karl Menger hg. von Brian McGuinness. Frankfurt/M.: Suhrkamp 1988, S. 38–47, hier S. 46.

BERNHARD JAHN

Deutsche Physiognomik

Sozial- und mediengeschichtliche Überlegungen zur Rolle der
Physiognomik in der Weimarer Republik und im Dritten Reich

Der immense Aufschwung, den das physiognomische Schrifttum in den
zwanziger und dreißiger Jahren des zwanzigsten Jahrhunderts im deutschsprachigen Raum nahm, ist in neueren Forschungen zu diesem Thema biblio-
graphisch gut dokumentiert.[1] »Physiognomische Spekulationen« wurden im
20. Jahrhundert zu einer genuin deutschen Spezialität,[2] während noch im 19.
Jahrhundert Franzosen, Engländer und Italiener gleichermaßen gewichtig
mitspekulierten. Bei dem Versuch einer Erklärung dieses spezifisch deutschen Interesses an der Physiognomik wird man zunächst auf die Dominanz
der Rassentheorien verweisen wollen, zumal zwischen Rassismus und Physiognomik schon seit der Antike eine enge Beziehung bestand.[3] Aber gerade
die Kompatibilität von Rassentheorie und Physiognomik stellte die Autoren
im Dritten Reich vor schwer lösbare Probleme. Zwar erwies sich, wie Willy
Hellpach in seiner *Deutschen Physiognomik* schrieb, »die Frage nach der Erscheinung der Deutschen und ihrer Stämme im Kern als eine ›optische‹, eine
physiognomische, eine Antlitzfrage«.[4] Doch Autoren, die sich nicht wie
Hellpach mit dem Typischen der Rasse zufrieden geben wollten, sondern
nach dem Charakter oder dem Individuellen des je einzelnen Menschen fragten, mußten eine Physiognomik entwickeln, die mit ihrer Blickrichtung auf
das Besondere schnell in Kollision mit der Rassenlehre geriet. Das Spektrum
der Einstellungen zur Rassenkunde, das sich in den physiognomischen
Schriften bietet, ist daher auch breit gefächert. Max Picards Bücher sind als
explizite Kritik am Rassismus zu lesen, die von Rudolf Kassner können, zumindest was ihr theoretisches Konzept betrifft, implizit als solche verstanden
werden.

---

[1] Vgl. Claudia Schmölders: Das Vorurteil im Leibe. Eine Einführung in die Physio-
gnomik. Berlin: Akademie 1995 mit einer Bibliographie, S. 242–251; Rüdiger
Campe / Manfred Schneider (Hg.): Geschichten der Physiognomik. Text – Bild –
Wissen. (Rombach Wissenschaft – Reihe Litterae 36) Freiburg: Rombach 1996,
Bibliographie S. 597–628.

[2] Claudia Schmölders (Anm. 1), S. 15.

[3] Vgl. Martin Blankenburg: Rassistische Physiognomik. Beiträge zu ihrer Geschichte und Struktur. In: Claudia Schmölders (Hg.): Der exzentrische Blick. Gespräch über Physiognomik. Berlin: Akademie 1985, S. 133–161.

[4] Willy Hellpach: Deutsche Physiognomik. Grundlegung einer Naturgeschichte der
Nationalgesichter. Berlin: Walter de Gruyter & Co 1942, S. 27.

Eine Antwort auf die Frage nach dem Interesse an der Physiognomik müßte die ganze Bandbreite physiognomischer Ansätze zu ihrem Recht kommen lassen und bei der sich daran anschließenden Frage nach den unterschiedlichen Funktionen solcher Schriften mit einer ebenso großen Variationsbreite rechnen. Waren die physiognomischen Lehrwerke überhaupt auf die Etablierung einer diagnostischen Praxis hin ausgerichtet oder verfolgten sie ganz andere Ziele? Im folgenden sollen am Leitfaden sozialgeschichtlicher Methoden der Literaturwissenschaft, wie sie in der Zeitschrift *Internationales Archiv für Sozialgeschichte der deutschen Literatur* seit nun schon einem Vierteljahrhundert vorgeführt werden, einige Aspekte des Problems näher betrachtet werden. 1. Rezeptionsgeschichtlich: Wer waren die intendierten Adressaten physiognomischer Schriften, was war die intendierte Gebrauchsfunktion und wie sah die tatsächliche Rezeption aus? 2. Mediengeschichtlich: Welche Rolle spielten die neuen Medien Photographie und Film und wie wurde mit den medialen Problemen physiognomischer Erkenntnis umgegangen? 3. Institutionengeschichtlich: In welchen institutionellen Rahmen war physiognomische Forschung eingebunden? 4. Zeichentheoretisch: Die erkenntnistheoretischen Prämissen, die den physiognomischen Argumentationen zugrunde liegen, sollen anhand der Frage nach den Bedeutungen des Begriffes ›Ausdruck‹ näher beleuchtet werden.

1. Der rezeptionsgeschichtliche Aspekt

Will man das spezifisch deutsche Interesse an der Physiognomik verstehen, so bietet sich als erste Annäherung die Frage nach der Gebrauchsfunktion physiognomischer Schriften an. Hierbei kann im Rahmen dieses Aufsatzes lediglich auf die im Text formulierte intendierte Gebrauchsfunktion eingegangen werden, während der tatsächliche Rezeptionsverlauf auf das Beispiel Max Picards beschränkt bleiben muß.

Seit der Antike geben physiognomische Schriften vor, auf eine Praxis jenseits des Textes zu zielen, aber auch seit dieser Zeit schon läßt sich das Scheitern physiognomischer Theorien an und in der Praxis beobachten. Wenn das Scheitern an der Praxis bei gleichzeitigem Hinzielen auf sie dem physiognomischen Text immer schon bevorsteht, muß der Autor mit bestimmten rhetorischen Immunisierungstrategien arbeiten, um diesen Widerspruch zu verdecken oder wenigstens abzufedern. Stellt man an die Physiognomiken der Weimarer Republik und der NS-Zeit die Frage, wie und in welchen Kontexten man die in ihnen beschriebenen Techniken anwenden soll, so erhält man ein höchst verwirrendes Bild. Vor einer naiven Anwendung physiognomischer Deutungstechniken in der Alltagswirklichkeit, etwa um den Charakter oder gar das Innere der Mitmenschen zu erkennen, schrecken die meisten physiognomischen Schriften zurück. So offen ins Messer der Praxis läuft meines Wissens nur ein Text, Norbert Glas' *Die Formensprache des menschlichen Gesichts*:

> Der angestrebte Zweck ist, den Leser zur geistgemäßen Menschenkenntnis zu führen. Von besonderem Nutzen kann die dadurch zu gewinnende Anschauungsweise für den Arzt, Pädagogen, Künstler und Seelsorger werden.[5]

Das Buch, das nach einem Jahr schon eine zweite Auflage erlebte, wurde vor allem für die pädagogische Praxis an Steiner-Schulen konzipiert. Der Lehrer soll anhand einer physiognomischen Systematik das schon vorgeburtlich festgelegte Wesen des Schülers erkennen, um es gegebenenfalls durch geeignete pädagogische Maßnahmen zum Besseren hin zu korrigieren.[6] Mit Zweifeln an seinen apodiktisch vorgetragenen Thesen scheint der Autor bei seinen anthroposophischen Lesern nicht zu rechnen: einige Steiner-Zitate genügen zur Legitimierung des Unternehmens.

Nur wenig strategischer geht Leo Herland vor.[7] Sein *Handbuch der praktischen Charakterdeutung* vermittelt laut Klappentext »physiognomische Fähigkeiten, die im Alltag und Daseinskampf wichtigste Hilfe bieten«. Ein »48-seitiges Tabellenbuch zur praktischen Ausdrucksdiagnostik« mit Schemazeichnungen von Gesichtspartien und beigefügter charakterologischer Deutung suggeriert eine eminente Praktikabilität. Wer als Benutzer des Handbuchs jedoch angesichts der uferlosen Fülle der jedem mimischen Element zugeordneten charakterologischen Bedeutungen den praktischen Nutzen oder gar die physiognomische Methode als Ganze in Zweifel ziehen sollte, der wird auf die Defekte seines eigenen Charakters verwiesen:

> Je reicher seine eigene Natur ist, desto verständnisvoller wird er sich in fremde Seelen einleben können, und zuletzt wird in aller Charakterforschung und Charakterdeutung nur der Bedeutendes leisten, der selbst ein ganzer Charakter ist.[8]

An Laien und Mediziner wendet sich Fritz Langes *Die Sprache des menschlichen Antlitzes*.[9] Schon der Untertitel weist auf eine Funktionserweiterung der Physiognomik hin: Es geht nicht mehr nur um ihre »praktische Verwertung im Leben« als charakterologisches Diagnoseverfahren, sondern um Anwendung auch »in der Kunst«. In Verlauf des Buches verlagert sich das Interesse allerdings immer mehr vom Alltag auf die Kunst. Während Lange einerseits

---

5 Norbert Glas: Die Formensprache des Gesichts. Neue Wege zu einer Physiognomik des Menschen. Wien, Leipzig, Bern: Verlag für neue Medizin Weidmann & Co ²1935, S. 5.
6 Ebd., S. 18.
7 Leo Herland: Gesicht und Charakter. Handbuch der praktischen Charakterdeutung. Wien: Saturn 1938.
8 Ebd., S. 308.
9 Fritz Lange: Die Sprache des menschlichen Antlitzes. Eine wissenschaftliche Physiognomik und ihre praktische Verwertung im Leben und in der Kunst. München, Berlin: J. F. Lehmanns 1937.

mit physiologischen und rassenkundlichen[10] Argumenten den physiognomischen Erkenntnisbereich dermaßen einschränkt, daß nur noch eine dürftige Temperamentenlehre (fröhlich, ausgeglichen, traurig) übrigbleibt, entwickelt er im Gegenzug eine historisch angelegte Hermeneutik, mit deren Hilfe Gesichtszüge in Malerei und Plastik gedeutet werden können. Lange entzieht der Physiognomik so ihren Sitz im Alltagsleben und weist ihr als Hilfswissenschaft für Archäologie und Kunstgeschichte eine neue Funktion zu.

Auch Philipp Lerschs Buch *Gesicht und Seele*[11] läuft auf eine Ausgrenzung des Laien von der physiognomischen Deutungspraxis hinaus, obwohl Lersch sein Untersuchungsvorhaben eingangs damit begründet, die Psychologie »der konkreten Situation des Lebens« näher bringen zu wollen. Er möchte die vortheoretischen Deutungspraktiken des Alltagslebens in Wissenschaft überführen – ein Anspruch, den bisher noch jeder physiognomische Versuch hegte – und bedient sich dabei moderner Medien wie dem Film. Die Versuchsanordnungen sind für Laien nicht ohne weiteres zu realisieren und wurden, was im Kapitel über die Institutionalisierung der Physiognomik noch zu behandeln sein wird, als Begutachtungsverfahren für Berufspsychologen entwickelt, die für die Industrie oder die Wehrmacht arbeiteten.

Als letzte und größte Gruppe bleiben physiognomische Texte zu behandeln, in denen es nicht oder nur am Rande um eine charakterologische Beurteilung von Individuen geht, sondern um eine kulturkritische Zeitdiagnose, bei der die Physiognomik als erkenntnistheoretischer Katalysator wirkt. Als Autoren wären hier vor allem Rudolf Kassner und Max Picard zu nennen. Seinen Ausgangspunkt (zumindest im 20. Jahrhundert) findet dieses Verfahren in Oswald Spenglers *Der Untergang des Abendlandes.*[12] Die Beschreibungen des »modernen Gesichts« in Max Picards *Das Menschengesicht*[13] verweisen nicht auf das je einzelne Individuum und seinen Charakter, sondern auf die Gesellschaft der Weimarer Republik und das dort vorherrschende oder vermeintlich vorherrschende Lebensgefühl im Ganzen. Wenn Picard am modernen Gesicht die Plakathaftigkeit, Signalhaftigkeit oder Ruhelosigkeit kritisiert, dann greift er damit Topoi der Neuen Sachlichkeit auf, die er ins Negative wendet. Die gesellschaftlichen Kontingenzerfahrungen nach dem Zusammenbruch der Kaiserreiche spiegeln sich in den Gesichtern, die nicht mehr organisch wirken, »sondern wie durch einen Zufall hingeworfen«,[14] und in denen alle Partien isoliert nebeneinander stehen. Physiognomik wird zum

---

[10] Was durch die Rasse als überindividuelle rassische Eigenschaft ererbt ist, kann nicht als individuelles Distinktionsmerkmal für den Charakter gelten.

[11] Philipp Lersch: Gesicht und Seele. Grundlinien einer mimischen Diagnostik. München: Ernst Reinhardt 1932.

[12] Oswald Spengler: Der Untergang des Abendlandes. Umrisse einer Morphologie der Weltgeschichte. München: C.H. Beck 1990, S. 125ff.

[13] Max Picard: Das Menschengesicht. München: Delphin 1929.

[14] Ebd., S. 45.

Metaphernfeld, mit dessen Hilfe literarische Texte organisiert werden können.[15] Bei der Frage nach der Gebrauchsfunktion von Physiognomiken dieses Typs wird man demnach nicht nach ihrer Tauglichkeit für eine individualcharakterologische Diagnose fragen dürfen, sondern nach ihrer Fähigkeit, Strukturierungsmuster für literarische Texte zur Verfügung zu stellen. Hier wäre, um beim Beispiel Max Picards zu bleiben, auf die Rezeption seiner Thesen bei Joseph Roth hinzuweisen. Seit dem *Radetzkymarsch* bildet das durch Physiognomik erzeugte Metaphernfeld eine zentrale Rolle im Spätwerk von Roth, mit dessen Hilfe Geschichte strukturiert werden kann.[16] Picards physiognomische Kritik des Films wird in Roths Novelle *Der Leviathan* erzählerisch umgesetzt. Roths Picard-Rezeption ist kein Einzelfall, doch eine umfassende rezeptionsgeschichtlich angelegte Analyse der Wirkung physiognomischer Texte auf die Literatur der Zeit steht für den hier behandelten Zeitraum noch aus.[17]

Die Vielzahl der vorgestellten Gebrauchsfunktionen spiegelt sich auch in den Verlagsprofilen der Verlage wider, in denen Bücher mit physiognomischer Thematik erschienen sind. Neben Wissenschaftsverlagen wie Walter de Gruyter in Berlin oder Ernst Reinhardt in München finden sich Verlage, die sich mit Ratgeberliteratur eher an ein breiteres Publikum wenden. Unter diese Kategorie fällt ein Verlag wie J. F. Lehmanns in München, der etwa mit Johanna Haarers heute noch verlegtem Ratgeber *Die deutsche Mutter und ihr erstes Kind* einen *long-* und *bestseller* landet. Dieser Verlag scheint sich in den dreißiger Jahren gleichermaßen auf physiognomische Bild- wie Textbände spezialisiert zu haben.[18]

Die Vielfalt der Gebrauchsfunktionen von physiognomischen Texten ist eine erste notwendige Bedingung für ihren Erfolg, erklärt aber noch nicht die besondere Präferenz dieser Texte in Deutschland. Festzuhalten bleiben zwei Veränderungen: Physiognomik wird dem Alltagsgebrauch entzogen und aka-

---

[15] Vgl. auch Claudia Schmölders (Anm. 1), S. 90f.
[16] Vgl. Roths Rezension von Picards Buch in: Joseph Roth: Werke. Hg. von Klaus Westermann und Fritz Hackert. 6 Bde. Köln: Kiepenheuer & Witsch 1989–1991, hier Bd. III, S. 146–148. Zur Physiognomik bei Roth vgl. Jürgen Heizmann: Joseph Roth und die Ästhetik der Neuen Sachlichkeit. Heidelberg: Mattes 1990, S. 97ff.
[17] Vgl. für das 18. Jahrhundert die Arbeit von Andreas Käuser: Physiognomik und Roman im 18. Jahrhundert. (Forschungen zur Literatur- und Kulturgeschichte 24) Frankfurt/M: Peter Lang 1989.
[18] In den dreißiger Jahren erscheinen in dem münchener Verlag J. F. Lehmanns neben dem Buch von Fritz Lange (Anm. 9) von Karl Richard Ganzer: Das deutsche Führergesicht. 1934 (mit 200 Abbildungen), von Paul Schulze-Naumburg: Nordische Schönheit. 1937 (mit 180 Abbildungen), von Eugen Fischer / Hans F. K. Günther (Hg.): Deutsche Köpfe nordischer Rasse. 1927 (50 Abbildungen) und von Bruno K. Schultz: Deutsche Rassenköpfe. 1934 (40 Abbildungen). Einen vollständigen Überblick über das Programm dieses streng nationalsozialistisch ausgerichteten Verlags bietet: Fünfzig Jahre J. F. Lehmanns Verlag 1890–1940. München, Berlin: J. F. Lehmanns 1940.

demisch institutionalisiert, und neben die Individualdiagnose tritt als zweites Anwendungsgebiet die kulturkritische Zeitdiagnose.

2. Der mediengeschichtliche Aspekt

Mit der Zeitdiagnose hängt der mediengeschichtliche Aspekt zusammen. Keine der hier zu behandelnden Physiognomiken unterläßt den Hinweis auf die neuen Medien Photographie, Grammophon und Film, die es je nach Ansatz zu nutzen oder zu bekämpfen gilt. Werner Sombart formulierte schon in den dreißiger Jahren eine explizite Abhängigkeit zwischen neuen Medien und physiognomischen Konjunkturen:

> [...] es scheint mir, als ob die hochentwickelte photographische Technik einen Hauptanlaß zur Wiederbelebung der Physiognomik geboten habe. Diese lehnt sich in den Zeiten ihrer Hochblüte immer an eine neu aufgekommene Technik der Bildwiedergabe an: im 16. Jahrhundert war es der Holzschnitt, im 18. Jahrhundert die Silhouette, im 19. und 20. Jahrhundert die Photographie, denen die Physiognomik jeweils ihre Beliebtheit verdankte und verdankt.[19]

Die Neuheit des Mediums Film in den zwanziger Jahren ist unmittelbar evident. Konsequent genutzt für physiognomische Studien wird es jedoch nur von Philipp Lersch, der die Mimik von Versuchspersonen mit versteckter Kamera filmt und auswertet,[20] und von Béla Bálazs, der als Filmtheoretiker auf die physiognomischen Debatten des 18. Jahrhunderts zurückgreift, um sie für die Filmästhetik fruchtbar zu machen.[21] Die überwiegende Mehrheit der physiognomischen Autoren verhält sich jedoch dem Film gegenüber ablehnend, das Gesicht des Filmstars rangiert noch unter dem des Schauspielers. Kritisiert werden die Leere der Filmgesichter, ihre mangelnde Individualität, ihre durch Schminke hervorgerufene Unnatürlichkeit oder Amerikanisierung, ferner Filmtechniken wie die Nahaufnahme von Gesichtern.[22] Der Film trage so wesentlich zum Gesichtsverlust des Zeitalters bei. Picard entwickelt seine religiös fundierte Physiognomik als Antwort auf den durch neue Medien wie den Film hervorgerufenen Gesichtsverlust der Moderne.[23]

---

[19] Werner Sombart: Vom Menschen. Versuch einer geisteswissenschaftlichen Anthropologie. Berlin: Buchholz & Weisswange 1938, S. 36.

[20] Philipp Lersch (Anm. 11). Karl Bühler (Ausdruckstheorie. Das System an seiner Geschichte aufgezeigt. Jena: Gustav Fischer 1933, S. 1) sieht ebenfalls die Chancen der neuen Medien für die Ausdrucksforschung, setzt sie aber für sein historisch orientiertes Buch nicht ein. Zu Radioexperiementen vgl. ebd., S. 192f.

[21] Béla Bálazs: Der sichtbare Mensch oder die Kultur des Films (1924). In: B. B.: Schriften zum Film. Bd. 1: Der sichtbare Mensch. Kritiken und Aufsätze 1922–1926. Hg. von Helmut H. Diederichs u. a. Berlin: Henschelverlag Kunst und Gesellschaft 1982, S. 43–143.

[22] Vgl. etwa Fritz Lange (Anm. 9), S. 222, der jedoch andererseits Luis Trenkers filmisch vermitteltes Idealgesicht preist (S. 31); Max Picard (Anm. 13), S. 135ff.

[23] Vgl. hierzu Kapitel 4.

Komplizierter ist das Verhältnis von Physiognomik und Photographie. Zunächst wird man einwenden, daß die Photographie in den zwanziger Jahren kein neues Medium mehr darstellt, sondern schon ab der Mitte des 19. Jahrhunderts zum Massenmedium avanciert war. Dennoch: »Es scheint zuweilen, als sei die Fotografie um 1925 ein zweites Mal erfunden worden, um die Künste zu beerben«.[24] Neu in den zwanziger Jahren ist der verstärkte Einfluß der Photographie auf die Malerei[25] sowie – und hierin liegt eine mediale Veränderung – das enorme Anwachsen der Zahl von Photobildbänden.[26] Der Serie physiognomischer Schriften, wie sie hier untersucht wird, könnte eine mindestens ebenso umfangreiche Serie von physiognomischen Bildbänden an die Seite gestellt werden.[27] Da physiognomische Evidenz am ehesten über Bildmedien zu erreichen ist, liegt es nahe, die neuen Drucktechniken zur Reproduktion von Photographien auch in den genuin vom Wort ausgehenden physiognomischen Texten einzusetzen. Bis auf die frühen physiognomischen Schriften von Kassner, die historisch-rekonstruierend verfahrende Arbeit Bühlers und das Buch von Glas, das konsequent Zeichnungen nach Photographien anstatt Reproduktionen der Orginalphotographien verwendet, sind alle physiognomischen Texte ausgiebig mit Photoreproduktionen bebildert. Von daher mag es überraschen, daß die Autoren mit Kritik am Medium Photographie nicht sparen. Wenn Ausdruck als dynamisches Phänomen aufgefaßt wird, dann ist es schwierig, mittels Momentaufnahmen Ausdrucksverläufe einzufangen.[28] Demgegenüber setzt das gemalte Porträt nach Ansicht Langes einen Maler voraus, der »sein Objekt [...] stundenlang beobachtet [...] und sich bemüht [...], die ganze Persönlichkeit wiederzugeben«.[29] Kassner vermißt an den Porträtphotographien die Körperlichkeit, das »Fleisch« des Gesichts.[30] Die moderne Photographie, »die sogenannte künstlerische, fälscht nach dem Gefälligen und Modischen hin und beraubt das Gesicht der Sprache«,[31] so daß für den Physiognomen nur noch ein leeres Gesicht übrig bleibt. Kassner und Picard behelfen sich damit, daß sie vornehmlich die

---

[24] Wolfgang Brückle: Politisierung des Angesichts. Zur Semantik des fotografischen Porträts in der Weimarer Republik. In: Fotogeschichte 17, 65 (1997), S. 3–24, hier S. 8.

[25] Ebd.

[26] Ob dies drucktechnische Gründe hat, ist meines Wissens noch nicht untersucht.

[27] Vgl. die (kleine Auswahl-)Liste bei Claudia Schmölders (Anm. 1), S. 241f., sowie den Aufsatz von Wolfgang Brückle (Anm. 24) und von Sabine Hake: Zur Wiederkehr des Physiognomischen in der modernen Photographie. In: Rüdiger Campe / Manfred Schneider (Anm. 1), S. 475–513.

[28] Willy Hellpach (Anm. 4), S. 19.

[29] Fritz Lange (Anm. 9), S. 206.

[30] Rudolf Kassner: Zahl und Gesicht (1919). Zitiert nach: R. K.: Sämtliche Werke. Hg. von Ernst Zinn und Klaus E. Bohnenkamp. Pfullingen: Günther Neske 1969ff. Bd. III, S. 185–378, hier S. 213f.

[31] Rudolf Kassner: Physiognomik (1932). Zitiert nach R. K.: Sämtliche Werke (Anm. 30), Bd. V, S. 8.

durch antike Statuen und die Porträts alter Meister vermittelten Gesichter deuten und auf diese Weise wie Lange kunstwissenschaftliche Hermeneutik betreiben.

Bei aller Medienkritik des Großteils der Physiognomen fällt eines auf: Ihre Blindheit gegenüber ihrer eigenen Abhängigkeit von Medien. Nirgends wird diskutiert, was photographische Reproduktionen von Gemälden oder Skulpturen leisten und was sie nicht leisten können. Hier fungiert Photographie als neutrales Nullmedium. Wenn Kassner den Photoporträts Fälschung nach dem Gefälligen hin vorwirft, wäre doch als nächster Schritt nach den Darstellungskonventionen von antiken Skulpturen oder Renaissance-Gemälden zu fragen. So kritisiert Kassner zwar an Picards Deutung einer antiken Porträtbüste Julius Cäsars, daß Picard die Büste nicht in der Tradition antiker Darstellungskonventionen sieht,[32] doch für seine eigenen Deutungen zieht er daraus keine Konsequenzen. Vollends ins Paradox führt diese mediale Blindheit bei Picard. Wenn er in *Die Grenzen der Physiognomik* dem »Schweigen des Gesichts« den »Laut des Wortes« gegenüberstellt und vor einer Vermischung von beidem warnt, die zu bloßem »Gerede um das Gesicht« verkommt,[33] dann erhebt sich die Frage, wie es um seine eigenen physiognomischen Texte steht, die sich allesamt des Wortes bedienen.

Die physiognomischen Texte ab den zwanziger Jahren profitieren eher vom Boom der Photobildbände, als daß sie ihn auslösen. Sie reagieren auf mediale Veränderungen, es gelingt ihnen aber bei aller Kritik nicht, diese Veränderungen theoretisch überzeugend zu formulieren.[34] Die deutsche Physiognomik ist, von den genannten Ausnahmen abgesehen, eher durch eine Abwehrhaltung gegenüber den neuen Medien gekennzeichnet. Es bliebe im Anschluß an Sombarts eingangs zitierte Beobachtung zu fragen, ob die neuen Medien außerhalb Deutschlands auf weniger Kritik stießen und, sofern sie kritisiert wurden, warum dies nicht wie in Deutschland aus physiognomischer Perspektive geschah.

3. Der institutionengeschichtliche Aspekt

Wenn die medialen Bedingungen in Deutschland sich nicht wesentlich von denen in anderen europäischen Ländern oder in den USA unterschieden, dann können die medialen Veränderungen in der Weimarer Republik allenfalls ein notwendiges, aber kein hinreichendes Kriterium für das physiognomische

---

[32] Ebd., S. 101f.
[33] Max Picard: Die Grenzen der Physiognomik. Erlenbach-Zürich, Leipzig: Eugen Rensch 1937, S. 83.
[34] Dieses Unvermögen wird noch deutlicher, wenn man die physiognomischen Texte mit Arbeiten zur Medienproblematik aus dem selben Zeitraum von Siegfried Kracauer oder Walter Benjamin vergleicht.

Interesse in Deutschland sein. Man kommt dem spezifisch deutschen Interesse an der Physiognomik in diesem Zeitraum näher, wenn man institutionengeschichtlich danach fragt, welche Aufgaben eine Physiognomik zu erfüllen in der Lage war. Als Teilbereich von Ausdruckskunde und Charakterologie wurden physiognomische Forschungen in der Psychologie verankert, einem Fach, das sich in der Weimarer Republik und dann vor allem im Dritten Reich, wie Ulfried Geuter gezeigt hat, als eigenständige Disziplin zunehmend etablieren konnte.[35] Unter den Lehrstuhlinhabern des Faches Psychologie an deutschen Universitäten, die Geuter in seiner Tabelle auflistet,[36] tauchen mit den Namen Lersch, Hellpach, Kroh, Jaensch und Wellek Forscher auf, die wie die beiden erstgenannten Standardwerke zu diesem Thema verfaßten oder sich doch zumindest in Aufsätzen mit physiognomischen Fragen auseinandersetzten. Die Physiognomik spielte neben der Graphologie bei der Legitimierung der Psychologie als Universitätsfach eine herausragende Rolle, weil mit ihrer Hilfe die Psychologie ihren »Sitz im Leben« dokumentieren konnte. Waren es zunächst diagnostische Aufgaben im Bereich der Arbeits- und Betriebspsychologie, so verlagerte sich nach der Wiedereinführung der allgemeinen Wehrpflicht 1935 der Schwerpunkt auf die Wehrmachtspsychologie, wobei es vor allem um die Erstellung charakterologischer Gutachten über Offiziersanwärter ging.[37] Hierbei scheint zumindest auch ein von Lersch entwickeltes pathognomisches[38] Begutachtungsverfahren eingesetzt worden zu sein: Das Gesicht des Probanden wurde ohne sein Wissen von einer versteckten Kamera gefilmt, während er einen Expander bedienen mußte oder Stromschlägen ausgesetzt wurde.[39] Vom Mienenspiel des Probanden wurde dann anhand der von Lersch aufgestellten Typologie auf seinen Charakter geschlossen.

Auch wenn sie keinen Lehrstuhl für Psychologie inne hatten, waren die meisten anderen Verfasser physiognomischer Schriften akademisch institutionalisiert, meistens in der medizinischen Fakultät, wie etwa Fritz Lange, oder an neugegründeten psychologischen Instituten wie Karl Bühler[40] und Heinz Werner.[41] Die Zahl der privatisierenden Physiognomiker ist demgegenüber mit Kassner und Picard gering.

---

[35] Ulfried Geuter: Die Professionalisierung der deutschen Psychologie im Nationalsozialismus. Frankfurt/M.: Suhrkamp 1984.
[36] Ebd., S. 132f.
[37] Ulfried Geuter (Anm. 35), Kap. III.
[38] Philipp Lersch (Anm. 11) unterscheidet wie schon Lichtenberg zwischen Physiognomik, die die statischen, und Pathognomik, die die beweglichen Merkmale des Gesichts behandelt.
[39] Ulfried Geuter (Anm. 35), S. 195.
[40] Karl Bühler (Anm. 20).
[41] Heinz Werner: Grundfragen der Sprachphysiognomik. Leipzig: Ambrosius Barth 1932.

Nimmt man die Institutionalisierung einer Disziplin an der Universität zum Beurteilungskriterium ihrer Wissenschaftlichkeit, dann kann man sagen, daß die Physiognomik in den 20er und 30er Jahren in Deutschland den Rang einer akademisch voll etablierten Wissenschaft erreicht hatte. Der Ruch des Parawissenschaftlichen oder gar Geheimwissenschaftlichen, der physiognomischen Bestrebungen im 18. und 19. Jahrhundert anhaftete, war zumindest institutionell beseitigt.[42] Die meisten Verfasser physiognomischer Schriften hatten eine Promotion in Medizin und Philosophie vorzuweisen oder wenigstens das Studium beider Fächer. Die Darstellung der physiologischen Gegebenheiten unter dem Paradigma einer Naturwissenschaft konnte rhetorisch geschickt genutzt werden, um den hochgradig spekulativen oder apodiktischen Charakter der im engeren Sinne physiognomischen Fragen, vor allem nach den epistemologischen Grundlagen, zu bemänteln.

4. Der zeichentheoretische Aspekt

Während der medizinisch-naturwissenschaftliche Teil der physiognomischen Schriften – wenigstens für den medizingeschichtlichen Laien – einen geschlossen-einheitlichen Eindruck macht und es hier kaum Kontroversen auszutragen gibt, weichen die Theoreme im geisteswissenschaftlichen Teil erheblich voneinander ab. Ein kleinster gemeinsamer Nenner, unter den alle Schriften zu subsumieren wären, läßt sich nicht feststellen, selbst dann, wenn ein gemeinsames Vokabular verwendet wird. Das wird besonders am Leitbegriff ›Ausdruck‹ deutlich,[43] den alle Autoren benutzen, jedoch in unterschiedlichster Weise für ihre eigenen Absichten definieren. Bezogen auf die physiognomische Debatte zwischen Lavater und Lichtenberg läßt sich sagen, daß die meisten Autoren eine dynamische Physiognomik, also mit Lichtenberg eine Pathognomik favorisieren. Nicht die festen Formen etwa des Schädels, sondern die beweglichen Formen der aktuellen Mimik oder der durch Gewohnheit in den Gesichtszügen »geronnenen« Mimik gelten als ›Ausdruck‹, als das Betätigungsfeld des Physiognomen. Doch finden sich auch weiterhin Vertreter der traditionellen Physiognomik. Die durch die anthroposophische Lehre Steiners inspirierte Physiognomik von Norbert Glas[44]

---

[42] Zum Problem des erstrebten, aber nicht erlangten Wissenschaftsstatus der Physiognomik im 18. Jahrhundert vgl. Andreas Käuser (Anm. 17), Kapitel I.

[43] Der Begriff ›Ausdruck‹ ist für die anthropologischen Wissenschaften in Deutschland in der ersten Hälfte des 20. Jahrhunderts von zentraler Bedeutung. Im folgenden kann der Ausdrucksbegriff nur für die Physiognomiken im engeren Sinne geklärt werden. Ausdruckskundler in einem erweiterten Sinn wie Ludwig Klages können hier nicht behandelt werden. Vgl. hierzu Remo Buser: Ausdruckspsychologie. Problemgeschichte, Methodik und Systematik der Ausdruckswissenschaft. München, Basel: Ernst Reinhardt 1973.

[44] Norbert Glas (Anm. 5).

ist auf das Finden statischer Proportionen im Gesicht ausgerichtet. Sie arbeitet meist mit Dreiteilungen (des Gesichts, des Ohrs usw.) und interpretiert die Abweichungen von den Idealproportionen.

Innerhalb der pathognomisch aufgefaßten Physiognomiken, die mit einem dynamischen Ausdrucksbegriff arbeiten, lassen sich drei Grundpositionen herausarbeiten. Von der Wortbedeutung her impliziert der Begriff ›Ausdruck‹ eine Innen-Außen-Relation, die mit einem Leib-Seele-Dualismus gekoppelt ist. Etwas, was im Innern des Menschen vorgeht, wird auf eine von der Physiognomik näher zu bestimmende Weise am Äußeren des Menschen sichtbar. Diese Relation kann man als die traditionelle, seit der Antike geläufige Auffassung bezeichnen. Sie dominiert auch bei den physiognomischen Autoren des 20. Jahrhunderts, jedoch schalten die meisten Autoren der traditionellen Position ihrer Theorie entsprechend je spezifische Modulatoren ein, die das innere Erlebnis in Zwischenschritten umformen, bis es sich endlich dann im Äußern ausdrücken kann, oder bestimmte Filter, die die tatsächlich relevanten physiognomischen Daten von den vermeintlich relevanten separieren. Besonders Max Picard und Rudolf Kassner sind reich im Erfinden von Modulatoren, verkomplizieren ihre physiognomischen Entwürfe dadurch aber so stark, daß sie in der diagnostischen Praxis nicht mehr handhabbar sind.[45] Schon in Picards erstem Buch zur Physiognomik sind die Modulatoren religiös fundiert. Eine Aufhebung der Innen-Außen-Relation gibt es nur bei Gott, beim absolut gläubigen Menschen wären Seele und Körper eins, er bräuchte keine Sprache. Für den Normalmenschen ist aber immer zwischen der Seele und dem Ausdruck des Gesichts eine Differenz zu konstatieren, die so weit gehen kann, daß eine Seele überhaupt nicht durch das Gesicht erkannt werden kann.[46] In seinem acht Jahre später erschienenen Buch *Die Grenzen der Physiognomik*[47] wird dann das Verhältnis Inneres-Äußeres nicht mehr als Ausdrucksrelation, sondern Kompensationsrelation verstanden: »Vieles wird vom Innern ins Äußere, in das Gesicht, ausgeschieden, weil es nicht im Innern sein soll: auf diese Weise hilft das Äußere, das Gesicht, dem Innern«.[48] Ja, das Gesicht – die Gottesebenbildlichkeit des Menschen wird wie bei Lavater als Ebenbildlichkeit des Antlitzes verstanden – kann christusanalog Erlösungsfunktion für die Seele auf sich nehmen: »Aber es ist wichtig, daß das Gesicht das Böse auf sich nimmt, damit das Innere gut sein kann, – das ist die wahre Entsprechung [zwischen innen und außen]«.[49] Die Innen-Außen-

---

[45] Das entspricht wie in Kapitel 1 gezeigt dem physiognomischen Konzept der Autoren, das auf Gesellschaftsanalyse ausgerichtet war. Verbunden wird dieses Konzept bei Kassner mit dem elitären Anspruch, daß nur der Seher Gesichte(r) sehen und deuten können soll, nicht der Mensch aus der Masse.

[46] Max Picard (Anm. 13), S. 90–93.

[47] Max Picard (Anm. 33).

[48] Ebd., S. 46.

[49] Ebd., S. 48.

Relation stellt sich so als Abbild der Menschwerdung Christi dar. Die
Fleischwerdung des Geistes, die notwendig war, um den Menschen von der
Erbsünde zu erlösen, wiederholt sich im Fleischsein des Gesichts, das die
Seele auf diese Weise von ihren Sünden befreien kann.

Noch komplexer gestaltet sich die Innen-Außen-Relation in den Schriften
Kassners, wobei man zwischen seinen theoretischen Entwürfen, die beden-
kenswert sind, und seinen praktischen physiognomischen Deutungen, die den
Forderungen seiner Theorie in den Rücken fallen, unterscheiden sollte.[50] An
der antiken Physiognomik kritisiert Kassner den starren Parallelismus zwischen Eigenschaft und Merkmal[51] und erklärt ihn damit, daß die Antike nur
den Typus kannte, nicht das Individuum.[52] Seitdem durch das Christentum
eine radikale Individualisierung eingeleitet worden ist, das Statische des Typus durch das Dynamische des Individuums abgelöst wurde, sei eine Physiognomik alten Zuschnitts, wie noch Lavater sie propagierte, nicht mehr möglich. Eine neue Physiognomik müsse von dem Paradox ausgehen, »daß der
Mensch nur so sei, wie er aussehe, weil er nicht so aussieht, wie er ist«.[53]
Das Gesicht bilde die letzte Bastion des Menschen gegen das Vorherrschen
der Naturwissenschaften. Physiognomik müsse das Kausalitätsgesetz vermeiden, sei nicht mathematisierbar und setze auf unendliche Differenz: »Physiognomik bedeutet in einem sehr weiten, letzten Sinn darum auch das: Tautolo-
gien vermeiden«.[54] Die Innen-Außen-Relation ist daher nicht in einer Sprache
formulierbar, die mit Begriffen operiert und so zum Typus verallgemeinert,
sondern nur in einer Sprache, deren Worte, wie Kassner sagt, »Gestalt« sind,
das heißt, die in der Art von Namen ein individuelles Einzelleben führen.
Mittels »Einbildungskraft« kann der »Seher« die mechanisch-rationale alte
Symbolik durch eine »rhythmisch-symbolische« neue Physiognomik ersetzen.
Allerdings wird nicht recht deutlich, wie diese neue Physiognomik denn nun
konkret auszusehen habe. Sie müßte wohl in einer Sprache formuliert werden, deren Reichtum an Paradoxen die Begrifflichkeit der Alltagssprache und
ihre Kategorien aushebelt. In Kassners literarischen Porträts ist dies allenfalls
ansatzweise gelungen. Man macht es sich allerdings zu einfach, wenn man
Kassners physiognomische Praxis, die sich in zahlreichen literarischen Beschreibungen zeigt und in der es von nationalen und charakterologischen Stereotypen nur so wimmelt, gegen seine Theorie ausspielt. Auch die Installierung einer Seher-Figur an der entscheidenden Stelle des Argumentationssy-

---

[50] Dies sei eingewandt gegen die Argumentation von Claudia Schmölders: Die kon-
servative Passion. Über Rudolf Kassner, den Physiognomiker. In: Merkur 49, 12
(1995), S. 1134–1140.
[51] Rudolf Kassner: Die Grundlagen der Physiognomik (1922). Zitiert nach: R. K.:
Sämtliche Werke (Anm. 30), Bd. IV, S. 1–73, hier S. 16.
[52] Ebd., S. 39.
[53] Rudolf Kassner: Zahl und Gesicht (Anm. 30), S. 192.
[54] Ebd., S. 263. Das Nachwort zu Zahl und Gesicht, aus dem das Zitat stammt,
wurde allerdings erst 1956 verfaßt.

stems kann man harmlos als Mystizismus abtun oder weniger unschuldig als eine der typisch kulturkritischen Denkfiguren des konservativen Lagers deuten, die in den Führerkult des NS-Staates münden. Dennoch sollte das erkenntnistheoretische Potential von Kassners physiognomischer Theorie nicht unterschätzt werden, entfalten sich in dieser Theorie doch Probleme, die in den sechziger Jahren des 20. Jahrhunderts von Eco semiotisch oder von Derrida poststrukturalistisch reformuliert werden.[55]

Verglichen mit Picard und Kassner nehmen sich die Auslassungen zur Innen-Außen-Relation bei denjenigen Physiognomikern, die sich um eine Kombination von Rassenkunde und Physiognomik bemühen, eher bescheiden aus. Die »Körperlichkeit als Kundtuung der Innerlichkeit«[56] wird ganz naiv vorausgesetzt, ohne daß über die Modi dieser ›Kundtuung‹ nachgedacht würde. An die Stelle von Modulatoren bei Kassner und Picard treten hier Filter, die die Elemente des individuellen Ausdrucks, die Rückschlüsse auf die einzelne Person zulassen, von den typischen, den Rassenmerkmalen, sondern. Hellpach etwa spricht von einer »Dreifalt« der Gesichter, dem »Naturgesicht«, unter dem alles Ererbte und alle dem Willen entzogenen physiologischen Vorgänge im Gesicht zu verstehen sind, dem »Trachtgesicht«, unter das alles fällt, was willkürlich am Gesicht verändert werden kann (Bart- und Haartracht, Schminke, Kopfbedeckung), und schließlich dem »Erlebnisgesicht«, das durch die Tätigkeit der Gesichtsmuskeln bestimmt ist.[57] Physiognomisch relevant für die Rassentheorie ist vor allem das »Naturgesicht«, während für die Fragen der individuellen Physiognomik das »Erlebnisgesicht« betrachtet werden muß. Hellpach, der eine Physiognomie der deutschen Stämme schreiben möchte, interessiert sich daher in erster Linie für das »Naturgesicht«. Obwohl er immer wieder die Notwendigkeit der Beobachtung des dynamischen Moments betont, erstarrt seine Physiognomik zwangsläufig in einer statischen Konzeption, da sie ganz in aristotelischer Manier mit Typen arbeiten muß. Außerdem bleibt der ontologische Status der Typen (Stamm, Rasse) unklar. Einerseits sind sie biologisch fundiert, andererseits vom Betrachter abhängig: Lebewesengruppen gehen desto mehr in einem Typus auf, je ferner sie uns stehen.[58] Die These von der Betrachterabhängigkeit

---

[55] Zu den Schwierigkeiten, physiognomischen Merkmalen Zeichenqualität zuzusprechen, da »Ausdruck [...] wegen seiner unendlichen Komplexität auf keinen Code reduzierbar« sei, vgl. Reinhart Herzog: Mnemotechnik des Individuellen. Überlegungen zur Semiotik und Ästhetik der Physiognomie. In: Anselm Haverkamp / Renate Lachmann (Hg.): Gedächtniskunst. Raum – Bild – Schrift. Studien zur Mnemotechnik. (edition suhrkamp 1653) Frankfurt/M.: Suhrkamp 1991, S. 165–188, hier S. 172f. Herzog bestätigt auch Kassners Einschätzung der antiken Physiognomik als nicht auf Individuen, sondern auf Typen hin angelegt (S. 166). Vgl. Thomas A. Sebeok: Contributions to the Doctrine of Signs. Studies in Semiotics. Bloomington: Indiana University, de Ridder Press 1976.

[56] Willy Hellpach (Anm. 4), S. 19.

[57] Ebd., S. 28ff.

[58] Ebd., S. 2.

könnte eine statische Innen-Außen-Relation verhindern, sie wird jedoch nicht produktiv gemacht.

Der Einbau von Filtern kann so weitreichend sein, daß die Filter unter der Hand zu einer Durchtrennung der Innen-Außen-Relation führen und so das ganze physiognomische Unternehmen ausheblen. Dies geschieht etwa bei Fritz Lange, der hauptsächlich physiologisch argumentiert und auf diese Weise immer mehr Bereiche des Gesichts als Ausdruckszonen ausschließen muß. So führt er die sogenannte Denkerstirn auf Haarausfall und frühkindliche Rachitis zurück.[59] Auf die geistige Bedeutung einer Person könne aus dem Gesicht nicht geschlossen werden. Was für die Physiognomik an Erkenntnismöglichkeiten übrigbleibt, besteht in einer dürftigen Temperamentenlehre, gegliedert in Frohnaturen, beherrschte oder temperamentlose Menschen und vom Leid gezeichnete Gesichter.[60]

Die eben skizzierte traditionelle Auffassung der Innen-Außen-Relation ist für die hier behandelten deutschen Physiognomiken die bestimmende. Die wenigen davon abweichenden Konzepte wären statistisch zu vernachlässigen, sie sollen aber doch als vom Hauptstrom abweichende, nicht realisierte Möglichkeiten vorgestellt werden, da sie aufschlußreich für die Beantwortung der Frage nach dem spezifisch deutschen Interesse an der Physiognomik sind.

Heinz Werner und Philipp Lersch versuchen, beeinflußt von der Phänomenologie Husserls,[61] die Innen-Außen-Relation unter Vermeidung des Leib-Seele-Dualismus (Lersch) bzw. des Subjekt-Objekt-Dualismus (Werner) neu zu erfassen. Auf die Argumentation von Lersch sei hier stellvertretend kurz eingegangen. Lersch klärt zunächst, welche Zeichen er als pathognomisch relevante Zeichen behandeln möchte: Nur die sinnlich-seelischen Spontanzeichen, die unwillkürlich geäußert werden, nicht aber sinnlich-seelische Signifikativzeichen wie die Sprache oder sinnlich-seelische Effektiv-Zeichen, die durch ein Kausalverhältnis bewirkt werden (etwa eine Feuerstelle, die auf Menschen verweist). Gerade aber die sinnlich-seelischen Spontanzeichen würden in der klassischen Physiognomik wie Effektivzeichen behandelt, die Seele werde kausal als Bewirkerin des leiblichen Ausdrucks gedacht. Genau dies möchte Lersch umgehen, wenn er phänomenologisch danach fragt, ob ein rein seelischer Ausdruck ohne körperlichen Ausdruck möglich sei:

> Macht man aber wirklich einmal Ernst damit, sich vorzustellen, man sollte traurig sein, *ohne daß* bestimmte Modifikationen unseres körperlichen Zustandes gegeben seien, so erweist sich eine solche Isolierung des seelischen Zumuteseins von der Modifikation des körperlichen Seins streng genommen als unvorstellbar.[62]

---

[59] Fritz Lange (Anm. 9), S. 24.
[60] Ebd., S. 169ff., S. 175ff., S.190ff.
[61] Philipp Lersch (Anm. 11), S. 19 zitiert Husserl explizit und möchte die »phänomenale Gegebenheit« (S. 33) der Mimik erfassen.
[62] Ebd., S. 17.

Gemütsbewegungen kommen immer nur als »existentielle Ganzheit von Seele und Körper« vor.[63] Mit diesem Konzept einer Verklammerung von Innen und Außen ist das Problem des Sprunges von Außen nach Innen, mit dem die traditionelle Vorstellung belastet war, beseitigt. Leider verschenkt Lersch den größten Teil seiner Erkenntnisse wieder, wenn er wohl aus pragmatischen Gründen versucht, Charakterologie und Phänomenologie miteinander zu verbinden. In einer apodiktischen, am faschistischen Menschenbild orientierten Sprache werden im Anhang charakterologische Skizzen der Versuchspersonen präsentiert, die sich nicht auf die Spontanzeichen beschränken, sondern, wenn die intellektuellen Fähigkeiten beurteilt werden, auch Signifikativzeichen mit einbeziehen. Nun tritt durch die charakterologische Hintertür wieder die traditionelle Innen-Außen-Differenz mit all ihren Dualismen in Funktion.

Den deutlichsten Gegensatz zur traditionellen Behandlung der Innen-Außen-Relation bildet die Position von Karl Bühler. Bühler plädiert vorsichtig für eine behavioristische Ausdruckstheorie.[64] Er kappt die Innen-Außen-Relation, indem er das Innen wegkürzt. Ausdruck interessiert ihn nur, insofern er als Kommunikationsmittel und damit intersubjektiv fungiert. Erlebnis wird durch Ergebnis ersetzt. Daher ist es konsequent, wenn er in seiner *Ausdruckstheorie* nicht Lavater, sondern Johann Jakob Engel (und neben ihm auch Goethe und Lichtenberg) zum Gründungsvater dieser Wissenschaft erklärt. Engel hatte eine (Inter-)Aktionstheorie entworfen, die den Schauspieler und seine Zeichenproduktion, also das traditionelle Feindbild aller Physiognomiker, zum Paradigma erhebt.[65] Bühlers Ausdruckskonzept entspricht dem der Neuen Sachlichkeit, die den Ausdrucksbegriff, an dem Bühler jedoch festhalten möchte, durch den Signalbegriff ersetzt.[66] Diese Nähe zur Ästhetik bzw. Lebenseinstellung der Neuen Sachlichkeit mag zunächst unproblematisch erscheinen, sie stellt jedoch bei den Physiognomikern der 20er und 30er Jahre die Ausnahme dar. Sowohl die Physiognomiker als auch die Autoren der Neuen Sachlichkeit beschäftigen sich mit dem Körper und seinen Ausdrucksmöglichkeiten, doch geschieht dies jeweils unter umgekehrten Vorzeichen. Die Physiognomiker, allen voran die konservativen wie Kassner, Picard, Werner oder Hellpach sind auf keinen Fall bereit, auf Kategorien wie Innerlichkeit oder seelisches Erlebnis zu verzichten. Behaviorismus und Neue

---

[63] Ebd.
[64] Karl Bühler (Anm. 20), S. 195ff.
[65] Johann Jakob Engel: Ideen zu einer Mimik. 2 Teile. Berlin: August Mylius 1785 und 1786 (Reprint: Hildesheim: Olms 1968).
[66] Zu Bühler und der Neuen Sachlichkeit vgl. Helmut Lethen: Verhaltenslehren der Kälte. Lebensversuche zwischen den Kriegen. (edition suhrkamp 1884) Frankfurt/M.: Suhrkamp 1994, S. 102ff. Dort wird auch die Position Helmuth Plessners vorgestellt, die, was die Innen-Außen-Relation betrifft, mit der Bühlers übereinstimmt.

Sachlichkeit gehören daher notwendigerweise zu den Hauptgegnern einer so konzipierten Physiognomik.

Fragt man nach den Gründen für die eminente Wichtigkeit dieser Kategorien, so stößt man auf den Dualismus von Natur- und Geisteswissenschaften. Die Physiognomiken stellen einen geisteswissenschaftlichen Versuch dar, an die Naturwissenschaften abgegebenes Terrain wiederzugewinnen. Von Bühler abgesehen unternimmt jeder Autor eine Fundamentalabrechnung mit den Erkenntnisprämissen der Naturwissenschaften. Kritisiert werden vor allem das starre Kausalitätsdenken und die Mathematisierung von Erkenntnissen. Das menschliche Antlitz wird bei Kassner und Picard als begrifflich nicht faßbar und damit im naturwissenschaftlichen Sinne nicht kategorisierbar den Naturwissenschaften entgegengehalten und in der Nachfolge Diltheys als Plädoyer für eine genuin geisteswissenschaftliche Methode des Verstehens genutzt. Auch die Kritik am Subjekt-Objekt-Denken, die die Physiognomiker mit zeitgenössischen philosophischen Entwürfen Husserls, Schelers oder Heideggers teilen, ist als Kritik an naturwissenschaftlichen Erkenntnismodi zu verstehen,[67] die künstliche, experimentelle Bedingungen erzeugen und die Vernetzung des Menschen in andere Erkenntnismodi wie die ›Lebenswelt‹ (Husserl) oder das ›Dasein‹ als ›In-der-Welt-Sein‹ (Heidegger) vernachlässigen oder als vorwissenschaftlich abwerten.[68] Konzepte, die mit ›Umwelt‹, ›Lebenswelt‹ oder ›In-der-Welt-Sein‹ arbeiten, wären nun an sich problemlos an Bühlers kommunikative Ausdruckstheorie anzuschließen gewesen. Wenn man die Forderung des Behaviorismus nach Naturwissenschaftlichkeit abgelehnt hätte, wäre noch die Option einer geisteswissenschaftlich orientierten Soziologie geblieben, wie sie sich in den Nachbarländern Deutschlands teilweise schon seit dem 19. Jahrhundert entwickelt hatte. Dem stand jedoch wieder die Betonung der Innen-Außen-Relation bei den deutschen Physiognomikern gegenüber, auf die sie nicht zugunsten einer intersubjektiven Relation zu verzichten bereit waren.[69] Richard Gray[70] und Gerhard Neumann[71]

---

[67] Besonders deutlich bei Heinz Werner (Anm. 41), S. 1ff.

[68] Zu dieser Thematik vgl. Rüdiger Welter: Der Begriff der Lebenswelt. Theorien vortheoretischer Erfahrungswelt. (Übergänge 14) München: Wilhelm Fink 1986.

[69] Lediglich Max Picard versucht in *Die Grenzen der Physiognomik* (Anm. 33, S. 109f.) der Innen-Außen-Relation die Relation des Gesichts zu den Mitgesichtern der Mitmenschen an die Seite zu stellen.

[70] Richard Gray: Sign and *Sein*. The *Physiognomikerstreit* and the Dispute over the Semiotic Constitution of Bourgeois Individuality. In: Deutsche Vierteljahrsschrift für Literaturwissenschaft und Geistesgeschichte 66 (1992), S. 300–332. Bedauerlich an diesem instruktiven Aufsatz bleibt das völlige Mißverstehen von Kassners Position. Kassner möchte gerade *keine* Geometrisierung der Physiognomik, sondern ihre Dynamisierung.

[71] Gerhard Neumann: »Rede, damit ich dich sehe«. Das neuzeitliche Ich und der physiognomische Blick. In: Ulrich Fülleborn / Manfred Engel (Hg.): Das neuzeitliche Ich in der Literatur des 18. und 20. Jahrhunderts. Zur Dialektik der Moderne. Ein internationales Symposion. München: Fink 1988, S. 71–107.

haben gezeigt, daß die Weichen für diese Präferenz schon im 18. Jahrhundert gestellt wurden, als Lavater seine Physiognomik als Gegenmodell zur Praxis höfischer Pathognomik entwarf. Individualität entsteht bei Lavater nicht wie bei Lichtenberg oder auch Goethe über eine kommunikative Praxis, nicht der sozio-kulturelle Kontext ist für sie entscheidend, sondern sie ist schon vor allem gesellschaftlichen Kontakt ontologisch vorgegeben. Wer sich selbst kennenlernen will, braucht darum nicht in Gesellschaft zu gehen, sondern muß Introspektion betreiben. Wer den Mitmenschen durchschauen möchte, darf sich nicht an die veränderlichen pathognomischen Zeichen, sondern muß sich an die dem Willen nicht zugänglichen statischen physiognomischen Zeichen halten. Es scheint dieses vom deutschen Bürgertum favorisierte Individualitätskonzept gewesen zu sein, das zusammen mit der starken Dichotomisierung von Natur- und Geisteswissenschaften die Physiognomik in Deutschland bis 1945 attraktiv erscheinen ließ. Auch wenn die Physiognomiken in der Weimarer Republik den Schritt von der Physiognomik zur Pathognomik gehen und ihr Konzept auf diese Weise dynamisieren, bleibt doch der ›asoziale‹ Gestus bei der Erforschung des Menschen unhinterfragt bestehen – für den heutigen Forscher ein Anreiz, auf sozialgeschichtliche Fragestellungen in der Literaturwissenschaft nicht zu verzichten.

UWE BÖKER

Der britische *heritage*-Film der achtziger und neunziger Jahre

Die vertrackte Entschlüsselung medialer Zeichenwelten

1. Die singuläre empirische Perspektive

Am 31. Juli, einem Samstag, scheint ganz Großbritannien unterwegs zu sein; es ist unmöglich, in Bath ein B&B zu finden; zehn Meilen südlich, an der A36 Richtung Warminster, in Norton St. Philip, endlich ein Country-Inn, The George, benannt nach dem Schutzheiligen Englands. Das Haus aus dem 13. Jahrhundert wurde gerade restauriert, »now much closer to its original form than it has been for many years«, so die dezente Hochglanzbroschüre der Brauerei Wadworth. Hotelzimmer sind nach Persönlichkeiten des 17. Jahrhunderts benannt: Sedgewick, Monmouth, Pepys; schwere Holzbalken und schiefe Fußböden deuten Zeitentiefe an wie die mit Holzschnitzereien geschmückten Baldachinbetten und Wandteppiche mit den Wappentieren der englischen Krone, Löwe und Einhorn. Der Besucher erinnert sich an George Orwell, der 1941 in *The Lion and the Unicorn* bemerkt:

> When you come back to England from any foreign country, you have immediately the sensation of breathing a different air. [...] The beer is bitterer, the coins are heavier, the grass is greener, the advertisements are more blatant. [...] Yes, there *is* something distinctive and recognizable in English civilization. It is a culture as individual as that of Spain. It is somehow bound up with solid breakfasts and gloomy Sundays, smoky towns and winding roads, green fields and red pillar-boxes. [...] it is continuous, it stretches into the future and the past, there is something in it that persists, as in a living creature. What can the England of 1940 have in common with the England of 1840? But then, what have you in common with the child of five whose photograph your mother keeps on the mantelpiece? Nothing, except that you happen to be the same person.[1]

Gegenwart und Zukunft drängen sich nicht nur durch Anweisungen für den Brandfall auf, sondern auch in einer TV-Sendung am Nachmittag, moderiert vom schwarzen Sprinter Linford Christie – mit schnellen Schnitten, Werbeeinblendungen, Popmusik: junge Briten sollen zu sportlichen Höchstleistungen motiviert werden. Die Vergangenheit ist zur gleichen Zeit im Schankraum präsent: ein Tisch, an dem der Herzog von Monmouth vor der Schlacht gegen die Truppen des Königs im Juni 1685 gespeist haben soll. Am Abend

---

[1] Der Text ist abgedruckt in: Sonia Orwell / Ian Angus (Hg.): The Collected Essays, Journalism and Letters of George Orwell. Bd. 2. My Country Right or Left 1940–1943. Harmondsworth: Penguin 1970, S. 74–134, hier S. 75 und 76.

läuft im Fernsehen Ismail Merchants und James Ivorys Kinofilm *Howards End*, den die englische Filmkritik der *heritage*-Glorifizierung zeiht (1993 erhielt er einen Academy Award). Einige Sequenzen des preisgekrönten Merchant-Ivory Films *Remains of the Day* (1993) wurden, so erfährt man später, in und vor dem George gedreht.[2] Objekte und Räume unterschiedlicher Zeiten existieren hier nicht nur (scheinbar) nebeneinander, das Nebeneinander wird zudem noch medial repräsentiert und als ›authentisch‹ inszeniert; schließlich scheint die mediale Inszenierung auf die Wahrnehmung von Objekten und Räumen zurückzuwirken.

Mehr als anderswo drängt sich dem Besucher der Insel die inszenierte Vergangenheit in einer nicht abreißenden Flut von Zeichen auf:[3] mit Wegmarkierungen zu Heritage Centre oder Heritage Park, mit Theme Parks à la Disneyland und Literary Landscapes à la Catherine Cookson Trail, mit Kleidung und Utensilien in Laura Ashley-Läden oder Shops des National Trust, mit Faltblättern, die zum Besuch englischer, walisischer, schottischer Burgen und Schlösser, Klöster und Country Houses, Industriemuseen und Docks animieren. Sicher, Blenheim Palace – »A World Heritage Site – Home of the 11th Duke of Marlborough and Birthplace of Sir Winston Churchill«, so das Faltblatt – gleicht einer Heldengedenkstätte. Man zelebriert die aristokratische High Society der Gegenwart (inklusive der toten Diana), den konservativen Staatsmann mit der Zigarre und den siegreichen Heerführer des Spanischen Erbfolgekriegs. Das Faltblatt für das Gower Heritage Centre nahe Swansea verspricht anderes: »Tearooms, Museum & Mill, Puppet Theatre, Adventure Playground, Fishpond, Pottery, And Much Much More!« *Heritage* – das nationale Erbe – evoziert Geschichte, Erinnern, Simulacra, Tourismus, verweist auf eine neue Art von ›Industrie‹, aber auch, im Sinne der Begründer der britischen Cultural Studies, auf eine Alltagskultur des *whole way of life*,[4] die in unmittelbarer

---

[2]   Es handelt sich um das Treffen zwischen Miss Kenton und Mr. Benn in einem Local Pub. Der aus der Sicht des Ich-Erzählers Stevens geschriebene Romantext erwähnt diese Szene im Kapitel »Day Four – Afternoon«; vgl. Kazuo Ishiguro: *The Remains of the Day*. London: Faber and Faber 1989, S. 215.

[3]   Zu den hohen Besucherzahlen von Museen, Galerien, historischen Gebäuden etc., auch international gesehen exzeptionell, vgl. John Urry: The Tourist Gaze. Leisure and Travel in Contemporary Society. London: Sage 1990; das Kapitel »Gazing on History« ist abgedruckt in: David Boswell / Jessica Evans (Hg.): Representing the Nation. A Reader. Histories, Heritage and Museums. London: Routledge/The Open University 1999, S. 208–232, hier S. 210. Der touristische Markt der Insel sei, so Urry, auch aus internationaler Sicht spezialisiert auf »the historical and the quaint [...]. This location within the global division of tourism has further reinforced the particular strength of the heritage phenomenon in Britain« (S. 212).

[4]   Vgl. Raymond Williams in: The Long Revolution. London: Chatto & Windus 1961, S. 63: Kulturstudien widmen sich den »relationships between elements in a whole way of life«; ähnlich Richard Hoggart: »[...] the whole way of life of a society, its beliefs, attitudes and temper as expressed in all kinds of structures, rituals and gestures, as well as in the traditionally defined forms of art«; so in: Ri-

Nachbarschaft der Stately Homes der Großen sichtbar ist, auf Spielplätzen, deren jugendliche Draufgänger möglicherweise genau sowenig von Geschichte wissen mögen wie die Leute mit ihren Picknickkörben auf den Rasenflächen der Aristokratie.

2. Heritage: Zwischen Alltag, Tourismus und Industrie

Als kurz nach Regierungsantritt Margaret Thatchers mit den National Heritage Acts von 1980 und 1983 eine breitere finanzielle Grundlage für die Instandhaltung und den öffentlichen Zugang zu historischen Stätten und für die Gründung der regierungsunabhängigen Institution English Heritage gelegt wird,[5] beginnt ein teilweise polemisch geführter *heritage*-Diskurs, gespeist aus der politischen Opposition gegen die Premierministerin. Die Neue Rechte, so Corner und Harvey, habe radikal mit der Konsens-Politik der Nachkriegszeit und dem Konzept des Wohlfahrtsstaates gebrochen; die von den Gesetzen des Marktes dominierte individualistische, auf industriell-technologische Modernisierung gerichtete *enterprise*-Kultur solle angesichts der geschwundenen weltpolitischen Bedeutung Großbritanniens das nationale Selbstbewußtsein aufmöbeln.[6] Eigentlich diene das am kulturellen Erbe der weißen Ober- und Mittelklasse orientierte *heritage*-Konzept jedoch dazu, deren politisch-kulturelle Hegemonie abzusichern. Ein wenig anders Kevin Robins: für ihn stellt die *heritage*-Kultur mit ihrer forcierten Betonung historischer Kontinuitäten die insular-narzißtische, regressive Antwort auf Globalisierungstendenzen dar, die ein ganzheitliches Identitätskonzept unterlaufen und daher beunruhigend wirken.[7]

Freilich hat der *heritage*-Diskurs unterschiedlichste Wurzeln. Das zeigen die internationale Gesetzgebung ebenso wie die Empfehlungen der

---

chard Hoggart: Contemporary Cultural Studies. An Approach to the Study of Literature and Society. Birmingham: CCCS 1969, S. 3.

[5] Zur Vorgeschichte des unter Labour geplanten Gesetzes vgl. Patrick Wright: On Living in an Old Country. The National Past in Contemporary Britain. London: Verso 1985; teilweise in: David Boswell / Jessica Evans (Hg.) (Anm. 3), S. 115–150. Zu den edukativen Zielen: M. Merle Prentice / Richard C. Prentice: The Heritage Market of Historic Sites as Educational Resources. In: David T. Herbert / Richard C. Prentice / Colin J. Thomas (Hg.): Heritage Sites. Strategies for Marketing and Development. Aldershot: Avesbury 1989, S. 143–190.

[6] John Corner / Sylvia Harvey (Hg.): Enterprise and Heritage. Crosscurrents of National Culture. London: Routledge 1991; vgl. darin J. C. / S. H.: Introduction. Great Britain Limited, S. 1–20, sowie ebd.: Mediating Tradition and Modernity. The Heritage/Enterprise Couplet, S. 45–74. Zum kulturellen Hintergrund vgl. Martin J. Wiener: English Culture and the Decline of the Industrial Spirit, 1850–1980. Cambridge: University Press 1981; Stephen Edgel / Vic Duke: A Measure of Thatcherism. A Sociology of Britain. London: HarperCollinsAcademic 1991.

[7] Kevin Robins: Tradition and Translation. National Culture and its Global Context. In: John Corner / Sylvia Harvey (Hg.): Enterprise and Heritage (Anm. 6), S. 21–44.

UNESCO,[8] aber auch spezifisch britische Initiativen, deren erste vielleicht der Ancient Monuments Act von 1882 sowie die Gründung des National Trust 1895 sind, sowie, als spätere Eckpunkte, der Historic Buildings and Ancient Monuments Act (1958) und der Ancient Monuments and Archaeological Areas Act (1979). Raphael Samuel hat zeigen können, daß viele Initiativen auf Ideen nicht etwa der Konservativen, sondern der Sozialisten zurückgehen; sie böten, so betont er, auch gegenwärtig – und zwar häufig auf lokaler Ebene – dem gesellschaftlichen Dissens alternative Artikulationsmöglichkeiten.[9]

Allerdings scheint das Bild, das Robert Hewison Mitte der siebziger Jahre von einem Land zeichnet, »[that is] obsessed with its past, and unable to face its future«,[10] zumindest teilweise Realität geworden zu sein. Selbst Sue Millar, die am Ironbridge Institute Master-Studien in Heritage Management und Heritage Arts and Cultural Tourism Management entwickelt hat, räumt 1999 ein, »that the commodification of heritage [...] leading to the prospect of Britain becoming ›one big open air museum‹, in many respects has become reality [...]«.[11] Freilich bietet sich die »landscape of postmodernism«, glaubt man Kulturkritikern, als Landschaft angefüllt mit »excremental culture, [...] choking with mass-produced commodities, simulated images and self-negating utopias« dar; »[m]eaning has been replaced with spectacle and sensation dominates value«.[12] Rojeks Liste von *black spots*,[13] *heritage sites*,[14] *literary landscapes* und *theme parks* dokumentiert nicht nur die (weltweite) touristische De-Auratisierung von Objekten, sondern vor allem auch die Simulations- und Reproduktionsästhetik, derzufolge das Nicht-Reale nicht mehr Traum oder Phantasie ist, sondern, so Baudrillard, »a hallucinatory resemblance of the real with itself. To exist from the crisis of representation,

---

[8]   Lyndel V. Prott / P.J. O'Keefe (Hg.): Law and the Cultural Heritage. Vol. 1. Discovery and Excavation. Foreword by Henry Cleere. Abingdon: Professional Book 1983.

[9]   Vgl. Raphael Samuel: Theatres of Memory. Vol. 1: Past and Present in Contemporary Culture. London: Verso 1994, insbes. Teil III.

[10] Robert Hewison: The Heritage Industry. Britain in a Climate of Decline. London: Methuen 1987, S. 9 (Auszüge in David Boswell / Jessica Evans (Hg.) (Anm. 3), S. 161–62), sowie Hewisons Beitrag: Commerce and Culture, im Sammelband von John Corner / Sylvia Harvey (Hg.): Enterprise and Heritage (Anm. 6), S. 162–177.

[11] Sue Millar: An Overview of the Sector. In: Anna Leask / Ian Yeoman (Hg.): Heritage Attractions. An Operation Managment Perspective. London: Cassell 1999, S. 1–21, hier S. 2.

[12] Chris Rojek: Ways of Escape: Modern Transformations of Leisure and Travel. London: Macmillan 1993, hier zitiert nach dem Teilabdruck in David Boswell / Jessica Evans (Hg.) (Anm. 3), S. 185–207.

[13] Chris Rojek (Anm. 12), S. 185: »[...] the commercial developments of grave sites and sites in which celebrities or large numbers of people have met with sudden and violent death«.

[14] Ebd.: »escape areas which attempt to re-create events and the ways of life of former times«.

you have to lock the real up in pure repetition«.[15] Man kann jedoch leicht den ekklektischen Historizismus raum-zeitlicher Entgrenzungen als die prototypische Form post-moderner Erfahrung verabsolutieren und dem »gazing on history« der Schauenden unterschiedlichster sozialer, ethnischer oder geschlechtsspezifischer Provenienz jegliche Distanzierungsmöglichkeit und Reflexionsfähigkeit absprechen.[16] Der Vorwurf, das *heritage*-Konzept der Neuen Rechten eliminiere mit seinem Blick auf die ›nationale Vergangenheit‹ (primär Englands) regionale, ethnische, soziale oder andere Unterschiede, ist sicherlich berechtigt;[17] die gegenläufige Regionalisierung der *heritage*-Perspektive hat jedoch andererseits zur Pluralisierung von Geschichte und zu Geschichten geführt, die aus der Sicht alternativer Gruppen erzählt werden – und auch erzählenswert sind.[18]

3. Die Diskussion um den *heritage*-Film

Sue Harper hat kürzlich zwischen zwei britischen Filmgenres unterschieden, die seit den dreißiger Jahren wiederholt die ideologische Funktion der Konstruktion von Geschichte und Vergangenheit erfüllt haben: historischer Film im eigentlichen Sinne und *costume drama*.[19] Derartige ›Konstruktions‹-

---

[15] Jean Baudrillard: Simulations. New York: Semiotext 1983, S. 142, zit. in Chris Rojek (Anm. 12), S. 189.

[16] In seiner Kritik an Hewison betont John Urry: »Hewison presumes a rather simple model by which certain meanings, such as nostalgia for times past, are unambiguously transferred to the visitor. There is no sense of the complexity by which different visitors can gaze upon the same set of objects and read them in a quite different way. There is ultimately something condescending about Hewison's view that such a presentation of heritage cannot be interpreted in different ways, or that the fact that the experience may be enjoyable means that it cannot also be educational« (John Urry in: David Boswell / Jessica Evans (Hg.) (Anm. 3), S. 214). Zum pädagogischen Aspekt vgl. M. Merle Prentice / Richard C. Prentice (Anm. 5), passim. Die Notwendigkeit historischen Fragens im Kontext proklamierter Geschichtsentleerung ist (mit postmodern-metafiktionalen Mitteln) faszinierend dargestellt in Graham Swift: Waterland. London: Picador 1983.

[17] Vgl. Jasmin Ali: Echoes of Empire. Towards a Politics of Representation. In: John Corner / Sylvia Harvey (Hg.): Enterprise and Heritage (Anm. 6), S. 194–211.

[18] Vgl. John Urry in David Boswell / Jessica Evans (Hg.) (Anm. 3), S. 227.

[19] Sue Harper: Picturing the Past. The Rise and Fall of the British Costume Film. London: British Film Institute 1994; S. H.: The Scent of Distant Blood. Hammer Films and History. In: Tony Barta (Hg.): Screening the Past. Film and the Representation of History. Westport/Conn.: Praeger 1998, S. 109–125, vgl. S. 110: »Both constitute a vital kind of social remembering. [...] Historical films deal with real people or events, which it deploys for a range of purposes. Costume film is a subgenre within historical film and deals with mythic or symbolic aspects of the past, raided in an eclectic manner for the pleasures they can provide. Costume is a far more flexible form, but its very malleability makes it acutely unstable«. Zum neueren Interesse von Historikern an filmischen Zeugnissen vgl. Terry Christensen: Reel Politics. American Political Movies from Birth of a Nation to Platoon. New

Motive werden auch Regisseuren/Produzenten von TV- oder Kinospielfilmen beziehungsweise TV-Serien seit Mitte der siebziger Jahre angelastet. Die im Rahmen der *enterprise*-Kultur produzierten und häufig auf dem nordamerikanischen Markt erfolgreichen Produktionen, meist Adaptionen renommierter literarischer Vorlagen, stünden, so heißt es, ideologisch der Thatcher-Politik nahe und erfüllten mit ihrer eskapistisch-nostalgischen Verklärung vor allem der edwardianischen Epoche eine hegemoniale Funktion: Stärkung des Nationalbewußtseins, das eigentlich nur die weiße Oberschicht meine.[20] Die Schärfe der Kritik an TV-Verfilmungen der BBC oder kommerzieller Sender[21] sowie vor allem am mehrfach mit internationalen Preisen ausgezeichneten Team von Ismael Merchant (Produzent), James Ivory (Regisseur) und Ruth Prawer Jhabvala (Scriptautorin)[22] hat nach Ende der Thatcher-Ära zwar

---

York: Blackwell 1987; Steven Mintz / Randy Roberts (Hg.): Hollywood's America. United States History through Its Films. St. James/NY: Brandywine Press 1993; Robert A. Rosenstone (Hg.): Revisioning History. Film and the Construction of a New Past. Princeton/N.J.: Princeton UP 1995; Mark C. Carnes (Hg.): Past Imperfect: History According to the Movies. New York: Holt 1995; Beverly M. Kelley u.a. (Hg.): Reelpolitik. Political Ideologies in '30s and '40s Films. Westport/Conn. 1998; Eike Wenzel: Gedächtnisraum Film. Die Arbeit an der deutschen Geschichte seit den sechziger Jahren. Stuttgart: Metzler 1999.

[20] Vgl. u.a. Carl Freedman: England as Ideology: From *Upstairs, Downstairs* to *A Room with a View*. In: Cultural Critique 5 (1990/91), S. 79–106; D. L. LeMahieu: Imagined Contemporaries. Cinematic and Televised Dramas about the Edwardians in Great Britain and the United States, 1967–1985. In: Historical Journal of Film, Radio and Television 10, 3 (1990), S. 243–256; Tana Wollen: Over our Shoulders. Nostalgic Screen Fictions for the 1980s. In: John Corner / Sylvia Harvey (Hg.): Enterprise and Heritage (Anm. 6), S. 178–193; Andrew Higson: Representing the National Past. Nostalgia and Pastiche in the Heritage Film. In: Lester Friedman (Hg.): Fires were Started. British Cinema and Thatcherism. Minneapolis: Univ. of Minnesota Press 1993, S. 109–129; Peter J. Hutchings: A Disconnected View. Forster, Modernity and Film. In: Jeremy Tambling (Hg.): E. M. Forster. London: Macmillan 1995, S. 213–228; Nichola Tooke / Michael Baker: Seeing is Believing. The Effect of Film on Visitor Numbers to Screened Locations. In: Tourism Managment 17, 2 (1996); Andrew Higson: Waving the Flag. Constructing a National Cinema in Britain. Oxford: Clarendon Press 1997, S. 26–97; Sarah Street: British National Cinema. London: Routledge 1997, S. 102–113; John Hill: British Cinema in the 1980s. Oxford: Clarendon Press 1999, S. 73–123; sowie kritischer Claire Monk: The British Heritage Film and its Critics. In: Critical Survey 7, 2 (1995), S. 116–124; C. M.: The Heritage Film and Gendered Spectatorship. In: Close Up. The Electronic Journal of British Cinema 1, 1 (1997) URL: < http:/www.shu.ac.uk/services/lc/closeup/title.htm >; C. M.: Heritage Film and the British Cinema Audience in the 1990s. In: Journal of Popular British Cinema 2 (1999), S. 2–18. Vgl. auch Evelyn Strautz: Probleme der Literaturverfilmung dargestellt am Beispiel von James Ivorys *A Room with a View*. Alfeld/Leine: Coppi Verlag 1996.

[21] Vgl. auch die Verfilmung von Evelyn Waughs *Brideshead Revisited* (Granada TV 1981, 13 Episoden).

[22] Vgl. Robert Emmet Long: The Films of Merchant Ivory. London 1992; John Pym: Merchant Ivory's English Landscape. Rooms, Views, and Anglo-Saxon Attitudes. Foreword by James Ivory. London: Pavillion Books 1995; mit bibliographischen Angaben. Zur Scriptautorin vgl. Laurie Sucher: The Fiction of Ruth Prawer

abgenommen, der Vorwurf unkritisch-nostalgischer Geschichtsflucht ist jedoch geblieben. Es lohnt sich daher, die Argumentationsstruktur an einem Beispiel zu analysieren, an Carl Freedmans Essay über eine TV-Produktion und einen Kinofilm.

Freedman beschäftigt sich mit der zwischen 1970 und 1975 vom kommerziellen London Weekend TV gesendeten Serie *Upstairs, Downstairs*. Die Handlung um die Bellamy-Familie und deren Dienerschaft im »Haus am Eaton Place« (so der deutsche Titel) beginnt im November 1903 und endet Mitte 1930. Ebenso wie in der 26-teiligen Dramatisierung von John Galsworthys *The Forsyte Saga* (BBC 1967)[23] rückt eine geschichtliche Epoche ins Blickfeld, nämlich die edwardianische, traditionellerweise assoziiert mit *Pax Britannica*, Macht und Reichtum, Liberalismus und konsensfähiger Elite, mit Stabilität unmittelbar vor den Erschütterungen des Ersten Weltkriegs.[24] Freedman führt den Erfolg der Serie auf deren Authentizitätsanspruch zurück; sie evoziere den Mythos eines mächtigen und selbstbewußten England, »what England in the early seventies dearly wished itself to have been [...]: an all-white society unified by certain generally accepted English values, and one in which class struggle [...] could be charmingly sublimated into domestic foibles and occasional minor tensions between upstairs and downstairs«.[25] Der typische Interpretationsansatz: Nostalgie des psychisch lädierten Nachkriegsengländers, der sich in eine heilere, freilich durch Kapitalismus und soziale Polarisierung bedrohte, dem Untergang ausgelieferte Epoche zurücksehnt. Freedman orientiert sich dabei an der seit Mitte der siebziger Jahre vor allem in der Filmzeitschrift *Screen* entwickelten,[26] an Freud und Lacan orientierten Film-Rezeptionstheorie, die in

---

Jhabvala. The Politics of Passion. New York: St. Martins Press 1990; Jayanti Bailur: Ruth Prawer Jhabvala. Fiction and Film. In: J. B.: The World of Films. New Delhi 1992, S. 87–122. Die wichtigsten als *heritage*-Filme bezeichneten Produktionen sind: Hugh Hudsons *Chariots of Fire* (1981), Mike Newells *Enchanted April* (1992), Marek Kanievskas *Another Country* (1984), David Leans *A Passage to India* (1985), James Ivorys *A Room with a View* (1986) sowie *Maurice* (1987), Charles Sturridges *A Handful of Dust* (1988) sowie *Where Angels Fear to Tread* (1991), Ivorys *Howards End* (1992) sowie *The Remains of the Day* (1993).

[23] Vgl. John Caughie: Broadcasting and Cinema. 1: Converging Histories. In: Charles Barr (Hg.): All Our Yesterdays. 90 Years of British Cinema. London: British Film Institute 1986, S. 189–205, hier S. 196; LeMahieu zufolge sahen im Durchschnitt ca. 700.000 Zuschauer die erste Ausstrahlung, zu einem Zeitpunkt, da nicht überall BBC 2 zu empfangen war. Vgl. D. L. LeMahieu (Anm. 20), S. 246.

[24] Vgl. die Beiträge in Alan O'Day (Hg.): The Edwardian Age. Conflict and Stability 1900–1914. London: Macmillan 1979.

[25] Carl Freedman (Anm. 20), S. 62.

[26] Vgl. Laura Mulvey: Visual Pleasure and Narrative Cinema. In: Screen 16, 3 (1975), S. 6–18; erneut in L. M.: Visual and Other Pleasures. Bloomington: Indiana University Press 1989, S. 14–26; dt. als: Visuelle Lust und narratives Kino. In: Gislind Nabakowski / Helke Sander / Peter Gorsen (Hg.): Frauen in der Kunst. Bd. 1. Frankfurt/M.: Suhrkamp 1980, S. 30–46. Zur neueren feministisch-psychoanalytischen Filmtheorie vgl. Christine Gledhill: Pleasurable Negotiations.

der englischsprachigen Kommunika-tionswissenschaft als »hypodermic theory
of effects« bezeichnet wird und auf der Basis eines universalistischen Sub-
jektkonzepts von der zwangsläufigen Positionierung des Zuschauers durch
das Medium ausgeht.[27] Auch der nordamerikanische Erfolg der Serie[28] ist
Freedman zufolge als nostalgische Regression in die ›nationale Kindheit‹ des
Staates, in die Zustände der edwardianischen Zeit zu verstehen, »when ruling
the waves was a (white man's) burden shouldered by another nation, and yet
one sufficiently culturally cog-nate not to seem alien or other in any radically
stigmatized sense«.[29] Letztlich sind libidinöse und ödipale Faktoren für die
nicht empirisch belegte Ambivalenz verantwortlich, für die »American *in-
vidia* that inevitably forms a part of the attitude taken by former colony towards mother country«, und: »In strictly psychoanalytic terms [...] it is clear
that America's narcissistic identification with England must itself involve –
intrinsically – a moment of violent rejection«.[30]

Der psychoanalytisch-universalistische Ansatz verlangt weder, zwischen
Film und Fernsehen und unterschiedlichen Produktionstechniken, noch zwischen Textstrukturen oder Rezeptionsbedingungen zu differenzieren, also sozialhistorische präzise Bedingungsfaktoren anzudenken. Deshalb kann
Freedman auch von der gleichen Basis aus die Merchant-Ivory-Verfilmung
von E.M. Forsters *A Room with a View* (1908/1986) analysieren. Dabei konstatiert er die starke Betonung des Visuellen, das – im Vergleich zur literarischen Vorlage – zu einer »evacuation of history« führe: »The film [...] is far
more pristinely affirmative: its mainly visual (and musical) modes of presentation help to effect not merely the neutralization but the evacuation of specificity and potential criticism, thus producing a picture of the Edwardian gar-
den – a myth of England – that seems very nearly atemporal and hence eternal«.[31]

In: Frances Bonner u.a. (Hg.): Imagining Women. Cultural Representations and
Gender. Cambridge: Polity Press/The Open University 1992, S. 193–209.

[27] Vgl. David Morley: Television, Audiences and Cultural Studies. London: Routledge 1992, S. 59ff.; David Bordwell: Contemporary Film Studies and the Vicis-
situdes of Grand Theory. In: David Bordwell / Noel Carroll (Hg.): Post-History.
Reconstructing Film Studies. Madison/Wisc.: Univ. of Wisconsin Press 1996,
S. 3–36; Stephen Prince: Psychoanalytic Film Theory and the Problem of the Missing Spectator. In: Ebd., S. 71–86.

[28] Freedman spricht stets undifferenziert vom »American success«, erwähnt, daß
Upstairs, Downstairs im Rahmen des Masterpiece Theater von Alistair Cooke
moderiert und für das amerikanische Publikum vereinfacht wurde, und er nennt
Vietnam und Watergate als rezeptionsbegünstigende Faktoren in »a culture which
was perhaps even more in need of fantasies of wholeness than the one out of
which the series was born« (Carl Freedman [Anm. 20], S. 91): auch hier kein
Hinweis, daß man wohl eher von einer Vielfalt von Kulturen/Subkulturen (religiös, ethnisch) sprechen und von unterschiedlichen geschlechtsspezifischen Rezeptionsbedingungen ausgehen sollte.

[29] Ebd., S. 91.

[30] Ebd., S. 92.

[31] Ebd., S. 101; ähnlich argumentiert Peter J. Hutchings (Anm. 20), passim.

Die Formel ›Nostalgie und Enthistorisierung‹ taucht fast stereotyp in derartigen Analysen auf. Die postmoderne Situation eliminierter raum-zeitlicher Grenzen und medialer Verfügbarkeit und Überführbarkeit von Geschichte und Realität in Simulacra: das wird häufig als Grund für Nostalgiewellen und für die bestimmende Rolle des ›Nostalgie‹-Films angeführt, Frederic Jamesons globalisierender Hypothese zufolge »the current dominant Western or postmodern form of telling history«.[32] Neuere Forschungen von Kommunikations- und Filmwissenschaft machen es freilich notwendig, einen anderen (sozialhistorisch differenzierteren, mikrostrukturelle Prozesse berücksichtigenden) Zugang zum *heritage*-Film zu suchen.

4. Neuere Ansätze der Kommunikationsforschung

Die rezeptionstheoretischen Annahmen der psychoanalytischen Filmkritik gehen von der nicht weiter relativierten Positionierung des Subjekts aus, das quasi hilflos den Botschaften der Massenmedien ausgesetzt ist. In der letzten Zeit hat sich die Einsicht durchgesetzt, daß Kommunikationsprozesse komplexer sind. Stuart Halls einflußreicher Hypothese zufolge (1973) legt die Enkodierung zwar einen Rahmen fest, das Dekodieren folgt jedoch unterschiedlichen Kodes und kann polysem sein, jeweils abhängig von dominant-hegemonialer, vermittelt-situationaler (sozialer, klassenspezifischer) oder oppositioneller Position des Rezipienten mit differierenden *frameworks of knowledge/structures of social practice*.[33] Von Hall ausgehend hat die britische TV-Kommunikationsforschung auf Faktoren wie Diskursspezifik, kulturelle Kompetenz und Kode-Verfügbarkeit, Zugehörigkeit zu sozialen Gruppen/Subkulturen sowie Interdiskurspositionierung für die ›Aktivität‹ und damit die polyseme/polyvalente Dekodierungsarbeit hingewiesen; sie hat zudem

---

[32] Vgl. Frederic Jameson: The Geopolitical Aesthetic. Cinema and Space in the World System. London: British Film Institute 1992, S. 119. Zur Kritik an Jameson vgl. Michael Walsh: Jameson and ›Global Aesthetics‹. In: David Bordwell / Noel Carroll (Hg.) (Anm. 27), S. 481–500, hier S. 494: »The genre of the nostalgia film is particularly important to his idea of the postmodern because it replaces true historicity by a spurious historicism of mere images. Jameson sees nostalgia as the reconstruction of the past in terms of surface imagery or simulacra. [...] this seems to be an extremely suggestive insight, explaining how popular reconstructions of periods privilege isolated signifiers as a kind of pure style while omitting and depoliticizing vast areas of cultural experience. It also casts light on the dissatisfaction of many with current incarnations of the ›cinema of quality‹: Merchant-Ivory films or the beautifully designed and photographed Australian period films [...]. However, many of the problems of film theory have been caused by generalizing from ideas that seem to have suggestive power«.

[33] Stuart Hall (Hg.): Culture, Media, Language. Working in Cultural Studies, 1972–79. Repr. London: Routledge 1996, sowie Stuart Hall in: Simon During (Hg.): The Cultural Studies Reader. London: Routledge 1993, S. 90–103.

auf die Notwendigkeit der ethnischen, geschlechtsspezifischen und sozialen Differenzierung hingewiesen.[34] Insbesondere im Zusammenhang mit dem Fernsehen ist jedoch auch (etwa angesichts der Praktiken des *zipping and zapping*) die Aussagekraft audiometrischer Daten und Zuschauertaxonomien in Zweifel gezogen worden.[35] Der Gebrauch von und der Zugriff auf Informationstechnologien im häuslichen Kontext beeinflussen Sehgewohnheiten ebenso wie Aufmerksamkeitsintensitäten. Aus diesem Grunde muß man in der Massenkommunikationsforschung und in der Film- und Fernsehanalyse unterschiedliche soziale Praktiken und Gebrauchsweisen berücksichtigen. Morley betont:

> [...] films traditionally had to be seen in certain places, and the understanding of such places has to be central to any analysis of what ›going to the pictures‹ has meant. I want to suggest that the whole notion of the ›picture palace‹ is as significant as the question of ›film‹. This is to introduce the question of the phenomenology of ›going to the pictures‹, which involves the ›social architecture‹ – in terms of decor and ambience – of the context in which films have predominantly been seen. Quite simply, there is more cinema-going than seeing films. There is going out at night and the sense of relaxation combined with the sense of fun and excitement. The very name ›picture palace‹, by which cinemas were known for a long time, captures an important part of that experience. Rather than selling individual films, cinema is best understood as having sold a habit, or a certain type of socialised experience. This experience involves a whole flavour of romance and glamour, warmth and colour. This is to point to the phenomenology of the whole ›moment‹ of going to the pictures – ›the queue, the entrance stalls, the foyer, cash desk, stairs, corridor, entering the cinema, the gangway, the seats, the music, the lights fading, darkness, the screen, which begins to glow as the silk curtains are opening‹.[36]

Fernsehen findet im häuslichen Rahmen statt: angesichts der unterschiedlichen räumlichen Gegebenheiten, der geringeren Größe und der Einbettung des Bildschirms in eine andersartige Objektwelt sowie des häufig auch im hierarchisch strukturierten Familienkontext stattfindenden Schauens gestattet/erfordert es eine andere (geringere) Aufmerksamkeitsintensität.[37] Diese Beobachtung ist wichtig, weil der TV-Rezeptionsmodus möglicherweise den Film-Aufnahmemodus beeinflußt, da der Filmkonsum geringer ist als der

---

[34] Vgl. etwa Ien Ang: Desperately Seeking the Audience. London: Routledge 1991; David Morley (Anm. 27); Robin Nelson: TV Drama in Transition. Forms, Values and Cultural Change. London: Macmillan 1997; Charlotte Brunsdon: Screen Tastes. Soap Opera to Satellite Dishes. London: Routledge 1997.

[35] Vgl. etwa Ien Ang (Anm. 34), S. 153ff.

[36] David Morley (Anm. 27), S. 157; das Schlußzitat ist aus Timothy Corrigan: Film Entertainment as Ideology and Pleasure. In: James Curran / Vincent Porter (Hg.): The British Film Industry. London: Weidenfeld and Nicolson 1983, S. 31. Vgl. auch Robin Nelson (Anm. 34), S. 20: »The immersion of the spectator in the dreamworld of the cinema screen space is fundamentally different from the quotidian of the domestic viewing context of TV«.

[37] Zur Notwendigkeit, die soziale Umgebung und den häuslichen Kontext des Sehens mit einzubeziehen, vgl. David Morley (Anm. 27), passim.

Fernsehkonsum. Die Besucherzahlen englischer Kinos, die 1946 bei 163,5 Millionen lagen, gingen bis 1984 auf 54 Millionen zurück; sie stiegen zwar seit 1985 mit Einführung von Multiplex-Lichtspielen[38] wieder an, die Zahlen liegen jedoch 1989 mit 94,5 Millionen immer noch niedriger als während der siebziger Jahre; erst 1994 wird wieder die Zahl von 124 Millionen erreicht.[39] Aber nur ein geringer Prozentsatz der britischen Bevölkerung geht, wie eine neuere Studie von Cinema and Video Industry Research zeigt, wenigstens einmal pro Monat ins Kino (14%); lediglich die Gruppe der 15- bis 24-jährigen ist zwischen 1985 und 1993 von 23% auf 35% gestiegen. Dagegen ist die Dauer des Fernsehkonsums wie auch die Gesamtsumme, die für den Kauf oder das Ausleihen von Videos ausgegeben wird, um ein vielfaches höher.[40] Die Zuschauerzahlen für einzelne Serien liegen erwartungsgemäß höher als für Kinofilme: *EastEnders* erreichte, um wenigstens ein Beispiel zu nennen, kurz vor Weihnachten 1985 22,15 Millionen Zuschauer.[41]

Zwar werden seit ca. 20 Jahren immer mehr Filme für das Fernsehen produziert, eine Tendenz, die in England seit November 1982 durch den neuen Channel 4 mit seinen subventionierten Auftragsarbeiten verstärkt wurde.[42] Trotz der angenäherten Produktionsmethoden bleiben die strukturellen Unterschiede zwischen Kinofilm und TV-Spielfilm/-Serie bestehen; sie reichen bis in die Kameraführung,[43] die Handlungsentfaltung oder die Segmentierung, die im TV-Drama die Form des *flexi-narrative* angenommen hat: »The cutting rate and the rapid turnover of narrative segments in all TV drama have increased exponentially. ›Flexi-narrative‹ denotes the fast-cut, segmented, multi-narrative struc-

---

38 Zur Bedeutung der Multiplex-Kinos, die vor allem weibliche, wohlhabendere und über 35 Jahre alte Zuschauer anzuziehen scheint, vgl. John Hill (Anm. 20), S. 48, Anm. 44.
39 Vgl. ebd., S. 47; sowie House of Commons/Session 1994–95/National Heritage Committee. Second Report. The British Film Industry. Vol. 1. London: HMSO 1995, S. xii.
40 Vgl. ebd., S. xiii.
41 George W. Brandt: British Television Drama in the 1980s. Cambridge: University Press 1993, S. 9.
42 Vgl. Paul Giles: History with Holes. Channel Four Television Films of the 1980s. In: Lester Friedman (Hg.) (Anm. 20), S. 70–91; House of Commons/Session 1994–95/National Heritage Committee (Anm. 39). Vol. II, S. 188–200, sowie Vol. I, S. xxvii–xxviii; John Hill (Anm. 20), S. 54–59. Die Investitionen für 264 neue Spielfilme im Zeitraum 1982–1992: £91 Millionen. Dazu gehören auch im Kino erfolgreiche Titel wie David Hares *Wetherby* (1985), Stephen Frears' *My Beautiful Launderette* (1985), Chris Bernards *A Letter to Breshnev* (1985), Hanif Kureishis *Sammy and Rosie Get Laid* (1988), Mike Leighs *High Hopes* (1988), Neil Jordans *The Crying Game* (1992); von den Fördermaßnahmen profitierten auch ausländische Regisseure (Wenders, Varda, Tarkovsky), desgleichen *heritage*-Produktionen: u.a. *Heat and Dust* (1982), *Room with a View* (1984), *A Month in the Country* (1987).
43 Vgl. Michel Chion, zit. in Robin Nelson (Anm. 34), S. 19: »[t]elevision is all telephoto lens where cinema is wide-angle«. Zu weiteren Unterschieden vgl. ebd., S. 18–21.

ture which yields the ninety-second sound-and-vision byte currently typical of popular TV drama«.[44] Merkmale des klassischen narrativen Films dagegen, zu dem
auch die *heritage*-Titel gehören, sind nicht nur die individuellen Handlungsträger,
der Handlungsumschwung und das kausale Verknüpfungsmuster, sondern vor allem »a strong degree of closure at the end. Leaving no loose ends unresolved,
these films seek to complete their causal chains with a final effect«.[45] So wie
sich die menschliche Informationsverarbeitung mit Einführung des Buchdrucks qualitativ verändert hat, so auch die Art und Weise, wie wir seit vielleicht zwei Jahrzehnten vom Medium des Fernsehens in unserem Rezeptionsverhalten (re-)sozialisiert worden sind:

> Postmodern [TV] texts might be summarily characterized by a formal openness, a
> strategic refusal to close down meaning. They create space for play between dis-
> courses allegedly empowering the reader to negotiate or construct their own
> meanings. In the post-structuralist view of the indeterminacy of meaning in an
> endless process of semiosis, readers are freed from the hegemonic imposition of
> dominant ideology [...] into a democratising trajectory of multiple meanings-
> making. From a marxist perspective [...], however, the discursive position of this
> view is complicit with capitalist postmodernity's espousal of difference and variety
> in the market. [...] radical indeterminacy is, at worst, indistinguishable from com-
> plicit obfuscation.[46]

---

[44] Robin Nelson (Anm. 34), S. 24. Vgl. ebd., S. 32–33: »Flexi-narrative in soaps
      [...] A number of stories involving familiar characters in familiar settings are bro-
      ken down into narrative bytes and rapidly intercut. Any lack of interest of an au-
      dience segment in one set of characters or story-line is thus not allowed to last
      long as another story with a different group of characters is swiftly taken up, only
      in turn to give way to another before taking up again the first narrative, and so on
      in a series of interwoven narrative strands. It is through presenting a wide range
      of characters and issues to reflect a broad social spectrum in story-lines rapidly
      intercut that one half-hour or fifty-minute progamme can attract and sustain inte-
      rest, domestic distractions notwithstanding«. Vgl. dazu Nelsons quantifizierende
      Analyse S. 250–253.
[45] David Borwell / Kristin Thompson: Film Art. An Introduction. 5. Aufl. New
      York: McGraw-Hill 1997, S. 110. Vgl. generell David Bordwell: Narration in the
      Fiction Film. Madison/Wisc.: Univ. of Wisconsin Press 1985; London: Routledge
      1995. Zum modernistisch-postmodernistischen, vom klassischen (Hollywood-)Typ
      abweichenden britischen Film, dem Produktionen u.a. von Derek Jarman, Peter
      Greenaway oder Sally Potter zuzurechnen sind, vgl. Sarah Street (Anm. 20),
      S. 146–196. Street, die sich auf Bordwell bezieht, bemerkt, daß derartige Filme
      das lineare Prinzip der Narration, traditionelle Formen der Charakterisierung und
      die herkömmliche Repräsentationsfunktion von Bildern problematisieren und un-
      terlaufen.
[46] Robin Nelson (Anm. 34), S. 246.

5. Der *heritage*-Film: Eine differenzierende Sichtweise

Die Filmwissenschaftlerin Claire Monk hat mehrfach sowohl die argumentativen Schwächen des institutionalisierten, auch den Film betreffenden Anti-Heritage-Diskurses offengelegt,[47] als auch unter (vorläufiger) Auswertung der von Cinema and Video Industry Audience Research bereitgestellten Statistiken und eigener Analysen eine gender-spezifische Umdeutung vorgenommen, »[...] an appeal to a non-dominant/›feminine‹/›unmasculine‹ spectatorship [...] and [...] the potential to make the films uncomfortable, displeasurable viewing for the dominant ›masculine‹ spectator«.[48] Wichtiger noch ist Monks Hinweis auf die Polysemie oder Polyvalenz der *heritage*-Filme:

> [...] my examples suggest that these are texts whose narrative structures and formal characteristics may work to encourage *multiple, oscillatory identifications* on the part of the spectator. [...] they deny the classic ›male‹ spectatorial expectation of strong, monogamous identification with a single ›hero‹. [...] their mainstream popularity can be read as marking a salutary shift in the spectatorial gender-power status quo – away from the goal-orientation of the ›masculine‹ spectator, and towards a feminine spectatorship marked by the impulse towards multiple discourses, multiple identifications and multiple pleasures.[49]

John Hill betont in seiner kritischen Darstellung des britischen Films der achtziger Jahre, daß auch die sogenannten *heritage*-Filme keineswegs pauschal als Pro-Thatcher-Produktionen gesehen werden dürfen, sondern eine gewisse, allerdings gemäßigte Offenheit aufweisen.[50] Es macht aber nachdenklich, wenn Hill, auf dessen Analysen ich hier nicht detailliert eingehen kann, Ambivalenzen argumentativ aus dem Wege räumt. Monk deutet etwa die Tümpel-Badeszene dreier Männer (inklusive eines Vikars) in *A Room with a View* (dem Zuschauer entgeht kaum die Homo-Erotik, zudem sind mehrfach die Penisse nackt Herumlaufender zu sehen) vor dem Hintergrund der *male gaze*-Kritik Laura Mulveys sozusagen als die Emanzipation des weiblichen Schauens.[51] Während dem Zuschauer die Freizügigkeit dieser Szene angesichts der Moralistik der Thatcher-Regierung deutlich sein muß,[52] meint Hill: »Judged in conventional terms, the bathing scene [...] lacks adequate integration with the rest of the film and sets up a certain disjunction of

---

[47] Claire Monk: The British Heritage Film and its Critics (Anm. 20), passim.

[48] Claire Monk: Heritage Film and the British Cinema Audience in the 1990s (Anm. 20); C. M.: The Heritage Film and Gendered Spectatorship (Anm. 20), hier Teil 2, S. 1 und S. 7.

[49] Ebd., S. 7.

[50] Vgl. das Kapitel »British Cinema and Thatcherism«, S. 17–30, in: John Hill (Anm. 20).

[51] Claire Monk: The Heritage Film and Gendered Spectatorship (Anm. 20), Part 2. Die Tümpelszene wird zum Schluß von Kapitel 13 erzählt, vgl. E. M. Forster: *A Room with a View*. Harmondsworth: Penguin 1955, S. 137–141.

[52] Vgl. dazu John Hill (Anm. 20), S. 12–13.

tone and meaning«.[53] Obwohl er das Ineinander von Homo-Erotik und Hete-
rosexualität durchaus anspricht und auf die »fluidity (or performativity)
around the ways in which sexual ›identities‹ are [...] occupied« hinweist,
bleibt er beim Vorwurf der mangelnden (ästhetischen) Integration des homo-
erotischen Gegendiskurses. Die Badeszene dokumentiert, so wäre einzuwenden, nun aber gerade die sexuelle ›Freizügigkeit‹ der männlichen Ober-
schichtfiguren, während die Frauen die Doppelmoral so sehr verinnerlicht
haben, daß ihre Verkrampfung mit den satirischen Mitteln der Figurenüber-
zeichnung überdeutlich gemacht und erst zum Schluß am Beispiel der Prota-
gonistin in den Zustand der (individuellen) emotionalen ›Befreiung‹ überführt
wird. Im Zusammenhang mit *Another Country* – einem Film, der die Bezüge
zwischen politischer Kultur, Homosexualität, Sado-Masochismus und Proto-
Faschismus für deutsche Zuschauer überdeutlich werden läßt, wirft Hill dem
Regisseur – dies eine generelle Kritik am *heritage*-Film – die verführerische
Zurschaustellung von Räumen und Zeremonien vor, »(such as the memorial
service and military inspection which are only mentioned in the play) [...] the
past [is invested] with a seductive allure«.[54] Oder findet Hill die Zeremonien
möglicherweise wegen seiner britischen [?] Sozialisation attraktiv und über-
sieht Polyvalenzen? Wie ist derartiges ›Übersehen‹ zu erklären?

Stephen Prince hat in seiner Kritik psychoanalytischer Filmtheorie auf die
kognitive Entschlüsselungsleistung des Zuschauers hingewiesen: »In an important sense, viewers are not being ›positioned‹ by films. Rather, they are
positioning film events and characters according to socially derived, extra-
filmic knowledge of appropriate and inappropriate real-world behavior«.[55]
Wenn man von Princes Begriffen *attention/attentiveness* sowie von der Beobachtung ausgeht, daß TV-Produzenten seit langem Probleme mit unterschiedlichen Aufmerksamkeitslevels von Zuschauern haben,[56] dann läßt sich
hier weiterargumentieren. Wahrscheinlich wird nur in den seltenen Fällen des
Lesens durch Experten (Literatur- oder Filmwissenschaftler) ein holistisches
›Kohärenzerlebnis‹ gesucht (Beispiel Hill), obwohl kognitiv argumentierende
Filmtheoretiker grundsätzlich vom ›Problem-Lösungs-Modell‹, also einer
globalen Kohärenzherstellung als Grundlage von Verstehen ausgehen.[57]

---

[53] John Hill (Anm. 20), S. 96.
[54] John Hill (Anm. 20), S. 87. Basis ist Julian Mitchell: Another Country. Amber-
gate: Amber Lane Press 1982.
[55] Stephen Prince: Psychoanalytic Film Theory and the Problem of the Missing
Spectator. In: David Bordwell / Noel Carroll (Hg.) (Anm. 27), S. 82.
[56] Vgl. David Morley (Anm. 27), S. 177: »We all watch television at different times,
but with how much attention and with what degree of commitment, in relation to
which type of programmes and occasions?«
[57] Zum Begriff des Kohärenzerlebnisses vgl. Reinhold Viehoff / Martin Burgert:
Kommunikatbildungsprozeß. Bd. 2. Strukturen und Funktionen deklarativen und
prozeduralen Wissens beim Verstehen von Literatur – Untersuchungen zu Märchen und Krimi. (Lumis Schriften 29) Universität Siegen 1991, S. 19; sowie James Peterson: Is a Cognitive Approach to the Avant-garde Cinema Perverse? In:

Wahrscheinlicher ist: im Rahmen von Kurzzeit-/Langzeitgedächtnis werden jeweils unterschiedliche Wissensspeicher aufgerufen beziehungsweise im Sinne von Bordwells Paradigma anthropologisch gegebener bzw. kulturell erworbener Fertigkeiten angewendet;[58] außerdem aktivieren gruppen- oder schichtenbezogene Aufmerksamkeitsmarker die im Sinne Halls unterschiedlichen *frameworks of knowledge/structures of social practice*, das heißt, sie binden die Dekodierungsbereitschaft an lebensweltliche Interessen. Wenn man zudem Subjekte wie Texte als Schnittpunkte unterschiedlicher, einander teilweise widersprechender Diskurse versteht,[59] dann ist anzunehmen, daß Medienrezipienten unter den Bedingungen des unterbrechungslosen Einmalschauens (ohne wie im Buch zurückblättern oder eine Pause machen zu können) mit Text-Polyvalenzen unterschiedlich umgehen. Ein Beispiel: Freedman versteht die Darstellung des Generalstreiks von 1926 in *Upstairs, Downstairs* im Sinne einer hegemonial dominierenden Bedeutungszuweisung; LeMahieu entdeckt jedoch in der gleichen Folge eine deutliche Kritik an den Arbeitsbedingungen und der offiziellen Informationspolitik der BBC,[60] liest also im Sinne von Halls vermittelnd-situationaler Kategorie, die Interessenlage von Zuschauern aus der Arbeiter- oder unteren Mittelklasse einkalkulierend, die zur gleichen Zeit in den Medien mit dem Streik der Kohlebergarbeiter konfrontiert werden. Ein ähnliches Problem wirft die Adaption von *Remains of the Day* auf: überlagert die visuell professionelle Darstellung der

---

David Bordwell / Noel Carroll (Hg.) (Anm. 27), S. 108–129: »Cognitive film theory generally concerns itself with the spectator's rational processes, as opposed to the unconscious response to cinema. [...] we define comprehension as the discovery of structures that establish coherence among the film's elements [...]« (S. 115, 116).

[58] Vgl. zum Gedächtnis Siegfried J. Schmidt: Grundriß der Empirischen Literaturwissenschaft. Frankfurt/M.: Suhrkamp 1991, S. 298–304, sowie John Kotre: Weiße Handschuhe. Wie das Gedächtnis Lebensgeschichten schreibt. München: Hanser 1995; David Bordwell: Convention, Construction, and Cinematic Vision. In: D. B. / Noel Carroll (Hg.) (Anm. 27), S. 87–107, spricht von einem *anthropological framework* (raum-zeitlicher Kategorien), *sensory triggers* (»cues which automatically stimulate spectators«), *culturally localized skills* (»which are learned through participating in a culture's life as a whole«) und *culturally specific skills* (»requiring more learning«).

[59] Vgl. David Morley (Anm. 27), S. 77: »[...] we, as people exist in a field of different discourses, different message systems, are situated between those different systems. We experience a multiplicity of discourses, and the space in which we exist is crossed by a number of different discourses, some of which support each other, are in alignment with each other, some of which contradict each other, some of which we relate to positively, some negatively. But the basic point to bear in mind is that in the process of decoding and interpreting the messages of the media, other messages, other discourses are always involved, whether or not we are explicitly conscious of it« (S. 77). Vgl. Robin Nelson (Anm. 34), S. 167: »[...] postmodern subjectivity is conceived in terms of [...] a decentred, detotalized agent, a subject constructed at the point of intersection of a multiplicity of subject positions between which there exists not a priori or necessary relation [...]«.

[60] Vgl. D. L. LeMahieu (Anm. 20), S. 248.

britischen Oberschicht der dreißiger Jahre das kritische Potential des Films? Oder aktivieren die Faschismusmarkierungen (aus Deutschland geflohene jüdische Hausmädchen, denen gekündigt wird, britische Blackshirts, der Auftritt von Ribbentrops etc.) eine interessegerichtete Dekodierungsbereitschaft, die für die politischen und menschlichen Verirrungen des Butlers die politische Kultur von *deference* und *loyalty* verantwortlich macht und in einigen Szenen sogar ein sozialistisches England konnotiert?[61] Auf jeden Fall weisen Filme wie *Another Country* oder *Remains of the Day* Polyvalenzpotentiale auf; ob der Vorwurf der Geschichtsentleerung und der Glorifizierung eines aristokratischen *heritage* berechtigt ist, wäre jedoch in Auseinandersetzung mit medientheoretischen Hypothesen genauer zu untersuchen. Dabei stellt sich die Frage, ob im Rezeptionsprozeß jeweils Gesamttextkohärenzen im Sinne einer idealtypischen, professionellen Leseweise beziehungsweise einer globalen Disambiguierung[62] hergestellt werden; oder ob Aufmerksamkeitslevels zunächst einmal je nach Medium variieren, abhängig von den Alltagskontexten (Kinopalast; häusliche Umgebung; Familie), dann aber soziale Positionierungen Selektionsmechanismen in Gang setzen, die mit der Anschließbarkeit lediglich von Textsegmenten an rezipienteneigene Lebenswelten zu tun haben und lediglich partielle Sinnkonstanz anstreben.[63]

---

[61] Vgl. Mike Petry: Narratives of Memory and Identity. The Novels of Kazuo Ishiguro. Frankfurt: Lang 1999.

[62] Vgl. zu diesem Begriff Siegfried J. Schmidt (Anm. 58), S. 291.

[63] Es geht dabei also nicht um die Frage, die Michael Titzmann: Strukturale Textanalyse. Theorie und Praxis der Interpretation. 2. Aufl. München: Fink 1989, stellt, »welche Bedingungen erfüllt sein müssen, damit Wissen über die kulturelle Umwelt eines Textes in der Analyse legitim [sic] verwendet werden kann, d.h. die Frage, unter welchen Bedingungen solches Wissen interpretatorisch relevant ist« (S. 264), vielmehr um empirisch beobachtbares Relevanzsetzungsverhalten. Zum Begriff der Sinnkonstanz vgl. Siegfried J. Schmidt (Anm. 58), S. 288.

Anhang

Anschriften der Beiträger

DR. MICHAEL ANSEL – Offenburger Straße 37, D-71034 Böblingen [Michael.Ansel@gmx.de]

PROF. DR. ALEIDA ASSMANN – Universität Konstanz, Fach D 161, D-78457 Konstanz [Aleida.Assmann@uni-konstanz.de]

PD DR. ULRICH BALTZER – Technische Universität Dresden, Institut für Philosophie, D-01062 Dresden [ubaltzer@Rcs1.urz.tu-dresden.de]

PROF. DR. MICHAEL BÖHLER – Universität Zürich, Deutsches Seminar, Schönberggasse 9, CH-8011 Zürich [mboehler@ds.unizh.ch]

PROF. DR. UWE BÖKER – Technische Universität Dresden, Institut für Anglistik/Amerikanistik, Zeunerstraße 1c, D-01062 Dresden [boeker@ rcs.urz.tu-dresden.de]

PROF. DR. WOLFGANG BRAUNGART – Universität Bielefeld, Fakultät für Linguistik und Literaturwissenschaft, Postfach 10 01 31, D-33501 Bielefeld [Wolfgang.Braungart@uni-bielefeld.de]

PROF. DR. KONRAD EHLICH – Universität München, Institut für Deutsch als Fremdsprache, Ludwigstraße 27, D-80539 München [ehlich@daf.uni-muenchen.de]

PROF. DR. KARL EIBL – Universität München, Institut für deutsche Philologie, Schellingstraße 3, D-80799 München [karl.eibl@lrz.uni-muenchen.de]

UNIV.-DOZ. DR. KLAUS-DIETER ERTLER – Universität Graz, Institut für Romanistik, Merangasse 70, A-8010 Graz [klaus.ertler@kfunigraz.ac.at]

PROF. DR. JÜRGEN FOHRMANN – Universität Bonn, Germanistisches Seminar, Am Hof 1d, D-53113 Bonn

PD DR. HANS-EDWIN FRIEDRICH – Universität München, Institut für deutsche Philologie, Schellingstraße 3, D-80799 München [he.friedrich@lrz.uni-muenchen.de]

PROF. DR. MICHAEL GIESECKE – Universität Erfurt, Philosophische Fakultät, Postfach 307, D-99006 Erfurt [michael.giesecke@uni-erfurt.de]

PROF. DR. NORBERT GROEBEN – Universität Köln, Psychologisches Institut, Herbert-Lewin-Straße 2, D-50931 Köln [n.groeben@uni-koeln.de]

PROF. DR. WOLFGANG HARMS – Universität München, Institut für deutsche Philologie, Schellingstraße 3, D-80799 München

DR. MARTIN HUBER – Universität München, Institut für deutsche Philologie, Schellingstraße 3, D-80799 München [martin.huber@germanistik.uni-muenchen.de]

DR. BERNHARD JAHN – Universität Magdeburg, Institut für Germanistik, Postfach 4120, D-39016 Magdeburg

DR. FOTIS JANNIDIS – Universität München, Institut für deutsche Philologie, Schellingstraße 3, D-80799 München [Fotis.Jannidis@lrz.uni-muen-chen.de]

PROF. DR. CHRISTIAN KIENING – Universität Zürich, Deutsches Seminar, Schönberggasse 9, CH-8001 Zürich [Christian.Kiening@access.unizh.ch]

PROF. DR. HEINZ DIETER KITTSTEINER – Universität Frankfurt (Oder), Vergleichende Europäische Geschichte der Neuzeit, Postfach 1786, D-15207 Frankfurt/O. [teichert@euv-frankfurt-o.de]

PD DR. RAINER KOLK – Universität Bonn, Germanistisches Seminar, Am Hof 1d, D-53113 Bonn

DR. GERHARD LAUER – Universität München, Institut für deutsche Philologie, Schellingstraße 3, D-80799 München [Gerhard.Lauer@lrz.uni-muenchen.de]

PD DR. YORK-GOTHART MIX – Universität München, Institut für deutsche Philologie, Schellingstraße 3, D-80799 München

PROF. DR. JAN-DIRK MÜLLER – Universität München, Institut für deutsche Philologie, Schellingstraße 3, D-80799 München [jan-dirk.mueller@lrz.uni-muenchen.de]

PD DR. CLAUS-MICHAEL ORT – Universität Kiel, Institut für Literaturwissenschaft, Leibnizstraße 8, D-24118 Kiel [COrt738207@aol.com]

PROF. DR. URSULA PETERS – Universität Köln, Institut für deutsche Sprache und Literatur, Albertus-Magnus-Platz, D-50923 Köln [u.peters@uni-koeln.de]

PROF. DR. DR. GERHARD ROTH – Universität Bremen, Institut für Hirnforschung, Postfach 33 04 40, D-28334 Bremen [gerhard.roth@uni-bremen.de]

DR. EVA RUHNAU – Humanwissenschaftliches Zentrum, Goethestraße 31, D-80336 München [ruhnau@hwz.uni-muenchen.de]

PROF. DR. JÖRG SCHÖNERT – Universität Hamburg, Literaturwissenschaftliches Seminar, Von-Melle-Park 6, D-20146 Hamburg [fs5a100@rrz.uni-ham-burg,de]

PROF. DR. HELMUT F. SPINNER – Universität Karlsruhe, Institut für Philosophie, Kollegium am Schloß II, D-76128 Karlsruhe [rc01@rz.uni-karlsruhe.de]

PROF. DR. GEORG STANITZEK – Universität-Gesamthochschule Siegen, Fachbereich 3: Sprach- und Literaturwissenschaften, D-57068 Siegen
[georg.stanitzek@uni-koeln.de]

DR. CHRISTA SÜTTERLIN – Humanwissenschaftliches Zentrum und Max-Planck-Institut für Verhaltensphysiologie, Von-der-Tann-Straße 19, D-82346 Andechs [suetterlin@erl.ornithol.mpg.de]

PROF. DR. HEINZ-ELMAR TENORTH – Humboldt-Universität Berlin, Institut für Allgemeine Pädagogik, Unter den Linden 6, D-10099 Berlin
[heinz-elmar.tenorth@rz.hu-berlin.de]

PROF. DR. FRIEDRICH VOLLHARDT – Universität Gießen, Institut für Neuere deutsche Literatur, Otto-Behagel-Straße 10, D-35394 Gießen
[Friedrich.P.Vollhardt@germanistik.uni-giessen.de]

PROF. DR. WILHELM VOSSKAMP – Universität Köln, Institut für deutsche Sprache und Literatur, Albertus-Magnus-Platz, D-50923 Köln
[vosskamp@uni-koeln.de]

DR. MARIANNE WILLEMS – Universität München, Institut für deutsche Philologie, Schellingstraße 3, D-80799 München
[m.willems@lrz.uni-muenchen.de]

Namenregister